图 1　王曾瑜先生与《满江红》条幅合影

图 2　王曾瑜先生 1951 年 7 月小学毕业合影

图 3　1962 年，北京大学历史系中国古代史专业毕业生合影（自左至右，后排：张中政、朱学习、王曾瑜；中排：沙宗復、杨明新、秦文炯、王慎荣；前排：陈智超、李斌城、方久中、刘凤翥、丁一鸣）

图 4　王曾瑜先生与儿子、儿媳、孙女到中山大学看望曾琼碧大姐

图 5　王曾瑜先生 1976 年在天安门广场留影

图 6　王曾瑜先生与母校京师大学堂匾合影

（1998 年校庆百年，摄于北京大学校史展览）

图 7　王曾瑜先生与邓广铭先生在会场交谈

图 8　张政烺师在家与张泽咸和王曾瑜合影

（时张先生已患病，挪动身体不便，张师母傅学苓先生要求王曾瑜等不拘礼节，就便坐沙发合影，留作纪念）

图 9　王曾瑜先生与漆侠、胡如雷、李华瑞等先生合影于白洋淀
（1989 年 5 月末，时王先生参加河北大学研究生答辩）

图 10　王曾瑜先生与田浩先生及其孙子合影

图 11　1995 年，王曾瑜先生与张元先生、邓小南先生瞻谒台湾胡适先生墓

图 12　王曾瑜先生与汤阴县王春庆先生、杭州大学龚延明先生、安阳文化局党相魁先生等合影于岳庙
（1988 年，王先生在汤阴参加岳飞研究会第二次年会）

图 13　2002 年，《辽宋西夏金代通史》第一次工作会议纪念留影

图 14　王曾瑜先生与张邦炜、刘复生、粟品孝、韦兵、魏华仙等先生合影于三苏祠

图 15　2017 年，中国古代历史图谱工作完成，部分参加者合影（自左至右，前排：沈冬梅、栾成显、王曾瑜、陈绍棣、黄正建、赵凯；后排：陈奕玲、关树东、安明、党宝海）

图 16　2009 年深秋，王曾瑜先生与学生洪承兑、王茂华合影于河北大学宋史研究中心

王曾瑜先生八秩祝寿文集

李华瑞 姜锡东／主编

科学出版社
北京

图书在版编目（CIP）数据

王曾瑜先生八秩祝寿文集/李华瑞，姜锡东主编. —北京：科学出版社，2018.6
ISBN 978-7-03-057335-3

Ⅰ.①王…　Ⅱ.①李…　②姜…　Ⅲ.①中国历史-宋代-文集
Ⅳ.①K244.07-53

中国版本图书馆 CIP 数据核字（2018）第 087827 号

责任编辑：王　媛　杨　静 /责任校对：蒋　萍
责任印制：张克忠 / 封面设计：黄华斌
编辑部电话：010-64011837
E-mail:yangjing@mail.sciencep.com

科学出版社 出版
北京东黄城根北街 16 号
邮政编码：100717
http://www.sciencep.com

北京汇瑞嘉合文化发展有限公司 印刷
科学出版社发行　各地新华书店经销
*
2018 年 6 月第　一　版　开本：787×1092　1/16
2018 年 6 月第一次印刷　印张：43　插页：2
字数：736 000

定价：268.00 元

目　　录

不必美化赵宋王朝

——宋代顶峰论献疑

张邦炜*

一、“往前多走了一步”

“三十年河东，三十年河西。”赵宋王朝真可谓时来运转——30年前，备受贬损：“守内虚外，积贫积弱”；30年后，博得赞美：“空前绝后，登峰造极。”宋朝顶峰论，据说出自史界泰斗。的确，陈寅恪曾说：“华夏民族之文化，历数千载之演进，造极于赵宋之世。”[①]邓广铭讲过：“宋代的文化，在中国封建社会历史时期之内，截至明清之际的西学东渐的时期为止，可以说，已经达到了登峰造极的高度。”值得注意的是，邓氏强调“历史不能割断”，既重视隋唐两代的“传承”，又在时间上严格予以限制，“截至明清之际”。[②]对于陈氏的论断，应当正确理会，不能无限引申。正如那句名言所说：“真理往前多走一步就是谬误。”

宋朝顶峰论的代表作，当推肖建生先生所著《中国文明的反思》一书。该书有被称“当代中国的《盛世危言》”，某些媒体在高度评价之余，也曾指出：“作者对每个时代史料的把握真切与否，有待历史学家去评说。其中有些分析和解释，似乎有些牵强。”[③]肖先生曾言“中国文明的顶峰不是唐朝而是宋朝”，“宋朝达到中国文明的顶峰”，并情不自禁地将宋代艳称为“大宋朝”。书中有关宋朝的论述不乏合理的内核，但渲染过分之处似乎较多。诸如：“宋朝是一个言论自由、思想开放的时代”，“是一个君子时代”；宋代社会“是一个充满人性化的社会，是一个适合人类居住的社会”，是“一个自由开放和积极健康的多元化社会”；其“开放程度是我国历史上任何一个朝代都不可比拟的”；“在这个社会中，没有愚民政策，没有文字狱，没有特务横行，人民无忧无虑，具有安全感，所以充满了宁静、祥和、自然而又健康的气氛”，“出现了欣欣

* 张邦炜，首都师范大学历史学院特聘教授、四川师范大学历史文化学院退休教授。

① 陈寅恪：《邓广铭宋史职官志考正序》，《金明馆丛稿二编》，上海：上海古籍出版社，1980年，第245页。

② 邓广铭：《宋代文化的高度发展与宋王朝的文化政策》（为陈植锷博士论文《北宋文化史述论稿》所作序引），《历史研究》1990年第1期。后又收入邓广铭：《邓广铭全集》第7卷，石家庄：河北教育出版社，2005年，第416—423页。

③ 熊景明：《读〈中国文明的反思〉》，《亚洲周刊》2010年第1期；凤凰卫视台2010年3月5日18时“开卷八分钟：《中国文明的反思》”，主持人吕宁思。

向荣的景象，使人民过上了 300 年自由、富裕、文明而有尊严的生活”。在作者笔下，宋代是“知识分子、官员士大夫以及广大民众的黄金时代”，“不仅宋朝人的生活水平远远高于历史上的任何一个朝代，而且文化和医疗普及率也远远高于中国历史上的任何一个朝代”；“知识分子的地位空前提高，确实活得很有尊严，思想独立自由，人格高贵”；“农民比以往的朝代生活得开心和幸福，在中国的历史上，像宋朝的农民那样自由、快乐地生活的朝代是绝无仅有的”，“生活在大宋王朝的人民真正是幸运的、幸福的”。甚至还认为：“宋朝对妇女是一个非常尊重的社会，宋朝的妇女活得非常独立而有尊严”；“做宋朝的女人是相当幸福的”。作者将“大宋文明的成功”归功于宋朝统治者及其推行的政策。他在书中提到，“为了达到和平发展的目的，宋朝的统治者都把主要精力放在发展国内经济、文化、教育之上，关注民生”。宋朝“实行和平发展和自由开放的政策，保护人权，具备了现代文明的许多特征”；“宋朝非常尊重人的自由，对人的活动不加干涉”；“官府对人民不是采取控制、压迫和剥削的政策，相反，官府对人民采取了尊重、保护、帮助和开放的政策”；“切实保障人民的言论自由、思想自由的权利，实行包容和鼓励各种思想自由发表的政策，所以在宋朝，没有思想的禁区”；“官方鼓励的言论自由，直接导致了整个社会思想的空前开放。这在中国历史上是罕见的”；“实行了 300 年自由、开放的政策，创造了一个自由、开放的社会，从而大大激发了中国人的创造精神和进取精神，使中国人敢想敢说，敢于打破旧的思维方式和传统”。作者尤其赞扬宋朝官员“具有独立的人格而不趋炎附势，不巴结权贵”，“是中国历史上最高傲、最有骨气的一群知识分子”，“贪污受贿、官官相护、吹牛拍马、阿谀奉承、见风使舵等等官场游戏规则，在宋代是没有市场的”。作者高度评价宋朝的政治制度：“国家政权完全向人民开放”；“出现了党派互相监督、互相制约的政治格局”，“君相互制的政治体制，比较有效地防止了君主专制现象的发生”；“改变了中国社会一言堂的专制传统，有力地防止了腐败的发生”。在作者看来，宋朝“中央集权加仁政的政治模式”，“是留给现在中国人的宝贵遗产”。作者还引用英国历史学家汤因比所说：“宋朝是最适宜人类生活的朝代，如果让我选择，我愿意生活在中国的宋朝”，以表达对宋朝的“敬意”。[①]诸如此类不一而足，其中不少结论性判断颇具颠覆性。

需要说明的是，笔者对于宋代并无固执的偏见，相反倒是较为顽固的宋朝“积贫积弱”论的反对者。“人云宋史本痛史，我谓宋史亦壮篇。”30 年前，当宋朝“积贫积

① 肖建生：《中国文明的反思》，北京：中国社会科学出版社，2007 年，本文所引此书均出自其《古代中国文明的顶峰——宋朝文明的伟大与消亡》，第 128—175 页。

弱”论盛行于世时，笔者认为：“这种看法不免失之偏颇。平心而论，北宋弱而不贫。”[①]后来又在《瞻前顾后看宋代》一文写道：“宋代纵比前代，超越前代，是中国古代历史上继汉朝、唐朝之后又一座新高峰。”不用顶峰而用“高峰”，以免引起误解。通史贵在一个“通”字，历朝历代均各有其独特的历史地位和认识价值。为了避免陷入“扬宋抑唐”的泥潭，强调：宋代“足以同汉朝、唐朝前后相辉映，相互争妍丽。扬唐抑宋，或扬宋抑唐，均大可不必”[②]。另浏览网络不乏与《中国文明的反思》同调，“宋朝是最好的朝代”“完美无缺的朝代”，“是幸福指数最高的时代”“没有文字狱的时代”，过甚之词不胜其举。当年王国维之次子王仲闻以“宋朝人”自诩[③]，可谓寥若晨星；如今“希望回到宋朝，生活在宋朝”[④]者，不计其数。既有《梦里回到宋朝》的文章刊布[⑤]，又有《梦回宋朝》的著作印行[⑥]。《回到宋朝当书生》《回到宋朝当将军》《回到宋朝当公主》《回到宋朝当皇帝》《回到宋朝当王爷》《回到宋朝中状元》一类的网络小说，俯拾即是。甚至认为回到宋朝做“剩男”[⑦]、当寡妇也很幸福。唐朝宋朝，各有所喜，“希望回到宋朝”是各自的权利，他人无权干预。只是愚意以为，上述种种说法大抵出自对有宋一代历史的误读。人们难免会问：一家一姓坐天下的赵宋王朝果真那么完美吗？

提笔写此文，主要出于两种考虑：第一，时下宋朝炒得太热，说得太玄乎，是否会物极必反，否则不要30年，宋朝“积贫积弱”论恐怕又将再度盛行于世。第二，某些片面的说法与笔者仿佛不无干系，如《宋代“剩男”的幸福生活：富绅争相“榜下捉婿”》《宋朝之寡妇好嫁》一类的提法，有可能是笔者《宋代的“榜下择婿”之风》《宋代妇女再嫁问题探讨》等文[⑧]的引申，笔者似乎有必要出面加以说明和澄清。对于《中国文明的反思》一书作者勇于探索、勤于钻研的精神，笔者由衷地敬佩。另对书中某些较为具体的枝节问题提出学术性质疑，恰恰是尊重作者说话的权利，希望得到批评指教。

① 张邦炜：《北宋租佃关系的发展及其影响》，《甘肃师大学报》1980年第3期，第15页。

② 张邦炜：《瞻前顾后看宋代》，《河北学刊》2006年第5期，第99—101页。又载《新华文摘》2007年第1期，第59—61页。

③ 沈玉成：《自称“宋朝人”的王仲闻先生》，《沈玉成文存》，北京：中华书局，2006年，第394—401页。

④ 郭雪波：《希望回到宋朝》，《北京青年报》2007年6月23日。

⑤ 熊培云：《梦里回到宋朝》，《南方周末》2009年4月15日。

⑥ 何仁勇：《梦回宋朝》，北京：中国文史出版社，2010年。

⑦ 林一枤：《宋代“剩男”的幸福生活：富绅争相“榜下捉婿”》，《羊城晚报》2011年7月1日。此外，网络小说有题为《宋朝之寡妇好嫁》者。

⑧ 张邦炜：《宋代婚姻家族史论》，北京：人民出版社，2003年。

二、没有“量”，怎么“计”？

足以为宋代顶峰论张目的数据莫过于：“北宋时期的国民生产总值，占当时世界的 80%，是明朝的十倍之多”[①]；北宋有“2280 美元的人均 GDP”[②]；可是，这些数据均查无实据。英国经济史家安格斯·麦迪森在《中国经济的长期表现：公元 960—2030 年》一书中，将宋代的人均 GDP 估算为 450—600 美元[③]。我国已故知名经济史家吴承明、彭泽益对此均不表认同。吴氏说：“但在 18 世纪以前，无论中国或欧洲的 GDP 都无法精确计算，麦氏自己也说这只是 guestimate（美俚语瞎猜）。”[④]“他高估宋代的经济成就、低估明代的经济发展。”[⑤]彭泽益“对麦迪森进行了不点名的批评”，认为：“因为对中国经济史上的数量资料就很难搞清楚，没有‘量’，怎么来‘计’呢？”[⑥]

没有“量”，怎么“计”？前辈经济史家说得很中肯。在古代历史研究中，以例证为依据对研究对象作定性分析，其局限性之大显而易见。以数量为依据的定量分析使研究对象由模糊变清晰，由抽象变具体，其优越性不言而喻。然而史籍提供的数据本身就不甚可靠，研究者在换算、推算、估算的过程中又容易出错。笔者在采用数据时，就曾出过笑话。例如，为证明北宋“弱而不贫”，断言：“北宋疆土虽然狭小于唐代，但耕地面积比唐代至少增加 600 万顷左右。”[⑦]《宋史·食货志》载，北宋治平年间的天下垦田为“四百四十万余顷”，同时又说“赋税所不加者十居其七”[⑧]。于是，笔者便相信加上隐漏的垦田，治平年间的耕地总面积为 1460 多万顷。按一宋亩等于 0.9 市亩换算，治平年间的耕地总面积为 13.14 亿亩有余。须知，北宋并非大一统王朝，其管辖区的面积不足 300 万平方千米[⑨]，不到当代我国国土面积的 1/3。当前我国的耕地总面积不过略多于 18 亿亩，宋代竟高达 13.14 亿亩，这一推算显然有悖常理。葛金芳

---

① 袁腾飞：《两宋风云》，西安：陕西师范大学出版社，2009 年，第 1 页。

② 望江海：《富甲天下的大宋王朝》，《商业文化》2008 年第 12 期，第 70 页。

③ [英] 安格斯·麦迪森：《中国经济的长期表现：公元 960—2030 年》（第二版），伍晓鹰、马德斌译，上海：上海人民出版社，2008 年，第 20 页。

④ 吴承明：《西方史学界关于中西比较研究的新思维》，《中国经济史研究》2003 年第 3 期，第 6 页。

⑤ 吴承明：《中国 GDP 的故事》，金明善编：《经济学家茶座》第 10 辑，济南：山东人民出版社，2002 年，第 7 页。此文承蒙陈鹤先生推荐。

⑥ 萧国亮：《对中国历史上 GDP 研究的一点看法》，《清华大学学报》（哲学社会科学版）2009 年第 3 期，第 6 页。

⑦ 张邦炜：《北宋租佃关系的发展及其影响》，《甘肃师大学报》（哲学社会科学版）1980 年第 3 期，第 15 页。

⑧《宋史》卷 173《食货志上一·农田》，北京：中华书局，1977 年，第 4166 页。

⑨ 关于宋代管辖区的面积，可参看袁震：《宋代户口》附表三《宋代各路人口密度表》中的土地面积栏，《历史研究》1957 年第 3 期，第 36 页；宋岩：《中国历史上几个朝代的疆域面积估算》，《史学理论研究》1994 年第 3 期，第 149—150 页。袁震先生在前引文的注释中特别指出：“此表所计算的面积数字只是个大概数。”

先生认为：北宋最高耕地总面积“可能接近 800 万顷”，南宋时期“当在 600 万顷上下浮动”。[①]相比之下，这个估算要合理些。“有实事求是之意，无哗众取宠之心”是句老话，然而古人的言论并非一概可信。至道元年（995 年）九月，参知政事张洎称：当今“比汉、唐京邑民庶，十倍其人矣”[②]。这分明是句模糊乃至夸张的片言只语，竟被解释为：“宋朝的京城人均财富是汉、唐的十倍”，并进而引申为：“宋朝人均财富是汉、唐的十倍”，“两宋财富也许已经超过了秦、汉、晋、隋、唐、元、明、清这八朝的总和”。[③]依据宋代史籍关于财赋收入的记载来估算宋代的财富，很难得出正确的结论。宋人的统计采用不同名数相加的办法，往往以贯石两匹或贯石两斤等为单位。这种统计方法本身就很不科学。

《中国文明的反思》一书不时以数据说明问题，所用数据均有来源，只是个别数据仍有斟酌的余地。如作者所言：“宋朝时平均每个农民每年生产粮食为 4158 斤，而在两浙、江东、成都平原和福建沿海等发达地区，每个农民平均每年生产粮食为 6930 斤。”“再拿当代农业生产率来比较，1980 年我国粮食总产为 6363 亿斤，每个劳力平均生产粮食为 3421 斤，依然远远低于宋朝的农业生产率。可见宋代农业之发达。”然而这组数据出自推算，且有疑点。估算者在宣称“这的确是个令人惊异的成就”之后，又缺乏自信地说：“估测不会离谱太远。”[④]这类有些“离谱”的数据，最好不予引用。又如作者说：“宋朝的城市化水平已经很高。”究竟高到什么程度？台湾经济史家赵冈有个估算：“南宋时的城市人口已上升到总人口的五分之一，而到了 1820 年，又降到了总人口的 7%。”麦迪森对此已提出异议，认为其证据“非常单薄”，依据“缺乏严肃可信性”。[⑤]再如作者说：北宋“全国各主要城市的居民也基本用煤作燃料。当时西方都是用木头劈柴生火做饭取暖。中国一直到 20 世纪 70 年代各大城市都没有达到城市全部用煤的水平”。其主要依据无非是宋人庄绰《鸡肋编》里的一条记载：“昔汴都数百万家，尽仰石炭，无一家然薪者。”[⑥]数十年前，日本知名史家宫崎市定正是根据这条记载和其他史料，证明宋代“煤之普遍使用”[⑦]。然而我国已故史家严耕望指出：“这项概括性的结论，诚然很动听，显得光辉有魄力；一般学人也多风从其说，以为

---

① 葛金芳：《中国经济通史》第 5 卷，长沙：湖南人民出版社，2002 年，第 220 页。

②（宋）李焘撰，上海师范大学古籍整理研究所、华东师范大学古籍整理研究所点校：《续资治通鉴长编》卷 38，至道元年九月丁未，北京：中华书局，1992 年，第 820 页。

③ 铁血社区网《铁血历史论坛 · 中国历史》。

④ 葛金芳：《中国经济通史》第 5 卷，第 225、227 页。

⑤［英］安格斯 · 麦迪森：《中国经济的长期表现：公元 960—2030 年》，伍晓鹰、马德斌译，第 18 页。

⑥（宋）庄绰撰，萧鲁扬点校：《鸡肋编》卷中，北京：中华书局，1983 年，第 77 页。

⑦［日］宫崎市定：《宋代的煤与铁》，《东方学》第 13 辑。中文译文见中国科学院历史研究所翻译组编译：《宫崎市定论文选》上卷，北京：商务印书馆，1963 年，第 177—199 页。

定论。但仔细看来，不无问题。”严氏列举出若干反证，证明庄绰的记述“过分夸张”，“其实北宋汴京的燃料恐怕仍以薪柴为主，至少薪柴与石炭参半”。并告诫后学：“不要忽视反面证据。”[①]庄绰这条记载又称：“今驻跸吴越，山林之广，不足以供樵苏。虽佳花美竹，坟墓之松楸，岁月之间，尽成赤地。”“思石炭之利而不可得。”[②]此言或许同样“过分夸张”，但南宋临安的煤炭供应情况较北宋汴京差别较大，应当是事实。关于北宋开封一地的煤炭使用状况，严氏的总体估计似乎偏低，王曾瑜先生作了相当详尽的动态考察。其结论是：“自北宋开国至宋英宗时的百余年间，开封的燃料大体上使用柴和木炭。然而自宋神宗以后的近六十年间，开封燃料构成确实有很大变化，石炭的使用渐趋突出，最后占据开封燃料的主体，甚至可以供应外地。”王氏同时又指出：“南方煤炭资源不足”，“在宋人记载中已反映得相当清楚”。[③]在宋代的四川等南方广大地区，包括其主要城市在内，居民只怕远远未做到“基本用煤作燃料”。

三、“民间苦赋重，王税何由备？”

在不少人的印象中，宋代是广大民众的苦难时代。清人赵翼的论断常常被引用：“恩逮于百官者，惟恐其不足；财取于万民者，不留其有余。此宋制之不可为法者也。”“民之生于是时者，不知何以为生也。”[④]《中国文明的反思》一书则认定：宋朝是“广大民众的黄金时代”，“在中国的历史上，像宋朝的农民那样自由、快乐地生活的朝代是绝无仅有的”。其主要依据是唐诗和宋诗：“只要看看唐朝和宋朝诗人描写农民的诗歌就知道了”，唐诗“描写的却是农民的苦难史。而宋朝的诗歌里，记录的却是农民的欢歌笑语声”。

不必查阅卷帙浩繁的《全宋诗》，仅在钱钟书《宋诗选注》中就有宋代农民欢乐说的大量反证。北宋王安石《河北民》曰：“今年大旱千里赤，州县仍催给河役。老小相依来就南，南人丰年自无食。悲愁天地白日昏，路傍过者无颜色。汝生不及贞观中，斗粟数钱无兵戎！”刘攽《江南田家》云：“官家不爱农，农贫弥自忙。尽力泥水间，肤甲皆疥疮。未知秋成期，尚足输太仓。不如逐商贾，游闲事车航。”南宋徐照《促促词》曰：“东家欢欲歌，西家悲欲哭。丈夫力耕长忍饥，老妇勤织长无衣。”戴复古《庚子荐饥》云：“饿走抛家舍，纵横死路岐。有天不雨粟，无地可埋尸。劫数

---

① 严耕望：《治史三书·治史经验谈》，上海：上海人民出版社，2008年，第28—30页。

② （宋）庄绰撰，萧鲁扬点校：《鸡肋编》卷中，第77页。

③ 王曾瑜：《辽宋金的煤炭生产》，《锱铢编》，保定：河北大学出版社，2006年，第109、94页。此文承蒙邱志诚先生提示，关于宋代煤炭的使用状况，笔者吸取了他的意见。

④ （清）赵翼：《廿二史札记》卷25《宋制禄之厚》、《南宋取民无艺》，北京：中华书局，1963年，第485、492页。

惨如此，吾曹忍见之。官司行赈恤，不过是文移!”至于梅尧臣的《汝坟贫女》、苏舜钦的《城南感怀呈永叔》、张舜民的《打麦》以及范成大的前后《催租行》，更是描述宋代农民苦难生活的名篇。足见，宋朝人并没有感受到生活在大宋王朝的幸运和幸福，而是一再叹息：“开工作民良久艰，谁知不如牛马福!”“人贱不如泥，三叹而已矣”。笔者无意因此认为宋代农民的生活比唐代更苦，应当承认随着社会生产力的提高，宋代农民的生活在总体上有所改善，但程度毕竟有限，不宜渲染过分。北宋张詠《悯农》诗曰：“春秋生成一百倍，天下三分二分贫。”[①]诗句难免夸张，但宋代农民并没有充分分享社会经济发展的成果应当是事实。

南宋利登《骳稿·野农谣》云：“今年二月春，重见劝农文。……一年三百六十日，念及我农惟此日。”[②]刘攽说得更直白：“官家不爱农。”这些话笼统了些，对宋代的农业、农村、农民政策应作具体分析。客观些说，宋朝统治者不可能一味“杀鸡取卵”，确实采取了若干“养鸡生蛋”的惠农措施，以便培育税源，稳定社会，巩固政权。但《中国文明的反思》一书的认识，“官府对人民不是采取控制、压迫和剥削的政策，相反，官府对人民采取了尊重、保护、帮助和开放的政策”。梅尧臣《田家语》诗云：“谁道田家乐，春税秋未足。里胥扣我门，日夕苦煎促。”[③]宋诗中这类抨击官府压榨、盘剥农民的篇章为数不少。宋代尤其是南宋，苛捐杂税多如牛毛。北宋李觏浩叹：“役频农力耗，赋重女工寒”；“产业家家坏，诛求岁岁新”。[④]南宋朱熹指出：“古者刻剥之法，本朝皆备，所以有靖康之乱。”[⑤]连宋孝宗也不得不承认：“税赋太重。”[⑥]百姓哀叹：“王税何由备？”[⑦]宋代佃农、自耕农分别负担哪些租税以及负担如何沉重，学界论述不少，这里不必重复。总之，宋代的实情是“民间苦赋重”[⑧]，宋代农民的幸福指数并不高。

四、“官司行赈恤，不过是文移”

《宋史·食货志·振恤》曰：“若丐者育之于居养院；其病也，疗之于安济坊；

① （宋）张詠著，张其凡整理：《张乖崖集》卷2《悯农》，北京：中华书局，2000年，第9页。
② （宋）利登：《骳稿·野农谣》，陈起：《江湖小集》卷82，影印文渊阁四库全书本。
③ 钱钟书选注：《宋诗选注》，北京：人民文学出版社，1958年，第19页。
④ （宋）李觏：《李直讲先生文集》卷36《感事》《村行》，四部丛刊初编本。
⑤ （宋）黎靖德编，王星贤点校：《朱子语类》卷110《论兵》，北京：中华书局，1986年，第2708页。
⑥ （元）佚名著，李之亮校点：《宋史全文》卷25上“乾道五年九月丙寅”，哈尔滨：黑龙江人民出版社，2005年，第1714页。
⑦ （宋）文同：《丹渊集》卷4《宿东山村舍》，四部丛刊初编本。
⑧ （元）马端临：《文献通考》卷4《田赋四·历代田赋之制》，北京：中华书局，1986年，第59页。

其死也，葬之于漏泽园，岁以为常。”[①]南宋遗民周密《武林旧事》云：“病者则有施药局，童幼不能自育者则有慈幼局，贫而无依者则有养济院，死而无殓者则有漏泽园。”他发出了怀旧的感叹：“民生何其幸欤！”[②]或许正是依据有关史料，《中国文明的反思》一书认为：官府“保护”“帮助”人民。此说又被引申为：“如果你是一个宋朝人，从你被怀在母亲肚子里开始，到你出生，到你受教育，到生老病死，你都会得到宋朝国家福利政策照顾。”并赞叹：“伟大的宋朝福利，可以与今天的西方发达国家相比！”甚至断定：“宋朝街上没有乞丐，因为乞丐都被政府收养了。”[③]

宋代设立的社会福利机构确实不少，除上述居养院等机构之外，还有为资助贫穷人家生儿育女而设立的举子仓、举子田、慈幼庄，为平民提供低价药品而设立的和剂局、惠民局，为收治患病囚犯而设立的病囚院，等等。当时，生、老、病、死等社会民生问题相当严峻，宋朝为缓解这些问题所做的种种努力无疑应当受到历史的肯定。[④]但是由于当时社会经济发展水平毕竟较低，官府的财力有限，加之吏治腐败，这些措施的实际效果不大，没有达到预期的目的。以下四点值得注意：

第一，实施时间短。如负责安葬贫不能葬的死者的义冢，元丰年间（1078—1085年）在开封府界始具规模，但更名为漏泽园并推广到全国是在崇宁三年（1104 年），23 年后北宋即亡国。负责收养遗弃婴儿的慈幼局设立于庆元元年间（1195 年），宋理宗时“令天下诸州建慈幼局”[⑤]，数十年后南宋便覆灭。所有这些机构均旋兴旋废，并非始终存在。

第二，规模小。如负责收养老疾穷丐者的居养院，其前身福田院系继承唐朝旧制，北宋初年已有之，但东、西两所仅收养 24 人而已。嘉祐年间（1056—1063 年）增设南、北福田院，每所以收养 300 人为定额，仍难以满足社会的需求。各地的漏泽园规模一般都不大，以致“暴骨如莽，后殡者多发前冢，弃枯骼而纳新棺”[⑥]。

第三，覆盖面窄。如福田院、和剂局、惠民局等通常仅设立于京城，举子仓、举子田、慈幼庄仅分别创行于福州、桂阳军（今湖南桂阳）、江南东路。所有这些机构并非全国各地都有，特别是广大农村往往被遗忘。正如当时人所说：赈济孤独之政，“其惠偏于市井，而不逮山谷”[⑦]。

---

① 《宋史》卷 178《食货志上六·振恤》，北京：中华书局，1977 年，第 4340 页。
② （宋）周密：《武林旧事》卷 6《骄民》，杭州：西湖书社，1981 年，第 96 页。
③ 铁血社区网《铁血历史论坛·中国历史》。
④ 朱瑞熙、张邦炜、刘复生，等：《宋辽西夏金社会生活史》第十章《生育与养老》、第十一章《丧葬（上）》、第十八章《医疗保健》，北京：中国社会科学出版社，2005 年。
⑤ （元）佚名著，李之亮校点：《宋史全文》卷 35，宝祐五年十一月壬戌，第 2340 页。
⑥ （宋）周应合：《景定建康志》卷 43《风土志二·义冢》，影印文渊阁四库全书本。
⑦ （宋）朱熹：《朱子大全·晦庵先生朱文公文集》卷 92《岳州史君郭公墓碣铭》，四部备要本。

第四，弊病多。如居养院往往收养不当，“宜收而弃，以壮为弱，或减克支散，或虚立人数，如此之类，其弊多端”[①]。专门负责救助贫病的安济坊，由于官吏敷衍塞责，或“多为庸医盗其直，或有药而不及贫下人”[②]。惠民局和剂局本应为民众提供廉价优质药品，但其官吏将这类药品“留应权贵之需”，民众气愤地称“惠民局为惠官局，和剂局为和吏局”[③]。官府以漏泽园安葬死者的多少考核守园僧人，守园僧人“遂有析骸以应数者”，以便冒领“恩例”[④]。不少惠民政策并未兑现，如生子给钱米。绍兴年间，司农寺主簿盛师文指出：“临安市井穷民未闻有得斗米千钱者”，并感叹：“况于乡村与夫穷僻镇聚？”[⑤]当时杀婴之风盛行，特别是在福建西部等南方山区，“小民贫者，生子多不举，初生便于水盆中浸杀之”[⑥]。包括生子给钱米以及设立慈幼局在内的一切慈幼举措，其目的都在于扭转杀婴之风。然而由于这些举措往往口惠而实不至，杀婴之风终有宋之世而不变。可见，对于宋朝的社会福利不能估计过高。

至于说“宋朝街上没有乞丐”，显然不是事实。《东京梦华录》《梦粱录》两书就有关于乞丐的记载，朱熹有“朝为富商，暮为乞丐”[⑦]一语。某些时段、某些地区或因灾荒或因苛政或因物价飞涨，乞丐为数不少。如宋神宗初年，受灾的河北地区，民众“舍其亲戚，弃其邱垄，流离道路，乞丐于人”[⑧]。宣和年间（1119—1125年），刘寄等官员在京西地区，“取民间税地，谓之公田，敛取无艺，百姓失业，流丐者众”[⑨]。嘉定二年（1209 年）冬，“时都城米价踊贵，楮币不通，乞丐之人有群攫饼饵于传法寺前者”[⑩]。官府对于乞丐，也不可能一概收养，有时还加以驱赶。如大中祥符元年（1008 年），为迎接宋真宗东封泰山归来，“贫儿乞丐尽被开封府赶在城外”[⑪]。宋代不仅有乞丐，还有丐帮，“宋时丐者之长曰团头”[⑫]。

---

① （清）徐松辑：《宋会要辑稿》食货 68 之 144，北京：中华书局，1957 年，第 6325 页。

② （宋）叶梦得撰，徐时仪整理：《避暑录话》卷上，朱易安、傅璇琮等主编《全宋笔记》第二编第十册，郑州：大象出版社，2006 年，第 243 页。

③ （宋）俞文豹撰，张宗祥校订：《吹剑录全编·四编》，上海：古典文学出版社，1958 年，第 112 页。

④ （宋）施宿等：《（嘉泰）会稽志》卷 13《漏泽园》，影印文渊阁四库全书本。

⑤ （宋）李心传：《建炎以来系年要录》卷 163，绍兴二十二年四月己巳，北京：中华书局，1988 年，第 2656—2657 页。

⑥ （宋）苏轼：《东坡志林》卷 5，影印文渊阁四库全书本。

⑦ （宋）黎靖德编，王星贤点校：《朱子语类》卷 130《自熙宁至靖康用人》，第 3127 页。

⑧ （宋）司马光著，王根林点校：《司马光奏议》卷 21《赈赡流民札子》，太原：山西人民出版社，1986 年，第 237 页。

⑨ （明）黄淮、杨士奇编：《历代名臣奏议》卷 182《去邪》，靖康元年李光又论王子献等札子，上海：上海古籍出版社，1989 年，第 2387 页。

⑩ （宋）佚名编，汝企和点校：《续编两朝纲目备要》卷 11，嘉定二年十二月丙辰，徐邦宪罢，北京：中华书局，1995 年，第 209 页。

⑪ （宋）俞文豹撰，张宗祥校订：《吹剑录全编·四编》，第 119 页。

⑫ （明）田汝成：《西湖游览志余》卷 23《委巷丛谈》，上海：上海古籍出版社，1980 年，第 415 页。

五、“生男则喜，生女则戚”

宋代妇女的社会地位究竟如何，是个有争议的问题。传统观点是：宋代贞节观念骤然增长，妇女地位直转急下。笔者试图对此作些订正，认为：“宋代仅仅处于妇女地位下降的过程之中，并非这一过程的转折点。”[①]《中国文明的反思》一书则提出了颠覆性的论断：“宋朝对妇女是一个非常尊重的社会，宋朝的妇女活得非常独立而有尊严。”并否认宋代礼教及男尊女卑的存在。宋代果真没有男尊女卑，只有男欢女爱吗？以下三点应当指出：

第一，不能仅以个别人物为例。杨门女将、杜十娘系小说、戏曲中人，不足为据。且按照冯梦龙在小说《杜十娘怒沉百宝箱》里的时间定位，此事发生在明代万历年间，与宋代无干。作者提到的李清照、朱淑真，就其个人生活而论，幸福指数只怕都不高。即便是先由良而倡，后从良做妾的才女聂胜琼，虽然有一首情真意切的艳词《鹧鸪天》传世，并留下了一段故事性极强的爱恋经历，但综观其一生，似乎也谈不上尊严和幸福。苏轼的第一任夫人王弗的幸福指数要高些，有《江城子》为证，但只怕也不能仅凭一首《江城子》就得出这样的推论：“做宋朝的女人是相当幸福的。”何况不能仅以王弗等中上阶层妇女为例，更应关注广大下层妇女的境遇。李觏《哀老妇》云：“里中一老妇，行行啼路隅。自悼未亡人，暮年从二夫。寡时十八九，嫁时六十余。昔日遗腹儿，今兹垂白发。子岂不欲养，母岂不怀居。徭役及下户，财尽无所输。异籍幸可免，嫁母乃良图。牵车送出门，急若盗贼驱。儿孙孙有妇，小大攀且呼。回头与永诀，欲死无刑诛。”[②]这类描述下层妇女苦难的宋诗为数不少，仅在钱钟书《宋诗选注》中，就有《汝坟贫女》《织妇怨》《织妇叹》《翁媪叹》《耕织叹》，等等。

第二，应当重在剖析妇女的权益。权益涉及面广，包括经济上的财产所有权、支配权、继承权，政治上的应试入仕权、参与社会活动权，文化上的受教育权，个人生活上的婚姻自主权、离异另婚权以及家事管理权，等等。要将唐、宋作前后对比，不大容易。但对男、女作性别比较，似乎不太困难。宋代女性与男性的差别相当明显，女性通常不能上学念书、参加科举考试、入仕为官。笔者曾海里捞针，找出一个特例：宝元二年（1039年）冬，宋、夏激战，保安军（治今陕西志丹）北巡检刘怀忠之妻黄

① 张邦炜：《宋代婚姻家族史论》，北京：人民出版社，2003年，第175页。

②（宋）李觏：《直讲李先生文集》卷35《哀老妇》，四部丛刊本，上海：商务印书馆，1936年，第35页。

赏怡“率兵来援，多所俘获”[①]，朝廷论功行赏，封她为永宁县君。史称：“自置童子科以来，未有女童应试者。”南宋时出了两个特例：一个是淳熙元年（1174 年），女童林幼玉考中，“特封孺人”[②]。孺人与县君一样，均系封号而已，并非实职。另一个是嘉定五年（1212 年），女童吴志端未能进入复试。其原因，一言以蔽之，有悖礼教。官员们强调：“女子之职，惟麻枲丝茧织纴组紃是务。”“志端乃以女子应此科，纵使尽合程度，不知他日将安所用！”并指责她“艳妆怪服”[③]。吴志端毕竟还有幸参加童子科初试，童子科以外的进士等科目是绝对禁止女性应试的，女性绝无入仕为官的机会和可能。在宋代，女性虽然仍然享有一定的财产继承权，但与男性不能相提并论。南宋时，“在法，父母已亡，儿女分产，女合得男之半”[④]。“男主外，女主内”，按照这一性别分工，家事由作为主妇的妻子管理，但家长只能是身为男性的丈夫。“家庭小社会，社会大家庭。”宋代垂帘太后达九位之多，在历史上实属罕见。但太后垂帘只是皇权断裂时段的特殊现象，大多仅仅具有象征意义。即便是声威显赫一时的章献明肃太后即宋真宗刘皇后、宣仁圣烈太后即宋英宗高皇后也无非是代行皇权而已。皇帝作为社会大家庭的大家长，非男性莫属。

第三，不能否认宋代礼教的存在。翻开司马光《居家杂仪》，什么“妇人无故不窥中门，有故出中门，必拥蔽其面，如盖头、面帽之类”；女子“作歌诗，执俗乐，殊非所宜也”；“凡为子妇者，毋得畜私财”；“子甚宜其妻，父母不悦，出”。[⑤]诸如此类，比比皆是。“贞女不事二夫，忠臣不事两君。”[⑥]这句话在宋代已较为常见。程颐毕竟说过：“然饿死事极小，失节事极大。”[⑦]虽然其社会实际影响远不如后来的明清时代那样大。司马光说：“夫妇以义合，义绝则离之。”[⑧]宋代妇女离异另嫁的事例不少，但离异在传统时代受到伤害的往往是女性。宋诗有句云：“妾心如镜面，一规秋水清。郎心如镜背，磨杀不分明。小窗寒烛夜，结纽缀郎襟。不结寻常纽，结郎长远心。郎心如纸鸢，断线随风去。”[⑨]在广大女性经济不能独立或完全独立的时代，妻子

---

① （宋）李焘撰，上海师范大学古籍整理研究所、华东师范大学古籍整理研究所点校：《续资治通鉴长编》卷 125，宝元二年十二月乙丑，第 2945 页。
② （清）徐松辑：《宋会要辑稿》选举 9 之 30，第 4411 页下。
③ （清）徐松辑：《宋会要辑稿》选举 12 之 38，第 4466 页下。
④ （宋）刘克庄撰，王蓉贵、向以鲜校点，刁忠民审订：《后村先生大全集》卷 193《书判·鄱阳县东尉检校官周丙家财产事》，成都：四川大学出版社，2008 年，第 4865 页。
⑤ （宋）司马光：《司马氏书仪》卷 4《婚仪下·居家杂仪》，丛书集成初编本，北京：中华书局，1985 年，第 41—46 页。
⑥ 《宋史》卷 446《忠义一·刘韐传》，第 13164 页。
⑦ （宋）程颢、程颐著，王孝鱼点校：《二程集·程氏遗书》卷 22 下《附杂录后》，北京：中华书局，1981 年，第 301 页。
⑧ （北齐、隋）颜之推、（宋）司马光：《颜氏家训司马温公家范》卷 7《夫》，上海：上海古籍出版社，1992 年，第 50 页。
⑨ （宋）许棐：《梅屋集》卷 2《融春小缀·乐府》，影印文渊阁四库全书本。

内心深处不免隐藏着被丈夫抛弃的忧虑和恐惧。离异另嫁者多，只怕绝非女性幸福指数高的象征。何况缠足这一摧残、禁锢妇女的陋习兴起于宋代。[①]

与其他朝代并无二致，宋代的社会心理同样是："生男则喜，生女则戚。"[②]梅尧臣诗曰："生男众所喜，生女众所丑。生男走四邻，生女各张口。男大守诗书，女大逐鸡狗。"[③]当时福建等南方山区盛行的杀婴之风，以杀女婴为主。"闽人生子多者，至第四子则率皆不举。……若女则不待三，往往临蓐以器贮水，才产即溺之。"[④]总之，整个传统时代都是男尊女卑的时代，只有程度上的变化，没有实质性的不同，有宋一代概莫能外。这一成说只怕很难颠覆。

六、"方今制禄，大抵皆薄"

宋代素有"恩逮于百官者，惟恐其不足"之称。《中国文明的反思》一书将宋代称为"知识分子、官员士大夫的黄金时代"，不无一定道理。书中从朝廷的待遇和士大夫的人格两大方面予以论证，内容大抵属实，且不乏中肯之论，其中也难免有概括不尽周延及渲染失真之处。

在作者看来，宋代士大夫在经济上待遇丰厚。关于宋代的俸禄，从前有两种极端的说法。北宋杨亿认为比前代减少："其俸也，不能致九人之饱，不及周之上农；其禄也，未尝有百石之入，不及汉之小吏。"[⑤]范仲淹认为不如唐代："唐外官月俸尤更丰足，簿尉俸钱尚二十贯。今窘于财用，未暇增复。"[⑥]王安石也有大致相同的说法："方今制禄，大抵皆薄。自非朝廷侍从之列，食口稍众，未有不兼农商之利而能充其养者也。"[⑦]清人赵翼的看法与杨亿等人正好相反，他说：宋"待士大夫可谓厚矣"。并在其《廿二史札记》卷25《宋制禄之厚》《宋祠禄之制》《宋恩赏之厚》《宋恩荫之滥》等条目中加以阐述。可能正是依据赵翼等人的论断，《中国文明的反思》一书指出：宋代官员"待遇之丰厚，实为历代罕见"。至于"宋朝公务员富得流油"[⑧]一类的说法，更是言过其实。

---

① 朱瑞熙：《宋代社会研究》，郑州：中州书画社，1983年，第126—129页。
② （宋）司马光：《司马氏书仪》卷3《婚仪上·亲迎》，第33页。
③ （宋）葛立方：《韵语阳秋》卷10，上海：上海古籍出版社，1984年，第125页。
④ （宋）王得臣撰，俞宗宪点校：《麈史》卷上《惠政》，上海：上海古籍出版社，1986年，第19页。
⑤ （宋）杨亿：《武夷新集》卷16《表状五·次对奏状》，影印文渊阁四库全书本。
⑥ （宋）范仲淹：《范文正公集·政府奏议》卷上《答手诏条陈十事》，四部丛刊初编本。
⑦ （宋）王安石著，唐武标校：《王文公文集》卷1《上皇帝万言书》，上海：上海人民出版社，1974年，第8页。
⑧ 铁血社区网《铁血历史论坛·中国历史》（http://bbs.tiexue.net/post_3573325_1.html）。

对于宋代的俸禄，何忠礼、张全明先生有专门研究。何氏认为：“宋代除了少数高级官员的俸禄确实非常优厚以外，占官员总数绝大部分的低级官员的俸禄不高，往往不足以养廉。至于州县胥吏，则基本上无廪给可言。”[①]张氏指出：“宰相、枢密使等高官享有极其优厚的俸禄，但那毕竟只是极少数，对于衡量、评价全体官员的俸禄水平，没有普遍意义。”[②]在宋代的宰相中，确有因其俸禄优厚而生活富裕乃至豪侈者。寇准即是一例，他“自少年富贵，不点油灯，尤好夜宴剧饮，虽寝室亦燃烛达旦”[③]，且心存及时行乐之想，竟声称：“人间万事何须问，且向樽前听艳歌。”[④]又如赵鼎“起于白屋，有朴野之状。一日拜相，骤为骄侈，以临安相府为不足居，别起大堂，奇花嘉木，环植周围。堂之四隅，各设大炉，为异香奇种，每坐堂中，则四炉焚香，烟气氤氲，合于座上，谓之香云。”[⑤]又有因多种原因清贫甚至穷困者，如吕端贵为宰相，“不蓄赀产，（其子吕）藩兄弟贫匮，又迫于婚嫁，因质其居第”[⑥]。毕士安“四方无田园居第，没未终丧，家用已屈”[⑦]。中下级官吏又等而下之。北宋前期，“三班奉职月俸钱七百，驿券肉半斤”。有位职居此阶者题诗驿壁，大发其牢骚：“三班奉职实堪悲，卑贱孤寒即可知。七百料钱何日富，半斤羊肉几时肥？”有位书生投书县尉借米，县尉以诗作答：“五贯五百九十俸，省钱请作足钱用。妻儿尚未厌糟糠，僮仆岂免遭饥冻。赎典赎解不曾休，吃酒吃肉何曾梦。为报江南痴秀才，更来谒索觅甚瓮。”[⑧]南宋时，由于北方人口大量南移，“吴中羊价绝高，肉一斤为钱九百”。有官吏写下打油诗：“平江（治今江苏苏州）九百一斤羊，俸薄如何敢买尝？只把鱼虾充两膳，肚皮今作小池塘。”[⑨]至于俸禄之外的灰色、黑色收入，各个机构之间差距很大，尚书省六部二十四曹就很明显。南宋初年，顺口溜说：“吏勋封考，三婆两嫂。户度金仓，细酒肥羊。礼祠主膳，淡吃虀面。兵职驾库，咬姜呷醋。刑都比门，人肉馄饨。工屯虞水，身生饿鬼。”当时“赂贿公行，冒滥相乘，饷军日滋，赋敛愈繁，而刑狱亦众，故吏、户、刑三曹吏胥，人人富饶，他曹寂寞弥甚”。[⑩]广义的士大夫还应当包括未能

① 何忠礼：《宋代官吏的俸禄》，《历史研究》1994年第3期，第115页。

② 张全明：《也论宋代官员的俸禄》，《历史研究》1997年第2期，第149页。

③（宋）欧阳修撰，李伟国点校：《归田录》卷1，北京：中华书局，1981年，第15页。

④（宋）祝穆：《古今事文类聚》后集卷16《人伦部·宠妾·茜桃能诗》，影印文渊阁四库全书本。

⑤（宋）徐梦莘：《三朝北盟会编》卷216，绍兴十七年三月二日“赵鼎卒于吉阳军”引朱胜非《秀水闲居录》，上海：上海古籍出版社，1987年，第1557页。

⑥《宋史》卷281《吕端传》，第9517页。

⑦《宋史》卷281《毕士安传》，第9522页。

⑧（宋）彭□撰，孔凡礼点校：《墨客挥犀》卷1，北京：中华书局，2002年，第285页。所谓“省钱”，即省陌钱。（宋）欧阳修撰，李伟国点校：《归田录》卷2“用钱之法，自五代以来，以七十七为百，谓之省陌”，第36页。

⑨（宋）洪迈撰，何卓点校：《夷坚志》丁志卷17《三鸦镇》，北京：中华书局，1981年，第683页。

⑩（宋）陆游撰，李剑雄、刘德权点校：《老学庵笔记》卷6，北京：中华书局，1979年，第83页。

入仕为官的读书人。他们“平生苦学，望一青衫而不可得”。其数量若干倍于官吏，其经济状况通常更差。有位士人感叹道：“满腹文章，满头霜雪，满面尘埃。直到如今，别无收拾，只有清贫。”[①]梁庚尧先生《南宋的贫士与贫宦》一文列举了大量士大夫贫困的史实并分析其成因，值得参考。总之，宋代士大夫并非人人富有，而是贫富不一。[②]

《中国文明的反思》一书认为：宋朝“实行高薪养廉的政策”，不无一定史实依据。鉴于官吏薪俸较低，宋太祖早在开宝年间就宣称：“与其冗员而重费，不若省官而益俸。”[③]此后，范仲淹、王安石等人都主张高薪养廉。如范仲淹说：“养贤之方，必先厚禄。厚禄然后可以责廉隅，安职业也。”[④]对此，清初思想家王夫之给予高度评价：“省官以清吏治，增俸以责官廉，开宝之制可谓善矣！”[⑤]宋代也确实时有增俸之举，仅据《宋会要辑稿》职官 57《俸禄杂录》的记载统计，地区性的增俸多达 20 次，局部性的增俸多达 11 次。全局性的增俸，主要有大中祥符年间、元丰年间、崇宁年间三次。到南宋中期，官员的俸禄据说“或七八倍”[⑥]于北宋初年。但是宋代物价多次上涨，官员所增俸禄往往被物价上涨抵销，加俸在某些时段不过是虚增而已。特别是南宋晚期物价飞涨，官员的名义俸禄最高，实际俸禄最低。当时人说：“谷高三倍价，人到十分穷”[⑦]；“太守若头陀，两粥一饭”[⑧]；“州县小吏无以养廉为叹”[⑨]。有学者将北宋视为高薪不能养廉的典型[⑩]。就蔡京之流而论，确实如此，他们俸禄最高，最不廉洁。笔者认为，宋代官未减反增，俸名增实虚，廉未养愈贪。总之，宋代高薪养廉的设想不无一定道理，但在实践中很不成功。

七、“西湖虽好莫吟诗”

《中国文明的反思》一书认为，宋代士大夫不仅在经济上待遇丰厚，而且在政治

① （宋）洪迈撰，何卓点校：《夷坚志》三志己卷 7《善谑诗词》，第 1353 页。
② 梁庚尧：《南宋的贫士与贫宦》，《宋代社会经济史论集》（下册），台北：允晨文化实业股份有限公司，1997 年，第 322—417 页。
③ （清）徐松辑：《宋会要辑稿》职官 61 之 1，第 3754 页下。
④ （宋）范仲淹：《范文正公集·政府奏议》卷上《答手诏条陈十事》，四部丛刊初编本。
⑤ （清）王夫之：《宋论》卷 1《太祖》，四部备要本。
⑥ （宋）洪迈：《容斋随笔》（下）四笔卷 7《小官受俸》，上海：上海古籍出版社，1978 年，第 699—700 页。
⑦ （宋）戴复古：《石屏诗集》卷 3《庚子荐饥》，影印文渊阁四库全书本。
⑧ （元）蒋正子：《山房随笔》，陶宗仪：《说郛》卷 27，北京：中国书店，1986 年，第 13 页。
⑨ （元）马端临：《文献通考》卷 9《钱币考二·历代钱币之制》，第 99 页。
⑩ 佚名：《北宋高薪未能养廉》，《政府法制》2010 年第 36 期，第 41—42 页。

上自由度大。当时，朝廷一般“不杀士大夫及上书言事者”[①]。这在传统时代确实很难得，无疑应当给予积极的评价。该书作者指出：“宋朝是一个言论自由、思想开放的时代”，或许增加一个“较”字，改为“较自由”“较开放”，要确切些。[②]作者又说：宋代“没有特务”“没有文字狱”“没有思想禁区”。这“三个没有”则不是事实。

将宋代的皇城司称为明代锦衣卫的前身，或许言过其实。但说皇城司巡察亲事官、亲事卒、逻卒是特务，只怕一点也不错。皇城司的这些人员，北宋开国之初早已有之。司马光说：“祖宗开基之始，人心未安，恐有大奸阴谋无状，所以躬自选择左右亲信之人，使之周流民间，密行伺察。”[③]朝廷有时担心“密行伺察”激起民愤，也曾加以限制和约束。如大中祥符年间（1008—1016年），“皇城司遣亲事卒四十人于京城伺察，月给缗钱，每季代之。凡所察事，悉上本司，本司皆录奏”。宋真宗“虑其恐喝（吓）骚扰”，“于是令枢密院条约之：自今非奸盗及民俗异事所由司不即擒捕者，勿得以闻”。[④]有时又出于政治斗争的需要，予以扩充。如“熙宁五年春正月，置京城逻卒。皇城卒七十人，开封府散从官数十人，巡察谤议时政者，收罪之”[⑤]。早在宋仁宗末年，司马光就抨击逻卒：“妄执平民，加之死罪，使之幽縶囹圄，横罹楚毒。”[⑥]熙宁年间，退居洛阳的司马光又上奏宋神宗，极力反对：“潜遣逻卒，听市道之人谤议者，执而刑之。又出榜立赏，募人告捕诽谤朝政者，臣不知自古圣帝明王之政，固如是耶？”[⑦]但并未产生任何作用。元祐元年（1086年），御史中丞刘挚上疏弹劾道：“夫皇城司之有探逻也，本欲周知军事之机密与夫大奸恶之隐匿者。而（领皇城司石）得一恣残刻之资，为罗织之事，纵遣伺察者所在棋布，张阱而设网，家至而户到，以无为有，以虚为实，上之朝士大夫，下之富家小户，飞语朝上，而暮入于狴犴矣。”一旦入狱，“故凌辱棰讯，惨毒备至，无所求而不得，无所问而不承，被其阴害，不可胜数。于是上下之情惴惴，朝夕不敢自保，相顾以目者殆十年”[⑧]。宦官石得一虽然被贬职，但探逻依

① 刘浦江：《祖宗之法：再论宋太祖誓约及誓碑》，《文史》2010年第3辑。

② 程民生先生在《宋代社会自由度评估》一文中颇有见地指出：宋代“社会自由度较大”（《史学月刊》2009年第12期，第27页）。这个“较”字只怕是重要的，不能省略的。此文承蒙邱志诚先生推荐。

③（宋）司马光著，王根林点校：《司马光奏议》卷7《皇城司巡察亲事官札子》，第58页。

④（宋）李焘撰，上海师范大学古籍整理研究所、华东师范大学古籍整理研究所点校：《续资治通鉴长编》卷74，大中祥符三年八月庚午，第1687页。

⑤（宋）陈均编，许沛藻、金圆、顾吉辰，等点校：《皇朝编年纲目备要》卷19，熙宁五年正月，北京：中华书局，2006年，第451页。

⑥（宋）司马光著，王根林点校：《司马光奏议》卷7《皇城司巡察亲事官札子》，第59页。

⑦（宋）李焘撰，上海师范大学古籍整理研究所、华东师范大学古籍整理研究所点校：《续资治通鉴长编》卷252，熙宁七年四月甲申，第6162页。

⑧（宋）赵汝愚编，北京大学中国中古史研究中心校点整理：《宋朝诸臣奏议》卷63《百官门·内侍下·上哲宗弹劾王中正等四宦官之罪》，上海：上海古籍出版社，1999年，第697—698页。

然如故。宋高宗时，“察事之卒，布满京城，小涉讥议，即捕治，中以深文”[①]。绍兴末年，秘书郎王十朋当面直陈高宗：“诸军承受，威福自恣，甚于唐之监军；皇城逻卒，旁午察事，甚于周之监谤。”大概是内禅在即，高宗这次还算比较开明，“戢逻卒，罢诸军承受”。[②]所谓“戢”者，约束而已。可见，今人所谓特务，北宋、南宋不是没有，而是都有，只是其严重程度小于后来的明代而已。

宋代文字狱较多，诸如奏邸之狱、乌台诗案、同文馆之狱、车盖亭诗案、胡铨奏疏案、李光《小史》案、《江湖集》案等，几乎尽人皆知。宋代的文字狱以宋高宗一朝最多，据赵翼《廿二史札记》卷25《秦桧文字之祸》考述，不下20起。宋代禁书、焚书的事件不时发生，私史往往是禁毁的主要对象。如崇宁二年（1103年）四月，“诏毁刊行《唐鉴》并三苏、秦、黄等文集”[③]。诸如《东斋记事》、《湘山野录》、《刘贡父诗话》、晁补之文集，以及程颐的著述都在禁毁之列。又如绍兴十四年（1144年）四月，禁私史，其理由所谓“私史害正道”。十九年十二月，再度明令“禁私作野史，许人告”。在朝廷的压力下，司马伋言不由衷，公然说“《涑水记闻》非其曾祖光论著之书”。其后，“李光家亦举光所藏书万卷焚之”[④]。再如嘉泰二年（1202年）二月，禁行私史。李焘《续通鉴长编》、王称《东都事略》等书特许“存留”，但“不许刊行。其余悉皆禁绝，违者坐之”。[⑤]因文得祸者往往贬往远恶州军，并株连甚广。如绍兴二十年（1150年），原参知政事李光因“妄著私史，讥谤朝廷”罪，远贬昌化军（今海南儋州），“前从官及朝士连坐者八人”[⑥]。“其弟宽亦被罗织，除名勒停。长子孟传、中子孟醇皆侍行，死贬所。仲子孟坚以私史事，对狱掠治百余日，除名编管。”其季子孟津“亦抵罪。田园、居第悉皆籍没，一家残破矣”[⑦]。因文得祸者还有被处死或逼死的。如绍兴年间，“进义副尉刘允中坐指斥谤讪弃市”[⑧]。原宰相赵鼎远贬吉阳军（今海南三亚），他对其儿子说：“（秦）桧必欲杀我。我死，汝曹无患；不尔，祸及一家矣。”于是“不食而死”[⑨]。

《中国文明的反思》一书否认宋代存在文字狱，仅以“文字案件”相称，认为：“仔细研究这些文字案件，就可以发现这些文字案件的发生，其原因除了党派斗争之

---

①《宋史》卷473《奸臣三·秦桧传》，第13765页。
②《宋史》卷387《王十朋传》，第11884页。
③《宋史》卷19《徽宗本纪一》，第367页。
④《宋史》卷473《奸臣三·秦桧传》，第13760—13761页。
⑤（宋）李心传撰，徐规点校：《建炎以来朝野杂记》甲集卷6《嘉泰禁私史》，北京：中华书局，2000年，第149页。
⑥（宋）李心传：《建炎以来系年要录》卷161，绍兴二十年三月庚寅，第2608页。
⑦（宋）李心传：《建炎以来系年要录》卷168，绍兴二十五年四月己丑，第2747页。
⑧《宋史》卷30《高宗本纪七》，第574页。
⑨《宋史》卷360《赵鼎传》，第11294—11295页。

外，就是官场倾轧，或者是奸臣当道对正直人士的迫害。真正由于皇帝对意识形态的控制而采取镇压手段，一件也没有，这与后来明清社会皇帝对思想的禁锢和对舆论的控制，是根本不同的。”皇帝专制制度是宋代的基本政治制度，不容任何人从根本上予以否定和动摇，这就是宋代最大的思想禁区和最低的意识形态底线。不仅“谋反”“谋大逆”，即使是“大不敬”，也要受到严惩。绍兴十四年（1144 年），“太学生张伯麟尝题壁曰‘夫差，尔忘越王杀而父乎，’杖脊刺配吉阳军”[①]。张伯麟触痛了宋高宗内心深处的疮疤，惨遭严惩。这与后来明太祖忌讳“贼”字、“光”字，清人将“陛下”笔误为“狴下”，即被视为对皇上“大不敬”之类，并无根本不同，仅有惨烈程度的差别，其要害都在于维护专制皇权。宋代文字狱的罪名大致均为“谤上”。元丰二年（1079 年），乌台诗案，苏轼的罪名便是：“凡上所施为，皆作诗诋訿，无所不至。”[②]庆元年间的所谓“伪学之禁”，以专制手段禁止一种学说和学派，并迫害学者，更是典型的文化专制。

由于宋代文祸较多、惩罚较重，苏轼在熙宁年间前往杭州时，其表兄文同告诫他：“北客若来休问事，西湖虽好莫吟诗。”“盖深恐其贾祸也。”“江山易改，秉性难移。”苏轼“好讥刺”，后来仍不免“乌台之勘、赤壁之贬”[③]。难怪宋代有这样的俚语：“闻事莫说，问事不知，闲事莫管，无事早归。”[④]总之，宋代并非“没有思想禁区”，士大夫在政治上的自由度只怕并不算高。

八、“贪利禄而不贪道义”

对于宋代的士风，当时人就有不少尖锐的批评。如：“天下之患，莫大于士大夫无耻”[⑤]；“今士大夫方寡廉鲜耻”[⑥]；“唐人尚文好狎，本朝尚名好贪”[⑦]；“贪利禄而不贪道义，要做贵人而不要做好人”[⑧]。并将其原因归咎于制度：“士大夫多为富贵诱坏。”[⑨]《中国文明的反思》一书则给予宋代士风极高的评价，认为：宋朝“有力地防

①《宋史》卷 473《奸臣三·秦桧传》，第 13759 页。
②（宋）李焘撰，上海师范大学古籍整理研究所、华东师范大学古籍整理研究所点校：《续资治通鉴长编》卷 301，元丰二年十二月庚申，第 7336 页。
③（宋）罗大经撰，王瑞来点校：《鹤林玉露》乙编卷 4《诗祸》，北京：中华书局，1983 年，第 188 页。
④（宋）胡仔：《渔隐丛话》前集卷 54《宋朝杂事上》，四部备要本。
⑤（宋）游酢：《游廌山集》卷 4《论士风奏疏》，影印文渊阁四库全书本。
⑥《宋史》卷 348《毛注传》，第 11033 页。
⑦（宋）张端义：《贵耳集》卷下，学津讨原本。
⑧（宋）朱熹：《朱子大全·晦庵先生朱文公文集》卷 74《沧州精舍又谕学者》。
⑨（宋）周密撰，张茂鹏点校：《齐东野语》卷 8《赵德庄诲后进》，北京：中华书局，1983 年，第 136 页。

止了腐败的发生”，“有效地控制臣下的腐败和贪婪之风”；“宋朝并没有形成所谓的官场和官场文化，宋代的官员士大夫并没有什么潜规则需要遵守”。“贪污受贿、官官相护、吹牛拍马、阿谀奉承、见风使舵等等官场游戏规则，在宋代是没有市场的。”上述两种截然不同的说法各走极端，均有笼统偏颇之嫌。然而有一点似乎可以肯定，宋代防止贪污并不成功，官场中贪婪之风相当盛行。王安石对当时的情况作过简要的概括：“官大者交赂遗、营赀产，官小者贩鬻、乞丐，无所不为。”宋人谚语曰：“欲待富，须胡做”[①]；“欲得富，赶著行在卖酒醋”[②]。当时官员“胡做得富”的手段主要有四：

一是贪污。宋太祖时，重大贪污案件频发，仅见于李焘《续资治通鉴长编》者即达 32 起之多，赃款动辄上万。北宋末年，情况更为严重，蔡京等“六贼”便是六个特大贪官。他们过着“享用侈靡”“穷极富贵”的生活，到罢官时，籍没其家，各种赃物不计其数。蔡京随意使用公款，“动以笔帖于榷货务支赏给，有一纸至万缗者”，以致“所侵私，以千万计”[③]。朱勔“指取内帑如囊中物，每取以数十百万计”[④]。

二是苞苴。即用公款请客送礼。官府“别立名目，以为馈送”[⑤]；官员“多为苞苴，遍遗权要”[⑥]；权要“计其所得，动辄万缗”[⑦]。朱熹把苞苴称为：“将官钱胡使”，“为自家私恩”。[⑧]南宋时，“扬州一郡，每岁馈遗，见于帐籍者，至十二万缗。江浙诸郡，酒每以岁遗中都官，岁五六至，至必数千瓶”[⑨]。“成都三司互送，则一饮之费计三千四百余缗。建康六司乃倍之。”朝廷虽有“互送之禁”[⑩]，但禁而不止。秦桧“开门受赂，富敌于国，外国珍宝，死犹及门”[⑪]。嘉泰年间，“韩侂胄颛朝权。包苴盛行”。右丞相陈自强“尤贪鄙。四方致书馈，必题其缄云：‘某物并献’。凡书题无‘并’字，则不开。纵子弟亲戚关通货贿，仕进干请，必谐价而后予”。“都城火，自强所贮，一夕为煨烬。侂胄首遗之万缗，执政及列郡闻之，莫不有助。不数月，得六十

①（宋）徐梦莘：《三朝北盟会编》卷 140，建炎四年六月二十二日“戚方犯湖州安吉县”，第 1023 页。

②（宋）庄绰撰，萧鲁扬点校：《鸡肋编》卷中，第 67 页。

③《宋史》卷 179《食货志下一·会计》，第 4362 页。

④《宋史》卷 470《佞幸·朱勔传》，第 13684 页。

⑤（清）徐松辑：《宋会要辑稿》食货 21 之 17，第 5152 页下。

⑥（清）徐松辑：《宋会要辑稿》职官 72 之 7，第 3991 页下。

⑦（宋）郑兴裔：《郑忠肃奏议遗集》卷上《请禁传馈疏》，影印文渊阁四库全书本。

⑧（宋）黎靖德编，王星贤点校：《朱子语类》卷 106《朱子三·外任·总论作郡》，第 2642 页。

⑨（元）马端临：《文献通考》卷 24《国用考二·历代国用》，第 237 页。

⑩（宋）佚名编，汝企和点校：《续编两朝纲目备要》卷 7，嘉泰三年，御笔严监司互送之禁，第 135 页。

⑪《宋史》卷 473《奸臣三·秦桧传》，第 13765 页。

万缗，遂倍所失之数。”[①]陈自强还只是大肆收受贿赂，而贾似道则公然索取珍宝。他“嗜宝玩，建多宝阁，日一登玩。闻余玠有玉带，求之，已殉葬矣，发其冢取之。人有物，求不予，辄得罪”[②]。宋理宗时，状元蒋重珍愤慨地说：“苞苴有昔所未有之物，故吾民罹昔所未有之害；苞苴有不可胜穷之费，故吾民有不可胜穷之忧。”[③]

三是经商。当时官员亦官亦商之风很盛，北宋李清臣描述道：“起而牟利，贾贩江湖，干讬郡邑，商筭盈缩，秤较毫厘，匿关市之征，逐舟车之动，以规什一之得。进则王官，退则为市人；进则冕笏而治事，号为民师，退则妄觊苟获，不顾行义。”[④]贪官与奸商内外勾结，牟取暴利的现象也很严重。欧阳修指出：“诸豪大商，交结权贵，号为难治。”[⑤]洪适也说：“豪商与猾吏通谋为奸，其弊不一。”[⑥]如太平兴国年间，四川地区食盐的官价与市价差距很大，官价“斤为钱七十”，市价“斤为钱或至数百”。于是官商勾结，通同作弊，“贱市于官，贵粜于民”[⑦]，大赚其钱。

四是卖官。如宋徽宗时，“六贼”无不“受赂卖官”，其中以王黼尤其突出。他“公然卖官，取赃无厌，京师为之语曰：‘三百贯，且通判；五百索，直秘阁。’”以致“其家金宝以万计”，“侍妾甚众，封号者八令人、十安人”。[⑧]又如宋宁宗时，韩侂胄用事，朝政腐败。苏师旦“既为侂胄所亲信，遂招权纳贿，其门如市。自三衙以至江上诸帅，皆定立价，多至数十万缗，少亦不下十万”[⑨]。于是出现了不少“债帅”，即行重贿而得将帅之高位者。对于宋代的卖官之风，王曾瑜先生《宋朝卖官述略》一文论述甚详。

当然，宋朝长达300多年，不可一概而论。王曾瑜先生指出：“从宋初到宋哲宗时，大臣等私下卖官之风还是较为收敛”。“但从宋徽宗开始，大臣等私下卖官之风就猖獗起来，而不可收拾。”[⑩]宋理宗时，真德秀说：“乾道、淳熙间，有位于朝者以馈及门为耻；受任于外者以包苴入都为羞。今馈赂公行，薰染成风，恬不知怪。”[⑪]照此说来，宋孝宗时，官场风气一度较好。然而只怕不能说宋朝官场“没

---

① 《宋史》卷394《陈自强传》，第12034页。
② 《宋史》卷474《奸臣四·贾似道传》，第13784页。
③ 《宋史》卷411《蒋重珍传》，第12352页。
④ （宋）李清臣：《议官》，吕祖谦：《皇朝文鉴》卷106，四部丛刊初编本。
⑤ （宋）欧阳修：《文忠集》卷21《尚书户部郎中赠右谏议大夫曾公（致尧）神道碑铭》，影印文渊阁四库全书本。
⑥ （宋）洪适：《盘洲文集》卷49《荆门军奏便民五事状》，四部丛刊初编本。
⑦ （宋）李焘撰，上海师范大学古籍整理研究所、华东师范大学古籍整理研究所点校：《续资治通鉴长编》卷18，太平兴国二年四月辛卯，第402页。
⑧ （宋）陈均编，许沛藻、金圆、顾吉辰，等点校：《皇朝编年纲目备要》卷30，靖康元年正月己巳，第772页。
⑨ （宋）叶绍翁编，沈锡麟、冯惠民校：《四朝闻见录》戊集《臣寮雷孝友上言》，北京：中华书局，1989年，第170页。
⑩ 王曾瑜：《宋朝卖官述略》，《史学集刊》2006年第4期。后收入王曾瑜：《点滴编》，保定：河北大学出版社，2010年，第41—89页。
⑪ 《宋史》卷437《儒林七·真德秀传》，第12961页。

有潜规则”。

九、鱼龙混杂，良莠不齐

《中国文明的反思》一书将宋代视为“君子时代”，认为：宋朝的文人士大夫“政治上有理想，文化上有创新，道德上有追求”，“具有独立的人格而不趋炎附势，不巴结权贵”，并说：“宋朝的文人士大夫是中国历史上最高傲、最有骨气的一群知识分子。”这个全称肯定判断，似乎欠周延。宋人好取绰号，民间谣谚不少。绰号与谣谚在一定程度上反映了当时的社情民意。从中不难看出，宋代的士大夫鱼龙混杂，良莠不齐。

从士大夫的绰号看，既有勇于坚持原则的有骨气者，如鲁宗道、赵抃外号“鱼头参政”①、“铁面御史”，赵贺、薛奎人称“赵家关”②、“薛出油”③。又有当官不表态，依违于两可之间的不作为者，如张士逊外号“和鼓”④，王珪人称“三旨宰相”⑤。寇准绰号“柘枝颠”是对其豪侈作风的批评，他“好柘枝舞，会客必舞柘枝，每舞必尽日，时谓之‘柘枝颠’”⑥。至于熙宁年间，人们将王安石等五位宰执称为“生、老、病、死、苦”⑦，则好评与讥评兼而有之。

在士大夫中，更有寡廉鲜耻的无耻之徒。如看风使舵的变色龙，侍御史杨畏“捭阖立朝，更元祐、元丰、绍圣，每变其说，以投时好，人谓之‘杨三变’”⑧。宋徽宗时官至宰相的赵挺之与“杨三变”相仿。他“始因章惇进，既谄事蔡卞。及卞黜责，又谄事曾布，出入门下，殆无虚日。故士论以其观望险诈，号为‘移乡福建子’”⑨。

---

①（宋）陈均编，许沛藻、金圆、顾吉辰，等点校：《皇朝编年纲目备要》卷 9，天圣七年二月：鲁宗道在天圣年间任参知政事，“时贵戚用事者，莫不惮之，目为‘鱼头参政’。因其姓，且言骨鲠也”（第 192 页）。

②《宋史》卷 301《赵贺传》：宋真宗时，赵贺“知汉州（治今四川广汉），蜀吏喜弄法，而贺精明，吏不敢欺，事更贺所，多被穷诘，贺多所穷诘。人目为‘赵家关’，谓如关梁不可越也”（第 10000 页）。

③（宋）李焘撰，上海师范大学古籍整理研究所、华东师范大学古籍整理研究所点校：《续资治通鉴长编》卷 100，天圣元年四月己亥：“薛奎权知开封府。奎为政严敏，击断无所贷，人相与畏惮，至私与俚语，目为‘薛出油’”（第 2320 页）。

④（宋）佚名著，李之亮校点：《宋史全文》卷 7，上天圣七年二月庚申：“（曹）利用凭宠自恣，（张）士逊未尝有是非之言，时人目之为‘和鼓’”（第 288 页）。

⑤（宋）彭百川：《太平治迹统类》卷 18《宣仁垂殿圣政》：王珪“自辅政至宰相，凡十六年无所建明，守成而已。时号为“三旨宰相”，以其上殿进呈，云：‘取圣旨’；上可否讫，又云：‘领圣旨’；退谕禀事者云：‘以得圣旨’故也”（扬州：江苏广陵古籍刻印社影印本，1990 年，第 327—328 页）。

⑥（宋）沈括撰，胡道静校注：《新校正梦溪笔谈》卷 5《乐律一》，北京：中华书局，1957 年，第 60 页。

⑦（宋）徐自明撰，王瑞来校补：《宋宰辅编年录》卷 7，熙宁元月正月丙申，唐介参知政事：“当时谓中书有‘生、老、病、死、苦’，盖言（王）安石生，（曾）公亮老，富弼病。唐介死，赵抃苦也”（中华书局，1986 年，第 377 页）。

⑧（宋）陈均编，许沛藻、金圆、顾吉辰，等点校：《皇朝编年纲目备要》卷 24，绍圣元年四月，第 584 页。

⑨（宋）李幼武：《宋名臣言行录》续集卷 1《任伯雨》，影印文渊阁四库全书本。

又如媚事权贵的邀宠者，薛昂身为执政大臣，在为蔡京而作的诗里居然有句云："达时可谓真千载，拜赐应须更万回。""时人谓之'薛万回'。"两浙转运使朱峻上权相贾似道"札子禀事，必称云：'万拜覆。'时人谓之'朱万拜'。"[①]再如面善心狠手毒的笑面虎，如蔡卞"对答喜笑溢于颜面，虽见所甚憎者，亦亲厚无间，人莫能测，谓之'笑面夜叉'"。盛章更典型，他在宋徽宗时，"尹京典藩，以惨毒闻，杀人如刈草菅，然妇雌声，欲语先笑，未尝正视人。或置人死地时，亦柔懦不异平日"[②]。卖友求荣的告密者，如陆升之。李光"尝作私史"，其长子孟坚"间为所亲左奉议郎、新诸王宫大小学教授陆升之言之，升之讦其事"[③]，于是引出一场株连甚广的文字狱——李光《小史》案。程颢、程颐的弟子邢恕则卖师求荣，他居然对宋哲宗说："臣于程某，尝事之以师友，今便以程某斩作千段，臣亦不救。"[④]更有"兄弟为参、商，父子如秦、越"[⑤]者，如蔡京先与其弟蔡卞，后与其子蔡攸争权。史载："（蔡）攸父子晚年争权相忌，至以茶汤相见，不交他语。"[⑥]总之，范仲淹、包拯在宋代实属凤毛麟角，士大夫大多与他们不同，甚至正好相反。

宋代的士大夫在民间的谣谚中，既有博得赞扬者，也有备受抨击者。受赞扬者如叶康直、丰稷，他们在宋神宗时，任光化、谷城知县期间，"凡政皆务以利民"。民谣曰："叶光化，丰谷城，清如水，平如衡。"[⑦]又如谚语云："江左二宝，胡伸、汪藻"[⑧]，称赞胡、汪二人才智超群。在谣谚中受到抨击的士大夫为数更多，如："襄阳二害，田衍、魏泰，近日多磨，又添一鹰"[⑨]；"宁逢黑杀，莫逢稷、察"[⑩]；"宁逢暴虎，不逢韩玉汝"[⑪]。这些地方官被民众称为"害"，喻为"虎"，可见其民愤之大。至于蔡京、蔡卞兄弟，民众更是恨之入骨。民谣曰：蔡京、蔡卞"必定灭门，籍没家财，禁锢子孙"[⑫]。谣谚云："满潮（"朝"的同音字）都是贼"，"冷（"寒"的同义字）的吃一盏（"斩"的同音字）"[⑬]。人语："满朝朱紫贵，尽是四明（浙江宁波地区的别

① 罗志仁：《姑苏笔记》，陶宗仪：《说郛》卷57，第20页。
② （宋）陆游撰，李剑雄、刘德权点校：《老学庵笔记·续笔记》，第139页。
③ （宋）李心传：《建炎以来系年要录》卷161，绍兴二十年正月丙午，第2604页。
④ （宋）黎靖德编，王星贤点校：《朱子语类》卷130《自熙宁至靖康用人》，第3108页。
⑤ 《宋史》卷472《奸臣二·蔡京传》，第13728页。
⑥ （宋）曾敏行：《独醒杂志》卷5，影印文渊阁四库全书本。
⑦ 《宋史》卷426《循吏·叶康直传》，第12706页。
⑧ 《宋史》卷445《文苑七·汪藻传》，第13130页。
⑨ （宋）张邦基：《墨庄漫录》卷2，影印文渊阁四库全书本。
⑩ （宋）李焘撰，上海师范大学古籍整理研究所、华东师范大学古籍整理研究所点校：《续资治通鉴长编》卷297，元丰二年四月辛酉，第7234页。
⑪ （宋）苏轼：《东坡志林》卷7，影印文渊阁四库全书本。
⑫ （宋）徐自明撰，王瑞来校补：《宋宰辅编年录》卷11，元符三年五月乙酉，蔡卞罢尚书左丞，第667页。
⑬ （宋）叶绍翁编，沈锡麟、冯惠民校：《四朝闻见录》戊集《满朝都是贼》，第189页。

称）人。”[①]这分别表达了民众对韩侂胄及其党羽的苛政和史弥远拉帮结派的无比愤慨。民谣曰：“欲得天下宁，当拔眼中‘丁’；欲得天下好，莫如召寇老。”[②]“寇”指寇准，“丁”指丁谓，一褒一贬，爱憎分明。

知人论世，谈何容易。上述绰号与谣谚未必都准确无误，但毕竟反映了宋代确有不少士大夫在民众心目中印象极差，甚至恨入骨髓。据载，面对民众的嘲笑与谩骂之声，邓绾竟说：“笑骂从汝笑骂，好官我须为之。”[③]果真如此，其脸皮之厚可谓惊人。宋代是“一个君子时代”的论断值得斟酌，只怕不能从整体上给予宋代士大夫这一群体笼统的赞扬。

十、“现在佛不拜过去佛”

对于有宋一代的政治制度，清初学问家顾炎武的总体评价很低。他说：“宋世典常不立，政事丛脞，一代之制，殊不足言。”甚至认为：“若其职官、军旅、食货之制，冗杂无纪，后之为国者，并当取以为戒。”他仅对“不杀大臣及言事官”等四件事予以肯定：“此皆汉唐之所不及。”[④]清人杨宁对此尚有所保留，他说：“不杀大臣是美事，然如蔡京、秦桧、丁大全诸人则失刑也。”[⑤]当代已故史学名家钱穆的看法与顾炎武相仿，他说：宋代“有形势推迁，而无制度建立”，“专从政治制度上看来，也是最没建树的一环”。“无制度的政府，哪能有好施为，哪能有好结果”。还说：“中国的地方行政，只能说是汉代好，唐代比较还好，宋代就太差了。”[⑥]顾氏、钱氏之说或有偏颇之处。《中国文明的反思》一书则高度评价宋朝的政治制度，特别赞赏宋代“君相互制制”、“党派互监制”和“中央集权加仁政的政治设计”。其实，这两项制度和一项设计是否存在，还有待商讨。

该书作者说：“君相互制的政治体制，比较有效地防止了君主专制现象的发生。”宋朝实行君相互制是个新提法，有别于较为通常的君臣共治论。北宋名臣文彦博有句

① （宋）张端义：《贵耳集》卷下。

② （宋）李焘撰，上海师范大学古籍整理研究所、华东师范大学古籍整理研究所点校：《续资治通鉴长编》卷 99，乾兴元年七月己卯，第 2294 页。

③ （宋）李焘撰，上海师范大学古籍整理研究所、华东师范大学古籍整理研究所点校：《续资治通鉴长编》卷 216，熙宁三年十月癸亥，第 5253 页。

④ （清）顾炎武著，陈垣校注：《日知录校注》卷 15《宋朝家法》，合肥：安徽大学出版社，2007 年，第 888 页。

⑤ （清）顾炎武著，（清）黄汝成集释，秦克诚点校：《日知录集释》卷 15《宋朝家法》，长沙：岳麓书社，1994 年，第 573 页。

⑥ 钱穆：《中国历代政治得失》，北京：生活·读书·新知三联书店，2001 年，第 74、84 页。

名言：皇上“为与士大夫治天下，非与百姓治天下也”[①]。所谓君臣共治论，无非是说宋朝皇帝依靠士大夫治理天下、管理国家，士大夫是赵宋王朝的社会基础和依靠对象。而君相互制说则夸大了宰相的权力，低估了皇帝的权力，不尽符合有宋一代的历史事实。下面两点值得注意。

第一，君相地位悬殊。皇权与相权不是两种平行的权力，君相互制说有将两者置于平起平坐的地位之嫌。宰相行使的无非是皇帝赋予的最高行政权，而皇帝拥有的是最高统治权，他既是国家元首，又是军队的最高统帅，还是独一无二的最高大法官，并且皇权高于神权。这一帝制时代的通则，连僧人也奉为圭臬。据欧阳修《归田录》记述：“太祖皇帝初幸相国寺，至佛像前烧香，问当拜与不拜，僧录赞宁奏曰：‘不拜。’问其何故，对曰：‘现在佛不拜过去佛。’……遂以为定制。至今行幸焚香，皆不拜也。议者以为得礼。”[②]所谓“得礼”，即进一步将皇权至高无上这一帝政时代的最高准则具体化、制度化。神权尚且如此，相权何足道哉。相权从属并服务于皇权，皇权与相权怎能等量齐观。皇权至高无上，但并非完全不受约束，以宰相为代表的士大夫对皇权的滥用有一定乃至较大的制约作用。《中国文明的反思》一书认为宰相制约皇帝，笔者基本赞同。但皇帝对宰相岂止制约而已，宰相的命运掌握在皇帝手中。正如宋仁宗朝宰相杜衍所说：“衍本一措大尔，名位爵禄、冠冕服用，皆国家者。……一旦名位爵禄，国家夺之，却为一措大，又将何以自奉养耶？”[③]也如司马光在元祐初年所说：文彦博“一书生耳，年逼桑榆，富贵已极，夫复何求！非有兵权死党可畏惧也。假使为相，陛下一旦欲罢之，止烦召一学士，授以词头，白麻既出，则一匹夫耳，何难制之”[④]。宰相依附于皇帝，简直跃然于纸上。皇帝的命运则与宰相基本无关，宰相对皇帝的制约不是刚性的，而是柔性的，是否有效，取决于皇帝的好恶乃至于心情。宋代包括宰相在内的士大夫，其奏议可谓连篇累牍，其目的无非是请求乃至央求君王“可其奏”“从其请”。这既体现了宰相制约皇权的柔性，也表现了士大夫对刚性皇权的承认、尊重与依赖。宋代皇帝确实一般善于纳谏，较为开明，但至多不过是“你提建议我做主”而已。对于宋代分权制衡的表象，虞云国先生有实质性的思考。他认为：“分权制衡的制度设计与政治运作相对完善地出现在宋代，已略具近代分权制衡的外观雏型，但人治主义的文化传统和君主专制的制度桎梏，终使尝试归于失败。”[⑤]“略

---

① （宋）李焘撰，上海师范大学古籍整理研究所、华东师范大学古籍整理研究所点校：《续资治通鉴长编》卷 221，熙宁四年三月戊子，第 5370 页。

② （宋）欧阳修撰，李伟国点校：《归田录》卷 1，第 1 页。

③ （宋）朱熹纂：《五朝名臣行录》卷 7 之 1《丞相祁国杜正献公（衍）》，四部丛刊初编本。

④ （宋）李焘撰，上海师范大学古籍整理研究所、华东师范大学古籍整理研究所点校：《续资治通鉴长编》卷 368，元祐元年闰二月庚寅，第 8855 页。

⑤ 虞云国：《对中国历史上分权制衡的思考》，《浙江社会科学》2002 年第 3 期，第 115—120 页。

具”“外观”“雏型”“桎梏”等关键性的词汇值得玩味，“归于失败”更是不能忽略的事实。

第二，皇权并未虚化。笔者注意到有此一说：“宋朝没有一位皇帝是秦始皇式的暴君。”按照持此说者的标准，制造大量文字狱和岳飞特大冤案的宋高宗还算不上暴君。然而只怕也应当注意到：北宋没有一个皇帝是汉献帝式的傀儡皇帝。即使是仁宗、哲宗这两位童子皇帝，在他们亲政前也仅仅分别是章献太后、宣仁太后怀抱中的阿斗，绝非宰相手中任意摆弄的木偶。宋代的皇帝再开明，也与君主立宪制下的虚位君主在性质上截然不同，他们至少切实地掌握着两种最重要的权力，即最终决定权和宰相任免权。选拔王安石为宰相，大臣异议甚多，诸如“为翰林学士则有余，处辅弼之地则不可”[①]等等，宋神宗力排众议，一锤定音。张浚先出任枢密使，后又官居宰相，反对者的声浪更大，宋孝宗断然拍板：“朕倚魏公（即张浚）如长城，不容浮言摇夺。”[②]宋代皇帝不断撤换宰相，其中不乏受惩处者。宋代宰相虽无任职年限，但一般任期较短。前后134名宰相，任期累计在120个月以上者9人，仅占6.7%，其中蔡京四起四落，赵普、吕夷简、文彦博三起三落，秦桧两起两落。终身任宰相者11人，仅占8.2%。宰相任职平均不到42个月，其中最长的是王珪，任相105个月，可是死后被罢相。[③]由于宰相的命运牢牢地掌握在皇帝手中，像蔡京这样不可一世的权臣在皇帝前面也只能奴颜婢膝。史载：“（蔡）京每闻将退免，辄入见祈哀，蒲伏扣头，无复廉耻。”[④]君相地位天壤之别，两者互制从何谈起？

十一、“朝廷大患，最怕攻党”

与分权制衡一样，宋代的党派表象，也值得认真地思考，而不是简单的类比。《中国文明的反思》一书高度赞扬宋代的党派政治“有共和的因素”，和平的党派竞争“有力地防止了腐败的发生”，认为：“以王安石为偶像的改革党和以司马光为偶像的保守党两党轮流执政近百年，这在中国古代历史上是一个奇迹，说明宋朝社会的高度开放。”这些论断只怕或多或少、有意无意地将宋代的政治现代化了，并且与史实不尽相符。以下四点不宜忽视。

第一，宋代并无现代意义上的党派。党派是各政党或政党中各派别的统称，党派有独特的政治纲领、明确的政治目标、相应的组织机构、一定的组织纪律。这样的党

① 《宋史》卷312《韩琦传》，第10229页。
② （宋）徐自明撰，王瑞来校补：《宋宰辅编年录》卷17，隆兴元年正月庚午，张浚枢密使，第1153页。
③ 周道济：《宋代宰相名称与其实权之研究》，《宋史研究集》第3辑，台湾中华丛书编审委员会，1966年，第245—264页。
④ 《宋史》卷472《奸臣二·蔡京传》，第13727—13728页。

派在宋代是不存在的。在古代，“党”是个贬义词。在古人的观念里，什么朋党比奸、党同伐异、结党营私，均非正人君子所应有的行为。宋人通常认为：“朝廷大患，最怕攻党。”[①]所谓“攻”即指责、抨击，“攻党”即党争。朝廷明令禁止朋党，如宋仁宗在庆历四年（1044 年）十一月，“诏戒朋党相讦”。[②]除范仲淹、欧阳修等少数人自称“君子之党”而外，士大夫一般不会承认更不会宣扬自己党同伐异。在宋代，即使是新、旧两党也既无组织架构，又无严密纪律，由于他们无须办理加入党派的任何手续，史家至今无法开列出一张较为准确的新、旧两党成员名单。所谓改革党、保守党或变法派、反变法派之类是当代才有的称呼。至于洛、蜀、朔党，虽然出自宋人之口，但是否确实存在还是个问题，王曾瑜先生认为：“不可能有明确的固定的朋党阵线。”[③]

第二，北宋后期的党争并不“和平”。如果说熙宁年间的党争还兼具政见之争与意气之争双重性质，那么元祐以后则是相当标准的结党营私，什么新法、旧法只不过是盘剥民众的幌子、打击异己的工具。宋人吕中说：“熙宁之争新法，犹出于公。元祐之自为党，皆出于私者也。”[④]熙宁以后的党争，无中生有的阴谋，不择手段的陷害，动用酷刑的冤狱，远贬岭南的悲剧，禁锢子孙的连坐，无奇不有。如今仍传世的《元祐党籍碑》就是这段心酸历史的见证。

第三，北宋后期的所谓“两党轮流执政”，并不是新、旧两党“和平”竞争的结果。当时政局变幻，犹如走马灯。其根本原因在于最高统治者的变动，诸如神宗去世、哲宗即位，宣仁去世、哲宗亲政，哲宗去世、徽宗即位，钦圣卷帘、徽宗亲政，徽宗内禅、钦宗即位。钦圣即徽宗初年垂帘听政的神宗向皇后，谥号钦圣献肃。北宋后期政权和政局的主宰者不是新、旧两党，仍然是皇帝及代行皇权的太后。北宋后期的两党轮流执政与共和制下的两党轮流执政，在性质上迥然不同。严格说来，北宋后期应当称为两党轮流辅政，两党无非是轮流辅佐皇帝或垂帘太后施政而已。当时并未出现现代意义上的两党轮流执政。

第四，北宋后期的两党轮流辅政不是一大奇迹，而是一大悲剧。无休止的内斗、翻烧饼式的折腾，不是“有力地防止了腐败的发生”，而是腐败愈演愈烈。于是，宣和年间成为北宋历史上最腐败的年代。官逼民反，岂止方腊、宋江揭竿而起而已，史称：“河朔、山东群盗蜂起，大者攻犯城邑，小者延蔓岩谷，多者万计，少者屯聚。魏博间则有杨天王之流，青徐沂密如高托山等，至不可胜数。”[⑤]即便没有女真贵族的挥师南下，腐朽的北宋王朝也将被忍无可忍的民众所埋葬。北宋亡于腐败，而无原则、谋私利、很残酷、不停息的党争是促成北宋后期腐败加速的重要原因之一。当时人说：“至

① （宋）张端义：《贵耳集》卷上。
② 《宋史》卷 11《仁宗本纪三》，第 219 页。
③ 王曾瑜：《洛、蜀、朔党争辨》，《丝毫集》，保定：河北大学出版社，2009 年，第 114—134 页。
④ 吕中：《宋大事记讲义》卷 20《哲宗皇帝・诸君子自分党》，影印文渊阁四库全书本。
⑤ （宋）徐梦莘：《三朝北盟会编》卷 218，绍兴二十一年八月四日“孙觌撰公墓志曰”，第 1568—1569 页。

宣（和）、靖（康）间，误国者皆进士及第之人也。”[1]对于北宋的亡国，因一己私利而残酷内斗的蔡京等进士及第的士大夫，确实难辞其咎。

十二、皇帝与专制，两位而一体

对于宋初加强中央集权，朱熹有最简要的概括：“兵也收了，财也收了，赏罚刑政，一切收了。”[2]30年前，有学者对此基本予以否定，将宋代作为“过分集权于中央也会走向反面的一个典型”。他认为：“过分集权中央，势必造成官僚机构臃肿。中国古代的官制没有比宋代更乱的了。”[3]《中国文明的反思》一书则持大体肯定的观点，指出：“宋朝在中央集权制度之下，创造出伟大文明。”见仁见智，均可备一说。

让人不解的是，作者一再强调：宋朝政治的开放“防止了专制的发生和腐败的蔓延。”然而学界通常认为：“皇帝制度必然导致专制独裁。两位一体，不可分离。”[4]君主专制在宋代岂止现象而已，而是其根本的政治制度。皇帝独尊、皇权至上、皇位世袭是君主专制制度的基本特征，这些特征宋代一概具备，当时怎么可能连君主专制的现象都被防止、未发生呢？宋朝果真有皇帝而无专制，这倒是个奇迹。

更令人困惑的是，《中国文明的反思》一书竟那样推崇宋朝“中央集权加仁政的政治设计”，认定“这是个成功的政治模式”，可以“作为今天中国政治体制改革的借鉴”。作者反复指出：这一成功的政治模式“至今依然是中国人引以为自豪的成就，其成功的经验在今天仍然有不可忽视的价值”。中国古代的仁政思想无疑应当受到历史的肯定，但“民贵君轻”在帝制时代只能是一种乌托邦式的空想，包括宋朝在内的历代王朝连“为民做主”“爱民如子”也基本上没有做到。置身于21世纪的今日，我们的向往和追求只怕应当是：“权为民所赋，权为民所用。”一切权力不是来自皇帝、属于皇帝，而是来自民众、属于民众。姑且不论宋代是否存在“中央集权加仁政的政治设计”，在挣开帝制枷锁百年以后的当今，还有什么必要以宋朝的根本政治制度为效法对象？此时，耳边不禁响起那首康熙大帝梦想“再活五百年”的喧噪歌声，我缅怀那些长眠于黄花岗下的先贤们！

文稿承蒙王化雨、邱志诚、成荫、陈鹤等先生赐阅并提出修改建议，特此致谢。

〔本文原刊于《四川师范大学学报》（社会科学版）2011年第6期，现略作修改〕

---

① （宋）李心传：《建炎以来系年要录》卷127，绍兴九年三月己亥，第2063页。

② （宋）黎靖德编，王星贤点校：《朱子语类》卷128《本朝二·法制》，第3070页。

③ 王超：《我国封建时代中央与地方关系述论》，《中国社会科学》1983年第1期，第174—175页。

④ 王超：《论皇帝制度与封建专制》，《学术月刊》1980年第1期，第36页。

宋代路级地方行政区划虚与实

龚延明*

宋代实行路、州（府、军、监）、县地方三级行政区划建置。地方三级行政区划由虚到实，经历了一个漫长的历史演变过程。

一、路级行政区划的历史沿革

中国古代地方政府，由周朝之国、野制，在春秋战国时开始裂变，即从国、野制向秦汉郡国、县制转变。春秋时期，诸侯为兼并小国弱国，征战不休，诸侯强国如秦、晋、楚等，将新兼并之疆土，不再作卿、大夫的封邑，在国都之外，建立县、郡，一是加强边地的防守，一是加强诸侯的中央权力。县与郡互不统属。《春秋左传·哀公二年》："克敌者，上大夫受县，下大夫受郡。"①

顾炎武《日知录集释》说：

则当春秋之世，灭人之国者，固已为县矣。

则当七国之世，而固已有郡矣。②

春秋、战国时期，郡县不存在统属关系，"郡远而县近。县成聚富庶，而郡荒陋，故以美恶异等，而非郡与县相统属也"③。春秋战国之郡县，成为秦汉郡县地方行政管理建置的源头。秦始皇统一六国，建立秦帝国，始废封建，全面推行郡、县二级地方行政区划管理制度。《汉书·地理志》称：

周爵五等，而土三等：公、侯百里，伯七十里，子、男五十里。不满为附庸，

---

* 龚延明，浙江大学古籍研究所暨浙江大学宋学研究中心教授。

① 杨伯峻编著：《春秋左传注·哀公二年》（修订本），北京：中华书局，1990 年，第 1614 页。

② （清）顾炎武著，（清）黄汝成集释，秦克诚点校：《日知录集释》卷 22《郡县》，长沙：岳麓书社，1994 年，第 774 页。

③ （清）顾炎武著，（清）黄汝成集释，秦克诚点校：《日知录集释》卷 22《郡县》引姚鼐《姚刑部曰》，第 775 页。

> 盖千八百国。……至春秋时，尚有数十国，五伯迭兴，总其盟会。陵夷至于战国，天下分而为七，合从连衡，经数十年。秦遂并兼四海。以为周制微弱，终为诸侯所丧，故不立尺土之封，分天下为郡县。[①]

秦始皇二十六年（前221年）一统天下，“分天下以为三十六郡”，后增置九原、南海、桂林、象郡、闽中五郡，共四十一郡。内史领京畿诸县，不在四十一郡之内。“秦始皇初置三十六郡以监县也”[②]。即郡统县，为二级地方行政管理建置。秦时置多少县，未详，但据严耕望考证，“约言之当在一千县左右”[③]。郡官为郡守、郡丞、郡尉、御史。大县置县令、小县置县长。

汉承秦郡、县二级地方行政区划之制，但汉武帝元封五年（前106年）四月，创置十三州部（豫、冀、兖、徐、青、荆、扬、益、凉、并、幽、朔方、交趾）及司隶校尉部。[④]每州部设刺史（秩600石）一员，代表中央监察所属诸郡郡太守（秩二千石）、王国及豪强，“所察六条”。京都各郡由司隶校尉负责督察。这一新制的产生，源于西汉版图开拓，至汉平帝，“凡郡国一百三，县邑千三百一十四”[⑤]，中央实难管理，决非汉武帝心血来潮，势所使然也。《汉书》“初置刺史部十三州”短短八个字，却开启了地方行政监察区建立的一个新时代。由此，两汉在郡、县二级地方制之上，形成了州、郡、县虚三级制。[⑥]所以说“虚”，从法理上说，郡、县二级是地方行政管理机构，而州部一级属于中央派出的监察机构，虽可按“六条”督察郡国、县二级地方长吏，但不介入地方行政事务。从事实上看，州部却又位居郡、县之上，已具有一定的管理权力。魏晋南北朝，实行的是紊乱的州、郡、县三级制，州、郡膨胀，州与郡似难区别，更有无县之州、郡。

至隋朝，对地方行政制度进行了大刀阔斧的整顿，再度实行郡、县二级制。隋文帝开皇三年（583年），“遂废诸郡”；炀帝大业三年（607年），“并省诸州，寻即改州

---

① 《汉书》卷28上《地理志》，北京：中华书局，1962年，第1542页。

② 《史记·始皇本纪》，北京：中华书局，1982年，第303、304页《正义》引《风俗通》；（清）全祖望撰，朱铸禹汇校集注：《全祖望集汇校集注》下册《汉书地理志稽疑》卷1《秦三十六郡名》，上海：上海古籍出版社，2000年，第2483—2490页。龚延明按：全氏考证三十六郡中缺广阳郡；严耕望：《中国地方行政制度史》甲部《秦汉地方行政制度》第一章《统治政策略与行政区划》（一）《秦代郡县之建置》，上海：上海古籍出版社，2007年，第32、33页。

③ 严耕望：《中国地方行政制度史》甲部《秦汉地方行政制度》第一章《统治政策略与行政区划》（一）《秦代郡县之建置》，第35页。

④ 《汉书》卷6《武帝纪六》，第197页；《汉书》卷28上《地理志》，第1543页。

⑤ 《汉书》卷28上《地理志》，第1543页

⑥ 程幸超：《中国地方政府》四《虚三级的地方政府制度的开始》之《州制的建立》，香港：中华书局香港分局，1987年，第38页。

为郡”，郡置太守。[①]

唐高祖武德元年（618年），改郡为州，改郡太守为州刺史。天宝元年（742年），改州为郡。“自是州郡史守更相为名，其实一也。”[②]唐代州刺史、郡太守屡经更名，其实州、县二级制不变。唐代州、县之上设道，开元二十一年（733年），十五道置采访使，“检察如汉刺史之职”[③]唐前期地方管理也是虚三级制。然“安史之乱”后，唐代道一级成为武臣节度使、观察使等控制军政、民政实权的辖区，成为中央难以驾驭的藩镇。学者或谓：“‘安史之乱’前后，节度使地位提高，往往兼任采访、观察及度支、营田、经略诸使等职，成为既掌军，又治民、理财的地方行政长官。道作为地方一级区划具有的行政职能，已毋庸置疑了。”[④]其实，这很难说是中央集权下、听命于中央政府的一级地方行政组织，因为藩镇割据，各自为政，互相攻打，是分裂势力，非属中央集权下的地方行政正式建置，是中央集权政治的离心力，并不具备地方政府应有对中央的向心力，岂能构成国家“道”一级政区？

《燕翼诒谋录》谓：

> 唐末，藩镇诸州听命帅府，如臣之事君，虽或因朝命除授，而事无巨细皆取决于帅（节度使），与朝廷几于相忘。[⑤]

“与朝廷几于相忘”，从法制与名分上，朝廷毕竟是中央领导的合法政权。“几于相忘”，不等于相忘。五代沿唐行道、州、县虚三级地方政府行政区划建置。后唐分十道，道辖州府、县，如河南道辖滑州、郑州、宋州、曹州、许州、单州、汝州、密州、济州、滨州。[⑥]州长官为刺史。州下辖县。形式上，是中央政府的行政区划，但唐五代藩镇权重，武臣跋扈，支郡属县听命于节度使、镇将；同时，中央亦采取分割藩镇、和支郡直属朝廷的措施，致道级管理有名无实。因此，五代，未能视为实行地方三级行政区划。李昌宪对此论述道：

> 五代以来，一些唐时的雄藩大镇此时亦往往仅管辖两州，甚至仅有节镇所在

① 《隋书》卷29《地理志上》，北京：中华书局，1973年，第807、808页。

② （唐）杜佑撰，王文锦、王永兴、刘俊文，等点校：《通典》卷33《职官典》十五，北京：中华书局，1988年，第907、908页。

③ 《新唐书》卷37《地理志一》，北京：中华书局，1975年，第960页。

④ 李孔怀：《中国古代行政制度使史》第六章《地方行政制度》第三节《隋唐地方行政制度》，上海：复旦大学出版社，2006年，第213页。

⑤ （宋）王栐撰，诚刚点校：《燕翼诒谋录》卷1，北京：中华书局，1981年，第7页。

⑥ （宋）王溥：《五代会要》卷20《州县分道改置》《河南道》，北京：中华书局，1998年，第254、255页。

州。这样，中唐以来形成的道州县三级地方行政建制实际上基本解体。各地转运使的设置恰好取而代之，以渐变的方式填补了这个权力真空，作为中央派出机构，代表中央实行对放的管辖。不过，此时“路”尚未出现。五代末，朝廷是以“河北诸州”、“江北诸州”来划分行政区的。

宋代地方行政管理体制，实际运行，按路、州府军监、县，分为三级。[①]

然宋初，路一级尚在胚胎形成期，故学术界，对宋代路一级是否能视为一级地方行政管理机构，颇有异议。如朱瑞熙《中国政治通史·宋史卷》认为：“严格地说，宋朝的地方实行州、县两级建制。”把路视为中央派出机构。[②]此就“严格地说”而言，如放松一点呢？也许并不排斥宋代地方实行政路、州、县三级体制的观点。这是宋代地方行政二级制的代表观点。还有一种，是准三级制，或称虚三级制，以程幸超为代表的指出：

宋代地方区划，有路、府、州、军、监、县等种。府、州、军、监都是高级地方行政区划，其下各统有若干县，可算是同级而异名。至于路的一级，与唐代的道相似，是中央的监察区域，而并非地方行政单位；但逐渐演变，也略似地方行政区划的一种。[③]

第三种意见，明确地认为，宋代地方行政管理实行路—州府军监—县三级地方行政制度：第一级为路，第二级为州府军监，第三级为县。聂崇岐《宋代府州军监督之分析》谓：

宋代地理区分，自太宗末年始确定为三级：曰路，曰府、州、军、监，曰县。[④]

二级制与准三级制，都以宋初路转运使职掌漕运着眼，实际上，北宋到太宗朝，以路监司为核心的管理州、县行政的职能已基本行成，未能视为单纯的监察区。贾玉英在《唐宋时期地方政治制度变迁史》中说得好：“宋代的路是地方行政制度的组成

① 龚延明：《宋代官制辞典》第九编《地方官类之一》，北京：中华书局，1997年，第478页。

② 白钢主编，朱瑞熙著：《中国政治制度通史》第6卷《宋代》第五章《地方行政体制》，北京：人民出版社，1996年，第282页。

③ 程幸超：《中国地方政府》十一《中央集权的宋代地方政府制度》之《中央集权下的地方政府》，第116页。

④ 聂崇岐：《宋代府州军监之分析》之《绪论》，《宋史丛考》上册，北京：中华书局，1980年，第70页；苗春德、赵国权：《南宋教育史》第二章《南宋的官学教育》第二节《南宋的地方官学》一《南宋的地方教育行政机构》（一）《宋代地方行政区划》，上海：上海古籍出版社，2008年，第70页。

部分，而且也是地方监察制度的重要组成部分。”[①]此观点，在司马光于仁宗嘉祐七年（1062年）的夫奏疏中有明确表述：

（及大宋受命）于是节度使之权归于州，镇员之权归于县，又分天下为十余路，各置转运使以察州县百吏之臧否……使朝廷之令必行于转运使，转运使之令必行于州，州之令必行于县，县之令必行于吏民，然后上下之序正而纪纲立矣。[②]

在仁宗朝宋官员看来，全国十余路转运使司，已成为自中央至地方路、州、县三级最高行令机构。中央之命令并非直接下达到州（府、军、监）、县二级，必须通过路一级下达到州、县二级。其后，路有“监司”路与“帅司”路之别。长官为转运使、提点刑狱、提举常平者，为“监司”路；长官为安抚使或经略安抚使者，为“帅司”路。两者区域同或不同。贯穿两宋，路一级形成了以转运使司、提点刑狱司、提举常平公事司为核心的监司管理体制。[③]安抚使也纳入监司官。其管理地方行政事务的职能，涵盖一路金谷、转输、监察、司法、经济、学校、军政等事务，但没有最高的行政长官，也没有统一的路行政治所。可以说，宋代地方三级行政管理体制是在北宋中央集权政府实际运行过程中，逐步建立的自具特色的以转运使为核心的地方行政管理体制。

二、由道制向路制发展的地方行政管理新体制

路之前身为道。道之设源于唐。《唐会要》载：

贞观元年三月十日，因三川形使，分为十道：一曰关内，二曰河南，三曰河东，四曰河北，五曰山南，六曰陇右，七曰淮南，八曰江南，九曰剑南，十曰岭南。

① 贾玉英：《唐宋时期地方政治制度变迁史》第二章《唐宋时期“道”“路”制度变迁》二《宋代路制的确立及其变迁》，北京：人民出版社，2016年，第74页。

②（宋）赵汝愚编，北京大学中国中古史研究中心校点整理：《宋朝诸臣奏议》卷24《君道门·风俗门》，司马光《上仁宗论谨习》，上海：上海古籍出版社，1999年，第236页。

③《庆元条法事类》卷7《监司知通按举》：“诸称‘监司’者，谓转运、提点刑狱、提举常平司。”收入杨一凡、田涛主编，戴建国点校：《中国珍稀法律典籍续编》第1册，哈尔滨：黑龙江人民出版社，2002年，第128页。

此十道之设，其性质为监理区，带有“某些行政治理的功能”①。贞观《十道图》一出，对后世行政区分影响深远。其后道数有增有减之变化，但贞观《十道图》中道名，作为一级区划纲目，常沿用不变。至唐玄宗开元二十一年（733年），又因十道分山南、江南为东、西道，增置黔中道及京畿、都畿，置十五采访使。②

五代后唐长兴三年（932年），即依此划分全国为十道：

> 据《十道图》，旧制（按：指唐制）以王者所都之地为上，本朝都长安，遂以关内道为上。今宗庙宫阙，皆在洛阳，请以河南道为上。关内道为二，河东道为三，河北道第四，剑南道第五，江南道第六，淮南道第七，山南道第八，陇右道第九，岭南道第十。③

宋立国之初，地方政区是一种什么结构？余蔚在《完整制与分离制：宋代地方行政权力的转移》一文中说：

> 宋初承袭晚唐、五代“藩镇—支郡—县”的政区统辖模式，藩镇长官节度使是事实上的高层政区首脑，整个地方行政组织体制，是传统的“完整制”的模式。④

这个提法虽然很新，但值得商榷。众所周知，唐末、五代地方管理十分混乱，既有合法的中央道（监察区）、州、县三级政区管理模式，又有不合法的、局部地区的藩镇—支郡—县的统理模式，明明是两者并存，如何能说“整个地方行政组织体制，是传统的‘完整制’的模式”？笔者上文中已提到：“藩镇割据，各自为政，互相攻杀，是分裂势力，非属中央集权下的地方行政正式建置，是中央集权政治的离心力，并不具备地方政府应有的对中央的向心力”，何来构成国家“道”一级政区之有？极言之，不过是军阀分裂割据而已。唐代官制史专家张国刚曾说过：“在唐中后期地方行政中，节镇凌驾于州县之上，所谓‘制敕不下支郡，刺史不专奏事’，道成为实际上最高一级行政机关。”他引证了白居易“郡守之职，总于诸侯帅，郡佐之职，移于部从事”，予以印证。也就是说，唐代在法制层面上的“道”制还存在，因此他的《唐代官制》第六章《地方官制》第三节标题为“道（方镇）”，是两者并存，且以法制之

① 周振鹤主编，郭声波著：《中国行政区划通史·唐代卷》上册（上编绪言），上海：复旦大学出版社，2012年，第11页。
② 《新唐书》卷37《地理志·总序》，第960页。
③ （宋）王溥：《五代会要》卷20《州县分道改制》，第254、255页。
④ 余蔚：《完整制与分离制：宋代地方行政权力的转移》，《历史研究》2005年第4期，第118页。

“道”为正方。[①]他所说的是“实际上”，并没有说是“整个地方行政组织体制，是传统的‘完整’的模式”。经常被学者引用的白居易“郡守之职，总于诸侯帅，郡佐之职，移于部从事”这句话，其实，如果把白氏《江州司马厅记》全文读完，就能明白，白居易是指“武德以来，庶官以便宜制事，大摄小，重侵轻”[②]，逐步形成的一些郡县权力为“诸帅”所侵的情况，但不等于“所夺”。如许昌县县令季轸，当建中、贞元之际，虽“大军聚于斯，兵残于民”[③]，但季令“因强毅，故军镇不能干于县”[④]。即如江州州司马一职职事，虽移于部从事（幕职官），但州司马，仍是国家公务员，朝廷命官。诚于白氏所说：“按《唐典》，上州司马，秩五品。岁廪数百石，月俸六七万。”[⑤]而且正是这位发过“郡守之职，总于诸侯帅”[⑥]牢骚话的白居易，于元和十四年（819 年）三月，由江州司马迁忠州刺史，州官除授之权，仍总于朝廷。显然，唐代州一级行政体制，若以开元始计，乃十五道分置采访使的行政体制，并没有废；至于唐僖宗“乾符以后，天下大乱”，藩镇割据，还说得上有“传统的”“完整的”政区模式吗？非属中央集权下的地方行政正式建置，是中央集权政治的离心力，是一种与中央法制“道”级管理对抗的、各自为政的分裂地方势力，是滋生在道政区中的毒瘤，何来的传统的、完整的地方行政管理模式？

宋太祖在全盘夺取后周版图后，继而进行统一战争，在不断扩大国土基础上，承唐、五代之制，以十道为单位划分管理区。如太祖乾德二年冬十月六日，有司言：“《十道图》无全、邵二州名及其望（按：望，地望，州等）。”过了半个月，太祖于二十日（壬戌）批复：“诏并为中州。”[⑦]

乐史所撰《太平寰宇记》，仍以唐贞观十道为纲，然将剑南、江南、山南三道各分为东、西两道，合为十三道。[⑧]李昌宪认为，太宗太平兴国时，路制未确定，“需要依据一个长期稳定行用的行政区划来编次舆图，而此时却恰恰又是路制调整最为频繁的时期，新制既不可用，故不得不借用旧制”[⑨]。实际上，太祖乾德间，已开始出现“路”之称。

---

① 张国刚：《唐代官制》第六章《地方官制》第三节《道（方镇）》，西安：三秦出版社，1987 年，第 132 页。

② （唐）白居易撰，朱金城笺校：《白居易集笺校》卷 43《江州司马厅记》，上海：上海古籍出版社，1988 年，第五册，第 2732 页。

③ （唐）白居易撰，朱金城笺校：《白居易集笺校》卷 43《许昌县令新厅壁记》，第五册，第 2742 页。

④ （唐）白居易撰，朱金城笺校：《白居易集笺校》卷 43《许昌县令新厅壁记》，第五册，第 2743 页。

⑤ （唐）白居易撰，朱金城笺校：《白居易集笺校》卷 43《江州司马厅记》，第 2733 页。

⑥ （唐）白居易撰，朱金城笺校：《白居易集笺校》卷 43《江州司马厅记》，第 2732 页。

⑦ （宋）李焘撰，上海师范大学古籍整理研究所、华东师范大学古籍整理研究所点校：《续资治通鉴长编》卷 5，宋太祖乾德二年十月，戊申、壬戌，北京：中华书局，2004 年，第 133 页。

⑧ （宋）乐史：《太平寰宇记》200 卷，其中 72—88 卷为剑南东道、剑南西道；89—122 卷为江南东道、江南西道；133—149 卷为山南西道、山南东道，清嘉庆刊本，收入《宋代地理书四种》之一，台北：文海出版社，1980 年影印本。

⑨ 周振鹤主编，李昌宪著：《中国行政区划通史·宋西夏卷》第一编《宋代省地的行政区划沿革和地方行政制度》第一章《宋代的路制》第一节《宋代路制的形成与发展》，上海：复旦大学出版社，2007 年，第 21 页。

太宗淳化四年（993 年）闰十月己酉，分天下郡县为十道：河南、河北、河东、关内、剑南、淮南、江南东道、江南西道、两浙、广南道。置左、右计使分判十道计度事。[①]但行之一年多，于五年十二月辛丑罢十道左、右计使。即此十道之设，不是从行政需要出发，而是应三司征四方贡献财利之需要。

乾德元年（963 年）正月，因用兵，朝廷遣官立转运使，专主一道之粮饷，以供给军需，此为道一级之设官。[②]开宝八年（975 年），始见“道”名改成“路”。路转运司权力扩大，有“鞫狱”之职。[③]太平兴国二年（977 年），转运使职责由主要转输地方财税到京师，扩展为金谷、边防、盗贼、刑讼、按廉官吏，“于一路之事，无所不总”，位列于州县之上的地方高层管理机构。[④]

至道三年（997 年）全国始分天下州军为十五路，以转运司管理辖区的路级体制形成，十五路为；

> 京东路　京西路　河北路　河东路　陕西路　淮南路　江南路　湖南路　湖北路　两浙路　福建路　西川路　峡西路　广东路　广西路。[⑤]

宋太宗统治时期，完成了道制区划向路制区划的过渡。[⑥]宋代根本不存在废节度使而为路的史实，所谓“废节镇而置路”的说法，显然是一种臆念。[⑦]

真宗咸平二年（999 年），西川路、峡西路，再分为“益、梓、利、夔”四路，是为十七路。[⑧]天禧四年（1020 年），又“分江南转运使为东、西二路”，是为十八路。[⑨]

> 京东路　京西路　河北路　河东路　陕西路　淮南路　江南东路　江南西路　荆湖南路　荆湖北路　两浙路　福建路　益州路、梓州路、利州路、夔州路

① （宋）王应麟辑：《玉海》卷 186《理财・宋朝三使司》，江苏古籍出版社、上海书店，1987 年，第 3403 页上栏。

② （宋）王应麟辑：《玉海》卷 182《乾德转运使》及引其引《东莱吕氏》曰，第 3352 页上栏。

③ （宋）李焘撰，上海师范大学古籍整理研究所、华东师范大学古籍整理研究所点校：《续资治通鉴长编》卷 16，太祖开宝八年十二月丁卯条之下，第 355、356 页。

④ （元）马端临：《文献通考》卷 61《职官考》15《转运使》，北京：中华书局，1986 年，第 557 页下栏。

⑤ （清）顾祖禹撰，贺次君、施和金点校：《读史方舆纪要》卷 7《历代州域形势》七《宋》上，北京：中华书局，2005 年，第 289 页；（宋）王应麟辑：《玉海》卷 18《至道十五路》，第 357 页上栏。

⑥ 贾玉英：《唐宋时期地方政治制度变迁史》第二章《唐宋时期“道”“路”制度变迁》二《宋代路制的确立及其变迁》（三）《宋代监司路制的确立及其变迁》，北京：人民出版社，2016 年，第 73 页。

⑦ 余蔚：《完整制与分离制：宋代地方行政权力的转移》，《历史研究》2005 年第 4 期，第 118 页。

⑧ （宋）李焘撰，上海师范大学古籍整理研究所、华东师范大学古籍整理研究所点校：《续资治通鉴长编》卷 48，宋真宗咸平四年三月辛巳条，第 1052 页。

⑨ 《宋史》卷 8《真宗纪三》，天禧四年四月丁亥，第 168 页。

广南东路　广南西路。[①]

至神宗熙宁七年，京西、淮南、陕西、河北、京东各分为二路，增为二十三路。元丰八年诏修的《元丰九域志》则“总二十三路，京府四，次府十，州二百四十二，军三十七，县一千二百三十五”。二十三路划分如下：

京东东路　京东西路　京西南路　京西北路　河北东路　河北西路　河东路　陕西永兴军路　陕西秦凤路　淮南东路　淮南西路　江南东路　江南西路　荆湖南路　荆湖北路　两浙路　福建路　西川成都府路　西川梓州路　峡西利州路　峡西夔州路　广南东路　广南西路。[②]

徽宗崇宁四年（1105 年）增京畿路，宣和四年（1122 年），增燕山府路、云中府路，共二十六路，其中梓州路，于徽宗重和元年（1118 年）升为潼川府路。此为宋全盛的版图路分。

京畿路　燕山府路　云中府路　京东东路　京东西路　京西南路　京西北路　河北东路　河北西路　河东路　陕西永兴军路　陕西秦凤路　淮南东路　淮南西路　江南东路　江南西路　荆湖南路　荆湖北路　两浙路　福建路　西川成都府路　西川潼川府路　峡西利州路　峡西夔州路　广南东路　广南西路。[③]

南宋时，高宗仓皇渡江，淮河以北中原，及陕右，为金国所占有。南宋王朝版图大为缩减，所存监司路仅十五路而已；至绍兴六年，以襄阳府路为京西路，至绍兴十一年（1141 年）底宋金和议达成，京西路可视为有较固定辖区的行政路。又，利州路于绍兴十四年（1144 年）划分为东、西二路，共为十七路。之后合、分不常。南宋理宗朝嘉熙间祝穆撰写的地理名著《方舆胜览》，所列南宋版图十七路，如下：

浙西路　浙东路　福建路　江东路　江西路　湖南路　湖北路　京西路

① 周振鹤主编，李昌宪著:《中国行政区划通史·宋西夏卷》第二编《宋代省地各断代年限的地方行政区划》第四章《天禧四年（1020）的州县》，第 184 页。

② （宋）王存撰，王文楚、魏嵩山点校:《元丰九域志》“表”“目录”，北京：中华书局，1984 年，第 1、2、3 页;《宋史·地理志》一《序》，第 2095 页;（清）顾祖禹撰，贺次君、施和金点校:《读史方舆纪要》卷 7《历代州域形势》七《宋》上，第 321 页。

③《宋史》卷 85《地理志·序》，第 2095 页;《宋会要辑稿·方域》7 之 3，第 9405 页。

广东路　广西路　淮东路　淮西路　成都府路　夔州路　潼川府路　利州东路　利州西路。[①]

三、宋代路制管理新模式——路监司

宋代路级地方行政最高长官不是一元负责制，而是创置多元分政的管理新型模式——监司制。

监司之名，原指汉部刺史，专职巡行监察郡守，不治民，故有“二千石专治民之重，监司清峻于上”之诏[②]。《资治通鉴》载晋太康十年（289年）刘颂奏疏，提及“近世以来为监司者”，胡三省注曰：“御史台官及诸州刺史，皆监司也。”[③]把御史与部刺史同归于监司，可见汉晋以来，皆视刺史为监察官而非治民之官。然而，宋代路监司，作为方面之官，有其权舆之官吗？清《历代职官表》认为：

> 至于藩臬分职，考之于古，惟唐转运、观察诸使为之权舆。至宋之转运使，掌经度一路财赋，吏蠹、民瘼悉条以上达，为今布政使之所由始。提点刑狱，掌察所部狱讼，平其曲直，及专举刺官吏之事，为今按察使之始。[④]

可见，监司一职，内涵历经变化，由原来单纯监察地方郡守之官的刺史，至唐代，已演变为转运使、观察使。宋代转运使，进一步行政化，被清代视为地方大吏布政使之“所由始”。

马端临《文献通考》对唐宋监司之由来，有较精辟的论述：

> 按古者牧伯之任，后世之所谓监司也。隋以前，多谓之刺史。自唐以刺史名知州，而后牧伯始别有以名其官。盖唐之初，止有上、中、下都督府，其后则有节度、观察团练诸使。宋之初，止有转运使，其后则有安抚、提刑等官。然唐宋中世以后，监司尤多。盖唐之多设监司也，起于开元、天宝之兴利，如杨国忠为

① 《宋史》卷85《地理志·序》，2096页；（宋）祝穆编，祝洙补订：《宋本方舆胜览》卷32《京西路·襄阳府·建置沿革》，上海：上海古籍出版社，1991年，第308页。

② 《后汉书·百官表》五《州郡》注引《臣昭》曰，第3620页；（明）梅鼎祚编：《西晋文纪》卷2《西晋·武帝》二《省州牧诏·太康初》，影印文渊阁四库全书本，第1398册，第24页。

③ （宋）司马光：《资治通鉴》卷82《晋纪》四《武帝太康十年（289）》十一月，第2597页。

④ （清）永瑢等修纂：《历代职官表》卷52《司道·历代建置·谨按》，丛书集成初编本，北京：中华书局，1985年，第15册，第1445页。

宰相，所领四十余使。……宋之多设监司也，起于熙宁、元丰之行新法。如苏公所谓使者四十余辈，事少员多，人轻权重。及温公所谓提举司，乃病民之本源。是也。又有倥偬之际，因事置官，事已遂废者。[①]

宋代转运使职能是逐步扩大的。宋初，转运使专掌漕运，太平兴国元年（976年）“令转运以三科察举”，也就是说，太宗朝，宋代转运使一方面掌管一路财赋，另一方面又有督察州府官之权力，显然，其职能既源于汉部刺史，又承唐代转运使，已朝着扩而为一路监司之长官发展，已非汉唐刺史与转运使可比。南宋吕中就太宗太平兴国元年“令转运以三科察举”一事评论道：

转运置于乾德，本以总利权耳，而兼纠察官吏自此始。……信矣监司之职，其一道守令之观望欤？……此我太宗时重转运以察官吏者，所以不轻于用人也。[②]

太平兴国二年（977 年），转运使得掌边防、盗贼、刑讼、金谷、按廉官吏，“于一路之事，无所不总”。[③]

太宗收回藩镇统州县之权，而将地方行政管理权一归中央，中央又委诸路转运使管理诸州县事务，所谓“转运司于一路之事，无所不总”。太宗又疑路转运使权太重，从中央派遣走马承受公事监视诸路转运使。这种特务活动，易引起地方官与中央的冲突，真宗遂罢走马承受公事，而于景德四年（1007年）设路提刑使，以分转运使刑事权。路监司作为路一级管理层长官，已初步确立。“宋代监司，在太宗淳化以前，仅有转运司，简称漕司；太宗淳化、真宗景德时添置提点刑狱司，仁宗天圣六年罢，明道二年复置。提点刑狱司与转运司各有固定治所。”[④]故真宗朝时，监司已由御史与转运使混称，演变为路转运使、提刑司专称。真宗大中祥符二年（1009年）十一月甲子诏：

诸路官吏有蠹政害民，辨鞫得实，本路转运使、提点刑狱官不能举察者论其罪。先是，知晋州齐化基、知鄜州何士宗皆坐赃抵法，监司初不以闻，故申敕

① （元）马端临：《文献通考》卷62《职官考》16《镇抚使》条按语，第564页下栏、565页上栏。

② （宋）吕中撰，张其凡、白晓霞整理：《类编皇朝大事记讲义》卷4《太宗皇帝》二《转运使》，上海：上海人民出版社，2014年，第88、89页。

③ （元）马端临：《文献通考》卷65《职官》15《转运使》引《东莱吕氏曰》，第557页中、下栏。

④ 金圆：《宋代监察制度特点》，收入邓广铭、郦家驹等主编：《宋史研究论文集》（1982年年会编刊），郑州：河南人民出版社，1984年，第278页。

之。[1]

吕中《类编皇朝大事记讲义》卷 6《真宗皇帝》专列一条“监司”：“大中祥符二年四月，定监司举主赏。”其按语谓：

分天下为郡（州）县，总郡县为一道（路），而又总诸道于朝廷；委郡县于守令，总守令于监司，而又察监司于近臣，此我朝内外之纪纲也。故欲择守令必责之转运，欲举转运必责之近臣，既严连坐之罚，又定举官之赏，而失察者又有罪，赏罚行而纪纲正矣！[2]

至神宗熙宁三年（1070 年），诸路又置提举常平司，作为监司的一个组成部分，分管地方市场平价和推行常平、免役等新政。宋代监司的体制，至此已经确立。路监司作为地方最高一级行政管理机构，延续至宋末。《庆元条法事类》敕定“监司”之名：

诸称“监司”者，谓转运、提点刑狱、提举常平司。[3]

路一级管理区，虽然笼盖州、府、军、监的行政、经济、刑狱与监察管理，但监司三元领导并无统一的行政主管机构，各自为政，既不像州、府、军、监与县二级，各自均有长吏为中心的权力机构，而是以转运使司为主、与提刑司、提举常平司等并列的多元领导构成的“监司”集团机构，这种格局的形成，是宋代君主刻意为之，用宋人的话说，就是有其深意。此举源自宋王朝汲取唐后期、五代的藩镇擅权的教训，推行强干弱枝国策所致。先是，宋太祖、太宗，为了削弱藩镇势力、加强中央集权，打破后周残余的藩镇管支郡的势力，派遣京朝官直接掌握州、县二级的权力。太宗太平兴国四年，平北汉，全国实现基本统一后，三百多个州、府、军、监，无异于三百多条权力渠道通向朝廷，如何顺利完成管理？唐代道置采访使，为宋代所不取，宋代路一级行政管理应运而生，转运使由经度一路财赋进而按部举刺和掌管本路管内刑狱，即代朝廷实行对州县钱谷、刑狱、边防及州县官吏的监督。继而皇帝疑惧转运司

---

① （宋）李焘撰，上海师范大学古籍整理研究所、华东师范大学古籍整理研究所点校：《续资治通鉴长编》卷 72，真宗大中祥符二年十一月甲子条，第 1642 页。

② （宋）吕中撰，张其凡、白晓霞整理：《类编皇朝大事记讲义》卷 6《真宗皇帝》十五《监司　定监督司举主赏罚》，第 149 页。

③ 《庆元条法事类》卷 7《职制门》四《监司知通敕令式申明·敕·名例敕》，杨一凡、田涛主编，戴建国点校：《中国珍稀法律典籍续编》第 1 册，第 128 页。

权力过重，复遣走马承受公事进行稽察。真宗景德四年（1007 年）七月，诸路置提点刑狱公事司，掌一路刑狱诉讼兼察吏治，“实分转运使之权”。[①]为防止地方权力集中于提、转，神宗熙宁二年（1069 年）九月，又授权提举常平公事，掌一路通货有无、平抑物价、坊场、河渡、水利等事关国计民生的大事并兼察吏治。于是，转运司（漕司）、提刑司（宪司）、提举常平司（仓司），构成了并列的路一级管理机构，总名监司。监司，为皇帝“耳目之寄”，“付以一路”，号称“外台”，范祖禹关于路监司之行政管理职责说得十分清晰：

> 祖宗分天下为十八路，置转运使、提点刑狱，收乡长、镇将之权悉归于县，收县之权归于州，州之权归于监司，监司之权归于朝廷。上下相维，轻重相制，建置之道，最为合宜。监司付以一路，守臣付以一州，令宰付以一县，皆与天子分土而治。[②]

属行政区划的监司路之外，宋代因用兵之需，又旁生帅府路。南宋时，曾普遍推行。建炎初，为防御金军渡黄河、江淮南下，宰相李纲措置沿黄河、淮河、长江州郡，置帅府，沿河帅府十一、沿淮帅府二，沿江帅府八，总为十九帅府路，“每路文臣为安抚使、马步军都总管，总一路兵政，许便宜行事；武臣副之”[③]。因军事之需，南宋之沿河、沿江、沿淮紧要郡知州，兼安抚使，总管一路防御兵政。孝宗乾道六年（1170 年），十六监司路皆置帅司，帅府路与监司路合并，安抚使成为监司成员之一[④]。孝宗乾道七年，重申关于监司指称的内涵谓：“旧法称职司（监司）者，谓转运司、提点刑狱及朝廷专差宣抚、安抚、察访。”[⑤]安抚司已列为监司官。宁宗后，安抚司之兵政归都统制司，成了闲署。[⑥]

路级管理机构，除了“监司”之外，尚有“杂监司”，则各式专门的经济、文化管理机构，如提举茶马司、提点坑冶司、提举市舶司、提举学事司等[⑦]。即是说，转运司、提刑司、提举常平司、帅司等核心监司之外，各种监司名目尚有一二十个。这

---

① 司义祖整理：《宋大诏令集》卷 161《置诸路提刑诏·景德四年七月辛卯》，北京：中华书局，1962 年，第 610 页；（元）马端临：《文献通考·职官一五·转运使》引《东莱吕氏曰》，第 557 页下栏。

②《宋史》卷 337《范镇传·范祖禹》，第 10796 页。

③（宋）李心传撰，胡坤点校：《建炎以来系年要录》卷 6，建炎元年六月己卯，北京：中华书局，2013 年，第 182、183 页；（宋）王应麟辑：《玉海》卷 18《建炎十九路》，第 357、358 页。

④ 刘琳、刁忠民、舒大刚，等校点：《宋会要辑稿》职官 41 之 79《安抚使》，上海：上海古籍出版，2014 年，第 4039 页下栏；李昌宪：《宋代安抚使考》，济南：齐鲁书社，1997 年，第 29、30 页。

⑤ 刘琳、刁忠民、舒大刚，等校点：《宋会要辑稿》选举 24 之 25《侍郎左选》，第 5718 页上栏。

⑥（宋）李心传撰，徐规点校：《建炎以来朝野杂记》甲集卷 11《安抚使》，北京：中华书局，2000 年，第 228 页。

⑦（宋）谢维新编：《古今合璧事类备要·后集》卷 70《监司门》，《四库类书丛刊》本，第 940 册，第 276—279 页。

是熙丰以后，多设使者以行新法之故，苏轼在《上神宗论新法》中所谓“夫制置三司条例司，求利之名也。六七少年与使者四十余辈，求利之器也”[①]。监司作为路一级行政管理体系的弊病也很明显，御史中丞吕好问曾指出：“比年以来，诸路杂科监司猥多。司分既异，所行不复相照，各执己见，意在必行，事相牵连，首尾相戾，文移如雨，督责如火，官吏书纸尾之不暇，矧能及民事乎？所巡历处，州县为之鼎沸。”[②]因此，转运使不可能成为路监司最高的行政长官，和其他监司终究是“司分既异”，平级相处，“互不统辖，呈现出多头管事的局面”，从而不可能统一行使一路管理，“当然也不可能成为路级政区内完备的行政机关。”[③]

路监司，作为宋代集体管理路一级的多元行政机构，是在宋代“强干弱枝”祖宗家法控制下、不让地方出现类似唐五代尾大不掉、藩镇割据局面的产物，可以说：是宋代有特色的路级行政管理机构。

① 孔凡礼点校：《苏轼文集》卷25《上神宗皇帝书》，北京：中华书局，1986年，第731页。

② （宋）吕好问：《上钦宗论杂科监司不可不尽罢》，（宋）赵汝愚编，北京大学中国中古史研究中心校点整理：《宋朝诸臣奏议》卷67，第746页。

③ 许怀林：《北宋转运使制度略论》、郑世刚：《北宋的转运使》，邓广铭、郦家驹等主编：《宋史研究论文集》（1982年年会编刊），第302、342页。

试论宋代资序体制的形成及其运作

邓小南*

在宋代的铨选中，资序（又作“资叙”）具有特殊重要的意义。资序是“资格”的主要内容，它与官员的实际职任（“差遣”）直接相关，主要指考铨任用中“依资入选”的先后次第。资序体制是人事除授工作的基本依据，体现着国家的官僚选任原则，也关系到每一位官员的仕宦生涯。不理解资序问题，就不可能对当时的官僚选任制度有真正深刻的认识。

笔者曾写过《北宋的循资原则及其普遍作用》一文，刊登在《北京大学学报》1986年第2期上，其中谈到了宋代文官选任中的资序问题。在今天看来，当时对于资序体制形成之历史渊源及其实际运作的理解还远远不够，故不惮烦复，做成此文，再次求教于学界方家。

一、资序体制的形成

（一）“铨衡有序”与“依资入选”

宋代铨选中的资序体制，是在前代“铨衡有序”“依资入选”的基础上发展起来的。

“举官任人，国之大典。”官僚的选任，不仅关系到被选者的出路，也关系到典选者的前景；关系到不同社会集团参与政治的现实需求，也关系到当前政局的安定与否乃至整个权势阶层的长远利益。正因为如此，铨选制度与官僚制度的其他组成部分比较，更需要建立起一套行之有效、标准明确而易于把握的秩序，作为稳定运行的保证。体现儒家正统观念的“选贤任能”原则，绝少有人反对；但由于标准宽泛，在缺乏充分可靠的信息和通用确定的衡量尺度之条件下，很难得到切实的推行。

在我国古代，对于“铨综秩序”的讨论史不绝书。而这种“秩序”并非凝固僵滞的静态模式，而是适应政治秩序的需要，在不断演变、调节的过程中形成，又在一定的历史条件下发生作用。

* 邓小南，北京大学中国古代史研究中心教授。

《周礼·天官》"小宰之职"条，即讲到"以官府之六叙正群吏"。郑玄注云，"叙，秩次也，谓先尊后卑也"。同卷"宫伯"条下，说及"掌其政令，行其秩叙，作其徒役之事"，郑注云："秩，禄禀也；叙，才等也。"可见，至晚在战国时对于官吏庶僚的管理中，或以尊卑为次，或依才艺为等，"叙"（序）已受到了充分的重视。

资，本指一些可以依凭的条件。既有由门第决定的"门资"，又有由仕宦经历决定的"资历"、由年劳决定的"年资"等等。资序体制的形成，是选任秩序与"年资""资历"相结合的产物，是"依资（历）入选"原则在铨选中得到确立的结果。而这一原则的逐步确立，经历了漫长的历史过程。

汉代官吏之迁补升降，强调"位次有序"[①]，重视凭借"功次"（积劳、久次）循序而进，亦往往有"故事"可供征引。汉武帝元光元年（前134年），董仲舒在贤良对策中曾经指出："古所谓'功'者，以任官称职为差，非谓积日累久也。"并且批评了当时"累日以取贵，积久以致官"的状况[②]。看来早在汉代的官僚铨任中，对于"功劳"的理解和掌握已经出现了偏倚日月、"年劳"的倾向。

魏晋南北朝时期，对于一般官员的任用次第及其程序，被称为"铨次""选序"。曹魏时期，刘寔著《崇让论》，其中即指出："因资用人之有失久矣。""九品官人之法"至西晋时渐弊，"遂计官资以定品格，天下惟以居位者为贵"[③]。南朝时，资历成为铨选中依次授任的重要依据[④]。不过，在当时尚不可能取代社会上普遍接受的"门胄"（"门资"）等因素乃至清议的衡量品评作用。

北朝与南朝政治情势不同，制度的演进亦有差别。北魏后期，"依资入选"的原则首次以条格形式在铨选中肯定下来。

北魏孝明帝初年，胡太后当朝。征西将军、冀州大中正张彝之子仲瑀上封事，建议在铨选中排抑武夫，不使其预清品。这种强调文武清浊界限的主张，激起倚恃军功的武人之愤怒，"喧谤盈路"。神龟二年（519年），羽林虎贲千余人殴杀张彝与其长子始均，焚其宅邸，几乎酿成一期严重的政治变乱。朝廷无奈，"乃命武官得依资入选"[⑤]。

武官依资入选，给正常的铨选工作造成了很大困难。能够安排的官员职位数量有限，而应调参选的人员却为数众多，源源而来。吏部尚书李韶一筹莫展，无计可施，

① 《汉书》卷83《朱博传》，北京：中华书局，1962年，第3405页。

② 《汉书》卷56《董仲舒传》，2513页。

③ 《晋书》卷41《刘寔传》，北京：中华书局，1974年，第1192页；《陈书》卷26《徐陵传》，北京：中华书局，1972年，第332—333页；（唐）杜佑：《通典》卷14《选举二》，北京：中华书局，2003年，第330页。

④ 《梁书》卷30《裴子野传》，北京：中华书局，1973年，第441—444页；《梁书》卷21《江蒨传》，第333—335页。

⑤ （宋）司马光：《资治通鉴》卷149，北京：中华书局，1956年，第4642—4643页；（唐）杜佑：《通典》卷14《选举二》，第338页。

结果引惹出新的不满。在这种情势之下，无法再依常格除注。于是，“兼正六为吏部郎、三为尚书”的崔亮，受命于危难之际，出任吏部尚书。《魏书》卷 66《崔亮传》记载了这件事：

时羽林新害张彝之后，灵太后（按：胡太后谥曰“灵”）令武官得依资入选。官员既少，应选者多，前尚书李韶循常擢人，百姓大为嗟怨。亮乃奏为格制，不问士之贤愚，专以停解日月为断。虽复官须此人，停日后者终于不得；庸才下品，年月久者灼然先用。沉滞者皆称其能。

崔亮所奏格制，被称为停年格，其核心内容在于“不问士之贤愚，专以停解日月为断”。其选授原则是先取资历深、岁月久者。

停年格的创设，有其不得已之苦衷。崔亮在回答外甥刘景安的责难时说，如今选官之责专归吏部尚书，以一人之鉴，无法照察天下；况且参选者多为武夫，本难求其“烹鲜之效”，“是以权立此格，限以停年耳”[①]。他直接的用意在于寻求一种相对固定、能够为多数参选者接受的选授标准，把吏部从“官员既少，应调者多”的困窘状态下暂时解脱出来。而在文化差异、士庶差异突出的当时，以年为限，恰恰有效地淡化了不同社会集团争取入仕权利的强烈政治色彩。

从刘景安以及薛琡、辛雄等人对停年格的批评来看，诏令中针对武官提出的“依资入选”原则，在当时的铨选中决非仅仅行用于武官，而是对全体参选者普遍施行的。该原则产生于门地资荫之法、九品中正之制日渐隳废的背景之下，它之所以能够得到承认，是年劳、资次等因素在铨选中长期作用的结果。

仅就北魏而言，孝文帝时，高祐即曾批评“今之选举，不采识理之优劣，专简年劳之多少”。孝明帝熙平元年（516 年），任城王元澄及廷尉少卿袁翻等也批评北边镇将之选弥轻，“官不择人，唯论资级”。此后不久，深得胡太后倚信的清河王元怿曾经“以官人失序”，上表回顾孝文帝时具有浓厚士族化色彩的选任秩序，建议“式遵遗范，奉顺成规”，“革选中正，一依前轨”。“太后诏依表施行，而终不能用。”[②]

这正说明，以年资为据，这一官僚政治下常用于取士的技术标准，正在排斥士族政治下通用的以门资为据的取士标准。身为清河崔氏一员又饶有典选经验的崔亮，专掌选事之后，为情势所逼，认识到“时宜须异”，通过停年格将“年”与“资”更为明确、更为紧密地结合起来，使之成为铨任中的正式依据。重年资而略能绩，有其突

①《魏书》卷 66《崔亮传》，北京：中华书局，1974 年，第 1480 页。

②（唐）杜佑：《通典》卷 16《选举四》，第 390—391 页；（宋）司马光：《资治通鉴》卷 148，第 4627 页。

出弊端。但在当时，在铨次、选序中，“年资”作为“门资”的替代物出现，显然是与历史的进步相联系的。

将年资引为铨选的主要依据，一旦在吏部施行开来，掌选者“利其便已，踵而行之。自是贤愚同贯，泾渭无别”。后人普遍认为“魏之失才，从亮始也”。崔亮苦心孤诣，竟难以摆脱本人亦无可奈何的深刻矛盾：“仲尼云，‘德我者亦《春秋》，罪我者亦《春秋》’……千载之后，谁知我哉！”[①]

在其后的两个世纪中，“依资入选”原则有了进一步的发展。唐代中期，铨选中出现了循资格。

早在唐高宗时期，由于承平既久，求进者众，据刘祥道说，永徽末、显庆初，每年入流数超过一千四百人。“官员有数，入流无限”的矛盾愈益突出。当时内外文武官一品以下、九品以上，共计一万三千四百六十五员，其中多数由吏部铨任，选司难以一一简择。武则天当朝，官僚队伍更是急剧膨胀。其间虽经裴行俭、李敬玄、张仁祎等人设《长名姓历榜》，改革铨注程序；虽有魏玄同、薛谦光等人主张迁革“权道”、分任群司、荐贤任能的建议；终于无法扭转“选集之日，雾积云屯，擢叙于终，十不收一”的状况[②]。

唐玄宗开元十八年（730 年），侍中裴光庭兼吏部尚书。为扭转“士人猥众，专务趋竞，铨品枉挠”之弊，他在其父裴行俭所创《长名姓历榜》的基础上，作“循资格”，把官资高卑与选数多少联系起来，作为参选的基本条件。

《通典》卷 15《选举典三》：

> 至玄宗开元中，行俭子光庭为侍中，以选人既无常限，或有出身二十余年而不获禄者，复作“循资格”，定为限域。凡官罢满以若干选而集，各有差等，卑官多选，高官少选，贤愚一贯，必合乎格者，乃得铨授。自下升上，限年蹑级，不得踰越。久淹不收者，皆荷之，谓之“圣书”。虽小有常规，而抡材之方失矣。此起于后魏崔亮停年之制也。其有异才高行，听擢不次，然有其制，而无其事。有司但守文奉式，循资例而已。

循资格与停年格一脉相承。它的直接适用对象是六品以下选人，而“循资”原则影响所及，则范围宽泛得多。

---

① 《魏书》卷 66《崔亮传》，第 1480 页。

② （唐）杜佑：《通典》卷 15《选举三》，361 页；（唐）杜佑：《通典》卷 17《选举五》，第 408 页；《新唐书》卷 45《选举志下》，北京：中华书局，1975 年，1175 页。

开元二十一年（733 年）裴光庭死后，萧嵩、张九龄等人以其“非求材之方”，奏请废罢了循资格。但是，循资格所试图解决的“选序”问题依然存在，“官员有数，入流无限”的矛盾更加突出。“按格令，内外官万八千八十五员；而合入官者，自诸馆学生以降，凡十二万余员。”此外，不系常员者，不可悉数，“大率约八、九人争官一员”[①]。时刻处于巨大压力之下的业务部门，迫切要求取一律以裁万端。在这种情况下，循资格奉行的注重资历的原则继续沿用下来，用《旧唐书》卷 42《职官志一》中的话说：“其后每年虽小有移改，然相承至今用之。”

在要求“铨衡有序”的大背景下，“循资”原则既经确定，“资序”体制的出台已属必然。

中晚唐时期，在选司行用的格制文件中，“资序”（资叙）一词已经屡屡出现。《唐会要》卷 74《吏曹条例》载唐德宗贞元二年（786 年）三月吏部奏文，其中说：

> 伏准今年二月十三日敕，除台省常参官，余六品以下，并准旧例，都付本司处分者。其六品以下选人中，有人才书判无阙相当，承前准格皆送中书门下……应缘功状及非时与官，合授正员额，并选限内无阙注拟者。伏请量事计日，用成三考阙。如临时人数稍多，注拟不足，灼然须处置发遣，即请兼用两考以上得资阙，并量人才、资序注拟讫，准敕送中书门下详定可否。其六品以下有官资稍高，合入五品，纵非五品，亦请依前送名。

同书同卷载其年三月敕旨：

> 五品官……宜付吏部检勘讫，送中书门下。其据资叙却合授六品以下官，任便处分。

看来，“资序”（或曰“资叙”，亦即“官资”）在当时是指铨选中拟注官职“填阙”时叙理的依据，亦即“官资”。

类似用法其后逐渐增多，在《册府元龟 · 铨选部 · 条制门》中可以找到不少晚唐乃至五代时期的例证。例如，该书卷 634《铨选部 · 条制六》有后周太祖广顺元年（951 年）的一批诏敕。在十月下达的一条敕文中说：

① （唐）杜佑：《通典》卷 15《选举三》，第 362 页。

> 选部公事比置三铨，所有员阙、选人分在三处，每至注拟之际，资叙难得相当。况又今年选人不多，宜令三铨公事并为一处，委本司长官、通判同商量可否施行。所冀抡选得中，铨综有序。

很明显，“资序”的出现，是与建立铨选秩序的努力联系在一起的。关于官僚选任方式问题，历史上长期存在着两种主张的对立。北魏薛琡、刘景安责难停年格，唐代魏玄同、沈既济批评吏部法，主张择举主、重德行，行荐举辟召之制，代表着要求唯才是举、不次用人的一派立场。这种议论，反映着儒生文士的正统见解，对于政治清明、整饬吏治，很有可取之处。但是，较之一元化、有凭据的“资次”，多元且无定型的“才德”，显然难以把握，以之为据，会给主管部门的日常工作造成极大的困难。而且，不触及专制集权的政治体制，人事制度单方面的改革无法深入进行。所谓“铨法简而任重”的状况，在封建统治者心目中，绝不是维护最高权力的理想状态。

停年格、长名榜与循资格，体现着另一派观点。这些格制的创设人，是一批老于政务，且习知吏部选事者。他们希望能够以法令条格的形式，为当时头绪纷繁、怨尤丛集的铨选设置出有章可循的常规。从这一意义上讲，他们的试验都有成功之处。这些规则的相继产生，反映了封建人事管理制度走向标准化、程式化的过程。

（二）资序体制在宋代的形成

资序体制的真正形成，是宋代的事。

宋代的设官分职制度，主要特点之一在于“官”（本官、正官、寄禄官）与“差遣”的分离。如《宋史·职官志（序）》所说：

> 其官人受授之别，则有官、有职、有差遣。官以寓禄秩、叙位著，职以待文学之选，而别为差遣以治内外之事。

在这种制度下，仕人“不以官之迟速为荣滞”，而“以差遣要剧为贵途”[①]。

北宋前期的本官系统，自隋唐职事官系统演化而来。就其外在形式来看，本官系统所采用的，正是隋唐省、部、寺、监职事官的称谓；就其实质而言，本官系统已经脱离了实际“职事”，名号依旧而功能迥异。在宋人心目中，它代表的仅仅是阶秩的高下区分，是官员的社会地位及其基本待遇。

---

① 《宋史》卷161《职官志一》，北京：中华书局，1977年，第3768页。

宋神宗元丰年间进行官制改革，将原散官称谓加以整理，修改为寄禄阶，用以取代原有本官系统。此后，“官”与“差遣”的分离改变了形式，但是依然存在。

在宋代，官员寄禄阶秩（本官）的晋升，称作“叙迁”。叙迁的主要依据是官资，或曰“资”。

资序，在宋代主要用来指差遣除授时的依据。当然，这并非绝对，特别是在北宋前期。《宋史》卷 158《选举志四》讲到宋太宗淳化年间所定官秩叙迁之制时，即将本官资称作“资叙”。又如，《续资治通鉴长编》卷 101 载天圣元年十二月诏，说：

> 御史台主簿多是资序合入大理寺丞、著作佐郎，除授之时，并理光禄寺丞……自今更不理光禄寺丞资叙，只守本官，仍支与前任请受。候三年满无遗阙，依元入官资叙与京朝官。

随着宋代官僚选任制度的定型，“资”与“资序”的含义逐渐明确区分开来。北宋时，较之主要服务于地方基层的幕职州县官（“选人”），京朝官之“差遣”与“官”的分离更加彻底，因而“资序”与“资”的分化尤为明显。

二、宋代资序体制的主要内容

宋代的“资格”，应该说是以资序为核心，同时亦包括本官、职名在内的综合体。对于资序体制的具体内容，史志中似乎缺乏专门而又系统的记载。不过，在宋人的著述中，相关的记述可以说比比皆是。

（一）宋代对于关升资序的规定

在宋代，官员的资序主要由差遣职务的高低及任数构成，即所谓“惟以差遣为资历”①。某一差遣任内二年成资（或曰“得资”），通常便被承认具备了该资序，如“第一任知县资序”“第二任知州资序”等。

整个资序系统依差遣性质不同，分为亲民、监当（厘务）两大类别。亲民资序由诸多外任行政差遣层次组成。下至基层四等七资幕职州县官，上至京朝官担任的知县、通判、知州、诸路提点刑狱乃至转运使，次第井然；在同一级别的职任中，又依其县、州、路分的大小、远近、紧要程度等因素而区别上下轻重。监当官主要是指派驻各处

① 《宋史》卷 161《职官志一》，第 3768 页；《宋史》卷 158《选举志四》，第 3695 页。

监管烦琐财务（如茶盐酒税、冶铸等）的官员，其资序低于亲民资序。

对于一般官员资序的升迁被称作“关升”。关升资序时，多有一定的考任限制，还需要有现任官员保荐。例如，今存南宋《吏部条法·关升门》载明，京官承务郎以上“监当”资序人，须满两任六考、有举主四人，才能关升“亲民”的知县资序。

宋人关于关升资序的记载很多，彼此歧互之处不少。这可能是由于时期各异而造成的。一般来讲，监当入亲民、知县入通判、通判入知州，多以两任为限。①

对于资序问题最为详尽的说明，是北宋元祐时期文彦博就京朝官“自来除授官职次序”问题，向太皇太后高氏所做的一番解释：

> 吏部尚书选人两任亲民、有举主，升通判；通判两任满，有举主，升知州军。自此以上叙升，今谓之“常调”。知州军有绩效或有举荐，名实相副者，特擢升转运使副、判官或提点刑狱、省府推判官，今谓之“出常调”。
>
> 转运使有路分轻重、远近之差：河北、陕西、河东三路为重路，岁满多任三司副使或任江淮都大发运使，发运使任满亦充三司副使。成都路次三路，任满亦有充三司副使或江淮发运使。京东西、淮南又其次，江南东西、荆湖南北、两浙路又次之，二广、福建、梓利夔路为远小。以上三等路分转运使副任满，或就移近上次等路分、或归任省府判官，渐次擢充三路重任，以至三司副使。内提点刑狱则不拘路分轻重除授。转运使副、省府判官或逐急藉才，差知大藩镇者，其归亦多任三司副使或直除修撰、待制者。三司副使岁满即除待制；有本官是前行郎中、少卿，或除谏议大夫者；有资浅而除集贤殿修撰，充都转运使，后亦除待制。
>
> 三院御史旧制多是两任通判以上举充，岁满多差充省府判官或诸路转运副使，累迁至三路，岁满充三司副使，又岁满除待制。御史或言事称职，公论所推，即非次拔擢，系自特恩。
>
> 正言、司谏自来迁擢无定制，或兼带馆职、文行著闻，或议论识体、方正敢言，朝廷所知，临时不次擢用，本无常法。
>
> 三馆职事本育才待用之地，例当在馆久任。其间资地、人品素高者，除修起居注（即今起居郎、舍人），遇知制诰有阙，即试补（即今中书舍人）。
>
> 以上并旧制甄别资品、履历，次第除注之法，与今来官制或小异而大同。②

---

①（宋）张方平：《乐全集》卷18《对》，影印文渊阁四库全书本。

②（宋）文彦博：《潞公文集》卷29《奏除改旧制》，影印文渊阁四库全书本；（宋）李焘撰，上海师范大学古籍整理研究所、华东师范大学古籍整理研究所点校：《续资治通鉴长编》卷404，元祐二年八月癸未条，北京：中华书局，2004年，第9832—9833页。

该“次序”中虽未揭明“资序”二字，而自始至终次第阐述的，却正是亲民资序由低向高的升陟序列。从中我们可以看到，资序加举主，是吏部负责铨任的常调官员升陟差遣的主要条件；可以看到当时亲民官员通常的职任递迁路径；也可以看到本官、贴职与差遣的相互制约和互补关系。

据洪迈说，“潞公所奏乃是治平以前常行”[①]。也就是说，大体上是北宋前期通常施行的办法。南宋继承了北宋“用考任、举主关升（资序）”的基本精神，明确规定“（寄禄官）奉直大夫以上免关升注知州”，中下层文官的递迁路径与北宋大致类同。现存《吏部条法·关升门》中，有当时对于关升资序的详细条文。

官员差遣职任的升迁，往往不是线性单向的。知县—通判—知州—监司（提刑—转运）大约两任一迁，这只是就资序体制的一般规定而言。由于不少官员有在中央、地方交错任职的经历，而为了便于排比，在中央任职者亦比照叙理地方官资序，因此，具备知县、知州资序，并不等于该人确曾出任该职。而且，宋代“官不久任”的现象十分突出，满任一般需要三年，而事实上任内不成资（大约不足两年）的官员为数众多。这就要靠两次乃至数次职任“通计”“通理”的办法来折合成“任”。

大致说来，外任京朝官先历通判、知州，再任监司长官。但这并不是说，所有亲民官员都是从州至路，循着同一途径直线前行；也并不意味着，任职于州府的诸位长官，所具备的资序必定低于监司长官。知大藩、节镇等重要府州者，有可能具备提点刑狱甚至转运使副资序；知州而兼任安抚使者，则更是如此。从宋人的传记资料中，我们可以发现大量先曾出任知州、继任监司、又转而知某州的事例。这里存在多种可能，较常见的，一是这后一州府类别较高，要求具备监司资序者担当其长官；二是铨次授任时，或须借重于某人才器，或与申请职任者资序相当的窠阙（职位）有限，因而“超资”或“折资”拟授。另外，临时调易官员差遣时（特别对于“出常调”者），资序上下参差的情形更多。当然，也有由于铨选部门疏忽造成的除授“错位”。例如，北宋仁宗时，两浙转运使张瓌代还，被朝廷差知颍州，而“未尝以资序自言”，被誉为恬退的典范。[②]

（二）差遣职任与资序的对应

秩序井然的原则规定，在复杂多变的官僚场上，很难不折不扣地照样实施。为保证根据需求及时派遣，必须采用一种上下衔接、纵横贯通、此出彼入而富于弹性的差

① （宋）洪迈：《容斋随笔·容斋四笔》卷2《文潞公奏除改官制》，上海：上海古籍出版社，1996年，第637页。

② （宋）李焘撰，上海师范大学古籍整理研究所、华东师范大学古籍整理研究所点校：《续资治通鉴长编》卷170，皇祐三年五月庚午，第4092页。

遣与资序对应方式。而这套体系，是在人事选任工作的长期实践中，在矛盾、平衡的反复运作中，逐渐丰富起来的。它能够适应变化的条件，或“折资”，或“超资”，或者通过调整职任的称谓等方式，实现以资序为基轴的、相对灵活的差遣除授。这种“灵活”，既是对资序条文一定程度上的背离，又体现着资序原则的制约。宋代的资序体制，正是以这种方式发挥其作用的。

在宋代，同一差遣职务往往被划分出不同的等级次第，根据就职者资格的高低，委以不同的名目。即以诸路转运司官员为例，除有路分轻重的不同外，在同路同司任职者，亦可能有都转运使、转运使、权转运使、权发遣转运司公事以及转运副使、权副使、转运判官、权判官等名目的区别。这些称谓，显现在宋人面前的，一方面关系到其职权范围的大小；另一方面，或许更主要的，是任事者资格的深浅程度。

即以都转运使为例，有统领两路乃至数路而为都转运使者，更有仅因本人之侍从官资格即除都转运使者。太宗时，樊知古为右谏议大夫，任河北东、西路都转运使，此后，如《职官分纪》卷47所说，“两省五品以上则为都转运使”。南宋前期，据《宋史·职官志七》载，“诸路事体当合一，则置都转运使以总之”。当时，有“张公济为江、浙、荆湖、广南、福建都运，赵开为四川都运”。但这种情形毕竟不多。都转运使头衔，大多场合下是为出任转运使的侍从官们准备的，这些人“不问两路一路，并为都转运使”。韩元吉《南涧甲乙稿》卷9《看详都转运使申状》中，对此有具体说明。

傅求在北宋中期的仕宦经历具有一定的代表性。他天圣二年（1024年）自进士甲科出身，两任知县、两任通判之后，出知宿州；继而先后提点江西路、益州路刑狱，又相继任梓州路、陕西路转运使。入三司为户部副使，又以天章阁待制身份第二次出漕陕西，不过此番职衔称作“陕西都转运使”。卸任后，一度进京任职，判三班院、流内铨。嘉祐二年（1057年）带龙图阁直学士职名（“贴职”）知庆州，任环庆路经略安抚使兼都部署；徙泾原路，知渭州；不久再度进京任职；嘉祐八年（1063年）以枢密直学士知定州，为定州路安抚使兼都总管；治平中应召入京，神宗初年因断狱差失而出知兖州。①

傅求“有吏能干局”，自天圣二年入仕至熙宁六年（1073年）去世，五十年间，在地方、中央交替任职。仅就地方而言，他历任知县、通判、知州，路分宪（提点刑狱）、漕（转运使、都转运使）、帅（安抚使）司首长，可以说是循着资序阶梯一步步递升上去的。他两度出漕陕西，后一次由于资格已深、职名益高，正式差遣头衔改称“都转运使”。

---

①（宋）张方平：《乐全集》卷36《傅公神道碑铭》；《宋史》卷330《傅求传》，第10621—10622页。

在转运司长官中，又有“权”“权发遣”之类名衔，专待资序低浅者。熙宁变法期间，此制大行。《古今合璧事类备要（后集）》卷 67“转运使”条载：“熙宁二年诏转运使用本资序人即‘充’，资序下一等为‘权’，二等为‘权发遣’。”据司马光记载李舜卿的话说：“介甫用新进为提、转，其资在通判以下则称‘权发遣’，知州称‘权’，又迁则落‘权’字。”①

“权”“权知”一类名目，唐代即已出现于官员差遣名衔之中，意思是指临时代理而非正式除授。例如韩愈即曾权知国子博士三年，而后改真博士。②在宋代，“权”字所体现的，主要是任职者自身资序与该差遣职位之间存在的差距。

宋代诸路转运司虽设转运使、副使及判官等职，但是很少在同路内设置齐备。南宋时，转运使额名虽存，而一路中不派转运使，却以资序较浅的转运副使或转运判官行使漕司职权，成为越来越常见的现象。

仅以江南东路与两浙路为例：据《景定建康志》卷 26，自建炎初至景定二年（1261 年）的 130 余年间，相继出任江南东路转运司长官者，先后 124 人次。其中转运判官 62 人、转运副使 59 人、暂权运司事者 1 人；任转运使者，仅向子諲与赵希垩 2 人。《咸淳临安志》卷 50，记载了自建炎元年（1127 年）至咸淳八年（1272 年）的 145 年中，任两浙转运司长官者 199 人次。其中包括 96 任运判、93 任运副、添差者 5 员；而转运使只有张澄、王克仁、赵与訔 3 人；都转运使为曾任淮南、江、浙、荆湖等路制置发运使、贴职显谟阁待制的李迨，和曾任江淮发运副使、江东转运使、贴职徽猷阁待制的向子諲。这些人中，有 25 名自运判升本司运副再任。而王克仁更于“淳祐十二年七月除运判、宝祐元年四月升副、二年十一月除宝章阁待制、两浙转运使”。两年内资序迭升，身份变化而实际职责如故。

这种状况的出现，应当是因为朝廷急需财物用度，漕司事剧任重，亟待强干人才理事，而难得资序相当者，故以运副、运判处之。这正如《宋史》卷 167《职官志七》讲到南宋转运司时所说：“随军及都运废置不常，而正使不废，若副使、若判官，皆随资之浅深称焉。”而对这些行使漕司职权的运副、运判，人们亦以漕使视之，这在宋代士大夫心目中十分明确：“隔等而授，是择才能也；结衔有差，是参用资格也。”③

至于“总一路兵政”的诸路安抚司长官，据《宋史・职官志七》说，南渡前，须“太中大夫以上，或曾历侍从乃得之；品卑者止称‘主管（管勾）某路安抚司公事’。中兴以后，职名稍高者出守，皆可兼使；如系二品以上，即称‘安抚大使’。”也就是说，担当帅司长官者，资格可能大不相同。而其资历、品秩、职名的不同，则通过系

① （宋）司马光著，邓广铭、张希清点校：《涑水记闻》卷 16，北京：中华书局，1989 年，第 310 页。
② （唐）李翱：《李文公集》卷 11《韩吏部行状》，影印文渊阁四库全书本。
③ 《宋史》卷 158《选举志四》，3716 页。

衔之差异体现出来。南宋淳熙八年（1181 年），辛弃疾知隆兴府兼江西安抚，其署衔为“奉议郎充右文殿修撰、知隆兴军府事、兼管内劝农营田事、主管江南西路安抚司公事、马步军都总管”①。所谓主管某司公事者，喻其资格尚浅也。但这并不妨碍辛弃疾履行安抚使之职责，也不妨碍时人称之为“辛帅”“辛安抚”。这种授任系衔方式，无疑扩大了朝廷“选人填阙”之范围，有利于随材任使。

职责相同，而以体现履历的资序及体现清要资望的贴职决定所差遣职事的称谓，以职务结衔的不同等次体现任事者身份差异的做法，在宋代十分普遍。不仅对诸路转运司、安抚司长官，对知府州乃至典京师者亦有类似规定。再以傅求为例，他在嘉祐六年（1061 年）、治平初年曾经两度以龙图阁直学士身份“权发遣开封府事”；治平三年十二月他再度领开封府事，此番则因资格稍深而授衔“权知开封府”②。

《续资治通鉴长编》卷 370 有元祐元年（1086 年）闰二月丁巳诏：

> 诏今后差知西京、大名、应天、成都、太原，永兴、成德军、秦、延、青、郓、杭、瀛、定、庆、渭、熙、广、桂州，并待制已上人；如未至上件职任，曾任正提刑以上即“权”，余并“权发遣”；其兼安抚、总管等，自依旧条。其知河阳、荆南、江宁、颍昌、河中、凤翔、陕府、陈、襄、邓、潞、扬、亳、苏、越、洪、潭、泉、福、梓、徐、曹、蔡、郑、滑、相、邢、同、晋、庐、寿、湖、明、宣、沧、齐、棣州，以上并差曾任正提刑人，余并“权”，通判以下资序“权发遣”；其现任提刑以上，因差知州，即具历任取旨。

《宋史》卷 158《选举志四》有淳熙三年（1176 年）中书舍人程大昌的一番话：

> 旧制，选人改秩后两任关升通判，通判两任关升知州，知州两任即理提刑资序。除授之际，则又有别以知县资序隔两等而作州者，谓之“权发遣”；以通判资序隔一等而作州者，谓之“权知”。③

正因为如此，《官制旧典》中说：“朝廷每除藩府监司，必有理某资序指挥。”④

外官如此，比拟外官资任的在京诸司、台省寺监官亦如是。在除授职任时，经常因此而需要说明“以××资序人充”或者本任“理××资序”。

英宗初年，三司官以次迁而任用不久，相习成为“养资假途”的场所，时议患之。

---

① 邓广铭辑校：《辛稼轩诗文钞存·祭吕东莱先生文》，上海：古典文学出版社，1957 年，第 54 页。

②（宋）韩维：《南阳集》卷 18《开封府题名记》，影印文渊阁四库全书本。

③（明）黄淮、杨士奇编：《历代名臣奏议》卷 169，周必大奏议，上海：上海古籍出版社，1989 年，第 2223 页。

④（宋）林駉：《古今源流至论·前集》卷 7《资格》，四库类书丛刊，上海：上海古籍出版社，1992 年。

中书奏请盐铁税案、度支钱粟案、发遣案、户部修造案及开拆司等五处尤其繁要的部门，用资浅人久任，其余以待诸路转运使、提点刑狱为“出入之须”。于是为这些案司规定了极详细的叙理资序办法。例如，选初任通判一年以上人为“权发遣”，候及二周年令再任，与理知州资序；两任及六周年，理初任提刑资序；三任及七周年，理第二任提刑资序出外，等等。①

六曹郎官的除授，也受到资序的制约。元丰改官制前，郎中、员外郎是寄禄官的不同阶秩；改官制后，一司内郎中、员外郎之区别，主要仍不在于能力与职责的差异，而在于资序的深浅。元丰官制中规定，郎官理郡守以上资任者为郎中，通判以下资序者为员外郎。虽理知州资序，未曾实历知州及监司、开封府推判官者，只除员外郎。②

吏部郎官，在六曹中职任尤重，资秩亦高。《宋史》卷 163《职官志三》讲到尚书省吏部郎中、员外郎时，说：

> 凡郎官，并用知府资序以上人充，未及者为员外郎……初进拟，第云吏部郎官；及拟告身细衔，始直书尚书吏部郎中或员外郎，主管尚书某选，主管侍郎某选。

看来，朝廷在一定范围内物色吏部郎官时，应着重考虑其人品、才干；而有司在拟定具体职衔时，则主要依据其资序深浅。其他各曹亦不例外。《古今合璧事类备要·后集》卷 26“郎中”条有云：

> 郎中，员外郎亦自为两等，颇自履历而授之。后来相承必欲以關升知州资序为郎中，于是拜员外者具改官实历岁月申吏部，不以若干任，但通理细满八考，则升知州，乃作正郎，别命给告。顷常有旨，初除郎官，虽资历已高，且为员外郎，候吏部再申，然后升作郎中。

朝廷百官皆理外任资序，据资序定职衔，“通理”考数折合任数……这些做法，看似复杂曲折，事实上使得纷纷纭纭的铨选授任趋于简单易行了。

（三）结语

宋代的文官选任，是通过堂除、常调、定差、奏辟等多种途径进行的。在不同的渠道、不同的部门之中，优先适用的原则亦不尽相同。相对而言，资序体制在广大中

---

①（宋）孙逢吉：《职官分纪》卷 13《三司》，影印文渊阁四库全书本。

②（宋）章如愚：《山堂先生群书考索·后集》卷 7 引《四朝志》，影印文渊阁四库全书本。

下层官员的除授过程中作用更为突出。

宋代铨选中关于叙理资序、关升资序的规定很多，而且经常处于调整之中。这主要是为了相对顺利地完成官员（“员”）与职位（“阙”）的对应组合，以期达到所谓“为官择人”的目标。以差遣职事为中心，寄禄阶、职名、资序皆围绕运作，这是宋代人事选任制度的重要特点。资序是官员与差遣结合的产物，是除授差遣时衡量官员身份、确定窠阙类型的基准，因而受到待拟人与铨司的一贯重视。

资序来自差遣，资序的叙理与差遣的除授有直接的对应关系。一般情况下，可以说差遣的或高或低，是围绕资序这一基轴而上下浮动的。但是，资序又不等同于差遣，作为铨司授任的档案依据，资序远较差遣整齐划一而稳定少变。二者间的差距，表现为不同的类型。这里有资序与差遣性质的差别：有“非亲民差遣”，而“宣命内理为亲民资序”者；又有亲民资序人被差遣监商税者①。有资序与“实历”的差别：由于差遣职任包罗万象，不可能一一纳入资序系列，不少职任要比照他职叙理，未曾“实历”某职，却可能理该资序；据上官均说，在京官员甚至三省人吏，有的始终未离京局而能“坐理”知州资任②。既然资序与“实历”有别，朝廷觅人填阙时，有时会强调须选取曾经“实历”某职者，于是又有了“理作实历”与事实的差别：宋代公文中的“理作”，往往是指一种并非实情的比拟方式。例如，选人改京朝官后，按规定先须“作邑”，而南宋初虽未作邑而得堂除差遣（由宰相、执政办公会议直接委任）者可以“理此实历”③；结果资序理为“实历”者中，仍有并未实历该职任之人。至于资序的深浅与差遣高低的差别，就更为常见了，其中一部分，可以通过不同的差遣结衔反映出来。

宋代头绪万千、纷扰喧嚣的官僚选任，自有其内在的秩序。纵则关升、横可比照的资序网络，在其中起着重要的调节与制衡作用。

〔本文原刊于《北京大学学报》（哲学社会科学版）1993年第2期，此处略有删节〕

附记

文章在笔者硕士论文基础上写成，硕士论文撰写期间，曾经多次得到王曾瑜先生直接指导。谨以此文敬贺王先生八十寿辰。

---

①（宋）李焘撰，上海师范大学古籍整理研究所、华东师范大学古籍整理研究所点校：《续资治通鉴长编》卷191，嘉祐五年六月甲申条，第4630页；（宋）王栐：《燕翼诒谋录》卷5《亲民官监商税》，北京：中华书局，1981年。

②（宋）李焘撰，上海师范大学古籍整理研究所、华东师范大学古籍整理研究所点校：《续资治通鉴长编》卷386，元祐元年八月辛亥条，第9399页。

③（清）徐松辑：《宋会要辑稿·选举》23之18，北京：中华书局，1957年，第4618页下。

走出“汉学心态”：中国古代历史研究方法论刍议①

包伟民*

改革开放的三十多年，是我国学术进步最为显著的一个历史时期。其中一个比较突出的现象，就是人文社会科学的各个学科，都广泛地受到西方学术的影响，中国古代历史研究领域也不例外，西方汉学对它的推动与影响相当明显。

对一个文明古国历史文化的观察与研究，局外人的“话语权”有时甚至超过本民族学界，不能不说是一件颇为奇异的事情。造成这一现象的原因是多方面的，很难简单评判。不过，研究古代历史对于深入理解民族文化，具有基础性的意义，如果我们希望中国古代历史这个研究领域今后能够得到持续的与实质性的进步，认真分析、思考这一现象，则是十分必要的。

因此，本文试图举笔者所熟悉的学术领域——主要是以唐宋历史研究为例，对于这种现象的表现、原因与利弊稍作分析，并就如何树立学术自信的路径略陈己见。

一、理论饥渴与汉学心态

笔者此前曾撰小文，指出当前史学界存在着一种“理论饥渴”的症状。②所谓“理论饥渴症”，是指学者们痛惜本学科可用以指导学术研究的理论方法有所不足，渴望引入新说的一种焦虑心态。这首先可以从近年学界对探寻新理论方法的不绝呼声来观察。有学人甚至将自20世纪80年代以来中国古代史领域的理论范式未见更新的状态，描述为一种“理论危机”③。也有学者反思近30年中国大陆的宋史研究，认为其中的

---

* 包伟民，中国人民大学历史学院教授。

① 关于西方研究中国历史文化的学问，学界有不同的命名，或称之为汉学，或称之为中国学。考虑到本文讨论的是关于中国古代历史的研究领域，笔者以为名之为汉学比较恰当。参见张西平主编：《西方汉学十六讲》第一讲，北京：外语教学与研究出版社，2011年。

② 包伟民：《“理论饥渴症”——中国古代史领域学术生态一瞥》，《中国社会科学报》2011年6月2日，第1版；包伟民：《理论与方法：近三十年宋史研究的回顾与反思》，《史学月刊》2012年第5期，第20—29页。

③ 李华瑞：《“唐宋变革”论的由来与发展（代绪论）》，李华瑞主编：《“唐宋变革”论的由来与发展》，天津：天津古籍出版社，2010年，第33—34页。

一个不足就是“史学理论的匮乏甚或缺失”[①]。当时，笔者虽然指出了“饥渴”的各种症状，却并未深入分析其成因，只是简单提到这可能与新一代学者对传统经典理论失于教条主义而造成的疏远感，以及困惑于如何推动学术发展的心理压力有关。其实如果稍加深入，还可以发现，经典理论的主体内容，是关于人类社会历史发展基本规律的一些总体性的宏观结论，因此也常常被称为“历史理论”或曰“史观”[②]，它虽然在理论信仰的层面给了学界以指导，不过宏观理论与落实到可供具体“操作”的研究方法——也被称为“史学理论”者之间，存在着一定距离。经典理论属于具体研究方法的那部分内容，大多是关于某时某地具体史事的结论，一方面，理论界一向认为这些具体结论对于历史研究虽然仍有重要指导意义，但仍还有进一步深化的可能性；另一方面，涉及研究不同方面的人类社会活动，其中有一些，经典理论的积累较为丰厚，例如关于经济学就是如此，但也有许多方面，或者涉及不多，或者是社会演进过程中产生的新问题，经典理论无法给予我们以现成的答案。

经典理论无法包揽一切，是可以理解的。实际上，历史学将已往的人类社会活动作为研究对象，但由于这一研究对象许多必要信息的缺失，历史学很难归纳演绎出一整套针对当时人类社会各不同侧面的分析研究方法，以形成一种“历史的社会科学”——如果可以如此命名的话，所以不得不经常借用人们针对现代社会归纳演绎而成的现代社会科学，借鉴引用其中各不同门类的研究方法。其中最主要的是经济学、人类学、社会学及政治学等学科，常有待于它们研究的进展，提出新见，以便得到帮助。可是及至改革开放之前，在中国社会科学领域，尤其如前面提到的那些学科，发展比较迟滞，其所能够提供给历史学借鉴应用的学术资源，也就极为有限了。

再一方面，虽然我国传统史学源远流长，不过近代史学并非传统史学的自然延续，而是 20 世纪初年在西方学术影响之下构建起来的一门新的人文学科，长期以来，因受各种复杂因素的影响——甚至包括战争，发展很是缓慢，及至20世纪80年代，仍然相当不成熟，甚至一些基础性的学科规范，都不甚健全，亟须参照一些成熟的学科，引为借鉴，以有利于提高。

于是，出现了大量译介西方汉学研究成果的现象。

20世纪80年代是一个我国学术思想开始“走向世界”的历史时期，“文化热”方兴未艾，知识界与出版界联手，开始大量译介西方的学术著作。其中有几种大型译介丛书尤其引人注目，例如从 1981 年开始由商务印书馆推出的《汉译世界学术名著丛

① 张其凡：《三十年来中国大陆的宋史研究（1978—2008）》，浙江大学宋学研究中心编：《宋学研究集刊》（第二辑），杭州：浙江大学出版社，2010年，第555页。

② 张艳国：《马克思主义唯物史观与史学理论》，《学术研究》1996年第2期，第51—55页。“史观”或称“世界观意义的方法论”，参见吴承明：《中国经济史研究的方法论问题》，《中国经济史研究》1992年第1期，第1—20页。

书》，至 2012 年共出版 14 辑 600 种。在海外汉学方面，最具代表性的则首推江苏人民出版社于 1989 年开始出版的“海外中国研究丛书”。截至 2013 年，这套丛书共译介西方研究中国历史文化的学术著作 161 种，既囊括了费正清等名家的代表作，也推出了一些作者相对年轻，但在丛书主持者看来其论说不乏价值的著作。近年来更按专题，推出了“女性系列”“海外学子系列”“环境系列”等子系列。至今仍每年推出新书十余种，在知识界与出版界享有盛誉。在此之外，其他一些出版社分别推出的各种译介西方汉学著作，面广量大，比较重要的如中国社会科学出版社出版的多卷本《剑桥中国史》的中文本、中华书局推出的“世界汉学论丛”数十种，各省市出版社也大都推出过数量不等的译介海外汉学的著作，例如上海远东出版社的“史景迁中国研究系列”，浙江人民出版社的“外国学者笔下的传统中国”丛书，等等。三十余年来，虽未见有人做过精确的统计，但如果说这样的译介著作已超过千种，估计不致夸大。

专著之外，各类学术杂志也多开辟专栏，或撰文，或传译，介绍西方学界关于中国历史的研究成果。与此同时，一些专业研究机构陆续被建立起来，展开对海外汉学的学术研究。这些机构大多办有专门以研究、介绍海外汉学为主题的专业期刊，如由北京外国语大学中国海外汉学研究中心主办的《国际汉学》，由中国艺术研究院中国文化研究所主办的《世界汉学》，由陕西师范大学国际汉学研究所主办的《国际汉学集刊》，以及由北京语言大学主办的《汉学研究》等。这些研究机构还经常性地组织召开关于海外汉学的专题国际学术会议，出版学术专著，讨论、介绍海外汉学。

更为重要的是，随着译介工作的推进，国内学者接触了解西方汉学学术成果越来越方便，在中国古代历史的几乎每一个研究领域，都出现了重视、借鉴西方汉学的现象。

在这样多方面的推动之下，西方汉学开始对中国古代历史研究领域产生持续性、全方位的影响。正如“海外中国研究丛书”丛书主编刘东曾不无自豪地说：“我们引进的不仅仅是一批书，而是一个知识领域、一个学术传统。当今中国学界，几乎罕有人不受这套书的影响。”[①]这种“影响”表现在中国古代历史研究领域的方方面面，其对学术的正面推动意义不容置疑。在各个专题具体研究之外，最有意义的，一是有助于基础性学科规范的确立，二是对一些新研究领域的开拓起着推波助澜的作用。无论是以“新史学”为标榜的社会史，或者以“华南学派”为重要代表的历史人类学，还是常常搅动学界一池静水的个别争议性议题的提出，例如所谓“新清史”的说法等，无不如此。2004 年，邓小南在梳理国内宋代史研究学术史时，就曾指出：“近年来，我们在研究方向、取径，乃至议题的选择方面，许多是受海外学界的影响。”[②]所以有

① 王洪波：《一套书与一个知识领域的引进》，《中华读书报》2013 年 3 月 17 日，第 14 版。

② 邓小南：《近年来宋史研究的新进展》，《中国史研究动态》2004 年第 9 期，第 23 页。

学者这么说："在我们看来，我们一直是在做中国自己的学问，其实背后却受到国外汉学治学模式的很深影响，它在不断地重构我们的学术。"[①]

可是，人们对事物的认识，总是在曲折中前进的。矫枉过正往往是最为常见的认识路径。在"几乎罕有人不受"其影响的格局之下，一些为推动者所始料未及的现象于焉产生。这就是刘东所说的"现在国内一些学者研究中国也净是汉学意识，年轻学子更是惟恐学汉学家的风格学得不像，这恐怕也是问题"[②]。张西平这样界定所谓的"汉学心态"："西方汉学作为主导世界文化的欧美文化的一部分，中国学术界对它的接受也呈现出了另一种特点：汉学心态的出现。这就是对西方汉学的一味追求和模仿。""急切地套用西方汉学著作中的学术术语，照搬西方汉学的研究方法，这已经成为当前文科研究中，特别是在传统人文学科研究中的一个很普遍的现象。一些看似很新潮的著作，看似很玄妙的理论，如果我们深究一下，几乎都可以在西方汉学（中国学）的著作中找到原型。"[③]一些尽管相当不经、却比较能迎合民众心理的西方学者的论点，经过一些文化人士的鼓噪，其影响甚至已经溢出学界，波及了社会，例如关于"宋代 GDP 的全球占比"论即是。[④]

影响过于强化所带来的"一味追求和模仿"，以及以西方学者的论说为标准的现象，当然不仅无法对学术研究产生正面的促进作用，更有可能反过来阻碍它的发展。因此，有学者甚至将对这种复杂影响的评判，提升到了文化上的"自我殖民化"这样严重的程度。[⑤]在一些具体的研究取向上，类似的批评也不少。典型的例如葛兆光批评近年来西方汉学流行的区域研究方法，认为它"至少在欧洲，对于民族国家作为论述基本单位的质疑，我相信，是出于一种正当的理由，因为民族国家在欧洲，确实是近代以来才逐渐建构起来的"。但在中国，由于民族国家发展历史与欧洲存在差异，这种方法虽然也有一定的可取之处，"却意外地引出了对'同一性中国历史、中国文明与中国思想是否存在'的质疑"，不能不令人担忧。[⑥]

在大量译介三十余年，并且目前势头仍未稍见消减之时，针对其在我国学界所产生的复杂影响，冷静客观地评估这一学术潮流，并站在学术本土化的立场上，就如何推动中国古代历史研究走向深化，提出自己的思考，是这一学术领域每一个具有责任

---

① 崔秀霞：《汉学研究的发展、影响与交流——"汉学研究：海外与中国"学术座谈会综述》，《中国文化研究》2005年第3期，第177—180页。

② 王洪波：《一套书与一个知识领域的引进》，《中华读书报》2013年3月17日，第14版。

③ 张西平主编：《西方汉学十六讲》第一讲，第27、28页。

④ 魏峰：《宋代"GDP"神话与历史想象的现实背景》，《国际社会科学杂志》（中文版）2014年第2期，第145—149页。

⑤ 顾明栋、钱春霞：《汉学与汉学主义：中国研究之批判》，《南京大学学报》（哲学·人文科学·社会科学）2010年第1期，第93页。

⑥ 葛兆光：《宅兹中国：重建有关"中国"的历史论述》，北京：中华书局，2011年，第4、9页。

心的学者不应回避的任务。

二、西方汉学的主体性与其特点

这就提出了一个我们应该如何看待西方汉学的问题。

简单说来，西方人之所以研究中国，自然是出于他们了解中国的需要，以及反映了随着中国在世界上影响的扩大，汉学日益成为一门世界性学问的必然趋势。不过深究起来，主体与客体之间的关系无疑会受到各种现实因素的影响，因而变得复杂起来。

最早较有系统地观察了解、进而初步研究中国历史文化的，是从明代末年开始进入中国的耶稣会传教士。这批“上帝的仆人”向西方世界介绍中国历史文化之带有明显的功利目的，因此在相当程度上扭曲了历史的真相，已是学界常识。出于更有效地向中国民众传播“上帝福音”的需要，基于对中国社会主导阶层的认识，在利玛窦（Matteo Ricci）从最初穿着僧服，到后来更换为儒服的所谓“易服事件”之后，耶稣会士们将传教对象集中在士人阶层，并在反馈回西欧本土的关于中国社会的信息中，尽量放大其作为一个由知识阶层所管理的“开明君主制”的形象，这既是为了尽可能地将他们在东方的传教事业描绘得前途光明，以便争取本国教会信众的支持与捐资，更是对当时西欧贵族专制君主统治的一种下意识的反应。以致后来欧洲的启蒙思想家们得以借用耶稣会士所告诉他们的关于东方“开明君主”制度的信息，来批判西欧的君主制度，从而在东西方文化交流历史上形成了一个典型的以偏概全的盲人摸象故事。[①]东西文化交流史上的这一逸事，无非告诉我们，一个文明对于另外一个文明的了解，无不出于实际的目的，而这种目的，有时就可能扭曲学者观察的眼光。当今西方世界之研究中国，也未脱离这一规律。

当今以美国学界为代表的西方汉学研究，是在二战以后发展起来的。如果说 20 世纪五六十年代，西方的政府部门与一些私人基金会资助汉学研究项目，曾带有明显的意识形态背景，那么，自从冷战结束以来，个体学者的一些研究项目呈现出多样化的价值取向，比较显见。尽管如此，在观察与被观察两者之间的关系中，前者作为主体的地位不可能改变。也就是说：研究者总是会站在自己的立场之上，对研究对象进行观察，以满足于自己为目的。对于中国这样一个明显的“他者”，撇开那些政治、宗教等因素，对于西方的研究者来说，它的意义何在呢?

以西方学界为主导的近代学科体系建立以来，尽管因为西方文明所表现出来的一

---

① 周宁：《永远的乌托邦：西方的中国形象》第二章《大中华帝国（天堂传说之二）》，武汉：湖北教育出版社，2000 年，第 95—140 页。

些根深蒂固的弊病，有时也使得其学界困惑与沮丧；或者因为世界民族主义思潮的兴起，也促使着学者们去反思他们观察非西方世界的眼光是否客观，于是才有了所谓“中国中心观”命题的提出。但究其根本而言，他们对外部世界的研究，都是为了构建一个在他们看来可能更为客观、更为正确的学科体系，这个体系的主体自然只能是西方的，而不可能是其他。在这里，它者只能是西方的一个映衬物。一些学者的研究个案给了我们很好的例证。张西平曾举法国汉学家于连（Francois Jullien，1951—）的例子来做说明。于连认为只有从外部来重新审视欧洲，欧洲才能获得自我的认识。他说：“从严格意义上讲，唯一拥有不同于欧洲文明的‘异域’，只有中国。”因此，于连是为了解决欧洲思想的问题，而找到了中国，他研究中国不是为了做一个汉学家，而是做一个欧洲的哲学家。中国不是他的目的地，只是他为冲破欧洲思想的藩篱所反思自己的工具，他的目的地是希腊，是欧洲。①

与于连相似但更具普遍性的例证，则是在西方汉学界著名的施坚雅（G. William Skinner，1925—2008）莫属。国内有不少学者曾将施氏所谓中国帝制后期的“基层市场理论”，即城镇分层与正六角型分布结构，应用于不同的地区，试图“检验”其假说的适用性。不过往往都会发现，或者某地城镇的分布，仅“在某些方面与施坚雅模式存在一定的吻合”②，或者不得不直言“施坚雅的‘作为社会体系的市场结构’的基层市场理论似有修正的必要”③。也有学者采用实证的方法，建构了清代华北及陕甘两个不同区域的城市人口等级模式，据此对施坚雅分区理论从历史学方法的角度提出异议，认为无论是清代中期还是清代末年，中国都不存在一个统一的城市人口等级模式。上一级城市人口与下一级城市人口之间的关系，在区域之间表现为非常复杂的关系，城市等级与人口数量之间的关系呈现较大的差异。施氏试图建立一个统一模式的做法，从根本上说来是错误的。④殊不知，施坚雅作为一个经济人类学家，其最终目的是建立一个具有普遍意义的分析模型，中国历史只不过是他在研究过程中所使用的素材。他所建立的分析模型是否能够吻合中国广大农村地区的各种复杂情形，本来就不是他的目的。所以才会有“大多数学者觉得施坚雅的分析模型过于规则和‘理想’”的问题。⑤

因此，那些“检验”工作当然不可能得到令人满意的结果。这也就是说，如果我们忘记了西方观察家们的这种“外来者”立场，误将他们“内化”了，就免不了会陷

① 张西平：《汉学作为思想和方法论》，张西平主编：《西方汉学十六讲》，第 16 页。

② 胡勇军、徐茂明：《“施坚雅模式”与近代江南市镇的空间分布》，《南通大学学报》（社会科学版）2012 年第 3 期，第 28—34 页。

③ 朱炳祥：《“农村市场与社会结构”再认识——以摩哈苴彝族村与周城白族村为例对施坚雅理论的检验》，《民族研究》2012 年第 3 期，第 55—64 页。

④ 曹树基：《清代北方城市人口研究——兼与施坚雅商榷》，《中国人口科学》2001 年第 4 期，第 28 页。

⑤ 陈倩：《从韦伯到施坚雅的中国城市研究》《重庆大学学报》（社会科学版）2007 年第 3 期，第 103 页。

入自作多情的窘境。

有学者已经指出，西方学者研究中国历史，常常陷入一种矛盾的境地。“一方面，他们力图运用中国素材来评论西方社会理论的一般性问题，使其研究在理论界获得一席之地；另一方面，为了突出其研究的独特意义，他们也十分强调西方理论在解释中国素材时表现出的弱点。”[①]或曰：“一方面，他们为了突出其研究的独特意义，对西方理论在解释中国素材时所表现出来的弱点，进行不遗余力的抨击；另一方面，为了使自己的研究在西方获得一席之地，又力图运用中国素材来说明西方社会理论的一般性问题。因此，即使是一些被称为是‘中国中心观’的学者，他们虽注重从中国的传统中探求历史发展的真相，但由于受西方学术传统的影响，在具体的研究中往往把西方的学术规范套用于中国研究。”[②]造成这种矛盾境地的根本原因，正在于汉学家的这种外来者的立场。中国历史研究似乎成了西方理论的试验田。所以说，汉学“本质上仍然属于一种西学”[③]，它是一门西方的学问，我们不可能、也不应该要求西方汉学家在研究中国历史的时候，从立场到情感都转移到中国。

根据这样的分析，再来观察学界长期以来批评的西方汉学家们所提出的一些学术假说，其背后往往隐藏着他们本民族历史经验的影响，也就可以理解了。

余英时先生在评说“汉学一望无际，触处皆是”，“可是‘汉学中心’却未在任何地方出现”现象时，认为“主要由于研究的传统和关注的问题彼此不同，每一地区的汉学都或多或少地展现出一种独特的历史和文化风貌”[④]。如果对余先生的评说略作补充，是否可以这么认为，世界各地汉学所展示的“独特的历史和文化风貌”，当然不是指中国历史这个研究对象，而是可能指这样两方面的内容，其一，研究者有意无意地受到其本民族不同历史经验的影响；其二，受不同地区汉学学术传统的制约。

也就是说，西方不同地区的汉学研究，其发生与发展自有因缘。西方汉学家们对中国历史的研究，无论是他们提出的议题、观察的取向，还是其所采取的分析方法与归纳总结的学术倾向，都有着内在的隐情。中国学界作为汉学研究成果的接受者，若非真正深入了解隐藏在每一部汉学著作背后的文化因素与学术史背景，也就很难把握如何才能恰当地借鉴利用的分寸。对于绝大多数的中国古代史研究者来讲，这样的学术要求也许是勉为其难的。

① 王铭铭：《社会人类学的中国研究——认识论范式的概观与评介》，《中国社会科学》1997年第5期，第117页。
② 陈君静：《施坚雅中国城市发展区域理论及其意义》，《宁波大学学报》（人文科学版）1999年第3期，第68页。
③ 刘东：《清华国学和域外汉学》，《清华大学学报》（哲学社会科学版）2010年第6期，第9页。
④ 余英时：《开幕致词》，李宗焜主编：《第四届国际汉学会议论文集：出土材料与新视野》，台北：“中央研究院”，2013年，第i—ii页。

三、走向实证与学术自信

那么，“汉学心态”之惑究竟应该如何破解呢？

空洞地指责学界缺乏学术自信是没有意义的。学术自信与否并非单纯的学术问题。在现阶段，就中国古代历史研究领域而言，可行的路径之一，就是发挥本土学者在掌握历史资料与感悟历史情景方面的长处，通过复原更为准确的史实，来为进一步的理解阐释奠定基础。易言之，就是要通过发挥实证史学的优势，在各专题研究中取得切实的进展，来构建以本土经验为基础的历史阐释学，树立民族学术自信，从而走出“汉学心态”。

以下，笔者将以近来讨论唐宋城市史专题的体会，略作说明。

当今，作为人文学科的历史学在其研究方法的层面，正越来越趋向于社会科学化。不过受历史学基本特性的制约，在研究方法层面，史学也有自己的一些显著特点。例如，史学研究不得不被动地依赖于存世历史信息来才能展开研究，而无法像研究现代社会的社会科学的一些门类那样，可以主动地去寻求研究信息。而且，存世的历史信息总是那么的残缺不全。这样一来，如何应对研究信息残缺不全的困难，就成了史家们无法逃避的功课。也因此，史学研究就必然是一个史实重构与现象解释（概念演绎）并重的过程，这也是我们评判学术进步与否的主要标尺。

现代社会科学各门类的研究过程当然也需要有论证的环节，不过它们与历史学研究显然存在着相当大的差异。因为社会科学研究当代社会，许多社会现象为众所周知，既不必为那些社会现象的存在与否大费周章，论证过程常常更是概念演绎多于实证归纳，历史学则不然，特定历史现象的存在与否，本身就需要复杂的论证研究。所以，史实重构工作是否可靠，就成了下一步概念演绎的基础，前者失之毫厘，后者就可能谬以千里。

在中国古代的唐宋城市史研究领域中，有一个所谓宋代发生了“城市革命”的假说，比较典型，可引以说明本文的论点。

宋代“城市革命”说最初由英国学者伊懋可（Mark Elvin）在他的《中国过去的模式》一书中提出。[①]此书所讨论的议题与中国古代科学技术史领域的所谓“李约瑟难题”如出一辙[②]，试图回答近代中国为什么未能产生工业革命的问题。伊氏的基本

---

① Mark Elvin, *The Pattern of the Chinese Past*, California: Stanford University Press, 1973, pp.113—199.

② 关于“李约瑟难题”，参见 Joseph Needham, *Science and Civilisation in China, Vol. I, Introductory Orientations*, The Syndics of the Cambridge University Press, 1954. 中译本：［英］李约瑟著，王玲协助：《中国科学技术史》第一卷《导论》，科学出版社、上海古籍出版社，1990 年，第 1—2 页。

观点是：传统中国的经济发展，在宋代达到了当时技术所可能利用资源的顶峰，宋代以后，受资源与技术等因素的制约，中国经济的总量虽然仍有所增长，但在质量上却再无提高，即所谓只有数量上的增长（Quantitative Growth）而无质量上的发展（Qualitative Development），这就是他所说的“高水平平衡陷阱”（High Level Equilibrium Trap）。[①]为了证明宋代经济达到传统时期的顶峰，他主要利用出自日本学者研究的二手成果，来描述在宋代产生了一场中世纪的“经济革命”，所谓的“城市革命”正是这场“经济革命”的重要组成部分。关于唐宋城市历史的描述，伊氏主要利用了加藤繁等人的研究成果。统计其书中有关描述史实的引文注释，超过90%出自日本学者的论著。

必须指出的是，伊氏此书的议题，反映了明显地将中国历史纳入欧洲发展轨迹的企图。这当然说明了前文所讲的西方汉学家们总是站在本民族历史经验的背景来理解中国历史的现象。同时也就说明了伊氏在引用学界关于唐宋城市史的研究成果时，有着明显的选择倾向。所谓中世纪“经济革命说”的描述是否成功，是他全书主题能否成立的前提。

由此可见，所谓宋代产生“城市革命”之论在伊氏推论结构中的地位，并非在于其对宋代城市史的研究做出了哪些重要推进，而只是作为他的“高水平平衡陷阱”假说的一个铺垫。因此这一论说充其量只不过是对宋代城市发展现象的一种定性描述而已，用以表达对主要由日本学者所重构的唐宋间城市发展史实的认可，以及伊氏本人对于如何描述这种城市发展水平的概念选择：“革命”。这一概念在史实重构方面全无贡献，对于历史现象的解释也不见得是什么重要的创新。而且，这原本也并非是伊氏论述的重点之所在。

数年后，当美国的施坚雅主编《中华帝国晚期的城市》这部论文集时，在第一编的导言中，他归纳传统中国在帝制晚期之前城市的发展史，专列一节，题作《中世纪城市革命》，主要就引用了伊懋可关于宋代产生“城市革命”之论，列出了“这个革命的鲜明特点”：（1）放松了每县一市，市须设在县城的限制；（2）官市组织衰替，终至瓦解；（3）坊市分隔制度消灭，而代之以“自由得多的街道规划，可以城内或四郊各处进行买卖交易”；（4）有的城市在迅速扩大，城外商业郊区蓬勃发展；（5）出现具有重要经济职能的“大批中小市镇”[②]。很显然，“革命”的概念既非施氏首创，这些关于“革命”的“鲜明特点”的史实描述，也几乎全出自日本学者之旧说，仅就这一点而论，若说施氏对于唐宋城市史的研究没有什么贡献，自是实话。不过施氏的

---

① Mark Elvin, *The Pattern of the Chinese Past*, pp.113—199.

② G. William Skinner（施坚雅）, *The City in Late Imperial China*, Stanford: Stanford University Press, 1977. 中译本：［美］施坚雅主编，陈桥驿校：《中华帝国晚期的城市》，叶光庭、徐自立、王嗣均，等译，北京：中华书局，2000年，第24页。

研究，其目的也并非针对唐宋时期，他归纳那些“鲜明特点”，只是为他讨论我国帝制晚期的城市作铺垫而已。

令人不解的是，从伊懋可到施坚雅，他们关于宋代产生“城市革命”之论，虽然有着相当明确的论述目的与论证特点，当这个概念被中国大陆的一些学者反复征引之后，却被不断“哄抬”，最终被誉为“理论”，认为它的提出反映了“唐宋城市变革研究的深化”[①]。关于宋代产生“城市革命”的说法也被众多论著所征引。个中缘由，除了它迎合了数十年来主导这一研究领域的“发展”模式的心态外[②]，看来就是“汉学心态”在作怪了。

如何破解这种心态，在“革命”与否的概念上与之纠缠是无谓的。解决问题的根本取径，是重新检验日本学者关于唐宋间城市演变史事的描绘是否符合史实。核心内容当然在于如旧说所描述的，从唐代的城市居民区（坊）与市场区（市）相互分隔、封闭状态，随着坊墙倒塌，市制崩溃，转向宋代的沿街开店、居民区与市场区相互混合的开放状态，亦即所谓从“坊市制”向“街市制”的转变。这一转变所蕴含的，则是中国古代城市从封闭到开放的革命性转折。这样一来，中国古代城市发展演变的历程，在相当程度上，也就可以与西欧城市史相互映衬了。

在这里，关于市制，旧说的核心论据，就是唐中宗景龙元年（707 年）十一月敕令，“诸非州县之所不得置市”[③]。新近的研究已表明，这一敕条指令“不得置”者，并非泛指一般的市场，而是指要限制在高级市场设置市官。在当时的农村地区，一般市场（草市）正在不断产生，政府并未颁下专条，予以取缔。将商业活动集中在特定区域，与其说是为了“限制”商业的发展，不如说是为了方便官府征取商税。到了宋代，商贾虽然有了在城市其他区域设立店铺的自由，但在实际的城市生活中，商铺仍多集中于传统的市场区域。宋代历史文献所记载的州市县市，并未成为如加藤繁所称之“单纯的地名”[④]，大多仍为活跃的城市市场地块。与此同时，由城墙等物体所标识的整个州县城区，又由国家法规界定为广义的城市市场，商品进出城市须纳门税，与前期市的区块相仿。其与前期的差异性，基本体现在市的区块与市民阶层的扩大。[⑤]

与此同时，由唐代律令所描述的严格的、由围墙封闭起来的坊区制度，显然只推行于以京城为主的少数规划城市。这一制度相对多地被地方城市所模仿推行，已经是

---

① 宁欣、陈涛：《“中世纪城市革命”论说的提出和意义——基于“唐宋变革论”的考察》，《史学理论研究》2010 年第 1 期，第 126—159 页。

② 笔者称近二三十年来史学界在讨论唐宋间社会变迁时，一味强调历史发展的单一思维方式为“发展”模式，参见包伟民：《宋代城市研究》绪论《唐宋城市研究学术史批判》，北京：中华书局，2014 年，第 1—41 页。

③（宋）王溥：《唐会要》卷 86《市》，上海：上海古籍出版社，1991 年，下册，第 1874 页。

④［日］加藤繁：《唐宋时代的市》，［日］加藤繁著：《中国经济史考证》第 1 卷，吴杰译，北京：商务印书馆，1959 年，第 278—303 页。

⑤ 包伟民：《宋代城市研究》第三章《城市市场》，第 172—236 页。

晚唐五代时期的史事了，而且大多出于军事防御的需要，各地扩建罗城，才乘机重新整顿城区里的里坊布局。但是，在大多数情况下，从唐初到唐末五代，地方城市的坊区主要是一种实施治安管理的基层行政单位，它以居住区块为基础，但却并不一定就是封闭性的区块。在现存文献中，均未见有在罗城中营筑坊垣的记载，考古发掘也未见有可以确证的坊墙遗迹。中唐以后各州府城市（特别是节镇驻在城市）大规模地兴筑或扩修罗城，在罗城内普遍推行里坊制，正说明各地军阀、官府对城市居民及其经济社会生活的控制呈现出逐渐强化的趋势，而非如旧说所云，晚唐五代时期城市中里坊制逐渐松弛，终致崩溃，城市居民的经济社会生活日趋自由。[①]

总之，所谓从封闭的“坊市制”转向开放的“街市制”的描述，无疑夸大了唐宋间城市制度演变过程中的断裂现象，并不符合史实。唐宋之间城市无论在经济还是其他方面的发展，虽然极其显著，不过新近的研究已经可以证实，以所谓从唐到宋坊墙倒塌、市制崩溃为主要论据的“城市革命”说，恐怕无法成立。这样一来，在这些虚构的史实基础之上演绎出来的关于中国古代城市史的一些认识、并进而牵扯到关于中国帝制后期历史演进轨迹的一系列推断，显然就有了重新考虑的必要。我们也就有了可能，来勾勒一幅与西欧不太一样、更重视唐宋间历史承续而非断裂的演进轨迹。

关于宋代“城市革命”说的检讨虽然只是一个个案，但它向我们展示了一个在中国古代历史研究领域如何切实提高研究水准、走出“汉学心态”的一条路径，或曰一个方法：发挥本土学者掌握历史资料方面的长处，更具体、更细致地重构史实。有时候，这种重构不一定非得着力于那些“前人尚无研究的空白点”，用心于重新检验前人的旧说，其实也是一个值得努力的方面。前人的研究无不都是从史实考释逐步展开的，他们的研究条件在某些方面是远不如今天的，史籍的搜寻既已困难，现代化的大型全文数据库更不可得，因此在不少方面存在疏误并不意外。可是，迷信旧说，不假思索地接受前人旧说的现象，在史学领域却普遍存在，这就使我们的不少研究建立在了可疑的基础之上。“汉学心态”只不过是其中一个表现而已。

四、结　　语

外国人看中国，当然会与中国人看中国存在显著差异。我们不可能要求外国人和中国人一样来观察中国，也不必要赋予如本文所讨论的学术问题以过于沉重的政治使命。而且，中国古代历史研究的学术领域之深入发展，仍需要在方法、规范、思想等

① 鲁西奇：《城墙内外：古代汉水流域城市的形态与空间结构》，北京：中华书局，2011 年，第 267—274 页；成一农：《“中世纪城市革命”的再思考》，《清华大学学报》（哲学社会科学版）2007 年第 2 期，第 77—87 页。

多方面向西方汉学学习。译介工作仍然很有意义。当然，如果对于译介哪些汉学专著的筛选工作做得更用心、更专业化一点，效果会更好。不过，我们还是将西方汉学放在“它山之石”的位置上去吧，不应让它喧宾夺主。

为什么应该走出“汉学心态”，主要的理由只在于：中国人看中国应该、也必然比外国人看中国来得更准确、更深刻一些。为什么？除了对历史资料掌握可能更全面，理解可能更准确，解读的立场可能更贴近实际等等理由之外，一个重要的原因在于：当史学研究越来越趋向于社会科学化之际，对民族历史文化的贴近感悟，仍然应当在人文学术研究中占据至关重要的位置。

由于存世历史资料的偶然性与零碎性，它们所反映的历史现象难免是局部的、片面的，乃至不可避免地——表面化。所以史学研究的一个重要工作，就是要在充分认识历史资料不足的前提下，鉴别它，解读它，尽力从局部与个案中，拼凑出触及事实真相的历史全貌，以期收到窥一斑以见全豹之功效。所以历史资料的解读总不得不先于论题的构建。更由于历史资料的不足，史实的重构无法通过依据大量、全面的历史信息来统计归纳，而经常不得不利用一些描述性的文献，采取“举例子”的方法来得出。在这一过程中，对资料的解读既已面临不小的挑战，“例子”的选择是否具有典型性，更考验着研究者的判断能力。于是，对特定阶段历史全局的掌握，对民族历史文化的感悟，有时就起着关键的作用。这大概就是史学作为一门人文学科，其与更具“技术”意味的社会科学式研究方法的重大区别。在我国，历史学作为传统“学问”的一个基础组成部分，强调的是读圣人之书，行圣人之道，内圣与外王合为一体。用现代学术语言来讲，即研究者与研究对象不是分离，而是合而为一的。虽然在现代社会科学的角度看来，这种物我不分的状况必然会影响学者的客观立场，有着莫大的不利，不过它也有着社会科学方法所无法企及的长处：研究者与研究对象物我一体，抱有一种“温情与敬意”，浸淫其中，感悟其中，常能给零碎的历史信息补充一些至关重要的、背景性的历史场景，以达到真正理解历史的目的。在这里，本土学者对于民族历史文化的感悟力，自然是西方学者所无法比拟的。我们实在无法想象，那些连汉语说不顺溜的洋学者，对中国历史文化可能具有比本土学者更强的感悟能力。

同时，时至 21 世纪，我国相关社会科学的发展，已经为史学理论体系本土化奠定了可能的基础。历史学科经过这几十年的发展，也已经拥有了比较丰厚的学术积累，如果我们文化自觉的意识能够更强一点，学术管理体制能够更科学一点，史学研究更多地走向本土创新是必然的。

〔本文原刊于《中国社会科学评价》2015年第3期，现略作修订，以贺王曾瑜先生八秩华诞〕

宋代的诚敬理论及其当代价值

罗家祥　高士捷*

古往今来，如何才能使社会和谐有序、长治久安，一直是明君贤相和社会精英殚精竭虑的重大议题，宋代也不例外。宋代是儒家思想发展的重要历史阶段，思想活跃、学派林立和名家辈出，造就了理学的博大气象。这一时期，几乎所有新儒家学说都表现出相同的特征，即从本体论入手，试图贯通和阐释天、地、人三者之间的内在关联并最终将旨趣集中于探讨人本身的行为道德规范与社会和谐，这也几乎成为各派学说的共同价值取向。在这些学派中，以“内圣”、内省著称的理学体系中，其道德修养理论最为精致，其中，“诚”“敬”之说又最为世人推重，并反复进行阐释，对此后产生了深远影响。本文拟就其基本内涵、社会功能与当代价值等方面进行一些探讨。

一、“诚”“敬”的宋代诠释

在“大道既隐”、治乱交错的中国古代，人们对社会政治最大的理想集中在《礼记・礼运篇》的描绘上：“大道之行也，天下为公，选贤与能，讲信修睦。故人不独亲其亲，不独子其子。使老有所终，壮有所用，幼有所长，矜寡孤独废疾者，皆有所养。男有分，女有归。货，恶其弃于地也，不必藏于己；力，恶其不出于身也，不必为己。是故谋闭而不兴，盗窃乱贼而不作。故外户而不闭，是谓大同。”①这种对美好和谐社会的憧憬，也激励着无数思想家和志士仁人为之进行不懈努力。发轫于北宋中叶、集大成于南宋的程朱理学，与其他具有强烈经世色彩的学派不同，理学承继了传统儒家学说中的道德伦理观念，并进行了精致、系统的全新阐释。其中，诚敬理论最能体现其特点。

在传统儒家学说中，对“诚”“敬”的注重古已有之。早在先秦时期，孟子即对“诚”进行过论述，认为“诚者，天之道也；诚之者，人之道也”②，将“诚”与“诚

* 罗家祥，华中科技大学历史研究所教授；高士捷，华中科技大学历史研究所博士研究生。

①《礼记・礼运篇》，（清）阮元校刻：《十三经注疏》，北京：中华书局，1980 年，第 1414 页。

②《孟子・离娄上》，（清）阮元校刻：《十三经注疏》，北京：中华书局，1980 年，第 2721 页。

之”提到了天道与人道的高度。此后，相传为战国子思所做的《中庸》更对“诚”进行了深入的阐发。《中庸》认为“诚”是人与天地万物的本源与本质属性，“诚者，物之终始，不诚无物”①，“故至诚无息，不息则久，久则征，征则悠远，悠远则博厚，博厚则高明。博厚，所以载物也；高明，所以覆物也；悠久，所以成物也”②。传统儒家学说之所以将“诚”提到如此的高度，是基于对“诚”的独特认识：“唯天下至诚，为能尽其性；能尽其性，则能尽人之性；能尽人之性，则能尽物之性；能尽物之性，则可以赞天地之化育；可以赞天地之化育，则可以与天地参矣。”③因此，传统儒家理所当然地将“诚”看成是人的基本品质和道德准则。一些文献典籍也时或谈及“敬”，如《周易》即有“君子敬以直内，义以方外，敬义立，德不孤”之说，但相对而言，对“敬”的诠释不太充分。

降至北宋，在传统儒家学基础上逐渐形成的程朱理学，则进一步拔高了“诚”“敬”的地位，并对其进行了更详尽的阐述，从而使之成为理学思想体系的重要组成部分。周敦颐在“阐发心性义理之精微”上被誉为有“破暗”④之功，他进一步发挥了先秦儒家的“诚”为天道之说，明确指出，“诚，五常之本，百行之源也”⑤。程颢、程颐创立的理学学派，虽然在整个北宋时期并未产生太大的影响，但“二程却把儒家学说发展得更抽象、更玄妙精微，并且也更着重于个人的身心的修养”⑥。二程不仅“自家体贴”出对此后社会诸多层面影响深远的“天理”，而且继汉代董仲舒“独尊儒术”之后力主对传统儒家经典重新进行定位，即极力推崇《礼记》中的《大学》《中庸》以及《论语》《孟子》，使之成为“入德之门”的首要经典。其所以如此，是因为《大学》以“明明德”“亲民”“止于至善”为三纲领，以格物、致知、诚意、正心、修身、齐家、治国、平天下为八条目，阐明了修身、齐家与治国、平天下的相互关系，是构建理想社会的纲领性文献。“四书”中的《中庸》以“诚”作为个人身心修养的最高境界，因此被二程奉为“孔门传授心法”。

二程有关个人身心修养的学说集中体现在对“诚”“敬”二字的阐发上，正如南宋理学传人魏了翁所云：“伊洛之学以《中庸》为宗，以诚敬为教者也。”⑦在二程那

---

①《中庸》第二十四章，（清）阮元校刻：《十三经注疏》，北京：中华书局，1980年，第1633页。
②《中庸》第二十五章，第1633页。
③《中庸》第二十二章，第1632页。
④（清）黄宗羲原著，全祖望补修，陈金生、梁运华点校：《宋元学案》卷11《濂溪学案上》所载黄百家按语，北京：中华书局，1986年，第1册，第482页。
⑤（宋）周敦颐著，陈克明点校：《周敦颐集》卷2《通书·诚下》，北京：中华书局，1990年，第14页。
⑥ 邓广铭：《谈谈有关宋史研究的几个问题》，《邓广铭全集》第7卷，石家庄：河北教育出版社，2005年，第67页。
⑦（宋）魏了翁：《鹤山集》卷42《简州四先生祠堂记》，影印文渊阁四库全书本，第1172册，第480页。

里，“诚”与“敬”是体用关系。“诚者天之道，敬者人事之本（敬者用也）。敬则诚。”①也就是说，“诚”是由程朱理学界定的客观存在的“天道”，而“敬”则是个体的主观体认。因此，“诚则无不敬，未至于诚，则敬然后诚”②。相对而言，拔高到身心修养、涵养心性的不二法门先秦儒家对“敬”的表述略显粗糙，到二程时，“敬”才真正被赋予深刻的道德修养内涵，成了理学思想体系的重要范畴。二程与学生有如下的对话：

> 或问敬。子曰：“主一之谓敬。”“何谓一？”子曰：“无适之谓一。”“何以能见一而主之？”子曰：“齐庄整敕，其心存焉；涵养纯熟，其理著矣。”③

二程沿袭了《易经》中“敬以直内”的说法，但大大深化了“敬”的内涵。所谓“主一”，具体表现为“不敢欺、不敢慢、尚不愧于屋漏”，其外在表现还包括容貌恭顺、言语畏谨等等。④在二程看来，持敬之所以重要，乃是因为“入德必自敬始”⑤，如果不能持敬，就不可能经过优游涵泳而养成良好的德性，充分体认“诚”的内涵，达到洞晓天理的境界。显然，二程在对“敬”的解释中注入了全新的时代内容，使之在理论上得到升华，成了理学理论体系中人生修养理论的核心内容。⑥

宋廷南迁后，“诚”“敬”仍是理学家们反复探讨的重要对象，围绕四书对“诚”专门进行阐述的论著不胜枚举。其中，朱熹对诚敬理论的阐发举一反三，最为充分、细致，也最为缜密和通俗晓畅。何谓“诚”？朱熹在《四书章句集注·大学章句》中通俗地解释为“实也”⑦。在这里，“实”的含义其实非常丰富，不仅是指认识事物的一种观念和态度，也指按程朱理学价值标准认定的事物的本来面貌和客观存在，如仁、义、礼、智、信和纲常名教以及理学家所信奉的“天理”等。所以朱熹又说：“诚是自然无妄之谓。如水只是水，火只是火，仁彻底是仁，义彻底是义。”⑧

朱熹所说的“诚”有时也包括个人身心的修养态度与修养过程。如他认为能做到不自欺、不欺人就是“诚”。在《四书章句集注·大学章句》中，朱熹更明确说明，“诚”

---

①（宋）程颢、程颐著，王孝鱼点校：《二程集·河南程氏遗书》卷11《师训》，北京：中华书局，1981年，第127页。
②（宋）程颢、程颐著，王孝鱼点校：《二程集·河南程氏粹言》卷1《论道篇》，第1170页。
③（宋）程颢、程颐著，王孝鱼点校：《二程集·河南程氏粹言》卷1《论道篇》，第1173页。
④（宋）程颢、程颐著，王孝鱼点校：《二程集·河南程氏遗书》卷15《入关语录》，第169页。
⑤（宋）程颢、程颐著，王孝鱼点校：《二程集·河南程氏粹言》卷1《问学篇》，第1194页。
⑥（宋）黎靖德编，王星贤点校：《朱子语类》卷12《学六·持守》，北京：中华书局，1986年，第207页：“圣贤言语，大约似乎不同，然未始不实。……《大学》则又有所谓格物，致知，正心，诚意。至程先生又专一发明一个‘敬’字。”
⑦（宋）朱熹：《四书章句集注·大学章句》，北京，中华书局，1983年，第3页。
⑧（宋）黎靖德编，王星贤点校：《朱子语类》卷6《性理三·仁义理智等名义》，第103页。

是身心修养过程中最为重要的环节，“诚其意者，自修之首也”[①]。显然，这里的“诚”既有先秦儒家和二程“天道”和事物的本来面貌之意，也蕴含着主体对“诚”的主观体验与认知。

朱熹对二程发明“敬”，阐述“敬”的内涵极力予以表彰，对其道德修养论中的持敬之说同样也予以极高评价，并在其基础上作了更为详尽、更为平易近人的发挥。朱熹认为：

> “敬”字工夫，乃圣门第一义，彻头彻尾，不可顷刻间断。
>
> “敬”之一字，真圣门之纲领，存养之要法。一主乎此，更无内外精粗之间。[②]

朱熹将“敬”提到“圣门第一要义”“圣门之纲领，存养之要法”的高度加以认识，说明他对二程这一理论极为推崇。朱熹认为，“程先生所以有功于后学者，最是‘敬’之一字有力。人之心性，敬则常存，不敬则不存”[③]，将有关身心修养过程中的持敬之说看成是二程启迪后学的最大贡献。

据《朱子语类》所载，朱熹曾经不厌其烦地回答学生提出的有关“敬”的各种问题，并对其内涵与外延也举一反三地加以解释和说明：“然敬有甚物？只如‘畏’字相似。不是块然兀坐，耳无闻，目无见，全不省事之谓。只收敛身心，整齐纯一，不恁地放纵，便是敬。”[④]“敬是戒慎恐惧之义”，显然，朱熹是将“敬”等同于“畏”看待的。只有心存敬畏，才能不放纵个体自身，才能恪守道德规范和行为准则而心无旁骛。所以他又说：“‘敬’字，前辈都轻说过了，唯程子看得重。人只是要求放心。何者为心？只是个敬。人才敬时，这心便在身上了。”[⑤]

有关“诚”“敬”之间的关系，朱熹与二程的看法并无二致，只是更加简约和通俗，他在与学生的对话中有云：

> 先生问诸友：“‘诚、敬’二字如何分？”各举程子之说以对。先生曰：“敬是不放肆底意思，诚是不欺妄底意思。”
>
> 诚只是一个实，敬只是一个畏。
>
> 妄诞欺诈为不诚，怠惰放肆为不敬，此诚敬之别。

---

① （宋）朱熹：《四书章句集注·大学章句》，第7页。
② （宋）黎靖德编，王星贤点校：《朱子语类》卷12《学六·持守》，第210页。
③ （宋）黎靖德编，王星贤点校：《朱子语类》卷12《学六·持守》，第210页。
④ （宋）黎靖德编，王星贤点校：《朱子语类》卷12《学六·持守》，第208页。
⑤ （宋）黎靖德编，王星贤点校：《朱子语类》卷12《学六·持守》，第209页。

问诚、敬。曰："须逐处理会。诚若是有不欺意处，只做不欺意会；敬若是有谨畏意处，只做谨畏意会。

"谨"字未如敬，敬又未如诚。程子曰："主一之谓敬，一者之谓诚。"敬尚是着力。①

我们如今在各种场合广泛使用的诚实、敬畏等词汇，其意义大体上与朱熹的解释相契合，但宋代理学家所谈的"诚"与"敬"实则是两个非常重要的理学范畴，具有道德规范与行为准则的深刻内涵。南宋的理学传人真德秀对此表述得更为玄妙："乾之四德，迭运不穷，其本则诚而已矣。诚即太极也。其所以播群品者，诚之通也；其所以固灵根者，诚之复也。通则为仁为礼，复则为义为智，所谓五行阴阳，阴阳一太极也。"②在这里，"诚"又与程朱理学的另一重要范畴"太极"等同起来。虽然表述方式各异，但有一点是肯定的，即宋代的理学家都认为诚敬在人性与道德修养方面具有至上性和不可替代性，且与整个社会是否和谐有序息息相关，正如南宋魏了翁所云："诚敬是乃天地自然之则，古今至实之理，帝王所以扶世立极，圣贤所以明德新民，未有不由之者。"③

程朱理学如此看重"诚""敬"，这不是偶然的。自秦朝确立大一统的专制主义中央集权政治制度后，经两汉直至两宋，中国古代社会经历了剧烈而复杂的演进过程，而唐宋时期则是一个非常重要的历史阶段。④毫无疑问，这一时期社会各个层面的剧烈变化一方面对如何构建与新的社会环境相适应的伦理道德、如何在全新历史条件下实现社会和谐提出了时代要求。另一方面，自佛教传入东土以及中国本土的道教出现以后，佛、道的逐渐兴盛也使传统儒家学说的正统地位遭遇到严峻挑战，传统儒家信条的简单说教与天人感应的神学理论已不能满足道德建设的现实需要。而在理学家们看来，社会道德建设与社会和谐度有着直接的关联，诚敬理论便在这种历史大背景下应运而生。

此外，不管是从形式还是从内容上看，宋人的诚敬理论也是汲取、融合佛道两家有关学说的产物。从周敦颐、二程、张载一直到南宋朱熹以及其他一些重要的思想家，其道德修养理论中有关佛道二家心性修养的印记清晰可见。如程颐的"敬"即深受佛学的影响："学者先务，固在心志，有谓欲屏去闻见知思，则是'绝圣弃智'。有欲屏去思虑，患其纷乱，则是须坐禅入定。如明鉴在此，万物毕照，是鉴之常，难为使之

① （宋）黎靖德编，王星贤点校：《朱子语类》卷 6《性理三・仁义理智等名义》，第 103 页。

② （宋）真德秀：《真文忠公文集》卷 34《跋晦翁感兴诗》，四部丛刊本。

③ （宋）魏了翁：《鹤山集》卷 42《简州四先生祠堂记》，第 1172 册，第 480 页。

④ 20 世纪初，日本学者内藤湖南提出"宋代近世说"，并由此逐渐在海内外学界形成蔚为大观的唐宋变革研究。

不照。人心不能不交感万物，亦难为使之不思虑。若欲免此，惟是心有主。如何为主？敬而已矣。”[1]通过吸收佛道二家的理论精华，宋代的理学家们试图激活传统儒家学说用于建立和谐社会，于是创造性地推出了诚敬理论。

二、“诚”“敬”的践履及其意义

程朱理学不仅系统地建构了诚敬理论，而且对“诚”“敬”的践履及其意义也有独到的阐发。他们希望所有社会成员对修身养性、提高个人道德修养的诚敬理论心领神会，并将其纳入日常生活中进行实践，对社会各个层面产生实实在在的作用和影响。

要求一国之君应该率先垂范，恪守“诚”“敬”，这是二程和朱熹诚敬理论中的重要观点。相对汉、明二朝而言，靠“陈桥兵变”获得天下的宋朝统治者在政治上较为温和，在立国之后并未采取滥杀功臣的极端措施；由于科举制度的广泛推行、物质条件的积累以及其他种种因素的作用，宋代学术文化出现了前所未有的繁荣景象。另外，专制主义的中央集权在新的历史条件下不仅未出现任何松弛，反而有了进一步强化。“君为元首，臣为股肱”的观念深入人心，皇权至高无上、丝毫不容冒犯的紧张程度较以前更有过之。值得注意的是，二程和朱熹的诚敬理论并未将至高无上的君主置之度外，而是要求在上者首先做到。

在程朱理学家看来，恪守“诚”“敬”是君王之所以为君王的先决条件。二程在解释《易经》震卦“出，可以守宗庙社稷，以为祭主也”一语时对此阐发道：“诚敬之至，威惧不能使之自失。……谓其诚敬能不丧匕鬯，则君出而可以守宗庙社稷为祭主也。长子如是，而后可以守世祀承国家也。”[2]二程将处变不惊、临危不惧归因于心怀诚敬，并由此引申出只有至诚至敬者才能承担治理国家的重任，足见其价值取向所在。

在解释《易经》萃卦“萃：亨，王假有庙”时，二程更为清楚地阐明了“诚”“敬”是一国之君应该具备的基本品格和临民治国之道：

> 王者萃聚天下之道，至于有庙，极也。群生至众也，而可一其归仰；人心莫知其乡也，而能致其诚敬；鬼神之不可度也，而能致其来格。天下萃合人心，总摄众志之道非一，其至大莫过于宗庙，故王者萃天下之道，至于有庙，则萃道之至也。祭祀之报，本于人心，圣人制礼以成其德耳。故豺獭能祭，其性然也。[3]

---

① （宋）程颢、程颐著，王孝鱼点校：《二程集·河南程氏遗书》卷15《入关语录》，第168—169页。
② （宋）程颢、程颐著，王孝鱼点校：《二程集·周易程氏传》卷4《周易下经下》，第963—964页。
③ （宋）程颢、程颐著，王孝鱼点校：《二程集·周易程氏传》卷3《周易下经上》，第928—929页。

自商朝以来，“国之大事，在祀与戎”已成为古代中国人的基本信条，一国之君对祭祀心怀至诚，则会感天动地，造福社会与臣民。二程在这里借“祭祀之报”，阐发了一国之君治理国家的政治主张，即君王遵守礼制、至诚至敬，便可“萃聚天下”，形成向心力，使社会和谐有序。在此基础上，朱熹则更加明确地强调：“修身，齐家，治国，平天下，都少个敬不得。如汤之‘圣敬日跻’，文王‘小心翼翼’之类，皆是。只是他便与敬为一。”①朱熹在这段话中以商汤、文王为例，强调一国之君要修齐治平，必须做到心中时时有“敬”。这段话表面上是在褒奖商汤和文王，实际上是对当时及后世的所有君王提出治国临民的行为规范和道德准则。

“‘毋不敬，俨若思，安定辞，安民哉’，君道也，君道即天道也。”②以承认和维护既有社会政治制度为前提，程朱理学还考虑到了人主君临天下时的各种处境，认为即使在国运不顺时，只要心怀诚敬，便可招徕贤臣同舟共济，化险为夷，转危为安：“人君在困时，宜念天下之困，求天下之贤，若祭祀然，致其诚敬，则能致天下之贤，济天下之困矣。”③一国之君如具有诚敬之心，以身作则，还可以产生社会效应，形成良好的社会风气，即所谓“至诚可以赞化育者，可以回造化”④，从而能有效巩固其统治，使社会长治久安。所以，在朱熹看来，“如君臣亦只是个诚敬而已，未有许多事”⑤，其意思是说具有诚敬之心才是治理国家的重中之重，如果君臣都具备这些品质，所有政事都会水到渠成，得心应手。所谓“古人只去心上理会，至去治天下，皆自心中流出”，就是表达的同一意思。

二程、朱熹一方面从正面强调“诚”“敬”对君王治理国家的价值和意义；另一方面，他们还指出，一国之君权高位重，如无诚敬之心，就会泯灭天理，人欲泛滥，祸国殃民。如二程在对《易经》损卦“曷之用，二簋可用享”的解释中所云：

> 损者，损过而就中，损浮末而就本实也。圣人以宁俭为礼之本，故为损发明其义，以享祀言之。享祀之礼，其文最繁，然以诚敬为本，多仪备物，所以将饰其诚敬之心，饰过其诚，则为伪矣。损饰所以存诚也，故云“曷之用，二簋可用享。”二簋之约，可用享祭，言在乎诚而已，诚为本也。天下之害，无不由末之胜也。峻宇雕墙，本于宫室；酒池肉林，本于饮食；淫酷残忍，本于刑罚；穷兵黩武，本于征讨。凡人欲之过者，皆本于奉养，其流之远，则为害矣。先王制其

① （宋）黎靖德编，王星贤点校：《朱子语类》卷12《学六·持守》，第208页。
② （宋）程颢、程颐著，王孝鱼点校：《二程集·河南程氏遗书》卷11《师训》，第118页。
③ （宋）程颢、程颐著，王孝鱼点校：《二程集·周易程氏传》卷4《周易下经下》，第945页。
④ （宋）程颢、程颐著，王孝鱼点校：《二程集·河南程氏遗书》卷11《师训》，第120页。
⑤ （宋）黎靖德编，王星贤点校：《朱子语类》卷25《论语七·八佾篇》，第609页。

本者，天理也；后人流于末者，人欲也。损之义，损人欲以复天理而已。[①]

在这段文字中，二程依据《易经》中的卦辞，阐明了统治者适当损上益下，就会有利于社会和谐；反之，便会人欲横生，祸害天下。而在天理和人欲之间，是否具有诚敬之心往往起到决定性作用。从上述观点可以看出，程朱理学的道德修养理论不仅针对传统中国社会的普通臣民，也时或曲折隐晦地针对最高统治者帝王而发，其谆谆之言及良苦用心可见一斑。

但是，不管是一国之君，还是其他人等，“诚”“敬”的品质并不是与生俱来的，只有通过教养和自觉的不断修炼和涵养才能保持这种品质。二程及朱熹认为，教养和自我修炼的过程可分为两个阶段，“古者初年入小学，只是教之以事，如礼乐射御书数及孝弟忠信之事。自十六七入大学，然后教之以理，如致知、格物及所以为忠信孝弟者”[②]。也就是说，“小学”阶段教养的目标是知其然，只须教会其具体的做法；在“大学”阶段，才教其懂得所以然，并不断践履和磨砺。对此，二程分为两个层次：

学者须先识仁。仁者，浑然与物同体。义、礼、知、信皆仁也。识得此理，以诚敬存之而已，不须防检，不须穷索。若心懈则有防，心苟不懈，何防之有？理有未得，故须穷索。存久自明，安待穷索？此道与物无对，大不足以名之，天地之用皆我之用。孟子言“万物皆备于我”，须反身而诚，乃为大乐。若反身未诚，则犹是二物有对，以己合彼，终未有之，又安得乐？[③]

二程认为，正确处理君臣、父子、夫妇、兄弟、朋友关系以及仁、义、礼、智、信这些价值观念是道之大本，均会在日常活动中通过个体的行为表现出来，有了这些基本的认知，再以诚敬之心守之不懈即可。朱熹则在二程的基础上，按受教育对象的年龄和成长过程进行了更加明确的阐发：

盖古人之教，自其孩幼而教之以孝悌诚敬之实；及其少长，而博之以《诗》、《书》、《礼》、《乐》之文，皆所以使之即夫一事一物之间，各有以知其义理之所在，而致涵养践履之功也。（此小学之事，知之浅而行之小者也。）及其十五成童，学于大学，则其洒扫应对之间、礼乐射御之际，所以涵养践履之者略已小成矣。

① （宋）程颢、程颐著，王孝鱼点校：《二程集·周易程氏传》卷3《周易下经上》，第907页。
② （宋）黎靖德编，王星贤点校：《朱子语类》卷7《学一·小学》，第124页。
③ （宋）程颢、程颐著，王孝鱼点校：《二程集·河南程氏遗书》卷2上《元丰己未吕与叔东见二先生语》，第16—17页。

于是不离乎此而教之以格物以致其知焉。致知云者，因其所已知者推而致之，以及其所未知者而极其至也。是必至于举天地万物之理而一以贯之，然后为知之至。而所谓诚意、正心、修身、齐家、治国、平天下者，至是而无所不尽其道焉。（此大学之道，知之深而行之大者也。）①

换言之，“小学”阶段与“大学”阶段的区别在于前者主要是“明善”，后者则主要是“思诚”。“明善是格物、致知，思诚是毋自欺、慎独。明善固所以思诚，而思诚上面又自有工夫在。诚者，都是实理了；思诚者，恐有不实处，便思去实它。”②“诚”是客观存在的“天道”和“实理”，是社会之所以成为社会、人类之所以成为人类的“实理”或根本法则，“小学”阶段主要是熟悉并遵守这些法则；“人道只在忠信”，“思诚”也就是对忠信的体认，这是“大学”阶段的主要内容。程朱理学希望每一个社会成员能以诚敬之心对待这些根本法则，从而使个体的德性涵养不断达到新的境界。

自我修养和砥砺还需要个体在主观上形成自觉意识，并能将这种自觉意识贯穿于日常生活中，持之以恒。在二程和朱熹看来，这既不复杂，也不困难：“诚，只是去了许多伪；敬，只是去了许多怠慢；欲，只是要窒”③，所以自我修养的过程在实际生活中并不抽象，同时也是一个不断摆脱和抵御人欲的过程。涵养诚敬是毕生的工夫，不能间断，更不能半途而废，即所谓“‘敬’之工夫，乃圣门第一义，彻头彻尾，不可顷刻间断”④。二程在解释“天地设位而易行乎其中”一语时认为，“只是敬也。敬则无间断，体物而不可遗者，诚敬而已矣，不诚则无物也”⑤。朱熹觉得二程未能将诚敬的涵养过程表述明白，使人难以把握，于是进行了申论：“就天地之间言之，是实理；就人身上言之，惟敬，然后见得心之实处流行不息。敬才间断，便不诚；不诚便无物，是息也。”⑥他认为“实理”亦即“诚”是客观存在的，就人的感知、体认过程而言，唯有持“敬”，并且始终如一，才能对客观存在有正确的体认，所谓：“‘敬以直内，义以方外’，合内外之道也。”⑦否则便不得其门，无功而返。

根据二程和朱熹的说法，心正意诚之后，修、齐、治、平在道德上有其不可分割的内在联系，但身心修养却是从社会的最小细胞家庭开始的，因而齐家也就具有了更

---

① （宋）朱熹：《晦庵先生朱文公文集》卷42《答吴晦叔》，朱杰人、严佐之、刘永翔主编：《朱子大全》第20册，上海古籍出版社、安徽教育出版社，2002年，第1914—1915页。
② （宋）黎靖德编，王星贤点校：《朱子语类》卷56《孟子六·离娄上》，第1329页。
③ （宋）黎靖德编，王星贤点校：《朱子语类》卷12《学六·持守》，第213页。
④ （宋）黎靖德编，王星贤点校：《朱子语类》卷12《学六·持守》，第210页。
⑤ （宋）程颢、程颐著，王孝鱼点校：《二程集·河南程氏遗书》卷11《师训》，第118页。
⑥ （宋）黎靖德编，王星贤点校：《朱子语类》卷96《程子之书二》，第2463页。
⑦ （宋）程颢、程颐著，王孝鱼点校：《二程集·河南程氏遗书》卷11《师训》，第118页。

重要、更普遍的社会道德意义。二程认为，“治家之道，非至诚不能也……不由至诚，已且不常守也，况欲使人乎？”①能至诚治家，才可“使人”治国平天下。祭祀和祖先崇拜是国家大事，同时也是家族、家庭大事，也是修养身心、立身行事的重要内容。如心怀诚敬，“祭如在，祭神如神在”，则会与祖宗精神相通，凝神聚气，收到“感格”的特殊功效。朱熹对此多有阐述：

> 只是这个天地阴阳之气，人与万物皆得之。气聚则为人，散则为鬼。然其气虽已散，这个天地阴阳之理生生而不穷。祖考之精神魂魄虽已散，而子孙之精神魂魄自有些小相属。故祭祀之礼尽其诚敬，便可以致得祖考之魂魄。这个自是难说。看既散后，一似都无了。能尽其诚敬，便有感格，亦缘是理常只在这里也。②

在回答学生的有关问题时，朱熹还以“前波”和“后波”比喻祖先之气和子孙之气。他认为，“毕竟子孙是祖先之气，他气虽散，他根却在这里；尽其诚敬，则亦能呼召得他气聚在此。如水波样，后水非前水，后波非前波，然却通只是一水波。子孙之气与祖考之气，亦是如此”③。总而言之，“祭祀之感格，或求之阴，或求之阳，各从其类，来则俱来。然非有一物积于空虚之中，以待子孙之求也。但主祭祀者即是他一气之流传，则尽其诚敬感格之时，此气固寓此也”④。子孙只在祭祀过程中心存诚敬，便可以阴阳相通、与祖先之气相通。在祭祀活动中，“但以诚敬为主，其它仪则随家丰约，如一羹一饭皆可自尽其诚”⑤。因此，心诚即可，形式上的奢靡并不重要。

总之，“诚”与“敬”是集中体现传统儒家道德伦理、实现传统中国社会和谐与稳定的最佳途径：“至诚事亲则成人子，至诚事君则成人臣，无不诚者，故曰‘诚者自成’也。”⑥从一国之君到天下臣民，如果努力践履“诚”与“敬”，其社会意义极其重大。正如南宋时另一重要理学传人真德秀所云：“夫诚之为道可以参天道，赞化育，其功用大矣。然求其用力之地，不过曰：无妄也，不欺也，悠久不息也。尽此三者，而诚之体具矣。”⑦

根据上述，我们可以对宋人有关践履“诚”“敬”及其社会意义的论述进行如下归纳：第一，“诚”与“敬”是一国之君与天下臣民都应该具有的品质和德性，而君王以身作则、带头践履尤为重要；第二，“诚”“敬”的德性是不断培育和不断自觉涵

---

①（宋）程颢、程颐著，王孝鱼点校：《二程集·周易程氏传》卷3《周易下经上》，第888页。
②（宋）黎靖德编，王星贤点校：《朱子语类》卷3《鬼神》，第46页。
③（宋）黎靖德编，王星贤点校：《朱子语类》卷3《鬼神》，第47页。
④（宋）黎靖德编，王星贤点校：《朱子语类》卷3《鬼神》，第50页。
⑤（宋）黎靖德编，王星贤点校：《朱子语类》卷90《祭》，第2312页。
⑥（宋）程颢、程颐著，王孝鱼点校：《二程集·河南程氏粹言》卷1《论道篇》，第1173页。
⑦（宋）真德秀：《真文忠公文集》卷37《上皇子书》。

养的结果，“凡事推致，便能有诚”[①]，持久不间断，才能不断达到新的境界；第三，恪守“诚”“敬”对建立和谐社会意义重大。“学莫大于知本末终始。致知格物，所谓本也，始也；治天下国家，所谓末也，终也”[②]，治理好国家是最终目的。唯其如此，只有提高社会道德水平，才能使整个社会和谐有序。

在我们今天看来，宋代理学关于诚敬理论的诸多观点不免含有道德虚构的成分，带有超越社会现实的理想化色彩，尤其是作为理学奠基者之一的程颐还有一些急近迂阔的事例留传下来。[③]宋人以高度抽象的思辨形式对其道德修养观进行的种种精致入微的论述及其传播、弘扬，对完美人格与特定时期崇高品德的憧憬与向往，对成圣成贤的道德教化的种种社会效应的期盼，在宋代还是产生了一定的社会作用。南宋灭亡之际，文天祥积极组织抗元，最终舍生取义，近年来，有论者认为文天祥抗元气节的形成与理学的熏染有密切关系。又如有学者认为宋元之后，被各种文学作品大肆渲染的关羽忠义形象实乃宋明理学中诚学理论的具体化，并对社会风气与社会道德产生了较大的影响。[④]

当然，程朱的诚敬之说毕竟是对传统儒家学说中纲常名教的理论升华和系统诠释，其根本用意是为通过践履诚敬，维护至高无上的皇权与专制统治，维护三纲五常，巩固“天不变，道亦不变”的专制制度，使君主专制统治得以长治久安。朱熹讲得明白：“天下国家之所以长久安宁，唯赖朝廷三纲五常之教有以建立修明于上，然后守藩述职之臣，有以禀承宣布于下，所以内外相维，小大顺序，虽有强猾奸宄之人，无所逞其志而为乱。”[⑤]程朱理学之所以在南宋后期最终被确立为官方意识形态，并成为历代专制王朝的正统观念，这便是根本原因所在。

三、诚敬理论的当代价值

进入 21 世纪的今天，中国社会已经发生了翻天覆地的变化。社会经济的迅猛发展、物质文明的高度繁荣不断改变着人们的生活方式和价值观念，那么，理学在八百年前提出的诚敬理论是否仍有现实意义呢？若干年前，不少学者曾热烈探讨儒家文化在“四小龙”经济起飞过程中起到的作用，尽管其结论见仁见智，但至今无疑仍是饶有意味的话题。笔者以为，如果单纯从道德建设的角度看，程朱理学中有关诚敬理论

---

① （宋）黎靖德编，王星贤点校：《朱子语类》卷 64《中庸三》，第 1574 页。

② （宋）程颢、程颐著，王孝鱼点校：《二程集 · 河南程氏粹言》卷 1《论学篇》，第 1197 页。

③ （宋）程颢、程颐著，王孝鱼点校：《二程集 · 河南程氏外书》卷 12，第 423 页：“伊川先生贬涪州，渡汉江，中流船几覆。舟中人皆号哭，伊川独正襟安坐如常。已而及岸，同舟有老父问曰：‘当船危时，君正坐色甚庄，何也？’伊川曰：‘心存诚敬耳。’老父曰：‘心存诚敬固善，然不若无心。’伊川欲与之言，而老父径去。”

④ 张惠芝、崔凡芝：《试析宋明理学中诚学对关羽忠义形象的影响》，《中国历史博物馆馆刊》1998 年第 2 期。

⑤ （宋）朱熹：《晦庵先生朱文公文集》卷 23《乞放归田里状》，朱杰人、严佐之、刘永翔主编：《朱子全书》第 21 册，第 1914 页。

的价值观、道德观、伦理观以及道德修养方法是值得重视的，其中若干内容似对当代中国社会的道德建设仍具有一定的正面价值。

综观当代中国社会的每一个层面，不难发现，我们的物质世界与心灵世界之间存在着如此强烈的反差！在现实生活中，人们可以看到各种极端的现象和案例，譬如：敬畏感的丧失导致了人性的无限贪婪，不断挑战着社会公平正义的底线，刺激着国人的神经；基本价值观念的失守导致了心理上的严重失衡、扭曲和行为规范上的错乱；道德、良知的缺失和诚信度的降低导致了人与人之间的冷漠、互相猜忌与防范；基本的仁爱、恻隐之心与人文关怀的缺失滋生出人与人之间的各种对立情绪和矛盾，等等。凡此种种，虽然随着法治的不断完善和相关制度的建立会逐渐好转，但毫无疑问，上述现状已经严重地影响到了社会的和谐与稳定。针对上述社会转型期的种种病灶，如果剔除程朱理学诚敬理论中的糟粕，其中若干内容或可在如下几方面对当代中国的道德建设有所裨益。

第一，借助修身、齐家、治国、平天下的有关理论，强化国家民族意识和社会责任。

程朱理学有关身心修养理论涉及的对象是个体，但最终的落脚点却是整个社会，因此，宋人的诚敬理论实际上包含着强烈的终极关怀意识。所谓“学莫大于知本末终始。致知格物，所谓本也，始也；治天下国家，所谓末也，终也”，所展示的正是这样一种情怀。对当政者来说，这种理念、情怀与节操尤其重要。

宋代理学家依据《大学》屡屡阐述的修齐治平，其中有着严密的内在逻辑联系，而个人的道德修养则是逻辑起点，即所谓“物格而后知至，知至而后意诚，意诚而后心正，心正而后身修，身修而后国治，国治而后天下平”。而修齐治平要达到理想境界，也只能用“诚”“敬”二字贯通。即朱熹所说的“修身，齐家，治国，平天下，都少个‘敬’不得”[①]。在宋代理学家看来，一个具有良好道德修养的人，不仅能彰显其人格魅力，家庭生活和顺，而且也必然能在治国、平天下方面建立其不世功业。所以，以“诚”“敬”贯通的修齐治平是一个有机整体，它所强调的是由个体而群体，由家庭而社会的整体责任意识，如权高位重者无国家民族至上的社会责任感，这是令人匪夷所思的。因此不难看出，宋人所推崇的节操、风范与情怀，至今仍具有强烈的现实意义。

第二，在新的历史条件下，重新树立“诚”“敬”意识。

宋人的诚敬理论非常细密、周严且系统性极强，但说到底，其核心是个体的道德修养问题。对人类文明进步来说，重视提高公民素质和道德修养，其意义自不待言，诚敬学说对现代社会公民的道德修养实有可取之处。笔者以为，不自欺、亦不欺人的“诚”与作为“存养之要法”的“敬”，是完全可以直接融入现代公民的道德修养内容中的。继程朱之后，理学的另一重要传人真德秀不仅对理学先驱的诚敬理论有进一

① （宋）黎靖德编，王星贤点校：《朱子语类》卷 12《学六・持守》，第 208 页。

步的发挥，而且细致入微地论述了一整套道德修养方法。他认为，“敬者仁之所以存，未有敬而不仁，亦未有仁而不本于敬也”[①]。“诚，能敬以存之，俾亡须臾之离。”[②]持敬以涵养道德，也就能堵塞人的贪欲，“盖敬者，所以浚天理之源，而窒人欲之阱者也”。在他看来，如果凡事持有诚敬之心，那么则可以摒弃邪念，以达到洞悉天理的境界。即所谓“穷理以此心为主，必须以敬自持，使心有主宰，无私意邪念之纷扰，然后有以为穷理之基本……故必以敬涵养，而又讲学审问、谨思明辨以致其知，则于清明虚静之中，而众理悉备”[③]。对现代社会的每一个公民来说，这种道德修养方法不无其合理的内在价值。

当代著名儒学大师马一浮先生（1883—1967 年）可谓推崇和倡导宋代理学家人性修养方法的楷模。他的一生恰逢中国社会发生剧烈变革的时期，但他非常注重个人身心修养，主张：“主敬为涵养之要”，认为“敬以摄心，则收敛向内，而攀缘驰骛之患可渐祛矣；敬以摄身，则百体从命，而威仪动作之度可无失矣。敬则此心常存，义理昭著；不敬则此心放失，私欲萌生。敬则气之昏者可明，浊者可清。气即清明，义理自显，自心能为主宰”[④]。马一浮先生的修养论是对宋代诚敬理论在新的历史条件下的继承和发展，实际上也为借鉴传统思想资源、提升现代社会公民的个人道德水准提供了范例。

第三，建立和增强敬畏感。

20 世纪“文化大革命”期间的所谓“破四旧”运动带来了规则丧尽，所有敬畏感均荡然无存。改革开放 40 年来，商品经济大潮推动了中国社会的突飞猛进，但“文革”遗风与不再有“义”约束的物欲以及人性“恶”的一面相结合，致使社会的各个层面均出现了一系列道德失控的极端事例。因此，汲取中国文化的优良传统和各种现代文明中的精华，用以建立和增强应有的敬畏意识，形成与现代社会相适应的道德规范，刻不容缓。

一般来讲，在健康有序的社会环境中，公民这是对社会共同体所遵循的基本价值体系如法律法规、宗教习俗、普通信仰信念等，应具备起码的敬畏感，社会稳定与和谐最基本的表征和前提。无数事例表明，所谓“无所畏惧者”往往有可能是无所不敢为者，因而理学所强调的“敬”及身心修养的方法无疑对现代社会的道德建设具有实际意义。

按朱熹对“敬”的发挥和解释，“敬”实际上也就是“畏”。二程认为，“敬胜百邪”[⑤]。南宋的理学家张栻曾对“敬”与天理、人欲的关系有正反几方面的论述：“先觉君子谓，饰私智以为奇，非敬也；简细故以自崇，非敬也。非敬，则是心不存而万

---

① （宋）真德秀：《真文忠公文集》卷 28《送刘伯谆宰江宁序》。

② （宋）真德秀：《真文忠公文集》卷 28《送陈端父宰武义序》。

③ （宋）真德秀：《真文忠公文集》卷 30《问学问思辨乃穷理工夫》。

④ 马一浮：《复性书院讲录》卷 1《学规》，虞万里校点：《马一浮集》第 1 册，杭州：浙江古籍出版社、浙江教育出版社，1996 年，第 109 页。

⑤ （宋）程颢、程颐著，王孝鱼点校：《二程集 · 河南程氏遗书》卷 11《师训》，第 119 页。

事乖析矣，可不畏欤！虽然，若何而能敬？克其所以害敬者，则敬立矣。害敬者莫甚于人欲，自容貌、颜色、辞气之间而察之，天理、人欲丝毫之分耳。遏止其欲而顺保其理，则敬在其中。引而达之，扩而充之，则将有常而日新，日新而无穷矣。”[①]剔开所谓“天理”不谈，作为现代公民来说，在为人处事过程中心存敬畏，遏止不当的“人欲”，有所为有所不为，确为当前道德建设中的当务之急。人们常常慨叹诚信的缺失，殊不知这其实是敬畏感的缺失所致。因此，如何化腐朽为神奇，汲取宋人有关诚敬理论的合理成分，使之在提升公民道德水准、建设和谐社会发挥作用，实大有文章可做。

但是，如何才能使这些思想资源在全新的历史条件下发挥应有的作用，在社会道德建设过程中深入人心，收到实效呢？笔者认为，根据历史经验和中国社会的特点，需要具备一些重要的社会条件：一是在制度层面应充分体现公平正义；二是在操作层面实现“德治”与“法治”的有机结合，但重心应放在法治上。

中国自古以来有关道德教化和建设美好社会的各类学说和信条可谓俯拾皆是，但很难说清这些理论对提升社会道德水准，对历史发展所起到的实际作用。相对几千年历史而言，“文景之治”“贞观之治”“开元天宝之治”“永乐之治”等所谓太平盛世存在的时间实在是不足为道。在漫长的岁月里，社会的长治久安始终只能是世代中国人憧憬的梦想，周期性的社会动荡成为历史演进的常态。其根本原因就在于古代中国长期处于专制主义中央集权政治制度的统治之下，而这一制度在本质上与追求社会公平正义是风马牛不相及的。在这样的政治架构下，再高明的道德说教不过是维护其统治的工具而已，终究不可能持久产生正面的社会效果；反之，如果社会制度充分体现公平正义，道德建设的理论与各种说教才能让社会大众心悦诚服，收到明伦善俗之效。

同样，中国自古以来也不乏“德治”传统和丰富的理论，也不乏“德政”的事例，但不可否认，历史上的德治是与人治相辅相成的。从理论上讲，“德治”对于建设和谐有序的社会无疑具有重要意义，然而要长治久安，这首先取决于权力者是否能以身作则，以“德”示范；其次还取决于德治理论的内容和取向是否真正科学、真实地代表了历史进步的方向，是否代表了社会大众的根本利益和长远利益，否则，所谓“德治”和各种道德教化也只能是停留在口头上的华丽说辞，其社会效果会适得其反。因此，笔者认为，以德治国固然重要，但代表现代文明的法治才是建设和谐社会的重中之重；离开真正意义上的民主和法治，将任何道德说教作为解决各种现实政治问题的灵丹妙药，这只能是南辕北辙、隔靴搔痒。

〔本文原刊于《哲学研究》2015年第5期，现略作改动〕

① （宋）张栻：《南轩集》卷12《敬简堂记》，影印文渊阁四库全书本，第1167册，第528页。

两宋摊丁入亩趋势论析

葛金芳*

一、宏观考察：我国赋役结构从双轨制向单轨制演进的宋代缺环

所谓摊丁入亩，是指我国古代社会中的各类徭役和人头税向田亩税逐步归并，乃至最后消亡的历史过程。从秦汉到明清，历代王朝一方面按照人丁征调徭役和人头税，另一方面又依据田亩广狭征取税赋田租。这是一种双轨制的赋役结构，封建国家同时参照丁口和田产两种标准来榨取主要是农民阶级的剩余劳动。但各个时期，这两种不同税入在国家赋役机构中所占的比重不同。大致而言，中唐以前，人头税和徭役是国家机器赖以运转的主要赋役基础；此后，田亩税逐步取代人头税，构成国家财政的主要收入；至清初“摊丁入地”，田亩税遂成为农业税收的唯一形态。其间分水岭便是唐德宗建中元年（780 年）公布的两税法。两税法宣布放弃“计丁定庸调及租”的传统做法，变按丁口征税为按赀财征税，这就指明了我国古代社会的赋役征取结构从双轨制向单轨制演进的大势。

在此后的历史行程中，人头税的比重日趋下降，田亩税的比重明显上升；构成人头税主体部分的各色徭役向货币或实物代役税转化，代役税的征收依据亦从人丁多寡向田亩广狭过渡。与此同时，尚未转化为代役税的那部分徭役，也有日益增多的部分改以田亩广狭为征调依据。这些，就是摊丁入亩趋势在宋元明清时期的主要表现。中唐两税法，明代一条鞭法，以及清初“摊丁入地”等环节，在上述演进过程中无疑具有里程碑性质。学界多所论及，硕果累累，启迪良深。关于两宋的赋税差徭，多年来亦有不少先生戮力研究，李剑农、聂崇岐、孙毓棠、漆侠、王曾瑜、梁太济等人的工作尤为突出，极富教益。[①]但两宋时期在徭役和人头税向田亩税归并中占何种地位，

* 葛金芳，北京师范大学历史学院特聘教授。

① 李剑农：《宋元明经济史稿》第八章《宋元明之赋役——由两税至一条鞭法》，北京：生活·读书·新知三联书店，1957 年；聂崇岐：《宋役法述》，《燕京学报》1947 年第 33 期；孙毓棠：《关于北宋赋役制度的几个问题》，《历史研究》1964 年第 2 期；漆侠：《王安石变法》（修订版），上海：上海人民出版社，1979 年；王曾瑜：《宋朝的差役和形势户》，《历史学》1979 年第 1 期；王曾瑜：《宋朝的两税》，中华书局编辑部编：《文史》第 14 辑，北京：中华书局，1982 年；梁太济：《两宋的夫役征发》，杭州大学历史系宋史研究室：《宋史研究集刊》，杭州：浙江古籍出版社，1986 年。

尚未引起足够重视。这样，从公元 8 世纪两税法颁布到 16 世纪一条鞭法出台这 800 年中，这个演进序列还存在着明显的缺环。

毋庸讳言，摊丁入亩是一个漫长的历史过程，其间发生某些曲折和迂回自属难免。在我看来，主要的曲折发生在唐末五代和元朝这两个时期。自中唐安史之乱起，国力强盛的大唐帝国从其巅峰跌落下来，在藩镇割据的泥潭中越陷越深，一蹶不振。大一统局面的瓦解妨碍了两税法整齐划一地推向全国，简化税目、取消丁税、合并力役、专征财产税等良法未得深入实施，其美意自不能发扬光大。五代仍是方镇并立，割据风行，丁税苛重，徭役繁兴。这是第一个曲折。13 世纪蒙古入主中原，虽然结束了晚唐以降几个地方政权并存的分裂局面，但又带来不少前封建制的生产关系。随着农业经济中农奴制倾向的滋生，出现了户税、丁税、地税三税并课，人头税和徭役复有增长的倒退趋势。“俸钞”“包银”“二五户丝”的普遍征收和以课征徭役为目的的“诸色户计”的设立，即其明证。如果说上述曲折尚可得到一定解释的话，那么至少两宋时期是否存在摊丁入亩趋势，目前仍无明确答案。因此这个缺环仍然存在。笔者认为，摊丁入亩趋势在宋代不仅存在，而且有着多方面的表现。

徭役是力役、差役和兵役的统称。宋代差役向代役税、田亩税的转化，宋初即有端倪可察，这就是差役按户等轮差和部分差役采取募法雇人从役。此后集中表现为王安石免役法的实施，应役民户只要按照户等、物力交纳免役钱，就可免服衙前、里正之类差役。免役钱就是货币代役税，官府以此钱雇募役人。这只需参阅研究宋代差役和熙丰新政的有关论著，即可得到明确印记。故此本文仅拟以力役为中心，旁及身丁钱、兵役残余以及差役和两税附加税中的力役部分，来考察摊丁入亩趋势在宋代的表现及其内在机制。

二、表现之一：部分力役转化为代役税，代役税同时向田亩税归并

国家用征收代役税的办法来代替力役征调，宋代叫作“纳钱免役”。少数地方在宋初以来即以此法为常制，例如“邓州淅川县春夫，自来科纳雇钱，更不起发”[①]。“春夫”是宋代力役的基本形态。每年岁首之农闲季节，官府以各户丁口多寡为据，征调农夫从事疏浚河道、增筑堤防或土木工程、水陆运送等役。凡是二十至五十九岁的男

① （宋）李焘撰，上海师范大学古籍整理研究所、华东师范大学古籍整理研究所点校：《续资治通鉴长编》卷 357，元丰八年六月申戌纪事，北京：中华书局，2004 年，第 8531 页。

子，每年均须从役一月。因“正月首事、季春而毕”，使役时节正当春季而得名。在战事突发、河防猝溃之际，官府不顾农事季节，紧急征发农夫辇运军需、防塞决口，此系“急夫”。因其对农业生产的危害极大，法令规定充任急夫者的役期可“计日折免，更蠲五分”[①]。亦即急夫二十日折抵春夫一月之役，并非春夫之外更有急夫之任。因此邓州析川县不调春夫，无疑等于基本免除力役负担（当然这并不排斥某些非常时期会与其他地区民户一样承服急夫等役），而代之以征取货币代役税，此即“雇钱”。而且此法从宋初一直实行到神宗元丰年间，元丰以后亦未见有何改变。虽说其他地区的徭役也在向代役税逐步转化，但像析川县推行得如此彻底，并能一以贯之、长期坚持的实例，却并不多见。估计这与该县所处的地理位置有关。邓州地处京西南路的南阳盆地，既非沿河、沿边之类的重役地区——例如黄河中下游和汴河沿岸州军有连年征发、沉重不堪的河防夫役，河北、陕西等路沿边地区常有修筑城防、辇运军需等非时征发；又远离官僚云集和禁军屯驻的京畿重地——例如开封府周围各县民户，在为官僚机构和官僚阶层提供送往迎来、厨传当直等各种人身服务的重压下，往往会破家产，苦不堪言；因此力役需求相对较少，其向代役税的转化因之较易。但是无论如何，这是在一个县的周围内基本免除力役征发的实例。这个实例带给我们的重大信息是，以力役为主体的各类徭役趋向消亡的时代确实已经到来！

北宋中叶在江南东路也有局部地区出现了无役民户要交纳代役税的事例。仁宗皇祐二年（1050 年），信州（今江西上饶）大水，知县张某在符县“调富民水所不至者夫钱，户七百八十［文］”[②]。远离水灾发生地点的民户，虽然不须亲赴灾区去服河防之役，但须纳钱代役。如果说征取代役税的办法在宋初还只实行于役轻之所，那么现在已经扩大到有河防重役的地区了，值得注意的是，所征之钱，名曰“夫钱”；宋代春夫、急夫之类力役，又恰称“夫役”。这说明此钱确为豁免农夫力役而征，并开此后“免夫钱”新制之先声。

至神宗熙丰新法时期，出钱免夫役日形普通，免夫钱之征遂趋制度化。熙宁四年（1071 年）春，韩绛在陕西诸路调发农夫修筑啰兀二砦，辽州（时辖今山西左权、和顺、榆社等县）“上户配夫四百三十四，僦直计三千缗”[③]，平均每夫征钱七千文。《续资治通鉴长编》卷 438 哲宗元祐五年二月辛丑“权罢黄河”条提到，“先是，河上所科夫役，许输钱免夫”，同样是“以七千免一丁”。一是陕西地区的修城调夫，一是京

①（宋）李焘撰，上海师范大学古籍整理研究所、华东师范大学古籍整理研究所点校：《续资治通鉴长编》卷 290，元丰六年六月已酉纪事，第 7088 页。

②（宋）王安石：《信州兴造记》，《临川先生文集》卷 82，四部丛刊初编本；又见（宋）吕祖谦编，齐治平点校：《宋文鉴》卷 79，中华书局，1992 年，第 1139 页。

③《宋史》卷 303《范祥・附子（范）商传》，北京：中华书局，1977 年，第 10050 页。

东诸路的河防力役，地区、役种均不相同，然一夫所纳之代役税均系七千文，恐非偶然的巧合。据文献记载，北宋每夫每日雇钱大致在二百文上下[①]，七千文大致相当于一夫一月之雇值，与宋初春夫每年服役一月之规定恰相合。显而易见，这里“夫”已不再是指亲身服役的执锸农夫，而是一种征税单位。所有这些，均系纳钱免役逐步制度化的明显迹象。

稍后，宋廷在黄河、汴河流经的京东西、淮南等路，鉴于有些州郡离河防工地之远，“不可使民间一一亲行，故许民纳钱，以充雇直（值）”[②]。熙宁十年（1077 年）十一月，“诏河北、京东西、淮南等路出夫赴河役者，去役所七百里外，愿纳免夫钱者听从便”[③]。例如，当时“淮南之民科黄河夫，夫钱十五千，上户有及六十夫者”[④]。至少在河防夫役中，役地七百里以外地区的农夫，均可纳钱免役。此后，缴纳代役税的地区继续扩大。哲宗初年规定，“京东、河北五百里内差夫，五百里外出钱雇夫”[⑤]。元祐七年（1092 年），又推及京畿地区，时“都水监言：‘准敕，五百里外方许免夫，自来府界黄河夫多不及五百里。缘人情皆愿纳钱免行，今相度，欲府界夫即不限地里远近，但愿纳钱者听。’从之”[⑥]。至此，黄、汴、淮河流域几乎所有的河防夫役征发区，均已通行纳钱免役新制。十余年后，这一事实又以制度形式固定下来。史载徽宗大观年间（1107—1110 年）“凡河堤合调春夫，尽输免夫之直，定为永法”[⑦]。在全国范围内肯定了河防夫役向代役税转化的演进趋势。

纳钱免役在河防夫役中普遍实施，势必逐步渗透到辇运、筑城等役中去。例如神宗元丰三年（1080 年）八月，洛阳河阳县调发急夫，“有一户一日之内出百十七夫者”[⑧]。这里的“夫”显然仍是征钱单位。二年后陕西诸路调夫出界，“其近上等第人户……雇直至及百贯”[⑨]。所以哲宗元符三年（1100 年）晁说之说：“岁有常役则调春夫，非时则调急夫，否则纳夫钱。”[⑩]说明免夫钱至少在神哲之际已经制度

---

①（宋）李焘撰，上海师范大学古籍整理研究所、华东师范大学古籍整理研究所点校：《续资治通鉴长编》卷 343、438 等处，原文不俱引，第 8236、10559 页。

②（宋）苏辙著，曾枣庄、马德富校点：《栾城集》卷 46《论雇河夫不便札子》，上海：上海古籍出版社，1987 年，第 1016 页。

③（宋）李焘撰，上海师范大学古籍整理研究所、华东师范大学古籍整理研究所点校：《续资治通鉴长编》卷 285，是年十月乙卯纪事，第 6988 页。

④（宋）李焘撰，上海师范大学古籍整理研究所、华东师范大学古籍整理研究所点校：《续资治通鉴长编》卷 324，元丰五年三月乙酉条纪事，第 7800 页。

⑤《宋史》卷 93《河渠志·黄河（下）》，第 2306 页。

⑥（清）徐松辑：《宋会要辑稿》方域 15 之 15，北京：中华书局，1957 年，第 7567 页。

⑦《宋史》卷 175《食货志·和籴》，第 4248 页。

⑧（宋）李焘撰，上海师范大学古籍整理研究所、华东师范大学古籍整理研究所点校：《续资治通鉴长编》卷 307，是年八月丙辰纪事，第 7470 页。

⑨（宋）李焘撰，上海师范大学古籍整理研究所、华东师范大学古籍整理研究所点校：《续资治通鉴长编》卷 326，元丰五年五月乙酉纪事，第 7842 页。

⑩（宋）晁说之：《嵩山集》卷 1《元符三年应诏封事》，清道光十年晁氏刊本。

化。稍后曾布亦云："近岁调夫多至于率钱，民力重困。"[①]可见纳钱免役之制确是普遍推行了的。

现在的问题是，代役税的征收依据是什么？它是否与民户田产多少相联系？前引仁宗信州符县所调夫钱是出自"富民"。神宗熙宁四年（1071 年）韩绛在辽州配户纳钱是出自"上户"。熙宁八年（1075 年）广南西路是在"上三等户"中差夫运粮。[②]熙宁十年（1077 年）淮南科黄河夫一户出至六十夫者亦是上户。元丰二年（1079 年）诏诸路修城，令"于中等以上户均出夫，夫出百钱"[③]。北宋末年兴燕山之役征收免夫钱，"诸路州县随民税产科敛以足之"[④]，更是直接以民户赀产物力为征调依据；潭州湘潭县干脆按亩摊征，史载其时"湘潭县管田八十六万亩，（知县刘）式每亩科钱七百文"[⑤]。无须再加征引，这些例子足以说明，免夫钱的征收是与户等相关联的。宋代乡村划分户等的标准各地有所不同，或据田亩广狭，或视税额多少，或计家业贯百（亦即物力高下），或随下种石斗，或约所收租课。[⑥]但万变不离其宗，无论税频租课，还是家业物力，均与田产紧密相关。因此免夫钱的征收，通过户等这个中介环节，最终还是落实到了田产之上。

这种状况，与两税法下的赋役征取原则是完全吻合的。北宋中叶，苏辙在谈到当时差徭征调办法时说："三代之民，以力事上，不专以钱。近世因起有无，各听其便：有力而无财者使效其力，有财而无力者皆得雇人。人各致其所有，是以不劳而具。"[⑦]民户"以力事上"的时代，就是国家赋役征取实行"以丁为本"的时代。中唐以前，大抵如此。中唐以后，即苏辙所谓的"近世"，民户"因其有无，各听其便"，出不起免夫钱的贫民下户照旧服役，愈来愈多的田广赀丰之家可以缴纳雇钱，或自雇人夫来代替亲身服役。这是服役征取"以地为本"的时代。这个时代崇奉的是"据地出税，天下皆同"[⑧]的原则。田亩愈广、赀产愈丰者，其下种自多，收租亦多，税额愈高，户等愈高，其所出免夫钱也就愈多。这是正常的，更是必然的。事实证明，当时已经

---

① （清）黄以周等辑注，顾吉辰点校：《续资治通鉴长编拾补》卷 11，哲宗绍圣元年十一月乙卯纪事，北京：中华书局，2004 年，第 456 页

② （宋）李焘撰，上海师范大学古籍整理研究所、华东师范大学古籍整理研究所点校：《续资治通鉴长编》卷 271，是年十二月甲寅纪事，第 6651 页。

③ （宋）李焘撰，上海师范大学古籍整理研究所、华东师范大学古籍整理研究所点校：《续资治通鉴长编》卷 296，是年正月丁亥纪事，第 7198 页。

④ （宋）徐梦莘：《三朝北盟会编》卷 96 引《靖康遗录》，上海：上海古籍出版社影印许涵度刻本，1987 年，第 709 页下。

⑤ （宋）胡寅：《斐然集》卷 15《缴湖南勘刘式翻异》，四库珍本丛书。

⑥ 王曾瑜：《宋朝划分乡村五等户的财产标准》，邓广铭、程应镠主编：《宋史研究论文集》，上海：上海古籍出版社，1982 年，今据王曾瑜：《涓埃编》，保定，河北大学出版社，2008 年，第 244—270 页。

⑦ （宋）苏辙著，曾枣庄、马德富校点：《栾城集》卷 35《自齐州回论时事书》，第 774 页。

⑧ （宋）王溥：《唐会要》卷 84《租税下》，北京：中华书局，1955 年，第 1545 页。

转化为代役税的这部分力役，以按户等征收免夫钱的形式，基本上是摊入田亩税中征收了。之所以说是“基本上”，因为户等以物力高低而定，田产虽是家业物力的主要构成部分，但物力钱的核定毕竟还要考虑田产之外的其他项浮财所值。

三、表现之二：部分力役不再单以丁口征调，转而依据税额、物力或户等摊派

代役税的征收虽说在宋初以降日渐普遍，但终究并非独占形态。还有部分力役受条件、环境所限未能转化，故仍以剩余劳动的自然形态而存在。就是这部分力役，也不再纯以丁口为据来征调，主要由田亩广狭肥瘠决定的税额、物力或户等高下，日益成为力役摊派中的又一依据。这是宋代摊丁入亩趋势的又一重要表现。

中唐两税法后，徭役征调依据从人丁向田亩过渡这种历史现象，当时就有人指出过。北宋苏轼说：“自两税之兴，因地之广狭瘠腴而制赋，因赋之多少而制役，其初盖甚均也。责之厚赋，则其财足以供。署之重役，则其力足以堪。何者？其轻重厚薄，一出于地，而不可易也。户无常赋，视地以为赋。人无常役，视赋以为役。是故贫者鬻田则赋轻，而富者加地则役重。此所以度民力之所胜，亦所以破兼并之门，而塞侥幸之源也。”[①]在苏轼看来，两税法下不仅夏税秋苗是以田亩广狭为转移，而且各类徭役也在向田亩税归并，“其轻重厚薄，一出于地”，这是符合历史实际的正确归纳。赋重者地自多，地多者役亦重，徭役通过田赋这个中介面最终落实到田产上。

当然，苏轼主要是针对差役而言的。宋代差役是由唐代色役演变而来，与明之里甲、均徭形态相近，是国家无偿征调民户，让其担任乡村基层政权头目和各级官衙办事人员的制度。宋代差役名目繁多，其性质很难一概而论。其中既有假借权势、鱼肉乡民的特权性吏职，又有厨传当直、迎来送往等义务性劳役。在衙前、里正等役中，特权和义务往往交织，并视情况和时期的不同而彼此转化。因此，一则特权性差役中包含着某些力役因素；再则各类差役均“以乡户等第定差”[②]；三则手力、拦头、库掏拣掐之类名目，名为差役，实系力役，同样是视其轻重，派于不同户等，故不能说苏轼此论与力役无关。更为重要的是，既然包含力役因素的差役征调通过户等与地产挂钩，那么以春夫、急夫为表现形式的纯粹力役，亦将体现以户等高低定役之轻重的基本精神。

---

① 孔凡礼点校：《苏轼文集》卷8《策别·安万民（四）》，北京：中华书局，1986年，第1册，第261页。
② 《宋史》卷177《食货志（上五）》，第4295页。

事实正是如此。早在宋初，局部地区的力役征发开始显露出不仅考虑人丁，而且考虑财力的征兆。太宗雍熙三年（986 年），赵普上奏《谏伐燕疏并札子》："伏缘自此（按指邓州）直至莫州，往来四千余里，或是无丁有税，须至雇人般（搬）粮……"[①]力役征发，向来是以人丁为依据。"有身则有庸"，是中唐以前的基本准则。北宋初年亦有力役"但以丁口均差"[②]的规定。按照这个规定，家中若无成丁男子是不会有力役负担的。但是我们看到，还是这个邓州，若战争骤起，漕挽大兴之际，仍有急夫之征，而且无丁有税之家亦有夫役负担。自家无丁服役，便须雇人自代。可见实际生活中夫役征调并不全以丁口多寡为据，至少邓州是同时参照了赋税这个因素。事实证明，苏轼"因赋之多少而制役"确非凿空之言，邓州的力役征发同样贯彻了这个原则精神。

太宗至道元年（995 年）正月，宋廷为修复关中三白渠，派皇甫选等赴陕实地考察。皇甫选回京建议采取"计田出丁"之法来筹措所需劳力，他说："所役缘渠之民，计田出丁，凡调万三千人。疏渠造堰，各获其利，固不惮其劳也。"[③]宋廷采纳了这个建议，令三白渠总监孙冕依照执行。我们知道，各地春首调夫修渠应属春夫性质，而春夫则是宋代力役的基本形态。因此关中修渠中的"计田出丁"，较之邓州急夫运粮一例意义更为重大。它表明随着时间的推移，力役向田亩税的归并已从急夫推至春夫，其势确在扩大之中。同时"计田出丁"是把力役直接落实到田亩之中，较之"计税出丁"更为彻底。这或许是因为水利兴修中需要考虑受益原则的缘故吧！

正是因为宋初以来部分地区已经存在着以税额、田亩为据来征调力役的事实，所以北宋中叶吕大钧建议，无论是人多地少的贫弱下户，还是田多人少的兼并之家，均按田产多少来出夫役。他说："今欲将主户之田少者，合众户共及两顷以上，方充一夫之役。其兼并之家，人少而田多者，复计其田，每三顷执一夫之役。主户不足，以客户足之。"[④]这个建议的实质，是欲将邓州、关中等地早已实行的计田税出丁夫的做法，推广至宋朝辖区的整个力役征发。但是力役本身终究是要由成年男丁来承担，故不能完全忽略人丁因素；再则形势豪强之家在计田出夫中也会因加重负担而不满。为此吕大钧提出了两个解决办法：一是田多丁少之家，可计入客户丁口，以补主户男丁之不足；二是采取不同的折算标准，田广赀丰之上户三顷出一夫，较之下户二顷出一夫稍有优容。但无论如何，吕大钧的倾向是十分明显的，这就是要在更大的范围内将力役轻重与田亩广狭联系在一起。在这个意义上，我们说吕氏此议，上承中唐两税法

① （宋）徐梦莘：《三朝北盟会编》卷 1《邵洵武乞（石）守信罢兵》条引，第 7 页上。
② （宋）李焘撰，上海师范大学古籍整理研究所、华东师范大学古籍整理研究所点校：《续资治通鉴长编》卷 334，元丰六年三月壬辰纪事，第 8036 页。
③ （宋）《宋史》卷 94《河渠志·三白渠》，第 2347 页。
④ （宋）吕大钧：《民议》，（宋）吕祖谦编，齐治平点校：《宋文鉴》卷 106，第 1478 页。

之余绪，下启明代一条鞭法之先声，应属摊丁入亩之最早张本。

宋廷是否采纳了这个建议，史无明文。重要的是确有一些州县将吕氏之议付诸实施了。仁宗天圣八年（1030 年），在河南府、陕府及虢、解、绛、泽等州的广大地域内，为采斫筑堤梢木而征调河防役夫，“所差三万五千人，内有三二家共著一丁。应役之人，计及十万”[①]。这里“三二家共著一丁”的调夫办法，显示吕氏“合众户共出夫役”之议的具体化。而且此例表明，实行“计田出丁”的地区，也更加扩大了。

但是力役向田亩税的归并，因受当时整个社会的发展程度及其速率的限制，不可能在赵宋一朝就完成其历史进程。所以在免夫钱已经趋向制度化的神宗、哲宗时期，仍有不少地区坚守着“按丁差夫”的传统办法。历系重役之地的京畿开封尤为严重。元丰六年（1083 年）三月，提举开封府保甲刘琯说：“诸县保甲每起夫役，不计家产厚薄，但以丁口均差，故下户常艰于力役。”[②]然而另一方面，要求彻底废止按丁差夫旧法的呼声也越来越高。针对中古田制框架瓦解后必然出现的下户承役能力日趋下降这一客观趋势，刘琯正确指出“下户艰于力役”的弊病，并建议以立法形式改变这种不合时宜的做法：“伏望令有司立法，诸县调夫不计丁之多少，而计户之上下。”[③]按户等高低来征调夫役，就是要把力役负担基本上摊到田亩中去。但此次动议并无结果，故哲宗元祐五年（1090 年）都水使者吴安持再次提出批评：“今《元祐令》自第一等至第五等皆以丁差，不问贫富，有偏重偏轻之弊”，并建议“以次降杀，使轻重得所外，其或用丁口，或用等第，听州县从便”[④]。这次宋廷采纳了这个建议，无疑是个值得重视的重大进展。继神宗熙丰年间免夫钱趋向制度化之后，各地州县又被允许根据情况自行决定调夫办法：或用旧法以人丁科差，或用新法按田亩征调，两种做法均属合法。这对摊丁入亩趋势的深入发展，肯定会产生极大的推动作用。

既然新旧两法均可采用，那么各地州县会做何种选择呢？成书于徽宗政和年间的《作邑自箴》，是一个县令为官之道的经验总结。作者根据自己的亲身经历，得出的结论是：“差夫役，总计家业钱均丁，遂无偏曲。”[⑤]此体会良深。所谓家业钱，又称“家业贯百（百一作佰）”，简称“贯百”，是物力钱的别称。而物力则是决定户等的主要依据，但人丁有时亦成为核定户等的参考性依据。因此，从摊丁入亩这个角度看

① （清）徐松辑：《宋会要辑稿》方域 14 之 14。

② （宋）李焘撰，上海师范大学古籍整理研究所、华东师范大学古籍整理研究所点校：《续资治通鉴长编》卷 334，元丰六年三月壬辰纪事，第 8036 页。

③ （宋）李焘撰，上海师范大学古籍整理研究所、华东师范大学古籍整理研究所点校：《续资治通鉴长编》卷 334，元丰六年三月壬辰纪事，第 8036 页。

④ （宋）李焘撰，上海师范大学古籍整理研究所、华东师范大学古籍整理研究所点校：《续资治通鉴长编》卷 438，是年二月甲辰纪事，第 10560 页。

⑤ 《作邑自箴》卷 4《处事》，知不足斋丛书本。

问题，依据家业物力均定夫役，较之依据户等更为彻底。应该说，这是北宋晚期多数地区已按户等、物力征调夫役的真实反映。其实，在此之前已经有人明确要求，无论差夫还是科免役钱，都以物力为据。哲宗元符二年（1099 年）四月，权知郓州胡宗师说："差夫五等之法出夫不均，乞以人户物业田产总计所置（值）贯百，或差人夫，或出夫钱，皆以贯百均出。"[①]这个建议即使并未作为适用于全国的法令明确颁布，但从上引《作邑自箴》不难看出，其与实际生活的吻合度是颇为不低的。

南宋夫役征调仍很频繁，但一般亦以户等、物力为基本依据。高宗绍兴三十一年（1161 年），四川总领所调利州路民夫三万余人运粮赴军，"令诸州守贰以民间产力高下品差……民间一夫之费为七八十千，雇夫以行者又倍"[②]。淮南地区，据黄榦所言："起夫一事，官司敷之税户，税户抑勒佃户。税户每三四十千起一夫，未免有鬻产之患；佃户以为投之死地，父子夫妻相顾号泣而后行"[③]。黄榦在南宋中叶历任知新淦县，通判安丰军、知汉阳军、知安庆府等州县亲民官，他所说的这种情况必定带有某种程度的普遍性，所以才给乔运判写信，要求设法预防税户通过变卖田产、降低户等来逃避夫役负担的弊病。

南宋初年，广州州学教授林勋向朝廷上《本政书》十三篇[④]，据看到此书的朱熹说："林勋《本政书》，每乡开县若干字号田，田下注人姓名，是以田为母，人为子，说得甚好。"[⑤]林教授设计的"以田为母，以人为子"的版籍模式，应是北宋中晚期以降赋税徭役征取大部分落实到田产之上这个现实的一种反映！

四、若干旁证：摊丁入亩趋势在人头税、两税附加税和差役、兵役残余中的相应表现

以上考察了宋代力役向田亩税归并的两种主要途径。严格来说，摊丁入亩趋势还应包括人头税和其他各类徭役向田亩税归并等内容。限于篇幅，不便一一罗列论证，本文仅拟依据有关材料说明，力役向田亩税的归并并非孤立的历史进程，摊丁入亩趋势在其他类目的税役征取中同样存在，只是程度不同、速率有别而已。

---

① （宋）李焘撰，上海师范大学古籍整理研究所、华东师范大学古籍整理研究所点校：《续资治通鉴长编》卷 508，是年四月丙子纪事，第 12100 页。
② （宋）李心传：《建炎以来系年要录》卷 192，是年九月庚寅纪事，北京：中华书局，1956 年，第 4 册，第 3222 页。
③ （宋）黄榦：《勉斋黄文肃公文集》卷 29《与淮西乔运判辨起夫运粮事》，清康熙四十三年福建刊本。
④ 此书早佚，仅在《宋史·食货志》中有数百字的大意概括。
⑤ 朱杰人、严佐之、刘永翔主编：《朱子全书》第十八册，上海古籍出版社、安徽教育出版社，2002 年，第 3559 页。

（一）身丁钱向田亩税过渡

宋承唐末五代旧制，多数地区丁税仍存，史称“丁口之赋”。《宋史·食货志》列为五赋之一，通称“身丁钱米”或“身丁钱绢”，各地有“丁盐”“蚕盐”“丁米”“丁绢”等不同名目。宋代身丁钱当然仍以“不地而征”“计丁配之”为基本特征，但与汉唐已有很大不同。一是除广南西路有“挂丁钱”之征外，其余各路均只限于向成年男丁课征，女口不预；二是两宋三百年间多次下令蠲除身丁税，某些地区如两浙等路免过不止一次；三是身丁钱在国家赋税总额中的比重明显下降，田亩税成为农业税收的基本形态。凡此种种，均说明人头税在宋代已系残余性质，这本身就是摊丁入亩趋势的一种反映。

与此同时，残存的人头税同样不再仅以丁口多寡为唯一的征收依据，田亩广狭在人头税的征收中发挥着越来越为重要的作用。例如，荆湖南路的人头税在南宋初年就有三分之二均入田亩征收。高宗绍兴二年（1132 年），“诏湖南丁米三分之二均取于民田，其一取之丁口”[①]。三年后，即绍兴五年（1135 年），守臣赵垣建议将湖南之法推广到淮浙湖广等南宋大部分辖区，仍“以二分敷于田亩，一分敷于民丁”，漕司研究的意见更为激进，认为可以“尽敕敷于田亩”[②]。第二年枢密院检译文字王迪再次提议“两路丁钱随田税带纳”[③]，欲把人头税全部摊入田亩征收。赵垣、王迪的两次提议虽无明确结果，但至少可以反映，丁税向田亩税的归并，确系大势所趋，人心所向，而并非个别官僚的心血来潮。事实上确实存在着人丁税全部向田亩税归并的实例，例如浙西常州宜兴县的无产百姓，直至高宗时期仍在按照“丁输盐钱二百文”的标准输纳人头税，孝宗隆兴元年（1163 年），“令与晋陵、武进、无锡三县，一律随产均输”[④]。从制度演进这个角度看问题，这四个县的人丁税向田亩税归并的过程可以说已经完成。

（二）支移向脚钱转化

唐宋时期，官府令民户将税粮运到指定地点交纳，按照“先富后贫，自近至远”的原则，以户等高下定地里远近，称为“支移”。只有财力雄厚之家才有能力实行远距离支移，故户等愈高者其役愈重，这同样符合苏轼所言“因赋之多少而制役”的原则精神。真宗大中祥符元年（1008 年），宋廷从“宜蠲力役，用示朝恩”的考虑出发，

---

① 《宋史》卷 27《高宗四》，第 506 页。

② （宋）李心传撰，徐规点校：《建炎以来朝野杂记》甲集卷 15《身丁钱》，北京：中华书局，2000 年，第 326 页。

③ （宋）李心传撰，徐规点校：《建炎以来朝野杂记》甲集卷 15《身丁钱》，北京：中华书局，2000 年，第 326 页。

④ 《宋史》卷 174《食货志（上二）》，第 4217 页。

下令各地改变旧式，“应诸路今年夏税赋止于本州军输”；其中河北沿边地区政策更宽，“其诸州税赋各随本州送纳”[①]，将秋税也包括在内。秋税以粟米为主，这恰恰是支移的重头。这说明宋廷也认为支移是力役性质，应予以适当蠲免。

重为重要的是，由于“支移本以便边饷，内郡罕用焉”，所以多数地区折征“脚钱”，令民户按税额比例纳钱以充运费来代替亲身服役。据包拯言，仁宗时陈州民户只要在交纳夏税大小麦时，每斗加纳脚钱二十文，即可“与免支移”[②]。徽宗崇宁年间（1102—1106年）规定，“或输本色于支移之地，或输脚费于所居之邑”，两法并用，各听其便。脚钱则定为每斗五十六文，较之北宋中叶已大为提高。[③]这是货币代役税。南宋广德县一石税粮贴纳脚钱三斗七升，这是实物代役税。宋代律令汇编《庆元条法事类》载：“其支移非急切及军期，而人户愿纳支移物价脚钱者，听。”“诸人户税租应付他处输纳、而愿就纳本县者，转运司量地里、定则例，令别纳实费脚钱。”[④]可见到南宋中叶，支移这种力役负担多半已演变为以税额为据的各种代役税了。支移向脚钱转化的过程，同样是农夫力役向田亩税归并这个历史过程的组成部分。

（三）部分差役向田亩税的归并

如前所述，宋代由主户承服的各类差役，本来就是依其负担轻重而与户等相联系的。主掌典领仓库、辇运纲运，并与户长、乡书手同负催纳税赋之责的乡户衙前（有里正衙前、直勾衙前等名目），之所以要从物力达二百贯以上的第一等户中差充，就是因为此类差役中义务性的负担占主导地位，承服者往往陷于破产赔纳、嫁妻鬻子的悲惨境地而不能自拔。这再次体现了“赋多者役重”的征取原则。

但是，差役既要人去承担，征调中就不能完全无视人丁因素。户等虽以赀产物力而定，但同时又参照丁口多寡，五等丁产薄中就同时登录田产与丁口。差役不是直接与田产挂钩，而是依户等征调就是这个道理。北宋中叶苏辙所云：“州县差役皆以丁口为之高下”[⑤]，虽说失之片面，却也道出了必须计入丁口因素这个事实。所以神宗熙丰新法中关于从乡村富豪中轮差保正副和催税甲头、户长之类的规定，到后来又不得不加入关于人丁的补充条文。高宗绍兴十五年八月敕旨：“许差物力高单丁，每都不得过二人，其应充保正副或催税户长，止得一名，不得双差，本为优恤单丁之家。”[⑥]这就是

①（宋）李心传：《建炎以来系年要录》卷189，绍兴三十一年夏四月甲辰，第3161页。
②《包拯集》卷7《请免陈州添折见钱》，续奥雅堂丛书本。
③《宋史》卷174《食货志（上二）》，第4211页。
④《庆元条法事类》卷48《支移折变》、卷47《受纳税租》，燕京大学图书馆印行本。
⑤（宋）苏辙著，曾枣庄、马德富校点：《栾城集》卷35《制置三司条例司论事状》，第763页。
⑥（清）徐松辑：《宋会要辑稿》食货14之46，第5061页上。

说物力高强之上户，如系单丁之家，则在保正副和税催户长中可以只任一役。应该说这种考虑并非全无道理。然而应役上户钻此空子，以单丁为由多方规避，结果“富豪者多以单丁而免役，贫弱者或以丁众而屡充”[①]，既影响了乡村下户的稳定，也妨碍了官府税赋的收纳。所以孝宗乾道八年（1172年）十一月，宋廷应户部尚书杨倓所请，将条文改为保正副和催税户长“不拘丁数，只依旧法，通选物力高者充役，庶得均平”[②]。实际生活中规避、转嫁差役等类现象容或有之，但从法令条文来看，保正副、甲头、户长的轮差，继神宗熙宁新法之后，再次与人丁多寡基本脱钩，而全依物力为据了。前此已有局部地区先行一步，如峡州路保正，在绍兴三十一年（1161年）应知忠州张德远所请，“选差物力最高之人”[③]担任。显而易见，差役征调从以户等为据向以物力为据演进的过程，就是征调依据中人丁因素趋向消亡、赀产因素进一步增长的过程。其间不免有所曲折，但最终还是要回到以赀产田亩为据的轨道上来，说明徭役向田亩税的归并，确是其时带有规律性、方向性的发展趋势。

（四）残存兵役依照户等、物力征发

自中唐募兵制取代府兵制，兵役基本消亡，但其残余长期存在。北宋弓手、壮丁、枪手、弓箭手等，就是此类兵役残余。即以弓手为例。弓手一般由乡村下户轮充，是“县所赖以索盗”[④]的基本武装。一县少则数十人，多则数百人，由县尉率领，负地方治安之责。因弓手须自备武器、口粮及外出盘缠，为农家重负，故仁宗时敕文规定，“所差点弓手，其第四、第五等户，如委实贫阙，虽有丁数，即不得一例点差者”[⑤]。明确要求更多地考察该户的赀产状况，而不能只看人丁多少。稍后，张方平进一步建议，弓手应先从上户中差点，“令诸州县先从物力、人丁最高户差点，第一等不足即差第二等，第二等不足即与第三等比”[⑥]。虽说有记载说明此后乡村下户仍旧不免弓手之役，但弓手从下户专任之役变为全部主户的共任之役，毕竟同样反映出弓手征调中亦在更多地以户等、物力为依据。

需要说明的是，宋代由于官僚机构冗滥庞杂，河防工程浩繁频数，沿边地区战事屡兴等原因，国家对于各类徭役仍然存在着多方面的需求，而且河防水利、辇运筑城等役在某些时期反呈增长趋势。这对徭役向田亩税的归并起着明显的阻碍作用。在兵

---

①（清）徐松辑：《宋会要辑稿》食货14之46，第5060页上。

②（清）徐松辑：《宋会要辑稿》食货14之46，第5060页上。

③（宋）李心传：《建炎以来系年要录》卷192，是年九月癸酉纪事，第3223页。

④（宋）刘攽：《临湘县阅武亭记》，（宋）吕祖谦编，齐治平点校：《宋文鉴》卷81，第1168页。

⑤（宋）张方平：《乐全集》卷21《论天下州县新添置弓手事宜》，四库珍本初集本。

⑥（宋）张方平：《乐全集》卷21《论天下州县新添置弓手事宜》，四库珍本初集本。

夫、雇夫增至数十万众仍不敷使用的情况下，差夫之继续存在和急夫之不时兴发，势属难免，不得不为。北宋中叶甚至一度采取过设置“教阅厢军”，并将民兵性质的弓箭手变为正规军等应急措施，遂使宋代民户的力役、差役乃至兵役负担出现免而又复、时轻时重的复杂情况。对此，南宋史家李心传的观察精确、分析深刻，值得称道，他说：“唐之庸钱，杨炎已均入二税；而后世差役复不免焉，是力征之征已取其二也。本朝王安石令民输钱以免役，而绍兴以后所谓耆户长、保正雇钱复不给焉，是取其三也。合丁钱而论之，力役之征盖取其四也。设一有边事，则免夫之令又不得免焉，是取其五也。”[①]李氏此论极好地概括了两税法后徭役和人丁税向田亩税归并的几个阶段及其曲折历程，完全符合中唐以来四五百年间的实际情况，本文就不再重加论列了。

五、环境、机制与原因——关于宋代出现摊丁入亩趋势之必然性的解释

如前所述，摊丁入亩的实质，就是封建国家加在民户身上的徭役和人头税向田亩税转化和归并的历史过程。这个过程必以徭役减轻为起点，而徭役减轻则是以农民为主体的各类民户对于国家的依附关系逐步松弛的结果。因此摊丁入亩趋势的出现，需要一个国家放松对于民户的人身控制，农民阶级的独立化进程得以加速的历史环境。

宋代社会是否提供了这样一个历史环境呢？回答是肯定的。宋代民户的徭役负担确呈减轻之势，其具体表现可用“一代二雇三转化”来概括。徭役向代役税的转化及其向田亩税的归并等情节，前面内容已经介绍，这里主要看一下代和雇的情况。

所谓代，指的是“厢军代役”。宋朝在作战部队禁军之外，另设厢军，专任土木工程、水陆运送等役。修筑城池的有“壮城”“牢城”等军，架桥铺路的有“开山”“桥道”等军，制造武器的有“作院”“采造”等军，漕挽军需的有“水运”“驾纲”等军，防治黄河的有“河清”“宁淮”等军，共计二百多名目，总之是因役设军，并长期维持在四五十万人的水平上，约占宋军总额的将近一半。[②]正如宋人王明清所言：“给漕挽者，兵也；服工役者，兵也；缮河防者，兵也；供寝庙者，兵也；养国马者，兵也；疲老而坐食者，兵也。”[③]显然，这是一支不预战事、专任役作的非作战部队。所以叶適指出，“厢军供百役，禁军教守战”[④]。章如愚强调，“宋有天下，悉役厢军。凡役

① （宋）李心传撰，徐规点校：《建炎以来朝野杂记》甲集卷15《身丁钱》，北京：中华书局，2000年，第328页。

② 王曾瑜：《宋朝兵制初探》第三章《（一）厢军》，北京：中华书局，1983年，第66—73页。

③ 《挥麈录·余话》卷1，丛书集成初编本。

④ 《叶適集·水心别集》卷12《厢禁军弓手土兵》，北京：中华书局，1961年，第3册，第785页。

作、工徒、管缮、民无与也”[①]。马端临认为，“宋朝凡众役，多以厢军给之，罕调丁男”[②]。宋代农夫仍有多种徭役负担，诸贤之论不无夸张之处。但是，筑堤河防、漕挽粮糗、土木营造等，历来是农夫徭役太最重者，既然现有数十万厢军代替民户从事此类役作，农夫力役负担自然有所减轻。

所谓雇，就是“和雇夫役”。宋代日趋普遍地采取有偿雇佣方式来解决部分差役和力役要求，在此过程中逐步发展为官雇、私雇和差雇三种方式。官雇，是指官府出钱募人服役，如宋初乾德元年（963 年），“出内府钱，募诸军子弟数千人，凿池于朱明门外”[③]。在最称繁重的漕运之役中，太宗时期出现了官雇、私雇两法并用的局面。《宋太宗实录》卷 26 之太平兴国八年（983 年）九月条载：“先是，每岁运江淮米四五百万斛以给京师，率用官钱僦牵船役夫，颇为劳扰。至是，每艘计其直（值）给于舟人，俾其自召募，甚以为便。”[④]官府将运费、雇值一总付于船主，让船主自招水手，这便是私雇。私雇的另一种方式是应役之人自出雇钱，按官府要求招募一定数量的人夫从役。如仁宗时在沿边地区的筑城之役中，“听富人自雇人夫修城”[⑤]。船主、雇主的身份大致相当于包工头。神宗元丰六年（1083 年）七月陕西转运使言：“昨出界民夫弃失官物，多于雇主名下催纳。”[⑥]官府之所以向雇主索赔民夫所弃官物，正是因为这些民夫是由雇主自行召募而来的。但在战争时期，役夫赴军往往有生命危险，官府出钱也难以募足从役人夫，故不得不局部恢复硬性差调的办法，但同时又给雇钱，此即既差又雇，故称“差雇”。神宗时广南西路转运司要运粮赴军，因“无人可募”，遂“从上三等户差夫，每夫日给钱”[⑦]。高宗绍兴三十一年（1161 年）采石之战，“踏车人夫并系于五等人户及保丁内差雇”[⑧]。而且越是经济发达的地区，夫役和雇方式就越是普遍，正如徽宗时中卫大夫童师敏所言：“东南州郡例阙厢军，凡有役使，并是和雇。”[⑨]

就本文论题而言，夫役和雇的重要性在于它是代役税发轫的起始点。既然无论差役、力役之中，都有日益增多的民户已被允许雇人自代，当然也可以让民户出钱以充

① 《山堂群书考索后集》卷 41《兵门・兵制类》。

② （元）马端临：《文献通考》卷 12《职役一》，北京：中华书局，1986 年，第 128 页栏上。

③ （宋）李焘撰，上海师范大学古籍整理研究所、华东师范大学古籍整理研究所点校：《续资治通鉴长编》卷 4，是年夏四月庚寅纪事，第 89 页。

④ 《宋太宗实录》系残本，上海：上海古籍出版社，1957 年，又见《续资治通鉴长编》，第 551 页。

⑤ （宋）李焘撰，上海师范大学古籍整理研究所、华东师范大学古籍整理研究所点校：《续资治通鉴长编》卷 127，康定元年夏四月己亥纪事，第 3006 页。

⑥ （宋）李焘撰，上海师范大学古籍整理研究所、华东师范大学古籍整理研究所点校：《续资治通鉴长编》卷 337，是年七月庚申纪事，第 8121 页。

⑦ （宋）李焘撰，上海师范大学古籍整理研究所、华东师范大学古籍整理研究所点校：《续资治通鉴长编》卷 271，神宗熙宁八年十二月甲寅纪事，第 6651 页。

⑧ （清）徐松辑：《宋会要辑稿》食货 66 之 84，第 6249 页下。

⑨ 《宋史》卷 193《兵七》，第 4806 页。

雇值，再由官府统一募人从役。无论私雇还是官雇，对于民户来说，都是出钱免役，其实质并无不同。而且较之亲身服役，出钱代役既可避免徭役对农时季节的非时冲击，又可借此获得更多的人身自由，无疑会受到各类民户的欢迎。前引河防夫役中“人情皆愿纳钱免役”，免夫钱制度化后“县令上下皆以为便”[①]等记载即其明证。若从国家角度看问题，以代役税的课取来代替徭役征调，并没放弃此项历史久远、为数甚巨的剥削收入，只是改变了剥削手法而已。即从榨取民户剩余劳动的自然形态，改为榨取其剩余劳动的转化形态。这样做既避免了新时期中调夫从役日感不易之困难，又保证了国家对于各类徭役的大部分需求。而且兵夫可“因役设军”，雇夫可“因事召募”，较之调夫从役之旧法，或许更为简捷、灵活和方便。因此纳钱免役对民户和国家来说，都是一个可以接受的替代办法。

代役税既以货币或实物形态而存在，其税额高低势必受到民户赀财丰杀的强烈制约。在代役税的课取中，照搬徭役征调中以丁口多寡为据的老皇历，肯定是行不通了。一方面田少人多的贫弱下户负担不起过高的代役税；另一方面田多人少的形势富豪有能力纳税却又所取不多。如果考虑到宋代主户集团中，下户常占百分之八九十，上户只占百分之一二十这个基本事实，上述纳税能力与应纳税额之间的两极背离状况，就更加不能容忍。若不设法解决，代役税受到“据地出税，天下皆同”这个原则规定的制约，也必然会向同一方向演进，或迟或速，或直接或间接地与民户赀财丰杀、田产广狭挂起钩来。代役税向田亩税归并的这个动态过程，又会进而向差夫领域迁延和渗透，从而带动夫役征调亦从人丁为据向以田亩为据过渡。在我看来，这些就是摊丁入亩趋势逐步增强的逻辑过程和内在机制。

摊丁入亩趋势虽是赋役结构内部的变化，但其影响所及却超出了国家财政体制变革这个范围。这个趋势本身是农民阶级对于国家的人身依附关系松弛到一定程度的产物，但它反过来又使农民阶级得到了更多的人身自由，从而为他们展现出较前广阔的发展前景。摊丁入亩趋势与农民阶级独立化进程的息息相关之处，正是我们探测该趋势出现动因的入手之点。归根结底，这个动因隐藏在其时农业经济内部结构的变化之中。

中唐开元之际，延续了三百年的五朝均田制一蹶不振，至建中两税法出而彻底瓦解。挣脱了中古田制框架束缚的均田小农，部分转化为契约佃农，部分转化为自耕农。在中唐以前，均田小农所拥有的土地，至少在理论上是由国家授与的，事实上亦有相当数量的均田户从官府手中拿到过数量不等的荒田旷土。这是他们对于国家具有较强依附性的经济根源。但宋代自耕农就不同了，他们的土地所有权因摆脱了中古田制的层层束缚而更趋稳固独立。不仅地主阶级对于小农土地一般不能随意凌夺，以财力为

① （宋）李焘撰，上海师范大学古籍整理研究所、华东师范大学古籍整理研究所点校：《续资治通鉴长编》卷 438，元祐五年二月纪事，第 10559 页。

凭借的土田买易，已经取代以血缘、官爵和权势为凭借的等级占田和豪夺民田，成为地权转移的主要渠道；而且封建国家对于小农土地所有权亦较以往更为尊重，诸如逃田所有权保留年限的不断延长，各类官田和荒闲田土加速向私家民田转化，田主遗嘱、地契阉书、田土界石等经济权威的增长，以及官府因兴修水利、设置屯田而占用民田一般均偿以地价或易兑官田等，即其表现。[①]

均田小农和宋代自耕农在土地所有权上的深浅差异，势必导致他们对封建国家的依附程度也相应不同。套在均田户身上的租庸调负担，正是以他们的部分田土是以官府所授为前提的。用陆贽的话来说，就是“有田则有租，有家则有调，有身则有庸”[②]。国家控制人丁，就是稳定了税源和兵税。这种赋役征调结构，对于农民人身必然具有较强的束缚性。唐代均田制下“军府之地，户不可移；关辅之人，贯不可改”[③]之类规定，就是这种束缚性的反映。中古田制瓦解后，租庸调制失去施行基础，国家税制被迫改革，两税法应运而生。在两税法下，“户无主客，以现居为簿；人无丁中，以贫富为差”[④]，赋役征取结构从以人丁为本转移到以赀产为本的轨道上来。现在国家只要抓住民户的赀产、物力、田亩，就能把赋役落到实处，故此对于农夫人身的直接控制，就没有必要像以往那样强烈了。农民阶级从中得到的一个主要好处，就是其力役负担，确是相应减轻了。

更多的均田户在两税法后走上了佃农化的道路，随着封建租佃经济的主导地位在北宋确立，以无地客户和少地下户为存在形式的契约佃农，终于构成农民阶级的主体成分，并日趋广泛地获得了迁徙和退佃等权利。[⑤]他们处在“民罕土著”[⑥]、“徒乡易主”[⑦]、“转徙无常”[⑧]、“流移他所”[⑨]、“去来不常”[⑩]、“起移不定”[⑪]、“作息自如，刑责不及”[⑫]的状况中，往往“舍其耒耜而游于四方，择其所利而居之”[⑬]，“一失抚存，明年必去而之他”[⑭]。所以当时官私文献多将客户称为“浮客”。“浮”者，流移无根、迁徙不定之谓也。北宋欧阳修“出产租而侨居者曰浮客”[⑮]这个界说，道出了

① 葛金芳：《唐宋之际土地所有制关系中的国家干预问题》，《中国史研究》1985 年第 4 期。
②《陆宣公奏议》卷 22《均节赋税恤百姓（第一条）》。
③（元）马端临：《文献通考》卷 10《户口一》，第 110 页栏上。
④《旧唐书》卷 118《杨炎传》，北京：中华书局，1975 年，第 3421 页。
⑤ 葛金芳：《唐宋之际农民阶级内部构成的变动》，《历史研究》1983 年第 1 期。
⑥《宋史》卷 173《食货志（上一）》，第 4164 页。
⑦（宋）王之道：《相山集》卷 22《乞止取佃客劄子》，影印文渊阁四库全书本。
⑧（宋）苏轼：《经进东坡文集事略》卷 17《均户口第九》，四部丛刊初编本。
⑨（宋）张方平：《乐全集》卷 25《论免役钱劄子》，四库珍本丛书本。
⑩（宋）沈辽：《沈氏三先生文集・云巢集》卷 9《张司勋墓志铭》，四部丛刊三编本。
⑪《景定建康志》卷 40《田赋志序》，清嘉庆七年金陵刻本。
⑫（宋）李焘撰，上海师范大学古籍整理研究所、华东师范大学古籍整理研究所点校：《续资治通鉴长编》卷 397，哲宗元祐二年三月纪事，第 9693 页。
⑬（宋）苏轼：《经进东坡文集事略》卷 17《均户口（第九）》。
⑭（清）徐松辑：《宋会要辑稿・食货》13 之 21，第 5030 页上。
⑮《欧阳文忠公全集》卷 59《原弊》，四部丛刊初编本。

租佃经济下广大佃农的主要特点，就是他们多半暂居承佃之地，因享有迁徙和退佃权利而带有强烈的流动性质。力役征调原是以国家对于民户人身的有效控制为前提条件的。大量民户现已处在较前频繁的流移状态中，这是力役征调日感困难的又一原因。北宋吕大钧说："客虽多而转徙不定，终不为官府之用。"①南宋叶適说："有田者不自垦，而能垦者非其田，此其所以虽蕃炽昌衍，而其上不得而用之者也。"②正是这种情况的反映。国家对于徭役的多方面需求，只好更多地依靠兵夫、雇夫来承担了。和雇夫役在宋代普遍化的原因即在于此。然而兵夫要禄廪，雇夫要雇钱，这笔开销为数浩瀚，国家不会自己变出钱来，还得由不再亲身服役的民户来承担，"免夫钱""免役钱""脚钱（米）"等货币（实物）代役税就这样产生了。以力役为主体的各类徭役由是向代役税加速转化。

徭役和代役税同时向田亩税归并的根本动因，仍然存在于经济格局的转换之中。中唐田制框架瓦解后，国家既无法逾越、更无法改变大土地所有制的优势地位，被迫放弃对于土地所有制结构进行调整这个传统职能，转取"不抑兼并"的土地政策。土地买易之禁基本开放，"有钱则买，无钱则卖"③成为田产买卖之不易通则。于是土地兼并从非法或半合法到合法，从隐蔽或半公开到公开，其势头随之增强，速率明显加快。"庄田置后频移主"④、"千年田换八百主"⑤之类诗句即其反映。在这种历史环境中，以地产为主要形态的社会财富向地主阶级加速集中，越来越多的小农被抛出土地，沦为无地佃客。与此同时，众多下户受到赀产丰杀变动不居、贫富升降频繁激烈这个潮流的影响，愈益困窘穷蹙、不能自给，其纳税承役能力自然不断下降。前引民间一夫之费，动辄三四十千，甚至达到七八十千，而宋代四、五等下户一家赀产总值不过三五十贯上下，故有"下户艰于力役"之类记载出现。"无产而侨寓"之客户，更是承担不起如此重负，自不恃论。在这种情况下，国家把人丁控制得再死，也无法保持税源和役源的起码稳定，只有采取以赀产为本的赋役征取办法，才是符合其经济利益的聪明抉择。所以宋初以降，无论是代役税的征取，还是力役的征发，越来越以赀产丰杀、物力高低乃至田亩广狭为其主要依据了。

以上认识是耶非耶，笔者不敢自必，敬希识者，有以教我。

〔本文原刊于《中国经济史研究》1988年第3期〕

① （宋）吕祖谦编，齐治平点校：《宋文鉴》卷106所收吕大钧之《民议》，第1478页。
② 《叶適集·水心别集》卷2《民事（中）》，第654页。
③ （宋）袁采：《袁氏世范》卷3《富家置产当存仁心》，知不足斋丛书本。
④ （宋）刘克庄：《后村先生大全集》卷1《故宅》，四部丛刊初编本。
⑤ 邓广铭：《稼轩词编年笺注》卷4《最高楼》，上海：上海古籍出版社，1998年，第331页。

宋代“衣服变古”及其时代特征

——兼论“服妖”现象的社会意义

刘复生*

衣冠服饰是人们社会生活的重要内容，作为物质文明和精神文明的综合反映，它在两宋时期发生了许多变化。其特征有二：一是严格的等级制度不再被恪守；二是“中国衣冠”与“胡服”之间的交融日益密切。宋人所谓“衣服变古”之议，正是时代特征的具体反映。从社会学的角度考察，宋代备受指责的“服妖”作为社会变化的一个表象，有着积极的社会意义。

中国古代传统地把服饰看作是“礼仪”的一部分。同前代一样，宋朝在立国之初就建立了服饰制度，三百余年间，尚文尚质，服饰“或因时王而为之损益”①。服饰的具体制作或有不同，但服制维护上下等级关系和长上尊严的目的未变。作为物质文明和精神文明综合反映的衣冠服饰，在这个时期发生了许多变化，有“衣服变古”之议，甚者则有“服妖”之责，表现出了强烈的时代特征。

一、“衣服无章，上下混淆”

服饰等级制度从宋初就未被严格遵行。《宋史》卷153《舆服志五》载，太平兴国七年（982年）有诏说：“士庶之间，车服之制，至于丧葬，各有等差。近年以来，颇成逾僭。”仁宗时张方平上奏曾言：“巾履靴笏，自公卿大臣以为朝服，而卒校胥史，为制一等，其罗縠、绮纨、织文、絺绣，自人君至于庶人，同施均用。”②元祐时，文彦博指出：“数十年风俗僭侈，车服器玩多逾制度。”③其后张耒在《衣冠篇》中也说，当时胥徒的冠服与知州、县令相差无几，公卿大夫与武官、技术官的衣冠没有太大的区别。且言：“自陛下即位以至于今……衣冠车服之制独未为之别，以明辨上下等威

---

* 刘复生，四川大学历史学院教授。

① 《宋史》卷152《舆服志四》，北京：中华书局，1977年，第3547页。

② （宋）张方平：《舆服论》，（明）黄淮、杨士奇编：《历代名臣奏议》卷119，上海：上海古籍出版社，1989年。

③ （宋）李焘撰，上海师范学院古籍整理研究室、华东师范大学古籍整理研究室点校：《续资治通鉴长编》卷396，元祐二年三月戊辰，北京：中华书局，1979—1995年陆续出版，第9653页。

而消去天下奢侈僭上之心。”[1]成书于北宋末的王得臣《麈史·仪礼》亦言当时“衣冠之制，上下混一”。

南宋时，服饰的这种变化更趋明显。绍兴四年（1134年）五月，朝中对衣服“贵贱几无差等”的问题进行了一番讨论。[2]赵彦卫说：“至渡江方著紫衫，号为穿衫，尽巾，公卿皂隶下至闾阎贱夫皆一律矣。”[3]孝宗时，李椿曾上奏说：“自军兴以来，士大夫服紫衫以便戎事，不为过也，而四方皂吏士庶服之，不复有上下之别。且一衫之费，贫者亦难办。甲服而乙不服，人情所耻，故虽欲从俭，不可得也。”[4]略同时，梁克家记闽地三十年以前的风俗，“自缙绅而下，士人富民胥吏商贾皂隶衣服递有等级，不敢略相陵躐。士人冠带或弱笼衫，富民、胥吏、皂衫，贩下户白布襕衫，妇人非命妇不敢用霞帔，非大姓不敢戴冠用背子。”而“三十年来渐失等威，近岁尤甚。农贩细民至用道服、背子、紫衫者，其妇女至用背子霞帔。”原先的“等级”已不再被遵行。[5]秦桧子僖尝衣“黄葛衫”，说这是“贵贱所通用”的。朱熹也说：“今衣服无章，上下混淆。”[6]

除了等级差别已“上下混淆”外，各行业原有的服饰区别也已不再严格区分。《东京梦华录》卷5《民俗》说：“其士农工商，诸行百户，衣装各有本色，不敢越外。谓如香铺裹香人，即顶帽披背。质库掌事，即着皂衫角带，不顶帽之类。街市行人，便认得是何色目。”而《梦粱录》卷18《民俗》记杭城风俗，谈到上述各行有各行服色之后接着说：“自淳祐年来，衣冠更易，有一等晚年后生，不体旧规，裹奇巾异服，三五成群，斗美夸丽，殊令人厌见，非复旧时淳朴矣。”

官府“士庶之服”常常发出某些禁令：一是对服色的限制，如宋初仍唐制，有官者服皂袍，无官者白袍，庶人布袍，紫色仅施于朝服。太平兴国七年（982年）李昉请禁“近年品官绿袍”下服紫色。端拱二年（989年）禁止民间服紫；景祐三年（1036年），有民间冠服等犯制之禁。至和二年（1055年）禁天下衣黑紫服者，也是因为“士庶浸相效”宫中衣色引起；嘉祐七年（1062年）十月，禁天下衣“墨紫”等。二是禁止以金银或珠玉等奢侈品装饰器服，如景祐三年（1036年）禁非命妇之家“以真珠装缀首饰衣服”及项珠、缨络、耳坠之类；绍兴五年（1135年）禁“金翠为妇人服饰”。

---

① （宋）张耒：《柯山集拾遗》卷9，丛书集成初编本。

② 《宋史》卷152《舆服志四》，第3546—3548页。

③ （宋）赵彦卫撰，傅根清点校：《云麓漫钞》卷4，北京：中华书局，1996年，第63页。

④ （宋）李椿：《论非命官军兵朝省人不得服紫衫》，（明）黄淮、杨士奇编：《历代名臣奏议》卷117，1989年，第1564页上。

⑤ （宋）梁克家：《淳熙三山志》卷40《岁时·序拜》，影印文渊阁四库全书本。

⑥ （宋）叶绍翁撰，沈锡麟、冯惠民点校：《四朝闻见录》乙集，秦小相黄葛衫条，北京：中华书局，1989年，第80页；（宋）黎靖德编，王星贤点校：《朱子语类》卷91，北京：中华书局，1986年，第2330页。

三是对某些花样或料质的限制，如天圣三年（1025 年）下令："在京士庶不得衣黑褐地白花衣服并蓝、黄、紫地撮晕花样"等；景祐元年（1034 年）："禁锦背、绣背、遍地密花透背采段"等。宋时出现的印花丝织品，称"缬帛"；加入金钱编织的丝织品，称"销金"，民间多有生产和服用，政府也是屡禁不止。[①]

禁令的颁布表明在社会的现实生活中，所谓服制并未被完全遵行，故而朝中官员常有对服饰"逾僭""非礼"一类的指责。从以下一些服饰的变化中，可以清楚地看到这种情况。

上古贵族男子成年要行冠礼，认为它是"礼之始"。民间冠礼，或叫上头，虽然宋代仍保留有"上头"的习俗，但所行冠礼大为简单，治平元年（1064 年）蔡襄就说："冠礼今不复议。"[②]北宋后期王巩说此风废已百年。虽然大儒司马光、朱熹等力倡恢复冠礼，但终未能挽回其衰变之势。妇女成年前代的"及笄之礼"，宋代也已少行。

头巾传统上为"贱者不冠之服"，陆游说："大抵士大夫无露巾者，所以别庶人也。"[③]时人多巾上覆帽。以幅布裹头，宋时普遍使用，不独"贱者"了。米芾《西园雅集记》中众名士所用的头巾有仙桃巾、幅巾、团巾、道巾、披巾、唐巾等，种类甚多。

宋人常用的"幞头"是由头巾发展而来的，唐时，皇帝所用者脚向上曲，用硬脚。宋代幞头有直脚、交脚、朝天、顺风五等，其中直脚（平脚）"贵贱通服"[④]。幞头在宋代上至皇帝，下至庶人均常戴用。

"重戴"，《宋史》卷 153《舆服志五》说："盖古大裁帽这遗制，本野夫岩叟之服。……所谓重戴者，盖折上巾又加以帽焉。"此是幞头连着帽者，唐代以来就为士人所尚，后来成为某些官员的帽式。淳化二年（991 年），"令两省及尚书省五品以上皆重戴。枢密、三司使副则不。又五代以来新进士亦重戴，遂以为俗"[⑤]。

上古士人所穿的"深衣"，前后深长，后世已不流行，但为宋时一些士人欣赏。司马光依《礼记》作深衣自穿，邵雍则说："今人当服今时之衣"[⑥]，对司马光的"复古"行为颇不以为然。朱熹作"深衣之制"："圆袂方领，曲裾黑缘"，于冠婚、祭礼、

---

① 《宋史》卷 153《舆服志五》；朱瑞熙：《宋代社会风尚概述》，《抚州师专学报》1991 年第 1 期。

② （宋）吴自牧：《梦粱录》卷 22《清明节》，杭州：浙江人民出版社，1984 年；（宋）蔡襄：《蔡忠惠集》卷 17《国论要目疏·明礼》，影印文渊阁四库全书本；王巩：《闻见近录》，陶宗仪等编：《说郛三种·说郛 120 卷》卷 50（宛委别藏本），上海：上海古籍出版社，1988 年。

③ （宋）叶梦得撰，宇文绍奕考异，侯忠义点校：《石林燕语》卷 10，北京：中华书局，1984 年；（宋）陆游：《家世旧闻》，《陆放翁全集》中册，北京：中国书店，1995 年。

④ （宋）程大昌：《演繁露》卷 12"幞头垂脚不垂脚"条，影印文渊阁四库全书本；（宋）沈括著，胡道静校证：《梦溪笔谈校证》卷 1，上海：上海人民出版社，2016 年，第 75 页。

⑤ （元）马端临：《文献通考》卷 113《王礼八》，北京：中华书局，1986 年，第 1020 页中。

⑥ （宋）邵伯温撰，李剑雄、刘德权点校：《邵氏闻见录》卷 19，北京：中华书局，1983 年。

宴居、交际时穿服。[1]庆元朱熹受排挤，被指为“怪服”。

北宋中期，京师士人以浅青黑色衣蒙于外，称作“凉衫”。《江邻几杂志》说，士大夫着毛衫已受到讥讽，更有甚者的是“近年内臣或班行，制褐袖为凉衫，渐及士大夫，俄而两府亦服之，今正郎署中免靴者服之尤众”。北宋时，士大夫交际常着“帽衫”（衫帽）。南渡初，战事频仍，士大夫多着本为军校服装的“紫衫”，后因有“以戎服临民”之嫌而一度被废。于是士大夫皆以凉衫作为便服，然颜色改为白色，其制与紫衫相类。正是《宋史》所谓“（帽衫）一变为紫衫，再变为凉衫”了，而乾道初指为“纯素可憎，有似凶服”被禁止。[2]朱熹曾说道：“宣和末，京师士人行道间，犹著衫帽。至渡江戎马中，乃变为白凉衫。绍兴二十年间，士人犹是白凉衫，至后来军兴又变为紫衫，皆戎服也。”[3]

“背子”大袖，前襟平行而不缝合，两腋以下开叉，穿着方便。朱熹、陆游均言其先辈时没有所谓“背子”，大体在北宋后期，背子普遍流行起来，皇帝、官吏，商贾、士人等都可穿用。陆游说北宋宰臣“衣盘领紫背子，至宣和犹不变”。朱熹说：“背子本婢妾之服，以其行直主母之背，故名背子”。程大昌说：“今世好古而存旧者，缝两带缀背子掖下垂而不用盖，放中单之交带也。虽不以束衣而遂舒垂之欲，存古也。”[4]

“皂衫纱帽”被视为下人之服。张舜民《画墁录》记其兄服“皂衫纱帽”，被范鼎臣训斥：“举子安得为此下人之服？当为白苎襕衫，系里织带也。”“短后衣”亦为非礼之服。赵汝说年少时，着短后衣会见过访其家的叶适而被斥为“不学”。然而沈括早就说：“近世士庶人，衣皆短后。”[5]并不拘泥一定的礼数。

在服饰“变古”中，妇女往往比男子表现得更为大胆，更具特色，以其对衣饰的特殊敏感而常常“得风气之先”。

宋初，妇人头冠“以漆纱为之，而加以饰，金银珠翠，采色装花，初无定制”[6]。既无定制，自然可以花样翻新了，如前所述，朝廷颁布的禁侈令中，有的是专门针对妇女而言的。

宋初以来“高髻”流行，东京城内有专卖“特髻”的铺作。端拱二年（989年），

---

①《宋史》卷153《舆服志五》，第3578页。

②《宋史》卷153《舆服志五》，第3578—3579页。

③（宋）黎靖德编，王星贤点校：《朱子语类》卷91，第2325页。

④（宋）陆游：《老学庵笔记》卷2，《陆放翁全集》上册；（宋）黎靖德编，王星贤点校：《朱子语类》卷91；（宋）程大昌：《演繁露》卷8。

⑤《宋史》卷413《赵汝谠传》，第12396页；（宋）沈括：《补笔谈》卷1，（宋）沈括著，胡道静校证：《梦溪笔谈校证》。

⑥（宋）王林撰，诚刚点校：《燕翼诒谋录》卷4，北京：中华书局，1981年。

朝廷曾令“妇人假髻并宜禁断，仍不得作高髻及高冠”[①]。然禁而不止，且愈演愈烈。至仁宗时，宫中所尚之白角冠梳，有至长三尺者，梳长亦逾尺。李廌《师友谈记》说，早时禁中贵妇等“皆白角团冠，前后惟白玉龙簪而已”，白角冠正由此而来。皇祐时，诏：“妇人所服冠，高无得过四寸，广无得逾一尺，梳长无得逾四寸，仍无得以角为之。”但其后侈靡之风盛行，“冠不特白角，又易以鱼枕；梳不特白角，又易以象牙、玳瑁矣”[②]。《麈史·礼仪》也记说，仁宗时妇人“冠服涂饰，增损用舍，盖不可名记”，禁用鹿胎、玳瑁后，有为假玳瑁形者，角长二三尺，登车檐皆须侧首而入；俄又编竹为团，谓之“团冠”；又屈四角，下至于肩，谓之“弹肩”；又以团冠少裁其两边，高其前后，谓之“山口”；又短其角，谓之“短冠”。后来则一用“太妃冠”，以金或以金涂银饰之，或以珠玑缀之。又，仁宗时，朝袍有染紫为黝色者，此乃禁色，士大夫慕而不敢用，而妇女却有以为衫或佩带者。朝廷常禁民间妇人以金珠装缀衣服，又尝禁妇女将“白色、褐色毛段并淡褐色匹帛制造衣服”等[③]，种类和花色均极丰富。

袁褧说：“汴京闺阁妆抹凡数变，崇宁间少尝记忆作大鬓方额，政、宣之际又尚急把垂肩。宣和以后，多梳云尖巧额鬓撑金凤，小家至为剪纸衬发。”或者以银丝“屈曲作花枝插髻，后随步辄摇，以增媌婧”，称为“步摇”。[④]

南宋初周煇谈到，自其孩提时，“见女妇装束，数岁即一变，况乎数十百年前，样制自应不同。如高冠长梳，犹及见之，当时名大梳裹，非盛礼不用。若施于今日，未必不夸为新奇”[⑤]。是乃当时妇人服饰多变的真实写照。妇女们追求新颖、美观的装束，其中冠饰特别令人注目。李心传说，中宫常服包括有：真红罗大袖、真红罗长裙、真戏罗霞帔、真红罗背子、黄纱或粉红纱衫子、熟白纱裆裤、白绢衬衣、明黄纱裙子、粉红纱抹胸、真红罗裹肚、粉红纱短衫子等，实与士大夫家无异，故对贾生所谓“娼优被后服”颇生同感。[⑥]

南宋末年，农村仍有白角冠流行，毛珝《吾竹小稿·吴门田家十咏》诗云：“田家少妇最风流，白角冠儿皂盖头。”诗中所言“盖头”，是在宋代一些士大夫的提倡下流行起来的一种头饰。司马光《家范》中有妇人出外须“拥蔽其面”的规定，朱熹在

---

① 《宋史》卷153《舆服志五》，第3574页。

② （宋）李焘撰，上海师范大学古籍整理研究所、华东师范大学古籍整理研究所点校：《续资治通鉴长编》卷167，皇祐元年十月丁丑，第4019页；李廌：《师友谈记》，（宋）左圭辑：《百川学海》戊集，北京：中国书店，1990年。

③ （宋）王栐撰，诚刚点校：《燕翼诒谋录》卷5；《宋史》卷65《舆服志五》。

④ （宋）袁褧：《枫窗小牍》卷上，丛书集成初编本；佚名：《采兰杂志》，分别见《说郛》（宛委别藏本）卷30、31，陶宗仪等编：《说郛三种》。

⑤ （宋）周煇撰，刘永翔校注：《清波杂志》卷8，北京：中华书局，1994年。

⑥ （宋）无名氏：《建炎以来朝野杂记》，陶宗仪等编：《说郛三种·说郛100卷》卷4（涵芬楼藏本），第81页。

福建任上，曾令妇女出门须用花巾兜面，后来称为"文公兜"[①]。

二、"胡服"与汉服的交融

沈括说："中国衣冠，自北齐以来，乃全用胡服。窄袖绯绿、短衣，长靿靴，有蹀躞带，皆胡服也。窄袖利于驰射，短衣长幼，皆便于涉草。"[②]宋代屡次下令禁止士庶和妇女仿效契丹人的衣冠和装饰。如庆历八年（1048 年），禁止"士庶仿效胡人衣装，裹番样头巾，著青绿，及乘骑番鞍辔，妇人多以铜绿兔褐之类为衣"[③]。《江邻几杂志》载：番俗"妇人不服宽裤与襜制旋裙，必前后开胯，以便乘驴。其风闻于都下妓女，而士人家反慕效之，曾不知耻"。大观四年（1110 年），又下诏说："京城内近日有衣装杂以外裔形制之人，以戴毡笠子，着战袍，系番束带之类"，"宜严行禁止"。[④]政和七年（1117 年）和宣和元年（1119 年），又两次禁止百姓穿戴契丹服装，如毡笠、钓墪（妇女袜裤）之类。[⑤] 这说明违禁者极多，大有无法禁绝之势。据袁褧记载，徽宗（1100—1125 年）初，汴京妇女们"作大鬓方额"，后又"尚急扎垂肩"，旋又"多梳云尖巧额，鬓撑金凤"。还有"莹面丸""遍体香"等用品，都是"自北传南者"。契丹服装的颜色，如"茶褐、黑绿诸品间色"，也在这时传入汴京。[⑥]而契丹原有的小袖圆领衫也逐渐成为汉族服装，如宋公服"曲领大袖"乃是。[⑦]政和时，袁祹为教坊判官制撰文字，曾有"浅淡梳妆，爱学女真梳掠"之语。正如苏辙《燕山》诗说："左衽今已半。"[⑧]政和初，朝廷下令禁止"著北服"，"不得辄戴毡笠子"[⑨]等。

孝宗时有人指出：在临安府，归附人"往往承前不改胡服"，而"诸军又有效习蕃装"；又有言自十数年来"服饰乱常"；"今来都下年来衣冠服制，习为虏俗。官民士庶浸相效习。……姑以最甚者言之：紫袍紫衫必欲为红赤紫色，谓之顺圣紫。靴鞋常履必欲前尖后高，用皂草，谓之不到头。巾制则辫发低髻，为短统塌顶巾。棹篦则

① 郝玉麟等修：《福建通志》总卷 21《风俗志 · 泉州府》，影印文渊阁四库全书本。

② （宋）沈括著，胡道静校证：《梦溪笔谈校证》卷 1。

③ （清）徐松辑：《宋会要辑稿》舆服 4 之 7，北京：中华书局，1957 年，第 1797 页上。

④ （宋）吴曾：《能改斋漫录》卷 13，诏禁外制衣装条，上海：上海古籍出版社，1979 年。

⑤ （清）徐松辑：《宋会要辑稿》舆服 4 之 7，第 1797 页上。

⑥ （宋）袁褧：《枫窗小牍》卷上，（宋）周密撰，吴企明点校：《癸辛杂识》别集卷上，胡服间色条，北京：中华书局，1988 年。

⑦ 杜承武：《谈契丹小袖圆领衫为左衽——兼谈圆领衫的款式变化和衣衽关系》，陈述主编：《辽金史论集》第 3 集，北京：书目文献出版社，1987 年。

⑧ （宋）朱弁：《续骫骳说》，陶宗仪等编：《说郛三种 · 说郛 100 卷》卷 38（涵芬楼藏本），第 648 页；（宋）苏辙：《栾城集》卷 16，上海：中华书局，四部备要本。

⑨ （宋）吴曾：《能改斋漫录》卷 1，禁蕃曲毡笠条。

虽武夫力士皆插巾侧。如此等类，不一而足。岂特习以为仪略无愧色”。甚至说“又身披虏服而敢执事禁庭”[①]，说明几乎已完全与北方民族“混一”了。隆兴元年（1163年）八月，朝廷“禁士庶饰服侈异及归正人胡服”[②]。在北方金银人统治地区，汉人衣饰的改变就更是必然的了。范成大于乾道六年（1170年）出使金国，见其地汉民习俗已深受女真影响，其《揽辔录》说：“最甚者衣装之类，其制尺为胡矣。自过淮已北皆然，而京师尤甚。”

朱熹也说过：“今世之服，大抵皆胡服，如上领衫、靴鞋之类，先王冠服扫地尽矣。”[③]这是说得不错的，宋朝的服装，大抵只有“祭服”“朝服”等或如司马光等提倡但不太流行的“深衣”等还保留了汉制，其他都是从“胡服”变化而来或受其深刻影响。

影响是互动的，宋朝周边少数民族也深受汉族服装的影响。契丹、女真等民族早期服饰等级并不严格，南下后，方仿汉制制定了严格等级关系的“服制”。

《辽史》卷56《仪卫志二》载：契丹人早年“网罟禽兽，食肉衣皮。以俪鹿韦掩前后，谓之鞸。然后夏葛、冬裘之制兴焉”。辽大同元年（947年）正月，契丹入晋，于汴京受百官贺。同年北归，“唐晋文物，辽则用之”。契丹入主黄河流域后，在服制问题上采用汉、契丹两制并行：皇帝与南班汉官用汉服，太后与北班契丹臣僚用“国服”。所定“国服”，带有很强的汉制影响，“重熙以后，大礼并汉服矣”。真宗时路振奉使契丹，在幽州见居民棋布，“俗皆汉服，中有胡服者，盖杂契丹、渤海妇女耳”。显然已有汉化者。后见“虏主……衣汉服，黄纱袍，玉带”。正如他所说：“（契丹）自与朝廷通好已来……服冠带以却毡毳。”[④]契丹人显然并不喜好仿汉制的官服，真宗时，宋官员使辽，辽主见汉使时“强服衣冠，事已，即幅巾杂蕃骑出射猎矣”[⑤]。《东京梦华录》卷6《元旦朝会》记辽使着本民族服饰，而其副使则着汉服。

西夏统治者时常受宋的封赏，锦衣之赐为其大宗，李德明曾说“吾朝三十年衣锦绮，此宋恩也”，是受宋服饰影响而不可低估。虽然西夏王国的创立者元昊反对其父附宋而“衣锦绮”，以为“衣皮毛，事畜牧，蕃性所便。英雄之生，当王霸耳，何锦绮为？”元昊立国后，“制衣冠祢，下令国中悉用蕃书、胡礼”，建立了具有本民族特色的衣冠制度，“始衣白窄衫，毡冠红裹，冠顶后垂红结绶”。文武百官服饰包括服色

① （清）徐松辑：《宋会要辑稿》兵15之12，第7022页下；佚名：《宋史全文》卷25上，乾道四年七月，影印文渊阁四库全书本；（宋）袁说友：《论衣冠服制》，（明）黄淮、杨士奇编：《历代名臣奏议》卷120。

② 佚名：《宋史全文》卷24上。

③ （宋）黎靖德编，王星贤点校：《朱子语类》卷91《礼·杂仪》，第2327页。

④ （宋）路振：《乘轺录》，（宋）江少虞：《宋朝事实类苑》卷77，上海：上海古籍出版社，1981年。

⑤ 叶隆礼撰，贾敬颜、林荣贵点校：《契丹国志》卷23《衣服制度》，上海：上海古籍出版社，1985年。

各不相同，而规定“民庶青绿，以别贵贱”①。

金朝“服制”的汉制影响也十分明显，金立国后，仿宋制逐渐制定了舆服制度，总的情况如《金史》卷43《舆服志中》所述：“金制皇帝服通天、绛纱、衮冕、逼舄，即前代之遗制也。其臣有貂蝉法服，即所谓朝服者。章宗时，礼官请参酌汉、唐，更制祭服，青衣朱裳，去貂蝉竖笔，以别于朝服。惟公、朝则又有紫、绯、绿三等之服，与夫窄紫、展皂等事。”金朝服制是从立国之初直至章宗明昌年间（1190—1196 年）经过多次才制定完成的。金熙宗“雅歌儒服”，海陵王“见江南衣冠文物朝位著而慕之”。天德二年（1150 年）六月，海陵王“诏河南民衣冠许从其便”②。世宗大定年间（1161—1189 年），定官民衣服之制，规定士人及官员方“许服花纱绫罗丝䌷”并妇人“妇人许用珠为首饰”。又为王公及士庶人制定了“衣服通制”，目的是“使贵贱有等”。大定二十七年（1187 年），世宗禁女真人“学南人衣装”，均表明受汉人服饰影响日益强烈。③也正如《金志·男女冠服》所说：“自灭辽侵宋，渐有文饰，妇人或裹逍遥巾，或裹头巾，随其所好。”

对庶人之服也加以了许多限制，这在金人立国之前基本是不存在的。例如大定年间规定：庶人只许用絁䌷、绢布、毛褐、花纱无纹素罗、丝绵等做成的衣服；头巾、系腰、领帕只许用芝麻罗、绦用绒织成者；妇人不许用珠翠钿子等物为首饰，翠毛除许装饰花环冠子外并禁止。兵卒只许服无纹压罗、絁䌷 、绢布、毛褐。奴婢只许服絁䌷、绢布、毛褐。倡优除遇迎接、公筵承应许暂服绘画之服外，私服与庶人同。又“以吏员与士民之服无别”而制定悬书袋之制，各司吏员须佩悬不同标志的书袋，以便有司检察。

南方民族亦然。湖南全州之西溪洞粟氏，聚族五百余人，柳开于雍熙四年（987年）到此任职，“为作衣带巾帽”。于是粟氏归附，柳开作《时鉴》文刻石戒之。咸平二年，宜州部送“骚扰边鄙”的溪洞蛮酋 30 余人赴京，被释罪后，“赐锦袍、冠带、银帛”等物而遣之。④《东京梦华录》卷 6《元旦朝会》记南蛮五姓番入拜，“旋赐汉装锦袄之类”，受至宋人服饰的影响也是必然的。《岭外代答·海外黎蛮》说：“熙宁中王祖道伐定黎峒，其酋亦有补官，今其孙尚服锦袍，银束带，盖其先世所受赐而服之云。”又言黎人半能汉语，“十百为群，变服入州县墟市，人莫辨焉”。李心传记海

① （宋）沈括，胡道静校证：《梦溪笔谈校证》卷 25；《宋史》卷 485《夏国传上》。

② （宋）李心传：《建炎以来系年要录》卷 161，绍兴二十年六月末，北京：中华书局，1988 年；宋德金：《金代的衣食住行》，陈述主编：《辽金史论集》第 3 辑，北京：书目文献出版社，1987 年。

③ 《金史》卷 43《舆服志下》、卷 8《世宗纪》，北京：中华书局，1975 年。

④ （宋）李焘撰，上海师范学院古籍整理研究室、华东师范大学古籍整理研究室点校：《续资治通鉴长编》卷 28，雍熙四年十二月，第 642 页；（宋）李焘撰，上海师范学院古籍整理研究室、华东师范大学古籍整理研究室点校：《续资治通鉴长编》卷 45，咸平二年十月壬子，第 965 页。

南黎人："女工纺织，得中国绮采，折取色丝，和木棉，挑织为军幕。又纯织木绵吉贝为布，与省民贸易。"[①]

三、"服妖"现象的社会意义

"服妖"之说，由来已久。《尚书大传·洪范五行传》说："貌之不恭，是谓不肃，厥咎狂，厥罚恒雨，厥极恶。时则有服妖。"《汉书·五行志》中之上谓："风俗狂慢，变节易度，则为剽轻奇怪之服，故有服妖。"亦即所谓奇装异服了。虽然此言谬甚，但却有点"歪理正中"，当社会处于急剧变化之中，"服妖"成为这种变化的一个表象。

唐宋之际中国社会正处于急剧变化之中。这个变化有两个显著特点，一是均田制及租庸调制的崩溃，私人土地占有制普遍流行及两税法的实施，生产者对国家或具有身份性的豪强地主的依附关系得到了不同程度的解放，也就是说，严格的等级"身份"已经有了松动。二是宋代民族政权林立，北方先后有辽、夏、金，西南有大理等，南方还有大量的散居民族。各民族人民或政权间日益频繁的交往，包括和平的和非和平的，都使得宋代各民族的交融不断加深。在此两大背景中，人们的衣饰也随之而"变古"，自然难逃"服妖"之责。

沈括说，"近年所服角冠，两翼抱面，下垂及肩"，故又叫垂肩冠，议者指为"服妖"。[②]真宗时，"粉饰太平，服用寖侈，不惟士大夫家崇尚不已，市井间里以华靡相胜"。皇亲与内臣所衣紫，进而色深成黝色。士庶浸相效仿，言者以为"奇邪"之服，然屡禁不上。"(衣饰等)由贵近之家，仿效宫禁，以致流传民间。鬻簪珥者，必言内样。"[③]说明宫中、朝中装束往往对社会的服饰风尚起着重大影响，是流行服饰的一个源起点。"逾制"则称为异服或"服妖"，这便是常人所道的"只许州官放火，不许百姓点灯"了。

两宋之际，金人大规模南下，世风突变，宋朝廷惶惶不可终日，此时"服妖"之说尤盛。南宋后期世事多变，"奇装异服"也十分流行。岳珂《桯史》卷5"宣和服妖"条说：京城中"妇人便服不施衿纽，束身短制，谓之不制衿。始自宫掖，未几而通国皆服之"，被指为"服妖"。陆游记，"靖康初，京师织帛及妇人首饰衣服，皆备四时。如节物则春幡球、竞渡、艾虎、云月之类，花则桃杏荷花菊花梅花，皆并为一景，谓

---

① (宋)李心传:《建炎以来系年要录》卷187，绍兴三十年十二月丁未。

② (宋)沈括:《梦溪笔谈》卷19《器用》。

③ (宋)王栐撰，诚刚点校:《燕翼诒谋录》卷2，第17页;(元)马端临:《文献通考》卷113《王礼志八》，第1021页中;《宋史》卷153《舆服志五》，第3579页。

之一年景。而靖康纪元，果止一年。盖服妖也。”又说：“宣和末，妇人鞋底尖以二色合成，名错到底。竹骨扇以木为柄，旧矣。忽变为短柄，止插至扇半，名不彻头，皆服妖也。”时人以之为“五行”示警，倒应验了大变动时代中的“风俗狂慢”。如《宋史》卷65《五行志三》载：“绍兴二十一年（1151年），行都豪贵竞为小青盖，饰赤油火珠于盖之顶，出都门外，传呼于道。珠者，乘舆服御饰升龙用焉，臣庶以加于小盖，近服妖，亦僭咎也。二十三年，士庶家竞以胎鹿皮制妇人冠，山民采捕胎鹿无需遗。时去宣和未远，妇人服饰犹集翠羽为之，近服妖也。绍熙元年（1190 年），里巷妇女以琉璃为首饰。《唐志》琉璃钗钏有流离之兆，亦服妖也，后连年有流徙之厄。理宗朝，宫妃系前后掩裙而长窣地，名‘赶上裙’；梳高髻于顶曰‘不走落’；束足纤直名‘快上马’。……咸淳五年（1269 年），都人以碾玉为首饰。有诗云：‘京师禁珠翠，天下尽琉璃。’”“服妖”说本是汉儒据“五行”说和天人感应说而衍生出来的，以此亦知“五行”说在宋代仍然保持有相当的影响。

南宋淳祐庚戌（1250年），史绳祖撰文说：与三代相较，衣裳冠履“乖甚”，古代有冠而无巾，“近代反以巾为礼而戴冠不巾者为非礼”；朝服幞头，“乃后魏狄制、后唐施长脚以别伶优之贱，至今士夫安之”；古有舄、有履、有屐而无靴，武灵王之后用靴。北宋末尝变靴为履，高宗时又变履为靴；后魏胡服便于鞍马，遂施裙于衣，为横幅而缀于下，谓之襕，成为“今之公裳”；庆元间“四凶”劾朱熹，“以深衣冠履而为怪服、妖服”。[①]凡此诸条，史氏以为皆“变古”之制。此言大体道出了宋代服饰上的两个变化，即一是等级严格的古代服制已不再被恪守；二是宋代服饰深受少数民族的影响。宋时关注新奇的冠帽、衣裳以至鞋履，不时有“服妖”的指责，正好说明宋代的服饰正处于一个不断变化的过程中，有着鲜明的时代特征。

战国赵武灵王“胡服骑射”肇启了华夏民族服饰的改变之风，但习俗的改变却是一个十分漫长的过程。沈括所提到的北齐短命王朝处于中国民族大融合的南北朝末期，中原固有的衣冠服饰不断受到北方民族的冲击，以至“变节易度”成为常有的事。

延至宋代，关于“胡服”与汉服之议仍十分激烈。从上可知，“复古”和“变古”之间，往往是交相争替的。不能说所有的“复古”都应该否定，所有的“变古”都值得肯定。强化“服制”和“逾制”之间，也是道高一尺，魔高一丈，各有各的招法。古代也不乏明识之士看到固守前代“服制”是行不通的。前面提到的元祐二年（1087年）文彦博等要求“改易衣服制度”时，右谏议大夫梁焘就指出：“古议虽颇有可行之文，然在于人情，实为未便。”文彦博还说，重建上下有分的“制度”的目的，是

①（宋）史绳祖：《学斋占毕》卷2，饮食、衣服今皆变古条，（宋）左圭辑：《百川学海》癸集。

要使“风俗当自淳俭，太平可以立致”①。所谓“淳俭”之风，在这里不过是古代专制社会中等级制度的代名词。而人类社会总是在不断前进的，其要“复古”，岂可得乎？对专制禁令的突破正是社会走向成熟的表现。因此笔者认为，古代“服妖”现象的出现有其积极的社会意义和功能。

史绳祖所谓“衣服变古”，乃指宋人而言。由上观之，宋朝周边民族衣服何尝又不“变古”！制定明贵贱的服制本身就是一种“变古”的举动。这种文化交流的互补性或互动性有其内在的规律。在民族交融史上，这是一个富于研究价值的课题。就服饰而言，虽然宋与周边民族的衣服在“变古”，在互相吸收，但都可以说是在顺应时代而进步。就“时代”而言：宋周边民族在向先进的中原文化寻求自己前进的落脚点而仰慕“汉官威仪”的时候，以中原王朝为代表的中国古代社会到宋代已经发展到了一个新的高度，被统治者得到了较多的人身“自由”，表现在服饰上是“风俗狂慢，变节易度”的“服妖”现象大量出现。

一般说来，不同民族的这种趋向均是本民族进步的体现，人类文明的这种看似相悖而实则遵循着自己前进的理路，是乃人类文明发展史上一个令人深思的现象。

〔本文原刊于《中国史研究》1998年第2期〕

附记

曾受邀和王曾瑜先生、朱瑞熙先生、张邦炜先生和蔡崇榜先生合作撰写《宋辽西夏金社会生活史》一书，该书于 1998 年由中国社会科院出版社出版，2006 年得以再版，同时 2016 年还出版了英文版（剑桥大学出版社）。是书名义上为“合作”，但实际的组织者是王曾瑜先生。我个人于社会生活史本来较为生疏，在写作中学习，从史料补充到史实陈述，都得到王曾瑜老师的许多指导和帮助，十分细微，令后学受益良多。署名时，王先生坚持将自己放在最末；若干年后先生在四川大学作过一组“七次”讲演，又拒领微薄的报酬，都令我深受感动。王先生展现了一贯的大家风范，令人景仰。先生学识卓著，是“文化大革命”后宋史学界最有代表性的领军人物之一。本文系从《宋辽西夏金社会生活史》中抽出的一节内容基础上扩写而成的论文，今欣逢先生八十大寿，借以此文向老师拜寿，恭祝先生健康长寿！也资以纪念那段难得的在“合作”中的学习经历。

---

①（宋）李焘撰，上海师范学院古籍整理研究室、华东师范大学古籍整理研究室点校：《续资治通鉴长编》卷 396，元祐二年三月戊辰，第 9654 页。

对王安石县政思想的历史思考

虞云国*

近年以来，关于北宋王安石出知鄞县（今浙江省宁波市鄞州区）期间的政绩举措、县政思想及其当代价值研究，在宋史学界引起关注；如何发扬王安石精神，当好县官，治好县政，也成为县级干部的热议话题。本文拟对这些问题略述管见，聊献芹议。

一、王安石鄞县经验与改革变法之关系

若从政治史角度把握，当然应将王安石定位为政治家、改革家。以熙宁二年（1069年）君臣决策变法为界，他的一生可分为前后期。其亮点虽在后期改革变法，但此前为之所做的蓄势准备，也是十分关键的结胎时期。正是通过前期从政地方的考察、思索与尝试，王安石才形成了变法的整体思路，迎来了大变法。对此，可以从两方面去看。

首先，应该充分肯定王安石在鄞县的治政经验对他以后政治活动（尤其熙宁变法）与政治思想的重大意义与特殊作用。庆历七年（1047年），王安石出知鄞县，时年27岁，据称是鄞县建县以来最年轻的县官。此后四年间，他勤政爱民，革故鼎新，殚精竭虑，一系列施政举措大为成功，受到了百姓的爱戴。他有诗自道甘苦辛劳说："蓦水穿山近更赊，三更燃火饭僧家。乘田有秩难逃责，从事虽勤敢叹嗟？"①

南宋楼钥以鄞县士绅的身份概述了王安石在鄞县的政绩："公为县时，世当承平，公方读书为文章，率三日一治县事，垂意斯民。为之起堤堰，决陂塘，为水陆之利。贷谷于民，立息以偿，俾新陈相易。兴学校，严保伍。又刻《善救方》，立县门外，邑人便之。此相业之权舆也。公之于鄞厚矣。观经游之记，皆为农田而行，历东西十有四乡，乡之民毕已争事而遂归。上书外台，极论浚河捕盐利害，则公之为政可知。"②显然，楼钥充分肯定鄞县之政是王安石"相业之权舆"，也就是说，鄞县经验是大变法

---

* 虞云国，上海师范大学人文学院教授。

①（宋）王安石著，唐武标校：《王文公文集》卷64《发粟至石陂寺》，上海：上海人民出版社，1974年，第694页。

②（宋）楼钥：《攻媿集》卷55《鄞县经纶阁记》，四部丛刊初编缩印本，上海：商务印书馆，1926年，第513—514页。

的尝试与开端。这段话至“邑人便之”的前半部分，基本上袭用邵伯温的旧文，只加了一句“又刻善救方，立县门外”。然而，同样的鄞县之政，邵伯温却接下去说：“熙宁初为执政所行之法皆本于此。然荆公知行于一邑则可，不知行于天下不可也。”[①]作为旧党子弟，邵伯温怀疑鄞县之政能否通过复制在大变法中推向全国，其说然否值得深论，此不展开；但在鄞县之政作为变法蓝图这一点上，反对派的邵伯温与肯定者的楼钥都是并无异辞的。

《鄞县经纶阁记》概述了王安石知鄞期间在改革、治水、兴学、廉政等方面的政绩。其中“起堤堰，决陂塘，为水陆之利”，“观经游之记，皆为农田而行”，与王安石同期文章可以互证：“为县于此，幸岁大穰，以为宜乘人之有余，及其暇时，大浚治川渠，使有所潴，可以无不足水之患。而无老壮稚少，亦皆惩旱之数，而幸今之有余力，闻之翕然皆劝趋之，无敢爱力”[②]。此显然开启了熙宁变法中“农田水利法”的源头；而“贷谷于民，立息以偿，俾新陈相易”，研究者以为是变法中青苗法的尝试[③]；至于熙宁兴学与保甲法也能分别追溯到鄞县治政的“兴学校，严保伍”。

到鄞当年，王安石曾对军队用粮问题发表意见：“今岁东南饥馑如此，汴水又绝，其经画固劳心。私窃度之，京师兵食宜窘，薪蒭百谷之价亦必踊，以谓宜料畿兵之驽怯者就食诸郡，可以舒漕挽之急。古人论天下之兵，以为犹人之血脉，不及则枯，聚则疽，分使就食，亦血脉流通之势也。傥可上闻行之否？”[④]皇祐元年（1049年），大臣文彦博建议省兵，王安石在鄞闻知后却不以为然，认为“方今将不择”，而“兵省非所先”，“将既非其才，议又不得专”，“省兵岂无时，施置有后前”，“择将付以职，省兵果有年”。[⑤]清人蔡上翔指出，王安石认为“兵不可遽省，而省兵必有时。当如《豳风·七月》诗，能行王政，使百官勤俭，人民给足，然后可议省兵，亦古者寓兵于农之意也”[⑥]。这些军事见解虽不能归为县政，却也表明熙宁变法所涉及的将兵法等军事改革，王安石在鄞县任上也已有思考。

要之，楼钥认为王安石执政变法的“相业之权舆”起始于县政，是对其鄞县政绩的高度评价。后来研究者都把嘉祐三年（1058年）《上仁宗皇帝万言书》作为坐标点，标志着王安石变法思想乃至整个政治思想的成熟与完型，然而，这是以他此前的地方从政经历作为准备的。而鄞县经验在其中占有特殊的分量，因为这是王安石完整意义

① （宋）邵伯温：《邵氏闻见录》卷11，《全宋笔记》第2编，郑州：大象出版社，2006年，第7册，第184页。
② （宋）王安石著，唐武标校：《王文公文集》卷3《上杜学士言开河书》，第40页。
③ 邓广铭：《北宋政治改革家王安石》，北京：生活·读书·新知三联书店，2007年，146页。
④ （宋）王安石著，唐武标校：《王文公文集》卷5《与马运判书》，第61页。
⑤ （宋）王安石著，唐武标校：《王文公文集》卷51《省兵》，第578页。
⑥ （清）蔡上翔：《王荆公年谱考略》卷4，上海：上海人民出版社，1973年，第66页。

上地方第一把手的首秀（此前淮东节度判官只是幕僚，其后舒州通判乃是副手，而常州知州时间太短，连一个农作年都没有全部经历）。

然而，也不应该将王安石鄞县经验与其整个前期探索与思考过程割裂开来。也就是说，作为变法蓝图的《上仁宗皇帝万言书》，是以其此前地方从政的全部经历作为基础的。这种地方经历，不仅局限于鄞县经验，更广阔的看，也应涵括其及第入仕之后，五年淮东节度判官的地方长官幕僚生涯，三年舒州通判的副手经历以及仅十个月的出知常州的州级长官的行政经历。

漆侠首先高度肯定：王安石在鄞县的“一些具体活动，或是他对一些重大问题的看法，都和后来的变法有不可分割的联系。鄞县四年的知县生活，乃是王安石的政治思想发展过程中的一座里程碑”；但他同时指出，鄞县治政虽是熙宁新法来源之一，倘若将其“看作唯一的来源，那就陷于片面了”。漆侠认为，自鄞县离任后的七八年里，直至嘉祐三年（1058 年）出任江东提刑，“王安石的政治实践更加丰富，社会接触面更加广阔，对社会问题的认识也更加深入，因而这七八年构成为王安石的政治思想深入发展的阶段”[①]，这一说法才是全面正确的。

还有必要补充一点：王安石十八岁前，其父王益的地方官经历对他的影响也宜充分重视。王益在建安主簿、领新淦县、知庐陵县、新繁县时，都有治绩，史称“赖以治”“县大治”“又大治”“自余一以恩信治之，尝历岁不笞一人”。王益在临江军判官任上，因揭露上司无耻勾结诸豪大姓横暴地方，而遭排挤调任；在韶州知州任上，“完营驿仓库，建坊道，随所施设有条理。长老言自岭海服朝廷，为吾州守未有贤公者”[②]。可以想见，一方面父亲在地方县政上为他树立了榜样；另一方面，王安石随父赴任时，以及解事之年，也耳闻目睹基层吏治之问题严重，百姓所受长吏与豪猾勾结之害。

王安石也确实把鄞县县政为发端的地方从政经验，视为自己历练能力、施展才学、报效君国的极其必要的政治经历。庆历七年（1047 年），他上书宰相说：“某之不肖，幸以此时窃官于朝，受命佐州，宜竭罢驽之力，毕思虑，治百姓，以副吾君吾相于建官、任材、休息元元之意。”[③]后来奉召入京，一般人求之不得，他却“在廷二年，所求郡以十数”，其中虽有侍亲养家的个人考虑，但主要还是看重基层行政经验，“使得因吏事之力，少施其所学，以庚禄赐之入，则进无所逃其罪，退无所托其身，不唯亲之欲有之而已”[④]。嘉祐三年，他不愿担任三司度支判官，在致宰相富弼信里再论欲得治民之历练：“诚望阁下哀其至诚，裁赐一小州幽闲之区，寂寞之滨。其于治民，非敢谓能

① 漆侠：《王安石变法》（增订本），石家庄：河北人民出版社，2001 年，第 80—81 页。

② （宋）王安石著，唐武标校：《王文公文集》卷 33《先大夫述》，第 390 页。

③ （宋）王安石著，唐武标校：《王文公文集》卷 2《上相府书》，第 24 页。

④ （宋）王安石著，唐武标校：《王文公文集》卷 2《上执政书》，第 21 页。

也，庶几地闲事少，夙夜悉心力，易以塞责，而免于官谤也。”[①]后来有人谗言他矫情以养人望，但其本人确想借地方长吏的经历以体察民情，了解社会，锻炼能力。由此可见，鄞县之政在王安石政治生涯中的奠基作用确实应给予重视。

二、王安石的县政思想与中央集权统治之关系

王安石县政思想是其政治思想的构成部分，这里仅讨论其县政治理思想与巩固中央集权统治的关系问题。

第一，王安石认为，县政治理与否直接关系到国家对天下之民的治理，县政也就成为巩固朝廷统治的根基所在。

庆历七年，王安石初知鄞县时就指出：“古者极治之时，君臣尽道以业天下之民，匹夫匹妇有不预其泽者，为之焦然耻而忧之。瞽聋、侏儒，亦各得以其材，食之有司。”[②]这段话论及“君臣施道以业天下之民”，正是基于“天下之民”是国家根本，根本动摇势必导致国家阽危。而县政是统治天下之民的基层政治，构成大一统中央集权统治的基石；国家强固的坚实基础是由一个个县政的治绩累积起来的，这就是地方政治与中央政权之关系。故而皇祐六年（1054年），王安石再次强调“一邑之善”的重要性：“论者或以一邑之善不足书文，今天下之邑多矣，其能有以遗其民而不愧于豳之吏者，果多乎？不多，则予不欲使其无传也。”[③]蔡上翔认为，王安石这是在“告君与世之言吏治者，无不以爱民为心。一邑治，使天下为吏一邑者皆治”[④]。在王安石看来，“天下之邑多矣”，但只有一个一个的县政都臻于善治，才能确保王朝的最终稳固；而在这一过程中，君主不能只要求“吏之能民”，还要做到“君之所以待吏，则亦欲善之心出于至诚而已”。

第二，王安石指出，“君臣施道以业天下之民”，朝廷与君主只能通过“受命治民”的官员来实现，于是，遴选合格的地方长吏便成为县政治理的关键所在。

王安石在鄞县任上时就强调吏治的重要性：“夫君者，制命者也。推命而致之民者，臣也。君臣皆不失职，而天下受其治。方今之时，可谓有君矣。生养之德，通乎四海，至于蛮夷荒忽，不救之病，皆思有以救而存之。而臣等虽贱，实受命治民，不推陛下

---

①（宋）王安石著，唐武标校：《王文公文集》卷2《上富相公书》，第24页。

②（宋）王安石著，唐武标校：《王文公文集》卷2《上相府书》，第24页。

③（宋）王安石著，唐武标校：《王文公文集》卷35《通州海门兴利记》，第417页。

④（清）蔡上翔：《王荆公年谱考略》卷4，第78页。

之恩泽而致之民，则恐得罪于天下而无所辞诛。”[1]即便他莅任以前鄞县水利之所以久掩不治，症结也还在于吏治因循：“六七十年，吏者因循，而民力不能自并。”[2]

皇祐五年（1053年），王安石在舒州通判任上，有诗回顾以往的亲身经历，“贱子昔在野，心哀此黔首。丰年不饱食，水旱尚何有”。通过所见所闻，描述了县吏头会箕敛鞭扑百姓的情况：“特愁吏之为，十室灾八九。原田败粟麦，欲诉嗟无赇。间关幸见省，笞扑随其后。况是交冬春，老弱就僵仆。州家闭仓庾，县吏鞭租负。乡邻铢两征，坐逮空南亩。取赀官一毫，奸桀已云富。”他不仅怒叱那些“彼昏方怡然，自谓民父母”的县吏，也同时表达了对老百姓深切真诚的哀怜同情。最后自戒道：“朅来佐荒郡，懔懔常惭疚。昔之心所哀，今也执其咎。乘田圣所勉，况乃余之陋。内讼敢不勤，同忧在僚友”，发愿州县吏治从自己做起。[3]

次年，王安石又特地表彰海门县令沈兴宗，称颂“海门之政，可谓有志矣”。他在表彰文里以《豳风·七月》起兴，摹绘出一幅县政治理的理想范本，借题发挥自己的县政思想：“嗟乎！豳之人帅其家人戮力以听吏，吏推其意以相民，何其至也。夫喜者非自外至，乃其中心固有以然也。既叹其吏之能民，又思其君之所以待吏，则亦欲善之心出于至诚而已，盖不独法度有以驱之也。以赏罚用天下，而先王之俗废。有士于此，能以豳之吏自为，而不苟于其民，岂非所谓有志者邪？”在王安石心目中，只有好县官才能“以豳之吏自为，而不苟于其民”，让治下的百姓“帅其家人戮力以听吏”[4]。

嘉祐二年（1057年），王安石初到常州，就向中央报告了当地吏治乱象：“顾今州部，已远朝廷，田畴多荒，守将数易。教条之约束，人无适从；簿书之因缘，吏有以肆。”他指出，在这种吏治下，遭殃的是百姓，“人无适从”；猖獗的是猾吏，“吏有以肆”。长此以往，“惟是妄庸之旧，当兹凋瘵之余”，人民“何望于少休”，王朝何望能稳固。[5]

及至嘉祐四年（1059年），王安石明确提醒皇帝，关注国中少有治政之吏的问题严重性：“今以一路数千里之间，能推行朝廷之法令，知其所缓急，而一切能使民以修其职事者甚少，而不才苟简贪鄙之人，至不可胜数。其能讲先王之意，以合当时之变者，盖阖郡之间往往而绝也。朝廷每一令下，其意虽善，在位者犹不能推行，使膏泽加于民，而吏辄缘之为奸以扰百姓，臣故曰在位之人才不足，而草野闾巷之间亦未见

① （宋）王安石著，唐武标校：《王文公文集》卷36《善救方后序》，第432页。
② （宋）王安石著，唐武标校：《王文公文集》卷3《上杜学士言开河书》，第40页。
③ （宋）王安石：《临川文集》卷12《感事》，上海：中华书局，1936年，第117页。
④ （宋）王安石著，唐武标校：《王文公文集》卷35《通州海门兴利记》，第417页。
⑤ （宋）王安石：《临川文集》卷80《知常州上中书启》，第518页。

其多也。”在同一上书里，他还指出现在州县之吏都用非其人：“顾属之以州县之事，使之临士民之上，岂所谓以贤治不肖者乎？以臣使事之所及，一路数千里之间，州县之吏出于流外者，往往而有；可属任以事者，殆无二三；而当防闲其奸者，皆是也。”①依靠这样的州县之吏，却期待县政、州政能为王朝统治垒就基础与筑成干城，岂非缘木求鱼，是绝无可能的。

第三，王安石强调，县政治理最重要的是地方长吏应有“不忍人之心”，以行“不忍人之政”。

早在庆历七年（1047 年），王安石就主张地方吏治应做到“其诚心之所化，至于牛羊之践牧，不忍不仁于草木”，这样才能进境于“上下辑睦而称极治之时”。②

皇祐元年（1049 年），王安石在知鄞县任上将《庆历善救方》刻石县门外，亲作《善救方后序》指出：“孟子曰：‘先王有不忍人之心，斯有不忍人之政。’臣某伏读《善救方》而窃叹曰：此可谓‘不忍人之政’矣。”他说自己“受命治民，不推陛下之恩泽而致之民，则恐得罪于天下而无所辞诛”。王安石在鄞县以“不忍人之心”推行“不忍人之政”，清人蔡上翔说他“其为爱民恻怛之心，筹画利害之明，虽复老成谋国者弗如”③。

当时，浙东转运司“下令吏民出钱购人捕盐”，王安石则明确表态“窃以为过”，因为这将导致：其一，“使相捕告，则州县之狱必蕃，而民之陷刑者将众”；其二，“无赖奸人将乘此势，于海旁渔业之地搔动艚户，使不得成其业”；其三，“责购而不可得，则其间必有鬻田以应责者”；其四“不时出钱者，州县不得不鞭械以督之”。与此相对应，王安石强调：“且吏治宜何所师法也，必曰：‘古之君子。’重告讦之利以败俗，广诛求之害，急较固之法，以失百姓之心，因国家不得已之禁而又重之，古之君子盖未有然者也。”④

王安石这种“为爱民恻怛之心，筹画利害之明”的县政思想⑤，也体现在他对海门令沈兴宗的政绩评价上。他称赞沈兴宗说：“君至，则宽禁缓求，以集流亡。少焉，诱起之以就功，莫不蹶蹶然奋其惫而来也。由是观之，苟诚爱民而有以利之，虽创残穷敝之余，可勉而用也，况于力足者乎？”⑥

皇祐五年（1053 年），王安石通判舒州时有诗论述这种“不忍人之心”：“我尝不忍此，愿见井地平。大意苦未就，小官苟营营。三年佐荒州，市有弃饿婴。驾言发富

① （宋）王安石：《临川文集》卷 39《上仁宗皇帝言事书》，第 258 页。
② （宋）王安石著，唐武标校：《王文公文集》卷 2《上相府书》，第 24 页。
③ （清）蔡上翔：《王荆公年谱考略》卷 3，第 64 页。
④ （宋）王安石著，唐武标校：《王文公文集》卷 3《上运使孙司谏书》，第 41 页。
⑤ （清）蔡上翔：《王荆公年谱考略》卷 3，第 64 页。
⑥ （宋）王安石著，唐武标校：《王文公文集》卷 35《通州海门兴利记》，第 417 页。

藏，云以救鳏惸。崎岖山谷间，百室无一盈。乡豪已云然，罢弱安可生？兹地昔丰实，土沃人良耕。他州或呰窳，贫富不难评。豳诗出周公，根本讵宜轻。愿书《七月》篇，一寤上聪明。”[①]在后来知制诰任上代草知县制敕时，他再次为皇帝代言了这层意思：“维能强恕以求仁，然后副吾置吏为民之意。”[②]

第四，王安石建议，在县政治理上，朝廷任命优秀县令等地方官后，应该让他们“久于其官”而“得行其意”，不应动辄迁调与频繁折腾。

嘉祐二年（1057 年），王安石在知常州任曾致函监司：“惟此陋邦，近更数守，吏卒困将迎之密，里闾苦听断之烦。自非函容，少赐优假，缓日月之效，使教条之颁，则何以上称督临，下宽雕瘵？”[③]他认为，这种走马灯似地更易地方长吏，属员困于送往迎来，百姓苦于朝令夕改，只会导致民不聊生。与此同时，他还上书中央放宽他的任期：“自非上蒙宠灵，少假岁月，则牧羊弗息，彼将何望于少休；画土复墁，此亦无逃于大谴。”[④]显而易见，王安石之所以主张地方长吏适当延长任期，用意一是免去百姓迎送之困，二是利于官员干出成绩。

到嘉祐四年（1059 年），王安石对地方官适当久任，用官得人与假借以权等相关问题，已系统形成了独到之见：“至于所部者远，所任者重，则尤宜久于其官，而后可以责其有为。而方今尤不得久于其官，往往数日辄迁之矣。取之既已不详，使之既已不当，处之既已不久，至于任之则又不专，而又一二以法束缚之，不得行其意。臣故知当今在位多非其人，稍假借之权，而不一二以法束缚之，则放恣而无不为。虽然，在位非其人而恃法以为治，自古及今未有能治者也。即使在位皆得其人矣，而一二以法束缚之，不使之得行其意，亦自古及今，未有能治者也。”[⑤]

第五，王安石提出，县政治理的总目标应是“导利去害，汲汲若不足。夫此最民之利当致意者”[⑥]。

那么，如何让县政在“导利去害”上做得更好，造福一方百姓呢？王安石批评当时“天下之吏”汲汲求利，但“不由先王之道而主于利。其所谓利者，又非所以为利也，非一日之积也。公家日以窘，而民日以穷而怨。常恐天下之势，积而不已，以至于此，虽力排之，已若无奈何，又从而为之辞，其与抱薪救火何异？”[⑦]在他看来，思路是否对头，才是县政“导利去害”的关键所在。他曾批评两浙路转运使，“必欲变

①（宋）王安石：《临川文集》卷 12《发廪》，第 116 页。
②（宋）王安石著，唐武标校：《王文公文集》卷 12《县令王任可试大理评事充节推知县》，第 131 页。
③（宋）王安石：《临川文集》卷 80《知常州上监司启》，第 518 页。
④（宋）王安石：《临川文集》卷 80《知常州上中书启》，第 518 页。
⑤（宋）王安石：《临川文集》卷 39《上仁宗皇帝言事书》，第 259 页。
⑥（宋）王安石著，唐武标校：《王文公文集》卷 3《上杜学士言开河书》，第 40—41 页。
⑦（宋）王安石著，唐武标校：《王文公文集》卷 3《上运使孙司谏书》，第 42 页。

今之法，令如古之为，固未能也。非不能也，势不可也。循今之法而无所变，有何不可，而必欲重之乎？”认为他在“导利去害”上，既昧于“势”而胡乱“欲变今之法”，又不循法“而必欲重之”，势必进退失据，骚扰百姓。

在王安石看来，县政如要“导利去害”，必须讲求“道”与“势”。他在庆历七年（1047年）曾论“生财之道”：“方今之所以穷空，不独费出之无节，又失所以生财之道故也”。王安石主张，在开拓“导利去害”的“生财之道”上，应该改变思路，即“富其家者资之国，富其国者资之天下，欲富天下则资之天地”。他举例说，“盖为家者，不为其子生财，有父之严而子富焉，则何求而不得？今阖门而与其子市，而门之外莫入焉，虽尽得子之财，犹不富也。”父亲欲富裕，却在儿子那里搜刮，这家“财富”总量没变，“虽尽得子之财，犹不富也”。王安石进一步指出：“盖近世之言利虽善矣，皆有国者资天下之术耳，直相市于门之内而已，此其所以困与？”[①]这一不囿陈规向外开拓的思路，不仅直接影响到王安石其后变法理财的思想与决策，也是他在鄞县形成的县政治理的重要思路，值得充分肯定。

三、关于县政问题的历史反思

在知制诰任上，王安石曾借君主之口强调县政的重要：“夫南面而听百里，岂轻也哉？”[②]县政治理为何重要，结合王安石的县政思想，值得从不同层面加以反思。

从历史层面看，自大一统的秦政开始，始终是中央集权的君主官僚政体，这一性质从未有实质性的改变。这就导致了两种政治常态。其一是家国同构。秦始皇废封建而行郡县，有其历史进步性，但是否如古人称誉的“化家为国”，仍应打个问号。实际上，以国为家的“家天下”本质，并没有改变。君主依然是大家长，只是这个大家长不再把权力层下放给本家族成员，而是另找管家代他打理。宰相是大管家或曰总管家，郡守与县令则是层级不同的分管家。老百姓则是所谓子民。家长好，子民才有好日子过，于是子民盼望有明君好皇帝出来。但是，国毕竟不是家，国大，家小。小有小的好处，家长略有能力，就能把家操持打理得小康丰裕。大有大的难处，皇帝不可能直接管到县邑基层与黎民百姓，必须委之于基层官吏来贯彻其统治。秦朝以来郡县制延续达2000余年，作为基础层级的县级政权也始终没有变过。

这就导致第二种常态，即君政与县政（推而广之，包括县政以上的各级地方政治，

① （宋）王安石著，唐武标校：《王文公文集》卷5《与马运判书》，第61页。

② （宋）王安石著，唐武标校：《王文公文集》卷12《县令王任可试大理评事充节推知县》，第131页。

两汉的郡政、唐宋的州政，以及明清的省政）必然具有同构化现象。这种政权在治理社会与管理民众的方式上，是一种无所不包、无所不统的全能型政府。于是，就把县令称为“父母官”，与“子民”的叫法相匹配。子民既是对君父而言，又是作为“君父”的皇帝把权力下放到州县长官时，要求他们“爱民如子”。然而，对应于子女不可能选择父母，子民尽管也无权选择父母官，但皇帝在下放“君父”权力时，却必须选择“爱民如子”的父母官，否则“虐民”的父母官就会让皇帝的子民无以卒岁而民怨沸腾，最终动摇君主专制统治。史学界曾有皇权是否下县的疑问，萧公权在《中国乡村：论十九世纪的帝国控制》（英文版）里，已对中国古代所谓“皇权不下县”的流行说法提供了有力的反证。职此之故，县政就具有皇权延伸基层的行政末梢功能。唯其如此，中国历代政治家都高度重视地方长官的遴选。唐代马周就指出：“临天下者，以人为本。欲令百姓安乐，唯在刺史、县令”，所以他对唐太宗强调：“自古郡守、县令，皆妙选贤德。”①

柳宗元的《封建论》是肯定郡县制的名篇宏文，但在如何确保郡县致治上，他给出的良方只是“善制兵，谨择守”。“善制兵”即妥善解决地方武装，这一问题通过宋代初年的顶层制度设计，已有效杜绝了地方拥兵作乱的可能性，此不具论。至于“谨择守”，在柳宗元看来，“天下之道，理安斯得人者也。使贤者居上，不肖者居下，而后可以理安”②。但在如何“谨择守”上，他却陷入了循环论证的困境，即政治清明安定便能得人才，让贤能者拔擢上来出任郡县长官，便能天下大治。类似的循环论证，后人在明清之际王夫之那里也能再次读到：“分之为郡，分之为县，俾才可长民者皆居民上以尽其才，而治民之纪，亦何为而非天下之公乎？”③但倘若在政治污浊却自诩清明的情况下，出现的必然是晚唐杜荀鹤描述的那样：“去岁曾经此县城，县民无口不冤声。今来县宰加朱绂，便是生灵血染成。”④这样的县官，正是《儒林外史》斥责的“灭门的知县”；而这样的县政，则是一县生民的覆盆之劫。

说到底，中国的君主官僚集权体制，就是君主“委托”官僚代行自身制定的政令。在中央，君主委托宰相为百僚之长；在地方，君主委托州县长官做老百姓的父母官。但是，无论政治学，还是经济学，常识都告诉我们：委托人和代理人的利益倾向并非总是始终一致的。于是，在中央，就有君权对相权的猜防掣肘；在地方，就有中央集权对地方弄权的防范监督。皇帝委托制势必涉及不同层级政权的自主性问题。就县级政治来说，虽一般并不享有制定政策的自主性，但实际上却仍拥有执行政策

① 《旧唐书》卷74《马周传》，北京：中华书局，1975年，第2618页。
② （唐）柳宗元：《柳河东集》卷2《封建论》，上海：上海人民出版社，1974年，第47—48页。
③ （清）王夫之：《读通鉴论》卷1，北京：中华书局，1975年，第1页。
④ 《全唐诗》卷693《再经胡城县》，扬州诗局缩印本，上海：上海古籍出版社，1986年，第1749—1750页。

的自主性。

这种委托制与自主性之间的张力，因皇帝的强势与否与地方官的清正与否而呈现消长起落的动态趋势。历史上通常是：只要乾纲独揽的皇帝当政，这种自主性就非常有限；反之，一旦昏庸的皇帝上台，这种自主性就会扩张到极限，并往往转变为对县政与民生的不利因素。唯其如此，中国传统政治及其子民就尤其企盼打造出一个贤能的统治体系，而明君、贤相、清官便是体现这种贤能体系的最具代表性的三个层级。但是，中国传统政治始终有一个难解之题：上一代人遇到好皇帝，下一代人遇到坏皇帝；或者同一个皇帝，前期是好皇帝，晚年是坏皇帝。

类似的难解之题在古代县政上也对应地存在。老百姓形象地用两组民谚来概括两种类型：一是《七品芝麻官》里的“当官不为民做主，不如回家卖红薯”，说的是好县官带来好县政；一是“三年清知府，十万雪花银”，说的是贪赃枉法的地方长官以及随之而来的地方恶政。作为委托方的君主对县政可能出现的两种情况当然心知肚明，因而自秦朝以来的历代都把县政放到巩固统治的重要地位上。但古代杰出的政治家，所提的应对之策只能聚焦在选择好县官上。即以宋代而言，不仅北宋王安石如此，南宋朱熹与弟子讨论封建、郡县之弊时也承认：“大抵立法必有弊，未有无弊之法，其要只在得人。若是个人，则法虽不善，亦占分数多了；若非其人，则有善法，亦何益于事！……如郡县非其人，却只三两年任满便去，忽然换得好底来，亦无定。”①最终仍寄希望于郡县长官“得其人”。

县政的治理在中国当代政治中仍占有重要地位。1949 年以后，在法理上是人民当家做主，但县级长官主要是由上级机关授权任命的。至少从官员选任这点上说，在形式上与中国古代有着结构上的延续性与相似性，仍然有着代行中央（就古代来说是朝廷）治民权力的特征。县级官员向下行使政权职能，主要还是向上级（或者说向中央）负责。这种负责制与舆论强调的向人民负责、为人民服务，在理论口号上是一致的，但在实际运作中却并不总是圆满解决的。于是，一方面涌现了许多焦裕禄式的县级好干部，但不可否认也仍有不少的贪腐典型。这样，如何确保只出焦裕禄式的好干部，而杜绝反面案例，便成为当下中国现实政治的重要课题。

总的说来，1949 年后的中国政治，长期以来仍是大政府思路，基本上还是中国传统式的无所不包无所不统的全能型政府（改革开放以来有所改变，但转型远未完成），“有问题，找政府”的理念深入老百姓的骨髓，这种理念本身就是现实政治的产物。及至今日，中国县政仍具有全能型特征，地方政府的权力对老百姓从生老病死到吃喝拉撒，无所不管无所不及，这种权力之大，威力之强，介入之广，是众所共知的。于

① （宋）黎靖德编，王星贤点校：《朱子语类》卷 108《论治道》，北京：中华书局，1986 年，第 2680 页。

是，县政治理如何，在某种程度上不仅直接关系到当地老百姓的幸福指数，而且决定了全国政治生态的好坏,甚至影响到人民对整个社会制度与执政党的拥戴力与信任度。所以在中国整个社会转型与政治改革完成以前，县政的重要性依然是不容轻忽的。而全能型的县政与县级权力，在客观上为胆敢公权私用者留出了一定的空间、渠道与份额。在反腐风暴中揭露出来的若干大老虎，往往在县（市）级任期上就开始了贪腐的历程。故而如何搞好县政治理，也就成为当前应该探索的问题。

道统之争与政统之争：两宋时期的一桩公案

汤勤福*

一、韩、程道统论：一个虚拟的命题

元丰八年（1085 年），在儒学发展史上是一个极其重要的时间。该年三月，神宗死，哲宗立，召程颢为宗正卿，然程颢未行而卒。其弟程颐为其撰墓志时称："周公没，圣人之道不行；孟轲死，圣人之学不传。道不行，百世无善治；学不传，千载无真儒。无善治，士犹得以明夫善治之道，以淑诸人，以传诸后；无真儒，则贸贸焉莫知所之，人欲肆而天理灭矣。先生生于千四百年之后，得不传之学于遗经，以兴起斯文为己任，辨异端，辟邪说，使圣人之道焕然复明于世，盖自孟子之后，一人而已。然学者于道不知所向，则孰知斯人之为功；不知所至，则孰知斯名之称情也哉。"①

这就是宋代儒学史上极为著名的"道统论"，此后，为争道统，儒家诸派之间一度展开了激烈的交锋，引出了一桩桩公案。

"道统"是儒学史上一个极为重要的概念，它是指儒学传承的统绪。孟子虽然说过"乃所愿，则学孔子也"②，虽有自命继孔子之学的含义，但并未说孔子如何继尧舜禹之道统以及自己如何继孔子之统绪，因此道统之绪阐述不甚明朗。然至少在唐代，韩愈提出过一个比较明确的道学统绪：尧、舜、禹、汤、文、武、周公、孔子、孟子，他说：

> 博爱之谓仁，行而宜之之谓义；由是而之焉之谓道，足乎己无待于外之谓德。仁与义为定名，道与德为虚位……夫所谓先王之教者，何也？博爱之谓仁，行而宜之之谓义，由是而之焉之谓道，足乎己无待于外之谓德。其德（一作文），《诗》、《书》、《易》、《春秋》；其法，礼、乐、刑、政；其民，士、农、工、贾；其位，

---

* 汤勤福，上海师范大学古籍研究所教授。

① 《宋史》卷 427《程颢传》，北京：中华书局，1985 年，第 12717 页。

② 杨伯峻译注：《孟子译注 · 公孙丑章句上》，北京：中华书局，1960 年，第 63 页。

君臣、父子、师友、宾主、昆弟、夫妇；其服，麻丝；其居，宫室；其食，粟米、果蔬、鱼肉。其为道易明，而其为教易行也……是故生则得其情，死则尽其哀，郊焉而天神假，庙焉而人鬼飨。曰：斯道也，何道也？曰：斯吾所谓道也，非向所谓老与佛之道也。尧以是传之舜，舜以是传之禹，禹以是传之汤，汤以是传之文、武、周公，文、武、周公传之孔子，孔子传之孟轲。轲之死，不得其传焉。[①]

这是韩氏的道统论，他以继孔孟之道统自居。

但是，对韩氏以道统自居，宋代二程子则不以为然。二程以“道学”“理学”自我标榜，程颢甚至还说：“吾学虽有所受，天理二字却是自家体贴出来。”[②]问题在于，虽然二程不同意韩愈有继承道统资格，但他们都深信圣学（即儒学）传承自有道统可寻。上述程颐所称：“周公没，圣人之道不行；孟轲死，圣人之学不传”便是明确证据。只是他们强调自孟子后，圣学道统中断，仅存于儒家经典之中，而程颢则“得不传之学于遗经”，于是“使圣人之道焕然复明于世，盖自孟子之后，一人而已”，道统得以断而复续。由此，二程将韩愈排斥在道统之外，而将自己置入道统之内。

学术有传承关系，在学术传承过程中，由于学者各自所处的历史条件不同、各人的思想观点不同，即使是同一学派的学者的学术观点也会出现一些变异，这种变异实质上是促进学术发展的内在因素。儒学自然也不例外。自孔子创立儒家学派，此后学者继承孔子学说者多矣，学说纷呈，观点迥异。坦率地说，在宋之前，历代学者对儒家思想的丰富与发展都做出过自己贡献，并非只有少数人有资格“正宗”地继承它，这种否认其他学者的“继承权”的观点并不客观。值得强调的是，历代学者对儒家思想的丰富与发展，并不是继不继道统问题，事实上也不存在一个所谓“道统”。

在这里需要分析的是韩愈及二程对“圣学统绪”传承问题的看法。

韩愈鉴于儒学不振、佛老泛滥于世，于是强调儒学是中华唯一正统学术，正如他在《原道》中说的那样圣人之道“非向所谓老与佛之道”，而是由尧、舜、禹一直传到孟子的圣贤之道。但是，韩愈强调的“博爱之谓仁，行而宜之之谓义；由是而之焉之谓道，足乎己无待于外之谓德。仁与义为定名，道与德为虚位”，这一以仁义为准则，道德为虚位的观点，遭到二程及其门人的批评。

尽管二程也承认：“韩愈亦近世豪杰之士。如《原道》中言语虽有病，然自孟子而后，能将许大见识寻求者，才见此人”[③]，不过，在二程看来，道即天理，道与天

① （唐）韩愈撰，文谠注，王俦补注：《详注昌黎先生文集》卷 11《原道》，续修四库全书本，第 556—559 页。

② （宋）程颢、程颐：《河南程氏外书》卷 12《传闻杂记》，程颢、程颐著，王孝鱼点校：《二程集》，北京：中华书局，1981 年，第 424 页。

③ （宋）程颢、程颐：《河南程氏遗书》卷 1《端伯传师说》，程颢、程颐著，王孝鱼点校：《二程集》，第 5 页。

理都是实，“万物皆只是一个天理”[①]，天理“不为尧存，不为桀亡。人得之者，故大行不加，穷居不损”[②]，因此，它是个实实在在存在的物事，并非“虚”。由此，二程虽对韩愈力赞儒学，诋诃佛老不无赞赏，但以为韩愈之学不纯，不能入继道统。程氏说道：“韩退之言：‘博爱之谓仁，行而宜之之谓义，由是而之焉之谓道，足乎己无待于外之谓德。’此言却好。只云‘仁与义为定名，道与德为虚位’，便乱说。”[③]程门高足杨时也批评道“韩子曰：‘仁与义为定名，道与德为虚位。’其意盖曰由仁义而之焉，斯谓之道；仁义而足乎已斯谓之德。则所谓道德云者，仁义而已矣。故以仁义为定名，道德为虚位。《中庸》曰：‘天命之谓性，率性之谓道。’仁义，性所有也，则舍仁义而言道者固非也。道固有仁义，而仁义不足以尽道，则以道德为虚位者亦非也。”[④]

值得强调的是，程颐否认韩愈承继道统，认为孟子之后道统断裂，只是程颢“得不传之学于遗经”，强调孟子之后由程颢继承了圣学道统。我们知道，道统确实是儒学中极其重要的一个问题，作为儒家学者研讨它自然有其合理性，然而我们不得不强调，这种道统论确实是虚幻之说。因为韩、程都无法在理论上或事实上证实自己是如何继道统，他人为何不能继道统。

二、熙丰政见之争：道统与学统之争出现的背景

自然，辨析韩、程两者在道统问题上的同异并不是本文的目的，笔者认为要透过程颐提出的“道统”命题，去考察出现这一命题的背景，以了解道统之争与政见之争、学统之争的关系，从而从更深刻的层面来剖析宋代政局的演变以及理学的趋向。

在笔者看来，程颐提出道统命题是有深刻的政治背景的，两宋道统之争，既是政见之争，也是学统之争，它贯穿着神哲之后到南宋高宗时期的百余年，它对程朱理学最终确立“正统”地位有着不可否认的极其关键的作用。

如果说韩愈的道统论是在佛教流行，儒家学者为维护儒学的正统地位而产生的话，那么两宋“道统”之争的出现则是当时政治斗争的反映。如上所述，北宋首先对“道统”问题进行强调的是程颐。实际上，这是熙丰政争的反映。关于熙丰政争，学界研究极多，在此不作论述，笔者仅对当时学术分歧与政争关系作一阐述。

---

① （宋）程颢、程颐：《河南程氏遗书》卷 2 上《元丰己未吕与叔东见二先生语》，程颢、程颐著，王孝鱼点校：《二程集》，第 30 页。

② （宋）程颢、程颐：《河南程氏遗书》卷 2 上《元丰己未吕与叔东见二先生语》，程颢、程颐著，王孝鱼点校：《二程集》，第 31 页。

③ （宋）程颢、程颐：《河南程氏遗书》卷 19《杨遵道录》，程颢、程颐著，王孝鱼点校：《二程集》，第 262 页。

④ （宋）杨时：《龟山集》卷 17《答吴仲敢》，影印文渊阁四库全书本，第 275 页。

众所周知，王安石创立“新学”，其学术观点与二程迥然不同。由于王氏得到神宗的支持，其政大行，其新学也一度独领风骚，风行一时，王氏著述也被作为国子生必读的课本。

首先，二程对王安石新学是极其反感的。前辈学者已经指出程颐的一些观点“其实是针对王安石新学而说的”[①]。笔者完全同意这一结论。其实，二程从道统角度对新学进行过激烈地批判：

> 道之不明，异端害之也。昔之害近而易知，今之害深而难辨。昔之惑人也乘其迷暗，今之惑人也因其高明。自谓之穷神知化，而不足以开物成务，言为无不周遍，实则外于伦理，穷深极微，而不可以入尧、舜之道。天下之学，非浅陋固滞，则必入于此。自道之不明也，邪诞妖妄之说竞起，涂生民之耳目，溺天下于污浊，虽高才明智，胶于见闻，醉生梦死，不自觉也。是皆正路之蓁芜，圣门之蔽塞，辟之而后可以入道。[②]

应该指出，上述所称“异端”不仅仅是指佛老，也指与程氏学术观点不同的新学，因为“昔之惑人也乘其迷暗，今之惑人也因其高明。自谓之穷神知化，而不足以开物成务，言为无不周遍，实则外于伦理，穷深极微”一句中，“穷神知化”“开物成务”并非是指佛老之学。这并非是作者的臆测，因为程颐还有更为明确的话语反对新学：

> 臣以为今日至大至急，为宗社生灵长久之计，惟是辅养上德而已。历观前古，辅养幼主之道，莫备于周公。周公之为，万世之法也。臣愿陛下扩高世之见，以圣人之言为可必信，先王之道为可必行，勿狃滞于近规，勿迁惑于众口。[③]

此话讲于哲宗刚上台的元祐元年（1086 年），显然是针对王安石新政与新学的。

二程的弟子乃至再传弟子们也对新学力加抨击，目之异端邪说，否认王安石有继承道统的权力。如朱光庭在元祐元年，向哲宗上奏称：“息邪说，距诐行，正风俗，

---

① 侯外庐、邱汉生、张岂之主编：《宋明理学史》（上卷），北京：人民出版社，1984 年，第 129 页。

② 《宋史》卷 427《程颢传》，第 12717 页。

③ （宋）程颢、程颐：《河南程氏文集》卷 6《上太皇太后书（元祐元年）》，程颢、程颐著，王孝鱼点校：《二程集》，第 542 页。

明吾尧、舜、禹、汤、文、武、周、孔之道，以开天下之惑”[①]，杨时也曾对王安石新政、新学大加批判[②]，杨时弟子陈渊甚至称王荆公“于儒者之道未尝深造，故溺焉，而不即悟耳。是以为世大害，自元祐以来世之贤者多攻之”[③]。显然，朱光庭、杨时、陈渊等人批判王安石新政与新学，称其“于儒者之道未尝深造”，斥之“为世大害”，他们把王安石排斥在道统之外的心态一目了然。如果联系程颐所称其兄“得不传之学于遗经”一语，程门后学为程氏之学争道统的心态是一目了然的。

对此，北宋末年李若水曾说过一段话，大致可见时人对熙丰交争的看法：“熙丰间王安石以辩诈之才，摇神考之听，假先王之道，行商鞅之术，乃取祖宗良法美意，变弄求新，庙堂纷争，道路窃议，骨鲠大臣如文彦博、韩琦、司马光之徒，亦莫能回其说。于是铨新进小生数十辈之附己者，行新法于天下。又出己意作《三经新义》《字说》以笼学者，以困天下英豪之气。”[④]李若水虽非二程后学，但他从政争到学术之争作了一个概括，贬王氏，斥新学，其态度是十分明显地尊崇洛学。

其实，从哲宗到钦宗之间，王氏新学并未退出历史舞台。如哲宗之时一些官员主张毁《资治通鉴》，发司马光等人之冢；徽宗时期，王氏新学一度死灰复燃，据《清波杂志》载：“薛昂、林自之徒为正、录，皆蔡卞之党也，竞尊王荆公而挤排元祐，禁戒士人不得习元祐学术。”[⑤]然而随着北宋王朝倾覆，南宋初年起便出现一股彻底清算王氏新学之风[⑥]，建炎二年夏，“久阴不解。诏百（官）执事赴都堂给札，条具时政阙失”，司勋员外郎赵鼎言：“自绍圣以来，学术、政事败坏残酷，致祸社稷，其源实出于安石。今安石之患未除，不足以言政”，于是罢安石配飨神宗庙庭，寻诏以富弼配飨神宗庙庭。[⑦]从此，新学退出历史舞台，被排除在道统序列之外。

熙、丰至元祐年间，另一政见、学统之争在二程洛学与以苏轼为首的蜀学之间展开。洛、蜀两派在学术上虽有不同见解，但他们对王安石新学则一致持反对态度。元祐更化，新学受到批判与压制，而洛、蜀两派之间的矛盾则上升为主要矛盾，史称：“初，颐在经筵，归其门者甚众，而苏轼在翰林，亦多附之者，遂有洛党、蜀党之论。

① （宋）赵汝愚编，北京大学中国中古史研究中心校点整理：《宋朝诸臣奏议》卷 84，朱光庭《上哲宗乞戒约士大夫传异端之学》，上海：上海古籍出版社，1999 年，第 908 页。

② （宋）杨时：《龟山集》卷 1《上钦宗皇帝（第七书）》，第 116 页。

③ （宋）陈渊：《默堂集》卷 17《攻王氏一章行状不载墓志载之》，影印文渊阁四库全书本，第 449 页。

④ （宋）李若水：《忠愍集》卷 1《上何右丞书》，影印文渊阁四库全书本，第 669 页。

⑤ （宋）周煇：《清波杂志》卷 9《毁〈通鉴〉》，北京：中华书局，1994 年，第 400 页。

⑥ 两宋之际，一些学者上奏章批判王安石，如吕好问就上过批判王安石的奏章，参见《宋朝诸臣奏议》卷 119，吕好问《上钦宗论绍述》，第 1312 页。

⑦ （清）徐松辑：《宋会要辑稿》礼 11 之 4，北京：中华书局，1957 年，第 556 页下。

二党道不同，互相非毁”[①]，“（王）觌在言路，欲深破朋党之说。朱光庭讦苏轼试馆职策问，吕陶辩其不然，遂起洛、蜀二党之说”，王觌后罢为“右司员外郎，未几，拜侍御史、右谏议大夫。坐论尚书右丞胡宗愈，出知润州，加直龙图阁、知苏州”[②]。此为元祐三年（1088 年）事。对王觌罢为外职一事，王存曾在奏疏中称：“去年（元祐二年）因张舜民被贬，自此议论之人分为二党，亦互相诋毁……今虽其势颇沮，而余风未殄。”[③]二党交争，延续至徽钦时期，章奏迭上，不可开交。[④]值得指出的是，洛、蜀之争，并非仅是政见之争，其中包含着学统之争，他们互相攻击对方学术的核心问题，如朱熹曾说到洛蜀之争时，蜀学曾攻击洛学核心概念：“东坡所记云：‘几时得与他打破这敬字！’”[⑤]众所周知，“敬”是程朱一派理论基石之一，苏轼要打破“敬”字，即要彻底批倒洛学，将其排斥在圣贤道统之外。而洛学一系则批评蜀学轻浮放肆，有违圣贤之道，如王觌奏称苏轼“习为轻浮，贪好权利，不通先王性命道德之意，专慕战国纵横捭阖之术……轼胸中颇僻，学术不正，长于辞华而暗于义理”[⑥]。后来朱熹亦批评苏轼“平时读书，只把做考究古今治乱兴衰底事，要做文章，都不曾向身上做工夫”[⑦]，斥责其“放肆”[⑧]之行，对其憎恨不在王氏新学之下：

> 如王氏者，其始学也，盖欲凌跨扬、韩，掩迹颜、孟，初亦岂遽有邪心哉？特以不能知道，故其学不纯，而设心造事遂流入于邪。又自以为是，而大为穿凿附会以文之，此其所以重得罪于圣人之门也。苏氏之学虽与王氏若有不同者，然其不知道而自以为是则均焉。学不知道，其心固无所取则以为正，又自以为是而肆言之，其不为王氏者，特天下未被其祸而已。其穿凿附会之巧，如来教所称论成佛、说老子之属，盖非王氏所及。而其心之不正，至乃谓汤、武篡弑而盛称荀彧，以为圣人之徒。凡若此类，皆逞其私邪，无复忌惮，不在王氏之下。[⑨]

---

①（宋）李焘撰，上海师范大学古籍整理研究所、华东师范大学古籍整理研究所点校：《续资治通鉴长编》卷 471，哲宗元祐七年三月丁亥，北京：中华书局，1992 年，第 11240 页。

②《宋史》卷 344《王觌传》，第 10943—10944 页。

③（宋）赵汝愚编，北京大学中国中古史研究中心校点整理：《宋朝诸臣奏议》卷 76，王存《上哲宗乞明论朋党所在》，第 829 页。

④（宋）赵汝愚编，北京大学中国中古史研究中心校点整理：《宋朝诸臣奏议》卷 76，所录有关朋党的奏疏，《宋史》相关传亦载录一些，其中亦不乏批评王安石者。

⑤（宋）黎德靖编，王星贤点校：《朱子语类》卷 130，北京：中华书局，1986 年，第 3110 页。

⑥（宋）李焘撰，上海师范大学古籍整理研究所、华东师范大学古籍整理研究所点校：《续资治通鉴长编》卷 408，哲宗元祐三年正月丁卯，第 9923 页。

⑦（宋）黎德靖编，王星贤点校：《朱子语类》卷 130，第 3113 页。

⑧（宋）黎德靖编，王星贤点校：《朱子语类》卷 130，第 3109 页。

⑨（宋）朱熹撰，郭齐、尹波点校：《朱熹集》卷 30《答汪尚书》，成都：四川教育出版社，1996 年，第 1276 页。

显然，王觌、朱熹把蜀学视为“不通先王性命道德之意”“学术不正”“暗于义理”的学问，朱熹甚至称蜀学之害“不在王氏之下”，言意之下蜀学不但为学有害，而且为政亦有害，如此也就剥夺了蜀学继承道统的权力，并从政治层面对蜀学进行打击。北宋后期，洛、蜀两派都被禁止传播，尽管南宋之后党禁开放，两派可以自由传播各自学说，但蜀学偏重文辞，轻于义理，其后学亦无佼佼者，因此蜀学衰微不振；而洛学则由于杨时到朱熹诸儒的大力推广，成为一时之“显学”①。

其实，南宋伊始，批王安石已经不再新奇，加之蜀学也萎靡不振，因此洛、蜀、新三学已也不是当时儒学诸派争斗的主要焦点，当时诸儒之间道统之争更多的是学争而非政争。②这从朱陈之辩、叶适道统论、真德秀、黄震等人对朱熹的推崇便可以看出。陈亮曾说：

> 昔祖宗盛时，天下之士各以其所能自效，而不暇及乎其他。自后世观之，而往往以为朴陋，而不知此盛之极也。其后文华日滋，道德日茂，议论日高，政事日新，而天下之士已不安于平素矣。众贤角立，互相是非，家家各称孔孟，人人自为稷契，立党相攻以求其说之胜。最后章蔡诸人以王氏之说一之，而天下靡然，一望如黄茅白苇之连错矣。至渡江以来，天下之士始各出其所能，虽更秦氏之尚同，能同其谀而不能同其说也。二十年之间，道德性命之说一兴，迭相唱和，不知其所从来。后生小子读书未成句读，执笔未免手颤者，已能拾其遗说，高自誉道，非议前辈，以为不足学矣。世之为高者，得其机而乘之，以圣人之道为尽在我，以天下之事无所不能，能麾其后生以自为高而本无有者，使惟己之向，而后欲尽天下之说一取而教之，颀然以人师自命。虽圣天子建极于上，天下之士犹知所守，吾深惑夫治世之安有此事乎，而终惧其流之未易禁也。③

陈亮所说北宋“众贤角立，互相是非，家家各称孔孟，人人自为稷契，立党相攻，以求其说之胜”，是混合了学统之争与政见之争的；而南宋之初的“二十年之间，道德性命之说一兴”一语，则是指南宋朱、吕诸儒的学术，尤其对“颀然以人师自命”的朱熹表示不满。

笔者认为：就南宋而言，学争仍然在继续，政争则不显于时。究其原因，程氏一系的主要卫道者朱熹，长期不在庙堂，而陈亮也未能入仕，吕祖谦、陆九渊、陈傅良、

---

① 此显学仅指信服而从之者较多、影响大而言，并非指它已经成为统治思想。

② 庆元党禁并非是学争，因为韩侂胄一党虽然打击所谓的“道学”，但他们并未争道统。其他如林栗等人批朱熹，也没有争道统之意。他们之间的争论与道统无关，因此虽是政争，但与熙丰政争、学争不同。

③（宋）陈亮：《陈亮集》卷15《送王仲德序》，北京：中华书局，1974年，第178—179页。

薛季宣、叶适等人对朱熹的政见提出批评意见并不多见，因此政争不显，而学争则在继续。

吕祖谦虽为朱熹为好友，但朱熹对吕祖谦批评甚多，而吕氏则很少回应。他们同编《伊洛渊源录》，虚构宋代道统传承统绪，朱熹以继道统自命，而吕氏虽未声明自己继道统，但他并非不在意这一道统。这可从其门人之语看出。吕祖谦于淳熙八年去世，其门人的祭文、祭诗中有诸多称颂吕氏继道统之“信息”，兹略举数例：

郑唐卿等：“先生之学，道统正传。精粗本末，浑然大全。发明经旨，默契昔贤。”

丁少瞻：“孔孟之道，既千载湮没而不明；伊洛之学，又一时兴起而未备，非特与俗而多迕，虽欲救时而莫济盛哉。先生出乎斯世，皇帝王霸之道，无所不明；其旨隐显小大之书，无所不揽其粹，以是为天下之师，总学者之会。”

赵烨：“道统谁传授？源流易失真。滔滔皆四海，亹亹独斯人。”①

这些吊唁诗文如此称颂吕祖谦，强调吕氏继孔孟道统，乃至号称“亹亹独斯人”，因此我们很难做出吕氏平日会闭口不谈道统继承问题的结论，恰恰相反，应该说吕氏平日与弟子们谈论中也或多或少谈及道统之事，甚至自认为是继孔孟道统者，否则吕氏弟子们的吊唁诗文就难以理解。自然，张栻、吕祖谦、陆九渊诸儒先后去世，而朱熹又以一代宗师为人称颂，故张、吕、陆诸门人与朱熹争道统便不存在可能。②

然而，“为人才气超迈”③、“视毁誉如风而不恤”④、喜讽议品评人物的陈亮则与朱熹爆发过一场有关道统的论辩⑤。这场论辩最终不了了之，但朱熹占据上风则是十分明显的。⑥

叶适之生稍晚于朱熹，两人又有同事之谊，虽学术上并不相同，但两人之间从未产生直接冲突。叶适为人正派，在林栗、韩党攻击朱熹道学时，他曾挺身而出，为朱熹辩白。但他对朱熹自命继道统则有所不满，如前所说，他在文章中表达了自己的观点，亦有继道统的思想倾向。实际上，我们仍可以说，叶适的道统论仍是自北宋以来学统之争的体现。然而，由于朱熹于庆元六年（1200年）去世，朱熹后学为恢复朱熹名誉而奔波不止，至宁宗嘉定初，朱熹等道学人士已经受到褒赠，至理宗淳祐元年正

---

① （宋）吕祖谦：《吕祖谦全集·东莱吕太史文集附录》卷3，杭州：浙江古籍出版社，2008年，第790、792、810页。另有黄人杰、高元晦、巩叔子、邵津、邵浩等人祭文祭诗，参见同书第487、471、473、484页。

② 陆氏去世后，其门人曾与朱熹论辩，然处于下风则是十分明显之事。因此，陆氏门人转而投朱熹为师者有之。

③ 《宋史》卷436《陈亮传》，第12929页。

④ （宋）陈亮：《陈亮集》卷18《谢罗尚书启》，第243页。

⑤ 汤勤福：《有关“朱陈之辩”的几个问题》，《中国哲学》第21辑，沈阳：辽宁教育出版社，2000年；汤勤福：《道统之辩：再论“朱陈之辩”》，《中国思想与社会研究》第1辑，北京：中国社会科学出版社，2007年。

⑥ 陈傅良称陈亮“无修辞之功”，（宋）陈亮：《陈亮集》卷21附陈傅良《致陈同甫书》，第331页。

月，“诏周敦颐、张载、程颐、程颢、朱熹从祀夫子庙庭，黜王安石从祀”[①]，理宗还御制《圣贤十三赞》，“宣示诸生，厘正从祀，跻五贤，黜安石”[②]，景定二年正月，“皇太子释奠于国学，奏请以南轩张栻及东莱吕祖谦从祀大成殿。’上从之”[③]，从而确立了以程朱一系为道学传承的法定统绪，如此，无论何人再作争辩，也难以改变这一法定事实了。

三、叶适与朱熹：道统承继顺序的分歧

虽然叶适争学统已经无法改变法定事实，但对朱、叶两人的道统论进行一些比较仍是有意义的，因为这可以看出当时学者的道统论的主要观点究竟如何。笔者曾撰文分别对朱熹、陈亮、叶适的道统论进行过研讨[④]，故在此略述主要观点。

自二程起，程朱一系儒学家一直推崇子思及孟子；朱熹更将孔子、子思与孟子这一道统视为自己学术理论的生命线，他将周、程诸儒归于思、孟这一道统，理所当然地把自己也纳入了这一统绪之中：“宋德隆盛，治教休明。于是河南程氏两夫子出，而有接乎孟子之传……然后古者大学教人之法、圣经贤传之指，粲然复明于世。虽以熹之不敏，亦幸私淑而与有闻焉。”[⑤]朱熹尊子思与孟子，也就必然重视四书，他甚至排定《大学》《中庸》《论语》《孟子》的次序，并置于六经之前，强调四书是学者入德之门。显然，朱熹抬高了思孟学派的地位。

朱熹对道统有极为明确的论述：

> 盖自上古圣神继天立极，而道统之传有自来矣。其见于经，则“允执厥中”者（笔者按：见《论语·尧曰》），尧之所以授舜也。“人心惟危，道心惟微，惟精惟一，允执厥中”者，舜之所以授禹也。尧之一言，至矣尽矣，而舜复益之以三言者，则所以明夫尧之一言必如是而后可庶几也。[⑥]

在朱熹看来，圣学统绪是从尧、舜、禹、汤、文、武、周公、孔子、曾子、子思而到

---

① 佚名：《宋季三朝政要》卷 2，北京：中华书局，2010 年，第 125 页。

② （宋）王应麟辑：《玉海》卷 113《淳祐视太学》，扬州：广陵书社，2007 年，第 2083 页。

③ （宋）马光祖、周应合：《景定建康志》卷 47，南京：南京出版社，2009 年，第 2094 页。

④ 汤勤福：《有关“朱陈之辩”的几个问题》、《试论叶适的道统论》（《中州学刊》2001 年第 3 期）、《道统之辩：再论“朱陈之辩”》，此三文均收入汤勤福：《半甲集》，上海：上海三联书店，2010 年。

⑤ （宋）朱熹撰，《大学章句序》，《四书章句集注》，北京：中华书局，1983 年，第 2 页。

⑥ （宋）朱熹撰，郭齐、尹波点校：《朱熹集》卷 76《中庸章句序》，第 3994 页。

孟子，其传道秘诀就是上述 16 字。他一直以此来教育学生，反复阐明这一道统，这在《朱子语类》中极多，此列数例以证之：

> 问窦从周云："如何是伊尹乐尧舜之道？"窦对以"饥食渴饮，凿井耕田，自有可乐"。曰："龟山答胡文定书是如此说。要之不然。须是有所谓'尧舜之道'。如《书》云：'人心惟危，道心惟微，惟精惟一，允执厥中！'此便是尧舜相传之道。"①
>
> 舜禹相传，只是说"人心惟危，道心惟微；惟精惟一，允执厥中"。只就这心上理会，也只在日用动静之间求之，不是去虚中讨一个物事来。②
>
> 《书》曰"人心惟危，道心惟微，惟精惟一，允执厥中"：圣贤千言万语，只是教人明天理，灭人欲。天理明，自不消讲学。③

可见，朱熹对这一道统是十分强调的，在他看来，孟子之后这一道统断而不续，到宋代则由周敦颐继之，他在《书濂溪光风霁月亭》中宣称："惟先生承天畀、系道统，所以建端垂绪，启佑于我后之人者"④，称誉他"心传道统，为世先觉"⑤。尽管二程承认受学于周敦颐，但程颢自称"'天理'二字却是自家体贴出来"、程颐称程颢"得不传之学于遗经"，显然自命直接承继孔孟而否认是继周敦颐而得道统。朱熹之论明显与二程有差异，因为他明确地把周敦颐作为宋代继孔孟道统之第一人，朱熹与吕祖谦编纂《伊洛渊源录》，将周氏列入首卷的原因也在这里。说得再清楚一些，程朱一派对道统的看法本来就有不同看法，但在严格区别天理与人欲，"明天理，灭人欲"上则是完全一致的。

叶适与朱熹的看法有所不同。他认为：虽然"世有差降，德有出入，时有难易，道有屈伸"⑥，但存在着自尧、舜、禹、皋陶、汤、伊尹、文、武、周公到孔子这样一个连贯的道统次序。汉唐宋代诸儒尊子思、孟子，尤其是宋儒"标颜、曾、孟子为之传，揭《大学》、《中庸》为之教，语学者必曰：'不如是，不足达孔子之道也。'然后序次不差而道德几尽信矣"⑦。这里可以看出，叶适认为宋儒揭示尧、舜、禹到孔子的道统系统的功绩应归于二程、张载、朱熹及吕祖谦等数人，尤其对朱熹"极辨于

① （宋）黎德靖编，王星贤点校：《朱子语类》卷 58，第 1361—1362 页。
② （宋）黎德靖编，王星贤点校：《朱子语类》卷 78，第 2015—2016 页。
③ （宋）黎德靖编，王星贤点校：《朱子语类》卷 12，第 207 页。
④ （宋）朱熹撰，郭齐、尹波点校：《朱熹集》卷 84《书濂溪光风霁月亭》，第 4363 页。
⑤ （宋）朱熹撰，郭齐、尹波点校：《朱熹集》卷 99《又牒》，第 5055 页。
⑥ （宋）叶适：《习学记言序目》卷 5《总论》，北京：中华书局，1977 年，第 60 页。
⑦ （宋）叶适：《叶适集》卷 10《同安县学朱先生祠堂记》，北京：中华书局，1961 年，第 167 页。

毫厘之微，尤激切而殷勤，未尝不为之叹息也”[①]。同时，叶适却强烈反对将子思、孟子纳入道统系统之内。他明确说过：“然自周（公）召（公）既往，大道厘析，六艺之文，惟孔子能尽得其意，使上世圣贤之统可合。自子思孟子犹有所憾”[②]，否认思、孟继承道统的权利。叶适表示：“自孔氏之高弟不足以知之，各因其质之所安而谓道止于如此；况于后世。”[③]即自孔子之后道统就断而未续，如此既排斥了子思、孟子的道统继承权，也否认宋儒周敦颐、二程、张载、朱熹等人的道统继承权。叶适批评子思、孟子，将《大学》《中庸》《孟子》三书排斥在“经”之外，甚至嘲笑道：“学者不足以知其统而务袭孟子之迹，则以道为新说奇论矣。”[④]自然，叶适批评子思、孟子的某些学术观点，反对将他们纳入儒家道统继承人的行列，但并非完全否定子思、孟子，其实叶适对他们仍有许多赞美之词。[⑤]笔者以为，夸大叶适“非孟”思想是有欠缺的，但叶适在更多的场合则表示子思、孟子不应继道统也是明显的事实。叶适学生孙之弘也曾明确指出，叶适认为：“以孟轲能嗣孔子，未为过也，舍孔子而宗孟轲，则于本统离矣。”[⑥]可见，叶适反对的主要是“舍孔子而宗孟子”的观点，实际是批评宋儒中特别尊崇思孟而自命继道统的理学家，即二程朱熹等人，由此也就把程、朱一系排斥在道统之外。叶适也不同意把曾子列入道统之内：“若孔子晚岁独进曾子，或曾子于孔子后殁，德加尊，行加修，独任孔子之道，然无明据。又按曾子之学，以身为本，容色辞气之外不暇问，于大道多所遗略，未可谓至。”[⑦]

当然，叶适同样坚信儒家存在着道统：“不能言统纪者固非，而能言者亦未必是也”[⑧]，这一道统便是《尚书》所称的“人心惟危，道心惟微，惟精惟一，允执厥中”，他强调“道之统纪体用卓然，百圣所同”，“此道常在，无阶级之异，无圣狂、贤不肖之殊”[⑨]。显然可见，叶适所谓存在“道统”与二程朱熹等理学家的看法毫无两样。然而叶适与程朱的观点有明显的不同，主要表现在两个方面：其一，二程朱熹一系的

---

① （宋）叶适：《叶适集》卷10《同安县学朱先生祠堂记》，第167页。

② （宋）叶适：《习学记言序目》卷8《经解》，第105—106页。

③ （宋）叶适：《习学记言序目》卷17《孔丛子》，第246页。

④ （宋）叶适：《习学记言序目》卷49《皇朝文鉴三·序》，第739页。

⑤ 在叶适著作中赞美子思、孟子仍不少见，甚至有时仍视孟子为道统继承人，如：“周衰而天下之风俗渐坏，齐晋以盟会相统率；及田氏六卿吞灭，非复成周之旧，遂大坏而不可收，戎夷之横猾不是过也。当时往往以为人性自应如此……而孟子并非之，直言人性无不善，不幸失其所养使至于此，牧民者之罪，民非有罪也，以此接尧舜禹汤之统……此孟子之功所以能使帝王之道几绝复续，不以毫厘秒忽之未备为限断也……而后世学者，既不亲履孟子之时，莫得其所以言之要，小则无见善之效，大则无作圣之功，则所谓性者，姑以备论习之一焉而已。”参见（宋）叶适：《习学记言序目》卷14《告子》，第206页。

⑥ （宋）叶适：《习学记言序目》附录孙之弘《习学记言序目序》，第759页。

⑦ （宋）叶适：《习学记言序目》卷49《皇朝文鉴三·序》，第738—739页。

⑧ （宋）叶适：《习学记言序目》卷17《孔丛子》，第246页。

⑨ （宋）叶适：《习学记言序目》卷8《中庸》，第109页。

理学家强调自己继承了圣学道统，否定其他学者也有继承道统的权力，而叶适则激烈反对之；其二，二程朱熹认为圣学密传便是天理人欲之别，因此他们都赞同汉儒董仲舒提出的“正其谊不谋其利，明其道不计其功”[①]。而叶适则不谈天理人欲，坚持王道功利论。[②]

四、道统继承权：朱、叶的异同

如上所述，朱熹强调孟子之后由周敦颐、二程继承了道统，否认其他学者的道统继承权。对此，叶适批评道：“时诸儒以观心空寂名学，徒默视危拱，不能有论诘，猥曰‘道已存矣’”[③]，“古圣贤之微言，先儒所共讲也；然皆曰：‘至二程而始明。’凡二程所尝讲，皆曰：‘至是止矣。’其密承亲领，游、杨、尹、谢之流，而张、吕、朱氏后时同起，交阐互畅，厥义大弘，无留蕴焉。窃怪数十年，士之诣门请益，历阶睹奥者，提策警厉之深，涵玩充溢之久，固宜各有论述，自名其宗，而未闻与众出之以扶翼其教，何哉？岂敬其师之所以觉我，而谦于我之所以觉人欤！”[④]显然，叶适不但批评二程、朱熹，甚至对张栻、吕祖谦等理学家也不无贬词。

在叶适看来：“道者，天下共由之途也。使有人焉，以为我有是物也，将探而取之，而又曰我能得之矣，则其统已离矣。”[⑤]显然，叶适认为二程、朱熹等人自命继承了道统，实际上已经离开了道统。自然，叶适也断然否认陈亮所说的汉唐帝王、英雄豪杰也能继承道统的观点。在叶适看来，孔子之后虽然没有具体的人来继承道统，但是道统存在于六经之中，六经始终存在于世，那么道统也就存在于世，而不是朱熹等人所说的儒家道统密传几绝，因此只需从源头六经开始钻研，把握六经的含义，同样能获得儒家道统。可见，叶适对道统的认识近似于陈亮而与程、朱不同。

其实，叶适也有继道统者自命的倾向：

> 生于数千载之后，既不及亲见圣人之行事，循其言语动作而可以得其心，与接闻其风声而可以知其人矣，其所以学为圣贤者，独其言在耳。是故孔子录之为经以示后世，其意反复深切，将使学者因是言而求之，而可以得尧、舜、禹、汤、

---

① （汉）班固：《汉书》卷 56《董仲舒传》，北京：中华书局，1962 年，第 2524 页。
② 汤勤福：《试论叶适的道统论》，《中州学刊》2001 年第 3 期。
③ （宋）叶适：《叶适集》卷 25《宋厩父墓志铭》，第 490 页。
④ （宋）叶适：《叶适集》卷 29《题陈寿老〈论孟纪蒙〉》，第 607 页。
⑤ （宋）叶适：《叶适集》卷 22《故运副龙图侍郎孟公墓志铭》，第 431 页。

> 文、武、周公之心，与知其为人而无疑也……达者知其言也而至于道，不达者不知也，则众人而已矣，今其载于书者皆是也。①

叶适以为可以通过“学其（圣人）言”而达其道，即能够通过钻研六经来继承圣人的道统，由此，叶适对曾以续六经为己任的王通不无恻隐之心：“以续经而病王氏者，举后世皆然也，夫孰知其道之在焉”②，“善哉乎王通氏，其知天下之志乎！其有能为天下之心乎！何以知之？以其能续经而知之”③。对王通的赞美，曲折地体现出叶适欲继道统的心理趋向。

叶适还从学理上对程朱一派进行批判。上文提及，程朱“敬”字工夫是他们学术上最为突出之处，是他们理学体系的最重要基石之一。朱熹继承二程“识道以智为先，入道以敬为本”④的观点，强调“‘敬’字工夫，乃圣门第一义，彻头彻尾，不可顷刻间断”，“敬则万理具在”。⑤叶适则对程朱：“以敬为始”的观点予以彻底否定，认为“学必始于复礼，故治其非礼者而后能复。礼复而后能敬……未能复礼而遽责以敬，内则不悦于己，外则不悦于人，诚行之则近愚，明行之则近伪；愚与伪杂，则礼散而事益繁，安得谓无！此教之失，非孔氏本旨也。”⑥他批评道：“近世之学，虽曰一出于经，然而泛杂无统，洄洑失次，以今疑古，以后准前，尊舜文王而不知尧禹，以曾子子思断制众理，而皋陶伊尹所造，忽而不思，意悟难守，力践非实”⑦。叶适虽未明确指出“近世之学”是何人之学，但显而易见是程朱一派，由此可见叶适认为程朱一派核心观点“非孔氏本旨”，自然也就强调程朱一派没有继承圣学道统的权力。

其实在宋代，王霸之辩与道统问题密切相关，朱熹与叶适在王霸问题上也有诸多不同。众所周知，朱熹严格区分王道与霸道，认为三代行王道，汉唐行霸道，王霸之间便有天理人欲之区分，行王道者便是天理，能得道统；行霸道者为人欲，失去继承道统资格。因此，朱熹与陈亮对此进行过十分激烈的争辩，否认汉唐诸君有继承道统的权力。⑧

叶适同样认为三代行王道，后世以霸道（叶适也称之霸力）。他认为霸道是“以势力威令为君道，而以刑政末作为治体”，因此，“汉之文宣、唐之太宗，虽号贤君，

① （宋）叶适：《叶适集·别集》卷6《孔子家语》，第709—710页。
② （宋）叶适：《叶适集·别集》卷8《王通》，第743页。
③ （宋）叶适：《叶适集·别集》卷8《王通》，第742页。
④ （宋）杨时：《二程粹言》卷上《论学篇》，影印文渊阁四库全书本，第367页。
⑤ （宋）黎德靖编，王星贤点校：《朱子语类》卷12，第210页。
⑥ （宋）叶适：《叶适集》卷10《敬亭后记》，第163—164页。
⑦ （宋）叶适：《习学记言序目》卷5《总论》，第60页。
⑧ 汤勤福：《有关“朱陈之辩”的几个问题》、《道统之辩：再论“朱陈之辩”》。

其实去桀纣尚无几也”[①]。正由于此，叶适批判欧阳修赞美唐太宗：“欧阳氏《策问》……其言则虽以三代为是，而其意则不以汉唐为非；岂特不以为非，而直谓唐太宗之治能几乎三王，则三代固不必论矣；故其制度纪纲，仪物名数，皆以唐为是而详著之。以余观太宗之治，曾不能望齐桓之十一也，而何三王之可几哉！然则欧阳氏之学，非能陋汉唐而复三代，盖助汉唐而黜三代者也。”[②]显然，叶适认为三代王道远胜于汉唐霸政，因此对欧阳修“助汉唐而黜三代”极为反感。在他看来，破坏三代的王道是始于管仲而成于商鞅等人：“王政（王道政体）之坏久矣，其始出于管仲。管仲非好变先王之法也，以诸侯之资而欲为天子，无辅周之义而欲收天下之功，则其势不得不变先王之法而自为”[③]，而后世“凡为管仲之术者，导利之端，启兵之源，济之以贪，行之以诈，而天下之乱益起而不息”，“数百年之间，先王之政，隳坏亡灭”，“盖王政之坏，始于管仲而成于（商）鞅、（李）斯”[④]，“三代之下，道远世降，本王心行霸政，以儒道挟权术，为申商韩非而不自知”[⑤]。可见，叶适赞美王道而贬斥霸道，强调三代之后王道废黜，人心散坏，争霸求利，世道衰坏而一蹶不振。就这一点而言，叶适与朱熹相去不远。

然而，叶适与朱熹不同的是，叶适强调经世致用的功利之效，笔者概括为王道功利论。[⑥]叶适很不满意“古今异时，言古则不通于今”之说，认为这是“摈古于今，绝今于古”，因为叶适以为“不言古，则无所斟酌，无所变通，一切出于苟简而不可裁制矣”。[⑦]他曾举例道：“（汉）文帝接秦之敝，本欲有所为；惜乎当时无知治明道之士，而其间既已空缺数百年，高则有慕古之迂，卑则有循俗之陋，故其事止于如此。后世去文帝时虽远，然其君臣议论执碍不行处，亦不过如此，盖未见有实能通之者”，在叶适看来，“行之可否，百世一理，何论古今哉！”[⑧]即王道是放之百世皆为准的绝对真理，只有在王道的基础之上由“知治明道之士”“有所为”（即经世致用），那么三代王道是一定可以恢复的。

值得注意的是，叶适对“多识前言往行，以畜其德”极感兴趣，这与吕祖谦观点极为相近：

---

① （宋）叶适：《习学记言序目》卷6《国风豳》，第71页。
② （宋）叶适：《习学记言序目》卷50《皇朝文鉴四》，第753页。
③ （宋）叶适：《叶适集·别集》卷6《进卷·管子》，第705页。
④ （宋）叶适：《叶适集·别集》卷6《进卷·管子》，第706页。
⑤ （宋）叶适：《习学记言序目》卷28《蜀志》，第402页。
⑥ 汤勤福：《论叶适的历史哲学与功利思想》，《云南社会科学》2000年第1期。
⑦ （宋）叶适：《叶适集·别集》卷12《法度总论一》，第786页。
⑧ （宋）叶适：《习学记言序目》卷20《史记二》，第289页。

世方相竞于作，则不知而妄为固亦无怪。自孔子回作为述以开天下，然后尧舜三代之事不至泯绝，性命道德有所统纪。如使作而未已，舍旧求新，无复存者，则人道废坏，散为鬼蜮，又如羲黄之时矣。百圣之归，非心之同者不能会；众言之长，非知之至者不能识；故孔子教人以多闻多见而得之，又着于大畜之《象》曰："多识前言往行，以畜其德。"[①]

也就是说，要通过对历史经验教训的总结来增长自己德行，如此便能使三代王道得以实现，自尧舜三代的道统"不至泯绝，性命道德有所统纪"，显然，叶适的王道功利与道统问题是紧密联系在一起的，与朱熹"明道正谊"的观点有较大差异。

叶适曾撰《汉阳军新修学记》一文，其中说道："考正古今之俗，因野夫贫女之常性，而兴其俊秀豪杰之思，一其趋向，厚其师友，畜其闻知，广其伦类，极夫先王道德之正，文献渊源之远，而一归于性命之粹"[②]，"考正古今之俗"，"畜其闻知，广其伦类，极夫先王之道德之正，文献渊源之远"，正是"多识前言往行，以畜其德"的注脚。显然，这种思想接近于吕祖谦在天理论基础上的畜德致用的功利思想，而与陈亮、陈傅良等王霸并用的功利思想有较大差异。[③]自然，叶适的功利论也与吕祖谦的功利论有差别，这一差别具体说来是吕祖谦还持"霸亦假王"的观点，而叶适则不同意霸道能借王道而行，这在他评论齐桓公、晋文公的功业时已经清楚地表达出来："修德者以为无事于功，责功者功成而德日削矣。"[④]显然，他认为追求功利而轻视道德的修养，必然会产生"功成而德日削"的结果，因此霸道不可能借助王道而行。另外也应该强调指出，叶适的以王道为基础的功利思想与朱熹思想也有较大不同。因为朱熹虽然不乏经世致用的思想，尽管在他任官期间也做了大量有实效的事情，但他站在比叶适更为正统的儒家立场上，强烈地反对霸道与功利，要求明确区分义利王霸，反对直接谈论功利。[⑤]而与陈亮的王霸义利观点相比，叶适的论述确实是大为逊色。

总而言之，圣学道统是一个虚幻不实的概念。两宋时期的道统之争是发生在儒学内部的争斗，实际含有政见之争与学统之争两个内容，大致说来始于熙丰年间，主要是洛学、蜀学与新学、洛学与蜀学之间的争斗；元祐之后仍存在这些学派的争斗；北宋末年，新学基本上退出争斗舞台；南宋初年，蜀学虽一度复苏，但后继乏人而最终

---

① （宋）叶适：《习学记言序目》卷13《述而》，第186—187页。

② （宋）叶适：《叶适集》卷9《汉阳军新修学记》，第141页。

③ 参见汤勤福：《朱熹史学在宋代史学上的地位》、《有关"朱陈之辩"的几个问题》等文。

④ （宋）叶适：《习学记言序目》卷12《国语·周语》，第165页。

⑤ 汤勤福：《朱熹历史哲学的层次分析》，《朱子学刊》第2辑，福州：福建人民出版社，1990年；汤勤福：《朱熹是个空谈义理的理学家吗？》，《安徽史学》1999年第2期；汤勤福：《朱熹治史价值论阐微》，《江海学刊》1998年第5期。

退出学统之争。南宋道统之争主要是学统之争而非政见之争，朱陈之辩、叶适的道统论，都是南宋学统之争的重要内容。庆元党禁虽对程朱一系及其他学派进行打击与压制，但宁宗嘉定年间程朱等人恢复名誉及从祀孔庙，程朱学统才被“法定”为圣学正统的传承统绪。程朱一系道统论的核心是否认学术的变异与发展，将所谓的圣学（即儒学）看作是一种隐秘传承、私下授受的“秘密武器”，从而最终导致一种僵化的、反对一切变革的观念。而后世尊崇程朱一系，无视其他学派，唯程朱马首是瞻，这不仅束缚了儒学思想的进一步发展，反而促使它逐渐走向衰弱，这也是南宋之后儒学几乎停止发展的主要原因。还须指出的是，在南宋朱陈之辩、叶适道统论的阐述中，实际上对活跃当时思想、促进儒学发展是有一定的积极意义的。不过，无论何种道统论都是虚幻不实的。

附记

此文提交“韩中第四届宋辽夏金元史国际学术研讨会”(2011年11月，韩国首尔)，正式发表在韩国《中央史论》第34辑（2011年12月）。今因编辑王曾瑜先生八十华诞纪念论文集，李华瑞先生来约稿，时间仓促，无法重新撰写新文，而未发表过的几篇论文又远超规定字数，不得已与华瑞先生商定，以旧稿滥竽充数，然又根据新出典籍校过一遍，现特呈上，以求教于学界同仁。

宋代的家内神崇拜

范　荧*

多神崇拜是古代中国的一大特点，宋代也不例外。不仅有日益中国化的佛教传布于社会各阶层，有吸纳了许多民间俗神的道教与本土俗信难分彼此，还有大量原始的信仰与崇拜，诸如自然崇拜、祖先崇拜、鬼神崇拜等，经过官方的收罗和世人的改造，以国家祭祀和民间信仰的形式得以传承。多种信仰元素的相互渗透与融合，致使宋代的宗教观念和信仰习俗显得十分繁复和庞杂。

在官方祀典中，家内神的地位或显得微不足道，但是于普通民众而言，家内神却是时时刻刻存在并护佑着他们的生活。只是由于儒家"不语怪力乱神"的传统教诲，更由于家内神如郑玄所言"非大神所祈报大事者也。小神居人之间，司察小过，作谴告者尔"[①]。因此，家内神信仰习俗很难登上官方正史、政书以及学者私撰的各类史籍之"大雅之堂"，我们只能在稗史笔记中，略窥其多彩的本来面目。

早在先秦，就有"五祀"之说，祭祀户、灶、中霤、门、行五种神灵，郑玄认为这是殷代之制。[②]后世有将"井"纳入五祀的[③]，王充在《论衡》中解释说："五祀，报门、户、井、灶、室中霤之功，门、户人所出入，井、灶人所饮食，中霤人所讬处，五者功钧，故俱祀之。"[④]宋代沿袭周、唐之制，行七祀之祭，且将四季与五脏对应，如元丰年间规定："立春祭户于庙室户外之西，祭司命于庙门之西，制脾于俎；立夏祭灶于庙门之东，制肺于俎；季夏土王日祭中霤于庙庭之中，制心于俎；立秋祭门及厉于庙门外之西，制肝于俎；立冬祭司命及行于庙门外之西，制肾于俎，皆用特牲，更不随时享分祭。"[⑤]七祀较五祀增加了司命和厉的祭祀，但在民间，与人们日常生活最为密切相关的，仍是门、灶、中霤、井等家内俗神，因此，这些祭祀从国家祀典广泛地进入普通百姓的家。

---

* 范荧，上海师范大学人文与传播学院历史系教授。

① （唐）孔颖达：《礼记正义》卷 46，北京：中华书局影印（清）阮元校刻《十三经注疏》本，1980 年，第 1590 页。

② （唐）孔颖达：《礼记正义》卷 46，第 1590 页。

③ 《汉书》卷 25《郊祀志第五》，北京：中华书局，1962 年，第 1194 页。

④ （汉）王充著，黄晖：《论衡校释》卷 25《祭意篇》，《新编诸子集成》本，北京：中华书局，1990 年，第 1059 页。

⑤ 《宋史》卷 103《礼志六》，北京：中华书局，1977 年，第 2522 页。

一、门神崇拜

门神是最直接的家庭保护神，承担着驱鬼避邪、看守门户、保卫家庭安全的重要职责。最早的门神应该是郁垒和神荼了，这是由桃人、桃符发展演化而来的。高承的《事物纪原》记载：

《山海经》曰：东海度朔山有大桃树，蟠屈三千里，其卑枝门东北曰鬼门，万鬼出入也。有二神，一曰神荼，一曰郁垒，主阅领众鬼之害人者。于是黄帝法而象之，殴除毕，因立桃版于门户上，画郁垒以御凶鬼。此则桃版之制也。盖其起自黄帝，故今世画神像于版上，犹于其下书“右郁垒，左神荼”，元日以置门户间也。[①]

五代后蜀时期，人们开始在桃符上写一些吉祥语以辞旧迎新，桃符的职能逐步发生改变，其意义由驱邪向趋吉进化，其形式也逐渐演变成后世沿袭至今的春联。与此同时，源于桃符的门神逐渐独立承担起保护门庭的责任。因此，处于这一过渡时期的宋代，桃符和长相凶恶的郁垒、神荼应该是并存的。陈元靓《岁时广记》卷五中还专有“辩荼垒”条，称“今人正旦书桃符，多用郁垒、神荼”[②]。王安石的《元日》诗：“爆竹声中一岁除，春风送暖入屠苏。千门万户曈曈日，总把新桃换旧符。”与晏殊的《元日》诗：“屠苏醴酒盈金樽，郁垒神荼卫紫关”，也证明了桃符向郁垒、神荼过渡及并存的情况。

唐代出现了新的门神钟馗，据说其捉鬼的本领要比郁垒、神荼高得多，不但捉鬼，而且吃鬼。据《梦溪笔谈》记载，相传钟馗是陕西南山人，曾经参加武举考试，但因为相貌丑陋而未中举，愤而撞死在殿阶上，从此“誓与陛下除天下之妖孽”。后唐玄宗久病不愈，梦小鬼缠身，得钟馗保护而得以解脱，且“痁若顿瘳，而体益壮”。于是诏吴道子绘钟馗像，“颁显有司。岁暮驱除，可宜遍识，以祛邪魅，兼静妖氛，仍告天下，悉令知委”。入宋后，钟馗的影响越来越大，且朝廷也认同他，“熙宁五年，上令画工摹搨镌板，印赐两府辅臣各一本”[③]。民间除夕之夜或端午节在门上贴钟馗

① （宋）高承、（明）李果撰，金圆、许沛藻点校：《事物纪原》卷8《岁时风俗部第四十二》“桃版”，北京：中华书局，1989年，第426页。

② （宋）陈元靓：《岁时广记》卷5，辩荼垒，《丛书集成新编》第43册，台北：新文丰出版公司，1985年，第393页。

③ （宋）沈括著，胡道静校证：《梦溪笔谈校证（下）》卷3《杂志》，上海：上海古籍出版社，1987年，第986—987页。

图像驱邪辟鬼，也蔚然成风。宋代笔记中相关记载不少：

近岁节市井皆印卖门神、钟馗、桃板、桃符及财门钝驴、回头鹿马、天行帖子，卖干茄瓠、马牙菜、胶牙饧之类，以备除夜之用。[①]

十二月尽，俗云“月穷岁尽之日”，谓之“除夜”。士庶家不论大小家，俱洒扫门闾，去尘秽，净庭户，换门神，挂钟馗，钉桃符，贴春牌，祭祀祖宗。遇夜则备迎神香花供物，以祈新岁之安。[②]

都下自十月以来，朝天门内外竞售锦装新历、诸般大小门神、桃符、钟馗、狻猊、虎头，及金彩缕花、春帖幡胜之类，为市甚盛。[③]

可见，钟馗以其非凡的驱鬼能力，已经成为两宋时期民间重要的家内保护神了。据《武林旧事》记载，就连宋孝宗给太上皇进奉的年礼当中，也没忘记放上一幅钟馗像。[④]

宋代的门神不再以面目狰狞的神怪形象独霸天下了，出现了披甲执钺的武士门神，南宋袁褧《枫窗小牍》曰：“靖康以前，汴中家户门神多番样，戴虎头盔，而王公之门至以浑金饰之。”[⑤]连七夕节叫卖的油面糖蜜小点心中，也有“被介胄者如门神之像，盖自来风流，不知其从，谓之果食将军”[⑥]，可见武士门神的普及程度。不过这些武士门神在当时并没有对应的历史人物，有些门神形象就是画工凭自己的理解或感觉创作的。《夷坚志·支志》记载了一件发生在绍兴年间的事：

浮梁画工胡生，居于县市，其技素平平。邑人葺城隍祠，付以钱，使绘门卫二神。胡生嫌所得之微，视其直斟酌，但作水墨而已，衣冠略不设。夜梦二巨人，长七尺，仪貌雄伟，而衣装极敝恶，谓曰：“我二人蒙君力，获所依凭，沾受香火。独恨被服不如法式，不为人所礼。愿君复加藻饰，必有以报，使技日进而名益彰。”梦中恍惚许之。已觉，而未暇研究。经旬日，因过彼处，遥望两像，宛如故知，瞿然悚悟。即日买金箔五采，自施工艺，绘黄金甲，执金钺，冠带整严。见者悉加瞻敬，而不以梦告人。后梦其来，威容凛凛，服舆貌称，感谢至再三。自是胡日以称遂，求者接踵。至于嫁女文绣，只以画代之。里巷遭疫疠，无一家

① （宋）孟元老撰，邓之诚注：《东京梦华录注》卷10，十二月，北京：中华书局，1982年，第249页。

② （宋）孟元老：《梦粱录》卷6，除夜，北京：中国商业出版社，1982年，第45—46页。

③ （宋）周密著，钱之江校注：《武林旧事》卷3，岁晚节物，杭州：浙江古籍出版社，2011年，第62页。

④ （宋）周密著：钱之江校注：《武林旧事》卷7，乾淳奉亲，第165页。

⑤ （宋）袁褧撰，俞钢、王彩燕整理：《枫窗小牍》卷下，《全宋笔记》第四编第五册，郑州：大象出版社，2008年，第241页。

⑥ （宋）孟元老撰，邓之诚注：《东京梦华录注》卷8，七夕，第208页。

不病，胡氏独免。[①]

显然，这两个武士门神并没有人物原型，后世以秦琼、尉迟恭为武门神，这是到元代才有的现象。

早期门神的作用就是镇鬼禳灾、保护家院的，所以在宋代，门神也未必一定有来历，只要有足够的威慑力，也就可以担当这一角色。《梦溪笔谈》记载说：

关中无螃蟹。元丰中，予在陕西，闻秦州人家收得一干蟹，土人怖其形状，以为怪物，每人家有病虐者，则借去挂门户上，往往遂差。不但人不识，鬼亦不识也。[②]

一只小小的干螃蟹，虽然已经完全没有进攻性了，但其张牙舞爪的形状，在宋代的关中地区，还是被认为能吓退一些鬼魅的。类似的宅门镇物，想必还有很多，人们所熟知的石敢当，就是其一。此外，还有些特殊的门神与宗教相关，范致明《岳阳风土记》记载："华容令宅东北有老子祠，曰大皇观。门之左右有二神像，道家所谓青龙、白虎也。"[③]道教以青龙白虎为护卫神，故道观山门多以青龙白虎为门神。

宋代的门神虽然没有像后世那样，有文门神、武门神、福禄门神等明确的分类，但是包括艾草、桃人、桃符乃至郁垒、神荼、钟馗、武士等，也算是丰富多彩了。有意思的是，每有新的门神出现，老门神并不退出或完全退出，因此造成多位门神共同守护家园的现象。苏轼《东坡志林》的一则故事很能反映这一状况：

桃符仰视艾人而骂曰："汝何等草芥，辄居我上。"艾人俯而应曰："汝已半截入土，犹争高下乎。"桃符怒，往复纷然不已。门神解之曰："吾辈不肖，方傍人门户，何暇争闲气耶。"[④]

如此可见，宋代的门神往往新旧杂糅，和平共处，共同维护家室的四季平安。

上述以外，宋代也出现了一些文人门神形象，传为李嵩所做的《岁朝图》中，就

① （宋）洪迈撰，何卓点校：《夷坚志·支志》戊集卷10《胡画工》，北京：中华书局，1981年，第1133—1134页。

② （宋）沈括著，胡道静校证：《梦溪笔谈校证》卷25《杂志》，第810页。

③ （宋）范致明撰，查清华、潘超群整理：《岳阳风土记》，《全宋笔记》第二编第七册，郑州：大象出版社，2006年，第90页。

④ （宋）苏轼撰，孔凡礼整理：《补录：商刻东坡志林》卷12，《全宋笔记》第一编第九册，郑州：大象出版社，2014年，第180页。

有外门贴武士门神、内门贴文人门神的画面。这说明，宋人门神崇拜之目的，已由单纯的驱邪避恶开始向积极的祈福纳吉发展，不过，保护家宅平安仍然是当时门神崇拜的主流功能。

二、灶 神 崇 拜

获得最广泛崇拜的家内神应该是灶神。灶神的起源有多种说法，一般认为与原始的火崇拜有关，因此，由火神、光明神演化而来的炎帝、黄帝、祝融等都曾经是早期的灶神。王楙在《野客丛书》中引《淮南子》曰："炎帝主于火，死而为灶神。"引《事始》曰："灶，黄帝所置。"又引《古史考》曰："黄帝始造釜、甑，火食之道就矣。"[①] 显然，王楙是认同灶神与火神之关系的。以后，灶神被认为是"主饮食之事"的"先炊"，这是与先农、先牧、先蚕同一级别的神灵，因此，秦汉典籍中多见灶神为一老妇的说法，祭灶被称为是"老妇之祭"，且是在室之西南角"奥"或房屋其他隐蔽地方祭祀的。黄震《黄氏日钞》评论说："奥者，西南隅致养之地。灶能化饮食以养人，故祀灶于奥，而以妇人之为先炊者配之，不过盛饮于盆，尊酒以瓶，礼无燔柴也。"[②] 认为主灶的和主饮食的并不是一回事。之后，灶神的身份或男或女，越传越繁复。唐以后，民间有灶君、灶王爷之称，抛开人物原型不论，灶神总算有了一个统一的尊称。

宋代的灶神管得很宽，不仅要过问一家之饮食膳馐，还要"记人善恶，悉奏天曹"，也就是说，肩负着司火、司饮食、监察人间善恶并禀告天庭的多种职能。这样一来，人们不仅吃饭喝水受制于灶神，一年到头的一言一行也都在灶神的眼皮底下。因而当时"上自天子，庶人庶士，曰灶之祀，礼得通置"[③]。人们对这古老神灵的信仰热情有增无减，唯恐供奉不虔。

据《梦粱录》记载：每年的十二月二十四日，临安"不以穷富，皆备蔬食饧豆祀灶"[④]。《东京梦华录注》也记载："二十四日交年，都人至夜请僧道看经，备酒果送神，烧合家替代钱纸，帖灶马于灶上，以酒糟涂抹灶门，谓之'醉司命'。"[⑤]范成大的《祭灶词》描写民间送灶风俗特别生动：

---

① 王楙撰，储玲玲整理：《野客丛书》卷 20，人物名字不同，《全宋笔记》第六编第六册，郑州：大象出版社，2013 年，第 265 页。

② （宋）黄震：《黄氏日钞》卷 18《读礼记五 · 礼器第十》，影印文渊阁四库全书本，台北：商务印书馆，1986 年，第 708 册，第 535 页。

③ （宋）周麟之：《海陵集》卷 21《祭灶文》，影印文渊阁四库全书本，台北：商务印书馆，1986 年，第 1142 册，第 170 页。

④ （宋）孟元老：《梦粱录》卷 6，十二月，第 45 页。

⑤ （宋）孟元老撰，邓之诚注：《东京梦华录注》卷 10，十二月，第 249 页。

古传腊月二十四，灶君朝天欲言事。云车风马小留连，家有杯盘丰典祀。猪头烂热双鱼鲜，豆沙甘松粉饵团。男儿酌献女儿避，酹酒烧钱灶君喜。“婢子斗争君莫闻，猫犬触秽君莫嗔；送君醉饱登天门，杓长杓短勿复云，乞取利市归来分！”①

可见，祭灶王爷不仅要好吃好喝的供着，还要酹酒烧钱说尽好话，希望他不要将家里发生的婢子斗争、猫犬触秽之类的坏事向上报告。最有意思的是要涂抹酒糟在灶门上，据说这是为了让灶王爷吃得醉醺醺的，上天庭汇报的时候想不起什么坏事情来。还有人用饴饧祭灶，也是想粘住灶王的嘴，免得他到天帝处乱说。

仅在过年的时候讨好灶王爷是不够的，一年当中，若有什么变故发生都要向灶王爷报告备案。《酉阳杂俎》记唐代婚礼：“妇人入门先拜猪樴及灶。”②《说郛三种》引嘉莲燕语曰：

吴俗迁居，预作饭米，下置猪脏共煮之。及进宅，使婢以箸掘之，名曰“掘藏”，阖门上下俱与酒饭及脏，谓之“散藏”，欢会竟日。后人复命婢临掘向灶祝曰：“自入是宅，大小维康，掘藏致富，福禄无疆。”掘脏先祭灶神，然后食。③

无论是结婚还是乔迁，都要向灶君祝祷、献祭，祈求安康，新生活才能过得安心、安逸。其实，人们这么做，多少是有些无可奈何的，就如曾慥《类说》引王叡《炙毂子》言：“今世祭井灶门戸箕帚臼杵者，非以其神为能享之也，惧顽其德烦苦之无已也。”④

自然，向天庭汇报不是灶神的全部职责，作为家庭保护神，他的作用是多方面的，刘斧《青琐高议》记载了一则故事：

公（彭介）晚年授郴州刺史，到家岁余，中夜如厕，见庖廊下有灯，公谓女使未寝。俄闻呼斥，若呵责人，公乃潜往，自牖窥之。有乌衣朱冠者，箕踞坐前，箠挞一人，公亦不知神鬼，乃推户而入。他皆散去，惟乌衣起而揖公，公视其面，苍然焦黑，不类人。公知其异，乃安定神室而问之：“子何人也，而居此？”乌衣者云：“我，公之属吏；公，吾之主人。某即灶神。”公曰：“适所谴责者何人？”神曰：“饥饿无主之鬼，入公厩庖窃食耳。”公曰：“饿而盗食，汝何责之深也？”

① （宋）范成大：《范石湖集》卷30，祭灶词，《范石湖集》，上海：上海古籍出版社，1981年，第410—411页。
② （唐）段成式撰，方南生点校：《酉阳杂俎》前集卷1，礼异，北京：中华书局，1981年，第8页。
③ （明）陶宗仪等编：《说郛三种》第四册，“嘉莲燕语”，上海：上海古籍出版社，1988年，第1454页。
④ 曾慥：《类说》卷25引《炙毂子》，祭井灶等神，影印文渊阁四库全书本，台北：商务印书馆，1986年，第873册，第428页。

> 神曰："吾主内外事，酉刻则出巡，遇魑魅魍魉皆逐之，此吾职也。"神曰："在吾境内，无主之鬼，日受饥冻。公能春秋于临水处，多为酒肉祭之，其为德不细。无主之骨，择土掩之，其赐甚厚。若有灾患，此属必能展力。"乌衣云："吾职虽微，权实颇著。公之目下，当有微恙。公归，当急服牛黄，以生犀致（置）鼻中，即无患。"公至堂仆地，侍者引起，乃如所言而服之，方愈。
>
> 后公如其言，祭饿鬼于水滨，葬遗骨于高原。公没，灵柩归长沙。空中闻百人泣声，人曰："无主之鬼，感恩而泣彭公。"移时乃灭。[①]

这一故事反映了几个问题：（1）灶神兼管内外，"权实颇著"。（2）灶神能治鬼，且对损害本家庭利益的鬼处罚很严。（3）灶神能提出建议，引导主人做善事。（4）灶神能预知疾病，并且懂得医治方法。如此一个具有多种作为的灶神，确实足以担负起家庭保护神的职责。

灶神还能拯救主人于危难之中，洪迈《夷坚志·丁志》记载了这样一个传说：

> 南城杨氏，家颇富。长子不肖，父逐之。天寒无所向，入所贮牛藁屋中，藉草而寝，霜重月明，寒不得寐。忽一虎跃而来，翼从数鬼，皆伥也，直趋屋所，取草鼓舞为戏。子不敢喘。俄黑云劲风，咫尺翳暝，虎若被物逐，仓黄走，众伥亦散。既，神人传呼而至，命唤土地神。老叟出拜，神人责之曰："汝受杨氏祭祀有年矣，公纵虎为暴，郎君几为所食，致烦吾出神兵驱之，汝可谓不职矣！吾乃其家灶君司命也，汝识乎？"土地谢罪而退。明日起视，外有虎迹，草皆散掷地上。后其父怒解，子得归，具言之，由是事灶益谨。[②]

可见，灶神不仅能"上天言好事"，还能"下界保平安"，人们希望他收了自家香火，就能保全家安康。承担着如此重托的灶神，享受着人们日益恭谨的供奉与祭祀，想必也是心安理得的。

三、中霤神崇拜

中霤，王充解释为"人所托处"，是专主宅室的土神。据唐邱光庭所言："或问社

① 刘斧撰，李国强整理：《青琐高议》前集卷1《彭郎中记（彭介见灶神治鬼）》，《全宋笔记》第二编第二册，郑州：大象出版社，2006年，第15—16页。

② （宋）洪迈撰，何卓点校：《夷坚志·丁志》卷20《杨氏灶神》，第703—704页。

之始，答曰：‘始于上古穴居之时也。’故《礼记》云‘家主中霤而国主社者’。古人掘地而居，开中取明，雨水霤入，谓之中霤。言土神所在皆得祭之，在家为中霤，在国为社也。”[①]意思是，土地神于国家就是“社”，在家庭就是“中霤”，家室虽小，也不能无视于土地神的存在。

中霤所处，据叶廷珪《海录碎事》曰：“古者穴居，故名室中为中霤。”[②]程大昌《演繁露》说得更具体：“以今人家准之，则堂中有天井处也。”[③]无论是室中还是天井，中霤应该是处于家之中央，所以祀典规定祭中霤是在“庙庭之中”，且“制心于俎”，即取牺牲的心脏作为供品。可见，在五祀之中，中霤的地位还是很特殊的。中霤在本质上属于土地神，但古代“五祀”既然把中霤列于其中，显然是将其归为家内神的。

与门神护门、灶神掌灶不同，中霤神似乎没有什么具体的执掌，但事实上，中霤也管得很宽。何薳《春渚纪闻》曰：“中霤之神，实司一家之事，而阴佑于人者，晨夕香火之奉，故不可不尽诚敬。”[④]何薳的想法代表了宋人对中霤神的认识，他列举的几件事，很能够反映中霤神的实际职能：

其一曰：

> 庄仆陈青者，睡中多为阴府驱令收摄死者魂识，云每奉符至追者之门，则中霤之神先收讯问，不许擅入。青乃出符示之，审验反复得实，而后鞶鬉而入。青于门外呼死者姓名，则其神魂已随青往矣。[⑤]

此例是说中霤神掌门，尤其是为主人把住生死之门，若有阴府遣使来收魂，一定要反复验看有关公文，确定无误后才首肯，而阴使最终也只能在府门外摄死者之魂。

其二曰：

> 建安李明仲秀才山居，偶赴远村会集，醉归侵夜，仆从不随，中道为山鬼推堕涧仄，醉不能支。因熟睡中其神径还其家，见母妻于烛下共坐，乃于母前声喏，而母略不之应。又以肘撞其妇，亦不之觉。忽见一白髯老人，自中霤而出，揖明

① （唐）丘光庭：《兼明书》卷1《社始》，《丛书集成新编》第11册，台北，新文丰出版公司，1985年，第216页。

② （宋）叶廷珪：《海录碎事》卷21《政事礼仪部·祭祀门·中霤》，影印文渊阁四库全书本，台北：商务印书馆，1986年，921册第864页。

③ （宋）程大昌撰，许沛藻、刘宇整理：《演繁露》卷1《雷》，《全宋笔记》第四编第八册，郑州：大象出版社，2008年，第156页。

④ （宋）何薳撰，张明华点校：《春渚记闻》卷2《中霤神》，北京：中华书局，1983年，第31页。

⑤ （宋）何薳撰，张明华点校：《春渚记闻》卷2《中霤神》，第31页。

> 仲而言曰："主人之身，今为山鬼所害，不亟往则真死矣。"乃拉明仲自家而出，行十里许，见明仲之尸卧涧仄，老人极力自后推之，直呼明仲姓名。明仲忽若睡醒，起坐惊顾，而月色明甚，乃扶路而归，至家已三鼓矣。[1]

此例是说中霤时刻关注着主人的安危，关键时刻能够拯救主人性命。所以李明仲感慨万分，"乃语母妻其故，晨起率家人具酒醴敬谢于神"。

其三曰：

> 朝奉郎刘安行，东州人，每遇啜茶必先酹中霤神而后饮。一夕忽梦一老人告之曰："主人禄命告终，阴符已下而少迟之，幸速处置后事，明日午时不可逾也。"刘起拜老人，且询其谁氏，曰："我主人中霤神也，每承主人酹茶之荐，常思有以致效，今故奉报也。"刘既悟，点计其家事，且语家人神告之详，云："生死去来，理之常也。我自度平生无大过恶，独有一事，吾家厨婢采苹者，执性刚戾，与其辈不足，若我死必不能久留我家，出外则必大狼狈，今当急与求一亲，使之从良，且有所归，则我瞑目矣。"因呼与白金十星，以为资遣。语毕沐浴易服，以俟时至。过午，忽觉少倦，就憩枕间，复梦其神欣跃而告曰："主人今以嫁遣厨婢之事，天帝嘉之，已许延一纪之数矣。"已而睡起安然，后至宣和间无病而卒。[2]

此例是说中霤神能预知生死，并有"奉报"之心。如果不是神预告了刘安行之死期，刘就不可能对厨婢做出妥善安排，其善心也就无从让天帝了解，"延一纪之数"自然也就不可能实现，中霤神在此中的作用大矣哉。自然，不可否认的是，刘安世平日"每遇啜茶，必先酹中霤神而后饮"是重要的因素，这也就证明了何薳所说的对中霤神要"晨夕香火之奉，不可不尽诚敬"的重要性了。

如果说笔记资料多有故事成分在内，那么士大夫正儿八经的祭文应该更能说明问题了。杨简有《祭中霤文》曰："敬告于中霤之神，窃惟阴阳不测之谓神，妙万物之谓神，视之不见、听之不闻，洋洋如在其上、如在其左右之谓神。天以是生，地以是成，人以是诚，中霤以是灵。洞观此机，幽明一心，爰敬爰祀，孰知精祲。尚飨。"[3]杨简不仅认同中霤为神，且肯定了中霤神的灵验，因此，他的"爰敬爰祀"自然是发自内心的了。

---

① （宋）何薳撰，张明华点校：《春渚记闻》卷2《中霤神》第31页。
② （宋）何薳撰，张明华点校：《春渚记闻》卷2《中霤神》第31—32页。
③ （宋）杨简：《慈湖遗书》续集卷1，四明丛书影印本，第8页。

四、井神崇拜

水对于人类生存和生活的意义实在重大，因此，在中国民间，凡有水源的地方就有司水之神。就这个意义而言，当人们学会在住宅内开挖水井起，就应该有了井神崇拜，这个时期，不会晚于商周。井神直接关系到人们的日常生活，理应与门、灶、中霤等享受同等香火，但历代对于“井神”与“行神”究竟谁更有资格列入“五祀”始终没有确论，汉魏时期的“五祀”祭井，而隋唐时期又废井祭行，宋沿唐制，于是，宋代关于井神崇拜的资料比较少，但事实上，井神崇拜并没有因为祀典礼上的废立而彻底消亡，在民间，还是有一定影响的。

传说中的井神多以女性形象出现，这与井水为居家饮食之必须，而炊事多由女性操持有关。宋代的井神并无公认的人物身份和形象，就如《春渚纪闻》所断言的：“凡世人至忠至孝及贞廉之士，与夫有一善可录者，死有所补授。如花木之神，井泉之监，不可不知也。”[①]各地的小神人物身份多与当地的风物历史相关。不过，出土文物倒是记录了南方地区井神的相貌形象，1994 年，江苏省镇江市大市口的一口古井中出土了一男一女两尊南宋井神陶塑，男井神高 20.5 厘米，女井神高 19.5 厘米，皆眉眼弯曲，笑容满面，颇具邻家大叔大婶的气韵。两尊井神出土时分置于井壁下部两个相对的砖砌壁龛内，有学者认为它是民间借用了寒山、拾得的造型供奉于水井壁龛，以负监井司泉之责。[②]

井神的职掌自然是保证井水的源源不断及水质纯净，宋人在凿新井、淘古井之时就要向井神祈祷。晁补之有《新居凿井告神文》曰：

> 补之相宅此地，实故民居弃壤而无井饮。民弃已取，凡以不争，然叩门户而求水，则亦病矣。吉日丁卯，位不触禁，爰具畚锸，有谒于神。神惠听之，假方仗土，俾冽而食，则岂惟其室是赖，亦用匃幕以仁四邻。神之休，如井不匮。尚飨。[③]

晁补之以民之弃宅为居，为避免求水扰邻，决定于新居凿井，为此特向井神祷告，求神恩赐清冽之井水，并保证将以惠及四邻。

---

① （宋）何薳撰，张明华点校：《春渚记闻》卷 4《花木神井泉监》，第 62—63 页。

② 张剑：《镇江出土的宋代陶塑》，《收藏》2010 年第 11 期。

③ （宋）晁补之：《鸡肋集》卷 61，四部丛刊初编本，第 12 页

南宋李石于绍兴年间任太学博士，又罢为成都学官，曾作《府学祭井祝文》一篇曰：

石到官未几，士子以阙饮告，为掘二井，随祷而获，新甃既成矣。岂惟神哀其愚，以罪废来此，默有以相其衷，盖亦知朝廷惠训，仁义之泽，士子不可一日无食，爰荐芳甘，以侈神无穷之赐。[①]

南宋王之道也一向信奉井神，曾作《祭井神文》，称井神之功德滂被，一旦得井神护佑，则有“不汲不盈，愈汲愈出”之井水享用。他在靖康元年（1126 年）金兵南侵时率乡人退保胡避山，为保证众人饮食起居，还特意撰写了《胡避山祭井文》，祈求井神保佑井水源源不断。[②]

上述数人都是为官一方、颇具文名的士大夫，却不约而同地都信奉井神，可见，井神虽然在神谱上的地位微不足道，但井神崇信并不见得全是村夫野老的大俗行为。就与人们日常生活的相关度及重要性而言，井神若拥有与灶神同等的地位，也是说得过去的。

五、厕 神 崇 拜

厕神虽然没资格跻身于“五祀”“七祀”之列，但宋代的厕神却以其凄婉的身世传说和多方面的才能，有着相当广泛的影响，并成为从士大夫到庶民都认可的家内神之一。

早期的司厕之神并不统一，有说是后帝的，也有说是西汉被扔于厕间为“人彘”之戚夫人的。比较有影响的厕神传说是六朝时期形成的，南朝宋刘敬叔的《异苑》曰：“世有紫姑神，古来相传，云是人家妾，为大妇所嫉，每以秽事相次役，正月十五日感激而死，故世人以其日作其形，夜于厕间或猪栏边迎之……能占众事，卜未来蚕桑。”[③]梁宗懔的《荆楚岁时记》也有“其夕（正月十五日）迎紫姑，以卜将来蚕桑，并占众事”的记载。并称“俗云：溷厕之间必须静，然后致紫姑。”[④]

唐宋时期，有关紫姑神身世的传说愈发丰满，苏东坡撰的《紫姑神记》如此说：

---

①（宋）李石：《方舟集》卷 14，四库全书珍本初集本，第 27 页。

②（宋）王之道：《相山集》卷 28，四库全书珍本初集本，第 4—5 页。

③（宋）刘敬叔：《异苑》卷 5，影印文渊阁四库全书本，台北：商务印书馆，1986 年，第 1042 册，第 522 页。

④（南朝）宗懔：《荊楚岁时记》，影印文渊阁四库全书本，台北：商务印书馆，1986 年，第 589 册，第 18 页。

（元丰三年）有神降于州之侨人郭氏之第，与人言如响，且善赋诗……予往观之，则衣草木为妇人，而置箸手中，二小童子扶焉。以箸画字曰："妾，寿阳人也，姓何氏，名媚，字丽卿。自幼知读书属文，为伶人妇。唐垂拱中，寿阳刺史害妾夫，纳妾为侍书，而其妻妒悍甚，见杀于厕。妾虽死不敢诉也，而天使见之，为直其冤，且使有所识于人间。盖世所谓子姑神者，其类甚众，然未有如妾之卓然者也……"[①]

《古今图书集成·神异录》卷 4 引佚名之《显异录》也有相似记载。可见，厕神为一身世坎坷、地位低下之女性神的说法在唐宋时期已经完全定型了。

虽然是厕神，但宋代对于紫姑神专司厕事的记载却不多见，相反，这位厕神具备了扶乩占卜、文章歌诗等许多才能，很受人们欢迎，因此紫姑"出场"机会很多。《梦溪笔谈》记载：

旧俗，正月望夜迎厕神，谓之紫姑。亦不必正月，常时皆可召。予少时见小儿辈等闲则召之以为嬉笑。亲戚间曾有召之而不肯去者，两见有此，自后遂不敢召。……近岁迎紫姑仙者极多，大率多能文章歌诗，有极工者，予屡见之。多自称"蓬莱谪仙"。医卜无所不能，棋与国手为敌。[②]

可见，是紫姑的"无所不能"使得她原本的社会功能发生了变化。

多数人家请紫姑是因为她的"先知"能力，说她"每谈未来事，未尝不验"[③]。从《异苑》和《荆楚岁时记》所记可知，六朝以来，紫姑是以卜"未来农桑"为主的，有学者以为这是因为古代农业经济"崇肥"，蚕桑经济又以女性劳动力为主，因此紫姑作为主管厕事的女性神，被赋予预知农桑的能力是很顺理成章的。然而，宋人对紫姑先知的热衷，有了很大的拓展。闺中女性往往通过请紫姑诉离情、卜归期，如陆游《无题》"迎得紫姑占近信，裁成白纻寄征衣"；欧阳修《蓦山溪》"应卜紫姑神，问归期，相思望断。天涯情绪"之类的请紫姑占卜活动，屡见于宋人诗文。而宋代文人士大夫对于紫姑的先知，则往往寄托着更为"高大上"的企盼。《夷坚志·支志》记录了士子请紫姑预测科举试题的故事：

---

① （宋）苏轼撰，孔凡礼点校：《苏轼文集》卷 12《子姑神记》，北京：中华书局，1986 年，第 406—407 页。

② （宋）沈括著，胡道静校证：《梦溪笔谈校证（下）》卷 21《异事》，第 685—686 页。

③ （宋）洪迈撰，何卓点校：《夷坚志·支志》景集卷 6《西安紫姑》，第 928 页。

莆田方翥次云，绍兴丁巳秋，将赴乡举。常日能邀致紫姑神，于是以题目为问。神不肯告，曰："天机不可泄。"又炷香酌酒，祷请数四，乃书"中和"二字。翥时方年十八岁，习词赋，遂遍行搜索，如"天子建中和之极"、"致中和天地位"、"以礼乐教中和"、"中和在哲民情"，如此之类，凡可作题者，悉预为之。是岁以举子多，分为两场。其赋作前题曰《中兴日月可冀》，后题曰《和戎国之福》，始悟所告。翥试前赋，中魁选。①

又庞元英的《文昌杂录》记载了元丰改制前的一件事：

（五年九月），礼部谢侍郎言：昨以谏议大夫知潭州，岁正月，家人迎紫姑神为戏。是时官制未颁，升改之名莫有知者，家人戏问紫姑，将来迁何官，乃画地作"太中"字，了不详所以。明年，遂改太中大夫。唐义问家事，紫姑最灵，在京南问得何差遣，写"京西转运"四字，已而果除京西转运判官。何其异邪？②

《夷坚志·乙志》"吕少霞"条也记载了紫姑神以韦应物"书后欲题三百颗，洞庭须待满林霜"诗句中的"洞庭"，暗示卜主徐琰未来将出仕吴县县令的故事。③中举为官，是宋代士人最为关心的事情，故而宋代读书人不嫌厕神地位低下又涉及秽事，不惜"炷香酌酒，祷请数四"，百般求得紫姑神之示下。所幸紫姑也不乏"灵验"之时，常有卜主"中魁选""左迁"之类的事发生，因此引得更多人对紫姑"用两手扶一箕箕，头插一箸，画灰盘作字，加笔于箸上，则能写纸，与人应答"④的名为占卜，实已发展为扶乩的显灵方法趋之若鹜，宋代笔记中这类记载并不少见。

紫姑还能降神。所谓降神，是通过一定法术请来神明或死者亡灵出现于仪式现场，与生者沟通，一般为怀念死去亲人的丧家采用。赵叔问《肯綮录》记载说：

常州酒官郑思永为予言，岳飞死之明年，因元夕会饮士，失器皿。库官数人相与请紫姑神卜之。方焚香，箕已重不可举，忽大书曰："辛苦提兵十二秋，功多怨少未为雠。主恩未报遭谗谤，幽壤含悲暗点头。"其后乃书飞押字也。库官辈识之，初不知飞坐狱及死于除夜也。泣而祷曰："观押字，乃是相公押字，相公别无可否？"自是不复再书。又明年，军人有来临安请衣粮者，茶肆中偶与人

① （宋）洪迈撰，何卓点校：《夷坚志·支志》戊集卷2《方翥招紫姑》，第1065—1066页。
② （宋）庞元英撰，金圆整理：《文昌杂录》卷1，《全宋笔记》第二编第四册，郑州：大象出版社，2006年，第124页。
③ （宋）洪迈撰，何卓点校：《夷坚志·乙志》卷18，吕少霞条，第338页。
④ （宋）朱彧撰，李伟国整理：《萍洲可谈》卷3，《全宋笔记》第二编第六册，郑州：大象出版社，2006年，第173页。

言，遂为逻事者所捕以送棘寺。穷究其狱，库官并吏辈数人皆追逮流窜焉。思永时为棘寺推司。[1]

郭象《睽车志》也有相似之记载，不过后文明确指出是“丞相秦公闻而恶之，擒治其徒，流窜者数人，有死者”[2]。这种降神术，多体现与死者相关之人的感情和思虑。岳飞之死，天怒人怨，紫姑的乩文，不过是反映了当时军将、百姓的心声，难怪秦桧要“闻而恶之”，大加惩治了。

宋代传说中的紫姑，聪慧博学，能书画，善诗文，应对敏捷，出人意表，因此，本是一个卑微家内小神的她，因具有了多彩的文化内涵，居然就登堂入室，在文人士大夫的圈子里混得风生水起，十分得意。《春渚纪闻》记载了一则有关紫姑善书法的故事：

政和二年，襄邑民因上元请紫姑神为戏。既书纸间，其字径丈。或问之曰：“汝更能大书否？”即书曰：“请连黏襄表二百幅，当为作一‘福’字。”或曰：“纸易耳，安得许大笔也？”曰：“请用麻皮十斤缚作，令径二尺许，墨浆以大器贮，备濡染也。”诸好事因集纸笔，就一富人麦场，铺展聚观。神至，书云：“请一人系笔于项。”其人不觉身之腾踔，往来场间，须臾字成，端丽如颜书。复取小笔书于纸角云“持往宣德门卖钱五百贯”文。既而县以妖捕群集之人，大府闻之，取就鞠治，讫无他状，即具奏知。有旨令就后苑再书验之。上皇为幸苑中临视，乃书一“庆”字，与前书“福”字，大小相称，字体亦同。上皇大奇之，因令于襄邑择地建祠，岁祀之。[3]

紫姑借助人体腾跃，写成极大字，还“端丽如颜体”，怎不令人咋舌！难怪当地官府会认为是妖。也幸亏惊动了太上皇，才因祸得福，得以“建祠岁祀”之。

有关紫姑善诗文的记载就更多了，《夷坚志·支志》有紫姑咏手的故事：

吉州人家邀紫姑，正作诗，适有美女子在其傍，因请咏手，即书曰：“笑折夭桃力不禁，时攀杨柳弄春阴。管弦曲里传声慢，星月楼前敛拜深。绣幕偷回双舞袖，绿衣闲整小眉心。秋来几度挑罗袜，为忆相思放却针。”信笔而成，殊不

① （宋）赵叔问撰，戴建国、赵龙整理：《肯綮录》之《紫姑神狱》，《全宋笔记》第三编第六册，郑州：大象出版社，2008年，第143页。

② （宋）徐铉、郭象撰，傅成、李梦生校点：《睽车志》卷1，上海：上海古籍出版社，2012年，第100页。

③ （宋）何薳撰，张明华点校：《春渚记闻》卷4《紫姑大书字》，第64页。

思索，颇有雅致也。[1]

又有紫姑赋诗悼陈元的故事：

侯官陈元，居县之甘洲，以进士第二人登科，未食禄而卒。癸志尝载其三梦。既没二年，乡士请紫姑仙，得两字曰“陈元”，复书一诗曰：“月桂曾攀第二枝，绿袍得意拂丹墀。不沾雨露空归去，折断连环多少悲。”盖陈巍捷之后，方娶妻，才为夫妇月余而永诀，故卒章不能忘，亦可哀也。[2]

还有紫姑以诗文戏书生的故事也很生动，说的是书生江楠认为紫姑占卜乃伪托惑众，弗信。紫姑神就在乩文中先后引《晋书》《唐书》《史记》《后汉书》中有关粥事的典故，戏讽江楠嫖宿于一家世卖粥、绰号“蓝粥”的蓝姓官妓处。[3]故事中的紫姑不仅熟读诗文，典故随手拈来，还对江楠的行踪了如指掌，堪称神力才艺兼具。

紫姑，一女性神，一司厕事的家内神，原本多由深宅妇女祭拜，紫姑占卜也只是作为妇女们暇日的娱乐活动而存在。但是在宋代民间，尤其是在宋代士大夫阶层居然有如此大的影响，吟咏紫姑的诗文屡见不鲜，这实在是不寻常而又值得深思的现象。

宋代的家内神信仰，折射出经历了唐宋之际社会、文化巨大变革后的宋代在宗教观念和信仰习俗方面呈现的若干新特点。随着城市的发展和经济的多元化，人们的社会生活更趋丰富，与之相应，信仰习俗也更加复杂。包括家内神在内的一些古老的信仰崇拜没有退出历史舞台，相反由于社会各阶层的需要而得以充实和发展。宋王朝的宗教政策不仅使佛、道二教获得发展良机，在民间广泛传播。也使得包括佛道在内的各种信仰皆呈现“民俗化”的演变趋势，与世俗社会的现实需要结合得更加紧密，充分展现了民间信仰“功利性”特点。而原始崇拜所具有的神秘虚妄色彩至宋代有所淡化，诸多信仰活动和崇奉仪式中已增添了不少俗世情趣和生活气息。这些，在宋代的家内神崇拜习俗中，都有所表现。宋代的家内神崇拜承上启下，展现了具有时代特色的新风貌，同时，也对后世的相关信仰习俗产生了很大的影响。

---

① （宋）洪迈撰，何卓点校：《夷坚志·支志》乙集卷5《紫姑咏手》，第834页。

② （宋）洪迈撰，何卓点校：《夷坚志·支志》丁集卷10《陈元紫姑诗》，第1050页。

③ （宋）洪迈撰，何卓点校：《夷坚志·丁志》卷18《紫姑蓝粥诗》，第687页。

宋代奴婢问题再探讨

戴建国　刘　宇*

唐宋之际，中国社会阶级结构发生了重要变化，门阀士族退出了历史舞台，取而代之的是官僚地主阶级，成为统治阶级的主体。与之呈互动态势的是，社会下层劳动者的身份有所提高，原先有着很强人身依附关系的贱民阶层向自由民转变。关于此问题，学术界已有不少成果。①此前，笔者曾就宋代奴婢的成分及其法律地位阐述过看法。②当时限于篇幅，有些问题未能展开。这里就宋代的奴婢典卖，以及婢、妾身份的混同合一问题再作一补充研究。

一、从唐五代的典身到宋代的奴婢典卖

唐中叶以降，奴婢雇佣化倾向逐渐显现出来。关于唐五代奴婢的雇佣化趋势，有不少学者做了研究。李天石先生对这种趋势下出现的典身性质作了论述，指出典身身上“已出现明显的雇佣化倾向”，“典身是沦为正式奴仆之前的过渡阶段”。③唐末五代的典身问题，对于研究唐宋变革期奴婢身份的变化有着重要价值。李氏的论述给人以意犹未尽之感，尚有进一步探讨的必要。为便于讨论，兹先将敦煌文书中两件比较完整的关于典身的材料引述如下：

P.3964 号《乙未年（935？）塑匠赵僧子典男契》：

1　乙未年十一月三日立契，塑匠都料赵僧子，伏缘家中户内有地
2　水出来，阙少手上工物，无地方觅。今有腹生男苟子，只（质）典与
3　亲家翁贤者李千定。断作典直价数，麦贰拾硕，粟贰

* 戴建国，上海师范大学古籍整理研究所教授；刘宇，上海师范大学古籍整理研究所讲师。

① 代表性的成果参见王曾瑜：《宋朝阶级结构》，石家庄：河北教育出版社，1996 年，第 498—524 页；郭东旭：《论宋代婢仆的社会地位》，《河北大学学报》（哲学社会科学版）1993 年第 3 期；杨际平：《唐宋时期奴婢制度的变化》，张国刚主编：《中国社会历史评论》第 4 辑，北京：商务印书馆，2002 年，第 57—64 页；李天石：《中国中古良贱身份制度研究》，南京：南京师范大学出版社，2004 年。

② 戴建国：《“主仆名分”与宋代奴婢的法律地位——唐宋变革时期阶级结构研究之一》，《历史研究》2004 年第 4 期，第 55—73 页。

③ 李天石：《中国中古良贱身份制度研究》，第 412—419 页。

4 拾硕。自典已后，人无雇价，物无利润。如或典人苟子身上病
5 疾疮出病死者，一仰兄佛奴面上取于本物。若有畔上及城
6 内偷劫高下之时，仰在苟子祇当。忽若恐怕人无凭信，
7 车无明月，二此之间，两情不和，限至陆年。其限满足，容许
8 修（收）赎。若不满之时，不喜（许）修（收）赎。伏恐后时交加，故立此
9 契，用为后凭。

只（质）典身男苟子（押）
只（质）典口承兄佛奴（押）
……

P.3150 号《癸卯年（943？）慈惠乡百姓吴庆顺典身契》：

1 癸卯年十月廿八日，慈惠乡百姓吴庆顺兄弟三人商拟（议），为缘
2 家中贫乏，欠负广深，今将庆顺己身典在龙兴寺索
3 僧政家。见取麦壹拾硕，黄麻壹硕陆斗，准麦叁硕
4 贰斗，又取粟玖硕，更无交加，自取物后，人无雇价，物无
5 利头，便任索家驱驰。比至还得物日，不许左右。或若到
6 家被恶人拘卷，盗切（窃）他人牛羊园菜麦粟，一仰庆顺
7 祇当，不忓主人之事。或若兄弟相争，延引抛功，便同雇
8 人逐日加物叁斗。如若主人不在，所有农遗失，亦仰庆顺
9 填倍（赔）。或若疮出病死，其物本在，仰二弟填还。两共面
10 对，商量为定。恐人无信，故立此契，用为后凭。
11 又麦壹硕粟贰斗，恐人不信，只（质）典兄吴庆顺（押）
12 押字为凭。叔吴佛婢（押）吴 同取物口承弟吴万升（押）
同取物口承兄吴庆信（押）
口承见人房叔吴佛婢 吴
见人安寺主（押）①

这两件典身契约文书涉及的被典人都是良人。第一件契约规定了典期，第二件没有规定，只是提到了典买人取得出典人还来的用作典价的物品时，典身人才能获得自由。两件典身契约都写有“人无雇价，物无利润（头）”。这样的文字在敦煌的另一件《王

① 以上两件敦煌文书，俱载沙知：《敦煌契约文书辑校》，南京：江苏古籍出版社，1998 年，第 349—352 页。

午年（982）慈惠乡郭定成典身契》（S.1398 号）中也有。[①]所谓“人无雇价”，是说典身人在被典期间，不产生雇佣报酬；而“物无利润（头）”，是指出典人不必为作为典价的麦、粟等物品支付利息。这种典身实际上是一种典权，即典买人支付典价，占有他人典物的一种他物权。只不过在这里，他人典物的物质形态换成了人。典权的主要特征为：出典人获得典价而不必向典买人支付利息；典买人有权对典物进行使用或支配收益而不付租金。

值得注意的是，在敦煌出典地契中也有类似的典权文书，如 S.0466 号《后周广顺三年（953）莫高乡百姓章祐兄弟出典地契》云：“物无利头，地无雇价。”[②]可见典权，不管是典身还是典地，本质是一样的，都属于典买人支付典价，占有出典人典物加以使用，获得收益的关系。典价是出典人从典买人那里一次性融通而得的钱物，是出典人为了取得典价而产生的一种交易行为。典价具有借款属性，而典身具有担保典价偿还的功能。典身被典买人使用，本身具有收益作用，故一旦典身回赎，典买人不得就典价寻求利息；典买人既不得寻求利息，则出典人也不得就典身寻求雇价，况且出典人已享用了典价收益权，即典买人以免典价的利息换得典物的用益权。“人无雇价”与“物无利头”是相对应的，构成典权制度的一个重要特征。

关于典与雇的区别，从敦煌文书来看，典契和雇契都是由出典人或受雇人立契签押，是一种买方市场，但典契关系与当时的雇契关系不同。我们在敦煌文书的雇契中找不到类似于“人无雇价，物无利头”的规定。典身与雇佣不同点在于前者的报酬通常为一次性偿付，而后者为分期支付。例如 P.2887 号《乙卯年（955）莫高乡百姓孟再定雇工契》云：“雇龙勒乡百［姓］马富郎弟盈德一年造作，断作价值，每月断物捌斗。”[③]又如 S.3011 号文书背《辛酉年（961）神沙乡百姓李继昌雇工契》：“雇慈惠乡百姓吴再通男住儿造作一年。断作月价，每月麦粟众（中）亭一驮，见与春三个月价，更残六个月价，秋［后］填还。”[④]契书中都规定了每月的雇价，而且雇价往往不是一次性先付清的，采取的是逐时支付方式，更多的是雇佣期满后结算。换言之，雇工的报酬不像典身那样，先一次性取得典价。雇工是“计工折酬”，在雇佣期间内，如果未能履行契约规定的义务，“抛工一日，克物贰斗”[⑤]，“忙时抛工壹日，克物贰斗，闲时抛工一日，克物一斗”[⑥]。

---

① 沙知：《敦煌契约文书辑校》，第 353 页，此外尚有一件敦煌典身契《辛巳年（921？）洪池乡百姓何通子典男契》（北余 81 背），因文字残缺过多，不清楚是否也有同样的文字。

② 沙知：《敦煌契约文书辑校》，第 339 页。

③ 沙知：《敦煌契约文书辑校》，第 274 页。

④ 沙知：《敦煌契约文书辑校》，第 278 页。

⑤《丁巳年（957）莫高乡百姓贺保定雇工契》（P.3649 背），沙知：《敦煌契约文书辑校》，第 276 页。

⑥《甲戌年（974）慈惠乡百姓窦跛蹄雇工契》（北生 25 背），沙知：《敦煌契约文书辑校》，第 280 页。

典身与雇工，在相关的交易契约中都规定了被典、被雇的期限，这表明他们的自由民身份并没有丧失。这与唐时期作为贱民奴婢的买卖不同，后者通常是永久性地从某一主人转归另一主人。敦煌文书中保存的四件典身契属于五代时期。[①]它们的出现与雇佣契的大量出现一样，无疑是唐中叶以来社会发展的结果。后周广顺二年（952年），开封府奏报：

> 商贾及诸色人等诉称：被牙人店主人引领百姓，赊买财货，违限不还其价。亦有将物去，便与牙人设计，公然隐没。又庄宅牙人，亦多与有物业人通情，重叠将店宅立契典当，或虚指别人产业，或浮造屋舍，伪称祖父所置。更有卑幼骨肉，不问家长，衷私典卖，及将倚当取债，或是骨肉物业，自己不合有分，倚强凌弱，公行典卖。牙人钱主，通同蒙昧，致有争讼。[②]

唐后期及五代大量出现的田宅典卖交易形态，随着商品经济发展必然反映到劳动力市场上来。

入宋以后，这种典身式的交易现象仍然存在，并未消失，宋通常称之为"典卖"。宋代财产买卖分典卖和绝卖两种，前者财产所有权并不转移，后者是一种所有权转移的交易。典卖价通常低于绝卖价。宋代常出现先典后卖现象，出典人无力赎回出典物时，可以就典出卖，要求典买人补足绝卖价钱，而将出典物所有权永久出让给典买人。[③]宋人话本《错斩崔宁》中有一段关于典卖妾的材料：

> （刘官人）便道："……只是我一时无奈，没计可施，只得把你典与一个客人。又舍不得你，只典得十五贯钱。若是我有些好处，加利赎你回来；若是照前这般不顺溜，只索罢了。"[④]

材料中说的是临安府商人刘贵（刘官人），醉酒后对其妾陈二姐开玩笑的话。"典得十五贯钱"，指的是典价，反映了当时存在典卖婢妾这种形式。

关于典卖，宋代契约中必须明言典卖年限。在年限未到之前，出典人不得赎回被典人。不过所谓典卖年限，仅是被典人无偿劳动的年限，至于限满之后出典人赎回被

① 李天石：《敦煌所出诸卖身典身契约年代考》，《敦煌学辑刊》1998年第1期。

② （清）董诰等编：《全唐文》卷973《请禁业主牙人陵弱商贾奏》，北京：中华书局，1983年，第10094页。

③ 关于宋代典权，参见陈志英：《宋代物权关系研究》，北京：中国社会科学出版社，2006年，第140—148页。

④ 《京本通俗小说》卷15，《古本小说集成》，北京：上海古籍出版社，1990年，第162页。按：关于宋人话本《错斩崔宁》，参见萧相恺：《宋元小说史》，杭州：浙江古籍出版社，1997年，第131—133页；张兵：《宋辽金元小说史》，上海：复旦大学出版社，2001年，第154—158页。

典人的时间，却不作限制。关于这个问题，我们发现前述敦煌所出的五代时期的典身契便是很好的例证。《赵僧子典男契》云："限至陆年，其限满足，容许修（收）赎。"《吴庆顺典身契》曰："比至还得物日，不许左右。"这两件典契都没有规定出典人赎回被典人的下限。换言之，典卖年限到期后，出典人随时可以赎回。宋政权建立后，太祖皇帝于建隆三年（962年）十二月颁布的一件敕书载：

> 今后应典及倚当庄宅、物业与人，限外虽经年深，元契见在，契头虽已亡没，其有亲的子孙及有分骨肉，证验显然者，不限年岁，并许收赎。如是典当限外，经三十年后，并无文契，及虽执文契，难辨真虚者，不在论理收赎之限，见佃主一任典卖。①

敕书规定，典、当限期外（收赎的上限）只要有确凿的证验，不计时间长短，皆可收赎。例如《名公书判清明集》载有一出典人之子范鄘于其父典田后二十年，要求赎回所典田案例，范鄘的诉求得到了法官支持。②

典卖与雇卖不同点还在于，典卖规定的雇佣期满后，如果出典人不向典买人返回典价，被典人是不能获得自由的；而雇卖就不同，被雇佣人是计工付酬，不存在返还典价的问题，所以一旦约定的雇佣期满后，便获得自由身。

洪迈《夷坚志·支戊》载，南宋绍兴年间饶州德兴人董汉卿孙女流落他乡，父死后被继母"鬻于薛媪，得钱七十千"，籍为官妓。后巧遇表哥，得以赎回嫁人。③"得钱七十千"，当是一次性支付典价的典卖。同书卷10《芜湖王氏痴女》载，临川王氏有一支系居芜湖，其姻亲为刘知县。"刘之家赀在饶者为恶婿所荡，至售其妻为人侍妾。刘母因求还整葺生涯，且营钱赎厥女。"刘知县之女为恶婿卖于人者，实际上也是一种典卖，是可以赎回的，所以刘母要求其子回家设法营业赚钱以赎回其女。如是雇佣买卖，则计工付酬，用不着赚钱赎回。

南宋已不存在法律意义上的贱口奴婢，奴婢的来源都本自良人。南宋淳熙十二年（1185年），建康监榷货务舒从义新买一美妾，"本临安人，父亦有小可名目，为舒省干以厚价买来"。后因过失，为新主人告于平江府，知府"但以付女侩家，而呼其父择婿嫁之"④。这位监榷货务官员花高价典买的妾，家世并不低贱。后在官府干预下，

① （宋）窦仪等撰，吴翊如点校：《宋刑统》卷13《户婚律》典卖指当论竞物业门，北京：中华书局，1984年，第206页。
② 中国社会科学院历史研究所宋辽金元史研究室点校：《名公书判清明集》卷9《典主如不愿断骨合还业主收赎》，北京：中华书局，1987年，第321—322页。
③ （宋）洪迈撰，何卓点校：《夷坚志·支戊》卷9《董汉州孙女》，北京：中华书局，1981年，第1122页。
④ （宋）洪迈撰，何卓点校：《夷坚志·三志辛》卷7《舒榷货妾》，第1434页。

还付签署典卖契约的牙侩之家，退还典价，回到了父母身边。

在宋代的劳动力交易活动中，典卖和雇佣两种形式是并存的。《夷坚支·乙志》卷 2《茶仆崔三》载，黄州市民李十六的奴仆崔三，“月得顾（雇）直不过千钱”，就是计工付酬的雇佣奴仆。洪迈云：“吾乡里昔有小民，朴钝无它技，唯与人佣力受直。族祖家日以三十钱雇之舂谷，凡岁余得钱十四千。”[①]其中说的也是这种计工付酬的雇佣。《夷坚支·丁志》卷 9《张二姐》：“下邳朱邦礼，家于宿预，买少婢曰张二姐。……久之，顾限已满，告辞而去。”此张二姐是朱邦礼出钱雇来的。袁采《袁氏世范》卷 3 有三则材料，叙述了南宋时期雇佣婢仆的问题，其云：

> 以人之妻为婢，年满而送还其夫；以人之女为婢，年满而送还其父母。……
>
> 蓄奴婢，惟本土人最善，盖或有病患，则可责其亲属，为之抚持。……或有婢妾无夫子兄弟可依，仆隶无家可归，念其有劳，不可不养者。……
>
> 雇婢仆，须要牙保分明，牙保又不可令我家人为之也。[②]

这三条讲的是雇佣奴婢及雇佣年限满后的注意事项。在此三条材料之下，袁采紧接着谈了典买奴婢的问题：

> 买婢妾，既已成契，不可不细询其所自来，恐有良人子女，为人所诱略。果然，则即告之官，不可以婢妾还与引来之人，虑残其性命也。
>
> 买婢妾，须问其应典卖不应典卖，如不应典卖，则不可成契。或果穷乏，无所依倚，须令经官自陈，下保审会，方可成契。[③]

值得注意的是，袁采在这两条记事前，凡云奴婢交易称之为“雇”，而此两条则云“买”，反映了当时存在不同的奴婢交易方式，即典卖与雇佣。两者的区别与唐末五代时一样，在于前者须由典买人预先一次性支付典价，后者则分期支付。

所谓典卖，是商品所有权不转移的一种买卖，在土地典卖中，交易人约以一定的期限，期满业主可赎回土地。与之相应的婢妾典卖，也应是一种有期限的非所有权转移性质的买卖。据袁采的说法，如是贫困无依倚人，如无父母、丈夫、则属自典卖，必须经官陈述，由保人担保，买卖关系才能成立。洪迈《夷坚志·丙志》载一侍婢买卖案例：

---

①（宋）洪迈撰，何卓点校：《夷坚志·丙志》卷 11《钱为鼠鸣》，北京：中华书局，1981 年，第 462 页。

②（宋）袁采著，刘云军校注：《袁氏世范》，北京：商务印书馆，2017 年，第 143—144 页。

③（宋）袁采著，刘云军校注：《袁氏世范》，第 144—145 页。

大观中，京师医官耿愚买一侍婢，丽而黠。逾年矣，尝立于门外，小儿过焉，认以为母，眷恋不忍去。婢亦拊怜之，儿归告其父曰："吾母乃在某家。"时其母死既祥矣，父未以为信……携儿谒耿氏之邻，密访婢姓氏，真厥妻也。……耿闻之，怒，诟责之曰："去年买汝时，汝本无夫，有契约牙侩可验，何敢尔？"夫诉诸开封，迹所从来。婢昏然不省忆，但云："因行至一桥，迷失路，为牙媪引去。迫于饥馁，故自鬻。"牙媪亦言："实遇之于广备桥，求归就食，遂鬻以偿欠。"京尹不暇究始末，命夫以余直偿耿氏而取其妻。①

这则故事说一个迷失了路的女子，迫于饥馁，自卖为他人侍婢。类似迷失路而被卖为奴婢的例子很多。绍兴四年（1134 年），御史台言："访闻西北流寓之民，乍到行在，往往不知巷陌，误失人口，其厢巡人不即收领送官，责问本家识认，至被外人用情诱藏在家，恐吓以言，或雇卖与人为奴婢，或折勒为娼者甚众。虽有常法断罪、告赏，缘未曾申严约束，望下临安府措置禁止，常切觉察。"②上述自卖女子是有夫之妇，属良人。自卖是通过中介之牙媪进行的，并与买主签有买卖契约。值得注意的是，这一"自卖"行为是一种什么性质的买卖？是典卖呢，还是雇佣？《宋刑统》卷 20《贼盗律》曰：

准唐天成元年十月三日敕节文：京城诸道，若不是正口，不得私书契卷，辄卖良人。

何谓"正口"，史无明言。《金史》卷 47《食货志》载，大定二十五年，推排定明安穆昆户口田亩牛具数，云："内正口四百八十一万二千六百六十九，奴婢口一百三十四万五千九百六十七。"据此可知，所谓"正口"，当指相对于贱口奴婢的良人百姓。五代后唐天成元年（926 年）敕文所言"正口"，当指有户籍的良人百姓。也就是说，若非良人，不得私自签订契约进行交易。贱口奴婢只是其主人的私有财产，不具有民事权利，不能成为买卖行为主体人，更不能作为契约主体签署人签署契约。入宋以后，贱口奴婢逐渐消亡，具有良人身份的雇佣奴婢替代贱口奴婢成为家内服役者主体，是具有民事责任权利的责任人，可以与他人签订契约。上述《夷坚志·丙志》所言自卖女子之自卖，作为行为主体人身份应是良人。上述自卖女子通过市场牙人，自行典卖，是一种有雇佣期限的典身行为。自卖女约定典身期限，一次性从医官耿氏那儿获得典

---

①（宋）洪迈撰，何卓点校：《夷坚志·丙志》卷 8《耿愚侍婢》，第 435—436 页。

②（清）徐松辑：《宋会要辑稿》刑法 2 之 148，北京：中华书局，1957 年，第 6569 页下。

价。所得典价，因一部分偿还牙媪，所余不够赎身，故京尹命自卖女丈夫补足差额而取回其妻。从中可看出，此女自卖，属于典身，非通常意义的雇佣交易。雇佣是计工折酬，一般来说无须一次性支付工钱。

《名公书判清明集》载蔡久轩一件判词：

> 阿陈之女方于前年十一月雇于郑万七官者七年，止计旧会二百二十千。十二月，便雇与信州牙人徐百二，徐百二随即雇于铅山陈廿九，身子钱已增至七百贯矣。[①]

有学者据此认为："支付身子钱，订立卖身契，这与唐以前的奴婢买卖没有什么区别，其不同处在于雇佣奴婢可以在一定的年限内通过为雇主劳动抵偿身子钱。"[②]笔者以为，这是把典身等同于抵押借贷。所谓"卖过身子钱"，是指典身的典价。阿陈之女的典身价最初是一次性取得二百二十千，典卖年限明确为七年，后阿陈又被转典与徐百二，典价便被抬高了许多。这显然不是那种计工折酬，分期支付佣资的雇佣关系，雇主不可能一次性先支付七年的工钱。因此判词所云"雇"，实际上是一种典卖性质的交易。

上述转典行为，在宋代是允许的。袁采曾云："人户交易，当先凭牙家，素（索）取阄书、砧基，指出丘段围号，就问见佃人，有无界至交加，典卖重叠。……如系转典卖，则必问其元契，已未投印，有无诸般违碍，方可立契。"[③]这就是说，只要有符合法律手续的契约依据，可以转典卖。又《名公书判清明集》载南宋范西堂判词曰：

> 曾沂元典胡元珪田，年限已满，遂将转典与陈增。既典之后，胡元珪却就陈增名下倒祖，曾沂难以收赎。虽是比元钱差减，然乡原体例，各有时价，前后不同。曾沂父存日典田，与今价往往相远，况曾沂元立契自是情愿，难于反悔。若令陈增还足元价，则不愿收买，再令曾沂收赎，无祖可凭，且目今入务已久，不应施行。仍乞使府照会。[④]

此案是说曾沂从胡元珪那里典来田地，年限满后，又将田转典给陈增，后胡元珪直接

① 中国社会科学院历史研究所宋辽金元史研究室点校：《名公书判清明集》卷9《卖过身子钱》，第357页。

② 李天石：《中国中古良贱身份制度研究》，第423页。

③（宋）袁采：《袁氏世范》卷3《田产宜早印契割产》，第156页。

④ 中国社会科学院历史研究所宋辽金元史研究室点校：《名公书判清明集》卷 4《曾沂诉陈增取典田未尽价钱》，第104页。

找到陈增赎回田地，致使曾沂无法按一般的回赎程序，先由曾沂赎回，再返给田地原主人胡元珪。加之曾沂当年从胡元珪那里典田时，典价出的高，而其转典给陈增时，陈增出的典价低，从而造成曾沂实际经济上的损失。

值得注意的是典身与以人身为抵押借贷的区别。学者常举唐柳宗元墓志铭中的一段史料为据，论述唐代典身性质。史载唐朝时，柳州“其俗以男女质钱，约不时赎，子本相侔，则没为奴婢。（柳）子厚与设方计，悉令赎归，其尤贫力不能者，令书其佣，足相当，则使归其质”[①]。柳州的这一风俗实际上是抵押借贷，贷钱计息，到期未能还贷，计算利息，一旦利息与本贷相等，则将抵押者没为奴婢。柳宗元命还不出钱者，给钱主佣作，以计佣折当所贷钱的方式还贷，避免了没为奴婢的困境。

韩愈任袁州刺史时，也有类似柳宗元的举措。《新唐书》卷176《韩愈传》载：“袁人以男女为隶，过期不赎，则没入之。（韩）愈至，悉计庸得赎所没，归之父母七百余人。”韩愈《应所在典贴良人男女等状》云：

> 右准律，不许典贴良人男女作奴婢驱使。臣往任袁州刺史日，检青州界内得七百三十一人，并是良人男女，准律（例）计佣折直，一时放免。原其本末，或因水旱不熟，或因公私债负，逐相典贴，渐以成风，名目虽殊，奴婢不别，鞭笞役使，至死乃休，既乖律文，实亏政理。[②]

所谓“典贴良人男女”，与柳州的“以男女质钱”一样，都是一种抵押借贷。“典犹质也，贴即卖矣。”[③]贫穷良人之家一旦举借高利贷，很容易陷入绝境。故唐律从维护良人利益出发，禁止以良人抵押借贷。法律规定：“诸妄以良人为奴婢，用质债者，各减自相卖罪三等；知情而取者，又减一等。”[④]

至宋代，上述法律规定仍然是有效的。宋太宗至道二年（996年）诏云：“江南、两浙、福建等路州府军监部内，先是贫民负欠富人息钱物，无以偿，没入男女为奴婢者，限诏到，并令检勘，还其父母，敢隐匿者，许邻里告诉，差定其赏焉。”[⑤]贫穷人家借贷地主、高利贷者钱无法偿还，因而将子女抵充为奴婢者，则沦为永久性奴婢，身份很容易转为贱民。政府通过皇帝的诏令，强制返还这些良人子女，对于抑制贱民

---

① （唐）韩愈：《朱文公校昌黎先生文集》卷32《柳子厚墓志铭》，四部丛刊初编本，第4页。
② （唐）韩愈：《朱文公校昌黎先生文集》卷40，第4—5页。
③ 陈景云：《通鉴胡注举正》，影印文渊阁四库全书本，第312册，第385页。
④ （唐）长孙无忌撰，刘俊文点校：《唐律疏议》卷26《杂律》，以良人为奴婢质债条，北京：中华书局，1983年，第486页。
⑤ （宋）钱若水撰，燕永成点校：《宋太宗实录》卷78，至道二年闰七月庚寅条，兰州：甘肃人民出版社，2005年，第187页。

奴隶的生成转化，起到了积极作用。南宋法规定："诸以债负质当人口（虚立人力、女使雇契同），杖一百，人放逐便，钱物不追。情重者，奏裁。"[①]隆兴二年（1164年），潭州黄祖舜言："湖南人户少欠客人盐钱，辄敢折人男女充奴婢。乞以徒罪论断。刑部言：如人户少欠客人盐钱，其客人辄折其男女充奴婢者，欲比附以债负质将人户（口）杖一百、钱物不追条法断罪。"孝宗"从之"。[②]法律禁止以人口作抵押借贷的规定是十分明确的。

论述至此，有一个问题需要回答，即典身典期满后，如果出典人无法偿还最初典买人支付的典价，被典人如何获得自由？笔者以为，可以通过被典人计佣折价来偿付所欠。同时还应指出，被典人是受国家法律保护的具有良人身份的贫民，在宋代禁止将贫民卖为贱口奴婢的历史背景下，对典身来说，不存在如田宅等不动产那样可以就典出卖的商品交易方式。就典出卖的是商品的所有权，而典身的良人属性是不能像商品所有权那样转移的。

总之，前述敦煌文书所载五代典身契，与以良人作抵押的借贷在性质上是有区别的。以良人作抵押借贷，所贷计利息；典身交易是"人无雇价，物无利润"，不计利息。前者交易的结果常常是用作抵押的人身产权发生转移，沦为放贷者的奴婢；后者不产生人身产权的转移，名义上人身权仍旧属于出典人。前者的行为触犯法律，而后者则为法律所允许。

二、宋代婢、妾身份的混同合一

宋代文献中，婢常常和妾连称，反映出宋代婢、妾身份的混同合一。这一现象体现了唐宋之际的社会变化。

在唐代，妾和婢地位是不相等的。奴婢为贱民，与良人相比，身份等级悬殊，而妾的地位也不高。从法律规定来看，妻、妾、婢界限森严，决不相混同。《唐律疏议》卷13《户婚律》以妻为妾条载：

> 诸以妻为妾，以婢为妻者，徒二年。以妾及客女为妻，以婢为妾者，徒一年半。各还正之……若婢有子及经放为良者，听为妾。
>
> 疏议曰：妻者，齐也，秦晋为匹。妾通买卖，等数相悬。婢乃贱流，本非俦类。

① （宋）谢深甫：《庆元条法事类》卷80《出举债负·杂敕》，杨一凡、田涛主编，戴建国点校：《中国珍稀法律典籍续编》第1册，哈尔滨：黑龙江人民出版社，第902页。

② （清）徐松辑：《宋会要辑稿》食货27之15，第5263页上。

若以妻为妾，以婢为妻，违别议约，便亏夫妇之正道，黩人伦之彝则，颠倒冠履。

妻为明媒正娶，妾可通过买卖而得，婢则是贱口。此外，有子之婢经放良后也可为妾。在婚姻关系上三者有着天然大防。妾的地位低于妻，高于婢，处于妻与婢之间。但妾在法律上是良人，是十分明确的。唐律还规定，婢即使为主人育有子女，也不能享有妾的身份和地位。[①]唐律规定贱民婚配的原则是"当色为婚"[②]，婢不能与良人通婚。"妄以奴婢为良人而与良人为夫妻者徒二年。"[③]唐律规定的"十恶"罪之内乱条将奸父祖妾纳入"十恶"罪，其中并不包括婢女，即反映了当时奴婢身份的低贱。

进入宋代以后，除了部分贱口奴婢外，奴婢的法律身份通常为良人，在法律层面上，婢与妾的界限逐渐消失。宋神宗熙宁七年（1074年）下诏规定：

五品以上官之婢有子者，坐罪依律，五品以上妾听赎，犯主情重者依常法。[④]

所谓"依律五品以上妾听赎"，是指《宋刑统》卷2《名例律》："诸五品以上妾，犯非十恶者，流罪以下，听以赎论。""五品以上妾"乃言五品以上官之妾。这一规定表明当时有子之婢已经取得了与妾同等的法律地位。这是一个标志性的变化，标志着唐以来律文规定的婢妾在婚姻关系上的等级防线的消失，两者身份趋于混同合一。它是奴婢社会地位提高后在婚姻关系方面的反映。南宋《庆元条法事类》载："诸奸父、祖女使……曾经有子以妾论。"所谓"以妾论"，即按照《宋刑统》所载"十恶"罪亡"内乱"罪中奸父祖妾不包括婢女的规定，表明奴婢的身份提高了。这不能不说是唐以来社会阶级结构的一个重要变化。

宋代妾与婢的身份，文献的记载往往混同合一。南宋绍兴三十一年（1161年），临安知府赵子潚奏云：

近来品官之家典雇女使，避免立定年限，将来父母取认，多是文约内妄作奶婆或养娘房下养女，其实为主家作奴婢役使，终身为妾，永无出期，情实可悯。望有司立法。[⑤]

---

① （唐）长孙无忌等撰，刘俊文点校：《唐律疏议》卷26《杂律》："诸奸父祖妾（谓曾经有父、祖子者）……绞。即奸父祖所幸婢，减二等。《疏议》曰：……'即奸父祖所幸婢，减二等'，合徒三年。不限有子、无子，得罪并同。"第494—495页。

② （唐）长孙无忌等撰，刘俊文点校：《唐律疏议》卷14《户婚律》，杂户官户与良人为婚条，第270页。

③ （唐）长孙无忌等撰，刘俊文点校：《唐律疏议》卷14《户婚律》，奴娶良人为妻条，第269页。

④ （宋）李焘撰，上海师范大学古籍整理研究所，华东师范大学古籍整理研究所点校：《续资治通鉴长编》卷250，熙宁七年二月乙酉，北京：中华书局，2004年，第6098页。

⑤ （清）徐松辑：《宋会要辑稿》刑法2之155，第6573页。

赵子潚是将奴婢视作妾的。两者通常情况下并无区别。《夷坚三志壬集》卷 10《颜邦直二郎》载庆元二年（1196 年），弋阳漆公镇颜二郎到蕲州蕲水武三郎家，对武曰："君宅一女妾是生身活鬼。"武三郎问曰："家间有妾五六，何者是鬼？"颜二郎答曰："针线人桂奴是也。"所谓"针线人"，其实就是做针线活的婢女。武三郎家的五六个妾，不言而喻也都是婢女。宋人廖莹中云宋各种雇佣奴婢，"名目不一，有所谓身边人、本事人、供过人、针线人、堂前人、杂剧人、拆洗人、琴童、棋童、厨娘。等级截乎不紊，就中厨娘最为下色"[①]。

南宋朱逊，先买成都张氏女为妾，后娶范氏为妻，"以新婚不欲留妾，妾已娠，不肯去，强遣之"[②]。朱逊先买之妾，实际上是奴婢。婢女与妾，身份是相通的。

妾有所谓"侍妾"，又称"侍婢"[③]。《夷坚志·支乙》卷 10《黄讲书祷子》："黄廓讲书者，兴化人，徙家信州。未有子，携妻施氏及侍妾诣佛寺，祷于罗汉堂。"后黄廓妻及侍妾怀孕生子。侍妾是主人的性伴侣，负有生育和日常生活起居照应双重任务，而婢女往往就是侍妾，两者的身份具有同一性。婢与妾之间的身份转换，常因与雇主的性关系而产生，原本单一的劳务性质的婢女很容易成为妾。因而在宋代社会中，两者的界限并非截然划一，常兼而有之。史载，北宋名臣张詠知益州，"单骑赴任，官属惮其严，莫敢畜侍婢使者。公不欲绝人情，遂自买一婢以侍巾栉。自此官属稍稍置姬侍矣。公在蜀四年，被召还阙，呼婢父母出赀以嫁之，仍处女也"[④]。这一故事的背后显示的是侍婢很难避免雇主的性侵犯。正因婢、妾的身份很容易转换，两者常常合而为一，故在当时婢妾连同混称现象十分普遍。《夷坚志·甲志》卷 18《赵良臣》载，赵良臣道遇一女子无家可归，因携之回家，对其妻云："适过田间，见一女无所归，偶与偕来。吾家正乏使，可以婢妾蓄也。"可见婢与妾的身份是同等的。

由于妾与婢女的同一属性，宋代妾与主人的关系实际上是一种主仆关系。《夷坚志·乙志》卷 16《姚氏妾》载："会稽姚宏买一妾，善女工庖厨，且有姿色，又慧黠谨饬，能承迎人，自主母以下皆爱之。"《夷坚志·志补》卷 17《季元衡妾》载："季元衡，南寿缙云人。……家有侍妾，忿主母不能容，常怀绝命之意。"值得注意的是，这二条史料皆云妾的女主人为"主母"。

妾即是主人奴仆之属，法律规定，当其杀伤主人其他奴仆时，按平民相杀法抵命。绍熙五年（1194 年），江东兵马钤辖王瑜之妾何燕燕手杀一婢，结果被"杖死于市"。[⑤]

---

① 廖莹中：《江行杂录》，丛书集成本。
② （宋）洪迈撰，何卓点校：《夷坚志·志补》卷 10《朱天锡》，第 1640 页。
③ （宋）洪迈撰，何卓点校：《夷坚志·支乙》卷 7《朱司法妾》，第 847 页。
④ （宋）朱熹：《宋名臣言行录》前集卷 3 之 3《尚书张忠定公》，四部丛刊初编本，第 14 页。
⑤ （宋）洪迈撰，何卓点校：《夷坚志·支乙》卷 9《王瑜杀妾》，第 866 页。

宋代妾的地位与唐妾大致相等，皆非礼娶而为，但身份都是良人。《夷坚支庚》卷 10《吴淑姬严蕊》载："湖州吴秀才女，慧而能诗词，貌美家贫，为富民子所据。或投郡诉其奸淫。……明日，以告王公，言其冤。王淳直不疑人欺，亟使释放。其后无人肯礼娶。周介卿石之子买以为妾，名曰淑姬。"吴秀才女既不能被人礼娶为妻，只得被人买以为妾。《夷坚志・乙志》卷 20《蜀州女子》记载了蜀州一女子的陈述："妾本汉州段家女，许适同郡唐氏。将嫁矣，而唐氏以吾家倏贫，竟负元约。既不得复嫁，遂卖身为此州费录曹妾。"北宋末，福州人郑畯，"先娶王氏，生一女泰娘。王氏且死，执夫手嘱之曰：'切勿再娶，善为我视泰娘。'既卒，郑买妾以居"[①]。据此可知，宋代妾非礼娶而为。

需要指出的是，宋代文献所云买卖、典卖婢妾，实际上是雇佣性质的交易。袁采云："买婢妾既已成契，不可不细询其所自来，恐有良人子女，为人所诱略，果然，则即告之官，不可以婢妾还与引来之人，虐残其性命也。""买婢妾，须问其应典卖不应典卖，如不应典卖，则不可成契。"[②]妾与婢都是典雇买来的，这一点，袁采说得很清楚。宋代洪迈记述的一则故事云："潭州贫民某人，无夫，挟二女改嫁。稍长，悉售之为人妾，次者入湘阴赵主簿家，岁满不得归。继父死，厥母经官取之。"[③]从所云"岁满不得归"，可以得知，所谓卖者，并非永久性的断卖，只是一种有时限的雇卖。湘阴赵主簿并未买得此妾的人身所有权，雇卖的年限到了而不放还妾是违法的，故此妾之母告到官府，才得以领还自己的女儿。洪迈还记述了另一则故事，说的是南宋淳熙末年，浙西人郑主簿在旅途中遇到一个自称前衡州通判的孙朝请，语之曰："此来欲买两妾，正以干扣小累，未敢辄为。……恰闻吴知阁宅同出三人，只在近处牙侩家，欲乘夜往观之，吾友能此行否？"郑主簿欣然，"即俱出到侩处。其一少艾有乐艺，而价才八十千，其二差不及，而为钱皆四五十万。扣其故，曰：'少者受雇垂满，但可补半年，故价值不多。彼二人则在吴家未久，当立三年券，今须评品议直耳。'"[④]洪迈记述的故事所言妾受雇是有年限的，而且在未满年限之前可以转雇与他人，当是宋代社会的真实反映。《夷坚志三补・梦前妻相责》载："乐平流槎金伯虎，与所亲余晖携纱如襄阳贩售，其家染疫疠，妻及一子死焉。金闻秏东还，适里中王氏有妾议出嫁，资装三百千金，贪其财即纳为继室。"此出嫁的王氏妾，身份多半为婢女，根据法律规定，雇限满后，便获得自由身，自然可以出嫁。

宋人买妾有时是为了生子，以延续家族香火。《夷坚志・甲志》记载一则故事云：太常博士张子能，其妻得病，临终与之誓约，不复再娶。后张子能背约再婚。其妻为鬼，骂曰："旧约如何，而忍负之？我幸有二女，纵无子，胡不买妾，必欲娶，何也？"[⑤]

① （宋）洪迈撰，何卓点校：《夷坚志・甲志》卷 16《郑畯妻》，第 143 页。
② （宋）袁采：《袁氏世范》卷 3，《买妾当询来历》、《买婢妾当审可否》，第 55—56 页。
③ （宋）洪迈撰，何卓点校：《夷坚志・支乙》卷 10《赵主薄妾》，第 869 页。
④ （宋）洪迈撰，何卓点校：《夷坚志・志补》卷 8《郑主薄》，第 1621 页。
⑤ （宋）洪迈撰，何卓点校：《夷坚志・甲志》卷 2《张夫人》，第 11 页。

买妾生子的目的非常明确。台州司法参军叶荐，老而无子，与其妻商议，“欲买一妾为嗣续计”。[①]周密《齐东野语》载：

> 陈了翁之父尚书，与潘良贵义荣之父，情好甚密。潘一日谓陈曰：“吾二人官职、年齿，种种相似，独有一事不如公，甚以为恨。”陈问之，潘曰：“公有三子，我乃无之。”陈曰：“吾有一婢，已生子矣，当以奉借。它日生子即见还。”既而遣至，即了翁之母也。未几，生良贵。后其母遂往来两家焉。一母生二名儒，亦前所未有。[②]

陈了翁之母本为婢女，因生陈了翁，自然成为其父之妾。婢妾一旦为主人育有子嗣，则在主人家的地位稍有上升，但仍不能享有正妻之地位。《名公书判清明集》记载吴恕斋一件判词，云蔡氏有四个儿子，其中大儿子生一子名蔡梓，蔡梓生母范氏乃父之婢女，“尤非诸蔡所心服者”。[③]蔡梓死后，范氏不能享有为蔡梓立嗣继绝权，而是由家族尊长出面为蔡梓立继，这与南宋通常规定的母在应由母立继的制度相异，说明妾不能享有正妻之权。南宋孝宗隆兴时，训武郎杨大烈，“有田十顷，死而妻女存。俄有讼其妻非正室者，官没其赀，且追十年所入租。部使者以诿（程）迥，迥曰：‘大烈死，赀财当归其女，女死，当归所生母。’”[④]“非正室”，即非礼娶之妻。在宋代，某户主有子女时，妾是没有财产继承权的。

关于妾与婢的关系，下面再引一段文献资料来论述。嘉定三年（1210年）高炳如“亲书与其妾银花一纸”，书云：

> ……银花专心供应汤药，收拾缄护，检视早晚点心，二膳亦多自烹饪，妙于调胹。缝补、浆洗，烘焙替换衣服，时其寒暖之节，夜亦如之。……旧约逐月与米一斛，亦不愿时时来请。……丙寅春，余告以：“你服事我又三年矣，备极勤劳。我以面前洗漱等银器约百来两，欲悉与你。”对以不愿得也。时其母来，余遂约以每年与钱百千以代加年之直，亦不肯逐年请也。积至今年，凡八百千。……又二年，遂令庄中粜谷五百石，得官会一千八十贯，除还八年逐年身钱之外，余二百八十贯，还房卧钱系知府曾存有批子，支三百千，系丙寅春所许，令填上项钱。余谓服事七十七岁老人，凡十一年。[⑤]

此段文字实即高炳如的遗嘱，对于我们了解当时宋代所谓妾与主人的关系颇具价值。

---

①（宋）洪迈撰，何卓点校：《夷坚志・志补》卷6《叶司法妻》，第1608页。
②（宋）周密撰，张茂鹏点校：《齐东野语》卷16《潘陈同母》，北京：中华书局，1983年，第294—295页。
③ 中国社会科学院历史研究所宋辽金元史研究室点校：《名公书判清明集》卷7《探阄立嗣》，第205页。
④《宋史》卷437《儒林・程迥传》，第12949页。
⑤（宋）周密撰，吴企明点校：《癸辛杂识》别集卷下《银花》，北京：中华书局，1988年，第273—274页。

银花名为妾，但实际就是婢女。从其所干的活来看，大约可归入侍妾。因其干活勤劳、用心，又能歌唱，深得主人欢心。银花是雇佣来的，最初雇期为三年，每月雇工钱一斛米，约折合钱 160 文。后延长雇期至十一年，雇价每年 100 贯，平均每月 8300 文，雇价大大高于最初的三年。雇价先是每月一支付，后改为每年一支付。这段史料清晰地表明，妾与婢没有什么两样。除了北宋存在部分贱口奴婢外，宋代的妾、婢实际上都是雇佣来的良人，因此，从法律上来说，不属于贱口奴婢。

雇佣期满，受雇的奴婢如果愿意，自然可以续约。《夷坚志・志补》卷 5《王运使仆》就记载了一个奴仆为主人干了二三十年的故事。《夷坚志・志补》卷 3《雪香失钗》也有一记述，说的是一婢女雪香在主人家“服事三十年”，后出嫁于外人。

值得指出的是，尽管宋代婢女的身份和角色与妾常相混同，密不可分，但这并不排斥婚姻关系上原有妾的地位，即有些妾本身不是婢女，她们与主人属于婚姻关系。如前述神宗熙宁七年（1074 年）规定“五品以上官之婢有子者，坐罪依律五品以上妾听赎”，又如南宋法典《庆元条法事类》卷 80《诸色犯奸》：“诸奸父、祖女使，徒三年，非所幸者，杖一百，曾经有子以妾论，罪至死者奏裁。”女使是宋代婢女的法律专用术语。这些规定表明，未为主人育子之婢与有婚姻关系的妾之间的差别实际上是存在的。正如学者所指出的：“在礼制上纳妾虽并不被认作正式的聘娶，但在法律上仍被认作合法的婚姻关系。”[①]

三、余　　论

唐五代以来出现的典身，实质是一种典卖行为。奴婢典身或典卖，是田宅典卖交易形态在劳动力市场上的反映。从唐末五代的典身到宋代的奴婢典卖，体现了中古时期贱口奴婢向良人身份转化的进程。宋代婢妾身份的混同合一，表明宋代奴婢身份的提高，它从一个侧面折射出唐宋之际的社会变迁。

两宋社会的奴婢，除了北宋还存在一部分贱口奴婢外，其他都是雇佣奴婢。雇佣奴婢与雇主在法律层面上是平等的，都是良人。关于宋代的奴婢地位，有学者提出了“非主仆名分下的宋代奴婢法律地位”的说法。[②]这实际上是一个伪命题，不可不辩。

就宋代奴婢而言，有贱口奴婢和雇佣奴婢之分。贱口奴婢从属于官府或主人，他们没有社会地位而言，“律比畜产”。换言之，离开了某个具体的主人的奴婢是不存在的。就他们在整个社会所处的卑贱地位而言，他们与主人之外的良人实际上仍是一种间接的

① 程郁：《宋代的畜妾习俗及有关法规考察》，戴建国主编：《唐宋法律史论集》，上海：上海辞书出版社，2007 年，第 303 页。

② 张文晶：《宋代奴婢法律地位试探》，戴建国主编：《唐宋法律史论集》，第 315—319 页。

主奴关系。只有经放良，才能脱离奴婢身份，成为自由的良人。至于雇佣奴婢身份的成立，是以与雇主结成雇佣关系为前提的，没有雇佣契约关系，就没有主仆名分，也就不是奴婢。涉及这种似是而非的“非主仆名分下的宋代奴婢”有两种：一是与雇主结成了雇佣关系的奴婢，但尚未达到一定的雇佣年限，还未形成牢固的主仆关系，这时他们如有侵犯主人行为，法律对他们的惩处依据的是良人（凡人）相犯法[①]，不受主仆名分影响，不适用家族同居法。他们的身份实际上还是自由人，并不从属于奴婢范畴。

二是与雇主之外的良人（即第三者）发生刑事纠纷关系时的雇佣奴婢，因他们彼此之间没有雇佣关系，根本谈不上主仆名分。他们之间是良人与良人的关系，不是奴婢与良人的关系。对当事人奴婢的惩处依据的也是良人相犯法，也不适用家族同居法。类似问题，学界已有研究。例如与奴婢等同身份的宋代佃户，与地主结成租佃关系，“在法律上的地位不如地主，这是事实，但对第三者而言，并未失去对等的地位，这与唐代的部曲对主人以外的良民仍处劣势的情况是不同的。宋代的佃户固然是一种‘身份’，但这种身份等差是临时性的，如佃户将田地退还给地主，佃户立即可以恢复本来的自由民地位”[②]。雇佣奴婢与雇主之外的良人间的关系，也与此同理。在唐代，奴婢伤害主人之外的良人，是加凡人相犯罪两等惩处的。[③]又如唐律除了奴奸主人罪外，还规定有奴奸良人罪。[④]所奸良人，指的就是主人之外的第三者。而南宋法典《庆元条法事类》奸罪条只有奴奸主人的法律规定，没有奴奸良人的条款。[⑤]原因在于宋代的雇佣奴婢身份是良人，其与雇主之外的良人在法律上是同等的，有相犯行为，即以良人相犯法论处，无须再制定奴奸良人的特别规定。雇佣奴婢除了他的雇主外，对社会中的其他人而言，他们的身份是自由人，故不存在“非主仆名分下的宋代奴婢”问题。

〔本文原刊于《中国史研究》2011年第1期〕

---

① 《宋刑统》卷19《贼盗律》强盗窃盗门云：“准建隆三年二月十一日敕节文：起今后犯窃盗，赃满五贯文足陌，处死。……其随身并女仆偷盗本主财物……如是伏事未满二周年偷盗者，一准凡人断遣。”第303页；（元）马端临：《文献通考》卷11《户口考·奴婢》载：“（天禧三年）大理寺言：……自今人家佣赁，当明设要契，及五年，主因过殴决至死者，欲望加部曲一等；但不以愆犯而杀者，减常人一等。”这两条规定都提到了主仆关系正式形成的年限问题。

② 张其凡：《关于“唐宋变革期”学说的介绍与思考》，《暨南学报》2001年第1期，第128页。

③ 《唐律疏议》卷22《斗讼律》：“诸部曲殴伤良人者（官户与部曲同），加凡人一等（加者，加入于死）。奴婢又加一等。”第404页。按宋乾德元年制定的《宋刑统》虽然全盘保留了唐律，但其中关于奴婢的条款规定，逐渐被废弃。（宋）赵彦卫：《云麓漫钞》卷4曰：“《刑统》，皆汉唐旧文，法家之五经也。当国初尝修之，颇存南北朝之法及五代一时旨挥，如‘奴婢不得与齐民伍’，有‘奴婢贱人，类同畜产’之语，及五代‘私酒犯者处死’之类，不可为训，皆当删去。”丛书集成本，第94页。

④ （唐）长孙无忌等撰，刘俊文点校：《唐律疏议》卷26《杂律》：‘诸奴奸良人者，徒二年半；强者，流；折伤者，绞。”第495页。

⑤ （宋）谢深甫：《庆元条法事类》卷80《诸色犯奸》，杨一凡、田涛主编，戴建国点校：《中国珍稀法律典籍续编》第1册，第919—923页。

拨云见日　激浊扬清

——评王曾瑜先生《尽忠报国：岳飞新传》

赵治乐　杨　果*

岳飞是名垂青史的爱国将领，也是家喻户晓的抗金英雄。千百年来，岳飞的事迹，以各种形式广为流传。然而，是非丛出，真伪并现，教人难以适从。王曾瑜先生的《尽忠报国：岳飞新传》[①]（以下简称《新传》）一书，从事实出发，拨开历史的重重迷雾，展现给读者一个真实的岳飞形象和一段慷慨悲歌的历史，是继邓广铭先生的《岳飞传》[②]之后，有关岳飞研究的又一里程碑。

学术研究贵在求实，而这正是岳飞研究的难点。演义小说固然不足为信，而《宋史》《建炎以来系年要录》等基本史籍，由于多种原因而不可避免地存在一些不实之处。后世不同时代出于不同的政治或其他需要，使得岳飞的形象呈现摇摆状态，似是而非。王曾瑜先生曾亲自校注《鄂国金佗稡编续编》等，掌握了有关岳飞的大量一手资料，加以其在宋辽金史研究多年的功力，所著《新传》最大限度地恢复了历史的本来面目。该书的历史真实性突出表现在对岳飞形象的整体把握上，具体表现在三个方面。

一、岳飞——一个迅速成长的军事家形象

从普通士兵成长为十万雄师的统帅，岳飞只用了不到十年的时间，《新传》以生动的文字、平实的笔法描述了岳飞的成长过程，逻辑严密，令人信服。书中可见，岳飞从来不是一介莽夫，而是智勇兼备、独具一格的帅才。在初见张所时，岳飞即强调："勇不足恃也，用兵在先定谋。"[③]在访谒宗泽时，他又发出了"运用之妙，存乎一心"的名言[④]。岳飞"平日沉默寡言，语不轻发。一旦发话，又往往言简意赅，语重而心长"[⑤]。更重要的是，岳飞不是赵括那种纸上谈兵之人。对军人来说，没有什么比残

---

* 赵治乐，武汉大学发展规划与学科建设办公室职员；杨果，女，武汉大学历史学院教授。

① 王曾瑜：《尽忠报国：岳飞新传》，石家庄：河北人民出版社，2001 年。

② 邓广铭：《岳飞传》（增订本），北京：人民出版社，1983 年。

③ 王曾瑜：《尽忠报国：岳飞新传》，第 32 页。

④ 王曾瑜：《尽忠报国：岳飞新传》，第 45 页。

⑤ 王曾瑜：《尽忠报国：岳飞新传》，第 232 页。

酷的战争本身更能检验一个人的能力，书中作者详细描述了岳飞的一次次征战经历，如破王善、败李成、复建康、平吉虔、定杨幺、三援淮西、四次北伐等。每一次的胜败得失，都成为岳飞成长进步的阶梯。岳飞的军事家形象又是通过与同时代其他将领的比较而更加丰满起来的。《新传》不限于写岳飞一个人，而是把他与其他将领，如张俊、刘光世、韩世忠、吴玠等进行比较，客观而生动地勾勒出岳飞奋进的轨迹。作者比较各次战役，得出结论即岳飞进行的战役大多是击溃战，而不是大规模的歼灭战，原因在于兵力有限，而且机动性较差，很难在某一点上形成优势（事实上岳飞也认识到这一点，所以强烈要求扩兵，最终导致他与宋高宗矛盾激化）。作者并不讳言岳飞在不同阶段的失利，如将岳飞援救楚州失败与张荣收复淮东大胜相比较；岳飞收复襄汉六郡后，作者又拿他与吴玠在西北战场的辉煌胜利对比，没有丝毫夸张。作者不避短、不溢美，反而使岳飞的形象更为真实、可信。在写岳飞取得郾城、颍昌大捷后，作者再次将其与刘锜、吴玠指挥的几次关键性战役做了对比，指出郾城、颍昌两战是“在最有利于女真骑兵发挥威力的地形，进行骑兵会战”①，从而有力地说明这种胜利是宋金双方实力发生重要转折的标志。

正文之外，作者还在《新传》一书的附录中对南宋诸将领的军事思想和军事成就做了评述，总结出岳飞“反对防守、主张进攻的方针，严明军纪的实践，‘连结河朔’的策略以及‘以仁为本’的军事观”，称之为“中国古代军事思想史的四项重要贡献”②，更加完整地塑造出岳飞作为卓越军事家的形象。

二、岳飞——一个宽严得道的大丈夫形象

岳飞不是儒将，但却是重儒之将，他“深受儒家思想的熏陶，‘仁心爱物’”③，是一个“文武全器、仁智并施”④的大丈夫，无论在治军保民，还是律己待人上，皆可体现这一点。《新传》专设《正己治军》一章，阐述岳飞的严格律己、严格治军，指出岳家军“冻杀不拆屋，饿杀不打虏”⑤，“纪律严明，秋毫不犯”⑥，深受百姓欢迎，其军纪严明是张俊等类似游寇之军远不能望其项背的，故时人认为“惟其有纪律，所以能破贼”⑦。其战斗力之强，连金人都不得不承认——“撼山易，憾岳家军难”⑧。

① 王曾瑜：《尽忠报国：岳飞新传》，第 305 页。
② 王曾瑜：《尽忠报国：岳飞新传》，第 380 页。
③ 王曾瑜：《尽忠报国：岳飞新传》，第 380 页。
④《宋史》卷 365《岳飞传》，北京：中华书局，1977 年，第 11396 页。
⑤ 王曾瑜：《尽忠报国：岳飞新传》，第 239 页。
⑥ 王曾瑜：《尽忠报国：岳飞新传》，第 236 页。
⑦ 王曾瑜：《尽忠报国：岳飞新传》，第 15 页。
⑧ 王曾瑜：《尽忠报国：岳飞新传》，第 311 页。

岳家军铁的纪律是建立在岳飞自身崇高的人格基础上的，正所谓“正己然后可以正物，自治然后可以治人”[①]。《新传》记述了岳飞在个人生活、子女教育、对外交往等等方面的严格律己，并将其与其他中兴将领相比较，从而凸显出岳飞的卓然不群，难能可贵，使读者能对其做出全面客观、实事求是的认识。

作为名将，岳飞“他英勇善战，却从未将杀人视为乐趣”[②]；“他用兵仍以仁义为本，是位贤明的将帅”[③]。这其中经历过一个成长变化的过程。书中可以看到，青年时的岳飞刚烈有余，即使对身边战友也不手软，他诛傅庆、斩刘经都是铁腕政策的运用。但很快，岳飞的思想发生了重大变化，在平定吉州、虔州乱军时，他力排众议，宽宥俘虏，“对大批被俘者的处置如此宽大为怀，故深得民心”[④]。岳飞镇压钟相、杨幺，是非性质姑不具论，但《新传》中强调的岳飞“以政治诱降为主，军事进攻为辅”[⑤]的策略值得注意。不仅在用兵过程中以招抚为主，而且在事态平定后，岳飞坚决反对对被俘者妄加杀戮，采取了妥善安置的办法，将他们或放归田里，或改编入军，壮大抗金力量。在当时的河北、河东等地，金人曾大量签发汉人当兵，强迫他们参加对宋战争，对待这些人，岳飞“一贯采取正确的政策，将他们视为自己的骨肉同胞，不歧视，不苛待，尽量做争取工作”[⑥]。即使对女真人，岳飞也并非一概仇视。早期，在面临国破家亡的惨痛时，岳飞的确曾有过“尽屠夷种”的想法，但“在尔后的抗金实践中，更正了自己的这种提法。对愿意归降的金军，包括女真人在内，他也采取了诚恳欢迎的态度”[⑦]，甚至当金军高级将领，如韩常等人要求归附时，岳飞也“表示允许”[⑧]。事实上，《满江红・怒发冲冠》一词若确系岳飞所撰，那也只是文学笔法而并非实际作为，所谓“壮志饥餐胡虏肉，笑谈渴饮匈奴血”，只是针对部分女真游牧民族。

三、岳飞——一个忠贞不渝的爱国者形象

岳飞不仅是卓越的军事家、正直的大丈夫，更是一位真诚的爱国者。他的一生，是尽忠报国的一生，是可歌可泣的一生，《新传》用大量情深的笔墨刻画了这一点。

① 王曾瑜：《尽忠报国：岳飞新传》，第 237 页。
② 王曾瑜：《尽忠报国：岳飞新传》，第 380 页。
③ 王曾瑜：《尽忠报国：岳飞新传》，第 186 页。
④ 王曾瑜：《尽忠报国：岳飞新传》，第 128 页。
⑤ 王曾瑜：《尽忠报国：岳飞新传》，第 173 页。
⑥ 王曾瑜：《尽忠报国：岳飞新传》，第 65 页。
⑦ 王曾瑜：《尽忠报国：岳飞新传》，第 77 页。
⑧ 王曾瑜：《尽忠报国：岳飞新传》，第 316 页。

首先，如何看待宋金战争和岳飞抗金的性质，这是识别和做好岳飞评价的基本出发点。《新传》胪列了大量史实，指出当时“女真贵族的种种倒行逆施，导致中原文明的大破坏和大倒退，引起了以汉族为主的各族人民激烈的、顽强的、持久的反抗斗争。宋金战争本质上是一场民族战争，是女真奴隶主和以汉族为主的各族人民之间的武装斗争，是奴役和反奴役之争，是野蛮和文明之争，是分裂和统--之争”[①]。而且，“在岳飞生前，即女真族南侵之初，乃是汉族文明遭受劫难最主要的、最惨重的阶段”[②]。因此，岳飞和宋朝广大军民的抗金斗争是正义的斗争，尤其是斗争中所体现的英勇不屈、坚忍不拔、勇于献身的爱国精神，理应受到肯定和赞扬。

其次，岳飞对宋朝廷的所作所为，究竟是“愚忠”还是爱国？学术界对岳飞历史地位的评价，一个根本分歧集中于此。作者考证了岳飞“愚忠”形象的历史来源，以大量事实推翻了所谓“愚忠”的说法，准确地阐述了岳飞和宋高宗之间的关系。作者指出：“在岳飞所处的时代，爱国主义不可避免地与保卫赵宋家天下、忠君思想融合为一，须知祖国、国家和君主，乃是现代人的不同概念，但是，忠君思想不可能完全等同于愚忠”[③]。岳飞是一个胸怀远大抱负的人，必要时能委曲求全，但从不唯唯诺诺，阿谀奉承。在高宗与岳飞关系发展的历程中，绍兴七年（1137 年）是一个分水岭。在此之前，岳飞虽然对高宗时有不满，但正面冲突有限，而高宗为保自己拥有东南半壁江山，暂时容忍岳飞的直率，他需要岳飞这样的帅才为他卖命。以绍兴七年的淮西兵变为标志，高宗对岳飞的态度急转直下。因为，事态的发展证明岳飞的判断和措置是完全正确和必要的，而朝廷的安排是荒谬、危险的，这已使宋高宗极端难堪；再加上岳飞不辞而别，使高宗的权威和尊严受到挑战，其内心的恼恨不难想象。而岳飞随着职位的上升，对高宗的了解更加深刻，也越来越深切地体会到投降政策的危害。一个是伟大的爱国者，一个是卑鄙的投降者，二者间的矛盾注定不可调和，岳飞之死就是这种矛盾发展的必然结果。作者通过大量事实，如岳飞怒辞军职，建议立储，违诏出师等，证明岳飞从来不是一个唯皇帝旨意是从的奴才。作者通过努力，将岳珂等人那样掩盖岳飞与高宗的矛盾，为高宗开脱罪责的曲笔，以及后世强加给岳飞的“愚忠”形象，还原为历史的本来面目，那就是，岳飞从未有过对高宗、对卖国的昏庸统治集团一味顺从，有的只是对多灾多难的祖国的忠诚不渝。

历来，对于制造岳飞冤案的元凶，有秦桧和宋高宗两种说法。作者搜集大量资料，精心比勘，证实秦桧是帮凶，宋高宗才是真正的杀人凶手。在这一问题上，作者所关

① 王曾瑜：《尽忠报国：岳飞新传》，第 20 页。
② 王曾瑜：《尽忠报国：岳飞新传》，第 376 页。
③ 王曾瑜：《尽忠报国：岳飞新传》，第 381 页。

注的不仅仅是一种史实，更重要的是宋高宗所代表的专制制度。正是在这种制度下，“岳飞的才能、品格和风骨尽管堪称是古代武将的典范，却反而不容于世，成为专制腐败政治的典型牺牲品”[①]。纵观历史，在专制制度下，广大仁人志士出生入死的结果，往往只是成就了专制君主的淫威。统治者向臣民灌输忠孝节义的纲常，而一旦面临外患，最先摇尾乞怜、认贼作父的，正是他们自己，宋高宗不就举着“孝”字招牌来为自己的投降行径遮羞吗？诚然，“我们从古以来，就有埋头苦干的人，有拼命硬干的人，有为民请命的人，有舍身求法的人……不过一面总在被摧残，被抹杀，消灭于黑暗中，不能为大家所知道罢了”[②]。他们的努力难免失败，是因为古代中国的命运，多半操纵在宋高宗这样的当权者手里。正如作者所说：“纵观中华数千年史，其实时势造英雄、英雄造时势的情况，还远不如时势造小丑、小丑造时势的情况多，而后一种情况对民族兴衰的影响，也远比前一种情况多而大。”[③]岳飞曾感叹：“使天有目，必不使忠臣陷不义！”[④]然而在专制制度下，这只能是一种奢望。正义被摧残，人性被扭曲，偶尔出现一两个特立独行的英雄，哪能为浊世的小丑们所容？岳飞“遇秦桧之奸而不免，即不遇秦桧之奸而抑难乎其免矣”[⑤]。岳飞之死不是在大功告成之后，而是在功败垂成之际，他不是牺牲在两军的对阵面前，而是倒在统治者的屠刀之下。赵构、秦桧们不但要消灭他的肉体，还要抹杀他的功绩，侮辱他的灵魂。“岳飞的悲剧是个人的悲剧，更是时代的悲剧”[⑥]，要消灭这种悲剧，就必须彻底清除一切专制和腐败的流毒。作者以深情的笔墨，讴歌以岳飞为代表的抗战派，以满腔的义愤，鞭挞以宋高宗为首的投降派。当双方的斗争势如水火时，《新传》一书也达到了它的高潮。在第15章《功废一旦》和第16章《冤狱碧血》中，那种撕心裂肺的惨痛，使每一位读者在深切惋惜岳飞的同时，更加痛恨那“人妖”颠倒的专制制度。作者勇于自任，多次“以沉重的心态，对中国式可悲、可痛、可怕而可憎的专制历史传统，作进一步的反省和批判”[⑦]，所体现的拳拳爱国之心，令人肃然起敬。

《新传》一书中，作者不仅对专制制度进行深刻揭露与批判，而且十分注重对气节的褒奖和提倡。作者曾一再强调：“研究历史，固然应当有科学的理念和分析，也不能没有褒善贬恶的气节问题。”[⑧]气节问题，正是历史工作者不应忽视的大节。《新

① 王曾瑜：《尽忠报国：岳飞新传》，第383页。
② 鲁迅：《中国人失掉自信力了吗》，《鲁迅全集》第6卷《且介亭杂文》，北京：人民文学出版社，2005年，第122页。
③ 王曾瑜：《秦桧独相期间“柔佞易制”的执政群》，《燕京学报》2001年新11期。
④ 王曾瑜：《尽忠报国：岳飞新传》，第354页。
⑤ （清）王夫之：《宋论》卷10《高宗》，北京：中华书局，1964年，第191页。
⑥ 王曾瑜：《尽忠报国：岳飞新传》，第363页。
⑦ 王曾瑜：《秦桧独相期间“柔佞易制”的执政群》，《燕京学报》2001年新11期。
⑧ 王曾瑜：《绍兴和议与士人气节》，《中国史研究》2001年第3期。

传》通过一系列论说，有力地鞭挞了南宋士人形形色色的失节行为，深情地讴歌了岳飞和李纲、宗泽等人的高风亮节。正如郁达夫所说："没有伟大的人物出现的民族，是世界上最可怜的生物之群；有了伟大的人物，而不知拥护，爱戴，崇仰的国家，是没有希望的奴隶之邦。"[①]《新传》作者也说过："作为历史传记，作者如果不是在尊重史实的基础上，既有褒善的仁心，又有贬恶的狠心，只怕很难有成功之作。"[②]作者是饱含着无尽的悲愤和激情来写作《新传》的，《新传》能动人心魄，也正是因了这一点。

作者治史，向以严谨著称，《新传》也不例外。对于一些看似轻微的情节，作者也精心考订，务求其真。如写柘皋之战，作者在注文中引用大量材料来证明张俊未曾亲临前线[③]，此前有关张俊参战的记录不在少数，作者的翔实考论有助于去伪存真，还原历史以本来面目。

写作历史人物传记，严谨的学风和瑰丽的文采缺一不可，《新传》一书，做到了二者水乳交融的结合。作者笔下的每一个人物形象，即使是反面角色、次要角色，包括赵构、张俊、秦桧等，无不栩栩如生。如写顺昌之战一触即发之际，"秦桧为宋高宗起草手诏，令刘锜'择利班师'，以便女真骑兵在广阔草原上追歼这支步兵"[④]。寥寥数十字，就将交战双方的态势、战略交代得一清二楚，而秦桧作为金人奸细的丑恶嘴脸也跃然纸上。又如，在写绍兴六年金人与伪齐联兵进犯江汉时，作者写道："在商州，金、伪齐联军一万多人……在虢州，金军一万多人……在邓州……在唐州……在信阳军……"一系列简练的排比，详明的数据，不但使复杂的军事形势一目了然，更凸显了前方紧张的气氛，使读者仿佛耳闻战鼓声声，心欲和岳飞同赴前线。再欣赏以下各章标题：屡折不挠、建康风云、苦战淮东、江湖转战、克复襄汉、洗兵湖湘、长驱伊洛、进军蔡州……一系列四字用语，铿锵有力地描述了岳飞金戈铁马的征程。若不是胸有成竹，怎可能妙笔生花？

此外，文中插有多幅形势图，便于读者形象地了解当时的具体形势，大有裨益。书末所附"岳飞的部将和幕僚"，相当于一个个人物小传，读者可据此更深入地了解岳家军，进一步读懂岳飞。

《新传》一书略有白璧微瑕之处，如古今地名之对照，应反映今日最新情况，书中提到的江西雩都县、湖北荆沙市今已分别改作于都县、荆州市。又，第 62 页注 3 说"宋时有两个方山，而无芳山"，但第 71 页"江南形势图"中却仍标作"芳山"。

---

① 郁达夫：《怀鲁迅》，《郁达夫文集》第 4 卷《散文》，花城出版社、生活·读书·新知三联书店香港分店，1982 年，第 162—163 页。

② 王曾瑜：《荒淫无道宋高宗·自序》，石家庄：河北人民出版社，1999 年。

③ 王曾瑜：《尽忠报国：岳飞新传》，第 331 页。

④ 王曾瑜：《尽忠报国：岳飞新传》，第 291 页。

再如，关于金人的“铁浮图”究竟是何阵势，虽可见仁见智，但邓广铭先生论证其并非三马用皮索相连[①]，似乎比作者所说更合情理。另外，为了使历史人物传记能为更多的非专业工作者接受，从而产生更大的社会影响，扭转泛滥成灾的“戏说”“演义”造成的误导，如何使作品文字更为通俗，也值得我们进一步探索。

传主岳飞曾有名言：“欲将心事付瑶琴，知音少，弦断有谁听？”900 年后的今天，王曾瑜先生和他的《精忠报国：岳飞新传》是完全能够成为岳飞的知音的。

〔本文原刊于龚延明、祖慧主编的《岳飞研究（第五辑）——纪念岳飞诞辰900周年暨宋学国际学术研讨会论文集》，北京：中华书局，2004年〕

① 邓广铭：《岳飞传》（增订本），第 423—428 页。

“玄武门之变”探源

魏明孔*

武德九年（626 年）六月四日，发生了对唐代历史影响颇大的“玄武门之变”。这次政变究竟是怎样引起的呢？正史将政变发动的原因直接归咎于李建成、李元吉，而把这次政变中的胜利者李世民所扮演的角色和“周公诛管、蔡”[①]相提并论。千余年来，这似乎成了不刊定论；后人间或对其提出质疑，然苦于史料之不足，对其进行全面分析者甚少。读史有鉴于此，笔者不揣浅陋，试图对“玄武门之变”作一全面分析。笔者不敢奢望由此而为定论，只求抛砖引玉而已。

一、对史书记载质疑

“玄武门政变”以秦王李世民为一方，以高祖李渊及太子李建成、齐王李元吉为另一方。因为，这次政变以李世民夺得皇位而告终，所以，由唐太宗君臣所记载的历史，自然对其对立面采取了任意贬低之能事。这种记载，表面上看似乎合情合理，无懈可击，实际上很难自圆其说，经过推敲后处处显露马脚。我们在这里把李渊也看成李世民的对立面，除下面要论述到的他基本上是站在太子建成一方的原因外，更为重要的是，李世民发动这次政变以攫取皇位为最终目的，六月四日禁门喋血只是达到此目的关键一步，即对高祖釜底抽薪，两个月后逼父让位，才算这次政变的真正结束。以前人们只着眼于六月四日的禁门喋血，而没有注重于“内禅”的演成，很难摆脱李世民的窠臼。

要做到褒李世民而贬其对立面，只能先从太原起兵上大做文章。7 世纪初，不堪忍受力役的农民进行了声势浩大的起义，在斗争浪潮中，“得隋官及山东士子皆杀之”[②]，这从根本上动摇了隋王朝的统治。随着隋朝的行将覆灭，一些旧官吏也纷纷倒戈反隋，大原留守李渊便是其中一例。《新唐书》、《旧唐书》和《资治通鉴》等史书在记载大原起兵时，不但将李建成、李元吉描述得如何无用，就连大唐开国皇帝李渊也被降为

---

* 魏明孔，南京审计大学新经济研究院特聘教授，中国社会科学院经济研究所研究员。

①（宋）王溥：《唐会要》卷 63《史馆杂录上》，北京：中华书局，1955 年，第 1103 页。

②《旧唐书》卷 54《窦建德传》，北京：中华书局，1975 年，第 2236—2237 页。

一个不识时务没有远见的庸才。幸赖《大唐创业起居注》三卷流存于世，关于太原起兵的材料完整地保留下来了。我们知道，温大雅在李渊起兵时被“引为大将军府记室参军，专掌文翰”①。由于亲自参与了太原起兵的一系列决策活动，由他记载的史实比较可靠。尤为重要的是，是书成于“玄武门之变”前，作者不可能有先入为主的偏见，且温大雅本人属于秦王李世民集团的核心成员之一，这正是温氏记载史料价值高的原因所在。②那么，温大雅是如何记载太原起兵的呢?

据温氏记载，李渊具有雄才大略。他“弘达至理，不语神怪”；“逮乎佛道，亦以致疑，未之深信”。③作为开国君主，应具备顺应历史潮流又能驾驭文武官吏的才干。李渊正是如此，“素怀济世之略，有经纶天下之心，接待人伦，不分贵贱”。相反，正史记载说太原起兵前李渊犹豫不决，举棋不定，在李世民先斩后奏的压力下才没有坐失良机。这种说法很难站住脚。隋末政治腐败，人人自危，“（隋）炀帝多以猜忌杀戮大臣”④。面对这样的处境，李渊采取了“纵酒沉湎，纳贿以混其迹”⑤的策略。关于这一点，王夫之的见解比较深刻：“人谓唐之有天下也，秦王之勇略志大而功成，不知高祖慎重之心，持之固，养之深……有以折群雄之躁妄，绥民志于来苏……非秦王之所可及也。”⑥虽说隋末危机四伏，但要一举覆灭之谈何容易！李渊坐山观虎斗，值两败俱伤时再起而发兵，正足以说明其见解较李世民高出一筹。特别是称臣于势力雄厚的突厥，进而与李密言和的做法，不失为老谋深算。同样，正史关于李建成、李元吉的记载，也和温大雅记载的相距甚远。温氏记载太原起兵前，建成“于河东潜结英俊”。可见他具有非凡的组织才干，王珪、魏徵为其幕僚，绝非偶然。正因为李建成为太原举兵做了许多具体准备工作，所以当时“大郎”（李建成）、“二郎”（李世民）并称。至于李元吉也绝非庸人，他以勇悍著称于其兄弟间。当李渊向隋全面展开军事进攻时，将多年苦心经营的根据地太原交付李元吉留守，对其器重由此可见。同时，李元吉对于李世民可谓洞烛其奸，他早就敏锐地觉察出李世民图谋皇位的野心，劝导太子李建成趁早行事。⑦这被后来“玄武门之变”的史实所证实。近人陈寅恪先生说：“然高祖起兵太原，建成即与太宗各领一军。及为太子，其所用官僚如王珪、魏徵之流即后来佐成贞观之治之名臣，可知建成亦为才智之人。至于元吉者，

①《旧唐书》卷61《温大雅传》，第2359页。
② 牛致功先生对此书史料作了精湛的考证，请参阅《温大雅与〈大唐创业起居注〉》，《史学史研究》1983年第1期。
③（唐）温大雅，李秀平、李锡厚点校：《大唐创业起居注》卷2，上海：上海古籍出版社，1983年，第23页。本节引文凡不注明者均源于《大唐创业起居注》。
④《新唐书》卷1《高祖纪》，北京：中华书局，1975年，第2页；《旧唐书》卷1《高祖纪》，第2页。
⑤《旧唐书》卷1《高祖纪》，第2页；《新唐书》卷1《高祖纪》，第2页。
⑥（清）王夫之：《读通鉴论》卷20，唐高祖一，北京：中华书局，1975年，第1509页。
⑦《旧唐书》卷64《高祖二十二子・巢王元吉传》，第2421页。

尤以勇武著闻，故太宗当日相与竞争之人决非庸懦无能者”[①]。这是比较公允的结论。

李氏父子利用隋末大起义的形势建立了新王朝，在他们父子中，李渊起了决定性的作用，而其三子所起的作用却难分轩轾，只是起了辅佐李渊的配角作用。那么正史记载为什么和历史事实如此大相径庭呢？这是因为正史据房玄龄、许敬宗等所撰修的《高祖实录》写成，“欲以创业之功独归太宗，不能无所润色”[②]。此说近乎情理，可谓一针见血！

正史中关于李建成、李元吉发动政变的理由也显得捉襟见肘，顾此失彼。按照正史记载，建成、元吉狼狈为奸，时刻想除掉功大才高的世民。在忍无可忍的情况下，世民才杀死了罪有应得的建成、元吉。这很难自圆其说。我们知道，立长不立贤是封建社会的传统，建成身系嫡长子，为唐朝的建立立了汗马功劳，又不见其有失德之事，由他继承皇位，应该说无可争议。这样一来，若通过正当途径，李世民登上皇帝宝座是没有希望的，而他又不甘居人之下，无可奈何，只能用杀兄戮弟进而逼父的手段达到目的。而要将这种做法说成是名正言顺，只有嫁祸于人，颠倒历史真相。实际上，建成并无除掉世民的打算，他以自己有得天独厚的条件而掉以轻心了。正由于此，当魏徵劝他对世民下手以除后顾之忧时，他却迟迟不行动；元吉自告奋勇地出来想除掉世民，也被建成“止之”。就在世民布置了重重包围圈后，建成、元吉不曾料到秦王竟会下毒手，还是率人坦然而顾，最后死于世民彀中。就连司马光也不得不承认“建成性颇仁厚”[③]。

相反，我们却从史书的字里行间窥见李世民为了篡夺皇位，一直在紧锣密鼓地筹划着。当李渊攻克长安后，将秦王府的幕僚遣往各地，其中也包括杜如晦。房玄龄私下对世民说，“‘……若大王守藩端拱，无所用之；必欲经营四方，非此人莫可。’太宗大惊曰，‘尔不言，几失此人矣！’遂奏为府属”[④]。正值李氏父子齐心协力建立新王朝之时，房玄龄就已看出世民在觊觎皇位。需要澄清的是，这里所谓“经营四方”是指世民图谋皇位而言，绝非指建立新王朝；若指后者，为什么非要将杜如晦奏留在秦王府不可呢？可见李世民发动“玄武门之变”绝非偶然，而是蓄谋已久。世民在觊觎皇位的同时，采取了一系列实际有效的措施。“太宗之谋建成、元吉也，尝引［刘］师立密筹其事，或自宵达曙。”[⑤]正因为在李世民积极从事宫廷政变的准备工作，难免不走漏风声。所以，政变前一个月傅奕就看出了他的用意，“密奏太白见秦分，秦王

① 陈寅恪：《唐代政治制度渊源述论稿》，上海：上海古籍出版社，1982 年，第 52—53 页。

②《四库全书提要》卷 47《史部三·编年·大唐创业起居注》，石家庄：河北人民出版社，2000 年，第 1292 年。

③《资治通鉴》卷 191，唐高祖武德七年六月条，北京：中华书局，1956 年，第 5985 页。

④《旧唐书》卷 66《杜如晦传》，第 2468 页。

⑤《旧唐书》卷 57《刘文静传附刘师立传》，第 2298 页。

当有天下”。世民如愿以偿后曾对傅奕说，“汝前所奏，几累于我”[①]。可谓对政变前的活动与担心暴露无遗。发动宫廷政变并非要儿戏，需要控制军队。尽管当时李世民握有一定用兵权，但其力量远不够驾驭整个京师，因此这次行动能否成功，关键在于重兵在握的李靖、李勣的态度了。当世民向他们征求意见时，二李表示中立。[②]探明了李靖、李勣的真实态度后，李世民才敢断然行事。为了使这次政变万无一失，李世民还派心腹温大雅“镇洛阳以俟变”[③]。不难看出，世民为发动宫廷政变进行了一系列周密准备，全程有条不紊，滴水不漏，而把这说成他万不得已的回击，建成、元吉岂不冤哉？

另外，正史中关于高祖对“玄武门之变”的态度，也是前后矛盾，这集中反映在对太子废立的态度上。已见上述，正史在记载太原起兵上，将李渊描述为如何优柔寡断与不识时务，而在太子废立上却一反常态，把李渊说成很有远见，他早就有移太子位于世民的打算。世民取得皇位后曾这样说过，“武德季，太上皇有废立议，顾朕挟不赏之功，于昆弟弗见容”[④]，于是“私许立为太子”[⑤]。似乎高祖始终站在秦王一方。这实属一面之辞。平心而论，在关于皇嗣继承上，高祖始终无废立的打算。就在“玄武门之变”的当月，建成、元吉等“日夜谮诉世民于上，上信之，将罪世民”[⑥]。建成、元吉的陈诉绝不是捕风捉影，高祖的态度也十分清楚。政变前夕，高祖还对世民说，“建成年长，为嗣日久，吾不忍夺也”。当李渊看清了世民夺嫡自代的急切心情后，即指责其行动，并决定将其安置洛阳。[⑦]至此，我们完全清楚了高祖对建成、世民兄弟的真实态度：他不希望其兄弟间相互厮杀，尽量调解矛盾，且始终无废立太子的意图。至于六月四日起高祖的态度来了个大转弯，这是另外一回事。禁门喋血正酣时，萧瑀、陈叔达前来向在“泛舟海池”的高祖禀报，高祖脱口说道，“此吾志也”。世民既然忍心杀死同胞兄弟，对于父皇下毒手不是没有可能，因此，这是高祖身处逆境说出的违心话。至于禁门喋血收场后对世民说的“朕几有投杼之惑”[⑧]才耐人寻味。既然早已有废立打算，为何又有投杼之惑呢？可见正史记载多有抵牾。宋人洪迈在《容斋随笔》中指出，“高祖以秦王之故，两子十孙同日并命，不得已而禅位，其方寸为如何？”高祖之苦衷由此可知。

六月四日杀兄戮弟后，意味着世民夺取皇位完成了关键的一步，下面该轮到逼父

① 《旧唐书》卷79《傅奕传》，第2716—2717页。

② （唐）刘餗：《隋唐嘉话》卷上，北京：中华书局，1979年，第4页。

③ 《旧唐书》卷61《温大雅传》，第2360页。

④ 《新唐书》卷101《萧瑀传》，第3951页。

⑤ 《旧唐书》卷64《高祖二十二子·隐太子建成传》，第2415页。

⑥ （宋）司马光：《资治通鉴》卷191，唐高祖武德九年六月条，第6005页。

⑦ （宋）司马光：《资治通鉴》卷191，唐高祖武德九年六月条，第6004页。

⑧ 《新唐书》卷79《高祖诸子·隐太子建成传》，第3544页。

让位了。为了缓和社会舆论，李世民先让高祖当傀儡皇帝，两月后竟演起了“内禅”剧。曹丕代汉也由禅让达到，史称“帝升坛礼毕，顾谓群臣曰：‘舜、禹之事，吾知之矣。’”[①]此是对禅让内幕直言不讳。宋人吕夏卿说，世民杀戮太子建成后，“内禅之命行焉”[②]。这里所谓内禅，无非是将高祖软禁后进而逼其退位的代名词而已。早在六月四日，尉迟敬德奉秦王世民令，“请降手敕，令诸军并受秦王处分，上从之”[③]。秦王已成了实际上的皇帝，“内禅”只待履行手续而已。

由上可知，正史关于太原起兵、“玄武门之变”原因以及高祖对太子废立态度等一系列记载，均与历史真相有一定差距。正史记载之所以出现漏洞，是因为取材于太宗君臣篡改过的史料，这些史料是本着为“玄武门之变”进行辩解，为秦王世民的即位制造名正言顺的舆论。既然篡改了真相，难免不留下痕迹，甚至颇有掩耳盗铃之嫌。

二、“玄武门之变”后唐太宗对真相的流露

“玄武门之变”对于李世民来说可谓如愿以偿，先杀死太子后取皇位而代之。胜利后的太宗君臣对于“玄武门之变”的原因不遗余力地进行掩饰，但从掩饰的过程中，我们看到了太宗的恐惧与内疚心情以及对真相流露的蛛丝马迹。

唐太宗对于“玄武门之变”怀有恐惧心理的表现，莫过于执意看《起居注》一事。《唐会要》卷 63《史馆上・史馆杂录上》将此事记载得活灵活现。贞观十六年（642年）四月二十八日，太宗问谏议大夫褚遂良：“卿知起居，记录何事？大抵人君得观之否？”对曰：“今之起居，古之左、右史，以记人君言行，善恶必书，庶几人主不为非法，不闻帝王躬自观史。”大宗紧追不舍地问：“朕有不善，卿必记之耶？”遂良答道：“守道不如守官，巨职当载笔，君举必书。”黄门侍郎刘洎也说，“设令遂良不记，天下之人皆记之矣”。无可奈何，太宗又向房玄龄提出看《起居注》的强烈愿望，房玄龄只好“删略国史”后表上。当太宗看到六月四日禁门喋血一事语多微文时，便对房玄龄说，“史官执笔，何烦过瘾？宜即改削，直书其事”。我们知道，唐太宗是历史上少有的从谏如流、博学多才的君主，对于《起居注》却假装糊涂执意要亲自观看。尽管太宗在褚遂良、刘洎面前碰了一鼻子灰，但仍不甘心，在这里兜圈子，说了许多冠冕堂皇的话，但这难以掩饰他对发动宫廷政变的恐惧与急于想知道《起居注》记载的迫切心情。房玄龄对于太宗的复杂心情当然是心领神会，便顺旨对史书进

① 《三国志》卷 2《文帝纪》裴松之注引《魏氏春秋》，北京：中华书局，1959 年，第 75 页。
② 《唐笔直书》卷 1，内禅。
③ （宋）司马光：《资治通鉴》卷 191，唐高祖武德九年六月条，第 6011 页。

行了“删略”。经过精心篡改后的记载，解除了太宗的心病，就连太宗也承认改得太过分了——这就是今天我们所见到的正史关于“玄武门之变”的记载。实际上唐太宗打破惯例看《起居注》，真正用意是借君权力量以统一对这次宫廷政变的口径。经过北魏末年和隋末农民起义的沉重打击，世族地主的势力不断削弱，中央集权初具规模[①]，唐初由宰相监修国史就是最具体的表现，宰相监修国史，史官处处受到掣肘，只能秉承皇帝旨意，再求善恶必书已不可能。范祖禹认为自唐太宗始，“人君得以观史，而宰相监修，欲其直笔，不亦难乎？”[②]诚乎是言！

尽管按太宗意图对史书进行了篡改，太宗还是深深地受到了良心的谴责。太宗曾下诏：“息隐王地乃居长，守器运初，自贻伊戚，陷于祸难……朕嗣守鸿基，缅寻遗烈，何尝不陡彼冈而靡观，瞻同株而疚怀”[③]。这一席话，与其说是对建成表示宽容，不如说是自我忏悔。人至暮年，总要将一生中的经历回顾一番，对自己所做的亏心事表示内疚，这是人之常情。据说“唐太宗极康豫，太史令李淳风见上，流泪无言。上问之，对曰：‘陛下夕当宴驾。’太宗曰：‘人生有命，亦何忧也？’留淳风宿。太宗至夜半，上奄然入定，见一人云：‘陛下蹔合来，还即去也。’帝问：‘君是何人？’对曰：‘臣是生人判冥事。’太宗入见，判官问六月四日事，即令还”[④]。在张鷟笔下，“玄武门之变”连鬼神也难以弄清，弦外之音是，唐大宗对发动政变深怀内疚以及史书记载的模糊。张鷟是唐玄宗时人，这时对于太宗发动宫廷政变一事还是隐讳的，无可奈何，只好借用鬼神荒诞的传说将歪曲了的真相曲折地反映出来，可谓用心良苦。

在太宗为“玄武门之变”竭力进行掩饰与深表内疚的同时，免不了对真相有所流露。贞观二年（628年）的一天，和萧瑀一起说古道今的太宗说了这样一句话，皇位“盖取之或可以逆得，而守之不可以不顺也”[⑤]。封建帝王不管用何途径取得皇位，都把自己说成是天命所归。唯有唐太宗在这里直言不讳地承认皇位可以逆得，是特指自己而言的。因为“玄武门之变”的真相，当朝大臣诸如萧瑀等是清楚的，其中许多人还参与了这一过程，所以对他们用不着遮掩。国史记载统一口径，私下交谈又坦率而言，正是唐太宗的“高明”之处。

唐太宗执意看《起居注》，对武德九年（626 年）六月四日的事表示忏悔与恐惧，坦率承认皇位可以逆得几件事，乍看起来互不关联，最容易引起忽略，实际上正是李世

---

① （金）宝祥：《唐史探赜》，《西北师大学报》（社会科学版）1986 年第 2 期。收入魏明孔、杨秀清选编：《陇上学人文存·金宝祥卷》，兰州：甘肃人民出版社，2012 年，第 246 页。

② （宋）范祖禹：《唐鉴》卷 3《太宗下》，上海：上海古籍出版社，1984 年，第 4 页。

③ （清）董诰等编：《全唐文》卷 6，（唐）唐太宗：《追复息隐王皇太子礼诏》，上海：上海古籍出版社，1990 年，第 29 页。

④ （宋）李昉等：《太平广记》卷 146，授判冥人官条引《朝野佥载》，北京：中华书局，1961 年，第 1050 页。

⑤ （宋）王溥：《唐会要》卷 51《识量上》，第 886 页。

民夺得皇位后对政变真相的流露，当然也就是全面了解“玄武门之变”原因的重要史料。

三、结　　论

“玄武门之变”是一场由秦王李世民为了夺得皇位而发动的杀兄戮弟、逼父皇让位的宫廷政变。政变以武德九年（626 年）六月四日禁门喋血开其端，以高祖“内禅”竟其绪，历时两月有余。

本来政变的发动者李世民处于劣势地位，其对立面——高祖、建成、元吉则稳操胜券。一是嫡长子继承制是封建社会的传统，又不见太子有失德之事，更难怀疑其非守成之主；二是高祖李渊在皇嗣态度上无废立之意，在政变前更谈不上有“内禅”打算；三是他们都领导参与了建立和巩固唐王朝的一系列活动。除其中的第三点外，李世民难免瞠乎其后了。面临这样的客观条件，不甘居人之下的李世民便不择手段地积极活动，先发制人取得了胜利。皇位显然由“逆得”而来，为了把这次政变说成名正言顺，只能把一切责任都归咎于其对立面。正史记载按唐太宗的意图精心“删略”过，使得玄武门之变面目全非。至于后人沿用旧说的原因不外有三：一是苦于史料残缺不全，很难窥视全貌，有人虽然看出了破绽，但进行全面分析者甚少，一般采取各打五十板的做法；二是人们习惯于以胜败定是非；三是唐太宗被视为千古明君的完美化身，久而久之，对于有损于唐太宗形象的“玄武门之变”真相，也就无人敢问津了。

实际上，对历史上任何人物的评价，主要看他的活动，是否有利于社会进步的因素在内。对唐太宗一生的评价也不例外。唐太宗打败突厥，太宗时一度以“天可汗”[①]的面貌出现在历史舞台上，历史上呈现了少有的“贞观之治”。所有这些，都应予以足够的肯定，也是唐太宗一生中的主流。所以我们对“玄武门之变”真相的探索，并无全盘否定唐太宗之意。

总之，由于唐太宗时的精心“删略”，反映“玄武门之变”原因真相的史料凤毛麟角，给我们今天的研究造成了极大的困难。但只要全面分析史料，避免先入为主之见，就会从褒贬任情、曲意回避的记载中，找出反映“玄武门之变”真相的蛛丝马迹，而这些史料具有内在的联系：即唐太宗为了夺取皇位不择手段地发动了这场宫廷政变，为了把由“逆得”的皇位说成名正言顺，又不遗余力地对历史记载作了篡改。

〔本文原刊于《西北民族学院学报》（哲学社会科学版）1987年第4期〕

① （宋）王溥：《唐会要》卷 100《杂录》，第 1796 页。

叶适经济思想在海外

——以哥大和京大为中心

叶 坦*

叶适（Yeh Shih，1150—1223 年）是宋代著名思想家、政治家，研究中国哲学史、文化史、政治史等必谈叶适。如果说叶适是海外近现代经济学研究的重要对象，则很少有人知晓。实际上，叶适不仅在中国经济思想史上具有划时代的意义，迄今相关的系统研究著述中基本都有他的显著位置，而且影响深入到现实经济生活中，故有温州"商圣"或"商哲"之称。①

当我们研究叶适的时候，一定不能忘记中国经济学中同样应有叶适的地位。他在经济学上的贡献不仅永载我国学术史册，而且伴随中国经济学走向世界的百年始步而为西方学界所称道。

一、儒学与经济：西方第一部中国经济思想史巨著

现今中国经济思想史的系统研究著述中叶适均占有一定篇幅，专门研究其经济思想的论文也很可观。然而，却少有人知道早在百余年前西方名校出版的英文版中国经济学巨著中就有关于叶适的若干内容，而且 70 多年前东洋学术重镇已有著名经济学家专题研究叶适的货币思想，要弄清这些问题有必要进行经济学学术史的考察。

作为"皇冠上的明珠"的经济学，在我国一般被认为是"舶来品"。仿佛赓续数千载、经济文化远先于西方且发达的中华文明中并无"经济"！其实，中国不仅有着丰富而悠久的经济思想，而且许多学说领先于世界并在海内外产生深刻影响。②西方具有代表性的经济学说中不乏中国因素，如法国重农学派学说的中国渊源问题一直受到重视。有研究表明，中国的常平仓思想曾对美国新政农业立法产生直接影响，针对农业萧条，时任农业部长的华莱士（H.A.Wallace，后任美国副总统）力主将常平仓制

---

* 叶坦，中国社会科学院经济研究所研究员。

① 杨涌泉编著：《温州人生意经》，北京：企业管理出版社，2003 年，设"温州'商圣'——叶适"；胡太玉：《温州商人》，兰州：甘肃人民出版社，2002 年，有"温州'商哲'——叶适"。

② 叶坦：《学术创新与中国经济史学的发展——以中国经济思想史为中心》，《河北学刊》2010 年第 4 期，"本刊特稿"。

纳入 1938 年“农业调整法”，奠定了美国当代农业立法的基本框架。[①]

华莱士是怎么知道中国常平仓的？1911 年，从清朝进士到美国博士的陈焕章，在哥伦比亚大学出版了博士论文 *The Economic Principles of Confucius and His School*（其自译为《孔门理财学》)，凡 756 页。这是国人在美国出版的首部经济学研究专著，著名经济学家凯恩斯（J. M. Keynes）为之撰写书评，华莱士也是从此书获益。百余年来此书在西方一直连续再版，中文版于 2009 年在我国面世。[②]

陈焕章（1880—1933 年)，字重远，广东高要人，入康有为“万木草堂”，支持变法维新。1903 年中举人，翌年联捷进士，朝考点内阁中书，入进士馆。他 1905 年奉派留美，1907 年考入哥伦比亚大学学习政治经济学，1911 年获博士学位，其博士论文就是《孔门理财学》。次年归国，与严复、梁启超等请定孔教为国教，并创孔教会。1933 年在香港病逝。

《孔门理财学》旨在“昌明孔教，以发挥中国文明之意思”。全书分为五个部分，共九篇三十六章。“通论”部分：第一篇，孔子及其门派；第二篇，经济学与各科学之关系；第三篇，一般经济原理。“消费”部分：第四篇，消费。“生产”部分：第五篇，生产要素；第六篇，生产部门；第七篇，分配；第八篇，社会性政策。“公共财政”部分：第九篇，公共财政。最后是“结论”部分。此书按西方经济学原理分别讨论孔子及其学派的一般经济学说及其在消费、生产、分配、公共财政等方面的思想，并结合社会经济发展史实与其他学派的经济思想进行研究，梳理出中国古代经济学说的大致脉络和研究中国经济思想史的基本方法。

哥伦比亚大学破格资助留学生出版此书，该校政治经济学教授施格（Henry R. Seager）的序言高度评价此书，指出作者熟知英文经济学文献，故能比较东西方文明。作者在自序中阐明其“首次尝试系统地介绍孔子及其学派的经济原理”，比较研究管子、老子、墨子等相关思想，强调其研究是对“独立于西方而发展的中国思想和制度的考察”，尽量“避免以现代西方经济学家的视点解读中国古代文献”。其《〈孔门理财学〉之旨趣》再度详论此书宗旨，称理财学即“以义理财之科学”，其书可命名为《中国理财学史》，又可作《中国生计史》。

胡寄窗先生肯定陈著是中国学者在西方刊行的第一部中国经济思想名著，也是国人在西方刊行的各种经济学论著中的最早一部。《美国历史评论》曾称作者“做出了破天荒的成绩”。1912 年威斯康星大学的罗斯（E.A. Ross）在《美国经济评论》发表

---

① 李超民：《常平仓：美国制度中的中国思想》，上海：上海远东出版社，2002 年，第 210—221 页。

② Chen Huan-Chang, *The Economic Principles of Confucius and His School*, *Columbia University*, Longmans Green & Co., Agents, London: P.S.King & Son, 1911.有关此书及相关情况，请参见叶坦：《〈孔门理财学〉——中国经济学走向世界的百年始步》，《中国社会科学报》2010 年 8 月 26 日，第 8 版。

书评，认为陈著为西方政治经济学接上了孔子以来的中国伦理学和社会学资源，使此书在西方政治经济学文献中占据一个独特位置。熊彼特（J.A. Schumpeter）《经济分析史》说中国“没有留传下来对严格的经济课题进行推理的著作，没有可以称得上我们所谓‘科学’著作的”。但在注释中却以转折口吻请读者参考陈著。马克斯·韦伯（Max Weber）的《儒教与道教》开篇文献中也列有陈著，足见影响之大。此书出版后许多刊物如《中国维新报》《独立报》《美人历史评论报》《东方评论报》《字林西报》等都有评介。《经济学杂志》主编凯恩斯，1912 年即在该刊撰发评论，肯定“在陈焕章博士这本博学而令人愉悦的书中，有大量的内容人们将会引用”。作为货币经济学家的凯恩斯对中国货币思想相当重视，明确提出“中国学者早就懂得格雷欣法则和货币数量理论”，该书评对陈著的其他内容如土地制度、赋税制度、劳动力流动尤其是人口问题等方面也着墨不少。[①]尽管陈著存在一些不足，却是“儒学与经济”有机结合的典案。

二、百年典案：《孔门理财学》中的叶适

在《孔门理财学》的主体架构中、特别是在凯恩斯注重的上述方面，叶适成为不可或缺的重要内容。陈著用西方经济学的基本原理作为分析框架来研究中国经济思想，因此中国史上最有代表性的思想素材，成为其学理架构的基本内容。以下就依书中顺序来看陈焕章研究叶适经济思想的几个主要方面。[②]

（一）适度人口论

这是《孔门理财学》研究“人口规律”中“人口与土地”部分，见原书第 302—303 页。

经济学强调“适度人口”，思想家多赞同人口的多少要与土地的规模相适应的原则。东汉人崔寔《政论》谈到“人稠土狭，不足相供”。南宋定都临安周边人口过剩，叶适建议将过剩人口迁移到人口稀少地区。他说：

---

① J.M.Keynes，Reviewed work: the economic principles of confucius and his school by Chen Huan-Chang, *The Economic Journal*, Vol.22, No.88（Dec., 1912）, pp.584—588. 参见叶坦：《凯恩斯为哪位中国人的书写过书评？》，金明善主编：《经济学家茶座》第 49 辑，济南：山东人民出版社，2010 年。

② 此书在西方直至近年还在连续再版，而在中国直到 2005 年才有岳麓书社影印的英文版问世。本文以原著为主，参考了 2009 年 10 月出版的两种中译本：陈焕章著，[美] 陈寿筠校：《孔门理财学——孔子及其学派的经济思想》，翟玉忠译，北京：中央编译出版社，2009 年；陈焕章：《孔门理财学》，宋明礼译，北京，中国发展出版社，2009 年。另外，2010 年 8 月中华书局出版韩华译本。

为国之要，在于得民。民多则田垦而税增，役众而兵强。……有民必使之辟地，辟地则增税，故其居则可以为役，出则可以为兵。而今也不然，使之穷苦憔悴，无地以自业。其驽钝不才者，且为浮客、为佣力；其怀利强力者，则为商贾、为窃盗；苟得旦暮之食，而不能为家。丰年乐岁，市无贵粜，而民常患夫斗升之求无所从给。大抵得以税与役自通于官者不能三之一。有田者不自垦，而能垦者非其田，此其所以虽蕃炽昌衍，而其上不得而用之也。……田无所垦而税不得增，徒相聚博取攘窃以为衣食，使其俗贪诈淫靡而无信义忠厚之行，则将尽弃而鱼肉之乎！①

迁移之后保持适度人口和人地均衡，而且更多的土地将开垦，政府税收也能增加。百姓在外可以当兵，在家可以承役；无须特别的做法国家财富可以增加，叶适认为这是一项十分重要的公共政策。

作者提示，崔寔和叶适都更重视农业，尽管工商业城市可容纳更多人口，但那里的穷人状况很糟，仅仅是依附者，崔、叶两人都用了“自业”一词作为目标。为使穷人拥有“自业”而不必依附于富人，国家应无偿分地给穷人。既然穷人聚集城市的土地不足，可以迁移他们到人口稀少的地方，否则不能得到无偿土地。换言之，要使依附性劳动者成为独立农民。作者还强调上述移民政策是建立在经济原理之上的，认为叶适主张人口的合理分布和人地均衡配置。

所谓“适度人口”是指对一国或地区的发展最适宜的人口数量，一般认为“适度人口论”在19世纪末20世纪初出现。据说瑞典学派创始人维克塞尔（Knut Wicksell，1851—1926年）首先使用“适度人口”术语；而英国经济学家坎南（Edwin Cannan，1861—1935年），则是“适度人口论”（theory of optimum population）的奠基人；然而在古代中国，相似的思想早已出现，叶适就是很好的证明。

（二）收益递减规律

所谓“收益递减规律”（law of diminishing returns）又称“报酬递减规律”，指在技术和其他生产要素的投入量固定不变的条件下，连续地把某一生产要素的投入量增加到一定数量之后，总产量的增量即边际产量将会出现递减现象。在经济学说史上，“边际”概念的引入是学术发展的重要进步。

陈焕章书中在谈农业问题时，专列了“收益递减规律”一节，见原书第392页。

① 叶适这段论述出自《水心别集》卷2《民事中》，（元）马端临的《文献通考·户口考二》有此内容，但文字略有不同，如前者“贪诈淫靡”后者作“贪淫诈靡”。翟译本对陈著所引文献在译文中予以标注出处值得肯定，相似情况以下不再赘述。

他指出，对于收益递减规律，尽管中国人并没有给出一个完整的理论，却还是指出了有关事实。《韩诗外传》卷5记载“夫土地之生不益，山泽之出有尽”。这句话的前半部分是说农业，后半部分指一般自然资源，这句话表明了对收益递减规律有所理解。

如果说这还只是对规律的“理解”，那么叶适在《水心别集》卷2《民事中》描述南宋都城周边人口拥塞之弊的情形，则更加深入。叶适说：“凿山捍海，摘抉遗利，地之生育有限，而民之锄耨无穷。至于动伤阴阳，侵败五行，使其地力竭而不应，天气亢而不属。”这就是超过了“限”收益必然递减，人口过密对自然资源造成枯竭危害。大量的人口居住在狭小的土地上，本身就是一种经济性的错误，其原因是土地受制于收益递减规律——叶适明确地指出了这一点。

（三）四民平等论

叶适明确指出的不限于如上所述，在讨论商业重要性时（见原书第411—413页），叶适的贡献再一次凸显出来，见原书第412页。

作者考证由于中国人将商人置于“四民”之末而产生误解。商人被认为是不生产的阶级，只是通过交易别人的产品从中获利，而且囤积居奇以高价牟利，故招致怨恨，所以从汉代起施行抑商政策。作者提出“孔子从来没有低估商人的作用，在汉代以前，儒家也没有提倡重农抑商政策”。他认为“士农工商”的四民顺序，也并非儒家的主张，如《春秋谷梁传》中，“商”仅列于“士”之后。国人之所以将“商”置于四民之末，是由于农民生产原料，工匠制作产品，交易原料和产品的商人的顺序不能先于他们。作者强调“这应该是生产过程的顺序而不是社会地位的顺序，也不是道德上的级差”。所以把农业称为“本业”、工商业称为“末业”，这是生产的自然次序，并无贬低工商业的意思。

陈焕章再次明确指出“士农工商四民在社会上是平等的这一原则是由叶适提出来的”，证据就是叶适所说“夫四民交致其用而后治化兴，抑末厚本，非正论也”。（出自《习学记言序目》卷19）。实际上，叶适论四民平等的问题许多人都有研究，包括拙作最早的至今也不过30年，而陈焕章在距今百年前就提出来，可惜鲜为国人所知。

他还谈到农业和商业的相对重要性随时代不同而变化，说司马迁在《史记·平准书》中论述了这一规律——“故《书》道唐虞之际，《诗》述殷周之世，安宁则长庠序，先本绌末，以礼义防于利；事变多故而亦反是。是以物盛则衰，时极而转，一质一文，终始之变也”。根据其理论，在昌盛的国家和复杂的文明中，商业自然比农业更重要。因此，尽管经济利益会削弱道德的影响力，资本主义生产会破坏分配的平等性，但这是必然要到来的自然结果。事实上，当一个统一的帝国没有外部纷争，人们过着自给自足的生活时，从分配的角度来看，人们更重视农业；当出现民族斗争时，从生产的角度来看，人们更重视工商业——这是作者的论断。

（四）格雷欣法则

“货币与银行业”是陈焕章研究的重头，这也是经济学家凯恩斯重视的内容，在“格雷欣法则”一节中，叶适就是主角，见原书第444—445页。

所谓“格雷欣法则”（Gresham’s Law）也称“劣币驱逐良币法则”，简单地说就是只要同时流通不同的货币，良币就会被劣币所驱逐，一般认为此法则最早由英国人格雷欣（Thomas Gresham，1519—1579年）提出，其实不然。

进而，陈焕章提出由于宋代出现纸币，所以产生与格雷欣法则相似的理论。其所据就是《文献通考》卷9《钱币考二》记载叶适的话——“人不究其本原，但以钱为少，只当用楮。楮行而钱益少，故不惟物不可得而见，而钱亦将不可得而见”。他认为叶适综合了货币数量论和格雷欣法则。就货币数量论而言，叶适指出国家的财富取决于商品的增长，而不是货币的增长。当商品丰富时价格就便宜，货币的价值就会高；如果商品不足，货币的价值就会降低，这也就是他说的“物不可得而见”，是因为他将货币的数量与商品的数量相比。关于格雷欣法则，叶适说明在同一市场上流通不同的货币时，纸币就会驱逐铜币，铜币会被排斥于流通之外，所以“钱亦将不可得而见”，这就类似格雷欣法则。陈焕章断言“我们可以说是叶适发现了格雷欣法则，因为他看到了纸币驱逐铜币的事实!”他还进一步论证同是南宋人的袁燮更清楚地阐述了格雷欣法则。

陈论是正确的。宋代中国多种货币包括纸币的运用，以及由此产生的各种思想、主张、学说、理论在世界上无疑都是领先的。包括马克思《资本论》中唯一提到的中国人——王茂荫，同样是因其在货币问题上的作为与建树而受到关注的。[①]

（五）土地制度论

井田制也是陈焕章着墨甚多的部分，他认为“井田制”是中国经济思想史和历史上的一个最为重要的部分，尽管许多学者认为它未必施行过。他考察历代的相关情况，专门从经济思想角度研究“有关井田制度的见解”，宋人如苏洵、朱熹、叶适以及元初的马端临，叶适的相关思想是核心，见原书第526—528页。

陈焕章称“叶适是持这种观点的第一人”，即井田制“非有益于当世，为治之道

---

① 叶坦：《宋代纸币理论考察》，《中国经济史研究》1990年第4期；叶坦：《徽州经济文化的世界走向——〈资本论〉中的王茂荫》，《学术界》2004年第5期。

终不在此”。主要理论是，古今时代不同，操作层面也不允许，“且不得天下之田尽在官，则不可以为井；而臣以为虽得天下之田尽在官，文、武、周公复出而治天下，亦不必为井。……井田之制虽先废于商鞅，而后诸侯亡、封建绝，然封建既绝，井田虽在，亦不得独存矣。故井田、封建相待而行者也”。陈焕章很注意叶适提出最重要的一点是井田制与封建制的关系，井田制不可能独存。叶适提出一个新办法，即超越井田制去寻求解决方案，“间田而疏之，要以为人力备尽，望之而可观，而得粟之多寡则无异于后世耳。大陂长堰因山为源，钟固流潦视时决之，法简而易周，力少而用博”。陈焕章十分肯定叶适的创造性，“使后世之治无愧于三代，则为田之利，使民自养于中，亦独何异于古！故后世之所以为不如三代者，罪在于不能使天下无贫民耳，不在乎田之必为井、不为井也”。他认为叶适的结论是超前的——“因时施智，观世立法。诚使制度定于上，十年之后，无甚富甚贫之民，兼并不抑而自已，使天下速得生养之利，此天子与其群臣当汲汲为之”。叶适的意见出自《水心别集》卷2《民事下》，《文献通考》卷1《田赋考一》也有记载。从今天的观点来看，真有点制度学派先驱的味道！

陈著是以研究孔门学派经济思想为主旨的，“按照孔子的理论，井田制是一切的基础，不仅仅是土地的分配。井田制的基本理念在于：每个人都应得到均等的份额和平等的机会，平等地享受经济生活、社会生活、政治生活、精神和道德生活”。陈焕章把儒家思想理想化，终身以弘扬儒学为己任。

从上述内容中可以看到，叶适的经济思想成为这部在西方影响深远的《孔门理财学》的重要部分，主要章节中几乎都有叶适的身影！其许多论点在百余年之后的今天还是研究的重点。

三、京大学脉：穗积文雄及其叶适货币思想研究

如果说以上是发生在西洋名校的事，还可以说那毕竟是中国人写的书，甚至能够讲那并不是专门研究叶适的，那么现在要谈的就不是这样了。我们将到东洋的另一世界著名学府——京都大学，考察颇具代表性的经济学家穗积文雄对叶适货币思想的专题研究。进入主题前，同样有必要简单回溯日本的中国经济思想史系统研究开端期的情况，以及京都大学经济学家研究中国经济思想史的学脉情形。①

① 叶坦：《1920—30年代中国经济思想史研究之分析》，《中国研究》（日本）1995年12月号、1996年1月号；叶坦：《日本的中国经济思想史系统研究开端期分析》，《经济评论》1996年第4期。

概括地说，与中国学者几乎同时，自20世纪20年代日本学者就开始了对中国经济思想史的系统研究。中国经济思想史研究具有代表性的唐庆增先生认为，“外人研究中国经济思想史，惟日人尚称努力。……至欧美人士研究中国哲学者尚不乏人，若专就经济思想而言，从未有人加以精密之观察也”[①]。的确，从田崎仁义、田岛锦治、小岛祐马到穗积文雄、出口勇藏再到后来的上野直明、桑田幸三、井泽弥男诸位，用可观的成果勾勒出日本学者研究中国经济思想史明晰可辨的学术谱系。田崎仁义是留学西方的经济学博士，后主要在东京研究中国经济史学及思想制度，《中国古代经济思想及制度》（1924年）出版十天就再版，商务印书馆1936年出版王学文中译本，很快也再版。再如田岛锦治的《东洋经济学史——中国上古的经济思想》（1935年），此书系其后学本庄荣治郎（后为日本经济史学大家）等汇编整理而成。田岛教授1894年即发表论文《论中国上古的地租》（《国家学会杂志》第8卷第91号），他在京大经济学科开授“东洋经济学史”，主讲中国上古经济思想史，这恐怕当时在中国以外是绝无仅有的！尤其是，他开创了经济学科研究中国经济思想的新局面，培养了包括穗积文雄在内的一代代学者。再一位需要提及的是小岛祐马，他是“京都学派”著名汉学家，从社会思想角度研究中国经济思想史，同时对法国社会经济思想颇具造诣。他1917年发表《儒道二家经济思想的特征》，与当时人多仅研究中国上古不同，他对黄宗羲等人的经济思想也有研究，其代表作《中国思想：社会经济思想》（1936年）。小岛祐马教授20世纪30年代末出任京大人文科学研究所所长，对后来兼任该所研究员的穗积文雄无影响。

穗积文雄（Hozumi Fumio，1902—1979年）日本著名经济学家，也是世界上为数不多的中国经济思想史研究者。他1923年进入京都大学经济学部学习，1926年入研究生院，专攻经济学史，1927年出任东亚同文书院教授。1932—1934年留学德国，1939年任京都大学经济学部讲师、副教授，同年10月（至1946年10月）兼任京都大学人文科学研究所研究员。1945年任京都大学经济学部教授，1949年担任日本经济思想史讲座，1952年任京都大学经济学部长。他先后出任京都大学评议员、学术奖励审议会专门委员等，1966年被授予京都大学名誉教授，1979年11月26日去世。

穗积先生作为京大资深教授，其汉学造诣很深。1966年京都大学经济学部长岸本英太郎在为他退休出的纪念集“献辞”中，高度赞扬其在中国经济思想史上“至深的学术造诣”，担任“东洋经济思想史”课程，并撰著了《中国货币史》和《先秦经济

① 唐庆增：《中国经济思想史》上卷，上海：商务印书馆，1936年，第14页。

思想史论》[①]等难得的著作。从1945年任经济学部教授起，一直担任“社会思想史”讲座，发挥出他在思想史与人文研究方面的学术专长。[②]研究孙文经济思想的京都大学教授出口勇藏，在纪念穗积先生逝世的论文《社会思想一论》中，充分肯定穗积独特的研究与叙述方法，专门谈到“例如，货币是社会学问的对象，法规也是一样。通过货币或法规，以金属或纸等物质来体现的是人的社会性状态和人们的相互关系”[③]。

上述学脉传承与穗积教授的学术经历，展现出其知识结构与治学特征，这也是京大治中国经济思想史的特色。一般说来，中国经济思想史唯独在中国大陆是理论经济学的独立学科，世界各国研究中国经济思想史的学者多属史学领域，而京都大学经济学部有其特殊的学术风格和传承，不同于一般的经济学研究，“东洋”经济学术成为其重要特色。据我初步考证，日本的经济学初属法政类，1915年前后是一个重要的学科转化时点，至少京都大学从这一年起经济学独立出来，成立了经济学部。正是在这里田岛锦治开授中国经济思想史，穗积文雄不仅就学于此，还兼任人文科学研究所研究员，小岛祐马的社会思想研究得到弘扬；而桑田幸三则师从穗积文雄，同样到人文科学研究所接受名家日比野丈夫教授的汉学指导。[④]

穗积文雄的中国经济思想史研究成果卓著，特别是对货币思想的研究尤为突出，从先秦到明清，叶适就是其重要个案。[⑤]他的《叶适的货币思想研究》是较为系统的长文。作者特别说明，此前田崎仁义已经撰写了“叶适”词条，收入日本《经济大辞书》，称赞叶适“其论治以安民为策、以富强为计，精透切要。盖系经世之重宝、中国近世经济思想学说之代表性文字”。可见日本学者对叶适经济思想敬重有加。

穗积文雄教授参考《宋史·叶适传》中的内容，称叶适“博学雄才、藻思英发、志意慷慨，雅以经济自负”。进而，他以京都学派特有的风格详细考证叶适文集的版本及流传情况，并将叶适文献的相关篇章列出，指出叶适的货币思想主要集中在《水心别集》卷2《进卷·财计中》，“这成为研究叶适货币思想最基本的资料”。其研究就此入手，首先考察叶适看到由于钱币不足“至于造楮以权之”，形成“凡今之所谓钱者反听命于楮，楮行而钱益少，此今之同患而不能救者也”的局面，这在上述陈焕章的书中也同样受到重视。叶适认为由于纸币流行而钱币不足，故而有此论，穗积对此

① 实际是1944年京都印书馆出版的《中国货币考》而非货币史，穗积文雄的《先秦经济思想史论》，有斐阁，1942年出版。

② 京都大學經濟學會:《經濟論叢》第97卷第1號，1966年1月《穗積文雄教授記念號》。

③《經濟論叢》第125卷第3號，1980年3月。

④［日］桑田幸三:《中国经济思想史论》，北京：北京大学出版社，1991年，我在书中“译序”中介绍了他的情况，其求学经历等见其“中文版序言”。

⑤ 穗积文雄对叶适货币思想的研究，在正式发表《葉適の貨幣思想研究》(《經濟論叢》第54卷第6號，1942年6月）之前也有涉及，如《宋代貨幣考》,《東亞經濟論叢》第1卷第4號，1941年12月。

是赞同的。他认为即使在铸钱很盛的宋代，由于铜不足铸币量也在减少；而且宋政府的支出越来越增加，必至纸币大量增发。据此，做出钱币不足必然增加纸币的正确认识应该不难，如与叶适同时的吕祖谦就说过“今日之所以为楮券，又欲为铁钱，其原在于钱少”，但是从中得出值得称道的精彩判断却并不容易。叶适洞察到如果由于钱币不足而补之以纸币的话，印制纸币可以不受材质的制约，政府为了解决财政困难，不可避免地会增发滥发纸币。他警告当局“夫率意而戏造，猥以补一时之阙而遂贻后日之忧！”

穗积文雄同样明确提出叶适通过“楮行而钱益少”认识到了“格雷欣法则”。叶适并非不知使用纸币具有便利的特点，即“担囊而趋，胜一夫之力，辄为钱数百万”云云，故言“大都市肆，四方所集，不复有金钱之用，尽以楮相贸易”。叶适断言：这样一来，结果就是钱币和财货都会匮乏，“十年之后，四方之钱亦藏而不用矣，将交执空券，皇皇焉而无所从得，此岂非天下之大忧乎！”那么，面对这样的境况将如何匡救呢？叶适提出“夫见其有而因谓之有，见其无而因谓之无者，此常人之识尔。所贵于智者，推其有无之所自来，不反手而可以除其患”。穗积文雄相当看重叶适这种“透过现象看本质”的“智者”见识，认为只有这样才能把握问题的关键。他说自己读着叶适的上述表述，联想起明治初年欧洲经济思想传入日本的黎明时期，“19 世纪三四十年代法国最著名的经济学家”弗雷德里克·巴师夏（Frédéric Bastiat，1801—1850 年）关于《看见的和看不见的》的论题，穗积将叶适的睿智与巴师夏这位经济学说史上的名家相提并论！在经济领域，与一个行为或习惯乃至一个制度或法律相伴随的不只是单一的结果，而可能是一连串的结果。在这些结果中，可以发现某种直接的原因，即“眼见为实的东西”；而有的原因则需要经历过程才能展现，即“眼不能直见的东西”；能够对“眼不能直见的东西”做出预见是为幸事。经济学家是有优劣之分的，差的经济学家满足于眼见的结果，而好的经济学家则能通过“眼不能直见的东西”做出预见。他认为叶适是“好的经济思想家”，故而能透析货币流通的“格雷欣法则”。

继而，穗积文雄继续深入论述叶适对“钱荒”这一关键问题的认识。叶适以通货的“有无之因”探求匡救之道，同时他质问到“且今之所谓钱乏者，岂诚乏耶？上无以为用耶？下无以为市耶？是不然也。天下之所以竭诚而献者有二议：有防钱之禁，有羡钱之术。夫南出于夷，北出于虏，中又自毁于器用；盗铸者虽殽杂而能增之，为器者日损之而莫知也。此其禁、患于不密也，是诚可密也。若夫羡钱之术，则鼓铸而已矣。虽然，尽鼓铸所得，何足以羡天下之钱？且天地之产，东南之铜或暂息而未复，虽有咸阳、孔仅之巧，何以致之？噫！不知夫造楮之弊，驱天下之钱，内积于府库，外藏于富室，而欲以禁钱鼓铸益之耶!”穗积非常看重叶适透析“钱荒”实质的认识，逐条分析了他的意见，引用叶适所说“且钱之所以上下尊之，其权尽重于百物者，为其能通百物之用也；积而不发，则无异于一物。铜性融溢，月铄岁化，此其朘天下之宝亦已多矣。夫徒知钱之不可以不积，而不知其障固而不流；徒知积之不可以不多，而不知其已聚者之不散，役楮于外以代其劳，而天下有坐镇莫移之钱，此岂智者之所为哉？岂其思虑之有未及哉？故臣以谓推其有无之所自来，不反手而可以除其患者也。”这证明叶适充分认识到货币的流通手段职能，而且说明了“钱荒”的真实原因，并非真的通货不足，而是铜币的流失、废毁以及蓄藏等原因造成铜币短缺，因此大量发行纸币的结果，更加剧“良币”被逐出流通领域；而且纸币滥发的结果，造成纸币贬值币制混乱。于是叶适提出的解决办法，不仅要解决钱荒，而且要稳定币制。

叶适下面这段话穗积教授用他自己的话进行了陈述，“虽然，臣又有疑焉。计今之钱，自上而下者，有兵之料，有吏之俸；自下而上者，州县倚盐酒杂货之入，而民之贸易以输送者，大抵皆金钱也。故虽设虚券以阴纳天下之钱，而犹未至于尽藏而不用。方今之事，比于前世，则钱既已多矣，而犹患其少者，何也！古之盛世，钱未尝不贵而物未尝不贱。汉宣帝时，谷至石五钱，所以立常平之法。唐太宗新去隋乱而致富强，米斗十钱以上为率。何者？治安则物蕃，物蕃则民不求而皆足，是故钱无所用。往者东南为稻米之区，石之中价财三四百耳，岁常出以供京师而资其钱；今其中价既十倍之矣，不幸有水旱，不可预计，惟极南之交、广与素旷之荆、襄，米斗乃或上百钱为率耳。然大要天下百物皆贵而钱贱，瓜（匏）［瓠］果蓏，鱼鳖牛彘，凡山泽之所产，无不尽取。非其有不足也，而何以至此？且以汉、唐之赋禄较之于吾宋，其用钱之增为若干？以承平之赋禄较之于今日，其用钱之增又若干？东南之赋贡较承平之所入者，其钱之增又者干？昔何为而有余？今何为而不足？”穗积文雄重点引述了“今日之患，钱多而物少，钱贱而物贵也，明矣。天下惟中民之家，衣食或不待钱而粗具。何者？其农力之所得者足以取也。而天下之不为中民者十六，是故常割中民以奉之，故钱货纷纷于市，而物不能多出于地。夫持空钱以制物犹不可，而况于持空券以制钱乎！然则天子与大臣，当忧其本而已矣。”穗积文雄提出叶适担心“持空券以制钱”，表示其已从货币金属论思想中解脱出来，认识到货币的本质就是交易手段，即他说的“为其能通百物之用也”；而叶适的“今日之患，钱多而物少，钱贱而物贵也，明矣”，有货币数量说的思想以及对恶性通货膨胀的认识。

在接下来的部分，穗积文雄教授提出马端临《文献通考》卷 9《钱币考二》也是研究叶适货币思想的基本资料，并进行了必要的文献考证。《文献通考》一向以引用宋文著称，有关叶适的记载特别是《别集》的异文较多。穗积指出叶适文集是亡佚之后明人所辑，而元初马端临能够看到的相关文献要超过现今传本，因此《文献通考》中有关叶适论述的记载值得珍视。他考察叶适对于货币起源的认识，“钱币之所起，起于商贾通行，四方交至，远近之制。物不可以自行，故以金钱行之”。以往用钱少而后来用钱多，原因是“古者因物权之以钱，后世因钱权之以物”。因为“三代以前，所以钱极少者，当时民有常业，一家之用，自谷米、布帛、蔬菜、鱼肉，皆因其力以自致，计其待钱而具者无几。止是商贾之贸迁，与朝廷所以权天下之物，然后赖钱币之用。如李悝平籴法，计民一岁用钱只一千以上，是时已为多矣，盖三代时尚不及此。土地所宜，人力所食，非谷粟则布帛，与夫民之所自致者，皆无待于金钱，而民安本著业，金钱亦为无用，故用之至少。所用之数，以岁计之，亦是临时立法，制其多少。后世不然，百物皆由钱起，故因钱制物。布帛则有丈尺之数，谷粟有斛斗之数，其他凡世间饮食资生之具，皆从钱起；铢两多少，贵贱轻重，皆由钱而制。上自朝廷之运用，下自民间输贡、州县委藏、商贾贸易，皆主于钱，故后世用钱百倍于前。”众所周知，货币起源论是货币思想的重要部分。穗积文雄教授对叶适陈述的理由相当看重，他不厌其烦地引述《文献通考》所记叶适比较上古和此后的不同情景：三代自给自足小国寡民，“鸡犬之声相闻，民至老死不相往来”故“无所用钱”；而后世天下一统臂指如一，“天下之民安得不交通于四方？则商贾往来，南北互致，又多于前世，金钱安得不多？”于是进入了“货币时代”，有关钱的问题就来了，主要是“用钱既多，制度不一，轻重、大小、厚薄，皆随时变易”。叶适和前人一样肯定唐代的“开元通宝”钱，而且在铸币上，把握了南齐孔觊的“不惜铜、不爱工”的原理——“国初惟要钱好，不计工费；后世惟欲其富，往往减工缩费，所以钱稍恶”。叶适同样反对货币私铸，主张“利权当归于上，岂可与民共之？”

叶适对于货币职能的认识也是穗积文雄研究的要点之一。他论述了叶适认识到货币的职能之一是作为交易的媒介，“然钱货至神之物，无留藏积蓄之道，惟通融流转，方见其功用”。可见，他并非将货币的职能仅限于交易媒介，包括货币的储藏手段等职能叶适也都认识到了。穗积文雄谈到货币具有的购买力，提出日本著名经济学家左右田喜一郎博士在《货币论（上）》中阐释“边际效用学说”，认识到“对无限的目的（zweck）形成的界点（knotenpunkt）”。他的话锋转向中国，说中国肯定所谓货币万能的是西晋鲁褒的《钱神论》，推测叶适的“钱货至神之物”由此而来，货币的职能是交易的媒介，“惟通融流转，方见其功用”，所以“无留藏积蓄之道”，“而朝廷亦尽征天下钱入于王府，已入者不使之出”。叶适指明“钱以通行天下为利，钱虽积之甚多，与他物何异？”他认为人们不探究事情的本原，“但以钱为少，只当用楮”，结果不仅“钱益少”，而且物与钱都将“不可得而见”，这与他在《财计中》表达的思想没有什么区别。穗积文雄看到叶适谈的情况并非一朝一夕之事，而是从过去到现在不断积累的弊端，因此治理起来不能走极端，“事极则变，物变则反，必须更有作新之道”。变革钱法需要别开生面，即使不能确定走怎样的新路，但至少“其决不可易者，废交子，然后可使所藏之钱复出”。最后，叶适概括其主张的基本结论“若夫富强之道在于物多，物多则贱，贱则钱贵。钱贵，然后轻重可权，交易可通。今世钱至贱，钱贱由乎物少”。穗积文雄认为通过这些表述，叶适一方面看到货币职能之伟大，于是称之为“至神之物”，同时又限于货币的职能是交易媒介；在以崇敬之念把握货币法则的同时，表现出货币数量说的思想。他特别重视叶适主张的“作新之道”，联系到汉代太史公司马迁《史记·平准书》中的“物盛则衰，时极而转”，提示对事物的生成流转所持的观点值得注意。他认为叶适的货币分析绝非偶然，其总是建立在以史实为立足点之上展开立论——这离历史唯物论大概不远了。

最后，穗积文雄教授对其研究进行了概括：叶适的货币思想体现了从自给自足的经济向交换经济的过渡，货币作为交易媒介随着交换经济的发展作用明显增大。于是所有的东西都用货币衡量，都为货币所左右，货币被认为具有神通之力。但货币的形质是多种多样的，流通中体现了货币的“适者生存”，保留下来的是最适合流通的货币，例如唐代的开元通宝。不过，人们往往利用质量不好的货币的币材价值与名目价值的差额进行牟利，这样一来，为了防止因此扰乱经济社会，就要将造币权归于政府之手。政府掌握了造币权，当财政困难时行使“恶钱”也就不可避免。随着商品经济的发展和交易地域扩大、交易数量增加，出现货币携带不方便的情形，于是产生了纸币。然而，纸币一旦出现，铜币就会被蓄藏起来而纸币横行；再加上铜币外流或者销毁制器，越发加剧了政府财政的危机之势。用来制作纸币的素材不受限制，因此不断增发的结果，势必带来通货膨胀，物品与通货的比率失衡，形成通货多而物品缺乏。其结果是通货的价值降低，物价腾贵。这样的情景的确是经济界甚至整个社会的忧患！如果流通的是不兑换纸币的话，情形会更加严重。这些正是叶适货币思想的素描，从中可知其货币思想是稳健而稳妥的。叶适作为永嘉学派的栋梁为人推崇，其的确“雅以经济自负”，不过也可见其对货币金属说的偏执。

穗积教授对叶适的研究是其中国货币思想研究的一个重要部分，但他未使用叶适《淮西论铁钱五事状》等文献，应该说是缺憾。半个多世纪以来我国学者对叶适货币思想的研究也很可观。[①]

① 彭信威：《中国货币史》上册，上海：群联出版社，1954 年，第 344—345 页；胡寄窗：《中国经济思想史》下册，上海：上海人民出版社，1981 年，第 185—189 页；俞兆鹏：《叶适货币思想研究》，《中国钱币》1987 年第 2 期；叶坦：《论宋代“钱荒”》，《中国史研究》1991 年第 2 期。

四、论析：影响中外的划时代经济思想家

近几十年来，我通过学习和研究不断加深对叶适及其经济思想的认识，深感永嘉学派的经济思想不仅在世界经济学说史中具有重要地位，而且影响中外直至今天。[①]上述内容大概能够证实叶适“影响中外”，而他作为“划时代的经济思想家”，或可从以下几方面来分析理解。

首先，叶适以及整个浙东学派开实学经济思想之先河。一般认为实学是明中叶以后的社会思潮，实际上实学自宋即伴随新儒学而共生演进，浙东学派无论以事功学派、经世之学、浙学、实学等为名，其关键都是讲求实利功效、力倡“经世致用”之实学，开明清事功实学之先河。我认为：若谈事功，经济活动无疑是根本；所谓实学，经济思想应是其核心内容甚至评判标志之一；思想史若不包括经济思想，也是不完善的。浙东学术中金华、永康两派在经济思想方面或有独到之处但不够突出和系统，尚难以反映浙东实学经济思想的最高成就；而永嘉学派的经济思想则丰富而系统，其集大成者叶适颇具典型意义。[②]

其次，叶适经济思想具有鲜明的反传统精神和商品经济发展的时代特性，而且较为全面系统，几乎涵盖当时社会经济诸方面，能够反映那个时代经济思想的大体风貌。百余年前陈焕章已阐述了叶适经济思想的五个方面，后人的研究更加全面深入，叶适有关义利、本末、富民、理财、货币、人口、生态等经济思想都成为研究内容。[③]这些正是中国历史上承先启后的宋代，尤其是浙东地区经济现象和经济生活的复杂丰富在杰出的思想家思想中的反映。总的来说，叶适的通达与明智、远见和卓识非一般人可比。他顺应历史发展顺乎自然趋势，反对强权干预，主张富民发展民间经济实力，批评“腐儒”陈见，力主务实、重实利功效，提出一系列反传统的经济思想观点，代表了浙东实学经济思想的较高成就。

再次，叶适的许多论点都是中国经济思想史中新的思想观点之集成或肇端。上面提到的“格雷欣法则”“收益递减论”“抑末厚本，非正论也”等等，此外如“既无功利，则道义者乃无用之虚语尔”（《习学记言序目》卷23）。再如“商贾往来，道路无禁”

---

① 笔者有关叶适经济思想的研究，除了本文标出的以外，早期的相关成果主要还有《商品经济观念的历史转化——立足于宋代的考察》，《历史研究》1989年第4期；《富国富民论——立足于宋代的考察》，北京：北京出版社，1991年；《叶适经济思想研究》，《中国社会经济史研究》1991年第3期。

② 叶坦：《宋代浙东实学经济思想研究——以叶适为中心》，《中国经济史研究》2000年第4期。

③ 由于相关成果很多无法逐一列出，仅举两部博士论文为例。曹在松：《叶适经世思想研究》，台湾大学博士学位论文，1988年；吴松：《叶适经济思想研究》，云南大学博士学位论文，1998年。

(《水心别集》卷1《治势下》),以及“富人者,州县之本,上下之所赖也”(《水心别集》卷 2《民事下》)等等均是如此。一些新思想不一定是他最早提出,但可能是他阐述得最为明确,如余英时先生就提出新颖的“富民论”到“南宋叶适发挥得更多”[①]。有些主张他的表述不一定完整、全面,却成为此后进一步发展之肇端。像“四业皆本论”,就是他的学生陈耆卿在《嘉定赤城志》卷37《风土门·重本业》中,采用绍圣三年(1096年)当地地方官郑至道所作《谕俗七篇》内容,提出士农工商“此四者皆百姓之本业,自生民以来,未有能易之者也”。这大概是迄今所见最早明确提出“四业皆本”的史料,较以往认定此论最早由黄宗羲(1610—1695年)在《明夷待访录·财计三》中提出早数百年,更何况黄亦是浙东学人!

另外,叶适经济思想有较高的思辨性和理论性。正如穗积文雄指出的,叶适经济思想有着同巴师夏的《看见的和看不见的》相媲美的“眼不能直见的东西”。如他针对众口一词的“钱荒”,提出“今之所谓钱乏者,岂诚乏耶?……是不然也”。(《水心别集》卷2《财计中》)具体分析“方今之事,比于前世,则钱既已多矣,而犹患其少者”。在理财观方面,别人都在谋划怎么增加国家收入,而叶适却提出当时是“财既多而国愈贫”(《水心文集》卷1《上宁宗皇帝札子三》),“盖财以多而遂至于乏矣。……财以多而乏者,可使少而后裕也”(《水心别集》卷15《上殿札子》)。“[古]者财愈少而愈治,今者财愈多而愈不治;古者财愈少而有余,今者财愈多而不足。”他要求罢去苛捐杂税,则“财少则有余,有余则逸有余而逸,以之求治”(《水心别集》卷11《财总论二》)。叶适的“财以多为累,则莫若少之”(《水心别集》卷 10《实谋》)的确不可多得。思辨性本身就是理论性的特征,而陈焕章能够以现代经济学诠释叶适经济思想的理论贡献就是明证。

最后,叶适经济思想不仅开启此后代表商品经济发展方向的经济思潮先河,而且具有东亚地区经济思想发展趋势的共性特色,成为不同于西方的东亚社会走向近代化的经济思想与学说的先驱。传统社会以产品经济为主,而近代社会商品经济成为主导形态,市场逐步成为资源有效配置的主要方式。因此,从“近世”向“近代”的转化过程中,商品经济是关键因素;而如何认识与对待商品经济及其发展,成为商品经济观的核心。我曾以“历史发展阶段的相似性”而非“实存时间”作为比较研究的基准,选择中日近世商品经济观最具代表性的两个学派——以叶适为代表的宋代浙东学派和以日本江户时代商人思想家石田梅岩为代表的石门心学进行比较研究,主要基于两

① 叶坦曾撰《“为富人辩护”思想解析》(《浙江学刊》1992年第1期),并在东京与余英时先生交流过这个问题,还赠送了拙著《富国富民论——立足于宋代的考察》,此后他在论文中说明拙著“有助于此文的修订”。余英时著,沈志佳编:《中国思想传统及其现代变迁》,《余英时文集》第2卷,桂林:广西师范大学出版社,2014年,第11页;叶坦:《叶坦文集——儒学与经济》,南宁:广西人民出版社,2005年,第326页。

者都处于商品经济迅速发展的“近世”阶段，均蕴积着社会经济形态转化的重要因素，突出地表现为两者共具的商品经济观念变迁。此研究并非驻足于思想观念本身，进而考察两国社会结构、制度基础与思想文化等差异，及其对两国近代化的历史转型与社会发展产生的不同作用。中日两国近世的商品经济观，对后世直至今天都有很大影响。于是笔者进一步追踪考察以石门心学和清初实学为中心的商品经济观发展及其现代价值得以印证。综之，石田梅岩的“商人之道”，对日本商品经济和社会职业伦理的发展具有独特的理论贡献，被视为类似马克斯·韦伯提出的促发资本主义产生的“新教伦理”；而中国早自宋代以来以叶适为代表的浙东学派开启了商品经济观念变革的方向，到清初南方的“三大启蒙思想家”和北方的“颜李学派”都力倡“实学”，经济思想中前者提出“工商皆本”“大贾富民者，国之司命也”；后者讲求“习行经济”，主张“本宜重，末亦不可轻”。然而，基于社会结构、制度基础与思想文化差异，中日经济思想对两国近代化的历史转型与社会发展产生不同的影响。开展系统性的比较研究，不仅有利于弥补世界经济学说史迄今大抵无东亚等缺憾，而且可以提供观察传统经济观之现代价值的一个新视角。①

上述研究受到海内外学界的关注，这些年来也有台湾学者进行叶适与荻生徂徕的比较，不过与经济思想关系不大。可喜的是，大陆学者也在开展叶适与涩泽荣一义利观的比较研究等，值得重视。②总之，我们不能忘记中国经济学中同样有着划时代的经济思想家叶适的显著地位，在研究总结叶适经济思想的同时，认真梳理海内外经济学术史无疑十分重要。就方法论而言，即便是研究中国，如果不包括海外对中国的相关研究，也是不完整、不全面的，本文即为引玉之砖。

〔本文主要内容以《海外叶适经济思想研究论析》为基础原刊于《中国经济史研究》2011年第1期，此次进行了一些修改敬贺王曾瑜老师八秩华诞〕

① 叶坦：《石門心学と浙東学派の經濟思想の比較研究——石田梅岩と葉適の商品經濟觀を中心として》，川口浩主編：《日本の經濟思想世界》，東京：日本經濟評論社，2004 年，第 447—489 页；叶坦：《中日商品经济思想比较研究——以石门心学和清初实学为中心》上、下，《河北学刊》2005 年第 2 期、第 5 期；叶坦：《中日近世商品经济观及其现代价值——以石门心学和浙东学派为中心》，《文史哲》2007 年第 4 期。

② 曹敏、尹雪萍：《叶适与涩泽荣——义利观比较研究》，《大江周刊》（论坛）2009 年第 8 期。

南宋女儿继承权的考察

——《建昌县刘氏诉立嗣事》再解读

邢 铁*

考察宋代乃至我国古代妇女的家产继承权问题，通常要对南宋时期的重要案例《建昌县刘氏诉立嗣事》作一番分析①，这个案例也成了认识问题的关键所在。但是多年来的分析不仅没有把问题搞清楚，反而越弄越复杂，所以有必要重新解读和梳理一下。

本来，在有亲生儿子的家庭中女儿是不能直接继承家产的，因为在婚嫁过程中各个家庭都是儿子不动女儿动，兄弟与姐妹不可能同时平均继承父母的家产，否则田宅之类的不动产将无法析分和搬动；只要传统的婚姻制度和家庭经济模式不改变，男女平等继承家产就只能是一种缺乏可操作性的愿望。②但是，日本学者岛田正郎先生却在半个多世纪以前提出了一个影响很大、被广泛引用的观点，认为南宋时期江南地区的家产分配上已经存在着“男女平等，或近似于平等的原则”③，意思是在有亲生儿子的家庭中，女儿也可以与儿子一起直接参与家产的析分，并且拥有相同的权力了。主要就是从这个案例中得出的结论。

这个案例（判词）的原文载刘克庄《后村先生大全集》卷 193，后来收入《名公

---

* 邢铁，河北师范大学历史文化学院教授。

① 除了下引 1956 年岛田正郎先生的文章，近年来论及这个案例的论著主要有袁俐：《宋代女性财产权述论》，杭州大学历史系宋史研究室编：《宋史研究集刊》第二集，《探索》1988 年增刊；［日］柳田节子：《关于南宋家产分割中的女子继承部分》，《刘子健博士颂寿纪念宋元史研究论文集》，东京：同朋社，1989 年；宋东侠：《简析宋代在室女的财产权》，《青海师范大学学报》（哲学社会科学版）2002 年第 1 期；［日］滋贺秀三：《中国家族法原理》第四章第二节，张建国、李力译，北京：法律出版社，2003 年；［美］伊沛霞：《内闱：宋代的婚姻和妇女生活》第五章，胡志宏译，南京：江苏人民出版社，2004 年；白凯：《中国的妇女与财产：960—1949 年》第一章，上海：上海书店出版社，2004 年；李淑媛：《争财竞产——唐宋的家产与法律》第一章，北京：北京大学出版社，2007 年；柳立言：《宋代分产法“在室女得男之半”新探》，《宋代的家庭和法律》，上海，上海古籍出版社，2008 年；张晓宇：《奁中物——宋代在室女“财产权”之形态与意义》第四章，南京：江苏教育出版社，2008 年；魏天安：《宋代财产继承法之“女合得男之半”辨析》，《云南社会科学》2008 年 6 期；高桥芳郎：《再论南宋“儿女分产”法》，《法制史研究》2008 年 6 期；等等。

② 邢铁：《家产继承史论》修订本第三章，昆明：云南大学出版社，2012 年。近代西方的“男女平等”继承是指的权力平等，既可以由儿子继承，也可以由女儿继承，都是指的一个人继承全部家产，不是让所有的儿子女儿平均析分。权力的平等与数量的平均是有区别的。

③ ［日］岛田正郎：《南宋家产继承上的几种现象》，《大陆杂志》1956 年第 30 卷第 4 期。

书判清明集》卷 8[①]，讲的是建昌县（今江西南城）县丞田某的家产纠纷问题。田某有两个儿子和两个女儿，但他一生没有正式结婚，长男登仕是抱养之子[②]，次子珍郎和两个女儿都是田某与小妾刘氏所生，田某死的时候珍郎和两个女儿都还没有婚嫁；登仕未婚早逝，却留下了与收房丫鬟秋菊所生的两个幼女，没有儿子，田某的弟弟趁机以登仕有遗嘱为由，要把自己的儿子过继给登仕；田县丞父子去世以后这些人为分家产争执不下，打了多年的官司。这是一个很特殊的关系很复杂的家庭，案子涉及立嗣继承、遗嘱继承、庶生子的继承权、小妾和收房丫鬟的家庭地位、女儿如何参与析分家产等内容，论者关注最多的则是女儿的家产继承权问题。

在讨论女儿的家产继承权之前，我们首先应该注意的是，这个案例原题为《建昌县刘氏诉立嗣事》，收入《名公书判清明集》的时候改为《继绝子孙止（只）得财产四分之一》，都主要是围绕立嗣问题讲的，不是我们所关注的女子的继承权问题。当初审理者的主要目的是阻止嗣子多占家产的份额，因为这个案子的起因，是田县丞死后其弟弟以田县丞有遗嘱为借口，要把自己的儿子过继给田县丞的儿子[③]，目的是获取亡兄的家产，田县丞的遗孀（小妾）刘氏不同意。这是常见的小叔欺负寡嫂孤侄的问题，在审理这类纠纷的时候，审理者都是同情弱者，刘克庄也是尽量照顾刘氏母女的利益，压制田县丞的弟弟[④]：

> 通仕者，丞公之亲弟，珍珍（郎）其犹子，二女其姪孙。男方丱角，女方孩提，通仕当教诲孤姪，当拊恤二女，当公心为世光立嗣。今恤孤之谊无闻，谋产之念太切……
>
> 通仕者，既欲以子继登仕之后，当拊恤刘氏、秋菊母子，当避嫌，不得干预县丞位下之事。……帖司理劝谕通仕，使责状在官，除立嗣子上分之外，不得干预兄位财谷。

还有一层，两代寡妇一个是私通的小妾，一个是收房的丫鬟，虽然判词说“今丞与

① 中国社会科学院历史研究所宋辽金元史研究室点校：《名公书判清明集》卷 8，北京：中华书局，2002 年，第二次印刷本。

② 案例开头讲田县丞之子“曰世光登仕，抱养之子也”。所说的“世光登仕”意思是世光是登仕郎（宋代靠恩荫或捐买的官名），为了与所引案例的语气一致，以下统称为“登仕”。下文提到的田县丞的弟弟“通仕”即通仕郎，也是官名不是人名。

③ 即堂弟给堂兄过继当嗣子。这虽然被视为“昭穆不顺”，但该判词说“世俗以弟为子，固亦有之”，是允许的。见中国社会科学院历史研究所宋辽金元史研究室点校：《名公书判清明集》卷 8《继绝子孙止（只）得财产四分之一》附注，第 251 页。

④ 中国社会科学院历史研究所宋辽金元史研究室点校：《名公书判清明集》卷 8《继绝子孙止（只）得财产四分之一》附注，第 251、255 页。

登仕皆已矣，止（只）是两个所生母耳”，身份毕竟与正妻不同，审理者不便过多地关照，所以就主要照顾两代孤女了。明白了这个大前提，才能准确地分析这个家庭中女儿所得的家产数额增多的原因，才不至于把数额的增多简单地等同于继承权的扩大。

《名公书判清明集》中所收录的是这个判词的前半部分，只有 1000 字；《后村先生大全集》所载的原文大约有 3500 字。其中最关键的是这两段话[①]。

> 再据刘氏诉立嗣事，奉判：前此所判，未知刘氏亦有二女。此二女既是县丞亲女，使登仕尚存，合与珍郎均分，二女各合得男之半；今登仕既死，止（只）得以诸子均分之法，县丞二女合与珍郎共承父分，十分之中，珍郎得五分，以五分均给二女。
>
> 登仕二女，合与所立之子共承登仕之分，男子系死后所立，合以四分之三给二女，以一分与所立之子。如此区处，方合法意。

所谓“二女合与珍郎共承父分”的原则（这里所说的“二女”是珍郎的姐妹），就是被论者反复引证的男女平等继承的主要依据。但这段话说的有些混乱。按审理者所说，无论登仕在不在世，都是珍郎分一半，两个女儿共同分一半，但如果登仕在世，这属于二女“合与珍郎均分”；现在登仕不在了，则算是“以诸子均分之法”分配。相同的份额分配办法却有两种说法。所谓原来的二女“合与珍郎均分”与现在的“以诸子均分之法”析分不是没有区别，事实上也并没有把女儿与儿子等同看待，因为从份额看女儿只相当于半个儿子，这显然不是男女平等继承，相差半数不能说是“近乎于”平等，其实，这是在以留取聘财和奁产的方式分配遗产。因为《宋刑统》卷 12《户婚律》规定，分家的时候如果还有未婚的弟弟、妹妹，应该先留出婚嫁用的聘财和奁产，而且具体规定，给未婚妹妹留奁产“减男聘财之半”。所以，我觉得，刘克庄的本意可能是想说：无论登仕在不在世，既然珍郎与两个妹妹都没有婚嫁，都可以按留取聘财和嫁妆的比例来分配；因为珍郎的份额与两个姐妹的总份额相同，所以又都可以算作“均分”了，——实际上是按留取聘财和嫁妆的比例分配的[②]，只是把通常的分家析产与留取聘财嫁妆合一了。

---

① 中国社会科学院历史研究所宋辽金元史研究室点校：《名公书判清明集》卷 8《继绝子孙止（只）得财产四分之一》附注，第 255 页。

② 柳立言先生前揭《宋代分产法“在室女得男之半”新探》一文在分析有关案例的时候提出了一种猜想：在室女嫁妆为男子聘财之半的办法，与在室女继承儿子所得家产之半的办法，在父母双亡的家庭中可能是并行的，具体使用哪种办法要看各家的实际情况——如果分家的时候已经有儿子结婚了，支付过聘财（有数量参照）了，就用前一种办法分配；如果分家的时候儿女都未婚嫁，没有支付过聘财（没有数量参照），就用后一种办法。田县丞家产的处理属于后一种情况。

刘克庄之所以在这个案例中把事情说乱了，可能是由于数量上的巧合：一个女儿得珍郎所分家产的二分之一，实际是全部家产的四分之一；现在两个女儿合起来正好得到了全部家产的二分之一，与珍郎所得的数量相同，所以刘克庄就说这是“均分”了。[①]不过，刘克庄专门说是二女“合”与珍郎共承父分，“合”的意思既是“应该”，也包含“总共”的意思，从后一层意思来看，刘克庄也算是把话说到了。当然，这样一来女儿所得的份额确实大了许多，因为聘财只是家产中的一部分，女儿通常只能得儿子聘财的二分之一，现在却得了儿子所分得的家产的二分之一，这便是审理者在有意识地照顾孤女。后来的研究者只是看到了女儿份额增加了，没弄清楚是什么原因，就惊呼女儿的家产继承权扩大了。

并且这也没能行得通，田县丞的弟弟继续为儿子争份额。到这个时候，要求参与田县丞家产分配还没有一个是完全合理合法的继承人：珍郎和两个姐妹是私生子，两个孙女是收房的丫鬟所生，参与立嗣继产的是田县丞的侄子；三方参与者和背后操纵者中的刘氏的身份是私通的小妾，秋菊是收房的丫鬟，再就是田县丞的弟弟。这种家庭关系很少见，这类案子实际上没有成法可依，也没有成例可循，再加上刘氏娘家人的干预，所以官司打了几个月，提出了几个方案都难摆平。最后，只得把全部家产先按田县丞的两个儿子平均分成两份，再把长子登仕一份的四分之三给两个幼女，四分之一给嗣子；次子珍郎的一份与两个姐妹平分，珍郎自己的部分与生母刘氏共用。这就是刘克庄在判词中最后设计的方案。这个分配方案的结果是：

田县丞的次子珍郎　25%

田县丞的两个女儿　12.5% × 2=25%

登仕的两个女儿　18.75% × 2=37.5%

登仕的嗣子　12.5%

很明显，此分主要用意是在限制嗣子的份额，——按规定这种“命继”的嗣子只能得（其养父）家产的四分之一[②]，刘克庄严格地执行了这个比例，既不肯让其多占，又不能让通仕找到继续纠缠的口实。但这样一来，田县丞的两个女儿反而不如她们两

① 白凯教授前揭《中国的妇女与财产：960—1949 年》书第 21 页在分析下面将提到的“女合承分”案例时，指出郑家的两个女儿与养子“各合受其半”，是指的“一个过继儿子和所有女儿之间的均分”，两个女儿所得的总量与一个儿子的数量相同“纯属巧合”，而不是财产分割的原则。这个分析已经接近了问题的实质。

② 中国社会科学院历史研究所宋辽金元史研究室点校：《名公书判清明集》卷 8《命继与立继不同》中引“户令”规定：“命继”即父母双亡以后近亲选立的嗣子只能得家产的四分之一，在室女得四分之三；如果是“立继”即父母生前所立的嗣子，就可以得到全部家产了，见第 266—267 页。登仕的嗣子是身后所立，所以最多得登仕一股的四分之一、田县丞全部家产的八分之一。

个年幼的姪女份额多了，所以又想让这两个幼女各拿出一半作为登仕发丧的费用（此时登仕仍“丧柩在家”，未及发丧），但她们的母亲、登仕的收房丫鬟秋菊不同意自己的女儿负担全部费用；最后决定让珍郎、登仕的两个幼女和所立的嗣子各拿出所得家产的四分之一，作为田县丞和登仕的香火之用。田县丞两个女儿的份额不变，与两个年幼的侄女的份额接近了，嗣子所得的份额更少了。

审理过程之所以拖延了几个月，先后提出了几个方案，反复斟酌，并不是事理不清楚，而是为了使这个已经破散的家庭不再发生新的争执，因为官司打下去“必致破产而后已”。诸如协商才“可以保家息讼”、应该设法“以息日后之讼”的词句屡屡出现在判词中，显然不是为了司法的公正，而是以抹平争端为原则。[①]所以，这起争产案不仅特殊，判决也带有很大的灵活性和随意性，却不带有普遍性，不能作为立论的依据；如果据此分析当时的家产继承情况，也只能从最初把田某的家产平均分为两份看到传统的诸子平均析产方式（包括庶生子不受歧视），其他都是不足以立论的。

刘克庄在《后村先生大全集》卷 193 中还记载了《鄱阳县东尉检校周丙家财产事》案例[②]，也说到“在法：父母已亡，儿女分产，女合得男之半”。细绎之，这也不是说的普通家庭的分家原则，也是指的父母双亡、儿女孤幼的家庭的特殊处理原则，也是把通常的分家析产与留取聘财嫁妆合一了。刘克庄在引述“在法”之后又接着说，“遗腹之男，亦男也，周丙身后财产合作三分，遗腹子得二分，细乙娘得一分，如此分析，方合法意”。并进一步解释说，鄱阳县（今江西都昌东北）县尉审理此案的时候“所引张乖崖三分与婿故事，即见行条令女得男之半之意也”。张乖崖即宋代张詠，知杭州的时候所审理的“三分与婿”案，也是父母双亡家庭中幼弟与大姐析分家产的问题：“有民家子与姊婿讼家财。婿言：妻父临终，此子才三岁，故见命掌赀产；且有遗书，令异日以十之三与子，余七与婿。詠览之，索酒酹地，曰：汝妻父，智人也，以子幼故托汝。苟以七与子，则子死汝手矣。亟命以七给其子，余三给婿。”[③]张詠没有宣布遗嘱不合法，只是用巧妙的方式判断出遗嘱的真实含义，改动了一下家产的分配比例，按三七分开了。在刘克庄看来此也算是符合“女合得男之半”的原意了。

在《名公书判清明集》中还有两个案例涉及所谓“女合得男之半”的问题，即卷 7《立继有据不为户绝》和卷 7《女合承分》，都是发生在父母双亡、有女无子家庭中的亲生女儿与养子的家产纠纷，都是把分家析产与留取聘财嫁妆合一，按照留取嫁妆

---

① 大泽正昭先生注意到了这个案例判决中的“人情”因素。［日］大泽正昭：《南宋的裁判与女性财产权》，刘馨珺译，参见《大陆杂志》2000 年第 101 卷第 4 期。

② 这个案例收入《名公书判清明集》卷 8 时改题为《女婿不应中分妻家财产》，也是为了强调女儿与娘家兄弟争家产的时候不能均分，最多按留取聘财和嫁妆的比例，“女合得男之半”。第 277 页。

③《宋史》卷 293《张詠传》，北京，中华书局，1977 年，第 9802 页。

和聘财的比例分配的，都属于特殊情况下的特殊处理方式。①为使论述集中起见，就不具体讨论了。总之，对这类特殊家庭中的临时变通的家产处理方法，尽管有间接的法令（留取聘财与嫁妆的比例）做依据，也不能认为是普遍的家产继承原则。至于有的学者猜想这可能是当时个别州县的“地方级法令”②，不如说是地方官在具体司法过程中的临时变通。

宋代的司法过程中经常“以例断事”，用已往的典型案例补充甚至取代法律条文，作为后来断案的依据，所以地方官都注意保留在任时候的断案记录，以供援引使用，宋人文集中的判词和《名公书判清明集》中所汇总的案例，就是这样保存下来的。当初州县官们为了审理清楚诉讼案子，需要了解事情的来龙去脉和当事人之间的关系，记录的家庭生活内容很真实也很详细，是研究家庭史以及社会生活史的不可多得的宝贵资料。但是这类案例资料存在一个很大的问题，就是它所反映的不是日常生活中的情况，大都是“出了圈”的特殊例子，在使用这类资料的时候如何区分开特殊事例和通常状态，是一个不容忽视的基础性的问题。多年来有关论著对《建昌县刘氏诉立嗣事》的分析之所以越弄越乱，原因就在于此——本来是特殊情况下的权宜之计，临时把分家析产与留取聘财嫁妆合一了，论者却当成了通常的分家方式。

〔本文原刊于《中国史研究》2010年第1期〕

附记

这篇短文是我做的国家社科基金项目“中国古代妇女的家产继承权问题”中的阶段性成果之一，是按“札记”写的，比较简略。2010 年 9 月 22 日，柳立言先生在“中央研究院”历史语言研究所的“如何解读史料——以男女分产法之〈建昌县刘氏诉立嗣事〉为例”讲座中提出了商榷意见，接着又连续撰写长文予以批驳（《南宋在室女分产权质疑——史料解读及研究方法》，载《“中央研究院”历史语言研究所集刊》2012 年第 83 本 3 分册，《妾侍对上通仕：剖析南宋继承案〈建昌县刘氏诉立嗣事〉》，载《中

① 仁井田陞先生也认为南宋时期确实存在“女合得男之半”的法令，也是依据《女合承分》案例得出的结论。滋贺秀三先生认为，女儿所得的数量少，不属于继承家产的权利，只是父亲对女儿的义务。见［日］仁井田陞：《中国法制史·家族村落法》，东京：东京大学出版会，1981 年，第 392 页；［日］滋贺秀三前揭《中国家族法原理》，第 356—357 页。

② 见张晓宇先生前揭《奁中物——宋代在室女“财产权”之形态与意义》，第 95 页。岛田正郎前揭文认为这是“长江流域旧有的习惯法”；［日］仁井田陞先生前揭《中国法制史·家族村落法》书也曾认为“女合得男之半”的分法是参照南朝以来长江以南的旧习惯形成的，［日］柳田节子先生前揭《关于南宋家产分割中的女子继承部分》文也推论是受江南地区的习惯的影响。但是否已经达到了“法令”的程度、宋代江南地区是否存在州县一级关于家产继承的“地方级法令”，是一个需要继续关注的问题。

国史研究》2012 年第 2 期）。柳先生用大量篇幅谈了研究方法，促使我也做了相关的思考，2015 年 10 月 12 日在《中国社会科学报》上写了《从家庭史研究说历史学的人文属性》一文，从方法论的角度做了回应。我的文章的主旨是讲历史学具有社会科学和人文学科的双重学科属性，其人文学科的属性往往被忽视。兹摘录相关的三段：

……譬如我国古代家产继承中的纠纷，与我们现在遇到此类问题首先想到法律解决的方式不同，我国古代的人们首先想到的是通过调节的方式来解决；家产纠纷在现代属于法学的问题，在我国古代则属于社会生活的内容，虽然也有相关的法律条文，人们却习惯于从生活习俗的角度考虑解决办法，先礼后法，争取不用法，用调解的方式来解决。也就是说，做学术研究的时候，按学科分类，我国古代的家产纠纷不应该归入法制史，应该是社会生活史或社会经济史的研究题目。即使是现在，我们遇到家产纠纷问题也首先是通过劝说调节来解决，尽量不走法律程序，与西方以及香港的情形不完全相同。

笔者考察过南宋时期东南地区的一个由立嗣引起的家产纠纷案例，涉及女儿的家产继承权问题。日本学者岛田正郎、中国学者柳立言从法制史角度研究这个案例的时候，都是首先寻找判词所涉及的法律条文、看看判决结果是否有法律依据；其实，这是用今天的乃至西方的思维方式来解读宋人的断案过程，明显走偏了。因为当初宋代地方官审理这个案子的时候首先考虑的不是法律规定，而是实际生活需要；判决的时候也不是完全依据法律条文，而是以合乎情理为主要原则。这个案例记载，建昌县田县丞有两个儿子和两个女儿，田县丞去世的时候，长子已经去世，次子珍郎和两个女儿都还没有婚嫁，所以，负责初审此案的官员提出了“二女合与珍郎共承父分”家产的原则，研究者由此认定这已经是“男女平等继承”，因为女儿的继承权与儿子相同了。其实，这是用留取聘财和奁产的习惯方式分配遗产，不是通常的分家方式。并且这个方案没能行得通，官司打了几个月，前后提出了五个方案，才把事情摆平了。原因在于，田县丞死后其弟弟以田县丞有遗嘱为借口，要把自己的儿子过继给到田县丞家，获取亡兄的家产，田县丞的遗孀刘氏不同意，才打起了官司。这是民间常见的小叔欺负寡嫂孤侄的情形，审理这类案件的时候，都是同情弱者，尽量照顾刘氏的利益，压制县丞的弟弟。还有一层，刘氏是田县丞私通的小妾，身份与正妻不同，审理者不便过多地关照，所以就主要照顾两个孤女了。我们只有了解当时的社会生活习俗，不再拘泥法律条文的规定、不再纠缠家产分配的比例，才会明白这个案子中女儿的家产数额增多的原因，才不至于把数额的增多简单地等同于继承权的扩大。

不只是家产继承和家产纠纷问题，历史学研究存在着重社科、轻人文的问题。有学者讲，20 世纪 90 年代以后我国学术界的变化趋向是“人文学淡出，社会科学凸显”。

这似乎也是一个发展趋势，最初“汉学”中心在欧洲的时候，属于人文学科；二战以后“汉学”的中心转向美国，就成为社会科学了。个中原因和长短且不多说，我们应该清楚的是，在历史学研究中，既需要运用社会科学的研究方法，需要概念和模式，探讨宏观大势；也不能丢弃人文学的思维方式，不一定把所有问题都归纳出模式和规律，概念也可以模糊一些，甚至不妨学学我国古代学者做学问的方法，体会一下“道可道非常道，名可名非常名”的状态和心境。这样说，不是要把历史学做成可以任意解释的主观性学问，做成与科学相对立的玄学，而是说，尤其是研究中国历史问题的时候，应该根植于中国文化，懂得中国社会，不要用西方的习惯来判断中国的事情，不要把历史学研究做成一种程序化的技术活。

宋代女性形象背后的社会性别观念与阶级分层 *

程　郁**

女性之美千姿百态，但某个民族在某一时代对女性的主流审美趣味集中于一类，而中国古代的美女形象并不是固定的，往往随时代而变迁。她们时而腰细盈握，时而丰满性感，时而瘦削内敛，时而金莲趋步，而在其背后则可见社会性别观的嬗变与民族文化的变迁。

要了解女性形象的变化，自然不能忽视现存的图像史料，因此，本文采用了大量的图像史料，利用传统的文献史料来解读图像史料的内涵，以便进行深入的探讨。就画作而言，总体来说，仕女画往往代表当时士大夫的美女观，即主流的美女观。本文试图观察女性形象从唐到宋的变迁，不仅聚焦于仕女画，而且留心市井风俗画及文物考古界所发现的民间壁画与雕塑，也特别注意到主流形象之外的真实场景。

一、唐代的美女特征

人们常说汉瘦唐肥，似乎唐代美女的特征主要是胖，而对比唐宋两代的仕女图，可见更深层的文化内涵。

对女性衣着之艳丽，当时士大夫已有微词，元稹谓："近世妇人晕淡眉目，绾约头鬟，衣服修广之度，及匹配色泽，尤剧怪艳。"①而且唐代女性的外衣敞领或低领是较常见的。图 1 为唐懿德太子墓的壁画局部②，宫女的衣装虽不那么奢华，但她们大多穿着低领衣裙，坦然地露出雪白的胸部。唐诗中往往有美女半露胸的描述。著名诗人白居易《代谢好妓答崔员外》曰："青娥小谢娘，白发老崔郎，谩爱胸前雪，其如

* 本文为国家社会科学基金项目"基于图像史料的宋代女性文化研究"（17BZS042）的阶段性成果之一。

** 程郁，上海师范大学人文与传播学院教授。

①（唐）元稹撰，冀勤点校：《元稹集》卷 30《叙诗寄乐天书》，北京：中华书局，1982 年，第 353 页。

② 图 1 为唐中宗长子懿德太子李重润墓壁画，原墓位于陕西省乾县东南隅的韩家堡北。笔者于 2002 年摄于现场。

头上霜？”[①]唐宪宗时的诗人施肩吾有《观美人》谓：“漆点双眸鬓绕蝉，长留白雪占胸前。”[②]僖宗咸通时闻名的诗人方干有《赠美人四首》其一曰：“粉胸半掩疑晴雪，醉眼斜回小样刀。”[③]晚唐诗人李群玉《同郑相并歌姬小饮戏赠》曰：“胸前瑞雪灯斜照，眼底桃花酒半醺。不是相如怜赋客，争教容易见文君。”[④]

图 1　唐懿德太子墓壁画局部

白居易描写宫女的作品亦有类似描述。其长诗《上阳白发人》曰：“皆云入内便承恩，脸似芙蓉胸似玉。未容君王得见面，已被杨妃遥侧目。”[⑤]又有《吴宫词》更谓：“半露胸如雪，斜回脸似波。”[⑥]

唐诗中歌咏民间美女亦时见露胸的描述。昭宗时宗室李洞有《赠庞炼师女人》：“两脸酒醺红杏妒，半胸酥嫩白云饶。”大历、贞元间诗人于鹄《题美人》曰：“秦女窥人不解羞，攀花趁蝶出墙头。胸前空带宜男草，嫁得萧郎爱远游。”[⑦]周濆《逢邻女》谓：“日高邻女笑相逢，慢束罗裙半露胸。莫向秋池照绿水，参差羞杀白芙蓉。”[⑧]

再仔细观察唐画中仕女的动作。唐周昉《簪花仕女图》[⑨]是一幅众所周知的名画，它绘有仕女五人、女侍一人，五位仕女体态丰腴，脸庞圆润，衣着颜色艳丽，多为红色或橘色，内著束至胸部的长裙，外衣宽肥敞领，且十分单薄透明，隐约可见肌肤。她们

---

① 顾学颉校点：《白居易集》卷 19，北京：中华书局，1979 年，第 426 页。
② 《全唐诗》卷 494，北京：中华书局，1960 年，第 15 册，第 5604 页。
③ 《全唐诗》卷 651，第 19 册，第 7478 页。
④ 《全唐诗》卷 569，第 17 册，第 6602 页。
⑤ 顾学颉校点：《白居易集》卷 3，第 59 页。
⑥ 顾学颉校点：《白居易集》卷 17，第 370 页。
⑦ 《全唐诗》卷 310，第 10 册，第 3504 页。
⑧ 《全唐诗》卷 771，第 22 册，第 8755 页。
⑨ 图 2 唐周昉《簪花仕女图》局部，今藏于辽宁省博物馆。该图引自辽宁省博物馆官方网站。

或戏犬，或拈花，或捕蝶，动作幅度都比较大。图 2 为该图局部，这位女性双手张开，一手点在袒露的香肩上，一手旁置，打开胸怀，有点卖弄风情，又显得十分活泼。

《虢国夫人游春图》[①]为另一幅唐代名画，虽现存者为北宋摹唐张萱画，但其中的文物制度与画风均符合唐代风格。本文并不关心画中的主角与历史人物的关系，主要关注其中女性的衣着与举止。画中的妇人衣饰华贵，风姿绰约，尽管她们并不像图 2 中的仕女那样露出香肩，前襟也不像图 1 那样呈深 V 字，但其体态丰腴，系到胸部的罗裙为略微敞开的短襦，还露出颈下小半个胸脯，给人留下性感、香艳的印象。且图画中妇女更具动感，或朱唇微启，或侧身诉说，她们似乎意识到自己成为众目之焦点，仍举止骄矜从容。杜甫的名篇《丽人行》可与此图相参，“三月三日天气新，长安水边多丽人。态浓意远淑且真，肌理细腻骨肉匀。绣罗衣裳照暮春，蹙金孔雀银麒麟”[②]。诗人细致地描述虢国夫人等的肌理骨肉与衣饰之轻薄性感，可见，士庶平民皆可围观这些妇女。

图 2 《簪花仕女图》局部

《旧唐书》卷 45《舆服志》记载：“武德、贞观之时，宫人骑马者，依齐、隋旧制，多著幂罗，虽发自戎夷，而全身障蔽，不欲途路窥之。王公之家，亦同此制。永徽之后，皆用帷帽，拖裙到颈，渐为浅露。寻下敕禁断，初虽暂息，旋又仍旧……开元初，从驾宫人骑马者，皆著胡帽，靓妆露面，无复障蔽。士庶之家，又相仿效，帷帽之制，绝不行用。俄又露髻驰骋，或有著丈夫衣服靴衫，而尊卑内外，斯一贯矣。”[③]这进而详细地说明唐代女性出行从幂罗遮蔽、帷帽浅露到全露的过程，朝廷三令五申终于无法挡住时尚的洪流。《虢国夫人游春图》中的贵妇人骑于马上，头身皆无遮蔽，面容淡定，前胸浅露，举止开放，甚至似乎以被围观为荣。

图 3《唐人宫乐图》[④]描绘了唐后宫十位宫女聚会的场景。没有庶民的围观，这些宫女更为放松，所有女性全不遵从传统女性的坐相要求，她们的臀部稳稳地坐满整张小凳，大多数女子的腰都懒懒的垮下来，有的将身体斜倚在旁边的桌上，有的手扶凳边扭腰转身做出一副媚态，画面整体给人以颓唐放纵的感觉。而唐宫室及贵族、士人帷薄不经的史实，早为学者所注意，在此不加赘述。

---

① 《虢国夫人游春图》为北宋摹本，现藏于辽宁省博物馆。

② （清）朱鹤龄辑注，韩成武、孙微、周金标，等点校：《杜工部诗集辑注》卷 2《丽人行》，保定：河北大学出版社，2009 年，第 60 页。

③ 《旧唐书》卷 45《舆服志》，北京：中华书局，1975 年，第 1957 页。

④ 图 3《唐人宫乐图》，今藏于台北故宫博物院。该图引自台北故宫博物院官网。

图 3 《唐人宫乐图》

朱子曾言："唐源流出于夷狄，故闺门失礼之事，不以为异。"[①]陈寅恪先生评曰："朱子之语颇为简略，其意未能详知。然即此简略之语句亦含有种族及文化二问题，而此二问题实李唐一代史事关键之所在，治唐史者不可忽视者也。"[②]陈寅恪先生加以详考之后断定："李唐血统其初本是华夏，其与胡夷混杂，乃一较晚之事实也。"[③]则李唐皇室便带有北方少数民族鲜卑族的血统。

当然，对唐代文化产生影响的，并不止鲜卑一族。唐代首都长安有大量的外族人聚居，除西域各国的王公贵族外，还有众多来自中亚、北亚的波斯、天竺、大秦等国的人，中外文化交流的成果之一便是胡风对唐代审美的全面入侵。马上民族的妇女自然更壮硕，腰圆肥臀显得更性感，而敞领露胸的衣饰也可能是胡姬引入的时尚。于是，唐仕女的化妆与衣饰都十分艳丽，显得性感撩人，而唐人眼中的美女更具有奔放性感的内在特征。

二、内敛的宋代仕女

宋代的主流美女呈现出端庄娴静的形象。

首先，看这个时代女性的服装。宋代仕女画中的女子服饰趋于保守，不再以衣着暴露、突出性感之美为主题，只以身材窈窕、衣着飘逸来表现美。

---

①（宋）黎靖德编，王星贤点校：《朱子语类》卷 136，北京：中华书局，1986 年，第 3245 页。
② 陈寅恪：《唐代政治史述论稿》，北京：生活 · 读书 · 新知三联书店，2001 年，第 183 页
③ 陈寅恪：《隋唐制度渊源述论稿》，上海：上海古籍出版社，1997 年，第 13 页。

图 4《四美图》[①]描绘了四位宋代美女。图 5《天寒翠袖图》[②]与《竹林仕女图》[③]为佚名画家所绘的同题异画，即根据唐杜甫“天寒翠袖薄，日暮倚修竹”[④]诗句的意境想象出的画面，前景各有一名仕女，仕女依照宋代女性形象而描画。

图 4 《四美图》

图 5 《天寒翠袖图》

图 4—图 6 共绘有六位仕女，她们的着装与唐朝的女子服饰有相似之处，皆头梳发髻并配以饰物，身穿拖曳于地的襦裙，肩环披帛，鞋袜藏于裙裾之间。但整体风格与唐画完全不同了，这些仕女的襦裙一律是交领的，短襦的袖变窄了，发髻变低了，头上的装饰也朴素多了，无论襦或裙的颜色都更为沉着低调，披帛几乎都是清淡的白色或米色，更讲究襦裙帛的颜色协调，而极少看到对比色调，其中图 5 与《竹林仕女图》中的两位女性穿着更显得素雅。与唐画相比，宋画中仕女所穿的交领襦裙虽也露出颈部和小部分前胸，但明显可以发现，其领襟更为向上，起码在士大夫阶层女性中已看不到“半露胸如雪”的形象。

服装史研究者指出：宋代女子衣裙的“色彩以郁金香根染的黄色为贵，红色则为歌舞伎乐所穿，以石榴裙最为鲜丽，多为诗人吟诵。青、绿色裙多为老年妇女或农村

① 图 4 宋佚名《四美图》，斗方绢本设色，今为美国王己千私藏。引自李东君编：《中国历代小品画精选 · 人物》，郑州：河南美术出版社，2010 年，第 11 页。

② 图 5 宋佚名《天寒翠袖图》，今藏于故宫博物院。引自浙江大学中国古代书画研究中心编：《宋画全集》第 1 卷，第 7 册，杭州：浙江大学出版社，2008 年，第 46 页。

③ 宋佚名《竹林仕女图》，今藏于美国费城艺术博物馆。引自浙江大学中国古代书画研究中心编：《宋画全集》第 6 卷，第 6 册，第 111 页。

④（清）朱鹤龄辑注，韩成武、孙微、周金标，等点校：《杜工部诗集辑注》卷 5《佳人》，第 205 页。

妇女所穿”[①]。从现存宋画看，除皇后等内命妇礼服较华贵外，士大夫阶层的女性衣着多以清新淡雅为主，或淡绿，或粉紫，或褐色，这一点得到出土文物的印证。1975年于今福州市北郊浮仓山发现一座宋墓，墓主黄昇是南宋淳祐年间的官家小姐，父黄朴进士出身，时任地方官，淳祐二年（1242 年）黄小姐 16 岁，嫁为宋宗室朝议大夫赵师恕的孙子赵与骏之妻，婚后不到一年死亡。今从黄墓发掘出服饰 201 件、整匹的丝织品及零料 153 件，还有梳妆用品 48 件及大量其他器物。这些衣裙的颜色或深褐色，或土烟色，或黄褐色，花纹也多为松竹梅及几何形，而牡丹、芙蓉的花样则较为细碎或仅现轮廓，“风格清新秀丽”。[②]

图 6　《厨娘斫鲙雕砖》

宋代发髻花冠的式样繁多，当然仍有高髻及元宝冠之类夸张的造型，如图 6《厨娘斫鲙雕砖》[③]。但士大夫一直自觉抵制妇女的奇装异服，甚至令后人觉得他们太多管闲事了。太宗端拱二年（989 年），诏“妇人假髻并宜禁断，仍不得作高髻与高冠”；仁宗“皇祐元年（1049 年），诏妇人冠高毋得逾四寸，广毋得逾尺，梳长毋得逾四寸，仍禁以角为之。先是，宫中尚白角冠梳，人争仿之，至谓之内样。冠名曰垂肩等，至有长三尺者；梳长亦逾尺。议者以为服妖，遂禁止之。”[④]

其次，看唐宋美女容貌体态的不同。图 4 中的四位仕女，面为椭圆形，下巴略尖，近似瓜子形，眉毛细长，五官端正小巧，化妆更为淡雅，眉毛画成浅浅弯弯的柳叶形。图 7《妆靓仕女图》[⑤]描绘了女子晨起对镜梳妆的私密场景，仕女已穿好窄袖襦裙，肩环披帛，并梳好发髻，端坐于长凳，凝视镜中所映现的容颜，右手拿笔似乎正欲画眉。与图 4 相较，图 5、图 7 与《竹林仕女图》中三位女性的脸型更呈瓜子形，下巴更尖。

① 黄能馥、陈娟娟编著：《中国服装史》，北京：中国旅游出版社，1995 年，第 206 页。

② 黄能馥、陈娟娟编著：《中国服装史》，第 213—221 页。

③ 图 6《厨娘斫鲙雕砖》于河南偃师酒流沟北宋墓出土。该砖雕和其他两块厨娘砖雕中，三位妇女皆梳高髻，戴元宝冠，冠高约三尺。今藏于中国国家博物馆，引自其官网（http://www.chnmuseum.cn/tabid/212/Default.aspx?AntiqueLanguageID=989）。

④《宋史》卷 153《舆服五》，北京：中华书局，1977 年，第 3574、3576 页。

⑤ 图 7 宋苏汉臣《妆靓仕女图》，今藏于美国波士顿艺术博物馆。图片引自浙江大学中国古代书画研究中心编：《宋画全集》第 6 卷，第 1 册，第 145 页。

图 7 《妆靓仕女图》

图 8 《钦宗皇后像》

图 8 为《钦宗皇后像》[①]，在靖康之乱中，钦宗朱后随皇室被俘北迁，当时年仅 26 岁，苟活至上京，被迫裸露上身“献俘”于祖庙，然后被“赐浴”，归第后朱后绝望自杀。[②]据载她的美貌尤为金酋垂涎，在诸皇后像中，朱后的确显得最美。像中她的头饰与服装虽比一般仕女更奢华，其面容仍是典型的清秀型宋美女，其妆容更显淡雅，淡淡的一字眉，两颊所贴“花子”接近肤色。所谓花子又称花钿，为唐宋女子妆容之一，即在额上及两颊贴上金箔或彩纸剪成的某种图案，或云起自唐武则天时上官昭容，或谓起隋文帝宫女，或谓起自刘宋武帝寿阳公主，故亦称“寿阳妆”[③]。但与唐女相较，这种妆容也变淡雅了。宋徽宗《宫词》曰：“宫人思学寿阳妆，每看庭梅次第芳。浅拂胭脂轻傅粉，弯弯纤细黛眉长。”[④]

宋代仕女图中的美女均身形窈窕，尽管其衣饰仍仿唐制，然而体态已尽失唐代丰腴艳肥的特色，她们皆窈窕纤细、婀娜秀美，显得更为婉约娴静。宋词中大量描述美女的句子，都说明宋代士大夫喜欢的美女具有上述特征。如晏殊、晏几道《诉衷情·净揩妆脸浅匀眉》曰：“净揩妆脸浅匀眉。衫子素梅儿。苦无心绪梳洗，闲淡也相宜。云态度，柳腰肢。入相思。夜来月底，今日尊前，未当佳期。”[⑤]“云态度”应形容女子的柔媚轻盈，而“柳腰肢”明显是当时美女的重要特征。又如柳永笔下的“千娇面盈

① 图 8《钦宗皇后像》，今藏于台北故宫博物院。该图引自台北故宫博物院官网。
②（宋）佚名：《呻吟语》，上海师范大学古籍整理研究所编：《全宋笔记》第四编第八册，郑州：大象出版社，2008 年，第 29 页。
③（宋）高承撰，（明）李果订，金圆、许沛藻点校：《事物纪原》卷 3《花钿》，北京：中华书局，1989 年，第 144 页。
④（明）毛晋编：《二家宫词》卷上，丛书集成初编本。
⑤（宋）晏殊、晏几道著，张草纫笺注：《二晏词笺注》，上海：上海古籍出版社，2008 年，第 484 页。

盈伫立”[①]，苏轼眼中的“轻盈红脸小腰身”[②]，皆歌咏细长的眉眼与细腰纤手，这明显是汉族的南方女性特有的风姿。

再次，看唐宋女性身体语言的不同。如上所述，唐画中的仕女动作幅度更大，站则扭腰回首呈S形，或胸前分手呈开放式；坐则随意垮腰，或左倚右靠，仪态万方，搔首弄姿。而宋代仕女画中的女性动作内敛或完全没有动作，皆以静为主，明显较唐保守。先看站姿，图4中四位美女皆手执绣物，悬空放在腹部上方的位置，动作举止皆中规中矩。图5与《竹林仕女图》中的两位女性皆双手交握于衣袖之中，悬空轻置于腹部。宋代仕女的站姿都呈端正的1字型，并不左右扭摆，双手大多置于胸腹前，显得特别拘谨小心。

最后，再看女性的坐姿。图7表现仕女化妆时的动态，尽管她身处内闱，仍端端正正地坐于长凳前方三分之一的位置上，腰身挺直，不偏不倚。图9为南宋《女孝经图》[③]的开宗明义章局部，描绘汉代曹大家教导女子的场面，虽依稀可见汉代的习俗，而亦是想象中的汉代场景与宋代妇学的实况之杂糅。高脚椅凳于两宋之交进入深闺，南宋以后上层女子也可垂足而坐，这些女子皆纤腰细手，体态婀娜，体现出宋代上层仕女的特点。坐着的仕女皆挺直腰身，臀部仅坐绣墩的一半或三分之二，姿态端正，双手略交握于宽大的衣袖中，放置于膝盖上方，给人以端庄娴静之感，这应该是上层女性标准的坐姿。

图9　《女孝经图》局部

① (宋) 柳永撰，孙光贵、徐静校注：《柳永集》之《采莲令》，长沙：岳麓书社，2003年，第85页。

② 张志烈、马德富、周裕锴主编：《苏轼全集校注·苏轼词集校注》卷2《南歌子》，石家庄：河北人民出版社，2010年，第664页。

③ 图9南宋佚名《女孝经图》之开宗明义章，今藏于故宫博物院。引自浙江大学中国古代书画研究中心编：《宋画全集》第1卷，第5册，第186—189页。

唐至宋仕女形象由开放性感而变为内敛温顺，首先与宋代的政治相关。北宋一建立，士大夫便屡言避免汉唐“女祸”，极力提倡妇礼，故旧史称：“宋三百余年，外无汉王氏之患，内无唐武、韦之祸，岂不卓然而可尚哉。”①宋代士大夫特别重视和强调皇家妇女的柔顺。太祖乾德二年（964 年）三月二十六日，《孝惠皇后谥册文》谓：“皇后贺氏柔顺积中，英华发外。”②又《孝明皇后谥册文》亦曰：“皇后王氏天钟尚圣，生禀柔明……。”③可见，在所谓“祖宗之法”中，温柔顺从是最值得赞扬的女性人品，因而特意加以表彰。建隆元年（960 年）八月，太祖封皇妹为燕国长公主制书曰：“皇妹柔嘉居质，婉嫕有仪。”④嫕，即柔顺、和善的意思。且不论长公主是否真具有这样的性格，但起码说明那是当时所提倡的女性典范，当柔顺已成为册封公主、加谥皇后的陈词，可见这个时代对女性性格的要求。有宋一朝素以多贤后自夸，而《宋史·后妃传》亦突出后妃的柔顺性格，如“太祖孝惠贺皇后……性温柔恭顺”，“孝章宋皇后……性柔顺好礼”⑤等。《梦粱录》亦载：“宋章懿太后李氏，性庄重寡言，虽以仁宗为己子，而后不曾言，中外罔知。”⑥

在一朝之中，地位较高的后宫女人大多达到柔顺要求之时，它便必然成为整个时代对女性的要求，随着理学的兴起，宋代的社会性别观更走向严苛。司马光在论述人妻之德时，便将柔顺置于第一位，认为“妇人专以柔顺为德，不以强辩为美”⑦。范祖禹也说：“坤道柔顺，阴德静专，无非无仪，乃妇之贤。”⑧宋代士大夫特别强调妇女柔顺，皆为符合父家长制的要求，因为妇女柔顺，方能“事舅、姑、夫，抚子皆顺适”⑨，“温柔静恭，内外亲称之”⑩。一般士大夫家中的理想贤妇，首要的要求也是容止端庄。晁补之作《李氏墓志铭》赞李氏：“端庄，不妄语言，有才智，家事甚理。”⑪楼钥作《从妹楼夫人墓志铭》亦称：“夫人性资晓慧，容止端庄，幼娴礼度，动有仪矩。”⑫曾巩为知处州青田县朱某之妻戴氏撰墓志铭，谓戴氏“平居深静有仪法，不妄笑言，就

---

① 《宋史》卷 242《后妃上》，第 8606 页。
② 曾枣庄、刘琳主编：《全宋文》第一册卷 3，上海辞书出版社、安徽教育出版社，2006 年，第 63 页。
③ 曾枣庄、刘琳主编：《全宋文》第一册卷 3，第 64 页。
④ 曾枣庄、刘琳主编：《全宋文》第一册卷 1，第 123 页。
⑤ 《宋史》卷 242《后妃上》；卷 243《后妃下》，第 8605—8662 页。
⑥ （宋）吴自牧：《梦粱录》卷 17《后妃列女》，杭州：浙江人民出版社，1980 年，第 155 页。
⑦ （宋）司马光著，王宗志注释：《温公家范》卷 8《妻（上）》，天津：天津古籍出版社，1995 年，第 164 页。
⑧ （宋）范祖禹：《范太史集》卷 52《右监门卫大将军妻孙氏墓志铭》，丛书集成本。
⑨ （宋）王安石著，唐武标校：《王文公文集》卷 86《外祖黄夫人墓表》，上海：上海人民出版社，1974 年，第 917 页。
⑩ （宋）王安石著，唐武标校：《王文公文集》卷 100《宋右武卫大将军黎州刺史世岳故妻安喜县君李氏墓志铭》，第 1015 页。
⑪ （宋）晁补之：《鸡肋集》卷 66《李氏墓志铭》，四部丛刊本。
⑫ （宋）楼钥：《攻媿集》卷 105《从妹楼夫人墓志铭》，北京：中华书局，1985 年，第 1489 页。

之色庄而气仁"[①]。他还称赞自己的长妹"为人进退容止皆有法度，人罕见其喜愠之色"[②]。可见，在宋代士大夫眼中，进退得宜、端庄沉静的女子才是备受赞赏的淑女。

因此，宋代士大夫不喜欢性格开朗、利于辞令、喜怒形于色的女子，在他们看来，此类女子不符合礼教，难以掌控。宋末元初的话本《快嘴李翠莲》，主旨说李翠莲性格活泼、口无遮拦，最终遭夫家休弃，以故事说明这样女子不会有好结局，以此向女子进行说教。《袁氏世范》更直接说："人家不和，多因妇女以言激怒其夫及同辈"，认为"见识高远之人，不听妇女之言"。[③]

中国传统文化一直在强调儿孙小辈的行为礼仪，即所谓"坐有坐相，站有站相"，女性作为家族中的卑属，自然少不了必须严格遵守的苛刻礼仪，这一点被宋代士大夫极力提倡。司马光《温公家范》与袁采《袁氏世范》都对妇女的一言一行规定得非常细致，如"凡妇不命适私室，不敢退。妇将有事，大小必请于舅姑。子妇无私货、无私蓄、无私器，不敢私假，不敢私与"[④]。"妇女婢妾无故不得出中门。只令铃下小童通传内外。"[⑤]仕女图无非描画出士大夫心目中的理想女子，在这样的社会性别观念之下，她们被塑造成端庄娴静、站坐守矩、动静中规的形象。由此，我们可以清晰地看出父系家长制是如何塑造女性的，而绘画不过是社会性别制度的生动写照。

宋代的绘画艺术审美也深受上述女教观的影响。郭若虚《图画见闻志》谓：当代画"士女宜富秀色婑媠之态"[⑥]，婑媠，即娇艳美貌。因此，郭若虚批评道："历观古名士画金童玉女及神仙星官中有妇人形相者，貌虽端严，神必清古，自有威重俨然之色，使人见则肃恭有归仰之心；今之画者但贵其姱丽之容，是取悦于众目，不达画之理趣也。"[⑦]尽管仕女画已经以端庄的淑女形象为主，而画家郭若虚仍对过度追求女子美貌的倾向提出批评。

在宋代仕女图中，少见夸张的发式与冠样，还应与士大夫的抵制有关。《袁氏世范》曰："妇女衣饰惟务洁静，尤不可异众。且如十数人同处而一人之衣饰独异，众所指目，其行坐能自安否？"[⑧]士大夫对女性服装的关切，一方面由于防止"女祸"

① （宋）曾巩：《曾巩集》卷46《知处州青田县朱君夫人戴氏墓志铭》，北京：中华书局，2004年，第627页。

② （宋）曾巩：《曾巩集》卷46《郓州平阴县主簿关君妻曾氏墓表》，第637页。

③ （宋）袁采著，贺恒祯、杨柳注释：《袁氏世范》卷上《妇女之言寡恩义》，天津：天津古籍出版社，1995年，第31页。

④ （宋）司马光著，王宗志注释：《温公家范》卷10，第206页。

⑤ （宋）袁采著，贺恒祯、杨柳注释：《袁氏世范》卷下《严内外之限》，第129页。

⑥ （宋）郭若虚著，俞剑华注释：《图画见闻志》卷1《叙制作楷模》，南京：江苏美术出版社，2007年，第15页。

⑦ （宋）郭若虚著，俞剑华注释：《图画见闻志》卷1《论妇人形相》，第29页。

⑧ （宋）袁采著，贺恒祯、杨柳注释：《袁氏世范》卷中《妇女衣饰务洁净》，第96页。

是宋建国以来的祖宗之法，士大夫时常抨击宫内的奢靡之风，对女主非常警惕，进而对所谓“服妖”十分敏感。另一方面，正如宋瓷尚高雅素净一样，女性的装扮也必然朝同一趋势发展，即宋代整个社会审美情趣主流都是依从士大夫所谓的雅趣。

三、宋代女性身体文化中的阶级纬度

单看仕女图，的确可以观察到宋代的女性形象走向内敛，看到女性身体被遮蔽，但现存的宋画还体现出另一类女性形象，在一些风俗画或民间雕塑壁画中，我们明显看到一些妇女露出胸部，其尺度甚至大于唐画。

在一些图像史料，可见母亲乳儿的场面，这些母亲或乳母都露出整个或大半个乳房。图10《素烧喂乳妇女》[①]是一个雕塑，描绘出一位妇女怀抱婴儿哺乳的情景，她头梳发髻，脸部丰腴，身材壮实，上身着印花衣，抱婴盘坐，解胸喂乳，形态慈祥可亲。这位妇女的发式与坐态标明她不是上层家庭中的妇女，而且她年纪较大，故笔者认为她应该是一位乳母。作品将妇女敞怀喂乳的形象体现出来。

图10　《素烧喂乳妇女》

宋代其他描绘妇女哺乳的绘画或雕塑，也都是下层妇女的形象。图11《骷髅幻戏图》[②]是一幅广为人知的名画，正面那位看得入迷的男孩和身后那位女性，明显是上层家庭的打扮。笔者主要关注骷髅身后的哺乳妇女，许多专家解读为民间艺人的妻子，而笔者以为，这位妇女也可能是士人家庭中所雇佣的乳母。不管如何解读，她和对面那位女性明显处于不同的阶层，无论她的打扮还是身体行为，都说明她并非仕女，她怀抱婴儿袒胸露乳，似乎毫不在意别人的目光。

还有一些图像史料，更明显呈现出下层妇女的生活场景。图12《市担婴戏图》[③]描绘老货郎担着琳琅满目的百货进入乡村时的场景，妇女、孩童蜂拥而来，最左边的一

① 图10宋《素烧喂乳妇女》，1981年2月出土于山东省宁阳县西磁村古窑址，今藏于山东省宁阳县文化馆。该图选自中国美术全集编辑委员会编：《中国美术全集·工艺美术编·民间玩具剪纸皮影》，上海：上海人民美术出版社，1988年，第七二幅，第31页。

② 图11《骷髅幻戏图》为南宋李嵩作，绢本设色，今藏于故宫博物院。引自中国画经典丛书编辑组：《中国人物画经典：南宋卷（2）》，北京：文物出版社，2006年，第15页。

③ 图12《市担婴戏图》为南宋李嵩画，绢本浅设色，今藏于台北故宫博物院。引自中国画经典丛书编辑组：《中国人物画经典：南宋卷（2）》，第12页。

图 11　《骷髅幻戏图》

图 12　《市担婴戏图》

位妇女身材壮硕，头上的盖头披向脑后，身着短衫和长裤，怀中的婴儿抱着她丰满的乳房，母亲的目光与婴儿相接，但并不在意老货郎的注视。

图 13 是宋代雕塑，出自四川大足宝顶山石刻群中的《父母恩重经变相》[①]，石雕反映的都是下层家庭的生活场景。这位母亲显得十分丰满，面如满月，身材壮实，她袒露出两个乳房，眼光坦然地朝向观众，幼儿起码有两三岁，他吃着母亲的乳汁，还一手扪着母亲另一边乳房。中国传统的育儿方法，曾认为给幼儿哺乳越晚越好。这些描绘妇女哺乳场景的图像，画家着重表现的是母亲的慈爱，并没有性感的喻义，在当时的观者眼中，这类场景应该也是司空见惯的，因此，不会有任何异议。

图 13　《父母恩重经变相》

图 14　《纺车图》局部

一些图像史料描绘的下层妇女并未在哺乳，她们衣衫褴褛，衣领明显比仕女们要低。图 14 为《纺车图》[②]局部，原图绘有三个人物和一黑色小犬，中部绘一年轻农妇坐在小凳上，怀抱婴儿一边哺乳，一边不停地摇纺轮。左边一老媪，似乎是年轻农妇

① 图 13《生子忘忧恩》为《父母恩重经变相》中的局部。大足石刻位于重庆市大足区境内，距重庆主城九区 167 千米。

② 图 14 为北宋王居正《纺车图》局部，今藏于故宫博物院。引自洪再新编著：《中国美术史图像手册·绘画卷》，杭州：中国美术学院出版社，2003 年，第 154 页。

的婆婆，双手引着两个线团帮助纺纱，她骨瘦如柴，上身前倾，显得颤颤巍巍的，似乎随时都会倒下来。妇女们既照顾孩子又忙于纺纱，可知其家生活之贫困，老媪和农妇皆衣衫褴褛，打满补丁，老媪胸脯干瘪，衣襟敞开，露出红色的抹胸。这种构图将农村妇女的艰难生活表现得淋漓尽致。

图 15《善事太子本生故事（观织）》[①]出自壁画，墙上挂着油灯，暗示织女夜以继日地织布。织女只呈现出背面，却看得出她袒露着上身。这种构图当然也没有丝毫的性感意味，只说明农村妇女的贫困。文同《织妇怨》道出织布的艰辛，织女们辛辛苦苦织出纱绢，交给官府时却受到百般刁难，监官不收也就算了，竟在雪白的绢上写大字，使织女的辛劳全都白费，因此贫困的农村妇女“当须了租赋，岂暇恤襦袴”[②]。这可作为上述两图的注解。

另一方面，这些画面亦说明当时的风俗。实际上，中国的农村妇女对露出乳房甚至上身是并不在意的，直到“文化大革命”期间，上海知识青年下乡，女知青往往花容失色，因为农村妇女对露出胸脯并不在意，不仅在安徽、江苏等较为偏僻的农村，即使在上海郊区，虽未婚女性不露出胸部，但已婚女性却完全没有这个禁忌，她可能当众哺乳，一些老太太在天热时甚至打赤膊。由此推测，在宋代的劳动阶层中，应该亦同样如此。

图 15 《善事太子本生故事（观织）》

图 16 《茗园赌市图》局部

当然，在宋代的确有将女性画得性感的风俗画。图 16 为南宋刘松年画《茗园赌市图》[③]的局部，此画为南宋的市井图，除妇女身边的一个男孩外，共画七位成人，

① 图 15《善事太子本生故事（观织）》，宋寺观壁画，绘于山西省高平县（今高平市）开化寺大雄宝殿西壁中部。引自洪再新编著：《中国美术史图像手册 · 绘画卷》，第 200 页。

② （宋）文同著，胡问涛、罗琴校注：《文同全集编年校注》卷 4《织妇怨》，成都：巴蜀书社，1999 年，第 162 页。

③ 图 16《茗园赌市图》局部，南宋刘松年作，今藏于台北故宫博物院。引自周积寅、王凤珠编著：《中国历代画目大典 · 战国至宋代卷》，南京：江苏教育出版社，2002 年，第 589 页。

唯一的妇女似乎买完东西，正捧着一个装满点心的小盘，提了壶热水，带着小孩要回家好好享用；也有人解读说她是一位在卖茶汤的妇女。笔者并不关心她正在做什么，而主要关注其身姿。这位卖茶妇女上衫下裤，只见她扭身回顾，边走边回头看“斗茶”，身材丰满，衣襟敞开，抹胸下微露双乳，显得十分干练而性感。这种风俗画中的女子与仕女图中端庄娴静的女子截然不同，表现出明显的阶级断层。

文献中不乏妇女卖茶的资料，陆游曰：川蜀黄牛庙一带卖茶妇人“皆以青斑布帕首，然颇白皙，语音亦颇正”①。而三峡一带“村女卖秋茶，簪花髻鬟匝，襁儿著背上，帖妥若在榻”②。有的女性还在城镇开茶铺，《梦粱录》曰：临安“并在五间楼前大街坐铺中瓦前，有带三朵花点茶婆婆，敲响盏，掇头儿拍板，大街游人看了，无不哂笑”③。“又中瓦内王妈妈家茶肆名一窟鬼茶坊……皆士大夫期朋约友会聚之处。”④有宋一代饮茶之风盛行，到处都有茶叶销售，下层女性卖茶叶或卖茶汤实属常见现象。文献与图像相印证，卖茶妇往往带着孩子行商，可以想见其艰苦。卖茶老婆婆头戴鲜花，敲盏拍板招揽生意，由“哂笑”可见士大夫对这类从商妇的不屑，而有关肤色白皙、簪花髻鬟等的描述，又明明呈现出男性观看的目光。

在墓葬的图像中，亦同样可以看到民间画匠对女性身体的兴趣。1992 年在河南洛宁县发现的北宋乐重进画像石棺，其盖楣上画有天女散花图⑤，中间的飞天两肋生双翼，两侧相向二飞天凌空飞翔，双肩披帛从腋下折向后飘扬着，飞天都十分性感，均头梳螺髻，面部圆润，上身赤裸，隆胸细腰，袒胸露腹。它和龙门石窟中唐代石窟窟顶浅浮雕飞天极为近似，也和上述宋代庶民女子形象相合，这不仅是前代艺术风格的延续，亦是该地区民风民俗的传承。又有出自山西闻喜寺底金墓中的壁画⑥，墓中西壁嵌有 15 块砖雕，第三排为伎乐人物。女伎皆上身赤裸，肩披红色或赭色披帛，腰束红色或赭色带，下身着红色或赭色喇叭口裤，头束髻并戴花饰，显得极为性感。金文化直接传承自北宋，可能女伎暴露上身是得到社会宽容的。

令后人难以想象的是，在北宋都城，上下洋溢着在公众场合观赏裸露女体的热情。在大集会上往往有相扑表演，女子相扑表演一般作为开场，一度相当盛行。嘉祐七年（1062 年），宋仁宗偕众后妃于正月集会上与民同乐，其节目中便有女子相扑。司马

① （宋）陆游撰，李昌宪整理：《入蜀记》卷 6，《全宋笔记》第五编第八册，郑州：大象出版社，2012 年，第 212 页。

② 钱仲联、马亚中主编：《陆游全集校注》第 1 册《剑南诗稿校注》卷 2《黄牛峡庙》，杭州：浙江教育出版社，2011 年，第 125 页。

③ （宋）吴自牧：《梦粱录》卷 13《夜市》，第 119 页。

④ （宋）吴自牧：《梦粱录》卷 16《茶肆》，第 140 页。

⑤ 李献奇、王丽玲：《河南洛宁北宋乐重进画像石棺》，《文物》1993 年第 5 期，第 31 页。

⑥ 闻喜县博物馆：《山西闻喜寺底金墓》，《文物》1988 年第 7 期，第 68 页。

光非常不安，进《论上元令妇人相扑状》："臣窃闻今月二十八日，圣驾御宣德门，召诸色艺人备进技艺，赐与银绢，内有妇人相扑者亦被赏赉。臣愚窃以宣德门者，国家之象魏，所以垂宪度、布号令也。今上有天子之尊，下有万民之众。后妃侍旁，命妇纵观，而使妇人裸戏于前，殆非所以隆礼法示四方也。……（乞令）今后妇人不得于街市以此聚众为戏。"[①]

到目前为止，笔者未找到有关宋代女子相扑的图像史料，图 17 为宋墓壁画摹图《相扑图》[②]局部，可见男子相扑时仅着一块遮羞布，而根据司马光奏文，女子相扑亦和男子一样几乎是裸体进行的。当时上至皇帝下至黎民，都看得津津有味，而司马光对这种市民文化极为不满。

图 17　宋墓壁画摹图《相扑图》局部

文献资料说明，仁宗以后，女子相扑也并未因司马光的反对而绝迹。据《梦粱录》，南宋时临安举行男子相扑，仍先由女子相扑出来暖场，"瓦市相扑者，乃路岐人聚集一等伴侣，以图摽手之资。先以女飐数对打套子，令人观睹，然后以膂力者争交"。"女飐"即女相扑手，在瓦市相扑比赛前由她们开场，以招徕看客。同书记载杭城的著名女相扑手有赛关索、嚣三娘、黑四姐[③]。《武林旧事》亦载："女飐：韩春春、绣勒帛、锦勒帛、赛貌多、侥六娘、后辈侥、女急快。"[④]《水浒传》中有段三娘与王庆相扑的桥段，只见"那女子有二十四五年纪。她脱了外面衫子，卷做一团，丢在一个桌上，

① （宋）司马光撰，李文泽、霞绍晖校点：《司马光集》卷 21《论上元令妇人相扑状》，成都：四川大学出版社，2010 年，第 582 页。

② 图 17 宋墓壁画摹图《相扑图》局部，2010 年 5 月于山西省壶关上好牢村出土，引自山西省考古研究所、长治市文物旅游局、壶关县文体广电局：《山西壶关县上好牢村宋金时期墓葬》，《考古》2012 年第 4 期，图版 10 之 3。

③ （宋）吴自牧：《梦粱录》卷 20《角抵》，第 195—196 页。

④ （宋）周密：《武林旧事》卷 6《诸色伎艺人》，北京：中华书局，2007 年，第 188 页。

里面是箭小袖紧身，鹦哥绿短袄，下穿一条大裆紫夹绸裤儿，踏步上前，提起拳头，望王庆打来”[①]。除瓦市之外，南宋的宫廷宴会仍有“女厮扑：张椿等十人”[②]。如果单从小说描述看，可能南宋的女子相扑在衣着上有所收敛了，女子相扑手穿上了内衣，看来司马光的反对还是起到作用的，起码部分士大夫认为这类项目难登大雅之堂。即便如此，它始终是一种带性观赏的娱乐活动，元以后女子相扑才销声匿迹。

就宋代的图像史料而言，下层妇女的形象似乎更具女性特征，一方面较为壮硕而性感；另一方面带有下层社会肆无忌惮的神情，她们和那种衣领服帖、端庄拘束的上层妇女形成对照。图 18《瑶台步月图》[③]描绘中秋仕女赏月情景，人物纤秀，风格婉约，景色空蒙。画中的仕女皆身材颀长，胸脯平板，身着做工精致的窄袖长袍，尽管领口不像明清那样扣得紧紧的，但绝不会泄露一丝春光。

图 18 《瑶台步月图》

可见，在宋代士大夫心目中，下层妇女虽未必典雅端庄，但是极具女性性感，对上层社会的女性来说，她们也就成为一种潜在威胁。仕女画中的女子只是宋代士大夫塑造的理想形象，而并非所有宋代女子真如画中一样衣着保守、安静不语。市井妇女着装突出性感，似乎体现了市民阶层的观念；女相扑手的裸露实际为满足士大夫的色欲；而《纺车图》中农妇衣衫褴褛却微露双乳或许是当时的社会习俗，只能说明下层社会女性的着装并未在意理学家的要求。因此，考察一个时代的女性形象，既要注意社会性别制度的影响，亦要留意阶级的烙印。

① （明）施耐庵、罗贯中：《水浒传》，第 104 回《段家庄重招新女婿 房山寨双并旧强人》，上海：上海古籍出版社，2006 年，第 893 页。

② （宋）周密：《武林旧事》卷 1《圣节》，第 29 页。

③ 图 18《瑶台步月图》，今藏于故宫博物院。该图引自故宫博物院官网。

《营造法式》与宋代建筑领域中的经济管理问题

王兴文　吴梦柔*

宋代社会积贫积弱、“三冗”问题严重，官员贪污成风。特别是在建筑领域，由于政府没有规定标准、定额，各级官员更是巧立名目，大肆侵吞国家财产。宋代的经济改革家和科技专家，为了防止贪污之风，使国家早日富强，曾试图将科学技术用于经济管理，宋神宗、王安石下令编修，李诫执笔的《营造法式》，就是把科学技术用于经济管理的一次尝试。

李诫（？—1110 年），字明仲，北宋郑州管城县（今河南省新郑市）人。他一生长期任职于北宋主管土木建筑工程的机构——将作监，历任将作监主簿、监丞、少监和将作监，主持营建的较大建筑有龙德宫、棣华宅、朱雀门、景龙门、九成殿、开封府廨及太庙，对建筑艺术、结构、工艺、估工算料、施工管理等皆有深入思考。

宋绍圣四年（1097 年）受皇帝委派，李诫开始编修有关建筑设计和施工管理方面的法规性证书——《营造法式》，1100 年成书，1103 年颁布。其内容基本涵盖了整个建筑活动所涉及的工种做法和工料计算，并明确提出了“材分制度”和“以材为祖”的建筑设计营造原则，有力地推动了中国建筑模数制和标准化的进程。《营造法式》全面、准确地反映了中国在 11 世纪末到 12 世纪初，整个建筑行业的科学技术水平和管理经验。它不仅向人们展示了北宋建筑的技术、科学、艺术风格，还反映出当时的社会生产关系、建筑业劳动组合、生产力水平等多方面的状况。

李诫的《营造法式》是我国流传至今的第一部最完整的建筑技术专书。这部关于建筑设计、施工的古籍，其性质类似现代规范建筑设计手册，是我国最早的关于劳动定额的科技著作，更是世界上最早采用定额计算工程造价的科技著作，也是当时中原地区官式建筑的重要典籍，也是研究宋元建筑历史乃至宋代社会经济生活的重要史料。此书将科学技术用于经济管理，为改革事业服务。时至今日，仍然会给我们许多有益的启迪。

* 王兴文，温州大学人文学院历史系教授；吴梦柔，温州大学人文学院历史系中国史硕士研究生。

一、《营造法式》是经济改革与定额管理的产物

《营造法式》第一次编修，始于神宗熙宁年间（1068—1077 年），成于哲宗元祐六年（1091 年），正当王安石变法之时。王安石变法之前，宋王朝出现了政治、经济危机。据《宋史·食货志》记载："英宗治平二年（1065 年），政府的总收入是一亿一千六百三十万，一般支出一亿二千零三十四万，非常支出是一千一百五十二万，超支一千五百多万。"造成危机的诸因素中，冗官的贪污和挥霍浪费是两个重要原因。据仁宗时做户部副使的包拯上疏统计：真宗时文武官总数 9785 员，仁宗时达 17300 员。未受差遣的京官、使臣、守选人尚未计算在内。宗室受禄吏员 15000 多人，各级官府不受禄的大批吏员只好靠贪污勒索为生。三班院（供奉官和左、右殿直）国初官员不及 300 人，真宗时增至 4200 余人，仁宗时达 11000 人之多。这众多的冗官，无所事事，贪贿成风。上至中央，下到州县，竞相贪污，挥霍浪费，成了北宋王朝的统治之患。

真宗时，宰相丁谓伪造祥异，营建宫观，大肆侵吞。仁宗时，丁谓又勾结宦官雷允恭令宫中苑工制金酒器，"四方赂遗，不可胜纪"。梁适为相，命大商人郭秉为他经商受贿。张掞向梁适行贿，被封三司副使，有人在殿上当面揭发了这个丑闻。王钦若知贡举，应试举子任懿托僧人惠秦送白银 350 两，把银数写于纸上，交王钦若妻子李氏，李氏命仆人将任懿名字写于臂上，把赂银数密告王钦若，任懿果然考取。上行下效，地方官员更是贪贿成风，州郡文账送上三司，随账都有赂银，各有常数，足数即不发封检核，不赂或不足数，即百般刁难。

从大规模兴建的宫殿、官衙、寺观中贪污，也是贪官们发财的一条渠道。真宗时在京都修建玉清昭应宫，安放"天书"，铸造神像，命三司使丁谓总其事，丁谓预计的规模十分宏大，需 15 年修成，结果 7 年修完。由于工料、资财没有标准、定额，他可以随意编定，从中贪污，大发其财。各地州县也都因"天书"降临，修建天庆观，搜刮银两，抓丁抓夫。由于政府没有规定标准、定额，也是随意收取，抓派官吏发财，百姓受害。当时就有御史上书说："今费造竞起，远近不胜其扰。"

改革派大臣提出的挽救危机的措施中，许多都是针对冗官贪污的。范仲淹所提十项改革中，便有五项针对当时的冗员之制。①他要求改变官员中"懦弱者不能检吏，得以蠹民；强干者惟是近名，率多害物"的状况。接着，欧阳修又在《再论按察官吏

① （宋）范仲淹：《范文正公集·答手诏条陈十事》，四部丛刊本，上海：上海书店，1984 年，第 127 页。

状》中，要求裁汰那些老朽、无能、贪污的冗官。[①]扬州知府王禹偁《言五事疏》中，有四条是涉及冗官贪污和裁汰僧尼的。宋祁“三冗三费”疏中，所指责的“三冗”即冗官、冗军、僧尼；“三费”即道场斋醮、寺观庙宇、罢官留禄。王安石在变法前《上仁宗皇帝言事书》中说：“今官大者，往往交赂遗，营资产，以负贪污之毁；官小者，贩鬻乞丐，无所不为。夫士已尝毁廉耻，以累于世矣。则其偷堕取容之意起，而矜奋自强之心息。则职业安得不驰？治道何从而兴乎？又况委法受赂，侵牟百姓，往往而是也。”

针砭时弊、救危恤民的改革派官员，笔锋多指向官吏贪污和寺观建筑。实行改革、理财节用的宋神宗、王安石，为了惩戒官吏贪污，节省国库开支，就必然要严格管理大规模建筑的宫殿、庙观、城垣等。李诫的《营造法式》正是为了这一目的而编纂的。

宋代政治、经济危机的诸原因中，还有一条是徭役太重。宋代的徭役分差役和夫役两种：差役又称职役，由有产之家担当；夫役又称杂徭，由自耕农、半自耕和佃农担当。与《营造法式》有关的主要是夫役，夫役没有任何法规，有事则征，扰民最甚。耗用夫役最多的有三项：一是修筑宫殿、寺观、城池；二是治黄河、修运河；三是运送官物。夫役的征发一次就是几万人甚至十几万人，他们远行千里，役期长达数月，往往农事荒废，家破人亡。“朝耕尺寸之田，暮入差徭之籍，追胥责问，继踵而来”[②]、“贫民之系累者，相属于道，役满而破家者，十常八九”[③]。更为惨者，“访闻京城四门外，所在白骨如麻，多是昔筑城开壕死损人夫”[④]。

农民无法忍受繁重的夫役，只好逃亡；“今天下之土，不耕者多矣，臣未能悉言，请举其近者：自京以西，土之不辟者不知其数，非土之瘠而弃也，盖人不勤农与夫役重而逃尔”[⑤]。逃亡仍难免一死，农民便只好走反抗这条路了，“近年以来，上户寖少，中下户寖多，役使频仍，农人不得不困，地力不得不遗，养生之资，有所不足，则不得已而为工商，又不得已而为盗贼”[⑥]。“今中农以下，举皆缺食，冒法而为盗则死，畏法而不盗则饥，饥寒之与弃市均是死亡，而赊死之与忍饥，祸有迟速。相率为盗，正理之常，虽日杀百人，势必不止。”[⑦]

---

① （宋）欧阳修：《欧阳修文忠公文集》卷97，北京：中国书店，1986年，第136页。

② 《宋史》卷173《食货志上》，北京：中华书局，1977年，第4202页。

③ （唐）李贺：《昌谷集·新知澧州朝辞职殿札子》，四部丛刊本，上海：上海书店，1984年，第161页。

④ （宋）李焘撰，上海师范学院古籍整理研究所、华东师范大学古籍整理研究所点校：《续资治通鉴长编》卷370，元祐元年闰二月辛亥条，北京：中华书局，2004年，第8936页。

⑤ （宋）李焘撰，上海师范学院古籍整理研究所、华东师范大学古籍整理研究所点校：《续资治通鉴长编》卷129，康定元年十二月乙巳条，第3068页。

⑥ （清）徐松辑：《宋会要辑稿》食货66之33，北京：中华书局，1957年，第6224页。

⑦ （宋）苏轼：《东坡全集·论河北京东盗贼状》，北京：商务印书馆，1958年，第189页。

王安石变法之前，在《上仁宗皇帝言事书》中就宣称："盖因天下之力，以生天下之财，取天下之财，以供天下之费。"他必须爱惜民力，而宫殿不能不修，河道不能不疏浚，那就必须对建筑工程制定标准，严格定额，妥善管理，以便控制和节省民力。宋神宗和王安石从理财的考虑出发，为了统一营造规范，推行标准设计，严格工料定额，防止贪污浪费，保证工程质量，就下令将作监第一次编修《营造法式》。因成书于元祐六年（1091 年），又称《元祐法式》。后因保守派上台执政，废除新法，《元祐法式》没能实行。哲宗亲政后，宣布继承神宗的遗志，继续改革，恢复新法。绍圣四年（1097 年），又命当时的将作监丞李诫重新编修《营造法式》。

李诫在《营造法式・札子》中说："《元祐法式》只是料状，别无变造用材制度，其间工料太宽，关防无术。"又在新修《营造法式》序中说："不知以'材'而定'分'，乃或倍斗而取长。积弊因循，法疏检察。"这都说明了爱惜民力、防止贪污盗窃的目的。李诫还写道："丹楹刻桷，淫巧既除；菲食卑宫，淳风斯复。"[①]其意是说，编写此书是为了根除像鲁庄公那样"丹其楹而刻其桷"的铺张浪费；恢复像大禹那样"菲饮食而卑宫室"的勤俭作风。他又写道："功分三等，第为精粗之差；役辨四时，用度长短之晷。以至木议刚柔，而理无不顺；土评远迩，而力易以供。类例相从，条章俱在。"[②]其意说，要严格制定定额。算功时，按精粗之差分为三等；计役时，按长短之晷分为四季，以至木材的坚柔，运土的远近，对用材料用人工的影响都要加以考虑。李诫的想法十分周详。这一切正体现了改革派官员严格管理，防止贪污，理财节用的目的。所以说，李诫的《营造法式》是经济改革和定额管理的产物。

二、《营造法式》中"材""分"模数制与经济管理的关系

宋代以前的宫、殿、庙、观、楼、榭等建筑，多数是木构架建筑。《营造法式》第 4 卷《大木作制度》开宗明义就说："凡构屋之制，皆以材为祖；材有八等，度屋之大小，因而用之。"[③]"各以其材之广，分为十五分，以十分为其厚。凡屋宇之高深，名物之短长，曲直举折之势，规矩绳墨之宜，皆以所用材之分，以为制度焉。"[④]其所

① 梁思成：《营造法式注释》卷上，北京：中国建筑工业出版社，1983 年，第 3 页。关于《营造法式》中国四种雕刻技法的研究其说不一，笔者取徐伯安、郭黛姮的主张。参见清华大学《建筑史论文集》第 2 辑《雕壁之美，奇丽千秋》一文。

② 梁思成：《营造法式注释》卷上，第 3—4 页。

③ 梁思成：《营造法式注释》卷上，第 89 页。

④ 梁思成：《营造法式注释》卷上，第 91 页。

规定的八个等级的材的截面尺寸和应用范围，现按原书数据列表1如下：

表1　八等级材的截面尺寸与应用范围一览表

材　等	截　面（寸） 15分×10分	分　值 （寸）	应用范围
一等材	9.00×6.00	0.60	殿身九间至十一间
二等材	8.25×5.50	0.55	殿身五间至七间
三等材	7.50×5.00	0.50	殿身三间至五间，堂七间（余屋以三等材为祖计之）
四等材	7.20×4.80	0.48	殿三间，厅堂五间
五等材	6.60×4.40	0.44	殿小三间，厅堂大三间
六等材	6.00×4.00	0.40	亭榭，小厅堂
七等材	5.25×3.50	0.35	小殿，亭榭（营房屋）
八等材	4.50×3.00	0.30	殿内藻井，小亭榭（施铺作）

资料来源：梁思成《营造法式注释》卷上，第89—90页。

从表1可知：八等材是与殿、堂、榭的大小相应的。在建造宫、殿之前，先要按预定的大小决定取用某一等材。

李诫在《营造法式》中，提出了一整套木构架建筑的“材、分”模数制。他在序言中说：“不知以材而定‘分’，乃或倍斗而取长。积弊因循，法疏检察，非有治三宫之精识，岂能新一代之成规？”他认为由于过去“不知以‘材’而定‘分’”的模数制，造成了“积弊因循，法疏检察”；而现在掌握了“以‘材’而定‘分’”的模数制，就能作“新一代之成规”。

“材、分”模数制包含三个内容：（1）建造木构架的房屋，在任何情况下，都要以“材”作为最基本的数据，李诫在《大木作制度》中写道：“凡构屋之制，以‘材’为祖。”说明了“材、分”模数制的重要性。（2）《营造法式》对于建筑物中的梁、柱、椽和斗栱上的各种构件的曲直长短及其加工中各工序的下墨线都是用几“材”、几“分”、几“栔”来度量的，阐述了“材、分”模数制在木构架建筑中的具体运用。他写道：“凡屋宇之高深，名物之长短，曲直举折之势，规曲绳墨之宜，皆以所用‘材’之‘分’，以为制度焉。”（3）“材、分”模数制的“材”，分为“单材”和“足材”；“单材”是斗栱或木方的断面，高15分，宽10分；“足材”高21分，宽10分。“单材”与“足材”之差为“栔”，高6分，宽4分。材分八个等级，可以按殿、堂、榭的种类和规模选用，只要选定了某种材，殿、堂、榭等建筑总体尺寸、构件长短、屋顶坡度等尺度，都可以按选用材的“分”数做基数，通过书中规定的比例关系推算出来。“材、分”模数制中的“材”既是八种规格的结构枋木，又是建筑和结构设计中运用的八种模数，而“分”就是它的分模。

“材”分八等：一级材高 9 寸，宽 6 寸（1“分”合 6 分）；二级材高 8.25 寸，宽 5.5 寸（1“分”合 5.5 分）；三级材高 7.5 寸，宽 5 寸（1“分”合 5 分）；以下递减。八级材高 4.5 寸，宽 3 寸（1“分”合 3 分）。“栔”为补充模数，高 6 分，宽 4 分，栔的尺度是以“材”和“分”做依据的。如一等“材”1 分合 6 分，所以一等材的“栔”则高 3.6 寸，宽 2.4 寸。这样，殿、堂、榭等建筑物的各种尺度都可以用多少“材”，多少“分”，多少“栔”来表示。

“材、分”模数制高度体现了宋代工匠在力学方面的成就。“材”的高宽比为 3∶2，据现代科学验算，从园木中锯出一根抗弯强度最大的枋料，它的理论最强截面的高度比是二的平方根比一。而高宽比是 3∶2 的“材”的矩形截面，比科学验算的最强截面抗弯强度低 0.23%，但在实用上几乎有同样的强度。同时，3∶2 是整数，便于计算、应用和记忆。“大木作制度”中规定“四椽草栿广三‘材’”，指 8 米长梁的高宽比为 3∶2，作为受弯构件的梁，这个比例也体现了力学原理。17 世纪意大利科学家伽利略指出简支梁的抗剪强度与梁高度平方成正比；矩形截面的梁，平放和立放时抵抗断裂的能力不同，两者之比等于短边和长边之比。伽利略的论断得出了关于梁的强度与梁的断面形式定量关系的确切答案。但是，《营造法式》中把梁的截面高宽比定为 3∶2，也是结构力学发展史上的重要成就。李诫虽然未能具体指出梁的抗弯强度和断面高度的定量关系，但对梁的强度与梁的断面高度之间的密切关系，通过规定梁的断面的高宽比为 3∶2，做出定性结论，是确切无疑的。而且他的这一结论比伽利略早了五个世纪。

在我国使用斗栱体系的木构架建筑中，每座宫殿、厅堂正因为使用统一的“材”作为栱、枋的断面，才能保证栱、枋搭接时具有标准化的构造结点，才能把几十个形状不同的斗、栱、耍头搭成铺作。所以，“材、分”模数制蕴含了构造上的科学性。它所表现的构造规律是“材、栔”相间组合，高 6 分的栔不仅是足材与单材之差，而且是除栌斗之外的几种小斗平和欹的高度。在《营造法式》中，当谈到几材几栔时，如不特别指出是梁高或柱径，则用来表示构件的具体尺寸，笼统地称几材几栔就是指几层栔或枋与斗相间叠落的构造方法。

在“大木作制度”中，阐述木构架的构造节点时，常常直接使用几材几栔来表示。如写单栱计心造的构造节点时说：“每跳上安两材一栔”，用小字注释为“令栱素方为两材，令栱上斗为一栔”。引文的“每跳上安两材一栔”，对宋代的工匠就像现代瓦工砌墙时说：“一顺一丁”一样容易理解。上述的几材几栔又是某种构造的代名词。在施工交底时，只要向工匠们讲明某一节点是几材几栔，就等于现代给出了具体节点构造大样。而这种用几材几栔表示的构造方式，对宋代工匠来说是众所周知的常识。

“材、分”模数制便于估工备料，更便于构件的分工制作与总体装配，保证了加工构件具有标准化的节点和准确无误地拼装。可以简化设计程序，提高施工速度，同一类型的构件，它们的“材、分”尺寸相同，在不同的建筑物上使用时，只需记住它的“材、分”尺寸，不必记它的实际尺寸。工匠们利用八等材制成的“材、分”标杆尺，便可进行放线、施工，并可以减少施工的差错。“材、分”模数制所蕴含的建筑设计和施工经验，体现了宋代木构架建筑体系的高度成熟。

综上可知，大木作制度的“材、分”模数制蕴含了很高的科技成就。李诫又将“材、分”模数制的科技成就，成功地用于木构架建筑的经济管理。

针对工程主管者随意编制计划、大量贪污资材的情况，“材、分”模数制规定了木构架建筑的总体构架，即建筑的宫、殿、庙、观、楼、榭的总体设计，按“材、分”模数制选定了某种材之后，从梁、柱、椽到斗、栱、栿等各种大木料的尺寸、用量等也都十分清楚。工程主管者很难随意增溢，以损公肥私。

《营造法式》除了在防止贪污方面加强经济管理外，还在节约用材方面做了规定。在卷26《诸作料例一》中，对“大木作”用材有如下规定：

> 用方木：大料模方，长八十尺到六十尺，广三尺五寸至二尺五寸，厚二尺五寸至二尺，充十二架椽至八架椽栿。
>
> 长方，长四十尺至三十尺，广二尺至一尺五寸，厚一尺五寸至一尺二寸，充出跳六架椽至四架椽栿。
>
> 松方，长二丈八尺至二丈三尺，广二尺至一尺四寸，厚一尺二寸至九寸，充四架椽至三架椽栿、大角梁、檐额、压槽方、高一丈五尺以上版门及裹栿版、佛道帐所用料槽、压厦版。[①]

对大料锯成大料模方剩下的木料，还要解割再用。李诫又规定，就全条料又剪截解割用下项：

> 小松方，长二丈五尺至二丈二尺，广一尺三寸至一尺二寸，厚九寸至八寸；
> 常使方，长二丈七尺至一丈六尺，广一尺二寸至八寸，厚七寸至四寸；
> 官样方，长二丈至一丈六尺，广一尺二寸至九寸，厚七寸至四寸；
> 截头方，长二丈至一丈八尺，广一尺三寸至一尺一寸，厚九寸至七寸五分。[②]

① 梁思成：《营造法式注释》卷上，第213页。
② 梁思成：《营造法式注释》卷上，第213—214页。

《营造法式》将“材、分”模数制所蕴含的科技成就用于建筑工程的经济管理，从贪污和浪费两个方面堵死了过去的漏洞，很值得我们借鉴。

三、《营造法式》在用工用料方面的经济管理

如上所述，《营造法式》编修之前，政府无偿征用民工，已造成大量贫苦农民家破人亡，带来官逼民反的政治危机。所以，对建筑工程进行精打细算，严格定额，妥善管理，不仅是一项节约人力物力的经济任务，更是一项安定民心、发展生产的政治任务。

《营造法式》从以下三个方面对建筑工程的用工进行了卓有成效的经济管理。

第一，卷3《壕寨制度》中，对地基、筑城、筑墙等，做了十分严格具体的规定：

> 筑基之制：每方一尺，用土二担；隔层用碎砖瓦及石札等，亦二担。每次布土厚五寸，先打六杵，次打四杵，次打两杵。以上并各打平土头，然后碎用杵辗蹑令平；再攒杵扇扑，重细辗蹑。每布土厚五寸，筑实厚三寸。每布碎砖瓦及石札等厚三寸，筑实厚一寸五分。①
>
> 筑城之制：每高四十尺，则厚加高二十尺；其上斜收减高之半。若高增一尺，则其下厚亦加一尺；其上斜收亦减高之半；或高减者亦如之。
>
> 城基开地深五尺，其厚随城之厚。每城身长七尺五寸，栽永定柱，夜叉木各二条。每筑高五尺，横用絍木一条。每膊椽长三尺，用草葽一条，木橛子一枚。
>
> 筑墙之制：每墙厚三尺，则高九尺；其上斜收，比厚减半。若高增三尺，则厚加一尺；减亦如之。
>
> 凡露墙：每墙高一丈，则厚减高之半；其上收面之广，比高五分之一。若高增一尺，其厚加三寸；减亦如之。②

由于对地基、筑城、筑墙的长、宽（厚）、高的数字作了具体规定。甚至地基用多少土，填多少碎砖、碎石，如何打夯，都作出了细致详细的规定，使一切想贪污盗窃、偷工减料的人，都无从入手。

第二，为了实行经济核算，《营造法式》已采取了定额管理的方法，把材料消耗

---

① 梁思成：《营造法式注释》卷上，第42—43页。

② 梁思成：《营造法式注释》卷上，第43页。

定额和劳动消耗定额，纳入了建筑的日常管理。上述的筑基、筑城、筑墙，除规定各种用料外，还规定了用工之折算方法：

筑基

诸殿、阁、堂、廊等基址开掘（出土在内，若去岸一丈以上，即别计般土功），方八十尺，（谓每长、广、深、方各一尺为计），就土铺填打筑六十尺，各一功。若用碎砖瓦、石札者，其功加倍。[①]

筑城

诸开掘及填筑城基，每各五十尺一功。削掘旧城及就土修筑女头墙及护崄墙者亦如之。

诸于三十步内供土筑城，自地至高一丈，每一百五十担一功。[②]

宋代营造规定五尺为一步。

筑墙

诸开掘墙基，每一百二十尺一功。若就土筑墙，其功加倍。诸用葽、橛就土筑墙，每五十尺一功。[③]

土、石、木材等物的搬运也都折合为“功”，给以经济核算。其规定如下：

诸土干重六十斤为一担。如粗重物用八人以上、石段用五人以上可举者，或琉璃瓦名件等每重五十斤，为一担。

诸石每方一尺，重一百四十三斤七两五钱。砖，八十七斤八两。瓦，九十斤六两二钱五分。

诸木每方一尺，重依下项：

黄松，二十五斤。

白松，二十斤。

山杂木，三十斤。

诸于三十里外般运物一担，往复一功；若一百二十步以上，约计每往复共一

① 梁思成：《营造法式注释》卷上，第190页。
② 梁思成：《营造法式注释》卷上，第190页。
③ 梁思成：《营造法式注释》卷上，第190页。

里，六十担亦如之。

诸功作般运物，若于六十步外往复者，并只用本作供作功。或无供作功者，每一百八十担一功。或不及六十步者，每短一步加一担。

诸于六十步内掘土般供者，每七十尺一功。①

对冬夏两季白天长短的差别所造成的工作时间不同，也有明文规定：

看详：夏至日长有至六十刻者，冬至日短有止于四十刻者。若一等定功，则枉弃日刻甚多。今谨按《唐六典》修立下条。

诸称“功”者，谓中功，以十分为率；长功加一分，短功减一分。

诸称“长功”者，谓四月、五月、六月、七月；“中功”谓二月、三月、八月、九月；“短功”谓十月、十一月、十二月、正月。

以上三项并入“总例”。②

第三，在工程的用料方面，也进行严格的经济核算，除对上述大批消耗的材料，如木材、石料、土方有严格规定外，就连小小的铁钉也有十分细致具体的规定。

通用钉料例

每一枚：葱台头钉，长一尺二寸，盖下方五分，重一十一两；长一尺一寸，盖下方四分八厘，重一十两一分；长一尺，盖下方四分六厘，重八两五钱。

猴头钉：长九寸，盖下方四分，重五两三钱；长八寸，盖下方三分八厘，重四两八钱。

卷盖钉：长七寸，盖下方三分五厘，重三两；长六寸，盖下方三分，重二两；长五寸，盖下方二分五厘，重一两四钱；长四寸，盖下方二分，重七钱。

圜盖钉：长五寸，盖下方二分三厘，重一两二钱；长三寸五分，盖下方一分八厘，重六钱五分；长三寸，盖下方一分六厘，重三钱五分。

对大木作、小木作、雕木作等用钉料例和数目，另有特殊规定：

① 梁思成：《营造法式注释》卷上，第190页。
② 梁思成：《营造法式注释》卷上，第10页。

用钉料例

大木作：

椽钉，长加椽径五分。

角梁钉，长加材厚一倍。

飞子钉，长随材厚。

大、小连檐钉，长随飞子之厚。

……

小木作：

凡用钉，并随版木之厚。如厚三寸以上，或用签钉者，其长加厚七分。

雕木作：

凡用钉，并随版木之厚。如厚二寸以上者，长加厚五分，至五寸止。[①]

用钉数

大木作：

连檐，随飞子椽头，每一条；

大角梁，每一条；

托槫，每一条；

生头，每长一尺；

搏风版，每长一尺五寸；

横抹，每长二尺；

右各一枚。[②]

小木作：

门道立、卧柣，每一条；

乌头门上如意牙头，每长五寸；

钩窗槛面搏肘，每长七寸；

乌头门并格子签子桯，每长一尺；

……

雕木作：

宝床，每长五寸；

云盆，每长五寸；

右各一枚。

① 梁思成：《营造法式注释》卷上，第221—222页。

② 梁思成：《营造法式注释》卷上，第222页。

角神安脚，每一双；
扛坐神，每一身；
华板，每一片；
虚柱，每一条钉卯；
　　右各二枚。[1]

如上所述，《营造法式》把劳动消耗定额和材料消耗定额实行经济核算，采用定额管理方法，用于建筑工程的各个方面。准此而论，《营造法式》是世界上最早采取定额计算工程造价管理的学术专著。

《营造法式》始编于神宗熙宁年间（1068—1077年），定稿于元符三年（1100年），初刊于崇宁二年（1103年）。也就是说中国在11—12世纪，已经对建筑工程项目实行造价管理。其后，这一先进的经济管理方法被封建专制主义的污泥浊水所淹没。而欧洲随着文艺复兴和资产阶级革命的到来，经济、科学和文化蓬勃发展。1868年，英国成立了皇家特许测量师协会（RICS）。学术界认为这一专业协会的成立，标志着人类工程造价管理专业的正式诞生。一个多世纪的工程造价管理的实践，证明了这一经济管理方法的先进效率。1992年，美国人又创立了国际全面造价管理促进协会（AQACE-1），使国际工程造价管理得到更高层次的发展。中国到20世纪90年代，随着社会主义市场经济的出现，才使僵化的、以计划经济为核心的工程造价管理体制得到改革。研究《营造法式》中经济管理与科学技术的问题，并回顾工程造价管理的历史，将大有裨益。

① 梁思成：《营造法式注释》卷上，第222—223页。

学术史视野下的历史研究与宋代纪实小说创作

——王曾瑜先生“宋代纪实小说系列”述评

刘 红*

20 世纪 80 年代以来，长篇历史小说的创作风靡中国大陆文坛，用“汗牛充栋”来形容当前有关中国历史小说题材的创作我想是不为过的，且不说书店中形形色色的关于帝王将相的专著、小书摊上光怪陆离的野史传说，仅影视界各种扑面而来的“帝王风”就有点“暖风熏得游人醉”了。但大部分小说主旨不明，失真偏颇，真正严格意义上称得上历史小说的，并不是很多。

2001—2005 年，由河南大学出版社出版的王曾瑜先生的“宋代纪实小说系列”填补了学术界将学术研究与历史故事小说化的空缺，为今后的历史研究与小说创作提供了成功的范例。宋代历史纪实小说，内容宏大，语言平实，笔锋婉转，情节生动，跌宕起伏，扣人心弦，表现出了强烈的思想性、艺术性、学术性、文学性和史学借鉴性等特点。那么，王曾瑜先生为什么要进行历史纪实小说的研究和创作？他的“宋代纪实小说系列”都包含了哪些领域？跟社会上流行的历史小说相比，他的历史纪实小说有什么样的特点？是否与他的历史研究有着密切的关系？下面是笔者在阅读这部系列小说之后的一些感想，不当之处，请学界同仁指正。

一、王曾瑜先生学术简历

王曾瑜，1939 年出生于上海，是我国当代著名历史学家、宋辽夏金史研究专家。他于 1957 年考入北京大学历史学系，师从我国著名历史学家、宋史研究专家邓广铭先生学习宋史。1962 年毕业后在中国科学院历史研究所工作，他先后任副研究员、研究员和博士生导师。2002—2006 年任中国宋史研究会会长，河北大学宋史研究中心特聘教授、博士生导师。他的研究方向主要为辽宋夏金史，在岳飞和宋高宗研究、辽宋金军制研究、宋金户口分类制度和阶级结构研究、北宋晚期到南宋前期的政治和军事

* 刘红，中央军委政治工作部宣传局《解放军美术书法》杂志主编。

研究、王安石变法研究、宋代社会生活史研究和宋代经济史研究等方面，有很深的学术造诣。他先后出版了《鄂国金佗稡遍续编校注》（全二册）[①]、《尽忠报国：岳飞新传》[②]、《荒淫无道宋高宗》[③]、《宋高宗》[④]、《岳飞和南宋前期政治与军事研究》[⑤]、《宋朝兵制初探》、[⑥]《金朝军制》[⑦]、《宋朝阶级结构》[⑧]、《凝意斋集》[⑨]和《锱铢编》[⑩]等学术专著，并在国际、国内权威刊物和会议上发表有关宋辽夏金史研究的论文数百篇。这些研究，涉及宋代经济史、政治史、军事史、人口史、文化史、科技史和社会生活史等方面的内容，从宏观和微观上极大地拓展了宋辽夏金史研究的内涵和外延，为他后来创作“宋代纪实小说系列”提供了坚实的学术基础。“宋代纪实小说系列”出版后很快在国内外学术界引起很大反响，这与他半个世纪以来的历史研究是分不开的。

二、“宋代纪实小说系列”的内容及特点

王曾瑜先生的“宋代纪实小说系列”共分七部，分别是《靖康奇耻》[⑪]、《河洛悲歌》[⑫]、《大江风云》[⑬]、《转战湖汉》[⑭]、《扬威南北》[⑮]、《关山怅望》[⑯]、《忠贯天日》[⑰]，约 209 万字。该小说系列是以主人公岳飞的成长、领兵作战到最后被害为主线，以宋高宗、秦桧等的腐败、投降为辅线，详细地描写了从北宋亡国到南宋开国与金朝和战的故事，内容涉及宋金时期的经济、政治、军事、思想、文化、交通、科技、社会生活及民族关系等领域。在整个宋朝 320 年的历史中，深重的劫难，残忍的掠夺，英雄的抗争，官吏的醉生梦死……。这一切，犹如一张巨大的网，丝丝交织，环环相连，构成这段绵长、悲壮的历史画卷。整个小说向人们展示了在一个战争和特殊的年代，

---

① （宋）岳珂编，王曾瑜校注：《鄂国金佗稡遍续编校注》，北京：中华书局，1989 年。
② 王曾瑜：《尽忠报国：岳飞新传》，石家庄：河北人民出版社，2001 年。
③ 王曾瑜：《荒淫无道宋高宗》，石家庄：河北人民出版社，1999 年页。
④ 王曾瑜：《宋高宗》，《宋帝列传丛书》，长春：吉林文史出版社，1996 年，第 1—284 页。
⑤ 王曾瑜：《岳飞和南宋前期政治与军事研究》，开封：河南大学出版社，2002 年。
⑥ 王曾瑜：《宋朝兵制初探》，北京：中华书局，1983 年。
⑦ 王曾瑜：《金朝军制》，保定：河北大学出版社，2004 年。
⑧ 王曾瑜：《宋朝阶级结构》，石家庄：河北教育出版社，1996 年。
⑨ 王曾瑜：《凝意斋集》，兰州：兰州大学出版社，2003 年。
⑩ 王曾瑜：《锱铢编》，保定：河北大学出版社，2006 年。
⑪ 王曾瑜：《靖康奇耻》，开封：河南大学出版社，2001 年。
⑫ 王曾瑜：《河洛悲歌》，开封：河南大学出版社，2001 年。
⑬ 王曾瑜：《大江风云》，开封：河南大学出版社，2005 年。
⑭ 王曾瑜：《转战湖汉》，开封：河南大学出版社，2005 年。
⑮ 王曾瑜：《扬威南北》，开封：河南大学出版社，2005 年。
⑯ 王曾瑜：《关山怅望》，开封：河南大学出版社，2005 年。
⑰ 王曾瑜：《忠贯天日》，开封：河南大学出版社，2005 年。

正义与邪恶互争的真实画卷，用艺术的手段歌颂了中华民族的优良传统。

宋代纪实小说系列，内容宏大，语言平实，笔锋婉转，情节生动，跌宕起伏，扣人心弦，表现出了强烈的思想性、艺术性、学术性、文学性和史学借鉴性等特点。

三、“宋代纪实小说系列”的思想性

在“宋代纪实小说系列”中，始终贯穿着王曾瑜先生对这样一些问题的思考：即他为什么要进行宋代纪实小说的研究和创作？这部小说贯穿着怎样的一个宗旨？如何解决历史研究与小说创作的关系问题？如何通过小说的艺术形式宣扬中华民族的优良传统？

首先，在“宋代纪实小说系列”创作的过程中，王曾瑜先生为学术界提出了他自己关心和关注的一些问题：历史纪实小说的创作是否应有先进的指导思想？艺术形象是否应与历史上的真实形象一致？是否在历史小说的创作中尽可能地传播正确的历史知识？这些问题都是纪实小说创作中无法回避但同时又是很棘手的问题，关系到作者的思想和小说主旨的根本问题。王曾瑜先生在他的纪实小说中，对这些问题一一给予了圆满的回答。他认为，纪实小说的创作应以马克思主义为指导，通过文艺作品宣传和赞赏中华民族的优良传统；艺术形象应与历史上的真实形象一致，切忌失真；在纪实小说的创作中尽可能地传播正确的历史知识，避免常识性的错误。[①]王曾瑜先生对这些问题的关注和思考，使他的纪实小说呈现出了强烈的思想性特色。而这些，正是社会上流行的纪实小说所不具备的。

其次，如何解决历史研究与小说创作的关系问题，也是王曾瑜先生近年来密切探索的一个问题。他说，“本书作为一种尝试，则是希望用小说的艺术手段反映和表现现代史学研究成果，换言之，是依托现代史学研究写历史小说”，“唯有依托现代史学研究成果，才能使小说具有时代的特色，而从现代意识的高度去剖析古史”。[②]可见，他是用小说的艺术形式和表现手段，来反映现代史学界对两宋交替之际历史研究的成果。也就是说，他是以小说作为艺术形式，通过对历史史实的深入挖掘，从而揭示出两宋时期中国社会变迁的历史轨迹。

再次，王曾瑜先生站在中国大一统观念的基础之上，通过艺术的形式让国人真实地了解历史，不忘国耻，从而振奋民族之精神，这是他创作这部系列小说的根本宗旨

① 王曾瑜：《关于历史小说创作的己见》，《凝意斋集》，第339—342页。

② 王曾瑜：《靖康奇耻》，第1页。

和主要原因所在。[①]他说："温故而知新，通过艺术手段反省中华民族的过去，解剖古代的专制腐败政治，希望能对开创未来起一点小小的作用。"[②]他通过对大量文献资料的辨析、解读，从宋朝经济、服饰、风俗、语言的变化等入手，以纪实的手法、小说的表现形式，把这段历史真实地再现了出来。他说："本书以说史系列定位，是确切的。"[③]笔者通过对 20 世纪中国历史小说发展的分析和比较，认为王曾瑜先生的纪实小说和古代、近现代演义小说中对历史人物、历史故事的叙述，有着很大的不同，他的小说中渗透着强烈的历史主义和爱国主义思想。

四、"宋代纪实小说系列"的艺术性

为什么一部成功的纪实小说与其艺术形式的合理运用密切相关？为什么王曾瑜先生认为小说的艺术创造性对于历史研究如此重要？"宋代纪实小说系列"中人物形象的塑造来源于何处？

首先，纪实小说的创作离不开一定程度的虚构，虚构是小说艺术性的一种重要表现形式。纵观整部小说，其结构严谨，线络分明，故事完整，人物形象丰满、活灵活现，人物内心活动刻画细致入微，感情丰富，文采斐然。英雄的悲壮豪情，小人的阴险狡诈，统治者的腐败无能，都在这部系列小说中得到了反映。但该小说对历史人物和故事情节的虚构与刻画，采取了相当谨慎的态度。在《关于历史小说创作的己见》一文中，王曾瑜先生提出了一个重要的观点，即认为："小说之类不能没有虚构，但虚构应当合情合理。"[④]2001 年笔者任《人民日报》记者时曾对他做过几次采访，在采访中，他曾指出："写历史纪实小说，必须有一个正确的指导思想，不能为了满足某些人的爱好而歪曲历史，它和其他文学作品有所不同，文学作品允许虚构，一些子虚乌有的东西尽可以写的天花乱坠、满壁生辉，但历史纪实小说不同，它是严谨的，必须依据历史，一是一，二是二，基本上不能虚构。"[⑤]在此艺术创作思想的指导下，该书系对北宋末期南宋初年重要历史人物和历史故事的叙述，突破了传统文学、小说和戏剧等的束缚，以一种全新的真实的艺术形式展现了出来。从这部小说中历史人物活动的舞台上，我们可以感受到两宋之际中国社会历史的重大变迁。人物是历史文化的遗存，每一个历史人物都蕴含着丰富的历史信息。在这里，历史不再被一览无余地铺

① 王曾瑜先生对中国大一统观念的论述，参见王曾瑜：《金朝军制》，第 1 页。

② 王曾瑜：《靖康奇耻・自序》，第 6 页。

③ 王曾瑜：《靖康奇耻・再序》，第 1 页。

④ 王曾瑜：《关于历史小说创作的己见》，《凝意斋集》，第 342 页。

⑤ 刘红：《解读王曾瑜》，《人民日报・海外版》2001 年 12 月 19 日。

陈、夸张、歪曲，而由一件件具体的事件折射其风云变幻和喜怒哀乐。凡此种种，都铭刻下了历史长河中的一个个不可复制的真实瞬间。人物见证着历史，而读者则是通过本书感受历史、触摸历史。本书旨在还原历史，而不是将历史抽象化、程式化、模型化、“木乃伊”化。

其次，对人物形象和内心世界的成功刻画，也是这部纪实小说的艺术性特色之一。王曾瑜先生在用雄奇的笔锋对英雄人物进行讴歌的同时，又对当权奸佞者的专制、愚昧和腐败进行了无情的揭露和鞭挞。从而使该小说在历史人物形象的刻画上，表现出了强烈的是非和爱憎观念。作者笔下的人物，如岳飞、宗泽、李纲等为救国精诚奋斗，而宋徽宗的腐败，宋钦宗的无能，宋高宗荒淫无道的本质，黄潜善、任伯彦、秦桧等人的奸险、官迷，秦桧之惧内，刻画得无不淋漓尽致。作品力图展现的是一种“芳香与秽臭共生，光荣与耻辱并存，正义与邪恶互争，进步和倒退交替”①的社会。而这正如王曾瑜先生分析的那样，源自于当时动荡的社会以及岳飞所承载的责任感和爱国精神，而这种爱国主义的气节则是我们千百年来所苦苦追寻的！

再次，“宋代纪实小说系列”中的人物形象来源于王曾瑜先生对历史事实的考证。在小说人物的塑造上，反映出了作者深厚的史学功底。作者满怀豪气，为弘扬正气力挽颓风，为历史面貌的真实再现，为国人的精神食粮，再现了一个学者严谨求真的治学态度，又坦露出一个史学家的赤诚情怀。小说中涉及的重要人物有宋钦宗赵桓、宋高宗赵构、宗泽、张所、岳飞、李娃、李清照、韩世忠、秦桧等，人物虽然繁多但却线络分明，丝毫没有臃肿繁杂之感，其历史事件选择之精当、丰赡，诠释之准确、详尽，却是他书难望项背的。他说：“一些文艺家往往认为史实束缚自己的创作自由，喜欢撇开史实，另外杜撰一些吸引人的、却又是失真的故事情节。因专业关系，笔者撰写此书，是尽量在搜罗史料，考证史实的基础上，进行适当的文艺加工。这是与他们的作品的最大区别。”②在“自序”中，他认为这些历史人物“绝大部分都是真有其人，他们的艺术形象大体符合真实的历史形象”③。如岳飞是位对后世影响极大、家喻户晓的英雄人物，千百年来，后世为他杜撰的事迹，便愈来愈多，愈来愈离奇。人们熟知的岳飞形象，大抵来自清代钱彩的《说岳全传》，其实已非历史上的真实形象，而成了半神半人。在20世纪20年代，国学大师顾颉刚在《古史辨》第一册自序中提出了一个著名的论点：“古史是层累地造成的，发生的次序和排列的系统恰是一个反背。”④其意是说古代的历史，包括人物事迹，往往不断地经后人的附会和伪托，时

① 王曾瑜：《荒淫无道宋高宗》，第1页。
② 王曾瑜：《靖康奇耻》，第2页。
③ 王曾瑜：《靖康奇耻》，第2页。
④ 顾颉刚编著：《古史辨》第一册自序，上海：上海古籍出版社，1982年，第1页。

间越往后，则虚构的成分越大。传世的岳飞故事也出现了同样情况。且不论《说岳全传》，戏曲中关于岳飞等的事迹已大致背离史实，而后人伪造的事迹、遗墨之类，也比比皆是。作为一本演义小说，这本是无可厚非的。但民间传统文学中把他塑造得半神半人，一些情节、人物完全脱离历史，超出历史。这使人难以从正面了解他，长期以来，人们心中的英雄只是虚化的、夸张的“图腾”，离现实很遥远，高不可触。而在“宋代纪实小说系列”中，王曾瑜先生正是通过对真实历史的解剖，还原了岳飞等历史人物的真实形象。

五、“宋代纪实小说系列”的学术性

历史纪实小说与学术研究之间有着怎样的关系？在“宋代纪实小说系列”中，始终贯穿着王曾瑜先生对这样一些问题的思考：作为一部历史纪实小说，其原则是忠于历史史实、忠于古代的生活真实，还是虚构历史？而要忠于当时的历史史实，其基础又是什么？如何才能实现忠于古代的生活真实呢？

首先，该小说尽管以人物为主线，却并没有以人物切割历史，使历史成为一堆前言不搭后语的断片，它有着王曾瑜先生自己的学术研究体系。这部小说融贯了王曾瑜先生40余年来对辽宋夏金史的研究，同时也吸收了学术界其他同仁的最新研究成果。因而使这部小说表现出了极强的学术性和前瞻性。从这部小说中，我们可以管窥中国历史在宋朝时期发展的脉络，领略宋代社会经济与政治形态、阶级结构及思想文化等方面的关系。而他多年来对岳飞和宋高宗、辽宋金军制、宋金户口分类制度和阶级结构、北宋晚期到南宋前期的政治和军事、王安石变法、宋代社会生活史等领域的研究，不仅为“宋代纪实小说系列”提供了广阔的历史舞台，而且也为这部纪实小说提供了真实可信的凭证。正如他自己所指出的，“笔者因专业的关系，还是倾向于以史压文”，“我所写历史小说的特点，似可说是史胜于文，这大约是人们不喜欢或喜欢的焦点”。[①]在笔者看来，王曾瑜先生“以史压文”或“史胜于文”的特点，正是这部纪实小说最大的学术基础。

其次，小说的创作离不开社会的发展，而王曾瑜先生多年来对辽宋夏金社会生活史的研究，为宋代纪实小说提供了真实的社会历史舞台。[②]中国古史悠久，各朝制度、语言、称谓、服饰、饮食、居室、家具、婚丧习俗、礼节之类差别极大，一些关于战争的描写、兵器的运用、将士的出场、排兵布阵的运筹，还有一些历史细节

① 王曾瑜：《靖康奇耻》，第6页。

② 朱瑞熙、张邦炜、刘复生，等：《辽宋西夏金社会生活史》，北京：中国社会科学出版社，2005年，第1—451页。

都不是随意虚构的，而是来源于历史的真实。诸如张叔夜的自杀，有的说在当时的雄州白沟自杀，有的说在黄河边自杀，经过大量的考证后，作者确定了后者的正确说法。还有金初的燕京城的西城西门，其实是宫城和外城共为一门；拘押宋徽宗的仙寿寺不在城外而在城里等等，都是作者经过大量考证后，真实再现的那一时期的历史原貌。通过这些历史事件真实的再现，我们可以看出一位史学家热血深处铁肩道义、悲悯情怀的挥洒自如，可以看出他灵魂深处追索真理、恸问人性、渴求理想的独特心路。

再次，文中涉及的天文地理、军事制度、兵器、服饰、风俗文化等知识，都是王曾瑜先生多年来研究的领域。这些知识在这部小说中游刃有余地被加以广泛运用，无不显示出他深厚的史学功底和广博的知识层面。他以一位历史学家的独特眼光展开文路，纵横开阖、四射八荒，充分展示了史学家直面历史的严谨胸怀和渴望中华民族振兴的赤子情怀。

最后，对文献资料的大量考证、辨析也是这部小说成功的关键之处。从这些史料中，王曾瑜先生不仅成功地塑造了历史人物形象，而且也纠正了学术界对某些历史人物和历史事件研究的不妥之处，并从中挖掘出不少极有价值的资料。翻阅全书，让人很难想象，作者居然能够那么细心地搜集了这么多历史资料，而且能够信手拈来，运用得恰到好处。正如他自己所说的：“在本书的写作过程中，用于查找和分析史料的时间，参考现代史学论著的时间，就多于用电脑打字的时间。”①在我看来，若没有对人类命运的深刻洞察与对社会的责任感，那些枯燥乏味的资料是无论如何也不可能变成作者笔下厚重与华美的佳作的，作者细觅蛛丝，遍踏沟壑，青灯黄卷，翻史钩沉，硬是用铁笔把尘埋已久的历史深挖了出来。这些研究都是很有学术见地的。

六、“宋代纪实小说系列”的文学性

历史文学与历史纪实小说之间有着怎样的关系？王曾瑜先生在宋代纪实小说中是如何处理二者关系的？在我看来，所谓历史文学，主要包含以下两种含义：一种是指以历史为题材的文学作品，它允许一般文学作品所使用的虚构等创作手法，归属于文学作品；另一种是指历史著作所具有的文学性，它以历史史实作为自己的对象，不容许虚构，但要求叙述和描写时做到形象鲜明、语言生动、文采斐然。王曾瑜先生的“宋代纪实小说系列”就属于后一种。

---

① 王曾瑜：《靖康奇耻》，第2页。

首先，通读整部小说，不仅能使我们了解历史，认识邪恶，同时，亦能使我们对真、善、美，对社会稳定、安居乐业由衷珍惜。那汩汩流来的历史往事，娓娓道来的讲述，展示了作者作为一名优秀史学家治学论证的学者功力。他说："文史古称不分家，时至今日，又是非分家不可。当然历史和小说最好自然是两者实现和谐的、完美的结合。"[①]在《关于历史小说创作的己见》一文中，他又进一步阐发道："历史小说当然不能只考虑史学功夫，也需要考虑文学性。"[②]"宋代纪实小说系列"正是集诸家所长，在充分尊重历史的基础上，以文学性取胜，让历史的真实转换为艺术真实。其以两宋交替之际的历史人物和历史事件作为自己的对象，在叙述和撰写时达到了形象鲜明、语言生动、文采斐然的境界。把两宋时期千姿百态、犬牙交错的历史有条理地组织起来并从容不迫、井然有序地行诸文字，从而获得了新颖的、生动的和丰富多彩的事实材料，把 100 多年的历史再现为一幅活生生的画面，洋溢着巨大的艺术力量。他的七部小说始终贯穿着这样一条主线，那就是岳飞的爱国主义精神和古代专制制度腐败政治的矛盾。纪实小说在文学表达形式上的创新，大大有利于它本身的普及和流传。

其次，王曾瑜先生的纪实小说系列既结构严谨，且起承转合均严丝合缝、滴水不漏，又达到了纵横有致、气象万千的佳境。书中穿插的诗词歌赋，优美典雅，含宏万汇。且意趣交融、气韵流畅、句句如珠、笔笔含情，叙述与议论引经据典，查有渊源，绝无妄言与虚玄之语，读来令人感到自出机杼、美不胜收。其文笔洒脱、隽永，出入文史自如而洒脱，更让我振聋发聩且欣喜不已的是他所填写的七律诗词——《题汤阴县岳飞纪念馆》，其深厚的文学根基可见一斑："汤阴战骨殉神州，古国升沉八百秋。遥想背嵬腾血马，犹听父老哭牵牛。山河兴废多雄鬼，冠盖炎凉少义丘。激烈壮怀终不泯，大江后浪逐前流。"[③]

再次，从文体上来看，纪实小说系列写作显然和一般的小说创作相比"别有洞天"，它既要有历史的真实性还要有文学的写作技巧，而这一切，如果没有"胸中自有百万雄兵"的"沙场秋点兵"式的居高临下的挥洒自由，没有"青灯黄卷夜读书"的"点滴体会汇成河"式的从容不迫，没有严谨的治学态度和普及推广历史知识的强烈愿望，就不会将历史故事升华为精神上的探寻与对人性的叩问。

---

① 王曾瑜：《靖康奇耻》，第 6 页。

② 王曾瑜：《凝意斋集》，第 339 页。

③ 王曾瑜：《七律 题汤阴县岳飞纪念馆》，殷时学、陶涛主编：《岳飞庙志》，郑州：河南人民出版社，2007 年，第 249 页。

七、“宋代纪实小说系列”的价值和启示

纪实小说的史学性如何？其借鉴功能体现在哪些方面？王曾瑜先生在其小说中是如何发挥运用纪实小说的借鉴性的？

首先，他通过对历史纪实小说的研究和创作，正视、了解和反省中华民族的过去，解剖古代封建专制主义的腐败，从而实现小说创作中“以史为鉴”的价值。他说：“任何一个真正的爱国者，应当绝对正视本民族的一切缺陷和错误。惟有正视自己所有的重要的历史教训，克服和改正自己所有重要的缺陷和错误，中华民族才能成为真正伟大的、不可侮的现代民族。”①王曾瑜先生的眼光是深邃的、独特的。他总是以一种敏锐的思想眼光打量历史和现实，并想方设法敲开它们那些坚硬的外壳。因此，在他的文章中，总会对各种尖锐的、不可抗拒的甚至是令人匪夷所思的社会存在的真相，以及那些我们早已习以为常的社会陋习和弊端进行无情的抨击。当然，学者的人格和精神也都交融在墨痕之中了。从他的作品中、人品中我们可以感知他对那些承受着灾难和创造着民族辉煌的人有着最虔诚的崇拜，他指出：“批判我们民族的坏传统，以反省过去；反省过去，可能对开创未来起一点作用。”②对于生活，他似乎有一种本能的敏感，一种一触即发的激情，这是作为一个历史学家最为可贵的基础，也是一个历史学家永不枯竭的智慧之源。他说：“我是史人，就要敢于直言，讲真话，为了祖国和人民的利益，尽一点匹夫之责。”③

其次，一部优秀的文学作品是通过人们心灵的折射映照出社会的影子，揭示一个社会的深层精神问题，从而唤起民众意识，让精神的内涵高扬于生命的地带。这部历史纪实小说，我想，会给我们带来一些启示：在当前历史小说热潮泛滥，作家们在历史题材运用上一波比一波更强盛之际，我们希望这种“强盛”，能像王曾瑜先生这样严谨认真。王曾瑜先生曾指出：“历史小说创作的难度显然要大于写历史专著。”④当《靖康奇耻》《河洛悲歌》出版后，他就急于找一些不同文化层次或不同专业的读者，听他们的反映，征求意见。然后从读者反馈的信息中，完善充实后五部小说的创作。笔者有幸成为这些反馈信息的读者之一，目睹和感受了王曾瑜先生对学术研究和小说创作的执着精神。

当然，作为历史学家的王曾瑜先生做学问、搞研究是行家，写起历史纪实小说来

---

① 王曾瑜：《靖康奇耻》，第6页。

② 王曾瑜：《荒淫无道宋高宗》，石家庄：河北人民出版社，1999年，第2页。

③ 刘红：《一幅恢宏的历史画卷与艺术的完美结合——读王曾瑜先生的历史纪实小说有感》，《中国贸易报》2004年10月7日。

④ 王曾瑜：《关于历史小说创作的己见》，《凝意斋集》，第339页。

肯定有一定的局限性，其中也会存在这样或那样的遗憾，但就其书系出版后给史学界带来的影响而言，我想，其局限性是微乎其微的。

这部历史纪实小说之所以取得如此成功，我认为在于它尊重了历史的真实，又积极传播了健康向上的历史知识，达到了将历史研究与历史小说创作相结合的目的。

〔本文原刊于姜锡东、李华瑞主编的《宋史研究论丛》第8辑，保定：河北大学出版社，2007年〕

对南宋《龙泉志》及其作者的重新解读

——兼论南宋《青田志》《缙云志》的编纂

王菱菱*

一、重新解读之缘起

笔者曾在《中国经济史研究》2001年第4期上发表《明代陆容〈菽园杂记〉所引〈龙泉县志〉的作者及时代——兼论宋代铜矿的开采冶炼技术》（以下简称"《〈龙泉县志〉的作者及时代》"）一文。这篇文章主要探讨了以下两部分内容：第一，推断明代陆容撰写的《菽园杂记》中引用的《龙泉县志》的作者是南宋人陈百朋；第二，通过分析《龙泉县志》采铜条中"饶州""处州""永平监""梓亭砦"的记载，推断其采铜冶炼内容是南宋处州地区矿业生产的真实写照，反映了宋代矿业生产的技术水平。在第一部分内容中，笔者提出"宋人陈百朋著有包括《龙泉志》在内的《括苍续志》《嘉志》《绍定青田志》《嘉泰括苍志略》《咸淳缙云志》等多部南宋处州地区的州县志"，"从《嘉泰括苍志略》及《咸淳缙云志》等以编撰时的年号作为书名来看，陈百朋是一个高寿之人，他的著书生涯至少从宋宁宗时期至宋度宗时期，长达约七十年左右。明陆容所引的《龙泉县志》应即指陈百朋的《龙泉志》"[①]等观点，上述观点后来被收入笔者《宋代矿冶业研究》第二章之中。[②]

本文之所以对南宋陈百朋与《龙泉县志》的关系进行重新解读，是由于我对陈百朋撰写处州地区多部地方志的推论出现了重大的错误。当时，我搜集的陈百朋和龙泉县地方志的史料均有遗漏，特别是没有看到明代编纂的成化《处州府志》这一关键性的文献，而在解读《嘉靖浙江通志》卷 54《艺文志·图志类》中文字"陈百朋（《嘉靖浙江通志》中"朋"误写为"明"）括苍续志嘉志龙泉志绍定青田志嘉泰括苍志略咸淳缙云志"时，犯了一连串的错误，没有意识到"嘉志龙泉志"乃"嘉定龙泉志"

---

* 王菱菱，河北大学宋史研究中心教授。

① 王菱菱：《明代陆容〈菽园杂记〉所引〈龙泉县志〉的作者及时代——兼论宋代铜矿的开采冶炼技术》，《中国经济史研究》2001年第4期，第97—98页。

② 王菱菱：《宋代矿冶业研究》，保定：河北大学出版社，2005年，第78—79页。

之误[①]，而以为是《嘉志》《龙泉志》两部志书，又因没有查找到《绍定青田志》《嘉泰括苍志略》《咸淳缙云志》的作者，遂将各志都视为陈百朋所作，并进而依据书名上的年号推测陈百朋是个高寿之人。

关于宋代何人撰写过《龙泉志》，清代乾隆二十七年（1762 年）知县苏遇龙主修的《龙泉县志》例言中提到："宋志，嘉定二年县人何澹著。"[②]何澹，字自然，南宋处州龙泉县人，宋孝宗乾道二年登进士第，宋宁宗时期官至参知政事、知枢密院，嘉定十二年（1219 年）去世。其子后来将其遗作汇编成《小山杂著》一部。1962 年，张国淦先生的《中国古方志考》就是依据清乾隆《龙泉县志》例言将何澹列为《嘉定龙泉志》的编纂者。[③]1994 年浙江省龙泉县志编纂委员会编纂出版的《龙泉县志》也将何澹列为嘉定《龙泉志》的编纂者。[④]

2013 年，北京大学邓小南教授发表《何澹与南宋龙泉何氏家族》[⑤]一文，在谈到何澹与《龙泉县志》关系时引用了已故台湾学者宋晞先生的《明成化处州府志纂修考——兼论处州府志暨处属各县县志之纂修与流传》（以下简称《明成化处州府志纂修考》）一文。宋晞先生在他的文章中依据成化《处州府志》的记载，明确指出南宋主持修撰《龙泉志》的人是"知县林应辰与县丞潘桧"[⑥]，何澹则为《龙泉志》书写了序言。

依据这一线索，我在国家图书馆查到了收入宋晞先生《方志学研究论丛》中的这篇文章。

宋晞先生（1920—2007 年）是浙江丽水人，长期从事宋史、史学史、方志学研究。他在《明成化处州府志纂修考》中提到："《处州府志》存世者，据所知以明惠宗成化二十年（1484 年）郭忠、刘宣所纂修的为最早，凡十八卷。国内收藏此志的只有三处，即北平图书馆、上海图书馆与宁波天一阁，但皆残缺不全。天一阁存卷 1—2、卷 5—6、卷 9—12、卷 16—18。上海图书馆存卷 3 与卷 4。北平图书馆所藏卷 3、4、7—10、13—18，共计 12 卷，分装五册。"[⑦]1967 年，宋晞先生通过检阅日本学者山根幸夫所编的《日本现存明代地方志目录》，发现日本保存有完整版本的成化《处州府志》，遂

① 张国淦先生在遗著《中国古方志考》中早已指出："《嘉靖浙江通志》54：嘉志龙泉志 案此嘉志当嘉定之误。"宋晞先生也持这一观点。张国淦编著：《中国古方志考》，北京：中华书局，1962 年，第 411 页。

② （清）苏遇龙修，沈光厚纂：乾隆《龙泉县志》卷首《例言》，中国方志丛书，台北：成文出版社，1983 年。

③ 张国淦编著：《中国古方志考》，第 411 页。

④ 林世荣主编，浙江省龙泉县志编纂委员会编纂：《龙泉县志》，上海：汉语大辞典出版社，1994 年。

⑤ 邓小南：《何澹与南宋龙泉何氏家族》，《北京大学学报》（哲学社会科学版）2013 年第 2 期，第 113—130 页。

⑥ 宋晞：《明成化处州府志纂修考——兼论处州府志暨处属各县县志之纂修与流传》，《方志学研究论丛》，台北：商务印书馆，1990 年，第 33—67 页。

⑦ 宋晞：《明成化处州府志纂修考——兼论处州府志暨处属各县县志之纂修与流传》，《方志学研究论丛》，第 34 页。

借赴美出席第二十七届国际东方学者会议之机，途经东京，请朋友帮助，申请摄成胶卷，携回研究，撰成《明成化处州府志纂修考》一文。该文后经修正，收入宋晞先生于1990年出版的《方志学研究论丛》中。

笔者由于当时搜集资料疏漏，没能看到宋晞先生和张国淦先生的研究成果，故得出错误观点。拜读宋晞先生文章后，笔者从浙江省庆元县香菇研究会甘长飞先生处获得成化《处州府志》卷首和卷一部分内容的影印件[①]，并查阅了国家图书馆保存的残本成化《处州府志》，遂得以在前辈学者研究的基础上撰成此文，纠正了《〈龙泉县志〉的作者及时代》一文中的谬误，对南宋《龙泉志》《青田志》《缙云志》等地方志的编纂情况做进一步的分析，并对陈百朋的生平、《龙泉县志》书名所反映的编写朝代再作探讨。

二、南宋时期《龙泉志》《青田志》《缙云志》的编纂情况

成化《处州府志》的卷首部分除有成化二十年的修志序言外，还包括有《处州府志目录》《处州府志卷目》《处州府志凡例》《处州府修志事由》《处州府志引用书目》等诸多内容。其中，最为珍贵的是《处州府修志事由》，记载了宋元时期修撰处州《括苍志》《括苍续志》《处州路志》及下属《龙泉志》《青田志》《缙云志》《松阳志略》等各县方志的作者姓名和作序者序言。这些内容，仅存于成化《处州府志》中，现存的其他明清方志书中均未刊载，这些志书资料为探究宋元时期处州地区修志活动提供了极其珍贵的史料依据。

下面，笔者依据《处州府修志事由》分别介绍和探讨南宋编修《龙泉志》《青田志》《缙云志》的情况：

（一）《龙泉志》

《处州府修志事由》曰：

> 嘉定二年修龙泉志，时知县林应辰编，参政何澹序云：
>
> 郡国有志，始于成周，大司徒职方氏皆掌焉。其严且详如是。今天下郡邑皆有之，往往详于郡而略于邑，邑有人民社稷，与其山川所宜，风俗所尚，人物所

---

① 甘长飞先生曾与笔者就《龙泉县志》的编纂年代通过邮件进行讨论，并赠笔者成化《处州府志》卷首和卷1部分内容的影印件。在此特致谢忱！

出，顾略焉可乎？略其小者可也，略其壮者可乎？邑之隶括苍者七，而龙泉为壮，旧志疏略，十遗七八，漫不可考。邑宰林君应辰与邑丞潘君桧病焉，约以公余，力加会稡。潘君旁搜博取，逾年将就，秩满不得竟，以授林君，芟烦撮要，订讹补漏，且择邑之士，尽其力之所至，厘为六卷。书始告备，会林君亦迫替，属余为序，使来者有考。余谓二君子既相与善治其邑，又能排倥偬以成其邑之志以遗后人，且使其邑之增重，岂刀笔吏之所能办![1]

《处州府修志事由》保留的何澹序文，似乎并不完整，但何澹已将嘉定二年（1209年）修志的起因和过程交代得十分清楚。据何澹言，龙泉县曾编修过县志，但内容疏略。至南宋宁宗嘉泰年间时，旧志已十遗七八，漫不可考。于是，知县林应辰、县丞潘桧决定纂修县志，潘桧在繁忙公务之余，旁搜博取，倾心修志，一年后《龙泉志》即将编成时，潘桧离任，由知县林应辰接续主持编修，挑选编修人员，芟烦撮要、订讹补漏，终于在卸任前编成《龙泉志》六卷。此时，曾在朝廷担任过参知政事的何澹正因丁母忧奉祠家居[2]，遂受林应辰委托为《龙泉志》撰写了序文。据此，我们可以确定，嘉定二年成书的《龙泉志》是由县丞潘桧、知县林应辰先后主持修撰，并请何澹作序完成的。

那么，为什么乾隆二十七年（1762年）所修《龙泉县志》卷首例言会出现“宋志，嘉定二年县人何澹著”的讹误呢？据例言记述：宋代修嘉定龙泉志后，明代有嘉靖乙酉（嘉靖四年，1525年）邑人叶溥、李溥所修县志[3]和万历戊戌（万历二十六年，1598年）县令夏舜臣所修县志，清代有顺治乙未（顺治十二年，1655年）邑人徐可先所修县志，而至乾隆二十七年，宋嘉定志和明嘉靖志“均已阙佚，所据仅夏、徐二志，复以他书参校之”，才修成《龙泉县志》，当时，“邑鲜藏书家，殊恨考订未详”[4]。从例言所述可以确定，清代乾隆二十七年修志时，南宋嘉定志和明代嘉靖志早已失传，记载《嘉定龙泉志》何澹序言的成化《处州府志》在当地亦无存本，因可资参校的书籍相关内容缺失，乾隆志主要依据明代夏舜臣和清代徐可先二志的内容编修而成，许多内容无法详细地考订，甚至以讹传讹，以致出现了将作序者何澹视为嘉定志作者的错误。其后，清光绪四年（1878年）顾国诏编修的《龙泉县志》中也有“宋邑人何澹

① （明）郭忠、刘宣纂修：成化《处州府志》卷首《处州府修志事由》，明惠宗成化二十年刻本影印本。

② 邓小南：《何澹与南宋龙泉何氏家族》，《北京大学学报》（哲学社会科学版）2013年第2期，第126页。

③ 清朝人齐召南在乾隆《龙泉县志》卷首的《重修龙泉县志序》中提到：“更宋、元，图经不传，其志创自明正德时邑人叶方伯溥……”，所言叶溥修志时间为正德年间（1506—1521年），早于“例言”所言嘉靖乙酉。

④ （清）苏遇龙修，沈光厚纂：乾隆《龙泉县志》，卷首《例言》。

《龙泉县志》：近境有剑池湖，湖世传欧冶子于此铸剑，其一号'龙渊'，以此名乡"[①]的记载。这段记载将南宋的《龙泉志》又写作《龙泉县志》，可见也是辗转传抄而来，不足为据。

（二）《青田志》

《处州府修志事由》曰：

> 绍定五年修《青田志》，时邑人程頔编，运使郑如冈序云：
>
> 文物冠于旁壤，曾无以纪其盛，阙典甚矣！天台王君濩治邑三年，政以简成，暇日以文会友，相与会稡考核，编秩粲然。余方官居，不克窜名其间，君以书来，求一言为之序，余复之曰：是举也，夫岂务为美观，殆有深意存焉！凡官府之废置，山川草木之品汇，皆有一定而不可易。至于户口而课登耗，人物而纪盛衰，典邑佐政，因列姓字而较其臧否，将于是有考焉。此闰岁之所以必上图志也。谓此书成于王君，则可；谓此书止于王君，则不可！敢持是以诏方来。[②]

《处州府修志事由》提到，绍定五年（1232年）《青田志》，是邑人程頔所编，运使郑如冈作序。郑如冈的序言进一步提到《青田志》是知县王濩在"治邑三年"间主持编修的。那么郑如冈是何人？作序时又任职于何路转运司呢？

郑如冈，处州青田人，郑汝谐之子，何澹的"表弟兼妹婿"[③]。据明代徐象梅编纂的《两浙名贤录》记载："郑如冈，字山甫，青田人。以父汝谐荫，历官新淦、金华令，守衢、婺二州，江东提刑，福建转运使。一以简静为治，入为吏部侍郎……"[④]郑如冈在南宋宁宗庆元年间（1195—1200年）至嘉泰年间（1201—1204年）曾任新淦县县令，增修县学，建金川驿。[⑤]嘉定十四年（1221年）时，为"朝奉郎、江淮等路都大提点坑冶铸钱公事"[⑥]，据明代《福建通志》记载，宋理宗绍定年间（1228—1233年）

---

① （清）顾国诏：光绪《龙泉县志》卷1《舆地志》，国家图书馆藏清光绪四年刻本，台北：成文出版有限公司，1975年，第88页。

② （明）郭忠、刘宣纂修：成化《处州府志》，卷首《处州府修志事由》。

③ 邓小南：《何澹与南宋龙泉何氏家族》，《北京大学学报》（哲学社会科学版）2013年第2期，第129页。

④ （明）徐象梅：《两浙名贤录》卷27《吏治·宋二》，北京图书馆古籍珍本丛刊，北京：书目文献出版社，1987年，第17册，第792页。

⑤ （清）郝玉麟等监修：《江西通志》卷17《学校志一》、卷35《驿盐志》，影印文渊阁四库全书本，第513册，第564页；第514册，第212页。

⑥ （宋）何处仁：《何澹圹志》，转引自邓小南：《何澹与南宋龙泉何氏家族》，《北京大学学报》（哲学社会科学版）2013年第2期，第129页。

郑如冈曾担任过福建路转运司判官兼知建宁府、福建路提刑官、提举常平茶盐公事等职[①]；而明代何乔远撰写的《闽书》中则记载郑如冈在绍定中任福建路转运使[②]。

目前，最重要的证据是郑如冈本人留下的亲笔记录。郑如冈在《青田志》撰成的绍定五年（1232 年），将其父郑汝谐撰写的《易翼传》刻印发行并作跋，跋中透露了他的职任情况：

> 岁在壬辰，如冈持节闽峤，以藁本求是正于西山真公贰卿，且论叙于篇首。公雄文大册，焜耀斯世，不靳渊源之论，为之发挥，所得不既多乎。已而谓如冈曰：先君子没已久矣，精力已毕见于此书矣，讵可不使流布以示学者？如冈拜手而谢曰：谨受教！是岁仲夏刻于漕司之澄清堂。[③]

郑如冈所言“壬辰”岁即绍定五年，此时郑如冈正“持节闽峤”任福建路转运使，他将其父《易翼传》的写本呈真德秀审阅，在真德秀“使流布以示学者”的督促下，当年仲夏于福建转运司澄清堂刻印了其父的《易翼传》。

因此，我们可以确定，《青田志》是绍定五年由青田县知县王濩主修、邑人程頔执笔编纂而成。应王濩书信请求，时任福建路转运使的青田人郑如冈为《青田志》作序。

（三）《缙云志》

《处州府修志事由》曰：

> 咸淳七年修《缙云志》，时知县陈绍若委邑士孙择之编。邑屡经兵火，志既不传，序亦莫详何人作。

关于作者孙择之，清代乾隆三十二年（1767 年）令狐亦岱编修的《缙云县志》进士条在宋理宗淳祐七年（1247 年）张渊微榜下有“孙友益，字泽之，乐清教授，咸淳中修县志”[④]的记载。康熙《缙云县志》在卷 2《选举 · 进士》中有“孙友益、樊万、吕应梦”等人，并在吕应梦下标注“淳祐丁未”。另外，明代《栝苍汇纪》选举表中

---

① （清）谢旻等监修：《福建通志》卷 21《职官志二 · 总部》，影印文渊阁四库全书本，第 528 册，第 93 页。

② （明）何乔远：《闽书》卷 43《文莅志 · 宋 · 转运使》，四库全书存目丛书，济南：齐鲁书社，1996 年，史部，第 205 册，第 54 页。

③ （清）朱彝尊编：《经义考》卷 34《易三十三》，影印文渊阁四库全书本，第 677 册，第 372 页。

④ （清）令狐亦岱：乾隆《缙云县志》卷 5《选举 · 进士》，中国方志丛书，台北：成文出版社，1983 年。

在孙友益名字下面标注“特奏名”。道光《缙云县志》在《艺文录》中“无名氏《咸淳缙云志》”下有一段按语：“令狐《志》选举有孙友益，字泽之，乐清教谕，咸淳中尝修县志。《汇纪》特奏名内有孙友益，所修当即是书。”[①]

以上各种记载有几点不同：第一，《处州府志》记孙友益为“择之”，《缙云县志》为“泽之”。“择”与“泽”字形相近，目前没有更多的证据证明哪个正确，哪个错误。第二，清代乾隆与康熙年间编修的两部《缙云县志》均记载孙友益在南宋淳祐七年（1247 年）中进士，而明代《栝苍汇纪》则在孙友益名字下面特别标注“特奏名”。关于这一不同记载，目前也还无法判断真伪。第三，令狐亦岱编修的《缙云县志》提到，孙友益曾任“乐清教授”，而道光《缙云县志》则错写成“乐清教谕”。

综合上述记载可知，孙友益，字择（或“泽”）之，缙云县人。宋理宗淳祐七年中进士第（或特奏名进士），之后曾任乐清县学教授。宋度宗咸淳七年（1271 年），孙友益受缙云县令陈绍若委托，撰成《缙云志》。明代成化年间修处州府志时，《缙云志》已无传本。

明代成化《处州府志》中记录下来的上述三县县志，就是明代《嘉靖浙江通志》中附于陈百朋《括苍续志》之后未标注作者姓名的《嘉定龙泉志》《绍定青田志》《咸淳缙云志》三部地方志，这些地方志均为南宋中后期由当地官员主持并组织人员编修而成，亦请本地籍贯的官员为之作序。于此可见南宋中后期处州地区官方修志活动的兴盛景象。

三、陈百朋其人

陈百朋是南宋时期处州人。《宋史》《直斋书录解题》《文献通考》等书均记有陈百朋编写了处州方志《括苍续志》一书，然而成书时间无记载，书名有“志续”“续志”之不同，卷数也有一卷与十卷两种不同记载。[②]明代何镗在《栝苍汇纪》序中追述历代编纂地方志时指出：“余郡栝苍，自汉始元肇域回浦以来几二千年所矣。宋以前故无辑志，往事盖莫详焉。绍兴间始为《处州图经》；嘉泰初，郡人陈百朋始为《括

① （清）汤成烈：《缙云县志》卷 14《艺文录》。文中提到：明代的《栝苍汇纪》把孙友益放入特奏名中，国家图书馆藏清道光二十九年刻本。

② 《宋史》卷 204《艺文志》作“陈（柏）[百]朋，《括苍续志》一卷”，北京：中华书局，1977 年，第 5160 页；（元）马端临：《文献通考》卷 204《经籍考》亦为“《括苍续志》一卷，陈氏曰郡人陈百朋撰”，北京：中华书局，1986 年，下册，第 1700 页；收入影印文渊阁四库全书的（宋）陈振孙《直斋书录解题》卷 8 称此书为“《括苍志续》一卷，郡人陈百朋撰”，第 674 册，第 682 页；而收入丛书集成初编的《直斋书录解题》卷 8《地理类》则曰：“《括苍志续》十卷，郡人陈百朋撰”，北京：中华书局，1985 年，第 45 册，第 241 页。宋晞先生认为《括苍志续》应为十卷，而不是一卷。见宋晞：《明成化处州府志纂修考——兼论处处州府志暨处属各县县志之纂修与流传》，第 36 页。

苍志》；至胜国皇庆凡再修辑；皆湮没无可考见……。”[①]何镗将陈百朋的《括苍续志》书名错写成《栝苍志》，但明确提到成书时间是南宋“嘉泰初”。

以上诸书中关于陈百朋撰写《括苍续志》的信息十分简略，而《处州府修志事由》中则保留了陈百朋为《括苍续志》所写的序言，提供了南宋时期处州修志的更多信息：

嘉泰二年修《栝苍续志》。时守胡公澄委主簿陈百朋编。百朋序云：栝苍有志，绍兴丁丑，郡太守谢公少卿所编也。乾道庚寅，楼公工部始命郡博士重加参订，锓板公库。垂三十余年，中间贤守兴发补弊，惠利此邦，不为无人，然旧志所载，其于一代名流，千载胜槩，尚多缺遗。倘续志弗修，亦后来考古者之愧。百朋念此久矣，因裒摭前后所闻见者，辑而广之，以备观览。惧未详尽，姑俟他日博识云。[②]

此外，《处州府修志事由》中还收入了宋孝宗乾道六年（1170 年）处州知州楼璩委教授曾贲编《括苍志》所做的序言，楼璩序云：“余守括苍，得旧图经甚详，惜其猬酿讹舛，不足以传久，乃属郡博士与乡之老成，更加是正，而为之志，刊为七卷，庶来者有考焉。”

对陈百朋和楼璩的序言再加考索，我们可以获得以下几点认知：

第一，陈百朋序中提到：“栝苍有志，绍兴丁丑，郡太守谢公少卿所编也”。南宋处州志书最早编成于宋高宗绍兴“丁丑年”，即绍兴二十七年（1157 年），作者是知州“谢公少卿”，即谢伋，“字景思，参知政事克家之子，官至太常少卿、知处州”[③]。他于绍兴二十五年（1155 年）十二月知处州，绍兴二十七年十一月由处州离任提举两浙西路常平茶盐公事[④]，两年间在处州任内编成此书。南宋尤袤的《遂初堂书目》中有《新修绍兴图经》[⑤]一书，很可能就是谢伋主持编写的处州志书。

第二，乾道六年（1170 年）楼璩知处州时，看到绍兴年间编写的图经虽然内容详细，但“猬酿讹舛，不足以传久”，乃令曾贲等人重新订正，编成《括苍志》七卷。

第三，曾贲编修的《括苍志》，虽纠正了谢伋编修的图经的错谬，但所录内容“其于一代名流，千载胜槩，尚多缺遗”，于是，距乾道六年 30 多年后，在处州知州胡澄

---

① （明）熊子臣、何镗：《栝苍汇纪》何镗序言，四库全书存目丛书，济南：齐鲁书社，1996 年，第 193 册，第 443 页。

② （明）郭忠、刘宣纂修：成化《处州府志》卷首《处州府修志事由》。

③ （宋）陈耆卿：《嘉定赤城志》卷 34《人物门三》，宋元地方志丛书，第 7 册，第 7550 页。

④ （宋）李心传：《建炎以来系年要录》卷 170，绍兴二十五年十二月乙酉、卷 178，绍兴二十七年十一月己巳，影印文渊阁四库全书本，第 327 册，第 389、510 页。

⑤ （宋）尤袤：《遂初堂书目・地理类》，影印文渊阁四库全书本，第 674 册，第 458 页。

的授意下，由早有续志之心的主簿陈百朋主笔，“裒摭前后所闻见者，辑而广之”，于嘉泰二年（1202年）撰成《括苍续志》。从“辑而广之”情况看，《括苍续志》很可能是如收入丛书集成初编的《直斋书录解题》所言，编写了十卷，而非区区一卷。

从宋高宗绍兴二十七年（1157年）经孝宗乾道六年（1170年）再到宁宗嘉泰二年（1202年），仅仅45年间就先后编写了3部处州志，这种不断辑录、修订、缀补的修志成果也充分体现了南宋处州官方修志活动的兴盛。

陈百朋除了撰写《括苍续志》外，据《宋史》记载，他还继詹渊《括苍集》之后撰写了《续括苍集》五卷。①

关于陈百朋的科举及仕宦经历，笔者曾在《〈龙泉县志〉的作者及时代》中根据明代《栝苍汇纪》卷6《选举表》内宋理宗淳祐辛丑年（淳祐元年，1241年）陈百朋获特奏名进士的记载指出：“他曾屡试不第，终于在数十年后获得特奏名进士。”清代光绪三年（1877年）修纂的《处州府志》选举条中亦有“出自州学”的陈百朋等人获得“奏名”的记载②。然而这些记载却与《处州府修志事由》所言相违，如果陈百朋是在宋理宗淳祐元年（1241年）获特奏名进士，那么，又如何解释陈百朋在宋宁宗嘉泰二年（1202年）修《括苍续志》前就已进入官场，做到主簿了呢？关于这一点，南宋吴子良为林师蒧撰写的《四朝布衣竹邨林君墓表》中的一段内容提供了可资辨别的证据，现将原文引录如下：

> 君（林师蒧）生事薄，菜田不足支丰岁，然酷嗜书，质衣货家具，购书至几千卷，名帖亦数千卷。每一卷入手喜津津，校雠考订忘日夜，可谓贫而富于书。君卧穷巷，声援绝然，师友皆名辈胜流。王公卿月、虞公似良、李公庚、徐公似道、钱公象祖、谢公深甫、张公布、商公飞卿、丁公可、徐公大受、林公宪、桑公世昌，君陪从于乡邦者也；陈公傅良、楼公钥、张公孝伯、万公锺、龚公颐正、王公厚之、巩公丰、真公德秀、杨公长孺，君承接于他邦者也，可谓约而广于交。君屡试屡跌以老，然不自忧而忧人，忧龙舒吴栗、长乐王作、古栝陈百朋、会稽潘方谪台州，君馆置其家，接岁踰时，经纪之后，皆成名去，可谓困而勇于谊……君名师点，字咏道，临海人，自号竹邨居士，死年七十五，葬浮江……③

① 《宋史》卷209《艺文志八》，第5401页。陈振孙的《直斋书录解题》卷15《总集类》则曰：“括苍集三卷，后集五卷，别集四卷，续一卷，郡人吴飞英、陈百朋相继纂辑。”该书出自影印文渊阁四库全书本，第674册，第791页。

② 潘绍诒修、周荣椿等纂，丽水市地方志编纂委员会整理：《处州府志》卷16《选举志上》，北京：方志出版社，2006年，第1100—1101页。

③ （宋）林表民：《赤城集》卷16，吴子良《四朝布衣竹邨林君墓表》，影印文渊阁四库全书本，第1356册，第762页。

另外，陈耆卿为林师蒧作《竹邨居士林君墓碑》，提到：

> 君孝友乎达，广学而苦成，少所从，多有道师儒；壮所交，多有道未遇卿相。跨郡所接识，多海内名胜；居家所振胆，多境外旅穷。好客如馋，耽士如醉，而尤嗜书。传扶奇劂，眇近购远，求家已卷数千，犹典衣抄传，恐晚丹铅，勘点蝇头蛰然。至遇古帖、秘文、断刻、坠简，不啻虞箫振耳，商彝夺目，积之久，亦余千卷焉。篆、隶尤留心，以张谦中、虞仲房为法……如君聚人所难聚，而工人所不工，非爱古博雅能然哉……君死以甲戌七月十八日……[1]

从吴子良和陈耆卿的记述中，我们可以看到：台州临海县人林师蒧，身为一介布衣，嗜书如命，他一生倾其所有四处购求书籍，甚至典衣抄传，家藏图书至数千卷。虽然赴科举考试"屡试屡跌"，终其一生也未能中第，但日常结交多文人志士、地方官员，亦倾力接济与他志同道合的被贬谪到台州的官员。吴子良撰写的墓表中提到的被贬官员"古括陈百朋"应该就是撰写了《括苍续志》的处州人陈百朋，他在被贬谪台州期间得到林师蒧的接济，其被贬谪的时间必定是在林师蒧嘉定七年（1214年）七月十八日去世之前。这也证明，陈百朋确实早在宋宁宗时期就已进入官场。明代《栝苍汇纪》中关于陈百朋于宋理宗淳祐元年（1241年）获特奏名进士的记载极有可能是在时间上出现了差误。

综上，我们可以简要地勾勒出陈百朋的人生轨迹：青年时期的陈百朋曾入州学读书，以科举中第为不懈的追求，屡经挫折，终于了此心愿，获得特奏名进士，从而进入仕途。陈百朋于宋宁宗嘉泰二年（1202年）撰写《括苍续志》时，已出任处州附郭下的丽水县主簿，嘉定七年（1214年）以前，曾被贬谪到台州，得到林师蒧的相助。目前所知，陈百朋著有《括苍续志》《续括苍集》等书。此外，从陈百朋与林师蒧兴趣相投、心意相通，以及喜好撰述来看，陈百朋应该是个酷好文史、学识渊博之文官。

四、《菽园杂记》记述的《龙泉县志》写作时间

宋代编纂的州（府、军、监）县志书，书名大都标为《××志》，不以"州（府、军、监）志"或"县志"标示，如：《景定建康志》《新安志》《会稽志》《括苍庆元志》《咸淳临安志》以及本文所述《龙泉志》《青田志》《缙云志》等，不胜枚举。目前能见到的个别书名以"县志"标示，大概也是明清时期修志加入的"县"字。元代的书

① （宋）林表民：《赤城集》卷16，陈耆卿《竹邨居士林君墓碑》，第1356册，第762页。

名，似仍无《××县志》的写法。[①]到了明代，明成祖朱棣于永乐十六年（1418 年）六月乙酉“诏纂修天下郡县志书”，“命礼部遣官，遍诣郡县博采事迹及旧志书。[②]为了保证编纂质量和格式体例的统一，同年还颁布了《纂修志书凡例》[③]，详细规定了修志的内容和要求。自此，明代志书的编纂体例呈现出规范划一的特点，府、县志书也统一以《××府志》《××县志》命名。从这一点看，陆容《菽园杂记》引录的《龙泉县志》书名正与明代志书书名的特点相合。

笔者曾以为在明孝宗弘治七年（1494 年）陆容逝世之前只有宋人编写过《龙泉县志》，这一推断也是错误的。明英宗正统六年（1441 年）杨士奇编纂的《文渊阁书目》中，已收有《处州府志》及其下属《丽水县志》《青田县志》《遂平县志》《龙泉县志》《松阳县志》《缙云县志》《庆元县志》7 县志，这些志书均收藏在“往字号第一书橱”中，标示为“新志”。[④]清代馆臣在《四库全书总目》中提到：

> 臣等谨案文渊阁书目四卷，明杨士奇编。士奇有三朝圣谕录，已著录。是编前有正统六年题本一通，称“各书自永乐十九年南京取来，一向于左顺门北廊收贮，未有完整书目，近奉旨移贮于文渊东阁，臣等逐一打点清切，编置字号，写完一本，总名《文渊阁书目》。请用广运之宝，钤识备照，庶无遗失”。盖本当时阁中存记册籍，故所载书多不著撰人姓氏，又有册数而无卷数，（帷）[惟]略记若干部为一橱，若干橱为一号而已。考明自永乐间取南京藏书送北京，又命礼部尚书郑赐四出购求，所谓锓板十三、抄本十七者，正统时尚完善无缺。此书以千字文排次，自“天”字至“往”字，凡得二十号五十橱……[⑤]

可见，“往”字号书橱中包括《龙泉县志》在内的这些“新志”很有可能就是明永乐十六年（1418 年）下诏纂修郡县志书后各地所编新志，最晚编成年代应在明英宗正统六年（1441 年）以前。

那么，陆容《菽园杂记》中引录的《龙泉县志》内容是否出自明英宗正统六年以前即明代前期纂修的《龙泉县志》呢？不可否认，是有这样的可能性，但目前因缺乏

---

① 《四库全书总目》卷 68《史部·地理类一》提到：“《无锡县志》四卷，不著撰人名氏。考《千顷堂书目》有元王仁辅《无锡县志》28 卷，与此本卷数不符，盖别一书也。”该书见北京：中华书局，1965 年，上册，第 602 页。然而查黄虞稷的《千顷堂书目》卷 8《地理类下》记载，却无“县”字，为“王仁辅《无锡志》二十八卷”。该书见影印文渊阁四库全书本，第 676 册，第 225 页。

② （明）俞汝楫编：《礼部志稿》卷 65《纂修备考·纂修事例·遣官诣郡县求志》，影印文渊阁四库全书本，第 598 册，第 98 页。

③ 刘纬毅：《试论明代地方志》，《社会科学战线》1983 年第 2 期，第 160—161 页。

④ （明）杨士奇：《文渊阁书目》卷 4《往字号第一厨书目·新志》，影印文渊阁四库全书本，第 675 册，第 725 页。

⑤ 《四库全书总目》卷 85《史部·目录类一》，上册，第 731 页。

可靠的证据，尚无法确定。

然而，不管《菽园杂记》中引录的《龙泉县志》内容是出自明代前期新编的县志，还是明代前期新编县志引述了南宋《龙泉志》的记载，笔者在《〈龙泉县志〉的作者及时代》一文中探讨的采铜条的记述无疑真实地反映了南宋时期处州这一地区铜矿业生产流程及技术水平。

本文不仅仅是为了修正自己之前的错误观点；另一方面，也希望更多的学人能借助我国古代保留下来的众多地方志中的珍贵记载，去探寻和解决尚未厘清的历史真相。

〔本文原刊于《宋史研究论丛》第18辑，保定：河北大学出版社，2016年，现略作修改〕

浅析《宋人佚简》中的官称过呼问题

杨倩描*

所谓官称“过呼”，宋人有时也叫“过称”，即用高于某人实际官职或爵位的官名称呼其人。这是中国从古到今在社交场合中使用的一种最为典型的恭维形式。由于宋代的职官体系尤为复杂，官称的过呼也极为普遍，如不能对其有准确的理解，那就会影响我们对史料的释读。

《宋人佚简》保存了南宋前期权知舒州向沟的一批往来书信。尽管其涉及面有限，主要集中在对知州的官称过呼上，但大多首尾完整，月日、具礼、官位、寒暄、叙次等书信格式都非常完备，而且反映了南宋知州的过呼由“朝议”到“中大”转变的节点。这对我们研究南宋前期的官称过呼问题具有相当高的史料价值，值得认真探讨。

一、宋代官称过呼的变化

宋朝由于全面继承了中晚唐、五代的职官体系，其官称过呼的情况从一开始就很严重。宋太宗淳化元年（990 年）四月二日，国子祭酒孔维上疏指出：“窃睹中外文武官称呼之间，多或假借。殿直、承旨差出者，须邀司徒之称；京朝官等，不分品秩高下，一例递呼郎中。”并强烈要求：“伏乞今后员外郎以上只可正呼，五博至将作监丞得假员外之称，助教以上只令正呼本官，毋致僭越班制，渎乱典常。”①

因此，宋太宗命令翰林学士宋白等人经过认真商讨，制定了一道禁令，“于过呼尤甚者，重行条禁”，“降敕榜示谕”②。据《宋会要辑稿》仪制 5 之 4 及《宋史》卷 168《职官八》记载，该禁令规定，除“武职事州县官，如有检校兼试同正官者”可以称检校官衔外，禁止以下八种过呼：

1. 文班台省官及卿监、郎中、员外郎并只得呼本官，不得过呼。
2. 升朝官自太常博士以下并京官至大理评事，并不得呼郎中。

---

* 杨倩描，原河北省社会科学院社科信息中心研究员。

① （清）徐松辑：《宋会要辑稿》仪制 5 之 3—4，北京：中华书局，1957 年，第 2 册，第 1917 页。

② （清）徐松辑：《宋会要辑稿》仪制 5 之 4，第 1917 页下。

3. 诸司使、诸卫将军不带遥郡者并诸司副使，并不得呼太保。
4. 三班自供奉官以下，并不得呼司徒。
5. 京官自校书郎以下，并不得呼员外郎。
6. 待诏、医官等，并不得呼奉御①。
7. 府司录参军、县令等，并不得呼员外郎（京府司录不在此限）。
8. 判司簿尉等，不得呼侍御②。

然而，这道禁令颁布实施后，收效并不显著。此后，宋朝的高层统治者也不得不一而再、再而三地对其进行反复的整顿，但官称过呼太滥的状况却不仅未得到改观，反而愈演愈烈。

宋徽宗崇宁二年（1103 年），尚书右司员外郎、充讲议司参详官林摅上奏说："检会《元符令》，'诸命官不得容人过称官名。有兼官若检校官者，听从高称'。其或有郡王称大王、正任称太尉、少卿称判寺、郎中、员外郎称省判之类，如此呵引，既非检校之官，即是过称官名，自合科罪。再详大王之称，止谓如亲王，太尉即须节度使或系检校官者。郎中、员外郎合以本曹或本司之名，少卿止合以本职称呼。欲乞申明行下。"③

宣和元年（1119 年），又有官员上奏说："臣窃见近日臣僚多称官名，选人自一命以上，例呼宣教，所谓七阶，鲜有称者。文臣朝请郎、武臣武功郎以下，通呼大夫者往往有之。其妄冒称呼，不可概举。况《政和职制令》'诸命官不得容人过称官名'，自有明文，但未举而行之耳。伏望圣慈特赐申敕，今后如有违犯，在京委御史台、在外委监司纠劾以闻。"宋徽宗为此下诏："依奏。如承宣使称节度使，节度使称相公，王称大王之类，并悉行禁止。如违，并以违制论。委御史台、东上閤门觉察弹奏。"④

到了南宋，过呼官称的问题越来越严重。"知州曰判府，知县曰判县"；"崇宁以前州县官无称学士者。渡江后，苟有一官，皆可称也"。⑤鉴于问题的严重性，绍兴二十七年（1157 年），太府寺丞邓深曾恳请宋高宗："近岁士风卑弱，习于浮伪，寖以成

① 奉御：原本为殿中省尚食、尚药、尚衣、尚舍、尚乘、尚辇等六尚局的内廷职事官，由内侍担任。在《元祐官品令》中，奉御被定为从七品。但在宋初，似乎其官品还应高一些。待诏、医官等并非内廷职事官，而将奉御作为其官称之过呼，无非是为了突出其"御前"的特殊身份而已。其实，各类"待诏"也是一种过呼，而且还行用于民间。笔者还清楚地记得：直到 20 世纪五六十年代，四川有不少地方还称呼理发匠为"待诏"。

② 侍御：宋代的侍御史、殿中侍御史均可被简称为"侍御"。另，后宫的内职御侍之别称也叫"侍御"。其为无品级的女性祗候人，但已能亲近、侍奉皇帝，具有被皇帝宠幸的机会。而作为判司簿尉等的过呼官称，"侍御"只是为了突出其为君王服务的作用而已，并非职事官。

③（清）徐松辑：《宋会要辑稿》仪制 5 之 21，第 1926 页上。

④（清）徐松辑：《宋会要辑稿》刑法 2 之 75—76，第 6533 页。

⑤（宋）周煇：《清波别志》卷中《知不足斋丛书》，第十八集，道光四年刻本。

风。称呼太过，书问太重，请谒太数，乞严为法禁。”[①]宋高宗也采纳了邓深的建议。

而在40余年后，宋宁宗嘉泰四年（1204年），有官员又提到了过呼官称的问题：“在廷之臣自一命而上，至位绝百僚，莫不各以其官职为称。今州县官之初品与夫一再循转者，即取卿监、侍从、两府之阶官，过为称呼。如彼右列，抑又甚焉。以至守令丞簿之属，僭称曰判，小小监当，例以判院呼之。欲戒饬州县，一遵中都事体，随其官职为称，不得辄循故习，僭有过制。”[②]这就说明，由于世风日下，官称过呼已经越呼越过，南宋政府对此已经无计可施了。

二、《宋人佚简》中的官称过呼

宋代的官称过呼，涉及许多官职。而在《宋人佚简》中，大部分书信都是别人写给时任右朝奉大夫、权知舒州军州、主管学事兼管内劝农营田事向沟的。因此，过呼官称涉及的主要是知州。因此，在这部分主要讨论南宋前期知州的官称过呼问题。

对宋高宗后期和宋孝宗前期知州的官称过呼情况，宋人赵彦卫在其《云麓漫钞》（清人吴焯钞本）卷4中交代得十分清楚：

> 宣和以前，士大夫辈行相等，皆称字，虽通上官，亦不过呼。若大夫以上，只云“运判”、“大夫”之类。秦忠献与人简尺，多云“丈”。世俗效之，虽贻晚进书，亦云“丈”。知州以上则称“朝议”，以下皆“学士”。秦薨，臣寮论列。未几，昔日之朝议进而为“中大”，学士进而为“朝议”。近年尤甚，知州以上，皆有“太中”、“通奉”之称矣。[③]

但是，在傅根清先生点校的《云麓漫钞》卷4中，却出现了不该发生的错误。兹将与前引文字相应部分移录如下：

> 宣和以前，士大夫辈行相等，皆称字，虽通上官，亦不过呼；若大夫以上，只云“运判大夫”之类。秦忠献与人简尺，多云“丈”，世俗效之，虽贻晚进书，

① （宋）李心传：《建炎以来系年要录》卷177，绍兴二十七年五月乙亥，《丛书集成新编》，第116册，台北：新文丰出版公司，1984年，第2919页。

② （清）徐松辑：《宋会要辑稿》刑法2之135，第6563页。

③ 傅根清先生点校的《云麓漫钞》，所用底本即清人吴焯抄本。但傅根清先生认为吴焯抄本“昔日之朝议进而为‘中大’”有问题，遂将“中大”改为“太中”。其校勘记21曰：“昔日之朝议进而为太中：‘太中’，原作‘中大’，据《文渊》本及下文正。”见（宋）赵彦卫：《云麓漫钞》，北京：中华书局，1996年，第73页。

> 亦云“丈”。知州以上则称“朝议”，以下皆“学士”。秦薨，臣寮论列。未几，昔日之朝议进而为“太中”，学士进而为“朝议”。近年尤甚，知州以上，皆有“太中”、“通奉”之称矣。[①]

在此段文字中，傅根清先生有小错一处、大错一处。小错为未将“运判”“大夫”点断。大错为误将“中大”改为“太中”。傅根清先生所用底本是清人吴焯抄本。他在校记中，对“昔日之朝议进而为太中”一句做了说明：“太中”，原作“中大”，以《文渊阁四库全书》本及下文正。

查清人蒋光煦《涉闻梓旧》本，亦作“昔日之朝议进而为中大”。可见“中大”不当轻易改之。《文渊阁四库全书》本作“太中”，即便是对宋代官制不太精通者，仅从逻辑上也能明白从“未几”到“近年”是两个时间段。在这两个时间段，不可能同为“太中”。如查本文附表，可知：“朝议”即朝议大夫之简称，为正六品（15 级）；“中大”即中大夫之简称，为正五品（12 级）；“太中”即太中大夫之简称，为从四品（11 级）；“通奉”即通奉大夫之简称，为从三品（9 级）。从“朝议”到“中大”，再到“太中”“通奉”是依次递进的关系。而作为点校本，傅根清先生的这个错误则可能会影响很多人对“中大”的理解和把握，甚至不知在宋高宗末年、宋孝宗初年的知州过呼还曾有过“中大”之称。而《宋人佚简》也正好能验证南宋知州的过呼由“昔日之朝议进而为中大”的这个变化过程。

向沟，南宋镇江府（治今江苏镇江）人，祖籍开封府（治今河南开封）。向子莘幼子。宋高宗绍兴三十一年（1161 年），累官至淮南转运判官。迁右朝奉大夫、权知舒州。孝宗即位，历任荆湖北路转运副使、知扬州兼淮南东路安抚使、知台州等职。乾道八年（1172 年），以右朝议大夫、直徽猷阁知平江府。未几，罢为主管台州崇道观。

向沟担任权知舒州一职，正好在宋高宗在位的末期。右朝请大夫、尚书户部郎中、总领淮西江东军马钱粮李若川在给向沟的信中写道：“恭惟知府、朝议，才挺不群，学推至博。”[②]朝请大夫为从六品（17 级），而向沟官品为朝奉大夫，乃从六品（19 级），因此李若川官品高于向沟。

左朝议大夫、充集英殿修撰、新知池州军府、提举学事吕广问在给向沟的信中，则称其为：“知府、中大。”[③]朝议大夫是正六品（15 级），高于向沟。

左奉议郎、直秘阁、充江淮东西路宣抚使司参议军事查钥在给向沟的信中，亦称

① （宋）赵彦卫：《云麓漫钞》，第 63 页。
② 上海市文物管理委员会、上海博物馆编：《宋人佚简》第一册，上海：上海古籍出版社，1990 年。
③ 上海市文物管理委员会、上海博物馆编：《宋人佚简》第一册。

其为“知府、朝议”[①]。奉议郎是正八品（24 级），低于向沟。

亲卫大夫、常德军承[②]宣使、閤门宣赞舍人、主管建康府驻札御前诸军都统制职事邵宏渊在给向沟的信中写道：“伏惟知府、中大，誉蔼朝端，寄隆方面。” 亲卫大夫在武阶有品 52 级中为从五品（武阶 11 级），官品高于向沟。

在官品高于向沟的李若川、吕广问、邵宏渊三人中，李若川称向沟为“朝议”，吕广问、邵宏渊称向沟为“中大”；而官品低于向沟的查钥则称其为“朝议”。由此可见，称“朝议”或称“中大”，无所谓官品高低。这就说明在这一时期，正好是处于“朝议”向“中大”转变，但两者还可并用的特殊时间段。

再看“判府”“都运”这两个知州的官称过呼。

宋人赵升《朝野类要》卷 2《判府》曰：“宰相、三公、三少、真王出镇，方谓之判。其余乃过呼。”[③]因此，“判府”乃是僭越程度较高的过呼。“都运”，原本指都转运使，但从《宋人佚简》看，向沟为淮南转运判官，所以它是当时转运判官的过呼。如绍兴三十二年（1162 年）十一月日，士案吏人张枢、周亮称：“右亮等今交领得判府、都运、中大印纸一道，头尾全，前去批书到任所供是囗，伏候台旨。”[④]又如，右从政郎、和州含山县令、主管学事、劝农营田公事董洋称：“恭惟判府、都运、中大，群岳储精，列星孕秀。”[⑤]右从事郎、充淮南西路提举茶盐司干办公事程资忠称：“恭惟判府、都运、中大、先生、台候动止万福。”[⑥]

而前述李若川、吕广问、邵宏渊、查钥对向沟都只是过呼“知府”，而不过呼“判府”，也不称其为“都运”，可见“都运”与“判府”的过呼，其僭越程度都较高，故而上对下或同级、大致官品或权力相埒者[⑦]，均不会使用。而下对上则必定会使用。除上引士案吏人张枢、周亮和含山县令董洋外，还可列举数例：

1. 门生、右文林郎、舒州观察支使朱佺：“佺皇恐顿首，百拜上覆判府、都运、直阁、中大、先生、台座。”（《宋人佚简》第一册）

2. 右从事郎、特改差高邮军司理参军徐与禼：“恭惟恩府、判府、中大、先生、台候动止万福。”（《宋人佚简》第二册）

① 上海市文物管理委员会、上海博物馆编：《宋人佚简》第二册。

② 承：原文为缺字。今据理补之。

③（宋）赵升：《朝野类要》，《丛书集成新编》，第 29 册，235 页，台北：新文丰出版公司，1984 年。

④ 上海市文物管理委员会、上海博物馆编：《宋人佚简》第二册。

⑤ 上海市文物管理委员会、上海博物馆编：《宋人佚简》第三册。

⑥ 上海市文物管理委员会、上海博物馆编：《宋人佚简》第三册。

⑦ 如查钥，其官品虽为奉议郎，低于向沟，但他带有“直秘阁”之职，又是江淮东西路宣抚使司参议军事，为向沟上级机关的属官。

3. 右迪功郎、舒州桐城县主簿、主管学事张临："百拜上覆判府、中大、先生、台座。"(《宋人佚简》第三册)

4. 绍兴三十二年九月日，舒州御西酒店攒匠毛翼、吴庭立："庭立等恭审判府、都运、中大光膺宸命，荣领重权，恭惟欢庆。"(《宋人佚简》第一册)

5. 从表侄张杰札子："杰伏自判府、都运、中大，受命作藩，涓日开府，即欲具竿牍，申庆万一，竟不遇便，因循至今。"(《宋人佚简》第二册)

6. 绍兴三十二年九月日，舒州使院吏人张枢："右枢伏审判府、都运、中大，光膺宸命，荣镇侯藩，恭惟欢庆。"(《宋人佚简》第二册)

三、对向沟《与陈俊卿启》的考证

在《宋人佚简》第一册中，收有向沟写给某人的一封书信：

右沟启。

伏以观天象，占斗柄之直寅；俯授人时，□王正之首岁。举集类升之福，适逢交泰之辰。恭惟宣抚、判府、安抚、留守、中书舍人，道觉民先，智周物表。蔚然厚德，比金玉之浑全，卓尔高名，压岱崧而挺特。上宣德意，下抚黎元。眷兹凤阁之英，兼掌中缺倚注。諒履新于谷旦，即正位于公台。沟叨绾郡章，逖瞻墙仞。方承流而宣化，□□寿以称觞。颂咏徒勤，索言安喻。谨具启事，专人捧诣台屏，祇候申贺。伏惟台慈俯赐鉴念。不备。谨启。

正月日，右朝奉大夫、权知舒州军州、主管学事兼管内劝农营田事向沟启上。

在此信中，被向沟称为"宣抚、判府、安抚、留守、中书舍人"的是谁呢？过去有研究者认为此人是张浚，但我经过认真考证，确定此人乃为陈俊卿。

陈俊卿（1113—1186 年）字应求，兴化军莆田（今属福建）人。宋高宗绍兴八年（1138 年）进士，历任泉州观察推官、著作佐郎兼王府教授、监察御史、殿中侍御史、权兵部侍郎等职。绍兴三十二年（1162 年）夏，宋孝宗受禅继位，迁中书舍人。寻以本职充江淮宣抚司判官、兼权知建康府事。隆兴元年（1163 年），设江淮都督府，任命陈俊卿为参赞军事。于是，陈俊卿力辞权知建康府，改礼部侍郎、江淮都督府参赞军事。

承袭北宋的惯例，南宋的知建康府带有"江南东路安抚使""马步军都总管"两项头衔。另外，因南宋原本定都建康，建康府建有行宫，因此南宋的江南东路安抚使自绍兴八年（1138 年）起，还兼领“行宫留守”。官职较高者称“留守”，官职较低者称“主管留守司公事”。

宋人周应合《景定建康志》卷 1《大宋中兴建康留都录一・行宫留守》记载：

陈俊卿：绍兴三十二年八月，以中书舍人、安抚使兼行宫留守司公事。陈之茂：隆兴元年五月，以直徽猷阁、主管安抚司公事兼行宫留守司公事。[①]

据此可知，陈俊卿担任权知建康府等职的时间不到一年。而向沟信中有“正月某日”，因此可以断定写这封信的日子是在隆兴元年正月某日。

向沟信中所谓“宣抚”，即其“江淮宣抚司判官”的过呼；略去“判官”不言而只称宣抚，就类似今天略去副职之“副”字不言一样。过去之所以有学者将陈俊卿误认为是张浚，就是被“宣抚”这一过呼给唬住了。“判府”，即其“权知建康府事”的过呼。但值得注意的是，在向沟称呼陈俊卿的头衔中，“安抚”“留守”“中书舍人”这三项高级官职却不存在任何过呼问题。这也说明，宋代像这一类特殊的高级官职，是用不着过呼就令人羡慕不已的。

最后，还有一个有意思的问题需要附带一提。

向沟写给陈俊卿的信为什么最终出现在舒州，并被用来印制《王文公文集》，这存有三种可能。一是草稿，二是被退回，三是未能发出。

尽管如前引《景定建康志》卷 1 所载，陈之茂以直徽猷阁、主管安抚司公事兼行宫留守司公事是在隆兴元年（1163 年）五月，但宋孝宗正式下令设立了江淮都督府，任命张浚以枢密使都督江淮东西路军马则是在隆兴元年正月。而作为张浚的重要辅佐，陈俊卿被任命为江淮都督府参赞军事也应该就是在此同时。当然，陈俊卿在接受江淮都督府参赞军事的新任命之后，“力辞建康，得免，别除礼部侍郎领职”之事，从请辞到新授也需要一定的时间。[②]陈俊卿与陈之茂完成建康府事务的交接可能也会拖到四五月间。但是，向沟得到陈俊卿被任命为江淮都督府参赞军事的消息则应该是在隆兴元年正月末或二月初之前。尽管他不知陈俊卿请辞权知建康府之事，但陈俊卿头衔既然有所变化，这封信也就只能作废了。只能采用不发出或追回的方式处理。于是，这封原本写给陈俊卿的信就变成了废纸，最终以废物利用的方式，成为被用于印制《王文公文集》的纸张。

---

①《宋元方志丛刊》第 2 册，北京：中华书局，1989 年，第 1338 页。

②（宋）朱熹：《晦庵先生朱文公文集》卷 96《少师观文殿大学士致仕魏国公赠太师谥正献陈公（俊卿）行状》，朱杰人、严佐之、刘永翔主编：《朱子全书》，上海古籍出版社、安徽教育出版社，2002 年，第 25 册，第 4454 页。

附表

附表 1　元丰前后两宋文官寄禄官阶对照表

阶次		旧阶	元丰后寄禄官阶	官品
朝官	1	使相（节度使兼中书令或侍中或同中书平章事）	开府仪同三司	从一品
	2	尚书左、右仆射	特进	从一品
	3	吏部尚书	金紫光禄大夫	正二品
	4	兵、户、刑、礼、工部尚书	银青光禄大夫	从二品
	5	尚书左、右丞	光禄大夫	正三品
	6		宣奉大夫（大观新增）	正三品
	7		正奉大夫（大观新增）	正三品
	8	吏、兵、户、刑、礼、工部侍郎	正议大夫	从三品
	9		通奉大夫（大观新增）	从三品
	10	给事中	通议大夫	正四品
	11	左、右谏议大夫	太中大夫	从四品
	12	秘书省监	中大夫	正五品
	13		中奉大夫（大观新增）	从五品
	14	光禄卿、卫尉卿等至殿中省监、少府监	中散大夫	从五品
	15	太常寺少卿至司农寺少卿，尚书省左、右司郎中	朝议大夫	正六品
	16		奉直大夫（大观新增）	正六品
	17	前行郎中	朝请大夫	从六品
	18	中行郎中	朝散大夫	从六品
	19	后行郎中	朝奉大夫	从六品
	20	前行员外郎，侍御史	朝请郎	正七品
	21	中行员外郎，起居舍人	朝散郎	正七品
	22	后行员外郎，左、右司谏	朝奉郎	正七品
	23	左、右正言，太常寺博士、国子监博士	承议郎	从七品
	24	太常寺丞、秘书省丞、殿中省丞、著作郎、秘书郎	奉议郎	正八品
	25	太子中允、左右赞善大夫，太子中舍、洗马	通直郎	正八品
京官	26	秘书省著作佐郎、大理寺丞	宣德郎（政和改宣教郎）	从八品
	27	光禄寺丞、卫尉寺丞、将作监丞	宣义郎	从八品
	28	大理寺评事	承事郎	正九品
	29	太常寺太祝、奉礼郎	承奉郎	正九品
	30	秘书省校书郎、正字，将作监主簿	承务郎	从九品
选人	31	三京府判官、留守判官、节度、观察判官	承直郎（崇宁改名）	从八品
	32	节度掌书记，观察支使，防御、团练判官	儒林郎（崇宁改名）	从八品
	33	京府、留守、节度、观察推官，军事判官	文林郎（崇宁改名）	从八品
	34	防御、团练、军事推官，军、监判官	从事郎（崇宁改名）	从八品
	35	录事参军、县令	从政郎（政和定名）	从八品
	36	试衔知录事参军事、知县令事	修职郎（政和定名）	从八品
	37	三京军巡判官、司理、司法、司户参军，县主簿、尉	迪功郎（政和定名）	从九品

本表录自龚延明：《宋代官制辞典》附表 12，北京：中华书局，1997 年，第 688 页。

宋代民间的武器及政府管制

程民生*

武器是用于攻击、威慑和防御的工具。最早还是生产工具：自人类出现以来，用于维持和保护生命的那块石头、那根木棒，就无法分清究竟是工具还是武器，而此后猎人手中的刀枪，则是进化的原始遗存，明确显示了工具就是武器。在阶级社会中，武器，尤其是民间武器，正像是社会秩序的双刃剑，如何既不影响生产、生活，又不危害社会治安，始终是统治集团左右为难的政策议题。其中仅就社会治安而言，武器即可护身又可伤害他人，禁止民间拥有武器，实际上也使民间丧失了自我保护能力和威慑能力，真正的罪犯、暴徒却可以不择手段地把一切都利用来成为武器，反而不利于社会治安。问题的关键就在于掌控的度数，考验着统治者的执政能力，反映着社会治安状况。因未见史学界专文论述，本文试图以宋代为例，探讨这一重要的历史问题。

本文所谓的民间武器，是泛指官方以外的任何团体和个人，包括官员和军人私自的武器。

一、民间合法武器的拥有

宋代沿袭唐代制度，民间可以拥有法律允许的普通武器。这就是：弓、箭、刀、楯、短矛。《宋刑统》明确规定："诸私有禁兵器者，徒一年半（谓非弓、箭、刀、楯、短矛者）"，"此上五事，私家听有" 。[①]虽然是五样名称，但因为弓箭是一件武器，分开就没有杀伤力，实际上只是四件武器，除了楯即盾牌仅用于防御外，可击杀的进攻性武器只有三件，都属于普通的常用武器。

江南地区平定之后，宋政府曾禁止民间拥有包括弓箭在内的武器。太平兴国八年（983 年），有司言："先禁江南诸州民家不得私蓄弓剑、甲铠，违者按其罪。按《律疏》(《唐律疏议》) 禁民私有兵器，谓甲、弩、矟、具装等，若弓箭、刀楯、短矛并听私蓄，望厘改之。" 诏从其请。[②]在特殊时期制定的政策，受到朝廷有关部门的质疑，

---

* 程民生，河南大学宋代研究所教授。

① （宋）窦仪等撰，吴翊如点校：《宋刑统》卷 16《私有禁兵器》，北京：中华书局，1984 年，第 264 页。

② （宋）李焘撰，上海师范大学古籍整理研究所、华东师范大学古籍整理研究所点校：《续资治通鉴长编》卷 24，太平兴国八年二月丙午，北京：中华书局，2004 年，第 539 页。

认为应该一律按法律规定执行，江南的居民也可以拥有弓箭等武器。实际上这意味着拥有法律允许的基本武器是一项权利，不能被人为剥夺。

为了自卫而携带兵器，受法律保护。雍熙二年（985年），宦官何绍贞从巩县皇陵执行任务返还时路过中牟，“天未明，见数人持兵行道旁，绍贞疑其盗，捕而笞掠之，人不胜其苦，皆自诬服，缚送致京师。上初闻甚惊，既而思之曰：‘此人虽持兵，且未见劫盗之状，假令为劫，岂绍贞能制而缚之乎？’因令送开封府鞫之，及狱成，果县民诣嵩岳祈祷，以兵自防耳。上大骇曰：‘几险平民于法！’各赐茶荈、束帛而遣之”。除了对冤狱者慰问致歉以外，还对宦官何绍贞予以决杖、配北班的处罚。[①]大中祥符六年（1013年），太常博士齐革上书建议：“蜀民以射生为业，民私蓄弓矢，请行禁绝。”宋真宗明确反对道：“平时民家或用防盗，不必禁也。”[②]从防盗护身角度，保护其武器拥有权。

对于民间合法武器的制造，官府有规定：“诸造弓箭、横刀及鞍出卖者，并依官样，各令题凿造者贯属、姓名，州县官司察其行滥。剑及漆器之属，亦题姓名。”[③]基本内容是要统一按照官方的制式制造，并在产品上留下籍贯、姓名，以便增强责任意识、官方监管以及出问题时追究质量或法律责任。以保护身家性命为基本目的的民间兵器，在兵荒马乱的岁月，自然会得到大发展。基本道理是，既然官府不能提供有效及时的保护，百姓势必加强自我防护。两浙兰溪人范浚记载：北宋末年，其家乡有户铁匠极其贫困：“有铁之工，家窭甚”，到了五年以后的南宋初，“再至其处，则高墉华屋，朱牖户而蓝桷楣……门而见，工则充然其形，博颐大腹，被服鲜好，拜揖如礼度，延予升堂，罗肴陈觞，如多钱翁……予愈益怪之，问工何遽润屋及此？工曰：‘……小人贫时，无以自业，恃炭铁为命，而世久无事，所锻治必农器，适岁荐饥，农不得利，率逋亩去为末业，耕者日益落。吾为犁铫镈锄，穷一日力，仅得一器，辄一月十五日不售，故甚窭如昔时。已而天下兵兴，戈戟载路，人欲挟利刃，家欲藏铦锋，以刀剑、镞镝来谒者，日填吾门，吾昏晓事炉锤不得休，未半岁而有此屋，既一岁而生生之资大裕，今得拥裘纩，安坐而饱，吾腹无余忧矣。实小人之幸。’”范浚感慨道：“嘻！工之幸，齐人其真不幸哉！”[④]铁匠因打造兵器而迅速脱贫致富，表明民间可以公开地、广泛地拥有和制造合法兵器。庆元四年（1198年），有臣僚报告：“今天下

---

① （宋）钱若水修，燕永成点校：《宋太宗实录》卷32，雍熙二年三月戊午，兰州：甘肃人民出版社，2005年，第70页。

② （宋）李焘撰，上海师范大学古籍整理研究所、华东师范大学古籍整理研究所点校：《续资治通鉴长编》卷81，大中祥符六年七月辛巳，第1841页。

③ 天一阁博物馆、中国社会科学院历史研究所天圣令整理课题组校证：《天一阁藏明钞本天圣令校证》，北京：中华书局，2006年，第307页。

④ （宋）范浚：《范香溪先生文集》卷20《铁工问（丁未年作）》，四部丛刊续编本，第2—3页。

郡邑乡聚每岁立社，计户裒金以造作兵器，小有忤意，变故随生。”[①]则是有组织的武装力量。

此外，在西北沿边地区，由于军事地理环境和历史因素，历来尚武，加以官方兵力有限，不得不借助于民间力量巩固边防，所以采取因地制宜的办法，对武器的禁控与内地有别。如开宝四年（971 年），朝廷“禁河东诸州民徙内郡者私蓄兵器”[②]。也即居民在河东路可以私蓄兵器，迁到内地就无此特权了。西北地区还允许民间拥有“禁兵器”。比如属于“禁兵器”的剑，在河东允许私有。咸平五年（1002 年）代州报告说：“进士李光辅善击剑，令诣阙。”宋真宗杜绝道：“若奖用此，民间悉好剑矣。”只是“赐食遣之。”[③]大中祥符二年（1009 年），“禁河北诸州民弃农业，学禁咒、枪剑、桃棒之技者”[④]。所禁止的是脱离农业生产而学习枪、剑者，平常学习则是合法的，经常的。北宋末期河北相州人岳飞的经历，更是说明问题的个案。岳飞少年时即拜师学习武艺，“未冠，挽弓三百斤，弩八石。学射于周同，尽其术，能左右射”[⑤]。后来又跟随枪手陈广，“以技击教之，一县无敌”[⑥]。不但学习弓箭，还公开学习属于“禁兵器”的枪术和射弩，可见属于合法的行为。

二、宋政府对民间武器的管制

对于民间广泛存在的武器，并非一开始就沿袭《唐律疏议》的法令实行管制，宋政府从放任到管制有个过程。后周时担任蔡州防御推官的高锡，“宋初，弃官归京师，诣匦上疏，请禁兵器，疏入不报”[⑦]。他意欲通过建议管制民间兵器来获得朝廷的器重，但宋太祖并未理睬，可见宋初朝廷没有对民间武器实行管制。建隆四年（963 年），判大理寺窦仪等修订法律，颁布《宋刑统》后，才正式依法管制。

---

① （清）徐松辑：《宋会要辑稿·刑法》2 之 129，北京：中华书局，1957 年，第 6560 页上。

② （宋）李焘撰，上海师范大学古籍整理研究所、华东师范大学古籍整理研究所点校：《续资治通鉴长编》卷 12，开宝四年正月辛亥，第 258 页。

③ （宋）李焘撰，上海师范大学古籍整理研究所、华东师范大学古籍整理研究所点校：《续资治通鉴长编》卷 52，咸平五年五月癸卯，第 1131 页。

④ （宋）李焘撰，上海师范大学古籍整理研究所、华东师范大学古籍整理研究所点校：《续资治通鉴长编》卷 72，大中祥符二年七月辛巳，第 1625 页。

⑤ 《宋史》卷 365《岳飞传》，北京：中华书局，1977 年，第 11375 页。

⑥ （宋）岳珂编，王曾瑜校注：《鄂国金佗稡编续编校注·续编》卷 28，孙逌编：《鄂王事》，北京：中华书局，1989 年，第 1599 页。

⑦ 《宋史》卷 269《高锡传》，第 9250 页。

（一）武器种类管制

对于民间武器管制，宋政府制定了持有型犯罪的刑律，重点是严厉防范拥有“禁兵器”，目的是维护社会治安和统治安全。如胡寅所言：“夫律禁民蓄兵器者，所以息争而收其柄也。”[①]严禁私人保存、制造、携带、交易“禁兵器”。

所谓“禁兵器”的种类以及持有的刑罚，法律中都有规定：“诸私有禁兵器者，徒一年半（谓非弓、箭、刀、楯、短矛者。）弩一张加二等，甲一领及弩三张，流二千里，甲三领及弩五张绞。私造者各加一等。”“《议》”曰解释道：“私有禁兵器，谓甲弩、矛矟、具装等，依令私家不合有，若有矛矟者，各徒一年半。……其旌旗、幡帜及仪仗，并私家不得辄有，违者从不应为重，杖八十。”[②]下面对此做一分析。

其一，“禁兵器”的范围比较宽泛，除了弓、箭、刀、楯、短矛之外全属禁兵器，持有都要处以刑罚。具体而言，主要指甲、弩、矛矟即长矛（矟，长矛，也作“槊”）以及旌旗、仪仗等具装。由于所言实际上只是几大类，具体实施便有很大余地。如王洋指出：“绝禁兵器，则钩刀、博刀、捋尖刀，名号虽异而形相似者，皆收坐之，此嘉祐所不载，而政和则有之，此政和敕条目之所以为繁也。”[③]仅就刀而言，即有多种，政和以前都不禁止，政和以后法令细化，列为禁兵器。

其二，重点在于进攻性强的弩和防御性强的甲。持有弩者要罪加二等量刑，随着新武器的出现，功力强大的弓也列入此类。如熙宁初发明的威力强大的神臂弓，不久即被列入禁兵器，有诏：“私有及私造神臂弓者，论如私造弩法。”[④]持有甲的罪名更重，持有甲一领或者弩三张，处以两千里的流刑，持有甲三领或者弩五张者，则处以绞刑。甲不分质地，“甲谓皮铁等”[⑤]，后来连纸甲也包括在内：“纸甲同。”[⑥]按照《熙宁编敕令》，“有若私造纸甲五领者绞”[⑦]。持有半成品甲、弩也要治罪：“即私有甲弩非全成者，杖一百。”[⑧]持有长矛者处以一年半的徒刑。

其三，私人制造“禁兵器”者罪过更严重，一律罪加一等；半成品量刑较轻：“造

---

①（宋）胡寅：《斐然集》卷25《先公行状》，北京：中华书局，1993年，第532页。

②（宋）窦仪等撰，吴翊如点校：《宋刑统》卷16《私有禁兵器》，第264页。

③（宋）王洋：《东牟集》卷9《后论今日之法当然札》，影印文渊阁四库全书本，第1132册，第452页。

④（宋）李焘撰，上海师范大学古籍整理研究所、华东师范大学古籍整理研究所点校：《续资治通鉴长编》卷260，熙宁八年二月癸酉，第6338页。

⑤（宋）窦仪等撰，吴翊如点校：《宋刑统》卷16《私有禁兵器》，第264页。

⑥（宋）谢深甫监修：《庆元条法事类》卷28《禁榷门一·擅兴敕》，杨一凡、田涛主编，戴建国点校：《中国珍稀法律典籍续编》第1册，哈尔滨：黑龙江人民出版社，2002年，第386页。

⑦（宋）李心传：《建炎以来系年要录》卷57，绍兴二年八月辛丑，北京：中华书局，1988年，第995页。

⑧（宋）窦仪等撰，吴翊如点校：《宋刑统》卷16《私有禁兵器》，第265页。

未成者，减二等。”[①]按未遂减罪。

其四，旌旗、幡帜及仪仗等具装，并非具有杀伤力和防御力的武器，但属于组织队伍的标志，也即是军队的仪仗。民间持有者至少有惑众乃至组织队伍的嫌疑，处以杖八十的刑罚，比持有管制武器的量刑稍轻。

由于兵器种类繁多，每种中又有不同形制和名称，所以除了刑法规定的兵器外，在不同时期和不同地点，政府根据具体情况还将一些兵器列入“禁兵器”之列。

（二）武器地区管制

宋政府对特殊地区实行特殊政策，予以严管，乃至禁止一切武器。

京城是皇家和朝廷所在，最忌兵器近身，况且从理论上讲京城治安管理比其他地区严密，居民也不需要防身兵器。所以，禁止京城民间拥有一切兵器。开宝三年（970年）五月诏：“京都士庶之家，不得私蓄兵器。军士素能自备技击之器者，寄掌本军之司；俟出征，则陈牒以请。品官准法听得置随身器械。”淳化二年（991年），朝廷又一次“申明不得私蓄兵器之禁”[②]。在京城开封的百姓、官员、士兵都不准私藏武器，士兵和一定级别的官员只能拥有制式、规定佩带的兵器。此处所指的京都，只是开封城市区，不包括开封府各县。熙宁初期司农寺定的《畿县保甲条制》中言：保丁“除禁兵器外，其余弓箭等许从便自置，习学武艺”。[③]可见畿县民间还是可以拥有合法武器的。

在沿海地区，禁止民间拥有战舰等船只：“诸私家不得有战舰、海鹘、蒙冲、黄龙、双利、平乘、八棹、舴艋、艓子等。”[④]即使是机动性强的艓子等小船，也有被利用以危害治安的嫌疑。

四川地区因特殊的地理因素而便于割据，历来敏感，统治者无不格外关注。镇压王小波、李顺起义之后的至道二年（996年），宋太宗有诏：“川峡诸州民家先藏兵器者，限百日悉送官，匿不以闻者斩。”[⑤]也即禁止拥有所有武器。连负责维护地方治安的弓手，也不准配备武器。大中祥符九年（1016年）诏：“三京及诸路转运司，除川峡州军外，并据所管县分弓手，每人借弩一枝，其令箭枪剑令各自置办，以簿拘管，

① （宋）窦仪等撰，吴翊如点校：《宋刑统》卷16《私有禁兵器》，第265页。

② 《宋史》卷197《兵志一一》，第4909、4910页。

③ （宋）李焘撰，上海师范大学古籍整理研究所、华东师范大学古籍整理研究所点校：《续资治通鉴长编》卷218，熙宁三年十二月乙丑，第5297页。

④ 天一阁博物馆、中国社会科学院历史研究所天圣令整理课题组校证：《天一阁藏明钞本天圣令校证》，第347页。

⑤ 《宋史》卷5《太宗纪二》，第100页。

递相交割，委令尉常切教阅。”[①]全国统一的弓手武器配备制度，唯有四川例外。熙宁十年（1077年），成都府利州路安抚司言：“茂州缘边接近蕃界，自来人户蓄藏兵器有禁，昨蕃贼叛，无以扞御，乞稍损此禁。”宋神宗诏令：“绵、汉、邛、蜀、彭州及永康军接近蕃界户，除禁兵器及甲弩外，计置其余兵器，仍经官注籍，非缉捕贼盗，毋得持入禁地。”[②]茂州居民原来不准拥有任何武器，因而引起新的社会治安和边防问题，即一旦受到来自蕃界的袭扰则无力抵御。朝廷因此调整政策，不仅允许茂州，同时还扩大到邻近的六个州军拥有与内地相同的合法武器，只是必须登记在册，平时不得带入蕃界。一些民间和少数民族普遍使用的特殊刀具，也受牵连遭到禁止。如泸州少数民族居民常用的飞梭刀，杀伤力较强，“长五六寸，簳可长四五尺，状类枪而无钻，其用轻捷，数十步外可伤人命。自来累禁兵器，即不及飞梭，犯者未有明条”。宋真宗天禧元年（1017年），知泸州郑昭度请求：“欲乞自今后私置者，依大中祥符二年（1009年）敕，同禁兵器全成断遣，如有梭头无簳者，乞作全不成断遣。”朝廷予以批准[③]，将其列为禁止持有的兵器。天圣八年（1030年），宋仁宗下诏：“川峡路今后不得造著袴刀，违者依例断遣。”利州路转运使陈贯言：“著袴刀于短枪簳柱杖头安者，谓之拨刀，安短木柄者，谓之畬刀，并皆著袴。畬刀是民间日用之器，川峡山险，全用此刀开山种田，谓之刀耕火种。今若一例禁断，有妨农务。兼恐禁止不得，民犯者众。请自令著袴刀为兵器者禁断，为农器者放行。”朝廷同意区别对待。[④]

对于少数民族地区，严格禁止内地向其输入武器。“旧制，弓矢兵器不入外夷”，景德二年（1005 年），西北地区的“西凉样丹族上表求市弓矢，上以样丹宣力西陲，委之捍蔽，特令渭州给赐”[⑤]。不久有所放宽，只禁止禁兵器。大中祥符二年，夏州进奉使白守贵等“请市弓矢及弩，上以弩在禁科，不许，余从之”[⑥]。进而严禁相关工匠进入蕃界。元祐五年（1090年），根据枢密院的要求，朝廷“令举人及曾聚学人，并阴阳、卜筮、州县停废吏人、谙造兵器工匠，并不得入溪洞与归明蛮人相见，违者

① （宋）李焘撰，上海师范大学古籍整理研究所、华东师范大学古籍整理研究所点校：《续资治通鉴长编》卷86，大中祥符九年四月末，第1984页。

② （宋）李焘撰，上海师范大学古籍整理研究所、华东师范大学古籍整理研究所点校：《续资治通鉴长编》卷 280，熙宁十年二月己丑，第6862页。

③ （清）徐松辑：《宋会要辑稿》兵26之26，第7239页。

④ （清）徐松辑：《宋会要辑稿》兵26之26至27，第7239—7240页。

⑤ （宋）李焘撰，上海师范大学古籍整理研究所、华东师范大学古籍整理研究所点校：《续资治通鉴长编》卷59，景德二年三月壬申，第1326页。

⑥ （宋）李焘撰，上海师范大学古籍整理研究所、华东师范大学古籍整理研究所点校：《续资治通鉴长编》卷72，大中祥符二年十一月丙子，第1643页。（清）吴广成撰，龚世俊等校证：《西夏书事校证》卷9，大中祥符二年十一月，兰州：甘肃文化出版社，1995年，第108页，作夏人“进奉使白守贵请市弓弩，朝议以旧制弓矢兵器不入外夷，不许。”误。

以违制论”[①]。对曾反抗暴动的少数民族地区，所有武器一律没收。宋仁宗时湖南瑶族发生动乱被镇压后，余靖有诗云：“命将久征蛮，骚然数载间。一言巢穴破，千里鼓旗闲。刀盾无私蓄（原注：猺人兵器尽输官库），耕桑有复还。”[②]显然是强制收缴的。

岭南的博刀是一种窄长而有短把的刀具，通常被认作合法兵器。但到了景祐二年（1035 年），广南路转运使言：“民为盗者多持博刀，捕获止科杖罪，法轻不能禁”，朝廷于是诏令广南东西路“民家不得私置博刀，犯者并锻人并以私有禁兵律论”。[③]博刀被补列为“禁兵器”。

淳熙十一年（1184 年），大概与去年有姜大老造反、率众进攻泉州有关，朝廷“禁福建民私有兵器”[④]。随着社会矛盾的加剧，对兵器的管制越来越严厉。

（三）对民间团体的武器管制

宋代拥有武器的民间团体，多属宗教性质的社团和习武的团体。

敬神祭祀等大型隆重的典礼，民间往往结成社团，有组织地率领大众进行，而且仪式的仪仗多有兵器，以示神主如同帝王般的威严。宋政府对此高度警惕，予以管制。大中祥符五年（1012 年），知益州李士衡言：“永康军村民社赛，用棹刀为戏，望行禁止。”宋真宗随即表示同意。[⑤]大中祥符七年（1014 年），修兖州景灵宫太极观都监周怀政报告：“兖州民有以兵器献东岳庙者，请令焚之，不可焚，则输本州甲仗库”。也得到了朝廷的批准。[⑥]这些都是地方官员个人的敏感提议所致，并非制度。天圣五年（1027 年），朝廷统一颁布了禁令，予以制止：“禁民间结社祠岳渎神、私置刀楯旗旛之属。”[⑦]民间所有结社在祭祀五岳、四渎时，不准出现刀盾等合法武器和旗帜等非法器具。那么，每天都在全国各地上演的其他敬神祭赛活动中的兵器，此时并不在禁止之列。

到南宋，陆续开始禁止。乾道三年（1167 年），知邵武军王份言：“本军管下乡村多有不畏公法之人，私置兵器，结集人丁，岁以为常，谓之关社。持枪杖，鸣锣鼓，

---

① （清）徐松辑：《宋会要辑稿》刑法 2 之 38，第 6514 页。

② （宋）余靖：《武溪集》卷 1《送曲江知县赵节推》，影印文渊阁四库全书本，第 1089 册，第 4 页。

③ （宋）李焘撰，上海师范大学古籍整理研究所、华东师范大学古籍整理研究所点校：《续资治通鉴长编》卷 117，景祐二年十二月甲子，第 2766 页。

④ 《宋史》卷 35《孝宗纪三》，第 682 页。

⑤ （清）徐松辑：《宋会要辑稿》刑法 2 之 11，第 6501 页。

⑥ （宋）李焘撰，上海师范大学古籍整理研究所、华东师范大学古籍整理研究所点校：《续资治通鉴长编》卷 83，大中祥符七年十二月壬戌，第 1906 页。

⑦ （宋）李焘撰，上海师范大学古籍整理研究所、华东师范大学古籍整理研究所点校：《续资治通鉴长编》卷 105，天圣五年八月甲戌，第 2445 页。

千百成群，动以迎神为名，甚者倚恃徒党，因而为盗。欲望约束行下，自今有犯，并依结集立社法，庶几顽俗有所畏惮。”朝廷接受其建议予以禁止。[①]以迎神为名集结的党徒，因为轻易地就可转化为暴力团伙，朝廷因而要严加管束。淳熙十四年（1187年），新知秀州赵亮夫奏：“所在州县有神祠去处，每岁秋成丰稔，多用器械之属前后导引。乞申严条令行下诸路州军，告谕民间，应有所藏迎神兵器，立限出首，赴官交纳，许以木锡代用。”宋孝宗“从之”[②]，也即要在全国范围内收缴祭祀用的兵器，改用木质或锡质的假兵器。事实证明，这一政策并没有得到严格的执行，因为第二年即淳熙十五（1188年）年，还有地方官上书要求禁止。如南安军长官提议说：“乞令江西守令，遇有祈祷，只许用香花鼓乐迎神，不得辄持兵器。”朝廷诏令“诸司常切觉察禁戢，毋致违戾”[③]。要求严密监控。

与祭祀用兵器相比，习武社团的兵器更具危害性，宋政府的打击力度更大。庆历元年（1041年）诏：“如闻淄、齐等州民间置教头，习兵仗，聚为社。自今为首处斩，余决配远恶军州牢城。仍令人告捕之，获一人者赏钱三十千。”[④]京东路州郡教学兵器的社团，尽管并没有触犯刑律，朝廷仍感到恐惧，按有罪推定，以极刑严厉打击，并重赏告发者。政和五年（1115年），有臣僚报告：“江南盗贼间作，盖起于乡闾愚民无知，习学枪梃弓刀，艺之精者从而教之，一旦纠率，惟听指呼，习以成风。乞诏有司责邻保禁止，示之厚赏，敢为首者加以重刑，庶免搔扰。”宋徽宗予以批准。[⑤]统治者担忧，民间武装社团极易转化为危害社会秩序的犯罪团伙，必须禁止，防患于未然。

（四）武器的市场管制

对大多数地区而言，既然可以拥有合法武器，市场也就可以买卖。但到了南宋中期，政府开始予以管制。隆兴二年（1164年），部分地区禁止贩运武器。据知贺州秦吁言：“赣、吉、全、道、贺州及静江府居民，常往来南州等处兴贩物货，其间多有打造兵器出界货卖者。乞行下诸州县巡尉及津务镇场，严行禁止。如遇商人有夹带兵器，并拘没入官。”从之。[⑥]宋宁宗庆元四年（1198年），有臣僚报告：“近者都城鬻卖娱悦童稚之具，多有装饰兵器，弄伪成真。乞今后遇有献神祷旱等事，不得以头

① （清）徐松辑：《宋会要辑稿》刑法2之157至158，第6574页。
② （清）徐松辑：《宋会要辑稿》刑法2之123，第6557页。
③ （清）徐松辑：《宋会要辑稿》刑法2之123，第6557页。
④ （宋）李焘撰，上海师范大学古籍整理研究所、华东师范大学古籍整理研究所点校：《续资治通鉴长编》卷134，庆历元年十一月甲寅，第3196—3197页。
⑤ （清）徐松辑：《宋会要辑稿》刑法2之64，第6527页。
⑥ （清）徐松辑：《宋会要辑稿》刑法2之156至157，第6573—6574页。

刃为戏，凡物之像兵器者亦不许复鬻于市。”从之。[①]连玩具兵器也不准出售，可谓草木皆兵了。宋宁宗嘉泰四年（1204年），枢密院奏：“街市铺户、典当质库，辄将弓弩、箭凿之属公肆出卖收当。乞下所属重立罪赏约束，但系军器，不许收当出卖。”从之。[②]不仅禁止买卖兵器，也不准典当。

为了从根本上禁绝禁兵器在民间的流传，朝廷对制造兵器的相关原材料也禁止流通，制定有专门法令：

> 诸将堪造军器物（谓弓弩、竹木材、枪杆、箭竿、筋角、鳔胶、白腊、牛皮、皮单［鞾］及皮鞋底。余条堪造军器物准此。）入三路缘边及河北、京东路缘海州界者，徒一年，物价（据见获物估）及二贯加一等，过徒三年五贯加一等，物没官，许人告。关津税务官司失觉，杖一百。
>
> 诸以堪造军器物卖与化外人及引领者，并徒二年，计赃一尺，徒三年，一匹加一等，徒罪皆配千里，流罪皆配二千里，三十匹皆配远恶州，物没官，知情、停藏、负载人减犯人一等，仍依犯人配法。熟铁（造成器物同）与外国使人（非使人同）交易，罪轻者，徒三年，配千里，许人告（非使人，许捕）。[③]

所禁止的主要是边疆地区，防止流入外国和少数民族地区，违反者处以杖刑、徒刑乃至流配二千里。

（五）武器的收缴

大量的民间非法武器使宋政府如坐针毡，惴惴不安，所以不断开展清理收缴行动。如大中祥符五年（1012年），诏：“军民有私置刀兵器甲，限五十日送官，违者论如法。罪至流者并其家属部送赴阙，至徒者决配本处牢城，冶铸者如之。其缘边诸处曾被旨许留者，听如旧。”[④]要求私藏、私铸非法兵器者在五十天内送交官府，否则连同家属一起依法严惩。庆历八年（1048年），又诏：“士庶之家所藏兵器，非编敕所许者，限一月送官，如故匿，听人告捕之。”[⑤]上交的期限缩短为一个月。元丰元年（1078年），

---

① （清）徐松辑：《宋会要辑稿》刑法2之129，第6560页。

② （清）徐松辑：《宋会要辑稿》刑法2之133，第6562页。

③ （宋）谢深甫监修：《庆元条法事类》卷29《兴贩军须》，杨一凡、田涛主编，戴建国点校：《中国珍稀法律典籍续编》第1册，第430页。

④ （宋）李焘撰，上海师范大学古籍整理研究所、华东师范大学古籍整理研究所点校：《续资治通鉴长编》卷78，大中祥符五年九月庚午，第1784页。

⑤ （宋）李焘撰，上海师范大学古籍整理研究所、华东师范大学古籍整理研究所点校：《续资治通鉴长编》卷162，庆历八年正月辛巳，第3903页。

潭州浏阳县永兴场采银铜矿聚集了大批流浪人员采矿，统治者认为“恶少藏伏其间，不易讥察，万一窃发，患及数路”。于是下诏：“坑户限一月首纳所藏兵器，限满不首，依私有法。其保内有犯强盗、杀人、放火、居停强盗及逃军私藏兵器、甲弩，知而不告，各减犯人二等，并押出场界；情重者邻州编管，不知情，又减二等。”[①]限令一月内缴纳私藏武器，按伍保连坐法，知情不报者减二等治罪，并驱逐出界。宣和七年（1125年），宋徽宗下诏：“民间私置博刀及炉户辄造，并依私有禁兵器法。见有者限一月赴官首纳，限外罪赏依本法，仍令诸路提刑司行下所属州县。”[②]这是全国范围内的收缴博刀行动。

宋代多有逃军和战争中溃散的士兵，仓皇之际，为了换取衣食生存通常出卖武器。元丰六年（1083 年）诏：“闻鄜延诸州昨走散兵卒，带官器械，私易于民间。委转运司立限首纳，量支价钱，即限满藏匿，依私有禁兵器告赏法。”[③]宋神宗令陕西转运司收缴流入民间的散兵武器，办法是支钱回购。期满仍藏匿者，按私有“禁兵器”法治罪。

三、民兵的武器及政府管制

（一）民兵的武器装备

宋代实行乡兵制，就是政府把民间力量组织控制起来，实行武装自保、保卫边防，维护社会治安。如弓手、弓箭手和义勇、强壮、荆湖路弩手、广南东路枪手、福建路枪仗手、江南西路枪仗手等乡兵、保丁等等，名目繁多。从一些民兵组织的名称就可看出来，除了必要的合法武器外，政府还要配发“禁兵器”以增强战斗力，或“自备戎械并马”，或“给器甲、口粮、食钱”，或“官给铠甲”。[④]对于西北边防地区由少数民族组成的蕃兵，宋政府“计族望大小，分队伍，给旗帜，使各缮堡垒，人置器甲，以备调发”[⑤]。至少装备有“旗帜”“甲”等“禁兵器”。

河北、河东、陕西的义勇，组建于宋夏战争时的庆历二年（1042 年），朝廷“选河北、河东强壮并抄民丁涅手背为之。户三等以上置弩一，当税钱二千；三等以下官

---

① （宋）李焘撰，上海师范大学古籍整理研究所、华东师范大学古籍整理研究所点校：《续资治通鉴长编》卷 293，元丰元年十月己未，第 7153—7154 页。

② （清）徐松辑：《宋会要辑稿》刑法 2 之 92，第 6541 页。

③ （宋）李焘撰，上海师范大学古籍整理研究所、华东师范大学古籍整理研究所点校：《续资治通鉴长编》卷 333，元丰六年二月戊申，第 8013 页。

④ 《宋史》卷 190《兵志四》，第 4710、4711 页。

⑤ 《宋史》卷 191《兵志五》，第 4752 页。

给。”[①]重点是配置弩，三等以及以上户等家庭经济条件良好，每户自置一弩，可以免除二贯税钱；四、五等户比较贫困，无力购置，则由官方配发。宋仁宗时，在陕西发展乡兵，要求民户自备弓弩。尹洙报告说：“体问同州第四等、第五等人户，多无弓弩，当教阅时，逐旋借用，虽有指挥官中量给钱数，又缘只支得五七百文，今问得弩一枝钱一贯五六百文足，弓一张钱七八百文足。”[②]治平中，在韩琦的建议下，朝廷于陕西增刺义勇民兵，每人支给买弓箭钱 2 贯省，让其自行购置弓箭。[③]应是 1 张弓和 10 支箭的价钱。熙宁三年（1070 年）推行的保甲法，是乡兵制的发展，明文规定保丁“除禁兵器外，其余弓箭等许从便自置，习学武艺”[④]。原本各家并不一定都备有合法兵器，这时却被要求必备。于是，各家保丁必须“买弓、修箭、添弦、换包指、治鞍辔”[⑤]。如开封府陈留县要求居民自备弓箭，于是弓箭在市场上一时价格大涨，“百姓买一弓至千五百，十箭至六七百”。宋神宗听到开封保丁为了购置弓箭不得不就典质衣服之事质问王安石，王安石辩解道：“然自生民以来，兵农为一，耒耜以养生，弓矢以免死，皆凡民所宜自具，未有造耒耜、弓矢以给百姓者也。然则，虽使百姓置弓矢亦不为过。”[⑥]保甲法作为王安石军事改革的一个重要新法，有逐步取代募兵、恢复兵农合一的意图，因而其军事化程度比较强，必须使之拥有武器。这些政策，实际上是鼓励乃至强迫民众配备合法兵器了。广南地区保甲的武器装备情况大致类似。元丰五年（1082 年），朝廷诏：“广南保甲如戎、泸故事，自置裹头无刃枪、竹标排、木弓刀、蒿矢等习武技，遇捕盗则官给器械。”[⑦]保甲自置枪等兵器，执行捕盗任务时官方另外配置战斗力更强的武器。

康定元年（1040 年），朝廷重组河北、河东路强壮，陕西、京东西路新置弓手，“皆以二十五人为团，置押官；四团为都，置正副都头各一人；五都为指挥，置指挥使，各以阶级伏事。年二十系籍，六十免，取家人或它户代之。听私置弓弩”[⑧]。军事化管理增强，不但表现在组织纪律方面，更表现在允许私人购置“禁兵器”弩。庆历二年（1042 年），政府在河北、河东民间点选义勇民兵，要求“户三等以上置弩一，

① 《宋史》卷 191《兵志五》，第 4733 页。

② （宋）尹洙：《河南先生文集》卷 24《申乡兵弓手轮番教阅状》，四部丛刊本，第 4 页。

③ （宋）苏辙撰，俞宗宪点校：《龙川别志》卷下，北京：中华书局，1982 年，第 92 页。

④ （宋）李焘撰，上海师范大学古籍整理研究所、华东师范大学古籍整理研究所点校：《续资治通鉴长编》卷 218，熙宁三年十二月乙丑，第 5297 页。

⑤ （宋）李焘撰，上海师范大学古籍整理研究所、华东师范大学古籍整理研究所点校：《续资治通鉴长编》卷 361，元丰八年十一月丙午，第 8642 页。

⑥ 《宋史》卷 192《兵志六》，第 4774 页。

⑦ 《宋史》卷 191《兵志五》，第 4748 页。

⑧ （宋）李焘撰，上海师范大学古籍整理研究所、华东师范大学古籍整理研究所点校：《续资治通鉴长编》卷 128，康定元年九月乙丑，第 3041 页。

当税钱二千；三等以下官给。”[①]在冷兵器时代，弩属于杀伤性强的重型武器，出于国防军事的需要，允许民间配备。可能发生的社会治安问题，让位给已经发生的边界防御需要。

河北的弓箭社作为边境人民的自卫武装组织，同样受到官方的支持。熙宁三年（1070 年），知定州滕甫报告：“河北州县近山谷处，民间各有弓箭社及猎射人，习惯便利，与夷人无异。欲乞下本道逐州县，并令募诸色公人及城郭乡村百姓有武勇愿习弓箭者，自为之社。每岁之春，长吏就阅试之。北人劲悍，缓急可用。”朝廷随即批准；元祐八年（1093 年）的知定州苏轼，记载他们“带弓而锄，佩剑而樵，出入山坂，饮食长技与敌国同。私立赏罚，严于官府，分番巡逻，铺屋相望……以至逐捕本界及他盗贼，并皆驱使弓箭社人户用命捉杀。见今州县，全藉此等寅夜防拓，灼见弓箭社实为边防要用”。至于陕西的弓箭手更以强悍的战斗力著称，以至于“陕西恃弓箭手为国藩篱”[②]。均成为国家依赖的边防藩篱，这些务必得益于他们手中精良的武器。

熙宁九年（1076 年），全国仅“系籍义勇、保甲及民兵凡七百一十八万二千二十八人云”[③]。这意味着他们手中至少拥有 700 余万件兵器，其中包括大量“禁兵器”。

（二）政府的管制

对宋政府来说，民兵武器是真正的双刃剑，既要强化磨砺以巩固边防、维护治安，又要防止引惹不轨，作奸犯科乃至造反。宋政府在实践中陆续采取了造册管理、集中保管乃至禁止发展、解散民兵组织，收缴武器等办法，来应对可能的危害。

弓手系劳役性的地方治安武装，宋初，其武器装备曾处于左右为难的尴尬境地。“复州有弓手置弓刀以捕寇者，本州引私置衣甲、器械律坐其罪，皆杖脊配隶本城。”如此不许携带弓刀，便没有什么战斗力和威慑力，难以执行抓捕任务。大中祥符九年（1016 年）诏：“三京及诸路转运司，除川峡州军外，并据所管县分弓手，每人借弩一枝，其令箭枪剑令各自置办，以簿拘管，递相交割，委令尉常切教阅。”[④]允许自置弓箭、枪、剑，还由官方借弩一枝，但都必须登记在册，人员变动时要办理武器的交接手续。宋仁宗时，政府要在两浙路添置弓手，知杭州司马光坚决反对道：“吴越素不习兵，以故常少盗贼。不过聚结朋党，私贩茶盐，时遇官司，往往斗敌，在于

---

① 《宋史》卷 191《兵志五》，第 4733 页。

② 《宋史》卷 190《兵志四》，第 4724—4727 页。

③ 《宋史》卷 192《兵志六》，第 4771 页。

④ （宋）李焘撰，上海师范大学古籍整理研究所、华东师范大学古籍整理研究所点校：《续资治通鉴长编》卷 86，大中祥符九年四月末，第 1984 页。

两浙，最为剧贼……又无铦利兵器，止偷商税，不敢剽掠平人。近年以来，虽亦颇有强盗，然比诸内地，要自稀踈。今避差点者，若窜匿无归，必例为冦窃。加以弓矢刀锯之类，许其私置，自今以后，贼盗必多。及私贩茶盐之徒，皆有利兵抵拒吏士，益难擒讨。积微至著，渐不可长。”[①]重要理由就是恐怕弓手的武器被非法使用或流落不法分子手中，酿成大患。

宋神宗去世后，保甲法立即遭到抨击及调整，首要的就是武器管制。宋哲宗即位初，左司谏朱光庭上书道：“臣伏见朝廷近降指挥，河东、陕西保甲自来年正月一日罢教，只于冬三月轮番教阅。此诚安民之急务也。内有兵器一节，臣方自外来，不知朝廷已未处置。伏缘自教阅保甲以来，兵器未尝禁止。今既许三时务农，从事于耒耜田亩之间，则兵器岂可依旧蓄于私家！切恐缓急有所资藉，起而为盗，为患不细。欲望朝廷速行指挥，三路保甲自罢教日，将应教阅兵器，不问官给自置，并令纳官，为置库如法收贮，俟冬教日旋行给付，教罢即复行拘收。如官已拘收之后，民间辄复私置者，乞依法禁止施行。所贵小人无所资藉，亦消弭盗贼之一端也。”[②]他建议：对保甲的武器无论是私有的还是配发的，只许冬季训练时使用，其他时间要一律收缴官库，私藏私置者依法处治，以防隐患。朝廷随即采纳了他的提议，如元祐元年（1086年）正月，枢密院言：“府界、三路保甲已罢团教，其教阅器械悉上送官，仍立禁约。”[③]元祐元年闰二月的诏令表明，所收缴的是官方配置的“禁兵器”：“府界、五路提举保甲司，指挥州县，如有见送纳军器，若不是非理损坏不堪，或事件不全，止据见在受纳，不得须令修整、赔直。仍晓示，若有隐藏、换易元给官弓弩者，限一月首纳，特与原罪。限满不首，即依私有禁兵器法告赏”[④]。前此收缴武器时，曾要求将损坏、残缺者修缮或赔偿，显然只能是弓弩之类的官府配置武器，私人原有武器是不可能由官方要求持有者修缮、赔偿的。

熙宁十年（1077年），朝廷开始管制广西的乡兵武器，下诏：“邕、钦丁壮自备戎械，贫者假以官钱，金鼓旗帜官给，间岁大阅，毕则敛藏之。”[⑤]元丰二年（1079年），对福建路保甲“立法，听自置兵械寄于官，遇捕盗乃给，数外置者从私有法”[⑥]。尽

---

① （宋）司马光撰，李文泽、霞绍晖校点：《司马光集》卷16《论两浙不宜添置弓手状》，成都：四川大学出版社，2010年，第489—490页。

② （宋）赵汝愚编，北京大学中国中古史研究中心校点整理：《宋朝诸臣奏议》卷124，朱光庭《上哲宗乞拘收保甲兵器及募充弓手》，上海：上海古籍出版社，1999年，第1372页。

③《宋史》卷192《兵志六》，第4785页。

④ （宋）李焘撰，上海师范大学古籍整理研究所、华东师范大学古籍整理研究所点校：《续资治通鉴长编》卷368，元祐元年闰二月庚寅，第8861—8862页。

⑤《宋史》卷191《兵志》五，第4748页。

⑥《宋史》卷191《兵志》五，第4749页。

管是私有兵器，也必须由官府保管，此外若仍有武器，就按私有“禁兵器”法治罪。

京东等地的弓箭社，到北宋末年实行武器管制。宣和七年（1125 年），有臣僚指出：“且私有兵器，在律之禁甚严。三路保伍之法，虽于农隙以讲武事，然犹事毕则兵器藏于官府。今弓箭社一切兵器，民皆自藏于家，不几于借寇哉？望陛下断自圣心，罢京东弓箭社之名，所藏兵器悉送之官，使民得免非时追呼迫胁之扰，以安其生。”昏庸的朝廷接受了这一建议：“诏并依奏……兵器并拘入官，弓箭社人依已降指挥放散。”[①]不仅收缴了所有武器，干脆解散了弓箭社，在金兵即将南侵之际，实属自毁篱笆。

附带说明，宋代军人也不准私自藏有、携带武器。在京师，“军士素能自备技击之器者，寄掌本军之司；俟出征，则陈牒以请”[②]。私有武器交由军方保管，有战斗任务时再申请取出使用。大中祥符七年（1014 年），朝廷下令“禁军士私蓄手刀、器械，其戍边者不禁”[③]。天圣三年（1025 年）又诏：“自今军人犯私置兵器等，其本路人员连累负犯者，并从杖罪断遣，即更不等第降职。”[④]军人只能使用官方配发的武器，实行统一的管理，私有武器官方无法知晓更难以控制，和民间私有“禁兵器”的性质相同。

四、刑事案件中持有武器的量刑

宋政府为了维护统治秩序和社会治安，在规定犯罪与刑罚的刑法中充分体现了对使用武器的严厉处罚。

（一）使用武器斗殴

对于打架斗殴中使用武器者，加重量刑。刑法中规定：“诸斗以兵刃斫射人，不著者杖一百。（兵刃谓弓、箭、刀、矟、矛、穳之属。即殴罪重者，从殴法。）若刃伤，（刃谓金铁，无大小之限，堪以杀人者。）及折人肋，眇其两目，堕人胎，徒二年。（堕胎者，谓辜内子死乃坐，若辜外死者，从本殴伤论。）……议曰……兵刃谓弓、箭、刀、矟、矛、穳之属。称之属者，虽用殳、戟等皆是。即殴罪重者，谓本条

① 《宋史》卷 190《兵志四》，第 4729 页。

② 《宋史》卷 197《兵志一一》，第 4909 页。

③ （宋）李焘撰，上海师范大学古籍整理研究所、华东师范大学古籍整理研究所点校：《续资治通鉴长编》卷 83，大中祥符七年九月甲辰，第 1896 页。

④ （清）徐松辑：《宋会要辑稿》刑法 7 之 8，第 6737 页。

殴罪得徒一年以上者，斫射人不著，即从殴法。假如因斗斫射小功兄姊而不著者，即依本条殴罪，科徒一年，即不从斫射之罪。如此之类，即从殴法。……疏：……诸斗殴杀人者绞，以刃及故杀人者斩。虽因斗，而用兵刃杀者，与故杀同。（为人以兵刃逼己，因用兵刃拒而伤杀者，依斗法。）……疏：……谓余亲戚、良贱以兵刃逼人，人以兵刃拒杀者，并准此斗法。”[①]概括起来，即为五条：（1）斗殴中以金属武器伤人者，判处徒刑两年；（2）动用武器但未造成伤害者，决杖一百；（3）对堂兄姐动用武器未造成伤害者，判处徒刑一年；（4）动用武器杀人致死者，与故意杀人罪相同，处以斩首；（5）在对方以武器相加之际，用武器自卫而杀人者，按斗殴杀人罪处以绞刑。

（二）携带武器抢劫

宋代有项重罪叫持仗强盗。“仗”，在许多地方被写成“杖”，很容易造成“持棍棒强盗”的误解。其实，在法律文件中，对这个仗字有明确的解释：“仗谓兵器杆棒之属。余条称仗准此。议曰……兵器谓弓、箭、刀、稍之类，杆棒或铁或木为之皆是，故云之属。”[②]所谓的仗，字面意思是器仗，法律意思是弓、箭、刀、稍之类的武器和金属、木质的棍棒，其要害自是武器。这是《宋刑统》沿袭《唐律疏议》的条文，乾德五年（967年）的诏令做了调整：“比者强盗持仗，虽不伤人者皆弃市。自今虽有杆棒，但不伤人者，止计赃以论其罪。”[③]重点是携带兵器而不是棍棒。有具体的案例如元丰五年（1082 年）知桂州张颉言：“昌化军劾符破结九人犯持杖强盗杀人，罪皆死。缘系捕盗官招诱令解下弓刀，支与酒食，然后擒缚。若从捕获法，虑致生黎疑惧，将来无以示信。”诏释之。[④]所持之仗，就是弓箭和刀。

刑法规定：“诸强盗，不得财徒二年，一尺徒三年，二匹加一等，十匹及伤人者绞，杀人者斩。其持仗者，虽不得财，流三千里，五匹绞，伤人者斩。”[⑤]在抢劫案中，持仗的量刑比不持仗重的多。抢劫没有得到财物，一般只判处两年徒刑，但若持仗则要被流放三千里；抢劫财物计赃达绢十匹者以及致人受伤者，处以绞刑，但如果

① （宋）窦仪等撰，吴翊如点校：《宋刑统》卷21《斗殴故殴故杀》，第326、328页。

② （宋）窦仪等撰，吴翊如点校：《宋刑统》卷7《阑入庙社宫殿门》，第116页。《嘉祐编敕·贼盗门》补充道：“应持竹铊、竹杖、砖石之类为盗，堪以害人者，并同持仗之法。”（宋）陈傅良著，周梦江点校：《陈傅良先生文集》卷21《缴奏刑部大理寺鄢大为断案状》，杭州：浙江大学出版社，1999年，第295页。

③ （宋）李焘撰，上海师范大学古籍整理研究所、华东师范大学古籍整理研究所点校：《续资治通鉴长编》卷 8，乾德五年四月丙戌，第193—194页。

④ （宋）李焘撰，上海师范大学古籍整理研究所、华东师范大学古籍整理研究所点校：《续资治通鉴长编》卷 324，元丰五年三月壬寅，第7806页。

⑤ （宋）窦仪等撰，吴翊如点校：《宋刑统》卷19《强盗窃盗（监主自盗）》，第300页。

持仗，计赃达五匹即处以绞刑，致人受伤则斩首。宋仁宗景祐二年（1035 年），朝廷修改强盗法："不持杖，不得财，徒二年；得财为钱万及伤人者，死。持杖而不得财，流三千里；得财为钱五千者，死；伤人者，殊死。不持杖得财为钱六千，若持杖罪不至死者，仍刺隶千里外牢城。"[①]计赃由绢改为钱，死刑由绞改为死、斩改为殊死，实质意思不变。新增的是持仗得财五千以下罪不至死者，处以刺配千里外牢城的苦役。

宋代对罪犯多有大赦，但持仗强盗通常不被赦免："祖宗著令，持杖强盗及资给亡命者，皆不以赦原。"[②]如景德二年（1005 年）八月就专门下诏："凶狡之徒，希望恩宥，民之多僻，无甚于兹。其八月一日已后，持杖强盗，遇南郊赦恩，不在原免之限。令所在榜壁告示。"[③]如此，持仗强盗几乎等同于十恶不赦了。

（三）武装贩卖禁榷物资

武装贩卖茶、盐等禁榷物资者，其所有武器一律按"禁兵器"对待："诸贩私茶、盐榷禁者将有刃器、仗（原注：谓堪以拒捍者）随行，以私有禁兵器论"；"诸私有禁兵器，论如律（原注：枪及纸甲同）"。[④]刀具原是合法的武器，但在这个非法事件中就成为非法的凶器了，而且凡是能够抵御、反抗官兵捕捉的器物包括枪及纸甲都属于"禁兵器"。另外，对持兵器护送他人贩卖私有榷货者，与其同罪，连同被护送者达到三人即按结集徒党法治罪："诸持仗裹送人贩私有榷货者，与同罪，许人捕。通贩者及三人，依结集徒党法。"[⑤]以此来从重打击武装贩卖禁榷物资团伙。

（四）盗窃武器

刑法规定："诸盗禁兵器者，徒二年，甲弩者，流二千里。若盗罪轻，同私有法。盗余兵器及旌旗、幡帜者，杖九十。若盗守卫宫殿兵器者，各加一等。即在军及宿卫相盗，还充官用者，各减二等。"盗窃"禁兵器"的量刑重于持有，比"诸私有禁兵器者，徒一年半"重半年，显然是持有罪加上盗窃罪；盗窃民间可以合法拥有的武器以及属于"禁兵器"的旌旗、幡帜者，从轻处以杖九十的刑罚。这里将旌旗、幡帜排除在"禁兵器"之外，大概是考虑到盗窃这些物品或许只是为了当作纺织品使用，危

---

① 《宋史》卷 199《刑法志一》，第 4976 页。

② （宋）李心传：《建炎以来系年要录》卷 180，绍兴二十八年十月壬辰，第 2989 页。

③ 司义祖整理：《宋大诏令集》卷 201《令八月一日已后持杖强盗南郊赦恩不原诏》（景德二年八月己巳），北京：中华书局，1962 年，第 745 页。

④ （宋）谢深甫：《庆元条法事类》卷 28《禁榷门一・擅兴敕》，杨一凡、田涛主编，戴建国点校：《中国珍稀法律典籍续编》第 1 册，第 388、386 页。

⑤ （宋）谢深甫：《庆元条法事类》卷 28《禁榷门一・名例敕》，杨一凡、田涛主编，戴建国点校：《中国珍稀法律典籍续编》第 1 册，第 380 页。

害较轻，所以只按盗窃官物（只有官方才能拥有旌旗、幡帜）罪处罚；军人盗窃所守卫宫殿的武器，比普通盗窃罪加重处罚；军人在军营中和守卫皇帝时盗窃武器但用之于正常训练、执勤、作战，减二等从轻处罚。“若入私者，各同上文盗法”[①]，若不用于公务成为私有者，则按上述盗窃罪量刑。

五、结语：民间武器与政府管制效果

在社会矛盾日益严重的背景中，宋代民间武器与政府管制的基本趋势，大致是民间的非法武器越来越多，政府的管制也越来越多。换句话说，政府越来越多的管制并未有效制止民间武器的泛滥。民间武器的非法拥有和使用，除了防身外，原因、目的、结果形形色色，各不相同。

其一，仗势欺人。“凶悍之人，好习武艺，收藏兵器。”[②]以不轨之心，有武术之艺，必然要非法拥有武器，来达到恃强凌弱的目的。如宋真宗时，曹州豪民苏庄即“蓄兵器，匿亡命，豪夺民产，积赃计四十万”[③]。其家之所以置办兵器，豢养打手，目的是欺压人民，霸占财产。

其二，防卫自保。在内外矛盾交织、兵荒马乱的南宋初，此类情况最为典型。绍兴十四年（1144 年），湖南的郴州、道州、桂阳军“前此军兴，居民率众保险，创立山寨，私置甲兵，骆科平殄，未尽屏除”[④]。知洪州赵鼎也报告：“虔州自从卫军民交变以来，凡十县之间，失业之民率聚为寇，虽圣恩宽厚，贷其胁从，亦既累年，而犹家藏兵器，未尝输官，州县既不能止绝，又其听讼理狱，往往许以追证旧事，闾里骚然，各怀反侧。”[⑤]武装自卫的民众，往往使地方官府疑忌乃至形成对立。

其三，谋图叛乱。一些不法官员，往往私藏武器，意欲遇有变故能够自保或叛乱。乾德五年（967 年），深州刺史陈达与判官王皓交恶，一急之下将其抓进监狱。后来“因自疑惧，私蓄兵器，欲走契丹”。其被王皓家人告发后，遭到除名流放海岛的处罚。[⑥]

---

① （宋）窦仪等撰，吴翊如点校：《宋刑统》卷 19《盗大祀神御物（盗宝印乘舆服御物制书官文书盗门符兵符门钥兵器）》，第 296 页。按《宋刑统》卷 27《停留军器不输（弃毁亡失备偿）》（第 443 页），有“请受军器事讫”，缓交军器、丢失、毁坏军器的条文，实际是府兵制下的刑律，至宋沿袭，但由于宋代实行的是募兵制，所以并无任何意义，不作历史事实论。

② （宋）李元弼：《作邑自箴》卷 6《劝谕民庶榜》，四部丛刊本，第 30 页。

③ 《宋史》卷 200《刑法志二》，第 4987 页。

④ （宋）李心传：《建炎以来系年要录》卷 152，绍兴十四年十二月庚辰，第 2458 页。

⑤ （明）黄淮、杨士奇编：《历代名臣奏议》卷 216，赵元镇（鼎）奏，上海：上海古籍出版社，1989 年，第 2870—2871 页。

⑥ （宋）李焘撰，上海师范大学古籍整理研究所、华东师范大学古籍整理研究所点校：《续资治通鉴长编》卷 8，乾德五年三月庚寅，第 190 页。

太平兴国八年（983 年），著名将领、威塞军节度使、判颍州曹翰，也曾私藏兵器，成为被罢官禁锢的原因之一：“而乃为恶务滋，知过不改，赋敛民户，盗用官钱，擅筑烽台，私蓄兵器。地接京辅，身拥节旄，恣为奸谋。”[①]私蓄武器正是“恣为奸谋”的主要依据。宋高宗时的太医王继先，尽管十分得宠，但在金兵不断南下、南宋政府地位难测的情况下，发展起自己的武装：“居辇毂之下，乃阴养无赖恶少共五百人，每日支与钱粮，又私置桃花甲、苦竹枪、牌、棒及刀剑等，日久教练。自闻边报不常，又置教头两名，每日于后园阅习，其子守道与孙锜及亲戚辈，日夕亦擐甲射弓，不知谋为何事。其罪不容诛五也。”但在皇帝的庇护下，并未对其依法惩处，只是“王继先依旧致仕，令福建路居住，子孙并勒停”[②]。

其四，武装起义。民间百姓由反抗剥削压迫而武装暴动起义，更是常见。如淳化四年（993 年），长江上多有强盗出没，朝廷派内殿崇班杨允恭镇压，至“通州境上蹑海贼，贼系众舟，张幕，发劲弩、短砲。允恭兵刃所向，多为幕所萦，砲中允恭右肩，流血及袖”[③]。岂止是拥有劲弩，居然还有进攻性更强的短砲！绍兴三年（1133 年），在江浙地区广泛流传的民间秘密宗教，渐渐演变成武装团体：“时江浙州县溪山深僻之民，更相传教，各有主首。愿为徒侣之人，即输钱上簿，听其呼率，私置军器，群起举事。里正恐其累己，匿不告官，由是其徒转炽。”[④]著名的钟相杨幺起义，更是典型。靖康年间他们组织民兵勤王被遣返后，“锺昂见世事扰攘，依旧将元募人团集在家，结成队伍，多置旗帜、器甲，意要作乱。官司坐视，不能觉察。次于建炎二年内，有湖南人王靖之出入锺相之门，备见其父子所为，定生变乱，欲谋不轨，遂具状经鼎、澧路兵马都钤辖唐龙图告首。时有钤辖范世雄受锺昂之金，曲为保全，止将锺相以私置军器断罪，编管衡州。相不久放还，聚集妖党如故”[⑤]。后来遂发展成为一场声势浩大的农民战争。绍定二年（1229 年），汀州爆发的农民起义，武器装备优良：“招贤三尺刃如霜，夹以巨盾张朱枪。皇皇我寨神呵护，山上澄明山下雾（原注：招贤人能制刀，贼用之，又习张、朱二家枪法）”[⑥]。不但充分利用了招贤人制作的名刀，而且拥有巨大的盾牌，普遍练习当地张、朱两大名家的枪术。

为了维护统治秩序和社会治安，宋政府对非法武器的法令不可谓不严，然而，主观愿望与客观事实大相径庭。像宋代许多法令一样，这些法令并不能令行禁止。比如

---

①（宋）司义祖整理：《宋大诏令集》卷 203《曹翰削夺在身官爵登州禁锢诏》（太平兴国八年五月壬申），第 755 页。

②（宋）徐梦莘：《三朝北盟会编》卷 230，绍兴三十一年八月十一日，第 1657 页。

③（宋）李焘撰，上海师范大学古籍整理研究所、华东师范大学古籍整理研究所点校：《续资治通鉴长编》卷 34，淳化四年十二月壬辰，第 761 页。

④（宋）李心传：《建炎以来系年要录》卷 63，绍兴三年三月丁丑，第 1082 页。

⑤（宋）岳珂编，王曾瑜校注：《鄂国金佗稡编续编校注·续编》卷 25《鼎澧逸民叙述杨么事迹一》，第 1564 页。

⑥（宋）陈起编：《江湖小集》卷 82，利登《骳稿·梅川行》，影印文渊阁四库全书本，第 1657 册，第 629 页。

熙宁二年（1069年），苏州民张朝的从兄“以枪戳死朝父，逃去，朝执而杀之”[①]。则是张朝的从兄家藏属于“禁兵器”的枪即长矛。至于猎人，更多“禁兵器”。如南宋中期，湖北郢州京山有“巨鹿无数”，“猎人操弓矢、戈、矛追随之，伺巨者行前稍远，乃敢捕射其稚弱，亦各有所获而还”[②]。其中的戈、矛即属“禁兵器”。如前文所述，南宋中期的临安，市场上连玩具兵器也禁止销售，但实际效果如何呢？南宋中后期，我们在临安市场上发现公开标价出售“禁兵器”的史实。比如弩子，最好的弩桩——象牙弩桩并配“金银拨手”，“约直钱百千以下，低者不下五十千”，常太保、马三二、騙务张等人是著名的制作高手。[③]又如器甲：有马甲，最好的是青茸制作；有人甲，“二十斤已下最好。如投卖总管、诸军武官、中贵多买，价直亦有挫杀”，重三十斤左右者比较滞销。其具有广告性质的商品介绍诗说：“鍮石络逢人马甲，斤两轻者最值钱。买主紧寻有造化，此物须当禁物看。”[④]其甲主要卖给军人、宦官，这里也明确指出属于“禁物”，但只是提醒而已。连“禁兵器”都敢公开出售，合法兵器自不在话下。南宋后期的临安，民间甚至多有公开的射弩社团和表演活动。如“武士有射弓踏弩社，皆能攀弓射弩，武艺精熟。射放娴习，方可入此社耳。更有蹴踘、打球、射水弩社，则非仕宦者为之，盖一等富室郎君、风流子弟与闲人所习也。”[⑤]“射弓踏弩社”“射水弩社”都是上层社会的体育活动，下层则有以表演射弩著名的艺人，称“射弩儿”，包括：“周长（造弩），康沈（造箭），杳大，林四九娘（女流），黄一秀。”[⑥]每逢二月八日为桐川张王生辰，是临安一祭祀大典，“霍山行宫朝拜极盛，百戏竞集，如……锦标社（射弩）”[⑦]。明州人的出洋海船上则配备有劲弩：“明州人泛海……发劲弩射之，不退。”[⑧]至于少数民族地区，山高皇帝远，更是无法管制。仍以弩为例：南宋湖北路辰州山区的瑶族即经常用弩从事抢劫活动：“潜出省地茅苇中，射弩夺物，机不虚发，名坐草。”[⑨]则是持杖强盗。广西抚水州地区的少数民族，常用的“兵器有环刀、摽牌、木弩”[⑩]。木弩就是具有当地特点的弩。

总而言之，宋政府的兵器管制法令尽管很严厉，但实际情况却是有法不依，执法

---

① 《宋史》卷201《刑法志三》，第5007页。

② （宋）洪迈撰，何卓点校：《夷坚志·支景》卷1《京山鹿寨》，北京：中华书局，1981年，第881页。

③ 佚名：《百宝总珍集》卷5《弩子》，四库全书存目丛书本，第78册，第799页。该书不详年代，但在卷8《龙涎香》中提到：“此三等系高庙、孝宗、光宗在朝合之者”，故推断为宋宁宗朝或以后。

④ 佚名：《百宝总珍集》卷9《器甲》，第809页。

⑤ （宋）吴自牧：《梦粱录》卷19《社会》，杭州：浙江人民出版社，1980年，第181页。

⑥ （宋）四水潜夫辑：《武林旧事》卷10《射弩儿》，杭州：西湖书社，1981年，第113页。

⑦ （宋）四水潜夫辑：《武林旧事》卷3《社会》，第40页。

⑧ （宋）洪迈撰，何卓点校：《夷坚志·乙志》卷8《长人国》，第249—250页。

⑨ （宋）朱辅：《溪蛮丛笑·坐草》，丛书集成初编本，第5页。

⑩ 《宋史》卷495《抚水州传》，第14205页。

不严，从历史事实而言是失败的。但是从另一方面而言，宋人的武器拥有权远超过了法律赋予的限度，得以更好地从事社会生产、生活，保护家园，丰富了制造业和商品种类。历史事实证明，这些泛滥的武器只是在某些时间、某些地点造成社会治安问题比较严重的副作用，没有酿成大规模的农民战争，也未能有效抵御外来入侵以阻止亡国的命运。

〔本文原刊于《中国史研究》2013 年第 3 期〕

唐宋之际陆路与海路东西交通比较

李华瑞*

丝绸之路的研究长期以来一直是一个备受关注的课题，但是对于唐宋之际陆路和海路东西交通进行比较研究的似还不多见，故不揣简陋，试做讨论，不妥之处，敬请批评指正。

一、唐宋之际海路与陆路东西交通发展趋势之消长

汉唐丝绸之路的基本走向，陆路从长安或洛阳出发，经河西走廊、塔里木盆地，越帕米尔高原，进入中亚、伊朗、阿拉伯和地中海世界；海路则从东南沿海出发，经南海、马六甲海峡，到印度东西海岸，再到波斯湾、阿拉伯半岛红海和地中海乃至北非东岸。这两交通路线的走向至宋代没有大的变化。

就唐宋之际陆路和海路发展趋势而言，唐中叶（安史之乱到唐文宗）是一个分水岭，此前盛唐大致是陆路交通重于海路，唐最盛时西部边境竟直接与波斯（大食）、吐火罗、天竺为邻，丝绸之路在唐政府军事和行政掌控之下畅通无阻。自长安（或洛阳）至西域的东西陆路交通沙漠路线可分为两大段：自西安至敦煌、玉门关、阳关为东段，包括陇右、河西和青海段；自敦煌、玉门关、阳关入新疆为西段，可称之为西域段。东段的陇右和河西线分南路和北路，南路从西安（长安）经咸阳、扶风、凤翔、陇县（陇州）、天水（秦州）、甘谷（伏羌）、陇西（渭州）、临洮（临州）、兰州（金城）、永登（广武）、古浪（昌松）、武威（凉州）、张掖（甘州）、酒泉（肃州）、安西（瓜州）至敦煌（沙州）。今天的新疆和河西走廊成为中西经济文化交流的集散地和交通要道。从安史之乱到吐蕃占领河西及西域大部之地后，唐王朝不能有效控制陆路东西交通，尽管朝贡贸易和经济文化交流仍在继续，但规模已远不能与唐前期时同日而语，且日渐衰落，这种态势经唐末五代入宋没有大的改观。

从严格意义上讲，宋朝陆路没有汉唐式的丝路交通。首先，北宋建国时，其经营的陆路东西交通重新回到了秦朝和汉武帝之前经营东西陆路交通的原点，即实际分成

* 李华瑞，首都师范大学历史学院教授。

了两部分，一是经营在河西地区所建各民族政权：西凉吐蕃、甘州回鹘、沙州曹氏归义军、党项、西夏的交通；一是河西走廊以西的“外国”，即《宋史·外国传六》记述的天竺、于阗、高昌、回鹘、大食、龟兹、沙州（回鹘）、拂菻等。亦即《宋本历代地理执掌图》“辨西域”所言：“隋之世，来朝者四十余国。唐破吐蕃，复四镇，诸国贡献，侔于前代。本朝建隆（960—963年）以来，通贡者于阗、高昌、龟兹、大食、天竺。”[①]而这两部分恰恰大都在唐前期的境内，也是在现今中国的版图内，而阿拉伯及西亚真正的外国已转向海上丝绸之路。

北宋灭亡，南宋建立后，从地理上讲已没有所谓陆路东西交通。

其次，宋朝与唐经营陆路东西交通最大的不同点在于，唐（前期）是政治与经贸并重，因为唐朝前期国力强盛、经济、文化繁荣，是陆路丝绸之路发展的最佳时期，唐朝势力的强大实际上成为周边国家的宗主国。“唐之德大矣。际天所覆，悉臣而属之，薄海内外，无不州县，遂尊天子曰‘天可汗’。三王以来，未有以过之。至荒区君长，待唐玺纛乃能国，一为不宾，随辄夷缚，故蛮琛夷宝，踵相逮于廷。”[②]从唐初到玄宗开元年间（618—741年），与唐朝有过外交使节来往的“四蕃之国”有将近四百个（一说与唐朝有官方往来的国家和地区多达七十余个），除了少数属于现代中国境内周边各族建立的政权外，这些国家与唐朝的使臣往来，构成了唐朝官方对外交往的主要内容，而长安则是大多数外国使臣入唐的安身之地。另外从当时的政治军事形势来看，丝绸之路干道周边强大的势力，也都希望能够控制这条既有经济利益，又有军事价值的交通路线，不论是汉魏时期匈奴、柔然，还是唐前期嚈哒、突厥、唐、回鹘等等，无不如此。唐朝在底定中原后，从贞观十四年（640年）进军高昌，到显庆三年（658年）灭西突厥汗国，整个中亚、西域王国的宗主权转归唐朝。

由于天然的地理位置和宜农宜牧的自然环境，使丝绸之路又成为汉唐时代的腹心地区——关陇的屏卫以及东西交通的咽喉孔道。即所谓“欲保秦陇，必固河西；欲固河西，必斥西域”[③]。

所以汉唐统治者历来重视经营河西、西域，把经营河西、西域视作以固根本的国策。“当唐之盛时，河西、陇右三十三州，凉州最大，土沃物繁，而人富乐。其地宜马，唐置八监，牧马三十万匹，以安西都护府羁縻西域三十六国。唐之军、镇、监、务，三百余城，常以中国兵更戍，而凉州置使节度之。”[④]足见汉唐统治者不仅重视开拓经营西部边疆，而且成效显著。“吐鲁番出土的一些文书，给我们提供了不少商旅

① 《宋本历代地理指掌图》，上海：上海古籍出版社，1989年，第134页。
② 《新唐书》卷219《北狄传赞》，北京：中华书局，1975年，第6182页。
③ （清）顾祖禹：《读史方舆纪要》卷63《甘肃镇》序，北京：中华书局，2005年，2972页。
④ 《新五代史》卷74《四夷附录第三》，北京：中华书局，1974年，第913页。

行走在丝路上的记录，也记载了强大的国家制度对于交通路线的维护所作出的艰苦努力。”[①]因而唐（前期）的对丝路的经营除了商贸这一主线外，在很大程度上具有强烈的政治军事因素在里面。

唐中叶以后随着吐蕃势力隔断河西、西域，唐朝对外关系便逐渐转向没有大的政治势力威胁的海路交通。

唐末五代中原势力进一步衰爽，到北宋建国时，与凉州吐蕃、甘州回鹘、沙州归义军，乃至于阗、高昌保持着松散的朝贡关系和施以羁縻安抚的政策之外，赵宋统治者对西北的经营已无汉唐时期的那种紧迫感，对此，田况指出：“唐置都护府，掌抚慰诸蕃……得为开府之盛。国朝承五代之后，事归边防。当西陲安辑时，朝廷固无意及此。”[②]

北宋对陆路东西交通的经营主要分成太宗和神宗两个阶段。前一段宋太宗改变宋太祖的对辽和平政策而为积极进攻，曾派遣王延德出使高昌，试图联合西域诸国牵制辽朝，在东面也曾派遣使者出使高丽，希望高丽出兵夹击辽朝。但因宋朝与辽朝两次战争的失败，促使太宗改变对内对外政策的倾向性，遂以守内虚外定型。不过真正影响北宋经营陆路中西交通的动因主要来自西夏的崛起和建国。当西夏攻占夏州、灵州、河西走廊等陆路中西交通路线和枢纽过程中，宋朝没有对来自西凉吐蕃、甘州回鹘、瓜沙归义军的寻求支持的呼声给以积极回应和经略，致使坐大西夏，宣告北宋经略陆路中西交通主干道的失败，迫使西域诸国绕道青唐道。西夏的坐大给北宋造成巨大的边患，所谓“夏国自祖宗以来，为西方巨患，历八十年。朝廷倾天下之力，竭四方财用，以供馈饷，尚日夜惴惴然，惟恐其盗边也”[③]。是故到宋神宗继位后欲改变这种耻辱状况，随着实施以“富国强兵”为宗旨之一的王安石变法，经制西夏成为北宋朝廷议事日程上的大事，北宋经营陆路东西交通进入后一阶段。为了断西夏右臂，北宋将目光投向占据青唐路的河湟唃斯啰及其子孙所建政权，从神宗熙宁年间王韶开熙河，至徽宗政和年间郡县河湟之地，北宋对青唐路的经营可谓精心和倾力，虽有所反复，但终究保障和维护了陆路东西交通东段的畅通。

因此，北宋经营陆路东西交通，政治意义大于经贸意义。河西、西域诸政权对宋的“朝贡”，宋朝得到的是政治、道义上的颜面和尊严，而河西、西域诸政权则得到的是经贸利益，对于它们来说与宋交通，则是政治意义与经贸意义并重，而当

① 荣新江：《丝绸之路与东西文化交流》，北京：北京大学出版社，2015 年，第 2 页，

② 田况：《上仁宗兵策十四事》，（宋）赵汝愚编，北京大学中国中古史研究中心校点整理：《宋朝诸臣奏议》卷 132，上海：上海古籍出版社，1999 年，第 1469 页。

③（宋）李焘撰，上海师范大学古籍整理研究所、华东师范大学古籍整理研究所点校：《续资治通鉴长编》卷 349，元丰七年十月癸巳，北京：中华书局，2004 年，第 8376 页。

河西诸政权受到西夏的侵略和于阗受到辽夏的挤压之时，它们与宋的交通具有特殊的政治意义。

唐朝在陆路交通空前发展的同时，海路交通也大大超迈前代，杜佑在《通典》中对汉唐间中国与南海诸国交往做了比较：

> 海南诸国，汉时通焉。大抵在交州南及西南，居大海中洲上，相去或三五千里，远者二三万里。乘船举帆，道里不可详知。外国诸书虽言里数，又非定实也。其西与诸胡国接。元鼎中，遣伏波将军路博德开百越，置日南郡。其徼外诸国，自武帝以来皆献见。后汉桓帝时，大秦、天竺皆由此道遣使贡献。及吴孙权，遣宣化从事朱应、中郎康泰使诸国，其所经及传闻，则有百数十国，因立记传。晋代通中国者盖鲜。及宋齐，至者有十余国。自梁武、隋炀，诸国使至踰于前代。大唐贞观以后，声教远被，自古未通者重译而至，又多于梁、隋焉。[①]

唐朝的海港主要是交州、广州、泉州和扬州，并且重心经历了由安南向广州的转移。宋代在唐代基础上有了较大发展，北自京东的登州、密州，直到海南岛，港口数量明显增加。两浙路有镇江府、江阴军、青龙镇、澉浦镇、杭州、明州、温州、台州等港，福建路主要是泉州，泉州港的地位甚至超过广州港。广南沿海主要有潮州、广州、钦州、琼州等港。

宋代不仅港口增加了许多，交往的国家也有较多增加。北宋后期人庞元英《文昌杂录》所记“主客所掌诸畓”，西方有九政权，包括西夏、唃厮啰、甘州回鹘、西域回鹘、龟兹、于阗等（北宋中期以后，实际上只有西夏和于阗、唃厮啰）而东方、南方加起来有 19 个政权和国家，拜占庭帝国、阿拉伯、东亚、东南亚等都在其中。庞元英所讲的西方主要是对陆路交通的概括，而东方、南方则都是海上丝路贸易的对象。到南宋，对“西方”的交通，已基本上消失殆尽。南宋的海路交通，据《岭外代答》和《诸蕃志》的记载，与宋通商贸易的有 50 多国，总谓之海南诸国。海南诸国的东部有东南亚诸国，包括三佛齐（包括马来半岛和巽他群岛的大部分地区）、阇婆（印尼苏门答腊、爪哇）、渤泥等国（文莱一带）；从东向西，到中南半岛，包括交趾、占城、真腊、真里高和吉兰丹诸国；过麻六甲。到印度洋，则有在次大陆上的“西天诸国”；过西天诸国就是大食诸国，除阿拉伯半岛上的一些国家外，则达非洲东岸诸国，如层拔（坦桑尼亚给巴尔）、弼瑟罗（索马里柏培拉）和勿斯里（埃及开罗）等地。

---

①（唐）杜佑撰，王文锦、王永兴、刘俊文，等点校：《通典》卷 188《边防四 · 海南序略》，北京：中华书局，1988 年，第 5088 页。

加上高丽和日本，宋代海外贸易的范围之大，自西太平洋而到印度洋、波斯湾，确为汉唐所未有。[①]这里所讲的扩大是纯指贸易范围，而非政治交往。

二、中唐以后至宋朝海路交通的转型

汉唐陆上丝绸之路的开通与维持，对中西物质文化和精神文化的交往做出了重要的贡献。唐中叶以后随着海路交通地位的日渐提高，与陆路交通相比，中国的对外交通出现由政治经贸并重向以经济贸易为主的转型，这主要表现在四个方面：

第一，是交通方向的转变，唐前期由京城出发，经河西、西域向印度、西亚、欧洲的西向为主，唐中叶以后从沿海广州、泉州等地出发，向西亚、南亚、北非，但重点是向以南海周围东南亚为主的转变。[②]《宋史·外国传》序言是这样描述宋朝对外关系的：

> 于是东若高丽、渤海，虽阻隔辽壤，而航海远来，不惮跋涉。西若天竺、于阗、回鹘、大食、高昌、龟兹、拂林等国，虽介辽、夏之间，篚篚亦至，屡勤馆人。党项、吐蕃唃斯啰董毡瞎征诸部，夏国兵力之所必争者也，宋之威德亦暨其地，又间获其助焉。交阯、占城、真腊、蒲耳、大理滨海诸蕃，自刘鋹、陈洪进来归，接踵修贡。宋之待遇亦得其道，厚其委积而不计其贡输，假之荣名而不责以烦缛；来则不拒，去则不追。边圉相接，时有侵轶，命将致讨，服则舍之，不黩以武。先王柔远之制岂复有加于是哉。南渡以后，朔漠不通，东南之陬以及西鄙，冠盖犹有至者。[③]

显然除了西边的陆路交通外，其东面主要讲的就是东亚日本、高丽，南边除了今天的云南外主要讲的就是南海周围的东南亚和阿拉伯。宋朝商人前往东南亚各国贸易，备受隆重的接待。《诸蕃志》阇婆国条谓："贾人至者，馆之宾舍，饮食丰洁。"苏吉丹（爪哇）条谓："厚遇商贾，无宿泊饮食之费。"勃泥国条谓："番舶抵岸三日，其王与眷属率大人到船问劳"[④]东南亚国家这些做法，表达了它们对加强同宋朝进行物质交流的良好愿望。

---

① 漆侠：《宋代经济史》，《漆侠全集》第4卷，保定：河北大学出版社，2008年，第1025—1027页。

② 张硕：《我国宋朝对东南亚国家的政策和影响》，《东南亚研究资料》1980年第4期。

③《宋史》卷485《夏国传》上，北京：中华书局，1977年，第13981—13982页。

④（宋）赵汝适著，冯承钧撰：《诸蕃志校注》卷上，北京：中华书局，1956年，第23、26、77页。

8—15 世纪，阿拉伯商人的海上贸易极为活跃，他们从事东方贸易，旨在取得印度、锡兰的宝石和香料，南洋群岛的檀香豆范和胡椒，而唐宋的丝绸和陶瓷，为其主要贸易对象。许多阿拉伯商人陆续定居于苏门答腊、马来半岛、越南南部和唐宋南方各港口。8 世纪开始，大食（阿拉伯帝国）灭波斯后，控制陆上丝路并取代了昔日波斯的地位，与唐朝交往密切，跃居与中国贸易的首位。大食频繁遣使朝唐，贡使贸易甚为繁盛。带来了唐朝同东南亚各国新的贸易关系，到了宋朝，由于大力提倡对外贸易，这种关系愈益发展。这里需要说明的是，宋朝与阿拉伯有密切的商业往来，但相对于宋朝积极主动前往南海与东南亚的关系而言，阿拉伯商人来华贸易则更为主动和积极。

交通方向的转变直接后果是唐宋以后，广袤的西部地区无复汉唐时期西部发展的黄金时代："自东汉以来，民物富庶，与中州不殊。"① "自安远门西尽唐境万二千里，闾阎相望，桑麻翳野，天下称富庶者无如陇右。"②这从而奠定了东南作为中国经济重心的历史格局。但是必须指出，盛行近千年的陆路丝绸之路在中唐以后开始衰落，不仅是中国经济重心逐渐南移的结果，而且与公元 6 世纪后世界历史格局开始发生变化密切相关。有关这方面笔者此前已有论述，在此不赘。③

第二，是中国产品对域外由输出丝织品为主的贸易，向输出瓷、陶器，铜钱为主——当然丝绸仍然是大宗，这里主要是与瓷器和铜钱相比而言的转变。这种状况可能从唐中叶就已开始。至宋朝更加突出。宋朝出口商品种类颇多，其中最有特色的则是铜钱、丝织品和瓷器三项。《宋史》互市舶法就明确说"凡大食、古逻、阇婆、占城、勃泥、麻逸、三佛齐诸蕃并通货易，以金银、缗钱、铅锡、杂色帛、瓷器"④。丝织品和瓷器是中国传统的出口产品，因为在很长时间内，主要只有中国生产，从汉代开始就为包括欧洲在内域外人的喜爱，但是自汉以后在长时期的丝绸贸易过程中，中国的新疆地区、欧洲乃至东南亚爪哇地区都学会了养蚕进而发展出丝织业，那种域外对中国丝绸的刚性需求已有所折扣。但是在我国陶瓷输入东南亚之前，东南亚许多地区的人民缺乏生活用器，多用树叶充当食具。《诸蕃志》"登流眉国"条说："饮食以葵叶为椀，不施匕筋，掬而食之。""苏吉丹"条说："饮食不用器皿，缄树叶以从事，食毕则弃之。""渤泥国"条说："无器皿，以竹编贝多叶为器，食已则弃之。"⑤宋朝陶瓷畅销

① （宋）马端临著，上海师范大学古籍研究所、华东师范大学古籍研究所点校：《文献通考》卷 322《舆地考》，北京：中华书局，2011 年，第 8839 页。

② （宋）司马光：《资治通鉴》卷 216，唐纪三十二，北京：中华书局，2012 年，第 6919 页。

③ 李华瑞：《略论宋夏时期的中西陆路交通》，《中国史研究》2014 年第 2 期。

④《宋史》卷 186《食货下八・互市舶法》，第 4558 页。

⑤ （宋）赵汝适著，冯承钧撰：《诸蕃志校注》卷上，第 10、27、77 页。

于东南亚，可以说反映东南亚各国人民需要改善其生活用具的愿望。当然精美的瓷器也受到日本、高丽、波斯、阿拉伯、西亚、北非诸国的喜爱，所以瓷器贸易异军突起，在传统贸易中占有很重要的地位。[①]据《诸蕃志》记述，南宋为青瓷、白瓷、青白瓷、盆钵、五色烧珠等各色陶瓷，遍销于东南亚各地。但陶瓷具有易碎的特点，只有在海运工具发达，其产量大和出口品仲较多，有利于配载灼情况下，它始能成为大宗出口商品。宋代已完全具备大量外销陶瓷为条件。“船舶深阔各数十丈，商人分占贮货……货多陶器，大小相套，无少隙地。”[②]所以学界有人主张将宋代与海外的交流冠以“瓷器之路”“香料之路”，并不完全是空穴来风。

最为特殊的是铜钱。一般说来，世界各地传统是用金银作为货币。然而中国自秦汉以降多以铜钱为货币，金银只是辅币，铜钱造型象征天圆地方的方孔圆钱，铸以汉字，又形成了特殊的铜钱文化。世界许多地方和国家“蕃夷得中国钱，分库藏贮，以为镇国之宝。故入蕃者非铜钱不往，而蕃货亦非铜钱不售”[③]。《宋史》的编纂者说：“南渡，三路舶司岁入固不少，然金银铜铁，海舶飞运，所失良多，而铜钱之泄尤甚。”[④]宁宗嘉定十二年（1219 年）臣僚言，“以金银博买，泄之远夷为可惜。乃命有司止以绢帛、锦绮、瓷、漆之属博易”[⑤]。尽管宋朝设立严禁重刑，也无法阻止巨额铜钱的走私出口。东自日本，西至东非，都吸收宋朝的铜钱。当时东南亚各国金属货币流通量和流通范围都不很广，在许多情况下仍采取以物易物为交换形式。东南亚国家市场上的交换势比钱重物轻，使宋代铜钱出口，可获厚利。于是商人往往冒禁，潜载铜钱出海，遂成为必然现象。当然这也从一个侧面说明宋代经济在当是亚欧大陆所具有的中心地位。

第三，从唐朝玄宗开元二年（714 年）开始设市舶使到宋太祖开宝四年（971 年）设置市舶司，是中西交通史上带有重大变革意义的历史事件。有关唐代市舶使和宋代市舶司，其制度、机构、功用，现今都有充分的研究，不用赘言。[⑥]在这里要强调的是，市舶使和市舶司的设置既是国家逐渐垄断海外贸易的表现，也是海外贸易开始纳

---

① ［英］彼得·弗兰科潘（Peter Frankopan）著，徐文勘校：《丝绸之路：一部全新的世界史》，邵旭东、孙芳译，杭州：浙江大学出版社，2016 年，第 82 页。

② 《萍洲可谈》卷 2，《全宋笔记》第二编第六册，郑州：大象出版社，2006 年，第 149 页。另外，从南海 Ⅰ 号沉船打捞上来的瓷器看，出水瓷器主要来自宋代江西、浙江、福建的窑场。参见李庆新：《南宋海外贸易中的外销瓷、钱币、金属制品及其他问题——基于“南海 Ⅰ 号”沉船出水遗物的初步考察》《学术研究》2012 年第 9 期。

③ （清）徐松辑：《宋会要辑稿》刑法 2 之 144，北京：中华书局，1957 年，第 6567 页。

④ 《宋史》卷 186《食货下八·互市舶法》，第 4566 页

⑤ 《宋史》卷 185《食货下七》，第 4538 页。

⑥ 宁志新：《试论唐代市舶使的职能及其任职特点》，《中国社会经济史研究》1996 年第 1 期；黎虎：《唐代的市舶使与市舶管理》，《历史研究》1998 年第 3 期；陈高华、吴泰：《宋元时期的海外贸易》，天津：天津人民出版社，1981 年；廖大珂：《试论宋代市舶司官制的演变》，《历史研究》1998 年第 3 期。

入国家财政一部分的举措，从而结束汉唐陆路朝贡贸易不计入财政的历史。[①]唐玄宗开元元年（713 年）张九龄就直言“海外诸国，日以通商，齿革羽毛之殷，鱼盐蜃蛤之利，上足以备府库之用，下足以赡江淮之求”。由于海外贸易及国家财政需求的发展，于是开元四年，玄宗令张九龄主持开大庾岭路。[②]广德元年（763 年），市舶使吕太一叛乱，宋人胡三省注云：“唐置市舶使于广州，以收商舶之利，时以宦者为之。”[③]显然，市舶使的设置是与对海路通商进行征税分不开。故宋人说：“贾舶交至，唐有市舶使总其征，皇朝因之，置务于浙，于闽，于广。”[④]

客观地讲，唐中叶以后海路贸易被纳入国家财政收支所占比例不算高，研究者认为：“广州海外交易、市舶制度与唐朝财政的关系，最基本或最主要的关系是为帝室财政采购进口珍异，这对于国家财政是一笔不菲的财政支出；无论是国家财政收入或是地方财政收入，从广州海外贸易的受益均微乎其微。”[⑤]宋朝国家财政获取“市舶之利”的自觉性和财政手段要超过唐朝，其直接的市舶收入的绝对数量空前增加，但在国家财政收入的比例仍然极其有限。宋朝海路对外贸易在国家货币收入中所占比重，北宋中叶至北宋末从 50 多万增加到 120 万（贯匹两），北宋中期以后国家货币收入达 5000—6000 万，大致占 1%—2%；南宋初期市舶司收入估计在 150 万缗，占建炎末绍兴初 3000 万的 5%左右，这是宋代市舶司收入占国家财政货币收入的最高峰值。其后大约不超过 3%。[⑥]，值得注意的是，虽然市舶司收入在国家财政所占比重不高，但是按照宋人所谓的“抽解”“抽分”，税率大致在 1/20 至 1/5 之间的平均值来计算，从北宋中期到北宋后期、南宋初期海外贸易交易额大致在 600—1400 万贯，南宋中后期则在 2000 万贯以上[⑦]，这在仍以自然经济占主导地位的宋代来说其规模是相当可观的。

第四，汉唐时陆路丝路上的贸易主要是朝贡回赐贸易。唐朝为显示富强，远播声威，怀柔远人，对前来“朝贡”的外国贡使一般都给予丰厚的“赏赐”，西来的使团和商人是进出口贸易的主力军。不仅由陆路而来如此，而且从海路也是如此。唐朝前期海外诸蕃由海道来唐朝，必在广州上岸，循北江过大庾岭北上两京：“海外诸蕃朝贺进贡使有下从，留其半于境。繇海路朝者，广州择首领一人、左右二人入朝。所献

---

① 众所周知，唐朝自建立之日至开元时期，一直沿袭隋朝旧制，对于陆路交通不征收关市之税。正如《唐六典》卷 6《尚书刑部》云：“凡关二十有六……所以限中外，隔华夷，设险作固，闲邪正暴者也。凡关呵而不征，司货贿之出入，其犯禁者，举其货，罚其人。”北京：中华书局，2005 年，第 195—196 页。

②（唐）张九龄：《开大庾岭路记》，（清）董诰等编：《全唐文》卷 291，北京：中华书局，1983 年。

③（宋）司马光：《资治通鉴》卷 223，代宗广德元年十一月壬寅，北京：中华书局，1982 年，第 7157 页。

④（宋）罗濬：《宝庆四明志》卷 6《郡志・赋下》，《宋元方志丛刊》，北京：中华书局，1990 年，第 5 册，第 5054 页。

⑤ 陈明光、靳小龙：《论唐代广州的海外交易、市舶制度与财政》，《中国经济史研究》2005 年第 1 期。

⑥ 黄纯艳：《宋代海外贸易》，北京：社会科学文献出版社，2003 年，第 169—178、169—178。

⑦ 黄纯艳：《宋代海外贸易》，第 58 页。

之物，先上其数于鸿胪。凡客还，鸿胪籍衣赍赐物多少以报主客，给过所。蕃客奏事，具至日月及所奏之宜，方别为状，月一奏，为簿，以副藏鸿胪。”[①]

宋朝在陆路交通上与唐朝相类，目前除了能看到宋朝出使河西和西域的记载外，尚未发现宋朝有商队主动从陆路与西域进行贸易。但是唐朝中期以后至宋朝，因造船技术发达，更由于宋朝政府的积极鼓励和导向：宋太宗“雍熙中，遣内侍八人赍敕书金帛，分四路招致海南诸蕃。商人出海外蕃国贩易者，令并诣两浙市舶司请给官券，违者没入其宝货”。这里所言的“招致”以往有学者理解为招外商来宋朝，其实恰恰是理解反了，即招能够和愿意出海的商人，诏令后面的话已明确是政府对出海商人进行登记和管理。这也证明中唐以后除了聘使贸易，入宋以后也存在只为单纯经济利益而主动出海出境的经济贸易政策和活动。宋哲宗元祐以后“贾人由海道往外蕃，令以物货名数并所诣之地，报所在州召保，毋得参带兵器或可造兵器及违禁之物。官给以券”[②]。

从海上常有庞大的船队与东亚、东南亚或更远的国家等进行贸易，换言之，海路东西交通是有来有往，而陆路东西交通只有来而很少有往，正是由于宋代积极拓展海外贸易，从而改变了宋朝以前由阿拉伯商人主导印度洋之中国航线的局面。

三、关于《清明上河图》胡商问题的讨论

近几年有关《清明上河图》中有无胡商，画中骆驼是否来自西域，引起学人的关注和讨论。讨论中有两个观点值得注意，一是在整个东京的社会生活中，胡族（主要是指西方来的回鹘、于阗、大食）商人、使臣已经不再是宋代都市历史的主角，这与唐代长安的西市街区，胡人扮演着极其重要的角色大相径庭，已退居到人们视线之外，或者隐藏在画家的幕布后面了。[③]二是北宋时期以开封为中心，陕西路、河东路、京东路、京西路等北方地区都养殖、役使骆驼，东南一些地方也有饲养和役使，从没人以为一定来自西域。[④]新近又有学者者观察到图中孙羊店旁另有一疑似胡人者，通过对其面貌特征、服饰特点、周围环境等方面的研究，考证其似为西域回鹘人。结合宋

① 《新唐书》卷48《百官志三》，第1257页。

② 《宋史》卷186《食货下八·互市舶法》，第4559、4561页。唐朝有招徕蕃商的记载，天宝十载，张九皋为南海太守兼岭南五府节度经略等使，招徕蕃商，公平交易，中外贸易亦甚可观（参见萧昕：《张公（九皋）神道碑》，董诰等编：《全唐文》卷355）。《旧唐书》卷131《李勉传》云：大历“四年，除广州刺史，兼岭南节度观察使。……前后西域舶泛海至者岁才四、五，勉性廉洁，舶来都不检阅，故末年至者四十余”。但目前似未见到招募出海商人的记载。

③ 荣新江：《〈清明上河图〉中唯一的胡人》，《紫禁城》2013年第4期。

④ 程民生：《〈清明上河图〉中的驼队是胡商吗——兼谈宋朝境内骆驼的分布》，《历史研究》2012年第5期。

代市舶司曾对阿拉伯等海商进行属地化管理、不许进京销售货物的管理规定，解释了北宋时期开封街市胡人稀少的原因。[①]

从这两点可以看出不同的讨论视角，前者是从唐宋两代的文化差异来审视东西交通的变化及其差异，而后者则是通过申述宋朝的畜牧业和对胡商的管理来辨析《清明上河图》中是否有胡人和骆驼，属于一种就事论事的讨论方法。实际上在现实生活中，胡商在唐宋的境遇确实发生了不小的变化，唐前期，蕃商在唐朝境内可以随意居住，"广人与夷人杂处"[②]。"蕃獠与华人错居，相婚嫁，多占田，营第舍"[③]，唐文宗时期（827—840 年），立法限制蕃商不能与华人杂处。卢钧于开成元年（836 年）出任岭南节度使，对广州的"蕃客"（当然以伊斯兰国家为主）做出了如下的规定："钧至立法，俾华蛮异处，婚娶不通，蛮人不得立田宅，由是徼外肃清，而不相犯。"[④]京兆府也于开成元年六月上奏朝廷"中国人不合私与外国人交通、买卖、婚娶、来往。又举取蕃客钱，以产业、奴婢为质者，重请禁之"[⑤]。由此可见，随着"住唐"蕃客的增多，从唐中期开始，在居住、婚姻、田宅等方面有了明确的限制性。其后在广州、扬州等地设置"蕃坊"。供波斯、大食商胡居住在蕃坊。入宋后，宋廷对此做出同样限制，不允许蕃商入城与市民杂居相处，因而蕃客只好在城外寻找及建造居所，逐步形成蕃客与市民分居的格局。广州城之西南，唐时即"蕃坊"所在地，宋时依然为蕃客侨居之地。景祐三年（1036 年）重申："广州海南番商毋得多市田宅，与华人杂处。"[⑥]而且在宋徽宗之前不容许蕃商进入内地，宋徽宗在崇宁三年（1104 年）下诏称："应蕃国及土生蕃客，愿往他州或东京贩易货物者，仰经提举市舶司陈状，本司勘验诣实，给与公凭，前路照会经过官司，常切觉察，不得夹带禁物及奸细之人。"[⑦]由这项规定不难看出尽管蕃商钻政策的空子滞留京城，北宋末期容许蕃商进入内地，但都有种种防范措施，特别是"常切觉察"即时时被监督。由此可见蕃商能够进京，但与唐朝前期胡商或蕃商随意在长安西市走动、交往乃至在长安城居住不受限制毕竟不能同日而语，所以《清明上河图》缺少反映胡商或蕃商画面是符合当时的政治氛围以及他们真实的地位。

众所周知，丝绸之路不仅仅是经贸往来，在很大程度上东西文化交流，东西文明

---

① 张文：《也谈〈清明上河图〉中的胡人及相关问题》，《苏州大学学报》（哲学社会科学版）2016 年第 3 期。

② 《旧唐书》卷 151《王锷传》，第 4060 页。

③ 《新唐书》卷 182《卢钧传》，第 5367 页。

④ 《旧唐书》卷 177《卢钧传》，第 4591 页。

⑤ 《册府元龟》卷 999《外臣部・互市》，唐文宗开成元年六月，北京：中华书局，1985 年。

⑥ （宋）李焘撰，上海师范大学古籍整理研究所、华东师范大学古籍整理研究所点校：《续资治通鉴长编》卷 118，景祐三年夏四月辛亥条，第 2782 页。

⑦ （清）徐松辑：《宋会要辑稿》职官 44 之 8 至 9，3367—3368。

碰撞则可能是更为重要的内容，因此讲丝绸之路不能只侧重经贸关系。从上面的叙述来看，站在今天中国疆界而言两宋时期没有严格意义上的汉唐式陆路交通，而海上交通虽然比唐代有很大进步，但是这主要表现在经济物产和商品交换上，而在东西文化交流上与唐代前期有较大差异。这种差异就是唐代前期是承袭汉代以来的全方位的开放性对外政策，而宋代对外来文化则采取怀疑甚至排斥的政策。

进入唐代，民族的进一步融合，疆域的更广阔开拓，政治制度与思想文化的整合，使得唐王朝凝聚了极大的力量，生产发展，商业繁荣，文化昌盛，并以博大的胸怀，大量接受外来文化，使之融会到中国文化的整体当中。从唐太宗到武则天，唐朝的势力不仅直接牢固控制了塔里木盆地的西域诸王国，而且成为天山以北、葱岭以西广大区域内各个王国的宗主国，中西往来更加畅通无阻，当时的文化交流也呈现出令人眼花缭乱的景象。西方的珍禽异兽、珠宝香料、玻璃器皿、金银货币纷纷传来，中亚、西亚的穿着、饮食等生活方式，音乐、舞蹈等文化娱乐活动都源源进入中原，佛教进一步盛行的同时，祆教、摩尼教、景教以及新兴的伊斯兰教都在此时正式传入中国内地，唐朝的两京长安和洛阳以及丝绸之路上的一些大城市如凉州，都纷纷呈现出国际都市的风貌。在吸收外来文化的同时，借助唐朝强大的政治力量，中原文明也传入西方，深浅不等地影响了西方各国。[①]

而进入宋朝以后，由于先后在北部、西部与辽金、西夏对峙，陆路交通不畅，宋已不能像唐朝般直接与较为发达的西亚、阿拉伯文明交流，海路所邻近的南海诸国及东亚要么属于汉字文化圈，要么是文明程度较低，交流只能停留在经济物产互补的水平上，不能有新的文明碰撞。而从中唐至北宋中期两次古文运动，使得儒学复兴取得决定性胜利，不仅佛道日渐世俗化，僧道徒不能登上国家科举选士的最高殿堂，而且在唐朝传播的祆教、摩尼教、景教和伊斯兰教，或被视为异端邪教遭到禁止，或者被压缩至蕃商聚居地加以防范。

唐朝的开放政策，能够容纳大批海外人士来到唐朝游历、经商、学习，有些还参加科举，在唐朝当官。孙光宪《北梦琐言》云："唐自大中至咸通，白中令入拜相，次毕相諴，曹相确，罗相劭权使相也，继升岩廊。崔相慎猷曰：'可以归矣。近日中书尽是蕃人。'盖以毕、白、曹、罗为蕃姓也。"[②]日本学者木宫泰彦在《日中文化交流史》一书中说指出：来自印度、西域、波斯、大食等外国人在唐朝任官的人数相当多。[③]

① 荣新江：《丝绸之路——东西方文明交往的通道》，袁行霈主编：《中华文明之光》第 2 辑，北京：北京大学出版社，1999 年。

② 孙光宪：《北梦琐言》卷 5《中书蕃人事》，朱易安等主编：《全宋笔记》第一编第一册，郑州：大象出版社，2003 年，第 59 页。

③ ［日］木宫泰彦：《日中文化交流史》，胡锡年译，北京：商务印书馆，1980 年，第 214 页。

这种情况在宋朝是不可想象的。

宋代社会生活中的一些西域文化因素，如宫廷教坊中的龟兹音乐舞蹈元素，还有“胡床”“胡椅”等大都是从唐代继承而来，并非来自宋夏时的中西陆路交通。尽管宋朝继承了龟兹的音乐舞蹈，但是宋的士大夫高倡“华夷之辨”，重振儒学，以孔孟正宗传人自居，对隋唐广泛采纳包括龟兹的西域音乐舞蹈，多采取批评态度。①

总之，汉唐以吸收外来文化为主的态势在宋代已被益形强固的民族本位文化所取代，虽然宋代对外交通，甚为发达，但其各项学术，都不脱离中国本位文化的范围，其排拒外来文化的成见，也日益加深。②

四、结　论

（1）唐宋陆路交通政治军事与经贸并重，北宋则是政治意义大于经济意义。

（2）唐中叶以后至两宋的海路交通，以经济为中心，经贸交流是主流。

（3）唐前期的陆路东西交通具有开放性和世界主义，东西文化交流是两种较高层次精神文明的碰撞，而唐中叶至两宋的海路交通，日趋保守，文化交流不能与经贸交流同步，以致形成以民族本位文化为特色的宋型文化。

① 李华瑞：《北宋与龟兹》，四川大学历史文化学院编：《吴天墀教授百年诞辰纪念文集（1913—2013）》，成都：四川人民出版社，2013年。

② 傅乐成：《唐型文化与宋型文化》，中国通史教学研讨会编：《中国通史论文选》，台北：华世出版社，1979年，第314、350页。

宋代军功集团在政治上的消亡及其影响

陈　峰*

中国古代历史上，长期存在着军功贵族，或军功阶层及军功集团，其地位显赫，并在政治上发挥重要的影响力。而到宋朝，军功贵族或军功阶层没有形成，军功集团也迅速在政治上瓦解。这一历史现象的出现，无疑值得关注，它不仅反映了宋代统治结构的重要变化，而且对其政治也产生了重大的影响。目前，学界对这一问题尚未有专门、深入的研究①，本文特就此加以考察，以探究其形成的动因及影响。

一、先秦以来军功贵族在政治上的传统地位及影响

如所周知，先秦时期，源于早期氏族血缘巨大影响的三代，大致实行了分封的政治模式，各级世袭贵族成为政权的主要支柱和统治力量，所谓“世卿世禄”；与此同时，由于早期国家的职能主要体现在祭祀与征伐方面，所谓“国之大事，在祀与戎”②，因此各级贵族成为军事活动的主角，出征将帅由公卿贵族承担，战士通常由下级贵族的士等组成。周天子左右的大臣，除了在内执政外，其对外的主要职责就是统军出征。如《周礼》反映：西周时期，设置大司马一名，由卿大夫出任，小司马二名，由中大夫担任；军司马四名，由下大夫出任；舆司马八名，由上士担任；行司马十六名，由中士担任；旅三十二名，由下士承担。③即使春秋之时，贵族从军与崇尚军功的传统依旧，如齐国仍设 21 乡，其中士乡 15，“公帅五乡焉，国子帅五乡焉，高子帅五乡焉”④，即齐国军队由 15 乡士构成，分别由国君与国子、高子统帅。而秦国则在原有与西戎融合的基础上，又部分地继承了周代的制度，尚武的贵族继续在军事活动中保持主体地位。因此，这一时期，贵族从军不仅是义务，而且也是特权和荣誉。所以，当时贵

---

* 陈峰，西北大学历史学院教授。

① 目前，相关研究成果主要有：刘子健：《略论宋代武官群在统治阶级中的地位》(《两宋史研究汇编》，台北：联经出版事业公司，1987 年)、黄宽重：《中国历史上武人地位的转变：以宋代为例》(《南宋军政与文献探索》，台北：新文丰出版公司，1990 年)、陈峰：《北宋武将群体与相关问题研究》(北京：中华书局，2004 年)等，主要从武官的地位变迁及构成等方面论述。但这些论著在本文关注的主旨问题上，还缺乏深入的探究。

②《左传》成公十三年，《春秋左传集解》第 2 册，上海：上海人民出版社，1977 年，第 722 页。

③《周礼》卷 4《夏官司马第四》，四部丛刊初编本。

④《国语》卷 6《齐语第六》，四部丛刊初编本。

族教育的内容——“六艺”，就有“射”“御”等军事性科目。孟子即云：“设为庠序学校以教之。庠者，养也。校者，教也。序者，射也。”①以后王安石指出：古代士人习“文武之道”，以射术和御乘为先，其他技能倒在其后，“于礼乐之事，未尝不寓以射”，“居则以是习礼乐，出则以是从战伐”。②由此可见，贵族与军功保持着密切的关系。

春秋战国之际，在社会发生重大变化的同时，诸侯、列国之间的战争更加激烈。随着战国时代战争规模的扩大与时间的延长、战争方式及兵种的变化，特别是各国围绕争霸图强的目的不断实施变法，使旧有的军事制度逐渐发生演变，下层民众更多地被征发从军，军功的开放又撕裂了旧贵族的专属特权，并造就出一批批的新兴贵族及阶层，其中以秦国的商鞅变法最为突出。秦国走“农战”的强国之路，其军事实力迅速崛起，终于用武力灭亡六国。其中二十等军功爵制度的推行，引导国民发展，大批新兴军功阶层成为秦国主要的统治力量。

秦汉时期，因为国家统一形势的需要，尤其是北抗匈奴、南拓岭越，因此军功依然具有巨大的意义。事实上，由于军功贵族、军功阶层在秦汉帝国的创建过程中发挥了重要的作用，遂长期占据统治集团的核心地位。如现代学者指出：“秦之国家和社会由此完全由秦之军功受益阶层所支配和主导。”而汉初军功受益阶层也完全主导了西汉建国后五十多年。此后其影响力逐渐衰减，但仍持续了五十余年，“直到武帝末年从历史舞台上消失”，前后影响西汉超过一百多年。③还值得关注的是，西汉时期将军的地位极为突出，如当时大臣列名时，大将军及诸将军便在御史大夫之前。④宋代陈傅良云：汉朝“太尉相国列为三公，城门领兵得如五府”，“武帝留意边功，增设营校，卒置大司马官，尊宠将帅，以冠诸军，大臣之权尤偏重于将矣”。⑤由此，可窥见当时将军显赫地位之一斑。

东汉及其以后，在以往传统政治深刻的影响下，开国军功集团在各王朝建国后都拜官授爵，并长期占据显赫的位置，在统治中发挥重要的作用。如东汉的南阳豪强军功集团、隋唐的关陇军功集团，都在东汉与隋唐国家前期的统治中具有至关重要的地位。而在三国、十六国、北朝及五代时期，由于战争频仍，大小政权对军事力量的依

① 《孟子》卷5《滕文公上》，四部丛刊初编本。

② （宋）王安石著，唐武标校：《王文公文集》卷1《上皇帝万言书》，上海：上海人民出版社，1974年，第7页。

③ 李开元：《汉帝国的建立与刘邦集团——军功受益阶层研究》，北京：生活·读书·新知三联出版社，2000年，第240—243页。

④ 《汉书》卷68《霍光传》，北京：中华书局，1962年，第2939页。

⑤ （宋）陈傅良：《历代兵制》卷2《东汉》，影印文渊阁四库全书本，第450—451页。安作璋、熊铁基：《秦汉官制史稿》（济南：齐鲁书社，1984年）第三章第一节《大将军（附各种武官）》，在对秦汉时期武将的设置情况进行叙述的同时，充分地肯定了高级武将在当时的重要地位，其中特别是大将军至前后左右将军的地位相当高，而大将军、骠骑将军的权威甚至在宰相之上，车骑将军、卫将军等也位比三公，在九卿之上。

赖更为强烈，一时武力因素在国家政治生态中占据突出的位置，军功集团更扮演了主导政治的角色。

先秦以来，军功贵族或军功阶层、集团长期拥有传统的重要地位，于是对当时的政治产生了巨大的影响。即使随着政权的不断演进，其特权地位逐渐衰减，但其影响力仍能惯性地延续相当时间。就这一阶层、集团的角色而言，无疑具有鲜明的尚武特性。因此，在国家发展的路线设计上，他们倡导走强军强国之路，施政上强调军事手段的重要性，特别是对外通常采取积极进取、开疆拓土的态度，如汉唐时代对塞外游牧势力的积极战略及其活动。在极端化的情况下，甚至有“穷兵黩武”的倾向。而理性的统治者则强调武功与文治之间的配合，如深谙此道的唐太宗便概括了文武之间的关系：“斯二者递为国用。至若长气亘地，成败定乎锋端，巨浪滔天，兴亡决乎一阵，当此之际，则贵干戈，而贱庠序。及乎海岳既晏，波尘已清，偃七德之余威，敷九功之大化，当此之际则轻甲胄，而重诗书。是知文武二途，舍一不可。”[①]

官僚体制自战国、秦朝形成后，虽然出现了文、武分工，但彼此并无绝对的鸿沟，因统治需要而常有“出将入相”之说。所谓“汉初诸将所领官多为丞相，如韩信初拜大将军，后为左丞相击魏，又拜相国击齐。周勃以将军迁太尉，后以相国代樊哙击燕，樊哙以将军攻韩王信，迁为左丞相，以相国击燕。郦商为将军，以右丞相击陈豨”，其余如尹恢、陈涓皆以丞相出师。[②]再如隋朝杨素、唐朝李靖、徐世勣、刘仁轨、娄师德及郭元振等人，也先后因军功而入朝为相。据唐人记载：“高宗朝，姜恪以边将立功为左相，阎立本为右相。”于是世称：“左相宣威沙漠，右相驰誉丹青。”唐玄宗时，郭元振、薛讷、李适之等“咸以立功边陲，入参钧轴。”[③]这同样说明军功集团在政坛上的重要影响。

上述军功贵族、军功集团长期的传统影响，还对当时社会风尚产生了广泛的导向作用。三代时期，贵族因垄断军戎而造成的崇高社会荣誉自不待言。战国、秦汉时代，军功及军功爵对国人的发展无疑具有巨大的感召力，获得军功爵不仅可以得到相应的社会地位和经济利益，而且还可以入仕为官。如秦有所谓：“官爵之迁与斩首之功相称”之说。[④]即指秦之官职爵位的高低与军功的多寡存在直接联系。汉代虽然对低爵授官加以限制，但官职对高爵者则仍然开放。[⑤]因此，投身沙场博取功名受到世人的

---

① （唐）李世民：《帝范》卷 4，影印文渊阁四库全书本，第 616—617 页。

② （宋）洪迈：《容斋续笔》卷 10《汉初诸将官》，四部丛刊续编本。

③ （唐）刘肃：《大唐新语》卷 11，北京：中华书局，1984 年，第 173 页。

④ 《韩非子》卷 17《定法第四十三》，四部丛刊初编本。

⑤ 这方面的研究已有相当多成果，漆侠：《二十等爵与封建制度》，《求实集》，天津：天津人民出版社，1982 年，第 40—59 页。

追逐，从而在社会上营造了强烈的崇尚军功的意识。这种军功爵制度一直延续到曹魏时期，其对社会价值观的影响，则更为深远。即使是世族门阀盛行的两晋南北朝之时，士族中统兵者仍不少见，军功也成为世人向往的重要目标。当时影响颇大的《颜氏家训》指出："必有天才，拔群出类，为将则暗与孙武、吴起同术，执政则悬得管仲、子产之教。"[①]如名士阮籍之谋求步兵校尉，谢石、谢玄之热衷带兵。现代学者因此指出：将军在汉代已出现"用为优崇之衔"的情况，可以加给并不带兵的文官等。到魏晋南北朝时，诸"将军"逐渐演变成由众多军号构成的军阶，授予的对象"并不限于军官而已，也包括文职官员"[②]。这种原本武事性的将军称号，授予武臣之外文官的现象，也折射出军功在当时社会上依然有着根深蒂固的影响。唐代时期，文人投笔从戎的现象屡见不鲜，反映出世人的价值取向。如李白勉励外甥从军："丈夫赌命报天子，当斩胡头衣锦还。"[③]一时"宁为百夫长，胜作一书生""功名只向马上取，真是英雄一丈夫"之类诗句唱响南北。中唐以后，文人还常常以投身藩镇幕府为晋身要途，自愿效力于武夫悍将，所谓"大凡才能之士，名位未达，多在方镇"[④]。五代乱世，学子弃文从武的记载更不少见，更折射出武风甚烈的社会意识。

二、宋初以来抑制军功集团的举措及其效应

宋朝创建之后，在施政理念、制度建设、社会变易的推动下，传统军功贵族、军功集团的命运遂发生了重要转变，其政治影响力也与以往大不相同。

宋太祖建国伊始，如同以往王朝一样存在着开国功臣，特别是协助赵匡胤发动陈桥兵变的一批高级将领，以及追随宋太祖的部下将官，如石守信、王审琦、高怀德、张令铎、张光翰、赵彦徽、韩重赟、罗彦瓌、王彦升及张琼等等。于是，在宋开国仅几天后，就公布了第一批奖赏的功臣名单：石守信由殿前都指挥使迁为侍卫马步军副都指挥使，高怀德由侍卫马军都指挥使迁为殿前副都点检，张令铎自侍卫步军都指挥使迁为侍卫马步军都虞候，他们同时获迁更大的节镇；王审琦则从殿前都虞候迁殿前都指挥使，张光翰和赵彦徽也分别由禁军厢都指挥使升任侍卫马军、步军都指挥使，

---

① （南北朝）颜之推：《颜氏家训》卷上《勉学第八》，四部丛刊初编本。

② 阎步克：《品位与职位》，北京：中华书局，2002 年，第 34—35 页。

③ （唐）李白：《李太白文集》卷 14《送外甥郑灌从军三首》（之一），影印文渊阁四库全书本，第 320 页。

④ （后唐）刘昫：《旧唐书》卷 138《赵憬传》，北京：中华书局，1975 年，第 3778 页。并参见张国刚：《唐代藩镇研究》，长沙：湖南教育出版社，1987 年，第 26 页。

并都由防御使升为节度使。[①]不久，韩重赟等人也先后得到提拔。与此同时，还有一些禁军宿将对新朝采取合作的态度，特别是原后周侍卫马步军都虞候韩令坤、殿前副都点检慕容延钊，都手握重兵在外，但因与赵匡胤关系密切，主动称臣，因此分别被提拔为侍卫马步军都指挥使、殿前都点检[②]，获任禁军两司最高军职。这样，在宋朝建国初就形成了一批武人组成的军功集团，他们还代表了唐末五代以来在社会、政治上具有强大影响的军人力量。如果依照传统习惯，他们将自然成为宋朝统治的骨干力量，并在政治上占据显赫的地位与影响。

然而，唐朝后期、五代经历了长达百余年的藩镇割据、武人跋扈局面。当此之时，藩镇武装控制了各地，不仅社会经济遭到破坏，而且国家秩序混乱，文官集团受到压制，皇权也走向式微。事实上，五代十国的大小帝王也大都为藩镇出身的武君。后晋时，军阀安重荣便敢于发出："天子，兵强马壮者当为之，宁有种耶！"[③]的呼声。体现出社会观念对传统君权神圣法统的挑战。这种强烈的时代背景，必然对宋初政治产生莫大的影响。

因此，宋初统治者一方面急于统一天下，另一方面也不能不思考如何恢复统治秩序和长治久安的重大问题。宋太祖君臣探讨以往长期动乱的核心症结时，一致认为便是臣强君弱所致，其祸根则是武力因素超强干预政治的结果。[④]如宋人总结："大抵五代之所以取天下者，皆以兵。兵权所在，则随以兴；兵权所去，则随以亡。"[⑤]于是，在剿灭割据政权的同时，采取一系列收兵权举措，并消弭武臣"枪杆子里出政权"的观念，以结束动乱、维护中央集权和专制皇权的统治，这正是物极必反的事物发展的逻辑结果。

在上述背景下，宋太祖首先要解决的是功高震主的功臣问题，以消除来自身边禁军高层的直接威胁。建隆二年（961 年），宋太祖先罢免了慕容延钊和韩令坤的两司最高军职。不久，又通过著名的"杯酒释兵权"之举，剥夺了殿前副都点检高怀德、侍卫马步军都虞候张令铎和殿前都指挥使王审琦等人的禁军帅职，令诸将各归本镇。而殿前都点检、副都点检两职不再除授。石守信同样被责令出镇，虽仍兼任马步军都指

---

① （宋）李焘撰，上海师范大学古籍整理研究所、华东师范大学古籍整理研究所点校：《续资治通鉴长编》卷 1，建隆元年正月辛亥，北京：中华书局，2004 年，第 6 页。另，张、赵二氏无传，其事迹仅在《宋史》韩重赟传中有所涉及。见《宋史》卷 150《韩重赟、罗彦瓌、王彦升传》，北京：中华书局，1977 年，第 8823—8829 页。另《宋史》卷 250 将韩、罗及王氏传与石守信等并列，亦为佐证。

② 《宋史》卷 251《韩令坤传》、《慕容延钊传》，第 8833、8834 页。

③ （宋）薛居正等撰：《旧五代史》卷 98《安重荣传》，北京：中华书局，1976 年，第 1302 页。

④ （宋）李焘撰，上海师范大学古籍整理研究所、华东师范大学古籍整理研究所点校：《续资治通鉴长编》卷 2，建隆二年七月戊辰条（第 49 页）记载：宋太祖云："天下自唐季以来，数十年间，帝王凡易八姓，战斗不息，生民涂地，其故何也？吾欲息天下之兵，为国家长久计，其道何如？"赵普答道："此非它故，方镇太重，君弱臣强而已。"

⑤ （宋）范浚：《香溪集》卷 8《五代论》，影印文渊阁四库全书本，第 71 页。

挥使一年左右，“其实兵权不在也”。[①]而马步军都虞候一职，在张令铎罢任后“凡二十五年不以除授”[②]。此举其实只是通过经济赎买的办法，剥夺一批开国功臣统帅禁军的权力，与以往汉高祖杀戮功臣的精神一致，仅仅是手法不同而已。

其次，宋太祖统治集团在完成以上举措的前后，又对藩镇势力逐步加以压制。最初，除了对反抗的李筠和李重进两大藩镇镇压外，对其余节度使则采取包容默认的态度，并不断提拔有功的将领进入节度使行列。在控制兵权之后，便采取一系列削藩举措，如利用一些旧藩镇年老、生病、故去以及犯法等机会，解除他们的节度使之衔，并终止其后嗣继任，从而结束了藩镇世袭的陋习。开宝二年（969 年），再通过“后苑之宴”，集中解除了一批旧藩镇的节钺，“召前朝慢令恃功藩镇大臣，一日而列于环卫，皆俯伏骇汗”。[③]与此同时，实施“稍夺其权，制其钱谷，收其精兵”[④]的措施，对各地节度使的地方实权予以剥夺，在制度上逐渐形成文臣知州、知县管理地方的体制，取代了旧有藩镇属下的武臣刺史、县令，节度使遂演变为位高而无权的官衔。

在宋太祖的压制下，军功将帅及其家族享受到优厚的经济待遇，在“杯酒释兵权”过程中，赵匡胤还鼓励他们置买歌儿舞女、良田美宅，为其发财致富打开便利之门。同时其子弟也享有恩荫入仕的权利，但却失去了以往世代把持政治大权的机会。其实就其恩荫的特权而言，与文臣并无多大差别。所以他们也不能成为政坛上的垄断集团。

最后，宋太祖君臣还动手解决长期存在的文、武关系严重失衡的问题，禁止将帅干预中央和地方政治，强调文臣与武将的角色与分工[⑤]，并采取各种措施逐步提高文官及士大夫的社会地位，在体制上牵制武将势力，以便从根本上杜绝来自武力因素对国家秩序的危害。宋初以来，统治集团更在意识形态上予以配合，竭力恢复并强化儒家的纲常伦理观念，以维持社会稳定。在此基础上矫正以往风气，在社会意识中消弭重武轻文的观念，以更大限度地稳定新生的政权秩序。宋太祖朝的一系列崇儒举动，旨在向天下传递尊儒重文的信息。可以说，“崇文抑武”的治国思想、方略就此初步萌发。[⑥]

经过宋太祖朝治国思想方略的启动、一系列制度建设和举措的推行，武人不仅远

---

① （宋）李焘撰，上海师范大学古籍整理研究所、华东师范大学古籍整理研究所点校：《续资治通鉴长编》卷 2，建隆二年七月庚午，第 50 页。

② （宋）李焘撰，上海师范大学古籍整理研究所、华东师范大学古籍整理研究所点校：《续资治通鉴长编》卷 27，雍熙三年七月甲戌，第 620 页。

③ （宋）陈傅良：《历代兵制》卷 8《本朝》，影印文渊阁四库全书本，第 477 页。

④ （宋）李焘撰，上海师范大学古籍整理研究所、华东师范大学古籍整理研究所点校：《续资治通鉴长编》卷 2，太祖建隆二年七月，第 49 页。

⑤ 邓小南：《祖宗之法——北宋前期政治述略》，北京：生活·读书·新知三联书店，2006 年，第 176 页。

⑥ 陈峰：《试论宋朝“崇文抑武”治国思想与方略的形成》，张希清主编：《10—13 世纪中国文化的碰撞与融合》，上海：上海人民出版社，2006 年，第 350—370 页。

离了朝政的中心，而且军功集团也趋于瓦解，逐渐退出了中央和地方行政机构，其政治影响力大为减弱。

宋太宗即位后，继续了以往的施政路线，尤其是随着二次北伐的失败，宋统治集团将注意力转向内部，采取“守内虚外”之策①，从此彻底放弃武力收复燕云的目标，也停止了开疆拓土的活动，其军事思想转为保守，积极防御的战略被消极防御的战略所取代。据记载，当第二次北伐失败后，以重臣赵普为首的执政群体便激烈批评北伐行动。赵普还告诫道：小人（指武将）好战，“事成则获利于身，不成则贻忧于国”；又从维护皇帝个人利益出发，特别提出“兵久则生变”的劝诫，深得宋太宗的认同。②基于第一次北伐期间有将领谋立宋太祖之子事件的教训，因此，宋太宗加剧了对武将的猜忌心。清人王船山即敏锐地指出：“宋所忌者，宣力之武臣耳，非偷生邀宠之文士也。”③于是追求专制皇权统治稳定和“文治”功业成为施政的重心，边防则退为次要问题。因此，“崇文抑武”的治国方略遂得到确立，即侧重于以儒家道德思想治国，推崇文治而排斥武功，有意抑制武力因素在国家政治生活中的影响，以求长治久安。表现出的国家发展路线便是：强调文治，重心在内，回避、放弃武功。为了防止军事将领干扰其主导方针，又实施“将从中御”之法，对武将处处设防，不断钳制打压。

通过宋太祖、太宗两朝的上述举措及活动，开国军功集团作为一股强大的政治势力在政坛上失去了发展的空间，很快被瓦解和边缘化了，军事将领仅仅成为官僚队伍的一部分而存在，而唐末五代以来强大的武人社会力量也迅速消解。到宋太宗朝，武将群体不仅地位下降，而且精神状态也呈现一派颓势。以至于文臣王禹偁为此不平，提出了“抑儒臣而激武臣”的激进主张。④位居枢密使的大将曹彬，在街市上与士大夫相遇，也要做出退避让路的姿态。⑤曹彬此举颇具有象征性和示范性。

宋人张演指出：“宋朝之待武臣也，厚其禄而薄其礼。”⑥这也就是说：宋廷对武将在经济上给予优待，但在权威、礼仪上却予以压制和歧视。此语极为深刻地道出了宋朝压制武人及军功集团的精神要点。这种以钳制、打压为根本，以优容、宽纵为表象的做法，实非偶然或一时权宜，而是出于当时“崇文抑武”思想方略与现实统治的

---

① 漆侠：《宋太宗与守内虚外》，漆侠主编：《宋史研究论丛》第3辑，保定：河北大学出版社，1999年，第1—17页。

② 赵普的议论，见于《宋史》卷256《赵普传》，第8934—8936页；（宋）李焘撰，上海师范大学古籍整理研究所、华东师范大学古籍整理研究所点校：《续资治通鉴长编》卷27，雍熙三年五月丙子，第614—617页。第一次北伐期间，曾发生了部分将领试图拥戴宋太祖之子称帝的事件，宋太宗对此一直耿耿于怀。此事见于（宋）司马光著，邓广铭、张希清点校：《涑水记闻》卷2，北京：中华书局，1989年，第36页。

③（清）王夫之著，舒士彦点校：《宋论》卷2《太宗》，北京：中华书局，1964年，第37页。

④（宋）李焘撰，上海师范大学古籍整理研究所、华东师范大学古籍整理研究所点校：《续资治通鉴长编》卷30，端拱二年正月癸巳，第673页。

⑤《宋史》卷258《曹彬传》，第8982页。

⑥（宋）章如愚：《群书考索》后集卷21《官制门·张演论》，影印文渊阁四库全书本，第294页。

需要。

事实上，宋初军功集团在政治上的消亡，除了统治者的主动举措外，其实还存在着深刻的社会根源。即唐宋之际社会发生重大变迁，中古时代的特权门阀世族至宋已经消亡，士庶区隔消失后，地主成为占统治地位的阶级。因此，军功贵族失去了生存的社会环境。同时，宋朝在以往的基础上，大规模实行了募兵制度，特别是实施“荒年募兵”的举措。[①]而在租佃经济发展起来的背景下，募兵队伍主要由被土地排挤出来的破产农民组成，另外还包括充军的罪犯，因此其社会地位便低于以往征兵制下的军人，这从士兵面部刺字这一与罪犯共有的标记可以说明。如宋代人指出：“往往天下奸悍无赖之人，苟其才行足以自托于乡里者，未有肯去亲戚而从召募者也。”[②]士兵被视作“贱隶”的结果，也极大地削弱了军人的社会地位和尊严。而极端化地加强皇权和收兵权的结果，自然进一步抑制了军功集团的社会影响。

三、宋朝军功集团消失的影响

宋朝开国以来，在前述一系列方针、举措的推动下，军功集团迅速退出政治舞台的中心，以往长期存在的军功影响政治的传统因此发生变化。而这一结果的出现，对宋朝政治及社会都产生了重大的影响。总的说来，主要体现在以下几方面：

第一，加速了科举出身的官僚士大夫在政坛的崛起。如上所述，在唐宋之际社会巨变的过程中，宋统治者代表以地主为主的有产阶级的利益，认为：“富室连我阡陌，为国守财尔，缓急盗贼窃发，边境扰动，兼并之财，乐于输纳，皆我之物。”[③]自然也要依靠他们的支持。而人数众多、分散各地的地主，是无法像以往对待少数贵族、世族那样都给予政治特权，只能通过选拔或流动的办法，由他们中的代表人物组成国家的政治中坚力量。于是科举制度迅速发展，必然成为选官制度的主体。

随着宋初抑制军功集团的措施和“崇文抑武”方略不断发挥效用，大致到宋太宗朝后期，武将势力在政治上已逐渐处于配角的地位，科举官僚则居于统治集团的核心，随后其影响力日益扩大，至宋真宗朝以后则完全成为统治集团的主体。通过《宋史・宰辅年表》，可以清楚地看到宋朝宰执大臣基本由科举出身构成的事实，如北宋宰相共有 71 人，其中 64 人出身进士。其余非科举出身的 7 人中，又有 3 人为开国功臣，而

---

① 邓广铭：《北宋募兵制度及其与当时积弱积贫和农业生产的关系》，《中国史研究》1980 年第 4 期。

② （宋）王安石：《王文公文集》卷 1《上皇帝万言书》，第 7 页。

③ （宋）王明清：《挥麈后录・余话》卷 1 引《枢廷备检》，上海：上海书店出版社，2001 年，第 221 页。

在所有的宰相中，竟无一人出身武臣。[①]南宋时期的情况也大体如此，共有宰相 62 人，其中 51 人出身科举，6 人出身太学生，其他 4 人出身恩荫，1 人出身武臣。[②]

不仅如此，为了防止军权旁落、武人干政，宋朝设置枢密院掌管最高军事决策和机要。随着形势的发展，这一机关中科举出身的文官逐渐在人数上占据优势。到宋仁宗朝，武臣很快就从枢密院退出，直到北宋灭亡，枢密院都几乎是文臣掌管。[③]南宋时期，由宰相兼任枢密使往往成为定制。再从各地军事统率组织来看，大约在“澶渊之盟”后出现了文臣参与统军的现象，到宋仁宗时代遂形成了文臣担任主帅、武将充当副将的制度，如宋人所说：“不以武人为大帅专制一道，必以文臣为经略以总制之。武人为总管，领兵马，号将官，受节制，出入战守，唯所指麾。”[④]因此，就宋代文官士大夫在政坛的位置而言，确已达到前所未有的地位。[⑤]北宋中叶人即指出：“今世用人，大率以文词进。大臣文士也，近侍之臣文士也，钱谷之司文士也，边防大帅文士也，天下转运使文士也，知州郡文士也，虽有武臣，盖仅有也。”[⑥]南宋时期，大致延续了这一格局。

如此一来，宋朝科举文官集团长期执政，武将群体受到压制，文官武将之间的关系出现了新的失衡，并产生巨大的鸿沟，使得宋朝以前盛行的“出将入相”现象消失，从而极大地改变了统治集团的构成，形成了典型的文官士大夫政治。

第二，对宋朝国家发展走向产生重要影响。军功集团在宋朝政治上的消退，制约了尚武力量对王朝施政的影响，文官大臣的主张更容易付诸实施，特别是体现在对外政策与边防方面，积极进取、开疆拓土的活动遂受到遏制。宋太宗第一次北伐失败后，文臣张齐贤便上疏反对用兵：“臣闻家六合者以天下为心，岂止争尺寸之事，角强弱之势而已乎？”[⑦]到第二次北伐失败后，文臣执政群体便激烈批评用兵行动。赵普认为：“岂必穷边极武，与契丹较胜负哉？”[⑧]端拱（988—989 年）初，宋太宗诏文武群

---

① 《宋史》卷 210—212《宰辅年表》，第 5416—5531 页。

② 据《宋史》卷 213—214《宰辅年表》（第 5543—5655 页）记载，可知 57 人出身情况。其余沈该、曾怀、钱象祖、留梦炎和吴坚等 5 人出身背景，则考诸其他史籍获知，见（宋）陈騤撰，张富祥点校：《南宋馆阁录》卷 7《官联上》，北京：中华书局，1998 年，第 77 页；《宋史》卷 34《孝宗纪二》，第 653 页；（宋）陈耆卿：《赤城志》卷 33《人物门・本朝》，影印文渊阁四库全书本；《宋史》卷 43《理宗纪三》，第 830 页；（宋）佚名撰，张富祥点校：《南宋馆阁录·续录》卷 8《官联二》，北京：中华书局，1998 年，第 308 页。

③ 陈峰：《从枢密院长贰出身变化看北宋“以文驭武”方针的影响》，《历史研究》2001 年第 2 期。

④ 刘挚：《上哲宗论祖宗不任武人为大帅用意深远》卷 65《百官门》，（宋）赵汝愚编，北京大学中国中古史研究中心校点整理：《宋朝诸臣奏议》，上海：上海古籍出版社，1999 年，第 724 页。

⑤ 陈峰：《宋朝的治国方略与文臣士大夫地位的提升》，《史学集刊》2006 年第 1 期。

⑥ （宋）蔡襄：《端明集》卷 22《国论要目》，影印文渊阁四库全书本，第 512 页。

⑦ 《宋史》卷 265《张齐贤传》，第 9151—9156 页，并见（宋）李焘撰，上海师范大学古籍整理研究所、华东师范大学古籍整理研究所点校：《续资治通鉴长编》卷 21，太平兴国五年十二月辛卯，第 484—485 页。

⑧ 《宋史》卷 256《赵普传》，第 8936 页。

臣“各进策备御”。宰相李昉“引汉、唐故事，深以屈己修好、弭兵息民为言，时论称之”。[①]淳化四年（993年），宋太宗与宰臣吕蒙正讨论到战争议题，吕氏以隋、唐动武之害为例，认为“治国之要，在内修政事，则远人来归，自致安静”。文臣的这些意见，最终都影响到宋太宗的态度。如宋太宗对吕蒙正表示：“且治国在乎修德尔，四夷当置之度外。”[②]“守内虚外”遂成为重要的治国之策，并被作为祖宗之法为后世所沿袭。如大中祥符三年(1010年)，当有将领反映西夏“颇不遵守誓约”时，宋真宗询问宰相王旦道：“方今四海无虞，而言事者谓和戎之利，不若克定之武也。”王旦则说服道：“先帝时，颇已厌兵。今柔服异域，守在四夷，帝王之盛德也。”宋真宗深以为然。[③]

由此历史上高度重视和依赖军事武力的传统发生了转变，强军强国的发展路线逐渐被追求文治和稳定的思想取代。就政治理想而言，宋儒们追求的是“圣王”之道，而不是秦汉以降的“霸道”。如力主改革的王安石也劝告宋神宗不必效仿汉唐盛世，而应当直追三代、“法先王”。[④]宋朝主流意识从理论上否定汉、唐“盛世”，便意味着反对追求“霸道”和武功，对开疆拓土从价值上予以否定，文治昌盛成为国家追求的发展目标。

第三，对社会价值观与风尚的深远影响。宋初以来，随着军功集团在政治上的消退，以及“崇文抑武”方略的推行，科举制度与文官士大夫的政治影响力持续高涨，逐渐形成了文尊武卑的价值观。北宋中叶人田况引用当时人的话说：“状元登第，虽将兵数十万恢复幽蓟，逐强敌于穷漠，凯歌劳还，献捷太庙，其荣亦不可及也。”[⑤]从“文”遂成为宋代世人追求的目标，所谓：“今也举天下之人总角而学之，力足以勉强于三日课试之文，则嚣嚣乎青紫之望盈其前，父兄以此督责，朋友以此劝励。”[⑥]所谓“满朝朱紫贵，尽是读书人”[⑦]。投军则很难受到世人的赞许，如著名理学家张载年轻时，面对爆发的对夏战争，“慨然以功名自许，上书谒范文正公。公一见知其远器，欲成就之，乃责之曰：‘儒者自有名教，何事于兵！’因劝读《中庸》”[⑧]。南宋初，抗金形势异常紧张，还出现了这样的情况：“时议者以为自兵兴以来，士大夫一入军中，便窃议而鄙笑之，指为浊流。”[⑨]可见即使在国家用兵之际，这种观念仍然在产生影响。

与以往相比，宋代社会风尚发生重要的变化，军功的感召力大为削弱，士人、文臣

---

① 《宋史》卷265《李昉传》，第9137页。

② 《宋史》卷265《吕蒙正传》，第9147页；（宋）李焘撰，上海师范大学古籍整理研究所、华东师范大学古籍整理研究所点校：《续资治通鉴长编》卷34，淳化四年十一月甲寅，第758—759页。

③ （宋）李焘撰，上海师范大学古籍整理研究所、华东师范大学古籍整理研究所点校：《续资治通鉴长编》卷73，大中祥符三年五月癸卯，第1672页。

④ （宋）王安石：《王文公文集》卷1《上皇帝万言书》，第2页。

⑤ （宋）田况：《儒林公议》，影印文渊阁四库全书本，第1036册，第278页下。

⑥ （宋）叶适：《水心别集》卷13《科举》，《叶适集》，北京：中华书局，1961年，第799页。

⑦ （宋）张端义：《贵耳集》卷下，丛书集成初编本。

⑧ （宋）吕大临：《横渠先生行状》，朱熹：《伊洛渊源录》卷6，影印文渊阁四库全书本，第455页。

⑨ （宋）李心传：《建炎以来系年要录》卷106，绍兴六年十一月戊寅，影印文渊阁四库全书本，第460页。

通常不愿投笔从戎，政坛还形成突出的“文不换武”现象，即文官不愿转换为武职。[①]而作为领风气之先的文臣学子的这一行为，又无疑对当时社会风尚产生重大的影响，造成以从军为耻的观念，社会精英遂远离军伍，使传统的“尚武”精神显著衰减。

第四，对边防产生直接的影响。如前所述，由于传统的军功集团及其政治倾向在宋代受到遏制，宋太宗以来又奉行“守内虚外”之策，被动、消极防御的战略主导了国防，并为其嗣君所继承，将帅对军队的指挥受到各种钳制。因此，虽然宋朝军队数量庞大，但边防却不免长期陷于被动挨打的境地。

通览宋朝历史，不难发现自宋太宗北伐失败之后，统治集团便实施全面防御的军事部署，积极主动的军事主张及活动通常受到压制，将领往往处于束手束脚、无所作为的境况。所谓“图阵形，规庙胜，尽授纪律，遥制便宜，主帅遵行，贵臣督视”[②]。宋真宗登基后，在消极防御的祖宗之法影响下，北方和西部战线频频告急。“澶渊之盟”订立后，宋统治集团又进一步视议和为解决边患的“良药”，边防建设更得不到足够重视，军队少有积极行动。如宋人所说：真宗君臣安于现状，回避边患问题，“则知兵革不用，乃圣人本心，自是绝口不谈兵矣”[③]。到宋仁宗时代，依旧固守原有的部署，军队士气和战斗力低下的情况更为严重，所谓：“昔仁宗皇帝覆育天下，无意于兵。将士惰偷，兵革朽钝，元昊乘间窃发，西鄙延安、泾原、麟府之间，败者三四，所丧动以万计。”[④]以后，宋朝虽然在个别阶段对军事部署有所调整，但其主体宗旨却从未改变，可以说，宋统治集团继续了排斥武功的传统，满足于维持内部的稳定，重大边防战争不到不得已通常不为之。诚如朱熹所指出：“本朝全盛之时，如庆历、元祐间，只是相共扶持这个天下，不敢做事，不敢动。被夷狄侮，也只忍受，不敢与较。”[⑤]南宋时期，大致延续了北宋的做法，虽然长期处于外患的巨大压力下，要求抗金的呼声不断，但在长期惯性思维与制度的推动下，主和仍然成为朝廷的主流意识，不敢也不愿主动收复北方失地，而满足于偏安江南。宋高宗君臣甚至不惜借杀害岳飞之举，实施第二次“收兵权”，压制主战派和一度抬头的军功集团力量。

综上所述，中国古代政坛上长期存在的军功贵族或军功集团，至宋代迅速瓦解，传统军功的重要政治影响力也随之衰亡。这一现象的出现，不仅改变了宋代的统治结构，而且对其政治、军事以及社会风尚也产生了重大的影响。

〔本文原刊于《中国史研究》2008 年第 4 期〕

① 陈峰：《从“文不换武”现象看北宋社会的崇文抑武风气》，《中国史研究》2001 年第 2 期。
② （宋）杨亿：《武夷新集》卷 10《李继隆墓志铭》，影印文渊阁四库全书本，第 1086 册，第 475 页。
③ （宋）曹彦约：《经幄管见》卷 1，影印文渊阁四库全书本，第 36 页。
④ （宋）苏轼撰，孔凡礼点校：《苏轼文集》卷 37《代张方平谏用兵书》，北京：中华书局，1986 年，第 1050 页。
⑤ （宋）黎靖德编，王星贤点校：《朱子语类》卷 127《本朝一》，北京：中华书局，1986 年，第 3051 页。

蒙哥钓鱼城之败与忽必烈灭宋之成

姜锡东*

一、问题的提出

13世纪，蒙元帝国曾发起两次试图攻灭南宋、统一中国的大规模战争。第一次大战由蒙哥汗发起，结果失败，蒙哥汗本人也命丧钓鱼城外；第二次战争由元世祖忽必烈汗发起，取得成功。两次战争先败后胜，有其因果关系。其内因当然很多，但最直接的原因是二人战争方略的优劣与高下。

1259年，元宪宗蒙哥汗率蒙古大军围攻南宋合州（今重庆市合川区）钓鱼城，不但久攻不下，反而损兵折将，自己也病死于钓鱼城附近①，震惊亚欧。蒙哥汗死后，不仅南下进攻川蜀和京湖、两淮蒙军主力陆续后撤，而且导致西征中亚、西亚和欧洲部分蒙军后撤。蒙哥汗之死，标志着南宋王坚领导的十分重要、危险、激烈的钓鱼城防御战的胜利，推迟了南宋政权的灭亡；也标志着蒙哥汗发动的第一次灭宋战争的失败；还标志着蒙古西征大军向欧洲、非洲方向进军的停止；还标志着蒙古贵族内部内战不休局面的开始，其影响确实非同寻常、相当深远。以上所述，是比较明显，也是学术界研究论述较多的。实际上，"钓鱼城之战"和蒙哥汗之死，也暴露出蒙元帝国的许多失误和内在缺陷。对此，学术界已有论述，笔者《从钓鱼城之战看蒙哥汗的失误和蒙古帝国核心决策机制的缺陷》又有更加系统深入的探讨。②值得再究的是，对于蒙元帝国和忽必烈汗来说，坏事可能转变为好事，失败可能成为成功之母；蒙哥汗之死的强烈刺激和巨大震动，迫使忽必烈等蒙元高层领导总结教训，调整攻灭南宋的方略。对此，学术界已有一些研究论述。邹重华先生《略论蒙哥、忽必烈的攻宋战略》一文③，对蒙哥以四川作为灭宋主攻方向的战略失误和忽必烈攻宋战略的改变做过专门论述。邹先生只是专门论述蒙哥、忽必烈灭宋主攻方向的不同、改变及其优劣成败问题。实际上，忽必烈总结、改变的并不只是一个主攻方向的问题，还有很多其他重

---

* 姜锡东，河北大学宋史研究中心暨历史学院教授。

① 关于蒙哥汗的死因，学界有不同记载和看法。详见刘道平：《钓鱼城的历史与文化》，北京：中央文献出版社，2006年，第11—13页。

② 钓鱼城风景名胜区管理局、钓鱼城古战场遗址博物馆编：《2015年钓鱼城国际学术会议论文集》，未刊，打印稿。

③ 邹重华：《略论蒙哥、忽必烈的攻宋战略》，《四川大学学报丛刊》1986年第32辑。

要问题。匡裕彻先生《蒙元军在宋元战争中的战略变化》一文指出："研究它对南宋战略的变化，实是了解宋元战争全过程的一把钥匙。"他分析了忽必烈与蒙哥的不同方略，重点论述了忽必烈战略思想的变化及其所引发的战略基地南移、创建专门水军和砲军。[①]但忽必烈攻宋方略的新变化，远不止此。李天鸣先生在《宋元战史》一书中，对蒙哥攻宋和忽必烈灭宋的具体过程、战略战术有非常详细的论述，但对二人的异同、优劣缺乏专门的比较。[②]胡昭曦先生主编的《宋蒙（元）关系史》，注意到了忽必烈灭宋主攻方向与蒙哥的不同，也论述了忽必烈攻宋方略的其他变化，但该书偏重于过程描述，对二人攻宋方略异同的分析着墨不多。[③]因此，本文拟从忽必烈等人对蒙哥第一次灭宋战争失败原因的总结出发，结合忽必烈第二次灭宋战争新方略的实施，比较忽必烈与蒙哥灭宋方略的异同，从蒙元战争方略视角探讨忽必烈成功灭宋的原因。不当之处，欢迎大家指正。

二、忽必烈等人对钓鱼城之战教训的反思总结

在1256年六月之前，大蒙古国对南宋的进攻，多是攻掠战，多以掠夺财富和人口为目的，并不想一口气攻灭南宋。是年六月，"以宋人违命囚使"[④]，蒙哥汗等人决定大规模南征，灭掉南宋。1258年蒙古大军从四川、京湖、两淮三大战区陆续南下，又命兀良哈台率蒙军从云南北上，蒙哥汗御驾亲征，对南宋发起规模空前的攻灭战。但是，蒙哥汗亲自率领进攻四川战区的西路军，在形势险要、易守难攻的合州钓鱼山城，遭到王坚率领的南宋军民的顽强抵抗。蒙军顿兵坚城之下，损兵折将，围攻五个多月不能攻克，蒙哥汗本人于1259年七月因病而死，导致各路攻宋的蒙军主力陆续后撤，蒙古发起的第一次灭宋战争归于失败。

在蒙元历史上，蒙哥是"唯一死于疆场的蒙古大汗"[⑤]。钓鱼城之战蒙哥之死，导致大蒙古国第一次灭宋战争的失败，对忽必烈汗等蒙古上层自然会产生深刻刺激和警醒，促使他们反思、调整攻宋方略。同时，我们可以看到，忽必烈也从中路南征，参加第一次灭宋战争。他代替作战不力的诸王塔察儿，率中路军快速南下，于1259年八月攻至长江北岸。从九月开始，他不顾蒙哥汗已死，挥军渡过长江，并亲自指挥围

① 匡裕彻：《蒙元军在宋元战争中的战略变化》，《黑龙江民族丛刊》1988年第1期。
② 李天鸣：《宋元战史》第三一七章，台北：食货出版社，1988年。
③ 胡昭曦、邹重华主编：《宋蒙（元）关系史》，成都：四川大学出版社，1992年。
④《元史》卷3《宪宗本纪》，北京：中华书局，1987年，第49页。
⑤ 萧启庆：《蒙元史新研》，台北：允晨文化事业股份有限公司，1996年，第12页。

攻鄂州（今湖北省武汉市武昌）。在劝降失败后，他猛攻两个多月，但终未攻下。[①]这次南征“鄂州之战”和1252—1254年征云南，也是忽必烈后来总结经验教训时的重要内容。不过，忽必烈从鄂州前线北返后的几年，当务之急是争夺汗位、镇压反叛、巩固政权，无暇顾及灭宋之事。直到1267年十一月，即忽必烈践祚继位7年之后，才决定发动“襄樊战役”，正式开始灭宋大战。在开战前和开战后的几年时间里，忽必烈等人确实曾经多次讨论、总结以前攻宋战争的成败得失，研寻新的稳健正确的灭宋方略。在这些总结和研寻活动中，比较关键的人物有8个：即来阿八赤、史天泽、耶律铸、刘整、商挺、郝经、郭侃和忽必烈，兹分述如下。

1. 来阿八赤

其父来术速忽里是蒙哥汗的亲信幕僚。当蒙军连续围攻钓鱼山城不下而不知所措时，蒙哥命诸将讨论对策，来术速忽里说：

> “川蜀之地，三分我有其二，所未附者巴江以下数十州而已，地削势弱，兵粮皆仰给东南，故死守以抗我师。蜀地岩险，重庆、合州又其藩屏，皆新筑之城，依险为固，今顿兵坚城之下，未见其利。曷若城二城之间，选锐卒五万，命宿将守之，与成都旧兵相出入，不时扰之，以牵制其援师。然后我师乘新集之锐，用降人为向导，水陆东下，破忠、涪、万、夔诸小郡，平其城，俘其民，俟冬水涸，瞿唐三峡不日可下，出荆楚，与鄂州渡江诸军合势，如此则东南之事一举可定。其上流重庆、合州，孤危无援，不降即走矣。”诸将曰“攻城则功在顷刻”，反以其言为迂，（蒙哥汗）卒不用。[②]

来阿八赤也随从蒙哥征四川，以监军身份和纽璘率军担任阻援任务。“宪宗崩，阿八赤从父倍道归燕。世祖即位，问以川蜀之事，阿八赤历陈始末，诵其父前所言以对，世祖抚掌曰：‘当时若从此策，东南其足平乎。朕在鄂渚，日望上流之声势耳。’”[③]从中可知：（1）忽必烈汗对蒙哥汗御驾亲征四川及其钓鱼城之战以及由此导致的胞兄蒙哥汗之死，非常关心重视，曾专门向有关将领亲自了解情况，进行总结反思。（2）忽必烈汗对蒙哥汗没有采纳来术速忽里的建议（即绕过合州钓鱼山城和重庆城，顺流东下，与忽必烈会师，直捣南宋要害），极为惋惜，认为这是蒙哥汗的重大

① 李天鸣：《宋元战史》第三章，第733—760页；屈超立：《简析宋蒙鄂州之战与“鄂州和议”》，胡昭曦、邹重华主编：《宋蒙（元）关系研究》，成都：四川大学出版社，1989年，第58—71页。

②《元史》卷129《来阿八赤传》，第3141页。

③《元史》卷129《来阿八赤传》，第3142页。

失策。(3)忽必烈对南宋军队的战斗力和自然环境之困难，也警觉起来，不敢轻忽。另外，来阿八赤后来也参与了“襄樊之战”等第二次攻灭南宋的战争，其经验教训肯定影响了蒙军灭宋新方略的制订与实施。

2. 史天泽

他曾随蒙哥汗在钓鱼城一带作战，对蒙哥之死也较了解。忽必烈即汗位后，“首召天泽，问以治国安民之道”，肯定也会讨论钓鱼城之战、蒙哥之死。元世祖至元六年(1269年)“以宋未附，议攻襄阳，诏天泽与驸马忽剌出往经画之”[①]。史天泽是协助忽必烈总结教训、制订并实施灭宋新方略的骨干之一。

3. 耶律铸

“宪宗征蜀，诏铸领侍卫骁果以从，屡出奇计，攻下城邑……宪宗崩，阿里不哥叛，铸弃妻子，挺身自朔方来归，世祖嘉其忠，即日召见，赏赐优厚。中统二年，拜中书左丞相……[至元四年]改荣禄大夫、平章政事。五年，复拜光禄大夫、中书左丞相。”[②]他作为钓鱼城之战、蒙哥之死的亲历者，作为忽必烈的高级助手，肯定参与了对前者失败的总结和后者灭宋新方略的谋划。

除上述3人外，李进、董士元也曾亲历钓鱼城之战，后任忽必烈汗侍卫长，后参加襄樊之战等灭宋战争。[③]他们对忽必烈汗反思第一次灭宋战争教训，也应有所贡献。

4. 刘整

曾为南宋名将孟珙麾下的一员骁将，后因军功升任(四川)潼川十五军州安抚使、泸州知州。因受嫉妒、排挤，投附蒙元，受到忽必烈接见、赏识和重用。他对南宋自然环境和军政情况有比较深刻而全面的了解，力主从京湖战区的襄樊打开突破口，中间突破，攻灭南宋。他的灭宋方略得到忽必烈的采纳和鼎力支持，并被委派为围攻襄樊的先锋主将。从他后来的实际战术来看，刘整和忽必烈等人都确实汲取了蒙哥汗钓鱼城之战之类的教训，调整了灭宋方略。[④]

5. 商挺

原先作为忽必烈部属任职关中，对川陕情况有所了解。1259 年，“宪宗亲征蜀，世祖将趋鄂、汉，军于小濮，召问军事。挺对曰：‘蜀道险远，万乘岂宜轻动。’世祖

① 《元史》卷155《史天泽传》，第3660、3662页。
② 《元史》卷146《耶律铸传》，第3465页。
③ 《元史》卷154、156本传。
④ 《元史》卷161《刘整传》。

默然久之，曰：‘卿言正契吾心。’宪宗崩，世祖北还，道遣张文谦与挺计事……召挺北上至开平，挺与廉希宪密赞大计”[①]。早在蒙哥汗死前，商挺就当面向忽必烈指出南方蜀道又险又远，大汗不宜御驾亲征险远之地。蒙哥之死，既证明了商挺的先见之明，也加深了忽必烈对南征风险的认识。

6. 郝经

他是一位学识渊博、较懂军事的著名文人，也是忽必烈的谋士之一。在 1258 至 1259 年的第一次灭宋战争中，他作为幕僚多次向忽必烈当面发表对此战的看法，还专门写上《东师议》和《班师议》。[②]在这两篇专论中，郝经向忽必烈指出：（1）大举出兵攻灭南宋要选择恰当时机。他认为，当时的大蒙古国内部问题很多，而南宋既非小国也非弱国，决不能轻敌，侥幸取胜；而是应该整顿内政，准备充分，再择机出兵灭宋。（2）避实击虚。对南宋江北坚城围而不攻，直奔长江，直捣东南要害。主力部队切勿顿兵坚城之下，迁延不进不退。（3）要加强心理战。（4）蒙古大汗不应轻率地御驾亲征，亲蹈险远战场。

7. 郭侃

他曾受史天泽栽培，后随旭烈兀大王西征，转战万里，战斗经验丰富。“西域平，侃以捷告至钓鱼山，会宪宗崩，乃还邓，开屯田，立保障。”邓州往南，即是襄阳。从上述记载看，郭侃对钓鱼城之战、蒙哥之死，对襄阳的战略地位，都比较了解。所以，“世祖即位，侃上疏陈建国号、筑都城、立省台，兴学校等二十五事，及平宋之策，其略曰：‘宋据东南，以吴越为家，其要地，则荆襄而已。今日之计，当先取襄阳，既克襄阳，彼扬、庐诸城，弹丸地耳，置之勿顾，而直趋临安，疾雷不及掩耳，江淮、巴蜀不攻自平。’后皆如其策”[③]。在蒙元帝国中，第一个正式提出先取襄阳、中间突破灭宋战略的是郭侃而非刘整。鉴于蒙哥汗在钓鱼山城顿兵攻坚而亡的教训，他主张攻克襄阳后，置巴蜀江淮地区扬州、庐州等坚城不顾，以迅雷不及掩耳之势，直捣临安。

8. 忽必烈

生长在北方草原的忽必烈，曾亲征云南和长江鄂州，对南方的自然环境，对南宋军队的抵抗能力，都有深刻体验。1260 年四月登上汗位后的几年里，忙于建立政权、巩固政权、镇压反叛，无暇顾及攻灭南宋，但也曾经专门或偶尔与部下探讨第一次灭

---

①《元史》卷 159《商挺传》，第 3739 页。

②（元）郝经著，秦雪清点校：《郝文忠公陵川文集》卷 32，太原：山西人民出版社，2006 年。

③《元史》卷 149《郭侃传》，第 3525 页。

宋战争中蒙哥汗、他本人的战争教训，讨论灭宋新方略。1267 年十一月，刘整朝见忽必烈，力主发起第二次灭宋战争，并建议“先攻襄阳，撤其扞蔽”[①]。虽然很多朝廷大臣对此表示强烈反对，但忽必烈力排众议，决意采纳，并首先派出刘整和阿术负责围攻襄阳。从前述七人和忽必烈本人的经历、议论，从战争实际进展情况综合来看，忽必烈等人确实很注意认真反思总结第一次灭宋战争失败的教训，特别是蒙哥汗之死的教训和忽必烈本人率军围攻鄂州的教训，也总结了 1262 年镇压李璮反叛之战的成功经验，对第二次新的灭宋战争，采取了如下战略战术：

第一，战略上伺机而动，中间突破。由于忽必烈对第二次攻灭南宋战争的困难具有很深刻的认识，重视对手，从不轻敌，更因为大蒙古国在他即位后内部不稳，危机四伏，事务繁多，所以，他对发动第二次灭宋战争采取十分慎重态度，决不轻言攻宋灭宋；采取伺机而动、中间突破战略。

第二，战术多样。（1）稳扎稳打，逐步推进。决不搞蒙哥汗那样贸然南下，御驾亲征，定期会师，而是首先建立进攻基地，做好各种准备，南征将士由少到多，一旦时机成熟才发动猛攻和大规模总攻。（2）精密部署，精心选择、妥善使用将领，注意各路各方面的协调配合。（3）捣虚战术。对宋军严防死守的要塞重镇，尽量围而不攻，断其粮援，使其自溃自降；或干脆绕过去，以后再图。（4）大力准备战船，发展水军。（5）尽量采用心理战，从战略战术上欺骗敌人，从心理斗志上瓦解分化敌人。（6）一旦条件成熟，直捣要害，灭其首脑中枢，再各个击破，平定各地。

三、灭宋新方略的实施

从 1267 年十一月忽必烈采纳刘整建议决定攻灭南宋，到 1279 年二月“崖山之战”南宋政权最终灭亡，可分为三个阶段。

第一阶段（从 1267 年十一月决定灭宋到 1273 年二月南宋襄阳主将吕文焕投降）是“襄樊战役”阶段。对此具体过程（及其之后的两个阶段），学界论述颇多，不必赘述。在此重点探讨的是，忽必烈等人灭宋方略的实施及其相关问题。

蒙元政权从决定先取襄阳到最终拿下襄阳，前后花费五年多时间。迟迟拿不下襄阳，并非襄阳无懈可击、坚不可破，而是蒙元方面战术实施有很大漏洞。1269 年三月之后，即围困襄阳一年多之后，蒙军猛将张弘范奏言：“国家取襄阳，为延久之计者，所以重人命而欲其自毙也。曩者，夏贵乘江涨送衣粮入城，我师坐视，无御之者。而

① 《元史》卷 161《刘整传》，第 3786 页。

其境南接江陵、归、峡，商贩行旅士卒络绎不绝，宁有自毙之时乎！宜城万山以断其西，栅灌子滩以绝其东，则庶几速毙之道也。”[①]其实，据《元史·阿术传》记载：围困襄阳的蒙军早期统帅阿术早就有断襄阳粮道之策，并于1268年“筑鹿门、新城等堡，继又筑台汉水中，与夹江堡相应，自是宋兵援襄者不能进”[②]。可知蒙军早就采取行动围城阻援，但围而不密，漏洞百出，宋人进出自如，绝不是《阿术传》说的“宋兵援襄者不能进”，而是张弘范说的看不到宋军“自毙之时”。蒙廷接受张氏建议，派兵占领万山；而亲历钓鱼城之战和济南之战的名将史天泽在本年来襄阳前线视察督战，也看出蒙军破绽，于是下令修筑长围，把蒙军各堡寨联结起来。[③]从此，蒙元军队的包围密度空前提高，但仍有漏洞。所以，1272年，宋军两度突破元军重重封锁，将大批物资运进襄阳。[④]但元军汲取教训，封锁更加严密，襄樊城里不久就粮柴殆尽，人吃人，宋军陷入不是饿死就是投降的绝境。不过，元军似乎并不了解襄樊宋军的困难程度，失去耐心，转而局部改变围而不攻战术，强攻死冲樊城。经过殊死搏杀，元军攻下樊城，并实行屠城。早陷绝境的宋将吕文焕，经不起元军的威逼利诱，于1273年二月举兵投降，元军终于占领军事重镇襄阳。

总之，这一阶段的襄阳之战，忽必烈蒙元军队的主要战术是围城阻援，结果还是比较成功的。但与数年前几个月就拿下济南城相比，这次围城阻援战术的实施并不得力，漏洞太多，导致战役旷日持久，元军自己首先失去耐心，采用局部的血战攻城下策。樊城屠城，虽对拿下襄阳等有近效，但也促使后来部分宋朝军民誓死抵抗不降，元军更丧失长久道义。另需重视的是，蒙元心理战初见成效。特别是诱降吕文焕，对第二、第三阶段的灭宋作战产生非常重大的作用。

第二阶段（从1273年三月决定继续进兵至1275年二月丁家洲之战）是长江中下游战役阶段。

南宋名将吕文焕投降，元军占领襄阳，是元朝第二次灭宋战争的转折点，形势对元朝非常有利。“时将相大臣皆以声罪南伐为请”，纷纷要求乘胜进军，一举灭宋。但忽必烈仍很谨慎，“驿召姚枢、许衡、徒单公履等问计，公履对曰：‘乘破竹之势，席卷三吴，此其时矣。’帝然之”[⑤]。忽必烈只是同意继续做好灭宋战争准备，并非同意立即大举进军。直到九个月后，即1274年一月，在阿里海牙和阿术的一再强烈请求

①《元史》卷156《张弘范传》，第3680页；李天鸣：《宋元战史》第五章第四节，第988页。

②《元史》卷128《阿术传》，第3120页。

③ 胡昭曦、邹重华主编：《宋蒙（元）关系史》第五章第一节，第316—317页；李天鸣：《宋元战史》第五章第三节，第965页。

④ 李天鸣：《宋元战史》第五章第三节，第五章第六节，第1025—1033页。

⑤《元史》卷8《世祖本纪》，第149页。

下，“帝趣召史天泽同议”，天泽也赞同，忽必烈才下决心大举增兵、发起总攻，采纳他们的建议，任命伯颜为统帅，向前线再增兵十万。[①]又经过半年多的紧张准备，直到秋季，忽必烈才正式下诏，布告天下，大举伐宋。元军的部署是：在长江上游的西线和下游淮河流域，采取牵制性作战；主力大军从襄阳沿汉水南下，攻占长江中下游沿线城市，再伺机直捣南宋首都临安。[②]

从实战过程来看，元军主要采取了 3 种战术：（1）捣虚战术，即尽量不围攻坚城，尽快南下渡过长江。伯颜率元军主力于 1274 年九月从襄阳南下，首遇郢州（今湖北省钟祥市）。因郢州“高接山形，矢石莫能近，攻之无益”，伯颜干脆另辟蹊径绕过去。诸将多有后顾之忧，纷纷请求先取郢州，伯颜骂曰：“汝曹欲为困襄阳之计，俱为龙断者耶？用兵缓急，我具知之。况攻城乃兵家之下计。大兵之用，岂惟在此一城哉？若攻此城，大事失矣。”[③]兵至复州（今湖北省仙桃市），南宋守将投降（实为诈降），伯颜不许任何元军入城耽误时间，率大军直趋武汉一带。一边在江北攻城，一边出偏师趁黑夜渡过长江，攻占南岸。元军渡过长江，群情激奋，而宋军大为惊恐，水战、陆战纷纷失利，非逃即降，元军于十二月占领武汉地区。与上次围而不攻、持续 5 年多的襄阳战役的战术不同，这次飞渡长江、占领武汉地区，伯颜排除内部将领的各种顾虑和反对，坚决实施捣虚战术，从襄阳出师到胜利渡江、征服武汉地区，只用了两个多月时间。

（2）心理战术，即威逼利诱战术。襄阳陷落，吕文焕降元，对南宋朝野产生巨大心理震撼，南宋将士抵抗意志明显下降。因此，元军从襄阳出师南征前后，就高度重视心理战。本来，忽必烈出兵灭宋，在道义上并没有多少像样的理由，他唯一拿得出手的理由和借口是南宋扣留国信使郝经。[④]他最大心理战法宝是降元宋将吕文焕。通过吕文焕告诉南宋将士：投降不杀，还有厚利。元军心理战的一般做法是，先招诱劝降；不成则威逼，以战促降。例如，1274 年十二月“己未，师次鄂州，遣吕文焕、杨仁风等谕之曰：‘汝国所恃者，江、淮而已，今我大兵飞渡长江，如履平地，汝辈何不速降。’鄂恃汉阳，将战，乃焚其战舰三千艘，火照城中，两城大恐。庚申，知鄂州张晏然、知汉阳军王仪、知德安府来兴国，皆以城降，程鹏飞以其军降”[⑤]。比较 1259 年忽必烈亲自指挥的鄂州之战，伯颜等人这次更重视心理战，效果更是出奇的好。伯颜大军在短期内渡过长江，占领武汉地区，使大量南宋将士心理崩溃，丧失

① 《元史》卷 8《世祖本纪》，第 153 页。
② 李天鸣：《宋元战史》第六章第二节，第 1145—1146 页。
③（元）刘敏中：《平宋录》卷上，北京：中华书局，1985 年，第 2 页。
④ 《元史》卷 8《世祖本纪》，第 155 页。
⑤ 《元史》卷 127《伯颜传》，第 3103 页。

斗志。再加上“吕氏军事集团”在南宋军队中多居要职[1]，使吕文焕的招降纳叛格外方便有效。所以，伯颜大军顺江东下就格外顺利，沿江军事重镇黄州、蕲州、江州、安庆府、池州等纷纷不战而降，元军的心理战大显神威。

（3）水战。我们知道，蒙古骑兵当时的野战能力天下无双，声被遐迩；攻城能力也很有名；水战能力从弱到强。决定围攻襄阳、灭宋之后，蒙元就采纳南宋降将刘整建议，开始组建训练一支人员 7 万、舰船 5000 的庞大水军；后来又陆续扩建。[2]元军飞渡长江，靠的是水军。击败南宋夏贵的数万水军，靠的是水陆协同作战。夏贵和其他南宋水军一败，其余守城宋军纷纷投降。元军在武汉地区作战的胜利，水军的强大和善于水战发挥了基础性的巨大作用。[3]1275 年二月，伯颜大军顺江东进中，与南宋权相、都督贾似道统率的 13 万宋军水师在丁家洲（今安徽省铜陵市北长江中）展开大战。元军采用欺敌战术和水陆协同作战战术，再次大败宋军。

在第二阶段的作战中，元军最关键的过长江、占武汉之战，主要采用捣虚战术，辅以心理战和水战；顺江东进，主要采用心理战；“丁家洲之战”则主要采用水陆协同的水战，辅以心理战。与蒙哥汗时代的第一次灭宋战争相比，心理战是其传统战术，一直在用；捣虚战则是新战术；水陆协同的水战，则是蒙哥汗钓鱼城之战时史天泽的发明，此时得到连续而大规模运用。

第三阶段（1275 年三月至 1279 年二月崖山之战宋亡）是消灭宋军余部阶段。

“丁家洲之战”后，宋军主力大部投降或被歼，元军主力本可一鼓作气，直捣临安。然而，忽必烈却突然以“时暑方炽，不利行师”为由，命令伯颜暂停进军，“俟秋再举”，并“召伯颜赴阙”。[4]忽必烈此举，一方面是有后顾之忧，北方始终存在仇视忽必烈的蒙古亲王的巨大军事压力和安全隐患[5]；另一方面是他对南方山川道路和炎热气候的深刻忧虑，他仍持慎重态度，仍然打算采用稳扎稳打战术，并更多地采用招降、欺骗等心理战。从客观效果来看，他的这些方略对南宋多数人确实有效，他们选择降服。但是，其对少数南宋人无效，他们选择尽力抵抗或宁死不降。经过一番研究商议，忽必烈采纳了伯颜等人立即南下灭宋的建议。

元军消灭南宋抵抗者的战斗分水、陆两类。陆战，主要是城市战。在这类战斗中，元军综合采用了攻坚战、围城阻援战、招降心理战等各种战法。当然，在具体作战中，各有侧重。在常州、潭州和重庆府以攻坚战为主，在扬州和钓鱼城以围城阻援战为主，

---

① 屈超立:《论吕文德及吕氏军事集团》，邓广铭、漆侠等主编:《宋史研究论文集》，石家庄：河北教育出版社，1989 年。

② 《元史》卷 161《刘整传》，第 3787 页;《元史》卷 8、卷 9《世祖本纪》，第 148、150、154 页。

③ 李天鸣:《宋元战史》第六章第二节，第 1154—1161 页。

④ 《元史》卷 127《伯颜传》，第 3106 页。

⑤ 周良霄:《忽必烈》第九章，长春：吉林教育出版社，1986 年，第 155 页。

在临安以心理战为主。水上舰船作战，最著名的有两次。一次是1275年七月初的“焦山之战”，此战，是宋军趁元军暂缓进攻、伯颜北上而组织发动的一系列反击战中规模最大的一战。宋将张世杰在焦山（今江苏省镇江东长江中心）集结了号称战舰1万艘的军队，准备与元军一决雌雄。元将阿术针对南宋战舰虽多但十船相连、下锚不动的特点，采取了首先火攻、水陆配合、三面夹攻战术，很快将宋军击败。元人说：“宋人自是不复能军。”[①]的确，南宋从此之后再也不能组织起大规模的军事反击，只能被动挨打，被各个击破。第二次是1279年的“崖山海战”。由于宋军能够主动出击的将士和战船不多，更因为宋船联结一团不便机动，实际上处于坐以待毙状态，所以，元军断其水柴之道，只用简单的围攻战术即将其击破。

元军第三阶段的战术与第二阶段相比，大同小异，只是在焦山水战中多出一种火攻战术。这一阶段，南宋山河破碎，风雨飘摇，大势已去，但元军心理战的成效反而不如第二阶段那么显著，面对那些宁死不降的南宋军民，元军被迫更多地采用强攻战术。

四、蒙哥和忽必烈两次灭宋战争方略的比较

蒙哥发动的第一次攻灭南宋的战争，以四川为主攻方向，最终归于失败。忽必烈发动的第二次攻灭南宋战争，以襄阳为主攻方向，最终大获全胜。这是显而易见、众所周知的史实。但从两次攻灭南宋战争方略的角度来深观细察，可知事情并非如此简单，蒙哥的失败和忽必烈的成功绝不只是个主攻方向问题。

第一，在战前准备阶段，二人的认识、筹划部署和方略就大不一样。

蒙哥在战前准备阶段，存有5项失误，最大的失误是严重轻敌，由此导致在战争筹划、将士选择部署、器械准备等方面都不严密周全。对此，前揭拙文已做论述，此不重复。这里再加强调的是，蒙哥汗兵分三路攻宋，以巴蜀为主攻方向，并无大错，未尝不可；蒙哥最大失误在于他本人御驾亲征、深入巴蜀险地，他一旦阵前驾崩，造成蒙军混乱，全局动摇。

忽必烈在战前准备阶段，则敬畏对手，对南宋军民的抵抗能力、自然环境困难、发动大战的风险始终不敢轻忽，始终采取慎重态度。因此，他在战前多次与部下探讨蒙哥发动的第一次灭宋战争失败的教训，多次研究攻灭南宋的时机和方略。这是忽必烈与蒙哥的第一个，也是最大的不同。其次，调整主攻方向，以中路襄阳为突破口和主攻方向。再次，大规模组建训练水军。最后，尽量避免进攻坚城。

① 《元史》卷8《世祖本纪》，第168页。

第二，在战争阶段，二人方略有同有异。

蒙哥在第一次灭宋战争的实施阶段犯有 4 项失误，最大失误是屯兵坚城之外，围攻钓鱼城 5 个多月而不克，没有避实击虚，结果损兵折将，自己也病死，导致第一次灭宋战争以失败告终。对此，前揭拙文已做论述，此亦不重复。值得注意的是蒙哥采取的如下 4 种战术：（1）水陆协同配合的水战战术。即南宋名将吕文德率领宋军乘坐多艘战船沿嘉陵江北上增援解围时，蒙古名将史天泽命陆军在两岸、水军在江中同时攻击，取得胜利。[①]这种战术，是蒙元军队对宋作战中第一次使用。（2）心理战术。即派人对宋军威逼利诱进行劝降。这种战术，是蒙古军队的惯用战术，蒙哥在四川也有成效，曾招降运山、隆州、大良山和石泉等地宋军守将。但对于最关键的钓鱼城守将王坚，招降战术失败。[②]（3）攻城战术。蒙哥军队也攻下过苦竹隘、鹅顶堡、大获山等，但进攻礼义山城、重庆府山城和钓鱼山城却失败，蒙哥本人反而死于钓鱼城外。[③]（4）攻宋各军协同配合战术。不论是三路南下蒙军、加上兀良哈台北上蒙军，还是西路进攻巴蜀的三路南下蒙军，互相策应、配合都很不够，这一战术在实战中运用不当。另外值得特别关注的是来术速忽里提出的避实击虚战术，蒙哥没有采纳。[④]

忽必烈及其部将们在第二次灭宋战争的实施阶段所采用的战术，与蒙哥及其部将们所采用的战术大致相同，但使用范围则大得多，增加了一些重要的新内容。“焦山之战”中，元军主要采用水陆协同配合战术，但增加了火攻战术。蒙哥心理战术的使用，是临时性、局部性的。而忽必烈心理战术的使用，则是长期性、全局性的，效果甚佳。被蒙哥等人拒绝的避实击虚战术，却被伯颜坚决采用，效果奇佳。在“襄阳之战”和“扬州之战”中元军采用的围城阻援、使其自困战术，则是蒙哥所无，效果也不错。在各路元军的协同配合方面，忽必烈也明显比蒙哥做得好。总起来看，忽必烈战术使用的数量和质量，都优于蒙哥。

不过，忽必烈及其部将的灭宋方略与实施，绝不是滴水不漏、完美无缺。在战争的第一阶段，对襄樊的包围并不严密，战役拖延时间太长。在第二阶段，伯颜的避实击虚战术带有很大的冒险成分。在全部三个阶段的对宋作战中，并没有完全遵循忽必烈的“不杀”命令[⑤]，仍有滥杀平民和屠城行为。但是，战争的成败，不仅比谁的优长多，而且比谁的失误少。忽必烈及其部将的失误，远少于蒙哥及其部将。

---

①《元史》卷 154《李进传》，第 3639 页；《元史》卷 155《史天泽传》，第 3660 页；（元）苏天爵辑：《元朝名臣事略》卷 7《丞相史忠武王》，北京：中华书局，1996 年，第 119 页。

②《元史》卷 3《宪宗本纪》第 52—53 页。

③《元史》卷 3《宪宗本纪》，52—54 页。

④《元史》卷 129《来阿八赤传》，第 3141—3142 页。

⑤《元史》卷 8《世祖本纪》，第 156 页。

五、结　　语

钓鱼城之战与蒙哥之死，对于当时亚欧大陆的有关各方都是一个重大的标志性事件。对蒙元与南宋关系来说，它标志着蒙哥发起的蒙元帝国第一次灭宋大战的失败。这一失败，暴露出蒙哥的一系列失误和蒙古帝国的内在致命缺陷。然而，以忽必烈为首的蒙元帝国领导认真反思总结了其经验教训，制订了正确的再灭南宋的战略战术，终获成功，统一中国。①

与此相反，南宋方面被钓鱼城蒙哥之死和鄂州忽必烈退兵的重大而暂时的胜利冲昏了头脑，一度变得骄傲轻敌，把吕文焕和贾似道两个确实有功但才智平庸之辈推向军政权力的顶峰，并没有认真地反思历史，也没有彻底正确地整顿好内部军政，没有为即将到来的第二次事关存亡的大决战做好准备。

① 忽必烈等人在帝国内在致命缺陷的反思改革与核心决策机制建设等方面也做了很大努力，但很不彻底，内乱不息。

论党项宗族

杜建录*

宗族是具有血缘联系的共同体，它贯穿于党项社会和国家的全部过程。因此，在对西夏社会历史的探索与研究中，党项宗族研究乃是基本而且重要的课题。漆侠先生曾在《辽夏金经济史》[①]中注意到这个问题，笔者拟在先生研究的基础上，对此作进一步的探讨。

一

党项族是我国西部一个古老的民族之一，长期居于今甘、青、川三省毗连的高山草地。《旧唐书·党项传》曰："党项羌，在古析支之地，汉西羌之别种也。魏、晋之后，西羌微弱，或臣中国，或窜山野。自周氏灭宕昌、邓至之后，党项始强。其界东至松州，西接叶护，南杂舂桑、迷桑等羌，北连吐谷浑，处山谷间，亘三千里。其种每姓别自为部落，一姓之中复分为小部落，大者万余骑，小者数千骑，不相统一。有细封氏、费听氏、往利氏、颇超氏、野辞氏、房当氏、米擒氏、拓跋氏，而拓跋最为强族。"唐朝初年，吐蕃奴隶主政权在青藏高原崛起，北上灭掉吐谷浑。在吐蕃的压迫下，党项拓跋等部陆续迁往陇右庆州等地。"安史之乱"后，唐朝尽撤河西戍军入卫京师，吐蕃乘虚攻占了河西陇右数十州之地，并经常与党项联合起来寇扰，唐政府为拆散他们之间的联系，将原属庆州的静边州都督府、原属夏州的乐容等六府党项部落迁往银州之北、夏州以东地区，从而完成了党项羌第二次大迁徙。

党项羌内迁后，仍然以族为单位，散处在陇右道洮、秦诸州和关内道的庆、灵、夏、胜等州境内。根据两唐书《地理志》，设在陇右北部的党项羁縻州县有马邑州、乾封州以及临洮密恭县。此外，在陇右北部兰州附近，也有党项族帐迁入。麟德至永隆间（665—681 年），崔知温迁兰州刺史，"会有党项三万余众来寇州城"，知温开门诱敌，党项恐有伏，不敢进，既而援兵至，大破之。"党项余众由是悉来降附。"[②]此攻掠兰州以及"悉来降附"的党项羌必定在兰州附近。

内迁到关内道诸州的党项部族为数更多，仅唐王朝在这一地区侨置的党项羁縻州

---

* 杜建录，宁夏大学西夏学研究院教授。

① 漆侠、乔幼梅：《辽夏金经济史》，保定：河北大学出版社，1998 年第 2 版，第 250—254 页。

② 《旧唐书》卷 185《崔知温传》，北京：中华书局，1975 年，第 4791 页。

府就有：芳池州都督府，寄在庆州怀安县界，管小州十：静、獯、王、濮、林、尹、位、长、宝、宁，并党项野利氏种落。

安定州都督府，寄在庆州界，管小州七：党、桥、乌、西戎州、野利州、米州、还州。

安化州都督府，寄在庆州界，管小州七：永利州、威州、旭州、莫州、西沧州、儒州、琮州。归德州，寄治银州界，处降党项羌。

云中都督府，党项部落，寄在朔方县界，管小州五：舍利、思壁州、阿史那州、绰部州、白登州。户 1340，口 5681。

静边州都督府，旧治银川郡界内，管小州十八。①

侨居灵、夏二州的党项部落比较多，“天授中内附，户凡二十万，以其地为朝、吴、浮、归十州，散居灵、夏间”②，开元十一年（723 年），唐朝镇压了康待宾的反抗斗争，迁河曲六州胡人于河南、江淮之地，党项遂入居六胡州。

唐代的大迁徙，带来了党项部族新的整合与分离，内徙前的细封氏、费听氏、往利氏、颇超氏、野辞（律）氏、房当氏、米擒氏、拓跋氏八大部，内徙后逐渐演变成细封氏、费听氏、折氏、野利氏、拓跋氏五大部，少了往利、颇超、房当、米擒四个，多了一个折氏，拓跋氏仍为强族。同时又出现了许许多多新的部族，如庆、灵之间的大虫族，庆州北面的野鸡族，丰州的藏才族等。③

五代宋初党项部族的分布略有变化。其一，“至五代时，吐蕃（主要指河陇地区的吐蕃——作者注）已微弱，回鹘、党项诸羌夷分侵其地，而不有其人民。”④其二，经过 200 多年的民族融合与斗争，有的党项融汇到吐蕃里面，有的吐蕃融汇到党项羌里面，以致宋人往往搞不清他们的族属，所谓“党项、吐蕃风俗相类，其帐族有生户、熟户，接连汉界、入州城者谓之熟户；居深山僻远、横过寇略者谓之生户。其俗多有世仇，不相来往，遇有战斗，则同恶相济，传箭相率，其从如流。虽各有鞍甲，而无魁首统摄，并皆散漫山川，居常不以为患”⑤。尽管如此，党项、吐蕃分布各有特点，大致庆、灵至银、夏、绥、宥，以及麟、府、鄜、延诸州，以党项族帐为主，泾、原、秦、渭、河、湟诸州以吐蕃为主。

公元 982 年，拓跋部大首领李继迁起兵地斤泽，经德明至元昊祖孙三代的努力，

①《旧唐书》卷 38《地理志一·关内道》，第 1394 页。《旧唐书》卷 198《党项传》，第 5292 页：“其后吐蕃强盛，拓跋氏渐为所逼，遂请内徙，始移其部落于庆州，置静边等州以处之。”按，此静边州都督府为处党项而设。

②《新唐书》卷 221《党项传》，北京：中华书局，1975 年，第 6216 页。

③《新五代史》卷 74《党项传》，北京：中华书局，1974 年，第 912 页。

④《旧五代史》卷 138《吐蕃传》，北京：中华书局，1976 年，第 1839 页。

⑤《宋史》卷 264《宋琪传》，北京：中华书局，1977 年，第 9129 页。

终于建立起西夏政权，奄有银、夏、绥、宥、静、灵、盐、胜、会、甘、凉、瓜、沙、肃数十州之地，从此揭开了党项历史发展的新篇章。

二

以血缘为纽带的党项宗族，经过若干代的繁衍发展，派生出许多支系，一个强宗大族往往包括若干个乃至数十个中小家族，如表 1 所列：

表 1　党项宗族支系一览表

年代	宗族	支系数或名称	材料来源
唐至德至永泰间（756—765 年）	破丑族	三族	《新唐书》卷 198《党项羌传》
同上	野利族	五族	《新唐书》卷 221《党项传》
五代（907—959 年）	客户	三族	《五代会要》卷 29《党项传》
五代（907—959 年）	阿埋	三族	《五代会要》卷 29《党项传》
五代（907—959 年）	泥也	六族	《五代会要》卷 29《党项传》
五代（907—959 年）	野龙	十九族	《册府元龟》卷 999
雍熙二年（985 年）	宥州界咩兀族	十族	《宋史》卷 491《党项传》
雍熙二年（985 年）	岌伽罗腻族	十四族	《宋史》卷 491《党项传》
雍熙二年（985 年）	兀泥族	三族	《宋史》卷 491《党项传》
宋太宗年间(976—997 年)	野狸族	十族	《宋史》卷 277《郑文宝传》
端拱元年（988 年）	藏才族	东、中、西三族，藏才八族，藏才三十八族	《宋会要》方域 21、《宋史》卷 491《党项传》
至道元年（995 年）	睡泥族	二族	《宋史》卷 491《党项传》
至道元年（995 年）	勒浪族	勒浪嵬女儿门、勒浪树李儿门	《宋史》卷 491《党项传》
至道二年（996 年）	女女族	女女忙族、女女梦勒族等四族	《宋史》卷 491《党项传》
咸平六年（1003 年）	原渭内附戎人八部	二十五族	《宋史》卷 491《党项传》、《续资治通鉴长编》卷 55
景德元年（1004 年）	熟魏族	茄罗、兀赃、成王三族	《宋史》卷 491《党项传》
天禧二年（1018 年）	樊家族	九门	《宋史》卷 491《党项传》
天圣四年（1026 年）	康奴族	九门	《宋会要》兵 14

既然党项宗族有主支、大小之分，因此，它所统属的族帐有多有少，多则数百帐

乃至数千帐，少则只有几十帐，如表 2 所列：

表 2　党项宗族属帐一览表

年代	党项宗族数	属帐及各族平均帐数	资料来源
雍熙二年（985 年）	银、麟、夏三州归附 125 族	16000 余户（帐），族均 128 户（帐）	《宋史》卷 259《郭守文传》
淳化四年（993 年）	边人 42 族	万余骑，族均 240 骑	《宋史》卷 485《夏国传上》
咸平元年（998 年）	兀泥族	领族帐 1500 户	《宋史》卷 491《党项传》
咸平五年（1002 年）	麟州勒厥麻等 3 族	1500 帐，族均 500 帐	《续资治通鉴长编》卷 53
咸平年间（998—1003 年）	庆州乩移等 170 余族	4000 余户，族均 24 户（帐）	《宋史》卷 279《张凝传》
咸平六年（1003 年）	环庆内属戎人 184 族	4080 户（帐），族均 22 户（帐）	《续资治通鉴长编》卷 54
宋仁宗年间（1022—1062 年）	水令逋等 17 族	11000 帐，族均 647 帐	《宋史》卷 350《张守约传》
宝元二年（1039 年）	丰州藏才 38 族	10 万众，2 万余帐，族均 526 帐	《续资治通鉴长编》卷 124
元丰四年（1081 年）	嵬波给家等 22 族	1900 余户（帐），族均 86 帐	《续资治通鉴长编》卷 316

上述可见，党项宗族呈树冠状分布，众多个体族帐组成中小家族，若干中小家族支撑着强宗大族，所谓“每姓别自为部落，一姓之中复分为小部落”①。这种分化派生，既包括同一血缘氏族的繁衍发展，也有对其他部落的兼并征服，有的属自然派生，有的是统治者人为的分化瓦解。宋仁宗嘉祐六年（1061 年），贷命编管五门蕃部巡检苏恩，“仍分所管蕃部为八族，各推首领以主之”②。熙宁四年（1071 年）王韶言，俞龙珂等举族内附，授以殿直、蕃巡检，“又分其本族大首领四人为族下巡检，既分为四头项，自此可令不复合为一，免点集作过”③。西夏对党项家族的政策应该说也大抵如此。

外来族帐的入居，也是促使宗族派生与发展的重要因素，雍熙二年（985 年），“府州女乜族首领来母崖男社正等内附，因迁居茗乜族中”④。庆历四年（1044 年）范仲淹言：唐龙镇嘉舒、克顺等七族“旧属府州，比因边臣不能存恤，逃入西界，在今府州东北缘黄河西住坐，其地面与火山军界对岸。昨西贼大掠麟府界，人户悉居于彼，

① 《旧唐书》卷 198《党项羌传》，第 5290 页。

② （宋）李焘撰，上海师范大学古籍整理研究所、华东师范大学古籍整理研究所点校：《续资治通鉴长编》卷 195，嘉祐六年十月戊午条，北京：中华书局，2004 年，第 4729 页。

③ （宋）李焘撰，上海师范大学古籍整理研究所、华东师范大学古籍整理研究所点校：《续资治通鉴长编》卷 228，熙宁四年十二月戊辰条，第 5556 页。

④ 《宋史》卷 491《党项传》，第 14140 页。

遂分为十四族”[1]。后周广顺二年（952 年）六月，“以府州党项泥也六族防御使、归化将军泥香王子，又泥也大首领拓跋山并为归德将军”[2]。泥也族的外姓首领拓跋山，很可能就是外来入居的族帐，并取得了首领的地位。

派生与衍化出的中小族帐，起初大多留在大姓族内，但也有一开始就走上独立发展道路的。至道元年（995 年）七月，“睡泥族首领你乜逋令男诣灵州，言族内七百余帐为李继迁劫略，首领 岸逋一族奔往萧关，你乜逋一族乞赐救助，诏赐以资粮”[3]。可见在李继迁攻掠下，睡泥族首领你乜逋与岸逋，各率所属分成两族，并走上了各自不同的发展道路。

三

党项宗族往往称某某家族，据宋人沈括记载：“昔人文章用北狄事，多言黑山，黑山在大漠之北，今谓之姚家族，有城在其西南，谓之庆州。”[4]文献上还有牛家、汪家、吴家、旺家、折家、苏家、韦家、媚家、封家、樊家、王家、狸家、延家、慕家，等等。他们一般由宗族首领的姓氏演变而来，慕家就相当典型。羌酋慕恩本为环州乌贵族蕃官巡检[5]，种落强盛，为知环州种世衡所用，蕃族有不附者，“即命慕恩出兵诛之”[6]。因而声名鹊起，所属部族遂以慕家或慕恩为名。[7]

有的部族以首领的姓名为号，前引睡泥族两首领你乜逋与岸逋，在李继迁的攻掠下，各领所部分为你乜逋族与岸逋族。景德元年（1004 年）“先叛去蕃官茄罗、兀赃、成王等三族及移军主率属归顺”[8]。元丰四年（1081 年）“兰州新归顺首领巴令渴

① （宋）李焘撰，上海师范大学古籍整理研究所、华东师范大学古籍整理研究所点校：《续资治通鉴长编》卷 152，庆历四年十月壬子条，北京：中华书局，2004 年，第 3709 页。

② 《五代会要》卷 29《党项传》，北京：中华书局，1998 年，第 355 页。

③ 《宋史》卷 491《党项传》，第 14142 页。

④ （宋）沈括：《梦溪笔谈》卷 24，上海：上海书店四部丛刊本。

⑤ （宋）李焘撰，上海师范大学古籍整理研究所、华东师范大学古籍整理研究所点校：《续资治通鉴长编》卷 133，庆历元年九月丁未条，第 3171 页。

⑥ 《宋史》卷 335《种世衡传》，第 10742 页。

⑦ 元丰四年“环州属羌慕家族首领迎逋数纵火杀人，官不敢问，连结诸部欲为寇。”（《续资治通鉴长编》卷 312，元丰四年四月丙子，第 7569 页）；元祐八年三月“夏羌围环州，劫慕恩族。”（《续资治通鉴长编》卷 482，元祐八年三月乙未注引李清臣与知定州许将小简云，第 11471 页）。慕恩为庆历年间（1041—1048 年）羌酋，至元丰（1078—1085 年）、元祐（1086—1093 年）时遂以慕姓为族名。

⑧ （宋）李焘撰，上海师范大学古籍整理研究所、华东师范大学古籍整理研究所点校：《续资治通鉴长编》卷 57，景德元年九月丁亥条，第 1255 页。

等三族，领所部兵攻贼撒逋宗城”①。茄罗、兀赃、成王、巴令渴等族均以首领姓名为名。

有的部族则以居地为族名，如庆州白马川的白马族，延州金明县的金明族，庆州野鸡塞的野鸡族②，泾州西北大虫前后巉的大虫族③，延州茭村的茭村族④，庆历年间因茭村族首领名折马山，又称该族为折马山族⑤。

当然，不仅仅是宗族以居地为名，也有居地以族称命名的。《宋史》卷323《周美传》：夏人来寇，“周美迎击于野家店，追北至拓跋谷，大败其众”。这里的“拓跋谷”，显然与党项拓跋部有关。

党项宗族不论大小都有首领，豪族大姓一般称之为大酋长、大首领，中小部族则称之为首领。在一个豪族大姓内，往往有一个或数个大首领和若干首领、副首领。至道三年（997年）二月，“泥巾族大首领名悉俄，首领皆移、尹遇、崔保罗、没信，凡五人来贡马”。名悉俄等五人均为泥巾族的大小首领。咸平二年（999年）十一月，“藏才八族大首领皆赏罗等来献名马”⑥。显然，在八族大首领之下，至少还有八个首领。这些大大小小的家族首领皆世代承袭，“父死子继，兄死弟袭，家无正亲，则又推其旁属之强者以为族首，多或数百，虽族首年幼，第其本门中妇女之令亦皆信服”⑦。宋人范纯粹也曾指出：“臣观边人之性，以种族为贵贱，故部酋之死，其后世之继袭者，虽雏稚之子，亦足以服老长之众，何哉？风俗使之然也。”⑧西夏谚语“哥哥继承家族，弟弟到处游宿”⑨，也说明了这个问题。

大小首领虽然是世袭的部族头领而非西夏职官，但在西夏社会政治经济生活中，起着非常重要的作用，对外代表本部族，对内统领所属族帐，西夏政权正是通过他们实现对部族的统治，蕃部族帐往往只认首领，而不认官府。这种具有特殊地位的首领一般都有“首领印”，传世的西夏“首领印”大多是二字印，印文为西夏文九叠篆书

① （宋）李焘撰，上海师范大学古籍整理研究所、华东师范大学古籍整理研究所点校：《续资治通鉴长编》卷316，元丰四年九月辛丑条，第7646页。

② （宋）李之仪：《姑溪居士后集》卷20《折渭州墓志铭》，北京：中华书局，1985年，第129页。

③ （宋）李焘撰，上海师范大学古籍整理研究所、华东师范大学古籍整理研究所点校：《续资治通鉴长编》卷139，庆历三年正月丙子条，第3340页。

④ （宋）李焘撰，上海师范大学古籍整理研究所、华东师范大学古籍整理研究所点校：《续资治通鉴长编》卷125，宝元二年十一月庚子条，第2941页。

⑤ （宋）李焘撰，上海师范大学古籍整理研究所、华东师范大学古籍整理研究所点校：《续资治通鉴长编》卷135，庆历二年三月壬戌条，第3228—3229页：“茭村族三班殿侍折马山为三班奉职……丁卯，知青涧城种世衡请募蕃兵五千，左手虎口刺忠勇二字，令隶折马山族，从之。”可见折马山族即茭村族。

⑥ 《宋史》卷491《党项传》，第14143页。

⑦ 《宋史》卷191《兵志五》，第4755—4756页。

⑧ （宋）李焘撰，上海师范大学古籍整理研究所、华东师范大学古籍整理研究所点校：《续资治通鉴长编》卷389，元祐元年十月戊戌条，第9472页。

⑨ 陈炳应：《西夏文物研究》，银川：宁夏人民出版社，1985年，第350页。

“首领”二字，印背刻受印者姓名及年款，有的干脆刻上“首领×××”，如天盛四年的两方印，背款一刻“首领酩玉嵬名势”，一刻“首领罗缚勒”。天盛五年印背刻“正首领酩西兀”，天盛十八年印背刻“首领酩布小狗山”，乾祐十二年印背刻“首领哲慧成”。[①] 这些正好印证了文献关于首领、大首领的记载。

四

党项部落都有自己的武装力量，越是强宗大族，拥有和控制的武装力量也就越大越强，如：

原州属羌明珠、灭藏二族，兵数万，与元昊首尾，隔绝邻道。[②]

元昊将反，为金银冠珮隐饰甲骑遗属羌，振潜以金帛诱取之，以破其势，得冠珮银鞍三千、甲骑数百。告邻部俾以环为法，不听，于是东茭、金明、万刘诸族胜兵数万，悉为贼所有。[③]

西贼首领，各将种落之兵，谓之“一溜”[④]。

秉常为母族所纂，诸梁擅兵，大酋数十名，拥兵汹乱。[⑤]

赵德明遣万子等四军主领族兵攻西凉府。[⑥]

知镇戎军李继和上言：“昨自天麻川杀卫狸族后，近界蕃部颇甚震慑。即今自本军西陇山外五百里已来，诸族皆乞点集军马，各于蕃界建立寨栅，戍守要害。”[⑦]

大大小小的宗族首领，实际上是各级军事首领，元昊“置十二监军司，委豪右分统其众”[⑧]。监军司设都统军、副统军、监军使各一员，均由宗族大首领充任监军、统军等豪族大酋之下，为统领数百帐乃至上千帐的团练、观察、刺史。[⑨]《宋史·夏国传》曰：“凡正军给长生马、驼各一。团练使以上，帐一、弓一、箭五百、马一、

---

① 白滨：《西夏官印、钱币、铜牌考》，史金波、白滨、吴峰云编：《西夏文物》，北京：文物出版社，1988 年，第 20 页。

② （宋）李焘撰，上海师范大学古籍整理研究所、华东师范大学古籍整理研究所点校：《续资治通鉴长编》卷 138，庆历二年十月戊辰条，第 3318 页。

③ 《宋史》卷 323《赵振传》，第 10462 页。

④ （宋）李焘撰，上海师范大学古籍整理研究所、华东师范大学古籍整理研究所点校：《续资治通鉴长编》卷 132，庆历元年五月甲戌条，第 3136 页。

⑤ （宋）苏轼：《经进东坡文集事略》卷 40《代腾甫论西夏书》，北京：文学古籍刊行社，1957 年。

⑥ （宋）李焘撰，上海师范大学古籍整理研究所、华东师范大学古籍整理研究所点校：《续资治通鉴长编》卷 68，大中祥符元年三月戊辰条，第 1528 页。

⑦ （宋）李焘撰，上海师范大学古籍整理研究所、华东师范大学古籍整理研究所点校：《续资治通鉴长编》卷 51，咸平五年二月己卯条，第 1115 页。

⑧ 《宋史》卷 485《夏国传上》，第 13994 页。

⑨ （清）吴广成：《西夏书事》卷 15，《西夏书事校证》本，兰州：甘肃文化出版社，1995 年，第 179 页：“元昊以官爵縻下，沿边逐族首领管三、五百帐，悉署观察、团练之号。”

橐驼五，旗、鼓、枪、剑、棍棓、粆袋、披毡、浑脱、背索、锹镢、斤斧、箭牌、铁爪篱各一。刺史以下，无帐无旗鼓，人各橐驼一、箭三百、幕梁一”[①]。可见，团练使和刺史是西夏军职中两个基本界线，团练使以上属高级军职，由大首领但任，团练使至刺史属中层军职，刺史以下属低级军职。西夏文法典《天盛改旧新定律令》中反映的行监、溜首领、盈能，大致属于中下层军事首领，统领数十帐的小首领、舍监为基层首领，其对他们的派遣、任命有着明确的规定："盈能、副溜有应派遣时，监军司大人应亲自按所属同院溜顺序，于各首领处遴选。当派遣先后战斗有名、勇健有殊功、能行军规命令、人□□□折服、无非议者。”小首领与舍监的任命，必须经“所属首领、族父等同意，自有二十抄者可设小首领一人，十抄可设舍监一人”。由境外“引领本族部来投诚，自共统摄者，若统摄十抄以上，则当为所统摄军首领”[②]。

豪族大酋领通过层层的军事组织，实现对所属部族的控制，并在族内享有绝对的权威与较高的威望。“西贼首领，各将种落之兵，谓之‘一溜’，少长服习，盖如臂之使指，既成行列，举手掩口，然后敢食，虑酋长遥见。”[③]元符元年（1098 年），宋将折可适俘获天都统军嵬名阿埋与监军妹勒都逋，“其诸族帐首领见捕获此二人，接续扶携老幼争来投降，并欲依附都逋等”[④]。

既然宗族有着强大的军事力量，因此，要想建立和巩固西夏政权，必须加强对豪族大姓的控制，漆侠师对此有非常精辟的论述，指出联络豪右、结婚大族为拓跋李氏建国的基本国策。[⑤]西夏建国后仍长期与豪族大姓联合专政。元昊联姻野利大族，“拽利王旺荣、天都王刚浪唛者，皆元昊妻之昆弟也，与元昊族人嵬名山等四人为谟宁令，共掌军国之政”[⑥]。元昊之后，外戚没藏讹庞专权，“朝廷岁赐谅祚金帛，四族常分其半，首领入贡，辄货易图利，故四族盛强”[⑦]。

---

① 《宋史》卷 486《夏国传下》，第 14028 页。

② 史金波、聂鸿音、白滨译注：《天盛改旧新定律令》卷 6《行监溜首领舍监派遣门》，北京：法律出版社，2000 年，第 265—267 页。

③ （宋）李焘撰，上海师范大学古籍整理研究所、华东师范大学古籍整理研究所点校：《续资治通鉴长编》卷 132，庆历元年五月甲戌条，第 3136 页。

④ （宋）李焘撰，上海师范大学古籍整理研究所、华东师范大学古籍整理研究所点校：《续资治通鉴长编》卷 505，元符二年正月己酉条，第 12026 页。

⑤ 漆侠、乔幼梅：《辽夏金经济史》，第 208—212 页。

⑥ （宋）司马光：《涑水记闻》卷 5，北京：中华书局，1989 年，第 88 页。

⑦ （宋）张方平：《乐全集》卷 36《谥曰康穆程公神道碑铭并序》，影印文渊阁四库全书本。

五

党项宗族还是一个经济实体，在这个经济实体内，既有农奴劳动，又有奴隶劳动，包含着封建制与奴隶制两种经济成分。

党项内徙后，唐王朝即授以庆、灵一带田土，令部落“住坐”生息，后来随着生产的发展与社会的进步，原来归氏族部落公有的土地逐渐被宗族首领私人所占有。宋神宗元丰四年（1081 年）九月讨伐夏国敕榜曰：“其先在夏国主左右并嵬名诸部族同心之人，并许军前拔身自归，及其余首领能相率效顺，共诛国仇，随功大小，爵禄赏赐，各倍常科，许依旧土地住坐，子孙世世常享安荣。”[①]敕榜许党项首领“依旧土地住坐”，明确反映出宗族首领对土地的占有。

要说西夏建国前党项宗族首领的私有土地主要从氏族部落领地转化而来，那么，建国后官僚贵族的巧取豪夺和土地买卖则成为宗族首领私有土地的重要来源。元昊卒后，国主谅祚年幼，没藏家族大首领、外戚没藏讹庞专权。他看到宋朝窟野河西地区田腴利厚，令党项细民播种，以所收入其家，“宴然自以为己田”[②]。这段记述西夏侵耕的文字，清楚地反映了宗族大首领没藏讹庞兼并土地的情况。

西夏中期以后，土地买卖频繁，成书于西夏仁孝乾祐二十一年（1190 年）的《番汉合时掌中珠》有“更变田地”的记述，俄藏西夏社会文书中有 12 件土地买卖文书，其中《天庆庚申七年（1200）小石通判卖地房契》记录小石通判一次兼并土地高达 1000 亩左右。[③]《天盛律令》也有许多关于买卖土地的规定。从允许土地自由买卖“那一瞬间起，大土地所有制的产生，便仅仅是一个时间问题了”[④]。

宗族首领不仅占有大片土地，而且还统领着成百上千的族帐，这些族帐除部分在宗族的外衣下从事个体生产外，大多数依附于宗族首领。天圣六年十二月十一日，“诏陕西诸路缘边蕃部使臣首领人员等，如今后自作过犯，合断罪罚羊，令蕃部使臣首领人员等亲自出办送纳，即不得更于族下户上非理科敛”[⑤]。熙宁二年闰十二月，臣僚上言：“陕西沿边熟户，自来倚为藩篱，或闻边臣有徇私灭公者，以规财利，颇成困

① （宋）李焘撰，上海师范大学古籍整理研究所、华东师范大学古籍整理研究所点校：《续资治通鉴长编》卷 316，元丰四年九月乙巳条，第 7650 页。

② （宋）李焘撰，上海师范大学古籍整理研究所、华东师范大学古籍整理研究所点校：《续资治通鉴长编》卷 185，嘉祐二年二月壬戌条，第 4471 页。

③ 史金波：《西夏经济文书研究》，北京：社会科学文献出版社，2017 年，第 249—271 页。

④ ［德］恩格斯：《德国古代的历史和语言》，刘潇然译，北京：人民出版社，1957 年，第 72 页。

⑤ （清）徐松辑：《宋会要辑稿》兵 27 之 24，北京：中华书局，1957 年，第 7258 页。

扰。盖城寨官吏受亲故请嘱，以来货给与蕃官，责限取直，倍称其利。蕃族首领可以更行减刻，亦所乐从。受弊者乃族下散户。”[①]这两条史料很重要，前者是宗族首领将犯罪罚款转嫁给族下民户，后者是蕃族首领将高价货物，强行派给族下散户承买，以牟取利益。反映出宗族首领对族下散户的超经济剥削和压榨。

宋英宗治平年间（1064—1066年），同知谏院吕诲在一道奏章中曾说：“逐部族今所存者，却有外来散户依附其间，或是连亲，或即庸力，混杂居处，例各年深。”[②]这些前来“庸力”与“连亲”的党项人，更是宗族首领的依附民，他们身受官府与宗族首领的双重压迫。西夏法律规定：“租户家主（当为宗族首领）有种种地租庸草，催促中不速纳而住滞时，当捕种地者及门下人，依高低断以杖罪，当令其速纳”[③]，也说明了这一点。

除依附民外，宗族首领还占有大量的奴隶。党项内迁后，伴随着生产的发展与对外掠夺，逐步形成了奴隶制。西夏建国后在急剧完成封建制的同时，继续保留奴隶制。奴隶广泛存在于西夏社会，西夏法律规定：“诸人所属使军、奴仆唤之不来，不肯为使者，徒一年。”[④]“诸人将使军、奴仆、田地、房舍等典当，出卖于他处时，当为契约。”[⑤]诸寺庙、官堂、神帐中不许诸人住宿，“若寺庙居士、行童、奴仆等应居寺中，亦当报职管处，应居则使居之”[⑥]。

党项夏国的奴隶来源主要有以下四个方面：

其一，战争掠夺。雍熙元年（984年）三月丁巳，宋太宗谓宰相曰：“夏州蕃部并已宁谧，向之强悍难制者，皆委身归顺，凡得酋豪二百七十余人，种族五百余帐。十年以来，戎人所掠生口、羊马数万计，悉还其主。”[⑦]治平二年（1065年），宋英宗要求谅祚“自今不可更行侵扰，所掠过生口，并须发遣，各还住坐”[⑧]。这些“生口”有的投到国有土地上，有的“为部落所得，或为主者转鬻”[⑨]。

其二，买卖奴隶。宋太宗淳化二年（991年）六月，“禁陕西缘边诸州阑出生口”，

---

① （清）徐松辑：《宋会要辑稿》兵28之6，第7272页。

② （宋）赵汝愚编，北京大学中国中古史研究中心校点整理：《宋朝诸臣奏议》卷125《吕诲〈上英宗请重造蕃部兵账〉》，上海：上海古籍出版社，1999年，第1379页。

③ 史金波、聂鸿音、白滨译注：《天盛改旧新定律令》卷15《地水杂罪门》，第508页。

④ 史金波、聂鸿音、白滨译注：《天盛改旧新定律令》卷20《罪则不同门》，第606页。

⑤ 史金波、聂鸿音、白滨译注：《天盛改旧新定律令》卷11《出典工门》，第390页。

⑥ 史金波、聂鸿音、白滨译注：《天盛改旧新定律令》卷11《为僧道修寺庙门》，第411页。

⑦ （宋）李焘撰，上海师范大学古籍整理研究所、华东师范大学古籍整理研究所点校：《续资治通鉴长编》卷25，雍熙元年三月丁巳条，第575页。

⑧《宋大诏令集》卷234《谕夏国泾原秦凤熟户弓箭手不可更行侵扰掠过生口并须发还诏》，北京：中华书局，1962年，第913页。

⑨ （民国）戴锡章：《西夏纪》卷19，银川：宁夏人民出版社，1988年，第440页。

同年七月，“诏陕西缘边诸州，饥民鬻男女入近界部落者，官赎之”[①]。由皇帝亲自下诏处理陕西缘边“阑出生口”与饥民鬻男女人近界部落，说明汉人被卖到党项部落为奴的问题已相当严重。除因饥荒鬻卖为奴外，还有“沿边军民之逃者必为熟户畜牧，又或以遗远羌易羊马，故常没者数百人”[②]。

在党项宗族内部，也存在由于贫富两极分化，贫穷者被卖身为奴的社会现象。西夏天祐民安七年（1096 年）发生饥荒，“国中大困，民鬻子女于辽国西蕃以为食”[③]。西夏仁宗天盛年间（1149—1169 年），国内还存在奴隶市场，并得到法律的承认，局分大小、都监、小监等侵凌犯罪妇女时，徒十到十二年，“是仆隶及市场卖身价女，则徒六年”[④]。

其三，债务奴隶。西夏高利贷十分盛行，借债不能偿还时，其本人或家属须“出力典债”，变成债主人的奴隶。债务奴隶典押时间或长或短，或世代相承。[⑤]

其四，罪犯奴隶。罪犯奴隶大致有两类，一为刑徒或囚徒，二为籍没的重大罪犯家属，也即连坐的编管人员，如“诸人议逃，已行者造意以剑斩杀，各同谋者发往不同地守边城无期徒刑，做十三年苦役。主从犯一样，自己妻子、儿女当连坐，当入牧农主中”[⑥]。他们或从事农牧业生产，或从事各种修造，或为官方“采金、熔银铁”[⑦]。

尽管党项宗族内部长期保留奴隶制残余，但西夏建国后封建制占主导地位，这决定了党项夏国为封建政权，而不是奴隶主政权。

〔本文原刊于《民族研究》2001 年第 4 期〕

① 《宋史》卷 5《太宗纪二》，第 88 页。
② 《宋史》卷 291《王博文传》，第 9745 页。
③ （清）吴广成：《西夏书事》卷 30，《西夏书事校证》本，第 344 页。
④ 史金波、聂鸿音、白滨译注：《盛改旧新定律令》卷 9《越司曲断有罪担保门》，第 343 页。
⑤ 杜建录：《西夏高利贷初探》，《民族研究》1999 年第 2 期，第 59 页。
⑥ 史金波、聂鸿音、白滨译注：《天盛改旧新定律令》卷 1《背叛门》，第 115 页。
⑦ 史金波、聂鸿音、白滨译注：《天盛改旧新定律令》卷 20《罪则不同门》，第 611 页。

论“临川之辨”

——朱熹、陆九渊关于王安石其人其政其学的争辩

王书华*

南宋初年，宋高宗把北宋灭亡的原因归结为王安石变法及其新学。绍兴四年（1134年）八月，宋高宗与元祐党范祖禹之子范冲有如下对话：“[冲]对曰：‘……王安石自认己见，非毁前人，尽变祖宗法度，上误神宗皇帝，天下之乱，实兆于安石，此皆非神祖之意。’上曰：‘极是。朕最爱元祐。’”①绍兴五年（1135年）三月，兵部侍郎王居正进言道：“臣闻陛下深恶安石之学久矣，不识圣心灼见，其弊安在？”宋高宗回答道：“安石之学，杂以伯道，取商鞅富国强兵。今日之祸，人徒知蔡京、王黼之罪，而不知天下之乱，生于安石。”②由此可见，宋高宗完全站在元祐党的立场上，将北宋亡国的罪责强加在王安石身上。正如漆侠先生所指出：“宋高宗之所以打击压制王安石变法、荆公学派，就在于……把靖康之祸推给蔡京、王黼，又拐弯抹角地推给王安石变法、王安石本人，以开脱宋徽宗亡国罪责，如此而已！”③宋高宗出于开脱宋徽宗亡国罪责的动机，将北宋的亡国以蔡京、王黼为媒介强加在王安石头上，于是朝野上下开始对王安石及其新政新学进行清算。

在朝野上下清算王安石亡国罪责的声浪中，淳熙四年（1177年），宋孝宗视察太学，号称“耻读王氏书”的李焘建议：“从祀孔子，当升范仲淹、欧阳修、司马光、苏轼，黜王安石父子。”④李焘驱逐王安石父子出孔子庙庭的建议，最终因为“众议不叶”，宋孝宗批准“止黜王雱”⑤，而在孔子庙庭里，依然给王安石留了一个牌位。可见，南宋孝宗年间，王安石在儒家道统中的地位虽然有所动摇，但未被全盘否定。

淳熙十四年（1187年）十月，宋高宗赵构离世，对王安石及其新政新学的政治清算和学术批判的氛围有所缓解，于是，重新评价王安石及其新政新学成为当时思想文

---

* 王书华，河北出版传媒集团首席编辑、编审。

①（宋）李心传：《建炎以来系年要录》卷79，绍兴四年八月戊寅纪事，北京：中华书局，1988年，第1289页。

②（宋）李心传：《建炎以来系年要录》卷87，绍兴五年三月庚子纪事，第1449页。

③ 漆侠：《宋学的发展和演变》，石家庄：河北人民出版社，2002年，第521页。

④《宋史》卷388《李焘传》，北京：中华书局，1985年，第11917页。

⑤《宋史》卷388《李焘传》，第11917页。

化领域里的一种呼声。在这种背景下，淳熙十五年（1188 年）正月，抚州知州钱象祖重修王安石祠堂。陆九渊应钱氏之请，作《荆国王文公祠堂记》。作为同乡，陆九渊不顾时人对王安石的无端指责，力图客观评价王安石，为王安石翻案。朱熹看到陆九渊的翻案文章后，针对陆九渊的观点提出不同意见，这一学术事件，朱熹称之为“临川之辨”。朱陆之间的争辩，集中在王安石的品德操守、性格特征及其新政新学上。

一、关于王安石其人

在《荆国王文公祠堂记》中，对于王安石的人格品德、政治志向、学术操守，陆九渊均给予了高度评价。“英特迈往，不屑于流俗，声色利达之习，介然无毫毛得以入于其心，洁白之操，寒于冰霜，公之质也。扫俗学之凡陋，振弊法之因循，道术必为孔孟，勋绩必为伊周，公之志也。不蕲人之知，而声光烨奕，一时巨公名贤为之左次，公之得此，岂偶然哉？用逢其时，君不世出，学焉而后臣之，无愧成汤高宗。君或致疑，谢病求去，君为责躬，始复视事，公之得君，可谓专矣。新法之议，举朝讙哗，行之未几，天下汹汹，公方秉执《周礼》精白言之，自信所学，确乎不疑。君子力争，继之以去，小人投机，密赞其决，忠朴屏伏，憸狡得志，曾不为悟，公之蔽也。”[①] 在与钱伯同的书信中，陆九渊对王安石的政治志向与治国才能同样大加赞赏。陆九渊称赞王安石，人格志向远大，声色利达，不入于心，政治目标高远，取法伊周，新学荡涤俗学，取法孔孟。

陆九渊为王安石翻案的意见，遭到朱熹的强烈反对。朱熹承认王安石道德节操有过人之处，“荆公德行”[②]，“修身行己，人所不及”[③]，“介甫是个修饬廉隅孝谨之人”[④]，“节俭恬退，素行亦好”[⑤]，但同时指出王安石的性格存在缺陷，“天资亦有拗强处”[⑥]。在朱熹看来，这种拗强的性格具有两重性，可以是正能量，也可以是负能量，就看你怎么使用，用在何处。

朱熹认为，王安石有着心胸狭窄、脾气倔强的性格缺陷，由于这种性格缺陷，导

① （宋）陆九渊：《陆九渊集》卷 19《荆国王文公祠堂记》，北京：中华书局，1980 年，第 232—233 页。

② （宋）黎靖德编，王星贤点校：《朱子语类》卷 130《自熙宁至靖康用人》，北京：中华书局，1986 年，第 8 册，第 3097 页。

③ （宋）黎靖德编，王星贤点校：《朱子语类》卷 55《滕文公下》，第 4 册，第 1321 页。

④ （宋）黎靖德编，王星贤点校：《朱子语类》卷 130《自熙宁至靖康用人》，第 8 册，第 3112 页。

⑤ （宋）黎靖德编，王星贤点校：《朱子语类》卷 130《自熙宁至靖康用人》，第 8 册，第 3098 页。

⑥ （宋）黎靖德编，王星贤点校：《朱子语类》卷 130《自熙宁至靖康用人》，第 8 册，第 3101 页。

致王安石违众自用、足己自圣，进而斥君子、用小人。朱熹对王安石性格缺陷的批评，实际上源于元祐党领袖司马光。熙宁年间王安石推行新法时，司马光曾批评王安石性格倔强、固执己见，为人处世不近人情：

司马温公尝曰：“昔与王介甫同为群牧司判官，包孝肃公为使，时号清严。一日，群牧司牡丹盛开，包公置酒赏之；公举酒相劝，某素不喜酒，亦强饮，介甫终席不饮，包公不能强也。某以此知其不屈。”①

司马光还批评王安石心胸狭窄、睚眦必报，议论迂阔、刚愎自用：

初，韩魏公知扬州，介甫以新进士签书判官事，韩公虽重其文学，而不以吏事许之。介甫数引古义争公事，其言迂阔，韩公多不从。介甫秩满去。会有上韩公书者，多用古字，韩公笑而谓僚属曰：“惜乎王廷评不在此，其人颇识难字。”介甫闻之，以韩公为轻己，由是怨之。②

对于这些批评王安石的记载，朱熹全部采入《宋名臣言行录》，表明他对司马光关于王安石的性格缺陷的认同。《论语》指出：“子绝四：毋意，毋必，毋固，毋我。”③亦即不要随意猜测，不要主观武断，不要固执己见，不要自以为是。对照圣人的作为，在朱熹看来，王安石的所作所为，无一达到圣贤境界。

朱熹的另一则记载，也说明了他对王安石内圣功夫的不屑。“神宗尝问明道云：‘王安石是圣人否？’明道曰：‘“公孙硕肤，赤舄几几”，圣人气象如此。王安石一身尚不能治，何圣人为！’先生曰：‘此言最说得荆公著。’”④二程认为，世界上只有两种人：一种是“不论利害，惟看义当为与不当为”的圣人；另一种是“皆知趋利而避害”的众人。而区分圣人与众人的标准则是如何处理义利关系，处理义利关系的准则在于把握其动机是为义还是为利。“孟子辨舜、跖之分，只在义利之间。”⑤判断君子与小人的标准，不仅看其行为的结果，更要看其行为的动机，即便是追求义的行为，如果

① （宋）邵伯温撰，李剑雄、刘德权点校：《邵氏闻见录》卷10，北京：中华书局，1983年，第108页。
② （宋）司马光著，邓广铭、张希清点校：《涑水记闻》卷16，北京：中华书局，1989年，第311页。
③ 《论语·子罕》，北京：中华书局，2006年，第118页。
④ （宋）黎靖德编，王星贤点校：《朱子语类》卷130《自熙宁至靖康人物》，第8册，第3097页。
⑤ （宋）程颢、程颐著，王孝鱼点校：《河南程氏遗书》卷17，《二程集》，北京：中华书局，2004年，第176页。

出于自私自利的动机，也是小人而非君子之举。“不独财利之利，凡有利心，便不可。如作一事，须寻自家稳便处，皆利心也。圣人以义为利，义安处便为利。”[①]显然，二程不仅反对追求财利的行为，亦反对“以利为心”，即反对以追求财利为动机。在二程看来，王安石变法出于牟利动机，所以是众人或小人行为，远非圣贤所为。朱熹接受了程颢的看法，并借程颢之口表达了对王安石圣贤人格的质疑。传统儒家主张，“自天子以至于庶人，壹是皆以修身为本。其本乱，而末治者否矣”[②]。在朱熹看来，王安石性格偏执，刚愎自用，自身尚未修养好，怎么能治国平天下呢？朱熹通过批评王安石的性格缺陷，说明王安石内圣功夫不足，既然内圣功夫不足，自然其思想理论和外王事业也会大打折扣。

对于王安石的政治志向，朱熹则颇为赞赏：“其始见神宗也，直以汉文帝、唐太宗之不足法者为言，复以诸葛亮、魏玄成之不足为者自任，此其志识之卓然，又皆秦汉以来诸儒所未闻者，而岂一时诸贤之所及哉！”[③]、“其政事欲与尧舜三代争衡”[④]。对于王安石的为政能力，朱熹也给予了充分肯定，“王介甫为相，亦是不世出之资”[⑤]。但朱熹在赞扬王安石的政治志向、为政能力时，也没有忘记王安石的性格缺陷，“然其为人，质虽清介而器本偏狭，志虽高远而学实凡近。其所论说，盖特见闻亿度之近似耳。顾乃挟以为高，足己自圣，不复知以格物致知、克己复礼为事，而勉求其所未至，以增益其所不能，是以其于天下之事，每以躁率任意而失之于前，又以狠愎徇私而败之于后”[⑥]。在朱熹看来，王安石人品清介但器量狭小，志向高远但学识浅陋。如果说人品清介与志向高远是优点的话，那么器量狭小、学识浅陋就是缺点，他的优点反而放大了他的缺点，对社会造成的危害会更加严重。

二、关于王安石其政

王安石一生的主要事功集中体现在变法上。陆九渊并不一概反对变法，主张“‘法’是应该也可以变的，即使因办法不对，而产生不良后果，也不应该因噎废食，然而陆

① （宋）程颢、程颐著，王孝鱼点校：《河南程氏遗书》卷16，《二程集》，第173页。

② 《大学》第一章，北京：中华书局，2006年，第5页。

③ （宋）朱熹著，郭齐、尹波点校：《朱熹集》卷70《读两陈谏议遗墨》，成都：四川教育出版社，1996年，第6册，第3660页。

④ （宋）黎靖德编，王星贤点校：《朱子语类》卷55《滕文公下》，第4册，第1320页。

⑤ （宋）黎靖德编，王星贤点校：《朱子语类》卷127《神宗朝》，第8册，第3046页。

⑥ （宋）朱熹著，郭齐、尹波点校：《朱熹集》卷70《读两陈谏议遗墨》，第6册，第3661页。

九渊反对骤变，如果变得太快，则其祸败较之不变还严重。据此，他主张：一要恢复三代古制，二要用缓和的办法进行变法”[①]。

出于对王安石“振弊法之因循”的变法动机的同情与理解，对于那些诋訾新法的言论，陆九渊给予了严厉的批评：“熙宁排公者，大抵极诋訾之言，而不折之以至理。平者未一二，而激者居八九。上不足以取信于裕陵，下不足以解公之蔽，反以固其意，成其事，新法之罪，诸君子固分之矣。”在陆九渊看来，那些诋毁新法的人，并不了解王安石变法的真正动机，对新法的诋毁，既不能顾全大局，也不能以理服人，而是一味地谩骂与指责，遂造成新旧两党的意气之争，“熙宁之初，公固逆知己说之行，人所不乐，既指为流俗，又斥以小人。及诸贤排公，已甚之辞，亦复称是。两下相激，事愈戾而理益不明”[②]。元祐党人不但不能纠正王安石对变法的错误认识，反而更加坚定了王安石变法的意志，因此，新法之罪，旧党亦难辞其咎。首先，元祐党主张“祖宗之法不可变”。在陆九渊看来，祖宗之法有可变者、有不可变者，不能一概而论，要区别对待。变法本身没有错，而王安石变法错就错在没有利民、反而害民上了，而元祐党人高喊“祖宗之法不可变”，并没有切中王安石变法的要害，这种空洞的口号怎么能使王安石服气呢？“当时辟介甫者无一人就介甫法度中言其失，但云‘喜人同己’，‘祖宗之法不可变’。夫尧之法，舜尝变之；舜之法，禹尝变之。祖宗法自有当变者，使其所变果善，何嫌于同？……惜乎无以此辟之，但云‘祖宗法不可变’，介甫才高，如何便伏？惟韩魏公论青苗法云：‘将欲利民，反以害民’，甚切当。”[③]其次，元祐党人批评王安石“喜人同己”，更是无稽之谈。“尚同一说，最为浅陋。天下之理但当论是非，岂当论同异。”[④]“古者道德一，风俗同，至当归一，精义无二，同古者适所以为美。”[⑤]在陆九渊看来，天下的道理只能论是非，不能论异同，王安石所追求的“同”是同于三代的道德事功，如果实现三代的政治理想，岂不是天大的美事，那些批评言论根本没有批到要害。“熙宁排荆公者固多，尚同之说裕陵固尝以诘荆公，公对以道德一、风俗同之说，裕陵乃不直排者，然则荆公之说行，岂独荆公之罪哉？”[⑥]对于王安石的“道德一、风俗同”之说，即便是神宗也不反对，如果欲加之罪，神宗

---

① 张立文：《走向心学之路》，北京：中华书局，1992年，第67页。
② （宋）陆九渊：《陆九渊集》卷19《荆国王文公祠堂记》，第233页。
③ （宋）陆九渊：《陆九渊集》卷35《语录下》，第442页。
④ （宋）陆九渊：《陆九渊集》卷13《与薛象先》，第177页。
⑤ （宋）陆九渊：《陆九渊集》卷35《语录下》，第442页。
⑥ （宋）陆九渊：《陆九渊集》卷13《与薛象先》，第177页。

皇帝岂不也难辞其咎了？！

对于王安石变法，陆九渊并没有全盘肯定，他认为王安石变法存在两个重大失误，一是没有抓住为政之本，二是变法措施过于激进。

那么，什么是为政之本呢？陆九渊认为："为政在人，取人以身，修身以道，修道以仁。仁，人心也。人者，政之本也，身者，人之本也，心者，身之本也。不造其本而从事其末，末不可得而治矣。"[①]陆九渊批评王安石不懂为政之道，为政之要在于人才，人才之要在于修身，修身之要在于正心诚意。王安石不从正心诚意入手，却从财利法度上下功夫，这是舍本逐末。陆九渊说："他当时不合于法度上理会。"陆九渊认为，为政之道，人心为本，法度为末，所以，为政应从改变世道人心着眼，从道德教化入手，而不应从变革法度入手。

为什么会出现这种情况呢？陆九渊认为，是因为王安石没有从穷理入手，只知道追慕三代之名，而没有搞清三代之实。"或问：'介甫比商鞅何如？'先生云：'商鞅是脚踏实地，他亦不问王霸，只要事成，却是先定规模。介甫慕尧舜三代之名，不曾踏得实处，故所成就者，王不成，霸不就。本原皆因不能格物，摸索形似，便以为尧舜三代如此而已。所以学者先要穷理。'"[②]在陆九渊看来，王安石根本没有搞清三代之实，却要回归三代，三代实行的是王道政治，他却用霸道措施，结果弄得王不成、霸不就。

那么，什么是陆九渊所要穷的理呢？那就是二程所说的天理。"凡事不合天理，不当人心者，必害天下，效验之著，无愚智皆知其非。然或智不烛理，量不容物，一旦不胜其忿，骤为变更，其祸败往往甚于前日。后人惩之，乃谓无可变更之理，真所谓惩羹吹虀，因噎废食者也。"[③]陆九渊从天理论和人心说出发，批评王安石变法，上不合天理，下不当人心。

在陆九渊看来，天下之事有的可以骤变，有的只能渐变。"天下之事，有可立至者，有当驯致者。"[④]如果思想言论出现错误，没有意识到则罢，一旦意识到了，立即可以改正，但风俗法度不是一朝一夕形成的，也不是一朝一夕可以改变的，"旨趣之差，议论之失，是惟不悟，悟则可以立改。故定趋向，立规模，不待悠久，此则所谓可立至者。至如救宿弊之风俗，正久隳之法度，虽大舜周公复生，亦不能一旦尽如其

① （宋）陆九渊：《陆九渊集》卷19《荆国王文公祠堂记》，第233页。
② （宋）陆九渊：《陆九渊集》卷35《语录下》，第442页。
③ （宋）陆九渊：《陆九渊集》卷18《删定官轮对札子》，第223页。
④ （宋）陆九渊：《陆九渊集》卷18《删定官轮对札子》，第223页。

意。惟其趋向既定，规模既立，徐图渐治，磨以岁月，乃可望其丕变，此则所谓当驯致之者”[①]。对于事关世道人心的风俗法度之变，即使大舜、周公复生，也不能一蹴而就，所以，王安石变法的弊端就在于没有抓住为政之本，又采取了错误的骤变措施，结果是南辕而北辙、欲速而不达。

朱熹则从动机与效果相统一的观点出发，批评王安石变法动机不坏、效果不好。之所以出现这种情况，首先是由于王安石犯了立场错误。“论来介甫初间极好，他本是正人，见天下之弊如此，锐意欲更新之，可惜后来立脚不正，坏了。”[②]所谓“立脚不正”，在朱熹看来，王安石站在元祐党的立场上就是立脚正，而王安石偏偏站在熙宁党的立场上，所以就属于“立脚不正”，犯了立场错误。其次是由于王安石见识不明、方法不对。“先生论荆公之学所以差者，以其见道理不透彻。因云：‘洞视千古，无有见道理不透彻，而所说所行不差者。但无力量做得来，半上落下底，则其害浅。如庸医不识病，只胡乱下那没紧要底药，便不至于杀人。若荆公辈，他硬见从那一边去，则如不识病证，而便下大黄、附子底药，便至于杀人。’”门人刘叔通问：“王介甫，其心本欲救民，后来弄坏者，乃过误致然。”朱熹答道：“不然。正如医者治病，其心岂不欲活人？却将砒霜与人吃。及病者死，却云我心本欲救其病，死非我之罪，可乎？介甫之心固欲救人，然其术足以杀人，岂可谓非其罪？”[③]朱熹认为由于王安石见识不明，采取了错误的变法措施，以逐利之心推行社会变革，结果导致朝野纷纷逐利，而将社会正义置诸脑后，本来是想救人，结果却害了人。再次，王安石变法之所以失败，还有一个重要原因就是用人不当。“然所用者尽是小人，聚天下轻薄无赖小人作一处，以至遗祸至今。”[④]最后，朱熹批判王安石，割裂道术、理事，颠倒道术、理事关系。“言理则‘归于老佛’，论事则‘骛于管商’……因而他所操之术，皆私智之凿，而不合于先王之道，所行之法，皆管商申韩剥民之法，而大悖于圣贤之意。”[⑤]王安石不懂得王霸之别，采用霸道的手段去追求王道政治的目的。王安石仰慕三代之治，力图在北宋实现三代的王道政治，但又以“富国强兵”为目标，此又是霸道政治，结果就出现了“王不成，霸不就”的尴尬局面。但朱熹并不赞成陆九渊关于王安石变法不应从法度入手的观点，针锋相对地指出：“法度如何不理会？只是他所理会非三

① 《陆九渊集》卷18《删定官轮对札子》，第223页。
② （宋）黎靖德编，王星贤点校：《朱子语类》卷130《自熙宁至靖康用人》，第8册，第3112页。
③ （宋）黎靖德编，王星贤点校：《朱子语类》卷130《自熙宁至靖康人物》，第8册，第3097—3098页。
④ （宋）黎靖德编，王星贤点校：《朱子语类》卷55《滕文公下》，第4册，第1320页。
⑤ 高纪春：《论朱熹对王安石的批判》，《晋阳学刊》1994年第5期。

代法度耳。”[①]朱熹认为王安石打着三代的旗号进行变法无可厚非，但他所推行的不是三代的法度，结果只能事与愿违。

三、关于王安石其学

张立文先生指出：“如果说，王安石的变法还为陆九渊所称道的话，那么，作为‘熙宁新法’的理论基础——王安石的‘新学’，陆九渊是持批判态度的。”[②]这是因为，在陆九渊看来，王安石的政治志向不可谓不远大，但其变法之所以失败，其终极原因在于指导思想的错误。“荆公英才盖世，平日所学，未尝不以尧舜为标的。及遭逢神庙，君臣议论，未尝不以尧舜相期。独其学不造本原，而悉精毕力于其末，故至于败。”[③]在陆九渊看来，王安石学术之不足，在于没有抓住尧舜之道的根本，即没有从道德教化入手，而是从谋求财利入手，这样就颠倒了本末，混淆了是非。“惜哉！公之学不足以遂斯志，而卒以负斯志；不足以究斯义，而卒以蔽斯义也。”[④]王安石的学术思想不但不能帮助实现他的政治抱负，反而影响了他的政治抱负的实现，不但不能彰显儒家的微言奥义，反而掩盖了儒家的微言奥义。

陆九渊对王安石学术的批判集中在义利问题上，认为王安石言利不当。对于古人的财利观，王安石有着自己独到的见解。“孟子所言利者，为利吾国，如曲防遏籴，利吾身耳。至狗彘食人则检之，野有饿莩则发之，是所谓政事。所以理财，理财乃所谓义也。一部《周礼》，理财居其半，周公岂为利哉？奸人者因名实之近，而欲乱之，眩惑上下，其如民心之愿何？始以为不请，而请者不可遏；终以为不纳，而纳者不可却。盖因民之所利而利之，不得不然也。”[⑤]王安石打着周公的旗号大谈财利，陆九渊也不便妄加指责，于是陆九渊就批评王安石所言财利并非周公所言财利。“或言介甫不当言利。夫《周官》一书，理财者居半，冢宰制国用，理财正辞，古人何尝不理会利，但恐三司等事，非古人所谓利耳。不论此，而以言利遏之，彼岂无辞？所以率至于无奈他何处。”[⑥]王安石变法如火如荼地进行时，即有人打着重义的旗号，反对王安

① （宋）黎靖德编，王星贤点校：《朱子语类》卷130《自熙宁至靖康人物》，第8册，第3098页。
② 张立文：《走向心学之路》，北京：中华书局，1992年，第66页。
③ （宋）陆九渊：《陆九渊集》卷9《与钱伯同》，第121页。
④ （宋）陆九渊：《陆九渊集》卷19《荆国王文公祠堂记》，第232页。
⑤ （宋）王安石著，唐武标校：《王文公文集》卷8《答曾公立书》，上海：上海人民出版社，1974年，第97—98页。
⑥ （宋）陆九渊：《陆九渊集》卷35《语录下》，第442页。

石追求财利，而王安石将财利分为利国（封建国家）、利身、利“民”三个层次，主张利“民”本身就是义，在利“民”的前提下，义和利是统一的，从而有效地反驳了元祐党的无理指责，但王安石变法所造成的客观效果是富国强兵，而整个地主阶级并没有得到多少实惠，所以陆九渊说王安石所言财利并非周公所言财利。

对于陆九渊对王安石的评价，朱熹是颇为矛盾的。门人问朱熹：“万世之下，王临川当作如何评品？”朱熹答道：“陆象山尝记之矣，何待它人问？”[①]表明朱熹基本赞同陆九渊对王安石的评价，但他在给刘公度的信中又批评陆九渊的翻案文章“学问偏枯”“见识昏昧”，“临川近说愈肆，《荆舒祠记》曾见之否？此等议论，皆学问偏枯、见识昏昧之故，而私意又从而激之。”由于朱熹对王安石评价的矛盾态度，导致后学出现调和朱陆矛盾的说法，刘公度致信朱熹指出：“世岂能人人同己，人人知己？在我者明莹无瑕，所益多矣。”[②]对此，朱熹大为光火，板起面孔教训道：“此等言语殊不似圣贤意思。无乃近日亦为异论渐染，自私自利，作此见解耶？……若公度之说行，则此等事都无人管，恣意横流矣。”[③]朱熹指责陆九渊为王安石翻案的文章为“异论”，批评刘公度“为异论渐染”，如果按照刘公度的意见，“此等事都无人管”，岂不“恣意横流”！

对于朱熹的批评，陆九渊在给胡季随的信中作了回应：“《王文公祠记》，乃是断百余年未了底大公案，自谓圣人复起，不易吾言。余子未尝学问，妄肆指议，此无足多怪。同志之士犹或未能尽察，此良可慨叹！”[④]陆九渊批评朱熹“未能尽察”，却妄加指责，实在令人慨叹，并且自信对王安石的评价，即便圣人复起，也不会与自己意见相左。经过一段时间的反思，朱熹也觉得自己的做法欠妥，他在给程正思的信中不无歉疚地说：“临川之辨当时似少商量，徒然合闹，无益于事也。”[⑤]承认自己与陆九渊缺少沟通，虽然争论得面红耳赤，却于事无补。可见，朱陆之辨虽为学术之争，但也不免带有意气之争的色彩。

朱熹对王安石学术的评价充满矛盾，一方面称赞王安石的学术不同凡响，另一方面又批评王安石的学术祸国殃民。朱熹说：“荆公德行，学则非。”[⑥]“只缘学术不正

①（宋）黎靖德编，王星贤点校：《朱子语类》卷130《自熙宁至靖康用人》，第8册，第3101页。
②（宋）朱熹著，郭齐、尹波点校：《朱熹集》卷53《答刘公度》，第5卷，第2630页。
③（宋）朱熹著，郭齐、尹波点校：《朱熹集》卷53《答刘公度》，第5卷，第2630页。
④（宋）陆九渊：《陆九渊集》卷1《与胡季随》二，第7页。
⑤（宋）朱熹著，郭齐、尹波点校：《朱熹集》卷50《答程正思》，第5卷，第2459页。
⑥（宋）黎靖德编，王星贤点校：《朱子语类》卷130《自熙宁至靖康人物》，第8册，第3097页。

当，遂误天下。”[1]门人问他：“莫只是学术错否？”朱熹答道：“天资亦有拗强处。”门人又问：“若学术是底，此样天资却更有力也？”朱熹答道：“然。”[2]在朱熹看来，王安石学术不正，加之天性倔强、刚愎自用，结果导致“败国殄民”。如果王安石学术正确，那么他的倔强性格，不但不会坏事，反而还会成事。

在评价王安石新政及其新学这个大是大非的问题上，朱熹基本上继承了二程的观点。通过对比朱熹与二程的观点，我们很容易看清朱熹对王安石新政新学的批判及其实质。

首先，王安石认为佛教之理与儒家之道有相符的地方，为了发展儒家思想，应该援佛入儒。在与宋神宗的一次谈话中，王安石说：“臣观佛书，乃与经合，盖理如此，则虽相去远，其合犹符节也。”神宗接着问：“佛，西域人，言语即异，道理何缘异？”王安石回答道：“臣愚以为苟合于理，虽鬼神异趣，要无以易。”[3]在王安石看来，只要符合儒家之道，不管是佛家的言论，还是道家的言论，都可以拿来，为我所用。二程并不赞成王安石的做法。据二程后学游定夫记载：“先生不好佛语。或曰：‘佛之道是也，其迹非也。’曰：‘所谓迹者，果不出于道乎？然吾所攻，其迹耳；其道，则吾不知也。使其道不合于先王，固不愿学也。如其合于先王，则求之《六经》足矣，奚必佛？’”[4]由此可见，王安石认为既然佛教之理与儒家之道有相符的地方，那就应该援佛入儒来充实儒家之道。而二程则恪守儒家正统，排斥佛道，批评王安石调和儒佛，虽然二程对佛家思想不无吸收，但为了争儒学的正统地位，依然罔顾事实，反对王安石调和儒佛的做法。

与二程相同，朱熹也认为王安石不懂圣人之道，错把佛老之道当作圣人之道，以至于流入异端邪说。“熹窃谓学以知道为本，知道则学纯而心正，见于行事，发于言语，亦无往而不得其正焉。如王氏者，其始学也，盖欲凌跨扬、韩，掩迹颜、孟，初亦岂遽有邪心哉？特以不能知道，故其学不纯，而设心造事遂流入于邪。又自以为是，而大为穿凿附会以文之，此其所以重得罪于圣人之门也。”[5]“王氏之学，正以其学不

---

① （宋）黎靖德编，王星贤点校：《朱子语类》卷127《神宗朝》，第8册，第3046页。

② （宋）黎靖德编，王星贤点校：《朱子语类》卷130《自熙宁至靖康人物》，第8册，第3101页。

③ （宋）李焘撰，上海师范大学古籍整理研究所、华东师范大学古籍整理研究所点校：《续资治通鉴长编》卷233，熙宁五年五月甲午，北京：中华书局，2004年，第5660页。

④ （宋）程颢、程颐著，王孝鱼点校：《河南程氏遗书》卷4，《二程集》，第69页。

⑤ （宋）朱熹著，郭齐、尹波点校：《朱熹集》卷30《答汪尚书》，第3册，第1276页。

足以知道，而以老释之所谓道者为道”[①]，因为新学“本原不正，义理不明”[②]，溺于异端、惑于佛老，根本不是纯粹的儒家学者，而是儒佛道诸家的大杂烩，“至于王氏、苏氏，则皆以佛老为圣人，既不纯乎儒者之学矣”[③]。王安石执政后，“知俗学不知道之弊，而不知其学未足以知道，于是以老释之似乱周孔之实”[④]，并以此指导社会变革，终致“败国殄民”。在佛老之道的指导下，王安石进行的科举改革，诸如“新学制，颁经，黜诗赋”，给学术界带来的弊端，反而有过之无不及，“而学者之弊反有甚于前日”[⑤]。所以说，王安石新学的根本问题在于它以佛老之道淆乱儒家礼法，“夫以佛老之言为妙道，而谓礼法事变为粗迹，此正王氏之深蔽”[⑥]。

其次，王安石受孟子“民为贵，社稷次之，君为轻”[⑦]观点的影响，认为第一位的是“民之所利”，其次是封建国家利益，再次才是以君主为代表的封建统治者的利益。如果为了“民之所利”，那么义和利是统一的。如果为了封建国家的利益，王安石则主张“以义理财”，“聚天下之人，不可以无财；理天下之财，不可以无义”[⑧]。王安石反对将以君主为代表的王公贵族的集团利益置于百姓利益和封建国家利益之上。由此可见，王安石并不是不重视义，在为封建国家理财时，他主张把义放在首位，在追求社会公平正义的前提下，谋求封建国家的整体利益；而在为“民”理财时，他则认为理财本身就是义，义在利中，义利是统一的。

针对王安石的义利统一论，二程从义利对立的观点出发，对王安石进行了无情的批判。程颢指出：“大凡出义则入利，出利则入义。天下之事，惟义利而已。”[⑨]这就是说，非利即义，非义即利，二者不能并存。针对王安石“理财乃所谓义也”的观点，二程提出“不言利”的道义观，“自安石用事，颢未尝一语及于功利”[⑩]。对此，程颐赞许道：“时王荆公安石日益信用，先生每进见，必为神宗陈君道以至诚仁爱为本，

---

①（宋）朱熹著，郭齐、尹波点校：《朱熹集》卷34《与东莱论白鹿书院记》，第3册，第1497页。

②（宋）黎靖德编，王星贤点校：《朱子语类》卷55《滕文公下》，第4册，第1320页。

③（宋）朱熹著，郭齐、尹波点校：《朱熹集》卷30《答汪尚书》，第3册，第1272页。

④（宋）朱熹著，郭齐、尹波点校：《朱熹集》卷34《与东莱论白鹿书院记》，第3册，第1498页。

⑤（宋）朱熹著，郭齐、尹波点校：《朱熹集》卷34《与东莱论白鹿书院记》，第3册，第1498页。

⑥（宋）朱熹著，郭齐、尹波点校：《朱熹集》卷70《读两陈谏议遗墨》，第6册，第3664页。

⑦《孟子》卷14《尽心下》，第324页。

⑧（宋）王安石著，唐武标校《王文公文集》卷31《乞制置三司条制》，第364页。

⑨（宋）程颢、程颐著，王孝鱼点校：《河南程氏遗书》卷11，《二程集》，北京：中华书局，1981年，第124页。

⑩《宋史》卷427《道学一》，北京：中华书局，1985年，第12715页。

未尝及功利。”[①]程颢不但言不及功利，而且提出“国不以利为利，以义为利”[②]的主张。程颐在《伊川先生改正大学》一文中也表达了同样的观点。二程之所以竭力提倡“以义为利”，其动机是反对王安石变法。他们认为，以富国强兵为目的的王安石变法即便能收到一些效果，解决一些财政困难，从长远来看，依然是得不偿失。

朱熹继承二程之衣钵，同样主张义在利先。圣人之道，莫先于义利公私之辨，“世间喻于义者则为君子，喻于利者即是小人”[③]。王安石认为，变法谋求的是百姓利益，本身就是义；朱熹不同意这种看法，朱熹认为圣人之道第一位的是要区分义与利，从而区分君子与小人，义在利先的是君子，利在义先的是小人。朱熹反对只讲功利，不讲仁义，“古圣贤之言治，必以仁义为先，而不以功利为急”[④]。“以功利为急”治理国家，即便侥幸收获眼前利益，也会带来种种社会问题，损害国家的长远利益：“国虽富，其民必贫；兵虽强，其国必病；利虽近，其为害也必远。”[⑤]治理国家要以仁义为先，而不能以财利为先，因为“仁义未尝不利”[⑥]；更不能以“利心”即自私自利之心求利，以“利心”求利反而不会得利，因为“利心”是受人的私欲影响的，它不合天理，满足了少数人的私欲必然妨碍多数人的欲望的满足，其结果只能害人害己。在朱熹看来，正是由于王安石义利不分、公私不辨，导致社会信仰迷失，道德滑坡，急功近利，风俗颓坏，此其所以“败国殄民”者也。

再次，二程认为王安石变法以理财为目的，也不符合圣人之道的要求。“学也者，使人求于本也。不求于本而求于末，非圣人之学也。”[⑦]那么，什么是二程所说的本末呢？“德者本也，财者末也。”[⑧]可见，在二程眼里，修德养性才是本，而追求财利则是末。所以，二程认为王安石的内圣学说是错误的，王安石新政之所以失败，就是因为新政是建立在错误的内圣之学基础之上的。

朱熹同样批判王安石新学本末倒置。“若夫道德性命之与刑名度数，则其精粗本末虽若有间，然其相为表里，如影随形，则又不可得而分别也。”[⑨]在朱熹看来，道德性命是刑名度数的内在本质，而刑名度数是道德性命的外在表现，前者为本，后者为

---

① （宋）程颢、程颐著，王孝鱼点校：《河南程氏文集》卷 11，《二程集》，第 634 页。
② （宋）程颢、程颐著，王孝鱼点校：《河南程氏经说》卷 5，《二程集》，第 129 页。
③ （宋）朱熹著，郭齐、尹波点校：《朱熹集》卷 29《与杨子直书》，第 3 册，第 1253 页。
④ （宋）朱熹著，郭齐、尹波点校：《朱熹集》卷 75《送张仲隆序》，第 7 册，第 3935 页。
⑤ （宋）朱熹著，郭齐、尹波点校：《朱熹集》卷 75《送张仲隆序》，第 7 册，第 3936 页。
⑥《四书章句集注・孟子集注》卷 1，北京，中华书局，2012 年，第 201 页。
⑦ （宋）程颢、程颐著，王孝鱼点校：《河南程氏粹言》卷 1，《二程集》，第 1199 页。
⑧ （宋）程颢、程颐著，王孝鱼点校：《河南程氏经说》卷 5，《二程集》，第 1128 页。
⑨ （宋）朱熹著，郭齐、尹波点校：《朱熹集》卷 70《读两陈谏议遗墨》，第 6 册，第 3663 页。

末。先圣设法制令，皆本于道德性命，而王安石不顾道德性命之理，擅自变更法度，是弃本逐末。时人陈师锡曾批判王安石道：“改祖宗之法而行三代之政也，废《春秋》而谓人主有北面之礼也，学本出于刑名度数而不足于性命道德也，释经奥义多出先儒而旁引释氏也。”[①]对此，朱熹认为“受病之原，遗祸之本”，尚有所未及。“今谓安石之学独有得于刑名度数，而道德性命则为有所不足，是不知其于此既有不足，则于彼也亦将何自而得其正耶？”[②]如果说，王安石新学在道德性命方面有所不足的话，那么依此而制定的刑名度数又怎么能符合先王之道呢？

朱熹为了争夺南宋时期学术界的主流学派地位，将王安石新学批得几乎一文不值，甚至不惜将新学驱逐出儒家道统；同样，为了争夺意识形态领域的主导地位，朱熹又将新学骂为亡国之学，必欲将新学逐下神坛而后快。然而，作为著名学者，朱熹不能不遵循学术批评的基本规则，对王安石新学的成就也不能充耳不闻、熟视无睹。“王氏《新经》尽有好处，盖其极平生心力，岂无见得著处？”[③]对于王安石《尚书新义》所取得的版本成绩也予以肯定。门人问：“《武成》一篇，编简错乱。”朱熹答道：“新有定本，以程先生王介甫刘贡父李叔易诸本，推究甚详。”[④]“介甫所见，终是高于世俗之儒。”[⑤]朱熹承认王安石的经解颇多可取之处，“如《易》则兼取胡瑗、石介、欧阳修、王安石、邵雍、程颐、张载、吕大临、杨时，《书》则兼取刘敞、王安石、苏轼、程颐、杨时、晁说之、叶梦得、吴棫、薛季宣、吕祖谦，《诗》则兼取欧阳修、苏轼、程颐、张载、王安石、吕大临、杨时、吕祖谦，《周礼》则刘敞、王安石、杨时……《大学》、《论语》、《中庸》、《孟子》则又皆有集解等书，而苏轼、王雱、吴棫、胡寅等说亦可采。”[⑥]可见，在开展学术批评时，朱熹尚能秉持学者本分，对新学的评价也较客观平允，然而一旦上升到识形态领域的主导地位之争时，朱熹的批评就上纲上线，甚至超出正常的学术批评，沦为带有政治目的的意识形态之争。这是理解朱熹批评王安石新学时充满矛盾的关键所在。

综上所述，朱熹认为王安石的学术思想存在着两个方面的错误：一是其学术荒谬，“论王荆公遇神宗，可谓千载一时，惜乎渠学术不是，后来直坏到恁地。”[⑦]“东坡云：

① （宋）朱熹著，郭齐、尹波点校：《朱熹集》卷70《读两陈谏议遗墨》，第6册，第3660页。
② （宋）朱熹著，郭齐、尹波点校：《朱熹集》卷70《读两陈谏议遗墨》，第6册，第3664页。
③ （宋）黎靖德编，王星贤点校：《朱子语类》卷130《自熙宁至靖康人物》，第8册，第3099页。
④ （宋）黎靖德编，王星贤点校：《朱子语类》卷79《武成》，第5册，第2040页。
⑤ （宋）朱熹著，郭齐、尹波点校：《朱熹集》卷83《书程子禘说后》，第7册，第4289页。
⑥ （宋）朱熹著，郭齐、尹波点校：《朱熹集》卷69《学校贡举私议》，第6册，第3638页。
⑦ （宋）黎靖德编，王星贤点校：《朱子语类》卷130《自熙宁至靖康人物》，第8册，第3095页。

‘荆公之学，未尝不善，只是不合要人同己。’此皆说得未是。若荆公之学是，使人人同己，俱入于是，何不可之有？今却说‘未尝不善，而不合要人同’，成何说话！若使弥望者黍稷，都无稂莠，亦何不可？只为荆公之学自有未是处耳。”①二是王安石不应当以错误的思想理论指导变法实践。朱熹在谈到贡举改革时指出：“所以必罢诗赋者，空言本非所以教人，不足以得士，而诗赋又空言之尤者，其无益于设教取士，章章明矣。然熙宁罢之，而议者不以为是者，非罢诗赋之不善，乃专主王氏经义之不善也。”②此指熙宁八年（1075年）六月，王安石把他主持训释的《三经新义》颁行学官，用以作为学校教育和科举考试的唯一指定教材。李华瑞先生曾经指出：“南宋理学家对新学的批判主要集中在两个方面：一是斥王安石新学为异端邪说‘于学不正’、‘杂揉（糅）佛老’或‘学本出于刑名度数’，二是把新学作为变乱祖宗法度而致北宋亡国的理论根源，予以无情打击。”③

四、结　　论

朱熹与陆九渊对王安石的评价，其分歧是明显的，归根结底可以概括为：（1）在陆九渊看来，王安石是圣贤，尽管其新政有为小人所利用的地方，但王安石本质上是圣贤人格。而朱熹借程颢之口质疑王安石的圣贤人格，从而也就质疑了王安石领导变法与荆公新学作为居于意识形态主导地位的思想理论的合理性与合法性，这是朱熹、陆九渊关于王安石人格争论的实质所在。（2）陆九渊将北宋亡国之责归结为北宋中后期的党争，两党不顾实际，一味义气相争，所以陆九渊认为北宋的灭亡，作为反对派的元祐党难辞其咎。而朱熹则坚决反对陆九渊的观点，虽承认元祐诸公起初参与了变法，但中途都退出了变法队伍，将陆九渊所称的应该共担其责的仁人君子择出，将北宋亡国的责任强加在王安石一人头上。“新法之行，诸公实共谋之，虽明道先生不以为不是，盖那时也是合变时节。但后来人情汹汹，明道始劝之以不可做逆人情底事。及王氏排众议行之甚力，而诸公始退散。”④由此可见，“陆九渊要反对派与王安石同分亡国罪责，朱熹则不容置辩地将其全部推给王安石，这便是朱陆分歧的实质所在。”⑤

①（宋）黎靖德编，王星贤点校：《朱子语类》卷130《自熙宁至靖康人物》，第8册，第3099页。
②（宋）朱熹著，郭齐、尹波点校：《朱熹集》卷69《学校贡举私议》，第6册，第3636页。
③ 李华瑞：《王安石变法研究史》，北京：人民出版社，2004年，第33页。
④（宋）黎靖德编，王星贤点校：《朱子语类》卷130《自熙宁至靖康用人》，第8册，第3097页。
⑤ 高纪春：《论朱熹对王安石的批判》，《晋阳学刊》1994年第5期。

（3）在朱熹看来，既然从熙、丰年间到宣、靖年间，以新学为国家主流意识形态，那么，北宋亡国的罪责自然非王安石新学莫属。“夫安石以其学术之误，败国殄民，至于如此，而起自熙、丰，讫于宣、靖，六十年间，诵说推明，按为国是。”[①]陆九渊从儒家正统思想出发，批评王安石新学，意在指出新学的学术错误，争夺儒家道统中的主流地位。而朱熹则通过对新学的批判，不但要清除王安石在儒家学派中的主流地位，而且要将新学逐出儒家道统，视为异端邪说；不唯如此，朱熹还要清除新学在意识形态领域的主导地位，为程朱理学的上位排除障碍。也就是说，陆九渊对王安石及其新学的批判主要是从学术上来批判，而朱熹对王安石及其新学的批判不仅有学术上的考量，更重要的是出于在意识形态领域取而代之的政治动机。朱熹这样一箭双雕，既迎合了南宋最高统治者的政治需要，又满足了将新学逐出圣门，为程朱理学进入意识形态领域主导地位扫清障碍的需要，这是朱熹、陆九渊关于王安石新学争论的实质所在。

① （宋）朱熹著，郭齐、尹波点校：《朱熹集》卷70《读两陈谏议遗墨》，第6册，第3665页。

秦桧与王安石新学

高纪春[*]

南北宋之交是宋代政治史的转折点，也是宋代学术史的重要变革时期。处于这一关键时期的秦桧，在此两个领域中无疑都具有极其重要的影响。政治史上，他以力赞宋高宗降金乞和而成为遗臭万年的罪人；学术史上，他又与王安石新学、程氏洛学存在着复杂而微妙的关系。长期以来，人们对秦桧的降金乞和政策研究甚多，而对他与王、程之学的关系则注意甚少。那么秦桧与王学、洛学的关系究竟如何？他对二家学术究竟持什么态度，其原因究竟何在？十多年前，笔者在《秦桧与洛学》一文中，曾对此问题作过片面的探讨。希望本文的撰写，能够从另一角度再作探赜，以利于求得更为全面的解答。

一、从家世背景、早年经历、姻戚交游等看早年秦桧的政治学术倾向

秦桧出生于宋哲宗元祐五年（1090 年），到宋徽宗宣和七年（1125 年），已经 36 岁。一般来说，到了这种年龄，他的人生价值取向、政治学术态度都应该基本定型了。遗憾的是，关于这一时期秦桧的政治、学术活动，史籍记载却甚寥寥，关于他个人的学术传承，他对王学、程学的态度等，更是缺乏明确的记载。因而我们只能从这一时期秦桧所处的时代环境、社会关系及个人交游等，约略推见其端倪。鉴于北宋后期党争与学术密切相关、学术态度往往与政治立场相一致的事实，在考察秦桧的学术取向时，便不能不同时考虑他与新、旧两党的关系。

如史所载，元祐派反对熙丰变法的更化之政仅仅维持了 9 年，便随着宣仁高太后的去世而宣告结束。自绍圣元年（1094 年）至靖康之变的 30 余年间，北宋政权一直处在新法派和打着绍述新法旗号的蔡京、王黼之党掌握之中。他们在政治上绍述新法、打击元祐党人的同时，在学术上则独尊王安石新学，厉行包括程氏洛学在内的元祐学术之禁。王学不仅成为太学教学的主要内容，而且是科举取士的主要标准。在此情况

* 高纪春，北京邮电大学马克思主义学院教授。

下，一般士子们为求取功名，自然惟王学是务，而鲜有敢于传习洛学者。秦桧在这种社会环境中度过其幼年和青年时代，耳濡目染，大概也不可能免俗。从他年轻时游历太学并考中政和五年（1115 年）进士的情况来看，他应该是习熟王氏学说的。又据宋人笔记云："秦会之忠献公，自著文字，惟尚简古，自云效王荆公体。"[①]可见他确实认真读过王氏之书，十分崇拜王氏文章的。今天传世的秦桧文字已十分罕见，但他能够在宣和五年（1123 年）试中辞学兼茂科，至少说明他确实是善于辞章，文章写得一定很不错的。[②]关于这一点，从以下几方面也可得到印证。第一，他曾在随驾北狩期间，奉命代徽宗草拟与金酋粘罕的书信稿；第二，朱熹在与弟子论及秦桧时，曾说他章疏"做得甚好"[③]；第三，宋末学者王应麟在其所著《辞学指南》中曾将秦桧所制表章当作后世学习的榜样，并称"孙仲益、秦会之、汤进之表皆可为格"[④]。结合上引笔记的记载来看，秦桧的文章做得好，当然绝不可能与程学有半点关系，而只能是私淑王安石的结果。

又从秦桧的家族背景来看，秦氏在秦桧发迹前似乎并无任何显耀发达的历史。其父秦敏学虽曾跻身仕途，却终生沉埋下僚，至多只做过一任县令而已。没有任何资料显示这位小官僚在当时新、旧党争漩涡中的政治态度和学术取向。不过秦桧入仕之后，却很快与新党集团的显贵家族结下盘根错节的亲缘关系。秦桧的夫人王氏，是宋神宗朝宰相王珪的孙女。王珪是王安石变法的支持和参与者，属新法派。王氏家族声势显赫，自太平兴国年间至北宋末，连续六世均有人中进士高科。王珪的父亲名准，《鸡肋编》曾记其家族仕宦姻娅之盛云：

汉国公准子四房，孙壻九人：余中、马玿、李格非、闾丘籲、郑居中、许光疑（凝）、张焘、高旦、邓洵仁，皆登科，邓、郑、许相代为翰林学士。曾孙壻秦桧、孟忠厚同时拜相开府，亦可谓华宗盛族矣。[⑤]

在王氏家族这张以姻亲关系结成的巨大的关系网中，绝大多数是拥护新法新学、倾附蔡京王黼的新党权贵，而其中尤以郑居中、邓洵仁为甚。郑居中是宋徽宗郑皇后的族兄，他本人凭借外戚的身份，并通过谄附蔡京而飞黄腾达，致位宰辅，史有明载，自

① （宋）周煇：《清波别志》卷下，知不足斋丛书本。

② （清）徐松辑：《宋会要辑稿》选举 12 之 10，北京：中华书局，1997 年，第 4452 页；（宋）王应麟：《玉海》卷 204《辞学指南》，江苏古籍出版社、上海书店影印本，1990 年，第 3732 页。

③ （宋）黎靖德编，王星贤点校：《朱子语类》卷 131，北京：中华书局，1994 年，第 3154 页。

④ （宋）王应麟：《玉海》卷 203《辞学指南》，第 3703 页。

⑤ 《鸡肋编》卷中，中华书局点校本，1997 年，第 77 页。

不必说。而据《续资治通鉴长编》卷 485 绍圣四年四月戊子殿中侍御史陈次升奏云："谨按居中弟久中，故秘书省正字王雱之婿也。雱乃尚书左丞蔡卞妻之亲弟也。居中与卞系婚姻之家，又闻与中书侍郎许将、知枢密院曾布之家，亦联姻亲。"可知郑居中家又与蔡卞、蔡京兄弟和曾布等新党权贵们联姻缔交，其弟郑久中甚至直接成为王安石的孙女婿。邓洵仁及其弟洵武则是熙宁变法派人物邓绾之子，二人也都因主张绍述、依附蔡京而位居执政。

秦桧既成为王氏家族的乘龙快婿，自然也就成为这张关系网中的一员。秦氏、郑氏、王氏三家的姻亲关系具体是：郑居中娶王珪女为妻，秦桧娶郑居中妻弟王仲山之女为妻，王仲山之子王映复娶郑居中之女为妻，秦桧之子秦熺亦复娶郑居中之子郑修年之女为妻，秦、王、郑三家因此可说是亲上加亲。①凭着这种关系，秦桧在入仕之初，即被时宰郑居中除为密州教授，宣和五年又夤缘郑氏而中辞学兼茂科。②其兄秦梓在北宋末为太学诸生时，亦曾"出入权门"，并在郑居中的帮助下于宣和年间奉使高丽，使还后又由梁师成推荐而直赴殿试，滥得恩赏。③

此外，秦桧还与北宋后期另一个著名的新党人士赵挺之的后代存在姻戚关系。赵挺之曾以绍述新法的面目活跃于宋徽宗崇宁、大观年间，官至尚书右仆射，是蔡京集团的重要成员。赵挺之之子赵明诚与李格非之女李清照结为夫妻，而李格非则是王珪的长女婿，秦桧又是王珪的孙女婿，秦桧妻王氏与赵明诚妻李清照实系表姐妹关系。④

秦桧家族还与宋高宗建炎、绍兴初年的宰执大臣汪伯彦、张守存在姻亲关系。先说汪伯彦，他是歙州（后改为徽州）祁门县人，崇宁二年（1103 年）进士，入仕之初曾先后受到新法派吕惠卿、梁子美的奖拔，而梁子美对之提挈尤力。⑤从汪伯彦的早年经历来看，他在政治上与新党有联、习闻绍述之论应该是很自然的事情，在学术上多半也应是趋向于王氏新学，而不以元祐为然的。这从他在建炎年间与黄潜善共政时

① （宋）徐梦莘：《三朝北盟会编》卷 135，建炎三年十一月丁卯引赵甡之《中兴遗史》、卷 220 末引朱胜非《秀水闲居录》，上海：上海古籍出版社，1987 年，第 980、1586 页；（宋）王明清：《挥麈后录》卷 11《御史希秦会之言罢镌汰滥赏》，四部丛刊续编本；（清）徐松辑：《宋会要辑稿》职官 63 之 14。

② （宋）王明清：《玉照新志》卷 6，影印文渊阁四库全书本，台北：商务印书馆，1986 年，并参王应麟《玉海》卷 204《辞学指南》。

③ （宋）王明清：《挥麈后录》卷 11《御史希秦会之言罢镌汰滥赏》；（宋）李心传：《建炎以来系年要录》卷 6，建炎元年六月己卯；卷 7，三绍兴四年二月壬寅；卷 117，绍兴七年十一月丙辰，影印文渊阁四库全书本。

④ （宋）杜大珪编：《名臣碑传琬琰集》上编卷 8《王太师珪神道碑》，国家图书馆藏宋刻元明递修本。关于李清照与秦桧的亲戚关系，可参王曾瑜《李清照生母及其与秦桧的亲戚关系考辨》（《河北学刊》1992 年第 1 期）、《李清照事迹七题》（《中华文史论丛》第 65 辑）二文。

⑤ 此据（宋）罗愿：《新安志》卷 7、卷 8，影印文渊阁四库全书本；并参（宋）李心传：《建炎以来系年要录》卷 20，建炎三年二月己巳；（宋）徐梦莘：《三朝北盟会编》卷 122，建炎三年二月十八日丁卯，载张澂劾疏、卷 129 引《林泉野记》载汪伯彦事。

阴佑新党的用人政策便可得到证明。[①]据现存史籍记载，汪氏先是在考中进士前，被秦桧舅氏王本聘为家庭教师，遂于王家与秦桧兄弟结下师生之缘。[②]后来，汪氏之子汪召锡又娶秦桧之兄的女儿为妻[③]，双方的关系自然就更加深厚亲密。南渡之初，汪伯彦因主和误国而屡遭贬斥，久在谪籍，最终却因为秦桧的庇护援引而得以起废复用，安享富贵，优游晚年。[④]其二子召嗣、召锡于秦桧专国期间，也分别受到眷顾和倚重，甚至甘心沦为秦氏打击异己的鹰犬。[⑤]

再说张守。秦桧之兄秦梓曾娶张守的侄女为妻，是张守的侄女婿。[⑥]大概由于这种原因，秦梓与张守二人的关系十分密切。张守工诗能文，曾有文集 50 卷传世，可惜后来散佚不存。今世所传《毘陵集》15 卷，系清代四库馆臣从《永乐大典》中辑录而成，较原书仅存“十之三四”而已。[⑦]即便如此，在这个残缺严重的辑本中，仍然收录与秦梓有关的诗文多篇，依次为卷 10《秦楚材易书序》、卷 14《秦楚材和六一先生秋怀因次韵送别》、卷 15《送秦楚材使高丽二首》、卷 15《楚材出示汪廷俊唱和诗次韵》。其中的《送秦楚材使高丽二首》当写于宣和年间秦梓奉使高丽之际，而《秦楚材易书序》则作于绍兴十三年（1143 年）闰四月，距绍兴十五年正月张守之卒仅一年多的时间。由此可知，张守与秦梓的密切友好关系是始于北宋末并终其一生的。除与秦梓联姻并终生相契外，张守与秦桧的关系也非比一般。据史料记载，“张守尝为密州州学教授，桧亦尝为之”，二人的结缘相知当必在宣和五年前。建炎四年（1130 年）十月，秦桧自金国军前脱身南归，甫至行在，张守便“首称桧为可用”，将其引为礼部尚书。[⑧]绍兴初年赵鼎、张浚并相时，张守又曾向张浚力荐秦桧，后来赵、张二相睽异，张浚援引秦桧入朝任枢密使，张守实与有力焉。[⑨]尽管据张浚所撰张守墓志、行状记载，张守后来曾痛悔当初荐桧之失，并主动向张浚揭发秦桧之奸[⑩]，现存

---

① 高纪春：《赵鼎集团的形成与发展》（《大陆杂志》第 95 卷第 5 期）。《三朝北盟会编》卷 129 引《林泉野记》载汪伯彦庇护新党事云：“梁子美亲族，皆荐为美官。王黼之客卢益已为尚书，伯彦助潜善[荐]为同知枢密院。”亦为旁证。

② 此据（宋）徐梦莘：《三朝北盟会编》卷 129 引《林泉野记》；卷 148，绍兴元年八月二十三日丁亥秦桧拜相条；卷 206，绍兴十一年五月二十九日汪伯彦薨条。《宋史》卷 473《汪伯彦传》及《中兴小历》、《建炎以来系年要录》、《宋宰辅编年录》等书亦有类似记载。

③（宋）李心传：《建炎以来系年要录》卷 168，绍兴二十五年五月癸丑。

④ 此据《宋史》卷 473《汪伯彦传》，北京：中华书局，1977 年，第 13746 页；并参《建炎以来系年要录》卷 113，绍兴七年八月壬辰；卷 115，绍兴七年十月辛亥；卷 125，绍兴九年正月庚寅；卷 126，绍兴九年二月己未。

⑤（宋）李心传：《建炎以来系年要录》卷 164，绍兴二十三年二月壬申、三月辛亥；卷 168，绍兴二十五年五月癸丑；卷 169，同年七月戊辰。

⑥（清）徐松辑：《宋会要辑稿》职官 63 之 14。

⑦《四库全书总目》卷 156 张守《毘陵集》提要，北京：中华书局，1987 年，第 1346 页。

⑧（宋）徐梦莘：《三朝北盟会编》卷 143，建炎四年十月二十八日丁酉，第 1041 页。

⑨（宋）徐自明：《宋宰辅编年录》卷 14，建炎四年五月壬子张守参知政事条，北京：中华书局，1986 年，第 952 页。

⑩（宋）陈振孙：《直斋书录解题》卷 18《毘陵集》解题，影印文渊阁四库全书本；（宋）徐自明：《宋宰辅编年录》卷 14，建炎四年五月壬子张守参知政事条，第 952 页；卷 15，绍兴八年正月戊戌张守罢参知政事条，第 1026 页。

史籍中也有一些关于张守晚年与秦桧不叶的记载，但总的来看，他并未像张浚、赵鼎那样与秦桧完全闹翻，至少未曾因政见之异而显遭秦氏报复打击。后来宁宗朝议为张守赐谥，礼官娄机在其所撰谥议文中说：“公未老即退就闲逸，视中兴之佐前后几公，功名盛矣，鲜克全备，独公优游里居，身名俱泰，生而望尊，没而礼崇，平生无一毫之玷，可谓善终如始者矣。”[①]为什么在所有中兴宰辅大臣中，其他诸人“鲜克全备”，惟独张守“身名俱泰”、“善终如始”呢？与秦桧兄弟的终生契好关系，恐怕是一个重要原因。

然而这位与秦氏交契深厚的中兴执政大臣，却同样有着浓重的新党倾向。据史载，张守亦是崇宁二年进士[②]，重和元年（1118 年）又中辞学兼茂科，宣和末仕至监察御史[③]，其早年仕历难免有出自京、黼之门的嫌疑。又据胡寅绍兴初年《乞回避吕颐浩张守吕祉札子》说：

> 前年张守被召，将至阙庭，臣偶因面对，尝及其短。张守初亦不知，却缘章、蔡事行，遂怨及臣，以为臣预议。议虽臣所不预，然赵鼎请臣至堂面援（授）圣旨，令臣撰进诏意。臣本不敢，退思中书舍人撰诏亦有故事，遂拟以进。守等踪迹来由，既非学士所撰，定是臣之所为。积此二事，其怨固当。今守复参大政，必将变更已行之令，为章惇、蔡卞雪冤，复置宣仁圣烈太后于有过之地，批根事始，加以罪辟。[④]

所谓“章、蔡事行”云云，系指绍兴五年八月朝廷下诏追贬章惇、蔡卞之事。当时胡寅为中书舍人，诏书即由其代拟。[⑤]据其自称因此得罪张守，又说“今守复参大政，必将变更已行之令，为章惇、蔡卞雪冤，复置宣仁圣烈太后于有过之地”，可以推知张守在政治趋向上党庇章惇、蔡卞的态度必然是十分明显的。大概正因如此，对于同样有新党嫌疑的汪伯彦，张守非但毫无恶感，反而颇为欣赏。如前所说，今本《毗陵集》虽已严重残缺，但其卷 9 仍收有《回汪相公远迎状》《回汪相公贺正启》两文，可见他与汪氏必然是往还甚密的。绍兴元年（1131 年）八月，经张守举荐援引，朝廷于罪废之中起复汪氏为江东安抚大使兼知池州。后来经台谏论劾，张守虽因举荐不当

---

①（宋）张守：《毗陵集》卷 15 附录《故资政殿大学士左正议大夫张公谥议》，影印文渊阁四库全书本。

②（宋）史能之：《咸淳毗陵志》卷 11《贡举·科目》条，宋元方志丛刊本，北京：中华书局，1990 年，第 3049 页。

③《宋史》卷 375《张守传》，第 11612 页；（宋）王应麟：《玉海》卷 204《辞学指南》，第 3732 页；（宋）李心传：《建炎以来系年要录》卷 11，建炎元年十二月末条。

④（宋）胡寅：《斐然集》卷 11《乞回避吕颐浩、张守、吕祉札子》，北京：中华书局，1993 年，第 239 页。

⑤（宋）李心传：《建炎以来系年要录》卷 92，绍兴五年八月己未；（宋）胡寅：《斐然集》卷 14《行遣章惇蔡卞诏》，第 314 页。

而引疾去职，汪氏却在秦桧的照顾下，竟以观文殿学士的美职罢帅奉祠。[①]在曲庇援引汪伯彦一事上，张、秦二人可说是堪称同调、臭味相投的。

汪伯彦、张守而外，在秦桧早年仕宦交游中，值得一提的至少还有李邦彦、翟汝文、李回、吴幵、陈尧臣等。数人俱是在徽宗时期已跻身侍从台谏，甚或致位宰辅，因而都难免政、宣权臣党羽的嫌疑。尤其是李邦彦、翟汝文，其新党背景都远比汪伯彦、张守更为深厚。先说李邦彦，其人自幼长于闾阎，聪敏多艺，“应对便捷”，又“谄事梁师成”、“善事中人，（内侍）争荐誉之”，故而自大观二年（1108 年）上舍夺魁后，一路飞黄腾达，既为“道君狎客”，终成宣和宰相。[②]可是这位浪子宰相，却于宣和末仕途巅峰之际，将刚中词科的秦桧荐入馆职。[③]由此看来，秦桧也该算得上李氏之客，后来胡寅称他以“李邦彦为宗派”[④]，恐怕就不仅是指其在降金主和一事上继承了李氏路线而已。

再说翟汝文，其父翟思为熙宁三年（1070 年）进士，曾于神、哲、徽三朝先后数度任职言路，“其论颇是熙丰而非元祐”[⑤]，其出处大节见于《续资治通鉴长编》《长编纪事本末》《太平治迹统类》诸书者，也明显带有新党人物的印迹。翟汝文又是邢恕的女婿。[⑥]邢恕一生经历复杂，虽曾依违反复于新、旧两党之间，“至与三蔡为腹心则之死弗替”，故而最终被当作新党人物打入《奸臣传》。[⑦]有这样的父亲和妇翁，翟汝文与新党的关系，本已相当明显，他本人又曾在蔡京父子当国时仕宦显达，就更是难免新党的嫌疑。故而在宣和末至建炎年间，翟氏至少有两次因此而受牵连。一次是宣和七年（1125 年）四月，因蔡京之子蔡絛失势倒台，翟氏“亦以蔡絛之党”自给事中罢为宫观官。[⑧]一次是建炎四年（1130 年）五月，朝廷“有诏召汝文，而言者奏其慢上废法，且卵翼皆蔡京，不可用，命遂寝”[⑨]。翟氏与秦桧的相知结缘，大概也是在秦氏为密州教授时。据说翟对秦“一见知必为公辅”，所以不惮以知州之尊，主动前席礼遇之，后来又与人一道推荐其入试辞学兼茂科。[⑩]这样的贵人和恩人，对于秦

① 此据《建炎以来系年要录》卷 46，绍兴元年八月己巳、戊寅、辛卯；卷 60，绍兴二年十一月辛未。《宋史》卷 473《汪伯彦传》，并参《三朝北盟会编》卷 206，绍兴十一年四月二十九日丙寅、《宋宰辅编年录》卷 15 绍兴元年九月条。

② 《宋史》卷 352《李邦彦传》，第 11120 页；（宋）徐梦莘：《三朝北盟会编》卷 28 引《幼老春秋》，第 207 页；（宋）张端义：《贵耳集》卷下，津逮秘书本。

③ （宋）徐梦莘：《三朝北盟会编》卷 220 引《中兴姓氏录》，第 1582 页。

④ （宋）胡寅：《斐然集》卷 18《答张子韶侍郎》，第 389 页。

⑤ 《京口耆旧传》卷 4《翟汝文传》，影印文渊阁四库全书本。

⑥ （宋）翟汝文：《忠惠集》附录《翟氏公巽埋铭》，影印文渊阁四库全书本。

⑦ 《宋史》卷 471《邢恕传》，第 13705 页。

⑧ （清）徐松辑：《宋会要辑稿》职官 69 之 17。

⑨ （宋）李心传：《建炎以来系年要录》卷 33，建炎四年五月壬寅朔。

⑩ （宋）翟汝文：《忠惠集》附录《翟氏公巽埋铭》；（宋）徐梦莘：《三朝北盟会编》卷 220 引《中兴姓氏录》，第 1582 页；（宋）王明清：《玉照新志》卷 6。

桧早年政治、学术取向的影响，想必不会比汪伯彦、张守小。

李回与秦桧同为江宁人，其父李琮一生浮湛于神、哲、徽三朝，其事迹见于《宋史》本传及《续资治通鉴长编》诸书者，大致亦是显于变法、绍述之际，而黜于元祐更化之时。《宋史》本传谓其“长於吏治，而所至主于掊克，为士论嗤鄙”，可见李琮也和翟思一样，是明显属于新党派别的人物。李回本人是否与新党有染，史无明载。但据《皇宋十朝纲要》卷 15、卷 19 载，他在徽宗朝已仕至御史、中书舍人，钦宗朝又升任御史中丞、签书枢密院事，其仕履形迹大概也难免夤缘蔡京、王黼等以进的嫌疑。李回如此，曾在徽宗朝仕至给事中、钦宗朝升任翰林承旨的吴幵当然也不例外。李、吴两人在南渡以前，也都曾是秦桧仕途上的贵人与恩人。靖康元年（1126 年），正是经由二人的推荐，秦桧才得以由小官擢任殿中侍御史，并由此而进迁左司谏，浸迁中丞。①陈尧臣大约也是在秦桧为密州教授时与之相识，他是否曾对秦桧有提挈之恩，因史载缺如，不得而知，但他与秦桧相交“厚甚”，且曾因附会王黼开边之议而骤迁台谏要职，后“坐王黼党斥去”，则都是史有明载的。②

以上是北宋灭亡之前，在新党当政、王学盛行局面下，我们所能窥见的秦桧与新党、王学关系的一斑。与之形成鲜明对比的是，这一时期的秦桧，与元祐党人、洛学派官僚却几乎无所来往。这与其说是史载缺如，不如说是反映了这样一个事实：在当时元祐党人沦为阶下囚、洛学遭受禁锢的政治背景下，包括秦桧在内的多数士大夫，都是深以元祐为讳，不敢与旧党、洛学发生联系的。由此看来，靖康之变以前的秦桧，在政治和学术上都是顺乎潮流、与时无忤的，他虽还不是新党中的一员，却已经与新党结成了难以割断的联系，并有进而跻身其间的势头。如果不是时局突变、新党遽然垮台的话，他也许会在接下来的绍述政治中大显身手，在学术上也会明确地表现出尊王抑程的态度吧。

二、绍兴和议前秦桧与新党新学关系索隐

突如其来的靖康之变不仅宣告了北宋的灭亡，而且标志着自宋哲宗绍圣以来数十年“绍述”政治的正式落幕。在北宋废墟上建立起南宋半壁江山的宋高宗，出于为乃父乃兄推卸亡国罪责和巩固个人皇位合法性的双重动机，即位伊始便旗帜鲜明地采取

---

①《宋史》卷 473《秦桧传》，第 13747 页。吴幵荐引秦桧事，又见（宋）王明清：《挥麈余话》卷 2《吴幵莫俦窜逐》、《玉照新志》卷 6。

②（宋）王明清：《挥麈后录》卷 4《陈尧臣进退终始事迹》，四部丛刊续编本；（宋）陈均：《皇朝编年备要》卷 28，宣和元年正月王黼为少宰条，日本东方文化学院京都研究所藏抄本；（宋）李心传：《建炎以来系年要录》卷 43，绍兴元年三月辛酉。

是元祐而非熙丰、尊洛学而黜王学的态度，亲自发动并领导了一场以清算新党、新学为核心内容的“拨乱反正”运动。建炎四年（1130年）十月，秦桧从金国返回南宋，正值这一运动方兴未艾之际，他不免附从时好，迅速和杨时师徒、胡安国父子等程氏后学打成一片，并在此后七八年间，一直与洛学派旧党官僚保持着亲密的关系，这在《秦桧与洛学》一文中已有详述。现在要问的是，这一时期秦桧与王安石新学的关系又如何呢？由于史乏明载，我们当然不能仅凭臆测而勉强作答。但在当时洛学派官僚成为批判王学的急先锋和主力军的背景下，秦氏迅速向洛学靠拢并与此学派保持密切关系，这一事实本身似乎就足以引人推测：无论他对王学的真实态度如何，此时大概都不可能有任何公开的支持王学的言行。除此之外，还有两件事情值得关注。

一件是讨论滥赏。所谓讨论滥赏，即是要求吏部在注拟除授官员时，严格审察其既往历史，凡崇、观、政、宣以来一切侥幸滥赏，悉行革除厘正。此事最早于靖康年间，由御史胡舜陟等提出，施行未久而中辍，建炎二年（1128年）再度实施，亦未得到很好的执行。[①]直到建炎四年六月，因宰相范宗尹竭力主张，才又重申前命并严格落实之。于是“凡修书、营缮、应奉、开河、免夫、狱空之类，凡十有八项，皆厘正之”[②]。不料由于株连太广，引起巨大的反对声浪。到了绍兴元年七月，宋高宗不得不以“朕不欲归过君父、敛怨士夫”为由，将坚主此议的范宗尹罢相了事。[③]其后八九年间，此事又随着朝廷人事更革而或张或弛、时作时辍，比如绍兴三年（1133年）吕颐浩当国时，便于此事“时有所纵舍”，绍兴五年赵鼎当国时，则又重新严格对待，“自是滥赏追夺者复众矣”。[④]与此同时，各种滥赏的名目也不断调整，“建炎四年六月指挥开具滥赏名色十八项，绍兴七年开坐二十四项，绍兴八年六月又比类九项”[⑤]。如此纷纷扰扰十余年，直到绍兴十年秦桧专国时，此事才最终被彻底寝罢。那么秦桧与此事到底有何关系，他罢废此事的动机又是什么呢？

让我们先将目光聚焦于绍兴元年。按照一般史籍记载，秦桧对于范氏讨论滥赏的主张，最初是极力赞襄的，可是后来见众议汹汹，尤其是看到高宗也坚决反对时，他又突然转变态度，将范氏挤排而去。[⑥]可实际情况却决非如此简单。如前所说，秦氏

---

① 《宋史》卷23《钦宗纪》，第427页；（宋）汪藻纂、王智勇笺注：《靖康要录笺注》卷9，靖康元年七月七日，四川大学出版社，2008年，第902页；（宋）陈均：《皇朝编年备要》卷30；（宋）李心传：《建炎以来系年要录》卷16，建炎二年七月癸未朔；卷18，同年十月丙子。

② （宋）李心传：《建炎以来系年要录》卷34，建炎四年六月辛巳。

③ （宋）李心传：《建炎以来系年要录》卷46，绍兴元年七月癸亥。

④ （宋）李心传：《建炎以来系年要录》卷66，绍兴三年六月辛丑条；卷88，绍兴五年四月丙辰条。

⑤ （清）徐松辑：《宋会要辑稿》职官8之23。

⑥ 《宋史》卷473《秦桧传》，第13749页；（宋）李心传：《建炎以来系年要录》卷46，绍兴元年七月癸亥；（宋）徐自明：《宋宰辅编年录》卷15，绍兴元年二月辛巳秦桧参知政事条、同年七月癸亥范宗尹罢相条，第962、963页。

家族既与王氏、郑氏家族结姻缔交，则其子弟姻戚中，滥叨崇观政宣恩赏者自不免大有人在，而其最尤者莫过于秦梓、王唤二人。故而秦桧态度的转变，表面上似是迎合圣意，暗地里却是为曲庇二人。[①]可惜当时他新登政府，得君未专，尚不能彻底沮挠此事，自然也就无力保护二人免受其祸。绍兴元年（1131 年）八月戊辰，就在范宗尹罢相后仅六日，刚刚被差知饶州的王唤即因审量滥赏未过关而被寝废新命。绍兴二年（1132 年）六月，秦桧还在右相任上，其兄秦梓也于知秀州任上罢为宫观官。同年八月，秦桧在与吕颐浩的斗争中失败罢相，一跌数年不能复振，失去了靠山的秦梓、王唤更是"摈斥累年"而难以复起。[②]直到绍兴九年（1139 年）七月，秦桧因力赞和议而得君专权、尽排异己之际，秦梓才再度被差知太平州。大约在此前后，王唤也被差知泰州。[③]不过由于二人叨冒滥赏的往日形迹太过明显，一日不住罢讨论滥赏，便一日有招致物议之虞。于是绍兴十年（1140 年）二月，终于由御史中丞王次翁出面上奏说："吏部审量滥赏，皆显然暴扬前日之过举，最害陛下之孝治"，且沮遏士大夫进身之路，使之"留滞愁叹，动经年岁"，"何以召和气"？宋高宗用其言，遂"罢吏部审量宣和滥赏"。[④]同年九月，秦桧党羽又奏："欲望特降睿旨，小使臣因泛滥补官人如已经关陛（陞），许注亲民，仍令收使分数恩例。"高宗再从其请，"自是靖康以来讨论审量之法尽废矣"。[⑤]而秦梓、王唤等也"由是骤进"，迅速跻身侍从之列。[⑥]

另一件事是赵鼎、张浚之隙。绍兴五、六年间，赵、张并相，二人协力同谋，共图恢复大业，一时情同手足。但是在内政上，二人却存在着严重的分歧。赵鼎喜程氏之学、崇元祐之政，对新法、新学及绍述政事均采取全盘否定、全面清算的政策。张浚则"习闻绍述之论，数以孝悌之说陈于上前"，在与新、旧两党相关的一系列历史、现实问题上均与赵鼎格格不入。[⑦]二人的矛盾到绍兴六年（1136 年）秋冬之际，以对金战、守态度的不同为导火索而全面爆发，张浚以退敌之功而骤得高宗眷宠，遂将赵鼎排挤出朝，并对其政事进行更革。绍兴七年（1137 年）秋，因处置刘光世大军不当而引发淮西兵变，张浚不得已引咎辞职，赵鼎复入，又对张浚的所作所为再来一番否定和调整。赵、张之隙的过程与内容，大致如此。

---

① （宋）王明清：《挥麈后录》卷 11《御史希秦会之言罢镌汰滥赏》。

② （宋）李心传：《建炎以来系年要录》卷 46，绍兴元年八月戊辰；卷 55，绍兴二年六月丁巳；卷 73，绍兴四年二月壬寅；卷 105，绍兴六年九月庚寅；卷 117，绍兴七年十一月丙辰；卷 134，绍兴十年二月癸酉。

③ （宋）李心传：《建炎以来系年要录》卷 130，绍兴九年七月丙午；卷 134，绍兴十年二月癸酉。

④ （宋）李心传：《建炎以来系年要录》卷 134，绍兴十年二月癸酉；《宋史》卷 29《高宗纪六》，第 542、543。

⑤ （宋）李心传：《建炎以来系年要录》卷 137，绍兴十年九月壬戌。

⑥ （宋）李心传：《建炎以来系年要录》卷 134，绍兴十年二月癸酉；（宋）王明清：《挥麈后录》卷 11《御史希秦会之言罢镌汰滥赏》。

⑦ （宋）李心传：《道命录》卷 3《胡文定公乞封爵邵张二程先生列于从祀》，国家图书馆藏明刻本。

之所以说赵、张之隙值得关注，不仅是因为此事给秦桧东山再起提供了契机，更因为他在此事件中的表演，有助于我们窥探他对于新党、新学的态度。如前所说，秦桧自绍兴二年（1132年）失势去国后，一跌数年不能复振。后来赵、张并相，情同手足，秦桧本来更没有入朝辅政的机会。可是随着赵、张矛盾的爆发，张浚欲物色新的合作人选将赵鼎取而代之，秦桧便进入他的眼帘。于是在张浚援引下，秦桧于绍兴六年(1136年)八月除任行宫留守，十二月召赴行在供职讲筵，七年正月遂升拜枢密使。[①]自此至七年九月张浚罢相，秦桧与张浚同朝共事约八个月，其间二人关系如何？他对于张浚更改赵鼎政事的所作所为持何态度？据《林泉野记》云："桧为枢密使，无所建明，惟奉张浚而已。"[②]又据赵鼎亲笔记录的他在绍兴七年九月复相后与宋高宗的一段对话云：

> 余又进曰："臣去国半年余，今者再见清光，窃观圣意稍异于前日。"上曰："不得不然。寻常造膝之言，每以孝悌之说相摇撼，其实绍述之谋也。又同事者和之一词，朝夕浸淫，罔觉也。如程颐之学，每贬斥之以为不可用。"余曰："秦桧莫为陛下说些正论？"上曰："并无一言。自卿去国，在庭之臣不减其旧者唯朱震一人而已。"余又曰："臣观为此谋者，不过持中论以眩惑圣听，以谓不可太分别，当兼收并用，庶几得人之路广大无遗，臣窃以为不然。……大抵持中论者，便是沮遏善类之术。"[③]

可见秦桧对于张浚更改赵鼎政事的一系列做法，如"以孝悌之说相摇撼"的"绍述之谋"、贬斥程颐之学等，都是奉之惟谨、"和之一词"、"并无一言"相忤的。照常理言之，秦氏的这种表现，必当为赵鼎所深恶痛疾。可是当赵鼎复相之初，宋高宗面谕以"现任执政去留惟卿"时，赵却要求将张浚在位时的其他执政大臣尽行罢去，唯独"秦桧不可令去"。[④]为什么在赵、张二人政见睽异、政局反复之际，秦桧竟能够如鱼得水、左右逢源呢？据绍兴七年六月张守向张浚告发秦桧之语，称其"似以曩昔一跌为戒，晚节不竞，有患失心"，又据《中兴遗史》所称"桧性阴密"、"内深阻如崖井，世不可测"云云[⑤]，或可推知一二。原来他一向机井深险，工于心计，则此次侥幸重来，

① （宋）李心传：《建炎以来系年要录》卷104，绍兴六年八月丁未注引《中兴遗史》；卷107，同年十二月甲午朔；卷108，绍兴七年正月乙酉；《宋史》卷473《秦桧传》，第13751页。

② （宋）李心传：《建炎以来系年要录》卷108，绍兴七年正月戊子注引《林泉野记》。

③ （宋）赵鼎：《忠正德文集》卷8《丁巳笔录》，影印文渊阁四库全书本。

④ （宋）李心传：《建炎以来系年要录》卷115，绍兴七年十月戊戌。

⑤ （宋）徐自明：《宋宰辅编年录》卷14，建炎四年五月壬子张守参知政事条，第952页；（宋）徐梦莘：《三朝北盟会编》卷220引《中兴遗史》，第1580页。

惩曩昔一跌之失，自不免益加小心谨慎、保身为上。当张浚风头正盛之际，他必是敛尽锋芒，一面作柔佞恭顺之态，曲意逢迎，一面又止于附和，无所建明，所以才不必于张浚去国之后，对其政事有所担负。由此看来，他对于张浚的附从，到底有几分出自真心，怕是很成疑问的。更何况此时秦桧正与洛学派官僚保持着良好的关系呢？

综上所述，绍兴八年（1138 年）以前，秦桧对于宋高宗主导的“拨乱反正”运动确实是有些态度矛盾甚或暧昧的。一方面，他一度支持讨论滥赏，并和大批洛学派官僚迅速结好，这些都是与“拨乱反正”的原则相向而行的。另一方面，他又曾对讨论滥赏心怀不满，且一度附从张浚对赵鼎政事的更革，这些又似乎与“拨乱反正”的原则背道而驰。导致这种矛盾暧昧态度的原因无疑是多方面的。就秦桧本人来说，他的家世背景、早年经历交游等既然使他与新党、新学结下了不解之缘，那么他在此问题上对宋高宗、赵鼎等人一边倒的政策有所保留便不是没有可能；然而他本人在绍兴和议前升沉不定的处境、患得患失的心态、深密难测的性情等，又使得他不能不随时观望瞻顾以迎时好、韬光养晦以避嫌疑。这样一来，我们要仅据他在这一时期的表演就遽下结论，显然是不够稳妥的。

三、绍兴和议后秦桧“更主荆公之学”辨析

绍兴八年的宋金和议，可能无论对宋高宗还是秦桧而言都是其一生中最难忘怀的时段。正是在这段时间内，一个空前猛烈持久的反和议浪潮，将他们二人共同打入炼狱般的境地；也正是在这段时间内，来自士大夫阶层的反和议怒火，最终将二人锻炼成空前绝后的君臣一体。于是在此后的整整十七年间，构也离不开桧，桧也离不开构，出现了可能是中国古代君主制历史上最为持久、也最为名副其实的君臣共治局面。在这种局面下，宋高宗为了镇压浮议以维持国是，自不免一改以往尊崇洛学的态度，转而纵容秦桧打击洛学以追算赵鼎集团沮挠和议的旧账，这在《秦桧与洛学》中也已有过较为详细的探讨。现在要讨论的是，在此背景下，宋高宗、秦桧对新党、新学又是什么态度呢？

先看来自《建炎以来系年要录》卷 145 绍兴十二年六月癸未条的一段记事：

> 有举子上书乞用王安石《三经新义》，为言者所论。上曰：“六经所以经世务者，以其言皆天下之公也。若以私意妄说，岂能经世乎？王安石学虽博，而多穿凿以私意，不可用。”

所谓“举子”和“言者”，显然分属朝野两大阵营。宋高宗明确支持“言者”。秦桧的态度虽史乏明载，但是从“言者”的论劾亦可推知一二，因为此时居言路者有御史中丞万俟卨、谏议大夫罗汝辑、殿中侍御史胡汝明、监察御史李文会、江邈、施钜、李益等人，基本上已经全是秦氏的鹰犬。可见此时的庙堂之上，包括秦桧在内，大概尚无人理会民间请求参用王学取士的呼声。不过不久，情况就有了细微的变化：

> 桧曰：“士人读书固多，但少适用。若不适用，或託以为奸，则不若不读之为愈。”上曰：“王安石、程颐之学，各有所长，学者当取其所长，不执于一偏，乃为善学。”

这又是《建炎以来系年要录》卷151绍兴十四年三月癸酉条的记载。把它与上引史料对照，可以看出，仅仅两年不到，宋高宗对王氏新学的态度，已由原来的一概斥为“不可用”到不仅承认其“有所长”、且允许学者“取其所长”了。但是对于圣意的这种变化，李心传不仅不予承认，反而私意曲解说：“自赵忠简去后，桧更主荆公之学，故上训及之。”[①]若谓宋高宗之语，专为警训秦桧尚王学而设，其意仍在于尊程抑王也。对此笔者不敢苟同。为了说明问题，不妨再看一条同样来自《建炎以来系年要录》的史料：

> 将作监丞苏籀面对，乞取近世儒臣所著经说集而成编，以补唐之正义阙遗。上谕秦桧曰：“此论甚当，若取其说之善者颁诸学官，使学者有所宗一，则师王安石、程颐之说者不至纷纭矣。”

这条材料系于该书同卷同年四月丙戌，距上引史料相隔不过一月，其中所录圣语，又于上次允许学者“取其所长”的基础上，进一步准许“取其说之善者颁诸学官”。两次圣语相互印证，其意显然都在于解除王学之禁，而非李心传所说的意在警训秦氏。因此可以十分肯定地说，假如秦桧真的曾经在绍兴和议后尊尚王学，那也一定和他在这一时期对洛学的打击一样，都是得到了宋高宗的纵容或支持，至少是得到其默许的。

与此同时，宋高宗对于北宋新、旧党争的态度，也与过去大不相同了。据史载，绍兴四年八月，宋高宗与史官范冲论及北宋新、旧党争史事时，曾旗帜鲜明地宣称：“朕最爱元祐！”[②]这一立场后来虽经张浚“绍述之谋”的浸淫而未见动摇。可是到了绍兴十四年九月，他再与秦桧论及此事，却有了如下一番全然不同的对话：

---

①（宋）李心传：《道命录》卷4《汪勃乞戒科场主司去专门曲说》。

②（宋）李心传：《建炎以来系年要录》卷79，绍兴四年八月戊寅朔。

> 秦桧曰："数十年来，止是臣下互争胜负，致治道纷纷。今当平其胜负之端，以复庆历、嘉祐之治，乃国家之福。"上曰："正与朕意合，如是则宗社有无穷之庆矣。"①

这段君臣对语，显然是对绍兴和议以前宋高宗"是元祐而非熙丰"政策的修正。从中可以看出：第一，宋高宗对于过去长期坚持的一边倒的"拨乱反正"运动已开始心生厌倦，欲转而仿效乃父"建中靖国"的初政，以大中至正之道，化解过去数十年新旧两党的是非纷争了。第二，他的这一态度转变，似乎是受到了秦桧的影响。那么我们不免要问，前述宋高宗对于王安石新学态度的变化，是否也同样受到了秦桧的影响呢？回答这一问题的前提，当然是必须弄清绍兴和议后秦桧对王学到底持何态度。

有没有史料可以证明李心传氏的秦桧"更主荆公之学"说呢？当然有。先看来自李氏《建炎以来系年要录》绍兴二十六年（1156 年）六月记事的一则记载：

> 秘书省正字兼实录院检讨官叶谦亨面对言："……向者朝论专尚程颐之学，有立说稍异者，皆不在选。前日大臣则阴佑王安石，而取其说稍涉程学者一切摈弃。……愿诏有司精择而博取，不拘一家之说，使学者无偏曲之弊，则学术正而人才出矣。"上曰："赵鼎主程颐，秦桧尚安石，诚为偏曲。卿所言极当。"于是降旨行下。②

再看胡安国之子胡寅在秦桧死亡前后的两段评论：

> 今皇帝智勇中兴，灼知祸败之衅，本由王氏以其所学迷误天下，变乱宪章，得罪宗庙。……而狃习旧染者，见王氏言行不类，有同俗趋利之便，而于程氏，则如嫫母之恶轩鉴也。蓄忿伺间，伸其诡罔，反以专门归咎堂奥。夫学士大夫意向殊乎王氏，则摈斥随之，必如是说，始堪仕进。……王氏宗派，效于绍圣、元符、崇、观、政、宣已来，夫何可掩。试举其大者，则……假偃武息民之说，成外交固位之计；殄烝民三纲之道，甘臣服仇敌之辱；称太平无事之美，导般乐怠敖之失；结忠贤谏说之舌，生隆家卑国之渐：皆背违先圣，操心不仁，而精于《经义》、《字

① （宋）熊克：《中兴小历》卷 31，绍兴十四年九月庚申，影印文渊阁四库全书本。

② （宋）李心传：《建炎以来系年要录》卷 173，绍兴二十六年六月乙酉。又见李心传：《道命录》卷 4《叶伯益论程学不当一切摈弃》。

说》，立乎本朝，据权断论之大验也。[①]

会之踵荆舒后尘，以蔡京、王黼为标准，以耿南仲、李邦彦为宗派，其所愿欲，几青出于蓝矣。溘然遽死，遗臭奈何？[②]

上引史料，前一则极可能是源于官方的史录，后两则则完全是私家记载。两相印证，足见李氏关于秦桧“更主荆公之学”的说法并非空穴来风。

那么可否由此说，宋高宗对王学态度的转变，一定是受了秦桧的影响呢？笔者以为未必。首先，上引叶谦亨奏语中的“阴佑”二字，已经分明道出了秦桧从未敢公开尊尚王学这一事实。其次，在今见载籍中，我们确实找不到任何关于秦桧专国时公然尊尚王学的直接证据，仅在《建炎以来系年要录》卷152绍兴十四年八月己未条寻见一句秦氏关于王学的评价曰：“解经不可执一说，王安石要人从己说，故为学者讥议。”这句话显然并无丝毫褒扬王学的色彩，因而也就不足为据。最后也是最为重要的是，尽管现存载籍有不少关于秦桧在绍兴和议后日益专权跋扈乃至于欺君罔上的记载，却也没有任何材料足以说明此一时期的宋高宗已完全受制于秦桧，相反倒有大量的确凿事实，足以证明秦氏无论如何专权恣肆，至少在涉及新党、新学的问题上，还是始终谨小慎微、不敢公然与圣意相忤的。比如在打击新党一事上，虽然他出于曲庇亲党故旧的动机，于绍兴十年指使党羽上言朝廷，请求彻底住罢讨论滥赏，但是在高宗批准其事时，他又小心翼翼地提醒君上：“外议恐因此致当时人复来。”[③]此后十余年间，他确曾明目张胆地援引了一些与新党有染的亲党故旧如秦梓、王映、郑亿年、李璆等[④]，也曾试图曲庇照顾自己的恩人如吴幵、故交如陈尧臣等，[⑤]但却始终不敢公然为新党张目。相反，他继续以打击京、黼之党为名，行排斥异己之实。比如绍兴十四年“诏临安府根刷蔡攸家属押赴元贬所，取收管状奏”，“仍命（蔡）京子孙二十三人永不量移如初诏”，这是对蔡氏家族的直接打击。[⑥]又比如绍兴十二年（1142年）洪皓、冯晋等的被劾，绍兴十三年（1143年）汪藻的获罪，绍兴十四年（1144年）楼炤的罢政，绍兴二十一年（1151年）宋贶的贬谪，绍兴二十四年（1154年）吴祖棣、韩琎的放罢

① （宋）胡寅：《斐然集》卷19《鲁语详说序》，第404、405页。

② （宋）胡寅：《斐然集》卷18《答张子韶侍郎》，第389页。

③ （宋）李心传：《建炎以来系年要录》卷134，绍兴十年三月丁丑。

④ 郑亿年是郑居中之子。郑、秦二家因循环联姻而亲上加亲，已如前文所述。郑亿年建炎间陷虏，后仕伪齐至执政，衡以今日标准，是典型的大汉奸，南还后却为秦桧所庇，尽复伪授职名，恩数视执政，亦史有明载。李璆初以蔡京党羽“久摈不用”，绍兴中以其女嫁秦桧妻弟王历，遂为秦桧所援，起废复用，见（宋）王明清：《挥麈余话》卷2、（宋）李心传：《建炎以来系年要录》卷127，绍兴九年三月壬午。

⑤ （宋）王明清《挥麈后录》卷4《陈尧臣进退终始事迹》，《挥麈馀话》卷2《吴幵莫俦窜逐》。

⑥ （宋）李心传：《建炎以来系年要录》卷152，绍兴十四年九月癸酉。

等，或多或少都因与章惇、蔡京、王黼等有染。[1]对新党如此，对新学也是只敢“阴佑”、不敢公然主张，那么即使秦桧欲荧惑圣意，其影响又能几何哉？由此看来，绍兴和议后宋高宗对新党、新学态度转变的主要原因，显然并不在秦氏。

然则导致宋高宗对新党、新学态度转变的根本原因究竟何在？这当然还得从绍兴和议说起。一方面，屈辱的降金乞和，既然得不到包括赵鼎集团在内的士大夫阶层的广泛支持，宋高宗政权不免在绍兴和议后陷入前所未有的信任危机。另一方面，尽管在朝廷“拨乱反正”政策影响下，统治集团内部经历了十多年的新陈代谢，但是并不能彻底改变南宋政权的统治基础全面继承自北宋这一事实，尤其是挟庙堂之势风行海内六十年的王氏新学，其影响更是难以一时肃清。那么在和议的尘埃落定之后，一改过去是元祐而非熙丰、尊洛学而黜王学的一边倒政策，转而在熙丰元祐、王学程学问题上适度采取模糊中立、不偏不倚的态度，甚至一定程度上默许纵容秦桧尊王学以抑程学，不但可以维持降金乞和之国是、追算洛学派反和议之罪行、破除赵鼎之朋党，而且可以笼络从习王学者、争取洛学以外士夫人心的支持，于宋高宗而言，何乐而不为呢？宋高宗如此，秦桧亦然。君臣二人在此问题上即便不能说是一拍即合，至少也是默契配合，心照不宣的吧。不过毕竟君臣势殊，所以虽云一体，恐怕更多的还是秦桧被宋高宗所利用，所以他不仅生前要在打击洛学一事上替宋高宗分谤担责，死后也还要在“阴佑”王学一事上继续充当替罪羊，任由宋高宗、胡寅、叶谦亨以及后来史家李心传等一股脑儿将责任完全推到自己身上而无法辩驳。

最后再对上引胡寅的两段话稍作辨析。两段所言秦桧主王学一事固然是不争的事实，但是将秦桧主王学的原因归于“王氏言行不类，有同俗趋利之便”，又将北宋后期的绍述之政和秦桧专国后“假偃武息民之说，成外交固位之计”等一切作为，全部归罪于王学，则不免言之过甚、有深文周纳之嫌。平心而论，王学与宋哲宗、徽宗君臣的“绍述”政治不能说毫无关系，王学被他们长期独尊以用作“一道德同风俗”、打击元祐学术的工具也是不容抹杀的事实。但是像胡氏这样，不仅直接将秦桧与蔡京、王黼、耿南仲、李邦彦同归于“王氏宗派”，更将他们绍述开边、主和误国等罪状全部归因于王学，则显然是出于根深蒂固的门户之见，与靖康年间杨时的率先向王学发难，绍兴四年范冲的假借《明妃曲》以厚诬王氏，其手段、逻辑大体如出一辙。大概在他们看来，王学在外王领域的援法崇实、内圣领域的溺佛务虚等，与崇观、政宣以来绍述开边之徒的嗜利忘义、廉耻道丧，靖康、炎兴以来主和卖国之流的失节事仇、

① （宋）李心传：《建炎以来系年要录》卷150，绍兴十三年九月甲子（又见《宋会要辑稿》职官70之27）、十月甲辰；卷151，绍兴十四年五月甲子；卷162，绍兴二十一年闰四月壬午、八月乙亥；卷166，绍兴二十四年六月乙酉；卷167，十一月乙亥。

忠义气短等，都有直接的因果关系。这种观点是否符实，固然可以再讨论。北宋绍述政治与王学到底有多少必然的联系，亦且存而不论。仅就秦桧而言，他的妥协投降、专权误国等种种恶行，如曰皆与王学相关，那他在北宋末年反对割地、力存赵氏的“朴忠”表演又岂非是王学浸润之效呢？扩而言之，靖康以来士大夫失节无耻、主和事仇者固多，岂必曰都是从习王学所致呢？行文至此，笔者不免想起元代方回对叶梦得《送严婿侍郎北使》一诗的评语：“秦桧之和，虽万世之下知其非是，后四句含糊说过，无一毫忠义感慨之意，则犹是党蔡尊舒绍述之徒常态也。”[①]所谓“党蔡尊舒绍述之徒常态”，必至于“无一毫忠义感慨之意”者，其逻辑理路，盖皆承胡氏余唾，曾何新意之可言哉？

四、结　　论

秦桧与洛学的恩怨，已如笔者旧文《秦桧与洛学》之所述。秦桧与王学的瓜葛，亦如本文所揭。那么是否可以就此得出如下的结论呢？第一，在洛学、王学势同水火、此消彼长的南北宋之交，秦桧对于两家学术并无一定不变的态度，从他初习王学、再尊洛学、最终抑洛尊王的几度反复来看，他应该对两家学术并无真正的学理认知和价值判断，换言之，他并非真正的学者，而只是一介随俗浮沉的官僚政客而已。第二，正因为他不是真正的学者，所以对两家学术的趣舍向背便不免从实用主义出发，以世俗利害和君上好恶为转移，而其中君上态度的变化，恐怕尤其是他的基本依据和出发点。第三，尽管如李心传氏所说：“桧非但不知伊川，亦初不知荆公也。”[②]但是毕竟在他专权祸国的十余年间，王学成为他和宋高宗借以抑制、平衡程学的工具，这与北宋末年蔡京等人对王学的尊崇一样，与其说是替王学增光，不如说是损王学之寿，后来王学相对于程学的骤然衰落，秦氏显然不能辞其咎。除此之外，近世以来两种针锋相对的观点，或谓秦氏尊程以降金，或谓秦氏尊王故乞和，都不过是目睫之谈、凿空之论，既不足与辩，亦无须与辩也。

---

① （元）方回：《瀛奎律髓》卷24，影印文渊阁四库全书本。

② （宋）李心传：《道命录》卷4《汪勃乞戒科场主司去专门曲说》。

耶律乙辛集团与辽朝后期政治格局

王善军*

在辽朝政治史上，道宗朝统治阶级内部的斗争引人注目。一系列激烈的政治斗争事件，发生于统治阶级的上层，影响深远，一向为治史者所注重。在现有相关的成果中，涉及此问题的论著虽然不少，然多就政治事件本身立论而已。迄今为止，从不同统治集团间矛盾斗争的角度，分析这些政治斗争和政治变迁的研究成果，仍相当欠缺。陈述《辽季党争的起伏与北辽、西辽》一文较早将道宗朝的某些政治斗争视为“党争”①，姚从吾《辽道宗宣懿皇后十香词冤狱的文化的分析》一文在注释中分别列举了若干“党耶律乙辛者”和“党于后族与太子濬者”②，然皆未能展开进行分析。西方学者编著的《剑桥中国辽西夏金元史》，在辽“道宗朝”部分虽然单列一项“耶律乙辛及其集团的统治”，但仍缺乏对这一集团组成情况及其政治活动的具体分析，作者一则认为“要勾勒出乙辛统治时期的公正画面是非常困难的”，再则认为“要想发现引起宫廷分裂的个人间仇恨与联合的真正利害关系是非常困难的”③。笔者不揣浅陋，拟对耶律乙辛集团及其主要政治活动进行分析，以说明辽朝后期政治格局的变化情况。不妥之处，肯望方家斧正。

一、耶律乙辛的起家与其擅权的主要政治背景

耶律乙辛字胡睹衮，汉名英弼，出身于五院部的下层部民家庭。其“父迭刺，家贫，服用不给，部人号‘穷迭剌’”，在耶律乙辛出生时家中无酒以祭。耶律乙辛“幼慧黠，尝牧羊”，“及长，美风仪，外和内狡”。他在辽兴宗朝的仕历主要如下：

---

* 王善军，西北大学历史学院教授。

① 陈述：《契丹史论证稿》，北平：国立北平研究院总办事处出版课，1948 年；陈述：《契丹政治史稿》，北京：人民出版社，1986 年。

② 姚从吾：《辽道宗宣懿皇后十香词冤狱的文化的分析》，《台大文史哲学报》1958 年第 8 期；杨家骆主编：《辽史汇编》第 8 册，台北：鼎文书局，1973 年。

③［德］傅海波，［英］崔瑞德编：《剑桥中国辽西夏金元史：907—1368 年》，史卫民、马晓光、刘晓，等译，北京：中国社会科学出版社，1998 年，第 145—146 页。

重熙中，为文班吏，掌太保印，陪从入宫。皇后见乙辛详雅如素宦，令补笔砚吏；帝亦爱之，累迁护卫太保。[①]

耶律乙辛以文班吏起家，靠宠遇得入仕途，迁至护卫太保。时人称他“身出寒微”[②]、“非阀阅”[③]、“素无根柢之助”[④]，皇后见他“详雅如素宦”，这都说明耶律乙辛并非五院部中的皇族成员，而只是普通下层部民。他能厕身于官僚行列，已属幸运。

辽道宗即位后，耶律乙辛又受到道宗的宠信。一方面，“以乙辛先朝任使，赐汉人户四十”；另一方面，“常召决疑议，升北院同知”。[⑤]数年之内，耶律乙辛已上升到宰执大臣的行列。随后，耶律乙辛又历北院枢密副使、南院枢密使，于清宁五年（1059年）改知北院枢密使事。在此职任上，他曾对北枢密院进行改革。据《蔡志顺墓志》记载，蔡志顺“充契丹令史，属文班。乙信（即乙辛——引者）为知院，去令史，□改为通事”[⑥]。虽然改革的整体情况难以详知，但“通事”一般为汉人担任，可见这次改革应对用人有所影响。从“决疑议”到改革北枢密院，无不表现出耶律乙辛的非凡政治才干。他之所以受到道宗的宠信，当与其政治才干具有一定关系。

促使耶律乙辛独擅朝政的因素，不仅仅是最高统治者的宠遇，还有一个重要的政治事件——重元之乱。

耶律重元是圣宗次子，兴宗同母弟。早在兴宗即位初期，法天太后就曾谋废兴宗而立重元，但没有成功。辽兴宗亲政后，封重元为皇太弟，一度有传位于他的意向。及至道宗即位，又册重元为皇太叔，官拜天下兵马大元帅。重元有子涅鲁古，曾任惕隐，清宁七年（1061 年）知南院枢密使事。重元父子俱在朝中担任要职，周围团聚了一批世家大族人物。清宁九年（1063 年），道宗于太子山行猎，重元父子发动叛乱。叛乱的主要参加者，据《辽史》卷 22《道宗纪二》记载：

皇太叔重元与其子楚国王涅鲁古及陈国王陈六、同知北院枢密使事萧胡睹、卫王贴不、林牙涅剌溥古、统军使萧迭里得、驸马都尉参及弟术者、图骨、旗鼓拽剌详稳耶律郭九、文班太保奚叔、内藏提点乌骨、护卫左太保敌不古、按答、

① 《辽史》卷 110《奸臣・耶律乙辛传》，北京：中华书局，2016 年，第 1634 页。
② 《辽史》卷 99《耶律石柳传》，第 1568 页。
③ 《辽史》卷 72《宗室・顺宗濬传》，第 1339 页。
④ 《辽史》卷 110《奸臣・萧十三传》，第 1638 页。
⑤ 《辽史》卷 110《奸臣・耶律乙辛传》，第 1634 页。
⑥ 盖之庸编著：《内蒙古辽代石刻文研究》，呼和浩特：内蒙古大学出版社，2002 年，第 336 页。

副宫使韩家奴、宝神奴等凡四百人，诱胁弩手军犯行宫。[①]

就参加者的身份而言，皇族近亲成员和后族权要人物占比例不少。叛乱很快被镇压下去，参加者多被族诛。时任知北枢密院事的耶律乙辛在平叛过程中起了一定的作用。

重元之乱平定后，道宗论功行赏，耶律乙辛官拜南院枢密使[②]，与皇族成员耶律仁先同朝执政。耶律仁先在兴宗朝曾任北院大王、知北院枢密使等职，是先朝重臣。平定重元之乱，他为主要指挥官，功在诸人之上。然而，经过此次叛乱事件，道宗对皇族、后族成员失去了往日的信任感。仁先虽被进封宋王、加尚父，位至于越，但却日渐疏远，很快被调离朝廷，出为南京留守。[③]而身出寒微的耶律乙辛则日见受到信赖。咸雍五年（1069 年），乙辛加守太师，"诏四方有军旅，许以便宜从事"，从此得以擅权。由于耶律乙辛"势震中外"，所以"门下馈赂不绝"。他的用人原则是，"凡阿顺者蒙荐擢，忠直者被斥窜"[④]，很快在朝中形成了政治集团。

二、耶律乙辛集团的主要政治活动

耶律乙辛集团掌权之后，为了巩固他们的政治地位，进行了一系列有预谋的政治活动。

（一）制造懿德皇后案

辽道宗懿德皇后萧观音，为南院枢密使萧孝惠之女[⑤]，出自于国舅帐拔里家族。此女"姿容冠绝，工诗，善谈论，自制歌词，尤善琵琶"[⑥]。懿德后生太子耶律濬，有专房之宠。大康元年（1075 年）六月，道宗诏太子总领朝政。这样，皇太子、懿德后及其追随者所形成的政治势力就与耶律乙辛集团发生了矛盾。为了巩固自身地位，耶律乙辛便于同年十月迫不及待地使出杀手锏——密奏懿德后曾于五年前（咸雍六年，1070 年）乘道宗驾幸木叶山时与伶官赵惟一私通，制造了一起轰动朝野的大案。

关于懿德后是否与赵惟一私通的问题，王鼎曾撰《焚椒录》以辩其冤。因此，多

---

① 《辽史》卷 22《道宗纪二》，第 298 页。

② 《辽史》卷 22《道宗纪二》及王鼎《焚椒录》;《辽史》卷 110《奸臣・耶律乙辛传》则云"北院枢密使"。

③ 《辽史》卷 96《耶律仁先传》，第 1537 页。

④ 《辽史》卷 110《奸臣・耶律乙辛传》，第 1634 页。

⑤ 阎万章:《辽道宗宣懿皇后父为萧孝惠考》,《社会科学辑刊》1979 年第 2 期。

⑥ 《辽史》卷 71《后妃・道宗宣懿皇后萧氏传》，第 1326 页。

数学者认为此事纯属耶律乙辛诬构，但也有学者认为实有其事[①]。事实上，要证明此事完全出于诬告，是十分困难的。但这一问题并不重要。重要的是，耶律乙辛为什么要五年之后才密奏此事，并特别强调“其有关治化，良非渺小”[②]？显然，这是出于政治斗争的需要。

辽道宗得耶律乙辛密奏，即令他与参知政事张孝杰负责处置此案。二人动用酷刑，穷治有关人员，断成大狱。结果懿德后赐死，并且裸其尸“以苇席裹还其家”；伶人赵惟一被族诛、高长命被斩，“并籍其家属”[③]。

（二）制造太子冤狱

懿德后被赐死后，耶律乙辛与太子耶律濬的矛盾已公开化。太子曾于其母死时大叫：“杀吾母者，耶律乙辛也！他日不门诛此贼，不为人子！”[④]因此，耶律乙辛一方面推荐其党驸马都尉萧霞抹之妹做了新皇后，一方面又加紧了对太子的谋害活动。这一点，为许多朝臣所识破。林牙萧岩寿密奏：“乙辛自皇太子预政，内怀疑惧，又与宰相张孝杰相附会，恐有异图，不可使居要地。”[⑤]道宗也感觉到了皇太子与耶律乙辛之间的尖锐矛盾，将耶律乙辛出为中京留守。然而，由于耶律乙辛党人仍受到道宗的信任，并不断在道宗面前美言耶律乙辛，道宗不久便将其召回，仍任北院枢密使。虽然契丹行宫都部署耶律撒剌极力反对，但并未能说动道宗。

耶律乙辛回朝后，其集团和太子集团之间的斗争便日益明朗化了。护卫萧忽古甚至几次谋杀耶律乙辛而未遂。大康三年（1077年），萧十三鼓动乙辛说：“今太子犹在，臣民属心。大王素无根柢之助，复有诬皇后之怨。若太子立，王置身何地？宜熟计之。”[⑥]因此他们决定再兴大狱，以彻底打垮太子集团。这一次，他们真正采取了诬告的手段。先由护卫太保耶律查剌出面，诬告萧速撒等八人同谋立皇太子。尽管是“诏按无迹”[⑦]，但昏庸的辽道宗仍然对除皇太子之外的被诬陷者进行了处分。知北院枢密使事萧速撒出为上京留守，契丹行宫都部署耶律撒剌出为始平军节度使，护卫萧忽古、撒拨等被“各鞭百余，徙于边”。同时，道宗还下诏对“告谋逆事者，重加官赏”[⑧]。这样的处理结果，显然为耶律乙辛集团的诬告行为充了气，壮了胆。因此，紧接着，耶律乙辛

① 黄震云：《“十香词案件”和辽代党争》，《辽代文史新探》，北京：中国社会科学出版社，1999年。
② （辽）王鼎：《焚椒录》，丛书集成初编本，第4页。
③ （辽）王鼎：《焚椒录》，第5页；《辽史》卷23《道宗纪三》，第315页。
④ （辽）王鼎：《焚椒录》，第6页。
⑤ 《辽史》卷110《奸臣·耶律乙辛传》，第1635页。
⑥ 《辽史》卷110《奸臣·萧十三传》，第1638页。
⑦ 《辽史》卷72《宗室·顺宗濬传》，第1339页。
⑧ 《辽史》卷23《道宗纪三》，第317页。

又令牌印郎君萧讹都斡亲自到道宗面前诬首："耶律查剌前告耶律撒剌等事皆实，臣亦与其谋——本欲杀乙辛等而立太子。臣等若不言，恐事白连坐。"[①]道宗又诏使鞫劾，并成立了以耶律乙辛为首的专案组。耶律乙辛等人一方面严刑逼供，迫令具伏，甚至连皇太子都被加以杖刑；另一方面又采取欺诈手段，妄奏太子伏款、涉案人员别无异辞。

太子一案的处理结果是，太子党人及相关人员被杀殆尽，太子被废被杀。据《辽史》卷23《道宗纪三》记载，太子案立案十数日之内，大部分有关人员即被废被杀：

大康三年（1077年）六月己卯朔（一日），命耶律乙辛等鞫治，杖皇太子，囚之宫中。

辛巳（三日），杀宿直官敌里剌等三人。

壬午（四日），杀宣徽使耶律挞不也等二人。

癸未（五日），杀始平军节度使耶律撒剌等十人，又遣使杀上京留守萧速撒，及已徙护卫撒拨等六人。

乙酉（七日），杀耶律（应为"萧"）挞不也及其弟陈留。

丙戌（八日），废皇太子为庶人，囚之上京。

己丑（十一日），杀东京留守同知耶律回里不。

辛卯（十三日），杀萧速撒等诸子，籍其家。

《辽史》卷62《刑法志下》亦载此案的处理结果："杀挞不也、撒剌等三十五人，又杀速撒等诸子；其幼稚及妇女、奴婢、家产，皆籍没之，或分赐群臣。"如此迅速而大规模地清洗反对党人，说明耶律乙辛集团已基本控制了局势。还不只此，同年十一月，耶律乙辛又遣人盗杀了被囚禁于上京的庶人耶律濬，并让上京留守萧挞得妄称病死。由于道宗哀悼其子，欲召耶律濬妻，耶律乙辛又阴遣人杀之，以灭其口。至此，两股政治势力的斗争便以耶律乙辛集团的胜利告一段落。

（三）排斥异己

耶律乙辛集团在借两大案件消灭政敌主要成员的同时，还先后对政敌中的一般成员及其他异己势力，极尽排斥之能事。《辽史》作者甚至说，"凡阿顺者蒙荐擢，忠直者被斥窜"，"忠良之士斥逐殆尽"[②]。自重元之乱后，先后受到耶律乙辛集团排斥的臣僚当不下数十人之多。他们对耶律乙辛集团的政治态度，也并非完全相同。大体上，可以归纳为以下几种情况：

一是反对者。虽然耶律乙辛集团逐渐获得了权倾朝野的势力，但在其掌权过程中，

① 《辽史》卷110《奸臣·耶律乙辛传》，第1635页。

② 《辽史》卷110《奸臣·耶律乙辛传》，第1634、1635页。

却也始终有人对其行为公开反对。这些反对者，首先受到耶律乙辛集团的极力排斥。与耶律乙辛“有隙”的中京留守耶律奴，其命运就是：“及皇太子废，被诬夺爵，没入兴圣宫，流乌古部。”[①]参知政事刘伸因在朝中与乙辛“相与排诋”，结果被出为保静军节度使。尽管辽道宗对其“欲大用”，迁为上京留守，但耶律乙辛还是找借口将其“徙镇雄武”[②]。耶律孟简在耶律乙辛出为中京留守时上表称贺，但很快“乙辛复旧职，衔之，谪巡磁窑关”[③]，一年后又被流放保州。同知南院宣徽使事孩里也在“耶律乙辛出守中京”时入贺，且在朝廷讨论复召乙辛时“陈其不可”，“后乙辛再入枢府，出孩里为广利军节度使。及皇太子被诬，孩里当连坐，有诏勿问”[④]。

某些在平定重元之乱中发挥重要作用而获“功臣”勋号的功高位尊者，只要反对耶律乙辛集团的所作所为，也同样被从权力中心排斥出去。于越耶律仁先在咸雍元年（1065 年）与耶律乙辛共知北院枢密事，对乙辛“恃宠不法”不满而“抑之”，由是受到乙辛的忌恨，出为南京留守，后又为西北路招讨使，终身未能回朝任事。[⑤] 吴王萧韩家奴曾上书力言太子之冤，反对耶律乙辛集团制造冤案，结果在大康四年（1078 年）被迫出任西南面招讨使。[⑥]北院枢密副使萧惟信，在太子冤案中虽“数廷争”，但却“不得复”，而不得不以“告老”[⑦]的方式退出政治舞台。

二是持不同政见者。由于持不同政见者对耶律乙辛集团的施政可能产生阻碍作用，所以也同样是耶律乙辛集团排斥的对象。客省使耶律引吉被太子选为辅导，耶律乙辛将倾太子，恶其在侧，将其奏出朝廷，为群牧林牙。后乙辛请赐牧地，耶律引吉认为国家牧地褊狭，不可分赐臣下，乙辛由是益加嫉恨。结果耶律引吉除怀德军节度使，徙漠北猾水马群太保而卒。[⑧]汉人行宫副部署耶律兀没，在耶律乙辛诬害太子时曾词连于他，辽道宗释而不问。但随后不久，乙辛复奏其与右祗候郎君班详稳萧杨九“私议宫壸事”，将其害死。[⑨]所谓“私议宫壸事”，无非就是对耶律乙辛集团制造的懿德后案有不同的看法而已。

三是不阿附者。在耶律乙辛“权宠无比”[⑩]的情况下，他们对待同僚的政治做法

① 《辽史》卷 107《列女·耶律奴妻萧氏传》，第 1621 页；石金民、于泽民：《契丹小字〈耶律奴墓志铭〉考释》，《民族语文》2001 年第 2 期。
② 《辽史》卷 98《刘伸传》，第 1559 页。
③ 《辽史》卷 104《耶律孟简传》，第 1604 页。
④ 《辽史》卷 97《孩里传》，第 1548 页。
⑤ 《辽史》卷 96《耶律仁先传》，第 1537 页。
⑥ 《辽史》卷 96《萧韩家奴传》，第 1540 页。
⑦ 《辽史》卷 96《萧惟信传》，第 1541 页。
⑧ 《辽史》卷 97《耶律引吉传》，第 1550 页。
⑨ 《辽史》卷 92《耶律古昱传》，第 1507 页。
⑩ 《辽史》卷 99《耶律石柳传》，第 1568 页。

是——“凡不附己者出之”[①]。也就是说，某些不愿阿附的臣僚，同样可能对耶律乙辛集团的政治活动产生一定的阻力，因而也必须对他们加以排斥。耶律乙辛同党萧十三“出入乙辛家，以朝臣不附者，辄使出之”[②]。萧术哲于咸雍二年（1066 年）拜北府宰相，乙辛嫉妒，竟然诬害他与护卫萧忽古等谋害自己。虽然“诏狱无状”，但还是将其“罢相，出镇顺义军”[③]。夷离毕郎君耶律石柳，对耶律乙辛仅仅是“恶其所为”，但被乙辛觉察到后，竟以“附太子”的罪名流放于镇州。[④]给事北院知圣旨事萧铎卢斡，则只是因为“素与萧岩寿善”，就在大康二年（1076 年）被乙辛“诬以罪，谪戍西北部”。后又“坐皇太子事，特恩减死，仍锢终身”[⑤]。

四是同党成员中转变的异己者。牌印郎君萧讹都斡曾希耶律乙辛意，诬首太子事，但“后与乙辛议不合”，终于“以车服僭拟人主”罪被诛。临刑时他对人说：“前告耶律撒剌事，皆乙辛教我。恐事彰，杀我以灭口耳!”[⑥]

耶律乙辛集团所排斥的以上四类异己臣僚，虽然远非《辽史》所能全载，但仅从上述事例中就不难看出：在耶律乙辛集团掌权期间，上层统治集团内部发生的变动是巨大的。

（四）修订法律

尽管在专制主义政体下，法律是从属于权势的，但法律一旦形成，其所发挥的作用不论大小，却都具有稳定性和持久性的特点。因此，作为政治集团或政治阶层，谋求对自己有利的法律大都成为其政治活动的一项重要内容。耶律乙辛集团有关这一方面的活动，史料记载是相对欠缺的，但毕竟在辽道宗朝中的法律修订记载中留下了一些雪泥鸿爪。据《辽史》卷 62《刑法志下》记载：

> 六年，帝以契丹、汉人风俗不同，国法不可异施，于是命惕隐苏、枢密使乙辛等更定条制。凡合于律令者，具载之；其不合者，别存之。时校定官即重熙旧制，更窃盗赃二十五贯处死一条，增至五十贯处死；又删其重复者二条，为五百四十五条；取律一百七十三条，又创增七十一条，凡七百八十九条，增重编者至千余条。皆分类列。以大康间所定，复以律及条例参校，续增三十六条。其后因

① 《辽史》卷 111《奸臣 · 萧余里也传》，第 1642 页。
② 《辽史》卷 110《奸臣 · 萧十三传》，第 1638 页。
③ 《辽史》卷 91《萧术哲传》，第 1501 页。
④ 《辽史》卷 99《耶律石柳传》，第 1567 页。
⑤ 《辽史》卷 93《萧迂鲁传附铎卢斡传》，第 1515 页。
⑥ 《辽史》卷 111《奸臣 · 萧讹都斡传》，第 1643 页。

事续校，至大安三年止，又增六十七条。[①]

这次历时十数年之久的法律修订，基本与耶律乙辛集团的掌权时间相一致。可惜的是，关于新修订部分的具体内容，在今天大都难以考知。从“契丹、汉人风俗不同，国法不可异施”来看，新法律加强了圣宗以来蕃汉法律合一的趋势，通过进一步向“律令”靠拢来充实其具体内容。这里的“律令”，是辽朝继承下来的《唐律》《唐令》。这样一来，辽太祖时所制定的“治契丹及诸夷之法，汉人则断以律令”[②]传统法律体系的残余影响，就被进一步清除。[③]其实，早在法律修订之前的清宁二年（1056年），道宗就曾“命诸郡长吏如诸部例，与僚属同决罪囚，无致枉死狱中”[④]，这是从长官法律权限的角度，进行蕃汉法律合一建设的重要措施。

三、耶律乙辛集团的垮台

耶律乙辛集团虽然在执政期间“势震中外”，在与太子集团及其他对立朝臣的斗争中节节取胜，但好景不长，活跃于辽朝政治舞台上10余年之后，便彻底垮塌，从而又迅速地退出了政治舞台。

在专制主义政治体制下，具有不同政治倾向的臣僚，虽然可以形成一定的政治集团，但结成政治势力强大的朋党，尤其是党同伐异、结党营私，却是为最高统治者所绝对不能容许的。耶律乙辛集团虽是在皇权的支持下兴起的，但最终又是在与皇权的矛盾中走向垮塌的。可以说，耶律乙辛集团与皇权关系的变化，是其垮台的直接原因。

在耶律乙辛集团的形成和发展过程中，结党倾向是十分明显的。耶律乙辛和张孝杰作为这一集团的核心人物，辽道宗对他们甚为信任。在大康三年（1077年）群臣侍燕时，道宗曾说：“先帝用仁先、化葛，以贤智也。朕有孝杰、乙辛，不在仁先、化葛下，诚为得人。”[⑤]但二人却“数相过从”[⑥]。耶律燕哥则作为耶律乙辛的“耳目”，“凡闻见必以告”[⑦]。萧十三“出入乙辛家”[⑧]，毫不避讳。太子被害，耶律乙辛与其

① 《辽史》卷62《刑法表下》，第1047页。
② 《辽史》卷61《刑法志上》，第1039页。
③ ［德］傅海波，［英］崔瑞德编：《剑桥中国辽西夏金元史》（中译本）第130页所云“新法律试图划定和保存契丹与汉人风俗的传统区别”，“试图把汉人和契丹习惯法汇集在单独的一部法典中”之类，完全是误读史料的结果。
④ 《辽史》卷62《刑法志下》，第1047页。
⑤ 《辽史》卷110《奸臣·张孝杰传》，第1637页。
⑥ 《辽史》卷99《萧岩寿传》，第1564页。
⑦ 《辽史》卷110《奸臣·耶律燕哥传》，第1638页。
⑧ 《辽史》卷110《奸臣·萧十三传》，第1638页。

党大喜，“聚饮数日”[①]。更有甚者，萧余里也“以女侄妻乙辛子绥也，恃势横肆，至有无君之语”，以至于“朝野侧目”[②]。对于耶律乙辛集团的这种结党现象，辽道宗作为尚能控制政局的专制主义最高统治者，是不会自始至终毫无觉察的。而一旦觉察，又是不会视而不见、容忍姑息的。因而，耶律乙辛集团的政治行为方式，已注定了这一集团的最终失败。

在懿德后案和太子冤案结束之后，耶律乙辛集团也曾积极为自己的政治出路谋划长远之策。这种谋划，具体表现在三个方面：一是积极推荐新的皇储。太子死后，耶律乙辛即上言“宋魏国王和鲁斡之子淳可为储嗣”[③]。二是积极推荐新的皇后。大康三年（1077年），耶律乙辛“盛称其党驸马都尉萧霞抹之妹美而贤”[④]，使辽道宗“选入掖庭，立为皇后”[⑤]。三是急于将太子之子谋害，以防将来政权落入政敌之手。大康五年（1079年），辽道宗出猎，耶律乙辛“奏留皇孙”[⑥]，意有所为。

然而，令耶律乙辛集团沮丧的是，这些谋划全没有达到预期的效果。首先，荐耶律淳为储嗣，由于北院宣徽使萧兀纳和夷离毕萧陶隗的谏阻，道宗犹豫不决，事难遂愿。其次，推荐新皇后，是妄图使之诞育皇子，以嗣大统。但此女“居数岁，未见皇嗣”。情急之下，她又将乃妹（亦即耶律乙辛之儿媳），“以宜子言于帝，离婚，纳宫中”[⑦]，然同样不能济事。再次，谋害太子之子，无从得手。耶律乙辛“请留皇孙”，辽道宗已“欲从之”，但同知点检萧兀纳及时提醒说：“窃闻车驾出游，将留皇孙，苟保护非人，恐有他变。果留，臣请侍左右。”辽道宗若有所悟而“命皇孙从行”，并由此“始疑乙辛”[⑧]。

这些政治谋划的实施尽管大都落空，但却逐渐引起了最高统治者辽道宗的警惕，适足以促使这一政治集团由主动转为被动。在大康五年（1079年）的巡幸过程中，道宗又“适见扈从官属多随乙辛后”[⑨]，更加认清了耶律乙辛集团结党营私、威胁皇权的事实。这就注定了耶律乙辛集团自此要走向垮台。尽管耶律乙辛集团在政治斗争中毫不手软，但其对立势力却不可能完全被高压手段打压下去。汉人梁援曾“冒死上奏”，

---

①《辽史》卷110《奸臣·耶律乙辛传》，第1635页。
②《辽史》卷111《奸臣·萧余里也传》，第1642页。
③《辽史》卷98《萧兀纳传》，第1555页。
④《辽史》卷110《奸臣·耶律乙辛传》，第1635页。
⑤《辽史》卷71《后妃·道宗惠妃萧氏传》，第1326页。
⑥《辽史》卷110《奸臣·耶律乙辛传》，第1636页。
⑦《辽史》卷71《后妃·道宗惠妃萧氏传》，第1327页。
⑧《辽史》卷98《萧兀纳传》，第1555页。
⑨《辽史》卷110《奸臣·耶律乙辛传》，第1636页。

“及陈故事，用启上心”[①]，结果使“圣心若悟，渐觉其伪”[②]。“禀性直谅”[③]的王士方，“击义钟以诉”太子冤案，终使“辽主感悟”[④]。从此，政治形势对耶律乙辛集团发生了彻底的逆转。大康五年，北院枢密使耶律乙辛出知南院大王事，例削一字王爵。大康六年（1080 年），改知兴中府事。同时，北府宰相张孝杰出为武定军节度使，北院枢密副使萧十三出为保州统军使，知北院枢密使事萧余里也以太平军节度使归第，寻为西北路招讨使。在耶律乙辛集团的主要人物先后被贬官之后，这一集团的政治势力便逐渐瓦解。

不过，终辽道宗之世，对耶律乙辛集团成员的惩处，基本是以各个成员的不同的具体罪名进行的，而没有将其作为朋党群体进行集中打击。耶律乙辛本人在大康七年（1081 年）“坐以禁物鬻入外国”，本是“下有司议，法当死”的，但其党耶律燕哥“独奏当入八议”，结果“得减死论，击以铁骨朵，幽于来州”。大康九年（1083 年），由于他“谋奔宋及私藏兵甲事觉”[⑤]，被缢杀。张孝杰于大康七年“坐私贩广济湖盐及擅改诏旨”，削爵为民，大安中死于乡[⑥]。萧得裹特“坐怨望，以老免死，阖门籍兴圣宫”[⑦]。这些主要人物虽然逐步受到严惩，但其罪名均与这一集团从事的主要政治活动关系不大。

及至天祚皇帝即位，终于将耶律乙辛集团作为一个群体，进一步对其残余势力加以打击。天祚帝作为与耶律乙辛集团有杀父之仇的皇位继承人，即位后首先对耶律乙辛集团制造的两大案件尤其是太子冤狱进行了平反，“凡大康三年预乙辛所害者悉复官爵，籍没者出之，流放者还乡里”[⑧]。随后便“大索乙辛党人”[⑨]，加以治罪。对于已去世的耶律乙辛、张孝杰、萧十三等人，皆“剖棺戮尸，诛其子孙”；“余党子孙减死，徙边”。萧的里得、萧念经作为萧十三的儿子，萧得末、萧讹里作为萧得裹特的儿子，就是皆以父罪被诛的。被治罪的耶律乙辛党人，“其家属奴婢皆分赐被害之家”。但是，也有不少的耶律乙辛党人，如萧达鲁古、耶律塔不也等人，虽被认为是“党人之尤凶狡者”，但却“皆以赂免”[⑩]，侥幸逃脱了最后的惩罚。

---

①《梁援墓志》，向南编：《辽代石刻文编》，石家庄：河北教育出版社，1995 年，第 521 页。
②《梁援妻张氏墓志》，向南编：《辽代石刻文编》，第 567 页。
③《王士方墓志》，盖之庸编著：《内蒙古辽代石刻文研究》，第 331 页。
④《金史》卷 96《王贲传》，北京：中华书局，1975 年，第 2131 页。
⑤《辽史》卷 110《奸臣·耶律乙辛传》，第 1636 页；《辽史》卷 24《道宗纪四》，第 327 页。
⑥《辽史》卷 110《奸臣·张孝杰传》，第 1637 页；《辽史》卷 24《道宗纪四》，第 324 页。
⑦《辽史》卷 111《奸臣·萧得裹特传》，第 1643 页。
⑧《辽史》卷 62《刑法志下》，第 1048 页。
⑨《辽史》卷 111《奸臣·萧达鲁古传》，第 1644 页。
⑩《辽史》卷 62《刑法志下》，第 1048 页。

四、耶律乙辛集团及其对立者的成分分析

在耶律乙辛擅权期间形成的政治集团，其成分是颇为复杂的。同样，与耶律乙辛集团相对立的太子集团及其他对立者，成分也并非十分简单。因此，有必要对两者列表加以说明（表1和表2资料来源出自《辽史》者，表中只列卷数及篇目）。

表1　耶律乙辛集团成员成分情况表

序号	姓名	出身情况	入仕情况	主要官职及相关活动	资料来源
1	耶律乙辛	家贫，服用不给	为文班吏	北院枢密使。懿德后案和太子冤狱的主谋	卷110本传
2	张孝杰	家贫	进士第一	北府宰相。与乙辛穷治懿德后案和太子案，出谋居多	卷110本传；《焚椒录》
3	萧得裹特	遥辇洼可汗宫分人	不详	同知北院宣徽使事。监送太子至上京，筑圜堵囚之	卷111本传
4	萧达鲁古	遥辇嘲古可汗宫分人	不详	旗鼓拽剌详稳。诣上京杀太子，函其首以归	卷11! 本传
5	萧十三	节度使铎鲁斡之子	不详	殿前都点检。首谋诬构太子事，并陈阴害太子之计	卷110本传
6	李仲禧	不详	不详	南院枢密使。偕乙辛鞫太子案，蔓引无辜，未尝雪正。乙辛荐其可任	卷98《耶律俨传》
7	耶律塔不也	皇族仲父房之后	补祗候郎君	延庆宫副使。附乙辛，诬首太子事	卷111本传
8	耶律燕哥	皇族季父房之后，太师豁里斯之子	不详	左夷离毕，后迁惕隐。受命讯太子，易为伏状。杀害太子党人，多其谋	卷110本传
9	耶律合鲁	六院皇族，舍利裹古直之后	不详	南面林牙。预谋诬构太子及打击太子党人事	卷111本传
10	耶律吾也	六院皇族，舍利裹古直之后	不详	南院大王。兄合鲁党乙辛，吾也亦党乙辛，时号“二贼”	卷111《奸臣·耶律合鲁传》
11	萧余里也	国舅阿剌之子	以外戚进，补祗候郎君	北府宰相。助乙辛谋构太子事。以女侄妻乙辛子绥也	卷111本传
12	萧霞抹	后族	不详	驸马都尉。其妹斡特懒先嫁乙辛子绥也，后为道宗纳宫中，另一妹坦思，乙辛荐为皇后。乙辛出为中京留守，霞抹等人进言召回	卷71《后妃·道宗慧妃萧氏传》；卷110《奸臣·耶律乙辛传》
13	萧讹都斡	国舅少父房之后	补牌印郎君	牌印郎君。希乙辛意，诬首太子事	卷111本传
14	耶律查剌	不详	不详	右护卫太保。首告萧速撒等8人谋立皇太子	卷23《道宗纪三》
15	撒把	不详	不详	近侍直长。诣上京杀太子	卷111《奸臣·萧达鲁古传》
16	萧挞得	不详	不详	上京留守。协助萧达鲁古等杀太子，诈云疾薨	卷111《奸臣·萧达鲁古传》

从表 1 可以看出，耶律乙辛集团主要由以下几部分人员组成：

一是出身于社会中下层者。耶律乙辛和张孝傑 2 人“家贫”，萧得裹特、萧达鲁古 2 人则为遥辇可汗宫分人，他们均出身于社会下层无疑。萧十三为蔑古乃部人，“蔑古乃部”《辽史》仅一见，《百官志》载有“蔑恩乃部”，为属部中之小部族。萧十三之父铎鲁斡，仅“历官节度使”而已。可见，萧十三至多为社会中层出身。李仲禧出身虽不详，但作为燕云地区的汉人家族，先世无闻，当算不上社会上层家族。上述人员占耶律乙辛集团统计人数的 38%。耶律查剌、撒把和萧挞得 3 人，其出身史无记载，来自社会中下层的可能性也较大。若加上此 3 人，则占统计人数的 56%。

二是皇族成员。耶律塔不也、耶律燕哥分别为仲父房、季父房之后，属皇族中的显贵支派。耶律合鲁、耶律吾也则属二院皇族成员。皇族成员占耶律乙辛集团统计人数的 25%。

三是后族成员。萧余里也、萧霞抹、萧讹都斡均为国舅少父房之后，系出拔里家族阿古只一系。萧余里也为萧阿剌之子，萧霞抹为萧阿剌之孙，二者为叔侄关系。后族成员占耶律乙辛集团统计人数的 19%。

尽管耶律乙辛集团中也有不少皇族、后族等世家大族的成员，但改变不了这一集团代表辽代统治阶级中下层势力的本质。萧十三曾对耶律乙辛说：“臣民心属太子。公非阀阅，一日若立，吾辈措身何地！”①这一说法明确地表明了耶律乙辛集团代表着“非阀阅”的政治势力，而与太子集团的阀阅势力是相互对立的。史料中还有耶律乙辛喜用最低层官吏或非官吏成员的记载。据《贾师训墓志》，“时秤吏董猪儿得幸北枢密使乙信”，“乙信又以嬖人善骑射，署为境内巡检”。②这样的具体事例，正可证明耶律乙辛集团的政治本质。

表 2　太子集团成员及其他耶律乙辛集团对立者成分情况表

序号	姓名	出身情况	入仕情况	主要官职	资料来源
1	耶律仁先	皇族孟父房之后，南府宰相瑰引之子	补护卫	于越、北院枢密使	卷 96 本传
2	耶律孟简	于越屋质之五世孙，节度使刘家奴之子	不详	昭德军节度使	卷 104 本传
3	耶律奴	皇族仲父房之后	不详	中京留守	卷 107《列女・耶律奴妻萧氏传》；《耶律奴墓志铭》
4	耶律挞不也	皇族季父房之后，林牙高家之子	补牌印郎君	北院宣徽使	卷 99 本传

①《辽史》卷 72《宗室・顺宗濬传》，第 1339 页。

② 向南编：《辽代石刻文编》，第 477、478 页。

续表

序号	姓名	出身情况	入仕情况	主要官职	资料来源
5	耶律兀没	北院林牙突吕不五世孙，天成军节度使古昱之子	不详	汉人行宫副部署	卷92《耶律古昱传》
6	耶律撒剌	六院皇族，南院大王磨鲁古之孙	不详	契丹行宫都部署	卷99本传
7	耶律陈家奴	皇族六院郎君房	补牌印郎君	右夷离毕	卷95本传
8	耶律石柳	南院大王独攧之孙，统军副使安十之子	始为牌印郎君	夷离毕郎君	卷99本传
9	萧术哲	国舅郡王高九之子	以戚属加监门卫上将军	国舅详稳，北府宰相	卷91本传
10	萧挞不也	国舅郡王高九之孙，北府宰相术哲之子	补祗候郎君	同知汉人行宫都部署，驸马都尉	卷99本传、卷67《外戚表》
11	萧陈留	挞不也之弟	不详	不详	卷23《道宗纪三》
12	萧忽古	国舅详稳萧敌烈族子	补禁军	护卫	卷99本传、卷88《萧敌烈传》
13	萧惟信	南府宰相霞赖五世孙，南府宰相高八之子	不详	北院枢密副使	卷96本传
14	萧陶隗	宰相辖特六世孙	不详	夷离毕	卷90本传、卷98《萧兀纳传》
15	萧兀纳	其先尝为西南面拽剌	补祗候郎君	北府宰相	卷98本传
16	耶律引吉	父双古，镇西边二十余年	以荫补官	太子辅导	卷98本传
17	萧铎卢斡	节度使约质之子，东北路统军监萧迂鲁之弟	不详	给事北院知圣旨事	卷93本传
18	萧韩家奴	奚长渤鲁恩之后	补祗候郎君	西南面招讨使，封吴王	卷96本传
19	萧杨九	奚长渤鲁恩之后	不详	右祗候郎君班详稳	卷96《萧韩家奴传》、卷92《耶律古昱传》
20	孩里	回鹘人，其先太祖时留用	历近侍长	同知南院宣徽使事	卷97本传
21	萧岩寿	不详	不详	北面林牙	卷99本传
22	敌里剌	不详	不详	宿直官	卷23《道宗纪三》
23	萧速撒	不详	不详	知北院枢密使事	卷99本传
24	撒拔	不详	不详	护卫	卷23《道宗纪三》
25	耶律回里不	不详	不详	东京留守同知	卷23《道宗纪三》
26	梁援	宥州刺史梁仲方之子	进士	知枢密院事	《梁援墓志》
27	刘伸	不详	进士	参知政事	卷98本传
28	王士方	素非簪笏	恩赏	东头供奉官	《王士方墓志》，《金史》卷96《王賁传》
29	左企弓	蓟州守左皓八世孙	进士	御史知杂事	《金史》卷75本传

注：本表未列皇太子耶律濬、懿德后及有关伶人等。

从表 2 可以看出，太子集团成员及其他耶律乙辛集团对立者则大体上可以分为如下几个部分：

一是皇族成员。耶律仁先、耶律孟简均属于孟父房，耶律奴属于仲父房，耶律挞不也属于季父房，此 4 人皆出身于皇族显贵支派。耶律兀没、耶律撒剌、耶律陈家奴等属于二院皇族。另，从其祖、父情况和入仕情况看，耶律石柳似也属于皇族成员。上述人员占太子集团成员及其他耶律乙辛集团对立者统计人数的 28%。

二是后族成员。萧术哲为国舅郡王高九（即萧孝诚）之子，萧挞不也、萧陈留兄弟为术哲之子，属拔里家族少父房。萧忽古为国舅详稳萧敌烈族子，属乙室已家族小翁帐。后族成员占太子集团成员及其他耶律乙辛集团对立者统计人数的 14%。

三是传统世家大族成员。萧惟信、萧陶隗、萧兀纳、耶律引吉、萧铎卢斡等人，或先世世代仕宦，或父兄仕至高官，多属契丹传统世家大族。萧韩家奴、萧杨九父子则为奚王族成员。回鹘人孩里，先世自辽太祖时入辽为官。汉人梁援，先世自辽太宗以来世代仕宦，乃祖梁延敬曾与皇族通婚，“娶荆王女耶律氏”[①]。汉人左企弓，其先祖亦自辽太宗以来仕辽，为燕蓟地区著名大族。上述人员占太子集团成员及其他耶律乙辛集团对立者统计人数的 34%。

当然，太子集团成员中也有一些非世家大族出身者，任何政治集团都很难是清一色的社会出身，政治见解在政治集团的形成中也有不容忽视的作用。“素非簪笏”的王士方，“生平之时，多与王公大人交”[②]，政治见解自然是与“王公大人”们的观点相一致的。

五、从耶律乙辛集团看辽朝后期政治格局的变化及其原因

辽朝作为北方民族所建王朝，政治结构有其自己的特点。从总体上说，以皇族和后族为代表的世家大族，世代占据高位，政治地位是较为稳定的。辽代社会流动性不强，也是一个基本事实。不过，辽王朝统治的时期毕竟处在一个社会变革较为明显的时代。内部社会关系的变化和周边政权的影响，使辽代社会结构也在不断受到冲击。至道宗时期，上层政治框架已有一定程度的松动。这种松动，适可从耶律乙辛集团的掌权反映出来。

耶律乙辛集团的核心是出身于社会中下层的高级官僚，从这一集团的上台与擅权

① 《梁援墓志》，向南编：《辽代石刻文编》，第 520 页。
② 《王士方墓志》，盖之庸编著：《内蒙古辽代石刻文研究》，第 331 页。

可以看出，至道宗朝时期，辽朝政治格局已发生了一定程度的变化。这一变化最直接的表现，就是世家大族的政治地位已受到异己力量的冲击。

太子集团基本上代表了传统世家大族的政治利益。从其成员构成来看，除了皇族和后族成员外，家族背景大多属传统世家大族之列。至道宗时，世家大族政治势力虽因重元之乱受到一定打击，但仍是辽朝政治生活中的主流势力。他们以血统高贵相标榜，看不起出身贫贱的掌权官僚。尤其是当耶律乙辛等人得宠擅权时，矛盾便自然而然地产生了。据载，耶律乙辛“进南院枢密使，威权震灼，倾动一时，惟后家不肯相下，乙辛每为怏怏”[①]。“后家”代表的是世家大族，他们依靠的主要人物是皇后和皇太子。道宗诏令皇太子总领朝政以后，这种矛盾便日益激化，越来越不可调和了。事实上，耶律乙辛不惜以五年前的宫廷密事制造懿德后一案，在某种程度上可说是政治形势逼迫下的一场权力赌博。

懿德后案结束以后，形势更进一步明朗化。不但太子大叫“不门诛此贼，不为人子”，而且臣僚萧岩寿也向道宗密奏耶律乙辛、张孝杰一伙“恐有阴谋”。而耶律乙辛集团的成员，也正担心“若太子立”，将“置身何地”？据《辽史》卷 99《耶律挞不也传》记载：“耶律乙辛谋害太子，挞不也知其奸，欲杀乙辛及萧特里得、萧十三等。”《辽史》卷 99《萧忽古传》记载：“耶律乙辛以狡佞得幸，肆行凶暴。忽古伏于桥下，伺其过，欲杀之。俄以暴雨坏桥，不果。后又欲杀于猎所，为亲友所沮。”这些记载均说明当时的斗争已十分激烈。出人意料的是，耶律乙辛集团诬告太子集团谋反竟获成功。耶律乙辛集团利用道宗的昏庸，以迅雷不及掩耳之势，给予太子集团以毁灭性的打击。不仅如此，耶律乙辛集团还不惜扩大打击面，将反对或不利于他们执政的世家大族成员，诬以与太子案相涉而加以铲除。王鼎在《焚椒录》中说，耶律乙辛集团的政治行为，“使母后、储君与诸老成，一旦皆死于非辜”。这里的“诸老成”，当为世家大族出身的臣僚。可以说，一些根基深厚的世家大族，顷刻间便遭到了几乎是灭顶式的灾难。

耶律乙辛集团的上台执政及其对以太子集团为主的世家大族群体的冲击，是辽道宗朝也是有辽一代历史上的重要政治事件，它集中体现了辽代后期统治阶级内部斗争的剧烈程度和方式特点。这一事实所昭示的政治变迁，就是自辽朝建立以来逐渐形成的以契丹世家大族为核心、各民族世家大族联合执政的政治体制，在其发展过程中逐渐吸纳了一些来自社会中下层的新兴官僚成员，新兴官僚势力壮大到一定程度，在一定条件下已足以与世家大族势力相抗衡。即是说，在辽朝后期的政治格局中，世家大族的政治地位已不再像从前那样稳固，新兴官僚势力已具有不容忽视的政治地位。那

---

①（辽）王鼎：《焚椒录》，第 2 页。

么，又是什么原因使辽朝后期政治格局发生这种微妙变化的呢？

首先，社会制度变革为非世家大族社会成员提供了更多的上升机会。至兴宗、道宗时期，契丹建国已接近一个半世纪，在周边政权的影响下，契丹社会已发生了较大变化。经济上奴隶制因素已有一定程度的缩小。政治上部族体制下的世选制度也已逐渐趋于弱化，个别皇族成员甚至开始参加科举考试，而一般的部民或庶民，相对来说就有了更多的上升机会。“素无根柢之助”的耶律乙辛由吏员上升到执政大臣，正说明了这种情况。科举考试在圣宗时录取人员尚少，至兴宗尤其是道宗时已大量增加，而且中第者越来越受到重视。耶律乙辛集团的重要人物、“家贫好学”的张孝杰，就是以“进士第一”[①]的政治出身而在仕途上步步高升的。各种社会制度的变化，无疑对世家大族政治地位产生了一定程度的影响。

其次，内部斗争削弱了世家大族的政治势力。辽代世家大族的内部斗争，主要表现于皇族内部斗争和后族内部斗争。重元之乱使大批参与的世家大族几乎悉遭族诛，就连先前出使宋朝的数人，只因悉为“宗元之党”，在回国时刚过边界白沟，便被“并以槛车载去诛之”[②]。皇族内部虽有争夺皇权的传统，但在嫡长子继承制已经确立的情况下，对叛乱者的惩罚是十分严厉的。[③]因此，辽朝后期的叛乱事件，对世家大族群体利益产生了严重的破坏作用。后族内部的矛盾主要表现为对后位和皇储控制权的争夺。随着后族的发展，尤其是拔里家族少父房的迅速发展，使一房之内不同支系之间的矛盾也日益激化。为了提高自己支系的政治地位，他们或参与皇族叛乱，或利用政治事件不惜自相残杀。耶律乙辛集团制造懿德后、太子二案，其中就夹杂着后族内部的斗争，同时也有皇族内部斗争的因素，性质是十分复杂的。斗争的结果，就是世家大族政治势力的削弱。

再次，最高统治者的政治态度也对世家大族政治地位产生了一定影响。辽道宗即位之初，在任人方面与其父其祖并无多大不同，仍是以重用世家大族成员为原则的。但重元乱之后，他对包括皇族、后族在内的传统世家大族失去了信任感，甚至连妻儿都要怀疑，在用人上转而信任、重用宠臣。耶律乙辛、张孝杰等人，就是在这种情况下得以擅权行事的。耶律乙辛累封魏王，时谚甚至云：“宁违敕旨，无违魏王白帖子。”[④]某些世家大族成员由于得不到重用，转而巴结、投靠权臣，结成政治集团。萧余里也

① 《辽史》卷110《奸臣·张孝杰传》，第1636页。

② （宋）李焘撰，上海师范大学古籍整理研究所、华东师范大学古籍整理研究所点校：《续资治通鉴长编》卷199，嘉祐八年七月戊辰，北京，中华书局，2004年，第4824—4825页。宗元，即重元。

③ 王善军：《论辽代皇族》，《民族研究》2003年第5期。

④ （宋）马端临著，上海师范大学古籍研究所、华东师范大学古籍研究所点校：《文献通考》卷346《四裔考·契丹下》，北京，中华书局，2011年，第9609页。

曾被人告发“与族人术哲谋害耶律乙辛”，虽然“按无状”，但由北面林牙“出为宁远军节度使”，从此以后即“揣乙辛意，倾心事之”[①]。也有个别世家大族成员，虽未必投靠权臣，但见风使舵，勉强保位而已，失去了其应有的政治立场和政治影响力。耶律庶箴在耶律乙辛出知中京留守时曾“与耶律孟简表贺”，“顷之，乙辛复为枢密使，专权恣虐。庶箴私见乙辛泣曰：‘前抗表，非庶箴之愿也。’乙辛信其言，乃得自安。”[②]而耶律斡特剌则“恐祸及，深自抑畏”[③]。世家大族得不到最高统治者一如既往的支持，其政治地位就必然要打上一定折扣。

值得注意的是，耶律乙辛集团虽然权倾一时，然而并不能取得比较稳定的政治地位，而是很快便垮台了。垮台后的耶律乙辛集团，不少成员被以各种名目治罪，甚至处死，他们大多是出身于社会中下层者。而集团中的世家大族成员，则基本上未被治罪。即使是其中的一些重要成员，也大多能够“以赂获免”[④]。这无疑是个有趣的政治现象。另一个有趣的政治现象是，天祚帝所选的究治乙辛党人的官员，如耶律阿思、萧得里底、马人望、萧报恩等，又基本上都是世家大族成员。耶律乙辛集团执政期间新修订的法律，其社会后果则是：“条约既繁，典者不能遍习，愚民莫知所避，犯法者众，吏得因缘为奸。”至大安五年（1089 年），道宗下诏：“法者所以示民信，而致国治。简易如天地，不忒如四时，使民可避而不可犯。比命有司纂修刑法，然不能明体朕意，多作条目，以罔民于罪，朕甚不取。自今复用旧法，余悉除之。”[⑤]在耶律乙辛集团的主要成员倒台不久，辽朝竟然完全回复到“复用旧法”的老路上去了。上述事实又说明了这样一个基本问题：辽代世家大族的政治地位虽一度受到异己力量的冲击，但却尚没有一种新的政治势力能够取而代之。

〔本文原刊于《学术月刊》2008 年第 2 期，在此基础上略作改动〕

---

① 《辽史》卷 111《奸臣·萧余里也传》，第 1641—1642 页。

② 《辽史》卷 89《耶律庶成传附庶箴传》，第 1486 页。

③ 《辽史》卷 97《耶律斡特剌传》，第 1547 页。

④ 《辽史》卷 111《奸臣·萧达鲁古传》，第 1644 页。

⑤ 《辽史》卷 62《刑法志下》，第 1047 页。

胡应麟《华阳博议》编成时间考

王嘉川*

明代在中国学术史上是一个抄袭剽窃和胡乱翻案比较盛行的时代，但晚明浙东学者胡应麟（1551—1602年）所撰《华阳博议》却公开讲论与之正好相反的治学规范，议论之精辟明晰，可谓前所未有，并深得后人赞同，也堪与后人比肩，这使它在明代学术史上具有特殊地位，也奠定了它在中国学术发展史上的不朽价值。[①]但就是这样一部有价值的著作，学术界对它的编成时间却存在着一个误说误判，八十年来而未得完全改正。故笔者试撰此文，拟对这一问题做些分析探讨。

一、由古人无意之失到今人主观认定

《华阳博议》上下两卷，为胡应麟亲手编成并付刻，收录于其读书札记合集《少室山房笔丛》之中。关于《华阳博议》的编成时间，作者在自序《华阳博议引》文末有清楚说明，因而本不应存在任何疑问。但因古人刻书时用为时间概念的“乙”“己”“巳”三字往往混同，于是就出现了不同刻本的《少室山房笔丛》将《华阳博议》的编成时间写成了两种不同说法的现象。一种是将《华阳博议》编成时间署为“己丑仲冬”，即明神宗万历十七年（1589年）十一月，时胡应麟39岁，如中华书局上海编辑所在1958年所用明万历刻本加句读重印，并用广雅本校过者，即写为“己丑仲冬”，今北京爱如生数字化技术研究中心开发的电子数据库“中国基本古籍库”中所收《少室山房笔丛》亦据明万历刻本，同样写为“己丑仲冬”；另一种版本则写为“乙丑仲冬”，即明世宗嘉靖四十四年（1565年）十一月，时胡应麟15岁，如清光绪二十二年（1896年）广雅书局刻本《少室山房笔丛》即是。[②]两种说法，仅“己”“乙”一字之差，时间竟整整相差 24 年。无论刻书时刻工们如何选择字体，他们无意间的毫厘之失，造成的千里之谬，却不可谓不大。而更为严重的是，仅从这不同版本的两个字上，想要断言两种说法中何者正确，又哪里可能？因此，从明清时《少室山房笔丛》不同

---

* 王嘉川，扬州大学社会发展学院教授。

① 王嘉川：《明代抄袭之风与胡应麟对治学规范的讲求》，《史学月刊》2009年第11期，第12—17页。

② （明）胡应麟：《少室山房笔丛》，丛书集成续编本，台北，新文丰出版公司，1988年，第433页。

刻本传世起，就在无意中埋下了《华阳博议》编成时间的日后争议问题。

1931年3至4月间，还是大学一年级学生的吴晗先生写成第一篇明史研究论文《胡应麟年谱》，后公开发表于1934年1月《清华学报》第9卷第1期。此文约四万字左右，将胡应麟生平的主要情况昭示出来，可谓集明末以来各种胡应麟传记之大成。其中，吴先生将《华阳博议》系于嘉靖四十四年乙丑（1565年）"八月"。吴先生文后"参考书目举要"列出五种《少室山房笔丛》版本：明万历四十二年甲寅（1614年）良贵堂刊本、附《甲乙剩言》本、民国十三年（1924年）扫叶山房石印本、明万历四十六年戊午（1618年）江湛然刊《少室山房全集》本、清光绪二十二年（1896年）广雅书局刊《少室山房集》本。其中，除广雅本《华阳博议引》刻为"乙丑仲冬"，为笔者所见外，其余四种均未见及，不详其所署年月。如果这五种版本所署时间相同，则自然大可放心引用；若果有不同说法，就应予以考证，待判定其是非正误之后，再据以系年，而不可贸然主观选择和认定哪一种说法，但吴先生文中没有这一考证性内容。

从上述版本情况可知，吴先生将《华阳博议》系于嘉靖四十四年乙丑（1565年）八月胡应麟15岁时，虽月份有误，这或者是吴先生自己将十一月"仲冬"误记为"八月"，或者是发刊编辑在排版时造成失误，但吴先生所系年代至少是有广雅书局本《少室山房笔丛》作为版本依据的，因此还不能径直称他是将"己丑"误判为"乙丑"。

但自吴先生《胡应麟年谱》面世后，学界即以此为定论，近70年间，凡提到《华阳博议》的编成时间，必曰胡应麟"15岁"时，且云系胡应麟"第一部"学术著作，"写作时间最早"[①]等等。更有甚者，上海书店出版社2001年出版的点校本《少室山房笔丛》，是该书第一次以现代汉语标点符号进行全书整理之本，其卷首之"出版说明"称《华阳博议》在《笔丛》所收读书笔记中"写作时间最早"，"杀青于嘉靖四十四年"即"乙丑"之年，但书内正文《华阳博议引》却使用了"己丑"二字[②]，这当然是没有统筹兼顾地意识到前后两处的互相矛盾。这些情况都表明，虽然《华阳博议》的编成时间自明清以来即因版本不同而存在39岁和15岁两种说法，但自吴先生判定为15岁之后，近七十年间，没有受到任何质疑。

---

① 王勋敏：《明代文献学家胡应麟》，《湖北大学学报》（哲学社会科学版）1987年第1期，第93—99页；吕斌：《胡应麟文献学研究》，北京：中国社会科学出版社，2006年，第2页；（明）胡应麟：《少室山房笔丛》卷首"出版说明"，上海：上海书店出版社，2001年。

② （明）胡应麟：《少室山房笔丛》卷38《华阳博议上》，第381页。此书以比较通行的广雅本为基础，参考中华书局上海编辑所1958年版，但写为"己丑仲冬"，而非广雅本的"乙丑仲冬"。另外，其"出版说明"中所说胡应麟"字符瑞"应为"字元瑞"之误，据笔者经验，此为使用电脑简繁体字自动转换功能时出现的技术失误，可惜转换之后未能人工校对出来；所说"更字明瑞"应为"一字明瑞"之误；所说"《少室山房笔丛》在作者生前没有结集或单独刊行过"，但据笔者研究，胡应麟在世时，不但其书内所收十二种读书笔记有些曾经单独刊行，而且作者还曾亲自将其结集出版。凡此，王嘉川在已刊《布衣与学术——胡应麟与中国学术史研究》（北京：商务印书馆，2005年）和待刊《胡应麟年谱长编》中皆有论述。

胡应麟“幼尝戏辑诸小说为《百家异苑》”，20余年后还将其序言收录进万历十九年（1591年）编成的《二酉缀遗》一书①，这说明他确实在未成年时就已开始搜集资料，类萃编书。但无论如何，将《华阳博议》的编成时间判定为嘉靖四十四年乙丑（1565年）、胡应麟15岁时的说法是错误的，应是编成于万历十七年己丑（1589年）、胡应麟39岁时。笔者在2002年完成答辩、2005年出版的博士论文《布衣与学术——胡应麟与中国学术史研究》中曾予以纠正，但因内容所限，仅在两处注释中指出吴先生“误”这一事实，而并未详细展开论证。之后，陈卫星《〈胡应麟年谱〉补正》也指出吴先生这一失误②，李思涯则将笔者与吴先生的观点作为并存异说而提出③。

二、《华阳博议》中所见时间性资料疏解

吴晗先生把“仲冬”误记为“八月”，当是一时疏忽所致。像这样的明显失误，在吴先生《胡应麟年谱》中还有，如将胡母去世之日万历十七年十一月初七日误为初一日，将比胡应麟晚卒三年的冯梦祯误为早卒七年而写入万历二十三年（1595年），均属疏忽致误。但他将“己丑”误认为“乙丑”则实属正常，一来有广雅书局本《少室山房笔丛》版本依据，二来在传世古书中，用为时间概念的“乙”“己”“巳”三字往往混同，不易分辨，故而其《胡应麟年谱》有此误也在情理之中。而因三字混同的缘故，我们也不能简单轻率地从不同版本的字体上来判断其误，还需要找寻更为切实的证据。逐条检对除胡应麟自序之外的《华阳博议》全书内容，虽然没有明说写作时间，但其下卷有四条文字，可以证明“乙丑”应为“己丑”之误的事实。下面就按书中先后顺序，逐一疏解这四条资料。

第一条：“古今绩学之士，靡弗以勤致者。尼父韦编三绝亡论，即贤如（董）仲舒、聪如刘向、颖如子建（曹植）、捷如（刘）孝标，其勤咸百倍于世之学者，盛名所集，弗虚也。厥有目下十行，篇成万字，而终身汲汲，草木共年，毋亦此道未至与？余生平驽劣，世事懵然，独癖嗜青缃，逾于饮食，凡史传叙称，有同余好，辄欣然领会，踊跃于衷。偶阅唐、宋诸类书，采摭前规，漏遗泰甚，

① （明）胡应麟：《少室山房笔丛》卷36《二酉缀遗中》，上海：中华书局，1958年，第476页。

② 陈卫星：《〈胡应麟年谱〉补正》，《古典文献与古代小说理论研究》，北京：光明日报出版社，2009年，第27—36页。此文初刊于《陕西师范大学学报》2006年第2期，第80页，但内中仅谈胡应麟表字问题，也和笔者一样，认为胡应麟字元瑞，一字明瑞，“晚更字明瑞”之说有误，其论述较笔者在博士论文注释中所述显胜一筹。三年后收入上述文集时，内容扩充为五个论题，其二即为“《华阳博议》撰年”。

③ 李思涯：《胡应麟文学思想研究》，北京：中国社会科学出版社，2012年，第65页注释②。

因戏效昔人比事，集而录之。衰病耗忘，目睫之讥，自分不免。异时同好，尚或有当余衷哉！”[①]

按，这段话虽然没有具体说明何时所写，但却有时间性的说明文字。首先，如果此书真的完成于胡应麟15岁时，那么，一个涉世未深的15岁未成年人，能说出带有总结一生性质的话语“余生平驽劣，世事懵然”吗？这不是一个未成年人的口吻。

其次，胡应麟一生所写文字确实有散佚的情况，但其所有传世资料，绝无他在15岁时就已“衰病耗忘”的记载。他之得病，乃是源于万历二年（1574年）26岁时因侍母病过劳而感羸疾，从此成为终身不去之病，对其身体健康素质造成很大影响，并最使其较早地病逝于52岁之时。但这与15岁没有任何关系，传世资料中也没有他16岁之前即曾染病的信息。因此就是从得病的角度说，这段文字也只能写于胡应麟26岁以来，而不会是15岁时的乙丑之年。

最后，胡应麟自万历二年感羸疾之后，常为病所困。万历十四年（1586年），胡应麟因担心病逝而作自传《石羊生小传》。万历十六年（1588年）八月，胡应麟奉父命，第四次赴京师参加会试，途经杭州时为寒疾所侵，十月到瓜洲时病情加重，暂停北上，五十多日间，饔飧并废，药饵遍尝，气息惙然。胡应麟自疑不起，遂写信恳请文坛领袖王世贞为自己作传，以为不测计。王世贞见信后，酸楚宛笃，即在《石羊生小传》的基础上，为作《石羊生传》，信宿文成，淋漓万言。王世贞还在致信友人张九一时，特地告知：胡应麟正卧病瓜洲，已伏枕五十余日，而尚未起，为保全生命计，恐不能继续北上应试。胡应麟收到王世贞所寄《石羊生传》，沉疴顿减，稍进饮食。十二月七日，胡应麟接到父亲催促上路的来信，只好以病躯启程，但行速迟缓，抵淮而腊尽。又以家严命，强起渡淮北上，于次年即万历十七年春初时节到达徐州、沛县，到夏邨后病情再度加重，卧疾舟中，不能前行。时黄水暴涨，冲入夏镇，田庐毁坏，居民多溺死，一时舟航阻绝，行旅咸改陆道。病重的胡应麟已不堪陆路疲劳，思虑再三，最终放弃会试之念，掉头回返。三月至家后，胡应麟一边养病，一边整理往日读书札记十余种，陆续将其付梓刊行，他在万历十八年（1590年）春致王世贞信中说：“麟自客夏病归，沉痼就平……病中检摭稗官十数种，生平占毕，概见大都。”[②]《华阳博议》即其读书札记中的一种，列为札记合集《少室山房笔丛》之“庚部”。[③]是则，胡应麟在自认为大病不起之后，以身体暂安，赶紧整理书稿，才有了其往年读书札记

① （明）胡应麟：《少室山房笔丛》卷39《华阳博议下》，第517页。

② （明）胡应麟：《少室山房类稿》卷112《与王司寇论〈丹铅〉诸录》，续金华丛书本。

③ 本段述胡应麟生平事，均见待刊笔者《胡应麟年谱长编》，已刊《胡应麟年谱简编》（上海：上海交通大学出版社，2017年）及吴晗《胡应麟年谱》述之较略。

的陆续编成面世，而《华阳博议》即在其中。因是在大病之后的“病中”进行这一工作，于是就在书中随口说出了“衰病耗忘”的话来，又因是在两度担心病逝之后，于是就在书中随口说出了带有总结一生性质的“余生平驽劣，世事懵然”“生平占毕，概见大都”等话语。可见，《华阳博议》不是撰成于胡应麟15岁时，而是二十四年之后的39岁时。

> 第二条：“读《卮言》所记古今博物事，偶忆史传小说中有相类者，并疏左方。（自注：中固多博极士，然或由神解，或以术推，不专问学，至偶中亦有之。《卮言》大略同。）”①

按，文中提到的“《卮言》”即王世贞《艺苑卮言》，全书中还有几处提到，不再一一列出。在《艺苑卮言》初刻本刊行之前，胡应麟与其父都没有和王世贞建立任何联系，因而他们不可能事先读到该书稿本。胡应麟既能读到该书并受其启发，在《华阳博议》中有所评述、引用并仿效，则《华阳博议》最早也应编成于《艺苑卮言》初刻本刊行之后。但按照吴晗先生《胡应麟年谱》的说法，《华阳博议》编成于嘉靖四十四年（1565年）八月，《艺苑卮言》刊成于嘉靖四十五年（1566年）。显然，吴先生的说法既不符合《华阳博议》的编撰情况，也不符合胡应麟与王世贞交往的实际情况。

从整个事实来看，吴先生的这两个说法都存在问题，因为《艺苑卮言》既不刊成于嘉靖四十五年，《华阳博议》也很难编成于嘉靖四十四年。首先，《艺苑卮言》初刻本刊成于嘉靖四十四年，而不是四十五年，这在王世贞自序中即已明言：“成自戊午（嘉靖三十七年）耳，然自戊午而岁稍益之，以至乙丑（嘉靖四十四年）而始脱稿，里中子不善秘，梓而行之。”②也正因此，清代钱大昕和今人徐朔方、郑利华各自所撰《王世贞年谱》，都将《艺苑卮言》列入嘉靖四十四年条。③

其次，抛开其他资料不谈，仅从胡应麟这一条自述来说，即使《艺苑卮言》初刻本刊成于嘉靖四十四年，但也很难说有所取鉴于它的《华阳博议》即编成于同一年。虽然《艺苑卮言》初刻本刊刻成书的具体月份不详，但从刊刻成书到世面流行，期间

---

①（明）胡应麟：《少室山房笔丛》卷39《华阳博议下》，第518页。

②（明）王世贞：《弇州四部稿》卷144《艺苑卮言一》第二条，影印文渊阁四库全书本，台北：商务印书馆，1986年，第1281册，第342页。

③（清）钱大昕：《弇州山人年谱》，《嘉定钱大昕全集》第4册，南京：江苏古籍出版社，1997年，第7页；徐朔方：《王世贞年谱》，《徐朔方集》第2卷，杭州：浙江古籍出版社，1993年，第586页；郑利华：《王世贞年谱》，上海：复旦大学出版社，1993年，第156页。

有一个时间差，果真如吴先生所说《华阳博议》编成于嘉靖四十四年八月，那么当年春即已随父居家守丧的胡应麟又如何能事先读到《艺苑卮言》稿本，并在该年编成的《华阳博议》中予以评述、引用并仿效呢？这在时间上应该是不大可能的。

是则，胡应麟《华阳博议》全书虽然没有告诉我们何时开始编纂该书，但这条资料告诉我们，他在编撰过程中见到了王世贞《艺苑卮言》。他虽然没有说明他所见到的《艺苑卮言》是初刻本还是后来定本，但仍可据以确定，他编成《华阳博议》的最早时间是在嘉靖四十四年（1565 年）《艺苑卮言》初刻本刊行之后。不过这只是该书编成的时间上限，还不能据此就直接说该书编成于嘉靖四十四年。

第三条："《困学纪闻》云：'……'近王长公与余书云：'词场尺寸地，迷阳罥足，大可怪也。'余时不解'罥足'之义，读此了然。"[1]

首先，胡应麟与王世贞最早在万历五年（1577 年）冬才有书信往来，此前从未互通音信，这在二人互致对方的第一封信中说得明明白白。[2]王世贞接到胡应麟第一封信后，很快回信作答，但胡应麟接到回信已在万历六年（1578 年）正月，如此，则单从二人书信往来，单从胡应麟接到"王长公与余书"的角度说，《华阳博议》只能是完成于万历六年正月以来，而绝不可能完成于十四年前的嘉靖四十四年。

其次，胡应麟说"近王长公与余书"，则"近"这一时间概念当与该书编成时间密切相关，可惜胡应麟未明说"近"为何时，我们只能通过考察王世贞来信内容而推知其大概时间。查笔者所能找到的文渊阁四库全书所收王世贞《弇州续稿》，其卷 206 收录了王世贞致胡应麟书信二十余通，可惜不见有"迷阳"云云之书信，是王世贞后人编订该书时删去还是四库馆臣所删，不得而知。但据胡应麟这里的自述，王世贞确实写过此信。

据比胡应麟稍晚，与王世贞也有较多交往的冯时可自述说："御史黄仁荣疏诋弇州（王世贞）甚力，有谗于弇州者：'此疏实管东溟（管志道）起草，不肖（冯时可）为之润色。'凤洲（王世贞）信之，大恚，书与胡元瑞曰：'初谓禅侣中有乌喙，不谓词坛中有迷阳也。''乌喙'指东溟，'迷羊'指不肖，盖刺草也。然余未尝不服膺凤洲……凤洲不应过信客耳。"[3]王世贞是明代首屈一指的大学者，更是独主文坛二十年

① （明）胡应麟：《少室山房笔丛》卷 39《华阳博议下》，第 531—532 页。
② 王嘉川：《胡应麟与王世贞交谊考》，袁行霈主编：《国学研究》第 15 卷，北京：北京大学出版社，2005 年，第 293 页；王嘉川：《布衣与学术——胡应麟与中国学术史研究》，第 42 页。
③ （明）冯时可：《冯元成选集》卷 6《谈艺录》，王钟翰主编，四库禁毁书丛刊编纂委员会编：《四库禁毁书丛刊补编》第 63 册，北京：北京出版社，2005 年，第 698 页。

的学界领袖，因而其事迹也就容易引起大家关注，后来清人梁维枢也将此事收入其书《玉剑尊闻》，列在卷九《轻诋》一类，显然是批评王世贞的行为轻率冒失。王世贞是否以轻率误信而误责冯时可，与本文主旨无关，在此不作讨论，但毫无疑问的是，这封内中写有“迷羊”字眼的“近王长公与余书”，不但肯定存在，而且肯定与黄仁荣弹劾王世贞有关，并写于弹劾事件发生之后。

王世贞一生遇劾多次，但遭黄仁荣弹劾则只有一次。据上引钱大昕、徐朔方、郑利华各自所撰《王世贞年谱》“万历十七年”（1589年）条：当年六月四日，王世贞以南京兵部右侍郎三品考满，北上京师考绩，中旬行抵淮安时，得升南京刑部尚书之命，遂借休沐返里；八月二十七日，王世贞到任南京刑部尚书一职；九月即遭黄仁荣弹劾。[①] 据《明神宗实录》卷215、卷216：九月十五日，南京广西道御史黄仁荣论劾王世贞违例考满，希图恩荫，并参劾吏部挟同欺罔。吏部尚书杨巍上疏为王世贞申辩，得旨：王世贞照旧供职。十月十七日，王世贞也上疏申辩考察事，并求罢斥，但未被允许。

至此，黄仁荣弹劾王世贞事件基本平息，而笔者的考证也即将水落石出，因为已无须多言，所谓“近王长公与余书”的“近”，时间乃在万历十七年九月十五日王世贞被黄仁荣弹劾之后。是则，《华阳博议》就更不可能远在25年前的嘉靖四十四年乙丑（1565年）即已完成，而只能是在万历十七年九月十五日之后。胡应麟在自序《华阳博议引》中说是“己丑仲冬”，即万历十七年十一月，这与书中“近王长公与余书”的说法，与上述王世贞被劾事件起止时间，都正相吻合。如此，“乙丑”应为“己丑”之误的事实，至此已得直接确证。

第四条：《华阳博议》对古来称博识者的博学、博物及勤学典故等事迹进行了统合、列举与考证，对其中夸大、增饰及讹谬等情况进行了考实辩诬，并在下卷进行了一些比较分析与综合概括，对中国古代学术发展变化做出了动态性的宏观把握，从个别的孤立考证上升到一般的整体认识，具有重要的理论总结和方法论意义。虽其结论未必完全符合实际，但其工作本身在偏重实践而不善于理论总结的中国古代学术环境中，却已蕴含了一种卓尔不群的方法论意义。当然，该书更为重要的理论和方法论意义，是在总结上述工作之后，于全书最后两条文字中提出了如何评论古人学问和对待前人成就的治学规范问题，议论之精辟明晰，可谓前所未有，就是在强调遵守学术规范、重视学术道德的今天，依然值得珍视。其文曰：

① （清）钱大昕：《弇州山人年谱》，第13—14页；徐朔方：《王世贞年谱》，第686—687、690—691页；郑利华：《王世贞年谱》，第336—339页。

> 读书大患，在好诋诃昔人。夫智者千虑，必有一失，昔人所见，岂必皆长？第文字烟埃，纪籍渊薮，引用出处，时或参商，意义重轻，各有权度，加以鲁鱼亥豕，讹谬万端。凡遇此类，当博稽典故，细绎旨归，统会殊文，厘正脱简，务成曩美，毋薄前修，力求弗合，各申己见可也。今偶睹一斑，便为奇货，恐后视今，犹今视昔矣。
>
> 昔人之说，有当于吾心，务著其出处而韪之，亡当于吾心，务审其是非而驳之。毋先入，毋迁怒，毋作好，毋徇名，此称物之衡而尚论之极也。今明知其得而掩为己有，未竟其失而辄恣讥弹，壮夫不为，大雅当尔耶？[①]

这两段话，详细、具体而又十分精当，非老于其道，不能言之亲切有味也如是。它说明，对待前人，必须“虚心曩哲”，而不可“蔑视前修”[②]；如所见不合，则可互相辩诘，各申己见，但必须博参会通，细绎旨归，竟其得失，“疑者缺之，信者稽之，务出万全”[③]，而不可“辄恣讥弹”，杂有个人主观好恶；对于前人已先得我心者，必须明白清楚地注出前贤观点，而不可径直说成是自己所提出，否则即是对前贤观点的抄袭剽窃，“掩为己有”。

对这两段议论，台湾学者林庆彰认为：“此无异古今治学者之最高信条。元瑞所以能发此言，自其平时殚精竭虑，有见于前人之弊而来。”[④]郭康松在考察清代考据学的启蒙之路时，也对这两段话给予了很高评价，认为“这种护惜古人，设身处地地为前人着想；又不讳前人之失的客观求实的态度，对考据学的健康发展极为有利”，并“对清代考据学的发展起到了积极作用”，认为胡应麟是明代“建立考据学的学术规范”，“其功最著”的二人之一。[⑤]

显然，这两段话在学术史上的价值，既深得后人赞同，也堪与后人比肩，但随即也自然产生一个问题，而这个问题又恰与本文主旨直接相关，这就是：如此绝好的两段宏观理性论述，可能出自于一个涉世未深的15岁未成年人之口吗？

胡应麟自幼颖敏，5岁时，其父口授之书辄成诵，使属对则必工。7岁时，藏书问学兴趣开始养成，听闻其父与诸友谈说坟典，则时时窃取翻阅。9岁入学，从里师习经生业，而心厌之，时常从其父书箧中取《周易》《尚书》《诗经》及左丘明、庄子、屈原、司马相如、司马迁、曹植、杜甫诸家书恣读之。当年三月，其父举进士，随后

---

①（明）胡应麟：《少室山房笔丛》卷39《华阳博议下》，第534页。
②（明）胡应麟：《少室山房笔丛》卷14《史书占毕二》，第199页。
③（明）胡应麟：《少室山房类稿》卷104《读梦溪笔谈》，续金华丛书本。
④ 林庆彰：《明代考据学研究》，台北：学生书局，1986年，第198页。
⑤ 郭康松：《清代考据学的启蒙》，《湖北大学学报》（哲学社会科学版）2001年第3期，第91—97页。

率全家入都任职，这是胡应麟第一次来到北京，并开始与四方贤豪长者游。第二年，因祖母病逝，10 岁的胡应麟随父奉丧归家。13 岁时，胡应麟开始写作诗歌，稍稍闻里社中，而于经生业亦不废，当年再度随父入京任职，开始第二次北京生活。期间戚元佐读其诗，稍有未合，咸为痛削苦针，胡应麟由此积渐悟入，盖生平受益之最者。两年后的嘉靖四十四年（1565 年）正月，以祖父丧，胡应麟随父丁忧归家，第二次京师生活结束。自读书以来，胡应麟还受其母喜读稗官小说的影响，读过相关书籍，并尝戏辑诸小说为《百家异苑》。以上这些，就是胡应麟对自己 16 岁以前最主要的生活与学业情况的记述，如果用一句话加以总结，可说是还没有进行真正的学术研究工作。如此背景，要在 15 岁时说出上述两段亲切有味、老道精当的学术研究治学规范之语，于情于理，只怕都不可能。

三、近年学界观点辨析

陈卫星在上引其《〈胡应麟年谱〉补正》第二个论题“《华阳博议》撰年”中说，“《博议》肯定作于嘉靖四十五年之后”，理由有二：一是此书述古来博闻强记之事，“论及经史子集四部典籍千余种，历代文人学者数千计，胡应麟以淹博闻名，但十五岁就如此广博，恐不属实”。这个理由，笔者最初也曾想到，但逐渐放弃了这一念头，因为古人可以通过各种类书，很快收集到这些材料。而在笔者上面所述第一条胡应麟原文中，他也明说“偶阅唐、宋诸类书”，发现前贤遗漏太多，遂“效昔人比事，集而录之”，撰成《华阳博议》，可见类书在该书编纂中起到了很大作用。由于一种类书即可包含千百种原始典籍的相关资料，因而阅读类书一直是古代乃至近代学者取材捷径，虽然阅读类书并不等于就是直接阅读了千百种原始典籍，并不能直接证明阅读者读书广博，但通过阅读类书可以很快收集到自己所需要的材料则是事实，并由此可以间接地给人留下读书广博的印象。因此，胡应麟是可以通过阅读类书而“如此广博”的，陈先生的这条理由并不具有必然性，而陈先生在这里也是用了“恐不属实”的字样来表述，说明他也很清楚这一理由只有或然性，而不是确证。

陈先生认定“《博议》肯定作于嘉靖四十五年之后”的第二个理由，是《华阳博议》中“多处引及王世贞《艺苑卮言》，而《艺苑卮言》嘉靖四十五年（1566 年）刊成”。这里需先纠正陈先生的一个具体史实错误，即他称“《艺苑卮言》嘉靖四十五年刊成”的说法是错误的，他是沿袭了吴晗先生《胡应麟年谱》的错误，实则《艺苑卮言》刊成于嘉靖四十四年。因此，他称“《博议》肯定作于嘉靖四十五年之后”的说法，就不是一种准确而严密的表述。不过，暂时抛开这个具体史实错误不论，他以《艺苑卮言》的刊成时间来推论《华阳博议》不可能撰成于胡应麟 15 岁时的方法，与笔者上面第二条所述之意相同，但这个理由最多只能证明吴先生称《华阳博议》完成于嘉靖四十四年（1565 年）的说法是错误的，并不能说明《华阳博议》最后编成于哪一年，所以根据这条推论还是不能得出最终定论。

不过，笔者上面提出的第一条、第三条证据，则可正面论定《华阳博议》的编成之年，再辅以第二条、第四条的佐证，则应可以彻底解决吴晗先生因一时疏忽而造成的误说误判问题。因此可以断言，《华阳博议》编成于万历十七年己丑（1589 年）十一月即胡应麟 39 岁时，而不是吴先生所说和现今学者大多沿袭的嘉靖四十四年乙丑胡应麟 15 岁时，今传《华阳博议》中“乙丑仲冬”均为“己丑仲冬”之误。

宋代乡役人数变化考述

刁培俊*

宋朝的职役制度（徭役之一），按民户服役地点的不同，分为州、县和乡役，在乡村服役者即为乡役人。南宋陈耆卿修撰的《嘉定赤城志》卷17《吏役门》设“乡役人”条，孙应时等所撰《琴川志》卷6也有“乡役”的记载，说明这一名称已为时人接受。两宋期间，不但乡役名目有所变化，而且有从轮差到雇募，再到差募并用、名募实差的充役方式的变化，乡役人数成倍增长则是其中又一较为显著的变化。中外学界对于宋朝职役制度已多有研究[①]，但是，对乡役人数的变化及其相关问题却鲜有探讨，故作此考述，以补其缺。

一

两宋乡役制度前后变化很大。《宋史·食货志·役法上》载：宋初，循唐五代旧制，在乡村中设里正、户长、乡书手“课督赋税”，设耆长、壮丁“逐捕盗贼”，都是轮流差派（即所谓之差役）乡村民户中较富有的第一、二或第三等主户承担。开宝七年（974 年），诏令“废乡，分为管，置户长主纳赋，耆长主盗贼词讼”[②]。此外，三年一次攒造户等簿，也由耆长、户长和乡书手共同承担。宋仁宗至和二年（1055 年）四月，诏令废除里正衙前，里正也随之废除。宋神宗朝，王安石变法改革，先后推出募役法（或称雇役法、免役法）和保甲法等。保甲法之设，最初意在部分恢复府兵制，

---

* 刁培俊，厦门大学历史学系副教授。

① 聂崇岐、孙毓棠、黄繁光、王曾瑜、漆侠、雷家宏等学者的相关研究，请参见刁培俊：《当代中国学者关于宋朝职役制度研究的回顾与展望》，原载《汉学研究通讯》总第 87 期，2003 年，增订后转载于中国宋史研究会主办：《宋史研究通讯》2004 年第 1 期。另外，美国学者 Brian E. Mcknight（马伯良），*Village and Bureaucracy in Southern Sung China*（《中国南宋乡村职役》，Chicago: The University of Chicago Press，1971）；［日］河上光一：《宋初的里正、户长、耆长》（《东洋学报》1952 年第 34 号）；［日］周藤吉之：《宋代州县职役和胥吏的发展》（《宋代经济史研究》，东京：东京大学出版会，1962 年）、《宋代乡村制的变迁过程》（《唐宋社会经济史研究》，东京：东京大学出版会，1965 年）；［日］佐竹靖彦：《宋代乡村制度的形成过程》（《东洋史研究》25 之 3，1966 年）；［日］柳田节子：《宋元乡村制的研究》（创文社，1986 年）等也多有研究。

② （清）徐松辑：《宋会要辑稿》职官 48 之 25，北京：中华书局，1957 年。

减省养兵费用，增强军队候补者的战斗力，并借以加强地方社会的治安管理。[①]然而，熙丰后期却逐渐与乡役法混同为一了。这主要表现为以都副保正、承帖人取代耆长、壮丁逐捕盗贼，以大小保长或催税甲头取代户长等负责催纳赋税。自此，都副保正、大小保长、甲头等也就相应地转化为乡役人。两宋乡役之制，虽然因时因地而有所差异，但是，北宋后期直至南宋时期，就大多数地区而言，或是在役名上差派原来的户长、耆长等（乡书手则于元丰前后上升为县役），或是以都副保正、大小保长、承帖人及催税甲头承担乡役之责。虽此后又有元祐改制、绍述之变等反复，但是，北宋晚期和南宋时期，各地多以后者为主。此外，在南宋一些地方（如福建路）还有所谓“兼差”之制。[②]

赵宋王朝给乡役人所设定的社会角色是“民”，是“庶人在官者”，是国家用来“役出于民”、以民治民的吏民[③]，其身份并非是“官”。在贵官贱吏的宋朝，乡役人并非由中央直接任命，其社会地位很低，除王安石变法时外，一般情况下，官方也不支付任何报酬，他们没有固定的办公衙门，更没有国家权力象征的官府印信——漆侠先生也指出：吏，一无薪俸，二无官告，算不上真正的官府中的公职人员[④]，所以不能构成一级政权。对于广大应役的乡村主户中的上户而言，尚有充役为吏的某些好处，而对于乡村中下等主户甚至部分客户而言，却往往成为自家一项沉重的负担。[⑤]但是，宋代乡役人却又是介于国家和乡村社会之间、官与民之间的一个不可或缺的社会群体。他们处于国家权力的“神经末梢”，在填补县政和乡治之间“权力空隙”的诸多方面，起着极为关键的中介性枢纽作用。国家政令，大凡须由州县政府转交于乡役人，方能最终落实于乡间；而民生民瘼，也大都经由他们上达于州县乃至朝廷。国家对于广土众民的控制、乡村社会秩序的维护，尤其是政府敛于民间的各种财赋，也端赖于他们的运作和努力，国家机器方得以正常有效地运转。

---

① （清）徐松辑：《宋会要辑稿》兵 2 之 5；（宋）李焘撰，上海师范大学古籍整理研究所、华东师范大学古籍整理研究所点校：《续资治通鉴长编》卷 218，熙宁三年十二月乙丑，北京：中华书局，2004 年，第 5297 页；《宋史》卷 192《兵志六》，北京：中华书局，1985 年，第 4767、4770 页。

② （宋）陈耆卿：《嘉定赤城志》卷 17《吏役门》，北京：中华书局影印《宋元方志丛刊》本，1990 年，第 7419 页；（宋）陈傅良：《止斋先生文集》卷 21《转对论役法劄子》，四部丛刊初编本。勾勒上述役法变化的已有研究如黄繁光《宋代民户的职役负担》（台湾中国文化大学博士学位论文，1980 年。承蒙黄教授慨赠大作，谨此致谢）、漆侠《宋代经济史》（上册，第 11 章，上海：上海人民出版社，1987 年）等。有关“兼差制”则参前揭 Brian E .Mcknight 所著之第四章。

③ 《宋史》卷 177《食货上五 · 役法上》，第 4299、4295 页。职役人是“既为之民，而服役于公家”的，参见（宋）李焘撰，上海师范大学古籍整理研究所、华东师范大学古籍整理研究所点校：《续资治通鉴长编》卷 224，熙宁四年六月庚申刘挚所言，第 5447 页。

④ 漆侠：《宋代经济史》上册，上海：上海人民出版社，1987 年，第 454 页。朱瑞熙先生则并未把乡役人算作“胥吏”的行列，参阅白钢主编、朱瑞熙著：《中国政治制度通史》第 6 卷《宋代》，北京：人民出版社，1996 年，第 714—715 页。

⑤ 王曾瑜：《宋朝的吏户》，《新史学》1993 年第 1 期，后收入王曾瑜：《涓埃编》，保定：河北大学出版社，2008 年，第 420 页；王曾瑜：《宋朝阶级结构》，石家庄：河北教育出版社，1996 年，第 301—309、333—346 页。

二

北宋前期的里正、户长、乡书手和耆长、壮丁等乡役的设置，现存史料几乎没有具体人数设置的记载。但是，依据当时设置名目和士大夫的一些议论，可知这一时期大致的设员情况。天圣八年（1030 年）七月，范仲淹在一道奏疏中反映河中府河西县“主户一千九百，内八百余户属乡村，本县尚差公吏三百四十人，内一百九十五人于乡村差到”①。所谓“乡村差到”，应指乡役人。按上述数字，河西县主户中平均每 4—5 户就轮差乡役一人，但其中并不包括乡村客户在内，这与后来保甲法中 “通主、客［户］为之”②所算出的比例是有差距的。皇祐四年（1052 年）十一月时，李觏云：“今夫大乡或二、三千户，小者亦数百户。与其使耆、壮三五人出泉，孰若使一乡千百户出力？”③其中的乡役人数并不确切。同样，至和二年（1055 年）文彦博有“比近三两乡合差一里正”④的建议；熙宁年间，司马光曾说“向者每乡止有里正一人”⑤，均未提及其他乡役。元丰五年（1082 年），提举江南西路常平等事刘谊言在上奏中说，先前“五等之有差役，一乡不过十人，其次七八人，在公者少而安居者多矣”⑥。南宋绍兴五年十二月，知靖江府胡舜陟说：“……若祖宗时，于人户第一、第二等差耆长，第四、第五等差壮丁，一乡差役不过二人而已。今保甲于一乡之中有二十保正副，有数百人大小保长……”⑦只说此前一乡之中有差役二人，是未将户长等负责税收的役人计算在内，但这则资料同样反映出这一史实，即熙丰以前乡役人数是比较少的。根据以上文献中仅存的吉光片羽，大致可以做出这样的推断，即熙丰前，乡村中一乡⑧的乡役人员大致在 10 人左右。

宋神宗熙宁三年（1070 年）的保甲法规定，以乡村中相邻近的每 10 户为一小保，

---

①（宋）范仲淹：《范文正公集·范文正公年谱》，四部丛刊初编本。

②（宋）李焘撰，上海师范大学古籍整理研究所、华东师范大学古籍整理研究所点校：《续资治通鉴长编》卷 218，熙宁三年十二月乙丑载司农寺定“畿县保甲条例”，第 5297 页。需要强调的是，官府规定担任保正长者须是乡村主户。

③（宋）李觏：《直讲李先生集》卷 28《寄上孙安抚书》，四部丛刊初编本。

④（宋）文彦博：《潞公文集》卷 17《奏理（里）正衙前事》，影印文渊阁四库全书本，台北：商务印书馆，1986 年。

⑤（宋）司马光：《温国文正司马公文集》卷 38《衙前劄子》，四部丛刊初编本。

⑥（宋）李焘撰，上海师范大学古籍整理研究所、华东师范大学古籍整理研究所点校：《续资治通鉴长编》卷 324，元丰五年三月乙酉，第 7797 页。

⑦（清）徐松辑：《宋会要辑稿》食货 66 之 77 并 65 之 82（靖江，一作静江，误）；（宋）李心传：《建炎以来系年要录》卷 96 与前引《宋会要辑稿》的记载相同，影印文渊阁四库全书本，台北：商务印书馆，1986 年。

⑧ 按宋初以来，职役制度沿袭唐五代旧制，王安石变法初期，仍然设置一都管辖范围为 500 户，与唐一乡之制相当。因此前并无相关变化的记载，故此处暂按一乡 500 户计。日本学者河上光一也推测，这时乡役的推行是以 100 户左右为单元的，合于唐朝一里百户之制，参见其《宋初的里正、户长、耆长》一文，载《东洋学报》1952 年第 34 号。

设小保长一人；以 50 户为一大保，设大保长一人；以 500 户为一都保，设都副保正二人。不久，又改为以每 5 户为一小保，设小保长一人；以 25 户为一大保，设大保长一人；以 250 户为一都保，设都副保正二人。[①]到熙宁八年（1075 年）时，已有保甲法混同于乡役法的记载。[②]另据“元丰本制”云：“一都之内，役者十人，副正之外，八保各差一大［保］长。今若常轮二大长分催十保税租、常平钱物，一税一替，则自不必更轮保丁充甲头矣。”[③]朝廷的诏令和现存南宋地方志中所载的有关规定，也与上述熙宁八年之制大体相同，惟北宋后期、南宋前期还有一些细微的变化。[④]

现存南宋时期的史料，则反映出熙丰之后乡役人数增加的情况。如前揭绍兴五年（1135 年）时胡舜陟就说，自从章惇、蔡京等将经过他们改造的募役法推行于东南地区，“以二百五十家为保，差五十小保长、十大保长、一保正、一保副，号为一都”。这样一来，“今保甲于一乡之中有二十保正副，有数百人大小保长，不若耆长、壮丁之法为宽”[⑤]。而在绍兴七年（1137 年）时，知常州郑作肃说：“一都之内，当执役者，

---

① （清）徐松辑：《宋会要辑稿》兵 2 之 5；（宋）李焘撰，上海师范大学古籍整理研究所、华东师范大学古籍整理研究所点校：《续资治通鉴长编》卷 218，熙宁三年十二月乙丑，第 5297 页；（宋）李焘撰，上海师范大学古籍整理研究所、华东师范大学古籍整理研究所点校：《续资治通鉴长编》卷 248，熙宁六年十一月戊午，第 6045 页。而揆诸中国传统社会之实情，在血缘和地缘关系紧密交织、聚族而居和亲善友邻的乡土社会中，以 5 户为一单位，设置小保长催税一事，能否真正贯彻到实际之中，或者说，小保长在多大程度上能够符合制度制定者的治理理念，通过现存史料还很难加以说明。关于南宋保甲制的编制，可见（宋）朱熹：《晦庵先生朱文公文集》卷 21《论差役利害状》，（宋）朱熹著，郭齐、尹波点校：《朱熹集》，成都：四川教育出版社，1996 年，第 866—867 页；（清）徐松辑：《宋会要辑稿》食货 65 之 101 载乾道九年十二月详定一司敕令所修立法条等。

② （宋）李焘撰，上海师范大学古籍整理研究所、华东师范大学古籍整理研究所点校：《续资治通鉴长编》卷 263，熙宁八年闰四月乙巳条，第 6436—6437 页载：“诸县有保甲处已罢户长、壮丁，其并耆长罢之。以罢耆壮钱募承帖人，每一都保二人，隶保正，主承受本保文字。乡村每主户十至三十轮保丁一充甲头，主催租税、常平、免役钱，一税一替……凡盗贼、斗殴、烟火、桥道等事，责都副保正、大保长管勾。都副保正视旧耆长，大保长视旧壮丁法。未有保甲处，编排毕准此。”本处标点与中华书局 2004 年版本有异，盖作者以此为是，谨此注明。

③ 《宋史》卷 178《食货上六・役法下》，第 4329 页。

④ （清）徐松辑：《宋会要辑稿》食货 14 之 47 至 48 并 65 之 101 载绍兴五年四月十六日朝廷敕旨云：“于‘大保’字下添‘通’字，‘选保’字下删去‘长’字。及绍兴九年四月四日敕旨，于‘都保’字下添‘通’字，‘选’字下改‘大’字为‘都’字，‘保’字下删去‘长’字。自此差役极便。绍兴十七年六月二十三日申明……故有是命。”类似更改，似都无害于熙宁八年之制的宏旨。

⑤ （清）徐松辑：《宋会要辑稿》食货 66 之 77 并 65 之 82；（宋）李心传：《建炎以来系年要录》卷 96，绍兴五年十二月丙午记事。而据（清）徐松辑：《宋会要辑稿》食货 66 之 21 载淳熙元年三月五日臣僚言“诸路州县，一都之内，保正凡二，而保长凡八。”（清）徐松辑：《宋会要辑稿》66 之 26 载绍熙二年八月十七日太常少卿张叔椿言：“夫有乡则有都，有都则有保。一都二年用保正副二人，一都十保，一保夏秋二税用保长二人。二年之间，为税长者四十人。保正副之数少则上中户为之而有余，保长之数多则中下户为之而不足。州县之间，始以保正副之歇役者俾充保长，不理役次，固有朝辞保长之役，而暮受保正之帖者，而上中户俱受其困矣……”（宋）陈傅良：《止斋先生文集》卷 21《转对论役法劄子》引绍圣二年二月详定所言：“乡村每一都保，保正副外，大保长八人。”似有身为保正副而兼任同都保内大小保长者，则一都之中，乡役总数为 50 人，如此，则一都役人比熙宁之制少 12 人。近见杨宇勋先生《取民与养民：南宋的财政收支与官民互动》（台北：台湾师范大学历史研究所集刊之 31，2003 年，第 267 页注释）亦有相似的疑问。两宋是否皆然，当再详考。

都副保正凡二人，大保长凡十人，小保长凡五十人。”[①]据上所述，“以一都计之，则废农业者六十人”[②]，反映出乡役人数的增长变化情况。换言之，这些史料与熙宁八年（1075年）的制度规定是一致的。南宋人舒璘以徽州歙县为例，论说南宋役法弊病云：该“县三十七都，每都税［长］二人，则一税不过七十四人，转而为十，则一税将差三百七十人。……是向也一税之内，以七十四家而受此祸；而今也以三百七十家而受此祸”[③]。同样反映出乡役人数的成倍增长。

现存明朝天一阁方志中还有三则相关史料，兹摘录于下。

> 唐制：百户为里，五里为乡……据唐华亭一县，统乡十三，则里正六十五人也。宋制：熙宁以前……熙宁以后，曰保正曰保长，据《嘉熙便民省劄》，华亭诸乡苗税旧例，差保长三百人有奇。[④]
>
> 宋分乡、吏二役，旧以人户等第差充……乡役：旧有里正、户长、乡书手、壮丁，分主赋税及烟火盗贼。中间罢里正，募耆长。熙宁行保甲法，令五家为比，五五为保，十大保为都。保有保长，都有都保正副，专一逐捕盗贼等公事。而耆长、户长专督赋税。其后，耆、户长亦废，保正副遂兼其役。本县二十里，为都三十有四，保正副六十八人。嘉定间，簿林矩创义役，每都为十甲，大保长十一人，共三百四十人。小保长每甲五人，共一千七百人。乡书手十八人。[⑤]
>
> 役法之弊久矣……淳熙六年春……县十四乡三十五都，保正凡五十四人，而当役之家实四百三十五，视力高下，出田有差……[⑥]

今按：依上所载，宋时华亭县单保长一役就差有300多人，比之唐朝差里正65人，已多出5倍。惠安县有34都，差保正副68人，正好与宋制每都设保正副二人相符；而嘉定后的乡役人数，大小保长数即达2040人，也反映出其间乡役人数的增长。至于淳安县的记载，其35都中当役者达435人，依熙宁之制，应是指保正副和大保长而言。

① （清）徐松辑：《宋会要辑稿》食货66之77；（宋）李心传：《建炎以来系年要录》卷96，绍兴五年十二月丙午记事，影印文渊阁四库全书本，台北：商务印书馆，1986年，第344页。

② （清）徐松辑：《宋会要辑稿》食货14之19。

③ （宋）舒璘：《舒文靖集》卷下《论保长》，影印文渊阁四库全书本，台北：商务印书馆，1986年；（宋）周应合：《景定建康志》卷41《溧阳县均赋役记》载陆子遹所记宋宁宗嘉定十三年时，建康府溧阳县自从推行义役后，溧阳县“而赢役户凡得保正三百六十有七，保长二千八百八十有七”。

④ 《正德松江府志》卷6《户口》，《天一阁明代方志选刊·续编》，上海：上海书店，1990年，第268页。

⑤ 《嘉靖惠安县志》卷7《职役》，《天一阁明代方志选刊·初编》，上海：上海书店，1965年，第10—12页。

⑥ 《嘉靖淳安县志》卷14载录（宋）胡一之《义役记》，《天一阁明代方志选刊·初编》，第10—11页。

下面，我们再根据成书于南宋淳熙九年（1182年）的《淳熙三山志》[1]卷14《版籍类》做成下表，来考察其中的变化情况（表1、表2）。

表1　北宋时期福州乡役人数情况表

时间	户长	耆长	壮丁	乡书手	保正副	大保长	催税甲头	承帖人	乡役总数
熙宁七年（1074年）		444	1592	62					2098
元祐元年（1086年）	130	443	1614						2187
绍圣元年（1094年）					834	3555	5211	829	10429

表2　两宋福州各县乡役人数情况表

县分	时间	户长	乡书手	耆长	壮丁	保正副	大保长	小保长	乡役总数
闽县	熙宁	21	10	37	154	67			289
	元祐	21	10	37	154				222
	绍圣					60			60
	淳熙		10	37					47
连江	熙宁	11	5	49	148				213
	元祐	11	5	49	136				201
	绍圣					66			66
	淳熙		5	32		60	302	1520	1919
侯官	熙宁	28	9	44	201				282
	元祐	28	9	44	201				282
	绍圣					71			71
	淳熙		9	44		71			124
长溪	熙宁	11	4	55					70
	元祐	11	4	52	196				263
	绍圣		4		151				155
	淳熙		4	55	175	851		4355	5440
长乐	熙宁	8	4	32	98				142
	元祐	8	4	37	92				141
	绍圣					41			41
	淳熙		4	26		48			78
福清	熙宁	16	7	73	248				344
	元祐	16	7		250				273
	绍圣					419			419
	淳熙		4			442		372	818
古田	熙宁	11	4	26	76				117
	元祐	11	4	16	94				125
	绍圣					84			84
	淳熙	4		6	76	81	398	1874	2439

① （宋）梁克家：《淳熙三山志》，北京：中华书局影印《宋元方志丛刊》本，1990年，第7898—7900页。

续表

县分	时间	户长	乡书手	耆长	壮丁	保正副	大保长	小保长	乡役总数
永福	熙宁	4	3	18	92				117
	元祐	4	3	18	100				125
	绍圣					74			74
	淳熙	6	3	28	96	73	316	1030	1552
闽清	熙宁	4	2	16					22
	元祐								
	绍圣					47			47
	淳熙		2	17	53	47	234	1170	1523
宁德	熙宁	6	3	20	64				93
	元祐	6	3	20	64				93
	绍圣					56			56
	淳熙		3	30	30	46	230	1151	1490
罗源	熙宁	6	3	24	84				117
	元祐	6	3	26	90				125
	绍圣					33			33
	淳熙	3	3	26	3	26	180	720	961
怀安	熙宁	16	8	43	176				243
	元祐	16	8		176				200
	绍圣					51			51
	淳熙		8	33	3	51			95

表1和表2中的数字统计，未必完备，但仍可反映出以下几方面问题。

（1）表1中，熙宁元年时乡书手还是乡役之一，到元丰和绍圣之后，则因已上升为县役而不再列出（修撰于南宋嘉定时期的《嘉定赤城志》卷17《吏役门》中则明确将其划为县役人）。表2中北宋后期和南宋时期所出现的乡书手，或是福建路所推行的兼差制。

（2）根据表2中福州地区有关年份的民户总数，我们对淳熙年间乡役人数在民户总数中所占的比例，做一大致测算。据《淳熙三山志》卷10，淳熙九年（1182年），福州民户总数为321284，而该州所辖诸县乡役人数，据现存史料的统计为16486人，所占比例为21.3%。也就是说，在当时的福州，每5户左右就有一人充当乡役。这与每5户设一小保长的熙宁之制是相符的。

（3）表1中显示，福州一地元祐元年的乡役人数为2187人，而到绍圣元年则上升至10429人，比前者多出8242人，后者约为前者的5倍。表2中显示：连江县淳熙年间有乡役1919人，熙宁年间为213人，淳熙比熙宁多出1706人，后为前的9倍。长溪县中，淳熙年间乡役人数为5440人，比熙宁年间多出5197人，后者为前者的22倍。宁德、罗源等县也有大致相当的比照。另，福建路个别地区的个别年份也有差派甲头催税的情况，但在表二中并没有显示。而倘若再依各地每20—30户（一般应接近30户）设立一催税甲头计算，以一都250户计，每都应有8名左右的催税甲头，若非兼差，基层乡村负责税收者则又有增多。[①]

（4）分析表2中的数字，我们发现，各县并未严格按照熙宁之制设置乡役人员，而只是与制度大体符合而已。如，就连江县淳熙年间的乡役而言，保正副为 60 人，则大保长应为 300 人，小保长应为 1520 人，而史料的实际记载却是大保长 302 人，小保长则实为 1520 人；再以长溪县为例，元祐年间的乡役人数是 263 人，而淳熙年间缺少大保长的记载，却同时兼差有耆长、壮丁和乡书手。再如，古田县淳熙年间设有 81 名保正副，那么，按规定，则大保长的人数应是 405 人，小保长的人数应有 2025 人，而实际史料的记载，大保长只设 398 人，小保长只设 1874 人；再看永福县的情况，淳熙年间，该县设 73 名保正副，那么，按规定，其大保长、小保长设置的人数应该分别是 365 人和 1825 人，而实际史料的记载却分别是 316 人和 1030 人。其中的差距是比较大的。闽清、宁德、罗源等县的情况也大致相当。总之，从中既可以发现前后乡役人数的增加，也可发现其中的人数设定并非十分严格。这或许既与中国传统社会构成中，国家对于地方的控制，越到基层管理机制的控制力就越显松弛的特点有关，似也与王安石等在制订保甲法之初，就有因地制宜的规定有关[②]，即各地可以因民户多少以及“其风俗利害，各有不同去处”[③]等因素，而确定都保、大小保的具体

---

① （清）徐松辑：《宋会要辑稿》食货 66 之 73 并 65 之 77 载绍兴元年九月十二日臣僚言：“……大保长催科，每一都不过四家……今甲头每一都一料无虑三十家……”可知。另（宋）汪应辰：《文定集》卷 5《论罢户长改差甲头疏》载，潼川府中江县差甲头 862 人，怀安军金堂县差甲头 700 人。又据（宋）真德秀言，福建路浦城县七十二都，每年差 144 名保长催督夏秋二税，见《西山真文忠公文集》卷 29《福建罢差保长条令本末序》，四部丛刊初编本。关于一都催税者仅有大保长四人，朱熹曾说：“……大保长既是中下之户，而一年之内轮当催税者四人……”，但他同时又有“……见役十大保长轮差催税……只令十大保长各催本保人户官物……”之说，均见《晦庵先生朱文公文集》卷 21《论差役利害状》，据《朱熹集》，第 866—867 页。这和前揭《宋会要辑稿》均与熙宁之制不符，尚需详考。

② （宋）李焘撰，上海师范大学古籍整理研究所、华东师范大学古籍整理研究所点校：《续资治通鉴长编》卷 248，熙宁六年十一月戊午条（第 6045 页）载朝廷准司农寺奏请：“……但及二百户以上，并为一都保，其正、长人数且令依旧。即户不及二百者，各随近便，并隶别保。诸路依此。”并《宋史》卷 177《食货上五》，第 4300 页。

③ （清）徐松辑：《宋会要辑稿》食货 65 之 82，绍兴四年十一月二十八日广东转运常平司据知平江府长洲（一作常州，误）县丞吕希常陈请。据史料记载，各地还出现了如下现象：如（清）徐松辑：《宋会要辑稿》兵 2 之 20 载元丰四年正月判尚书兵部蒲宗孟言：“开封……十大保为一都保，保外别立副都保正各一人，及二小保以上亦立大保长一人，五小保以上亦立都保正一人，不及者，就近附别保。隔绝不可附者，二小保亦置大保长一人，四保亦置保正一人。”又（清）徐松辑：《宋会要辑稿》食货 65 之 88 载绍兴二十六年正月十日权知复州章焘言：“湖北、京西州县有户口稀少去处，其都分名额悉无改并，每遇都副保正阙，官司依旧随都选差，则是频并。欲乞今后每一都人户若不及五大保处，即合并接邻近都分人户通行选差都保正一人……候人户各及一都之数日，仍旧选差。”得到朝廷的允许。又，（清）徐松辑：《宋会要辑稿》食货 65 之 90 载绍兴二十七年十二月四日，朝廷也批准了处州遂昌县丞黄揩的奏请“……兼契勘州县差募保正副，依法系以十大保为一都保，二百五十家内通选材勇物力最高二人充应，缘州县乡村内上户稀少，地理窄狭，并有不及一都人户去处，致差役频并。今看详，欲下诸路常平司行下所部州县，委当职官将都保比近地里窄狭，人烟稀少并不及十大保去处并为一都差选，仍不得将隔都及三都并为一保，如内有都分人烟繁盛，山川隔远，更不须拨并。其并过都分，从本司保明供申……”再如（清）徐松辑：《宋会要辑稿》食货 65 之 101 载乾道九年十二月时，详定一司敕令所修立下条云“……诸村疃五家相比为一小保，选保内有心力者一人为保长；五保为一大保，通选保内物力高者一人为大保长。十大保为一都保，通选都保内有行止、财勇物力最高者二人为都副保正。馀及三保者亦置大保长一人，及五大保者置都保正一人。若不及，即小保附大保，大保附都保”；以及宋金边界地区因民户稀少而合并都保等等相关记载。另，在狭都户贫处，（宋）朱熹：《晦庵先生朱文公文集》卷 21《论差役利害状》还有以下的议论：“其狭都十大保长内，有物力低小之家，即令诸县每年夏税起催前一月，逐都一并轮差物力最高人户四名充户长”，据《朱熹集》，第 866—867 页。

设定。

通过上面的两个表格，还可以发现，宋神宗熙丰以后，福建路等地乡役人数大幅度增长的史实。这相对于北宋初期而言，增长数量确实是比较大的。虽然现存史料仅江浙、福建等地的记载较为详备，其他地区的相关史料却相对缺乏，但是，参照熙宁八年的朝廷诏令，南宋时期朝廷的屡次诏敕以及各地官员的反映，大致可以说，北宋熙丰后、整个南宋时期比熙丰之前乡役人数的增加，应是一个不争的史实。①

上溯隋唐，我们再看有宋之前乡村管理体制中设员的情况。隋朝开皇九年（589年）二月，隋高祖的诏制云："五百家为乡，正一人；百家为里，长一人。"②杜佑《通典》卷3《食货三·乡党》载："大唐令：诸户以百户为里，五里为乡。四家为邻，五家为保。每里置正一人（若山谷阻险，地远人稀之处，听随便量置），掌按比户口，课植农桑，检察非违，催驱赋役。……在田野者为村，别置村正一人。其村满百家，增置一人，掌同坊正。其村居如［不］满十家者，隶入大村，不须别置村正……"③则反映出中唐以前乡村管理体制的状况。与宋朝并存一百多年的金朝（1115—1234年），也大致沿袭上述隋唐两朝的乡村之制。其500户中所设管理人数，一乡五里在6人左右；村正的设置，似乎只在少于 10 户的村落才能设置一人，而具体人数设置却难以确定，但考虑到平原与山区的区别，以及古代人口较少，并且为了合力耕作和共御盗贼，一般在平原聚族而居的村落，人户稍多，则村正人数较少；偏僻山区、湖泊的居民，则多散居各地，一乡所设，应该稍多。中唐以后，乡里制度发生了一些变化。唐后期的乡村管理体制中，则在原有设置的基础上又出现了"书手"等役名，五代时期则又出现了"耆长""三大户"等。这时，乡村管理人员较此前大致已有所增加。④上述似乎可以表明，乡村管理人员是逐渐增加的：北宋前期，乡村社会中还没有大量增加管理人手，直到熙丰之后，才出现了大量增加的现象。由唐朝初期500户中仅设10人左右（唐后期设置数量上的变化情况，现存文献并无更为明晰的记载），到宋神宗朝以后，每500户中多达120人左右，乡役人数增加了数倍之多，这一变化是极其显著的。

---

① 瞿同祖：《清代地方政府》，范忠信、何鹏、晏锋译，北京：法律出版社，2003年，第3—6章就书吏、衙役、长随、幕友的研究；魏光奇：《官治与自治——20世纪上半期的中国县制》，北京：商务印书馆，2004年，及其《清代"乡地"制度考略》《清代乡地职役人员问题考辨》诸文，分别发表于《北京师范大学学报》（社会科学版）2007年第2期和2013年第1期，或可补充这一研究的可靠性。

②《隋书》卷2《高祖纪》，北京：中华书局，1973年，第32页。

③（唐）杜佑：《通典》卷3《食货三》，北京：中华书局，1988年，第62—63页。依同书第68页王永兴先生所做校勘记云"其村居如满十家者隶入大村，疑'如'下脱'不'"字。这一推断，颇有道理。

④ 李锦绣从地方财政的角度，探讨了唐朝后期州县乡村胥吏的增加及其作用，见其《唐代财政史稿》下卷第一编第六章第三节《里胥典正与地方财政》，北京：北京大学出版社，2001年，第598—606页。

三

由唐入宋，特别是在宋神宗朝以后，乡村社会中何以出现乡役人数大幅增长这一现象，其中是否蕴涵有唐宋之际社会变革、国家权力极欲渗透到基层社会，以强化政府对乡村的治理等史实[①]，及其所产生的社会影响等，又可以申述并印证哪些史实，尚有待进一步探索。下面，谨从唐宋社会经济变革的角度，稍加探索。

唐中叶以来，江南地区社会经济发展较快，随着两税法的实行，改变了过去乡村赋税征收的体制，与此同时，民户有了更多流动的自由，且逐渐为社会所接受。因事设职是行政管理体制中惯常的道理。为了适应社会和经济领域的变化，势必要求乡村社会管理体制的适时应变。

第一，魏晋南北朝以降，迄于隋唐，门阀士族开始走入城市，他们在乡间的统治力量逐渐减弱，原来在宗主督护制下，士家大族强有力控制乡村民众的现象不复存在[②]，取而代之的是国家权力对乡村的治理。由于缺乏有效的治理方式，所以，中唐五代和宋初，国家控制力难以抵达乡间，更缺乏支配每一个社会细胞的能力，似乎可以说是乡村发展史上的一个无序化时代。入宋后，统治者势必要采取措施，以弥补前此"权力空隙"，加强国家对乡间的控制。乡役人数的增加，以及宗族重新出现等，都是宋政府为顺应这一历史发展趋势所做出的努力。

第二，中唐以后，"人无丁中，以贫富为差"[③]，或说"唯以资产为宗，不以丁身为本"[④]的新税制的出现，即由"税丁"到"税产"的变化，对国家基层管理方式影响很大。我们知道，相比而言，"税丁"的方式简单而易行，履产而税，这就需要乡村税收人员在履定税额时，既要走遍所辖乡村的每一个角落，核定山田、平地、水田的边边角角，勘验田亩多少、贫腴成色，又要到农户家中逐一检察各种各样的家产，以便最后计算乡户的资产总数，评定户等，征税派役。[⑤]自中唐入宋后，乡村赋役摊

① 最近，黄宽重：《唐宋基层武力与基层社会的转变——以弓手为中心的观察》，《历史研究》2004 年第 1 期；刁培俊：《宋代乡村精英与社会控制》，《社会科学辑刊》2004 年第 2 期，也对此进行了讨论。

② 毛汉光：《从士族籍贯迁徙看唐代士族之中央化》，原刊《"中央研究院"历史语言研究所集刊》第 52 本第 3 分，今据毛汉光《中国中古社会史论》，上海：上海书店出版社，2002 年，第 234—333 页；韩昇：《南北朝隋唐士族向城市的迁徙与社会变迁》，《历史研究》2003 年第 4 期。

③《旧唐书》卷 118《杨炎传》，北京：中华书局，1975 年，第 3421 页；《旧唐书》卷 48《食货志上》，第 2093 页。

④（唐）陆贽：《唐陆宣公翰苑集》卷 22《均节赋税恤百姓六条》第一条《论两税之弊须有釐革》，《四部丛刊初编》本。

⑤（宋）张方平：《乐全集》卷 26《论率钱募役事》，《北京图书馆藏珍本丛刊》影印宋刻本，北京：书目文献出版社，1998 年，第 91—92 页。又（宋）李焘撰，上海师范大学古籍整理研究所、华东师范大学古籍整理研究所点校：《续资治通鉴长编》卷 277，熙宁九年秋（系事于九月末），第 6787—6791 页；（宋）郑侠：《西塘集》卷 6《上王荆公书》；（宋）李焘撰，上海师范大学古籍整理研究所、华东师范大学古籍整理研究所点校：《续资治通鉴长编》卷 237，熙宁五年八月、方田均税条约；《淳熙三山志》卷 10《版籍·垦田》等记载。

派方式主要有：按田地多寡肥瘠、人丁、乡村主户的户等、按家业钱和税钱等划分乡村主户户等的财产标准。这四种方式往往重叠，又派生出多种摊派方式，呈现出多样化的趋势。[①]乡村税收人员的工作日趋复杂化了，工作量也大大地增加了。这样一来，就需要增加人手，以便及时有效地完成上述各项事务。[②]这是中唐以降尤其是宋代，乡役人数增加的主要原因。

第三，按“户无主客，以见居为簿”[③]的规定，改变了过去人口相对固定的户籍制度，乡村民户对于地主的人身依赖渐趋淡化，有了一定的流动自由。在租佃关系占主导地位的宋代，佃户还拥有了一定程度的起移权，流动性也相对增大。[④]民户的自由流动，和灾荒、战乱等因素导致的民户流移，不但使社会治安问题日益突出，而且也进一步给评定乡村民户的户等、征收赋税等带来了难度。由于宋代田产、户等以及其他家产的变动是极其频繁的，有限的人手难以胜任评定户等、征派赋役等繁难的工作，所以，在基层社会管理中，不但要增加乡村社会治安人员，而且也往往差派他们承担催税的任务。

第四，乡役人数的变化，也是与宋朝社会经济发展，人口增长等，尤其是与财政收支状况密切相关的。自宋仁宗朝以来，三冗三费和积贫积弱、边境等问题就日益突出出来，此后，赵宋朝廷就陷入了财政上入不敷出的窘局。疆域大为缩减的南宋更是如此，国家财政也更显窘迫，地方州县财政同样日益匮乏。[⑤]既然国家允许土地私有，并确定根据产业的多少缴纳赋税，那么，具有这样或那样背景的形势户官户、豪强民

---

① （唐）陆贽：《唐陆宣公翰苑集》卷22《均节赋税恤百姓六条》第一条《论两税之弊须有釐革》：“……曾不悟资产之中，事情不一。有藏于襟怀囊箧，物虽贵而人莫能窥；有积于场圃囤仓，直虽轻而众以为富；有流通蕃息之货，数虽寡而计日收赢；有庐舍器用之资，价虽高而终岁无利。如此之比，其流实繁。……”已大致反映出两税法之后计算民户资产、评定户等的繁难。类似论说，宋人尤多。梁太济先生对此有精详研究，参阅梁太济：《宋代家业钱的估算内容及其演变》，中国社会科学院历史研究所宋辽金元史研究室主编：《宋辽金史论丛》第2辑，北京：中华书局，1991年，今据梁太济：《两宋阶级关系的若干问题》，保定：河北大学出版社，1998年。另参阅王曾瑜：《宋朝划分乡村五等户的财产标准》，邓广铭、程应镠主编：《宋史研究论文集》，上海：上海古籍出版社，1982年；王曾瑜：《宋朝乡村赋役摊派方式的多样化》，《晋阳学刊》1987年第1期。后两文分别收入王曾瑜：《涓埃编》，保定：河北大学出版社，2008年，第244—270页；王曾瑜：《锱铢编》，保定：河北大学出版社，2006年，第324—334页

② 王棣：《从乡司地位变化看宋代乡村管理体制的转变》，《中国史研究》2000年第1期；王棣：《宋代乡里两级制度质疑》，《历史研究》1999年第4期两文中的部分研究。张谷源：《宋代乡书手的研究》也详细论及之，中国文化大学硕士学位论文，1998年，完成时间略早于王棣前揭两文。

③《旧唐书》卷118《杨炎传》，第3421页。

④ 漆侠：《王安石变法》（增订本），石家庄：河北人民出版社，2001年，第41—42页；朱瑞熙：《宋代社会研究》，郑州：中州书画社，1983年，第38—43页；陈明光：《唐朝两税预算形式与封建人身依附关系》，《汉唐财政史论》，长沙：岳麓书社，2003年。

⑤ 漆侠：《王安石变法》（增订本）第18—27页；黄繁光：《宋代民户的职役负担》第三章，第257—268页；汪圣铎：《两宋财政史》第一编诸章，北京：中华书局，1995年；包伟民：《宋代地方财政史研究》第四章，上海：上海古籍出版社，2001年，第164—195页。两宋差役、募役之争，以及乡役人并无官方支付的报酬，而沦为“职役”，都是和国家财政状况密切相关的。这也是两宋期间役法中有“名募实差”现象及其一再更革的原因所在。

户就会想方设法隐瞒田产，贫穷不能自存的民户则只能蔽身于形势户，诡名挟户（隐户）、诡名寄产、诡名挟佃等现象也就随之出现，并成为宋朝一大社会痼瘤。[1]总而言之，对于赵宋王朝来说，其所要求于乡役人者，最主要的有两点：第一，及时、足额完成税收任务，以保证国家财政的正常运行；第二，保证基层社会秩序的安定。为了应对上述各种压力和社会变动，就需要向乡村民户征收尽可能多的赋税，以保证国家财政的运转。国家赋税本已沉重，而这些官无俸给的地方吏役还会对民户有更多的侵剥，这就导致乡村民户负担的增重。剥削量的增加，无疑又会引起民众各种方式的反抗，一些铤而走险者就时不时地对地方政府构成威胁。随着财政税收和乡村治安管理问题的突出，如何避免中唐五代以来基层社会失控等问题，并进一步加强对乡村社会的控制，从税收和治安两个方面，加派替政府管理广土众民的乡役人员，也就成为宋神宗和王安石们治理国家的要务了，有关乡役问题自然也就引起了此后宋朝君臣更多的关注。顺应社会发展的实际需要，于是，在这一时期，乡役人数也就发生了数量上的较大增长。宋代乡役人数的增长，其社会作用固应重视，然社会影响也不容忽视。另外，这一增长从某些方面也显现出国家权力向基层社会延伸的趋势，但是，考诸两宋社会之史实，我们认为，从根本上说，这一趋向并非宋王朝政治制度的治理理念所在，而是从保证国家财政和政权稳定的角度，所转化出的一种统治意向。

增补：黄繁光先生曾引述《永乐大典》卷2217中泸州府引曹叔远《江阳谱》之资料，制成《泸川乡都保正长暨户数一览表》（表3），颇有价值，今转录于下。具体请参阅黄繁光先生《宋代民户的职役负担》，中国文化大学史学研究所博士学位论文，1980年，第341—343页。

表3　泸川乡都保正长暨户数一览表

乡名	都数	保正数	大保长数	户数
宜民乡	第一都	1	4	860
进德乡	第二都	1	4	479
忠进乡	第三都	1	4	622
	第四都	1	4	737
衣锦乡	第五都	1	2	419
	第六都	1	4	369
	第七都	1	4	352
	第八都	1	4	680
	第九都	1	4	386

① 王曾瑜：《宋朝的诡名挟户》，《社会科学研究》1986年第4—5期。收入王曾瑜：《涓埃编》，保定：河北大学出版社，2008年，第556—582页。

续表

乡名	都数	保正数	大保长数	户数
	第十都	1	4	447
	第十一都	1	4	427
	第十二都	1	4	328
	第十三都	1	4	639
	第十四都	1	4	552
安贤乡	第十五都	1	4	400
	第十六都	1	4	534
	第十七都	1	4	478
	第十八都	1	4	498
	第二十都	1	4	377
	第二十一都	1	4	587
惠民乡	第二十二都	1	3	1258
	第二十三都	1	4	1091
	第二十四都	1	4	1466
	第二十五都	1	4	1332
	第二十六都	1	4	1156
清流乡	第二十七都	1	4	823
	第二十八都	1	4	679
	第二十九都	1	4	584
	第三十都	1	4	437
	第三十一都	1	4	496
永安乡	第三十二都	1	4	827
	第三十三都	1	4	1063
	第三十四都	1	4	485
总计	总三十四都	34	132	22563

这则史料，一方面反映出南宋中后期一都内的民户户数一般都远远多于 250 户的北宋时期制度规定；另一方面，还可看出乡役保正长的设置，也与元丰、绍兴时之编制有所差异。其实，《永乐大典》卷 2217 引《江阳谱》中的资料原文是这样的：其八乡八里，三十四都，“祥符旧经管一乡五里，旧志管七乡八里，旧分都置保，凡四大保，属一保正，各以丁力轮差，二年一代。乡有耆长，县选材干者充，保以察盗贼，耆以督课输。嘉定六年，朝旨行下。淳熙六年，广西帅张左司奏请施行察盗事。今诸乡结甲，五家为一甲，家一丁，丁多之家二丁，官户、秀才以幹人代。有甲头，五甲为一队，队有队长。在市镇者则为团长，远村止以保正副统率。所用器仗随所有，家置梆子，有鼓者听用鼓，遇盗发处，鸣梆击鼓，并出拦截。其用令，不用令前率众，不能率众，官为之惩劝，于是县各结甲申请州，惜乎皆为具文，甲队徒有其籍尔。然必有保甲，而后户口明，催科调发之令不紊，而盗贼无所容其迹。真良法也，故不可

不录”。细致阅读文献，这一表格调整如表4所示。

表4　南宋泸川乡都保正长暨户数一览表

乡里	都	保正	保（大保）	团	队	甲	家	其他
宜民乡应福里	第一都	1	4		35	168	860	
进德乡四镇里	第二都	1	4		19	91	179	
忠信乡南岸里	第三都	1	4		24	159	622	
南田坝蒲市	第四都	1	4		30	141	737	
衣锦乡白芳里	第五都	1	2		16	80	419	
	第六都	1	4		14	70	369	
	第七都	1	4		14	67	352	
	第八都	1	4		27	130	680	
	第九都	1	4		15	73	386	
	第十都	1	4		17	85	447	
	第十一都	1	4		17	81	427	
	第十二都	1	4		13	62	328	
	第十三都	1	4		34	120	639	
	第十四都	1	4	1	21	105	552	
安贤乡中下里	第十五都	1	4	5	15	75	400	
	第十六都	1	4	4	20	101	534	
	第十七都	1	4	4	18	90	478	
	第十八都	1	4	4	19	94	498	
	第十九都	1	4	3	27	132	695	
	第二十都	1	4	4	14	71	377	
	第二一都	1	4	4	23	111	587	
惠民乡井三里	第二二都	1	3		49	241	1258	
	第二三都	1	4		43	211	1091	
	第二四都	1	4	3	58	280	1466	
	第二五都	1	4	1	51	255	1332	
	第二六都	1	4	2	34	223	1156	
清流乡沿江里	第二七都	1	4	1	32	157	823	
	第二八都	1	4	1	27	129	679	
	第二九都	1	4		24	111	584	
	第三十都	1	4		17	83	437	
	第三一都	1	4	1	20	94	496	
永安乡小溪里	第三二都	1	4	16	31	155	827	
	第三三都	1	4	4	40	203	1063	
	第三四都	1	4	13	25	89	485	
江安县江阳谱罗力耆	第一都	1			12	60	312	

续表

乡里	都	保正	保（大保）	团	队	甲	家	其他
（本县一乡一里儿耆三十二都）	第二都	1			16	37	384	保丁76家
	第三都	1			10	42	251	
	第四都	1			15	62	376	
	第五都	1			12	60	154	
	第六都	1			10	36	177	
	第七都	1			9	42	220	
	第八都	1			10	50	260	
南井耆	第九都	1			6	30	151	
	第十都	1			11	55	287	
	第十一都	1			7	35	176	
	第十二都	1			9	49	226	
	第十三都	1			1	34	172	
	第十四都	1	1	1	13	62	326	
	第十五都	1			7	35	183	
	第十六都	1	4		31	155	811	
大硐耆	第十七都	1			13	65	339	
罗隆耆	第十八都	1	4		31	155	811	
	第十九都	1	4		31	155	811	
	第二十都	1	4		40	200	1045	扶（富）户58
城外耆	第二一都	1			8	40	209	
	第二二都	1			13	65	289	
旧江安耆	第二三都	1			31	155	807	
	第二四都	1			31	155	807	
	第二五都	1		1	32	161	834	
罗东耆	第二六都	1	4		12	60	317	
	第二七都	1	4		8	40	213	
	第二八都	1			5	25	181	
生南耆	第二九都	1	4			4	113	附保17家
	第三十都	1	4	1	21	105	552	
	第三一都（三一、三二两都共管）	1（1副保）			6	25	157	
合江县江阳谱白皓里	第一都	1			45	223	1160	
（本县一乡七里二十都）	第二都	1			45	223	1160	
	第三都	1		1	26	127	660	
	第四都	1			28	138	719	

续表

乡里	都	保正	保（大保）	团	队	甲	家	其他
	第五都	1			7	35	193	
	第六都	1			41	202	1052	
水北里	第七都	1	4		20	100	1028	
	第八都	1			10	47	244	
	第九都	1			27	132	686	
	第十都	1			17	84	437	
	第十一都	1			13	65	339	
白马里	第十二都	1			20	97	506	
	第十三都	1			15	76	396	
	第十四都	1			13	61（62）	324	
	第十五都	1			53	262	1364	
带滩里	第十六都	1			12	60	313	
	第十七都	1			13	65	331	
	第十八都	1			19	93	484	
	第十九都（系上带滩里地分）	1			30	249	770	
	第二十都（系上云翔里地分）	1			8	39	204	

据《永乐大典》卷2217，北京：中华书局，1986年，第633—634页。

〔本文初刊于《中国史研究》2005年第1期〕

附记

习作先后承蒙王曾瑜、李治安、汪圣铎、黄宽重诸先生惠赐教益，谨此致谢。2017年补记：这篇习作本是我硕士学位论文的一部分，2000年初曾当面请益于先师漆侠先生，后蒙先生首肯，先生以为此乃小问题，嘱命须关注关键性大问题。此后，蒙王曾瑜先生具体指导，修改定稿后发表。我自1996年拜识王先生，20多年来，时或请益，先生均热情垂教。先生是我心目中的学术楷模；先生对学生温暖无比的教导和垂范，而今更是我教学工作的动力源泉。先生是我的博士学位论文答辩主席，我一直将先生视为自己的老师。值此先生八十寿诞之际，谨恭祝先生健康长寿，学术之树常青。

《碛砂藏》宋人题记研究*

游　彪**

20 世纪 30 年代初，在陕西开元、卧龙寺发现了宋元时期雕版的大藏经，这就是被称为《碛砂藏》的一版藏经。当时在中国佛教界引起了巨大的轰动，其后朱庆澜与叶恭绰等居士成立了“影印宋版藏经会”。经过多年努力，1936 年出版了该版大藏经，印光、虚云、欧阳渐、蔡元培、兴慈、持松、朱庆澜、吴兆曾八人为该版藏经作了序言。然而，更为值得关注的是，在这版藏经中流传下来总共 603 条宋人、元人的刊刻记，这些都是弥足珍贵的宋代、元代史研究的史料。经过笔者多方努力，最终得到了一个抄本的复印件①，本文拟以宋代题记为中心探讨这些史料的价值。

一、施舍者籍贯所反映的僧俗互动

遍布平江府周边的乡民也积极加入捐助刊刻大藏经的行列。令笔者颇感兴趣的是，这些乡村民众在题记中多数详细地记录了他们的住址。以下分县加以介绍。

常熟县：钱泾、双凤乡、双凤乡三十二都沙荣信王土地境界。

长洲县：凤池乡顾家桥北街东面西、凤池乡官太尉桥南水西面东、凤池乡官太尉桥南水西面东、苏台乡廿七都大姚北东管巷、道义乡临顿桥南街东面西、吴宫乡二十都、乐安上乡东鱼桥东街北面南交让大王管界、乐安上乡盛恩桥北面南、依仁乡十九都前戴墟庾王土地。

昆山县（今江苏昆山市）：全吴乡第伍保天竺田、全吴乡第六保张潭石桥南路西面南、全吴郡（乡？）第伍保顾宣浦东、全伍乡朱天浦西、全吴乡朱天浦西、全无乡

---

* 本文为教育部人文社会科学重点研究基地北京师范大学史学理论与史学史研究中心招标课题“宋代历史文献学的成就与特点研究”（2009JJD770008）的阶段性成果之一。

** 游彪，北京师范大学历史学院教授。

① 这批题记经过抄录和整理后汇编成册，但流传数量有限，其中一册藏于北京大学图书馆。由于种种原因，笔者未能见到该本，而是通过中国社会科学院历史研究所的刘晓教授和在日学者王瑞来先生从日本复印回来的。写作此文之际，要对两位学者的帮助表示诚挚的谢意。然而，笔者所用刘、王二位学者复印的是日本学者的屋胜发表在《日华佛教研究年报》第一年（1937 年）的特辑号上的抄录本，可能是限于当时的条件，该抄本错误很多，但无论如何是聊胜于无的。以下未注明出处者均来源于的屋胜的抄本，特此说明。另外，凡是括弧中带问号的字均系笔者改订，或为存在疑问的。

第五保御马院庄后、全无乡第五保、全吴乡第六保漳潭水南、全吴乡第伍保佳浦东、全吴乡第六保漳潭里、全吴郡（乡？）漳潭里、朱塘乡第四保夏里中村、朱塘乡第三保。

吴江县（今江苏吴江县）：久咏乡念染（廿？柒？）都后庇溪、久咏乡南印里、久咏乡廿八都长子坝字围田、范隅乡仙仁里石湖、范隅乡里庆荣桥西。

华亭县：海隅乡五十保大漕港水南赵府、附郭修竹乡四十三保平步桥西街北面南、修竹乡四十一保五舍里村心泾西钱府仓后、修竹乡四十一保仪凤里、修竹乡四十二保望湖田东、修竹乡四十二保钱盛里、修竹乡文钦里小蒸西界、修竹乡四十二保钱盛里、华亭乡（县？）三十五保邢村广界蟠龙塘东迮慕经南、华亭县附郭修竹乡四十三保平步桥西街北面南、长人乡十九保牛阳（场？）泾、修竹乡四十一保仪凤里、修竹乡四十三保水北面南、长人乡廿一保玉门塘官路东、长人乡十九保牛场泾、长人乡十九保牛场泾西、长人乡十九保牛场泾西居住奉佛弟子许氏净贤、长人乡十九保下砂场此（北？）第二竈、长人乡十九保下砂南场第七竈、长人乡十九保牛场泾、长人乡十九保牛场泾、长人乡十保何家、长人乡十六保俞塘南莺窦湖水西、长人乡廿一保、长人乡十六保砂门塘南路西、长人乡十六保横泾水东、长人乡廿乙保南竞子西、长人乡十六、廿乙（？）保白砂高昌等、长人乡十六保顾望塘横泾南、长人乡十九保、长人乡十六保三门塘南、长人乡十六保三门塘南、长人乡十六保三门塘水东、白砂乡十五保、白砂乡十五保横港西、白砂乡十五保青村南阳中竈港北、白砂乡十九保鹤窠塘水西、白沙（砂？）乡十五保萧塘市、白砂乡十五保横港东、华亭县郭邑南城街南面北、华亭县岳庙东街北面南、华亭县岳庙东街南面北、华亭县普照寺前街东、华亭县金家巷街南、华亭县洒（酒？）坊前街南、华亭县大吴桥东唐家巷南面北、华亭县南郭薛塔、华亭县普照寺前街西面东、华亭县普照寺桥南街东面、华亭县普照寺南柳家巷、华亭县中亭桥东面西、华亭县郭邑、华亭县郭邑岳庙东街南面北、华亭县明桥西草路北、华亭县白龙漂（潭？）兴福院、华亭县郭邑因家巷面东、华亭县郭邑西门博洞桥东街北面南、集贤乡四十保官召塘北洪宅庄后、集贤乡三十九保、华亭县居住、新江乡乡庙、华亭县郭盖侍郎宅大乡（伏下山）、新江乡幹山北横泾东水北。

吴县（1995 年撤销）：横山乡水（木？）里村、横山乡木里村、利娃乡李公桥东郭面南、永定乡升平桥东街北面南毛亭大王管界。

嘉定县（今上海嘉定区）：乐智乡陶舍里寺沟土地目下将军管界。

姑苏：姑苏齐门外蠡口东居住奉佛吕颐仲、姑苏齐门外蠡口东居住奉佛周氏二娘。

需要说明的是，各个地区的题记由于某一个人捐刻了多卷大藏经，因而他们的居住地址存在若干重复之处，虽然笔者全部录入了电脑，但本文写作时将重复部分略去了。另外，上述施舍人住址包括了城市居民和乡村民众，如“华亭县郭邑岳庙东街南面北”明显就是华亭县城的地址。

之所以较为详细罗列这些城乡居民的住所，其原因在于便于分析。首先，这些施舍者基本上都自称是“奉佛（或三宝）弟子”，如“平江府长洲县乐安上乡盛思桥北面南居住、今寄居常熟县界支塘陶宅门下奉佛女弟子高氏二十娘妙真”，也就是说，他们几乎都是虔诚的佛教徒。其次，这些捐刻佛经的可以说绝大多数并非平江府当地人，尤其是那些居住在乡村的佛教信徒，他们是通过哪些渠道知晓延圣院在刊刻大藏经的，这关乎宋代佛教寺院、僧人与信徒之间究竟有着怎样的联系。

在笔者看来，无非存在以下几种可能性。一是寺院或僧人广为宣传，使得平江府城周边很多佛教信徒都得以了解了延圣院刊刻佛经的情况。延圣院僧人在周边地区募集善缘应该是极为可能的，在不少题记中均有募捐僧的记录。在《大明度无极经》第三卷后就有“咸淳八年六月日，募缘比丘惟吉谨题”，在《胜天王般若波罗蜜经》第二卷有“咸淳八年六月日，募缘僧惟国谨题”等等。很显然，惟国、惟吉是两个出家人，各自都募得了刻经的钱财。这种题写僧人名字的题记在《碛砂藏》中还有很多，且随着时间的推移而出现不同名字的僧人，如《佛说八吉祥神咒经》就有“嘉熙三年八月日募缘僧志缘等题”，《法苑珠林》卷第一也出现了“幹缘僧善成、可南、法澄、法如、法升、法超、志圆”，这一题记中出现了七位僧人的名衔，可知当时延圣寺的出家人忙碌于刻经的人不在少数。毫无疑问，这些出家人要募得捐助，完成刊刻《大藏经》这一巨大工程，他们必然行走于城乡之间，通过各种途径与捐助者沟通。不难想见，宋代出家人为了达成某种目的，他们的足迹和身影出现在全国各地。在与当地居民的交流过程中，佛教的影响得以逐渐扩大，同时也大大增进了僧人与普通民众之间的关系。应该说，这些出家人恐怕并非想要自身留名后世，而是他们积极参与了大藏经的刊刻工作，因而他们想方设法在民间募集资金，为延圣寺雕刻《大藏经》做出了不可磨灭的贡献。

二是这些捐助者与延圣院之间存在某些特殊关系，进而口口相传，因而使得更多的信众得以捐助钱财。从上述罗列出来的住址中可以发现，很多地名明显有着地理上的相近性，即捐助刻经之人有不少都是居住在乡村的邻里。以昆山县（今江苏昆山市）为例，《姑苏志》记载该县有六乡，[①]即积善、朱塘、全吴、湃川、武原、永安。虽然这是明朝人叙述的情况，但大体上是可以加以利用的，加之乡的名称似乎也没有太多的变化，因而还是能反映宋代地理范围的。而捐刻大藏经的佛教信徒却集中在朱塘和

① （明）王鏊：《姑苏志》卷18《乡都》，《北京图书馆古籍珍本丛刊》，北京：书目文献出版社，1998年影印本，第26册，第280页。

全吴乡，而全吴乡又以第五、第六保的人居多，完全没有其他四乡信众捐助的记录，这不能不是令人怀疑的情况。仔细审查其他各县的捐助人，同样也是如此。吴江县（今江苏吴江市）有六乡[①]，而捐助人集中在久咏和范隅二乡。捐助人数最多的华亭县以居住在长人乡、修竹乡为多。

更有趣的是，这些住址中有一部分人甚至是邻居，如“姑苏齐门外蠡口东”的吕颐仲和周氏二娘就是如此，又如华亭县长人乡十九保就有“奉佛女弟子康氏三八娘”“奉佛弟子王彦澄”“奉佛弟子王梓”“奉佛弟子许氏净贤”“奉佛弟子倪询”“奉佛弟子唐佑同妻沈氏十四娘”“奉佛弟子王思臻”“奉佛弟子唐思敬同母亲倪氏三娘”“奉佛女弟子陶氏六四娘”“唐思明同妻瞿氏四十九娘”“奉佛女弟子陆氏四十一娘”，共计十一个人次捐助了延圣院，而其中六人来自同一个地方“牛场泾”。这些恐怕不是偶然的巧合，而是另有缘由的。众所周知，平江府自五代钱氏政权以来就是江南地区佛教信仰的重镇，“民莫不喜蠲财以施僧，华屋邃庑，斋馔丰洁，四方莫能及也。”[②]可知不论是平江府管辖的哪个地区，老百姓都形成了“蠲财以施僧”的氛围，因而佛教信仰有着坚实而深厚的民众基础，其施舍僧人已然成为普通民众日常生活的重要组成部分。既然如此，各个乡里的民众捐助刻经的数量应该是差距不大的。然而，从《碛砂藏》著录的情况来看，捐助延圣寺刻经之人似乎集中平江府某些特定的区域。由此可知，由于他们基本上都是虔诚的佛教信众，因而这些人之间应该是经常相互交流对佛教的体验以及其他相关情况的，进而构成了相当特殊的关系。正因为如此，捐助延圣寺雕刻大藏经的民众才会出现很高的集中度。

除了信众之间的相互交流而外，宋代民间还有专门从事化缘的人，他们四处奔走，劝说普通民众捐施钱财帮助延圣院刊刻佛教经典。在《碛砂藏》题记中，他们被称为“幹缘”“劝缘”“都劝缘”，等等，名称不一，但其从事的活动实际上就是募捐。如《道行摩诃般若波罗蜜经》是由“张税院一力刊此经”的，但在第七卷和第九卷之后却有“都劝缘檀趣（越？）、成忠郎赵安国”的题款。很显然，张璇是出资人，而成忠郎赵安国无非是募集资金的人而已。可以肯定的是，赵安国与张璇之间的关系是非同一般的，但他们是怎样相识的，赵安国又是如何募集到资金的，等等，这些情况就不得而知了。

事实上，《碛砂藏》题记中还有很多卷佛经是由赵安国募捐刊刻的，如《法苑珠林》卷 1、5、22、30、32、36、52、62、66、68、70、71 等各卷之中都有“都劝缘、大檀越、成忠郎赵安国”的记载，这表明这些经典的刊刻都与赵安国有关，其中多卷

---

① （明）王鏊：《姑苏志》卷 18《乡都》，第 284 页。

② （宋）朱长文：《吴郡图经续记》卷中《寺院》，南京：江苏古籍出版社，1999 年，第 30 页。

都单独题写有他的名字。而其中卷 1、22、30 的题记格外引人注目，也颇能说明问题，它们分别是“幹缘僧善成、可南、法澄、法如、法升、法超、志圆募缘。大檀越、成忠郎赵安国”、“幹缘僧善成、可晖、可闲、法来、法证（澄？）、志圆募缘。大檀越、成忠郎赵安国”、“都劝缘、大檀越、成忠郎赵安国。劝缘比丘惟亲”。相对于“幹缘”而言，都劝缘的称谓显然要更为高级，其影响力也更大，大概应该是所有劝缘者的负责人。由此可知，这三卷佛经雕刻的费用似乎并非是由赵安国本人的努力而得来的，而是由僧人募集到的资金。然而，他的名字之所以被写入经典之中，是因为他担任了延圣寺“都劝缘”一职。

当然，都劝缘赵安国除了拥有正九品武官——成忠郎（左班殿直）的官职而外，他还出资雕刻了部头巨大的《大般若波罗蜜多经》，在该经卷 24 中说，“大檀越、保义郎赵安国施财万，刀造此经六百卷”，此时他的官职是保义郎（右班殿直）。后来他又刊刻了《摩诃般若波罗蜜经》，其题记云：“都劝缘、檀越、成忠郎赵安国一力刊此经三十卷。”这说明其官职出现了变化，但无论如何，他对佛经刊刻的热情依旧。也就是说，赵安国本人捐助雕刻了大量佛经，但其中也有很多的募缘来的经费，如《摩诃般若波罗蜜经》卷17、25、28、30分别就是由姑苏门外蠡口东的周氏二娘、常熟县双凤里进贤里的张子（氏？）妙因、当院比丘慈存、延圣院徒弟比丘惟勉和惟严出资雕刻的。也就是说，名义上他出钱雕刻，而实际上有相当部分是他募集来的钱财刊刻的。然而，无论如何，赵安国本人有官员的身份，这本身就是相当特殊的，而他又带头捐助大量钱财雕刻大藏经，其示范意义和对了解此事的佛教信众的巨大影响是不言而喻的。

与赵安国身份不同的普通民众也有负责在民间募捐的。在《金刚般若波罗蜜经》和《般若波罗蜜多心经》两部佛经中的题记云：“嘉熙三年八月日，募缘僧志圆等题。幹缘道者张可暹”，“嘉熙三年六月日，幹缘道者张可暹。”前者是“华亭长人乡十九保牛阳（场？）泾居住奉佛女弟子康氏三八娘”捐资刊刻的，后者则是“华亭长人乡廿一保居奉佛女弟子张氏十四娘子”出资的。这两则题记都是嘉熙三年（1239 年）题写的，时间相隔仅仅两个月左右，因而基本上可以肯定张可暹应该是同一人，他应该是佛教信徒无疑。然而，他是否真正出家，尚难做出确切的判断。可以肯定的是，张可暹募集到长人乡两名女性信众的资金，且两人的住址似乎并不太远，属于邻近的保。可知张可暹与这两位女施主之间有着密切的互动关系，进而说服她们心甘情愿地捐钱雕刻了佛经。此外，寄居在华亭县修竹乡四十三保的邵富与其妻子张氏一娘等捐刻了《能断金刚般若波罗蜜多经》，在其祈祷的内容中有一项是“仍乞追荐幹缘道者王可暹”。此经刻于嘉熙三年八月，此时王可暹已经去世，邵富才会追荐其亡灵。而在《摩诃般若波罗蜜大明咒经》的刊刻记写道，“本院道者王可暹因大藏经局回施长财……”云云，时间是嘉熙三年六月，因而他应该是在六月到八月之间去世的。据此可知王可暹是延圣院的道者，但不具有正式僧人的身份。因而他们化缘募捐应该是在僧俗之间的行为。

最为典型的来自宋代民间人士帮助延圣寺刊刻《碛砂藏》而募集资金的是陆道源，“安吉州归安县琅耶乡屠村西田居住奉（？）弟子陆道源舍财一伯千，募到姚宣公、曹七公、沈十一公各四十千，葛超公、王廿四道各三十五千，潘智行三十千，吴十九庵主、徐聪公、姚十四道立大师各二十千，归夏道、郭百八道、沈四、徐三姑、费道贵、道贵（笔者案：此处应为抄录者重抄“道贵”二字）各一十五千，戴三道、沈智慧、姚六公、潘十七公、谢四道、沈百四庵主、道然、金八公、沈三二公、施善明、茹七八姑、沈六娘、扬廿五娘各一十千，赵八道、李十公、周北六公、沈四五公、陈善（殷下心）姑、陆善圆、沈五婆个人五千。”也就是说，陆道源本人居住在安吉州归安县（浙江归安县）乡村，除了自己捐助 100 贯钱之外，作为佛教信众，他还在各地四处募捐，一共从 34 人处募集到 480 贯钱，其从他人处所得资金远远超出了他本人捐赠的数量。不难想见，尽管不了解这 34 人的具体情况，但要得到他们的大力支持，陆道源必定要千方百计地加以说服，他们之间也因为佛缘而相互交流、沟通，这从一个侧面反映了宋代基层普通民众的社会生活的真实状态。

从上述的分析可以看出，宋代佛教界与民间人士之间的交往是多层面的，僧人与世俗之人有着相当畅通的沟通管道，僧人时常因刊刻佛经之事而奔走于城乡之间，同样也会因为其他宗教或世俗活动与城乡居民频繁往来。无论他们是否达成目的，但他们的足迹所到之处，至少从一定程度上扩大了佛教的影响，搭起了宋代宗教界与民间之间相互交流的桥梁。而平江府及其周边各县的普通百姓，不管是乡野之民，还是城市市民，他们通过自己的方式信仰佛教，从中获得必要的精神满足。这些鲜活的历史人物的形象是在南宋特殊的历史氛围中出现的，虽然仅仅是区域性的呈现与展示，但推而广之，却也能从某种程度上折射出宋代基层社会丰富多彩的生活面相。

二、捐赠本身反映的南宋民间社会

应该说，延圣院僧人要集资雕刻一整套大藏经，无疑是需要大量人力、物力的。为此，寺院方面专门设置了一个“大藏经局”的机构，具体负责刊刻事务。而募集资金之事似乎更多的是僧人和民间佛教信众个人的行为，从题记最后的落款可以看出，其中题写的都没有机构名称，而是直接用施主或募缘者的名字，如“募缘僧法来、志圆等题”。这表明延圣院自从开始刊刻大藏经后分工细致，其组织结构也是相当严密的，这种情况一直持续了元朝甚至更晚一些。

就宋代民间捐助的方式而言，只有少量是捐献田产的，如吴江县（今江苏省吴江县）的张璇“谨发诚心，将苗田壹拾肆亩舍入碛砂延圣院大藏经局，岁收花利，先开小品般若经壹部拾卷。所舍其田，永远助局开经”。可知张璇施舍了 14 亩田给延圣院，利用每年收入的地租为雕刻佛经的费用。虽然不知这些田产的所有权是否属于寺院，但他明言是永远可以用这些田产的收入来刊刻佛经，这表明寺院方面至少拥有这些田产长期的使用权和收益权。又如“本寺比丘志临于丁未年舍田，岁收花利，刊大藏金刚经一卷”，这说明志临本人田产并不多，要用多年的“花利”才能刊刻一卷《金刚般若波罗蜜经》。类似的记述在宋人的题记中并不多见，这种情况是否就是宋人的常态，尚不得而知。如果真宋人很少捐助田产给寺院，那就表明他们对土地所有权的保有是格外慎重的。实际上，捐田与捐款应该说都能达成刊刻佛经的目的。

在为数不多的几条以田产收益作为刊刻佛经的题记中，有两条颇为引人注目，这是同一块土地收入的捐赠。宝祐六年（1258 年），“大宋国平江府城东碛砂延圣院徒弟比丘惟勉、惟严所伸意者，甫为圆寂和尚成监院归真之来，将存日置到田亩，恭就大藏经坊，岁收到花利，命工刊造《佛说阿弥陀经》上卷”。很明显，这是惟勉、惟延将他们师父遗留下来的田产所得地租作为雕刻一卷佛经的费用，并以此为其师父在天之灵祈祷。至咸淳七年（1271 年），也就是时隔 13 年之后，“延圣院比丘惟勉、惟严谨将先师成功德上存日置到田，岁收花利，刊雕此经版，功德还荐觉灵者”。这次惟勉、惟严又用其去世的师父的田产雕刻了《大明度无极经》第二卷。由于惟勉、惟延一直都是该寺庙的僧人，因而这是令人难以理解的现象。同一个和尚的两个徒弟将其师父的遗产再度捐助延圣院雕刻另外一卷佛经,可知该田产用了 13 年的收入才刻完《佛说阿弥陀经》上卷，其每年的租金似乎并不多。同时，这一题记足以说明该田产的所有权并未转移到寺院，而是仍然为和尚的两个徒弟所拥有。由此可见，宋代土地私有权得到了十分严格的保护，就连出家人也无例外。这些僧侣虽然没有家室，但他们的财产似乎并不是如世俗家庭一样，死后作为户绝田产收归政府所有，而是由他们的弟子合法继承并加以适当的处置。

事实上，平江府延圣院刊刻《碛砂藏》时募集到更多的现钱，这些施舍多寡不一。其中最多的一笔多达 12000 贯，据题记记载，“平江府碛砂延圣院大藏经坊，今据嘉兴府华亭县修竹乡四十二保钱盛里居住奉佛弟子盛璇同男孙二位家眷等情旨，生前发心，亲书遗言，喜拾（舍？）十七界官会壹万贰阡贯，恭入本院大藏经坊”。虽然这笔钱并不是完全用于刊刻《碛砂藏》，而是包括了修建延圣寺屋宇的费用，但这无疑是巨大的一笔资金。如果按照宋代上禁军月薪 1 贯的标准计算，一年为 12 贯。[①]也就是说，这笔捐款相当于一个上禁军 1000 年的薪金。如果按照中禁军 500—700 文的月薪计算，则是一个军人将近 2000 年的薪水。而为了雕刻《大般若波罗蜜多经》，“大檀越、保义郎赵安国施财万，刀造此经六百卷”。在同一经典的其他若干卷还有赵安国“一力刊经一部六百卷”的题记，说明整部经文都是由他出资雕刻的。此处虽然脱漏了量词单位，但基本上可以肯定是 1 万贯，否则根本不可能刊刻 600 卷的佛经。以上两笔应该是《碛砂藏》宋代题记中最大数目的捐款，如此巨额的财富捐助延圣院，首先说明此二人无疑是当地的巨富，拥有大量的财产，其次可以说明两人都虔诚地信奉佛教。他们似乎可以代表宋代那些为数不多的大富豪，由此可窥这一阶层与宗教界之间有着某种特殊的关系。

然而，绝大多数捐款都是数十、数百贯金钱，有些甚至更少，其中最少的是昆山县市邑诸家，每户捐献 1 贯 200 文。在这些捐赠中，大多数是个人或家庭的名义出现的。嘉熙二年（1238年），“承信郎钱林同妻朱氏妙果与家眷等金遇平江府碛砂延圣寺开雕藏经，谨施钱壹千贯文入局，刊刻正法华经一十卷，并刊别经”。作为一名从九品的武官，钱林级别相当低，但其家境却是十分殷实。显而易见，这是不小的一笔捐赠，共计刊刻了10 卷经文。又如“大宋国喜（嘉）兴府华亭县白砂乡十五保居住奉佛弟子方必先同妻朱氏五四娘家眷等谨发诚心施财意阡捌伯贯文恭入碛砂延圣院大藏经坊，刊造方字函持世经壹拾卷”。这也是以家庭名义捐献的钱财，数目还是相当大，方必先无疑是华亭县的大户人家。

然而，对于多数佛教信众而言，他们要么多人或多个家庭共同出资刊刻《碛砂藏》中一部佛经或其中的一卷。“嘉兴府华亭县修竹乡四十三保平步桥西街南面北居住奉佛女弟子张氏十七娘同媳妇华氏千五娘家眷等合施净财四十阡，同乡保桐山厅东面南居住奉佛女张子张氏十五娘施财二十阡恭入平江府延圣院合刊造大藏《德护长者经》上卷。”这是两个家庭集资雕刻经典的例子。甚而至于有数十人共同出资刊刻佛经的现象。淳祐元年（1241 年）八月，“华亭县长人乡十六、廿乙（？）保白砂、高昌等居住奉佛弟子张道明、姜三十二娘、顾九娘、李二娘、龚五娘、陈八娘、夏七娘、蒋廿七娘、范七娘、张五娘、曹九娘、张五娘、计四十五娘、何四乙娘、蔡八娘、顾六娘、余十乙娘、张八娘、王乙娘、陈五娘、潘乙娘、华千三娘、李七娘、茹四娘、严三娘、沈十三娘、沈廿七娘、姜四娘、瞿三娘、龚九娘、朱十娘、王三娘、张十三娘、沈四娘、范六娘、张千乙娘、袁千二娘、汪百二娘、沈乙娘、徐九娘、唐三娘、李八娘、

① 《宋史》卷 194《兵志八》，北京：中华书局，1977 年，第 4841 页。

曹七娘、严三十娘、顾十九娘、殷十二娘、吴九娘、陈十五娘，众施主遇此经缘，各施净财恭入延圣院大藏经局，刊《稻芋经》一卷”。这是居住在华亭县的48位信众共同出资刊刻了一卷佛经，虽然不清楚究竟他们每个人捐献了多少钱，但可以肯定的是，其捐赠钱财的数量不会多。从题记中可以看出，这些人绝大多数都是居住在白砂、高昌等地的乡村妇女，尽管不了解她们具体年龄、生活、家庭等各方面的情况，但她们都自称是奉佛弟子，为了她们虔诚的信仰，这些人大体上应该是在并不富有的条件下捐钱帮助刊刻佛经。与前面提到了那些大施主相比，这些妇女的捐助显得更为珍贵。然而，笔者好奇的是，这么多妇女究竟是通过怎样的方式联系起来的，这些妇女之间存在何种关系。类似的情形在题记中还有多种表现方式，此不一一罗列。

在更多的情况下，《碛砂藏》是个人或单个家庭为单位捐资雕刻某部佛经的，且以刊刻一卷者为多。如“大宋国长洲县苏台乡廿七都大姚北东管巷居住奉佛弟子管行臻同妻谭氏廿二娘、女管四七娘、男管隆祖合家等谨发诚心，施净财伍拾贯零伍伯单捌文，恭入碛砂延圣院大藏经坊，刊造《观无量寿经》一卷，永远流通佛教”。又如“华亭县超果寺比丘可权施财贰拾阡，入平江府碛砂延圣院，刊造《佛说妙法决定业障经》一卷”。就这两次捐施来看，前者是民间信佛之人，后者则是出家人。更重要的是，同样刊刻一卷佛经，管行臻及其家人花费了50贯508文，而僧人可权仅仅用了20贯，其间差距之大，不难想见。很多单卷佛经雕刻的费用都不完全一致。嘉熙二年（1238年），“华亭县岳庙东街北居住奉佛进士朱铨同乳母吕氏八娘施财壹拾阡恭入延圣院刊造《腹中女听经》一卷”。即10贯钱就刊刻了一卷佛经，费用相当低廉。次年十月，“大宋国嘉兴府华亭县长人乡十九保下砂南场第七竈居住奉佛弟子唐佑同妻沈氏十四娘家眷等发心舍官会玖拾阡，恭入碛砂延圣院刊大藏《一切法高王经》一卷”。仅仅在一年之后，唐佑却是捐资90贯才刻了一卷。而景定二年（1261年）陆道源刊刻《妙法莲花》第四卷更是花费了惊人的480贯。出现这种现象的原因除了每卷佛经的字数有多寡而外，尚有哪些因素存在就不得而知了，这是有待今后进一步加以探讨的。

通过上述分析，《碛砂藏》之完成雕刻，宋、元时期的民间人士通过不同的途径做出了巨大的贡献，他们捐助钱财，集腋成裘，最终一卷一卷地刊刻出了皇皇巨制的《大藏经》。这些普通民众对中国文化史尤其是宗教史无疑是尽到了他们的责任的，更重要的是，他们的行动从很大程度上勾勒出了南宋时期普通百姓日常社会生活的画卷。

三、区域史研究的重要文献

应该说，此前学术界对《碛砂藏》的研究更多地集中在对该版本大藏经的探讨，即重点在于该藏经的刊刻、流传过程等，[①]很少有人关注到《碛砂藏》的其他方面的论题。日本学者竺沙雅章先生在研究宋、元佛教相关问题之时多次谈及该版大藏经的其他学术意涵，他认为，在流传至今的《碛砂藏》中，“可以见到很多施舍雕版费用的信徒的刊刻记。这些刊记记载了施舍者详细的住处、追荐父母等家族成员的名字，这些作为浙西社会史的资料也是很重要的。”[②]然而，令人遗憾的是，竺沙雅章先生似乎并未更深入地加以考察。确如竺沙先生所言，《碛砂藏》的宋人题记对于研究以平江府（江苏苏州）为中心的区域社会具有极为重要的学术价值，其中所透露出来的历史讯息对于推进宋代史某些问题的研究是大有裨益的。

《碛砂藏》宋人题记除了一部分来自官员、僧尼等特殊群体而外，大部分是平江府及其附近的普通百姓撰写并流传至今的。众所周知，宋代遗留下来的文献资料绝大多数是官方或士大夫等所谓的社会精英阶层撰写的，而普罗大众书写的文字是很少流传的。正因为如此，这批题记才显得弥足珍贵，其史料价值是不言而喻的。更为重要的是，这些题记的撰写者是为了求得佛教神灵的庇佑，出资帮助延圣寺雕刻大藏经，进而获取所谓的功德，他们希望用这些无量功德达成其美好的愿望，应该是这些人真实情感的流露。这类史料在宋代文献中是非常罕见的，对于研究南宋时期普通民众的历史有着极为重要的意义。

举例而言，虽然有资料显示宋人的居住地和籍贯，但通常是从某某保或某都到某某里或者坊。最为典型的例子就是宋代官方认可的科举考试者的里贯，按照四库馆臣的说法，就是“列叙名氏、乡贯、三代之类”。[③]状元王佐的籍贯是“绍兴府山阴县禹会乡广陵里”，第一甲第八人陈文远住址是“衢州开化县开元乡衣锦里”，等等，这是标明州、县、乡、里四级组织的实例。如举子来自城镇，则要标注所居城市的里或坊，第三甲第一人索扬的籍贯“蜀州晋原县尚贤坊”。[④]毫无疑问，这种形式是宋代官方通行的。然而，问题在于，同里或同坊并非只有一户人家，尤其在人口稠密的地区，这

① 李富华、何梅：《汉文佛教大藏经研究》第七章，北京：宗教文化出版社，2003年，第252—315页。

② ［日］竺沙雅章：《宋元佛教文化史研究》第四章《元版大藏经概观》，东京：汲古书院，2000年。本书由作者授权，已由笔者翻译出来，正在进行必要的校对工作。此处所引乃笔者所译。

③（清）永瑢等撰：《四库全书总目》卷57，北京：中华书局，1965年，第519页。

④ 陈宝琛署检：《绍兴十八年同年小录》，北京图书馆出版社影印室辑：《宋代传记资料丛刊》，北京：北京图书馆出版社，2006年，第46册，第50页。

种情形就会愈加混乱，让外人无法准确无误地找到某人的具体住址。

那么，宋人又是如何解决这个难题的呢？《碛砂藏》的题记中记录了诸多佛教信徒标注的居住地址，这些史料可以为我们提供了线索，那就是明确注明自己房屋所在地附近具有标志性的东西。如“平江府昆山县全无乡第五保御马院庄后居住奉佛弟子鲁妙清同妻盛氏妙显”，这说明在全吴乡第五保几乎是人人都知道“御马院庄”这个地方的，这样要找到鲁妙清家就非常方便了。再如“平江府嘉定县（今上海嘉定区）乐智乡陶舍里寺沟土地目下将军管界居住奉三宝弟子王显忠”，王显忠住在“寺沟土地目下将军管界”，这种情况与鲁妙清所标明的住址有着相当大的相似性。类似的记载在《碛砂藏》题记中非常常见，“平江府吴江县（今江苏吴江市）范隅乡仙仁里石湖住奉佛贡补进士莫师旦同侄登仕郎汝辑”，等等，而在宋人的其他记述中是很难见得到的。毫无疑问，这些史料对研究宋代基层社会的某些状况是大有裨益的。

另一种向外人标明居所的方式是明确注明自己房屋的方位，或是配合前面一种情况，同时说明住址附近的标志性建筑或其他的东西。如“平江府吴县（1995 年撤销）永定乡升平桥东街北面南毛亭大王管界居住奉佛女弟子杨氏四娘”，杨氏四娘不仅说明了她所住的街道，且以“北面南”注明自家的具体位置。另如“平江府昆山县（江苏昆山市）全吴乡第伍保佳浦东居住奉佛女弟子刘氏八三娘子”，很明显，刘氏八三娘子的家是在一条名为佳浦的河流东边。再如“嘉兴府华亭乡（县？）三十五保邢村广界蟠龙塘东连慕经南居奉佛弟子张伯成、男张传佐”、“嘉兴府华亭县长人乡十六保俞塘南莺窦湖水西居住奉佛弟子鲁未年”、“嘉兴府华亭县长人乡十九保下砂南场第七竈居住奉佛弟子唐思明同妻瞿氏四十九娘男大年”。前者的张伯成父子住在“广界蟠龙塘东连慕经南”，而后者鲁末年的家在“俞塘南莺窦湖水西”，唐思民及其家人的家在“下砂南场第七竈”。这些记录是有其特定含义的，非常便于查询，且非常清楚地确定了各位施舍者的具体住所。类似的例子还有很多，兹列数例如下，“嘉兴府华亭县海隅乡五十保大漕港水南赵府所居奉佛弟子丁道元”、“嘉兴府华亭县长人乡廿一保玉门塘官路东居住奉三宝弟子须妙明”、“平江府吴江县久咏乡廿八都长子坝字围田所居弟子奉三宝弟子陆德辉”等。虽然现在已经无法知晓他们居住的准确位置，但从中似乎可以窥出某些蛛丝马迹，如丁道元家大体上应该是靠近船码头，须妙明大致玉门塘附近的官方驿路的东面。这些记述不仅提供了平江府附近各地的施舍者生活的场所，更反映了他们平日所思所想的事情。

还有一种情况就是城镇居民，他们的住址与前引各乡村百姓是有所区别的。在此以嘉兴府华亭县城的若干例子进行必要的说明。“华亭县普照寺前街东居住奉佛弟子卢德”、“华亭县普照寺前街西面东居住奉佛弟子陆兴同妻邵氏二娘”、“华亭县普照寺桥南街东面居住奉佛弟子干定”、“临安县凤翥乡崇敬里，今寄居嘉兴府华亭县普照寺南柳家巷居奉佛弟子沈进德妻郏氏男用之”，上述四条都是华亭县普照寺附近居住的信佛弟子，卢德和陆兴夫妇住在同一条街，而干定与沈进德住在普照寺南面的两条不同名称的街。同乡村百姓一样，这些史料也标识自己家的方位，其他施舍的城市居民所登载的居住地址亦大致相同。由此可知，至少是在宋代的江南地区城乡居民在对外介绍自己居住地址时有其特别之处。

与前面所引《绍兴十八年同年小录》的标准官方记述籍贯的方式不同，绝大多数《碛砂藏》宋人题记无疑都是民间性质的记录，因而这些远远较宋代官方的资料来得更为直接、更为真实。那么，江南地区是只有这些奉佛弟子如此记述自己的家庭住址，还是所有的民众都是如此呢？笔者更趋向于后者。然而，需要加以说明的是，所有这些佛教信众捐助延圣寺雕刻大藏经都希望获取功德来达成他们的某些愿望。就以干定为例，他出资 12 贯 500 文给延圣寺，刊刻《佛说正恭敬经》，“施财壹拾贰贯伍佰文入延圣院刊造藏经，功德荐先祖干公、亡祖母院（或阮）氏县君、先考干二郎、先妣华氏华子、亡丈人秦十二郎、亡母纪氏九三娘、亡前妻秦氏百二娘子，众位灵魂，超升净土”。由此可见，他们施舍钱财的目的在于告慰其已经去世的亲人，希望他们的在天之灵能够在佛教神灵的庇佑之下“超升净土”。

事实上，《碛砂藏》中的宋人题记只有少量是祈愿普天之下万物都能得到佛神保佑的，淳祐三年（1243 年），延圣院僧人善成“谨将舍田花利刊造《放光般若波罗蜜经》第 7 卷，功德报答四恩三有，法界众生同成种智者。”在佛教用语中，所谓“众生”，不单单是指人类，应该包括世间万物，作为出家人，善成希望全世界的东西都能圆满。实际上，即便是这种题记，施舍者其实也是有求于佛教神灵的，无非是更加宽泛而已。然而，其他绝大多数宋人都是如干定一样祈求佛神保佑施舍者在世或去世的亲属的，且大多罗列了具体姓名。由此看来，这些佛教信徒捐助延圣院雕刻佛经从本质上说是为了请求神灵达成他们的愿望。然而，这些虔诚的佛教信徒又完全不了解神灵的世界，因而他们有必要将自己家庭住址告知神灵，否则他们的愿望就难以实现了。这种情况从很大程度上表明宋人信奉佛教的功利主义的想法。笔者以为，这些捐助刻经之人大体上是想将神灵引入家里，以便报答逝去的亲属，同时也守护和庇佑在世的家人。

作为普通人题写的文字，虽然短小，字数参差不齐，有些一段才有几十字，有些甚至更少，但其中所反映的历史讯息是丰富多彩的。关于这些议题，笔者拟另文讨论，此不赘述。上述所分析的仅仅是一个实例，那就是宋人表述自己的家庭住址所采用的特殊方式。显而易见，宋代民间标识家庭住址与官方的登记是存在很大差别的。对于官府而言，按期登记百姓的户籍大体上是为了便于政府部门的管理，如租税的征收等等事务。如果官府有需要的话，他们随时可以通过更基层的组织加以查询。相反，对普通民众而言，他们平时更多的是与民间其他人之间相互来往，很少与官府打交道。因此，民间为了便于寻找，便逐渐约定俗成，形成了这种与官方不同的标识方法。在此，还需要说明的是，这些题记表现的内涵恐怕不只是平江府一地所独有，而是更为广大的地区都是如此，至少在江南地区是具有典型意义的。因此，分析这一个案从某种意义上说是有助于解读南宋时期以平江府为代表的东南地区的历史的，至于其他区域，应该是各具特色的。正因为如此，《碛砂藏》题记是宋代民间流传下来的重要文献，其史料价值是非常高的。

四、宋代民众日常生活的史料

由于《碛砂藏》的题记是宋人捐款雕刻经版流传下来的，虽然雕刻佛经的时间不一，但这些题记所涉及的主题有很多却是相通的，都是宋人为求得佛教神灵的庇佑而撰写的文字。这些文献无疑是这些人真实情感的流露，因而这些史料从某种程度上反映了这些出资人当时的社会生活状况，尤其表现了他们生存的精神状态。

在中国古代社会，自从佛教传入以后，虽然与中国传统文化存在巨大差异，但为了流传下去，佛教教义逐渐便与本土文化融合起来。而其所提倡的教义在某些方面是与中国占主导地位的儒家理念有某些相似性。《周易》中就有“积善之家必有余庆，积不善之家必有余殃。”的说法，[①]这与佛教的报应说应该是有些接近的。因此，中国古人一直就有积德行善的良好习惯。正是在这种社会氛围下，宋人继承了这种传统。当延圣院开始刊刻《碛砂藏》之后，大量“奉佛弟子”们出于不同的目的捐献雕版费用。宋度宗咸淳八年（1272 年），丁道元“特发心施十八界官会壹伯阡，入碛砂延圣大藏经院，刊雕《大明度无极经》板第一卷。所集功德，报荐先师长圆明居士窦公尊庵、先考潘细五承事、先妣太君吴氏四四娘子、亡妻沈氏妙果、亡次女丁氏二十娘，同超净域，成就佛果菩提者。”从这一题记可以看出，他如前所述，居住在“嘉兴府华亭县海隅乡五十保大漕港水南赵府所”，其父亲是正九品的文官，极有可能是科举出身，从其官位来看，估计去世得很早。于是丁家再也无人为官，而丁道元也不知何故而成了在家修行的居士，其妻也同样皈依了佛门，并取了名为妙果戒名，看来这对夫妻从奉佛之后就严格按照佛教的清规戒律行事，过着与出家人一样的日子，可知他们应该是素食者。尽管如此，他发自内心地深深怀念去世的父母、妻子和女儿，同时，

① （魏）王弼撰，楼宇烈校释：《周易注校释》，北京：中华书局，2012 年，第 12 页。

他与自己的师长之间应该是关系极为密切，他们大概在丁道元的人生过程中起过积极作用的。另外，丁道元的第二个女儿已经不在人世，那么，他还有一个长女，但没有提到自己是否有儿子。作为一个普通人，丁道元夫妇究竟因何故而成了虔诚的佛教信徒，尚不得而知。但经过分析，丁道元这个鲜活的宋人形象得以呈现出来。应该说，他的家族成员似乎并不多。为了表达对家人、师长的无尽怀念之情，他捐款 100 贯刊刻了一卷佛经，希望通过这种方式超度他们的在天之灵。当然，这是丁道元的一种精神寄托，也是他日常生活的重要内容。因此,《碛砂藏》题记记录下来了宋人日常的情感生活，其内涵是相当值得深入挖掘的。

不仅普通城乡居民具有多姿多彩的生活，就连四大皆空的出家人也同样是有血有肉的人，他们同样无法摆脱世俗世界的束缚。虽然他们与普通人有区别，其生活的场所是在寺庙里面，与其他僧人一起过集体生活。然而，他们皈依了佛门，但毕竟是现实生活，因而他们并未脱离生老病死，也并未完全依照佛教教义行事。淳祐二年（1242年），“嘉兴府华亭县今山永慕庵遗教比丘清月情旨，昨自顷年以来，谨备纸札，摩金亲书，写大乘《妙法莲华经》一部七轴。伏睹碛砂延圣院开置大藏经板之次，遂将此莲经舍入经坊。募四众（阄）（木占），所得施利，添助开置经板，永远流通。承须四乙府干在日舍官会壹伯贯，买金书经，仍舍金书经板一副，同结善缘。所将功德，报答所生父母、受度师长、十方信施、供给檀越，洗涤尘劳，庄严报地，仍荐须四乙府干，超升净土。然后上答四恩，下资三有，法界有情，同圆种智”。这是华亭县一个庵堂的清月和尚捐助延圣院刻经时亲自留下的题记。其中较为详细地说明了出资雕刻大藏经的经过。若干年以来，清月便在官员须四乙的资助下，亲手书写了金质的《妙法莲华经》，当得知延圣院刊刻大藏经的消息之后，清月就将书写的经文交给了该寺庙的刊经机构。应该说，这是颇具价值的七轴经卷，毕竟是用黄金书写的。此后，清月又四处募集资金，用于雕刻大藏经版。而且，他还用须四乙施舍给他的 100 贯会子购买黄金，书写一副经版捐赠给延圣寺。

从这一刊刻佛经的过程来看，清月对黄金似乎情有独钟，应该是非常擅长黄金书法及雕刻的。实际上，他自己并未出资，而是将黄金制作的经版和书写的经轴捐了出来，尽管这些东西极有可能具有很高的价值，但却无法直接用于刊刻佛经的。设若延圣院要用这批东西雕刻佛经，势必要卖出去以后，才能实现清月的愿望，也就是他与买主“同结善缘”。由此看来，清月和尚似乎有营销自己产品的嫌疑，但无论如何，他捐助了延圣院，这是不争的事实。另一方面，从清月所冀望的功德来看，首先是报答父母养育之恩以及剃度他的师长和平日帮助过自己的人。其次是须四乙个人，他此时已然去世，但在生前曾经给过清月 100 贯钱，估计应该是他一生中得到的较大一笔捐助，因而才被特别提及。值得注意的是，须四乙身份比较特殊，极可能是嘉兴府（或平江府？）的干办公事，其职位大体上相当于知府的秘书。可以肯定的是，他们之间的关系极不寻常，否则清月是不会如此怀念他的。那么，清月是怎样结识须四乙的，两人又是如何交往的等，这些都是需要探讨的问题。最后才是报答所谓的“法界有情”。由此似乎可以得出某些结论，作为出家人，清月并未脱离红尘。在其人生历程之中，他并不是一直生活在寺庙之中，成天与僧人打交道，而是与很多世俗之人有过交往，也得到过许多人的帮助。更重要的是，他掌握了用黄金书写的技法，尽管不知道他的技艺从何而来，但这是十分难能可贵的。

通过对《碛砂藏》题记中一僧一俗的分析，我们不难发现，他们都是南宋时期两个再普通不过的民间百姓，其生活经历各不相同。虽然他们没有史书中记载的那些人物的经历，但却是这一时期普通人生活的缩影，也正是这些细微的元素构成了南宋时代的历史。应该说，从这些个体的身上可以看到宋人日常生活的某些状况，同时也能窥测出一些他们在社会上的交际往来，尤其是精神层面的多姿多彩。

五、宋代民间宗教信仰的佐证

《碛砂藏》宋人题记是南宋民间人士与宗教界之间往来而流传下来的第一手材料，因而其中有很多涉及宗教信仰的史实，有些是此前罕为人知的历史现象，也是宋代民间宗教信仰的真实反映。其一是宋代有相当数量的佛教信众拥有法名、戒名，这种现象表明，在民间有很多几乎与出家人一样的在家佛教徒。淳祐元年（1241 年），“平江府资寿禅寺比丘尼慧晓大显回施长财壹伯贯文恭入本府碛沙（砂？）延圣院，刊造《百佛名经》壹卷。所集功德，专用追荐先妣太君郑氏六八娘子法名善修、亡媳（姐？）孺人陈氏八一娘子法名正慧，洗涤各人根尘，超升佛土。然乞自身向去修行有庆，进道无魔”。这个名叫慧晓大显的尼姑的母亲名郑氏六八娘子，同时还有法名为善修，而题记中的“亡媳”显然不合情理，慧晓本人是出家尼姑，不可能有“媳妇”，若从其母亲方面来说倒是说得过去的，即是尼姑慧晓的嫂嫂，其法名为正慧。除了法名之外，也有称为戒名的。淳祐五年（1245 年），“平江府吴江县久咏乡廿八都长子坝字围田所居弟子奉三宝弟子陆德辉情旨，发心施财刊《佛语经》一卷。所集功德，报荐亡父陆三九承事戒名觉缘、先妣俞氏戒名觉明。然后保扶现生之内安心乐，临命终时正念往生者”。由此可知，陆德辉的父亲应该是官员身份，为正九品文官承事郎（元丰官制改革前的大理评事），其父母都取有颇具佛教意味的戒名，分别是觉缘、觉明。虽然这些有法名的信众并未正式剃度为僧尼，而其他题记中大多数使用的是“奉佛弟子”的称谓，并无戒名、法名之称，不知两者之间是否存在区别。可以确定的是，按照佛教相关教义规定，“又戒名为制，能制一切不善法故”[①]。这也就是说，作为一种制度，戒名实际上是为了制止所有不善言行。正式出家的佛教徒“具戒”是十分严肃的事情，通常是由品德高洁的僧人主持仪式。然而，对于如郑氏六八娘子之类的普通人而言，他们是通过何种方式获得戒名的，等等，这些都是值得深入探讨的。

在宋代，似乎有很多人都拥有戒名，这种现象在以平江府为中心的地区相当普遍。绍定五年（1232 年），辑善庵僧人文戒与其徒弟宗显捐款雕刻《碛砂藏》两卷，“发心回施长财九十五贯文恭入延圣院，雕造《佛说无量寿经》上、下卷。所生功德，先用上答四恩，下资三有，法界有情齐成佛道。仍用庄严先和尚愻讲师、徒弟茂阇黎、亡考王大承事净日、妣杜氏二娘子净月、继考陆三五承事觉希、继妣太君李氏十三娘觉度、亡过梅二道人了德、金二道人妙行、兄王卅一郎、门中先远三代宗亲，承兹善利，忏涤罪愆，俱出苦轮，同登彼岸。愿文戒袈裟之下，道果圆成，他世之中，二严克备。”可见，其中提到的他除了两个僧人之外，其余七人中有六人有戒名。应该说，文戒所要追悼的父辈无疑都是虔诚的佛教徒，这种情况在宋朝并非只是个案。淳祐元年（1241 年），“华亭县长人乡廿乙保南竞子西居住奉佛弟子陈普兴同妻孙氏三十二娘发心施财，恭入延圣院经局刊大藏《缘起经》。功德追荐亡翁陈净善、亡婆孙氏二娘子佛进、先考陈佛智、先妣潘氏廿三娘子善慜、亡丈人孙廿二承事、亡丈母姜佛遇，承此经缘，同生净土。”捐助人陈普兴罗列出来的需要悼念的亲人当中，除了其丈人孙廿承事外，他的爷爷、奶奶、父亲、母亲、丈母娘都有法名。一些人甚至直接使用戒名，而不用自己的本名。前引陈普兴的爷爷、父亲就是如此，再如嘉熙三年（1239 年），杨普清为追悼去世的亲人而捐资刊刻了《了本生死经》，其题记中有“先妣金氏普妙”、“亡丈母王氏戒定”，这种情况明显与宋人的称谓不符。通常而言，宋代妇女的称谓多按行第排列，如前引陈普兴的奶奶名为孙氏二娘子，母亲名为潘氏廿三娘子，《碛砂藏》宋人题记中也基本上是这种称谓形式，如“亡出嫁女杨氏八一娘子”、“亡母张氏廿二娘子”、“先妣太君费氏九娘子觉果”，等等。然而，杨普清母亲、丈母娘都未按照当时的惯例写某某娘子，这是颇为令人惊异的情形。

《碛砂藏》宋人题记中还有一个值得探讨的现象，这在宋代官方文献中很少加以载录。宋人尤其重视星神，这与政府的祭祀神灵的方式存在某些区别，宋朝官方虽然也有星神之祭祀，但其仪式并不是十分隆重。[②]而在《碛砂藏》宋人题记中，很多人

---

① 《天台四教仪注汇补辅宏记》卷 7 上，光绪二十三年刻本，第 26 页。

② 钟敬文主编，萧放副主编，游彪、尚衍斌、吴晓亮，等：《中国民俗史（宋辽金元卷）》，北京：人民出版社，2008 年，第 235 页。

祈求的神灵之中都出现了星神。咸淳六年（1270 年），居住在常熟县的女性佛教信众张子（氏？）妙因捐资 100 贯给延圣院，雕刻一卷佛经，“所集功德，先用庄严来报，福慧二严。次伸献诸天三界、十方真宰、家堂香火圣贤、自己本命星君、吉凶星斗。伏冀保庇身躬康泰，福寿延洪。九在时中，吉祥如意者”。这个妇女用功德请求的神灵中就有“自己本命星君、吉凶星斗”，可知宋代民间是极为崇拜星神的，无非是崇敬的方式存在差别而已。淳祐元年（1241 年），住在华亭县的方必先捐资 1800 贯雕刻佛经，其目的是“专用追荐先考六十一府干方公尊灵，承此良因，超升佛界。仍祝在堂母亲夏氏己亥星君，伏乞保扶，福寿增崇，门庭光显，吉祥如意者”。除追悼其父亲而外，还将功德奉献给了其母亲夏氏出生年份的星神。显而易见，方必先之母尚且在世，他祈求其母亲的星神庇佑自家“门庭光显”。可知其家应该是十分富有，其父去世后，其母掌管家庭，看来继续维持了家族的地位，因而其母的星辰是非常幸运的。

事实上，在《碛砂藏》题记中，有些宋人甚至将星神的地位放在了其他神灵之前，这表明其重视程度。嘉熙三年（1239 年），住在华亭县的唐佑与其妻沈氏十四娘捐助 90 贯钱雕刻《一切法高王经》一卷，这对夫妇提出的请求是，“功德祝献甲午星君、丁亥星君。仍荐先考唐十八承事、先妣太君潘氏廿三娘子、圆寂弟僧周寺主，伏此良因，往生净土。仍乞保扶身宫康泰，寿算延长，吉祥如意者”。很明显，甲午、丁亥无疑是他们夫妇出生年，只是无法求证具体时间罢了。在他们看来，自己本命年的星神是保佑他们吉祥如意的最重要的神灵。当然，宋人祈祷星神的方式还是不一致的，淳祐四年（1244 年），居住在昆山的季礼与其妻张氏廿二娘捐出 470 多贯钱刊刻《碛砂藏》，他在题记中写道，“自身行年六十三岁，六月建生，同妻张氏六十八岁，四月建生。思夙何片善，生处中华，幸衣食而粗周，荷龙天而叶赞。”很显然，这对夫妇是年龄来表达他们祈求其本命年星神的。类似季礼祈祷的题记在《碛砂藏》中尚有若干条，此不一一罗列。由此看来，宋代民间无疑是存在本命年崇拜这种历史现象的。至于这种崇拜的其他问题，需要留待以后加以考察。

总之，关于宋代民间的宗教信仰，学术界虽然已有很多研究成果问世。然而，类似戒名、星神崇拜的现象却很少有人触及，更何况《碛砂藏》的题记多数是捐助者撰写的，也有延圣院僧人依据捐助者的意愿代笔的。但无论如何，所有这些文字都是宋朝人、元朝人真实情感的流露，因而其史料价值是值得充分肯定的。

王安石市易法与政府购买制度

李　晓*

在王安石变法的一系列新法之中，全国性的、贯彻始终的主要是免役、青苗、保甲这三大法。[①]但若论新法本身的复杂性，恐怕要首推市易法了。市易法不仅在当年实行时引起了变法斗争的第二次浪潮，导致了新党内部的分裂和王安石的罢相[②]；而且在今天的研究评价中，也聚讼纷纭，存在尖锐分歧。尽管中外学者对于市易法的研究积累了不少成果[③]，却从未就市易法以及为推行该法而设立的专门机构市易务与政府购买制度的关系进行过专门探讨或集中论述[④]，有之，亦只是略微涉及而已[⑤]。可以说，市易法与政府购买制度的关系，及其在宋朝政府购买制度变革中的地位作用等问题，并未真正进入研究者的视野。本文拟补其阙。

一、通过市易务的承包经营，改革上供物资的“科买”之弊

市易法于熙宁五年（1072 年）三月颁布实施，同时在京师设立市易务。后因各地

---

* 李晓，中国政法大学商学院教授。

① 此说见王曾瑜：《王安石变法简论》，《中国社会科学》1980 年第 3 期。然王安石在《上五事札子》中说：“陛下即位五年，更张改造者数千百事，而为书具、为法立、而为利者何其多也，就其多而求其法最大、其效最晚、其议论最多者，五事也：一曰和戎、二曰青苗、三曰免役、四曰保甲、五曰市易。今……惟免役也、保甲也、市易也，此三者有大利害焉。得其人而行之则为大利，非其人而行之则为大害；缓而图之则为大利，急而成之则为大害”（《临川文集》卷 41）。可见至少就繁难程度而言，市易法似不亚于“三大法”。

② 漆侠：《王安石变法》（增订本），石家庄：河北人民出版社，2001 年，第 190—200 页。

③ 例如，以往对市易法多关注其官营商业，王曾瑜：《从市易法看中国古代的官府商业和借贷资本》（载《大陆杂志》1992 年第 85 卷第 1 期），强调了市易法不但有官营商业的职能，还大量从事官营借贷业。

④ 所谓政府购买，是指政府为满足自身的消费需求以实施统治或提供公共服务，使用财政性资金购买货物或劳务的行为。历史上政府使用财政资金购买商品有两种情况不属于政府购买的范畴，一是以平抑物价、赈济灾荒为目的的平籴（常平），它主要是民生消费；二是官营商业，它为增加财政收入服务，属于赢利性的，而不是消费性的。李晓：《宋代工商业经济与政府干预研究》第 12 章，北京：中国青年出版社，2000 年；李晓：《宋朝的政府购买制度》，《文史哲》2002 年第 3 期。

⑤ 如漆侠先生《王安石变法》（增订本），第 150—155 页，主要谈了与市易法相关联的免行役法对科买之弊的改革；宫澤知之《宋代中国の国家と経済》（創文社，1998 年）第 1 部第 2 章，只是论证了购买政府所需物资是市易法的内容之一；梁庚尧的长文《市易法述》（收入其《宋代社会经济史论集》，台北：允晨文化实业股份有限公司，1997 年），只简单谈到了市易司参与的边籴活动等，都没有展开论述。

陆续设立市易司，京师的市易务改名都提举市易司，故文献中经常务、司互称。为了表述方便，本文概称市易务。

无论在中书建议实行市易法的奏文中，还是决定颁行此法的诏令中[①]，都把市易务参与政府购买事务作为重要内容。中书的奏文说：

> 欲在京置市易务……其诸司科配，州县官私烦扰，民被其害，悉罢之，并于市易计置。……其三司诸司库务年计物，若比在外科买省官私烦费，即亦一就收买。[②]

熙宁五年（1072年）三月二十六日正式颁行市易法的诏令云：

> 宜令在京置市易务……其三司诸司库务年计物，若比在外科买得省公私烦费，亦就务收买。[③]

可见，市易法总的出发点不管是为了抑制豪强兼并势力，还是为了增加财政收入，都把赋予市易务以政府购买的职能作为既定的一项重要内容，都把罢除“诸司科配”“在外科买”作为变法的一项重要任务，也都把“省公私烦费”，节约财政开支，减轻百姓负担作为改革的目标取向。由此，市易法的内容也就不限于传统认为的开展官营商业和借贷业，还应当包括对政府购买制度的改革。

所谓“科买”，又称“科配”“科率”“配买”等，涉及购买粮草时则称“科籴”，是一种由来已久的政府购买方式。“科”字表明，它属于非情愿、不自由的买卖关系，带有一定的强制性。就买方而言，多采取硬性摊派强行抑配的手法进行购买；就卖方而言，出卖商品属于其推脱不掉必须完成的任务。如白居易说唐朝官府买粮，就常是“府县散配户人，促立程限，严加征催；苟有稽迟，则被追捉，迫蹙鞭挞，甚于税赋”[④]。宋朝的诸司库务，每年都制定上供物资的购买预算，是谓“年计物”，为了有稳定的收入来源，基本办法就是科买：

---

① 在研究史上，宫澤知之最早注意到了关于市易法的奏文与诏令的区别，并进行了详细的排比分析。见其《宋代中国の国家と経済》第1部第2章。

② （清）徐松辑：《宋会要辑稿》食货37之15，中华书局，1957年影印本，第5455页。

③ （清）徐松辑：《宋会要辑稿》食货55之31至32，第5763—5764页；（宋）李焘撰，上海师范学院古籍整理研究室、华东师范大学古籍整理研究室点校：《续资治通鉴长编》卷231，熙宁五年三月丙午，北京：中华书局，1979—1995年，第5622—5623页，文字稍异。

④ （唐）白居易：《白居易集》卷58《论和籴状》，北京：中华书局，1979年，第1234—1235页。

凡中都岁用百货，三司视库务所积丰约下其数诸路，诸路度风土所宜及民产厚薄而率买，谓之科率。诸路用度非素蓄者，亦科率于民。然用有缓急，物有轻重，故上方所须，轻者反重，贱者反贵，而民有受其弊者。①

科买所造成的“官私烦费”是多方面的。由于它在购买数量、交货时限上有硬性规定，带有浓厚的强制色彩，在价格上也多数取决于政府意志，有很大的随意性，从而为贪官污吏苞苴为奸敲诈勒索开了方便之门，大都成为城乡百姓的沉重负担。又由于各级官府安排科买时，常不根据实际物产和供求状况，或求诸不产，或买于非时，为富商大贾操纵物价牟取暴利提供了机会，平白增加官府财政开支。

科买积弊已久，统治者也试图加以解决。如宋真宗强调应置场收购，不能摊派，若遇急需不得已而摊派时，应以中等以上民户为对象，不能科于贫民。天禧四年（1020年）二月，“诏诸州合要黄糯米造酒及红花、紫草等，并逐时置场收市；如急须者，止得于中等已上物力户上量行均买，勿得抑配贫民”②。宋仁宗时，包拯也建议：“今后应系军需所用之物，并令三司预先计度，于出产州军置场收买。或非次急切须至配率者，亦乞勘会，各于出产路分，专委逐处长吏，于形势物力户内等第均配，仍委知州、通判亲自监纳。”③天圣六年（1028 年），龙图阁待制燕肃、直史馆康孝基等人还建议控制政府购买数量，“建言京师库务所积可给二年者，请勿复科买”④。这些措施或建议显然皆非治本之举。

王安石自变法伊始就着手致力于改革政府购买制度中的科买之弊，他找到的办法是承包制，令程博文募人承包羊的供应进行试点，取得实效。熙宁三年（1070 年）五月，“制置条例司言：‘诸路科买上供羊，民间供备几倍。而河北榷场买契丹羊数万，路远抵京，则皆瘦恶耗死。屡更法不能止，公私岁费钱四十余万缗。近委著作佐郎程博文访利害。博文募屠户，以产业抵当，召人保任，官豫给钱，以时日限口数、斤重供羊。人多乐从，得以充足岁计。除供御膳及祠祭羊依旧别圈养栈外，仍更栈养羊常满三千为额，以备非常支用’。从之。博文所裁省冗费凡十之四，人甚以为便。”⑤

以程博文的成功经验为基础，市易务改革科买之弊的关键手段就是大规模推行承包制：

① （宋）李焘撰，上海师范学院古籍整理研究室、华东师范大学古籍整理研究室点校：《续资治通鉴长编》卷 106，天圣六年四月癸未，第 2471 页。

② （清）徐松辑：《宋会要辑稿》食货 37 之 9，第 5452 页。

③ （宋）包拯撰，杨国宜校注：《包拯集校注》卷 4《请罢天下科率》，合肥：黄山书社，1999 年，第 259 页。

④ （宋）李焘撰，上海师范学院古籍整理研究室、华东师范大学古籍整理研究室点校：《续资治通鉴长编》卷 106，天圣六年四月癸未，第 2471 页。

⑤ （宋）李焘撰，上海师范学院古籍整理研究室、华东师范大学古籍整理研究室点校：《续资治通鉴长编》卷 211，熙宁三年五月庚戌，第 5136 页；（清）徐松辑：《宋会要辑稿》职官 21 之 12，第 2858 页。

（熙宁）五年十二月一日，诏罢诸路上供科买。以提举在京市易务言：上供荐席、黄芦之类六十色，凡系百余州供送，不胜科扰。乞计钱数，从本务召人承揽，以便民也。[1]

《宋会要辑稿》食货34之39记载了一份市易务承包购买的一些上供物品清单，其中有总额，有分项，对采购品种、数量、产地等都做了具体安排，弥足珍贵，前人未曾引用，兹录于后：

结揽：市易司每年结揽三司住抛买炭、墨、席、枣木、荔支等，计一百五十二万九千五百六斤挺领颗。

歙墨六百挺；

蒲席三万领，京东；

茧席一万六千八百五十五领，京西；

甘草二千八百九十余斤，环州；

黄蓑席一万三千七十四领，京西；

枣木二万四千八百五斤，河北、京东；

棒叶六千九百四十七斤一十四两，京西；

乌梅六千二百五斤，洪州等处；

槐花六千二百零九十四斤，西京等；

黄芦一万七千七十五斤，金、商州；

篮靛二万五千六十七斤，河北、京东；

黄蘗七千二百一十四斤，筠、房、金、商州；

炭九十三万九千八百秤；

乌李梅一万二千八百三十七斤半；

林檎片子八千九百三十斤；

杏梅片子一万八千七十三斤；

荔支旧二十万至二十五万颗，见每年承揽□□万颗；

龙眼二十万至三十万颗，见每年承揽三十万颗。

① （清）徐松辑：《宋会要辑稿》食货38之1，第5467页。

这份清单中的“结揽”一词与“承揽”意思相同，可以互用，皆为承包之意。[①]清单列举的物品共计 18 种，注明了产地的涉及京东、京西、河北、陕西、江西等路，估计只是市易务承包的原“系百余州供送”的六十余种上供物品中的一部分。从“市易司每年结揽三司住抛买”这句话可知，这些物品原来是三司令各地购买的，现改为每年由市易务承包供应，三司就停止下达购买指令了。虽然我们不能确知这六十余种物资在科买上供的总量中占多大比重，仅从原来涉及的百余州来看，即可肯定其规模不小。因为元丰年间，宋朝共有府州军 293 处[②]，则百余州至少占了全国的 1/3。

承包制，时人多称“买扑”或“扑买”，是宋朝非常流行的一种经营方式，诸如官营工商业、禁榷专卖、商税征收等领域都广泛实行私人承包。[③]但市易务承包上供物资购买显然与其他领域的承包颇有不同。

第一，其他领域的承包都是在政府与私人间直接进行的，例如私人向官府承包盐、酒的销售，承包政府的商税征收，承包矿产开采等，都属于官府把某种官营业务委托给私人经营。市易务乃是官办机构，本身属于政府部门，它承包上供物资的购买，实质是在官府与官府之间形成了委托与承包的关系。也就是从三司手上，把本来委托给地方官府承担的上供物资科买，转变为由市易务承包购买。相应地，其购买经费也划归市易务支配。如熙宁五年（1072 年）十月，“提举市易司言：‘晋州差衙前押进奉蒲萄，而晋非所出，尽买于太原。欲令在京计置，仍令泽州封桩价钱，听本司移用。’中书拟从其请，上批：‘蒲萄无用，更勿收买’。”[④]假若市易务真的承包了晋州的葡萄上供，晋州的购买经费就封桩于泽州，其支配权转移到市易务名下。

第二，在其他领域，私人从官府承包了某项事务的经营权之后，似乎没有再转包出去的，至少文献中未见此类记载。但市易务从三司承包购买任务之后，却明显地不是亲自从事经营，而是进行二次承包，“从本务召人承揽”，将其包揽的购买任务再转包给应募的商人。不仅上供物资如此，后面谈到的购买沿边军需粮草等亦是如此。

这样，市易务一身二任，既是承包商，又是发包方。而整个承包过程实际上也就分成了两个阶段。第一阶段，先是三司与市易务之间结成委托承包关系，第二阶段才在市易务与商人之间构成委托承包关系。尽管最终结果仍然是私人承担了官营业务，但内部的层次关系却更加复杂化了。

---

① ［日］野開三郎:《神宗朝を中心として観たる北宋時代の結糴》(原载《史渊》第 20 号，1939 年。后收入《日野開三郎東洋史学論集》第 11 卷，第 420—457 页)，就正确地指出过这一点。

② 王存等人所上《元丰九域志・表》云：其时“总二十三路，京府四，次府十，州二百四十二，军三十七”(北京：中华书局，1984 年，第 1 页)。

③ 裴汝诚、许沛藻:《宋代买扑制度略论》,《中华文史论丛》1984 年第 1 期。

④（宋）李焘撰：上海师范学院古籍整理研究室、华东师范大学古籍整理研究室点校:《续资治通鉴长编》卷 239，熙宁五年十月辛丑，第 5821 页。

第三，市易务招募商人承包政府消费物资购买，其具体的操作办法也与其他领域的承包制略有不同。其他领域，不管是承包商税，还是承包酒课、盐场、矿场，原则上都要具备个人自愿、有家产抵当或他人担保、确定承包课利数额、确定一定年限等要件。政府购买领域的承包，在这些内容之外较特别的一条是官府通常向承包者预付货款。如前引熙宁初年程博文招募商人承包羊的供应，“以产业抵当，召人保任，官豫给钱，以时日限口数、斤重供羊”[①]。另如《庆元条法事类》载：“诸供官之物，转运司预度出产处，计置价钱，下本州选官体访所产多寡约数，于要便置场，作料次请钱，比市价量添价和买（物数少不须置场及就出产处者，临时相度），召人中卖。即愿先一年召保请钱认数中卖者听。”[②]可见提前招商、有人作保或财产抵押、确定数额、官府预付货款等，是政府购买领域承包制之通例。从后面的论述看，市易务的做法与此无多大出入。

第四，在自愿竞争的原则下，商人承包政府购买的供货时，其竞标的内容也与其他领域的承包不同。即如果说在承包税务、酒坊场等场合，竞标者出的承包费越多越易取胜，那么在承包政府购买业务的情况下，竞标者要的承包费越少，也就是从官府获得的购买资金越少就越易取胜。这就是前引程博文招募商人承包羊的供应既能够“裁省冗费凡十之四”，又“人多乐从”“人甚以为便”的机理所在。市易务通过推行承包制改革科买之弊，如果能够实现“省公私烦费”的改革目标，其奥秘亦无非在于此。

政府购买领域的承包制经营自宋初以来就有，但尚不多见，市易务不仅将之大规模推广开来，使之制度化经常化，而且表现出一系列新特点。虽然市易务的承包购买未必能做到尽“罢诸路上供科买”，但至少部分地取代了诸路上供物资的科买。这在宋朝的政府购买史上是一个重大的制度创新。

二、市易务与杂买务等机构合并，配套实行免行役法

随着变法运动的深入，市易务承包诸路上供物资购买的同时，对于官府在京师的购买制度的改革也提上了日程。其方式一是将市易务与杂买务等机构合并，二是与免行役法的实行相配套，进一步推广承包制。

王安石变法之前，宋朝政府在京师等城市的物资采购是与“行役”制度相结合的。如同乡村主户必须对封建国家负担职役、差役一样，宋朝的城市工商业者（时称“行

---

① （宋）李焘撰：上海师范学院古籍整理研究室、华东师范大学古籍整理研究室点校：《续资治通鉴长编》卷 211，熙宁三年五月庚戌，第 5136 页。

② （宋）谢深甫：《庆元条法事类》卷 48《赋役门二》，杨一凡、田涛主编，戴建国点校：《中国珍稀法律典籍续编》第 1 册，哈尔滨：黑龙江人民出版社，2002 年，第 665 页。

户”或“行人”）也必须负担劳役，谓之“行役”，其主要内容一是按要求供应官府购买的物资，二是评估市场物价（谓之“时估”），三是鉴定官府买卖物资的质量价值。[①]官府向行户派购物品，谓之“下行”，并不是平均分配给全体行户，而是根据各行之利入厚薄和“行人等第”即应役行户户等之高下进行摊派。各行会之行户轮流应役，大抵每旬一轮，谓之“当旬”。宋政府征派行役的目的不是无偿占有商人行户的财物，而是为了及时保质保量地得到要采购的物品，因而官府向应役的行户购买物品按规定都是要付钱的。这种建立在行役制度基础上的政府购买，其强制性是显而易见的，性质上亦属于科买，故有的记载谓之“科索”。[②]北宋前期，京师的政府购买机构主要是杂买务。

杂买务的前身市买司，渊源于唐朝的宫市[③]，说明市买司是专管采购宫廷消费物资的机构。宋太宗太平兴国四年十二月，改市买司为杂买务。[④]据说，这次变革的背景是因为市买司重演唐朝宫市的强买强卖之弊。《宋史》卷 470《赵赞传》载：“会市物吏因缘为奸，列肆屡谒开封诉之，乃置杂买务，使（郑）昌嗣监之。”[⑤]

杂买务取代市买司不单纯是改变名称，其隶属关系和职责内容都有很大调整。后来的宋仁宗说：“国朝监唐世宫市之患，特置此务，以京朝官、内侍参主之，且防扰人。”[⑥]其机构设置是“以京朝官及三班内侍三人监，有库子、秤子、外催。”[⑦]这证明原来的市买司可能是宦官官署，而杂买务属于政府机关。

杂买务的职责已不限于宫廷购物，还负责驻京各政府机关的物资采购。“掌和市百物，凡宫禁、官府所需，以待供纳。”[⑧]这在它设立伊始就已确定。太平兴国八年（983年）四月，“诏内外诸司库务及内东门诸处造作，如官库内有物，不得更下行收市，应要物，委三司职官常预计度，若急须物色官库内无，即于出产处收市；若不及，即从三司下杂买务收买。即不得直下行铺。如违，许诸色人陈告，监官劾罪严断”[⑨]。

---

① ［日］野开三郎：《唐宋時代における商人組合“行”に就いての再検討》（收入《日野開三郎東洋史学論集》第 7 卷，東京：三一書房，1983 年）；王曾瑜：《宋朝的科配》，《中国史研究》1990 年第 3 期；《宋朝的坊郭户》，《宋辽金史论丛》第 1 辑，北京：中华书局，1985 年；［日］宮澤知之：《宋代中国の国家と経済》第 1 部第 3 章《宋代の工商業者の組織化》；魏天安：《宋代行会制度史》第 2 章、第 5 章，北京：东方出版社，1997 年；李晓：《宋代工商业经济与政府干预研究》第 8 章。

② 耐得翁：《都城纪胜·诸行》，北京：中国商业出版社，1982 年，第 4 页。

③（宋）高承：《事物纪原》卷 7《库务职局部》，影印文渊阁四库全书本，台北：商务印书馆，1986 年。

④（宋）李焘撰，上海师范学院古籍整理研究室、华东师范大学古籍整理研究室点校：《续资治通鉴长编》卷 20，太平兴国四年十二月，第 466 页。

⑤《宋史》卷 470《赵赞传》，北京：中华书局，1977 年，第 13680 页。

⑥（宋）李焘撰，上海师范学院古籍整理研究室、华东师范大学古籍整理研究室点校：《续资治通鉴长编》卷 172，皇祐四年三月辛未，第 4140 页。

⑦（清）徐松辑：《宋会要辑稿》食货 55 之 15，第 5755 页。

⑧（清）徐松辑：《宋会要辑稿》职官 27 之 3，第 2938 页。又见（清）徐松辑：《宋会要辑稿》职官 27 之 50，第 2961 页，文字互有差异。

⑨（清）徐松辑：《宋会要辑稿》食货 64 之 40，第 6119 页；（清）徐松辑：《宋会要辑稿》食货 55 之 15，第 5755 页。

诸司库务后来的全称是"提举在京诸司库务司"，凡京城诸司、库、务、场、院、坊、作皆是它的下属单位，数量有时为七十余处，有时多达一百三十余所。[①]管辖除粮食、草料以外的所有官物的收纳、保管、储藏等事务。这样，凡是在京各政府机构及宫廷急需、而库存中没有的物资，都由三司下达任务给杂买务，由杂买务向京城的商人行户购买。禁止诸司库务和内东门司直接与行户交易。根据上引太平兴国八年的诏令，杂买务堪称在京的除粮草以外所有政府购买事务的主管部门。

杂买务还拥有特别安排的日常购买经费，由于按规定它所购买的皆是急需物资，因而其经费数量也不受预算限制。大中祥符二年（1009 年）五月，有人言"杂买务与内东门司出纳，因缘为奸"。宋真宗说："此二司屡曾制置，尝给钱五百万于本司以备支遣，不欲稽滞价直也。先帝时尝以钱百万，命宋思恭检校，凡宫中市物，令即时面给其直，用讫复增，常满其数。"[②]这种情况，在众多的政府购买机构中是非常特殊的。

杂买务所采购的并不限于急需且官库内缺少的物资。宋仁宗就说杂买务"物非所急者一切收市"[③]。事实上杂买务被安排了不少经常性的购买任务。如胡桃六十万至八十万颗，"旧系陕西，熙宁四年朝旨在京收买，自后逐月据翰林司计度所要数，下杂买务收买"。石榴五万颗，"旧系河阳，熙宁二年朝旨在京收买，自后逐月据翰林司计度所要数，下杂买务收买"[④]。

将所有购买事务集中于杂买务，并给予充足的购买经费，剥夺过去由宦官操纵的宫廷购物之权，将宫廷的消费物资购买变成了政府的一项职能，以抑制曾经肆虐无忌的宫市之弊。这大概是设立杂买务的出发点。但在此后的实践中，这个制度设计的初衷显然没有很好地实现。因为杂买务本身就严重存在强买强卖、购物不付钱等弊端，关于这方面的诏令连篇累牍。如宋真宗大中祥符二年九月，"帝曰：杂买务累曾制置，贵在不扰于人，尚闻有箬帚微物，有司以茶准折其价，可令丁谓规画，以钱给之"[⑤]。白居易笔下的宫市之弊就是"半匹红纱一丈绫，系向牛头充炭直"。杂买务不给现钱而用茶折价，其性质与此完全相同。在皇帝过问之后，以茶折价的问题依然存在。大中祥符五年（1012 年），"诏杂买场市物，并令给钱，以便民。先是，收市应用之物，尚有折支茶，小民难于分给，故有是命"[⑥]。至于"诏杂买务要有买卖，画时支给价

---

①（清）徐松辑：《宋会要辑稿》职官 27 之 41，第 2957 页。

②（清）徐松辑：《宋会要辑稿》食货 64 之 41，第 6120 页；（宋）李焘：《续资治通鉴长编》卷 71，大中祥符二年五月乙丑，第 1607 页。

③（宋）李焘撰，上海师范学院古籍整理研究室、华东师范大学古籍整理研究室点校：《续资治通鉴长编》卷 172，皇祐四年三月辛未，第 4140 页。

④（清）徐松辑：《宋会要辑稿》食货 34 之 39，第 5408 页。

⑤（清）徐松辑：《宋会要辑稿》食货 37 之 4，第 5450 页。

⑥（清）徐松辑：《宋会要辑稿》食货 37 之 6，第 5451 页。

钱，不得邀滞”。“诏杂买务市物，并须支一色见钱”[①]。“诏杂买务，自今凡宫禁所市物，皆给实直，其非所阙者，毋得市。”[②]诸如此类的诏令不胜枚举，无非说明积弊甚深而已。

京师乃宫禁、朝廷之所在，拥有庞大的政府消费需求，也集中了强大的支付能力。但杂买务等机构把持的政府购买不仅没有对商业繁荣产生多少正面影响，反而成为商人行户的沉重负担：

> 初，京师供百物有行，虽与外州军等，而官司上下须索，无虑十倍以上。凡诸行陪纳猥多，而赍操输送之费复不在是，下逮稗贩、贫民，亦多以故失职。[③]

于是，“每年行人为供官不给，辄走失数家”[④]。其根源就在于杂买务等利用“行役”制度巧取豪夺。

市易务设立后，朝廷有关机构进行了一系列调整。先是熙宁五年（1072 年）七月，市易务与在京榷货务联署，前者称市易东务上界，后者称市易西务下界，在京商税院、杂卖场、杂买务也与市易务合并。[⑤]半年后的熙宁六年（1073 年）正月，这些机构又都隶属于都大提举诸司库务。[⑥]

王安石之所以将市易务与杂买务、诸司库务司等机构联成一体，其用意不仅要与市易务担负的政府购买职能相适应，也为了进一步扩大市易务的权限，推广承包制，为从制度上革除京师政府购买中强买勒索的沉疴创造条件。史载：

> （王）安石又欲令诸司库务系市易务，行人买纳上供物处，令提举市易司管辖。上（宋神宗）曰：“如此，必致人言，以为所买物不良。”安石曰：“不如此，则库务公人利于诸路科纳，必非理邀索拣退，行人无由肯揽。”上曰：“今行人扑买上供物亦易尔。前宋用臣修陵寺，令行人揽买漆，比官买减半价。不知市易司何故乃致人纷纷如此，岂市易司所使多市井小人耶？”[⑦]

---

① （清）徐松辑：《宋会要辑稿》食货 64 之 41，第 6120 页。

② （宋）李焘撰，上海师范学院古籍整理研究室、华东师范大学古籍整理研究室点校：《续资治通鉴长编》卷 172，皇祐四年三月辛未，第 4140 页。

③ （宋）李焘撰，上海师范学院古籍整理研究室、华东师范大学古籍整理研究室点校：《续资治通鉴长编》卷 244，熙宁六年四月庚辰，第 5935 页。

④ （清）徐松辑：《宋会要辑稿》食货 37 之 16，第 5456 页。

⑤ （宋）李焘撰，上海师范学院古籍整理研究室、华东师范大学古籍整理研究室点校：《续资治通鉴长编》卷 235，熙宁五年七月壬午、辛卯，第 5696、5707 页。

⑥ （宋）李焘撰，上海师范学院古籍整理研究室、华东师范大学古籍整理研究室点校：《续资治通鉴长编》卷 242，熙宁六年正月己酉，第 5890—5891 页。

⑦ （宋）李焘撰，上海师范学院古籍整理研究室、华东师范大学古籍整理研究室点校：《续资治通鉴长编》卷 239，熙宁五年十月丁亥，第 5810—5811 页。

诸司库务虽不直接“下行”购物，但在接受行户交货时有“非理邀索拣退”之弊，妨碍行户承包，故王安石也主张与市易务合并，“行人买纳上供物处，令提举市易司管辖”。尽管宋神宗有某些不同看法，最终还是批准了王安石的意见。

市易务与杂买务、诸司库务等机构的合并整顿完成之后，王安石随即针对“行役”制度进行了改革。熙宁六年（1073年）八月，由市易务主持、开封府参与，专门设立“详定行户利害所”，制定了“免行条贯”：

> 约诸行利入厚薄，纳免行钱以禄吏与免行户祗应；自今禁中卖买并下杂卖场、杂买务；仍置市司，估市物之低昂，凡内外官司欲占物价，则取办焉。[①]

是为免行役法。大体上根据诸行业利入之厚薄，把行户分为上中下三等，按月或按季征收免行钱。行户按照等级高低纳钱，官府免除其行役负担；官府购物则由市易务招商承包，不能再向交纳免行钱的行户科配。

值得注意的是，伴随着免行役法的实施，京师的政府购买制度不但在市易务主持下推行了承包制，而且根据许多参与承包供货的行户本小利微的具体实际，采取了更加灵活的承包办法。如市易务向汴京果子行的行户发包干鲜果品、蜜饯等物的供应，行户“自投状乞借官钱出息，行仓法供纳官果实”，不令“抵当”，亦即不必财产抵押，而是预先给付货款，令其定期向官府供纳果品，同时市易务每天向他们征收预付款的利息。其所以如此，据王安石解释是果子行的行户“皆贫民，无抵当，故本务差人逐日收受合纳官钱”。宫廷和官府所用果品，以往是果子行户轮流供应，杂买务等机构接收时，不仅常拖欠货款，且敲诈勒索，“从来诸司皆取赂于果子行人”。市易务承包果品供应，再转包给行户，产生了很好的效果：“自立法已来，贩者比旧皆即得见钱，行人比旧官司兼并所费十减八九，官中又得好果实供应。”[②]

如同乡村实行免役法是以募佣制取代劳役制一样，城市实行免行役法也是旨在商业领域缩小劳役制，以便从根本上革除杂买务等机构的巧取豪夺之弊，减轻行户负担。这项改革显然是与市易务承担政府购买职能并推广承包制相辅相成、配套进行的，亦即如果没有市易务的承包制经营，政府消费物资的购买供应就会受到影响，针对“行役”制度的改革也就难以落到实处。以往的一些研究由于没有给予市易务的政府购买职能以应有的地位，也就没有注意到市易务主持下的政府购买承包制与免行役法的内

---

①（宋）李焘撰，上海师范学院古籍整理研究室、华东师范大学古籍整理研究室点校：《续资治通鉴长编》卷246，熙宁六年八月丙申，第5998页。

②（宋）李焘撰，上海师范学院古籍整理研究室、华东师范大学古籍整理研究室点校：《续资治通鉴长编》卷240，熙宁五年十一月丁巳，第5826—5828页。

在联系。

熙宁七年（1074 年）以后，随着一些重点商业城市陆续设置了市易司，市易务的购买活动扩大到了京师以外的地区。其中的一项重要业务是参与沿边军需粮草等物资的购买。限于篇幅，拟另文讨论。

三、市易法执行中的问题

实际执行中，王安石的诸项新法都程度不同地存在变味走样的问题，市易法针对政府购买制度的改革也不例外。这主要表现在：

第一，免行役法减轻行户负担的改革不彻底。

免行役法是根据“诸行利入厚薄”和行户的户等高低这两个条件，确定各类行户缴纳免役钱的数量标准。如肉行是将本行屠户分为中户和下户两类，其中，中户 13 户共出钱四百贯，每户二贯七十文；下户 13 户共出钱二百贯，每户一贯二百九十文。[①]这样的制度安排既照顾到了不同行业之间的赢利状况，又考虑到了诸行内部各行户之间的贫富差别，不能说不合理。但对众多本小力微的贫困行户而言，免行役钱的负担依然不轻。

免行役法出台伊始，宋神宗就注意到了这个问题，例如他虽然肯定市易务向果子行的行户发包干鲜果品供应的改革效果，却认为不该收取预付货款的利息：“买得果实，诚比旧极佳，行人亦极便。但行人皆贫弊，宜与除放息钱。”[②]还曾“批问王安石：取免行钱太重，人情咨怨，至出不逊之言，卿还闻否？”[③]与王安石有过师徒之谊的郑侠也批评了这个问题，认为免行役法“若要深合民心，上等行人多出，中等助之，下等贫乏特与免，官中只取足用，无冀其余，则善矣。洎至立法，更不辨上中下之等，一例出钱，富者之幸，贫者之不幸。”[④]由于征收免行役钱较重，熙宁七年（1074 年）甚至出现了有的行户“乞不纳钱，依旧祇应”的现象。[⑤]但在免行役法实施过程中，除了熙宁七年（1074 年）四月临时减免在京行户的免行钱一万贯之外，这个问题长期

① （宋）李焘撰，上海师范学院古籍整理研究室、华东师范大学古籍整理研究室点校：《续资治通鉴长编》卷 245，熙宁六年五月戊辰注，第 5962 页。

② （宋）李焘撰，上海师范学院古籍整理研究室、华东师范大学古籍整理研究室点校：《续资治通鉴长编》卷 240，熙宁五年十一月丁巳，第 5827 页。

③ （宋）李焘撰，上海师范学院古籍整理研究室、华东师范大学古籍整理研究室点校：《续资治通鉴长编》卷 251，熙宁七年三月戊午，第 6124 页。

④ （宋）郑侠：《西塘集》卷 1《免行钱事》，影印文渊阁四库全书本，1986 年。

⑤ （宋）李焘撰，上海师范学院古籍整理研究室、华东师范大学古籍整理研究室点校：《续资治通鉴长编》卷 251，熙宁七年三月辛酉，第 6131 页。

得不到解决。

元丰三年（1080 年）九月，提举都市易司王居卿全面分析了贫困行户负担沉重的问题，指出：

> 免行所月纳或季纳见钱，官为雇人代役使，此朝廷立法之意，欲以宽恤下民也。然有其名而无其实。盖建法之始，失以贫富为较，但以其人作业为等纳钱，轻重不一，虽贫者至轻而日不自给，何暇输官？催理科较，或至禁锢，诚可矜恻。臣窃详元定免行租额钱三万四千八百余缗，每岁额外常有增羡。今且以杂贩破铁、小贩绳索等贫下行人共八千六百五十四人，月纳自一百以下至三文二文，计岁纳钱四千三百余缗，其所出至微，犹常不足，故贫者私不足以养，公不足以输。

他建议用每年额外增收的免行役钱填补旧额，“其贫下户并与除放。庶几小民实免行役，均被朝廷之恩”。此议获准。①

按照王居卿的统计，以“杂贩破铁、小贩绳索”为业而又缴纳免行役钱的“贫下行户”共有 8654 人，每年纳钱四千三百余贯，若按七十七文为陌计算，平均每人每年不过三百八十文，甚至有每月仅纳二三文者。涉及行户如此之多，纳钱又如此零碎，即使单从政府管理成本的角度看也未必是划算的，更不要说它在政治上的负面影响了。

贫困行户的免行役钱之所以长期不能蠲减，一方面与王安石的态度有直接关系，他认为改革之后，“下户已自减省不少，若更减省，不知却令何人出钱给吏禄？”②另一方面是主管官员执行过当的结果。熙宁六年（1073 年），御史盛陶即言：“昨吴安持请民输钱免行，都提举市易吕嘉问被诏与府司官详定利害，而嘉问过为苛察，牢取微利，虽稍排定，所费之外，掊敛过多。乞应免行钱更加均定，惟给行人常费之外，其余中下户并与蠲放。”③免行役法既然在某种程度上被当成了赚钱增收的门路，也就必然使减轻百姓负担的改革效果打了折扣。

王安石虽强调实施免行役法要根据自愿原则，“召免行人户问其情。愿，即令出钱；若不愿，即令依旧供行”④。但既然如王居卿所言免行役钱的征收有定额，且“每

① （宋）李焘撰，上海师范学院古籍整理研究室、华东师范大学古籍整理研究室点校：《续资治通鉴长编》卷 308，元丰三年九月甲子，第 7478—7479 页。

② （宋）李焘撰，上海师范学院古籍整理研究室、华东师范大学古籍整理研究室点校：《续资治通鉴长编》卷 251，熙宁七年三月己未，第 6128 页。

③ （宋）李焘撰：上海师范学院古籍整理研究室、华东师范大学古籍整理研究室点校：《续资治通鉴长编》卷 248，熙宁六年十二月甲戌，第 6053 页。

④ （宋）李焘撰：上海师范学院古籍整理研究室、华东师范大学古籍整理研究室点校：《续资治通鉴长编》卷 251，熙宁七年三月戊午，第 6124 页。

岁额外常有增羡”，则在实际执行中难免会出现强制性的问题。因为实行定额管理并将定额之完成状况与官吏的赏罚黜陟挂钩，乃宋朝财政管理制度之常规。在这样的政绩评价机制和激励督责机制之下，官吏们为邀赏避罚，挥舞起强制性的大棒也就成了极其正常的“理性选择”。因此，免行役法实施过程中即使不存在强迫原先不属于行户的小商稗贩亦皆缴纳免行钱的问题[①]，王居卿所言对贫困行户“催理科较，或至禁锢”的现象也是不可避免的。此种弊政，与行役、科买并无本质区别。

免行役法减轻行户负担的改革不彻底，为嗣后的征钱增负埋下了伏笔。随着后来新法的变质，市易务的政府购买职能相继沦丧，专事经商赚钱、放贷牟利。北宋末南宋初，出现了行户既纳免行钱又要负担行役“祗应”科买等问题，使免行钱实际变成了一种额外杂税。此类现象典型反映了封建社会的许多政策以减负始、以增负终之流弊。

第二，市易务的赢利性职能与政府购买的非营利性职能存在矛盾。

如果说，市易务的主营业务总体上包括买卖营利、放贷取息、政府购买三大部分，那么经营商业和借贷业以赚钱牟利终究是它的首要任务。既如此，政府购买的非营利性，便难免会与市易务的商业性经营构成一定矛盾。市易务过分追求降低采购成本的财政性动机，也难免与减轻百姓负担的社会政治目标以及有效保障政府消费的实际需要存在一定距离。这两点，在市易务参与河北沿边军需粮草购买时有集中暴露。

市易务在河北籴买的责任十分明确，就是以定州作为补给重点，协助河北籴便司做好沿边军需供应[②]，如前王安石的设想是如果市易务俵籴充足，籴便司甚至可以“权住入中”。但市易务为了避免沿边一带的籴买活动过于集中而价格上涨，竟要求采取内地籴买与赋税支移相结合的办法。熙宁八年（1075 年）初，市易司言：“被旨籴定州军储，数多，谷价以故增长，乞移大名、澶州辅郡夏秋苗税往彼，以便般辇。”中书省计算与河北接壤的州县税数，可得十余万石，于是“诏诸路近河北州县，令民输税于河北，以足定州军储，其借过税数，令市易司于本路籴还。”[③]这种情况表明，市易务为了避免价高而少花钱，竟然在中书支持下不惜动用落后的赋税支移政策。它在

① 郑侠和时任参知政事的冯京等人都曾说有强迫原本不属于行户的小商稗贩缴纳免行钱之事。如郑侠说：免行役法“才立法，随有指挥：元不系行之人，不得在街市卖易与纳免行钱人争利，仰各自诣官投充行人，纳免行钱，方得在市卖易；不赴官自投行者有罪，告者有赏。此指挥行，凡十余日之间，京师如街市提瓶者必投充茶行，负水担粥以至麻鞋头发之属，无敢不投行者”（《西塘集》卷 1《免行钱事》）。郑侠还在致王安石的信中说：“今者令细民并相纠告，不以旧曾系行籍，但持一物而卖于市者，莫不出免行钱，至于麻鞋头发茶坊小铺，皆朝夕营营以急升米束柴而不赡者，今无不勒出钱以为免行，则彼旧非在行，何免之有？何以为宽民之力哉！”（《西塘集》卷 6《上王荆公书》）但漆侠先生认为这是冯京串通郑侠“无中生有，捏造事实”，又见漆侠：《王安市变法》（增订本），第 195—196 页。兹姑从漆先生之说。

② 关于河北籴便司的职掌等，请参阅李晓：《北宋的河北籴便司》，《中国史研究》2004 年第 2 期。

③（宋）李焘撰，上海师范学院古籍整理研究室、华东师范大学古籍整理研究室点校：《续资治通鉴长编》卷 263，熙宁八年闰四月庚戌，第 6445 页。

河北以外地区的籴买活动如果只是补赋税支移之数，不是多此一举，就是可以趁机增加政府收入，对商品经济发展无多大意义。市易务在河北地区的粮草购买，也多是在远离定州沿边的内地，“自来所计置粮谷，并散在缘边及近里州县……然各去定、瀛州远，难运入新仓。”[①]这无非也是为了省钱省事。

第三，市易法没有也不可能完全消除科买之弊。

科买之弊本是市易法改革政府购买制度的对象，但就在市易法推行之际，科买在一些地区不仅没有收敛，反而有变本加厉之势。元丰五年（1082年）三月，提举江南西路常平等事刘谊奏：

> 陛下所立新法，本以为民……为民有积货之不售，故设市易，皆良法也。行之数年，天下讼之，法弊而民病，色色有之。……自改法来，变圆融为和市。有司不为陛下惜，乃轻为价，上督责则下疾驱，为县令者乃一科买于民。昔臣过淮南，淮南之民科黄河夫，夫钱十五千，上户有及六十夫者。湖南买弩桩，官估二十，百姓实费二千，户有及二十条者。近江西买军须衲袄，官估八百，实费三千，其它翎毛竹箭无不数倍。夫县官缓急资于民，民出其余助公上，理固然也。然民已出役钱，又不免于科配，是谓百色配买，贱价伤民。[②]

刘谊所说的“圆融”，乃宋人习语，按李焘解释：“凡公家之费有敷于民间者，谓之圆融，多寡之数，或出临时，污吏乘之以为奸，其习弊所从来久。”[③]可知所谓“圆融”纯系与科买相同的税外苛敛。实行市易法之后，“变圆融为和市”，但由于官府操纵价格，上下督责，实际的运作方式仍然不免归于科买。

尤其值得注意的是，宋神宗对刘谊奏报的问题非但不予重视，反而御批斥责他“张皇上书，惟举一二偏僻不齐之事，意欲概坏大法，公肆诞谩，上惑朝廷，外摇众听”，将之勒停罢官。[④]这表明，到了元丰年间，随着变法的转向[⑤]，市易法针对政府购买制度改革的积极绩效也在萎缩，而其局限性愈增。

不过，尽管市易法对政府购买制度的改革存在一些问题，并招致了若干批评，但总体来看，这方面的改革无论是暴露出的缺陷还是引起的争议，都远比市易法的另外

① （宋）李焘撰，上海师范学院古籍整理研究室、华东师范大学古籍整理研究室点校：《续资治通鉴长编》卷338，元丰六年八月庚子，第8154页。

② （宋）李焘撰，上海师范学院古籍整理研究室、华东师范大学古籍整理研究室点校：《续资治通鉴长编》卷324，元丰五年三月乙酉，第7795—7801页。

③ （宋）李焘撰，上海师范学院古籍整理研究室、华东师范大学古籍整理研究室点校：《续资治通鉴长编》卷251，熙宁七年三月乙巳，第6113页。

④ （宋）李焘撰，上海师范学院古籍整理研究室、华东师范大学古籍整理研究室点校：《续资治通鉴长编》卷324，元丰五年三月乙酉，第7795—7801页。

⑤ 漆侠：《王安石变法》（增订本），第207—216页。

两项重要内容官营商业和借贷业为少。新旧两党围绕市易法的激烈斗争，始终是以官营商业和借贷业为焦点展开的，政府购买制度方面的问题并不处在斗争旋涡的中心。而对于改革政府购买制度的必要性和合理性，即使旧党中人也不否认。

正由于政府购买是政府消费方式在商品经济发展下的必然变革，而市易法的改革又在一定程度上收到了实效，在市易法遭到废止之后，一些人面对愈益肆虐的科买之弊，每每主张恢复市易法。典型者如宋徽宗时，“自崇宁行盐钞法，和买民帛率不得偿，虽朝廷令借封桩钱，而钱特空名”。江西转运使张根提出了三项改革建议，其中之一就是实行市易法，并说“市易取净利以役商贾，虽名非正，然与敷和买而不售其直什一而使之倍输额外无名无数之敛有间矣”①。

四、结　语

综上所述，市易法的内容并不限于兴办官营商业和借贷业，还包括对政府购买制度的改革；市易务也不仅是官办的商业和借贷业机构，还属于重要的政府购买机构。市易法改革政府购买制度的目标是“省公私烦费”，节约财政开支，减轻百姓负担；市易务实施改革的手段主要是推行承包制，具体做法是从三司等机构承揽政府购买业务，再转包给商人；整个改革活动分三个步骤展开：先承包诸路上供物资的购买，再与免行役法相配套承包京师的购买，最后扩大到参与承包沿边军需粮草等物资的购买。

政府购买在宋朝的发展，是封建国家消费物资供应方式的一个重大变革，它使政府的财政分配活动更多地与商品货币经济相结合，使政府这个社会上庞大的消费主体成为一个举足轻重的市场运作主体。这既是商品货币经济发展的必然产物，又反过来对商品货币经济的发展产生了深刻影响。市易法针对科买之弊开展改革，市易务承担了部分政府购买职能并大规模推行承包制，有利于提高政府购买资金的使用效率，改善官民之间的商品交换关系，减轻百姓遭受的强制性束缚和经济损失，其先进性是显而易见的。这是宋朝政府购买史上一个重要的制度创新，其显著地位和积极作用不可忽视、应予肯定。

然而，如文中所述，市易法实行中也逐步暴露出一些始于减负便民、终于增收扰民的流弊：免行役法减轻行户负担的改革颇不彻底；市易务在河北等地购买军需粮草时过分追求降低采购成本的财政目标，竟不惜动用落后的赋税支移政策，加重百姓负担；市易法没有也不可能完全根除科买之弊。此类现象深刻表明，在市场交易主体不平等、法制不到位、私有财产权不被尊重、政府行为缺乏有效约束的制度环境下，任何有积极作用的改革，终究难免走向其反面。

---

①（宋）汪藻：《浮溪集》卷24《朝散大夫直龙图阁张公（根）行状》，影印文渊阁四库全书本，1986年。

清规考述

沈冬梅*

元《敕修百丈清规》是研究佛教、研究禅宗、研究禅茶文化的重要历史文献，一般都称之为《百丈清规》。虽然它在名称上是百丈清规，但在历史时序上它对唐百丈怀海（720—814年）禅师所创制的《禅门规式》和宋元诸部丛林清规也都具有相当的继承性，因它毕竟是一部元代的清规，因而研究者在运用它作为诸般研究的基本资料时，必须首先区分明辨它的内容中，与时代与社会相关联的部分。怀海禅师初创禅门规式时的面目，后世禅师对于禅门规约的续修续纂，以及实际修行、管理中的诸般应用，“百丈清规”名称出现时的虚指与实义，这样才能使研究过程合乎历史的进程，得出的成果更能经受时间的检验，符合学术与义理的真相与逻辑。

一、清规的源起

魏晋南北朝时期开始，随佛典的翻译以及传教的逐渐流行，信众日渐增多，出现了以某位译经僧或者以某寺院传法基地为中心的僧团，而为了管理僧众，在佛教典律尚不甚完备的历史条件下，佛图澄弟子道安（314或312—385年），首创以参照现有戒律根据中国实情制定僧团规范，其令竺佛念、昙摩持、慧常等译出“十诵比丘戒本”“比丘尼大戒”，为整备戒律而“著僧尼轨范及‘法门清式二十四条’”。[①]据梁慧皎所撰《道安传》：“安既德为物宗学兼三藏，所制僧尼轨范佛法宪章，条为三例：一曰行香、定座、上经、上讲之法，二曰常日六时行道、饮食、唱食法，三曰布萨、差使、悔过等法。天下寺舍遂则而从之。”[②]虽然此二书皆已不可见，但可以说后世所传之僧制、清规类典籍，皆源自道安之僧尼轨范及佛法宪章（法门清式）。与道安同时的支遁（314—366年）、稍后的道安弟子慧远以及道宣等僧人，也在僧团规范制度方面作了探索性建设：“又支遁立《众僧集仪度》，慧远立《法社节度》。至于宣律师，立《鸣钟轨度》，分五众物仪，章服仪，归敬仪。此并附时傍教，相次而出。凿空开荒，则

---

* 沈冬梅，中国社会科学院历史研究所研究员。

①（宋）祖琇：《隆兴编年通论》卷3《新纂大日本续藏经》，东京：国书刊行会出版，第75册，第121页。

②（梁）慧皎：《高僧传》卷5《道安传》，《大正新修大藏经》，第50册，第353页。

道安为僧制之始也。”[1]至南北朝时期，佛教戒律逐渐完备，诸宗派大小乘戒律皆为奉行，且具本土化特色，比如戒断酒肉等。

隋唐以来，禅宗大兴，五祖弘忍（602—675年）提出“即心是佛”的理论，倡导不立文字顿入法界的东山之门。六祖慧能（638—713年）在其基础上提出直指人心，“明心见性”“见性成佛”“即心是佛”，使“即教悟宗”的如来禅发展成为“藉师自悟”的祖师禅[2]，其顿悟禅法，成为禅宗的主流，并进而成为中国化佛教的主流。而在戒律方面，慧能南宗禅提倡“无相戒”法，“自归依三身佛”[3]。

慧能的再传弟子马祖道一（709—788年）则更提出“平常心是道”的命题，提出“只如今行住坐卧，应机接物尽是道。”[4]马祖以后，自身宗风的变化，加之种种的历史机缘，禅宗在中国迅速发展，僧团不断扩大。道一的法嗣百丈怀海禅师有感于禅宗“说法住持，未合规度，故常尔介怀”[5]，因而别创禅林，改变禅僧寄居律院的局面，并且大约在自唐顺宗至宪宗的十几年间（805—814年）制立禅门共居规约《禅门规式》，在戒律方面完成了中国化的转变，从制度上保证僧团的管理与发展。但是由于后出文献的混淆，怀海的创制与后世清规面临着一些问题，以下试述之。

二、怀海丛林轨范的名称

唐人陈诩在怀海禅师示寂四年后，唐宪宗元和十三年（818年），撰有《洪州百丈山故怀海禅师塔铭》[6]，是现存文献中有关怀海禅师最早的资料，其中对怀海创制丛林清规之事，未有只言提及与评论。五代南唐静、筠二僧于保大十年（952年）成书的《祖堂集》是现存最早的僧史著作之一，因为体例为诸僧传法语录，其卷14“百丈和尚”条下，并未言及怀海创制丛林轨范[7]。究其原因，或许是当时佛教内部对于

① （宋）赞宁：《大宋僧史略》卷中《道俗立制》，《新纂大日本续藏经》，第88册，第445页。

② 道元：《景德传灯录》卷5《第三十三祖慧能大师》，顾宏义：《景德传灯录译注》，上海：上海书店出版社，2010年，第1册，第294页。

③ （唐）慧能：《坛经》，《大正新修大藏经》第48册《南宗顿教最上大乘摩诃般若波罗蜜经六祖慧能大师于韶州大梵寺施法坛经》，第339页。

④ 《景德传灯录》卷28《诸方广语·江西大寂道一禅师语》，顾宏义：《景德传灯录译注》，第5册，第2252页。

⑤ 《景德传灯录》卷6《洪州百丈怀海禅师》附《禅门规式》，顾宏义：《景德传灯录译注》，第1册，第428页.

⑥ 《敕修百丈清规》卷8附《洪州百丈山故怀海禅师塔铭》，蓝吉富编：《禅宗全书》清规部（二），台湾文殊文化有限公司，1990年，第103—104页。

⑦ 因而有学者对怀海是否创有清规提出质疑，如1939年木村静雄在《古清规考》一文中即对此提出了异议，近藤良一在《百丈清规の成立とその意义》中认为百丈时代并没有清规存在。湛如法师在《唐宋时期的禅宗教团与清规之研究》文中认为海创制清规未为载录的原因：“百丈清规在百丈之时或许还不完整，亦可能没有以百丈清规一名的形式出现，其所规定的具体内容在当时的佛教界，并不是所有的人都接受和认同。”

怀海所创新制尚未足够重视。

最早记载怀海制丛林规范者，为宋代赞宁（919—1002年）于太平兴国七年（982年）奉敕编纂《宋高僧传》凡三十卷，其卷10《唐新吴百丈山怀海传》重点记怀海制定禅门轨式事：

后檀信请居新吴界。有山峻极可千尺许。号百丈欤。海既居之，禅客无远不至。堂室隘矣。且曰："吾行大乘法，岂宜以诸部阿笈摩教为随行邪？"或曰："《瑜伽论》、《璎珞经》是大乘戒律，胡不依随乎？"海曰："吾于大小乘中博约折中，设规务归于善焉。"乃创意，不循律制，别立禅居。初自达摩传法，至六祖已来，得道眼者号长老，同西域道高腊长者呼须菩提也。然多居律寺中，唯别院异耳。又令不论高下，尽入僧堂，堂中设长连床，施椸架挂搭道具。卧必斜枕床唇，谓之带刀睡。为其坐禅既久，略偃亚（息）而已。朝参夕聚，饮食随宜，示节俭也。行普请法，示上下均力也。长老居方丈，同维摩之一室也。不立佛殿，唯树法堂，表法超言象也。其诸制度，与毗尼师一倍相翻，天下禅宗如风偃草。禅门独行，则海之始也。[①]

赞宁于太平兴国中又奉敕编纂《大宋僧史略》，对于怀海禅师"别立禅居""创意经纶"又作了如下评价："凡诸新例，厥号丛林，与律不同，自百丈之始也。"[②]从中可知赞宁称怀海所创新例"厥号丛林"，即以"丛林"名其新规。

北宋法眼宗僧人道原于北宋景德年间（1004—1007年）撰成《佛祖同参集》，咨序于杨亿（974—1021年），后改书名为《景德传灯录》进呈。经真宗诏令翰林学士杨亿等人刊削裁定，并"命翰林杨亿撰序以赐"[③]，于"大中祥符四年（1011年）诏编入藏"[④]，将其"编入大藏颁行"[⑤]。在《景德传灯录》卷6洪州百丈山怀海禅师条下，附录了怀海所创《禅门规式》"大要"内容。前有引，后有论。论中有称"宜依百丈丛林格式"语，是首次以"百丈"之名冠诸新禅规。从这本儒释两家合作编撰修订的传灯录中，可以看到宋代社会僧俗两界对怀海所创《禅门规式》的重视。

---

① （宋）赞宁：《宋高僧传》卷10，北京：中华书局，1987年，第236页。

② （宋）赞宁：《大宋僧史略》，《大正新修大藏经》第54册，第241页。

③ 正受《进〈圣宋嘉泰普灯录〉上皇帝书》，《嘉泰普灯录》卷上，《新纂大日本续藏经》，第79册，第270页。

④ 赵安仁、杨亿：《大中祥符法宝录》卷20，东土圣贤著撰二之三，《中华大藏经》，北京：中华书局，1994年，第73册，第523页。

⑤ 念常《佛祖历代通载》卷9，《大正新修大藏经》第49册，第660页。

首先，从体例上来说，附入《禅门规式》是全书唯一的例外。[①]因为《景德传灯录》所用为介于僧传与语录之间的一种新型文体，即基本是按谱录形式编排的语录之书。而《禅门规式》乃丛林轨范，与全书体例不一。

其次，首次记录了怀海禅师所立新制的名目为《禅门规式》，这无论对佛教史还是文化史，都是重要的文献记录。此后，正史著作中对怀海此书也有记载，皆称其名为《禅门规式》。如欧阳修（1007—1072 年）《新唐书》卷 59《艺文志第四十九》记有“怀海《禅门规式》一卷”，郑樵（1104—1162 年）《通志》卷 67《艺文略第五》也录有“《禅门规式》卷[①]（僧怀海撰）”。

《禅门规式》书名的变化，始自北宋末年的长芦宗赜禅师。宗赜是宋代云门宗第六世高僧，同时又被奉为“莲社五祖”，在净土宗中亦有颇高的声名。于元丰八年（1085 年）住持洛州普会禅院，绍圣二年（1095 年）住持真定府洪济禅院，在此期间，得赐紫衣并得赐师号“慈觉”，崇宁四年（1105 年）住持真州长芦崇福禅院。于崇宁二年（1103 年）住真定府十方洪济禅院时，撰集《禅苑清规》十卷[②]。在《禅苑清规序》中自述撰集源起：“夫禅门事例，虽无两样毗尼；衲子家风，别是一般规范。若也途中受用，自然格外清高。如其触向面墙，实谓减人瞻敬。是以佥谋开士，遍摭诸方。凡有补于见闻。悉备陈于纲目。”虽然怀海规式依存，但是因为“而况丛林蔓衍，转见不堪；加之法令滋彰，事更多矣”，因而“随机而设教”，更为详细地制立规范—《禅苑清规》，这也是新禅律首次命以“清规”之名。

宗赜在《禅苑清规序》中有言：“百丈规绳[③]，可谓新条特地”，是以“百丈规绳”来称名怀海所创丛林规范。在卷 10 著录《百丈规绳颂》，颂的内容之外，“百丈规绳”的内容由两部分组成，一是其前部照录《景德传灯录》所附《禅门规式》（文字与之有个别差异），二是后部所录“诸方自古共遵所济众务急救弊之要者，凡三十件”。

关于怀海规式的内容，从《禅门规式》及《百丈规绳颂》归纳，除前引和后论各一条外，共通为 10 条，大致可归纳为以下几点：

（1）禅林的殿宇结构：“不立佛殿，唯构法堂”；（2）关于禅林的职位：为了禅林的日常管理运营，禅林有方丈、长老等，又立有禅门十务，饭头、菜头、侍者、维那诸职；（3）修学生活：大众朝参夕聚，长老上堂升座，坐禅久则可以右肋吉祥卧“略

---

① 今本《大正新修大藏经》第 51 册《景德传灯录》卷 9 附录唐河东裴休集《黄檗希运禅师传心法要》，是本书的附录，但其一，宋刻本并未收录，它不是宋人原始附入的附录；其二，它仍是传法语录，仍是合于体例的，而《禅门规式》乃丛林轨范，与全书体例不一。并参见顾宏义《景德传灯录译注》第 2 册，第 613 页。

② 《禅苑清规》又称《崇宁清规》、《重刻补注禅苑清规》、《禅规》。收在《大日本续藏经》第 63 册、《卍续藏》第 111 册、《禅宗全书》第 81 册。

③ 日僧永平道元所撰《永平清规》乾之卷《典座教训》中有言“始得百丈高祖之规绳”语，可见当时在《禅苑清规》影响之下，皆称百丈所创为《百丈规绳》。

偃息”，二时斋粥，普请之法（非怀海首创，而是首次将其正式列入禅林规制），惩罚、摈逐犯规僧徒。

以上三点十条都是大纲性的，在宗赜《禅苑清规》之前，丛林备有实施的一些细则：“其诸轨度，山门备焉”（《禅门规式》），宗赜将其集录有三十件：“诸方自古共遵，所济众务急，救弊之要者，凡三十件。用示方来，切在详禀，确志维卫，永成轨范。”

通览道原、杨亿、宗赜之前的相关记载，百丈所创之禅律，其名与“清规”不涉[①]。虽然，在宗赜《禅苑清规》之前，“清规”一词，在儒释道诸界皆广为应用，意指“谓供人遵循的规范”。唐杜甫《偶题》诗：“后贤兼旧制，历代各清规。”[②]唐冥祥撰《大唐故三藏玄奘法师行状》中有云：“然昆季二人，懿德清规，芳声雅质。”[③]唐释道宣撰《续高僧传》卷16《释僧玮传》中有云：“僧玮容止恭庄，威仪整敕，游之者肃然清规，见之者自生敬仰。”卷20《释静琳传》：“既爰初受法未晓清规，赴青齐听于律禁，后发前至为诸听先。”[④]宋王禹偁《乞赐终南山人种放孝赠表》：“少加粟帛之恩，俾谐丧葬之礼，上则成先皇之雅意，下则扬隐士之清规。”[⑤]北宋契嵩在《镡津文集》中也不止一次用及“清规”，如卷10《与诸檀越书》：“此盖某人曲雅道义俯赞佛乘。奉外护之清规。广难思之胜事。”卷18《次韵和酬》：“初论浮世惭年老。久对清规苦夜寒。空感知音何以报。但夸山水富君看。”[⑥]

北宋末年，宗赜《禅苑清规》始开禅律名称使用“清规”之先河。

三、宋元清规的发展

宋代宗赜慈觉禅师于崇宁二年（1103年）所撰《禅苑清规》，是现存可见最早的完整丛林清规，对宋元时期寺院制度礼仪的发展有着重要影响，是研究宋元以后中国佛教的重要材料。

在宗赜之后，始有将丛林清规称为百丈清规者。南宋初年，大慧宗杲批评南宋丛

---

① 按：雍正《江西通志》卷38载：柳宗元石刻，《名胜志》：“唐怀海禅师阐法山中，称百丈祖师，柳公权为书百丈清规四大字。”（按《名山胜概》：“陈芹《游百丈山记》云：山西石壁上有汉篆，大二尺许，剥蚀过半，下刻天下清规，字大近二尺，真柳公书也。”百丈又作天下，未知孰是。）按：《江西通志》所据二书《名胜志》与《名山胜概》皆为明人著作，所记柳公权之书法未见其他记载，而且明人所载已即不能统一是“天下清规”还是“百丈清规”，清初志书作者即已存疑，本文姑为录存，备参考。

②《全唐诗》卷230，北京：中华书局，1960年，第7册，第2509页。

③ 冥祥：《大唐故三藏玄奘法师行状》，《新纂大日本续藏经》，第88册，第369页。

④《续高僧传》卷16，《大正藏》第50册，第558页。

⑤（宋）王禹偁：《小畜集》卷23，影印文渊阁四库全书本，台北：商务印书馆，1986年，第1086册，第220页。

⑥（宋）契嵩：《镡津文集》卷10、卷18，《大正新修大藏经》，第52册，第700、742页。

林未能继承怀海立规之精神时始称："《百丈清规》大概标正检邪，轨物齐众。……先圣建立虽殊，归源无异。近代丛林，有力役规矩者，有死守规矩者，有蔑视规矩者，斯皆背道失理，纵情逐恶而致然。曾不念先圣救末法之弊，禁放逸之情，塞嗜欲之端，绝邪僻之路，故所以建立也。"[①]其言百丈清规或为对当时丛林清规（当时即为《禅苑清规》）的泛称，或以百丈怀海为尊的称呼，无如如何，在此后长久的时间里，并未再有人以之称呼者。

可资佐证的，是日本的《永平清规》。永平道元是日本曹洞宗创始人，1223 年入宋参禅，1227 年归国，大约于 1246 年左右制《永平清规》，其中引用《禅苑清规》，称全称"禅苑清规"约有 10 余处，简称"清规"者核对所引文字，可知亦为直接引用《禅苑清规》者 10 余处。另有引《禅苑清规》而不言出处者尚未核校其数。而其文中亦有一处言及"百丈清规"者，其文曰："寮中之仪，应当敬遵佛祖之戒律，兼依随大小乘之威仪，一如百丈清规。清规曰：事无大小，并合箴规。然则须看梵网经、璎珞经、三千威仪经等。"[②]按："事无大小，并合箴规"实出《禅苑清规》卷 2 之《小参》，则此处实际亦为引用《禅苑清规》者，所言"百丈清规"亦当为尊而泛称之语。

成书于南宋宁宗嘉定二年（1209 年）的无量宗寿《入众日用》（又称"无量禅师日用小清规"），其序曰：因为"脱尘离俗，圆顶方袍，大率经历丛林，切要洞明规矩"，所以从现行成规中摘取所需，成此小清规："遂集百丈成规楷模。原始要终从朝至暮。"其目的是"要免头头败阙。直须一一遵行。然后敢言究已明心了生达死。世间法即是出世间法。行脚人可贻未行脚人。庶几不负出家身心。抑亦同报佛祖恩德。"[③]究其成文，虽称所摘之源为"百丈成规"，实多为《禅苑清规》的内容。而其文末之跋语："升堂、入室、小参、讽经、念诵、巡寮、解结、人事、包、项笠、送亡、唱衣，应系微细轨则，清规既已具载"[④]，更表明了《入众日用》所言所参照的"清规"是《禅苑清规》，因为其所列之微细轨则，此前只有《禅苑清规》有所对应的内容。

而成书于南宋理宗景定四年（1263 年）之后的佚名《入众须知》，除卷首"出无量须知"的一应偈子、真言外，遗书式、石介遗书、朝旨不许骚扰亡僧（有目无文）之外，其余内容皆为简抄《禅苑清规》之文。从以上二"入众"可见《禅苑清规》的实际存在与影响，但引用已经有称百丈为之者。(《入众须知》在卷首著录"出无量须知"的内容时，已经动辄就称五十多年前的无量宗寿《入众日用》的内容为"古云"了，从中可见时间流逝的力量。)

---

① 《禅林宝训》卷 2,《新纂大日本续藏经》第 64 册，第 493 页。

② 日本京都大学文学部藏《永平元禅师清规》坤之卷《众寮清规》。

③ 《禅宗全书》清规部（一），第 209 页。

④ 《禅宗全书》清规部（一），第 213 页。

金华惟勉于南宋度宗咸淳十年（1274 年）撰成《丛林校定清规总要》（又称《咸淳清规》），其序曰：

> 丛林规范，百丈大智禅师已详。但时代寖远，后人有从简便遂至循习，虽诸方或有不同，然亦未尝违其大节也。余处众时，往往见朋辈抄录“丛林日用清规”，互有亏阙。后因暇日，悉假诸本，参其异存其同而会焉，亲手缮写颇为详备，目曰“丛林校定清规总要”，厘为上下卷，庶便观览。吾氏之有清规，犹儒家之有礼经。礼者从宜因时损益，此书之所以继大智而作也，是皆前辈宿德先后共相讲究纪录，愚不敢私以所闻所见而增减之，如前所谓参其异存其同而会焉尔耳。观者幸勿病诸。[①]

惟勉禅师称百丈怀海所制“丛林规范”因时日久远而诸家从简循习，各家所抄录的“丛林日用清规”互有亏阙，因而参会各本而成“丛林校定清规总要”，并明确称自己所作为“继大智而作也”，是一种继承性的创作。

惟勉《咸淳清规》，在《禅苑清规》《入众日用》《入众须知》的基础之上，增添了相应的内容，并在内容与形式上都有着很强的实用性，其上卷 1 至卷 24，绘制茶汤图、座位图 11 幅，排列各种茶汤、人事状式、榜式、单式 13 种，将《禅苑清规》中的文字描述，以图及书仪的形式直观呈现，使之具有更强的实用性。（当然，也是因为实践中曾经有茶会座位顺序引起争执的，座位图的用心更显良苦。）

《咸淳清规》在清规内容上的一个重大变化，是其在卷下之六所设的“圣节启建满散”一节，使帝王生日的建道场修斋祝贺从原来世俗政权的嘉礼活动，成为一种宗教仪轨。前此清规中，《禅苑清规》中，与世俗政权的关系，除十方禅寺住持的任命、度牒管理及罪僧的处罚外，宗教活动中相关者，是三八念诵中，“初三、十三、二十三念诵：皇风永扇，帝道遐昌；佛日增辉，法轮常转。伽蓝土地，护法安人。十方施主，增福增慧。为如上缘，念清净法身等云云。”而与当朝皇帝生日诞节相关的内容之首次出现，亦在其中。卷 9《沙弥受戒文》末尾的《谢大戒词》中：“万岁天宁之节，特启霜台三翻，羯磨既圆，已登戒品。此盖某人宿承佛记，誓度群迷，唯将系草之心，上答浮囊之赐。下情无任感激之至。”[②]

天宁节是以宋徽宗生日所定的节日：“徽宗以十月十日为天宁节，定上寿仪。”[③]将

① 《禅宗全书》清规部（二），第 1 页。

② 宗赜著，苏军点校：《禅苑清规》卷 2《念诵》、卷 9《沙弥受戒文》，郑州：中州古籍出版社，2001 年，第 19—20、114 页。

③ 《宋史》卷 112《礼十五・嘉礼三・圣节》，北京：中华书局，1977 年，第 2674 页。

帝王生日定为节日始于唐代，开元十七年（729 年），“百僚表请以每年八月五日为千秋节，王公已下献镜及承露囊，天下诸州咸令燕乐，休暇三日，仍编为令”[①]。后历代皇帝生日或定节名，或不定节名，皆称为圣节。宋代圣节皆于佛寺建道场修斋祝寿，自宋太祖时既然：“建隆元年，群臣请以二月十六日为长春节。正月十七日，于大相国寺建道场以祝寿，至日，上寿退，百僚诣寺行香。”真宗承天节“前一月，百官、内职、牧伯各就佛寺修斋祝寿。”[②]

《禅苑清规》虽然初现徽宗的天宁节，但并不是从丛林仪轨的角度去为之建道场祝寿，只是在剃度沙弥受戒之日恰逢帝王生日，而在《谢大戒词》中体现出浓烈的世俗时代气息。《咸淳清规》在清规内容中专设“圣节启建满散”一节，从黄纸书榜，到住持升座、至道场煎点茶汤、烧香展拜、上香、宣疏、举楞严咒、喝摩诃、再回向，一应法式，表明帝王圣节道场已经成为佛教仪轨的一部分。

元至大四年（1311 年）东林弌咸编成《禅林备用清规》（又称《至大清规》），在其自序中，弌咸夫子自道了此清规的来源及创举之处。“始此书之作，或以为僧受戒首之，或以住持入院首之”，即其来源一是以“受戒”冠首的《禅苑清规》，一是以“专使请住持受请”、“新住持入院”为文字条文之首的《丛林校定清规总要》。“壬午（1282 年），依觉庵先师于承天，朝夕扣问，因得以祝圣、如来降诞二仪冠其前。其余门分类聚，厘为十卷。”[③]即以祝圣之仪——圣节升座讽经、旦望祝圣升座、藏殿祝圣[④]讽经——冠诸全书之首，为其所编订清规最大的得意之处。

《禅林备用清规》在编次方面略存问题，即在卷 7 将宗赜所撰《龟镜文》挂在百丈名下，称之为“百丈龟镜文”，表明对怀海的追崇已经导致出现对史实的误判。

至元顺帝元统三年（1335 年）江西百丈山住持东阳德辉奉敕重辑《敕修百丈清规》。从结构上看，他将弌咸的得意之处发扬光大，将其一卷的内容扩大到两卷，祝厘、报恩，报本、尊祖。从内容上看，德辉自序曰：“百丈清规行于世尚矣，繇唐讫今历代沿革不同，礼因时而损益有不免焉，往往诸本杂出，罔知适从，学者惑之……受命以来旁求初本不及见，惟宋崇宁真定赜公、咸淳金华勉公、逮国朝至大中东林咸公所集者为可采。于是会稡参同而诠次之，繁者芟、讹者正、缺者补，互有得失者两存之，间以小注折衷，不以己见妄有去取也。”从中可知宗赜《禅苑清规》、惟勉《丛林校定清规总要》、弌咸《禅林备用清规》为其内容主要来源。（按：以此三清规分别被以修撰年代名之为崇宁清规、咸淳清规与至大清规的情形而言，《敕修百丈清规》可亦称

① 《旧唐书》卷 8 上《玄宗本纪》，北京：中华书局，1975 年，第 193 页。
② 《宋史》卷 112《礼志十五·嘉礼三·圣节》，第 2671、2672 页。
③ 《禅林备用清规》序，《禅宗全书》清规部（二），第 60 页。
④ 按：“祝圣”目录中为“祝赞”，当以文中标题“祝圣”为是。

为至元清规。)

从《敕修百丈清规》总体来看，祝厘、报恩、报本、尊祖的内容占了相当大的比重，占全书的四分之一。从继承的角度来看，这与北宋以来三教合流、佛教世俗化的大势相关。《禅苑清规》中保存有祝圣的内容，“三八念诵”中念诵词开首有祝愿“皇风永扇，帝道遐昌”，“官请梵修，盖为祝延圣寿”，“皇帝万岁，臣统千秋，天下太平”的祝词；与南宋以来的社会政治军事形势相关，在宋与金、蒙元对峙的状态下，南宋的僧人将忠君与孝亲联系起来，宗杲曾说：“忠义孝道，乃至治身治人、安国安邦之术，无有不在其中者”，“未有忠于君而不孝于亲者，亦未有孝于亲而不忠于君者”，“予虽学佛者，然爱君忧国之心，与忠义士大夫等。”[①]《咸淳清规》中祝圣法事增多并且仪轨化，将新任住持为皇帝祝寿、为地方官员祝福、向师父报恩的礼仪纳入了寺院的开堂仪式中。“新主持入院”条规定，住持“北面望阙插香，俯首低声云：今上皇帝圣躬万岁万岁万万岁。臣僧某恭奉圣旨住持某寺，臣僧某上戴圣恩，下情无任瞻天望圣，激切屏营之至”。“月分须知”中“十一月分，至节将临，上堂祝圣”，“正月，下堂藏殿讽经祝圣”，圣节月分住持“举唱宗乘所集鸿因，祝延圣寿无疆”。[②]而从发展的角度而言，则与元代特殊的社会、政治、文化形势相关，当以专文深入讨论，兹此不赘。

四、关于至元清规的讨论

《敕修百丈清规》作为宋元清规的集大成者，其地位与作用毋庸置疑，但因其名称及一些具体史料的处理，还是带给人们相当的困扰，其中最大的问题是它的名称对于历史与文献的混淆。

首先，使用“百丈”之名。德辉以百丈寺住持的身份，因为“行省为祖师请加谥未报，遂诣阙以闻，御史中丞撒迪引见圣上，得面奏清规所以然。因被旨重编，令咲隐校正”[③]。德辉为祖庭张目而以百丈冠名所重编校正的清规，始有“百丈清规”矣。但此百丈非彼百丈，此清规非彼清规也。此百丈是山是寺而非怀海，此清规是为元清规而非唐清规。现代研究，在引用《百丈清规》时一定不要忽略它的时间性。

其次，关于杨亿与《禅苑规式》的任意改纂。卷 8《古清规序》目下，在《景德

---

① 《示莫润甫》,《示成机宜季恭》，瞿汝稷集：《指月录》卷 32《临安府径山宗杲大慧普觉禅师语要》,《新纂大日本续藏经》，第 83 册，第 750 页。

② 《丛林校定清规总要》,《禅宗全书》清规部（二），第 15、51、52 页

③ 《敕修百丈清规》卷 8 德辉后叙,《禅宗全书》清规部（一），第 109 页。

传灯录》卷 6《洪州百丈怀海禅师》条下所附《禅苑规式》内容之上，各冠一首尾，即使之成为杨亿所撰的《古清规序》，罔顾与怀海及杨亿相关的历史史实。

第一，《禅苑规式》之属于百丈怀海，从前引赞宁的《宋高僧传》、道原撰杨亿修的《景德传灯录》、欧阳修《新唐书·艺文志》、宗赜《禅苑清规》，皆可证之，史实确凿。

第二，所冠首尾之间及与史实相扞格。首称："翰林学士朝散大夫行左司谏知制诰同修国史判史馆事上柱国南阳郡开国侯食邑一千一百户赐紫金鱼袋杨亿述"，尾缀："亿幸叨睿旨，删定传灯，成书图进，因为序引。时景德改元，岁次甲辰，良月吉日书。"[①]很显然，这说明的是杨亿"奉旨删定传灯"即《景德传灯录》，完工后作序进书，非为《古清规序》已经一目了然。而以翰林学士称杨亿，则与景德改元相矛盾，因景德三年（1006 年）杨亿方召为翰林学士。

第三，其间自相矛盾与有违史实之处，引发了另外的问题。"或称道原于景德元年进书，不确"[②]，当与德辉此处文字有关，因其称张冠李戴的杨亿之序作于景德元年，而道原书名系时景德，只能进书于此年了。事实是：大中祥符二年（1009 年）春正月，"初，苏州僧道元缵佛祖讫近世名僧禅语，为《传灯录》三十卷以献，诏翰林学士杨亿、知制诰李维、太常丞王曙刊定，昭宣使刘承珪领护其事。庚辰，亿等上其书，命刻板宣布"[③]。据杨亿《景德传灯录序》，删定工作进行了一年多，则《景德传灯录》最早当进呈于此一年多之前，即景德四年。

同时，《敕修百丈清规》卷 8 附翰林直学士中大夫知制诰同修国史国子祭酒庐陵欧阳玄所作后叙中，亦称："宋清规行，杨文公亿为叙本末，条目具详，兹不重出云"[④]，亦为此誖于史实之言之助力者。

德辉等将杨亿进呈《景德传灯录》的序言，摘取其头尾置于《禅门规式》之首尾，而将之称为《古清规序》，实是对史实有意无意地篡改，学者当审视之。[⑤]

从具体内容而言，虽然德辉明言采录诠次了北宋宗赜《禅苑清规》、南宋惟勉《丛林校定清规总要》、元代弌咸《禅林备用清规》三家清规的内容，作为一部集成之作，《敕修百丈清规》仍然还是有很多自己的独特的内容，所以总体它是一部元代的清规，反映的是北宋末年以来，特别是南宋末年以来的元代佛教教内管理、仪轨规范，以及与世俗社会的相互关系。

---

① 《古清规序》,《敕修百丈清规》卷 8,《禅宗全书》清规部（一），第 106、107 页。

② 《景德传灯录译注》序言，第 4 页。

③ （宋）李焘撰，上海师范大学古籍整理研究所、华东师范大学古籍整理研究所点校:《续资治通鉴长编》卷 71，北京：中华书局，2004 年，第 1590 页。

④ （宋）欧阳玄:《敕修百丈（清）规叙》,《敕修百丈清规》卷 8,《禅宗全书》清规部（一），第 109 页。

⑤ 按：宗性法师《百丈怀海禅师所撰〈古清规〉称谓考辩》以后出之《新唐书》证诸道原书中《禅门规式》非为怀海之作，而是杨亿序文。国威《〈古清规序〉考》则认为文为怀海古清规的序文，但撰者非是杨亿。

五、小　结

因为冠名以“百丈”，德辉《至元清规》的影响至远，人们有意无意地在忽略时代背景时间序列中使用着《百丈清规》，不可不谓是当今学术界的一大问题。

百丈怀海最初所创禅规，名为《禅门规式》[①]，至北宋宗赜清规《禅苑清规》称之为“百丈规绳”，是始以百丈之名冠称丛林轨式之首。而在《禅苑清规》流布之后，在南宋初年，即有合二者以称百丈清规者，如大慧宗杲，但此称名方式并未被各家清规所采用。直至元代德辉之前，诸家清规皆各以己名称之，如丛林校定、禅林备用、幻住庵等等清规。至至元初，德辉为祖庭张目而以百丈冠名所编修清规，始有“百丈清规”矣。但此百丈非彼百丈，此清规非彼清规也。此百丈是山是寺而非怀海，此清规是为元清规而非唐清规。视其内容，更主要直承咸淳、至大两清规，即便宗赜清规中的一些原则都被弊弃，并对南宋末年以来佛教世俗化的部分放大到了无以复加的极致。所有这些源流、时代背景都应加以厘清，再作为研究的资料，而不能把元德辉清规内容笼统地强加给唐代，强加给怀海，更不可以因“百丈清规”事实上笼统地将禅宗僧团管理禅律仪轨等一应内容（其中包含着禅茶仪轨等）押后至德辉《至元清规》。

〔本文原刊于《禅茶：礼仪与思想》，北京：中国农业出版社，2017 年〕

① 屈大成《〈百丈古规〉小考》认为，百丈怀海所建立的禅居及订立的新规范，有开天辟地之功。他将这新规范，为了与后出的多种《清规》区别，而称之为《百丈古规》。实又大可不必，因为《景德传灯录》与《新唐书》佛儒两家之书，皆已经著称怀海撰有《禅门规式》，后者还标明为“一卷”。

辽金元贵族政治体制与选官制度的特色

关树东*

辽金元朝都是边疆少数民族建立的王朝，其政治制度既有对中国传统王朝制度的继承与发展，又都带有本民族制度和习俗的烙印。辽金元朝的政治体制体现了贵族专政的特征。由于政治体制、经济基础等因素存在诸多共性，辽金元朝的选官用人制度有着不同于唐宋王朝的许多共同特色。本文在既有研究的基础上，试作进一步的贯通性论述。

一、辽金元贵族政治的社会基础

辽金元都是北方民族在部落联盟解体的基础上，联盟首长蜕变为国家元首，并发动对外战争建立起来的王朝。联盟时期的各部落首领原本是家族世袭的，建立国家后，他们成为国家各级行政部门、军事组织的官员。辽朝的部落，金朝的猛安谋克（千户、百户），元朝的万户、千户、百户，集行政、军事职能于一体，原来的部落首领以及新兴的军功贵族成为这类新组织的官员。继承了联盟时代的传统，他们的职位是在家族内部世代相承的。这就是辽金元朝的契丹、女真、蒙古贵族阶层。他们掌控着国家的军政大权。

皇族为拉拢强大的部落头人，与其中的若干家族结成世代联姻的关系。皇族、外戚子弟封王称侯，爵位世袭不替。如辽朝的皇族，包括析出部落升帐分的横帐和五院、六院部（二院由耶律氏所从出的迭剌部分置）皇族。横帐分四大支系，辽太祖耶律阿保机的子孙为一支，隶属诸斡鲁朵；辽太祖的伯父岩木、释鲁的后裔分别为孟父房、仲父房；辽太祖弟弟们的后裔为季父房。辽朝设置大惕隐司掌管横帐皇族事务。辽朝的外戚称后族、国舅帐，包括辽太祖皇后述律氏家族以及拔里、乙室已二审密氏家族，置大国舅司。① 金朝的皇族与“徒单、唐括、蒲察、拏懒、仆散、纥石烈、乌林荅、乌古论诸部部长之家，世为姻婚，娶后尚主”②。元朝，“宗室、驸马，通称诸王。岁赐之颁，分地之入，所以尽夫展亲之义者，亦优且渥”。而蒙古弘吉剌氏，“生女为后，生男尚公主，世世不

---

* 关树东，中国社会科学院历史研究所副研究员。

①《辽史》卷 66《皇族表》，北京：中华书局，1974 年，第 1013—1024 页；《辽史》卷 67《外戚表》，第 1027—1034 页；《辽史》卷 45《百官志一》“北面皇族帐官”“北面诸帐官”，第 707—715 页。

②《金史》卷 64《后妃下·章宗元妃李师儿传》，北京：中华书局，1975 年，第 1528 页。

绝"[①]。事实上，元朝"黄金家族"的通婚对象并不限于弘吉剌氏。

辽朝的皇族、后族、部落头人、功臣建有头下军州。金朝的皇族、外戚、猛安谋克首长、功臣获赐大量的土地、奴隶。蒙元实行分封制，皇族、外戚、万户长、千户长有草场、城邑、属民、食邑户之分。契丹、女真、蒙古贵族不仅世代掌握国家的军事、行政大权，而且拥有巨大的经济实力。这是辽金元贵族政治的基础。

投靠新政权的各部族首领以及中原汉地的官员、将领，或在征战中冲锋陷阵，或运筹帷幄，或辅佐新政权建章立制、治国理政，建立功勋，也得到封王称侯的回报，他们及其子弟也成为各级官府、军队的官员。如辽朝征服奚族、渤海族后，仍保留了奚可汗和渤海王室的贵族地位，奚可汗家族"世与辽人为婚姻，附姓述律氏中"[②]，渤海旧王族大氏、豪强高氏、李氏等家族在东京地区仍享有相当大的政治、经济权力，并与契丹贵族互通婚姻。到金朝，渤海世族的势力得到进一步增强。辽金时期燕蓟地区的汉族大姓，有的是唐朝中后期以来形成的著姓，有的是军功新贵，最著名的就是元人所说"迄今燕之故老谈勋阀富盛照映前后者，必曰韩、刘、马、赵四大族"，"始终契丹二百余年，入金源氏，为燕四大族，号刘、韩、马、赵氏，其宗党在仕途者尝数十百人"。[③]蒙古国时期的汉族军阀世侯东平严实、保定张柔、真定史天泽、藁城董文炳等家族，元世祖实行迁转法以后，不得世袭为官，但他们在政治、经济上仍拥有特权，势力堪比当年的辽金世家大族。[④]元代的畏兀儿（回鹘）、唐古特（党项羌）、回族、钦察、阿速、康里诸色目人都有军功贵族。

辽朝政权的主体是契丹贵族，而契丹贵族的核心是皇族和后族。"辽之秉国钧，握兵柄，节制诸部帐，非宗室、外戚不使。"[⑤]他们不仅享有世选南、北两府宰相、夷离毕、部落节度使等高级军政职务的特权，而且最高中枢机构——北枢密院，最重要的军事机构——诸路招讨司、统军司，最重要的地方行政、军政部门——五京留守司，都掌握在契丹贵族手里。[⑥]南面官中枢机构——南枢密院的长贰官，各州府的主官，

---

① 《元史》卷108《诸王表序》，北京：中华书局，1976年，第2735页；《元史》卷114《后妃一·太祖光献翼圣皇后传》，北京：中华书局，1976年，第2869页。

② 《金史》卷67《回离保传》，第1587页。

③ （元）王恽：《秋涧先生大全集》卷73《题辽太师赵思温族系后》，《王恽全集汇校》卷73，北京：中华书局，2013年，第3086页；（元）郝经：《郝文忠公陵川文集》卷35《房山先生墓铭》，太原：山西人民出版社、山西古籍出版社，2006年，第479页。

④ 萧启庆：《元代几个汉军世家的仕宦与婚姻》，《内北国而外中国：蒙元史研究》（上册），北京：中华书局，2007年，第276—345页。

⑤ 《辽史》卷114《逆臣传赞》，第1517页。

⑥ 杨若薇：《契丹王朝政治军事制度研究》第二篇之四"五京的建置及在辽朝政治中的作用"，北京：中国社会科学出版社，1991年，第172—194页；杨若薇：《契丹王朝政治军事制度研究》附录三《辽五京留守年表》，第286—292页；康鹏：《辽代地方要员选任方式浅议》，《隋唐辽宋金元史论丛》第四辑，上海：上海古籍出版社，2014年，第295—302页。

参用契丹贵族和汉人。皇族和后族之外，契丹、奚族各部贵族也享有世选部落官的特权。汉族、渤海族世家大族通过荫补、荐举、科举等途径世代为官，这些世家大族作为契丹贵族的代理人，行使汉地和渤海地区的行政权。漆侠先生指出："辽国的政体是，以契丹皇帝为首的专制主义制度，而以耶律氏、萧氏两族氏所组成的贵族则世世代代把握中央政权，同契丹皇帝共同主宰这个国家。同时由于燕山地区的重要，在这个政权中吸收了以韩、马、刘、赵四大家族为代表的汉人地主阶级，分享部分政权。"①

经过大蒙古国时期的几次分封，至元朝建立，蒙古王公贵族既在草原上有兀鲁思（爱马，即分地），又在中原地区拥有投下分邑（汤沐邑）。灭亡南宋后，又分封江南州郡。蒙古贵族的权势，以元世祖察必皇后家族弘吉剌氏为例，其分邑之广、岁赐之丰，集中体现了巨大的政治、经济特权。"弘吉剌之分邑，得任其陪臣为达鲁花赤者，有济宁路及济、兖、单三州，钜野、郓城、金乡、虞城、砀山、丰县、肥城、任城、鱼台、沛县、单父、嘉祥、磁阳、宁阳、曲阜、泗水一十六县。此丙申岁（1236 年）之所赐也。……又汀州路长汀、宁化、清流、武平、上杭、连城六县，此至元十三年（1276 年）之所赐也。又有永平路滦州、卢龙、迁安、抚宁、昌黎、石城、乐亭六县，此至大元年（1308 年）之所赐也。若平江稻田一千五百顷，则至大二年所赐也。其应昌、全宁等路则自达鲁花赤、总管以下诸官属，皆得专任其陪臣，而王人不与焉。此外，复有王傅府，自王傅六人而下，其群属有钱粮、人匠、鹰房、军民、军站、营田、稻田、烟粉千户、总管、提举等官，以署计者四十余，以员计者七百余，此可得而稽考者也。其五户丝、金钞之数：则丙申岁所赐济宁路之三万户，至元十八年所赐汀州路之四万户，丝以斤计者，岁二千二百有奇；钞以锭计者，岁一千六百有奇。此则所谓岁赐者也。"②

除了岁赐和分地上的巨额收入，蒙古王公贵族还有权任命分邑的达鲁花赤、总管、提举等官员，并在他们世袭领有的草原兀鲁思牧地和千户部民范围内，行使较为独立的行政、司法、征税、军事权力；此外，他们还可以自设官府，管理私属人户。宗王参加"忽里勒台"会议推选新皇帝、参决国事；在中书省、枢密院、大宗正府（分掌行政、军政、司法）派有断事官，参与朝政；有的领兵出镇地方。宗室、驸马以外的王公贵族，主要是蒙古、色目贵族，他们也有分邑、分户、岁赐，其实力虽不能与宗王、驸马相埒，但由于宗王、驸马一般不直接出任朝官和行省官，故他们往往能把持朝政和地方大权，如开国功臣木华黎、博尔忽、博尔术等家族的成员，以及元仁宗时期的铁木迭儿、元文宗时的燕铁木儿、元顺帝时的伯颜、脱脱等权相，他们更突出表

① 漆侠：《从对〈辽史〉列传的分析看辽国家体制》，《历史研究》1994 年第 1 期，第 88 页。

② 《元史》卷 118《特薛禅传》，第 2920 页。

现了蒙古、色目贵族专权跋扈的特性。[①]

萧启庆先生撰文考察了元代的四大蒙古家族和六个汉军世家。关于元朝的政治体制，他指出："忽必烈立国中原、建立元朝后，将统治汉地的方式由'间接统治'转变为'直接统治'，并将蒙古原有的家产制、封建制政治组织转变为中央集权官僚制。由于忽必烈推行废侯置守及汉军国军化的政策，汉军世家遂由封建之家转变为官僚之家。在忽必烈革新政制之后，汉军世家仍然备受优遇，代代仕宦不绝……汉军世家虽然位列统治精英的高层，但若与最显赫的蒙古世家相比，则仍逊色不少。拙作《元代四大蒙古家族》曾显示：木华黎、博尔术、博尔忽、赤老温等四大家族始终兼具封建及官僚双重性格。一方面，即在忽必烈改制之后，各家仍然世享分地、分民与食邑，同时世袭各种王爵及怯薛长，不失其封建贵族的地位。另一方面，各家成员（赤老温家除外）以三品以下官职起仕者极少，而以一品及三公等极品终仕者更达三家现知人数的三分之一。反观六大汉军世家从未享有封建诸侯之名，后更失去封建之实。仕进方面，虽然汉军世家官至上品者为数不少，但是位列三公或官至一品者并不多见。总之，蒙元政权是以若干与皇室关系久远的蒙古贵族家庭为核心，而汉军世家则居于高层统治精英的边缘，协助前者，统治华夏。"[②]

这一分析大致可适用于辽金。辽金元政治体制的本质特征是专制主义皇权下的贵族政治。以世袭、世选、世代担任要职为标志的政治特权，以分封、赏赐土地和奴隶为标志的经济特权，是贵族政治的基础。贵族政治主导下的选官制度，具有不同于唐宋文官政治的独有的特征。

二、世袭世选、宫中侍卫承应入仕与官司员任用的民族差别

贵族享有世袭或世选特权。这既是贵族的政治特权，也是贵族的身份性标志。契丹人实行世选由来已久，至少从唐初起，契丹部落联盟的首长就是从同一家族中世选产生的。世选是从原始民主选举向世袭过渡的中间形态。契丹建国前即有"以功为北府宰相，世预其选""世为决狱官"的情况。[③]契丹建国后，部落首领、军事新贵沿袭旧制，从南、北府宰相、诸部节度使到石烈夷离堇、太医、客省使等官职，贵族之家

① 李治安：《元代政治制度研究》第三章《投下与蒙古诸王制度》，第四章第五节《元代蒙古人的等级结构》，北京：人民出版社，2003年。

② 萧启庆：《元代几个汉军世家的仕宦与婚姻》，《内北国而外中国：蒙元史研究》（上册），第342—343页。

③《辽史》卷85《萧塔列葛传》，第1318页；《辽史》卷73《萧敌鲁传》，第1223页。

均世预其选。[1]在金初的对外战争中，女真部落首领、军功新贵被任命为统兵领民的猛安（千户）、谋克（百户）之长，并世袭其职，兄终弟及或父死子继。元制，“万户、千户死阵者，子孙袭爵，死病则降一等；总把、百户老死，万户迁他官，皆不得袭。是法寻废，今无大小皆世其官，独以罪去者否”[2]。

享有世选世袭特权的贵族官僚子弟，多数不学无术，骄奢淫逸，贪赃枉法，专横恣肆。如金朝贞祐“南渡之后，为将帅者多出于世家，皆膏粱乳臭子（笔者按：南渡之前亦然）。若完颜白撒，止以能打毬称。又完颜讹可，亦以能打毬，号‘板子元帅’。又完颜定奴，号‘三脆羹’。又有以忮忍号‘火燎元帅’者。又纥石烈牙忽带号‘卢鼓椎’，好用鼓椎击人也。其人本出亲军，颇勇悍，镇宿、泗数年，屡破宋兵。有威，好结小人心。然跋扈，不受朝廷制。尝入朝诣都堂，诋毁宰执，宰执亦不敢言，而人主倚其镇东，亦优容之也。尤不喜文士，僚属有长裾者，辄取刀截去。又喜凌侮使者，凡朝廷遣使者来，必以酒食困之，或辞以不饮，因并食不给，使饿而去”[3]。金南渡后的监察御史陈规说：“今之将帅大抵先论出身官品，或门阀膏粱之子，或亲故假托之流，平居则意气自高，遇敌则首尾退缩，将帅既自畏怯，士卒夫谁肯前。又居常哀刻，纳其馈献，士卒因之以扰良民而莫可制。”[4]元朝人说本朝“将帅袭其父祖旧部，例皆膏粱乳臭之子，声色是务，朘剥是习，至有不能挽弓者”，“承袭骄脆子弟，但知酒色裘马为华好”。[5]这种情况在辽金元三朝具有普遍性，是贵族政治滋生腐化堕落的突出表现。

宫廷或宫帐祗候承应人是入仕的捷径。辽朝的护卫、祗候郎君（包括笔砚、牌印、裀褥、灯烛、床幔、殿幄、车与、御盏诸祗候郎君）、近侍小底（承应小底，包括寝殿、司藏、习马、鹰坊、汤药、尚饮、盥漱、尚膳、尚衣诸小底），金朝的奉御、奉职（原名入寝殿小底、不入寝殿小底，合称近侍）、护卫、符宝郎、合门祗候、笔砚承奉、尚衣承奉、知把书画、仪鸾局本把、尚辇局本把等宫中承应人，元朝的怯薛，主要来自各族官僚贵族子弟，他们在宫廷（宫帐）承担宿卫、祗应之责，构成一支特殊的官僚后备队伍。由于出身高贵，亲近皇帝，他们出职任官尽居显要之位，且迁转快速。

---

① 陈述：《契丹世选考（附表）》，《中央研究院历史语言研究所集刊》第 8 辑，1939 年；姚从吾：《论辽朝契丹人之世选制度》，《台湾大学文史哲学报》第 6 辑，1954 年。

② 《经世大典序录 · 政典 · 军制》，《国朝文类》卷 41，第 59 页 a-b，四部丛刊本。

③ （金）刘祁：《归潜志》卷 6，北京：中华书局，1983 年，第 64 页。

④ 《金史》卷 109《陈规传》，第 2407 页。

⑤ （元）许有壬：《至正集》卷 77《正始十事》，第 346 页下，《元人文集珍本丛刊》（7），台北：新文丰出版公司，1985 年；（元）马祖常：《石田文集》卷 7《建白十五事》，第 607 页上，元人文集珍本丛刊（6），台北：新文丰出版公司，1985 年。

[1]如元朝的怯薛原是大汗的亲兵组织，大蒙古国初创，怯薛实际承担了国家行政机构的职能。随着中央机构的建立以及侍卫亲军的组建，怯薛转变成一个由官僚贵族子弟组成、专事内廷祗应、候补官员的特权集团。“其怯薛执事之名：则主弓矢、鹰隼之事者，曰火儿赤、昔宝赤、怯怜赤。书写圣旨，曰扎里赤。为天子主文史者，曰必阇赤。亲烹饪以奉上饮食者，曰博尔赤。侍上带刀及弓矢者，曰云都赤、阔端赤。司阍者，曰八剌哈赤。掌酒者，曰答剌赤。典车马者，曰兀剌赤、莫伦赤。掌内府尚供衣服者，曰速古儿赤。牧骆驼者，曰帖麦赤。牧羊者，曰火侪赤。捕盗者，曰忽剌罕赤。奏乐者，曰虎儿赤。又名忠勇之士，曰霸都鲁。勇敢无敌之士，曰拔突。其名类盖不一，然皆天子左右服劳侍从执事之人，其分番更直，亦如四怯薛之制，而领于怯薛之长。”[2]怯薛编制为一万人，主要来自蒙古、色目贵族官僚子弟，他们也有少数汉人功臣子弟，很多高门大族在怯薛中的职务是世代相袭的。他们在宫廷应役一定时期以后，经由皇帝任命，出任中央和地方的各种官职，这就是区别于“省部选”的特殊的“别里哥选”。当然，官僚贵族有门第高下之别，他们的子弟在怯薛中的职务也有亲疏之别，出职为官大小不等，即“亲近莫若禁卫之臣，所谓怯薛者。然而任使有亲疏，职事有繁易，历时有久近，门第有贵贱，才器有大小，故其得官也，或大而宰辅，或小而冗散，不可齐也”[3]。但总的来说，“凡入官者，首以宿卫近侍”是没有疑问的。[4]近侍的紧密侍从身份，以及贵族、世家血统，即元人所谓的“大跟脚”，使之成为参与内朝决策、以内驭外的特权集团。这是贵族的一个显著特点。

世袭世选与宫中侍卫承应是贵族入仕的终南捷径。与之密切相关的官员任用的民族差别，也体现了贵族政治的特点。辽朝“官分南北，以国制治契丹，以汉制待汉人……北面治宫帐、部族、属国之政，南面治汉人州县、租赋、军马之事”[5]。军政大权实际掌握在北枢密院手中，而北枢密院基本由契丹贵族操控，少数契丹平民出身的官员及契丹化的汉人官员，曾任北枢密院主贰官。汉人主要任职于南枢密院，而南枢密院不理军政。辽末，汉人张琳任职北面官的南府宰相，管理部族行政事务，天祚帝让他领兵东征女真，“琳以旧制，凡军国大计，汉人不与，辞之”[6]。金朝的军政大权也是掌握在女真人手中。金初，“有兵权、钱谷，先用女真，次渤海，次契丹，次汉儿。

① 关树东：《辽朝御帐官考》，《民族研究》1997年第2期，第65—69页；关树东：《金朝宫中承应人初探》，漆侠、王天顺主编：《宋史研究论文集》，银川：宁夏人民出版社，1999年，第442—458页。

② 《元史》卷99《兵志二》，第2524—2525页。

③ 《经世大典序录·治典·入官》，《国朝文类》卷40，第10页a，四部丛刊本。

④ （元）朱德润：《存复斋文集》卷4《送强仲贤之京师序》，第16页b，四部丛刊续编本。

⑤ 《辽史》卷45《百官志序》，第685页。

⑥ 《辽史》卷102《张琳传》，第1441页。

汉儿虽刘彦宗、郭药师亦无兵权”[①]。虽然“海陵王至世宗时期，金的民族政策发生了很大的变化，南人地位的上升与汉人、契丹及奚人地位的下降，使得各个被统治民族的等级界限不如过去那么鲜明了。然而表现在女真人与非女真人之间的诸多不平等现象却始终存在，这是金代民族歧视的一个一贯性问题”[②]。如选官用人方面，“独女直（真）有超迁格”[③]，女真官员的升迁速度明显快于其他民族的官员。金朝的侍卫亲军主要选拔精于骑射的女真人充任，也参用少数其他民族的人，编制 4000 人，有出职入仕的制度性规定：“侍卫亲军长行，初收，迁一重，女直敦武（校尉），余人进义（校尉）。每五十月迁一重。以次转五十人长者，则每三十月迁一重。如五十人长内迁至武义（将军）者，以五十人长本门户出职。五十人长每三十月迁一重，六十月出职，系正班，与九品除授，有荫者八品除授。如转百人长者，则三十月迁一重，六十月出职，系正班八品，有荫者七品。”大定二十九年（1189 年），进一步规定女真侍卫亲军 250 月出职，余人 300 月出职。[④]因为女真人有“超迁格”，故大多数女真亲军出职后升迁的速度比“皆阀阅子孙”充任的非女真人奉职还要快。[⑤]

元朝最重要的机构中书省、枢密院、御史台、大宗正府（主管司法）等的主要官员一般由蒙古贵族出任，色目贵族也有机会充任，但汉人只能在其中担任副贰以下的职务，南人则基本被排除在外。军机重务，汉人、南人不得与闻。[⑥] 元世祖至元二年（1265 年）颁诏：“以蒙古人充各路达鲁花赤，汉人充总管，回人充同知，永为定制。”[⑦]路府州县的监临长官——达鲁花赤实际是蒙古人的专职。元成宗大德元年（1297 年）规定，“各道廉访司必择蒙古人为使，或阙，则以色目世臣子孙为之，其次参以色目、汉人”[⑧]。元末有人说：“天下治平之时，台省要官皆北人为之，汉人、南人万中无一二。其得为者，不过州县卑秩，盖亦仅有而绝无者也。后有纳粟、获功二途，富者往往以此求进。令之初行，尚犹与之，及后求之者众，亦绝不与南人。在都求仕者，北人目为腊鸡，至以相訾诟。盖腊鸡为南方馈北人之物也，故云。”[⑨]此话虽不免有些偏颇，但所反映的汉人、南人政治地位之低还是事实。

---

① （宋）赵子砥：《燕云录》，（宋）徐梦莘：《三朝北盟会编》卷 98，上海：上海古籍出版社，2008 年，第 725 页下。

② 刘浦江：《金朝的民族政策与民族歧视》，《辽金史论》，沈阳：辽宁大学出版社，1999 年，第 75 页。

③ 《金史》卷 88《唐括安礼传》，第 1965 页。

④ 《金史》卷 53《选举志三》，第 1188—1189 页。

⑤ 《金史》卷 88《唐括安礼传》，第 1965 页。

⑥ 《元史》卷 184《王克敬传》，“故事，汉人不得与军政。”第 4235 页；《元史》卷 184《韩元善传》记载，“丞相脱脱奏事内廷，以事关兵机，而元善及参知政事韩镛皆汉人，使退避，勿与俱”，第 4241 页。

⑦ 《元史》卷 6《世祖本纪三》，至元二年二月，第 106 页。

⑧ 《元史》卷 19《成宗本纪二》，大德元年四月，第 410 页。

⑨ （明）叶子奇：《草木子》卷 3 上，北京：中华书局，1997 年，第 49 页。

三、吏员出职、军功补官的普遍性与科举取士重要性的下降

相较于唐宋，吏员出职任官在辽金元官僚队伍中所占比重较大。贵族官僚子弟以外的一般平民子弟，可以通过在各级官府担任吏员的方式进入仕途。辽兴宗时的枢密使马保忠说："今之授官，大率吏而不儒"；金朝"南渡后，宣宗奖用胥吏，抑士大夫"；元朝"自贵戚世臣、军功武将外，率（卒）皆以吏发身"①，这些反映的都是吏员出职授官比较普遍的现象。契丹人有世代为吏者。这些家族属于富裕的契丹平民，由吏补官者不在少数，只不过多数滞留于中下级官员，无望像贵族子弟那样平步青云。只有少数人由于才干出众、战功卓越，或善于权术，而升至高官。②金朝的吏员有"试补之法"，即外路的吏员可试补随朝吏职；随朝吏员经历一定的资考，若无犯罪记录，均可出职补官。金世宗大定三年（1163 年），"以外路司吏久不升转，往往交通豪右为奸"，始施行移转法。后来一度取消移转，金章宗泰和四年（1204 年），有人进奏："自罢移转法后，吏势浸重，恣为豪夺，民不敢言。"于是规定"依旧三十月移转，年满出职，以杜把握州府之弊"③。吏员有"刀笔吏"之称，虽不乏吏事者，但文化素养、个人修养普遍不高，一般来说难比科举出身的儒士。金世宗说："起身刀笔者，虽才力可用，其廉介之节，终不及进士。"④总体上看，这话是客观的。金朝"南渡后，吏权大盛，自（术虎）高琪为相定法，其迁转与进士等，甚者反疾焉。故一时之人争以此进。虽士大夫家有子弟读书，往往不终辄辍，令改试台部令史。其子弟辈既习此业，便与进士为仇，其趋进举止，全学吏曹"⑤。

金末重用胥吏的做法，被元朝所继承。元朝的吏员也多是"不识字，不解书算，不通刑名案牍，止以勾当年深，县升之州，州升之府，府升之部，部升之台院都省，

---

①《契丹国志》卷 19《马保忠传》，上海：上海古籍出版社，1985 年，第 180 页；（金）刘祁：《归潜志》卷 7，北京：中华书局，1983 年，第 73 页；（元）吴澄：《吴文正公集》卷 14《赠何仲德序》，第 267 页下，《元人文集珍本丛刊》（3）台北：新文丰出版公司，1985 年。

②《辽史》卷 76《耶律解里传》，第 1245 页；《辽史》卷 78《萧护思传》，第 1266 页；《辽史》卷 80《耶律八哥传》，第 1281 页；《辽史》卷 81《萧合卓传》，第 1286 页；《辽史》卷 101《耶律阿息保传》，第 1434 页；《辽史》卷 110《耶律乙辛传》，1483 页。

③《金史》卷 53《选举志三》，第 1177—1178 页。

④《金史》卷 8《世宗本纪下》，大定二十六年十一月，第 195 页。

⑤（金）刘祁：《归潜志》卷 7，第 72 页。

出职为品官、当要职，外任则承流宣化，内则参决大政、纲领郡县”[①]。元人朱德润谓本朝“凡入官者，首以宿卫近侍，次以吏业循资。盖近侍多世勋子孙，吏业多省台旧典”[②]。元人许有壬说，仁宗实行科举之前，本朝“出官之制，大率由吏。而贡吏之法，必以儒通吏事，吏通经书，然后补用。在后奉行不至，试补之间，多不依法，遂使贤愚混淆，政事败阙。仁宗皇帝励精图治，痛惩其弊而一新之。由吏出身者，限以从七，不使职高权重，得以纵恣。设立科举，取人以德行为首，试艺以经术为先，求贤之方，视古无愧。但科举未行之时，以吏取人，实学之士，亦未免由此而进”[③]。这段话概括了元朝以儒补吏、吏员出职补官的制度。辽金元三朝吏治败坏之甚，与吏员或吏职出身的官员舞弄权术，伙同武夫、近侍承应人排斥、打击士大夫，是有一定关系的。

军功补官是入仕的重要途径。辽金元三朝均为少数民族通过武力征服建立的政权，维持统治也离不开武力，以武立国乃其特色。契丹、女真、蒙古族基本上是全民皆兵，军人集团在三朝始终受到重视和优遇。军功补官，对于激励士气，保持、提高军队的战斗力，维护和巩固统治都是重要的。三朝建国之初，都有一批军人因军功充实到新政权中来，形成一批军功官僚新贵。在各时期的对外战争、镇压叛乱和农牧民起义以及统治阶级的内讧斗争中，军功补官屡见不鲜。如辽朝国舅帐的萧忽古，“甫冠，补禁军”，道宗咸雍初，征讨违命番部，以功“召为护卫”。[④]这是契丹贵族子弟从军以功升迁的实例。突吕不部人耶律谐里，统和初从征宋朝为先锋，侦查有功，擒获宋将，“以功诏世预节度使选”，太平元年，迁本部节度使。[⑤]这是因军功跻身贵族、迁转官职的实例。汉、渤海人也不乏因军功授官者。如辽圣宗统和七年（989 年），辽军攻易州，“以东京骑将夏贞显之子仙寿先登，授高州刺史。”[⑥]女真起兵反辽，完颜阿骨打誓师道：“汝等同心尽力，有功者，奴婢部曲为良，庶人官之，先有官者叙进，轻重视功。”[⑦]据陶晋生先生统计，《金史》列传反映的女真人入仕途径，以军功入仕者在金早期（1115—1144 年）约占 38%，前期（1145—1174 年）约占 19%，后期（1175—1204 年）约占 5%，末期（1205—1234 年）约占 9%。[⑧]入传人物一般是高级官员，其中中下级官员以军功入仕者的比重或高于高级官员。与世袭军官相比，靠军功补官无

---

① （元）胡祗遹：《紫山大全集》卷 23《杂著》“试典史策问”，《胡祗遹集》卷 23，《元朝别集珍本丛刊》，长春：吉林文史出版社，2008 年，第 502 页。

② （元）朱德润：《存复斋文集》卷 4《送强仲贤之京师序》，第 16 页 b，四部丛刊续编本。

③ （元）许有壬：《至正集》卷 75《吏员》，第 339 页上，《元人文集珍本丛刊》（7）。

④《辽史》卷 99《萧忽古传》，第 1422 页。

⑤《辽史》卷 85《耶律谐里传》，第 1315 页。

⑥《辽史》卷 12《圣宗本纪三》，统和七年正月，第 133 页。

⑦《金史》卷 2《太祖本纪》，继任都勃极烈二年九月，第 24 页。

⑧ 陶晋生：《金代的用人政策》，《食货》（复刊）1979 年第 8 卷第 11 期。

疑是进步的。金朝还制订了考核军功的六条具体标准；对没有官品的下级年老军官，还有劳效补官制度。[①]元世祖至元十五年（1278年）诏曰：“军官有功而升职者，旧以其子弟袭职，阵亡者许令承袭。若罢去者，以有功者代之。”两年后又规定：“渡江总把、百户有功升迁者，总把依千户降等承袭，百户无递降职名，则从其本等。”[②]元代的四大蒙古家族，保持着“崇武勇，尚战功”的传统。“元代重武而轻文，马上战功远较案牍之劳为重要。博尔忽、博尔术二家在至元季年至大年间连连加官进爵，声华远超出木华黎家之上，便是由于战功显赫，手握重兵之故。”[③]

科举取士不连续，其重要性难比唐宋。自隋朝确立科举制，经过唐前期的改革完善，唐中期以来，科举取士已经成为选拔文官的主要渠道。文官是唐宋官员队伍的主体。辽金元三朝的统治者对科举取士重要性的认识是有个过程的，为防范本民族成员丧失尚武之风，为防范本民族文化被同化矮化，统治者一开始甚至排斥科举。如辽圣宗以前，贡举无定期，统和六年才正式确定科举制度，但录取人数每次仅数人，统和末年增加到二十余人，辽兴宗时增至五六十人，直到辽道宗以后才增至一百数十人，但禁止契丹人参加科举。[④]大体说来，“辽起唐季，颇用唐进士法取人，然仕于其国者，考其致身之所自，进士才十之二三耳”[⑤]。元朝科举制度的确立晚至仁宗时期，且录取名额少，据统计，有元一代科举共计16科，录取1139人，时人谓“由进士入官者仅百之一，由吏致位显要者常十之九”[⑥]，由进士出身得以侪身高级官僚者为数很有限。元朝科举，蒙古、色目人为一组，汉人、南人为一组，两组考试的内容与要求各不相同，而且蒙古、色目人的应考人数远少于汉人、南人，录取名额四等人却相等。[⑦]与辽、元相比，金朝统治者比较重视科举取士。金后期进士李世弼撰《登科记序》曰：“金天会元年始设科举。有词赋，有经义，有同进士，有同三传，有同学究，凡五等。词赋于东西两京，或蔚、朔、平、显等州，或凉廷试。试期不限定月日，试处亦不限定府州。”[⑧]金太宗天会五年（1127年），“以辽、宋之制不同，诏南北各因其素所习之业取士，号为南北选。”金海陵王天德三年（1151 年），“并南北选为一。”[⑨]金世宗大

① 《金史》卷52《选举志二》，第1166—1167页。

② 《元史》卷82《选举志二》，第2038页。

③ 萧启庆：《元代四大蒙古家族》，《内北国而外中国：蒙元史研究》（下册），北京：中华书局，2007年，第571页。

④ 高福顺：《科举与辽代社会》，北京：中国社会科学出版社，2015年，第84—85页；李桂芝：《辽金科举研究》，北京：中央民族大学出版社，2012年，第2—3页；杨若薇：《契丹王朝政治军事制度研究》附录二《辽朝科举制度的几个问题》，第273—285页。

⑤ 《金史》卷51《选举志一》，第1129页。

⑥ 《元史》卷185《韩镛传》，第4255页。统计数字见陈高华、史卫民：《中国政治制度通史·元代卷》第九章第二节，北京：人民出版社，1996年，第360页。

⑦ 《元史》卷81《选举志一》，第2019、2021页。

⑧ （金）李世弼：《登科记序》，《金文最》卷45，北京：中华书局，1990年，第652页。

⑨ 《金史》卷51《选举志一》，第1134页。

定十三年（1173年），始设女真进士科。[①]金人谓“国家官人之路，惟女真、汉人进士得人居多”，“国家数路取人，惟进士之选最为崇重”。[②]但金代高官多出自女真贵族，尤其是近侍、护卫出身的贵族，除金章宗一代外，进士出身者并不占优势[③]，而唐宋时期的高级官僚则多出自进士。

综上所述，辽金元的选官用人制度实际上贯穿着两条主线，一是统治民族的民族本位主义，二是统治者笼络各民族上层的政策。统治民族特别是其贵族阶层，利用世袭世选、宫中承应、军功、亲军、荫补等有利条件，控制着政权的要害部门和关键职位；汉、渤海、奚等族地主阶级依靠科举、吏胥、荫补等途径参加到政权中，在协助统治民族贵族统治的同时，也维护了自身的经济和政治利益。尽管这些民族的官僚地主阶级与统治民族官僚贵族有矛盾，但其阶级利益是一致的，因而他们从根本上是维护辽金元贵族专政体制的。贵族专政偏离了唐宋历史发展的轨迹，是一种倒退，阻滞了中华民族的发展进步。

---

① 《金史》卷51《选举志一》，第1140页。

② 《金史》卷51《选举志一》，第1137、1139页。

③ 李桂芝教授指出：“进士在金朝政治舞台上发挥作用的大小，与形势有着密切关系。自金初至海陵时，进士与其他途径入仕者在升迁方面并无优势，更远不及以家世入仕者。而在世宗以后，开始逐渐显现出优势，章宗时，进士在政治舞台上占有了明显的优势。”《辽金科举研究》，北京：中央民族大学出版社，2012年，第271页。

元朝城市公共空间夜禁考论*

王茂华**

“作与日相应，息与夜相得”①，是以自然经济为主体的中国古代社会基本遵循的规律。官方对夜晚公共秩序和安全的管理有夜禁等。夜禁又称宵禁、鼓禁、钟禁，是指由官方或军方基于公共安全秩序要求，禁止公共空间夜间行动的规定以及执法行为，以达到纠核勤惰，禁戢奸慝目的。执行夜禁的同时，公共空间的合法与非法活动并存，有元宵节狂欢，日常也出现不夜城。学界对古代夜禁，个别时期、地域与城市的夜生活与夜晚经济活动有所研究，在研究蒙元牌符时涉及夜行牌与夜巡牌，提及夜禁。②基此，本文将考察元时期城市夜禁法律规定、执法情况以及主要特征，略及夜晚公共空间活动与消费，以及两者间冲突与融合，以期为当代城市夜生活与文化提供些许借鉴。

一、夜禁规定

元朝关于夜禁的规定和存目，见诸《元典章》《至正条格》《元史》等，较唐朝和

* 本文为河北大学宋史研究中心 2018 年中国史、双一流学科建设项目“宋朝城市空间形态研究”阶段性成果之一。

** 王茂华，河北大学宋史研究中心副研究员。

① （汉）黄晖撰：《论衡校释》卷 3《偶会篇》，北京：中华书局，1990 年，第 103 页。

② 杨联陞：《帝制中国的作息时间表》，《国史探微》，台北：联经出版事业公司，1991 年；葛兆光：《严昏晓之节：古代中国关于白天与夜晚观念的思想史分析》，《台大历史学报》2003 年第 32 期，第 33—35 页；曹胜高：《论晚唐宵禁制度的松弛及其文化影响》，《学术研究》2007 年第 7 期，第 110—115 页；张淼：《夜禁的张弛与城市的文学记忆》，《江淮论坛》2008 年第 4 期，第 129—135 页；冯之余：《古代中国的黑夜秩序》，《东南学术》2009 年第 3 期，第 141—146 页；杨为刚：《唐代都市小说叙事的时间与空间——以街鼓制度为中心》，荣新江主编：《唐研究》第 15 卷，北京：北京大学出版社，2009 年；李国文：《宋朝的夜市——这才开始了全日制的中国》，《同舟共进》2011 年第 1 期，第 57—58 页；杨为刚：《街鼓制度下唐代都市诗歌的时间与空间》，《长安大学学报》（社会科学版）2011 年第 4 期，第 17—21 页；陈熙远：《中国夜未眠——明清时期的元宵、夜禁与狂欢》，《“中央研究院”历史语言研究所集刊》2004 年第 75 本第 2 分，第 283—329 页；贾文龙：《宋代社会时间管理制度与昼夜秩序的变迁》，《郑州大学学报》（哲学社会科学版）2015 年第 2 期，第 146—152 页；古代夜市和夜晚秩序研究综述可参张金花、王茂华：《中国古代夜市研究综述》，《河北大学学报》（哲学社会科学版）2013 年第 5 期，第 106—113 页；照那斯图：《内蒙古科右中旗元代夜巡牌考释——兼论扬州等处发现的夜巡牌》，《民族语文》1994 第 4 期，第 11—14 页；蔡美彪、阿西木·图尔迪、刘迎胜，等：《对科右中旗夜巡牌阿拉伯字母文字读释的意见》，《民族语文》1995 年第 3 期，第 51—55 页；郝苏民、刘文性：《关于科右中旗夜巡牌阿拉伯字母文字读释的再讨论》，《民族语文》1996 年第 3 期，第 71—72 页；党宝海：《蒙古帝国的牌符——以实物为中心》，余太山主编：《欧亚学刊》第 4 辑，北京：中华书局，2004 年，第 183—203 页；葛馥惠：《蒙元牌符与信息传播研究》，河南大学硕士学位论文，2014 年，第 31—34 页。

辽宋金诸政权更为详细。

《元典章》中“夜禁”的规定涉及执行夜禁人员、时间段和犯夜者的惩罚办法等内容：“中统五年八月，钦奉圣旨条画内一款：随州府驿路，设置巡马及马、步弓手，（验民户多少，定立额数。）除本管头目外，其本处长官，兼充提控官。其夜禁之法：一更三点，钟声绝，禁人行；五更三点，钟声动，听人行。（有公事急速及丧病、产育之类，不在此限。）违者，笞二十七下。有官者，（每）笞一下，准赎元宝钞一贯。钦此。”[①]《元史》之《禁令》内容较详，与前者所记可互为补充：“诸夜禁，一更三点，钟声绝，禁人行。五更三点，钟声动，听人行。违者笞二十七，有官者听赎。其公务急速，及疾病、死丧、产育之类不禁。诸有司晓钟未动，寺观辄鸣钟者，禁之。诸江南之地，每夜禁钟以前，市井点灯买卖，晓钟之后，人家点灯读书工作者，并不禁。其集众祠祷者，禁之。诸犯夜拒捕，斫伤徼巡者，杖一百七。”[②]要言之，元朝夜禁时间为一更三点至五更三点，若有紧急公务及疾病、死丧、产育之类不受此限制。夜禁期间，寺观不准鸣钟，禁止宗教集会。犯夜者，笞二十七下。有官者，可纳钞赎罪，以代替其应承受的刑罚。犯夜拒捕者，杖一百零七下。

除夜禁之外，元朝其他法律也管制各种夜晚聚众活动，如不准“诸假托神灵，夜聚明散”[③]，这与前朝后代做法大体相同。不准在夜禁期间进行各类私人宴会，因人民婚嫁“或夜宴动作肴馔三二十道，通宵不散”，自至元七年太原路开始执行《禁夜筵宴例》，“今后嫁娶，只就白日至禁钟已前筵会”“据其余筵会亦同此例”，严格规定私人宴会时间与规格，这似乎是元朝所独有。元朝法律以诏制、条格、断例等形式呈现，这意味着此项禁令不局限在太原路。[④]

尽管夜禁中有“诸有司晓钟未动，寺观辄鸣钟者，禁之”等内容，也许是基于元朝对佛教等高度尊崇与护卫的原因，对佛寺夜禁要求不是十分严格，杭州夜禁期间“钟动市声绝，夜禁严鞭笞。独许浮屠氏，铙呗恣□□”。[⑤]个别地方官府甚至借地方寺院之钟履行报时之责，当地夜禁便以寺院钟声为信号，“凡寺之甲郡县者有钟焉，而有司因之。甲夜扣之一百有八，人皆闭户休息，行于路者为犯夜，有禁。昧爽以前复扣

① 《大元圣政国朝典章》，北京：中国广播电视出版社，1998 年，第 2067 页。《大元圣政国朝典章》“断例”表中，夜禁“无故犯者”，笞“二十七”，相应备注栏显示“有公事急速、丧病、产育，不在此限。有官者，每笞一下，准赎一贯”，故其所引中统五年八月圣旨，似遗落“每”字。

② 《元史》卷 150《禁令》，北京：中华书局，1976 年，第 2594 页。

③ 《大元圣政国朝典章》，第 1002 页。

④ 《大元圣政国朝典章》，第 1142 页。

⑤ （元）方回：《桐江续集》卷 11《西斋秋感二十首》，影印文渊阁四库全书本，上海：上海古籍出版社，1987 年，第 1193 册，第 349 页。

之一百有八，先行者为犯早，亦有禁"[1]。可见元朝对违反夜禁者，有"犯夜"与"犯早"之区别。

以上可知元朝也遵循遇有因公、因私紧急情况，给予变通的原则，"其公务急速，及疾病、死丧、产育之类不禁"，但当事人需持有相关凭证，经核验身份等后放行。因此，元朝对夜遇紧急事情，放行凭证与核实办法等也有规定。天历二年（1329年）皇帝手诏申严夜启门禁之事："大都、上都守把城门围宿军官军人每、八剌哈赤每根底，自今已始，夜遇紧急事情，开门出入，差官将带夜行象牙圆牌、织字圣旨，门围官员详验端实，方许开门出。虽有夜行象牙圆牌，如无织字圣旨，不以是何官员人等，并不许辄开城门，纵令出入。违之，处死。"[2]对擅自开启、出入城门者，前朝轻者徒、流，重者处绞的处罚，此时一律科以死刑。通行于唐宋的墨敕、鱼符的通行凭证，被织字圣旨、象牙圆牌（上文提到元初一度用白油木牌）所代替。元朝后期还颁行了一种铜质的夜行牌，现藏于扬州博物馆的夜行牌即是一证。该夜行牌上端铸有双面叶蒂纹饰，纹饰上有圆穿。牌高17cm，宽14cm，一面有波斯文和八思巴文各一行，另一面为汉字，右侧为"公务急速"，中间为"宣慰使司都元帅府"，左侧两行，一行为"持此夜行"，最左侧为"玄子拾号"[3]。

夜晚或夜禁期间禁止点灯与燃火，便是火禁。唐宋有执行火禁记录，"唐火禁严甚，罪抵死"；北宋京城一度火禁"甚严，将夜分，即灭烛"，分别从量刑与禁火时间上做出了严苛的规定，执法范围涉及私人生活空间。[4]元朝明确执行火禁的地域是原南宋辖区。元朝火禁记载多为官方公文，且比较详细，更多地指向禁止城市居民生活照明。元朝政府多次重申火禁之事，至元十四年（1277年）降旨条列原南宋辖区施行诸项措施即有："守土官司火禁不严，以致疏失者纠察，仍须常切申明火禁。"[5]至元十七年（1280年）行中书省再次收到圣旨："新附城子里火烛在意者，钦此。"[6]火禁不限于夜禁期间，而是入夜不久便实施，约在至元十二年（1275年）以后不久，新安胡炳文（1250—1333年）曾谈及，"夜漏下未二、三刻，胥徒叫嚣禁灯，戢行甚严，予不复课夜读"[7]。对违反火禁引发火灾者追究法律责任，"但犯于市曹，枷项号令三日，

---

① （元）俞希鲁：《（至顺）镇江志》卷9，清嘉庆宛委别藏本。

② （元）虞集：《道园学古录》卷10《题朵来学士所藏御书后》，四部丛刊本。

③ 耿鉴庭：《扬州城墙里的元代腰牌》，《文物》1962年第11期，第65—66页；蔡美彪：《元代圆牌两种之考释》，《历史研究》1980年第4期，第125—132页。

④ （宋）费衮：《梁溪漫志》卷6《唐严火禁》，北京：中华书局，1982年，第62页；（宋）魏泰撰，李裕民点校：《东轩笔录》卷10，北京：中华书局，1983年，第117页。

⑤ 《大元圣政国朝典章》，第134页。

⑥ 《大元圣政国朝典章》，第134页。

⑦ （元）胡炳文：《云峰集》卷2《随斋记》，影印文渊阁四库全书本，上海：上海古籍出版社，第1199册，1987年，第752页。

断决四十七下。延胤人家少者七十七下，多者一百七下。烧讫系官廨舍钱粮及致伤人命者，别议施行”[①]。火禁似乎是限于城市的禁令，时人列举杭州不宜居，出城好处有“第五无火惊，第六无灯禁”[②]。同期也有宽弛火禁的个例，似为战争状态下，对严酷控制的暂时调整。至元十二年（1275 年）四月，元军谕降江陵后，“政无纲纪，士卒纵横，剽夺商贩，城门昼闭，灯火禁严，民心惊疑，生意萧索”[③]。五月，新任长官到任后，除严肃军纪外，随即放开当地火禁。除消防安全考虑外，在新统治区执行火禁，同收缴民间武器、禁学习枪棒、禁聚众作会与赛社一样，要在防范民众反抗，“江南初定之时，为恐人心未定，因此防禁”[④]。随着归附日久年深，且火禁所害不浅，至元二十九年（1292 年）闰六月原南宋辖区严苛的火禁被解除。但废止的是除夜禁时间段之外的火禁，即在夜禁之前，允许市井点灯买卖；晓钟之后，允许人家点灯读书、工作。

元宵节驰夜禁。元宵节驰禁是唐朝以后官方通行的做法。唐玄宗时，灯节从十四日起至十六日，连续三天不夜禁。宋太祖时，追加十七、十八两夜，共五夜。宋理宗时，追加十三日，共六夜。明初，从初八到十七日，为十夜。与之相较，元朝仅十五、十六两夜，“绣衣玉节驻江城，放得元宵两夜晴。陆地金莲方滟滟，一天明月故盈盈。逻兵酣卧忘钟韵，游子欢呼趁鼓声”[⑤]，显示出元朝统治者对汉族节日和民众夜聚狂欢极其有限的开放。

二、执 法 状 况

元朝较长时期奉行夜禁，夜禁深入人心。元朝也有专门机构与人员负责执法，夜巡时需要佩戴夜巡牌，有领班，也有提铃喝号人，巡铺是拘留犯夜者的场所。犯夜虽不属死罪，但存在执法致死的事件。

至迟自定都大都即有夜禁，至灭国前夕仍施行夜禁。中统元年（1260年），在燕京立行中书省。当时城内“夜禁甚严，虑公干有碍”，忽必烈“令有司置夜行白油木牌，虽官府、贵近非此不敢辄出。往时一切无赖等人侵暴不法之事，尽行敛息”。[⑥]中统五

---

① 《大元圣政国朝典章》，第 2069 页。

② （元）《桐江续集》卷 14《留杭近三年得去赋不可不出城》，第 390 页。

③ （元）苏天爵辑撰，姚景安点校：《元朝名臣事略》卷 7《平章廉文正王》，北京：中华书局，1996 年，第 138 页。

④ 《大元圣政国朝典章》，第 2067 页。

⑤ （元）仇远：《金渊集》卷 4《元夕放夜》，影印文渊阁四库全书本，上海：上海古籍出版社，1987 年，第 1198 册，第 33 页。

⑥ （元）王恽：《秋涧先生大全集》卷 80《中堂事记上》，四部丛刊初编本。

年（1264年）的圣旨显示州、府、驿、路均实施夜禁。《元典章》汇编元朝前中期法令，收录下限为至治二年（1322年），而《至正条格》收录下限为至正四年（1344年），这两部法典均载有夜禁等相关内容。至元末，时人称“纵是金吾严禁夜，也须容我更迟回”，可判断出元末仍施行夜禁。[①]并且夜禁为官员与民众重视与熟知。元世祖朝官员胡祇遹所撰《县政要式》称：“不能使民不为非，故有警夜、巡捕之禁”；所撰《吏治杂条》既有“更漏分明，依时夜巡如法”一条，均证明早在元初执行夜禁已是地方日常行政要务之一。[②]在《吏学指南》《居家必用事类全集》禁制类收录“钟禁”条目，可知掌握相关禁令信息已经成为当时人从政与日常生活所必备的常识。

录事司负责城市治安，由所在城市行政长官兼充提控官，依据所在地民户多寡，设置相应数量的巡马及马、步弓手负责具体执行，“盖为录事司人烟凑集去处，遇夜必须司官亲行巡防”[③]。在有军队镇守的地方，则“令管民官遇夜将巡弓兵，与管军官头目一同巡禁”[④]。夜巡需夜巡牌作为凭证。流传至今至少有两枚元朝夜巡牌，均为铜质，圆形，大小差异不大，所刻文字与纹饰不同。两枚夜巡牌刻有多种文字，如畏兀体蒙古文、藏文、八思巴字、察合台文、波斯文和汉文等，显见在蒙元所辖广大区域均实施夜巡。它们分别编号为“天字拾二号”“地字五十号”，标志有“关伪防奸，不许借带，违者治罪”“持此夜巡”等信息。[⑤]《白兔记》所云“老爷有铜牌花号为准，交你更次提铃喝号”中的“铜牌花号”大约是其俗称。[⑥]法律规定不允许巡夜人员随便替换，《至正条格》卷3《致死军人》便是作为断案参照的判例。针对管辖权存有异议的犯夜案件，规定管军官会同管民官一道断罪，“各处万户府，往往将巡捉到禁钟之后犯夜百姓，管军官不曾约会管民官，一面断罪”，故降圣旨要求，“省府除已咨付各处万户府，今后若有犯夜，钦依约会，一同依例断罪外”“军民其间里，有归断的勾当呵，管民官与管军官一处听了断者”。[⑦]

巡逻情形。《李卓吾先生批评忠义水浒传》所说“六街三市但闻喝号提铃，万户千家各自关门闭户。对青灯学子攻经史，秉画烛佳人上绣床”[⑧]，当是有夜禁、无火

① （元）贡性之：《南湖集》卷上《接曹孟圭》，影印文渊阁四库全书，上海：上海古籍出版社，1987年，第1220册，第17页。

② （元）胡祇遹：《紫山大全集》卷23，影印文渊阁四库全书本，上海：上海古籍出版社，1987年，第1196册，第412页、第423页。

③ 《大元圣政国朝典章》，第1858页。

④ 《大元圣政国朝典章》，第1858—1859页。

⑤ 照那斯图：《内蒙古科右中旗元代夜巡牌考释——兼论扬州等处发现的夜巡牌》，《民族语文》1994第4期，第11—14页；党宝海：《蒙古帝国的牌符》，余太山主编：《欧亚学刊》第4辑，北京：中华书局，2004年，第183—203页。

⑥ （元）刘唐卿：《白兔记》第十七出《巡更》，北京，中华书局，1959年，第43页。

⑦ 《大元圣政国朝典章》，第2067—2068页。

⑧ （元）施耐庵著，（明）李贽批评：《李卓吾先生批评忠义水浒传》卷56，明容与堂刻本。

禁城市场景的再现。都城等大城市巡夜人员多，且巡逻频繁，“有三四十人一队的巡逻队在街头不停地巡逻，查看是否有人在宵禁时间，即第三次钟声之后，仍离家外出。在此期间，他们遇到的任何外出者，他们都立刻将其拘留，待天明后将其交给专门的官员审理”[①]。《白兔记》有巡更人喝号提铃巡夜情形，“打一更鼓儿冬冬冬，一棒锣声当当当。将军马上醉醺醺，跃马扬鞭齐和声”[②]。火禁具体执法情形为，“一部分守卫沿街巡逻，查看是否有人在宵禁熄灯的时间里，还点着灯火。如果发现有人违反禁令，他们就在这户人家的门上作一个记号，第二天清晨，把这家的主人带到衙门里审讯。如果事主不能为他的违禁行为给出正当的理由，就要受到处罚”[③]。

执法混乱且枉法。长官或上级恃权妄为，难以服众，以致打架与私刑等时有发生。皇庆二年（1313 年），因不满达鲁花赤捏古伯调换巡夜排班，巡夜的万载县县尉和元等人“将捏古伯拖扯下马，捽脱须髯，殴打带伤”。[④]后至元三年（1337 年），因拒不执行代替百户田思忠夜巡的私自安排，军人刘德被江西永安翼千户刘昱喝令祗候刘青捆打致死。[⑤]《白兔记》也见乱派差使：“今晚巡更，该你巡夜。一更是我，二更是他。三更、四更、五更都是你。”[⑥]科刑不按条例，时有犯夜者被凌虐致死，“如果被证明是他一时疏忽，则要按情节轻重处以笞刑，但是这种刑罚有时也会致人死命”[⑦]，体现出实际执法时科刑偏重。《玉清庵送错鸳鸯被》也有巡更卒为讨赏金，乱扣罪名，将刘员外捉到巡铺，整整吊了一夜的情节。

三、夜禁特征及评价

以上是对元朝夜禁与驰禁，执法情形的大致梳理。在严厉的夜禁政策下，元朝城市的夜禁既具有帝制时代共性，也有自身个性。

夜禁政策执行时间长和夜禁时间长，夜禁规定对犯夜者的惩处力度较前代重。与一般朝代初期严厉、中后期宽缓相较，元朝是古代少有的统治期间持续执行夜禁的特例政权，至迟自定都大都即有夜禁，至灭国前夕仍施行夜禁，为官方与民间所熟知与

---

① ［意］马可波罗口述，谦诺笔录：《马可波罗游记》，余前帆译，北京：中国书籍出版社，2009 年，第 188 页。马可波罗于 1275—1292 在元朝境内游走。

② （元）刘唐卿：《白兔记》，第 43—44 页。

③ ［意］马可波罗口述，谦诺笔录：《马可波罗游记》，余前帆译，第 345 页。

④ 《大元圣政国朝典章》，第 1645 页。

⑤ 韩国学中央研究院编：《至正条格校注本》，首尔：人文出版社，2007 年，第 200 页。

⑥ （元）刘唐卿：《白兔记》，第 43—44 页。

⑦ ［意］马可波罗口述，谦诺笔录：《马可波罗游记》，余前帆译，第 188 页。

忌惮。元朝时每日夜禁时间段较长且固定。注释《周礼》称："昏鼓四通为大鼜，夜半三通为晨戒，旦明五通为发呴。"[①]南朝梁规定，夜漏上水一刻，击漏鼓，闭宫殿门。五更三筹，正牙门击鼓，诸街递击小鼓。至唐德宗时，根据冬夏时令差异，微调夜禁起止时间。宋朝夜禁时间短，公众夜间活动时间比唐朝至少延长一更。自元朝始至清朝，夜禁时间固定为一更三点至五更三点，其夜禁时间比宋朝长得多。古代犯夜惩处有刖足、棒杀、笞刑等方式，唐朝之后均为笞刑，元朝亦然，但规定的惩罚力度较之唐宋要重，较之明清要轻。唐时，无辜犯夜者，笞二十。宋朝虽照搬唐律，但管控最松散，至有巡夜人须护送犯夜官员回家惯例。元朝视犯夜者身份不同，惩处力度不同。对民众比前朝略重，由二十下增至二十七下；官员仅为七下，且可以纳钞赎罪。明清惩处力度比元朝重，虽没有因身份而异的规定，但有因城市等级与夜晚时段不同而异的规定。即京城犯夜者，笞三十；深夜二更、三更、四更犯者，笞五十；外郡城镇各减一等执行。元朝明确规定对拒捕者严惩，即杖刑一百零七下，这是唐宋明清所无。在执法中，元朝有犯夜者和巡夜者被凌虐致死案例。

夜禁对城市夜间公众生活的副作用严重。晚唐至两宋，城市突破坊市，代之以街市，城市公共空间规模与开放度不断变大，尤其是夜市等经济活动越来越多地分布于大中城市与城镇，使人们摆脱空间与时间约束的自由活动显著增加。但元朝都城等地除元宵节暂弛夜禁两夜外，各地夜间公共活动受夜禁政策的影响严重。除元宵节全民参与外，城市居民夜生活均受到夜禁的严格管制，元朝城市的夜晚消费、夜市、商业性休闲等经济要素与形态，在夜禁政策压抑下曲折发展。尤其在原南宋辖区，元朝曾施行严苛的夜禁与火禁，这项民族压迫政策在元世祖末期才撤销。该禁令一度带来诸多不便，城市夜晚公众活动寂寥，对夜市等打击甚大，且埋下火灾隐患，"严城夜禁故如鬼""□□灯火元宵近，无复遨头夜市穿""禁火，则小民屋狭，夜作点灯，必遮藏隐蔽而为之，是以数致火患"。[②]但应该指出的是，由于商品经济的无孔不入、人性欲望需求，以及前代城市夜晚生活方式等的深刻影响，即使统治者实行严厉夜禁，元朝中后期城市夜晚公共空间的经济活动依然活跃。这在"商人嗜利莫不散，酒楼歌馆相喧开""市桥得月喧箫鼓""城闉南有市，灯火夜眠迟""市声初息水声闻，月照虹

① （汉）郑玄注，（唐）贾公彦疏：《周礼注疏》卷 12，影印文渊阁四库全书本。

② （宋）刘辰翁：《须溪集》卷 10《摸鱼儿·守岁》、《摸鱼儿·和中斋端午韵》，影印文渊阁四库全书本，第 1186 册，上海：上海古籍出版社，1987 年，第 634 页；（元）方回：《桐江续集》卷 10《赵宾旸唐师善见和涌金城望次韵五首》，第 333 页；（元）杨瑀：《山居新话》卷 3，北京：中华书局，2006 年，第 222 页。据《须溪集》提要云，刘辰翁，景定壬戌，廷试，入丙第。宋亡，遂不复出。

桥夜未分”等吟诵中有所反映。[①]合法活动之外，也存在着非法贩酒等犯罪活动。元朝管制盐、酒、茶等生产与销售，私自贩酒会受到严厉打击，但仍有趁黑夜铤而走险者，“济南路捉获犯界酒人孙福于大槐树赵胡处买酒四瓶，前来四关赏讫，又于赵胡处买到酒八瓶，夤夜入城货卖”。[②]夜禁使得城市秩序处于可控范围，公共空间活动则是静谧夜海里的波澜，两者此消彼长，共生共存。前者不仅体现着对昼作夜息规律的遵循，更是统治者为维护秩序与安全而采取的重要措施。后者既体现出城市顽强的消费与寄生等属性，也体现着事物静者静动，动不舍静的运行规律。

夜色里城市公共空间中的放纵与犯罪滋长蔓延，或明或暗，对之采取视而不见的回避，掩耳盗铃式放任自流，或神经质般的警惕防范，均会适得其反，弊端丛出。这似乎不仅仅是元朝，也是古代社会较为常态的存在。自古至今，人类历史也是社会活动昼夜差别变小，经济等活动不断向夜晚延伸的过程。现代文明会遭遇更为严重的状况与问题，知古鉴今，人们理应有足够的正视与解决问题的包容与智慧。

〔本文原题为《元朝城市夜禁考论》，原刊于《兰州学刊》2016年第3期〕

---

① （元）朱德润：《存复斋文集》卷10《十月初五日泊齐州飞虹桥》，续修四库全书本，上海：上海古籍出版社，2002年，第1324册，第335页；（宋）家铉翁：《则堂集》卷6《市桥月色》，影印文渊阁四库全书本，上海：上海古籍出版社，第1189册，1987年，第300页；（元）萨都剌撰，殷孟伦、朱广祁整理：《雁门集》卷10《初到闽》，上海：上海古籍出版社，1982年，第255页；（元）王旭：《兰轩集》卷9《市桥月色》，影印文渊阁四库全书本，上海：上海古籍出版社，第1202册，1987年，第817页；《则堂集》卷1《见山亭记》（第278页）称：“余周游半天下，见山多矣。晚岁羁寓古瀛，乃在燕、齐、赵之间。”卷2《孝先诗卷序》（第307页）称：“余久羁古瀛，地与鲸川相接。”河间即古瀛州地。卷2《种德堂记》（第303页）：“余寓河间之中城。”《宋季三朝政要》卷5（元至治三年云衢张氏刊本）记载：德祐二年“以吴坚、贾余庆、谢堂、家铉翁、刘岊五人诣大都，为祈请使。二月初九日，贾余庆等登舟”。1294年元成宗即位，放还。《元史》卷18《成宗一》（第385页）记载：六月，“宋使家铉翁安置河间，年踰八十，赐衣服，遣还家”。

② 《大元圣政国朝典章》，第938页。

宋代地方豪民与政府关系研究

贾芳芳*

中唐以来，伴随着土地制度的变革，不少人可以以这样或那样的方式成为土地和财产的主人。到了两宋，由于“不抑兼并”国策的推行，民户贫富分化也呈加速之势。随着自身力量的增长，豪民以其不同于普通百姓的财、权、势优势①，逐渐成为影响基层社会的特殊群体。基层社会的政治、经济及社会生活等诸多事务，都在其参与下定格或发生变化。当然，无论豪民的财、权、势如何与众不同，从根本上决定其影响力与性质的，则是其与政府或合作或斗争的关系。

一、地方豪民的特征及在基层社会的影响力

宋代地方豪民的主体是形势户，即品官之家的官户和富裕的吏户。但其整体背景相当复杂，有的不属形势户，也算豪民。宋代地方豪民主要包括，地主、地主兼商人、官宦、胥吏、讼师、一些经黥配之后的恶吏等。在宋代的文献中有称豪右、豪强、豪民、大姓和豪家的。豪民与普通百姓的区别，主要在三个方面：一是豪民有政治背景，常以此在基层社会作威作福；二是豪民有经济实力，可以借此在基层社会施加影响；三是豪民有武力做威慑，他们豢养爪牙，用武力欺压良善。

（一）豪民的政治特征

宋代的地方豪民，相当一部分是官户或者富有的吏户，即使其本身并不为官，也常与官员有着千丝万缕的联系，有时甚至与皇族和后族有联系，故其在政治上有依靠。豪民的政治背景，是他们区别于普通百姓，并可以在基层社会实施影响力的有力凭借。

---

* 贾芳芳，河北大学宋史研究中心副研究员。

① 综合目前学界的研究来看，对豪民问题有深入研究的学者主要有，胡昭曦、王曾瑜、朱瑞熙、张邦炜、邓小南、梁庚尧、黄宽重、林文勋、王善军、张文、刁培俊、贾芳芳等人。他们对豪民的研究（限于篇幅，诸位先生的论著篇目不再一一列举），就其观点来看，大致主要分两大类：一类是强调豪民作为乡村社会精英，在国家赋税、灾荒救济中的积极作用；另一类是突出豪民作为违法犯忌者，在地方武断乡曲、为非作歹的消极作用。但对宋代豪民的主流身份特征，目前学界尚无专文。

1. 本身的政治影响力

豪民以钱捐买官位，步入政治舞台。景德年间，陈留县大豪卢澄，“常［尝］入粟得曹州助教，殖货射利，侵牟细民，颇结贵要，以是益横”[①]。南宋顺昌豪民官氏次子，用掠夺来的财富，“纳粟得官”“任鄱阳西尉”。[②]捐买官位，不仅提高了豪民的社会地位，也为豪民带来了经济财富。

还有一些豪民的政治影响力，来自于家族，如品官之家的官户或富裕的吏户。他们因家族的政治影响力，而豪横无忌。北宋时，浦城县“多世族，以请托胁持为常，令不能制”[③]。陈尧咨知长安府时，“长安多仕族子弟，恃荫纵横，二千石鲜能治之者”[④]。睦州遂安县“有恃荫暴横闾巷间”者。[⑤]对于有着超过自身政治权力的豪民，地方官也只能姑息纵容。

豪民中的另一部分人是寄居地方的官员，他们凭借上下联通的政治影响，暴横于基层社会。治平年间，寄居郓州的王逵“干挠州县，本路之人比之盗贼。但干有利，无不为者”[⑥]。不仅如此，王逵居乡还“持吏短长，求请贿谢如所欲”[⑦]。寄居者的政治影响力，令地方官对其“为害乡曲”[⑧]、持吏短长姑息迁就。政和年间，提举洪州玉隆万寿宫曾孝蕴居池州，“干扰州县，侵夺民田”[⑨]。开禧年间，宫观官项安世“阴险凶残”，居家“武断一乡”[⑩]。

2. 与各级地方官员的关系网

不少豪民通过其家族和乡里官员，同地方官员建立联系。政治关系即政治背景。南宋时，新赣县豪民曾千龄，先利用知县韩元卿的贪欲，与之结识。后又“以孤遗侄女与元卿之子结婚”。自此通家出入，请求关节，武断乡曲，“官府不问，法令不加”[⑪]。盘综错节的关系网，使豪民往往能得到地方官的庇护，“其上世有恩于我，我今居官，

---

① （清）徐松辑：《宋会要辑稿》刑法 4 之 71，北京：中华书局，1957 年，第 6657 页上。

② 佚名：《名公书判清明集》卷 12《母子不法同恶相济》，杨一凡、徐立志主编：《历代判例判牍》第 2 册，北京：中国社会科学出版社，2005 年，第 409 页。

③ 《宋史》卷 321《陈襄传》，北京：中华书局，1985 年，第 10419 页。

④ （宋）司马光著，邓广铭、张希清点校：《涑水记闻》卷 7《亡赖子弟皆惕息》，北京：中华书局，1989 年，第 134 页。

⑤ （宋）李之仪：《姑溪居士后集》卷 19《胡叔微行状》，《宋集珍本丛刊》第 27 册，北京：线装书局，2004 年。

⑥ （清）徐松辑：《宋会要辑稿》职官 65 之 28，第 3860 页下。

⑦ 《宋史》卷 330《张景宪传》，第 10622 页。

⑧ （清）徐松辑：《宋会要辑稿》职官 73 之 58，第 4045 页下。

⑨ （清）徐松辑：《宋会要辑稿》职官 68 之 38，第 3927 页上。

⑩ （清）徐松辑：《宋会要辑稿》职官 74 之 25，第 4063 页上。

⑪ （宋）黄榦：《勉斋先生黄文肃公文集》卷 28《申转运司为曾县尉不法豪横事》，《北京图书馆古籍珍本丛刊》第 90 册，北京：书目文献出版社，第 606 页下—607 页上。

终不成以法相绳，遂宽释讼者遣之。斯人益肆其暴虐，邑民皆无所告诉”[①]。

凭借政治关系网，豪民的气焰更加嚣张。南宋中后期，有豪民“把持士人数辈，控胁本州官吏，形势之家侵害闾里”[②]。东阳豪民蒋元广“在州则交结黠吏俞鉴等，以通腹心之谋，县吏望风惮之，罔不惟命。一方善良，吞声饮气，谁敢与之抗衡”[③]。新赣县豪民曾千龄豪横乡里，“两乡几都之人，凡有膏腴之田地，富厚之财货”“必多牵引”“拥高赀，据大第，歌童舞女，美衣鲜食，以匹夫而享公侯之奉”。[④]

3. 中央大员的靠山

还有一些豪民与中央官员有联系。与中央大员的交情，成为其肆虐基层的政治凭借。雍熙年间，秦州豪民李益“厚赂朝中权贵为庇护，故累年不败”。及秦州推官冯伉“屡表其事，又为邸吏所匿不得达”。后来因为其他的事，皇帝亲自下诏捕之，但“诏书未至，京师权贵已报益”[⑤]。真宗时曹州豪民赵谏，“多与士大夫交游”[⑥]。在被捕系狱后，“搜其家，得朝士内职中贵所与书尺甚众，计赃巨万”[⑦]。豪民与官员的勾结，于辇毂之下完成。

对于此类豪民，地方官员往往不敢招惹。大中祥符年间，权知开封府刘综就说，“贵要交结富民，为之请求，或托为亲属，奏授试秩，缘此谒见官司，颇紊公政”[⑧]。通天的政治背景，对于地方小官来说，是惧怕的。更有不少地方官直接攀附豪民门下。神宗时，郑膺寄居秀州华亭县，因其为吕惠卿的舅舅之故，一路监司“如王庭老之辈皆卑下之，而招弄权势，不复可数，至夺盐亭户百姓之地以为田”[⑨]。

（二）豪民的经济特征

除了在政治上有依靠，豪民在经济上也有实力，是大地主、大地主兼商人，是非贫弱者。强大财力，成为豪民豪横乡里的凭借。真宗时，抚州豪民李甲、饶英，“恃

① （宋）黎靖德编，王星贤点校：《朱子语类》卷112《论官》，北京：中华书局，1994年，第2736页。
② （宋）黄榦：《勉斋先生黄文肃公文集》卷28《申安抚司辨危教授诉熊祥事》，《北京图书馆古籍珍本丛刊》，第90册，第603页下。
③ 佚名：《名公书判清明集》卷13《资给人诬告》，第424页。
④ （宋）黄榦：《勉斋先生黄文肃公文集》卷28《申转运司为曾县尉不法豪横事》，《北京图书馆古籍珍本丛刊》，第90册，第606页下—607页上。
⑤ 《宋史》卷257《吴元载传》，第8949页。
⑥ 《宋史》卷296《吕文仲传》，第9871页。
⑦ （清）徐松辑：《宋会要辑稿》刑法3之13，第6584页上。
⑧ 《宋史》卷277《刘综传》，第9433页。
⑨ （宋）李焘撰，上海师范大学古籍整理研究所、华东师范大学古籍整理研究所点校：《续资治通鉴长编》卷269，熙宁八年十月庚寅，北京：中华书局，2004年，第6586页。

财武断乡曲，县莫能制”[①]。王益为临江军判官，“军多诸豪大姓之家，以财力自肆，而二千石亦有所挟为不法”[②]。南宋东阳豪民蒋元广，“骤致富强，称雄一方”[③]。雄厚的经济实力，令地方官不敢小觑，就连地方政权也因此为“豪户控持”[④]。

具体来讲，豪民因经济实力而在基层社会实施影响，大致表现在以下内容。

严重的财政压力，令地方官对经济实力雄厚的豪民，有着不得已的需求与依赖。绍兴二十三年（1153 年），温州布衣万春上书言：“乞将民间有利债欠，还息与未还息，及本与未及本者并除放，庶少抑豪右兼并之权，伸贫民不平之气。”高宗因顾虑“若止偿本，则上户不肯放债，反为细民害”，只是部分采纳了万春的建言。[⑤]宋高宗的顾虑更是地方官员的顾虑。黄榦《勉斋先生黄文肃公文集》卷 30《新淦申临江军及诸司乞申朝廷给下卖过职田钱就人户取回》中提到的新淦县的例子，更为典型：

> 照得江西诸县惟新淦最为难治，二十年间为知县者十政而九败，为人吏者朝补而夕配。推原其端，皆缘财赋窘乏，入少出多。通一年计之，常欠二万余缗。官吏无以为策，只有恳求上户预借官物，县道之柄从此倒持，豪强之家得以控扼。请求关节，残害细民。苟有不从，便生论诉。[⑥]

有宋一代的财政紧张，导致地方财用不足。面对着政府运转的经济需求，地方官员对豪家大姓的经济支持是真心需要的。灾荒年间豪民对救济的参与，就是重要一例。经济实力是豪民赈济灾民、帮地方政府渡过难关的必要条件。

优厚的经济利诱，令地方官难抵诱惑。豪民的财富，往往来路不正。贿赂官吏，他们常舍得投资。天禧二年（1018 年），河北都转运使李士衡知青州，临淄麻氏“具粟千斛以献”[⑦]。在豪民直接的经济利诱下，除了少数修身自爱的廉洁之士，大多数官吏都会受此污染。哲宗时，梅州“土豪缘进纳以入仕者，因持厚赀入京师，

① 《宋史》卷 304《王彬传》，第 10076 页。

② （宋）曾巩撰，陈杏珍、晁继周点校：《曾巩集》卷 44《尚书都官员外郎王公墓志铭》，北京：中华书局，1984 年，第 599 页。

③ 佚名：《名公书判清明集》卷 13《资给人诬告》，第 423 页。

④ （宋）黄榦：《勉斋先生黄文肃公文集》卷 30《申临江军乞申朝省除豁纲欠》，《北京图书馆古籍珍本丛刊》，第 90 册，第 636 页下。

⑤ （宋）马端临著，上海师范大学古籍研究所、华东师范大学古籍研究所点校：《文献通考》卷 27《国用考》，北京：中华书局，2011 年，第 796 页。

⑥ （宋）黄榦：《勉斋先生黄文肃公文集》卷 30《新淦申临江军及诸司乞申朝廷给下卖过职田钱就人户取回》，《北京图书馆古籍珍本丛刊》，第 90 册，第 633 页下。

⑦ （宋）李焘撰，上海师范大学古籍整理研究所、华东师范大学古籍整理研究所点校：《续资治通鉴长编》卷 91，天禧二年三月戊戌，第 2103 页。

以求见（章）惇，犀珠磊落，贿及仆隶”[①]。更有贪图钱财的官吏，因豪民的财货贿赂而与之勾结。豪民为非作歹，“而官司施行，每不能伤其毫毛，无他，豪断取财，不义致富，不吝钱、会，以结有求之吏，不惮殷勤，以结无识之士，不惜宝货，以结无耻之官”[②]。

此外，豪民利用财力上下交结的“能量”，也令地方小官畏惧。豪民“财力足以搬使鬼神，毁谤足以欺惑王公，是以世之贤士大夫，亦有畏之者”[③]。在此情况下，地方官被动地对其迁就。

（三）豪民的武力威慑

豪民的武力威慑，是其区别于普通百姓，武断乡曲第三个特征。豪民武力威慑的来源之一，是蓄养的恶势力。徽宗时，青龙大姓陈晊，“凭所持畜凶悍辈为断仆”[④]。豪民蓄养干仆为之爪牙，“日夜渔猎人家物产”，豪强资干仆之力，干仆凭豪强之势。[⑤]南宋时，豪民陈瑛，“交结配隶，而济其恶，主把公事，拿攫民财”[⑥]。豪民武力威慑的来源之二，是结成利益集团的宗族等同党。豪民“交结同党为羽翼，蓄养无赖为爪牙”[⑦]，以武力威慑一方。嘉定时，溧阳县“大姓夤缘相庄以自结，势尤横，颐指气使，官吏莫能违”[⑧]。武力威慑是豪民暴横于乡间的重要凭借。

（四）豪民在基层社会的影响力

地方豪民凭借上述不同于普通百姓的财、权、势优势，在基层社会的影响越来越大，逐渐发展为影响宋代地方政治、经济和社会生活的重要群体。概况来讲，豪民在宋代基层社会的影响，可分两大方面。

一是轻财重义、乐善好施的“长者”。一些豪民借“高资巨产雄视一乡”[⑨]的经

---

① 朱杰人、严佐之、刘永翔主编：《朱子全书·三朝名臣言行录》卷12之3，上海古籍出版社、安徽教育出版社，2002年，第793页。

② 佚名：《名公书判清明集》卷12《豪横》，第392—393页。

③ 佚名：《名公书判清明集》卷12《豪横》，第393页。

④（宋）李之仪：《姑溪居士后集》卷19《胡叔微行状》，《宋集珍本丛刊》，第27册。

⑤（宋）黄榦：《勉斋先生黄文肃公文集》卷28《申转运司为曾县尉不法豪横事》，《北京图书馆古籍珍本丛刊》，第90册，第606页下。

⑥ 佚名：《名公书判清明集》卷12《与贪令捃摭乡里私事用配军为爪牙丰殖归己》，第400—401页。

⑦ 佚名：《名公书判清明集》卷12《举人豪横虐民取财》，第406页。

⑧（宋）刘宰：《漫塘刘先生文前集》卷31《故溧阳县尉陈修职墓志铭》，《宋集珍本丛刊》，第71册。

⑨（宋）郑刚中：《北山集》卷15《余彦诚墓志铭》，影印文渊阁四库全书本，台北：商务印书馆，1986年。

济优势，“发廪、捐金、疗疾、赈贫、造桥、砌路，遗迹不湮”[①]。这种惠及一方的善举，赢得了乡里“长者”的美誉。

南宋前期，汉州长者李发轻财重义，“遇岁不登，辄为食以食饿者”。在乾道年间汉州灾荒时，民“就食李家者，日至三四万人”。为表彰李家在地方的贡献，“州郡及诸使者始上其事，孝宗皇帝嘉之，授初品官，其后孙寅仲登第，唱名第三世”[②]。在此美誉的基础上，豪民频繁参与基层事务的决策。衡州花药山崇胜寺法堂修建时，大家意见不一，“于是召州之大姓、长者相与谋”[③]。凭借着道德宽厚公正等影响力，豪民也积极参与乡里关系的调停。南宋豪民刘允恭“赋性方直，气象深厚，后生辈为不义事，必诘之，厉然见于颜面。以是乡之士大夫推为长者”。“有争讼者或诣君求决，君则为之陈道理曲直、法令可不可，往往羞缩逊谢以去。”[④]“轻财重义”，乡间“仁厚长者”[⑤]，是此类豪民的身份特征。

二是仗势欺人、武断乡曲的“豪横”。与“长者”形象不同，还有一些豪民凭借财、权、势的优势，在乡间欺凌弱小，打骂地方官吏，甚者因小过杀人害命，对抗地方官府。而就其违法犯禁的主要特点来看，地方豪民就是武断乡曲的宋代黑社会势力。

雍熙年间，秦州州民李益为长道县酒务官，“家饶于财，僮奴数千指，恣横持郡吏短长，长吏而下皆畏之”，因推官冯伉不屈从于他的淫威，李益便遣奴数辈，趁冯伉在市中按行公务之际，“拽之下马，因毁辱之”[⑥]。由于地方官吏都不敢正视，豪民残虐细民就更无所顾忌了。宣和年间，朝奉大夫方邵夺同郡王之才“舍屋，怒其不从，又弯弓射其门”[⑦]。隆兴年间，潭州一张姓豪民“凶恶不可言。人只是平白地打杀不问。门前有一木桥，商贩者自桥上过，若以柱杖拄其桥，必捉来吊缚”[⑧]。势力膨胀的地方豪民，在基层社会以“豪横”的身份存在。

豪民是宋代基层社会的特殊群体。他们或以乡里兴建私塾、救济穷苦的“长者”形象，或以武断乡曲、左右地方政治的“豪横”形象，存在于基层社会。那么，豪民作为特殊的“民”，其身份性质究竟以哪种为主？除了豪民自身的素质决定外，影响这个群体身份主流特征的，还有哪些？

---

①（宋）方大琮：《宋忠惠铁庵方公文集》卷33《种德新庵拜福平长者祠》，《北京图书馆古籍珍本丛刊》，第89册，第750页。

②（宋）董煟：《救荒活民书》卷下《救荒报应》，丛书集成初编本，北京：中华书局，1985年。

③（宋）沈辽：《沈氏三先生文集·云巢集》卷7《花药山法堂碑》，四部丛刊三编。

④（宋）韩元吉：《南涧甲乙稿》卷20《刘令君墓志铭》，影印文渊阁四库全书本。

⑤（宋）范祖禹：《太史范公文集》卷36《王延嗣传》，《宋集珍本丛刊》，第24册。

⑥《宋史》卷257《吴元载传》，第8949页。

⑦（清）徐松辑：《宋会要辑稿》职官69之7，第3933页上。

⑧（宋）黎靖德编，王星贤点校：《朱子语类》卷106《外任·潭州》，第2657页。

二、地方豪民与中央政府的关系

两千余年的中央集权，是不能容忍出现与中央对抗的地方势力的，朝廷对之往往采取限制和镇压的方针。

（一）最高统治者的态度

宋太宗曾说，“朕今收拾天下遗利，以赡军国，以济穷困，若豪户猾民，望吾毫发之惠，不可得也”[①]。他曾将江南“有大姓为民患者”“尽令部送魁首及妻子赴阙，以三班职名羁縻之”。[②]他又对惩治豪民的地方官进行褒奖。吉州有豪猾萧甲危害乡里，久为民患。知州梁鼎“暴其凶状，杖脊黥面徙远郡”后，得到太宗的赞赏，获“赐绯鱼”，并“记其名于御屏”[③]。宋太宗的态度，代表了北宋时期最高统治者的态度。宣和七年（1125 年），尚书省条下条：“诸非见任官，有贪恣害民，干扰州县，而迹状显著者，监司按劾以闻”，这是专门针对官户中的豪横者，徽宗予以批准[④]。

南宋时，抑制豪民的政策继续延续。绍兴十年（1140 年），高宗说：“朕观自昔，守令能抑强振弱者，始号循良。今豪右稍不快意，必中伤之。自今州县吏有能称职而或诬以非辜者，须朝廷主张，庶使吏得自效，而民被其惠矣。”[⑤]淳熙四年（1177 年），寄居严州分水县的豪民王中实，率众闯入县衙，“围守三日”，欲殴击知县王斌。事后知县王斌遭论罢。孝宗得知后说：“如此则守臣亦可肆其无礼矣”，“恐相仿效，不可不治”。[⑥]有宋一代，最高统治者的态度，决定了中央对地方豪民的政策。

（二）中央限制豪民势力的禁约

为限制豪民势力的膨胀，中央制定了许多抑制措施。首先看政治方面的禁约：

限制富民为官。咸平四年（1001 年）五月，真宗诏“自今三班使臣知县，不得以诸州衙吏及富民受职者充”[⑦]。天圣六年（1028 年）十月丁丑，仁宗诏“武臣毋得补

① （宋）李焘撰，上海师范大学古籍整理研究所、华东师范大学古籍整理研究所点校：《续资治通鉴长编》卷 37，至道元年五月癸亥，第 814 页。

② （宋）李焘撰，上海师范大学古籍整理研究所、华东师范大学古籍整理研究所点校：《续资治通鉴长编》《宋史》卷 277《张鉴传》，第 9416 页。

③ 《宋史》卷 304《梁鼎传》，第 10057 页。

④ （清）徐松辑：《宋会要辑稿》刑法 2 之 93，第 6542 页上。

⑤ （宋）熊克：《中兴小纪》卷 28，绍兴十年八月癸亥，台北：文海出版社，1968 年，第 725 页。

⑥ （清）徐松辑：《宋会要辑稿》职官 48 之 19 至 20，第 3465 页上下。

⑦ （清）徐松辑：《宋会要辑稿》职官 48 之 25，第 3468 页上。

富民为教练使”①。中央意图以此限制财雄闾里的富民，在经济上有实力后，又在政治上雄踞一方。

禁止官员与富民往来。为防止钱权交易，中央禁止官员与富民往来。大中祥符六年（1013 年）三月，真宗诏：“富民得试衔官者，不得与州县官属、使臣接见。”②官员如敢为豪民请托，更为中央所不容。绍熙年间，明州富民厉雄欺凌乡民被查。主管建宁府武夷山冲佑观史弥正等人为厉雄求情于守臣高夔，被高夔弹劾于朝。光宗诏罢史弥正宫观之职。③中央也很明白，富民与政治人物的交结，是富民在拥有财富后，探求政治依靠的重要途径。

禁止官员卸任后，在曾任职地寄居。为防止地方官在曾经的任职地，利用政治影响扩大势力，中央制定了这样的禁约：淳化二年（991 年）十二月，太宗诏：“岭南诸州幕职州县官等并许携妻孥之任，秩满不得寄寓于部内，违者罪之。”④《庆元条法事类》中规定：“诸外任官罢任未及三年而于本处（谓州官于本州，县官于本县）寄居者，徒一年。”⑤这对于限制官户在地方势力的发展，显然有益。

严行约束官员子弟。对于豪民中官员子弟的恶行，中央也深恶痛绝。宋太宗曾下诏：“中外臣庶之家，子弟或有乖检，甚为乡党所知，虽加戒勗曾不悛改者，并许本家尊长具名闻，州县遣吏锢送阙下，当配隶诸处。敢有藏匿不以名闻者，异时丑状彰露，期功以上悉以其罪罪之。”⑥大中祥符四年（1011 年），真宗诏：“诸路州军县镇应文武官见居远任，家属寓止者，如其子孙弟侄无赖不干家业，即言行约束，苟不悛革，则并其交游之辈，劾罪以闻。”⑦中央希望通过来自政治上层的力量，来压制为非作歹的“官二代”。

除了政治上的禁约，针对豪民的经济禁约更加细致，如限制豪民侵吞、垄断公共财物等。太宗时，允许“客旅”向开封官仓出售粮食，但“所有食禄之家并形势人，并不得入中斛斗，及与人请求折纳”⑧。北宋后期的青苗钱借贷，规定“形势之家

① （宋）李焘撰，上海师范大学古籍整理研究所、华东师范大学古籍整理研究所点校：《续资治通鉴长编》卷 106，天圣六年十月丁丑，第 2483 页。

② （宋）李焘撰，上海师范大学古籍整理研究所、华东师范大学古籍整理研究所点校：《续资治通鉴长编》卷 80，大中祥符六年三月戊申，第 1820 页。

③ （清）徐松辑：《宋会要辑稿》职官 73 之 14，第 4023 页下。

④ （清）徐松辑：《宋会要辑稿》刑法 2 之 4 至 5，第 6497—6498 页。

⑤ （宋）谢深甫监修：《庆元条法事类》卷 7《职制门四·寄居待阙》，杨一凡、田涛主编，戴建国点校：《中国珍稀法律典籍续编》第 1 册，哈尔滨：黑龙江人民出版社，2002 年，第 111 页。

⑥ 《宋史》卷 463《刘文裕传》，第 13547 页。

⑦ （清）徐松辑：《宋会要辑稿》刑法 2 之 10 至 11，第 6500 页下—6501 页上。

⑧ （清）徐松辑：《宋会要辑稿》食货 62 之 3，第 5950 页上。

法不当给”[①]。绍兴八年（1138年）规定：“诸坊场以违碍人……承买者，杖一百，诈隐者加一等。”这里的“违碍人”包括“见充吏人”。[②]

对于地方豪民仗势不纳租税的情况，中央也想了许多办法。如严惩不纳租税的豪民。太祖时，各县每年要造“形势门内户”的夏税帐目。[③]形势户输租违期，则“别立版簿”，派专人依限督责。[④]若还有不纳者，则重加处罚。“诸输税租违欠者，笞四十，递年违欠及形势户杖六十（州县职级、押录并户案吏人、乡书手加三等），品官之家杖一百。诸上三等户及形势之家，应输税租而出违省限，输纳不足者，转运司具姓名及所欠数目申尚书省取旨。”[⑤]减免租税时，对以形势户为主体的豪民从窄。南宋中期的《庆元条法事类》卷47《赋役门一·违欠税租》记载：诸上三等户及形势之家，“其未纳之数，虽遇赦降，不在除放之限”[⑥]。

对于豪民欺凌小民，中央也有许多约束政令。大中祥符四年（1011年），真宗诏：“江湖间贫民捕鱼，豪户不得封占。”[⑦]淳熙十六年（1189年），户部郎中丰谊言，“沿江并海深水取鱼之处，乞许令众户舟楫往来，从便渔业，勿有所问，不得容令巨室妄作指占，仍旧勒取租钱”。“豪强尚敢违戾”“择其首倡，重作惩戒”。得到孝宗批准。[⑧]此外，关于“形势之家”不得“辄置狱具”，也有明文的禁约。[⑨]

在高度重视中央集权的宋代，为限制豪民势力过度膨胀，中央制定了许多禁约，并对一些为非作歹的豪民进行镇压。这对打压地方豪民的非法行径，维护基层社会秩序显然有益。但具体对豪民的或扬或抑，临民最近的地方政府的态度，则更为重要。

三、地方豪民与地方政府的关系

与中央政府对豪民的态度不同，地方政府与豪民的关系复杂，有勾结，有摩擦，

---

①（清）徐松辑：《宋会要辑稿》食货5之17，第4869页上。

②（清）徐松辑：《宋会要辑稿》食货26之29，第5248页上。

③（清）徐松辑：《宋会要辑稿》食货70之2，第6371页下。

④（宋）李焘撰，上海师范大学古籍整理研究所、华东师范大学古籍整理研究所点校：《续资治通鉴长编》卷12，开宝四年春正月辛亥，第258页。

⑤（宋）谢深甫监修：《庆元条法事类》卷47《赋役门一·违欠税租》，杨一凡、田涛主编，戴建国点校：《中国珍稀法律典籍续编》第1册，第626—627页。

⑥（宋）谢深甫监修：《庆元条法事类》卷47《赋役门一·违欠税租》，杨一凡、田涛主编，戴建国点校：《中国珍稀法律典籍续编》第1册，第627页。

⑦（宋）李焘撰，上海师范大学古籍整理研究所、华东师范大学古籍整理研究所点校：《续资治通鉴长编》卷75，大中祥符四年正月庚寅，第1708页。

⑧（清）徐松辑：《宋会要辑稿》刑法2之124，第6557页下。

⑨（宋）谢深甫监修：《庆元条法事类》卷75《刑狱门五·刑狱杂事》，杨一凡、田涛主编，戴建国点校：《中国珍稀法律典籍续编》第1册，第805页。

也有镇压。

（一）勾结

防范、限制和打击豪民势力过度膨胀，保护民众免遭其害，本属地方官府应尽之责，“受公朝委寄，观风问俗，锄奸卫良，乃其职守”[①]。但在豪民的政治、经济利益诱惑和威势威慑之下，地方官府却与其勾结起来。对豪民的违法犯禁，地方官府岂止是睁一只眼闭一只眼，甚至是公然支持和庇护。

与地方官府的勾结，为豪民聚敛财富提供了便利。绍兴三十年（1160 年），臣僚言，临安府“钱塘南山士庶坟墓极多，往往与形势之家及诸军寨相邻，横遭包占、平夷，其子孙贫弱，不能认为己有”。豪民的兼并多由地方官吏“容情，擅行给佃”所致。[②]在地方官府的支持庇护下，大量的官田、私田被豪民所侵占。豪民拥有了土地，也拥有了土地带来的财富，经济实力更为膨胀。

与地方官府的勾结，为豪民霸占水利提供了便利。仁宗时，越州余姚县“陂湖三十一所”“虽累有诏敕及敕令”“官司因循请托，或致受纳赂遗，令形势豪强人户请射作田”，致有“遂废水利去处”。[③]治平三年（1066 年），都水监言，“诸处陂泽本是停蓄水潦”之所，“豪势人户耕犁高阜处，土木侵叠陂泽之地，为田于其间，官司并不检察”，“致每年大雨时行之际，陂泽填塞，无以容蓄，遂至泛滥”。[④]对豪民的霸占水利，地方官府或不闻不问，或公然支持帮助。

与地方官府的勾结，为豪民逃避赋役提供了便利。宋高宗时，荆湖南路一带实行科配，“其间形势官户、人吏，率皆不纳，承行人吏又于合纳人户，公然取受，更不催纳。其催纳者尽贫下户，因缘抑勒，情弊百端，民不聊生”[⑤]。孝宗时，唐仲友上奏说：“催科既急，勾稽不明，形势鲜或谁何，下户重并追扰。”[⑥]赋税征收中贫富不均的状况，因豪民与地方官府的通同作弊，而更加严重。

与地方官府的勾结，为豪民左右司法提供了便利。大中祥符七年（1014 年），洋州豪民李甲“兄死，迫嫂使嫁，因诬其子为他姓而占其赀，嫂屡诉官，甲辄赂吏掠服之，积十余年，诉不已”[⑦]。英宗时，长安大姓范伟“积产数巨万”，“出入公卿间，

---

① 佚名：《名公书判清明集》卷 12《豪横》，第 392 页。

②（清）徐松辑：《宋会要辑稿》刑法 2 之 155，第 6573 页上。

③（清）徐松辑：《宋会要辑稿》食货 7 之 12 至 13，第 4911 页下—4912 页上。

④（清）徐松辑：《宋会要辑稿》食货 7 之 18，第 4914 页下。

⑤（宋）李纲著，王瑞明点校：《李纲全集》卷 71《乞下本路及诸路转运司科敷钱米于田亩上均借奏状》，长沙：岳麓书社，2004 年，第 746—747 页。

⑥（明）黄淮、杨士奇等编：《历代名臣奏议》卷 271“唐仲友奏”，上海：上海古籍出版社，1989 年，第 3547 页下。

⑦（宋）李焘撰，上海师范大学古籍整理研究所、华东师范大学古籍整理研究所点校：《续资治通鉴长编》卷 74，大中祥符三年八月甲子，第 1685 页。

持府县短长，数犯法，至徒流，辄以赎去。长安人皆知伟罔冒，畏伟不敢言。吏受赇者，辄为伟蔽匿”。[①]在与地方官府的勾结下，豪民的势力更加膨胀。

（二）摩擦和镇压

豪民违法吞并、恃势强占，甚至欺凌官吏、杀人害命的情况，在宋代的史料中多有记载。因此造成的赋税失陷，官弱民强，以及对基层社会安定的破坏，给地方的统治带来危害。他们作为中央派驻地方的代表，从维护统治集团和自身利益的角度，对势力膨胀的豪民进行压制打击。

对不纳租税的豪民的打击。真宗时，浮梁县“民臧有金者，素豪横，不肯出租，畜犬数头，里正近其门，辄噬之。绕垣密植橘柚，人不可入”。此前的县令“不肯禁”，常是里正代其输租。胡顺之到任后，几番催督，但豪户仍拒不纳税。胡顺之“乃令里正聚藁，自抵其居，以藁塞门而焚之”，情急之下豪户全家急忙逃逸。胡顺之“悉令掩捕，驱至县，其家男子年十六以上尽痛杖之”，说：“胡顺之无道，既焚尔宅，又杖尔父子兄弟，尔可速诣府自讼矣。”但豪户并无一人敢诉，“自是臧氏租常为一县先”[②]。

对蔑视地方官员的豪民的打压。豪民势力强大后，对地方官员的凌辱蔑视，引起了官员的反感。真宗时，鲜于侁摄治婺源，“奸民汪氏富而狠，横里中，因事抵法”。群吏罗拜说：“汪族败前令不少，今不舍，后当诒患。”鲜于侁怒，立杖汪氏，恶类从此屏迹。[③]绍兴年间，静江府古县豪民秦琥武断乡曲，持吏短长，“邑大夫以下为其所屈”。高登知县后，“面数琥，声气俱厉，叱下，白郡及诸司置之法”。一贯为所欲为的秦琥“忿而死”。[④]

为了维护基层社会的安定，清正的官员对违法杀人害命的豪民，进行了坚决镇压。理宗时，高斯得为湖南提点刑狱，攸县富民陈衡老“以家丁、粮食资强贼，劫杀平民”“翘其事者，首吏受赇而左右之”。高斯得发其奸，“黥配首吏”，“具白朝省，追毁衡老官资，簿录其家”。[⑤]一些正直官员出于扶弱抑强的公正理念，对豪民势力的抑制镇压，有利于其嚣张气焰的收敛，也能在一定程度上伸小民不平之气。

面对地方官员的打击与镇压，不甘示弱的豪民也会极力反抗，不少地方官甚至因此丢官罢职。仁宗初年，“中人用事者罗崇勋之徒，交通县豪，借之意气，以渔夺细

① （宋）刘攽：《彭城集》卷 35《故朝散大夫给事中集贤院学士权判南京留司御史台刘公行状》，影印文渊阁四库全书本。

② （宋）司马光著，邓广铭、张希清点校：《涑水记闻》卷 6《胡顺之》，第 109—110 页。

③ 《宋史》卷 344《鲜于侁传》，第 10936 页。

④ 《宋史》卷 399《高登传》，第 12130 页。

⑤ 《宋史》卷 409《高斯得传》，第 12325 页。

民，吏不敢何”。陈留知县王冲，“以法绳之”。大姓田滋等因此制造流言蜚语，污蔑王冲。王冲被“坐除名，徙雷州”[①]。宁宗时，瑞州大姓幸氏“贪徐氏田不可得，强取其禾，终不与，诬以杀婢，置徐狱”。徐氏诉其冤情，提点江西刑狱赵汝谠“以反坐法”，黥窜幸氏，籍没其家。幸氏逃走，并“告急于中宫”，赵汝谠被调湖南。[②]在利益的作用下，豪民与地方官府的摩擦也多有出现。

（三）以勾结为主的关系，决定了其“豪横”的特征

但在宋代黑暗腐败的地方官场中，事事处处以私利为先的地方官，根本不可能把抑强扶弱作为主要政务。在利益的需要下，与豪民的勾结，成为地方官场公开的惯例，也成为了其彼此关系的主流。

太宗时记载，“剑南诸州民，为州县长吏建生祠堂者”；“官吏有善政，部内豪民必相率建祠宇，刻碑颂，以是为名，因而掊敛，小民患之”。[③]民通过巴结地方官吏，来达到武断乡曲的目的；而地方官则通过联络豪民，来达到利用其财、权、势为自己服务的目的。不少官员上任之后，都是先要去拜访当地的豪民。“县官甫下车，则先诏问权要声援，往往循习谄媚，互相交结。”[④]而在相互利益需要下，豪民与地方官府以勾结为主的关系，也从根本上决定了其以“豪横”为主的身份特征。

四、结　　语

豪民是宋代基层社会的特殊群体，他们以不同于普通百姓的财、权、势优势，成为影响基层社会的主导阶层。不仅普通百姓，甚而政府官员，都对他们俯首帖耳。那么，宋代地方豪民究竟是基层社会兴建私塾、救济穷苦的“长者”？还是武断乡曲、左右地方官府政治的“豪横”？除了豪民自身的素质外，其与政府的关系成为决定性因素。当政府对其势力的发展合理引导，有效治理的时候，地方豪民的积极作用成为主流。当政府因私利受制于豪民，软弱无力不足以临民御民的时候，豪民的消极作用就成为主流。在宋代，由于地方政治的腐败，豪民与地方政府的勾结，成为彼此关系主流的态势，则从根本上决定了其以“豪横”为主的身份特征。

〔本文原刊于《河北大学学报》（哲学社会科学版）2013 年第 4 期〕

---

① （宋）刘敞：《公是集》卷 53《尚书屯田郎中提举兖州仙源县景灵宫王公（冲）墓志铭》，《宋集珍本丛刊》，第 9 册。
② 《宋史》卷 413《赵汝谠传》，第 12397 页。
③ 《宋会要》刑法 2 之 5，第 6498 页上。
④ 《宋会要》刑法 5 之 43，第 6691 页上。

岳家军指挥机关的名称与演变

史泠歌*

军队作为“进行战争的主要工具”，若要发挥“为一定政治目标服务”的作用，离不开领导指挥体系的运行。岳家军作为南宋初年的一支正规部队，能在战场上取得一次又一次的胜利，除了岳飞本人高超的指挥艺术，岳家军行之有效的指挥体系在研究判断战场情况、拟定作战计划、确定作战编成、组织协同动作和各种保障等方面发挥了重要的、不可替代的作用。

一、御营使司下统制[①]，通、泰镇抚使司

南宋建炎三年（1129 年），江、淮宣抚使杜充降金后，宣抚使司事实上撤销，岳家军就无所隶属。据《鄂国金佗稡编》卷 19《建康捷报申省状》，岳飞上申“尚书省并枢密院”捷报，即用“御营使司下统制”的名义。揆情度理，御营使司下统制司，就是其司令部。

建炎末，宋金接壤的地区被一些土匪、溃将、摄官之类所占据。宰相范宗尹主张承认此种现实，建议“稍复藩镇之法”，将淮南东、西路，京西南、北路，荆湖北路和陕西的一角，划分为若干小军区，设镇抚使，掌管两个至多个府、州、军的民政、军政和财政，作为“救弊之道”。宋廷从五月开始分批任命镇抚使，先后设二十镇，任命三十五人为镇抚使，而岳飞的任命还是较晚者。[②]具有藩镇性质的镇抚使司军，只是宋廷“以屏王室”[③]的无奈之举，并非成功之策。故李纲说：“淮南诸郡，多付盗贼以为镇抚使。夫建侯于经纶屯难之时，固所当为，然不因功德，而以与不可制御之盗贼，责其能布宣德泽于平居无事之时，捍患御侮于仓卒变故之际，何可得哉！”[④]

* 史泠歌，贵州铜仁学院马克思主义学院教授、河南大学宋史研究所博士后。

① （宋）岳珂编，王曾瑜校注：《鄂国金佗稡编续编校注》卷 19《建康捷报申省状》，北京：中华书局，1989 年，第 967 页。

② （宋）李心传：《建炎以来系年要录》卷 33，建炎四年五月甲辰、甲子，上海：上海古籍出版社，1992 年，第 1 册，第 491、499—500 页。

③ （宋）李心传撰，徐规点校：《建炎以来朝野杂记》卷 11《镇抚使》，北京：中华书局，2000 年，第 222 页。

④ （宋）李纲著，王瑞明点校：《李纲全集》卷 115《与吕相公第一书》，长沙：岳麓书社，2004 年，第 1091 页。

建炎四年（1130年），岳飞“迁武功大夫、昌州防御使、通、泰州镇抚使、兼知泰州”[①]。他八月赴任，而十一月即被迫放弃通、泰州，撤至江南。镇抚使司当然是小军区司令部，但其下仍有“统制王贵管押军马”[②]，看来仍分若干军。

岳飞虽然丧失辖区，但到绍兴元年（1131年）隶属江、淮招讨使张俊，讨代李成匪军，却仍以“通、泰镇抚使”的名义[③]，其军当然仍算是镇抚使司军。

二、神武右副军统制、神武副军都统制

绍兴元年平定李成等匪军后，岳飞奉命驻守洪州。七月，宋廷下省札通知岳飞说：

> 枢密院奏：“勘会神武右副军统制颜孝恭见管军马不多，兼已拨付吕颐浩军前使唤。”
>
> 右三省、枢密院同奉圣旨，颜孝恭改差充江南东路安抚大使司统制军马，岳飞罢通、泰州镇抚使，差充神武右副军统制。今札付神武右副军统制、武功大夫岳防御，准此。[④]

神武右副军统制可算是“军职”[⑤]，但其下也应设司，作为司令部。如岳飞“甥婿”高泽民在军中任“主管文字”[⑥]。

绍兴元年十二月，“亲卫大夫、建州观察使、神武右副军统制岳飞为神武副军都统制，仍以所部屯洪州”[⑦]。这当然既是军名的升格，又是军职的升迁。

三、荆湖东路安抚使、马、步军都总管

绍兴二年（1132年）因讨伐曹成匪军之需，宋廷下省札，任命岳飞“权知潭州，

---

①（宋）岳珂编，王曾瑜校注：《鄂国金佗稡编续编校注》卷5《鄂王行实编年》，第130页。

②（宋）岳珂编，王曾瑜校注：《鄂国金佗稡编续编校注》卷17《申刘光世乞兵马粮食状》，第944页。

③（宋）李心传：《建炎以来系年要录》卷40，建炎四年十二月乙未，卷43，绍兴元年三月庚戌，第1册，第574、597页。

④（宋）岳珂编，王曾瑜校注：《鄂国金佗稡编续编校注》卷5《除神武右副军统制省札》，北京：中华书局，1989年，第1203页。

⑤ 宋时，如厢都指挥使、军都指挥使、都虞候等是军职。据《鄂国金佗稡编续编校注》卷24《襄阳石刻事迹·爵秩》说，岳飞“其军职由中军统领升至神武后军都统制”，第1561页。

⑥（宋）李心传：《建炎以来系年要录》卷50，绍兴元年十二月丁丑，第1册，679页。

⑦（宋）李心传：《建炎以来系年要录》卷50，绍兴元年十二月丁丑，第1册，第679页。

并权荆湖东路安抚、都总管”①。此处是简称，其全称应为荆湖东路安抚使、马、步军都总管。安抚使和都总管在北宋都是一路之帅，权位颇高，而南宋初已经降格。岳飞虽然权任，但并未取消其神武副军都统制的军职。由于荆湖东、西路不久仍旧改为南、北路②，故岳飞在平曹成后，写记，即自称“权湖南帅”③。

岳飞平叛成功，离开荆湖南路，返回江南西路江州。其“权湖南帅”的差遣取消，仍为神武副军都统制。绍兴三年（1133 年），宋廷“命神武副军都统制岳飞督捕虔寇”④，仍是按其军职下令。

四、制置使、神武后军统制、都统制

岳飞任制置使，其头衔前后更改数次。绍兴三年九月，宋廷最初任命岳飞任江南西路沿江制置使，很快又“三省、枢密院同奉圣旨，岳飞落‘沿江’贰字，充江南西路制置使，江州驻札”⑤，旋即又改命“岳飞除江南西路、舒、蕲州制置使，江州置司”⑥。宋廷又为提高岳家军的地位，“奉圣旨，岳飞特改差充神武后军统制”⑦。虽然由神武副军都统制改神武后军统制，除落一个“都”字，而岳飞的军职仍是提升的。

绍兴四年（1134 年），岳飞举行第一次北伐前夕，宋廷又将岳飞的制置使头衔两次改名，第一次“差岳飞兼制置荆南、鄂、岳”⑧，第二次“三省、枢密院同奉圣旨”，改为“江南西路、舒、蕲州、兼荆南、鄂、岳、黄、复州、汉阳军、德安府制置使”⑨。当年第一次北伐成功后，宋廷为镇压杨么军，“除岳飞充湖北、荆、襄、潭州制置使，鄂州驻札”⑩。除去原来军事辖区中的江南西路，改为管辖荆湖北路和襄阳府、荆南府和潭州。

绍兴五年（1135 年），岳飞正式出兵镇压杨么军，宋高宗下诏：“岳飞除荆湖南北

① （宋）岳珂编，王曾瑜校注：《鄂国金佗稡编续编校注·续编》卷 5《权知潭州并权荆湖东路安抚都总管省札》，第 1205 页。

② （宋）李心传：《建炎以来系年要录》卷 51，绍兴二年二月己丑，第 1 册，第 697 页。

③ （宋）岳珂编，王曾瑜校注：《鄂国金佗稡编续编校注》卷 19《永州祁阳县大营驿题记》，第 986 页。

④ （宋）李心传：《建炎以来系年要录》卷 63，绍兴三年三月辛未，第 1 册，第 828 页。

⑤ （宋）岳珂编，王曾瑜校注：《鄂国金佗稡编续编校注·续编》卷 5《改充江南西路制置使省札》，第 1206 页。

⑥ （宋）岳珂编，王曾瑜校注：《鄂国金佗稡编续编校注·续编》卷 5《除江南西路舒蕲州制置使省札》，第 1207 页。

⑦ （宋）岳珂编，王曾瑜校注：《鄂国金佗稡编续编校注·续编》卷 5《改差充神武后军统制省札》，第 1208 页。

⑧ （宋）岳珂编，王曾瑜校注：《鄂国金佗稡编续编校注·续编》卷 5《朝省行下事件省札》，第 1209 页。

⑨ （宋）岳珂编，王曾瑜校注：《鄂国金佗稡编续编校注·续编》卷 6《差兼黄复州汉阳军德安府省札》，第 1221 页。

⑩ （宋）岳珂编，王曾瑜校注：《鄂国金佗稡编续编校注·续编》卷 6《除湖北荆襄潭州制置使省札》，第 1225 页。

襄阳府路制置使、神武后军都统制，前去荆湖南、北路招捕盗贼。”[①]岳飞制置使的军事辖区扩大为三路，其军职也由统制升都统制。制置使司当然是大军区的司令部。《宋史》卷 167《职官志》称制置使“不常置，掌经画边鄙军旅之事”，“建炎元年，诏令安抚使、发运、监司、州军官并听制置司节制”[②]，表明其官位在一路安抚使等长官之上[③]。后宋廷的省札说：“岳飞昨充湖南、北、襄阳府路制置使日，依第二等奉使条例，发运、监司并用申状。”[④]与《宋史》卷 167《职官志》所载可互相印证。但制置使司既是作为“第二等奉使”，则在大军区司令中官位仍是较低者。

建炎时，宋高宗尽管苦于金军的追逼，甚至只能航海逃遁，却从无设置大军区的设想。如前所述，建炎末范宗尹任相，也只是提议设置镇抚使司的小军区，而军事失败很快就证明，各镇抚使司军难以与金军相抗，此非“救弊之道”。提出命武将设置制置使之类大军区，是抗战派宰相朱胜非。朱胜非“自再相，首建议遣诸大帅分屯于淮南等路，各据要害，以经略淮北、荆襄”[⑤]，“实际上是纠正范宗尹的设镇抚使方案”[⑥]。朱胜非行状记载：

> 始诸将虽拥重兵，而无分定路分，故无所责成。公在朝廷，修法度，严纪律，明号令，某帅当某路，一定不复易，皆授庙算，成师以出。又命司农卿沈昭远往总军饷，士众素饱，皆贾勇以前。[⑦]

岳飞的制置使司作为司令部，当然设属官。宰相朱胜非向岳飞推荐卢宗训，任制置司参议官。岳飞鄙薄其为人，绍兴四年（1134 年）八月，又改任德安知府，后以赃盗罢官。[⑧]这是史籍中岳飞的第一任参议官。同年十二月，岳飞保奏陈子卿任本制置司参议官[⑨]；绍兴五年（1135 年）五月，陈子卿罢官，改任主管台州崇道观之闲职，宋廷发表右承务郎李若虚取代陈子卿，任制置司参议官[⑩]。除参议官外，岳飞临时“差武功大夫、本军干办官张旦借左武大夫、权唐、邓、郢州、襄阳府安抚使、兼知襄阳军府事”，“承信郎、本军准备差遣孙革借右承务郎、权签书襄阳府判官厅公事”，“承

① （清）刘琳，刁忠民，舒大刚，等校点：《宋会要辑稿》职官 40 之 8，上海：上海古籍出版社，2014 年，第 3991 页。
② 《宋史》卷 167《职官志》，北京：中华书局，1977 年，第 3955 页。
③ （清）刘琳，刁忠民，舒大刚，等校点：《宋会要辑稿》职官 40 之 1，第 3787 页。
④ （宋）岳珂编，王曾瑜校注：《鄂国金佗稡编续编校注》卷 7《任招讨使申明行移用公牒省札》，第 1235 页。
⑤ （宋）徐梦莘：《三朝北盟会编》卷 213 引朱胜非行状，上海：上海古籍出版社，2008 年，第 1533 页。
⑥ 王曾瑜、史泠歌：《南宋宰相吕颐浩和朱胜非的重要事迹述评》，《首都师范大学学报》（社会科学版）2013 年第 3 期。
⑦ （宋）徐梦莘：《三朝北盟会编》卷 213 引朱胜非行状，第 1533 页。
⑧ （宋）李心传：《建炎以来系年要录》卷 79，绍兴四年八月甲辰，第 2 册，第 110—111 页。
⑨ （宋）李心传：《建炎以来系年要录》卷 83，绍兴四年十二月丁丑，第 2 册，第 157 页。
⑩ （宋）李心传：《建炎以来系年要录》卷 89，绍兴五年五月戊子，第 2 册，第 265 页。

节郎、本军准备差遣周识借右承奉郎、权知郢州，右迪功郎、本军准备差遣李旦借承奉郎、权本州通判"，"右将仕郎、本军准备差遣孙翚借承奉郎、权知随州"[①]。此处有一名神武后军干办官，即干办公事，三名神武后军准备差遣，似表明神武后军也另设属官。张旦是武阶，孙革和周识是武阶，改换文阶，故按当时制度带"右"字，而孙翚则是由文阶右将仕郎，升右承奉郎。可知岳飞的属官兼用文官和武官。大致在绍兴三年（1133年），朱梦说"为岳飞军中干办公事"。[②]

五、荆湖北、襄阳府路（后复旧名京西南路）招讨使

绍兴五年十二月，由于岳飞"已除检校少保，理宜增重使名"，宋廷又改命他为荆湖北路、襄阳府路招讨使。岳飞的差遣升高，但辖区却少了荆湖南路[③]，这还是宋高宗对他较为信任时，却不忘趁着平杨么的机遇，赶紧削除他一个路的辖区。招讨使也是大军区的司令，南宋初年，将招讨使"定位在宣抚使之下、制置使之上，著为定制"[④]。招讨使是否已算是第一等奉使，还是仍旧"第二等奉使"，今存史料缺乏记载。同月稍晚，宋高宗又将原神武诸军改名行营护军。岳家军由神武后军更名行营后护军。但行营后护军从此直属岳飞的招讨使司等司令部，岳飞本人原有的神武后军都统制取消后，不再另命新的军职。绍兴六年（1136年）二月，因岳飞上奏，襄阳府路复旧名京西南路，则为荆湖北、京西南路招讨使司[⑤]。

此外，《宋史》卷167《职官志》说，绍兴十年（1140年），"金人犯三京，以韩世忠、岳飞、张俊并兼河南、北招讨使以御之"[⑥]。此处的"御"字当然是不通的。岳飞等人是在宣抚使的官衔外，另加"兼河南、北诸路招讨使"[⑦]。从加衔的字面理解，当然是要收复失地，而不是为"御"敌。其实，宋高宗和秦桧为了遮掩他们此前一力对金屈辱媾和之失策，表面似一变为采取强硬政策；但宋高宗给岳飞的手诏，却作了另外一种明确的硬性规定："已令张俊措置亳州，韩世忠措置宿州、淮阳军，卿可乘机进取陈、蔡，就闰六月终，一切了毕。"[⑧]不但黄河以北，就是黄河以南的土地，包

① （宋）岳珂编，王曾瑜校注：《鄂国金佗稡编续编校注》卷10《条具荆襄相度移治及差官奏》，第844页。

② （宋）徐梦莘：《三朝北盟会编》卷159，第1152页。

③ （宋）李心传：《建炎以来系年要录》卷96，绍兴五年十二月己亥朔，第2册，第340页。

④ 《宋史》卷167《职官志》，第3965页。

⑤ （宋）岳珂编，王曾瑜校注：《鄂国金佗稡编续编校注》卷18《乞襄阳府路仍作京西路申省札子》，第957页。

⑥ 《宋史》卷167《职官志》，第3965页。

⑦ （宋）岳珂编，王曾瑜校注：《鄂国金佗稡编续编校注·续编》卷2《少保兼河南府路陕西河东河北路招讨使加食邑制》，第1168页。制词行文与标题不符，制词标题应为《少保兼河南北诸路招讨使加食邑制》。

⑧ （宋）岳珂编，王曾瑜校注：《鄂国金佗稡编续编校注》卷2，高宗手诏，第29页。

括东京开封府、西京河南府和南京应天府，都准备一概放弃，他们的军事目标是以取五州之地为极限。故发表岳飞等“兼河南、北诸路招讨使”的任命，无非是一块虚张声势的遮羞布。

六、荆湖北、京西南路宣抚副使，荆湖北、京西南路宣抚使

岳飞任招讨使其实前后共计 4 个月，到绍兴六年（1136 年）三月，宋廷又将他升迁为湖北、京西路宣抚副使。[①]其辖区不变，只是应岳飞之奏议，将原襄阳府路更名京西南路。《宋史》卷 167《职官志》说，“宣抚副使不常置，掌贰使事”，“亦有不置使而置副，如胡世将之于川、陕，岳飞之于荆、襄，杨沂中之于淮北，皆止以副使为名。飞后以功，始落‘副’字”。岳飞虽是副使，其司令部仍应称宣抚使司。

绍兴七年（1137 年）二月，宋高宗将岳飞由检校少保升至正二品的太尉，并将宣抚副使晋升为宣抚使。[②]太尉“同二府之列”，“崇以辅臣之礼”[③]。按照宋制，宰相所辖三省和枢密使所辖枢密院，号称二府。除宰相外，枢密使、参知政事等称执政，即“辅臣”。正如前第一章已交代，宣抚使是执政级，既然官至太尉，岳飞的差遣也相应升至执政级的宣抚使。宣抚使“不常置，掌宣布威灵、抚绥边境及统护将帅、督视军旅之事”[④]，当然应是第一等奉使。岳飞的司令部自然应称宣抚使司。

北宋末年，以文制武也发展到了极端，凡有军事行动，除了宦官，往往任命文臣为主帅，而武将只能充当其副手。最突出者，就是负责守开封南城的文官李擢整日宴饮，坐视金军填平一段护龙河，成为开封城陷落的关键之一。[⑤]宋高宗即位，重组军队，另设御营司，由文臣黄潜善和汪伯彦分别任御营使和御营副使，武将王渊为御营使司都统制，刘光世为提举一行事务[⑥]，仍实行以文臣领导武将。在往后的军事实践中，也有此类实例。如平范汝为、刘忠等变乱，由文臣孟庾任宣抚使，韩世忠任副使。岳飞平曹成，名义上受文臣李纲节制，平杨么，仍由宰相兼都督张浚领导。但在事实上，却仍由武将全权和直接指挥。

---

① （宋）岳珂编，王曾瑜校注：《鄂国金佗稡编续编校注·续编》卷 2《武胜定国军节度使充湖北京西路宣抚副使置司襄阳加食邑制》，第 1163 页。

② （宋）岳珂编，王曾瑜校注：《鄂国金佗稡编续编校注·续编》卷 2《起复太尉加食邑制》，第 1166 页。

③ （宋）岳珂编，王曾瑜校注：《鄂国金佗稡编续编校注·续编》卷 3《再辞免起复太尉仍加食邑不允诏》，第 1185 页。

④ 《宋史》卷 167《职官志》，第 3957 页。

⑤ （宋）徐梦莘：《三朝北盟会编》卷 64、卷 65、卷 66、卷 67、第 477、478、492、498、509 页。

⑥ （宋）李心传：《建炎以来系年要录》卷 5，建炎元年五月丁酉，第 1 册，第 103 页。

应当指出，岳飞尽管官高权重而兵多，如绍兴十年（1140年）时，他官居少保，高于宰相秦桧；但作为一个大战区的统帅，他不可能、也无权负责全局的战略指挥。

《孙子兵法·谋攻篇》说："将能，而君不御者胜。"其意无非有两条：一是古代君主在深宫厚自奉养，大多不懂军事，其"御"将肯定是瞎指挥；二是古时的通信迟缓，后方的君主在千里之外，要干涉前方瞬息万变的战事，发布迟到的、不适合战场变化状况的命令，也肯定会败事。

宋太祖是宋朝各代皇帝中唯一的天才军事家。他命将出师，只在临行前作简要的指示和告诫，故王禹偁称他"所用之将专而不疑"①。但自宋太宗始，宋朝皇帝和宰执大臣，却往往违背古代的军事常识，实行"将从中御"②。

南宋绍兴十年时，岳飞自鄂州或前方发往"行在"临安府的急递奏状，行程须十日以上；临安府行朝用金字牌传递诏令，一个来回，约需二十日左右。③如此迟缓的传递速度，而宋高宗和秦桧为了降金政策之需，仍要干涉大将们的军事指挥。从今存《鄂国金佗稡编》卷2高宗当年的手诏，还有《鄂国金佗续编》卷10和卷11的省札看来，秦桧以三省和枢密院名义下发的省札，多半是通知。真正具有权威性者，当然是宋高宗的手诏。但宋高宗的手诏往往不是他个人作品，而由他和宰执大臣一起商量，并由他们为皇帝起草。《朱熹集》卷95下张浚行状记载："赐诸将诏旨，往往命公（张浚）拟进，未尝易一字。"④《建炎以来系年要录》卷136记载，宋高宗命刘锜"择利班师"的"御笔"，"其实宰相（秦桧）所拟也"⑤。故《鄂国金佗稡编》卷2高宗当年的手诏大致都是秦桧拟进，宋高宗手书。

从《鄂国金佗稡编》卷2高宗当年的手诏文字看，固然在用兵之际，对岳飞不能不相当客气，以示体貌大将。但以自己的降金政策，约束岳飞大举进兵的意图还是十分明显。如前引手诏命令"卿可乘机进取陈、蔡，就闰六月终，一切了毕"。又如命令岳飞"重兵持守，轻兵择利"，"候到光、蔡，措置有绪，轻骑前来奏事"之类。关于十二道班师诏之说，最早见于《三朝北盟会编》卷207《岳侯传》，而今存的86份高宗手诏中，并无十二道班师诏。但从今存手诏和省札分析，前有复郑州的回诏和省札，后有战郾城的回诏和省札，中间却无复洛阳的回诏和省札。按一般情理，克复西

① （宋）李焘撰，上海师范大学古籍整理研究所、华东师范大学古籍整理研究所点校：《续资治通鉴长编》卷42，至道三年十二月甲寅，北京：中华书局，2004年，第897页。

② （宋）李焘撰，上海师范大学古籍整理研究所、华东师范大学古籍整理研究所点校：《续资治通鉴长编》卷30，端拱二年正月，第668页。

③ （宋）岳珂编，王曾瑜校注：《鄂国金佗稡编续编校注》卷8《鄂王行实编年》，第517、529、533、543、604、605、607页的考证。

④ （宋）朱熹著，郭齐、尹波点校：《朱熹集》，成都：四川教育出版社，1996年，第4849页。

⑤ （宋）李心传：《建炎以来系年要录》卷136，绍兴十年六月乙卯条，第2册，第822页。

京洛阳当然是件大事，却反而没有回诏和省札传世，肯定是不正常的。今按金字牌和急递的来回时日推算，估计宋高宗严令岳飞“前赴行在奏事”的“累降御笔处分”[①]，应正好是在接到复洛阳捷奏的前后发出的。宋高宗和秦桧合谋所下的十二道班师诏，使岳家军艰难血战的成果化为乌有。

七、小　结

从以上论述中可以看出，因为南宋立国之初的形势使然，包括岳家军在内的南宋军队指挥机关的名称也在不断演变。宋朝消极防御、“将从中御”、的传统国策，作为大战区统帅的岳飞，不可能、也无权负责战役全局的战略指挥。而宋高宗为了与金屈辱媾和，硬性规定岳家军北伐时的行动，尤其是第四次北伐，强令岳家军班师，使岳家军浴血奋战的成果化为乌有。这些，肯定是影响岳家军指挥机构效能与作战能力发挥的重要因素。即便如此，以岳飞为首的岳家军指挥机构，依然进行得力谋划与指挥，在战场上有效地打击了敌人，夺取了一次又一次战斗的胜利，使金人发出“撼山易，撼岳家军难”的感叹。同时，岳家军指挥机关的名称与演变，更形象、更具体地演示了南宋初期军制的演变，以及宋军指挥机关的变迁、发展过程。

〔本文原刊于《铜仁学院学报》2016年第1期〕

①（宋）岳珂撰，王曾瑜校注：《鄂国金佗稡编续编校注·续编》卷12《赴行在札子》，第872页。

宋儒在《治平要览》中的地位及其影响

［韩］洪承兑*

一、引　　言

《治平要览》是由朝鲜王朝（1392—1910年）世宗朝郑麟趾主编的一部有关历代中国和韩国的通史，于世宗二十七年（明正统十年，1445年）成书。全书共150卷，按朝代分为18部分，即：《周》14卷、《秦》2卷、《汉》26卷、《晋》13卷、《宋》4卷、《齐》3卷、《梁》5卷、《陈》3卷、《隋》3卷、《唐》25卷、《后梁》2卷、《后唐》2卷、《后晋》1卷、《后汉》1卷、《后周》1卷、《宋》40卷、《元》5卷、《国朝》3卷。《治平要览》的内容以政治、军事的史实记载为主，兼及经济、文化和历史人物的评价，借历代君臣治乱、成败、安危之迹，以作为历史借鉴。从其书名就不难得知："治平"一词取儒家四书五经中《大学》所说的"治国而平天下"；而"要览"是指阅览历史兴衰和政治得失的要点。《治平要览》全书贯穿了总结政治盛衰和得失的意识，突出从政治上总结历史兴衰经验的要旨。

《治平要览》的主要特点有二，一是在体裁上没有采用传统的编年、纪传、纲目之体。只按时间先后叙次史事，但没记录年、月、日。从形式上，该书行文先记史，再以"司马公（司马光）曰"的形式对史实加以评论，其记述的总计13996条史实，并伴以1787条史论。《治平要览》用"胡氏（胡寅或胡安国）曰"的形式将史实与议论分开，使史实与评论之间判然分明，虽无编年而不至于混淆。值得注意的是，其评论部分并不居于从属地位，而是与史实部分并驾齐驱，共为史书之主体。二是《治平要览》大量引用宋儒的史评：全书所引的史论总1787条之中，宋儒所做的史论总数为1642条，占92%。史论或史评是了解一部史书的核心之一，又是反映作者看待历史的视角和核心思想倾向。对于《治平要览》编纂目的和体裁特点、重视宋儒史论原因等，本文试图从几个方面来做一些分析和解释。

* ［韩］洪承兑，韩国庆熙大学人文学院教授。

二、《治平要览》编纂目的和体裁之特质

据《朝鲜王朝实录·世宗实录》所记载，世宗二十三年（正统六年，1441 年），世宗李裪对中枢院事郑麟趾（1396—1478 年）说：

凡欲为治，必观前代治乱之迹，欲观其迹，惟史籍是稽。自周以降，代各有史，然编简浩穰，未易遍考。予近观宋儒所撰《自警编》，嘉言善行，分节类编，而务于简要，乃知古之作书者欲人之乐观也。诚以人之于学，博览为难，况于人君机政之暇，其能博观乎？卿其考阅史籍，其善恶之可为劝惩者，撰次成书，使便观览，以为后世子孙之永鉴。且东方建国，惟古兴废存亡，又不可不知，并令编入，毋失繁简。仍赐名曰《治平要览》，命晋阳大君（李）瑈监其事，遂选文学之士，聚集贤殿，分科责成。①

编撰《治平要览》的动机和目的，在于“为治”。基本而言，一部史书所载的“前代治乱之迹”对政治现实会起到借鉴的作用。但历代史籍浩穰烦琐，君主难以遍览，所以世宗说：“诚以人之于学，博览为难，况于人君机政之暇，其能博观乎？”正如宋朝史家司马光（1019—1086 年）在《进资治通鉴表》中所说的“（司马）迁、（班）固以来，文字繁多，自布衣之士，读之不遍，况于人主，日有万机，何暇周览！臣常不自揆，欲删削冗长，举撮机要”。其编纂目的，是便于人主的“要览、周览”，而其内容是“其考阅史籍，其善恶之可为劝惩者”的材料。郑麟趾在《进治平要览笺》中说：“治者兴，乱者亡，得失俱载于往牒。善可法，恶可戒，劝惩宜示于后人。”正如司马光所说：“专取关国家盛衰，系生民休戚，善可为法，恶可为戒者。”②

由此可见，“研穷经籍，澄帝王出治之源；讨论史编，鉴古今行事之迹”③，是《治平要览》的编纂宗旨。那么，如何“务于简要”，如何“删削冗长，举撮机要”，这就是了解《治平要览》一书的核心问题。关于编纂原则、体例、体裁及结构，《治平要览·凡例》云：

凡关纲常，政治得失，战功胜败，可为劝戒者。除四书五经外，搜辑诸书，

---

①《朝鲜王朝实录·世宗实录》卷 93，世宗二十三年六月癸巳条，韩国首尔大学奎章阁藏影印本。

②（宋）司马光：《温国文正公文集》卷 57《进通志表》，四部丛刊本。

③［朝］郑麟趾：《治平要览·序》，《进治平要览笺》，韩国首尔大学奎章阁藏本。

> 依《自警编》，列逐段纂次，无编年。依《通鉴》例，以周、秦、两汉、晋、宋、齐、梁、陈、隋、唐、五代、宋、元为主，每卷首书国号……一事杂出诸书，详略不同者，兼采相补，务令详备……诸儒议论，附于各节之下。[①]

据上引的内容，可知《治平要览》的特点。第一，其编纂原则，是以儒家伦理纲常为标准；第二，其体例、体裁，则主要借鉴《自警编》和《资治通鉴》，但没采用编年体；第三，《治平要览》大量引用宋儒的史论、史评，而“附于各节之下”。对这三个问题，需要作些具体的分析和解释。

一般来说，历史编纂学的观点可以包括：史书编纂的目的、原则、体裁或体例确立所反映出来的思想。正如上面所说“其考阅史籍，其善恶之可为劝惩者，撰次成书，使便观览，以为后世子孙之永鉴”，《治平要览》编纂目的在于为儒家君主专制提供历史借鉴，故其编纂原则，在本质上反映着儒家政治思想。具体来说，是儒家所强调的“三纲五常”，即作为一种道德原则、行为规范的标准，对朝鲜王朝的政治、社会、文化、教育等诸方面起到了至关重要的作用。当然，儒家伦理纲常对于宋儒的史观、史评、史论的影响，无疑是绝对的。因为纲常在修史的过程中成为“善恶”“褒贬”“劝惩”“得失”的判断标准和原则。孔子所编的《春秋》是中国最早的编年体史书，也是一部体现儒家纲常的经典。《春秋》用于记事的语言极为简练，然而几乎每个句子都暗含褒贬之意，被后人称为“春秋笔法”“微言大义”。《春秋》通过记述史事来阐发儒家义理，其叙事规则形成《春秋》义例，并通过义例贯穿《春秋》大义。从经学的角度来看，《春秋》蕴含儒家政治伦理思想，是阐发义理的思想著作；从史学的角度来说，《春秋》编年记事，又是记述史事的史学之作。

编修《治平要览》一书就无法脱离于《春秋》所发的儒家政治原则。郑麟趾在《进治平要览笺》中评论说“《治平要览》为治之大经，明白谨严，是史外传心之要典”。“史外传心之要典”一句的出处，是胡安国所撰《春秋传·序》，即“《春秋》鲁史尔。仲尼就加笔削，乃史外传心之要典也”[②]。胡安国是南宋著名《春秋》学家，治学私淑程颐，于《春秋》用功三十年，后受宋高宗命纂《春秋传》，是书“事按《左氏》，义采《公羊》《谷梁》之精者，大纲本《孟子》，而微词多以程氏之说为证云。”其论说宗旨，一在于强调儒家的三纲五常，以为君君臣臣、父父子子之道皆为天理，不可淆乱；二在于阐发尊王攘夷、明治乱得失、示君臣鉴戒的《春秋》大义。由此可知，《治平要览》的编纂原则，则以《春秋》大义为本。

---

① ［朝］郑麟趾：《治平要览·凡例》。

② （宋）胡安国：《春秋胡氏传·序》，美国华盛顿大学图书馆藏明末清初金陵郑元美奎壁斋刊本。

对于《治平要览》体裁、体例和结构的问题。如上所述，此书在体例、体裁上以《自警编》（表 1）和《资治通鉴》为楷模，但没有采用编年、纲目、纪传之体。《自警编》9 卷是宋人赵善璙所撰的一部言行录。按《四库全书提要》，此书“乃编次宋代名臣、大儒、嘉言、懿行之可为法则者。凡学问类子目三，操修类子目十二，齐家类子目四，接物类子目七，出处类子目五，事君类子目十一，政事类子目十一，拾遗类子目二，共八类五十五目。盖亦仿《言行录》之体而少变其义例者也。”①

表 1 《自警编》类目和内容

类	卷	子目
学问	1	学问/见识/器量
操修	2	正心/检身/诚实/操守/定力/清廉/俭约/无嗜好/谨言语/韬晦/摄养/好生
齐家	3	孝友/教子孙/赈亲族/居处
接物	4	交际/君子小人/乐善/教育/厚德/报德不报怨/济婚葬
出处	5	出处/义命/恬退/处患难/休致
事君［上］	6	忠义/公正/德望/得体/讲读/谏诤
事君［下］	7	忧国/荐举/用人/善处事上/善处事下/使命
政事	8	政事/镇静/信/通下情/济人/忧民/救荒/救弊/辩诬/狱讼/财赋/兵/制胜
拾遗	9	议论反复/报应

《自警编》在其类目和内容上，与儒家经典《大学》所谓八条目（格物、致知、诚意、正心、修身、齐家、治国、平天下）一脉相通，两者都注重儒家所强调的品德修养，《自警编》所提的条目和范围更为细致而广泛。与朱熹所撰《宋名臣言行录》相比，《自警编》则更为简约：《自警编》在各类下立有子目，比如在事君［上］类下有忠义、公正、德望、得体、讲读、谏诤等六子目，每条子目下排列具体人物（宋儒）的故事。对此，世宗评论说：“分节类编，而务于简要。”

《自警编》对《治平要览》编纂的关键性作用，不在于体例、体裁，而在于其内容。因为一部言行录不能成为史书体裁的典范，只能为编修史书提供材料而已。《自警编》的类目及其内容，为《治平要览》的取材、记事、史评等起到一定的作用。比如，《治平要览》引用宋代史学家范祖禹（1041—1098 年）的史论：“范氏曰：甚矣！佞人之难远矣。自古君子易疏，小人易亲。盖君子难于进，而果于退；小人不耻于自售，而戚于不见知其进也。无所不至，人君一为所惑，不能自解，鲜有不至祸败者也。”②“唐鉴公”范祖禹以君子、小人之辨，强调儒家修养品德。这条史论的要点，符合《自

①（宋）赵善璙：《自警编》提要，影印文渊阁四库全书本，上海：上海古籍出版社，1987 年，第 875 册，第 203 页。
②［朝］郑麟趾：《治平要览》卷 70《唐》。

警编》《接物类》的“君子、小人”、《出处类》、《事君类》等。还有一条欧阳修所做的史论，“欧阳公曰：礼义，治人之大法；廉耻，立人之大节。况为大臣而无廉耻，天下其有不乱，国家其有不亡者乎！予读冯道《长乐老叙》，见其自述以为荣，其可谓无廉耻者矣，则天下国家可从而知也”[①]。“醉翁”之意，就在于批评五代宰相冯道（882—954 年）“事四姓九君”“无士君子之操”[②]。这条史论的宗旨，可归纳为《自警编》之《操修类》的“操守”、《出处类》的“恬退”、《事君类》的“忠义”。

对于《治平要览》与《资治通鉴》的关系问题需要作些分析。如上所述，《治平要览》是“无编年体，依《通鉴》例，以周、秦、两汉、晋、宋、齐、梁、陈、隋、唐、五代、宋、元为主”。按照《资治通鉴》的朝代顺序编次，从周朝编起，而增编宋朝、元朝、国朝。朝鲜王朝世宗非常重视《资治通鉴》，世宗十六年（明宣德九年，1434 年），“召中枢院事尹淮、礼曹左参判权蹈、集贤殿副提学偰循等，会于集贤殿，考阅《资治通鉴》，其文义难晓之节，参究源委，辑览释义，以至诸书，撰其所解，逐节附之，名之曰《通鉴训义》”[③]。同年，“命造印《资治通鉴》纸五万卷于造纸所、十万五千卷于庆尚道、七万八千卷于全罗道、三万三千五百卷于忠青道、三万三千五百卷于江原道，共三十万卷”[④]。虽然《治平要览》没有采用编年体，但是它大量摘取《资治通鉴》的纪事，也大量引用司马光的史论（在总计 13996 条纪事中，《资治通鉴》所载的纪事为 8000 多，占约 57%。司马光所做的史论为 119 条。）总之，《资治通鉴》对《治平要览》（表 2）来说是一部不可缺少的中国通史类典籍，也是其一个主干取材来源。

表 2　《治平要览》所载朝代及其卷数

朝代	卷数		朝代	卷数		朝代	卷数	
周	1—14	13	梁	59—64	5	后晋	99—100	1
秦	14—15	1	陈	64—67	3	后汉	100—101	1
汉	15—40	25	隋	67—70	3	后周	101—102	1
晋	40—52	12	唐	70—95	25	宋	102—142	40
宋	52—56	4	后梁	95—97	2	元	142—147	5
齐	56—59	3	后唐	97—99	2	国朝	147—150	3

出处：本研究制作

在《治平要览》所涉朝代及卷数中，宋代（40 卷）为最多，汉唐（各 25 卷）次

① ［朝］郑麟趾：《治平要览》卷 102《后周》。

②（宋）苏辙著，曾枣庄、马德富校点：《栾城后集》卷 11《历代论五》，上海：上海古籍出版社，1987 年，第 1275 页。

③《朝鲜王朝实录·世宗实录》卷 64，世宗十六年六月二十六日辛未条。

④《朝鲜王朝实录·世宗实录》卷 65，世宗六年七月十七日壬辰条。

之。与此相比，在《资治通鉴》总 294 卷中，唐代（81 卷）为最多，两汉（60 卷）次之。由于宋人司马光无法将赵宋史实收录于《通鉴》，因而增编宋元史实对《治平要览》来说，是编纂工程之重要环节。《治平要览》所涉不同朝代的卷数差别甚大。若从立国时间而言，两汉四百零五年为最长，宋朝 319 年为顺次，唐朝 289 年为再次。从某种角度来看，“偏差”就是“偏重”和“偏轻”之间的差异。据此，可以说《治平要览》的编纂者重视宋朝、宋史、宋儒。如朝鲜王朝正祖李祘（1776—1800 年）所说：“我朝立国规模，大近有宋，专尚儒术。”[①]名儒韩元震（1682—1751 年，世称南塘先生）也曾说：“我朝立国为治，大抵与宋朝甚相似。”[②]朝鲜王朝（1392—1910 年）以程朱理学立国，享国五百一十八年。宋朝所经历过的治乱、成败、安危的经验，对朝鲜王朝和《治平要览》起到鉴戒的作用。

三、宋儒史论与史观对《治平要览》的影响

《治平要览·凡例》云：“事杂出诸书，详略不同者，兼采相补，务令详备……诸儒议论，附于各节之下。”此书征引史料较为丰富，除《资治通鉴》外，所引杂史诸书达一百多种。书中叙事，往往一事用数种不同来源材料写成。《治平要览》（表 3）行文，先记史，再以“司马公曰”的形式对史实加以评论，其记述有 13996 条史实伴以 1787 条史论。其中，宋儒所做的史论总数为 1642 条，占 92%。总的来看，宋儒史论对《治平要览》一书的影响颇为深远。

表 3　《治平要览》所载宋儒及其史论数目

姓名	生卒年代	《治平要览》所引的著作名称	史论（条）
范仲淹	989—1052	《范文正公文集》	1
富　弼	1004—1083	《富郑公集》	4
范　鎮	1007—1088	《新唐书》	1
欧阳修	1007—1072	《新唐书》《新五代史》	3
苏　洵	1009—1066	《嘉祐集》《权书》《衡论》	2
司马光	1019—1086	《资治通鉴》《稽古录》《涑水记闻》	119
刘　敞	1019--1068	《春秋权衡》《春秋传》《七经小传》	1
王安石	1021—1086	《临川先生文集》	2

① ［朝］李祘：《弘斋全书》卷 167《日得录》七《政事》二，韩国首尔大学奎章阁藏本。
② ［朝］韩元震：《南塘先生文集》卷 5《筵说》上，京城高等普通学校藏本。

续表

姓名	生卒年代	《治平要览》所引的著作名称	史论（条）
程　颢	1032—1085	《经说》《河南程氏遗书》	10
程　颐	1033—1107	《二程集》《易传》	
苏　轼	1037—1101	《东坡七集》《东坡易传》	8
苏　辙	1039—1112	《春秋传》《栾城集》《古史》《新论》	1
朱光庭	1037—1094	二程门人，历任集贤殿学士、左司谏	1
范祖禹	1041—1098	《新唐书》《唐鉴》《帝学》	228
刘安世	1048—1125	《尽言集》	4
谢良佐	1050—1103	《论语说》，谢为程门四先生之一	1
杨　时	1053—1135	《龟山集》《史论》	14
邵伯温	1055—1134	《易学辨惑》《闻见前录》《皇极经世序》	1
陈　瓘	1057—1124	《了斋集》《了斋易说》《尊尧集》	2
胡安国	1074—1138	《胡氏春秋传》《资治通鉴举要补遗》	906
胡　寅	1098—1156	《读史管见》《斐然集》	
张九成	1092—1159	《横浦集》《孟子传》	1
胡　宏	1102—1161	《五峰集》《知言》《皇王大纪》	1
黄公度	1109—1156	《知稼翁集》	2
李　焘	1115—1184	《续资治通鉴长编》《反正议》十四篇	8
留　正	1129—1206	“三朝元老”，清正廉明，直言敢谏	5
朱　熹	1130—1200	《资治通鉴纲目》《宋名臣言行录》	14
张　栻	1133—1180	《经世纪年》《南轩集》	15
唐仲友	1136—1188	《帝王经世图谱》《诸史精义》	2
吕祖谦	1137—1181	《春秋左氏传说》《大事记》《左氏博议》	22
朱　黼	1140—1215	《纪年备遗》《三国六朝五代纪年总辨》	2
戴　溪	1141—1215	《春秋讲义》《通鉴鉴笔议》	12
陈　亮	1143—1194	《龙川文集》	1
程公说	1171—1207	《春秋分纪》	1
李舜臣	？—？	《江东胜后之鉴》《群经义》（李心传之父）	1
李心传	1166—1243	《建炎以来系年要录》《春秋考》	1
真德秀	1178—1235	《大学衍义》《经筵讲义》《春秋集义》	130
赵汝腾	？—1261	《庸斋集》※宋太宗之八世孙	2
吕　中	？—？	《宋大事记讲义》《治迹要略》	22
尹起莘	？—？	《资治通鉴发明》	79
鲍　彪	？—？	《战国策注》《国策》	4
陈季雅	？—？	《两汉博议》	8

出处：本研究制作

《治平要览》所引的宋儒及其史论，涉及北宋 19 人、南宋 23 人，总共 42 人，这些人皆是宋朝的名儒、名臣。如有政治家范仲淹、富弼、王安石、司马光，理学家二程、谢良佐、杨时、胡宏、朱熹、张栻，唐宋八大家中的欧阳修和三苏，除司马光外的史家范镇、范祖禹、李焘、吕祖谦、李心传，吕中，经学家刘敞、胡安国、戴溪等。但这些人的史论所引数量上差别甚大，宋儒史论总 1642 条中，司马光的史论 119 条、真德秀的 130 条、范祖禹的 228 条，胡安国和胡寅的 906 条为最多。下面为《治平要览》所载史实、宋儒史论的典型例子，这是该书卷 103《宋》的一则记载：

记事：太祖惩五季藩镇之专，颇用文臣知州，以分节度刺史之权。赵普请设通判于诸州，凡军民之政，皆统治之事，得专达与长吏，均礼大州，或置二员。又令节镇所领支郡，皆直京师，得自奏事，不属诸藩。于是，节度使之权始轻矣。[①]

史论一：吕氏曰：天下之所以四分五裂者，方镇之专地也。干戈之所以交争互战者，方镇之专兵也。民之所以苦于赋繁重者，方镇之专利也。民役之所以苦于刑苛法峻者，方镇之专杀也。朝廷命令不得行于天下者，方镇之继袭也。太祖与赵普长虑却顾，知天下源在乎此。于是，以文臣知州，以朝官知县，以京朝官监临财赋，又置运使，置通判，皆所以渐收其权。朝廷以一纸下郡县，如身使臂，如臂使指，无有留难，而天下之势一矣。[②]

史论二：富弼曰：国初，天下未定，藩臣袭五代余风，尚有强横之态。太祖制御以术，渐削其权。故宴会之际，亦论民事使众知，不容藩臣苛虐。斯言一传，天下耸动，皆以民政为务，致太平之本也。[③]

此则史实与史论述论宋太祖在开国之初所采取的中央集权政策。宋朝“鉴五代藩镇之弊，遂尽夺藩镇之权，兵也收了，财也收。赏罚刑政一切收了，州郡遂日就困弱”[④]。对此，《治平要览》引用了宋儒吕中、名相富弼的史论。这两条史论比史实记录更为详细，也阐发赵宋政权的正当性和合法性。客观来看，其评论难免有溢美之词。宋儒重视“事君”之德，这对开国君主的历史评价有很大影响。朝鲜王朝《承政院日记》的评论认为：“宋太祖得国正大，终不如汉高祖、明太祖，而盖姿质则圣君也。立国之策，最为长远，故三代后文明之治，无踰于宋也。太祖既重儒术，且曰宰相须用读

① ［朝］郑麟趾：《治平要览》卷 103《宋》。
② ［朝］郑麟趾：《治平要览》卷 103《宋》。
③ ［朝］郑麟趾：《治平要览》卷 103《宋》。
④（宋）黎靖德编，王星贤点校：《朱子语类》卷 128《本朝二》，北京：中华书局，1986 年，第 3070 页。

书人，又数幸国子，兴起文学，清明之治，实基于立国之初也。此则异于汉之立国矣。”[①]

宋太祖的“得国”，是指赵匡胤（927—976 年）发动陈桥兵变，以黄袍加身建立宋朝之事。但以上评论说，他的“立国之策”重视儒家政治理念和文治“最为长远”。其实，朝鲜王朝太祖“得国”一事，是像一场历史剧重演般的事件。高丽禑王十四年（1388 年），右军都统使李成桂（1335—1408 年）出征辽东之际，从鸭绿江威化岛回军攻陷王城开京，废黜禑王，掌握大权。1392 年，李成桂自立为王，改国号为朝鲜，定都汉阳（今首尔）。但他开国之后，推行崇儒和文治之策，对高丽末“积贫积弱”的弊端进行一系列改革。正如前引韩元震所说：“我朝立国为治，大抵与宋朝甚相似。”综上所述，宋朝历史和宋儒思想，对《治平要览》编纂起到关键的指导作用，同时也为朝鲜王朝的政治、社会、文化等诸方面提供了至关重要的启迪和借鉴。

在《治平要览》所引的宋儒史论中，胡安国和胡寅、范祖禹、真德秀、司马光的史论数量尤为突出。从史学和修史的观点来看，司马光和范祖禹都是著名史家，《资治通鉴》为中国史学名著，《治平要览》大量收录《资治通鉴》的史事和司马光的史论，而范祖禹所撰《唐鉴》和史论则集中收录于《治平要览》的唐史部分。南宋名儒真德秀（1178—1235 年）不是史家，没有史学专著。《大学衍义》43 卷以“帝王为治之序”“帝王为学之本”“格物致知之要”“诚意正心之要”“修身之要”“齐家之要”为纲目。“每条之中，首之以圣贤之典训，次之以古今之事迹，诸儒之释经论史有所发明者录之。”[②]太祖李成桂“素重儒术，虽在军旅，每投戈之隙，引儒士刘敬等，商榷经史，尤乐观真德秀《大学衍义》，或至夜分不寐，慨然有挽回世道之志”[③]。太宗十一年（1411 年），太宗李芳远认为“《大学衍义》，西山真氏集古今格言为书。予每读之，其间德刑先后之分，田里戚休之实，尤要者也”，故命右副代言韩尚德，大书《衍义》中的语句，挂于殿壁之上，“使群臣观之”[④]。朝鲜王朝如此重视真德秀所撰的《大学衍义》的原因，除其精彩论述“德刑先后之分，田里戚休之实”外，还因为该书“征引经训，参证史事，旁采先儒之论，以明法戒”[⑤]。正是在朝鲜王朝这样的氛围中，《治平要览》大量引用真德秀的史论。

胡安国（1074—1138 年）和胡寅（1098—1156 年）的史论在《治平要览》一书中的地位和影响，应该说是最高又最深的。胡安国是南宋著名《春秋》学家，治学上私

---

① 《承政院日记》第 618 册，英祖二年六月十五日丙子条，韩国首尔大学奎章阁藏本。
② （宋）真德秀：《大学衍义》卷首大学衍义札子本，影印文渊阁四库全书本，第 704 册，上海：上海古籍出版社，1987 年，第 500 页。
③ 《朝鲜王朝实录 · 太祖实录》卷 22《丛书》第 88 条。
④ 《朝鲜王朝实录 · 太宗实录》卷 22，太宗十一年辛丑条。
⑤ （宋）真德秀：《大学衍义》提要，第 497 页。

淑程颐，于《春秋》用功三十年，后受宋高宗命，纂《春秋传》。该书“事按《左氏》，义采《公羊》、《谷梁》之精者，大纲本《孟子》，而微词多以程氏之说为证云”。在《治平要览》之《引用诸书·春秋类》中，除《春秋》三传（左传、公羊、谷梁）之外，还有《春秋胡氏传》。世宗七年（洪熙元年，1425年），世宗李祹“经筵始讲《春秋胡传》。此年十二月十一日，讲《春秋胡传》毕”。朝鲜名儒姜希孟（1424—1483年）在《春秋四传跋》中说：“至宋胡氏安国，身遭靖康之变，作为传解。尤严于尊君父、讨乱贼之义，深得《春秋》之大法。故读《春秋》者，主胡氏而参以《三传》，然后仲尼假鲁史，寓王法，拨乱世，反之正，微词奥旨，庶有所发明矣”。[①]

胡寅继承其父胡安国《春秋》学，而撰写一部史评著作《读史管见》。此书以春秋大义衡鉴史事，申述义理，阐发攘夷复仇之意。因此，《读史管见》取胡安国的议论比比皆是，胡安国的《春秋传》成为胡寅史论的主要来源。《治平要览》深受胡安国的《春秋》学与胡寅所作《读史管见》的影响。“史论者，用经义以断往事者也”[②]，胡寅的史论原则是凭经义断史事，撰述方式是以史事证经义。《治平要览》成书之前，世宗强调说：“经与史，体用相须，不可偏废，然今学者，或有牵于穷经而不读史学。”[③]“经史体用”集中体现于孔子所编的《春秋》。《治平要览》引用胡寅《读史管见》对《春秋》的看法。

> 胡氏曰：孔子作《春秋》，常事不书，惟败常反理。乃书于策，以训后世，使正其心，心术复常循理，交适于治而已矣。圣学不明，为上者有一善，则矜夸自足；为臣者于君之失德、阙政，则默不敢言，而务为归美之习，咏歌赞诵，惟恐在后。于是，天变动于上，而不知地变动于下，而不闻民心违怨，厥口诅咒而不悟，求不危亡，不可得矣。[④]

《春秋》是儒家五经之一，儒家对《春秋》的解说，形成了《春秋》学。《春秋》通过记述史事来阐发儒家义理，其叙事规则形成《春秋》义例，并通过义例贯穿《春秋》大义。从经学的角度来看，《春秋》蕴含儒家政治伦理思想，是阐发义理的思想著作；从史学的角度来说，《春秋》编年记事，又是记述史事的史学之作。《春秋》亦经亦史的特点，使《春秋》义例和大义成为历代《春秋》学探讨的基本方向，又促成

① ［朝］姜希孟：《私淑斋集》卷4《春秋四传跋》，韩国首尔大学奎章阁藏笔写本。

② （宋）胡寅：《致堂读史管见》卷首《胡大壮序》，《续修四库全书》，上海：上海古籍出版社，2002年，第448册，第409页。

③《朝鲜王朝实录·世宗实录》卷83，世宗二十年十二月乙丑条。

④ ［朝］郑麟趾：《治平要览》卷73《唐》。

了《春秋》学与史学的内在联系。

宋代的史学批评更为突出经学尤其是《春秋》学在史学批评中的地位。宋代在“以经评史”的风潮下，涌现出了大批史学批评专著或包含史学评论内容的作品。究其根源，主要原因在于宋儒以《春秋》发尊王攘夷之义和正统之论，推崇《春秋》编年体的以王纪年，可以充分表达尊王与正统思想，又兼宋代史学具有义理化倾向，重视在史学中阐明义理，因此格外推崇《春秋》编年纪事所用的褒贬笔法。

南宋名儒叶适（1150—1223 年）明确指出《春秋》的实质是史书，说：“盖笺传之学，惟《春秋》为难工。经，理也；史，事也，《春秋》名经而实史也，专于经则理虚而无证，专于史则事碍而不通，所以难也。”① 他认为《春秋》“名经而实史”，也包含了大量的具体史事，实际上是一部记事的史书。此外，宋儒多有主张从历史记述角度探讨《春秋》经义者。如苏辙（1039—1112 年）说：“盖孔子之作《春秋》，事亦略矣。非以为史也，有待乎史而后足也”；“凡《春秋》之事，当从史，《左氏》史也。”②认为《春秋》记事简约，必须参考历史记述才能理解。南宋大儒朱熹（1130—1200 年）把《春秋》看成记事之作，要人把《春秋》“只如看史样看”。他认为“《春秋》只是直载当时之事，要见当时治乱兴衰”③，因此注重根据《春秋》所载史实解说《春秋》大义。

《治平要览》的历史观念与《春秋》大义关系密切。《春秋》大义是一种政治、社会伦理思想，涉及历史观念的众多方面。宋代有不少史家研习《春秋》学，并以《春秋》为修史的指导思想。一脉相承，《治平要览》的历史观念深受《春秋》大义影响，在正名、尊王、攘夷、正统观念等方面体现尤为明显。

四、结　语

世宗李祹在位期间是朝鲜王朝的鼎盛时期，社会文化得到长足发展。在此期间，创造了谚文（韩语），对朝鲜之后的语言和文化发展带来深远影响。世宗以精通儒学而著称，除将儒学价值观念作为治国之策的根本以外，还建立了集贤殿，以促进体制传统和政治经济方面的研究。他坚持以儒教立国，完善礼乐制度，主持编纂了《高丽史》《东国通鉴》《资治通鉴训义》《治平要览》等史籍。朝鲜王朝太祖“得国”与宋

① （宋）叶适著，刘公纯等点校：《水心文集》卷 12《徐德操春秋解序》，北京：中华书局，2010 年，第 221 页。

② （宋）苏辙：《春秋集解》卷 1《秋七月天王使宰咺来归惠公仲子之赗》，影印文渊阁四库全书本，上海：上海古籍出版社，1987 年，第 148 册，第 5 页。

③ （宋）黎靖德编，王星贤点校：《朱子语类》卷 83《春秋・纲领》，第 2144 页。

太祖的“得国”极其相似，而朝鲜王朝推行崇儒和文治之策，对前朝“积贫积弱”进行改革等等，两国之间这些相似性，对《治平要览》编纂起到促动，也影响着它在篇幅上对宋朝有所侧重，以及对宋儒史论的重视。

若从历史研究或史料的角度来看，作为一部史书的《治平要览》既不全面，且有疏略之处，较之正史类或实录，确显挂一漏万。但其编修的本意和目的不在于提供史实、叙述历史，而是在于“以史资治”。通过选取事关中国历代的典型史实，并析以评论，为朝鲜王朝君主提供借鉴。因此，出于“以史资治”的需要，《治平要览》叙史论史，自然就偏重于政治方面，经济、文化、艺术、科学等方面的记载相对来说是很少。该书强调经与史体用相须，不可偏废。深受《春秋》大义影响，主要体现在正名、尊王、攘夷、正统等方面的选材和史论征引上。在征引中国儒家史论中，尤为重视宋儒史论，且征引司马光、范祖禹、真德秀、胡安国和胡寅的史论为最突出。

合变时节：北（宋）嘉祐、治平年间理财思潮初探

任仁仁*

一、缘　　起

针对熙宁变法，朱熹曾有如下论断："新法之行，诸公实共谋之，虽明道先生不以为不是，盖那时也是合变时节。但后来人情汹汹，明道始劝之以不可做逆人情底事。及王氏排众议行之甚力，而诸公始退散。"①其"合变时节"指的正是熙丰变法开始前，嘉祐、治平年间"诸公"议论纷纷、力图变革的时代。南宋叶适亦云："夫当仁宗四十二年，号为本朝至平极盛之世，而财用始大乏，天下之论扰扰，皆以财为虑矣。当是时也，善人君子，以为昔之已取者固不可去，而今之所少者不可复取，皆甘其心于不能。"②北宋王朝自仁宗朝开始，各种内外危机逐渐显露，面对祖宗旧法与现实困境，君臣上下大多意欲有所作为，改弦更张以振兴赵宋。庆历新政即由此兴起，其主要议题即为革新吏治，但新政伊始就遭遇了巨大阻力，范仲淹尚未及全面推行其"十条纲领"即已被排挤出京，庆历新政也不了了之。③

庆历新政之后，革新吏治不再是人们讨论的焦点问题，取而代之的则是"天下之论扰扰，皆以财为虑矣"，如何解决财政危局成为此时的议论焦点，"理财"成为当时朝政之"急务"。朝中士大夫如张方平、王安石、司马光、苏轼、苏辙、蔡襄等都提出了关于理财问题的变革设想。其时，人心思变可说是这一时期的显著特点，即陈亮所谓"方庆历、嘉祐，世之名士常患法之不变也"④，而其人心思变的焦点又在理财方面，就波及的层面而言，朝廷上下、不论是宰执重臣或是朝中新锐，都纷纷提出了改革或改良之策。合而观之，此时主张变革的"诸公"掀起了嘉祐、治平年间之理财

* 任仁仁，华东师范大学古籍研究所博士研究生。

①（宋）黎靖德编，王星贤点校，《朱子语类》卷130《本朝四·自熙宁至靖康人物》，北京：中华书局，1986年，第8册，第3097页。

②（宋）叶适：《水心别集》卷11外稿"财总论二"，《叶适集》下，北京：中华书局，2010年，第772页。

③ 朱瑞熙：《范仲淹"庆历新政"行废考实》，《学术月刊》1990年第2期，第50—55页。

④（宋）陈亮：《铨选资格》，《陈亮集》，北京：中华书局，1974年，第126页。

思潮。

在此次理财思潮中，他们所提出的理财主张颇有异同，甚至时有冲突，且并未在熙宁变法之前达成一致，有的甚至在变法展开以后分歧加剧。故而，笔者将此次思潮的下限定于熙丰变法开始之前。在梳理前贤研究论著的过程中，笔者发现前人研究大多关注庆历或熙宁如何开展变法，及变法的影响等问题，但对熙宁变法前的这一社会思潮关注较少。[①]

鉴于目前学界对于这一阶段的讨论尚显不足，而嘉祐、治平年间的理财思潮又与随后的熙丰变法息息相关，深入剖析此时的社会理财思潮，不但有助于更好地理解熙宁变法的社会背景，同时也对熙宁变法中的理财措施有更深刻的理解。笔者不揣浅陋，特撰此文分析嘉祐、治平年间的理财思潮，梳理朝中士人理财主张并比较其异同之处，以期辨析这一阶段不同士人的理财主张，并为审视熙丰变法提供一个更为广阔的视角。

二、嘉祐、治平之前的理财主张

嘉祐、治平年间的理财思潮并非横空出世，此前即有关注理财议题者，并提出了具体的改革设想。宋仁宗前期，面对日益困窘的局势，朝野人心思变，革新或变革成为当时朝中士大夫的普遍呼声。冗费问题[②]是众人关注的焦点问题。针对这一困境，自仁宗初年开始，屡有朝臣上书力陈改革之策，就连宋仁宗也在庆历八年（1048 年）降出手诏，要求朝臣建言献策。[③]宝元二年（1039 年），宋祁在其《上三冗三费疏》[④]中，

---

① 在诸如漆侠：《王安石变法》，上海：上海人民出版社，1959 年；胡寄窗：《中国经济思想史》，上海：上海人民出版社，1981 年；叶坦：《传统经济观大论争——司马光与王安石之比较》，北京：北京大学出版社，1990 年；赵靖：《中国经济思想通史》，北京：北京大学出版社，1997 年；叶世昌：《中国古代经济思想史》，上海：复旦大学出版社，2003 年；王晓薇：《从庆历新政到熙宁变法——两次变法之间的北宋政治研究》，河北大学硕士学位论文，2001 年；王晓薇：《宋仁宗朝缓解财政危机的失败》，《河北学刊》2001 年第 5 期，第 83—87 页等一系列论著当中，主要关注熙宁变法开始后各家的理财主张及熙宁变法之理财效果，未将研究重点放在嘉祐、治平年间朝野人士力求变革、以求解决财政困局这一社会思潮上。

② 有关"三冗三费"问题，最有影响的两封奏疏分别是宋祁的《上三冗三费疏》与苏辙的《上皇帝书》。宋祁将之总结为"何谓三冗？天下有定官，无限员，一冗也；天下厢军不任战而耗衣食，二冗也；僧尼道士日益多而无定数，三冗也"。"三费"指"道场斋醮、京师寺观、使相节度"之耗费。参见（宋）赵汝愚编，北京大学中国中古史研究中心校点整理：《宋朝诸臣奏议》卷 101《财赋门》，上海：上海古籍出版社，1999 年，第 1084—1085 页。苏辙将之总结为"冗吏、冗兵、冗费"，此说为后人引用最广。参见（宋）苏辙著，曾枣庄、马德富校点：《栾城集》卷 21《上皇帝书》，上海：上海古籍出版社，2009 年，第 461—475 页。

③（宋）李焘撰，上海师范大学古籍整理研究所、华东师范大学古籍整理研究所点校：《续资治通鉴长编》卷 163，庆历八年二月甲寅条，北京：中华书局，2004 年，第 3922 页。

④（宋）赵汝愚编，北京大学中国中古史研究中心校点整理：《宋朝诸臣奏议》卷 101《财赋门》，第 1084—1085 页。

尖锐地指出“三冗三费”问题，主张裁汰冗费，节省用度。庆历八年（1048 年），曾公亮在《上仁宗答诏条画时务》中指出公私财富匮乏实乃当时“先务”①。鱼周询在其所奏《上仁宗答诏条画时务》中建言“裁减冗兵，节抑浮费，禁止横敛，廪假贫民，去武臣之庸懦，及守宰之贪残”②。富弼在《上仁宗乞选任转运守令以除盗贼》云：“朝政不举，都城无依，五代事迹已复萌露，艰虞之运正在今日，须是君臣上下，同心协力，废寝忘食，夙夜整救则数年之内或致小康。”③皇祐元年（1049 年），包拯在所奏《论冗官财用等》④中将当时情形概括为“冗吏耗于上，冗兵耗于下”，认为如果“冗杂不减，用度不节”就无法化解财政困难，故提出了精选官吏，裁减军队，节省支出等具体改革建议。⑤

以上诸家的理财建言，主要针对“三冗”问题而发，他们都认为必须削减由冗兵、冗官而引发的冗费问题，其重点在于精简官员与军队数量，这正与庆历新政的思路相吻合。庆历新政之后，寻求改革以去除积弊仍是朝中士人关注所在，有鉴于庆历新政的教训，吏治革新的难度为众人亲见，议论丰财之术代之成为此后朝臣议论的焦点，如何解决财政困难，在财政上寻求变革之道成为此后的舆论中心之一。嘉祐、治平年间，朝中有关理财的呼声骤然增多，虽然也有依旧建言革新吏治者，但理财已成为这一时期的中心议题，合而成为一种强有力的社会思潮，直接影响了随后的熙宁变法，其中王安石、司马光、苏轼、苏辙、张方平、蔡襄等人力主变革，他们不但要求变革，而且提出了明确的理财主张。

三、王安石与司马光的理财主张

嘉祐年间，王安石、司马光、韩维、吕公著并称“嘉祐四友”⑥，他们常在休假时“谈燕终日”，此时的王安石与司马光关系颇为融洽。面对内忧外患，力主变革是两人的共识所在，但二人所提出的变革方式则大不相同。

嘉祐三年（1058 年），王安石上《上仁宗皇帝言事书》，力主“因天下之力，以生

① （宋）赵汝愚编，北京大学中国中古史研究中心校点整理：《宋朝诸臣奏议》卷 147《总议门》，第 1677—1680 页。

② （宋）赵汝愚编，北京大学中国中古史研究中心校点整理：《宋朝诸臣奏议》卷 148《总议门》，第 1687 页。

③ （宋）赵汝愚编，北京大学中国中古史研究中心校点整理：《宋朝诸臣奏议》卷 144《总议门》，第 1629—1630 页。

④ （宋）包拯撰，杨国宜校注：《包拯集校注》，合肥：黄山书社，1999 年，第 141 页。又见（宋）李焘撰，上海师范大学古籍整理研究所、华东师范大学古籍整理研究所点校：《续资治通鉴长编》卷 167，第 4027 页。

⑤ 皇祐三年（1051 年）包拯还上奏《上仁宗要务七事》针对朝政提出改良对策，（宋）赵汝愚编，北京大学中国中古史研究中心校点整理：《宋朝诸臣奏议》卷 148《总议门》，第 1689—1691 页。

⑥ （宋）徐度：《却扫编》卷中，朱易安、傅璇琮、周常林，等主编：《全宋笔记》第三编第十册，郑州：大象出版社，2008 年，第 144 页。

天下之财，取天下之财，以供天下之费”[①]，主张通过发动生产以增加天下财富总量，来解决财政危机，在节流的同时，他更注重“开源”，进而达到“民不加赋而国用饶”[②]的效果。他认为通过适当的经营手段，可以增加天下财富总量，即“诚能理财以其道，而通其变，臣虽愚，固知增吏禄不足以伤经费也”，日后新法中的青苗法、募役法、方田均税法、农田水利法，市易法、均输法及禁榷制度都是出于这种理念设计，即通过政府直接参加经济活动，来提高生产力，进而增加财富总量。王安石的这种理财理念迥异于试图通过裁剪冗费来解决财政困局一般理财思路，梁启超先生高度评价了王安石的理财思想：“呜呼，此其言，何其与今世经济学财政学原理相吻合之甚耶。荆公理财之政策，具于是矣。而后世乃以聚敛之臣目之，抑何其与公之精神，适相反耶。”[③]这种超前的经济理念虽然后来得到了宋神宗的重视，却不可能被时人广泛地认同。

其时，司马光的主张与王安石针锋相对。嘉祐七年（1062 年），司马光在《论财利疏》中提出以“随才用人而久任之”“养其本原而徐取之”“减损浮冗而省用之”为中心的理财建议，并强调：“今民既困矣，而仓廪府库又虚，陛下傥不深以为忧，而早为之谋，臣恐国家异日之患，不在于它，在于财力屈竭而已矣。”[④]他不但主张理财，还提出了具体的理财设想。概言之，司马光的理财主张建立在他所说的“天地之产有常”的基础之上，他坚持认为“天地之产”是一个常数，也就是说天下财富总量是一个定数。正因为天下财富总量是一个定数，所以在司马光看来，理财的核心在于如何管理手中的财富，也就是如何分配这样一个“常数”。他在《论财利疏》中具体阐述了其理财主张，无论是农业、手工业、商业还是禁榷制度，司马光认为公家不必过多地干预经济活动，而应当适度限制自己的职权，在做好经济条例的前提下，让民间自由经营，为农业、手工业和商业创造较为宽松的发展空间。[⑤]

不难看出，王安石与司马光的具体理财主张建立在对“天下财富”的不同认识之上。他们首先对天下财富的运转有一个通盘的考虑，进而在此基础上提出了具体的理财措施。基于此，两人的理财主张各具理论基础，不同于单就冗费问题阐发具体措施者。

---

① （宋）王安石著，唐武标校：《王文公文集》第 1 卷《上仁宗皇帝言事书》，上海：上海人民出版社，1974 年，第 9 页。

② （宋）司马光：《温国文正司马公文集》卷 39《迩英奏对》，四部丛刊本。

③ 梁启超：《梁启超传记五种》，天津：百花文艺出版社，2009 年，第 103 页。

④ （宋）司马光：《温国文正司马公文集》卷 23《论财利疏》，四部丛刊本。

⑤ 任仁仁：《公私之间——司马光嘉祐年间的理财主张辨析》，李伟国、顾宏义主编：《裴汝诚教授八秩寿庆论文集》，北京：中华书局，2011 年，第 315—323 页。

四、苏轼、蔡襄、张方平、苏辙等人的理财主张

嘉祐五年（1060 年），苏轼在其《制策》中提出“课百官、安万民、厚货财、训兵旅”为纲领的革新主张。其“厚货财”中又包括“省费用”与“定军制”两项建议。[①]他认为“广取以给用，不如节用以廉取之为易也”，财政危机的原因在于“是以富而愈贪，求愈多而财愈不供”，是因为需求太多，并不是收入太少。基于此，他提出“万世之计”。

> 古者三年耕必有一年之蓄，以三十年之通计，则可以九年无饥也。岁之所入，足用而有余。是以九年之蓄，常闲而无用，卒有水旱之变，盗贼之忧，则官可以自办而民不知。若此者，天不能使之灾，地不能使之贫，四夷盗贼不能使之困，此万世之计也。[②]

即在国用收支中增加储备，以应对非常时刻。在经济举措上，苏轼更多是强调节用，即所言“天下之费，固有去之甚易而无损，存之甚难而无益者矣”[③]，主张应当去除那些“无益之费”，减轻财政压力。在“定军制”中，他认为赋敛过重、三司财用不给的一大原因在于“不耕之兵聚于内，而食四方之贡赋。非特如此而已，又有循环往来屯戍于郡县者”[④]。建言“郡县之士兵，可以渐训而阴夺其权，则禁兵可以渐省而无用”，如果禁兵数量减少，军费也随之节省，则“内无屯聚仰给之费，而外无迁徙供亿之劳，费之省者，又已过半矣”[⑤]。综观苏轼在这一时段提出的两项理财建议，核心还在于“节流”，即通过压缩朝廷内外的种种耗费来减轻财政压力，这也是时人的一般看法。

治平元年（1064 年），时为三司使的蔡襄也针对当时种种弊端上奏《国论要目》，其中“富国”部分谈道：

> 或曰何以富国？今天下之广，四维万里，可谓大矣；农田、商贾、茶盐、酒

① 张志烈、马德富、周裕锴主编：《苏轼全集校注》卷 8《策别厚货财一》、《策别厚货财二》，石家庄：河北人民出版社，2010 年，第 11 册，第 860—872 页。

② 张志烈、马德富、周裕锴主编：《苏轼全集校注》，第 861—862 页。

③ 张志烈、马德富、周裕锴主编：《苏轼全集校注》，第 862 页。

④ 张志烈、马德富、周裕锴主编：《苏轼全集校注》，第 870 页。

⑤ 张志烈、马德富、周裕锴主编：《苏轼全集校注》，第 872 页。

> 税、银铜、金铁之类莫不榷之，可谓察矣。笼天下之利至纤至悉，宜乎国家富有，府藏充物，不可胜计，然后为得。今则每有支费，尝遣使诸路，取索钱帛，以供公上。京师无大储积，至于天下诸路，仅能自给者，是为全实，此何故耶？曰养兵一百二十万，自古无有也。岁入日少，而岁出益多。或曰：何谓也？曰：兵日益多，官日益冗，财物有限，而支费无涯，此所以贫也。然则富国有术乎？必先用意于兵，然后可言富国之术。臣故曰，今之为政，强兵为第一事，富国为第二事。或曰：为政止于此乎？曰：非也，自此而始。①

蔡襄认为国家财政困难的根源在于“兵日益多，官日益冗”，所以富国的前提是整顿军队，在提高军队作战能力的同时精简军队数量，进而达到“兵少则财用饶，财用饶则国富矣”②，对于具体的设想，他在《论兵十事》③中有详尽论述。他主张精简军队数量，即通过提高军队战斗力，在减少冗员、缩减军队数量的同时提高军队战斗力，进而节省巨额军费开支，由此纾解宋廷的财政困难。就此而言，他的理财也是从“节流”方面入手，并未涉及“开源”的措施。

治平四年（1067 年），张方平在《论国计事》中认为妨害国家财政的因素中“冗兵为最大患”④，并建言：“今欲保大丰财，安民固本，当自中书、枢密院同心协力，修明真宗已前旧典，先由兵籍减省，以次举其为弊之大，若宗室之制、官人之法，诸生事造端非简便者，裁而正之。至于微末细故，于国计盈虚不足为损益，属之有司可矣。提其纲则众目张，澄其原则下流清。”⑤他提出先从削减冗兵入手，进而对宗室制度和选官、任官之法逐一厘革，对消耗财政最多的几项开支进行大刀阔斧的改革。

在强调去弊节流的同时，张方平还主张利用“轻重之术”使全国互通有无，发展商品经济，增加政府的经济收入。在他看来，如果国家能够较好的利用轻重平准之术，促使天下物产交通无阻，就可以实现“故食货之轻重，权于掌握，而能通其壅滞，致天下无甚贵甚贱之物，朝廷获美利，国用周济，下无横敛，民不知劳”⑥，增加国用的同时，又不必聚敛于百姓，达到刘晏理财的“敛不及民而用度足”⑦的效果。概言之，减少冗费及利用轻重之术增加国用是张方平理财建议中最为核心的主张。

---

①（宋）蔡襄撰，（明）徐火焫等编，吴以宁点校：《蔡襄集》卷 22《国论要目》，上海：上海古籍出版社，1996 年，第 381 页。

②（宋）蔡襄撰，（明）徐火焫等编，吴以宁点校：《蔡襄集》卷 22《论兵十事》，第 385 页。

③（宋）蔡襄撰，（明）徐火焫等编，吴以宁点校：《蔡襄集》卷 22《论兵十事》，第 385—391 页。

④（宋）张方平著，郑涵点校：《张方平集》卷 24《论国计事》，郑州：中州古籍出版社，2000 年，第 353 页。

⑤（宋）张方平著，郑涵点校：《张方平集》卷 24《论国计事》，第 355 页。

⑥（宋）张方平著，郑涵点校：《张方平集》卷 15《食货论》，第 182—183 页。

⑦《新唐书》卷 149，北京：中华书局，1975 年，第 4806 页。

熙宁二年（1069年）三月，苏辙在《上皇帝书》中云：

> 故臣深思极虑，以为方今之计，莫如丰财。然臣所谓丰财者，非求财而益之也，去事之所以害财者而已矣。夫使事之害财者未去，虽求财而益之，财愈不足；使事之害财者尽去，虽不求丰财，然而求财之不丰亦不可得也。故臣谨为陛下言事之害财者三：一曰冗吏，二曰冗兵，三曰冗费。[①]

在笔者看来，这段话正是苏辙对于理财问题的总体设想。苏辙的“丰财”之术是通过去除消耗财富最多的冗吏、冗兵和冗费，进而使得实际可支配的财富增加。换言之，他所说的理财也就是如何做到有效节流，也即如何管理财富的问题。在他看来，如果“三冗”能够去除，就可以达到如下效果：“三冗既去，天下之财得以日生而无害，百姓充足，府库盈溢，陛下所为而无不成，所欲而无不如意。举天下之众惟所用之，以攻则取，以守则固。虽有西戎北狄不臣之国，宥之则为汉文帝，不宥则为唐太宗，伸缩进退，无不在我。”[②]在苏辙看来，如果“三冗”得以去除，那么内则府库丰盈，外则可以制服西戎与北狄，苏辙所奏万言书的核心正在于如何去除此“三冗”，这也是他理财方面的总体思路。

此外，治平三年（1066年），范纯仁在《论陕西沿边冗费》[③]中上奏建议削减沿边冗兵。熙宁元年（1068年）十月，钱顗在《上神宗要务十事奏》[④]中也主张减省冗费。关乎减省冗费的提议，不止以上诸位，但限于篇幅，本文只就其中较有影响者略作铺陈。

综观以上诸家的理财设想，多是针对冗费问题阐发的具体解决措施，其主要思路不外乎“节流”的范畴。

五、不同理财主张类析

通过上文分析，可以发现嘉祐、治平年间理财思潮中，朝中士人针对理财议题提出的应对策略互有异同。虽然他们都谈及理财，但其内涵却不尽相同，这里试将这些理财主张加以归类。

---

① （宋）苏辙著，曾枣庄、马德富校点：《栾城集》卷21《上皇帝书》，第464页。

② （宋）苏辙著，曾枣庄、马德富校点：《栾城集》卷21《上皇帝书》，第475页。

③ （明）黄淮、杨士奇编：《历代名臣奏议》卷220，上海：上海古籍出版社，1989年，第2915页。

④ （宋）赵汝愚编，北京大学中国中古史研究中心校点整理：《宋朝诸臣奏议》卷2《君道门》，第13页。

其一，王安石的理财主张。他的理财强调通过政府的作为，积极扩大生产，增进商品流通，来增加天下财富总量，达到“富天下”的目的，也就是通过合理的理财使政府和百姓的财富都有增加，进而实现“民不加赋而国用饶”的共赢局面。他的这一主张在众多理财提议中独树一帜，虽然他也谈到节流问题，但王安石理财的重点则在于如何通过合理经营增加公私财富。熙宁变法中的种种举措也是王安石这一理念的实践。[①]不过，王安石的理财理念并没有在熙宁变法之前获得广泛的认同，在变法开始后更是遭到激烈反对，司马光就是最激烈的反对者之一。

其二，司马光的理财主张。他所主张的理财是建立在“天地之产有常”的前提之上，他认为天下财富总量是一个“常量”，理财的问题也就是怎样分配这样一个常量的问题，即如何管理财富而不是对财富的经营，基于此，他认为国家理财应当制定宽松的经济政策，尽量不要干预经济活动，让各行业自由发展，财富自会不断增加，进而缓解国家财政困境。他的理财主张与王安石针锋相对，两人对“天地之产”是否为定数这一关键点理念不同，进而导致了他们具体理财措施的差异。

其三，张方平、苏轼、苏辙、蔡襄等人的理财主张。他们针对冗费问题，提出了一些具体的节流措施，苏轼、苏辙的消除“三冗”之策，张方平的通过“轻重之术”来增加国家财政收支，蔡襄对如何精简军队的提议等。综合来看，他们的理财建言是一种策略层面的建议，并没有从整体上来考虑如何经营或管理天下财富，换言之，他们的理财设想属于就事论事，而不像王安石和司马光那样具备各自的理财理念，故将他们的理财主张归为一类。

六、结　　语

在“世之名士常患法之不变”的仁宗朝中后期，“变”成为朝野士大夫的共识。面对内忧外患，无论是庙堂之上的朝臣还是处江湖之远的布衣，都纷纷建言献策，谋划富国图强之道。在这一人心思变的社会思潮中，如何解决财政危机成为当时论议的焦点所在，朝野士人对此各抒己见、热议纷纷，掀起了这次颇具气势的理财思潮。在众说纷纭中，王安石与司马光提出了各具理论基础的理财主张及具体设想。王安石认为通过合理的经营可以扩大财富总量，进而公私得利，以此彻底解决财政困境。司马

① 笔者按，熙宁变法中的具体理财举措是王安石理财理念的体现，不过，因为变法中的执行者并不理解王安石的理念，所以王安石的理财理念在现实的执行层面也存在诸多走样的情况，抑或具体负责人员为了应付差事而搜刮百姓，这是王安石始料未及的。因为本文讨论的重点在于熙宁变法之前的社会理财思潮，是对理财理念的探究，有关王安石理财的实际效果及影响则非本文的讨论范围。

光则认为天下财富总量是一个常数，理财的问题实质上是如何分配财富的问题，故主张制定相对宽松的经济政策，让各行业自由发展，避免与民争利。其他诸位虽然也提出了具体的理财建议，但大都是一些具体策略层面的设想，并未从整体上考虑如何管理或经营天下财富。概而言之，“变”成为当时社会的共识所在，这种共识也凝聚成一种变革思潮，成为熙宁变法的动因之一。

略论元丰改制前北宋“司天台（监）”的机构设置及其管理绩效

吕变庭*

从科技管理的角度来考察北宋天文学的发展，深入发掘和探究其被封建皇帝神秘化和政治化的独特社会功能，是一个较新的课题，业已引起学界越来越多的关注与重视，并取得了不少可圈可点的学术成果。①众所周知，中国古代天文学地位非常特殊，它既是一门科学，同时又是一门政治学。因此，探讨北宋司天台（监）的机构设置和管理绩效，对于进一步认识宋代专制体制下科学技术发展的规律以及多视角解读北宋天文学是如何走向中国封建社会科技高峰的历史现象，从而更加清晰地窥视其内在的运动与演变轨迹，则在一定程度上具有扩大管径的价值和作用。经考察发现，以往研究者在讨论元丰改制前北宋“司天台”与“司天监”机构设置的关系问题上，还存在着各种模糊不清的认识。此外，学界对北宋元丰改制前司天台（监）管理的绩效评价，亦褒贬不一。因此，本文拟依据宋代的相关史料，试图对上述两个问题提出自己的看法，不当之处，敬请方家批评指正。

一、元丰改制前北宋“司天台（监）”的机构设置

唐代肃宗改太史局（监）为司天台后，尽管太史局（监）人员建制总体较唐玄宗时期的738人略有减少，但司天台的人员规模仍然维持在约700人左右，反映了唐代司天台发展的兴盛局面。唐代宗之后，唐代天文机构的名称变更为“太史监”，其正职官员称“司天监”。后来，五代十国改“太史监”为“司天台”，所以有学者坦言：“五代纷乱，50多年中，六易国号……史册记载只有司天台，其人员建制品秩亦无记录，

---

* 吕变庭，河北大学宋史研究中心教授。

① 研究成果主要有：龚延明：《宋代官制辞典》，北京：中华书局，1997年；龚延明：《宋史职官志补正》，北京：中华书局，2009年；董煜宇：《北宋天文管理研究》，上海交通大学博士学位论文，2004年；董煜宇：《宋代的天文学文献管理》，《自然科学史研究》2004年第4期；董煜宇：《从〈奉元历〉改革看北宋天文管理的绩效》，《自然科学史研究》2008年第1期；陈嗣：《北宋司天监研究》，河南大学硕士学位论文，2012年，等等。

各朝灵台记事无法查考。”[①]然而，学界对北宋初期的天文机构究竟是称“司天台”还是“司天监”？持论有异，主要有三种观点：龚延明认为：“宋初沿唐制，称司天台。”[②]与之不同，陈晓中等主张：“北宋初期设司天监。”[③]还有学者折中上述观点，提出“司天台就是司天监的别名，两者同时存在于北宋前期”[④]的说法。那么，上述哪一种说法更接近历史的真实？我们又该如何看待学界的这些认识分歧？笔者认为，为了厘清宋初天文机构的设置情况，就不能不考察后周时期的天文机构设置。

《全唐文》载后周广顺三年（953 年）八月，周太祖颁布的《禁藏天文图谶诸书敕》云：

> 自今后玄象器物、天文图书、谶记、七曜历、太一雷公式法等，私家不合有及衷私传习，有者并须焚毁。司天台，翰林院本司职员，不得以前代所禁文书，出外借人传写。其诸时日、五行、占筮之书，不在禁限。每年历日，须候本司再算造奏定，方得雕印，本司不得衷私示外，如违准律科罪。[⑤]

可见，后周的天文机构系司天台。宋太祖在陈桥驿发动兵变后，为了顺利实现政权的“和平过渡”，他对后周的许多政府机构都没有立即变革和更新，而是继续维持现状，比如司天台就是如此，甚至直到建隆四年（963 年）之前，连行用的历法都是后周的《钦天历》。如“开宝中（968—976 年）授（周克明）司天六壬，改（司天）台主簿，转监丞，五迁春官正”[⑥]。另据《续资治通鉴长编》（以下简称《长编》）载：

> 八月辛亥，赵普上疏言：“……切闻司天台内，妄陈邪佞之言，深惑圣明之听，猥云妖异，合灭契丹。臣窃虑俱是谄谀，未明真伪。今乞问司天台内所有前件奏陈，未委按何经典，件具分析，亲赐看详，真伪之情，灼然易见。”[⑦]

又真宗咸平三年（1000 年）九月乙酉，“命直秘阁杜镐等较第司天台官吏优劣以

---

① 陈晓中、张淑莉：《中国古代天文机构与天文教育》，北京：中国科学技术出版社，2008 年，第 95 页。
② 龚延明：《宋代官制辞典》，第 245 页。
③ 陈晓中、张淑莉：《中国古代天文机构与天文教育》，第 98 页。
④ 陈嗣：《北宋司天监研究》，河南大学硕士学位论文，2012 年。
⑤ 周绍良主编：《全唐文新编》卷 124《周太祖・禁藏天文图谶诸书敕》，长春：吉林文史出版社，2000 年，第 1389 页。
⑥《宋史》卷 461《周克明传》，北京：中华书局，1985 年，第 13504 页。
⑦（宋）李焘撰，上海师范大学古籍整理研究所、华东师范大学古籍管理研究所点校：《续资治通鉴长编》卷 30，宋太宗端拱二年八月辛亥条，北京：中华书局，2004 年，第 685 页。

闻”[①]。

再者，知制诰苏颂在宋神宗熙宁元年（1068 年）正月《贺日蚀会有阴云遮蔽》表文中亦说：“臣某等言，伏睹司天台奏今月一日辰巳间太阳当亏，有阴云遮蔽者。”[②]

以上事实证明，至少从宋太祖建隆元年（960 年）到宋神宗熙宁元年，北宋的天文机构为司天台，尤其是宋太祖朝，目前尚未发现有称“司天监”的史料。可是坚持宋初天文机构为司天监者，也提供了很多证据，似乎言之凿凿。在众多证据之中，其直接证据是孙逢吉《职官分纪》和《两朝国史志》中的记载。

据孙逢吉《职官分纪》称：“国朝（指宋朝）因梁曰司天监，或以他官兼判，又有同判之名，以朝官充，掌察天文祥异、钟鼓刻漏，稽定历数、供诸坛祠祀、神名位版、画日，每年预造历以颁于四方。”[③]

此处的“司天监”系职官，不是机构。对此，不必细说，因为《职官分纪》本身已经讲得很清楚。此外，五代十国时期的后梁称其天文机构为“司天台”，尚有史料佐证。如《梁书四·太祖纪第四》载：

（开平三年八月）司天台奏：“今月二十七日平明前，东南丙上去山高三尺以来，老人星见，测在井宿十一度，其色光明阔大。”[④]

当然，从宋太宗之后，史籍中确有以“司天监”来称其天文机构者。如《宋会要辑稿》载：

太宗太平兴国六年三月，召司天台学生……试于殿前，并授司天台主簿。八年三月命判国子监陈鄂权（司）天台事。端拱元年九月以秋官正苗守信为太子中允、判司天监，以监丞丁文景为冬官正副之，以判司天监太常博士马韶为德安州应城县令，以同判监春官正楚芝兰为蔡州遂平县令。……（至道）二年九月，以直秘阁崇文院检讨杜镐、直史馆判三司勾院曾致尧、秘阁校理戚纶同共条贯司天台职……真宗景德元年正月诏：‘司天监、翰林天文院职官、学生诸色人，自今不得出入臣庶家。[⑤]

---

① （宋）李焘撰，上海师范大学古籍整理研究所、华东师范大学古籍管理研究所点校：《续资治通鉴长编》卷 47，宋真宗咸平三年九月乙酉条，第 1025 页。

② （宋）苏颂著，王同策等点校：《苏魏公文集》卷 36《贺日蚀会有阴云遮蔽》，北京：中华书局，1988 年，第 550 页。

③ （宋）孙逢吉：《职官分纪》卷 17《太史局》，北京：中华书局，1988 年，第 399 页。

④ 《旧五代史》卷 4《梁书四·太祖纪第四》，北京：中华书局，1976 年，第 72 页。

⑤ （清）徐松辑：《宋会要辑稿》职官 31 之 1，北京：中华书局，1997 年。

这一段记载明确了“司天台”与“司天监”的关系。大体说来，在宋太宗端拱元年之前，北宋的天文机构称“司天台”，之后始改称“司天监”。因此，龚延明在《宋代官制辞典》中的论断是正确的。至于为何此后的宋代史籍中还有称“司天台”者，那是因为它在人们的记忆里不会马上消失，而是还要规律性地延续一段时间。实际上，在日常生活中，这样的实例很多，当人们习惯了某种称呼以后，一旦改变一种新的称谓，旧的称谓在人们记忆中总是有一个逐渐淡忘的过程。在这个过程中，即使新的称谓出现了，人们有时还是习惯以旧的名号相称。仅就司天台本身而言，它一直延续到熙宁元年（1068 年）。自此之后，“司天台”的称谓才在宋人的记忆中彻底消失。如《宋会要辑稿》引《两朝国史志》云：

> 司天监：监、丞、主簿、春官正、夏官正、中官正、秋官正、（冬官正）、灵台郎、保章正、挈壶正。监及少阙，则置判监事二人，以五官正以上充。礼生五人，历生一人。丞、主簿及五官正以下皆守其职。①

对《两朝国史志》的成书有两种意见：陈国灿认为系宋真宗大中祥符年间所修②，故“两朝”是指宋太祖朝和宋太宗朝③；而王曾瑜则提出了“宋仁宗和宋英宗”的《两朝国史志》观点。④根据北宋天文机构演变的历史脉络，笔者赞同陈氏的看法，主张《两朝国史志》成书于宋真宗时期，因为《宋史》有景德三年（1006 年）宋真宗属周克明修《两朝国史》的记载。⑤不过，作为天文机构的旧称“司天台”，在宋神宗熙宁元年以后即不见载于宋代史籍了。如《宋会要辑稿》载：“熙宁二年二月，提举司天监司马光言：‘……宋朝旧制司天监天文院、翰林天文院、测浑仪所，每夜专差学生数人台上，四面瞻望流星……’”⑥在此，司天监取代司天台，不但是名称的变更，更重要的是机构建制也发生了变化。据沈括《梦溪笔谈》载：

> 国朝置天文院于禁中，设漏刻、观天台、铜浑仪，皆如司天监，与司天监互相检察。⑦

---

① （清）徐松辑：《宋会要辑稿》职官 18 之 82。文中“冬官正”，系据龚延明《宋史职官志补正》中的相关考证补入。

② 陈国灿：《南宋城镇史》，北京：人民出版社，2009 年，第 311 页。

③ 鲁西奇：《唐代地方城市中的里坊制及其形态》，厦门大学国学研究院编：《厦门大学国学研究院集刊》第 2 辑，北京：中华书局，2010 年，第 13 页。

④ 王曾瑜：《从岳飞及其部将的仕历看南宋前期武官的升迁资序》，岳飞研究会编：《岳飞研究》第 3 辑，北京：中华书局，1992 年，第 7 页。

⑤《宋史》卷 461《周克明传》，第 13504 页。

⑥ （清）徐松辑：《宋会要辑稿》职官 18 之 82。

⑦ （宋）沈括：《梦溪笔谈》卷 8《象数二》，长沙：岳麓书社，1998 年，第 72 页。

禁中的天文院即翰林天文院，对于它的设置，《宋会要辑稿》云：

仁宗天圣五年八月上封者言：先朝（宋真宗朝或宋太宗朝，不确定）以司天监与测验浑仪官凡奏灾祥多商议上方，或非摭实，遂别立翰林天文院。[①]

以往学者在讲到禁中的天文院，都不提朝中的翰林院也与天文有关。我们知道，唐玄宗时，原有翰林院自此一分为二：翰林学士院与翰林院。其中“翰林院”杂处各种技能之人，在内廷侍从君主，供其消遣。宋代沿袭了翰林院的建制，故宋代有多人被授予“翰林天文”之职，如苗训、韩显符、刘孝荣（南宋）等。又据《宋史》记载：“史序字正伦，京兆人。善推步历算，太平兴国中，补司天学生。太宗亲较试，擢为主簿。稍迁监丞，赐绯鱼，隶翰林天文院。”[②]从这段史料的记载看，翰林天文院的设置至少在宋太宗时期就已经出现了。因此，说翰林天文院创置于宋真宗时期[③]，就有了问题。这里，究竟如何理解《宋会要辑稿》中“先朝……别立翰林天文院”的“先朝”之义，无疑是解决上述疑难的关键。“先朝”《宋会要辑稿》语焉不详，学界基本上取“宋真宗朝”一说。现在看来，“先朝”不排除指宋太宗朝的可能性。只是因为目前还没有更多直接证据来佐证它，所以笔者在此权且存疑。

综上所述，北宋元丰改制前司天监的主要机构设置如图 1 所示：

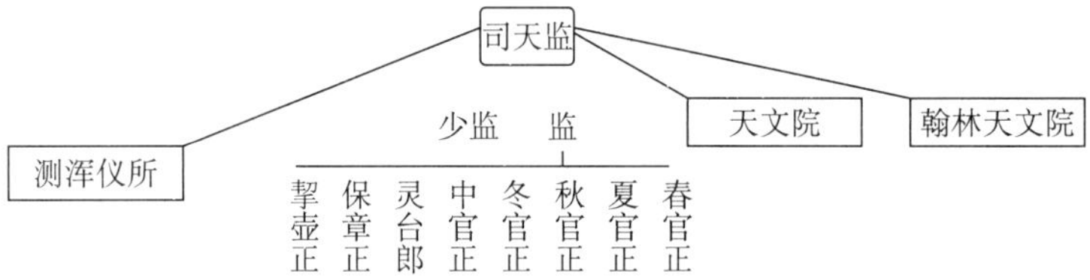

图 1　北宋元丰改制前司天监机构设置简图

关于上述天文机构的人员建制，《宋会要辑稿》有比较详细的记录：“天文院掌浑仪台，昼夜测验辰象，以白于监，测验注记二人，刻择官八人，监生无定员，押更十五人，学生三十人。钟鼓院掌钟鼓刻漏、进牌之事，节级三人，直官三人，鸡唱三人，学生三十六人。”[④]加上前引《两朝国史志》对“司天监”官职人数的记载，则大体上维持在 120 人左右。可见，北宋司天监的人员建制，虽然在后周的基础上有所扩大，

① （清）徐松辑：《宋会要辑稿》职官 36 之 107。
② 《宋史》卷 461《史序传》，第 13503 页。
③ 龚延明：《宋代官制辞典》，第 69 页。
④ （清）徐松辑：《宋会要辑稿》职官 18 之 82。

但始终没有达到唐朝鼎盛时期的水平。当然，此期司天监在天文历法方面所做出的成绩，与鼎盛期的唐代天文历法成就相比，毫不逊色。

二、元丰改制前北宋“司天台（监）”的管理绩效

1. 司天监的职官编制与品级

根据《职官分纪》所载，北宋司天监的职官品级与唐肃宗时期司天台的职官品级相当：司天台监正 1 人，职官从三品，监阙则以五官正二人判监事；少监 1 人，从四品下；监丞 1 人，正七品；主簿 1 人，从七品下；五官正各 1 人，正八品；灵台郎 1 人，从八品，庆历五年（1045 年）诏：“灵台郎自今十年一迁官。”[①]保章正 1 人，从八品；挈壶正 1 人，正九品。其他如礼生、历生、监生等，均为吏人，这些人都是从事实际工作的技术尖子，他们带领着在天文院、测浑仪所进修的各科学生，夜以继日，测候占验，观月望星，积累了大量恒星观测资料，为北宋各朝修订历法奠定了坚实基础。

2. 严格考核与选拔程序

司天监属于技术部门，在当时重文轻理和崇尚诗赋卑贱技术的文化传统下，科举之士多是绕着天文、历算等冷门专业走，倒是那些科举之外的士子由于家传或个人兴趣等方面的原因，他们谙熟历理，热衷观天，成为司天监专业人才的重要来源。例如，王处讷“尝梦人持巨鉴，众星粲然满中，剖其腹纳之，后遂通星历之学，特臻其妙”[②]。在此玄说背后，隐藏着王氏的“星历之学”源自私传的秘密。其子王熙元，幼习父业，父子两人在宋初都官至司天监正。又如苗训，善天文占候之术，宋太祖受禅，擢为翰林天文，官至检校工部尚书，其子苗守信少习父业，官至司天监。还有韩显符少习三式，专浑天之学，官至灵台郎，其长子韩承矩为监生，次子韩承规委保章正，等等。父子相传，一起供职于司天监，是宋代天文学发展的重要特征之一。

鉴于天文历法这门学科的特殊性，这些部门的官员（当时天文官没有设置专阶）非单不能“拟常参官”[③]，更“不得依京朝官例磨勘”[④]，即使有机会晋级，考核也很严格。这样做，一方面是为了防止任人唯亲；另一方面则是保证所用之官确有真才实学。此处的“真才实学”有其时代性；我们不能完全用现代天文学的标准为尺度去衡

---

① （宋）孙逢吉：《职官分纪》卷 17《灵台郎》，第 405 页。

② （宋）江少虞：《宋朝事实类苑》卷 45《休祥梦兆》，引《杨文公谈苑》，影印文渊阁四库全书本。

③ （宋）王梾撰，诚刚点校：《燕翼诒谋录》卷 2，北京：中华书局，1981 年，第 14 页。

④ （清）徐松辑：《宋会要辑稿》职官 31 之 2。

量它。宋初天文官的升与黜，不是靠资辈，也不是靠工龄，而是靠工作业绩。例如，《宋史》载：

王处讷，河南洛阳人。……（后周）广顺中，迁司天少监。（周）世宗以旧历差舛，俾处讷详定。历成未上，会枢密使王朴作《钦天历》以献，颇为精密，处讷私谓朴曰："此历且可用，不久即差矣。"因指以示朴，朴深然之。至建隆二年，以《钦天历》谬误，诏处讷别造新历。经三年而成，为六卷，太祖自制序，命为《应天历》。处讷又以漏刻无准，重定水秤及候中星、分五鼓时刻。俄迁少府少监。太平兴国初，改司农少卿，并判司天事。六年，又上新历二十卷，拜司天监。①

现在看来，《应天历》确实算不上一部优秀历法，诚如陈美东所言："从总体上看，应天历是一部保守的历法。之所以这样说，主要是因为它既完全中止了唐代曹士蔿开拓、边冈重大发展了的高次函数新算法的应用，也对王朴钦天历的若干创新未予理睬。"②但是，这并不等于说《应天历》就一无是处了。比如，在《应天历》中，王处讷"引进了阿拉伯天文学的成分，它在历日推算中不但明确地使用了以 7 日为周期的星期制度，而且具有伊斯兰天文学的特点"③。可见，王处讷用一种开放的心态来虚心接纳和吸收阿拉伯民族的天文学成就，它对于推动中国古代天文学的进步，其作用不可低估。一句话，王处讷以"新历二十卷，拜司天监"，当之无愧。《宋史》又载：

太平兴国四年正月，巴中人张思训创作（仪象）以献。太宗召工造于禁中，逾年而成，诏置于文明殿东鼓楼下。……新制成于自然，尤为精妙。以思训为司天浑仪丞。④

另，《宋会要辑稿》载：

宝元二年二月二十八日，以司天监主簿元轸累言星变，虑兵寇在河东分野，乞设警备，因其自陈，迁司天监丞。⑤

---

①《宋史》卷 461《王处讷传》，第 13497—13498 页。

② 卢嘉锡总主编，陈美东著：《中国科学技术史——天文学卷》，北京：科学出版社，2003 年，第 431 页。

③ 陈久金主编：《中国古代天文学家》，北京：中国科学技术出版社，2008 年，第 292 页。

④《宋史》卷 48《天文志一》，第 952 页。

⑤（清）徐松辑：《宋会要辑稿》职官 31 之 2。

既然在天文工作实践中，若做出了突出成绩，则升官有望。那么，在实际工作中或在理论研究成果中，若出现了失误和偏差，不管缘于何种原因，则会相应地被警告或黜官，似无情面可言。不信，有史例为证：

（王熙元）玉清昭应宫成，以祇事之勤，授司天监。坐择日差谬，降为少监。[①]

嘉祐五年七月，权判司天监周琮言：“正月一日大流星出毕昴，色如火，宜备胡虏。”后以交趾寇广南为预言之应。诏琮本言胡虏，今盗起南方，即非验。自今无得妄引灾福，侥求恩泽。[②]

《崇天历》既复用，又十三年，治平二年，始改用《明天历》，历官周琮皆迁官。后三年，验熙宁三年七月月食不效，乃诏复用《崇天历》，夺（周）琮等所迁官。[③]

周琮因撰修《明天历》而先升后黜，虽然原因比较复杂，不独是因为“验熙宁三年七月月食不效”。陈久金认为：“明天历预报治平四年日食不准，这是客观事实，但在此前各家历法预报日食也都并不很准，例如，大衍历刚制成后，预报日食就不应验；一行以皇帝德行所致来自我解嘲。崇天历在颁行的前一年预报日食就不验。可见预报不准是常有的事。宋朝历法累改，大致与政治有关，每一新皇帝上台，总要伴随着改历。明天历在神宗元年被废止，是明显地与新皇帝上台有关的。”[④]虽说如此，但《明天历》预报日食不准却是周琮等被夺所迁官的直接原因。如果说《明天历》被废止似与“新皇帝上台有关”，那么，周琮等官位被黜则无疑是由《明天历》本身还不够精确和严密所造成的。对于司天监的官员来讲，做出了成绩，自然成为其升官的依据，同样，出现了差错，理应受到制裁。这是北宋天文学能够长期保持在一个较高水准上的重要制度保障。

如《宋会要辑稿》所载，北宋司天监学生升职很不容易，常常须经过殿试才可授官。前揭“太宗太平兴国六年三月，召司天台学生郑昭晏、石昌裔、徐旦、史序、束守吉等五人试于殿前，并授司天台主簿”[⑤]。又雍熙二年（985年），“廷试中选者二十六人，而（史）序为之首，命知算造，又知监事（知司天监事）”[⑥]。

① 《宋史》卷461《王熙元传》，第13498页。
② （清）徐松辑：《宋会要辑稿》职官31之3。
③ 《宋史》卷82《律历志十五》，第1929页。
④ 陈久金主编：《中国古代天文学家》，第327页。
⑤ （清）徐松辑：《宋会要辑稿》职官31之1。
⑥ 《宋史》卷461《史序传》，第13503页。

从制度层面看，北宋历代统治者都非常重视对司天监人才的考试与选拔。如至道二年（996年）曾“致尧考试凡百有六人，命止取五人，故复命司议优劣”[①]。真宗景德元年（1004年）八月，“诏司天监官求试亲属本业，须南郊庆泽，方得以闻”[②]。“南郊庆泽”实际上是指应试者须有灵台工作的经历，也就是说，只有具备了一定司天实践经验的人，才允许应试，此处强调的是应试者的专业素质和能力。这项规定避免了把不具备司天工作能力的人，招用到司天监里，滥竽充数，从而影响全局观天测验的质量。接着，宋真宗景德二年（1005年）六月又诏：

> 灵台列职，历代选能，宜设等差，用伸甄别。今后司天监考试合格人详比优劣，赐监生及出身。其历算学所赐出身，素来优异。须本业该熟，方应兹选。宜委本监精加考较其所试通否，保明以闻。其所试监生及出身人候三年，祗应本业增广，别无违阙，则取旨，所置监生仍在学生之上，月终俸缗。[③]

司天监内部员工的子弟，想在监里就业，谋个吏人差事，须从所召募的投名人中通过一定的考试程序来选拔。对此，宋仁宗天圣元年（1023年）七月，权判司天监宋行古上奏：拟于“在监子弟内拣试有行止无过犯，年十七已上约四十二人，并补守阙，候三年有阙补正名”[④]。宋仁宗批准了这个提议，目的在于保证司天监内各部门不致由于人员有阙而出现工作失误。

有了工作岗位，并不等于就捧上了铁饭碗。熙宁二年闰十一月十七日，宋神宗诏令：

> 提举所今后每岁春秋，委提举官与判、监及测验官，夜于浑仪台上指门逐人在天星宿，若门士（十）不识五星以上者，降充额外学生。今后每遇两天文院及浑仪所正名学生有阙，先于额外监生、学生内拣试点识周天星座，取及八分以上最精熟者，不以上名下次补充。其因过犯降充在额外者，若经三年以上，别无过犯，并许拣试。其因疾患及不识天星降在额外者，若经一年以上，所患痊愈及习识精熟者，亦许拣试。若额外监生、学生无可拣选，许于守阙学生内依此拣试补充。逐处正名学生仍候补入两月以上祗应，本属官员保明，方支本处请给。若自补充三处正色以后五周年已上，习算天文三式经书精熟，许乞试中补充监生，仍

① （清）徐松辑：《宋会要辑稿》职官31之1。
② （清）徐松辑：《宋会要辑稿》职官31之1。
③ （清）徐松辑：《宋会要辑稿》职官31之1。
④ （清）徐松辑：《宋会要辑稿》职官31之2。

旧祗应；其不经试中在天星宿者，不许应天文科。应翰林天文院并钟鼓院学生阙人，并须以本监人子孙补充，曾两犯私罪者，亦不得补充。若已在翰林天文院并钟鼓院，今后两犯私罪，并勒出于本监，额外收管。今后节级虽年限满，别无私罪，元不曾试中三科者，并须量试一科艺业十道，内及四通以上者，方得转充保章正，仍在逐年本科额内。不才者更候一周年已上，再许就试。①

此诏令规定了从“守阙学生”到“额外监生、学生”，从“额外监生、学生”到“正名学生”以及从“正名学生”到“保章正”的条件与程序，一条一条规定得都特别细。鉴于天文学的特殊性，宋代统治者严格选拔制度和考试程序，它对于保证司天监所有生员的专业素质与技能，具有重要的激励作用。

3. 多重设禁与封闭式管理及其绩效

1）设禁的范围与封闭式管理

进入宋朝司天监的门槛本来就不低，而且历朝皇帝都很关注天文人才的选拔与使用。实际上，即使如此，宋朝的皇帝也还是不放心。前面讲过，天文学不是一般的学科，它的政治功能十分突出。诚如《汉书》所言：“（经星）其伏见蚤晚，邪正存亡，虚实阔陿，及五星所行，合散犯守，陵历斗食，慧孛飞流，日月薄食，晕适背穴，抱珥虹蜺，迅雷风袄，怪云变气：此皆阴阳之精，其本在地，而上发于天者也。政失于此，则变见于彼，犹景之象形，响之应声。是以明君睹之而寤，饬身正事，思其咎谢，则祸除而福至，自然之符也。”②从逆向思维来推断，既然“政失于此，则变见于彼”，那么，“变见于彼，则政（必）失于此”。可见，司天监的所有成员都掌握着宋代皇帝的一部分命运，这就是宋太祖为什么北征时（陈桥兵变前）将“善天文占候之术”的苗训带在身边的原因。而宋太宗亦复如此，他们有时常常把国家和皇帝的命运寄托在个别星占家身上。如“至道二年，上（宋太宗）以梁、雍宿兵，弥岁凶歉，心忧之，令宰相召（苗）守信问以天道咎证所在”③。所以宋代皇帝对异常天象的恐惧，就像得了瘟疫，相互传染，并且是心理压力一代比一代大，因而他们在具体的执政过程中，必然会想方设法将畏惧天异的心理转嫁到所有司天监成员身上。而为了保密“天机”，北宋历朝皇帝则不能不处处给司天监所有成员设禁，这已经成为其对司天监进行国家垄断管理的重要特点。由于北宋皇帝对司天台（监）官员的设禁范围较广，难以尽言，故下面仅择要述之：

宋真宗大中祥符七年（1014年）七月诏：

① （清）徐松辑：《宋会要辑稿》职官18之83。
② 《汉书》卷26《天文志》，北京：中华书局，1983年，第1273页。
③ 《宋史》卷461《苗守信传》，第13499页。

司天学生不得更注外官，其本监职官出官者，不得带阴阳天文书出外。[①]

涉及阴阳、星象的文状须要层层审核，不得擅自直进。宋真宗诏：

（司天监）学生如陈本业阴阳、星辰、历算，并不得直进文状，须经本监委判监官看详，实有艺业，即具状以闻，当差官看验。若事该天象，别有异见，即许实封以闻；如开封不是天象文字，以违制坐之。[②]

宋仁宗天圣五年（1027 年）三月又诏：

司天监近日多有闲人僧道于监中出入，止宿私习乾象。又街市小术之人，妄谈天道灾祥，动惑人民，令开封府密切捉捕，严行止绝。[③]

司天监官不得漏泄军令文书。[④]

据《宋会要辑稿》载：宋仁宗至和元年（1054 年）十二月诏：

司天监天文、算术官，自今毋得出入臣僚之家。[⑤]

又，熙宁二年（1069 年）六月，宋神宗批准了提举所的下述请求，从法律层面隔断了司天监的主要成员与皇亲之间的私人交往与联系："今后应司天监官员、监生、学生诸色人等，除有朝廷指挥或本监差遣外，并不得擅入皇亲宫院；其皇亲亦不得擅勾唤，如违并当严断。若犯别条刑名者，自从重法。"[⑥]

司天监官员应如实报告所见星象灾异等事项，不得隐瞒。如宋神宗熙宁三年（1070 年）十二月诏："司天监每有占候，须依经具吉凶以闻。如隐情不言善恶，有人驳难蒙昧朝廷，判监已下并刻罪以闻。"[⑦]

以上法律规定，并非是北宋皇帝约束司天监官员的全部条款，但从中可以看出，司天监的专属性及其皇帝对它的独占性，它实际上是专门为宋代皇帝提供决策服务的一种特殊政治工具，从而司天监与其他科技部门不同，它不是纯粹的科研机构。由于

① （清）徐松辑：《宋会要辑稿》职官 31 之 2。
② （清）徐松辑：《宋会要辑稿》职官 31 之 2。
③ （清）徐松辑：《宋会要辑稿》职官 31 之 2。
④ （清）徐松辑：《宋会要辑稿》职官 31 之 2。
⑤ （清）徐松辑：《宋会要辑稿》职官 31 之 2。
⑥ （清）徐松辑：《宋会要辑稿》职官 31 之 3、31 之 4。
⑦ （清）徐松辑：《宋会要辑稿》职官 31 之 4。

这种特殊的地位和专属性质，司天监在宋代皇帝的政权网格中，近似于一座被封闭起来的文化孤岛。宋代的文化发展具有开放性，然而，宋代天文学的发展却是在皇权的封闭管理中自我传承和发展的。如前所述，司天监的管理无疑具有刚性的一面，但是为了维持天文秘术的传承，使之更好地为宋代皇帝服务，宋朝皇帝在推行刚性政策的同时，不忘用柔性的方法笼络人心。在此，则又体现了宋代皇帝管理司天监的比较人性化的一面。例如，宋神宗元丰三年（1080 年）六月十三日诏：“权判司天监丁洵、权同主管司天监周琮各补一子若孙充额外学生。洵二十九年不磨勘，琮领监事二十六年未尝为子孙乞恩，故皆及之。”①仅此而言，宋朝皇帝对司天监的管理既有刚性又有柔性，在此基础上所形成的封闭管理，就具有了复杂性和多样性。这是我们在评价其管理绩效时，需要认真考虑的因素。

2）封闭式管理的绩效评价

评价任何一种科研管理方式，其关键是看它能否激发起被管理成员的工作热情和科研创新的积极性。北宋对司天监的机制运作采取了完全封闭的管理模式，封闭不是科学发展的路径，这是反复被实践证明的铁律。可是，从历史上看，每个历史阶段科学发展的途径千差万别，也就是说，科研管理模式既有共性又有特殊性。比如，宋代对司天监的管理就具有其历史的特殊性。依此，我们拟从三个方面来讨论北宋司天监（元丰六年前②）的科研绩效。

第一，司天监天文院的科研成果简述：

司天监天文院的主要职责是写造历书和测察天文祥异，据考，北宋共颁行历法 10 次，而宋神宗元丰之前则占 7 次，即宋太祖朝颁行《应天历》（964—982 年），宋太宗朝颁行《乾元历》（983—1000 年），宋真宗朝颁行《仪天历》（1001—1023 年），宋仁宗朝颁行《崇天历》（1024—1064 年），宋英宗朝颁行《明天历》（1065—1067 年），宋神宗朝颁行《崇天历》（1068—1074 年）和《奉元历》（1075—1093 年）。关于宋朝为什么频繁颁历的原因，请参见胡静宜《试论宋代频繁改历的原因》一文。③总体来看，上述的官方历法取得成就并不突出，其中以《明天历》影响较大。有论者称：“明天历对日月五星的盈缩运动，黄赤、黄白距度得变换，交食、晷漏长度、黄道去极度等问题的计算，皆采用二次及高次函数方法来处理。”④这在数学方法上是对《符天历》（780—783 年）和《崇玄历》（892 年）所创立的函数算法的进一步发扬光大，其成就值得肯定。

---

① （清）徐松辑：《宋会要辑稿》职官 31 之 4。

② 据《宋会要辑稿》职官 31 之 4 载：元丰五年六月十六日的诏文中还称“司天监”，而在元丰六年七月十八日的诏文中则改称“太史局”。“太史局”系元丰改制后的称谓。

③ 胡静宜：《试论宋代频繁改历的原因》，《学术月刊》1997 年第 4 期。

④ 张培瑜、陈美东、薄树人，等：《中国古代历法》，北京：中国科学技术出版社，2008 年，第 607 页。

第二，司天监测验浑仪刻漏所的科研成果简述：

前揭张思训在太平兴国四年所造浑象①，亦有学者称“太平浑仪”②或“太平浑天仰视图”③。虽系木样，但它却是“宋朝立国后，首制的一台气势恢宏，多有创新的天文仪器”④。该仪器置于一座高丈余的木制高楼内，由“规天”（演示天象）和“矩地”（报时）两大部分构成。具体言之，整个仪器系统自下而上可分成三组部件：

底部主要有“地轮”（动力轮）和“地足”以及“天柱”（从底至顶竖立的中轴）。

中部结构最为复杂和精巧，主要有“横轮”（平置在底部与中部的轮子）、“侧轮”及“斜轮”（立置和斜置的轮子）、“定身关”（固定仪器的构件）、“中关”与“小关”（均为控制仪器转动的构件），其报时系统除了上述的原动和传动部件外，尚有木偶“七直神”（即日、月、水、火、土、金及土中，每神代表一星或一曜），“左摇铃，右扣钟，中击鼓（表示三种不同的声响），以定刻数，每一昼夜，周而复始”⑤。

上部为天象表演系统，主要构件有“天顶”，系一个大圆球⑥，“布三百六十五度，为日、月、五星、紫微宫、列宿、斗建、黄赤道”⑦；还有“天牙”“天关”“天指”“天抱”“天束”“天条”（可能是皮带轮）等，它们是带动系统运转的部件（可能有传动带与怜传动），具体情况不详。但从后来苏颂水运仪象台的“天衡”装置（即擒纵器，亦即卡子）中设置有“定身关”“天束”“天关”以及“天条”等部件看，“张思训的天文钟有擒纵器装置，而且它还是后来苏颂制造水运仪象台的先导”⑧。

三、元丰改制前北宋“司天台（监）”管理绩效简评

司天台（监）在封闭管理的历史背景下，取得了比较显著的科研成就。限于篇幅，很多成果不能一一列举，因而上述所述成果仅仅是整个司天台（监）总绩效中的一部分。比如，从大中祥符三年（1010年）到皇祐年间（1049—1054年），北宋司天监先

---

① 潘鼐主编：《中国古天文仪器史》，太原：山西教育出版社，2005年，第152页。

② 李迪：《张思训的“太平浑仪”》，《内蒙古师范大学学报》1984年第2期；鲁子健：《张思训与太平浑仪》，《历史知识》1987年第5期。

③ 卢嘉锡总主编，陈美东著：《中国科学技术史——天文学卷》，第438页。

④ 卢嘉锡总主编，陈美东著：《中国科学技术史——天文学卷》，第439页。

⑤《宋史》卷48《天文志一》，第952页。

⑥ 李志超对此持不同意见，他认为：“（张思训）不用球模型而用平面盖天模型，由此比较简易地用绳轮传动完成了日月模型自动运行的数学模拟。”（见李志超：《水运仪象志——中国古代天文钟的历史》，北京：中国科学技术大学出版社，1997年，第66页）陈美东指出：张思训在一球形内壁上绘有周天刻度，与唐代僧一行、梁令瓒所造“水运浑天俯视图”的显著区别，就是一取仰视，一取俯视，而这也是张思训最重要的创意处（见卢嘉锡总主编，陈美东著：《中国科学技术史——天文学卷》，第439页）。

⑦《宋史》卷48《天文志一》，第952页。

⑧ 戴念祖、老亮：《中国物理学史大系——力学史》，长沙：湖南教育出版社，2001年，第99页。

后组织了三次大规模的天文观测活动，其中周琮等对周天星官所做的第三次大规模观测结果，被《灵台秘苑》、《文献通考》等文献保留了下来，史称《皇祐星表》。又“嘉祐元年（1056年）三月，司天监言：‘客星没，客去之兆也。初，至和元年（1054年）五月，晨出东方，守天关，昼见如太白，芒角四出，色赤白，凡见二十三日。’”[①]目前，天文学界已经证认天关星附近的蟹状星云即是至和元年爆发的超新星遗迹[②]，它也是最早引起西方天文学家注意的著名超新星遗迹。在著述方面，主要有杨惟德、王立等编纂的《景祐乾象新书》30卷，尽管原作已佚，但人们发现南宋李季编纂的《乾象通鉴》一书中保留着大量《景祐乾象新书》的资料，特别是景祐元年所测得的周天星座入宿、去极度数的星表，共计341星的数值资料（包括各星的入宿度、去极度以及在赤道内外度），人们将其辑出汇总为《景祐星表》或称《杨惟德星表》[③]，等等。可见，就天文学而言，封闭管理易于集中国内的高精尖人才和物质力量用于科研攻关，并能够最大限度地减少资源浪费，实践证明这样的管理模式在特定历史时期是可行的和有效果的。当然，在实施封闭管理的同时，还应辅之以很多激励科研人员工作积极性的管理措施和管理方法。否则，封闭管理就会变成禁锢科研工作者的锁链，而司天监也就彻底失去了创新的生机和活力。

我们肯定北宋元丰改制前司天台（监）管理模式是比较成功的，系讲它的主流，绝不等于说它的科研管理制度就尽善尽美了。事实上，由于整个传统文化的大背景使然，北宋天文学人才的生存环境并不乐观，风险很大。比如，北宋皇帝对修历者的惩罚过于严厉，在一定程度上挫伤了修历者的科研积极性，也就是说，宋朝皇帝不尊重科技创新的规律，片面用行政手段干预科学研究，因此，造成北宋历法总体上发展迟缓的历史局面。以《明天历》为例，据《宋史·律历志七》载：

> 《崇天历》行之至于嘉祐之末，英宗即位，命殿中丞、判司天监周琮及司天冬官正王炳、丞王栋、主簿周应祥、周安世、马杰、灵台郎杨得言作新历，三年而成。琮言：“旧历气节加时，后天半日；五星之行差半次；日食之候差十刻。”既而司天中官正舒易简与监生石道、李遘更陈家学（指《崇天历》）。于是诏翰林学士范镇、诸王府侍讲孙思恭、国子监直讲刘攽考定是非，上推《尚书》‘辰弗集于房’与《春秋》之日食，参今历之所候，而易简、道、遘等所学疏阔，不可用，新书为密。遂赐名《明天历》，诏翰林学士王珪序之，而琮亦为义略冠其首。[④]

①（清）徐松辑：《宋会要辑稿》瑞异1之2。

② 庄威凤主编：《中国古代天象记录的研究与应用》，北京：中国科学技术出版社，2009年，第94页。

③ 潘鼐：《中国恒星观测史》，北京：学林出版社，2009年，第247页。

④《宋史》卷74《律历志七》，第1685页。

可见，《明天历》的颁行系严格按照管理程序来办的，两家历法相互竞争，最后经过有关评审专家“考定是非”，大家一致认为“新书（即周琮的历法）为密”，《明天历》才被确定下来。于是，宋英宗赐名《明天历》。就是这样一部经过“考定是非”的比较精密的历法，仅仅因为它预报月食不准，结果使一大批参与修历的官员受到极不公正的“夺官”处理，实在有些不正常。宋人杨仲良在《皇宋通鉴长编纪事本末》一书中载其事云：

> 熙宁元年七月甲申，京师地震。乙酉，又震。是夜月食，有司言《明天历》不效，当改历。诏司天历官杂候星晷，更造新历（指《奉元历》）。八月乙丑，诏复行《崇天历》。供备库使李元亨，权知司天少监周琮各夺一官，秋官正周应祥、周安世、中官正马杰、王栋、冬官正杨得言各夺两官。初，司天监请重造历，元亨、监应祥等同知算造。琮提点既成，各进官，琮子及姻戚皆预焉。在监善历者，琮未尝与议，至是占验颇差，故并削夺。[①]

董煜宇注意到熙宁元年（1068 年）七月京师两次地震是促成参与修《明天历》官员受到夺官处理的一个主要原因[②]，然而，既然有人拿“在监善历者，琮未尝与议”来说事，就表明里面还隐藏着更深一层的原因，而实际情况可能还要更为复杂。据史载：

> 初，仁宗朝用《崇天历》，至治平初，司天监周琮改撰《明天历》行之。监生石道言：“未经测验，不可用。”不听。至熙宁元年七月望，夜将旦，月食东方，与历不协。……五月癸酉，补司天监生石道为灵台郎。道尝言《明天历》未经测验，不可用，坐是夺官。既而月食与律不协，历官皆抵罪，乃还道保章正，仍为监生。至是与修《奉元历》成，故有是命。[③]

一方是周琮等所撰《明天历》，另一方则是舒易简、石道等所撰《崇天历》。如前所述，在宋英宗治平二年（1065 年）的历法争论中，舒易简、石道等所撰《崇天历》败给了《明天历》，可是，舒易简、石道等人一直以“在监善历者，琮未尝与议”为理由，对《明天历》进行责难和攻辩。如“（熙宁）三年八月戊午，诏直舍人院吕大防、监司天监官详定今年八月进行朔望有无差谬。先是，《崇天历》以八月戊午为朔，而望在十七日。司天中官正周琮撰《明天历》，则以己未为朔，而望在十六日。琮言：‘古

---

① （宋）杨仲良撰，李之亮校点：《皇宋通鉴长编纪事本末》卷 53《英宗皇帝》，哈尔滨：黑龙江人民出版社，2006 年，第 946 页。

② 董煜宇：《从〈奉元历〉改革看北宋天文管理的绩效》，《自然科学史研究》2008 年第 1 期。

③ （宋）杨仲良撰，李之亮校点：《皇宋通鉴长编纪事本末》卷 53《英宗皇帝》，第 947—948 页。

今注历，望未有在十七日者。’《崇天历》官舒易简等言：‘乾兴元年历，七月注十三日望，则今注十七日望不为非。’朝廷从易简等说，而琮争不已，故命大防详定。”最后，吕大防得出的结论是：“于《崇天历》本经不当进，但于十六日注望可矣。”宋神宗采纳了吕大防的意见。[①]此段记载特别强调“朝廷从易简等说”，表明舒易简、石道等在当时朝廷有相当的势力，若不是周琮据理力争，则胜者当是舒易简、石道等。进一步言之，正是由于《明天历》和《崇天历》的相互辩难，才为《奉元历》的出现提供了契机。由此可以，周琮等被夺官，不全在《明天历》本身，恐怕人为的因素所占成分更多。如宋神宗熙宁六年（1073 年）六月，提举司天监陈绎等言：

> 本监测验薄气朔差互，而《崇天历》气后天，《明天历》朔后天，其失皆置元不当，未可考正。及集众官详定，浮漏不可用，司天监天文院浑仪亦各有舛矣。若止因旧器粗为增损，不免疏谬。[②]

可见，造成《明天历》预报月食不准的原因，既有司天监官员专业水平不精的原因，同时又有观测仪器落后等客观因素。显而易见，宋神宗把失误的全责都归到修历者本身，是不适当的，况且皇帝对修历者的奖惩带有很强的主观随意性，被人为操控的可能性比较大，这就在客观上阻碍了天文学的发展。

我们知道，周琮在北宋中前期是一位卓越的天文学家，他对北宋天文历法以及仪器制造、星象观测等都做出了重要贡献，与之相较，舒易简、石道等却表现平平。那么，为什么表现平平者反而在朝中能够得势呢？此中反映了北宋前期司天台（监）的管理还存在着许多漏洞，致使不少无真才实学者混进了司天台（监）的科研队伍里。所以沈括揭露说：“是时，司天历官皆承世族，隶名食禄，本无知历者。”[③]此“是时”系指熙宁年间，表明当时中央各部门的冗官泛滥现象已经非常普遍了，司天监亦不能例外。所以沈括在领太史局时，“尝按发其欺，免官者六人。未几，其弊复如故”[④]。可见，当时司天监官员的冗滥现象已经相当严重，它实际上变成了制约北宋天文学继续向前发展的一个致命顽疾。

---

① （宋）杨仲良撰，李之亮校点：《皇宋通鉴长编纪事本末》卷 53《英宗皇帝》，第 946—947 页。

② （宋）杨仲良撰，李之亮校点：《皇宋通鉴长编纪事本末》卷 53《英宗皇帝》，第 947 页。

③ （宋）沈括：《梦溪笔谈》卷 8《象数二》，第 71 页。

④ （宋）沈括：《梦溪笔谈》卷 8《象数二》，第 72 页。

西夏的“二十四节气”*

彭向前**

2016年11月30日，中国申报的“二十四节气”被批准列入联合国教科文组织人类非物质文化遗产代表作名录。二十四节气分别标志着太阳在一周年运动中的二十四个大体固定的位置，是对太阳周年运动位置的一种特殊的描述形式，能较好地反映一年中寒暑、雨旱、日照长短等变化的规律，它们不但具有重要的天文意义，而且对农业生产有着重大的指导作用。二十四节气沿用时间之长、覆盖地域之广，堪称世界文明史上的一朵奇葩，列入“名录”，当之无愧。

远在春秋时期，中国古代先贤就定出仲春、仲夏、仲秋和仲冬等四个节气，以后不断地改进和完善，到秦汉年间，二十四节气已完全确立。《淮南子》一书第一次系统、完整地阐述了二十四节气。起源于黄河流域的二十四节气，逐步推广到全国各地，也深深地影响着古代我国境内的少数民族。如在黑水城出土的西夏汉文文献和西夏文文献中都有关于二十四节气的记载。

西夏汉文文献显示，以往“节气简称气”的说法是错误的。二十四节气原本称作“二十四气”，下分十二节与十二中。《俄藏黑水城文献》第5册有这方面的记载，转录如下。[①]

二十四气

立春正月节，雨水正月终（中）。

（惊蛰）二月节，（春分二月）中。

清明三月节，谷雨三月中。

立夏四月节，小满四月中。

芒种五月节，夏至五月中。

小暑六月节，大暑六月中。

* 本文为国家社科基金项目（09BMZ009）的阶段性成果之一。

** 彭向前，宁夏大学西夏学研究院研究员。

① 俄罗斯科学院东方研究所圣彼得堡分所、中国社会科学院民族研究所、上海古籍出版社编：《俄藏黑水城文献》第5册，上海：上海古籍出版社，1999年，第121—122页。

立秋七月节，秋处（处暑）七月中。
白露八月节，秋分八月中。
寒露九月节，霜降九月中。
立冬十月节，小雪十月中。
大雪十一月节，冬至十一月中。
小寒（十）二月节，大寒（十）二月中。

也就是说，气有“节气”和“中气”之分。远古先民认为，宇宙万物都充满着气，气为生命之本，更是万物运动的源泉。天有天气，地有地气，四时寒暑也各有不同的风气。随着季节的变化，尽管天气的凉、热可以为人们所明显地感知，但地气的萌动与变化却不易被人察觉，于是至少在 8000 年前，我们的先人就学会了以候鸟骨骼制成的律管候气。正是基于对这种以地气验时的做法的认识，古人自然地将记录时间的节令称之为“气”。为了与一年十二月为基础的历法体系相适应，气由最初的四个（二分二至），发展到十二个，每月有一“节气”与一“中气”。黑水城出土文献“二十四气”表明，宋元时期仍然有“节气”与“中气”之分。以“节”的最初一日为月之始，“气”的最后一日为月之终（这里指星命月），后世将之统称为二十四“节气”，这种做法恐失本义。也就是说，所谓“节气”一词，“古今词义”发生了转移，现在说的“节气”相当于最初的“气”。这种转移由来已久，最迟在南宋就已经发生了。南宋人陈著《本堂集》有诗曰：“二十四节气，来自混元前。老息他无分，新阳例有缘。从教寒又暑，惯得海为田。此理须看破，何妨日当年。”[①]这里出现了“二十四节气”的提法，表明其时已经将“节气”混同于“气”了。

西夏文文献中则保存着一套完整的二十四节气名称。汉武帝太初改历，正式把二十四节气纳入历法，此后二十四节气一直是我国传统历注的重要内容之一。西夏时期的历书中，也采用二十四节气注历。1908—1909 年、1914 年，俄国人科兹洛夫（Козлов）和英国人斯坦因（Stein）相继在黑水城遗址（今属内蒙古额济纳旗）掘获大批西夏文献，文献内有十余件至为珍贵的西夏古历日，分别藏于俄罗斯科学院东方文献研究所和英国国家图书馆。其中俄藏 инв. № 8085 西夏历书，共 176 面，从夏崇宗元德二年（1120 年）庚子延续到夏襄宗应天二年（1207 年）丁卯，跨西夏崇宗、仁宗、桓宗、襄宗四朝，共计 88 年，是目前所知我国保存至今历时最长的古历书。该部历日文献中有 6 个年头加注“二十四节气”：（1）夏崇宗元德二年（1120 年）上部表头第二行正

① （宋）陈著：《本堂集》卷 11《次韵王得淦长至》，影印文渊阁四库全书本，上海：上海古籍出版社，1987 年，第 1185 册，第 56 页。

月栏有数字“十四”，二月栏有数字“十五”，前者为正月中气“雨水”之日，后者为二月中气“春分”之日。（2）夏桓宗天庆四年（1197 年）上部表头第二行正月栏有“十一立春”，“立春”为西夏文，意思是正月十一为立春节气。十二月栏有“二十立春”，“立春”为西夏文，意思是本年十二月二十为立春节气。（3）夏桓宗天庆十一年（1204 年）至夏襄宗应天二年（1207 年）。此四年分别用西夏文注明了全年的二十四节气，但有残缺。史金波先生从俄藏黑水城文献 инв. No. 7926、8214 中辑得一整套夏译“二十四节气”的名称，与本历书一致，转录如下（表 1）。[①]

表 1 夏汉对照二十四气表

月份	节气（节）		中气（中）	
正月	立春	[illegible]（春立）	雨水	[illegible]（水雨）
二月	惊蛰	[illegible]（虫惊）	春分	[illegible]
三月	清明	[illegible]（离丁）	谷雨	[illegible]（稻雨）
四月	立夏	[illegible]（夏立）	小满	[illegible]（草稠）
五月	芒种	[illegible]（土耕）	夏至	[illegible]（夏季）
六月	小暑	[illegible]（微热）	大暑	[illegible]（大热）
七月	立秋	[illegible]（秋立）	处暑	[illegible]（小热）
八月	白露	[illegible]（露冷）	秋分	[illegible]
九月	寒露	[illegible]（寒霜）	霜降	[illegible]（霜白）
十月	立冬	[illegible]（冬立）	小雪	[illegible]（雪小）
十一月	大雪	[illegible]（雪大）	冬至	[illegible]（冬季）
十二月	小寒	[illegible]	大寒	[illegible]

从表 1 中可以看出，西夏的二十四节气显然来自中原地区，只是有几个节气的名称小有区别，如惊蛰，指春雷乍动，惊醒了蛰伏在土中冬眠的动物，西夏人称作“[illegible]（虫惊）”。清明，指气清景明，万物皆显，西夏人称作“[illegible]（离丁）”，二字皆与火有关，有明亮的意思。小满，意思是麦类等夏熟作物的籽粒开始饱满，西夏人称作“[illegible]（草稠）”。芒种，“芒”，是指有芒作物的收获，北方最常见的有芒作物就是小麦；“种”指的是谷黍类作物的播种。芒种是一个既包含收获，又包含播种的节气，西夏人称作“[illegible]（土耕）”，西夏文只保留了播种的含义。白露，西夏人称作“[illegible]（露冷）”，即冷露。寒露，西夏人则称“[illegible]（寒霜）”。霜降，西夏人称作“[illegible]（霜白）”，即白霜，等等。

在二十四节气中，反映四季变化的节气有：立春、春分、立夏、夏至、立秋、秋

---

① 史金波：《西夏文教程》，北京：社会科学文献出版社，2013 年，第 172 页。

分、立冬、冬至8个节气；反映温度变化的有：小暑、大暑、处暑、小寒、大寒5个节气；反映天气现象的有：雨水、谷雨、白露、寒露、霜降、小雪、大雪7个节气；反映物候现象的则有惊蛰、清明、小满、芒种4个节气。西夏人对二十四节气的改称，多集中在天气现象和物候现象方面。天气现象中的“白露、寒露、霜降”三个节气，都表示水汽凝结现象，西夏人分别改作“[illegible]（露冷）”“[illegible]（寒霜）”“[illegible]（霜白）”，意在更好地反映气候从凉爽到寒冷的发展过程。尤其是对反映物候现象的四个节气“惊蛰、清明、小满、芒种”，西夏人全部做了改动。刻写于西夏乾祐十六年（1185年）的西夏文诗集《月月乐诗》[①]，对河西地区一年十二个月的天气现象和物候现象做了仔细描述。从中不难发现，上述改动与《月月乐诗》中的内容多有相符之处。[②]如二月里“冬日寒冰春融化，种种入藏物已出”，与之相应，西夏人把惊蛰改作“[illegible]（虫惊）”。三月里“东方山上鹃啼催植树，鹃啼树茂日光明”，与之相应，西夏人把清明改作“[illegible]（离丁）”。四月里“夏季来临草木稠”，与之相应，西夏人把小满改作“[illegible]（草稠）”。此外，西夏人把芒种称作“土耕”，只保留了播种的含义而舍弃了收获的含义，这是因为农历五月银川平原春小麦尚未成熟的缘故。上述改动，是西夏人根据自己对自然界的观察和理解，因地制宜而对二十四节气加以发展的反映。尤其是把小满改作“草稠”，使西夏的二十四节气带有明显的游牧民族风格。

研究表明，夏宋历日之间，二十四节气具体日期之差要大于朔日之差。夏历的朔日与宋历或相同，或前后相差一日，没有相差二日或二日以上者。夏历的二十四节气之日与宋历或相同，或前后相差一二日。这里选取俄藏 инв. № 8085 历书中的夏桓宗天庆十二年（1205年）乙丑年历，略作说明。

与大多数西夏历法文献一样，这份年历是以表格的形式撰写的，右部表头第一列自上而下为纪年干支和日、木、火、土、金、水、罗睺、孛（月孛）、炁（紫炁）九曜。上部表头自右而左，第一行为一年十二个月的月序、月大小、朔日干支。第二行为每月的二十四节气分布。第三行为二十八宿注历。表格中填写的内容为数字与地支的组合，是以十二次为背景，记载九曜运行情况的。[③]除汉文数字外，其余皆为西夏文。残破严重，没有一项历法要素是完整的。下面将其中的西夏文翻译出来，并制成下表，括号中的汉字是根据历法知识推理出来的，□代表模糊不辨的字或无法推理的缺字（表2、表3）。

① 俄罗斯科学院东方研究所圣彼得堡分所、中国社会科学院民族研究所、上海古籍出版社编：《俄藏黑水城文献》，第10册，第271—274页。

② 本文所引《月月乐诗》译文，均出自聂鸿音：《关于西夏文〈月月乐诗〉》，《宁夏师范学院学报》2002年第5期。

③ 彭向前：《西夏历日文献中关于长期观察行星运行的记录》，《西夏学》第11辑，上海：上海古籍出版社，2015年。

表 2　西夏天庆十二年（1205 年）残历上半年

[六] [小] [丁亥]	[五] [小] [戊午]	[四] [大] [戊子]	[三] [大] [戊午]	[二] [大] [戊子]	[正] [小] [己未]	[乙]丑
□□[小暑] □□[大暑]	□□[芒种] □□[夏至]	□立夏 □□[小满]	□清明 [廿]五谷雨	□惊蛰 □□春分	八立春 □□雨水	
[昴]	胃	奎	室	虚	女	
	廿九未	卅申	廿九酉	廿五戌	廿三亥	[日]
		廿九酉			戌	木
			廿七午			火
					□戌 廿二□	土
					□丑 □子	金
						水
						首
						[孛]
						炁

表 3　西夏天庆十二年（1205 年）残历下半年

[十二] [大] [癸丑]	[十一] [大] [癸未]	[十] [小] [甲寅]	[闰] [大] [甲申]	[九] [小] [乙卯]	[八] [小] [丙戌]	[七] [大] [丙辰]
五大寒 十八立春	□冬至 [十]九小寒	□小雪 □□大雪	□□立冬	□□[寒露] □□霜降	□□[白露] □□[秋分]	□□[立秋] □□[处暑]
轸	张	星	鬼	井	参	[毕]
□子	六丑	九寅	九卯	六辰	三巳	
五子		廿八丑	廿一寅	十卯		
十四亥	□子	五寅 十六丑				
五丑						

在二十四节气分布方面，表 2 中上部表头第二行三月栏“□五谷雨”，宋历则为“廿五壬午谷雨”[①]。夏宋历日节气通过对比，大致相同，如果有差别，也仅在一二日之内。“五”前的缺字要么是“十”，要么是“廿”，参照宋历“廿五谷雨”，只能补“廿”字。表 3 中下部表头第二行十一月栏“□九小寒”，宋历则为“十九辛丑小寒”。同理，可补缺字“十”。夏历闰九月，只有一个节气“立冬”，那么中气“霜降”肯定被移到上一个月，即夏历九月节气有“寒露”和“霜降”。从宋历来看，第十个月“初一甲申霜降”，只需一日之差，“霜降”就分布在第九个月。以上导致了宋历闰八月，而夏历闰九月。夏宋历日 1205 年二十四节气分布方面的差异，见表 4：

表 4　1205 年夏宋历日二十四节气对比表

夏桓宗天庆十二年（1205 年）		宋宁宗开禧元年（1205 年）		二历相差
正月小	八立春，□□雨水	正月大	初八丙寅立春，廿三辛巳雨水	
二月大	□惊蛰，□□春分	二月小	初八丙申惊蛰，廿三辛亥春分	
三月大	□清明，［廿］五谷雨	三月大	初十丁卯清明，廿五壬午谷雨	
四月大	□立夏，□□［小满］	四月小	初十丁酉立夏，廿五壬子小满	
五月小	□□［芒种］，□□［夏至］	五月大	十二戊辰芒种，廿七癸未夏至	
六月小	□□［小暑］，□□［大暑］	六月小	十二戊戌小暑，廿七癸丑大暑	
七月大	□□［立秋］，□□［处暑］	七月大	十三戊辰立秋，廿九甲申处暑	
八月小	□□［白露］，□□［秋分］	八月小	十四己亥白露，廿九甲寅秋分	
九月小	□□［寒露］，□□霜降	闰八月小	十五己巳寒露	夏历多中气霜降
闰九月大	□□立冬	九月大	初一甲申霜降，十七庚子立冬	夏历只有立冬，缺中气
十月小	□小雪，□□大雪	十月小	初二乙卯小雪，十七庚午大雪	
十一大	□冬至，［十］九小寒	十一大	初三乙酉冬至，十九辛丑小寒	
十二大	五大寒，十八立春	十二大	初四丙辰大寒，十九辛未立春	夏历大寒晚一天，立春早一天

由表 4 可以看出，二历在 1205 年第九个月和第十个月的节气排布上有别。在第九个月，夏历有“寒露、霜降”，宋历只有“寒露”，缺中气“霜降”。在第十个月，夏历只有“立冬”，缺中气，宋历有“霜降、立冬”。这样导致夏历闰九月，宋历则闰八月。此外，据残存日期，夏历十二月“五大寒、十八立春”，与宋历“初四丙辰大寒，十九辛未立春”不一致，“大寒”晚一天，立春早一天。

① 张培瑜：《三千五百年历日天象》，郑州：河南教育出版社，1990 年，第 296 页。本文宋历节气日期均出自该书，下引不再出注。

西夏历日中，有些年历虽然没有涉及二十四节气，但闰月情况也透露出一些节气排布的信息。如夏崇宗大德元年（1135 年），本年西夏闰正月，宋历则闰二月。1135 年宋历二月三十甲辰为春分，夏历应该是把春分放在了本年第三个月的朔日乙巳（宋历和夏历差别不大，朔日或节气一般只差一二天）。这样，1135 年第二个月只有节气惊蛰而没有中气了，根据“无中气月置闰”的法则，二月因在正月之后，所以要闰正月。

二十四节气是中国古代农业文明的结晶，具有很高的农业历史文化研究价值。西夏王朝建立后，随着封建生产关系的调整和发展，其社会经济基础到西夏社会中期，也逐渐由以畜牧业为主发展到半农半牧、农牧并重的局面。二十四节气引入西夏历日文献，正是农业在西夏社会得到发展的体现。

二十四节气对西夏社会生活的影响是多方面的，如在西夏，冬至既是节气又是节日。据《隆平集》记载：“其俗旧止重冬至，自曩霄僭窃，乃更以四孟朔及其生辰相庆贺。”[①]又据《西夏书事》记载，西夏于冬至行大朝会礼，“令蕃宰相押班，百官以次序列朝谒、舞蹈、行三拜礼”[②]。宁夏拜寺沟方塔出土西夏汉文佚名诗集中有《冬至》一首：“变泰微微复一阳，从兹万物日时长。淳推河汉珠星灿，桓论天衢璧月光。帝室庆朝宾大殿，豪门贺寿拥高堂。舅姑履袜争新献，鲁史书祥耀典章。”[③]其中“帝室庆朝宾大殿”，可以印证《西夏书事》所载不谬。从诗中可以看出，西夏冬至这一天十分热闹，皇室要举行规模宏大的朝会活动，大会文武百官。豪门大族则举家团聚，大摆酒宴，为高堂父母祈福求寿。西夏沿用汉族的习惯，儿媳在冬至要向公婆献履贡袜，表示长久履祥纳福，等等。

八字算命术离不开二十四节气，而西夏也流行测八字，这方面的文献有俄藏黑水城出土 инв. № 5022《谨算》[④]和中国藏黑水城出土 M21·005［F220:W2］《西夏乾祐二十四年（公元 1193 年）生男命造》[⑤]。八字算命术在求月干支的时候，就得了解命主出生当年的二十四节气排布情况，这是因为星命家的“月”不是从本月朔日算起的，而是从二十四节气中的“节”算起的。以 инв. № 5022《谨算》为例，文献记载命主九月十七日生，属虎，生辰八字为“年庚寅木，月丙戌土，日甲午金，时戊辰木”，占卜时此人三十七岁。这里面就暗含了该年节气分布的情况。命主出生的九月十七日，

---

① （宋）曾巩：《隆平集》卷 20，影印文渊阁四库全书本，上海：上海古籍出版社，1987 年，第 371 册，第 198 页。

② （清）吴广成著，龚世俊、胡玉冰、陈广恩，等校证：《西夏书事》卷 13，兰州：甘肃文化出版社，1995 年，第 152 页。

③ 宁夏文物考古研究所：《拜寺沟西夏方塔》，北京：文物出版社，2005 年，第 272 页。

④ 俄罗斯科学院东方研究所圣彼得堡分所、中国社会科学院民族研究所、上海古籍出版社编：《俄藏黑水城文献》，第 10 册，第 175—188 页。

⑤ 史金波主编，宁夏大学西夏学研究中心、国家图书馆、甘肃五凉古籍整理研究中心编：《中国藏西夏文献》第 17 册，甘肃人民出版社、敦煌文艺出版社，2006 年，第 154 页。

如果在九月节“寒露”前，就用八月的干支乙酉；如果在十月节气“立冬”后，就得用十月的干支丁亥。文中“月丙戌土”，用的是九月的干支丙戌，表明九月十七日一定在该年的“寒露”后、“立冬”前。这两个文献也可以看作西夏利用二十四节气的例证。

具有浓郁民族特色的西夏文化是多民族文化交融的产物，西夏的二十四节气就是一个显例。西夏的二十四节气来自中原地区，它是对汉族传统文化认同的一种体现。这种文化认同，是中国之所以成为一个历史悠久的、统一的多民族国家的思想基础，也是中华民族凝聚力的内在底蕴。西夏在二十四节气原有基础上因时因地地加以发展和利用，为传统二十四节气增添了新的内容。

附记

王曾瑜先生是当代著名史学家，治学博洽，其研究涉及宋辽金史诸多领域，尤其擅长宋史研究，是继邓广铭先生、漆侠先生之后，又一位被学界公认的宋史大家。我虽未能亲受业于王先生之门，但与王先生却有着特定的情分关系：王先生曾给我们上过课，并担任过我的博士论文答辩委员会主席。

2004 年我博士毕业于河北大学，论文题目是《辽宋西夏金时期西北民族关系研究》，王先生认为这“是一个重大的研究课题”。内地不同于民族地区，对民族史研究一般不太重视，王先生对论文选题的肯定，当然与他治学旨趣之宽广有关。在论文答辩过程中，记得王先生给我提出这样一个问题：“唃厮啰”与“嘉勒斯赉”是什么关系？我知道二者同指一人，系青唐吐蕃政权的建立者欺南陵温钱逋，“唃厮啰”为宋人所译，“嘉勒斯赉”为清四库馆臣所改译，只是以我当时的能力，尚不能把该词还原为藏文རྒྱལ་སྲས（佛子）。但这个问题，却使我对汉文史籍中的少数民族译音词产生了极大的兴趣。毕业后，在研究民族史学的过程中，常感到此类词语因有音无义，不受上下文词义的限制，在书籍的传抄过程中字形极易发生错讹，导致真伪杂陈、信否难辨，遂采用从名物角度切入的研究方法，在异语寻源、名物考订方面我曾做过一些尝试，也取得一定的成绩。2017 年，我的《党项西夏名物汇考》一书，由甘肃文化出版社正式出版。日月不淹，春秋代序，距离王先生主持我博士毕业答辩之日，已然十几年过去了。

记得读研究生期间，王先生每年都要来河北大学宋史研究中心给我们做几次讲座。事先把所征引的史籍找出来，一一摆在大家面前，讲到某条重要史料时，让学生们把所引史籍在手中传阅一遍。此举看似简单，却寓有深意，可以让学生获得极富感性的认识，不知不觉中我们就掌握不少与目录学有关的知识。

2018 年适逢王先生八秩寿庆，“不有佳作，何申雅怀”，特撰《西夏的“二十四节气”》一文，作为敬献王先生的生日礼物，以铭记其教诲与关爱，并祝王先生福寿齐长！

《太平惠民和剂局方》中方剂注释初探*

韩　毅**

《太平惠民和剂局方》(以下简称《和剂局方》)是北宋和南宋时期政府官修的一部医学方书，也是中央和地方官府药局制造成药的法定处方集。南宋末年，佚名氏对《和剂局方》进行了大量的注释，包括训诂、释义、析句、注音、辨字、校勘、标明句读、呈现修辞、考校典章制度，甚至某书、某作者简介和评价等。方剂注释亦称方剂注文，其核心内容是解释词义，采择各家论著，附以己意，对文本的主旨、词语、用典、具体内容等方面所做的说明，以此阐发医学义理，准确领悟经旨。①

《和剂局方》中不仅为方剂名称、方剂内容、方剂来源、方剂疗效等进行注解，而且也补充了大量临床常见证候、名医医案和药物神奇疗效的内容，保存了大量珍稀医学资料。局方注释是认识、了解方剂术语、方剂来源和方剂疗效的有效途径，在局方医学发展史上具有积极意义。

关于《和剂局方》中方剂注释内容，学术界尚无专文加以探讨。本文拟对此问题进行深入研究，揭示局方注释的体例、形式、内容及其作用。

一、《和剂局方》中方剂注释的体例和形式

《和剂局方》中的方剂注释，着重考证方剂的名称、出处、来源和补证重要医案史料。其体例和形式主要表现为以下几方面：一是关于方剂名称，书中以“一名”“亦名”“又名”加以注解；二是关于方剂来源，书中以“出某书”加以注解；三是关于方剂补充内容，如方剂组成、炮制、服法、禁忌和医案等，书中通常以“某人曰”或“某书曰”加以注解；四是关于方剂中注文字体，有的和正文做了大小区分，有时以单行小字或大字作注，有时以双行小字作注。但有的注文附于方剂正文之后，字体相同，如不仔细研读，注文和正文文字不易区分。这是古代雕版、活字版古籍注释文字时，

---

* 本文为国家哲学社会科学基金项目(14BZS105)、中国科学院自然科学史研究所重大项目“科技知识的创造与传播”(Y621011005)的阶段性成果之一。

** 韩毅，中国科学院自然科学史研究所研究员。

① 严季澜、顾植山主编：《中医文献学》，北京：中国中医药出版社，2002年，第300页。

通常使用的体例和形式。现代出版的各种《和剂局方》标点本中，已明确以小字或楷体字、仿宋字等加以区分；有的著作将注文放在双括号之中，用小字以示区别。

中医文献中的注释，汉代、魏晋南北朝、隋唐时期非常盛行，宋代依然。如南朝梁陶弘景撰《神农本草经集注》，隋杨上善撰《黄帝内经太素注》，唐杨玄操撰《黄帝八十一难经注》，宋掌禹锡、林憶、苏颂等撰《嘉祐补注神农本草》等，都是中国医学史上有名的医籍注释著作。南宋末年《和剂局方》中方剂注释的出现，反映了宋代注经、解经的传统。此后，《和剂局方》在多次刊刻的过程中，均保留了这些注文，表明其具有很高的医学文献学价值，有助于正确理解方剂的辨证审因、配伍规律和临床运用情况。

二、《和剂局方》中方剂注释的内容和创新

（一）关于方剂名称

方剂术语的训诂和注释，主要探讨医学名词的命名问题，准确无误的解释方剂、药物的读音，一词多义等。《和剂局方》中保存了大量方剂名称注释的内容，包括宋朝政府法定的方剂名称、曾用名、旧名和又名等，名词术语概念明确。

《和剂局方》卷1《治诸风附脚气》载“灵宝丹”，书中注释“有三名：一名归命丹，又名返魂丹，入芒硝者名破棺丹”。“虎骨散”，书中注释“一名乳香趁痛散”。[①]卷2《治伤寒附中暑》载“神仙百解散”，书中注释“一名神仙截伤寒四季加减百解散”[②]。卷3《治一切气附脾胃积聚》载“嘉禾散”，书中注释“亦名谷神散”[③]，指出其另一称谓。卷5《治诸虚附骨蒸》载“三仙丹”，治肾经虚寒，元气损弱，神衰力怯，目暗耳聋。常服补实下经，温养脾胃，壮气搜风，驻颜活血，增筋力，乌髭须。书中注释“又名长寿丸”[④]。卷8《治杂病》包含了一处注释内容。如“神助散”，治十种水气，面目、四肢、遍身俱肿，以手按之，随手而起，咳嗽喘急，不得安卧，腹大肿胀，口苦舌干，小便赤涩，大便不利。书中注释“旧名葶苈散”[⑤]。

从《和剂局方》中所用“名”“一名”“又名”“亦名”等术语来看，方剂释名不仅

---

① （宋）太平惠民和剂局编，刘景源整理：《太平惠民和剂局方》卷1《治诸风附脚气》，北京：人民卫生出版社，2007年，第2页。

② （宋）太平惠民和剂局编，刘景源整理：《太平惠民和剂局方》卷2《治伤寒附中暑》，第58页。

③ （宋）太平惠民和剂局编，刘景源整理：《太平惠民和剂局方》卷3《治一切气附脾胃积聚》，第67页。

④ （宋）太平惠民和剂局编，刘景源整理：《太平惠民和剂局方》卷5《治诸虚附骨蒸》，第133页。

⑤ （宋）太平惠民和剂局编，刘景源整理：《太平惠民和剂局方》卷8《治杂病》，第201页。

记录了宋代规范的药物名称，而且也保存了大量前代方剂名称，对于研究药物名称的演化、方剂组成及其随证加减处方等具有积极的意义。由于有些药名在宋代已基本不用，因此这些注文具有极高的文献学价值，可以作为考察古今方剂称谓发展轨迹的凭证。

（二）关于方剂内容

《和剂局方》中关于方剂内容的注释，包含了方剂主治、炮制、服法和禁忌等，对于理解方剂内容和词义大有裨益。如《和剂局方》卷 5《治诸虚附骨蒸》载“麝香鹿茸圆”，益真气，补虚惫。此方系局方《绍兴续添方》中增补内容，书中注释“嘉定十年十二月申明改正”。嘉定为南宋理宗年号，嘉定十年即 1217 年。

《和剂局方》卷 5《治诸虚附骨蒸》载“平补镇心丹”，治丈夫、妇人心气不足，意志不定，神情恍惚，夜多异梦，忪悸烦郁，及肾气伤败，血少气多，四肢倦怠，足胫酸疼，睡卧不稳，梦寐遗精，时有白浊，渐至羸瘦。书中注释：

> 翰林刘活庵云：平补镇心丹方有二，此方有五味子、白茯苓、车前子、肉桂、人参、酸枣仁，非惟可以治心气不足，而白浊消渴尤为切要之药。《局方》无此六味，却有生地黄、苦梗、柏子仁、石菖蒲、当归，只宜治心气不足，肾气伤败，血少气多耳。①

此方系局方《宝庆新增方》中增补内容，注释所引翰林刘活庵之语，说明平补镇心丹在宋代时有 2 方，《和剂局方》所引仅为其中 1 方，在治疗丈夫、妇人心气不足方面有显著疗效。

《和剂局方》卷 7《治眼目疾》载“汤泡散”，治肝经不足，受客热风壅上攻，眼目赤涩，睛疼睑烂，怕日畏光，夜卧多泪，时行暴赤，两太阳穴疼，头旋昏眩，视物不明，渐生翳膜，并皆治之。书中注释：

> 其说云：凡眼目之病，皆以血凝滞使然，故以行血药合黄连治之。血得热即行，故乘热洗用，无不效验。②

此方系局方《续添诸局经验秘方》中新增方剂，注释介绍了汤泡散的主治和用法。

---

①（宋）太平惠民和剂局编，刘景源整理：《太平惠民和剂局方》卷 5《治诸虚附骨蒸》，第 130 页。

②（宋）太平惠民和剂局编，刘景源整理：《太平惠民和剂局方》卷 7《治眼目疾》，第 191 页。

《和剂局方》卷9《治妇人诸疾附产图》载“安胎饮”，治妊娠三月、四月至九个月恶阻病者，心中愦闷，头重目眩，四肢沉重，懈怠不欲执作，恶闻食气，欲啖咸酸，多睡少起，呕逆不食；或胎动不安，非时转动，腰腹疼痛；或时下血，及妊娠一切疾病，并皆治之。书中注释：

> 按妊娠禁忌：勿食鸡、鸭子、鲤鱼脍、兔、犬、驴、骡、山羊肉、鱼子、鳖卵、雉雀、桑椹。又按《胎教论》云：“令母常居静室，多听美言，听人讲论诗书，陈说礼乐。耳不听非言，目不视恶事，心不起邪念，能令生子庞厚福寿，忠孝仁义，聪明无疾。”斯乃圣人所留教论，故随方状以书。①

此方系局方《宝庆新增方》中新增内容，注释增加了《妊娠禁忌》和《胎教论》的内容，强调妊娠禁忌和胎教育儿的重要性。尤其是胎教中增加儒家经典内容和忠孝仁义，具有鲜明的时代特征，反映了宋代儒学对医学的深刻影响。

《和剂局方》卷9《治妇人诸疾附产图》载“滋血汤”，治妇人血热气虚，经候涩滞不通，致使血聚，肢体麻木，肌热生疮，浑身痛倦，将成劳瘵，不可妄服他药，但宜以此滋养通利，书中注释“又治证与前滋血汤同，可互观之”②。

关于方剂炮制方法，《和剂局方》卷3《治一切气附脾胃积聚》载“卢氏异方感应圆”，书中注释了与局方不同的另外一种炮制方法：

> 与《和剂方》大不同，但用，修制须如法，分两最要匀停。只是暖化，不可偏胜。此药积滞不动脏腑，其功用妙处在用蜡之多，切不可减。常服健脾进食，永无寒热泻痢之疾。盖消磨积滞以渐，自然无疾，遇酒食醉饱，尤宜多服，神效不可述。③

此方系局方《续添诸局经验秘方》中增补新方。书中注释内容补充了此药用蜡的妙处及其健脾进食之效，这不仅让人对官府药方的主治和炮制有了完整认识，而且对佚名医家的学术思想和方剂见解亦有了深刻的了解。

---

①（宋）太平惠民和剂局编，刘景源整理：《太平惠民和剂局方》卷9《治妇人诸疾附产图》，第241页。
②（宋）太平惠民和剂局编，刘景源整理：《太平惠民和剂局方》卷9《治妇人诸疾附产图》，第249页。
③（宋）太平惠民和剂局编，刘景源整理：《太平惠民和剂局方》卷3《治一切气附脾胃积聚》，第100页。

（三）关于方剂医案及其疗效

宋代是中国古代医案出现并获得重要发展的时期，医书、文集、笔记等留下了丰富的医学病案资料。医学领域内的这种变化，深刻地影响了《和剂局方》注释学的发展。《和剂局方》中出现的医案，不仅生动地记载了宋代及宋以前医家的学术思想、病因病症解释、临床诊疗方法及其临证用药情况，而且也是认识、了解局方药物疗效最直接的资料，对"神化"《和剂局方》起到了重要的推动作用。

《和剂局方》卷1《治诸风附脚气》载"乌荆圆"，治诸风缓纵，手足不遂，口眼㖞斜，言语蹇涩，眉目瞤动，头昏脑闷，筋脉拘挛，不得屈伸，遍身麻痹，百节疼痛，皮肤瘙痒，抓成疮疡。又治妇人血风，浑身痛痒，头疼眼晕。又肠风脏毒，下血不止，服之尤效。久服令人颜色和悦，力强轻健，须发不白。方后注释：

> 有少府郭监丞，少病风挛搐，头颔宽亸不收，手承颔然后能食，服此六、七服即瘥。遂长服之，已五十余年，年七十余，强健，须发无白者。此药疗肠风下血尤妙，屡有人得效。予所目见，下血人服而瘥者，一岁之内已数人矣。[①]

乌荆圆系局方《绍兴续添方》中新增方剂。此处之注释增补了一则验案，介绍了郭姓少府监丞患病风抽搐的经过，以及服用"乌荆圆"治愈的效果。此药，"疗肠风下血尤妙，屡有人得效"，"下血人服而瘥者，一岁之内已数人矣"。

《和剂局方》卷1《治诸风附脚气》载"惊气圆"，治惊忧积气，心受风邪，发作牙关紧急，涎潮昏塞，醒则精神若痴，大宜服之。方后注释：

> 此方，戊申年军中一人犯法，褫衣将受刃，得释，神失如痴，与一粒服讫而寐，及觉，疾已失。江东提辖张载阳妻避寇，失心数年，受此方，不终剂而愈。又，巡检黄彦妻狂厥逾年，授此方去附子加铁粉，不终剂而愈。铁粉，化痰、镇心、抑肝邪，若多恚怒，肝邪大盛，铁粉能制伏之。《素问》言："阳厥狂怒，治以铁粉。"金克木之意也。[②]

惊气圆系局方《吴直阁增诸家名方》中新增方剂。此处之注释包含了军中犯人、

---

①（宋）太平惠民和剂局编，刘景源整理：《太平惠民和剂局方》卷1《治诸风附脚气》，第22页。

②（宋）太平惠民和剂局编，刘景源整理：《太平惠民和剂局方》卷1《治诸风附脚气》，第31页。

张载阳妻、黄彦妻三则失心疯病案，全部来源于南宋许叔微撰《普济本事方》，系许叔微诊疗失心疯患者的医案，“此予家秘方也”，说明“惊气圆”具有强烈的治疗效果。

《和剂局方》卷1《治诸风附脚气》载“经进地仙丹”，治男子五劳七伤，肾气虚惫，精神耗减，行步艰辛，饮食无味，眼昏耳焦，面色黧黑，皮肤枯燥；女人血海虚冷，月经不调，脏寒少子，下部秽恶。又治诸痔瘘疮，肠风泻血，诸风诸气，并皆疗之。方后注释：

> 此方陶隐居编入《道藏经》，云：是时有人母幼年得风气疾，后作发挛结疼痹，久不能起，百治不瘥，卧床五十余年，脂肉消尽，只有筋骨。乃于居士处得此方，依方修合，日进二服，才至五百余服，是母病顿除，发白再黑，齿落更生。至八十岁，颜色如二十岁人，筋力倍壮，耳聪目明。时有老奴，常偷服其药，严冬御稀葛，履霜雪，无寒色，负荷倍重于常时，行步如飞，疑为鬼物所凭，遂打杀埋于水傍沙中。久复为怪，而里俗且云：凡奴婢死为鬼，但折其胫，令不得动作。遂掘出，折其胫，见其骨尽实，如金黄色，折其臂亦然，其效颇异。隐居云：此奴若不打杀，成地仙矣。[①]

经进地仙丹系局方《续添诸局经验秘方》中新增方剂。此处之注释来源于陶弘景语录，记载了一妇人和老奴服用“经进地仙丹”治愈风疾的医案，同时还指出此药具有返老还童的功效。经过这个注文的宣传，经进地仙丹被打上了道教神秘的印记，彰显了此方来源的非凡和疗效。

《和剂局方》卷7《治眼目疾》载“秘传羊肝圆”，治丈夫、妇人肝经不足，风毒上攻，眼目昏暗泪出，畏光怕日，隐涩难开，或痒或痛。又治远年日近内外障眼，攀睛胬肉，针刮不能治者，此药治之。方后注释：

> 治目方用黄连者多矣，此方最为奇异。刘禹锡云：有崔承元者，因官治一死罪囚而活出之，囚后数年以病目致死。一旦，崔忽为内障所苦，丧明逾年，后半夜叹息独坐，时闻阶除间悉窣之声，崔问：“为谁？”曰：“是昔所蒙活囚，今故报恩至此。”遂以此方告讫而没。崔以此方合服，不数月眼复明，因传此方于世。[②]

秘传羊肝圆之系局方《续添诸局经验秘方》中新增方剂。此处之注释，主要介绍

① （宋）太平惠民和剂局编，刘景源整理：《太平惠民和剂局方》卷1《治诸风附脚气》，第34页。
② （宋）太平惠民和剂局编，刘景源整理：《太平惠民和剂局方》卷7《治眼目疾》，第191—192页。

了秘传羊肝圆方的出处及其疗效。此方记载于刘禹锡《传信方》，曾治愈崔承元的内障眼疾，后被崔承元传之天下，在治疗内障复明方面有一定的疗效。

《和剂局方》卷8《治杂病》载“化毒排脓内补十宣散”，治一切痈疽疮疖。未成者速散，已成者速溃，败脓自出，无用手挤，恶肉自去，不犯刀杖，服药后疼痛顿减，其效如神。方剂名下注释：“亦名托里十补散。”日本亨保十五年（1730年）橘亲显校正本在方剂后还附有一则注释：

> 歙丞胡权，初得方于都下异人。时有苦背疡者，七十余头，诸药遍试不效，因出是方示之。众医极目而笑曰：“是岂痈疽所用药邪？”固谓之曰：“古人处方，自有意义。观其所用，药性平和，纵未能已疾，必不至坏病，服之何害？”乃治药与服，以热酒半升许，下药五、六钱。少顷痛减七分，数服之后，疮大溃，脓血流迸，若有物自内托之。服之经月，疮口遂合，若未尝有所苦者；又有苦腹疾者，其痛异常，医者莫晓。其意此药颇能止痛，试以饵之，当日下脓二、三碗许，痛亦随止，乃肠痈也；又一老人，忽胸间发肿，根脚甚大，毒气上攻，如一瓠然，斜插项右，不能转动。服药，明日毒肿既散，余一小瘤，如粟许大。又明日，帖然如故；又一人发脑，疑此方不服，既殒于庸医之手。明年，其子复若此，与父之状不异，因惩父之失，纵酒饮药，遂至大醉，竟日滚卧地上，酒醒，病已去矣；又一妇人发乳，痈肿疼痛，不可堪忍，自谓无复生理；又二妇人股间发肿，大如杯碗，服此皆脱然如失。蒙济者不可悉数，姑叙大略，以示未知此方者，而服之不疑云。[①]

化毒排脓内补十宣散系局方《绍兴续添方》中新增方剂。此处之注释包含了6则医案验案，全部引自南宋许叔微撰《类证普济本事方续集》卷6《治诸痈疖等患》，主要介绍了化毒排脓内补十宣散治愈痈疽疮肿诸病的神奇功效。[②]南宋洪迈《夷坚志》、张杲《医说》、王贶《全生指迷方》、洪遵《洪氏集验方》等也有所引用。胡权，字经仲，两浙路处州缙云县人，绍兴十八年（1148年）进士，曾任歙县县丞、左宣教郎、太常寺主簿等职，著有《治痈疽脓毒方》1卷，为时人所重。

《和剂局方》注释中增补的这些医案，不仅是研究宋代有关病因病机解释的变化、

① （宋）陈承、裴宗元、陈师文原撰，（宋）许洪编，韩刚等整理：《增广太平惠民和剂局方》卷8《治疮肿伤折》，海口：海南出版社，2002年，第242—243页。

② （宋）许叔微：《类证普济本事方续集》卷6《治诸痈疖等患》，日本享保二十年向井八三郎刻本，《续修四库全书》，上海：上海古籍出版社，2001年，第999册，第644页。

处方用药的创新和医学学术思想发展的原始档案材料，而且也为方剂的临床实践提供了鲜活的例证，是研究局方用药的宝贵资料，极大地宣传了局方的神奇疗效。同时，医案中引用的部分文献，今已散佚，因而具有极高的史料价值。

（四）关于方剂来源

方剂来源包含了《和剂局方》中某些重要方剂的产生背景、来源途径、名称演化和文化意涵，是探究局方中方剂学发展史的重要内容之一。《和剂局方》卷1《治诸风附脚气》载“伏虎丹”，来源于《续添诸局经验秘方》所引《张徽猷方》，专治左瘫右痪。书中注释：

> 此方乃建康府乌衣巷有一老人姓钟，平生好道，朝夕瞻仰茅山。缘多酒，偶患风疾，百治无效。一日，忽有一道人至，言其因酒太过，教服此药，道人遂不见。服之果验，乃知仙方。①

从方后注释可知，此方乃道家仙方，系道人传于建康府乌衣巷钟姓老人，遂传之天下。初记载于南宋江南西路抚州知州张徽猷撰《张氏家传方》，后经《续添诸局经验秘方》采进后，编入《和剂局方》之中。

《和剂局方》卷2《治伤寒附中暑》载“香苏散”，治四时瘟疫、伤寒。方后注释：

> 尝有白发老人授此方与一富人家，其家合施，当大疫，城中病者皆愈。其后疫鬼问富人，富人以实告。鬼曰：此老教三人矣，稽颡而退。②

此方系局方《绍兴续添方》中增补新方，方后注释指明了香苏散方的来源。从“其家合施，当大疫，城中病者皆愈”来看，此方在治疗瘟疫方面具有显著的疗效，但却被冠上神秘的外衣。

《和剂局方》卷2《治伤寒附中暑》载“消暑圆”，治伤暑发热头疼。半夏（醋五升煮干），甘草（生），茯苓（去皮，各半斤）。上细末，生姜汁作薄糊为圆，如梧桐子大。每服五十粒，水下。方后注释引用庆元二年（1196年）王硕著《易简方》的论述：

① （宋）太平惠民和剂局编，刘景源整理：《太平惠民和剂局方》卷1《治诸风附脚气》，第34页。
② （宋）太平惠民和剂局编，刘景源整理：《太平惠民和剂局方》卷2《治伤寒附中暑》，第48页。

此药合时，须用好醋煎煮半夏，姜汁作糊，毋见生水，臻志修合，用之神效。中暑为患，药下即苏，伤暑发热头疼，用之尤验。夏月常服，止渴利便，虽多饮水，亦不为害，应是暑药皆不及此。若痰饮停积，并用姜汤咽下。入夏之后，不可缺此。[①]

消暑圆系局方《绍兴续添方》中增补新方，此处之注释补充了该方的炮制方法、主治病症及其服法。

《和剂局方》卷3《治一切气附脾胃积聚》包含了3处方剂注释的内容，指明其来源。（1）《宝庆新增方》载“金露圆”，方后注释“依林巢先生方，天宝七年内王元览进”[②]。（2）“神仙沉麝圆”，方后注释“出《苏沈秘方》”，“松滋令万君拟宝此药，妇人产后血痛、气痛不可忍者，只一圆立愈，万君神秘之，每有人病，止肯与半圆，往往亦瘥，神效不可尽述”[③]。（3）《续添诸局经验秘方》载“廿四味流气饮”，方与木香流气饮方同。但无石菖蒲、藿香，有沉香、枳壳、大黄。方后注释：“沉香（六两），枳壳（去瓤，麸炒，四两），大黄（面裹，煨，去面，切，二两）。出《集验方》。”[④]可见，此三处注释不仅增补了《和剂局方》引用《林巢先生方》《苏沈良方》《集验方》的情况，而且也指出局方中方剂和原方剂在组成、服法方面的细微差别。

《和剂局方》卷4《治痰饮附咳嗽》包含了2处方剂注释的内容。（1）《续添诸局经验秘方》载“杏子汤”，治一切咳嗽，不问外感风寒，内伤生冷，及虚劳咯血，痰饮停积，悉皆治疗。方后注释“出《易简方》”[⑤]，指明其来源于南宋王硕撰《易简方》。（2）“四七汤”，治喜、怒、悲、思、忧、恐、惊之气，结成痰涎，状如破絮，或如梅核，在咽咯不出，咽不下，此七气所为也。或中脘痞满，气不舒快，或痰涎壅盛，上气喘急，或因痰饮中结，呕逆恶心，并宜服之。方后注释“出《易简方》”[⑥]，也来源于南宋王硕撰《易简方》。

《和剂局方》卷5《治痼冷附消渴》包含了5处注释的内容。（1）《吴直阁增诸家名方》载“震灵丹”，此丹不犯金石飞走有性之药，不僭不燥，夺造化冲和之功。方后注释：“紫府元君南岳魏夫人方，出《道藏》，一名紫金丹”[⑦]。（2）“来复丹”，此药

① （宋）太平惠民和剂局编，刘景源整理：《太平惠民和剂局方》卷2《治伤寒附中暑》，第50页。
② （宋）太平惠民和剂局编，刘景源整理：《太平惠民和剂局方》卷3《治一切气附脾胃积聚》，第85页。
③ （宋）太平惠民和剂局编，刘景源整理：《太平惠民和剂局方》卷3《治一切气附脾胃积聚》，第89页。
④ （宋）太平惠民和剂局编，刘景源整理：《太平惠民和剂局方》卷3《治一切气附脾胃积聚》，第102页。
⑤ （宋）太平惠民和剂局编，刘景源整理：《太平惠民和剂局方》卷4《治痰饮附咳嗽》，第115页。
⑥ （宋）太平惠民和剂局编，刘景源整理：《太平惠民和剂局方》卷4《治痰饮附咳嗽》，第116页。
⑦ （宋）太平惠民和剂局编，刘景源整理：《太平惠民和剂局方》卷5《治痼冷附消渴》，第151页。

配类二气，均调阴阳，夺天地冲和之气，乃水火既济之方，可冷可热，可缓可急。善治荣卫不交养，心肾不升降，上实下虚，气闭痰厥，心腹冷痛，脏腑虚滑，不问男女老幼，危急之证，但有胃气，无不获安，补损扶虚，救阴助阳，为效殊胜。方后注释："铁瓮城八角杜先生方，一名正一丹。"[①]（3）"养正丹"，却邪辅正，助阳接真。方后注释："出宝林真人谷伯阳《伤寒论》中，一名交泰丹。"[②]（4）"黑锡丹"，治脾元久冷，上实下虚，胸中痰饮，或上攻头目彻痛，目瞪昏眩，及奔豚气上冲胸腹，连两胁膨胀，刺痛不可忍，气欲绝者。方后注释："丹阳慈济大师受神仙桑君方。"[③]（5）"玉华白丹"，清上实下，助养根元，扶衰救弱，补益脏腑。方后注释："唐冲虚先生三品制炼方，曾经进宣、政间，系上品丹。"[④]

《和剂局方》卷 9《治妇人诸疾附产图》包含了 4 处方剂注释，指出其来源。（1）《吴直阁增诸家名方》载"济危上丹"，论产后所下过多，虚极生风者，盖皆缘妇人以荣血为主，因产血下太多，气无所主，唇青肉冷汗出，目瞑神昏，命在须臾者，不可误用风药，急宜服此。方后注释："《保庆集》第二十一论。"[⑤]此处之《保庆集》，即《妇人产育保庆集》，南宋郭稽中撰，南宋产科学方面的名著。（2）《续添诸局经验秘方》载"妙应丹"，治妇人众病，无所不治，方后注释"一名延龄丹"。（3）《续添诸局经验秘方》载"增损四物汤"，治妇人气血不足，四肢怠惰，乏力少气，兼治产后下血过多，荣卫虚损，阴阳不和，乍寒乍热，并皆服之，方后注释出"易简方"[⑥]。（4）《产图》之《藏胎衣吉方》，方后注释"出《广济历》"。《广济历》作者不详，是否为唐玄宗撰《广济方》，抑或宋以后失传的又一中医著作，文献记载不详。

《和剂局方》中有关方剂来源的注释文字，引证得当，阐述精详，不仅反映了所引方剂的权威性、代表性和有效性，而且也强化了释文的说服力和影响力，对扩大局方的影响力大有助益。

三、《和剂局方》中方剂注释的特点和意义

《和剂局方》中方剂注释的特点，主要是解释方剂的称谓、来源、组成和疗效，虽没有增加新方，但却在局方医学发展史上产生了积极的意义。这些注释内容，充分

① （宋）太平惠民和剂局编，刘景源整理：《太平惠民和剂局方》卷 5《治痼冷附消渴》，第 152 页。
② （宋）太平惠民和剂局编，刘景源整理：《太平惠民和剂局方》卷 5《治痼冷附消渴》，第 152 页。
③ （宋）太平惠民和剂局编，刘景源整理：《太平惠民和剂局方》卷 5《治痼冷附消渴》，第 152 页。
④ （宋）太平惠民和剂局编，刘景源整理：《太平惠民和剂局方》卷 5《治痼冷附消渴》，第 153 页。
⑤ （宋）太平惠民和剂局编，刘景源整理：《太平惠民和剂局方》卷 9《治妇人诸疾附产图》，第 242 页。
⑥ （宋）太平惠民和剂局编，刘景源整理：《太平惠民和剂局方》卷 9《治妇人诸疾附产图》，第 255 页。

反映了中医文献学考镜学术源流之效和宋儒治经的优点，“泛滥博涉，彼此通会，故能集一代之长，能发心得”[①]。在会通经旨的基础上，补充释名，考证药物流变；增补医案，发挥医家心得。[②]局方流行，“自宋迄今，罔间南北，翕然而成俗，岂无其故哉”[③]。其作用包括：一是补充了详细的药名释义，为了解中药名词术语变化提供了珍贵资料；二是补充了某些名方的来源，为了解局方中方剂的出处、加减化裁和创新等提供了依据；三是补充了某些方剂的炮制和服法，为医家和患者准确用药提供了帮助；四是补充了大量医学病案和方剂疗效内容，成为首部宋代官修方书附案的代表性著作。

宋代以后，《和剂局方》成为医家临床疾病诊疗的必备参考用书，如许叔微、陈自明、杨倓、严用和、刘完素、朱震亨等幼年时曾学习《和剂局方》。南宋周密指出：“若夫《和剂局方》，乃当时精集诸家名方，凡经几名医之手，至提领以从官内臣参校，可谓精矣。”[④]金元时期，医学家朱震亨（1281—1358年）总结说：“《和剂局方》之为书也，可以据证检方，即方用药，不必求医，不必修制，寻赎见成丸散，病痛便可安痊。仁民之意，可谓至矣。自宋迄今，官府守之以为法，医门传之以为业，病者恃之以立命，世人习之以成俗。”[⑤]明吕梁称赞：“诚保命之丹经，医门之秘籍。”[⑥]朱葵称赞：“此寿人有用之书，可与广陵散并绝哉。”[⑦]清四库馆臣指出，“此书盛行于宋元之间”，“自宋金以来，《太平惠民和剂局方》行于南，河间《原病式》、《宣明论方》行于北”[⑧]。《和剂局方》传入日本后，日本医官前典药头橘亲显给予了高度评价：“此书之旨，巨细融通，岐贰毕彻，犹木末叶落，秋毫在目也。夫立方之意，斟酌临时，而施其确乎？对症之方，譬如鉴之照人，可谓医林方药之筌蹄乎？后进英髦，咸资准的，翕然为俗，赫尔晰世矣。”[⑨]

应当说，《和剂局方》中的这些方剂注释和赞誉之词，无疑起到了“神化”局方及其推广传播的作用。

---

① （清）李兆洛：《养一斋文集》卷3《诒经堂续经解序》，四部备要缩印本，上海：中华书局，1936年，第34页。

② 韩毅：《宋代瘟疫的流行与防治》，北京：商务印书馆，2015年，第141—143页。

③（元）朱震亨：《格致余论》卷首《序》，胡国臣总主编，田思胜等主编：《唐宋金元名医全书大成·朱丹溪医学全书》，北京：中国中医药出版社，2006年，第3页。

④ （宋）周密撰，吴企明点校：《癸辛杂识·别集》卷上《和剂药局》，北京：中华书局，1997年，第225—226页。

⑤（元）朱震亨：《局方发挥》，胡国臣总主编，田思胜等主编：《唐宋金元名医全书大成·朱丹溪医学全书》，第33页。

⑥ （明）袁元熙：《重刻宋局方序》，［日］冈西为人著，郭秀梅整理：《宋以前医籍考》，北京：学苑出版社，2012年，第664页。

⑦ （明）朱葵：《重刻和剂局方序》，［日］冈西为人著，郭秀梅整理：《宋以前医籍考》，第664页。

⑧《四库全书总目》卷104《子部·医家类二·石山医案三卷》，北京：中华书局，2003年，第874页。

⑨［日］橘亲显：《〈和剂局方〉序》，（宋）陈承、裴宗元、陈师文原撰，（宋）许洪编，韩刚等整理：《增广太平惠民和剂局方》卷首，第1页。

四、结　　论

南宋末年出现的《和剂局方》注释，不仅考证了局方中方剂的名称、出处、组成、来源，而且也补充了若干重要的医学史料，荟萃了历代医论、方论、医案之精华，对于准确理解《和剂局方》中方剂名词术语演变、方剂配伍规律和方剂临床实践等具有积极意义。

〔本文原刊于《中国中药杂志》2018 年第 6 期〕

附记

上研究生时，我便和王曾瑜先生便有了密切的交往。多年来，他不仅关心我的工作和生活，而且也启迪愚蒙、策励我前进，对我的成长帮助甚大。

（1）主持博士后答辩。2004 年 9 月，我进入中国科学院自然科学史研究所从事博士后研究工作，主要从事宋代政府治理与医学发展关系之研究。2007 年 5 月 25 日，王先生担任我的博士后研究工作报告成果鉴定委员会主席，在他的主持下，我的答辩顺利通过，出站报告被评为优秀。2014 年 4 月，博士后研究成果《政府治理与医学发展：宋代医事诏令研究》由中国科学技术出版社出版；另一研究成果《国家与医学：宋代医事诏令辑校》，正在科学出版社出版中。

（2）撰写推荐信和序言。2007 年 1 月，我申请国家社科基金青年项目，需要两位正高级专家推荐信。我向他提出要求后，他予以积极推荐，该课题于 2007 年 6 月获得资助。2015 年，我主持完成的国家社科基金成果“宋代瘟疫的流行与防治”入选国家哲学社会科学成果文库。王先生又欣然为本书作序，他说：“此书确是比以前的论著提高了一层，有相当的学术价值。”对我而言，这是极大的鼓励和提携。

（3）工作中的“好导师”。我在中国科学院工作后，他对我的研究领域提出了许多精辟的建议，认为既要广泛研究中国古代医疗史，也要学习中医基础理论，这些都给了我极大的帮助，深深地影响了我对疾病史、药物学史和病案史等的研究。

（4）王先生还是我和爱人刘红女士的媒人。2006 年 2 月我们结为夫妻，这是我一生中最引以为豪和感动的事情之一。

值王先生八十华诞之际，衷心祝愿先生健康长寿，永葆学术青春。

论宋代地方政府缩减行政设施修建费用的举措*

王晓龙**

宋代地方存在官廨、亭台、馆驿、仓库、营房等不同类型的行政设施。宋代各级地方官府也不断地维修和新建一些行政设施，一方面出于满足官吏处理实际政务需求，另一方面也体现了政府的权威性和公信力，所谓“公宇必称其官，非为所居官设，行君之政令，肃民之观瞻，盖于此系焉”①。由于宋代加强中央集权制，对地方政府采取“稍夺其权，制其钱谷，收其精兵”②的策略，因而各地行政经费有限。为了满足实际需求，各级政府和官员不得不采取相应的举措，来限制和减少地方官府行政设施修建费用。除了“视廨宇如传舍”③，任凭官舍破败腐朽而熟视无睹不进行修建者外，宋代政府缩减行政设施修建费用的相关举措众多，其中不乏一些有新意的创举，其中的经验教训值得今人借鉴。

一、注重日常维护、减少重建大修

宋代施行中央集权的财政体制，大量的财物被收至中央，地方财政规模有限，加之宋朝政府力求避免肆意兴造造成的扰民问题，因而对地方官府行政设施的修建持不积极的态度。在这种局面下，地方官员宋代地方官廨修建中，常见的缩减费用的手段就是注意日常维护、减少重建大修。这是中国古代官府一直遵循的一条规律，也是节约修建费用的良策。如宋太祖乾德六年（968 年）的修造诏令中就宣扬了这一思想，“郡

* 本文系教育部人文社会科学重点研究基地重大项目“宋代基层文官通考”（16JJD770017）、河北省高校青年拔尖人才项目“宋代地方政府公务接待制度研究”（BJ2016073）阶段性成果之一。

** 王晓龙，河北大学宋史研究中心研究员。

①（宋）林表民编：《赤城集》卷 2《李宗勉·重修台州通判厅记》，影印文渊阁四库全书本，台北：商务印书馆，1986 年，第 135 册，第 629 页。

②（宋）李焘撰，上海师范大学古籍整理研究所、华东师范大学古籍整理研究所点校：《续资治通鉴长编》卷 2，建隆二年七月戊辰，北京：中华书局，2004 年，第 49 页。

③（清）定祥修，刘绎纂：光绪《吉安府志》卷 7《建置志·主簿厅》，《中国方志丛书》，台北：成文出版社，1983 年，第 276 页。

国之政。三年有成。官次所居。一日必葺。如闻诸道藩镇郡邑府署仓库等。凡有损庳。多不缮修。因循岁时。渐至颓圮。及僝工而庀役。必倍费以劳民。自今节度观察防御团练刺史知州通判等罢任日。具官舍有无破损及增修文帐。仍委前后政各件以闻。其幕职州县官候得替。据增葺及创造屋宇。对书新旧历子。方许给付解由"[①]。苏轼、洪迈等名士也赞同这一思想,"至于宫室,盖有所从受,而传之无穷,非独以自養也。今日不治,后日之费必倍。而比年以来,所在务为俭陋,尤讳土木营造之功,欹仄腐坏,转以相付,不敢擅易一椽,此何义也"[②]。《州县提纲》中也说:"公廨有倾则必修,有弊则必葺,无致因循颓毁以贻后费至利民之事。"[③]南宋士大夫吕午更是赞叹:"昔我艺祖皇帝尝诏郡县吏代归者,皆上其官舍敝坏或兴葺之数以为殿最。意盖以官司举事类不坚固,惟一政一修,第第相承,庶可勿坏。若待其甚坏而后为之,则官无以为,必重费民力矣。此万世臣子所当体承而遵守也。"[④]不在日常进行小规模的修补,"岁复一岁,其至大坏固宜。……大坏而后图,则必大费"[⑤]。

故而宋代许多有良知和责任感的士大夫在任"每思一日必葺之义,虽煎熬不暇为,补考不必为,劳民动众不可为,然朱墨余闲,未尝不营图之"[⑥]。"凡居者一日必葺,毋遗后以岌岌。"[⑦]通过日常小规模的修缮,保证官府行政设施整体稳固,尽可能地延长其使用寿命,缩减行政设施新建费用。如宁宗朝嘉定中,绍兴府治所"自钱镠再建,坏而复修不知其几,嘉定十五年守汪纲以谓其敝巳极,弗治则不可枝矣。于是外自谯楼,以至设厅,旁由廊庑、吏舍,内自寝堂、燕坐、庖湢之所,悉治新之"[⑧]。通过精心的维护,这座府宅历经唐末五代和北宋,延续了320年,才彻底被重新建造。

二、借用其他官府屋舍,一屋多用

宋代地方政府为了缩减行政设施修建费用,同时也能保证官员日常办公需求,因而在州县特别是县级官府借助其他官府屋舍充当官廨,一屋多用的现象较为常见。这也成为最通行的节约修建费用的手段。如《夷坚志》记载:"周勉仲为蕲州司法时,以

① 佚名:《宋大诏令集》卷190《令外郡官罢任具官舍有无破损及增修文帐诏》,北京:中华书局,1962年,第696页。
② (宋)洪迈:《容斋随笔》四笔卷12《当官营缮》,上海:上海古籍出版社,1996年,第754页。
③ 佚名:《州县提纲》卷2《无轻役民》,影印文渊阁四库全书本,第602册,第637页。
④ (宋)吕午:《竹坡类稿》卷2《龙阳县丞厅壁记》,《北京图书馆古籍珍本丛刊》,北京:书目文献出版社,1990年,第282页。
⑤ (宋)吕午:《竹坡类稿》卷2《绍兴府修少卿馆记》,第281页。
⑥ (宋)吕午:《竹坡类稿》卷2《龙阳县丞厅壁记》,第282页。
⑦ (宋)孙应时:《烛湖集》卷9《南驿记》,影印文渊阁四库全书本,第1166册,第634页。
⑧ (宋)张淏:《宝庆会稽续志》卷1《府廨》,《宋元方志丛刊》,北京:中华书局,2006年,第7097页。

驿舍为官廨。”[①]又如南宋建炎中，邵武县被兵，“焚官寺民庐略尽”，这种情况下，县令无治所，“寓于尉廨”，绍兴二十一年（1151 年），“知县事叶邃始复县治，未及成，安抚使用兵官王存之请，即日撤除，涤地皆尽，而县徙寓武阳驿”，一直持续到宁宗朝庆元四年（1198 年），凡七十年“而反寓其治于传舍，诏敕法令，图志符檄，护藏不严，栖列无所，决讼问囚，延见丞佐与宾客之来者，其地皆褊迫庳陋，仰漏旁穿，非所以宣布德泽、示民以上下之分也”。[②]南宋理宗朝嘉兴县，“市南临衢濒河，官有败屋数间，丞廨废暂寓”，县丞将官屋临时充当官廨，后来县丞迁移新居后，这里“兴工改筑为行衙。揖客有厅，燕息有堂，主廊翼室，庖湢悉备”[③]。福州府有转运司行司及同提点刑狱官舍，熙宁中“寻罢同提刑司，政和间始并转运司为提刑司属官厅、吏舍、省马院、架阁库等”[④]。南宋初绍兴三年（1133 年），高宗以江宁府府治为行宫，“遂改转运司衙为建康府治”[⑤]。

新增官员最初多无廨舍，往往需要借助其他官廨居住。如福州府“旧通判一员”，“绍兴五年增一员，始居旌隐坊北，十九年，通判叶仁以日趋都厅不以事请于卿，以威武军之东故知录司户厅舍而为廨舍……淳熙五年复置添差厘务通判，寓转运行司之东偏”[⑥]。福州府同时为安抚司治所，“自建炎三年始置机宜、抚干为属，以监务厅为机宜廨舍”[⑦]。绍兴府为浙东提刑治所，“在府治之东二百三十七步，前临运河与蓬莱馆相望。而武臣提刑则以添差通判厅为之，其后武臣提刑既久不除，乃复为通判东厅”[⑧]。

又有将官廨临时用作其他用途者，如用作税务，太祖乾德四年（966 年）七月，“令诸州就州廨作检纳厅，以受民租”，这样就减少了修建税务所需费用。[⑨]又如用作灾民收容所，真宗天禧元年（1017 年）五月，“诏灾伤流民所至之处，官吏倍加存恤，无居室者许于寺观公舍安泊，勿令失所”[⑩]。再如用作皇帝巡幸时的行宫。真宗天禧元年，宰相李迪就说：“陛下东封时，敕所过无伐木除道，即驿舍或州治为行宫，才令

---

① （宋）洪迈：《夷坚志》乙志卷 5《周勉仲》，北京：中华书局，1981 年，第 225 页。
② （宋）陆游：《陆游集》卷 20《邵武县兴造记》，北京：中华书局，1976 年，第 2160 页。
③ （元）单庆修，徐硕纂：《至元嘉禾志》卷 25《新建行衙记》，《宋元方志丛刊》，第 4602 页。
④ （宋）梁克家：《淳熙三山志》卷 7《公廨一・转运行司》，《宋元方志丛刊》，第 7845 页。
⑤ （元）张铉：《至正金陵新志》卷 1《行台察院公署图考》，《宋元方志丛刊》，第 5293 页。
⑥ （宋）梁克家：《淳熙三山志》卷 7《公廨一・通判厅》，第 7848 页。
⑦ （宋）梁克家：《淳熙三山志》卷 7《公廨一・帅属廨舍》，第 7847 页。
⑧ （宋）沈作宾、修施宿等撰：《嘉泰会稽志》卷 3《提刑司》，第 6762 页。
⑨ （宋）李焘撰，上海师范大学古籍整理研究所、华东师范大学古籍整理研究所点校：《续资治通鉴长编》卷 7，乾德四年七月丁亥，第 174 页。
⑩ （宋）李焘撰，上海师范大学古籍整理研究所、华东师范大学古籍整理研究所点校：《续资治通鉴长编》卷 89，天禧元年五月戊戌，第 2058 页。

加涂塈而已。”①南宋绍兴二年（1132 年）闰四月戊戌，朝廷“赐绍兴府行宫复作府治”，高宗谓：“时方艰难，宜惜财用，若别建府第，益烦费矣。”②再如用作教场。哲宗元祐中，苏辙针对朝廷令诸路州县修建保甲教场一事，提出：“访闻京畿、三路，见今皆修盖冬教场屋宇，州、县颇以为劳。臣昔守官河北，窃见义勇冬教，并不曾置教场屋宇，每遇教日，皆权于系官屋宇及寺院等处安泊，别无阙事”；因而建议朝廷进行调查，如果这种借用“别无不便，亦乞罢修，以宽民力”。③地方政府通过这种更改官舍用途，一屋多用，缩减行政设施修建费用。

此外，宋朝官方还明确规定部分散官闲职无专门办公机构，减少修建费用。宋代地方一些官员自设立之始，朝廷就明确规定其不得修建官廨，可以任便居住，如州府文散官、宫观官、添差官等，借之减少官廨修建成本。如《庆元条法事类》中就规定：“诸宫观祠庙提举、主管、监官，创造廨宇者，杖一百；于本宫观祠庙有犯，依监临法；添差者，准此，唯听任便居止。”④《古今合璧事类备要》中也记载：“寇莱公谪道州司马，素无公宇。百姓闻之，竞荷瓦木，不督而会，公宇立成，颇亦宏壮。守土者闻于朝，遂再有海康之命。”⑤虽然百姓爱戴寇准，自发为其修建廨舍，但这并不符合宋朝制度，因而再被贬黜。甚至一些路级属官乃至军兵，也不允许其拥有廨舍。如南宋绍兴府为浙东安抚司置司地，属官“参议机宜、抚干旧无廨舍，皆僦居于市”⑥。景德元年（1004 年），臣僚奏章中也说：“川（陕）[峡] 巡检兵士自来不许修造廨宇，多分泊道涂。”⑦此类情况还有很多，不一一列举。总之，政府通过法令，限制部分官吏廨舍修建，来减少相关成本支出。

三、市场租赁、占借民间房屋

宋代商品经济发达，尤其是在富饶的江南地区，为了解决官员的居住问题，地方政府通过市场租赁民居、占借僧侣房舍来充当官廨，这种现象在当时也相当普遍，但多出

---

① （宋）李焘撰，上海师范大学古籍整理研究所、华东师范大学古籍整理研究所点校：《续资治通鉴长编》卷 90，天禧元年九月癸卯，第 2078—2079 页。

② （宋）李心传编撰，胡坤点校：《建炎以来系年要录》卷 53，绍兴二年闰四月戊戌，北京：中华书局，2013 年，第 1099 页。

③ （宋）李焘撰，上海师范大学古籍整理研究所、华东师范大学古籍整理研究所点校：《续资治通鉴长编》卷 382，元祐元年七月甲子，第 9315 页。

④ （宋）谢深甫监修：《庆元条法事类》卷 10《舍驿》，杨一凡、田涛主编，戴建国点校：《中国珍稀法律典籍续编》第 1 册，哈尔滨：黑龙江人民出版社，2002 年，第 177 页。

⑤ （宋）谢维新：《古今合璧事类备要》别集卷 13《官廨》，上海：上海古籍出版社，1992 年，第 941 页。

⑥ （宋）张淏：《宝庆会稽续志》卷 3《安抚司签厅》，第 7122 页。

⑦ 刘琳、刁忠民、舒大刚，等校点：《宋会要辑稿》方域 4 之 12，上海：上海古籍出版社，2014 年，第 9334 页。

现于地方官府中不重要的属官和低级官员中。如绍兴府浙东安抚司“参议机宜、抚干旧无廨舍，皆僦居于市”[①]。徽州“监在城酒税一员，僦居无定处”[②]。又如理宗朝，刘克庄回忆其为真德秀安抚司参议官时，“曩余参真公谋议，熟知之。时廨废为潜火局，假屋以居，机宜寓僧寺，仅存一干官直舍，诿曰闲慢官尔”[③]。地方武臣属官同样也不受重视，如哲宗元祐元年（1086年），臣僚奏：“诸处巡检，自更改后来，其廨宇营房，往往阙少，或只于乡县寺舍安泊。”[④]福建路分驻泊兵马都监厅“绍兴七年火，遂僦居，后治雄略指挥教场官厅……今都监、监押增四员，皆僦居”[⑤]。监当官也多无官廨，多租赁房屋居住。如福州“初监务两员，都务官廨舍旧旌隐坊北，临河务官廨舍旧法海寺北。建炎以来旌隐坊北改为机宜、通判参议厅，法海寺北尝为登瀛馆，近亦添差签判所寓，监务后增三员，皆僦居”[⑥]。福州监甲仗库官“旧康参门内之南，乾道元年以展拓试院，移瓯治地南庵舍，淳熙八年复为庵舍，始僦居”[⑦]。宁宗朝，澉浦镇监镇官“旧是兼职，元在定安桥西，嘉定十二年内朝绅有请增置，靡有定寓，或借民庐，或泊僧舍，因循岁月已数政矣”[⑧]。南宋宁宗朝镇江府也是“兵官、监当，员众无定居”[⑨]。

灾后以及年久失修，往往会出现官无廨舍的情况，在此情况下，往往要借助民屋、僧舍等充当官廨。如福建路分驻泊兵马都监厅“绍兴七年，火，遂僦居，后治雄略指挥教场官厅”[⑩]。当时因金军南侵，乱兵焚毁官舍，许多官员无处可居，如萍乡县“县治遭贼焚煨烬之余，蒿艾荆棘，翳为糜墟。凡八年间，令二十有七，视事皆于僧舍”[⑪]。崇德县也是如此，“县治自罹建炎兵火，鞠为茂草，乃寓于邑之广法院。所谓囹圄帑藏、案籍吏舍，纷杂莫辨。无庭除以别官曹，讼辈气息相属，每郡吏追呼，径造屏间。如是者盖二十有四年”[⑫]。而崇德主簿厅更是宣和中厅室毁坏后，“寄梵宇几百年，最后

---

①（宋）张淏：《宝庆会稽续志》卷3《安抚司签厅》，第7122页。

②（宋）罗愿纂：《新安志》卷1《州郡·官府》，《宋元方志丛刊》，第7611页。

③（宋）刘克庄撰，王蓉贵、向以鲜点校：《后村先生大全集》卷90《福建安抚司二淮备差遣厅》，成都：四川大学出版社，2008年，第2327页。

④（宋）李焘撰，上海师范大学古籍整理研究所、华东师范大学古籍整理研究所点校：《续资治通鉴长编》卷365，元祐元年二月庚申，第8747页。

⑤（宋）梁克家：《淳熙三山志》卷7《公廨类一·驻泊都监监押厅》，第7849页。

⑥（宋）梁克家：《淳熙三山志》卷7《公廨类一·监务廨舍》，第7849页。

⑦（宋）梁克家：《淳熙三山志》卷7《公廨类一·监押仗库廨舍》，第7849页。

⑧（宋）常棠：《澉水志》卷下《澉浦镇新创廨舍记》，《宋元方志丛刊》，第4669页。

⑨（宋）卢宪纂：《嘉定镇江志》卷12《公廨》，《宋元方志丛刊》，第2406页。

⑩（宋）梁克家：《淳熙三山志》卷7《公廨类一·驻泊都监监押厅》，第7849页。

⑪（清）陈建勋、刘一珠纂修：嘉庆《萍乡县志》卷6《江淮 新建萍乡县治记》，同治壬申年续修本，第117页。

⑫（元）单庆修，徐硕纂：《至元嘉禾志》卷25《碑碣十·崇德县县记》，《宋元方志丛刊》，第4601页。

徙就民居”[①]。直到理宗嘉熙中才重建官廨。陆游也记载：“建炎、绍兴间，予为童子，遭中原丧乱，渡河沿汴，涉淮绝江，间关兵间以归。方是时，天子暴衣露盖，栉风沐雨，巡狩四方……况于州牧郡守以降，籧篨一厦以治其事者相望，又况降而为县令丞簿者哉。及王室中兴，内外粗定，然郡县吏寓其治于邮亭民庐僧道士舍者，尚比比皆是。积累六七十年……然后皆得稍复承平之旧。至于县，则有迨今苟且因循者。”[②]不仅是官廨，军营、仓库等也有借居民屋、僧舍者。如庆元五年（1199 年），臣僚奏报：“诸州军兵各有营房。近年因循不葺，旋至圮坏，其地多为豪贵请佃，军兵遂至赁屋以居。”[③]又如，袁州上供所用支移仓，因离河流较远，运输不便，“乾道丙戌，遂徙之新喻……唯是迁徙之初，仓廪未备寄寓于县之僧舍，隘不足于容，弱不足于负”[④]。常熟县旧仓狭小，民众所交税赋“岁输之粟至八万石，有仓污庳迫窄，才容四分之一……是岁常散蓄于浮屠之居，廊庑皆满，盖藏弗谨，涂塈弗完，得无有以诲盗哉”[⑤]。

新设官员，由于难以在短暂时间内兴建官廨，往往也会较长时期寄居民房、僧舍。如徽宗大观二年（1108 年），臣僚说：“伏睹朝廷设教授之官，于今六年，州郡尚有不置教官廨宇之处，尽室寓于僧院。”[⑥]又如南宋福建路分驻泊兵马都监，在孝宗淳熙中“今都监、监押增四员，皆僦居”[⑦]。监当官也多无官廨，多租赁房屋居住。如福州“初监务两员，都务官廨舍旧旌隐坊北……监务后增三员，皆僦居”[⑧]。度宗咸淳中，黄震也说：“我先皇帝善通其变，始诏天下县学各置官主之，与州郡置教授等。圣虑深远，所以为人才计者可谓悉矣。然方草创，官多僦屋而居，市巷猥亵，师道不严。”[⑨]南宋宁宗嘉定中，镇江府因官员日益增多，“始时别乘一员，今增为两员，其下又有签判矣。始时都监一员，今增为五员，而其上又有钤辖矣。始时推官一员，监当官共七员，今推官分为节察二员，而监当则有监仓、监库、监酒、监税、监闸及排岸、巡铺、作院等官矣。兵官、监当员众无定居”[⑩]。

官无廨舍，通过市场租赁、借居民房、僧舍，虽是无奈之举，但对于节约地方行政设施修建费用，缓解地方财政压力，还是起到一定积极作用的。

---

① （元）单庆修，徐硕纂：《至元嘉禾志》卷 25《碑碣十 · 主簿厅记》，《宋元方志丛刊》，第 4603 页。
② （宋）陆游：《陆游集》卷 20《诸暨县主簿厅记》，第 2161 页。
③ 刘琳、刁忠民、舒大刚，等校点：《宋会要辑稿》兵 6 之 28，第 8731 页。
④ 《永乐大典》卷 7515《许介 新建支移仓记》，北京：中华书局，1986 年，第 3442 页。
⑤ （宋）鲍廉：《琴川志》卷 12《常熟新建顺民仓记》，《宋元方志丛刊》，第 1273 页。
⑥ 刘琳、刁忠民、舒大刚，等校点：《宋会要辑稿》方域 4 之 15，第 9336 页。
⑦ （宋）梁克家：《淳熙三山志》卷 7《公廨类一 · 驻泊都监监押厅》，第 7849 页。
⑧ （宋）梁克家：《淳熙三山志》卷 7《公廨类一 · 监务廨舍》，第 7849 页。
⑨ 《黄氏日抄》卷 87《长兴县主学厅题名记》，（宋）黄震：《黄震全集》，杭州：浙江大学出版社，2013 年，第 2348 页。
⑩ 《嘉定镇江志》卷 12《公廨》，《宋元方志丛刊》，第 2406 页。

四、以工代赈、节约修造费用

在灾荒年份，雇佣灾民进行大规模的城池、官廨、仓库、军营、河渠等修造，既解决了灾民的衣食问题，防止灾民大规模迁移印发的社会不稳定问题，同时又将人员雇佣费用和灾民救济费用合二为一，不失为地方政府节约修造费用的合理途径。这种手段，在宋代之前就已采用，宋代各级地方政府官员也努力创造条件，践行这一理想的救灾与修筑模式。如《鹤林玉露》记载："皇祐间，吴中大饥。范文正公领浙西，乃纵民竞渡，与僚佐日出燕湖上，谕诸寺以荒岁价廉，可大兴土木。于是，诸寺工作鼎新。又新仓廒吏舍，日役千夫。监司劾奏杭州不恤荒政，游宴兴作，伤财劳民。公乃条奏所以如此，正欲发有余之财以惠贫者，使工技佣力之人，皆得仰食于公私，不至转徙填壑。荒政之施，莫此为大。是岁，惟杭饥而不害。"①通过范仲淹在杭州的大规模修造活动，解决了当时这一地区民众的饮食，防止因灾荒导致的大规模人口迁移和死亡。但苏轼也对此提出不同看法，认为修造官廨是技术性较强的工作，"若散募饥贫，不堪工役，鸟兽聚散，得钱便走。熙宁中，尝行此事，名为召募，其实不免于等第上差科，官支钱米尽入役夫，而本户又须贴钱雇人，凶年人户，重有此扰，皆虚名无实，利少害多"②。但是他自身又积极向朝廷申请度牒修造杭州官廨，并认为"深念本州廨宇弊坏已甚，不可不修，及今完葺，所费尚少，后日大坏，其费必倍，又因以募人纳米出粜救饥。设使不因修完廨宇，朝廷以饥民之故，特出圣恩，乞与二百道度牒，犹不为过，而况救饥修屋两用而并济乎？"③两者自相矛盾，实际上，他还是主张饥荒年份，修造官廨的，同时他在杭州也是大修亭台楼阁，重修西湖等，正如陆游记载其六叔祖向哲宗奏报中所说："臣任浙西转运司勾当公事日，轼知杭州，葺公廨及筑堤西湖，工役甚大，臣谓其费财动众，以营不急，劝止。轼遂怒，语郡官曰：'比举一二事，与诸监司议，皆以为然，而小勾辄呶呶不已！''小勾'盖指臣也。然是时岁凶民饥，得食其力以免于死、徒者颇众。臣所争亦未得为尽是。"④这种临灾修廨，对于雇佣饥荒民众，减轻政府救灾资金，整饬园林官舍，还是有相当积极意义的。

---

①（宋）罗大经：《鹤林玉露》甲编卷3《救荒》，北京：中华书局，1983年，第52页。

②（宋）苏轼撰，（明）茅维编，孔凡礼点校：《苏轼文集》卷48《上执政乞度牒赈济及因修廨宇书》，北京：中华书局，1986年，第1408页。

③（宋）苏轼撰，（明）茅维编，孔凡礼点校：《苏轼文集》卷48《上执政乞度牒赈济及因修廨宇书》，第1407页。

④（宋）姚宽：《家世旧闻》卷上，北京：中华书局，1993年，第182页。

五、使用废旧物料，砍伐山林，节约购置成本

民众使用旧的建筑上的砖瓦材料，用来修盖新的建筑，是自古至今都在采用的缩减修建成本的措施之一，这在宋代地方各级官府行政设施修建中同样采用。如哲宗朝，吉州修建州治小厅，“得地于废库之遗址，得材于完葺廨舍之余”①。又如庆元二年（1196年），昌国县修主簿厅，就是利用了“郡造浮梁，邑有余材，君请得之”②。长洲县修县尉厅，也利用之前多次修桥剩余材料，“凡六修小长桥，有余材，辄储以俟用”③。绍兴五年（1135年），万载县重修县治，“寸木片瓦，悉取坏宇弃材，罔有科敛，规模简俭，粗庇风雨，而不务壮丽者，惜民力也”④。绍兴十六年（1146年），成都府修钤辖厅，也是利用了旧厅之材，“悉所得旧材，撤去腐败而易以新。竹以个，木之栋楹梁衺者以枚，椽以枝，合三千五百九十。砖之大而磨者以方，狭者以条，瓦以半，合二万三千三百”⑤。通过这种途径，既精简了修造费用，同时又物尽其用，值得后人学习。

就地取材，砍伐山林，获取木料、石料，也是缩减修建物料费用的办法。如仁宗朝蒋堂为知益州，修建铜壶阁，“其制宏敞，而材不预具，功既半，乃伐乔木于蜀先主惠陵、江渎祠”⑥。又如宣和元年（1119年）八月，工部供到《政和令》中就规定：“诸营造材料并官给，阙，官差军工采官山林；又无，以转运司钱买。若不足，听于中等以上户税租内，随等第以实直科折。”⑦木料之外，砖石材料也有通过这种办法生产制造，减少因大规模市场购买导致的建设经费过高问题。如太宗朝，益州修建官廨，知州张詠就地取材，“又以徒役之人，陶土为瓦，较日减工，人不告倦，岁得瓦四十万”⑧。哲宗绍圣元年（1094年），泸州修都仓，“乃请漕台，得省金一千八百缗，购材于山，陶土于野，募民五千六百手，役兵之力以足之”⑨。可见，官廨营建材料缺乏，从山林采伐林木石材、就地建窑生产砖瓦，是当时较好的节省修建成本的措施之一。

---

①（宋）刘弇：《龙云集》卷22《吉州新修小厅记》，影印文渊阁四库全书本，第1119册，第242页。
②（宋）楼钥撰，顾大鹏点校：《楼钥集》卷55《昌国县主簿厅壁记》，杭州：浙江古籍出版社，2010年，第1005页。
③（明）钱谷：《吴都文萃续集》卷9《曾复 长洲尉厅记》，影印文渊阁四库全书本，第1385册，第228页。
④ 程如式：康熙《袁州府志》卷15《徐升 万载重修县记》，正德九年刻本，《天一阁藏明代方志选刊》，第364页。
⑤（宋）扈仲荣、程遇孙等编：《成都文类》卷28《朱络 钤辖厅重建报忠堂记》，影印文渊阁四库全书本，第1354册，第604页。
⑥（宋）李焘撰，上海师范大学古籍整理研究所、华东师范大学古籍整理研究所点校：《续资治通鉴长编》卷153，庆历四年十二月甲辰，第3725页。
⑦ 刘琳、刁忠民、舒大刚，等校点：《宋会要辑稿》方域10之33，第9480页。
⑧（宋）张詠撰，张其凡点校：《张乖崖集》卷8《益州重修公署记》，北京：中华书局，2000年，第79页。
⑨《永乐大典》卷7516《绍圣创都仓记》，第4352页。

六、动员民间力量，官私共同修建

由于地方财政困难，经费紧张，宋代地方政府也经常会动员地方上的富民、豪强、商人、僧道等出钱出力，共同完成官方行政设施的修建，虽然其中难免劝募或以势干请，但也不排除因官员为政清廉，地方民众主动出资进行兴修的情况，其中的原因较为复杂，难以只凭官员、士大夫所作修造记等一面之词确定，但如果排除强行科配民众，这对于地方政府来说，仍然是缩减修造经费的合理途径。

地方上的一些豪强大户往往成为出钱出物的主力。如高宗绍兴二十五年（1155年），崇德县重修县治，“豪右助金者一千七百余缗，助材者巨细一百七十余事。凡佣食之费，取诸其间”[①]。理宗景定中，福建福清县修谯楼，由于县帑空虚，知县“捐俸千楮为倡。帅马公天骥助巨杉三十条，诸寄公巨室合助楮六万五千一百。学职林裕泰、陈达卿画策请于州，以待补据付县给，得楮八千四百，诸澳愿易船据，得楮一万二千六百，计瓶楮八万六千八百”[②]。这些豪民巨室的资助为地方行政设施的修建提供了巨大的帮助。

寺院僧侣也成为地方官府合作，争取出资的对象。神宗熙宁中，张颉为荆南府知府，“勒部下玉泉寺僧修治诸官园亭，费用常住人牛、钱、物不少；以修唐齐己草堂为名，令颉乡僧居止其中”[③]。又如绍兴二十五年这次崇德县衙重建过程中，当地广法院僧侣还将县治临时寄居的大殿献出，“愿以殿后重屋之属移为县宇。小大余五十间，盖前百年之良材也”[④]。从而，为此次县治的复建提供了巨大的帮助。南宋理宗宝庆中仙游县修县丞厅，就提到当地县官“旧比每任一葺，必取工材于浮图氏。遂召其主首而告之曰：‘与其三岁率一扰，曷若协力新之，劳于此时，逸于后日，不亦可乎？’皆曰唯。肇役于中秋，阅三月而成。端直宏敞，一洗昔时偏颇湫溢之陋”[⑤]。可见，当地僧侣为了避免三岁一次的劳役，宁愿出工出料一次性将县丞厅重建完好。

也有普通民众主动提出无偿为官廨修建出力的，如徽宗宣和六年（1124年），在方腊起义失败后，淳安县（新安县）令“宣布德意，旋茇舍以招抚流散，瘗掩骼胔……靖共夙夜，一无扰于民，民亦相戒以弗犯”，官民关系融洽，在重修县治时，民众在“力

① （元）单庆修，徐硕纂：《至元嘉禾志》卷25《崇德县县记》，《宋元方志丛刊》，第4601页。

② （宋）刘克庄撰，王蓉贵、向以鲜点校：《后村先生大全集》卷92《福清县重建谯楼记》，第2378页。

③ （宋）李焘撰，上海师范大学古籍整理研究所、华东师范大学古籍整理研究所点校：《续资治通鉴长编》卷283，熙宁十年七月辛未，第6938页。

④ （元）单庆修，徐硕纂：《至元嘉禾志》卷25《碑碣十·崇德县县记》，第4601页。

⑤ （宋）陈宓：《复斋先生龙图陈公文集》卷9《仙游县丞厅记》，《宋集珍本丛刊》清抄本，第73册，第470页。

农之余，咸请出力，以营官府。运土木，陶瓦甓，操刘削者，肩摩而袂属”。[①]南宋初，鄞县在兵火之后，县令推行宽简之政，与民休息，得到民众拥护，重建县治，“邑人既悦于政，思所以报称守令之德，咸愿推其赢余以助工役”[②]。南宋宁宗朝嘉定三年（1210年），泾县迁移县治，大规模重建官廨，而“官素乏供，无可倚办”，县令王实“首捐私帑，倡民争助，悉力任费，一毫出纳君不预焉，调度经营则自尸之”。最后完工后，共花费“总縻钱二百六十万有奇，米七百二十斛有奇”，可见民众捐助钱物之多。[③]

通过官民合作，地方政府可以达到节约行政修建费用的目的，但这其中完全出于民众自愿的可能并不常见。事实上，宋代地方政府还有许多方法也能大大缩减地方行政设施修建费用，但往往是采用超经济的行政强制力量，往往是不合理的。如无偿征发民众、军兵、僧道，充当修造人夫；无偿或低价科配兵民修建物料；责令兵、民、商人出钱，转嫁费用；官吏自掏腰包修建官廨、向下级政府摊派等，而这显然是不符合当时朝廷法令规定和民众意愿的。

七、加强立法和审计监督，节约修建成本

宋朝政府也加强立法、减少地方擅自修造活动，缩减使用钱物的数量，达到节约修建费用的目的。如《宋刑统》中就规定：“诸有所兴造，应言上而不言上，应待报而不待报，各计庸坐赃论，减一等。即料请财物及人功，多少违实者，笞五十。若事已损费，各并计所违，赃庸重者坐赃论，减一等（本料不实，料者坐。请者不实，请者坐）”[④]。“诸非法兴造，及杂徭役十庸以上，坐赃论（谓为公事役使，而非法令所听者）”[⑤]。对于官府廨舍的迁移，宋朝政府也进行严格管控，如规定：“诸监司廨宇，不得缘私事辄乞移置他州。”[⑥]

对于修建的建筑材料和规格，宋朝中央政府也进行了限定，其中有节约行政成本的因素。如真宗景德四年（1007 年）诏令：“自今皇城内外亲王宫宅、寺观、祠庙用石灰泥，诸司库务营舍、厅堂、门屋用破灰泥，自余止麦穅细泥，营舍、厅堂、门屋

---

① 嘉靖《淳安县志》卷13《俞偐兴 县厅壁题名记》，《天一阁藏明代地方志选刊》，第2页。

②（清）钱维乔修，钱大昕纂：乾隆《鄞县志》卷 24《鄞县创建县治记 李璜》，《续修四库全书》，北京：线装书局，2002年，第573页。

③（清）李德淦修，洪亮吉纂：嘉庆《泾县志》卷 10《泾县徙建县治记》，民国三年重印本，《中国方志丛书》，第866页。

④（宋）窦仪等撰，吴翊如点校：《宋刑统》卷16《兴造料请（工作不如法）》，北京：中华书局，1984年，第262页。

⑤（宋）窦仪等撰，吴翊如点校：《宋刑统》卷16《兴造料请（工作不如法）》，第263页。

⑥（宋）谢深甫等编：《庆元条法事类》卷4《臣僚陈请》，杨一凡、田涛主编，戴建国点校：《中国珍稀法律点籍续编》第1册，第42页。

用赤色装。如自备泥饰者，听。”[①]《宋史》中也记载，宋朝“凡公宇，栋施瓦兽，门设梐枑。诸州正牙门及城门，并施鸱尾，不得施拒鹊。六品以上宅舍，许作乌头门。父祖舍宅有者，子孙许仍之。凡民庶家，不得施重栱、藻井及五色文采为饰，仍不得四铺飞檐。庶人舍屋，许五架，门一间两厦而已”[②]。同时政府加强财务审计，避免奢侈浪费及其中的贪赃行为。仁宗朝天圣元年（1023年）诏令，“自今传宣营造屋宇，并先下三司计度实用功料，然后给以官物”。时上与皇太后宣谕辅臣曰：“比来诸处营造，内侍直省宣谕，不由三司，而广有支费。且闻伐材采木，山谷渐深，辇致劳苦，宜检约之。”[③]通过三司审计，减少物资浪费。徽宗朝当时“数内外路官司为有廨舍，前后相承，增修不已，或巧为名目，多作料数。州县一面勘请，或肆行检计，动数千缗，诸司直牒取授，莫可检察”[④]。朝廷对此予以关注，宣和元年（1119年）的时候，朝廷规定：“诸营缮廨宇、馆驿、马递铺、桥道及什物之类”，“三十贯以下，转运、提举常平司分认，从所属支，修讫申逐司。诸营造材料所支钱及百贯，或创造三十间，每间不及四椽者以四椽准一间。申转运司。创造及三十间者，仍申尚书工部。县创造三间或缮修十间，并应支转运司钱者，申所属相度[施]行。应申者检计，仍委官覆检。其创造及百间，具奏听旨”。[⑤]州县修建“若巧作名目，多作料数支给，仰监司按劾闻奏。诸路依此”[⑥]。南宋高宗绍兴六年（1136 年），朝廷也对地方“修造舍屋及添修舟舡官司”，所料工物钱“虚桩大料”提出警告，如果再如此，“官吏并重作施行”。[⑦]此外，宋真宗朝之后，中央政府还经常颁布诏令，规定地方政府减少修建活动，防止扰民害政，“应修造不急可缓者。权住修造。所用人物亦权住”[⑧]。“除紧要治事处许随宜修盖，应闲慢修造并住”[⑨]，等等。总之，宋朝政府通过立法、监督、审计等举措，限制地方政府动用钱数和修建房屋间数，减少修造活动，减少地方行政设施修建成本。

此外，诸如精简机构、缩减人员或增加现任官员兼职等，均具有缩减行政设施修建成本的作用，但由于这些措施的功能比较综合，不仅仅缩减了行政设施修建费用，

① 刘琳、刁忠民、舒大刚，等校点：《宋会要辑稿》食货 55 之 3，第 7252 页。
② 《宋史》卷 154《舆服志六》，第 3600 页。
③ （宋）李焘撰，上海师范大学古籍整理研究所、华东师范大学古籍整理研究所点校：《续资治通鉴长编》卷 100，天圣元年三月甲申，第 2318 页。
④ 刘琳、刁忠民、舒大刚，等校点：《宋会要辑稿》方域 4 之 16，第 9337 页。
⑤ 刘琳、刁忠民、舒大刚，等校点：《宋会要辑稿》方域 10 之 33，第 9480 页。
⑥ 刘琳、刁忠民、舒大刚，等校点：《宋会要辑稿》方域 4 之 16，第 9337 页。
⑦ 刘琳、刁忠民、舒大刚，等校点：《宋会要辑稿》方域 4 之 18，第 9338 页。
⑧ 佚名：《宋大诏令集》卷 179《应修造不急可缓者权住御笔》，第 649 页。
⑨ 刘琳、刁忠民、舒大刚，等校点：《宋会要辑稿》方域 4 之 17，第 9337 页。

故而不在此处进行论述。

总之，在地方官廨的修建中，“不费于公，不敛于民”[①]是官员们追求的理想状态，但现实中很难做到，一般只存在于各级官吏从自己俸禄中出钱进行修造，但这又是他们所不情愿的，往往实际的现状是，“盖土木之设，不费于公，则扰于民”[②]，故而以上宋代地方官府行政设施修建中所体现的诸如注重日常维护，减少重修大建、市场租赁、借用其他官屋、以工代赈、利用废旧物料等节省修造费用的举措，其积极意义还是应该肯定的，也值得今人学习和借鉴。而类似“官民合作”“倡民共助”之类的节约官府修造成本的举措则值得进一步总结和反思。

附记

王曾瑜先生是我们敬仰的学界前辈，自2000年进入河北大学宋史研究中心求学以来，多次聆听先生讲座以及请教学术问题。2006年我博士毕业论文答辩，先生作为答辩主持专家，给予了论文较高的评价，我也把这看作是对我的鼓励和鞭策。入职中心后，曾有几次机会前往先生家中拜望，也蒙先生留饭，席间多谈起漆侠先生及中心的往事以及我们个人未来的规划，对我们这些晚辈关爱有加。先生博学多识、淡泊名利，为河北大学《宋史研究丛书》贡献了多部著作，《金朝军制》、《宋朝阶级结构》和《锱铢编》等多部文集已经成为学界经典。先生担任中心博士生导师以来，培养了中国籍博士研究生3人、韩国籍博士研究生1人，目前留校的两位老师已经成为中心学术的骨干力量。先生用他担当河北大学特聘教授期间所获得的津贴在中心设立“王曾瑜先生奖助学金”，资助中心数十名家庭困难的学生完成学业，该奖至今每年仍在评审资助，余泽绵远，中心多年来的发展和成绩与先生的关怀、支持密不可分。“云山苍苍，江水泱泱，先生之风，山高水长”，值此八十寿秩将至之际，祝福先生身体健康，心情舒畅，阖家幸福！

① （宋）陆游：《陆游集》卷20《诸暨县主簿厅记》，第2162页。

② 《乾道四明图经》卷9《冯輗　慈溪县修县门记》，《宋元方志丛刊》，第4943页。

金代收藏行为分析

符海朝*

收藏活动在我国有悠久的历史。收藏行为，蕴含物质、精神两方面的意蕴。一方面，作为一种物质，由于它是承载历史、文化、艺术等信息的特殊商品，随着经济繁荣及时代风尚、审美趣味的变化，其市场价值整体呈不断上升之势，这是收藏活动的经济动因。另一方面，对于收藏品的拥有者和赏玩者而言，通过对收藏品的观瞻，有的欣赏其独特的外观，有的品味其丰富的文化内涵，从而得到精神上的愉悦感。部分收藏品的拥有者则通过收藏这一过程，感悟人生、陶冶情操、修身养性，这是收藏活动的文化动因。

盛世收藏，金朝虽非盛世，但由于女真族崛起之后，很快灭辽，随后攻占东京并控制了秦岭、淮河以北原属于北宋的广大地区，而北宋又是中国历史上经济非常繁荣、文化、科技、艺术也非常发达的王朝，虽然许多可供收藏的物品毁于战火，但是也有许多可供收藏的物品被金朝政府或者私人收藏。相对而言，金朝官、私收藏行为在现有史料中记载还比较多，有些收藏品的实物甚至一直传到现在，成为我们研究金朝和北宋历史乃至此前历史的宝贵资料。但是，对金朝收藏行为的研究，也许是学界关注点的差异所致或者由于其他方面的原因，成果较少。周峰的《金代金石学述要》一文对此问题进行了一些专题性的探讨和学术史的介绍①；杨忠谦的《论金代家族的文献积累与文化教育》一文，也附带谈及了该问题②。有鉴于此，笔者不揣简陋，拟在二位学者研究的基础上，对此问题做一些补充性的研究，不当之处，敬请方家指正。由于金代私人收藏品中纸质类书法、绘画作品和书籍在相关史籍中记载很多，学界对金代书籍的收藏，也多做过探讨③，故该方面内容不在本文专题分析之列，在分析其他收藏物品无法避开或在一些通论性分析中，做附带的探讨。

---

* 符海朝，安阳师范学院历史系副教授。

① 周峰:《金代金石学述要》,《中国历史文物》2007 年第 4 期。

② 杨忠谦:《论金代家族的文献积累与文化教育》,《重庆文理学院学报》(社会科学版) 2010 年第 6 期。

③ 叶雪冬:《辽金元时代私家藏书概略》,《烟台师范学院学报》(哲学社会科学版) 2002 年第 1 期；薛瑞兆:《论金代社会的藏书风尚》,《求是学刊》2006 年第 6 期；周峰:《辽金藏书家考》,《北方文物》2007 年第 2 期。

一、官、私收藏品的来源

（一）官藏品的来源

1. 前朝官方遗产

金代官藏品的主要来源应该来自灭亡北宋时所得，史载金军撤离东京前，“取皇帝南郊法驾之属……取五辂、副辂、卤薄、仪仗，皇后以下车辂卤薄仪仗，皇太后诸王以下车辂卤薄仪仗，百官车辂、仪仗、礼器、法物、礼经、礼图、大学、轩架、乐舞、乐器、舜文王琴、女娲笙、孔子冠、图识、竹简、古画、教坊乐器、乐书、乐章、祭器、明堂布政图、闰月体式、八宝九鼎、元圭、郑圭、大器、合台浑天仪铜人刻漏、古器、秘阁三馆书籍、监本印板、古圣贤图像、明堂辟雍图、皇城宫阙图、四京图、大宋百司并天下州府职贡令、宋人文集、阴阳、医卜之书”[①]。东京官府收藏的文物古籍类物品除遭到破坏或者为金方、宋方私人趁机掠为己物外，几乎被一网打尽。金军对于北宋政府及宫廷收藏的文物古籍不是毁掉而是掠走的做法，应该记下燕京汉人贵族地主刘彦宗的贡献，金军包围东京后，刘彦宗对宗翰、宗望说：“萧何入关，秋毫无犯，惟收图籍。辽太宗入汴，载路车、法服、石经以归，皆令则也”[②]，他的建议为宗翰、宗望基本接受。金军在攻占北宋其他大中城市的过程中，应该也抢掠到部分文物古籍类物品，这些物品应该绝大多数被安置到了金朝当时的国都会宁或幽州。金国在灭亡渤海国和辽国之后，应该也有类似行为。但是，这些东西被掠到金国后，“时方事军旅，未遑讲也”[③]，其中的绝大多数礼乐类器物，被束之高阁，藏之库房。金熙宗皇统（1141—1148 年）年间，熙宗巡幸析津，“始乘金辂，导仪卫，陈鼓吹，其观听赫然一新，而宗社朝会之礼亦次第举行”[④]。海陵王篡位后，“志欲并吞江南，乃命官修汴故宫，缮宗庙社稷，悉载宋故礼器以还”；金世宗即位后，“复收向所迁宋故礼器以旋”。[⑤]贞祐南渡后，部分文物古籍应该又被搬到了汴京，几次搬运过程中，估计都有所丢失，最后一次搬运时候，由于战争逼近，估计丢失的不少。直接反映该方面情况的个案史料有两则，一则是类似现在纪念币类的钱币，“宣和方士烧水银为黄金，

① （宋）徐梦莘：《三朝北盟会编》卷 77，上海：上海古籍出版社，2008 年，第 584 页。
② 《金史》卷 78《刘彦宗传》，北京：中华书局，1975 年，第 1770 页。
③ 《金史》卷 28《礼一》，第 691 页。
④ 《金史》卷 28《礼一》，第 691 页。
⑤ 《金史》卷 28《礼一》，第 691 页。

铸为钱。在神霄者，其文曰：‘神霄丹宝’；五福者曰：‘五福丹宝’；太乙者亦如之。汴梁下，钱归内府”[①]。另一则史料反映的正好是原为辽朝官府收藏被称为内藏库龙的动物标本，“命藏之内库，贞祐南渡尚在”[②]，该物被远途搬迁，估计和龙蕴含的独特含义有关。

2. 没收

利用国家机器，采用强制手段，没收私人物品以归国家，其中不乏收藏价值的物品或者本身就是收藏品，也是金代官藏品的一个来源。有金一代，“没收”这种途径用得最多的是“铜禁”。

由于金国境内铜矿稀缺，政府铸造铜钱所需之铜都难以满足需求，因而从海陵王正隆二年（1157 年）十月开始，实行铜禁，“初禁铜越外界，悬罪赏格。括民间铜鍮器，陕西、南京者输京兆，他路悉输中都”；金世宗大定十一年（1171 年）二月，“禁私铸铜镜。旧有铜器悉送官，给其直之半。惟神佛像、钟、磬、钹、钴、腰束带、鱼袋之属，则存之”。[③]金朝政府还为此制定了详细的执行准则，“民间应许存留铜鍮器物，若申卖入官，每斤给钱二百文。其弃藏应禁器物，首纳者每斤给钱百文，非器物铜货一百五十文，不及斤者计给之。在都官局及外路造卖铜器价，令运司佐贰检校，镜每斤三百十四文，镀金御仙花腰带十七贯六百七十一文，五子荔支腰带十七贯九百七十一文，抬鈒罗文束带八贯五百六十文，鱼袋二贯三百九文，钹、钴、铙、磬每斤一贯九百二文，铃杵坐铜者二贯七百六十九文，鍮石者三贯六百四十六文”[④]。大定二十六年（1186 年） 十一月，金世宗对宰臣说：“国家铜禁久矣，尚闻民私造腰带及镜，托为旧物，公然市之，宜加禁约”[⑤]；金章宗明昌二年（1191 年）十月，“敕减卖镜价，防私铸销钱也”[⑥]；金章宗泰和四年（1204 年）又规定，“凡寺观不及十人，不许畜法器。民间鍮铜器期，以两月送官给价。匿者以私法坐，限外人告者，以知而不纠坐其官。寺观许童行告者赏”[⑦]。

金朝政府严厉实行铜禁政策的出发点是由于铜太少，收到的铜器可用于铸钱，但在此政策实施的过程中，由于部分私人手中的铜器仅按照重量出价，价格又很低，其间肯定有很有收藏价值的器物，自然遭到了部分拥有者的抵制，于是，金朝政府改而

① （金）元好问著，姚奠中主编，李正民增订：《元好问全集》（增订本），太原：山西古籍出版社，2004 年，第 1129 页。
② （金）元好问著，姚奠中主编，李正民增订：《元好问全集》（增订本），第 1172 页。
③《金史》卷 48《食货三》，第 1070 页。
④《金史》卷 48《食货三》，第 1074 页。
⑤《金史》卷 48《食货三》，第 1072 页。
⑥《金史》卷 48《食货三》，第 1074 页。
⑦《金史》卷 48《食货三》，第 1079 页。

实行告密加没收的政策。总之，持续很长时间的铜禁政策在其实施的过程中，应该会有部分有价值的私人收藏品落入官府或者趁机中饱私囊的官吏手中，大部分应该被铸成钱币了，这不能不说是一场文化的浩劫，也是对私人收藏爱好者的沉重打击。

金朝政府无所不用其极的铜禁政策，收获颇丰，正隆三年（1158 年），“铜禁行，官得三代以来鼎钟彝器无虑千数”①。该政策在实施过程中有很大的威慑力，连王公贵族都很害怕，“米元章华陀帖，二十八字。靖康之变，流落民间。历三四传，乃入越王府。王惧为内府所收，秘之二十年，无知者”②。一般的老百姓当然不敢私藏，不管多么喜欢，不管价值如何，赶紧送给官府，“博平路氏一鼎……大定中，铜禁行，不敢私藏，摧大足折，送之官”③。

此外，大定二十九年（1189 年），为了修《辽史》，金朝政府把“民间辽时碑铭墓志及诸家文集，或记忆辽旧事，悉上送官”④。为了显示对一些名臣的尊敬，皇帝会在这些名臣去世后，将他们生前的诗文收藏入秘阁，如金朝名臣王庭筠，“生未期，视书识十七字。七岁学诗，十一岁赋全题。……登大定十六年进士第”，是金代有名的大才子，他去世后，金章宗下诏“求生平诗文藏之秘阁”⑤，该类行为，也为王庭筠类士大夫著作的收藏提供了另一个传承的渠道。

（二）私人收藏品的来源

1. 家传

家传方式是私人收藏品的主要来源。

元好问对每件自家藏品都记载甚详，“予家所藏，书，宋元祐以前物也；法书，则唐人笔迹及五代写本为多；画，有李、范、许、郭诸人高品。就中薛稷《六鹤》最为超绝，先大父铜山府君官汲县时，官卖宣和内府物也。铜渌两小山，以酒沃之，青翠可摘。府君部役时物也。‘风’字大砚，先东岩君教授乡里时物也。铜雀研，背有大钱一，天禄一，坚重致密，与石无异，先陇城府君官翼州时物也”⑥，元好问详细地记下了这些藏品是先人何时、在何地所得、甚至于用何种手段获得。世代家传的收藏品，不管其市场价值如何，由于饱含着先人的心血，所以像元好问这样的后人都会万分珍

① （金）元好问著，姚奠中主编，李正民增订：《元好问全集》（增订本），第 848 页。
② （金）元好问著，姚奠中主编，李正民增订：《元好问全集》（增订本），第 1232 页。
③ （金）元好问著，姚奠中主编，李正民增订：《元好问全集》（增订本），第 1215 页。
④《金史》卷 125《党怀英传》，第 2727 页。
⑤《金史》卷 126《王庭筠传》，第 2732 页。
⑥ （金）元好问著，姚奠中主编，李正民增订：《元好问全集》（增订本），第 822—823 页。

惜，“予家旧所藏多医书，往往出于先世手泽。丧乱以来，宝惜固护，与身存亡，故卷帙独存。壬寅冬，闲居州里，因录予所亲验者为一编，目之曰《集验方》”[①]，元好问希望后代能像他一样珍惜祖上的心血，于是“付搏、拊辈使传之。且告之曰：‘吾元氏由靖康迄今，父祖昆弟仕宦南北者，又且百年。官无一廛之寄，而室乏百金之业。其所得者，此数十方而已，可不贵哉”[②]，在元好问心中，对于元氏家族的后代而言，父祖辈传下的精神文化遗产更加重要。

2. 购买

王公贵族、官僚、士大夫等家庭一般都经济宽裕，为从事收藏活动提供了良好的物质基础。家庭经济条件较好的老百姓，也可购买一些价格较低的收藏品，因此，购买手段也是私人收藏的途径之一。

元好问对自家收藏品的记忆中显示，通过购买这种途径收藏古物可谓习之为常，名画《六鹤》就是“官卖宣和内府之物”时其先大父购得，元好问是一个非常细心的文人，所以“某书买于某处”[③]，必认真记录下来。东平人钱信中，“按《钱谱》收古钱”[④]，在没有专业收藏知识和收藏经验的情况下，按照比较权威的专业书籍收购古钱，直到今天，仍然为许多古钱收藏爱好者所常用。

3. 出土

来自出土遗物的收藏品很少赝品，这种收藏方式甚至能够让社会下层人士，获得一些珍贵的收藏品。

大定（1161—1189 年）初，山东人杨善渊买地修建道院，“掘地得古砖”[⑤]。太原三交西南，大定九年（1169 年）“汾水坏东岸古墓，有鼎及钟磬之属”[⑥]漏出来。明昌三年（1192 年）一月，“蓝田玉山乡农民李兴穿地得”古鼎；临淄农郑氏耕地，“得方寸铜印”[⑦]。金宣宗兴定二年（1218 年）十月，做过某县丞的皋州人贾令春与一群戍卒戍守渑池，渑池盛产煤炭，由于天气寒冷，大家围火取暖，“忽一炭块爆出，块破，中有二白玉仙人，各长二寸有半，眉目口耳形体皆具，顶乌巾，系如皂勒帛状，双带

---

①（金）元好问著，姚奠中主编，李正民增订：《元好问全集》（增订本），第 785—786 页。
②（金）元好问著，姚奠中主编，李正民增订：《元好问全集》（增订本），第 786 页。
③（金）元好问著，姚奠中主编，李正民增订：《元好问全集》（增订本），第 822—823 页。
④（金）元好问著，姚奠中主编，李正民增订：《元好问全集》（增订本），第 1204 页。
⑤（金）元好问著，姚奠中主编，李正民增订：《元好问全集》（增订本），第 1209 页。
⑥（金）元好问著，姚奠中主编，李正民增订：《元好问全集》（增订本），第 1215 页。
⑦（金）元好问著，姚奠中主编，李正民增订：《元好问全集》（增订本），第 1214 页。

下垂，雕刻所不及。贾甚珍秘”[1]，该物应该属于远古生物的化石。道士王守中，让工匠刻碑，“攻石，石中得一龟”[2]，该石龟也是化石。

如果不严格地分析，上文中谈到的“炭中二仙”和“石龟”也可以划入出土收藏物之列。

4. 赏赐

君主集权制社会的帝王为了得到臣下的拥护或显示对王公贵族的偏爱，往往会把官藏品赏赐给一些王公贵族或有功之臣。受到赏赐之人当然会奉这些官藏品为至宝，而悉心保管，代代相传。

金军攻占燕京后，金太祖完颜阿骨打“赐宗翰、希尹、挞懒、耶律余睹金器有差”[3]，这些金器，估计都是攻占燕京后从辽朝官府或者私人手中掠夺而来。金熙宗曾经因为庆祝皇后生日，“以黄金合及两银鼎献明德宫太皇太后，并以金合、银鼎赐宗干、希尹”[4]。海陵王曾经把原归内府收藏的神霄丹宝类钱币“赐幸臣”[5]。金章宗钦怀皇后于大定二十六年（1186 年）生绛王完颜洪裕，金世宗听到后，非常高兴，“满三月，宴于庆和殿，赐曾孙金鼎，金香合，重彩二十端，骨睹犀、吐鹘玉山子、兔儿垂头一副”[6]。抹燃尽忠，金宣宗贞祐二年（1214 年）五月，被封申国公，皇帝“赐玉带、金鼎、重币”[7]。金末忠义人郭虾蟆，因为战功突出，金哀宗赐他“金鼎一、玉兔鹘一”[8]；金哀宗天兴元年（1232 年）九月，皇帝“遣使以铁券一、虎符六、大信牌十、织金龙文御衣一、越王玉鱼带一、弓矢二赐兖王（国）用安”[9]。这些赐物中，有些原本就是收藏品甚至珍贵的收藏品，有的赏赐前虽非收藏品，但因为经过了皇帝赏赐这个非常重要的环节，也变成了收藏品甚至珍贵的收藏品。皇恩浩荡，这些收藏品的有形和无形价值，都会陡然大增。

除以上四种主要的收藏来源以外，其他收藏品，如本文后面谈到的驴宝，从收藏来源来分析，并不构成一个系统，且为孤证，故不再展开讨论。

---

① （金）元好问著，姚奠中主编，李正民增订：《元好问全集》（增订本），第 1224 页。
② （金）元好问著，姚奠中主编，李正民增订：《元好问全集》（增订本），第 1164 页。
③ 《金史》卷 74《宗翰传》，第 1695 页。
④ 《金史》卷 76《太宗诸子》，第 1730 页。
⑤ （金）元好问著，姚奠中主编，李正民增订：《元好问全集》（增订本），第 1129 页。
⑥ 《金史》卷 93《显宗诸子》，第 2058 页。
⑦ 《金史》卷 101《抹燃尽忠传》，第 2228 页。
⑧ 《金史》卷 124《忠义四》，第 2710 页。
⑨ 《金史》卷 18《哀宗本纪》，第 393 页。

二、官、私收藏品的原料分析

原料指的是该收藏品由何种原始材料做成，如金属、纸质、石质等。

（一）官藏品的原料分析

1. 金属类

官藏金属类收藏品主要包括钟鼎器和钱币。

金政府通过实行铜禁，大量古代铜器得以被掠夺到官府，成为金代内府收藏古代铜器的重要来源。海陵王正隆三年（1158 年），金朝政府实行铜，“官得三代以来鼎钟彝器无虑千数”[①]，可见通过该次铜禁行为，金朝官府收集到的钟鼎器的数量很大。金章宗泰和年间（1201—1208 年），士人安顺之曾经“见内府所藏汤盘，作白玉方斗，近四小寸，底铭九字，即‘德日新、又日新、日日新’者也。章宗有旨令辨之。又一方鼎，耳二，足四，饕餮象在雷文中。铭云‘鲁公做文王尊彝’。铜既古，莹如碧玉，无复铜性矣”[②]。作为教育机构的燕都庙学也有一个铜鼎，“高二尺，受数斛。篆有‘离明神鼎养火’六字。后归裕陵”[③]，“裕陵”指完颜允恭，女真名完颜胡土瓦，金世宗次子。

关于官藏古钱币的记载仅发现一则史料，“宣和方士烧水银为黄金，铸为钱。在神霄者，其文曰：‘神霄丹宝’；五福者曰：‘五福丹宝’；太乙者亦如之。汴梁下，钱归内府”[④]。

2. 其他材质类的收藏品

内藏库龙这一收藏品充满神秘气息，“辽祖神册五年三月，黑龙见拽剌山阳水。辽祖驰往。三日乃得至，而龙尚不去。辽祖射之而毙。龙一角，尾长而足短，身长五尺，舌长二寸有半。命藏之内库，贞祐南渡尚在，人见舌作蒲秸形”[⑤]，该收藏品应该属于今天的动物标本类。

---

① （金）元好问著，姚奠中主编，李正民增订：《元好问全集》（增订本），第 848 页。
② （金）元好问著，姚奠中主编，李正民增订：《元好问全集》（增订本），第 1160 页。
③ （金）元好问著，姚奠中主编，李正民增订：《元好问全集》（增订本），第 1215 页。
④ （金）元好问著，姚奠中主编，李正民增订：《元好问全集》（增订本），第 1129 页。
⑤ （金）元好问著，姚奠中主编，李正民增订：《元好问全集》（增订本），第 1172 页。

从质地种类而言，较之私藏品，官藏品应该是一应俱全，在数量和质量上也都占有绝对的优势，但由于官藏品多藏于深宫内院之中，且有专门的机构管辖，又有严格的保密规定，能够接触到的人少之又少，能够记载下官藏品详细信息的人则更少，所以留下的相关史料反而较少。

（二）私藏品的原料分析

由于私藏品的拥有者多为官僚、士人和商人等，其中不乏以交流、赏玩私藏品为乐之人，再加上元好问、刘祁等文人对此又有特别的兴趣，所以相关史料信息反而较多。

1. 金属类收藏品

私人收藏的金属类藏品以铜鼎、铜镜、钱币、印章、砚台为多。

博平路氏收藏一古鼎，“无款识，无文章，而黄金丹碧，绚烂溢目，受五升许，高三尺，其一足稍大”①。元好问转述蔡珪《古器类编》一书记载了两则私人收藏古鼎的史料，“其一明昌三年二月，蓝田玉山乡农民李兴穿地得之，高二尺，两耳有字一十行，文曰‘王四月初吉丁亥……其一太原三交西南，大定九年汾水坏东岸古墓，有鼎及钟磬之属。鼎小者五寸许，大几三尺，中作黄金色。所实牛羹尚可辨。钟磬小者不及二尺，凡十六等，盖音律之次也”②，这几个古铜鼎，都是周朝的遗物。

铜镜是古人正衣冠必需之物，因此经济条件较好的贵族、官僚、士人、商人和地主家庭一般都有铜镜，这就为铜镜的收藏提供了良好的条件，因此，私人手中收藏的铜镜数量较多。转运使张毂“独好收古人器物，所在购求，以是丛于家，古镜尤多”③，“周秦以来镜至百余枚”④；郾城张氏，“蓄古镜以百数”⑤，可见古镜收藏之丰富。蔡珪与萧彦昭于金世宗大定七年（1167 年）都在燕京做官，萧彦昭一日出古镜一面让蔡珪看并先介绍古镜的来历，“顷岁得之关中。虽爱之甚，然背文四字不尽识，且不知为何时物”，蔡珪看后鉴定为汉镜，镜上有“长宜子孙”四字，北宋徽宗年间编撰的《宣和博古图》一书就录有该镜的详细情况，蔡珪又“出图示之，殆若合符，彦昭惊喜”。在座的姚仲瞻见状，说道：“仆家一镜，制作亦奇。宋末得于长安土人家。相传为太真奁中物，不之信也”，蔡珪于是让他去拿，“使取而观，背有楷字数十，为韵语，句四

① （金）元好问著，姚奠中主编，李正民增订：《元好问全集》（增订本），第 1215 页。
② （金）元好问著，姚奠中主编，李正民增订：《元好问全集》（增订本），第 1215 页。
③ （金）刘祁撰，崔文印点校：《归潜志》，北京：中华书局，1983 年，第 35 页。
④ （金）元好问著，姚奠中主编，李正民增订：《元好问全集》（增订本），第 914 页。
⑤ （金）元好问著，姚奠中主编，李正民增订：《元好问全集》（增订本），第 790 页。

言。其略有：‘华屋交映，珠帘对看，潜窥圣淑，丽则常瑞’等语，而纽有开元二字”[①]，姚仲瞻说道：“考其年则唐物，安知为太真之旧耶？”蔡珪笑而不言，慢慢取出浮休居士张芸叟所著的《冗长录》一书，让姚仲瞻读其有关记载，该书载：“元祐中有耕望贤驿故地、得镜遗予者，铭为四字诗。中有‘潜窥圣淑’之句。‘圣淑’二字皆少空，意取圣为君，淑为后耳”，与此镜上的文字正好符合。蔡珪又说道：“望贤（驿）去马嵬数十里，盖迁幸时遗之。浮休，陕右人。得之长安，信矣！”[②]姚仲瞻和萧彦昭听后，又是一阵高兴，对于他们而言，通过古物，品赏历史，也是一种无尽的享受。

关于私人收藏古钱币的记载，见于《续夷坚志》的《古钱》一文，“东平人钱信中，按《钱谱》收古钱。凡得数十种，付之茶店刘六。刘本漕司胥吏家，素称好事。及多收古钱，聚两家所有，以锦囊贮之。如谱中不记年代，品最在前；刘亦有之。金错刀尤厚重，今世所见才二、三分耳。又有方寸匕，形制与错刀同，最多，推为众钱之冠。王莽大钱作燕尾状者，比今所有，其大四倍。文曰‘端布当千’。背后有两字，有‘丝布’、‘泉布’、‘货布’、‘流布’，如是近十布。又有一铢、二铢、三铢至五铢。有内四出纹，是方孔、四角、金文通轮廓者。复有钱背四出文者，榆荚其文，一曰：‘五金’，一曰：‘五朱’。殆分‘铢’字为二也。既有‘涌金’，亦有‘镂金’。开元钱有涌金月牙，复有镂金月牙，有孔方之上有横涌金月牙一线通轮廓者，亦有孔方之下一线通轮廓者。……士大夫日聚于此，杂客不豫也”[③]。刘六家收藏的古钱有汉朝、新莽、唐朝的钱币，种类繁多，而且有稀有钱币。他家应该也是爱好古玩、收藏古玩的人们欣赏古玩、买卖古玩、交流古玩知识、陶冶情操的一个据点。

印章分官印和私印两种，官印是政府机构权力的象征，私印则为个人与官方或他人交往中的重要凭据。党怀英有“周亚夫铜印”，柴揖则拥有“彭宣私印”。[④]临淄农民郑氏耕地时“得方寸铜印，钮作九猿猴，细小如豆；谛视之，形状俱备。郑先未有子，自是产九男。因宝藏此印”[⑤]，郑氏由无子到得印后陆续有了九个儿子，其间固无必然之联系，但在迷信思想盛行的古代，自然则将此印视为“送子福音”；元好问家传有“铜碌两小山，以酒沃之，青翠可摘，府君部役时物也。‘风’字大砚，先东岩君教授乡里时物也。铜雀研，背有大钱一，天禄一，坚重致密，与石无异，先陇城府君

① （金）元好问著，姚奠中主编，李正民增订：《元好问全集》（增订本），第1186页。
② （金）元好问著，姚奠中主编，李正民增订：《元好问全集》（增订本），第1187页。
③ （金）元好问著，姚奠中主编，李正民增订：《元好问全集》（增订本），第1204页。
④ （金）元好问著，姚奠中主编，李正民增订：《元好问全集》（增订本），第1214页。
⑤ （金）元好问著，姚奠中主编，李正民增订：《元好问全集》（增订本），第1214页。

官冀州时物也”[①]，“铜碌两小山”，应该属于金属类矿物质经过人工加工后做成的美丽的盆景。

2. 非金属类收藏品

非金属类收藏品主要分为石质、骨质、泥质三类。

元好问家除了有铜质砚台外，还有四个石质砚台，“苍龙、太一，玉版之次。维宝砚三，并此而四。出中秘，归元氏”，由于出自中秘，元好问认为“得非所宜殆天赐”，为此专门写了《小紫玉池砚铭》，并希望“子孙保之，他日知《野史》之所自”[②]。杨奂曾经“得片石於马山之前，方广一尺，厚减寸之半，从长衡短，状若展掌，底平而不颇，坎可以贮水，而面可以受墨”[③]，其友杜仲梁称之为天砚。

笏是一种礼器，更是地位的象征。“龙图孔公原鲁击蛇笏，阙里传宝旧矣。汴梁既下，入宣抚王公家。公之子以传彦远张君”[④]，张彦远为此请求元好问写了如下铭文：“大横庚庚色枣漆，殷血一线著怪迹。殷士肤敏世载德，天以原鲁配秀实。文楷指佞尧屈轶，屈之版恃气不屈。衣冠堂堂立如植，寸铁指月月不蚀。妖蛇区区辱吾击，正以痛快与泚一。徂徕之铭董狐笔，神物当为吾道惜。属君金匮秘石室，一日龙化雷破壁。”[⑤]元好问希望自己的朋友珍惜宝笏，但是更要做一个正直的官员。

金世宗大定（1161—1189 年）初期，山东人杨善渊于临淄市南买地准备建道院，“掘地得古砖，上刻四十二字云：‘大齐戌二年四月八日，南郭石羊巷杨道圆施花砖笆三千口，在天齐观玉清宫殿上。永记杨押，砖匠杨本坚’”[⑥]。宋徽宗政和（1111—1118 年）、宣和（1119—1125 年）年间，一些方士吹嘘自己能化泥为金，名‘金宝牌’，“长三寸半，阔二寸半，文曰：‘永镇福地’。代州天庆、寿宁二处有之。天庆者今尚在。承平时人传玩，显是泥所成，指文宛然”[⑦]，这当然是骗人的把戏，但是也被后世好奇的人所收藏，也成为今日史学界研究北宋末期政风和民风的史料。

完州旧永平县磨户有一驴，“忽受病。比死，大叫七日不绝声，剖之，大腹内得物，非铁非石，形如栝楼而扁，色深褐，其坚若铁石”[⑧]，该物应该属于驴宝，又名驴砂，属结石类，最初形成于毛驴胃中，因为消化不良、食物残渣凝结形成。有清热解毒、

① （金）元好问著，姚奠中主编，李正民增订：《元好问全集》（增订本），第 822—823 页。
② （金）元好问著，姚奠中主编，李正民增订：《元好问全集》（增订本），第 796 页。
③ （金）元好问著，姚奠中主编，李正民增订：《元好问全集》（增订本），第 795 页。
④ （金）元好问著，姚奠中主编，李正民增订：《元好问全集》（增订本），第 789 页。
⑤ （金）元好问著，姚奠中主编，李正民增订：《元好问全集》（增订本），第 789 页。
⑥ （金）元好问著，姚奠中主编，李正民增订：《元好问全集》（增订本），第 1209 页。
⑦ （金）元好问著，姚奠中主编，李正民增订：《元好问全集》（增订本），第 1199 页。
⑧ （金）元好问著，姚奠中主编，李正民增订：《元好问全集》（增订本），第 1201 页。

泻火之效，其药用价值在《本草纲目》《中药大字典》中均有介绍，具有较高的药用价值和收藏价值。

三、收藏品的价值分析

收藏品的最主要价值自然应该体现在经济方面，即随着市场行情的变化，升值或者贬值，持有还是卖出，短期持有还是长期保存，但由于相关史料中缺乏该方面的记载，零星的记录也很笼统，不足以作经济学的市场分析。故此，主要分析其在当时的实用价值、研究价值及其无形价值，也即收藏品和收藏行为的陶冶情操作用。

（一）实用价值

有些宝物的持有者由于没有意识到该宝物的收藏价值，误将宝物作为一种实物使用，如“神霄丹宝类钱币，海陵以赐幸臣。得者以为帽环，服之不中暍”[①]，佩戴后能不中暑，这当然是无稽之谈。元好问自己所私藏的《米元章心经咒》，其实用性更是匪夷所思，“从后倒念七遍，吹气枕席间，螯虫皆不敢近。试之信然”[②]。博平路氏家的古鼎，“受五升许……路氏用之煮茶。以少火燎其足，则水随沸”，元好问为之感叹道“天壤间神物奇宝，成坏俱有数，特见毁于庸人之手，为可惜耳！”[③]更有奇者，完州旧永平县磨户从死驴肚子中得到的驴宝，由于“磨家不以为异，掷之麦囤中。日课麦皆取于此，而都不减耗。如是一年，乡人传以为神”[④]。该驴宝的神奇价值显然是有人有意无意造谣，然后以讹传讹，不料惹来祸端，“官长石生者索去”，孰料官长索取后，“亦置麦中，竟无神变”[⑤]，此种说法，显见是时人对该长官巧取豪夺行为的不满。

（二）研究价值

北宋是我国历史上金石学的开创和繁荣时期，金承北宋之余风，也出现了蔡珪这样的金石学大家。

蔡珪曾经专门研究过一批官藏品：“正隆三年，铜禁行，官得三代以来鼎钟彝器，

---

①（金）元好问著，姚奠中主编，李正民增订：《元好问全集》（增订本），第1129页。
②（金）元好问著，姚奠中主编，李正民增订：《元好问全集》（增订本），第1235页。
③（金）元好问著，姚奠中主编，李正民增订：《元好问全集》（增订本），第1215页。
④（金）元好问著，姚奠中主编，李正民增订：《元好问全集》（增订本），第1201页。
⑤（金）元好问著，姚奠中主编，李正民增订：《元好问全集》（增订本），第1201页。

无虑千数，礼部官以正甫博物，且识古文奇字，辟为编类官。”[①]大定七年（1167年）蔡珪曾给同僚萧彦昭、姚仲瞻鉴定过古镜，通过该史料可以知道蔡珪的金石学知识和经验都非常丰富。蔡珪且用自己掌握的金石学知识和出土墓葬物互相验证，考证出燕京城两座古墓的墓主，“初，两燕王墓旧在中都东城外，海陵广京城围，墓在东城内。前尝有盗发其墓，大定九年诏改葬于城外。俗传六国时燕王及太子丹之葬，及启圹，其东墓之柩题其和曰‘燕灵王旧’。‘旧’，古‘柩’字，通用。乃西汉高祖子刘建葬也。其西墓，盖燕康王刘嘉之葬也”[②]。蔡珪为此写了《两燕王墓辩》一文，“据葬制名物款刻甚详”，如果不严格地说，蔡珪用了后代史学家命名的二重证据法；蔡珪还著有《续金石遗文跋尾》十卷。在此方面，翰林学士马定国堪与蔡珪一比高下，“石鼓自唐以来无定论，子卿（马定国字）以字画考之，云是宇文周时所造。作《辨余》万言，出入传记，引据甚明”[③]。党怀英、安顺之在金石学方面，也有专长。

（三）陶冶情操

对于部分收藏者而言，收藏的最高境界并非收藏品的大幅升值，而是陶冶情操。

作为王公贵族的完颜璹，家庭衰落后，“贫不能具酒肴，设蔬饭与之共食”，却能够“焚香煮茗，尽出藏书商略之；谈大定、明昌以来故事，或终日不听客去”。[④]在完颜璹看来，在香雾缭绕的室内，和志同道合的朋友喝着茶、看着翻着收藏的古书、聊着过去的故事，才是人生真正的享受。杨奂得到一天然石砚后，和元好问、杜仲梁等朋友一起赏玩，而且请元好问为此作《天砚铭》，“义则方，智则圆。动也人，静也天。在物强名，在我自然。尔目惟鸜，尔味惟凤。篝火缒绠，求中产之售；漆室缇衣，致宾筵之奉。彼金枞而石奏、泉生而云滃者，亦惟砚之用。割烹是谓食费，瑑刻不加玉重。吾知一日而浸百畦，恧于汉阴之抱瓮”[⑤]，元好问的铭文，自然包含着颇多的人生启迪。东平人刘六家，由于“不特古钱，书、画、琴暨古物，无不略具”，再加上他家又是经营茶馆的商家，所以“士大夫日聚于此，杂客不豫也”[⑥]，俨然是收藏爱好者的乐园。道士王守中，得到石龟后，“日在几案间驯狎，如是百日”[⑦]，在一些收藏爱好者眼中，收藏品虽小，市场价值也不高，但却很值得玩味。

---

① （金）元好问著，姚奠中主编，李正民增订：《元好问全集》（增订本），第848页。
② 《金史》卷125《文艺上》，第2717页。
③ （金）元好问著，姚奠中主编，李正民增订：《元好问全集》（增订本），第849页。
④ （金）元好问著，姚奠中主编，李正民增订：《元好问全集》（增订本），第879页。
⑤ （金）元好问著，姚奠中主编，李正民增订：《元好问全集》（增订本），第795页。
⑥ （金）元好问著，姚奠中主编，李正民增订：《元好问全集》（增订本），第1204页。
⑦ （金）元好问著，姚奠中主编，李正民增订：《元好问全集》（增订本），第1164页。

四、私人收藏者的身份分析

对专职收藏爱好者而言，收藏是一种既需要较多财力，又需要对收藏品有较强鉴别力的活动。就金朝收藏者的身份（包括专职收藏者和非专职收藏者）而言，主要包括如下几类人。

（一）王公贵族

无论是收藏的主观条件还是客观条件，在收藏者队伍中，王公贵族都占有很大的优势，所收集的藏品在数量和质量上都臻于上乘。

完颜璹，“少日学诗于朱巨观，学书于任君谟，遂有出蓝之誉，文笔亦委曲能道所欲言”，汉文化素养很高，“朝臣自闲闲公、杨礼部、雷御史而下，皆推重之。资雅重，薄于世味，好贤乐善，寒士有不能及者”[①]，像完颜璹这样“资雅重，薄于世味”的王公贵族，最适合作专职收藏者，难怪其“所藏名画，当中秘十分之二”[②]。完颜璹属于典型的痴迷型收藏爱好者，“宣宗南迁，诸王宗室颠沛奔走，璹乃尽载其家法书名画，一帙不遗”[③]，国破家亡在即，仍然仔细保管好自己心爱的收藏品，可谓顶级的收藏痴迷者。

（二）官僚士大夫

金代封建官僚体制中的士大夫，大多为科举出身，既有较好的经济基础，又有较好的文化素养，可谓有闲阶级，他们成为私藏品的主要拥有者。

金代文坛领袖元好问，同时又是收藏大家，也是在其著作中记录金代收藏史料最多的人，可见其对收藏的浓厚兴趣。金代的书法大家任询，“为人慷慨多大节，书法为当时第一，画亦入妙品”，作为书画家的任询，自然对传世书画有很高的鉴别能力，“家所藏法书名画数百轴，日夕展玩，不知老之将至”。[④]张瑴，许州人，大定二十八年（1188 年）进士，“独好收古人器物，所在购求，以是丛于家，古镜尤多，其样制

① （金）元好问著，姚奠中主编，李正民增订：《元好问全集》（增订本），第 879 页。
② （金）元好问著，姚奠中主编，李正民增订：《元好问全集》（增订本），第 835 页。
③ 《金史》卷 85《世宗诸子》，第 1905 页。
④ （金）元好问著，姚奠中主编，李正民增订：《元好问全集》（增订本），第 856 页。

不可遍识。字画劲古，有颜平原风”[①]。金朝书法大家赵秉文，“其真迹流传绝少”，刘祁藏有其“草书诗稿一卷”[②]；书法家冯壁，承安二年（1197 年）进士，真定人，“尺牍为当代之冠，人得一副皆宝藏之”[③]。赵、冯二人均为书法大家，虽然现存史料中没有反映他们搞收藏的记录，但由于当时人视他们的作品为收藏珍品，他们自然会存留一些自己的得意之作或者其他书画名家的作品。雷渊，应州浑源人，进士出身，“好收古人书画、碑刻藏于家，甚富”[④]。曹君章，应州人，“少读书，不喜为科举”，但是却“好收古人书画、器物，蔼然有士君子风”。[⑤]宁明甫，宿州人，“博学，无所不知，尤长于史事……家积书万卷”[⑥]。金石学大家蔡珪和马定国，家中应该也有不少的收藏珍品。

（三）下层百姓

除去皇亲国戚和封建士大夫这些社会强势群体外，位于社会下层的平民百姓，有时也会因偶然机缘而得到一些比较珍贵的收藏品。

平民百姓的收藏行为，被收藏所需要的主客观条件的所制约，无论是收藏人数还是收藏品的数量和质量，在金代私人收藏者队伍中占的比重都极小，他们所拥有的单件的收藏物，很多都是无意间出土的金石类器物，如果没有好心的专业人士指点，他们不会意识到这是很值得收藏的宝物，如上文中蓝田玉山乡农民李兴耕地时候得到的古鼎、临淄农民郑氏耕地时得到的方寸铜印、山东人杨善渊掘地得到的北齐古砖。他们甚至会把好不容易得到的珍贵收藏品作为普通物品使用。如博平路氏用古鼎煮茶。甚至会被权豪势要之家用各种手段抢走或者骗走，如姚仲瞻家里原为“太真奁中物”的铜镜，“宋末得于长安土人家”。完州旧永平县磨户家里的“驴宝”，先是被“官长石生者索去”[⑦]，实为被抢走，后又入金末元初著名的汉人世侯张柔家。平民百姓用购买手段得到的收藏品则为东平人钱信中和经营茶店的刘六联合收购的古钱币，他们两家应该属于家庭经济状况较好的老百姓。

① （金）刘祁撰，崔文印点校：《归潜志》，第 35 页。
② （金）刘祁撰，崔文印点校：《归潜志》，第 101 页。
③ （金）刘祁撰，崔文印点校：《归潜志》，第 53 页。
④ （金）刘祁撰，崔文印点校：《归潜志》，第 10 页。
⑤ （金）刘祁撰，崔文印点校：《归潜志》，第 29 页。
⑥ （金）刘祁撰，崔文印点校：《归潜志》，第 29 页。
⑦ （金）元好问著，姚奠中主编，李正民增订：《元好问全集》（增订本），第 1201 页。

五、官私收藏品的噩梦——战乱

成吉思汗六年（1211 年）、金卫绍王大安三年七月，大蒙古国军队开始发动大规模的灭金战争，金中都城无法支撑下去，已经成为定局。金宣宗贞祐二年（1214 年）五月，金朝政府南迁汴京，部分文物古籍应该又被搬到了汴京，“内藏库龙”可能由于其独特的象征意义，竟然被搬到了过去。但是，在兵荒马乱的情况下，搬过去的应该是少数。蒙军攻占汴京后，有些金朝政府的官藏品被有眼光的汉人世侯张柔、贾辅等保存，史载张柔“于金帛一无所取，独入史馆，取《金实录》并秘府图书”[①]。但是，考虑到蒙古族军队不知文化为何物，“把装古兰经的箱子抬到清真寺院子里，把古兰经左右乱扔，拿箱子当马槽……古兰经的书页在他们自己的足下和马蹄下被踩成烂泥”[②]的背景，张柔等保护了部分官、私收藏品的实际情况不会太乐观，毁于蒙金战争中的官府收藏品的数量应该很多。

战乱中私人收藏品的命运估计比官藏收藏品的命运要好一些，因为它分布比较分散，战乱之中，私人比官府更注意想方设法保护自己来之不易的收藏品。对于战乱年间心爱的收藏品被毁坏或者丢失，苟活下来的当事人大多会痛心疾首，元好问对此有切身感受，“贞祐丙子之兵，藏书壁间，得存。……举而付之太原亲旧家。自余杂书及先人手写《春秋》三史，《庄子》《文选》之等，尚千余册，并画百轴，载二鹿车自随。三砚则瘗之郑村别墅……比下山，则焚荡之余，盖无几矣。今此数物，多予南州所得，或向时之遗”，战乱之后，元好问与先辈及两兄燕谈，“每及家所有书，则必枚举而问之。如曰某书买于某处，所传之何人，藏之者几何年，则欣然志之，今虽散亡，其缀缉装褙，签题印识，尤梦寐见之”[③]，元好问对丢失收藏品的心情，不止于像父母丢掉了心爱的孩子，而是视收藏品为汉文化之载体，他担心的是文化的陨落。赵秉文在给金代中期的文坛盟主党怀英的文集作序时谈及“近岁寇攘，丧亡几尽，姑裒次遗文仅成十卷，藏之翰苑”[④]；元人纂修宋、辽、金三史时，苏天爵感叹：“金儒士蔡珪、郑子聃、翟永固、赵可、王庭筠、赵沨皆有文集行世，兵后往往不存”[⑤]；贾令春的

① 《元史》卷 147《张柔传》，北京：中华书局，1976 年，第 3474 页。
② ［伊朗］志费尼：《世界征服者史》，何高济译，呼和浩特：内蒙古人民出版社，1980 年，第 120—121 页。
③ （金）元好问著，姚奠中主编，李正民增订：《元好问全集》（增订本），第 823 页。
④ （金）赵秉文撰，孙德华点校：《闲闲老人滏水文集》卷 15，北京：科学出版社，2016 年，第 318 页。
⑤ （元）苏天爵著，陈高华、孟繁清点校：《滋溪文稿》，北京：中华书局，1996 年，第 423 页。

宝物“炭中二仙”，“兵乱中失所在”[①]。较长时期的、大规模的战乱，使金代的收藏品大多烟消云散。对于金代的收藏爱好者而言，则是无尽的辛酸和对那些永不复见的珍藏品的刻骨铭心的回忆，文化的基因图谱也因此留下了一个个的断裂。

北宋社会经济的繁荣和文化的大发展，为金代收藏业的发展奠定了良好的基础。金代官府收藏品主要来源于北宋官府的收藏，基于铸造货币所需要的铜的缺乏，海陵王、金世宗及金章宗时期实施的“铜禁”政策，虽然一定程度上满足了金朝政府经济上的需要，但是在其实施的过程中，大量的私人收藏品毁于冶炼炉，对私人收藏活动是一场持续时间较长的沉重打击，不能不说是文化的浩劫。而金朝私人收藏品的来源较之官府收藏品更为广泛，某些收藏品且较多地进入市场。元好问、刘祁等士大夫对于金代的收藏行为给予了极大的关注，蔡珪、党怀英等人还因此成为继欧阳修、赵明诚之后的金石大家。金代私人收藏品的价值主要体现在收藏、研究和陶冶情操三个方面，侧重于哪个方面则因人而异，大多侧重于收藏，蔡珪等人则侧重于其研究价值，完颜璹等王公贵族和士大夫则侧重于其陶冶情操的作用。金末战乱，无论是对于官府的收藏品还是私人的收藏品，都是一场巨大的梦魇，不能不让后人扼腕长叹。

---

①（金）元好问著，姚奠中主编，李正民增订：《元好问全集》（增订本），第1224页。

南宋东南地区民事案件执行状况考述

——以《名公书判清明集》中的财产案件为中心

高 楠*

在现代民事执行理论中，将民事执行分为私力救济和公力救济两种。对南宋的民事执行，依据不同身份的执行人，笔者将其做了同样的分类。前者亦称自力救济，它是私人为维护自身的权益而实施的个人行为；后者则由宋代各级司法机关根据判决实施的行为。因南宋与财产相关的私力救济主要是民间私债追偿问题，未必经由官府，所以，本文所述乃是公力救济，即民事财产案件的判决的执行状况。

学界直接以"宋代……执行"为题的研究论著，有屈超立、罗彤华、杨高凡、郭艳艳等学者的成果。[①]在这些学者中，除屈超立教授外，其他学人或考察宋代某项政策法规的施行，或探讨宋代死刑执行问题，所论并非本文所指的公力救济性质的民事执行。屈超立教授的《宋代地方政府民事审判职能研究》一书中，虽单设一章，专论宋代民事执行问题。然而，其并未区分私力救济和公力救济这两类不同性质的民事执行行为，在运用史料说明问题时，亦未能对更加具体的时间背景进行区分。[②]因此，笔者拟对《名公书判清明集》中的民事判决执行的细节内容进行归纳整理，以期提炼出南宋东南地区地方政府对民事判决执行的较为固定的形式及其共性。

一、民事执行方式

在《名公书判清明集》的争业、立继、宗族、诬赖、坟墓、争界至、库本钱和违法交易等类型的案件中，有不少与民事判决执行相关的文字记载。通过对这些案件的梳理和分类，我们发现，南宋的民事执行的方式较为灵活，既有当厅执行和案后执行，

---

* 高楠，河北经贸大学教授。

① 屈超立：《宋代地方政府民事审判职能研究》，成都：巴蜀书社，2003 年，第 168—169 页；罗彤华：《宋代的孤幼检校政策及其执行——兼论南宋的"女合得男之半"》，《中华文史论丛》2011 年第 4 期；郭艳艳：《宋代赦书蠲减政策执行中中央与地方的博弈》，《哈尔滨师范大学社会科学学报》2014 年第 1 期；杨高凡：《宋代大辟研究——从宋代死刑的执行率角度考察》，《保定学院学报》2014 年第 1 期。

② 屈超立：《宋代地方政府民事审判职能研究》，第 168—169 页。

也有限期执行和协同执行。

（一）当厅执行

对于案情较为简单，当事人之间的财产关系较为明了的民事案件，官府多在做出判决后当堂予以执行。如范应铃在对吴盟和吴锡两兄弟之间的土地产权之争做出裁定的同时，责令二人将手中的违法契据“当厅毁抹”[①]。在另一宗叔父伪造契约盗卖侄子田业的民事案件中，法官判令将伪契“当厅毁抹附案”[②]。判决后是否当堂执行，除取决于法官对案情性质的认识以外，还与法官对案件解决的期望值有关，如在监析何氏叔侄分家产一案时，为避免当事人“越经上官，争讼不已”而导致家业荡尽的情形出现，执法官翁甫往往采取当厅执行方式，“置立关书，析开户眼，当官印押，以绝两家之讼”[③]。

（二）案后执行

首先，对比较复杂的财产争讼，由于“两争干涉人众”[④]，年代久远，官府多采取案后执行方式。其次，对那些需要到实地查证，以确认产权归属的案件，也只能在案后执行。如龚敷与游伯熙争地一案，官府判决“从公照古来堑界标迁”为二人划分地界。为找到原来的土地界标，执法官命“押两争人到地头”，寻找解决本案的关键证据。[⑤]再次，如果应由败诉方交付的、作为标的物的不动产不在本地，则须由申请人执本地官府的判决书及批文到产业所在地申请执行，如前述宜黄县张椿赵永互争田产一案[⑥]，因地理空间的原因，需要一定时间来完成执行标的物的转移，当然要划归案后执行范畴。再者，案后执行还适宜于各类民事上诉案件，负责上诉审的机关将案件剖判明白后，“牒县并照已断行”[⑦]，或将案件“牌押下县”[⑧]，交由当地县衙执行。此类案例在《名公书判清明集》中多次出现。如朱安礼、张清二人，为了二亩土地，“自县至府，展转二年”，将官司打到了府衙。知府吴革“将县府案卷反覆看详”后，

---

① 中国社会科学院历史研究所宋辽金元史研究室点校：《名公书判清明集》卷4《吴盟诉吴锡卖田》，北京：中华书局，1987年，第100页。

② 中国社会科学院历史研究所宋辽金元史研究室点校：《名公书判清明集》卷9《叔伪立契盗卖族侄田业》，第308页。

③ 中国社会科学院历史研究所宋辽金元史研究室点校：《名公书判清明集》卷5《僧归俗承分》，第138—139页。

④ 中国社会科学院历史研究所宋辽金元史研究室点校：《名公书判清明集》卷6《诉侄盗卖田》，第183—184页。

⑤ 中国社会科学院历史研究所宋辽金元史研究室点校：《名公书判清明集》卷5《揩改文字》，第154页。

⑥ 中国社会科学院历史研究所宋辽金元史研究室点校：《名公书判清明集》卷4《使州送宜黄县张椿与赵永互争田产》，第101—102页。

⑦ 中国社会科学院历史研究所宋辽金元史研究室点校：《名公书判清明集》卷7《先立已定不当以孽子易之》，第206页。

⑧ 中国社会科学院历史研究所宋辽金元史研究室点校：《名公书判清明集》卷7《不当立仆之子》，第207—208页。

认为所争之田为户绝田产，命县衙将田产没官。[①]又如前述定江县吴端敬一案，亦是一件在异地审理的上诉案，受命审理的官府做出判决“牒定江寨巡检严限监移”[②]，将此案的执行权移交给了案件发生地的巡检，并规定了执行期限。再如《名公书判清明集》卷 5《侄假立叔契昏赖田业》中，执法官判决将“文虎元冒领去性甫苗利钱旧会三百贯道”，“责限还性甫”，命贾文虎在官府规定的限期内自觉还款。[③]

（三）限期执行

《宋刑统》沿用唐令原文，严禁债权人私自牵掣债务人的财物，监押债务人的人身。但债权人可以向官府提出申请，由国家行使这一权力。[④]南宋时，亦遵循这一法律规定，如罗友成因欠债被债权人起诉到官府，执法官判令他偿还债务，“如一月不纳，押上照断监还”[⑤]。由判决内容来看，南宋的执行期限没有严格的规定，有以一月为期的；也有以半月为期者，如胡五姐对翁泰身后田产的要求，执法官叶武子判决“再限半月”，执行完毕[⑥]；还有的以十日为限，如南宋后期建阳县江氏家族立继纠纷一案，官府的判决：“贴委建阳县尉从公检校申，限十日。”[⑦]透过这些案例，可以看到南宋官府在民事案件执行方面大多有一定的期限要求，期限长短与案件性质、当事人的偿付能力、案件的管辖权、案件的审级等多种因素相关。

（四）协同执行

对于较复杂的案件，南宋官府往往是派出官佐，约集两造的宗族、邻人、乡保等共同协助执行。如前述龚敷与游伯熙争地一案的执行，在押两方当事人到场的同时，还“集邻保”到地头，由官府召集邻保协助执行。[⑧]又如在判令何烈分析家产时，“今监族长并监乡司根刷何氏见在物业，索出产簿参对，与作两分均分，置立关书，析开户眼，当官印押”。即是由官府召集当事人的族长和乡保参与执行，将何氏产业平均分

---

① 中国社会科学院历史研究所宋辽金元史研究室点校：《名公书判清明集》卷6《陆地归之官以息争竞》，第187—188页。

② 中国社会科学院历史研究所宋辽金元史研究室点校：《名公书判清明集》卷 9《盗葬》，第 328—329 页。

③ 中国社会科学院历史研究所宋辽金元史研究室点校：《名公书判清明集》卷 5《侄假立叔契昏赖田业》，第 145—146页。

④（唐）长孙无忌等撰，刘俊文点校：《唐律疏议》卷 26《杂律・负债强牵财物》，北京：中华书局，1983 年，第 485—486 页；（宋）窦仪等撰，吴翊如点校：《宋刑统》卷 26《杂律・受寄财物辄费用公私债负》，北京：中华书局，1984 年，第 412—413 页。

⑤ 中国社会科学院历史研究所宋辽金元史研究室点校：《名公书判清明集》卷 9《领库本钱人既贫斟酌监还》，第 335—336 页。

⑥ 中国社会科学院历史研究所宋辽金元史研究室点校：《名公书判清明集》卷 5《争田合作三等定夺》，第 143—144页。

⑦ 中国社会科学院历史研究所宋辽金元史研究室点校：《名公书判清明集》卷 8《命继与立继不同》之《再判》，第 266—267 页。

⑧ 中国社会科学院历史研究所宋辽金元史研究室点校：《名公书判清明集》卷 5《揩改文字》，第 154 页。

成两份，由官府当场用印，进行公证。参与此案执行的族长和乡司均是官府指派的第三方人员。翁甫令族长和乡书手参与何烈家产的分割，并命其当堂完成分家析产的程序，是出于担心败诉方不遵判决，“越经上官，争讼不已”而致产业荡然无存的考虑。[①]这种由第三者协助执行的情形，有“众证”的意思表示，但也反映出南宋社会生活中民事执行缺乏一定之规的尴尬局面。再如前述胡五姐之财讼，因为需要确认胡五姐与卖产人翁泰是否为夫妻关系，以及翁泰典卖田产时是否成年等事实，司法官令所有曾与翁泰进行过田宅交易的得业人，“各赍契照，赴官逐一点对”，以帮助官府查明翁泰的财产情况，协助执行。[②]

上述四种执行方式，在南宋民事判牍《名公书判清明集》中均多次出现，就具体案例而言，有时是两种或多种执行方式结合在一起。如胡颖在处理谭友吉论诉李子钦一案时，判令李子钦名下的契书“并当厅毁抹，送县行下本保，唤集谭氏族长……并照条作诸子均分”[③]，因是一宗上诉案，考虑到当事人之间关系较为复杂等因素，即采取了当厅执行、案后执行与协助执行并存的混合执行方式。

二、民事执行的时代特色

由南宋民事财产案件的执行方式来看，当时的民事执行不仅表现出浓厚的伦理法色彩，而且还具有司法附属于行政和非规范化的特征。

（一）浓厚的伦理法色彩

不可否认，古今中外一样，南宋司法亦是以国家强制力为后盾，其民事诉讼程序中执行环节本身便带有强制的意味，且不乏以刑惩手段排除民事执行中的阻碍，但南宋的民事执行同时也具有浓厚的伦理法色彩，具体表现在以下内容。

南宋各级地方行政长官深受儒家思想熏陶，在民事执行中体现出儒家的恤刑思想。尤其在处理家族内部纷争时，这一特点表现得更为明显。如在判决原立嗣子拥有合法承继权后，法官又严厉警告过继子，“若再有游荡不肖实迹，自招愆尤，定行追究，坐以不孝之罪，后悔无及”[④]；再如韩竹坡在对王文植家“争立互诉之词”做出

① 中国社会科学院历史研究所宋辽金元史研究室点校：《名公书判清明集》卷5《僧归俗承分》，第138—139页。
② 中国社会科学院历史研究所宋辽金元史研究室点校：《名公书判清明集》卷5《争田合作三等定夺》，第143—144页。
③ 中国社会科学院历史研究所宋辽金元史研究室点校：《名公书判清明集》卷4《随母嫁之子图谋亲子之业》，第124—126页。
④ 中国社会科学院历史研究所宋辽金元史研究室点校：《名公书判清明集》卷7《先立已定不当以孽子易之》，第206页。

双立裁断后，仍旧强调“天下万善，孝为之本”，要求两造和睦相处，“倘或不然，再词到庭，明有国法，有司岂得而私之哉！”[①]

民事执行主要是对司法机构所作出的给付判决的具体落实，在“以明刑弼教为先，名分尤所当急”[②]原则指导下，《名公书判清明集》中的法官在做出民事判决的同时，虽然也指出了品质恶劣的当事人应该受到什么样的刑事处罚，但多不直接采用刑罚手段，而是网开一面，给败诉者预留出一定的时间，希望败诉方自己悔过并自动履行官府判决。“且责戒励一次，今后如更惹词，定行追断。”[③]与此例中的判决一样，“如再恃强，定行断科”[④]，“再不循理，照条施行”[⑤]之类的词句一再出现在判词中。

宋代对民事违法行为的刑事处罚，主要有责戒、枷项、笞杖等方式，最高刑罚为杖一百，但州县官一般都从轻处理，有时这种刑罚只是象征性的，仅作为迫使当事人履行义务的一种方式。即使当事人拒不履行判决，或者有假伪契据、昏赖诬妄、恣意强横等民事违法行为时，也多采用从轻原则。理宗时期，饶州贵溪县民潜彝伪造了淳祐三年（1243 年）的田契，欲夺人之产，“已经官司定夺，尚执契书，不肯还人，及送有司鞫实，仅还两契，犹有还不尽者”，最初拒不执行官府判决、后来采取拖延战术的潜彝，“本合勘断枷项，押下本县号令”，但因其有士人头衔，又犯在赦前，竟未受到任何刑事惩罚。[⑥]南宋初期，豪横乡里的黄清仲涂改契书，霸占陈宅田产，“部断、府断、西通判审断”后，先后受理此案的转运司及提刑司“皆断田还陈氏”，黄氏父子却拒不执行，不仅殴打陈宅的耕田佃户，“县尉勾追，则聚众打损其承人”，并“强割他人布种田苗四年”，就他的行为而言，本应“依律依条以盗论计赃，轻则刺环，重则刺配”，但法官在量刑时采取了从轻原则，对其予以严厉警告，“如日后再敢强割田苗，定照律条计赃决配施行”，判决对其“勘杖一百”，且“照赦免断”，免除了对黄清仲的刑事处罚，仅执行民事部分。[⑦]

民事执行是法律权威性的最终体现，如果有效的法律判决得不到执行，法律判决就犹如一纸空文。客观地讲，南宋民事判决中的败诉方之所以拒绝或拖延执行，与民事执行中浓厚的伦理法色彩有很大的关系，相对宽容的民事执行原则往往使执行难以

---

① 中国社会科学院历史研究所宋辽金元史研究室点校：《名公书判清明集》卷 7《同宗争立》，第 209—211 页。

② 中国社会科学院历史研究所宋辽金元史研究室点校：《名公书判清明集》卷 10《恃富凌族长》，第 392 页。

③ 中国社会科学院历史研究所宋辽金元史研究室点校：《名公书判清明集》卷 10《讼曾叔祖占屋延烧》，第 392—393 页。

④ 中国社会科学院历史研究所宋辽金元史研究室点校：《名公书判清明集》卷 6《争界至取无词状以全比邻之好》，第 200 页。

⑤ 中国社会科学院历史研究所宋辽金元史研究室点校：《名公书判清明集》卷 6《争地界》，第 198—199 页。

⑥（宋）刘克庄：《后村先生大全集》卷 193《饶州州院申潜彝招桂节夫周氏阿刘诉占产事》，四部丛刊本。

⑦ 中国社会科学院历史研究所宋辽金元史研究室点校：《名公书判清明集》卷 13《以累经结断明白六事诬罔脱判昏赖田业》，第 509—511 页。

落到实处。从某种意义上讲，不执行司法机构的判决，其影响是极为严重的。传统儒家文化中的中庸之道和“重义轻利”观念是形成南宋民事执行中浓厚伦理化色彩的深层次意识基础，法律和司法的尊严为此受到重创已无须赘言，所以我们可以将南宋民事执行中的这一特色视为当时民事执行难的思想根源。

（二）司法附属于行政

南宋仍然以州县行政机构兼管本地的司法事务，执行职能只是各级官吏的兼职。所以，南宋的民事执行附属于行政行为，民事执行权具有行政权和司法权双重属性。

由于执行权兼有行政权的属性，其自由处断特征必然存在，也难免会出现执行人员恣意行使执行权的情况。若下级官府不执行上级官府已生效的判决书，随意改变执行依据的执行内容，其具体责任人将受到处罚。如宁都县人丁昌死后，其妻阿甘为抚养年仅三岁的收养子，招接脚夫进门。县人朱先却到县衙告论绝户，要求购买户绝之产。林知县以丁昌养子不符合“除附之法”为由，判决将其家产业没官，交由朱先购买。阿甘到提举司上诉，依旧败诉。之后她又到宪司处上诉，叶宪台认为，朝廷的除附法只适用于收养同宗养子的情况，丁昌家的养子为异姓，“收养异姓三岁以下，法明许之即从其姓，初不问所从来，何除附之有”，并且，收养异姓养子时，“申官附籍则可”，“法亦有虽不除附，官司勘验得实，依除附法之文”，再加上丁昌家业微薄，且并非户绝，是林知县适用法条有误，判决将丁昌产业给还阿甘，行下本县执行。但宁都县却没有按照叶宪台的最后判决执行，而是“辄将提举司元牍不当文移，混乱妄申”，为维护法律判决的权威性，叶宪台命将“承行人勘杖八十”，在处罚具体责任人的同时，他又重申前述判决，命宁都县知县将丁昌所有产业给还阿甘。[①]

按照哲宗元祐五年（1090 年）的规定，在执行程序中，若负责“检估”财产的吏人失职，对执行财产随意估价，或高价低估、同价贱卖，致经手的抵当财产有“折欠，出卖不敷”，其承办吏人将受到陪填的经济处罚，“如有情弊而检官知情者，准此供抵当”；若负责执行的吏人有渎职行为，违法以物抵债，如明知抵当人“蒙昧尊长，或将同分不愿人财产，及妄指他人财产”充当抵当物，则承办吏人与抵当人同罪，另外，如果“检估官吏” 明知抵当者的行为违法，仍旧为抵当者提供便宜，办理抵当手续，“不令有分人知委”，检估支借官及干系人也要承受相应的经济处罚。[②]

---

① 中国社会科学院历史研究所宋辽金元史研究室点校：《名公书判清明集》卷 8《夫亡而有养子不得谓之户绝》，第 272—274 页。

② （宋）李焘撰，上海师范大学古籍整理研究所、华东师范大学古籍整理研究所点校：《续资治通鉴长编》卷 453，哲宗元祐五年十二月戊申，北京：中华书局，2004 年，第 10865—10866 页。

由《名公书判清明集》中的相关记载来看，对于执行判决的官吏，依旧适用上述处罚措施。当他们在执行程序中违反当事人真实意思表示，存在强制执行等违法执行行为时，也将受到严厉惩处。法因事而设，若从其反面观之，这类法规的颁行，也从一个侧面反映出官吏违法执行的社会现状。法令中列举的官吏的种种违法执行，是多种因素共同作用的结果。首先，官员及其下属吏人兼任执行人的体制容易造成执行权过度集中，导致执行中的衙门作风；其次，由于缺乏法律意义上的监督制约机制，民事执行中的承办人常以个人的意思表示指导执行，或怠于行使执行权，执行时拖拖拉拉，或滥用执行权，行使时超越权限。民事执行权在行使过程中的异化，极易导致“人为控制”“暗箱操作”等违法执行问题，甚至出现“关系案”“人情案”“金钱案”等现象，给当事人造成不应有的损失。总之，南宋的司法行为附属于行政行为的制度上的缺陷，是这一状况大量存在的制度根源。

（三）非规范化特征

由上述可见，南宋对民事判决的执行有着较为固定的形式。但由于没有形成一套独立的民事执行法规，南宋的民事执行程序存在着非规范化特征。

已判决案件的执行不力是南宋民事执行非规范化的外化形式之一。有些案件虽已判决，执行环节却遭遇很大阻力。譬如宁宗嘉定时期，百姓吴端敬虽多次赢得官司，但此案的执行却困难重重：自嘉定五年（1212 年）至吴思敬之妻段氏再次诉官，首尾六年，吴宅“累经州县论诉”，“官司虽与定断，至今尚未了绝”。[①]又如南宋一件普通的立嗣案件，“前断任内邓权命所定，已得其情，何为两年犹未施行，遂使两家困于终讼”[②]。在等待官府对败诉方予以强制执行的过程中，胜诉方又耗费掉大量的人力、物力、财力和时间。权益受损方选择诉讼不仅仅是为了讨个说法，在道义上、法律上赢得官司，更实在的目的是想以较小的资源消耗取得较大的经济效益，迫使债务人履行债务或通过执行程序实现债权。但如上两例所示，执行中的阻力不仅未能满足人们对正义、自由和秩序的需求，反而加重了当事人的诉讼成本支出。胜诉方反复诉讼、一再上诉现象的多次发生，从另一个侧面折射出南宋民事执行中的非规范化特征。

南宋民事执行非规范化特征的形成也与司法缺乏有效的监督密切相关。为满足本地某些人（团体）的利益，有些地方官吏并未真正落实朝廷颁布的某些政令，如沅州麻阳县，神宗熙宁年间颁下的募役法直到高宗绍兴十九年（1149 年）仍未执行，“至

① 中国社会科学院历史研究所宋辽金元史研究室点校：《名公书判清明集》卷 9《盗葬》，第 328—329 页。

② 中国社会科学院历史研究所宋辽金元史研究室点校：《名公书判清明集》卷 7《不可以一人而为两家之后别行选立》，第 208—209 页。

今尚行差役”①，像这类“州县莫能察，诏旨成徒虚”②的状况在南宋社会中并不少见。因司法机构是行政与司法的合一，南宋社会中的某些人有时倚仗本身或其他社会关系较高的官职，对品级较低的司法官做出的司法判决不屑一顾；品级低的官吏官轻位卑，对强权者也有惧怕心理，对讼争的最终解决并没有信心。如前述胡应卯、曾爚一案，“前政赵知县所判，已得其大概，然竟无如之何”。究其缘由，“良以县道权轻，彼挟官势，劝之以理，则彼有所不从，绳之以法，则此有所不敢”。曾爚提起上诉后，此案又被发回本县审理，做出终审判决后，县令感叹：“当职下僚小官……此必不足以弭其争。”为消弭讼争，县令只好采取了迂回的方式：惩罚在曾氏兄弟身边“朋而翼之”之人，将其“备申县衙”，“备榜晓示”，以示惩戒。③

南宋执行程序的非规范化与频繁的大赦不无关系，如饶州贵溪县的潜彝父子曾“挟取周氏阿刘孤儿寡妇之业，已经官司定夺，尚执契书，不肯还人”，拒不履行法定义务，“及送有司鞫实，仅还两契，犹有还不尽者”，官府启动强制执行程序后，仅象征性地归还了其中的小部分，妄图敷衍了事，“倚赦拒追，三两月而后出”，潜彝父子采取了拖延时间的战术。如此例所示，南宋时代较为频繁的大赦成为当事人用以对抗执行的合法借口，带给南宋民事执行规范化以不应有的阻碍。众所周知，宋代士人在诉讼中享有优遇，然而对世人的优遇却成为他们拒不履行断由所载法定给付义务的护身符，在上述案件的审理中，面对潜彝父子的诬赖行径，曾莅官各地，“未尝罪一士人”的刘克庄不住地慨叹“士行如此”。但囿于国家法令，刘克庄最后也只能对“本合勘断枷项，押下本县号令”的潜彝“引赦免断”，无法追究其相应的刑事责任。④

社会成员法律意识淡薄也是导致南宋民事执行非规范化的因素之一。由于法律意识淡薄，许多百姓对朝廷颁布的民事法律与法规视而不见，置若罔闻，合法权利受侵害者与侵害他人合法权利者都很难意识到其行为的违法性，权利受侵害方不主张权利，没有依法向州府县衙提出诉讼请求的愿望，民事诉讼要求不积极；有的人则片面地理解法律，将法律作为实现个人私利的工具，再加上实际生活中不胜枚举的权大于法事例的负面导向，人们对权力的崇拜仍然远远胜过对法律的信赖。由于执行实质上是利益的转移，从而致使一些被执行人公开抗拒执行。在这样的社会氛围下，南宋的民事执行很难达到规范化与逻辑化。此外，南宋民事执行人员的素质参差不齐，也在很大程度上导致了执法不力，从而影响着民事执行的规范化。

---

①（宋）李心传：《建炎以来系年要录》卷159，绍兴十九年三月丙寅，北京：中华书局，1956年，第2583页。

②（宋）李觏著，王国轩校点：《李觏集》卷35《哀老妇》，北京：中华书局，1981年，第382页。

③ 中国社会科学院历史研究所宋辽金元史研究室点校：《名公书判清明集》卷5《典卖园屋既无契据难以取赎》，第148—151页。

④（宋）刘克庄：《后村先生大全集》卷193《饶州州院申潜彝招桂节夫周氏阿刘诉占产事》，四部丛刊本。

三、结　论

由《名公书判清明集》中的财产案件的执行情况来看，有具体内容并已经生效的给付之判，是南宋地方官府据以行使民事执行权的重要先决条件。面对已经生效的判决，若债务人拒不履行给付义务，债权人则会申请执法机关强制执行，这是南宋民事执行的第二个必要条件。在南宋东南地区财产案件的判词中，虽未明言官府强制执行权的行使是在胜诉方申请后的作为，但这是不言而喻的，因为与民事诉讼“不告不理”原则相同，无论是古代的司法机构，还是现代的司法机关，都不可能将一个尚未提交出来的案件进行裁判，也就是说，政府的司法机构一般不会主动干预社会生活（刑事案件另当别论），这是由民事审判的被动性所决定的，同样民事执行也具有这一特性。值得注意的是，由上述案件的执行可以看出，它与现代意义上的申请执行的表现形式不同，南宋的申请民事执行是以两造中的胜诉者重新提起一个与原判决内容相关的诉的形式完成的，由此可推知，南宋并无专门的民事执行的法律规范。

南宋东南地区地方官府对民事案件的执行，或当厅执行，或案后执行，或限期执行，或协同执行。对于当事人之间关系较为复杂的上诉案件，或则采取两种或多种执行方式并行的混合执行方式。当时的民事执行不仅有着浓厚的伦理法色彩，同时具有司法附属于行政和非规范化特征。由《名公书判清明集》财产案件所展现的南宋东南地区地方官府民事执行的这些共性反观之，北宋民事执行之大体状况亦可窥其一斑。

〔本文原刊于《河北大学学报》（哲学社会科学版）2006年第6期，现略作修订〕

俄藏黑水城金代《西北诸地马步军编册》新探暨重命名

范学辉[*]

《俄藏黑水城文献》第6册收录一件被编者定名为《西北诸地马步军编册》的汉文文书图版[①]，并附有俄罗斯学者孟列夫对该文书所做的简单考释，在判断其为“西夏写本”与介绍文书样式之外，主要是汇总了文书中的人名、地名、官职名和军兵种名[②]。2006年，杨浣刊布《黑城〈西北诸地马步军编册〉考释》一文[③]，订正了孟列夫“西夏写本”说等重大失误，将其准确断定为流入西夏的“金国写本”即金朝文书；孙继民、杜立晖随即于2007年刊布《俄藏黑水城所出一件金代军事文书再探——对杨浣先生〈黑城《西北诸地马步军编册》考释〉一文的正补》[④]，对文书进行了细致考订，又订正了杨文的部分错讹。2012年，孙继民将该文收于《俄藏黑水城汉文非佛教文献整理与研究》[⑤]之中，并进行修订，提供了一份更精确也更权威的《西北诸地马步军编册》之原始图版标点录文。

众所周知，金史之所以素号难治，文献不足是最大的制约。至于其兵制，刘浦江又有云：“研究金朝兵制，难在一头一尾。”[⑥]而正如孙继民所指出的：该文书多达111行，作为“一件价值颇高且极其罕见的金代第一手资料”，恰恰就是在被公认为最难的金朝后期兵制的研究上，其史料价值最为突出。笔者根据孙继民《西北诸地马步军编册》[⑦]之标点录文，在考证文书形成年代、背景和主要内容的基础之上，认为对该文

---

* 范学辉，山东大学历史文化学院教授。

① 俄罗斯科学院东方研究所圣彼得堡分所、中国社会科学院民族研究所、上海古籍出版社编：《俄藏黑水城文献》第6册，上海：上海古籍出版社，2000年，第310—314页。

② 俄罗斯科学院东方研究所圣彼得堡分所、中国社会科学院民族研究所、上海古籍出版社编：《俄藏黑水城文献》第6册，第63页。

③ 杨浣：《黑城〈西北诸地马步军编册〉考释》，《中国史研究》2006年第1期。以下正文中简称“杨文”。

④ 孙继民、杜立晖：《俄藏黑水城所出一件金代军事文书再探——对杨浣先生〈黑城《西北诸地马步军编册》考释〉一文的正补》，《中国史研究》2007年第4期。

⑤ 孙继民等：《俄藏黑水城汉文非佛教文献整理与研究》，北京：北京师范大学出版社，2012年，第1064—1079页。

⑥ 刘浦江：《〈金朝军制〉平议——兼评王曾瑜先生的辽金史研究》，《历史研究》2000年第6期，第167页。

⑦《整理编·第6册》53《金西北诸地马步军编册·录文标点》、《研究编·金代文献研究》之《俄藏黑水城所出一件金代军事文书再探——对杨浣先生〈黑城《西北诸地马步军编册》考释〉一文的正补》，孙继民等：《俄藏黑水城汉文非佛教文献整理与研究》，第728—732、1075—1079页。本文所引该文书，皆从此书所录，唯标点或有所更动。

书应当重新命名；同时对文书中出现的人物族属问题也进行了辨析；并重点考察文书中与金朝后期兵制相关的万户、部将等职官暨自愿军、弓箭手等兵役形态。敬祈方家指正。

一、文书的形成年代与重命名

对文书开展学术研究，文书的形成年代以及与形成年代紧密相关的形成背景、主要内容等，都是首先必须加以解决的关键性问题。前已述及，杨浣、孙继民准确判定《西北诸地马步军编册》为金朝文书，是一个突出的贡献；但是，他们将文书的形成年代断为“公元 1217 到 1220 年之间”[①]，却是错误的。文书的准确形成年代，应是宣宗贞祐三年（1215 年）十月初。与之相辅相成，以往研究者对文书形成背景的探讨、对文书主要内容的理解，也基本上游离于关键史实之外。重新加以探讨和据之对文书进行重命名，皆极有必要。笔者认为，要判断《西北诸地马步军编册》的形成年代，有如下两个关键点。

其一是文书自称“本府”（第 9 行）。从文书中出现临洮府（第 6、28 行）以及洮州（第 12 行）、（洮州）通祐堡（第 17 行）、巩州（第 41 行）等临洮路之下属州名来看，“本府”显然是指金朝临洮路之首府临洮府。熙宗皇统二年（1142 年），金改熙州为临洮府，置熙秦路总管府；世宗大定二十七年（1187 年），再将熙秦路更名为临洮路。该总管府路下辖一府即首府临洮府，六州即积石州、洮州、兰州、巩州、会州、河州。[②]换言之，此文书当是由临洮府具体负责编订的，而不是含糊不清的“西北诸地”，这是一个极其重要的前提。

其二是文书中出现的其时正在临洮府任职的“内族六斤”（第 58 行）。内族六斤，应为《金史・忠义传》的完颜六斤。[③]本传记其仕履经历为：

完颜六斤，中都路胡土爱割蛮猛安人。大安中，以荫补官，选充亲军。调阜

① 杨浣：《黑城〈西北诸地马步军编册〉考释》，《中国史研究》2006 年第 1 期，第 137 页；孙继民等：《俄藏黑水城汉文非佛教文献整理与研究》，第 1064 页。

② 《金史》卷 26《地理志下》，北京：中华书局，1975 年，第 653—655 页。

③ 金自章宗之后避睿宗（宗辅）讳，将“宗室”改称“内族”，书名不书氏。《金史》卷 59《宗室表》有云：“宣宗诏宗室皆称完颜，不复识别焉。”（第 1359 页）实则宣宗、哀宗两朝，称“内族”者仍颇多其人：如宣宗贞祐年间的内族承立（卷 116《内族承立传》，第 2550 页）、内族白撒（卷 113《白撒传》，第 2484 页），宣宗兴定年间的内族惟弼（卷 16《宣宗纪下》，第 355 页），哀宗天兴年间的内族承麟、内族斜烈（卷 18《哀宗纪下》，第 401 页）等。文书中完颜六斤仍作“内族六斤”，亦为一例。

平尉，迁方城令，改通州军事判官，以功迁本州刺史。顷之，元帅右都监蒲察七斤执之以去。未几，挈家脱归，除同知临洮府事，徙庆阳，迁保大军节度使。兴定五年，鄜州破，六斤自投崖下死焉。[①]

可知此人的确曾任同知临洮府事。查《金史·宣宗纪》与《元史·太祖纪》，蒲察七斤于通州投降蒙古事在贞祐三年（1215 年）正月。[②]完颜六斤时任通州刺史，故为其裹挟，但他忠于金朝，寻即南归，遂得以再度被重用，从通州刺史（正五品）升任同知临洮府事（从四品）。考虑到金朝对临洮府长贰进行人事调整的时间在该年八月，原知临洮府事完颜赛不迁知凤翔府事[③]，代之以知中山府事陀满胡土门。完颜六斤也应当在八月前后与陀满胡土门大致同时履新。

贞祐三年十一月，临洮路金军连续大破西夏，金廷随即论功行赏。贞祐四年（1216 年）初，知临洮府事陀满胡土门得以迁知河中府事权河东南路宣抚副使，移剌塔不也迁劝农使兼知平凉府事。[④]完颜（内族）六斤由同知临洮府事得“徙庆阳”的时间，同样也应当在贞祐四年初。这样，完颜（内族）六斤任职临洮府的起止时间，是在贞祐三年八月至四年初，文书形成的时间也即在此期间。

至于更为准确的形成时间，则需要与文书的形成背景及主要内容结合起来加以探究。笔者认为：该文书在贞祐三年、四年间出现于临洮路不是偶然的，大背景是贞祐三年十月爆发的金、西夏临洮大战，具体缘由则是九月金廷于战前紧急下达的核实陕西等地世袭蕃部巡检与弓箭手的诏令。宣宗于贞祐二年（1214 年）五月南逃开封，金都城中都于次年五月被蒙古大军攻破，金朝的统治从根本上被动摇，呈现出败亡之势。西夏趁火打劫，对金朝的陕西虎视眈眈，双方在陕西的摩擦、冲突不断加剧。此时的金朝局促于河南、陕西、河东等一隅，已然退无可退，加之十分依赖陕西的人力、物力和马匹资源，当然是竭尽全力予以固守。贞祐三年五月，宣宗在权臣术虎高琪支持下，“谋伐西夏，遣大臣镇抚京兆”，决定在陕西反击西夏。八月，金置陕西行省，又

① 《金史》卷 122《忠义二·完颜六斤传》，第 2667 页。“中都路胡土爱割蛮猛安”，为海陵王迁中都后自上京路会宁府得胜陀（今吉林石碑崴子附近）迁来的宗族或宗室猛安之一。《金史》卷 44《兵志》：“贞元迁都，遂徙上京路太祖、辽王宗幹、秦王宗翰之猛安，并为合扎猛安，及右谏议乌里补猛安，太师勖、宗正宗敏之族，处之中都。”（第 993 页）参见［日］三上次男：《金代女真研究》，金启孮译，哈尔滨：黑龙江人民出版社，1984 年，第 177、328 页。完颜六斤为该猛安人，又“以荫补官，选充亲军”，与文书书其为“内族六斤”相印证，足证其人极可能具有宗室疏族身份。

② 《金史》卷 14《宣宗纪上》，第 306 页；《元史》卷 1《太祖纪》，北京：中华书局，1976 年，第 18 页。

③ 《金史》卷 113《完颜赛不传》，第 2480 页。

④ 《金史》卷 123《忠义三·陀满胡土门传》，第 2687 页；《金史》卷 106《移剌塔不也传》，第 2347 页。

令陕西宣抚使治邠州、副使治同州之澄城，指挥陕西战事。[①]

贞祐三年（1215 年）前后金、西夏双方陕西攻防的焦点，就在金、西夏和南宋三方交界的临洮地区。西夏这一时期攻击陕西的主要突破口一直选在临洮路，金朝所获得的情报就是“夏人将图临洮、巩州，窥长安”[②]，这个军事情报是比较准确的。金朝防御和反击的重点也针锋相对地放在临洮路。在以宿将陀满胡土门、忠臣完颜（内族）六斤出任临洮府长贰的同时，权臣术虎高琪还以自己的亲信移剌塔不也为陕西统军司副统军亦兼知临洮府事，率统军司镇防军精兵万余驻扎该路之要地巩州（陕西统军副司置司于巩州、临洮府）。在调兵遣将加强临洮路军力的同时，作为备战的重要举措，金廷接受枢密院的建议，九月紧急下达了一份重要的诏令：

> 陕西、河东世袭蕃部巡检，昨与世袭猛安谋克例罢其俸。今边事方急，宜仍给之，庶获其用。又西边弓箭手有才武出众，获功未推赏者，令宣抚司核实以闻。[③]

这份诏令的内容，一是针对陕西、河东的蕃部首领，重新发放其世袭巡检之俸禄。金代包括临洮路在内的陕西西路（转运司路）范围内世袭蕃部巡检的俸禄标准，大致是“月支钱二贯三百九十文，米四石五斗，绢三匹”[④]。这笔俸禄钱物，应该在此前因为财政紧张而被停罢。二是针对陕西弓箭手，命令及时推赏立功之人和遴选其中的才武出众之士。其主旨，则是在战前紧急安抚陕西等地的蕃部势力，争取“庶获其用”。陕西地区不论是世袭本族巡检的蕃部首领，还是弓箭手，几乎尽皆是地方蕃部中的豪强势力，而宋夏、金夏战争的历史反复证明：能否得到这支骁勇善战的地方力量的支持，是有效抵御西夏进攻的关键因素之一。

金朝之临洮路，即北宋之熙河路大部，本大多为吐蕃青唐政权的统治范围，蕃部在其地的势力可谓盘根错节，是绝对无法轻视的地方豪强势力。更需要注意的是，陕西尤其是临洮路蕃部夹在金、西夏之间，其政治立场往往视双方实力的消长而首鼠两端。贞祐二年（1214 年）十一月，兰州蕃部首领程陈僧已经投靠西夏[⑤]，充当西夏攻金的向导。这是一个极有可能引发连锁反应的危险信号。金朝在战事即将到来之际，紧急纠正以往“例罢其俸”等损害蕃部首领利益的政策，既是亡羊补牢的明智之举，更是备战的当务之急。由于弓箭手多归蕃部首领直接统领，笼络争取蕃部首领和及时

---

① 《金史》卷 14《宣宗纪上》，第 309、311—312 页。
② 《金史》卷 14《宣宗纪上》，第 318 页。
③ 《金史》卷 14《宣宗纪上》，第 312 页。
④ 《金史》卷 58《百官志四》，第 1345 页。
⑤ 《金史》卷 134《外国上・西夏传》，第 2872 页。

推赏弓箭手，实际上是一个问题的两个方面。

当然，不论是重新向陕西等地的世袭蕃部巡检发放俸禄，还是及时推赏、选拔弓箭手，首先都必须准确地统计和核实蕃部首领与弓箭手的具体人数。因此，这道诏令由金廷下达陕西宣抚司，再由宣抚司下达路、州地方官司来具体负责统计和执行，并须上报宣抚司加以核实。本文书显然就是这道诏令的产物，是由临洮府遵照宣抚司下达诏令加以统计并上报宣抚司，所以文书自称"本府"即临洮府，应该是知临洮府事陀满胡土门、同知完颜（内族）六斤等官员联名上报的。这道诏令颁布时间在九月之"丙寅"（十日），考虑到诏令下达，尤其是临洮路着手编订文书，以及上报宣抚司，都需要一定的时间，笔者将文书的形成时间断在十月初。

十月，西夏出动十万以上的大军，大举攻入临洮路。二十一日（丙午）攻破临洮府之渭源堡，歼灭了前来增援的金军，陕西宣抚副使完颜胡失剌（亦作完颜胡失来）被俘[①]，这是西夏取得的空前胜利。笔者推测：本文书应是西夏在此战中从陕西宣抚副使完颜胡失剌处缴获的。《金史·宣宗纪》言西夏军一度"陷临洮"，但其他史料皆言陀满胡土门等严守临洮府，西夏"围临洮凡半月"终未能得手。[②]如果西夏军一度"陷临洮"之说属实，那么文书也可能是西夏于临洮府（或临洮府之临洮堡）所获，笔者倾向于认为西夏是在渭源堡从完颜胡失剌处缴获这一重要军事文书的。

十一月，金军发起反击，陕西副统军移剌塔不也部万余镇防军精锐由巩州出击，在临洮府与巩州之间的熟羊寨以少胜多，大破西夏军数万；知临洮府事陀满胡土门等里应外合，也在临洮府城下击退了八万西夏军的围攻。[③]西夏军当由此退出了临洮路。此后金、西夏在临洮路地区仍有较多的拉锯战事，但与文书及本文关系不大，此不赘述。

综上所述，笔者认为：文书形成于宣宗贞祐三年（1215年）十月，由临洮府奉金廷九月诏令之命，负责编订然后上报陕西宣抚司，主要内容是核实临洮路之世袭蕃部巡检与弓箭手的具体人数。该文书是金朝备战金夏临洮战事的产物，也在临洮之战中落入西夏之手。因此，就笔者浅见，《俄藏黑水城文献》编者将此文书定名为《西北诸地马步军编册》很不准确，孙继民提出的《金陕西临洮路马步军编册》前进了一大步[④]，但仍有简单和无的放矢之嫌，似应重命名为《金贞祐三年十月临洮路上陕西宣抚司核实世袭蕃部巡检与弓箭手编册》。

---

① 《金史》卷134《外国上·西夏传》，第2872页；《金史》卷14《宣宗纪上》，第314页。

② 《金史》卷123《忠义三·陀满胡土门传》，第2687页。

③ 《金史》卷14《宣宗纪上》，第315页。

④ 孙继民：《黑水城所出金代汉文〈西北诸地马步军编册〉残片的缀合与整理》，中国社会科学论坛"第三届中国古文献与传统文化国际学术研讨会论文集"，北京，2012年，第235—240页。

需要说明的是，杨文最早发现了俄罗斯学者孟列夫所撰《叙录》文书人名统计当中没有内族六斤这一重大遗漏，并准确地判定内族六斤即完颜六斤，是一个值得称道的贡献。但在利用《金史》完颜六斤本传所提供的相关线索来推定文书的形成年代时，杨文不重点考求与文书形成直接相关的完颜（内族）六斤出任同知临洮府事及其在临洮府任职的起止时间，反而汲汲于他其后任职保大军节度使（鄜州）的时间，以此来逆推，以致认为文书的编订时间在“公元1217到1220年之间”，必然是不够准确的。

二、文书出现人物族属问题辨析

在文书的形成年代、背景和主要内容得以澄清之后，尤其是在明晓文书乃贞祐三年（1215年）九月金廷核实陕西等地世袭蕃部巡检与弓箭手诏令的产物之后，不难得出结论：除了临洮路官员完颜（内族）六斤、完颜辨的门等为女真人之外，现存文书中出现的其他人物，明确标明为巡检、都巡检、都管者自不待言，其他担任万户、部将等军职者，领副尉、校尉等武阶者，包括职务信息残缺的数人，绝大多数当是世袭本族巡检的身份，其族属应为临洮路吐蕃或吐蕃化的蕃部首领。[①]以往研究者对文书的形成年代和背景判定不确，继而对文书主要内容理解模糊，导致在文书人物族属问题上出现错讹，或是误断为女真人，或是误断为汉人，严重影响到对文书的使用和相关研究的准确性。

1. 阿奇赵与阿逋兰

杨文将两人断为女真人，唯一理由是“金人名多‘阿’开头”。但这实在不能成为证据，因为蒙古、党项等此类情况同样不胜枚举。河湟、临洮地区的吐蕃蕃部亦然。且不说继董氈为吐蕃青唐政权之主的阿里骨，与文书形成大致同时，宣宗贞祐三年十一月临洮路之积石州，就有吐蕃铎精族首领名“阿令结”。[②]“阿奇赵”（第3行）很可能为蕃部首领，未必定为女真人。

至于“阿逋兰”（第86行），又是另外一种情况。此人的全名，文书中实际已出现，即“温阿逋兰”（第92行）。从宋仁宗朝亚然家首领温逋奇为唃厮啰之论逋（吐蕃宰相）

① 金承宋制，授蕃部首领以本族世袭巡检之职。其名号地位由低至高大致依次为巡检、都巡检、都管等，皆品位性名号，其实不外乎本族之首领而已。个别统领数部族者，或予号都钤辖。

②《金史》卷101《仆散端传》，第2232页。

开始[①]，亚然家即雅仁结族世为邈川（湟州）蕃部大族。宋金时期，该族下属部族众多，一直活跃于河湟、临洮等地区。宋神宗熙宁六年（1073 年），温逋奇之孙温讷支郢成为邈川城主，“住河州之北，所管二十八部族，有兵约六万四千人”。温逋奇之子、温讷支郢成之叔温溪心也很有势力。宋以温讷支郢成为邈川蕃部都巡检使，以温溪心为邈川蕃部同巡检。[②]温溪心之弟即名“温阿旺格”[③]，其侄则名“温阿明”[④]，等等。可见不论是从人名还是从活动地域来看，温阿逋兰与温阿旺格、温阿明等之间密切的族属渊源关系，应该是比较清楚的。他更可能是临洮路吐蕃亚然家某个部族之首领，而不大可能为女真人。从文书中可以看出：温阿逋兰麾下兵马有 758 名，实力在诸蕃部首领当中比较突出，这应当是其部族地位的客观反映。

2. 蒲皋、安百福、霍三十

以往研究者将“蒲皋”（第 48、77 行）与女真人姓氏蒲察简单比附，遂断其为女真人。问题是，未闻女真人姓氏当中有蒲皋者，蒲察也未有简称为“蒲”者。即使用简称，也是将蒲察简称为与其相对应的汉姓“李”。唐宋以降的回鹘、西域、大食人，倒是颇有以“蒲”为氏者，最著名的是宋元泉州巨贾蒲寿庚一族，他们当有迁居临洮以“蒲”为氏者。文书中的“安百福”（第 54 行），情形与之类似。安氏为著名的中亚“昭武九姓”之一，安百福的祖上当为迁居临洮的西域人。宋金时期，此类事例在青唐、临洮很多，譬如阿里骨实乃西域于阗人，“少从其母给事董氊，故养为子”[⑤]。金末马庆祥之先祖也是西域人，“自西域入居临洮狄道，以马为氏”[⑥]。这是因为西夏截断了宋与西域、中亚之间的通道，吐蕃青唐政权遂成为西域、中亚与中原商贸和朝贡往来的中转要地。青唐城（今青海西宁）内就居住有各国“往来贾贩之人数百家”[⑦]，西域人留居其地者自然很多。金朝初期，青唐城归属西夏，临洮遂取代了青唐城的通道地位。至金朝末叶，这些西域人数世定居临洮一带，早已蕃部化。蒲皋、安百福当皆如是。

至于将“霍三十”（第 100 行）断为女真人，以往研究者未给出任何理由。笔者从

① （宋）陈均编，许沛藻、金圆、顾吉辰，等点校：《皇朝编年纲目备要》卷 9，明道元年八月，北京：中华书局，2006 年，第 198—199 页；《宋史》卷 492《外国八·吐蕃传》，北京：中华书局，1977 年，第 14160 页。

② 刘琳、刁忠民、舒大刚，等校点：《宋会要辑稿》蕃夷 6 之 9，上海：上海古籍出版社，2014 年，第 9912 页；刘琳、刁忠民、舒大刚，等校点：《宋会要辑稿》蕃夷 6 之 15，第 9916 页。

③ （宋）李焘撰，上海师范大学古籍整理研究所、华东师范大学古籍整理研究所点校：《续资治通鉴长编》卷 506，元符二年二月丙戌，北京：中华书局，2004 年，第 12058 页。

④ 刘琳、刁忠民、舒大刚，等校点：《宋会要辑稿》蕃夷 6 之 28，第 9924 页。

⑤ 《宋史》卷 492《外国八·吐蕃传》，第 14165 页。

⑥ 《金史》卷 124《忠义四·马庆祥传》，第 2695 页。

⑦ （宋）李远撰，马忠辑注：《青唐录》，西宁：青海人民出版社，1989 年，第 10 页。

《金史·西夏传》中发现：贞祐三年正月，西夏攻临洮路河州之安乡关，当地蕃部首领义军都统曹记僧、万户忽三十击败之。[①]万户忽三十，与文书当中的万户霍三十名、音皆相近，极有可能为同一人。因此，霍三十更可能是河州之蕃部首领，不大可能为女真人。

3. 赵锐、杜海、丁仲礼、曹朴京

此四人，以往研究者亦未经论证，即皆断为汉人，理由无非是他们所用的乃汉姓汉名。但是，不必远及李唐，仅从宋神宗熙宁开边以来，在平定吐蕃青唐政权的过程当中，宋廷陆续向众多的蕃部首领赐予汉姓和汉名。熙宁五年（1072 年）五月，宋廷就对青唐大首领俞龙珂“赐姓包，名顺”[②]。其族历宋金两朝为临洮蕃部名族，金朝赐其后裔包长寿以女真著姓乌古论氏。宋廷对蕃部首领所赐之姓，最多的也最为典型的，自然是皇姓赵氏。熙宁七年（1074 年）六月，宋赐吐蕃青唐政权王族唃厮啰之孙木征姓赵名思忠，同时分赐其兄弟辈为赵继忠、济忠、绍忠、醇忠、存忠，赐木征二子为赵怀义、秉义等。[③]自此之后，历宋、金、元三朝，赵氏皆为临洮地区最有号召力的蕃部大族。

熙宁归宋之后，赵醇忠暨其子赵永吉、孙赵世昌世袭洮州蕃部把羊族首领。金初，金朝以其曾孙赵铁哥为把羊族都管。赵铁哥弟赵结什角、赵结什角侄赵师古相继为吐蕃木波四族首领，赵结什角号“王子”，金以赵师古为吐蕃“木波乔家、丙离、陇逋、庞拜四族都钤辖，加宣武将军”[④]。金末元初，临洮赵氏归顺蒙古，“赵阿哥潘，土波思乌思臧掇族氏。始附宋，赐姓赵氏。世居临洮。祖巴命，富甲诸羌。父阿哥昌，貌甚伟，有力兼人，金贞祐中，以军功至熙河节度使。金亡，保莲花山，以其众来归”[⑤]。此后，赵阿哥潘被蒙哥汗授职临洮府元帅，其子赵重喜则被忽必烈任命为临洮府达鲁花赤。该族虽以赵氏显名数世，实则世居临洮的纯粹的蕃部首领，土波（吐蕃）思乌思臧掇族氏而已。文书中的“［万］户赵锐”（第 78 行），从其位居万户的豪强地位来看，极可能属此临洮蕃部赵氏，或即赵师古、赵阿哥昌之族属。

在朝廷赐姓之外，蕃部冒用汉姓者显然更多。宋神宗熙丰年间，河州有吐蕃赵家

① 《金史》卷 134《外国上·西夏传》，第 2872 页。

② 刘琳、刁忠民、舒大刚，等校点：《宋会要辑稿》蕃夷 6 之 8，第 9911 页。

③ 刘琳、刁忠民、舒大刚，等校点：《宋会要辑稿》蕃夷 6 之 10、11，第 9913 页；《宋史》卷 492《外国八·吐蕃传》，第 14168 页。

④ 《金史》卷 91《移剌成传》附《结什角传》，第 2016—2018 页。赵醇忠，《金史·结什角传》作“赵顺忠”，今从《宋会要辑稿》。

⑤ 《元史》卷 123《赵阿哥潘传》，第 3028—3029 页。

族、岷州有蕃兵将赵惟吉等。[①]徽宗崇宁二年（1103年），又有吐蕃"青唐大首领赵兰、毡厮鸡贡方物"[②]，赵家族、赵惟吉、赵兰等，恐怕皆是冒用汉姓"赵"。贞祐三年（1215年），巩州第五将城万户即名杨再兴，其人为巩州蕃部首领，显为冒用汉姓"杨"。金末临洮蕃部名将郭虾蟆，世为会州"保甲射生手"[③]，此当为冒用汉姓"郭"。文书中的赵锐、杜海、丁仲礼、曹朴京，自然也存在冒用汉姓的可能性。笔者注意到如下几例相关史实：

丁氏。宋真宗大中祥符七年（1014年），邻近秦州的蕃部有丁家、马家两族，"二族人马颇众，甚依倚朝廷"，其他蕃部甚畏之。[④]此两族显然分别冒用汉姓"丁氏"和"马氏"，这也可能是他们依附宋朝的姿态。汤开建即指出：丁家族本为"秦州吐蕃部落"，后移居岷、河、洮等地。[⑤]据此，文书当中出现的临洮府"也龙河万户丁仲礼"（第9行），断其为使用汉姓丁氏的也龙河蕃部首领应更合乎史实。

曹氏。《金史》载：贞祐三年（1215年）正月，河州有义军都统曹记僧。[⑥]按当时的义军制度，临洮路所谓义军都统、万户等，多由蕃部首领兼任，因此曹氏很有可能为河州蕃部大族。曹朴京，在文书当中作"副、万户曹朴京"（第44行），此"副"字或当为"副统"之意。都统之下为副统，其人为副统、万户，当为河州蕃部首领，恐非汉人。或即都统曹记僧之族人，所以为其副手。

除上述四人之外，安百福也被以往研究误断为汉人，前文已说明他为移居临洮的蕃部化的西域人。汪家族、兀蒙族，以往研究者断为"羌"，其实他们都是洮州蕃部，为吐蕃部族的可能性更大。学术界普遍认为：河陇地区在吐蕃一百余年的统治下，到五代时"可以说各蕃族的'吐蕃化'运动基本完成"，河陇汉人也不例外，至迟在宋代已经"概以吐蕃称之"，皆视其为蕃部。至于女真人入主中原的金朝，显然更是如此。金朝之临洮路（即宋熙河路大部），作为本来大多属于吐蕃青唐政权长期统治的核心地带，这一地区吐蕃部族众多、人口繁盛。[⑦]无论从哪个角度来讲，在临洮路的地方豪强当中，吐蕃部族都占据压倒性优势，其他非吐蕃的部族生存空间很小，即使存在着

---

① （宋）李焘撰，上海师范大学古籍整理研究所，华东师范大学古籍整理研究所点校：《续资治通鉴长编》卷250，熙宁七年二月甲申，第6098页；（宋）李焘撰，上海师范大学古籍整理研究所、华东师范大学古籍整理研究所点校：《续资治通鉴长编》卷348，元丰七年八月戊辰，第8341页。另可参见汤开建：《宋金时期安多吐蕃部落史研究》，上海：上海古籍出版社，2007年，第60页。

② 刘琳、刁忠民、舒大刚，等校点：《宋会要辑稿》蕃夷6之40，第9931页。

③ 《金史》卷124《忠义四·郭虾蟆传》，第2708页。

④ 刘琳、刁忠民、舒大刚，等校点：《宋会要辑稿》蕃夷6之2，第9907页。

⑤ 汤开建、杨惠玲：《宋、金时期安多藏族部落包家族考述》，《民族研究》2006年第1期。

⑥ 《金史》卷134《外国上·西夏传》，第2872页。

⑦ 汤开建：《宋金时期安多吐蕃部落史研究》，第120—121页；刘建丽：《金朝对陇南吐蕃的招抚》，《西藏研究》2007年第4期。

少量本为党项、羌人、回鹘等部族以及汉人的地方豪强势力，亦皆大致蕃部化。

三、文书所反映的金末兵制

（一）万户

万户是文书中最为引人注目的军职，前后共计出现了9处，明确领万户的蕃部首领多达8人：即“万户阿奇赵”（第3行），“也龙河万户丁仲礼”（第9行），“万户杜海”（第32行），“兀蒙族都管、万户军哥”（第38行），“副、万户曹朴京”（第44行），“［巡］检、万户蒲皋”（第48行），“［万］户赵锐”（第78行），“万户霍三十”（第100行）。

对于这些万户的性质，以往研究都将其与猛安谋克制度下的金朝正规军编制中的高级军职万户相比附，区别只是杨文认为文书中这些万户的官品“略当正三品”，孙继民则认为是“正九品”，并反诘道：“杨文认为万户是‘略当正三品’，那么，仅临洮路一件文书怎会有七位以上‘略当正三品’的高官呢？”他的判断较为准确，文书中的万户官品（职品）的确为正九品。但他如下的分析和论述，却有斟酌的必要：

> 其实杨文所考万户的品级，应是金之前期的情形。而到了金末，万户的品级已大不如前……在宣宗贞祐年间，万户仅为正九品。
>
> “万户”除了可以作为官称之外，也具有猛安谋克编制单位的意义，而且是猛安谋克军制体系中的一个较高层级的编制单位。所以，文书中的“万户”也应属于猛安谋克军制体系。[①]

金代作为社会组织的猛安谋克，仅有猛安和谋克两个层级，但建立在猛安谋克制度基础之上的金朝正规军的编制则是六级制，主要有四个层级，即五十夫长（蒲辇勃极烈）、百夫长（谋克勃极烈）、千夫长（猛安勃极烈）和万夫长（忒母勃极烈）。[②]万夫长，即万户，其下为猛安，其上即为都统（统军使），如完颜撒改“为万户，领银术可等猛安”[③]。《金史·兵志》亦曰：“凡猛安之上置军帅，军帅之上置万户，万户之

---

① 孙继民等：《俄藏黑水城汉文非佛教文献整理与研究》，第1067、1070页。

② 王曾瑜：《辽金军制·金朝军制》，保定：河北大学出版社，2011年，第212页。

③《金史》卷91《完颜撒改传》，第2011页。

上置都统。”[①]考虑到都统（统军使）官品为正三品，猛安官品为从四品，谋克官品为从五品，处于都统与猛安之间的万户的官品，的确应该是从三品至低正四品。[②]至于文书中诸蕃部首领所领之万户，其官品不过正九品，与从三品相比可谓相差悬殊。原因之一是金末万户的官位较金前期甚至中期，已大为贬值；更关键的原因则在于：文书中蕃部首领所领之万户，其实都是非正规军性质的义军万户，与猛安谋克编制下正规军的万户，两者性质截然不同，地位、官品当然差距极大。义军万户之制，最早在贞祐二年（1214 年）开始实行，其制度为：

> 招集义军，设置长校，各立等差。都统授正七品职，副统正八品，万户正九品，千户正班任使，谋克杂班。仍三十人为一谋克，五谋克为一千户，四千户为一万户，四万户为一副统，两副统为一都统，外设一总领提控。[③]

大致是以州为单位设一提控总领义军，提控之下依次为都统、副统、万户、千户、谋克。一般而言，金代猛安谋克编制下的正规军万户名义上统兵万人，至少也要在数千人以上，而义军万户所辖兵力才仅为区区 600 人，这也是两者名同实异的一个例证。

义军万户制度迅速向陕西等地推行，根据《金史》的记载：贞祐三年（1215 年）正月，临洮路积石州有都统姜伯通，河州则有都统曹记僧、万户忽三十。[④]四月，都统曹记僧因功晋升河州提控。大致同时，巩州吐蕃突门族世袭都管包长寿也以功历万户、副统、都统、巩州提控。[⑤]可见，曹记僧、姜伯通、忽三十、包长寿所任之提控、都统、副统、万户，皆为义军提控、都统、副统和万户，而绝非正规军之都统和万户等。文书中所出现的 8 位万户，正可与《金史》记载互相印证，证明临洮路较早实行了义军万户制。

义军万户例由地方豪强担任已经确定，而临洮路的地方豪强主要就是蕃部首领，由他们担任或兼任万户理所当然。再者，蕃部首领所世袭之本族巡检（蕃巡检）的官品即为从九品，恰恰就与义军万户官品大致相当。包长寿以世袭本族都管为义军万户当即显例，文书所出现的“兀蒙族都管、万户军哥”（第 38 行）、“[巡]检、万户蒲皋”（第 48 行）等，也都是这个道理。按照制度规定，义军万户应下辖 600 人，亦即拥兵

① 《金史》卷 44《兵志》，第 1002 页。

② 《金史》卷 57《百官志三》，第 1328—1329 页。

③ 《金史》卷 111《古里甲石伦传》，第 2439—2440 页。《金史》卷 102《蒙古纲传》言其事始贞祐三年（第 2257 页），恐不确。

④ 《金史》卷 134《外国上・西夏传》，第 2872 页。

⑤ 《金史》卷 103《乌古论长寿传》，第 2272 页。

600 者方得为万户，但从文书来看，多数万户下辖不过一二百人，辖二三百人就算较多的，仅洮州一州就有“二万户”（第 12 行）。可见，在实际执行当中，义军万户很快就出现了滥授现象。

（二）巩州第四部将

文书第 41 行记有“武节将军、巩州第四部将”，这是文书中值得探究的重要信息。金代的部将、义军万户等皆为正九品军职，蕃部巡检为从九品，正如文书所体现的那样，任职者若带从八品下的武阶（武散官）敦武校尉或从九品上的武阶保义副尉，皆属于略有上下的正常范围之内。然此人竟能带正六品上之武阶武节将军，合乎逻辑的唯一解释当是立有突出的战功。

金代边将的番号，是以总管府路为单位来排序，每将通常下辖五部。文书之所以仅称“巩州第四部将”，而不是详记“临洮府第几将第四部将”，当是因为临洮路在巩州仅有一个将的建制。考虑到北宋熙河路将兵唯有第五将驻扎通远军（巩州）定西城，元丰七年（1084 年）熙河路上奏：“九月乙丑，西贼围定西城，第五副将秦贵等奋死御敌。”[①]绍圣三年（1096 年）宋廷批准熙河路奏请：“夏贼盗塞，多趣通远军。定西城尤当贼冲，而戍兵单寡，不足以威虏，欲分通远军驻扎第五副将屯定西城。”[②]当自此遂为定制。金朝亦然，故巩州定西县又有“第五将城”之称。[③]巩州第四部将，显当即驻定西县临洮府第五将之第四部将。《金史·地理志》：兰州之定远县兼临洮府第十将、质孤堡兼第八将。[④]再从金石、买地券等材料看：卫绍王大安二年（1210 年）之前，有临洮府第六正将兼会州保川县令[⑤]；章宗明昌元年（1190 年），临洮路河州廓下有“第十一正将城”，此城或即河州枹罕县。[⑥]定西县因兼第五将故称“第五将城”，完全符合这一模式。

《金史·宣宗纪》载：贞祐三年（1215 年）九月“庚辰，陕西宣抚司来上第五将城万户杨再兴击走夏人之捷。壬午，以空名宣敕付陕西宣抚司，凡夏人入寇，有能临阵立功者，五品以下并听迁授”[⑦]。可见，此“武节将军、巩州第四部将”当为新立

---

① （宋）李焘撰，上海师范大学古籍整理研究所、华东师范大学古籍整理研究所点校：《续资治通鉴长编》卷 349，元丰七年十月癸巳，第 8376 页，“第”误作“等”。

② 刘琳、刁忠民、舒大刚，等校点：《宋会要辑稿》兵 5 之 12，第 8706 页。

③ 《金史》卷 103《乌古论长寿传》，第 2271—2273 页。

④ 《金史》卷 26《地理志下》，第 654 页。

⑤ 《金烛和尚焚身感应之碑》（大安二年），王新英：《全金石刻文辑校》，长春：吉林文史出版社，2012 年，第 497 页。保川，误作“宝川”。

⑥ 《金·宋德墓买地券》，张思温：《积石录》，兰州：甘肃民族出版社，1989 年，第 65 页。

⑦ 《金史》卷 14《宣宗纪上》，第 313 页。

战功之第五将城万户杨再兴，其所领正六品上之武节将军，恰恰符合金廷“五品以下并听迁授”规定的上限，当出于陕西宣抚司以“空名宣敕”的“迁授”。文书第45行出现的“兴”字，很可能就是“杨再兴”姓名之残缺。

对于“巩州第四部将”，以往研究聚焦在其为“仿宋军编制”上。孙继民认为，“宋代将兵法之下军队的基本编制是将、部、队三级，文书既出现‘巩州第四部将’等字样，说明其编制名称及其统辖关系与宋军应一致，属于仿宋军编制”。他还进一步阐发道：

> 金中期边地置军基本按猛安谋克之制，而文书反映的金末临洮路在抵御西夏进攻时，却采用猛安谋克制与仿宋军制相结合的混合军制。为何在金末会采取这种兵制呢？笔者推测，这当与猛安谋克制的崩溃有关。[①]

金代之临洮、鄜延、庆原、凤翔陕西四路以及河东地区，存在着沿袭北宋将兵编制而来的边将，这是确凿无疑的。但不是金末因猛安谋克制的崩溃，为抵御西夏进攻方改而推行的“仿宋军编制”，而是肇始于金初。金宋之际，相当数量的陕西宋军将兵主动降金。金朝遂一直没有完全撤销其编制，将其作为防御西夏的边将予以大部保留，大致是“鄜延九将，庆阳十将，临洮十四将，凤翔十六将，河东三将”[②]，并非至金末方以“仿宋军编制”组建起来的新军。

北宋自熙丰推行将兵法以来，陕西等各路之将兵都是宋军的精锐所在。金朝则不然，其陕西军事支柱始终是陕西统军司下辖的镇防军。边将的军事地位持续下降，至迟自世宗朝开始，金廷就已采纳臣僚奏请：“陕西正副，宜如猛安谋克，用土人一员，队将亦宜参用土人，久居其任。增弓箭田，复其赋役。”[③]陕西各路正将、副将、部将、队将等边将的军官，多改由地方蕃部首领担任或兼任。其麾下皆本部族之弓箭手，不再指挥和辖有正规军。边将的职责，也仅限于“轮番巡守边境”[④]而已。

将文书与《金史》结合起来看，金末临洮路弓箭手等地方非正规的武装力量，其编制主要使用义军万户之制，以州为单位分置提控、都统、副统、万户、千户、谋克。正如《金史·兵志》所言：“此复国初之名也。”这明明白白是模仿猛安谋克制的形式而来。至于陕西统军司所下辖金朝正规的镇防军，更是在统军使、副统军之下，继续

① 孙继民等:《俄藏黑水城汉文非佛教文献整理与研究》，第1073页。
②《金史》卷57《百官志三》，第1327页。
③《金史》卷92《曹望之传》，第2038页。
④《金史》卷57《百官志三》，第1327页。

保持着猛安、谋克、蒲辇、正军、阿里喜等编制完全不变[①]，也就是典型的猛安谋克制。可见，不论是正规军，还是非正规军，皆看不出金末在行军作战、组织军队当中有改用“仿宋军编制”的任何迹象。因为并无此必要，何况金朝自始至终蔑视南宋。

（三）自愿军和弓箭手

从文书可以看出：金末临洮路的兵役形态是自愿军和弓箭手。临洮路的地方武装力量，不外自愿军和弓箭手这两种类型。弓箭手，并非指兵种意义上的“弓箭手”，而是一种特殊形式的募兵制度。金朝的弓箭手制度系承宋制而来，主要是在陕西、河东与西夏接壤的地区，以授予土地来招募蕃、汉豪强耕牧。受田者大致是每二百亩出战士（称“弓箭手”）一名，三百亩或二百五十亩加出战马一匹。

自愿军，《金史》失载，文书可补《金史》之阙。在讨论自愿军的性质时，杨文将其与辽金之射粮军相比附。射粮军是官府以钱粮“招募充军”，士兵要在身上刺字的承担杂役和归路、州指挥的职业军队，属于十分典型的募兵的一种。[②]但是，宣宗、哀宗时任职凤翔府扶风县令的李节有诗句云：“棓头打出和籴米，丁口签来自愿军。”元好问还专门评议此诗说：“读之则时政可知矣。”[③]从诗中所言“丁口签来自愿军”，可知所谓的自愿军都是按“丁口签来”，实际上就是按户口强制征发而来的签军，而不是以钱粮招募而来的射粮军。这并不难理解。在金军连遭惨败，金廷对民众的兵役征发早已超出极限的状况下，民众“自愿”应募当兵者还能有几何？况且射粮军招兵费用较高，普通士兵亦得“钱二十贯，绢二疋”[④]，而当时的金朝财政大致处于崩溃状态，不可能有能力承担更多的募兵费用。至于为什么要使用自愿军的名义，不外是金廷自欺欺人的手段而已。

由文书可知：弓箭手多在本族蕃部首领之麾下，战时多由蕃部首领直接统领，归路、州官府调遣。自愿军则主要充当路、州等地方官员的护卫，由路、州等地方官员直接统领和指挥作战。同知临洮府事完颜（内族）六斤、完颜辨的门等临洮路地方官员麾下即“并系自愿军”（第58、61行）、“并自愿军”（第64、67行）。

通过对文书加以统计和推算，可以发现：金末临洮路民众的兵役负担极其沉重。

---

① 《金史》卷44《兵志》，第1008页。

② 王曾瑜：《辽金军制·金朝军制》，第206、242页；陈学霖：《金代“射粮军”考释》，《金宋史论丛》，香港：香港中文大学出版社，2003年，第97—105页。

③ （金）元好问编：《中州集》卷7《李扶风节·二首》，北京：中华书局，1959年，第353页。参见孙继民：《黑水城所出金代汉文〈西北诸地马步军编册〉残片的缀合与整理》，中国社会科学论坛“第三届中国古文献与传统文化国际学术研讨会论文集”，北京，2012年，第235—240页。

④ 《金史》卷44《兵志》，第1007页。

以文书中资料最为完整的洮州为例（第12—40行）。[1]自愿军：洮州界237人（第16行）[2]，加上第25行某地“自愿军一千六百四”，计约1900人。弓箭手：洮州界63人（第15行），保义副尉某，弓箭手1000余人（第20—21行），某地“弓箭手五百三十三人”（第22行），敦武校尉某110余人（第28—31行），万户杜海200余人（第32行），汪家族都巡检某当约500余人（第35—37行），兀蒙族都管、万户军哥当约100余人（第38—40行），计约2500余人。自愿军与弓箭手两者合计，共约4400余人。而当时洮州的总户数至多不过11337户，服兵役者的比例高达户数的近40%，大致不到三户就要出一兵，的确已远远超出民众所能承担的极限。

金代临洮路一府六州总户数约为10.8万，若按洮州的比例来推算，临洮路自愿军和弓箭手的总数当为近4万人。必须强调的是，临洮路自愿军和弓箭手尽管几近4万之众，但不论是自愿军还是弓箭手，他们都是临洮路、州地方下辖的非正规军性质的地方武力，分散在各府州县城池、堡寨防御，并不能将其视为临洮路尤其是贞祐三年（1215年）金夏临洮之战时该路金朝武装力量的主体。事实上，贞祐三年金朝在临洮路赖以抵御西夏进攻最重要的军事支柱，仍是陕西统军司副统军移剌塔不也麾下之万余正规镇防军。

从文书中还可以看出，临洮路蕃部弓箭手“马军”的数量相当可观：温阿逋兰麾下有马军410名（第87、93行），万户蒲皋麾下有马军124名（第48、77行），万户赵锐麾下有马军99名（第79行）、安百福麾下有马军87名（第55行），等等。这说明临洮路蕃部的马匹资源的确相当充裕。众所周知，临洮地区草场遍布，历来就是优良马匹的出产地。自贞祐二年南迁之后，金朝北方马源尽丧，战马紧缺成为愈来愈严重的难题，金廷遂于临洮路的洮州、河州等地开设马场，使用白银向蕃部购买马匹，“捐银万两，可得良马千疋”[3]。临洮路由此成为金末战马供应最为重要的战略基地。金朝之所以要在临洮路与西夏必以死争，这应该也是一个不容低估的关键性因素。

〔本文原刊于《历史研究》2017年第1期〕

① 起“洮州界”止万户军哥“步军一”。万户军哥与万户杜海即洮州之“二万户”，其下则为巩州。

② 数字为笔者计算。此处前言“军兵三百”（第12行），而弓箭手为63人，自愿军则约为237人左右。

③ 张行信：《请辇银粟于洮河等易马书》，（明）黄淮、杨士奇编：《历代名臣奏议》卷242《马政》，上海：上海古籍出版社，2012年，第3190页。

论蔡京茶法与宋徽宗时代财经领域的中央集权*

杨小敏**

一、引　　言

长期以来，蔡京茶法改革不断受到学界的关注，尤其是近二十年关注度持续升温，这从一个侧面反映出蔡京茶法改革影响之大。张呈忠就20世纪50年代至今学界有关蔡京茶法改革的认识，做了系统回顾和述评，并指出了研究中存在的一些问题和分歧。①本文主要讨论蔡京茶法改革与宋徽宗时代财经领域的中央集权问题。

蔡京茶法改革前后三次，是在对北宋之前长期交互行用的征榷法和通商法的否定与改造的基础上进行的。改革的目的是增加茶利，崇宁元年（1102年），蔡京奏言："自祖宗立禁榷之法，岁收净利凡三百二十余万，而诸州商税七十五万贯有奇，食茶之算不在焉，其盛时几五百余万缗。庆历之后，法制浸坏，私贩公行，遂罢禁榷，行通商之法。自后商旅所至，与官为市，四十余年，利源浸失。"②为了彻底改变这种现状，崇宁元年（1102年）罢通商法，推行官购商销制；崇宁四年（1105年）又废官购商销制，允许商人与园户直接交易，通过对茶引印卖权的垄断获取专卖利益；政和二年（1112年），最终确立"以引榷茶"模式。尤其是政和茶法实现了对园户、对商人、对地方政府的严加管理，防止了从茶叶生产、销售、流通、管理各环节茶利的流失，进而保证了封建国家在茶利分配上获得最大的份额。所谓"祖宗之时茶盐之利在州县则州县富饶""崇观以来茶盐之利在朝廷则朝廷富实""自一钱以上皆归京师矣"，正是蔡京茶法改革前后地方与中央财力关系变化的最好体现。蔡京茶法改革的具体措施进一步加强了中央对地方财权的分割和剥夺，强化了北宋中央的财政掌控力。

---

* 本文为国家社科基金项目"蔡京经济改革与北宋中央财政掌控力提升研究"（16BZS044）的阶段性成果之一。

** 杨小敏，天水师范学院历史文化学院教授。

① 张呈忠：《六十年来蔡京茶法改革研究述评》，《农业考古》2014年第2期，第273—276页。

② （宋）马端临著，上海师范大学古籍研究所、华东师范大学古籍研究所点校：《文献通考》卷18《征榷考五·榷茶》，北京：中华书局，2011年，第511—512页。

北宋加强财经领域的中央集权，强化中央对财权的掌控，实际上就是削弱地方财政，收夺地方财权。这是北宋防范唐末五代以来藩镇割据、政权更迭的既有策略。漆侠、汪圣铎、李华瑞、包伟民、黄纯艳、郭正忠等学者在其相关著作中均有论述。黄纯艳认为，宋太祖、太宗以后中央监管和收夺地方财权的手段不断加强。宋神宗、宋徽宗进一步加大对地方财权的收夺，推行了一系列直接将地方财赋收归中央的措施。宋代收夺地方财政的手段，一是加强对地方财赋的监管和干预，二是通过多种名目将地方财赋收归中央。[①]蔡京茶法改革是北宋中央财政集权的一部分。蔡京一方面通过严格管理严密防范茶钱流失；另一方面通过分割茶利的举措从地方剥夺财税收归到中央。

二、严控茶叶生产与流通环节的蔡京茶法

有关蔡京茶法的具体内容，漆侠、黄纯艳相关专著有详细论述，笔者论著也有所涉及。[②]为了实现对茶利的控制，蔡京对茶叶生产与流通过程的管理非常重视。

第一，通过产茶州县监控园户，了解茶叶的数量、质量、价格、交易情况，以便中央（户部和榷茶务）预估茶叶产量和收益，防止茶利流失。崇宁元年（1102 年），规定各茶场将所辖园户姓名登记，确定卖茶数量，产茶由官府直接收购，禁止园户与商人私自交易。[③]园户要交茶租钱，“园户自前茶租折税仍旧”[④]。崇宁三年（1104 年）又令“诸园户五家为保，内有私相交易者互相觉察，告赏如法。即知而不告，论如五保不纠，律加一等”[⑤]。政和二年（1112 年）在允许园户与茶商买卖的同时，又规定，园户首先必须到所在州县登记，“投状充茶户，官为籍记”，否则不得与客人买卖。对于茶叶等级及价格也做出严格规定。如果园户以次充好或勾结官吏虚抬茶叶价格，就要受到处罚。“州县春月园户茶出时，集人户以递年所出具实数、卖价，县申州，州验实，以前三年实直与今来价具实封申户部，下茶务照会。若平价不实，虚抬大估者，杖一百。受赃者以盗论……”[⑥]园户还必须查验茶商是否有茶引，若无茶引而将茶叶

① 黄纯艳：《宋代财政史》，昆明：云南大学出版社，2013 年，第 260 页。

② 漆侠：《宋代经济史》（下册），上海：上海人民出版社，1988 年，第 789—793 页；黄纯艳：《宋代茶法研究》，昆明：云南大学出版社，2002 年，第 103—117 页；杨小敏：《蔡京、蔡卞与北宋晚期政局研究》，北京：中国社会科学出版社，2012 年，第 204—207 页。

③ 刘琳、刁忠民、舒大刚，等校点：《宋会要辑稿》食货 30 之 32，上海：上海古籍出版社，2014 年，第 6671 页。

④（宋）马端临著，上海师范大学古籍研究所、华东师范大学古籍研究所点校：《文献通考》卷 18《征榷考五・榷茶》，第 512 页。

⑤ 刘琳、刁忠民、舒大刚，等校点：《宋会要辑稿》食货 32 之 4，第 6699 页。

⑥ 刘琳、刁忠民、舒大刚，等校点：《宋会要辑稿》食货 30 之 41，第 6676—6677 页。

出售，同样要处罚。“系籍园户，客无引而辄自卖若私贩者，杖一百，许人告，赏钱五十贯；已贩者，依私茶法。不系籍而与客买卖者，依此。”[①]

第二，通过榷货务和产茶州县、卖茶州县的管理，严控商人的茶叶买卖，以便榷茶务获得茶钞钱，地方获得茶息钱、茶税钱。崇宁元年（1102 年）规定，产茶州军允许当地民户赴茶场输茶息钱，限定斤数，发给短引，于旁近郡县出售茶叶。而绝大部分茶叶则由商人于榷货务入纳金银缗钱，或者输送粮草于边地，榷货务根据其数量多寡，发给茶钞到茶场买茶，同时茶场发给长引，到所指定的州军卖茶，还要在指定地交清茶商税。[②]崇宁四年（1105 年），废除了各州县所置茶场，商人直接到产茶州县或京师请长引或短引，并直接向园户购买，但必须到官府“抽盘”检查以后，“循第叙输息讫，批引贩卖”。并明确规定了长、短引的有效时限和行用范围。长引可以到其他各路贩卖，期限为一年；短引限于本路，为期一个季度。政和二年（1112 年），又规定了请引纳钱的数额，“客请长引，每引纳钱一百贯，若诣陕西路者加二十贯文，许贩茶一百二十贯；短引二十贯，许贩茶二十五贯”[③]。再次明确规定商人只能在所指定的区域出售茶叶。不请引私贩者和引外搭带者，均要受到严厉惩罚。对于行用完毕的茶引，必须到茶务交纳，“对簿销落”[④]。逾期不交者，将人和引追回以后，依法处分。与崇宁四年（1105 年）规定一样，茶商必须用政府统一印造的笼篰盛茶，不许用私笼篰。而且严格了封印制度，防止沿路添填私茶，走失课利。

第三，通过太府寺、都茶务严控茶引发行，中央控制卖引收入，通过地方官府勘验防止茶利流失。崇宁年间，长、短引皆由买茶场印造发行，但短引许商人于茶场输息算买，长引需于京师入钱物算买。短引茶的销区限定在近旁郡县，长引茶有规定的住卖处。长、短引的取息没有固定标准，只规定了最高限额，“随宜收息，勿得过倍”[⑤]。政和二年规定：太府寺负责茶引印造，都茶务是唯一专门卖引机构，严禁私造、涂改茶引。除亲人外，茶商必须亲自到茶务请引，不能托人代办，亦不能将已请买到的茶引借人。否则杖罚。茶引用讫，要交回茶务。园户与商人交易时，须于商人茶引内“批凿的实色号、斤重、价钱”，以备官府合同场查验。宣和年间，茶法更加严密。商人贩茶不仅在买、卖两地要接受官府勘验，在卖茶给消费者时也必须由买茶人批引。宣和七年（1125 年）再次重申：“客贩茶至住卖处，买人不验引收买，及客人藏匿文引，

① 刘琳、刁忠民、舒大刚，等校点：《宋会要辑稿》食货 30 之 44，第 6678 页。

② （宋）马端临著，上海师范大学古籍研究所、华东师范大学古籍研究所点校：《文献通考》卷 18《征榷考五·榷茶》，第 512 页。

③ 刘琳、刁忠民、舒大刚，等校点：《宋会要辑稿》食货 30 之 40，第 6676 页。

④ 刘琳、刁忠民、舒大刚，等校点：《宋会要辑稿》食货 30 之 41，第 6676 页。

⑤ 刘琳、刁忠民、舒大刚，等校点：《宋会要辑稿》食货 30 之 33，第 6672 页。

依已降指挥断罪理赏施行。”[1]

蔡京茶法改革的终极目的是为了获得最多的茶利，如前所述，为了防止茶利流失，蔡京采取一系列措施，严密监管茶叶生产流通各环节。的确，蔡京茶法起到了显著增加国家茶利的作用。“崇宁以后，岁入至二百万缗，视嘉祐五倍矣。政和元年正月，始并引法，置都茶场，岁收四百余万缗。”[2]《建炎以来朝野杂记》载政和茶法实行以后，“岁收息钱至四百余万缗”[3]。《宋史》卷184《食货志下六·茶下》在叙述了茶法的种种弊端以后，曰：“然自茶法更张，至政和六年，收息一千万缗，茶增一千二百八十一万五千六百余斤。”[4] 至于蔡京茶法实行中的弊端，本人曾有专文论述[5]，兹不赘述。

三、蔡京茶法与宋徽宗时代财经领域的中央集权

漆侠先生有这样一段话：“从崇宁到政和的十年间，蔡京三次变更茶法，第一步恢复宋初的官榷法，第二步又废除了官榷法，第三步又改变成为以加强国家茶法管理为主要内容的政和茶法。……一方面加紧了对园户的控制，从固定的专业户的户籍的管理，到每家园户茶产量和质量的登录，以及允许园户到外地贸易，这样便把园户纳诸封建国家专榷的轨道上，从而有利于封建国家在分配茶叶生产过程中的剩余劳动方面获得更多的好处。另一方面，政和茶法又制定了一套严密的制度，加强了对商人的管理和约束，从合同场到茶引，即使是盛茶的笼篰也都有相应的规定，以便把茶商纳诸封建国家专榷的轨道上，借以保证封建国家在茶利分配上获得最大的份额。”[6]

蔡京茶法改革通过加强对茶叶生产与销售环节的管控，即对园户和商人的管理及营造顺畅的售茶环境，通过诸如取消预支茶本钱、取消买茶场等措施，减少茶叶流通环节管理和运费等开支，节约政府茶叶管理成本，扩大政府茶利收入。但这部分茶叶红利如何分配，则关系到北宋中央和地方在财政领域的权力问题。很明显，蔡京茶法一步步加大了中央对茶利的掌控，削弱了地方的茶利收入，也就是加强了中央在财经领域的集权，削弱了地方的财权。具体步骤和过程是：

第一，崇宁元年（1102年）茶法中，首先，产茶州县买茶场利用中央给的茶本钱300万贯，从茶园户手中收购茶叶，然后加价卖给商人，赚取差价。其次，地方官府

---

① 刘琳、刁忠民、舒大刚，等校点：《宋会要辑稿》食货32之17，第6706页。

② （宋）王应麟纂：《玉海》卷181《嘉祐驰茶禁》，江苏古籍出版社、上海书店，1987年，第3335页。

③ （宋）李心传撰，徐规点校：《建炎以来朝野杂记》甲集卷14《总论东南茶法》，北京：中华书局，2000年，第303页。

④ 《宋史》卷184《食货志下六・茶下》，北京：中华书局，1977年，第4505页。

⑤ 杨小敏：《蔡京、蔡卞与北宋晚期政局研究》，第214—215页。

⑥ 漆侠：《宋代经济史》（下册），第793页。

向园户收取茶租。再次，买茶场发茶短引给当地民户收取茶息钱。最后，买茶场出卖长引给商人收取息钱。在这一过程中，由中央控制的茶利则主要是商人于京师榷货务入纳的金银缗钱或者边地粮草，这一部分茶利收入通过茶钞的形式给商人，由商人去买茶场买茶。

第二，崇宁四年（1105年）茶法中，废除买茶场，地方失去了买茶场低价收取茶叶，加价出卖茶叶环节的茶利收益。商人可以直接到产茶州县或京师请长引或短引，但通过茶叶增加息钱的办法，地方和中央（榷货务）都增加了茶利收入。诸路茶息为一百二十五万一千九百余缗，榷货务两年所得茶钱一百一十八万五千余缗，每年茶利达到一百八十四万余缗。[①]

第三，政和二年（1112年）茶法中，撤除京城的比较铺，在京置都茶务，专管供进末茶和有关茶事。茶引由太府寺以厚纸立式印造，并书写当职官的姓名，“置合同簿注籍讫，每三百道并籍送都茶务”以备用。都茶务为唯一的卖引机构。这样地方失去了卖引钱。

第四，蔡京茶法改革时，川茶依然实行熙宁九年（1076年）以来的禁榷制度，主要用于博马或茶马贸易。崇宁二年（1103年）八月七日，都大提举成都府利州陕西等处程之邵奏：“……本司契勘，蕃部食茶多是名山茶，其茶准条专用博马，不许出卖。缘今来湟州新边，博阙籴斛阙斗，本司不敢占留，见听从熙河路司支拨兑买，应副支用。”[②]崇宁四年十月十二日，诏：“川茶，熙河一路经费所仰，除博马并博籴外，并不得出卖。辄出卖者，以违制论。”[③]钦宗靖康元年（1126 年）五月十五日，诏：“川陕所起岁额纲马，全藉茶货博买。访闻自近年以来，买马司不切用心，预行措置桩备，及将茶货等辄以他用，是致收买马不能敷额，缘此积年阙马数多。虽已降处分，不得以茶及本息钱博买珠玉等并收羡余，尚虑不为遵奉，巧倖侵欺，转易他用，可令本司今后将合博易茶货等预行桩备，不得转易他用，专充买马。仍令买马路分走马承受，每年取索所得茶货等，子（仔）细驱磨支使有无侵欺、转易他用。若有违戾，其买马司应干当职官吏并以违制论。”[④]

从崇宁元年茶法到崇宁四年茶法，地方失去了从园户处收买茶叶和向商人出售茶叶环节中的差价收益。但卖引钱还是地方和中央各自有收益。政和二年茶法使地方完全失去了卖引收入，只剩下商人卖茶过程中的商税收入和园户的茶租钱。但这些收入

① 漆侠：《宋代经济史》（下册），第790页。
② 刘琳、刁忠民、舒大刚，等校点：《宋会要辑稿》食货30之33至34，第6672页。
③ 刘琳、刁忠民、舒大刚，等校点：《宋会要辑稿》食货30之36，第6673页。
④ 刘琳、刁忠民、舒大刚，等校点：《宋会要辑稿》职官43之103至104，第4162页。

前后也归了中央。如政和元年（1111 年）三月二十四日，户部相度："欲乞逐路州军每月具应客人等收买兴贩茶数、合纳息钱，内若干系住卖处送纳，若干系量添钱外实收到钱数，除纽计分与转运司外有若干，并量添钱数申发运司拘催，赴内藏库送纳，仍供申左右司官。"[①]政和三年（1113 年）八月二十日，中书省言："勘会诸路朝廷所管茶、盐钱万数不少，并系专一措置收桩，以归朝廷移用。窃虑诸官司却与诸色窠名封桩钱一例支使，有妨朝廷指拟。"诏："诸路茶盐钱除有专条及朝廷临时指挥指定许支外，并不得与诸色窠名封桩一例支使，如违，依擅支封桩法。"[②]二十九日，提举江南东西路盐香茶事司奏："点检得江东转运司支使使过封桩茶息钱一十五万贯，本司二十次牒转运司拨还，并不报应。"诏李西美、孙渐送吏部，与监当差遣，人吏杖一百勒停，余依本司申，仍限一年拨还。[③]李纲曾言："祖宗之时，茶、盐之利在州县，则州县丰饶；崇观以来，茶、盐之利在朝廷，则朝廷富实；其后，悉归于御府，以为玩好、宴游、锡予之物，则天下利源竭矣。"[④]"比年走商贾，实中都，朝廷之用所以足者，以茶盐之利在朝廷也。"[⑤]

蔡京茶法改革与北宋开国以来财经领域的中央集权是一脉相承的。

宋代财政集权大为强化，财权不断上移，地方利权被不断收夺。主要表现在两个方面：一是中央与地方财政分配中利权不断向中央集中；二是在中央财政的分配中，内藏和朝廷财赋不断膨胀，三司和户部（元丰改制后）日益困窘，利权不断上移至宰相和皇帝。[⑥]

首先，看中央财政结构的变化。北宋前期，三司主财，负责军费保障、官僚俸禄，皇帝则掌握着数量庞大、来源稳定、"备非常之用"，以收储盈余为名的内藏储备财政。由于内藏对三司财权的侵夺，三司不得不仰赖内藏赏赐运行。熙丰变法中，新法财赋由宰相直接控制，出现朝廷财政，包括茶盐禁榷及新法收入都属于朝廷财政，此外还有以"盈余"之名收归的三司（户部）和地方财赋。于是，中央财政形成了内藏、朝廷、三司（户部）分掌的格局，而且朝廷财政与内藏财政一样定位为储备财政，承担"经费"的三司（户部）在财赋分割中处于更为不利的地位。[⑦]

内藏库是宋代中央集权制度下财政管理体制的重要组成部分，是皇帝掌握和干预

---

① 刘琳、刁忠民、舒大刚，等校点：《宋会要辑稿》食货 30 之 37，第 6674 页。

② 刘琳、刁忠民、舒大刚，等校点：《宋会要辑稿》食货 32 之 5，第 6699—6700 页。

③ 刘琳、刁忠民、舒大刚，等校点：《宋会要辑稿》食货 32 之 5 至 6，第 6700 页。

④（宋）李纲著，王瑞明点校：《李纲全集》卷 63《乞修盐茶之法以三分之一与州县札子》，长沙：岳麓书社，2004 年，第 675 页。

⑤（宋）李纲著，王瑞明点校：《李纲全集》卷 144《理财论中》，第 1373 页。

⑥ 黄纯艳：《宋代财政史》前言，第 3 页。

⑦ 黄纯艳：《宋代财政史》前言，第 4 页。

财政的重要手段。内藏库来源于宋太祖朝的封桩库，收储国家财政节余。宋太宗时逐步确立了纳入内藏库的窠名，如一些州郡的绢，一些铸钱监的钱，榷货务收入的现钱和绢帛折兑的现钱，榷货务主管的茶盐香矾等，坑冶、坊场、津渡等课利的全部或部分，市舶司上供香药、店宅务钱等等。宋徽宗朝，一些杂钱也列入内藏库收入。[①]内藏库财赋虽由皇帝掌握，但也不仅仅是皇帝私费，作为国家财政，其用途是“军兴赏赉则用之，水旱灾伤赈济则用之，三司财用乏则出以助之，诸路财用乏则出以助之”[②]。其中主要以军费支出为主。《宋会要辑稿》职官 27 之 2 阐述了左藏库和内藏库财政职能的不同：“凡货贿输京都者，至则别而受之。供君之用及待边费，则归于内藏；供国之用及待经费，则归于左藏。”“左藏库受财赋之入，以待邦国之经费，供官吏、军兵廪禄、赐予。内藏库掌受岁计之余积，以待邦国非常之用。……商贾之赋，则归都商税务。（掌京城商旅之算，以输于左藏。）”[③]即左藏库承担军费、官俸等国家财政日常经费支出，内藏库则主要供给皇室消费和边费，其职能的特点是待非常之用的储备财政。[④]原则上，内藏库的钱借出后应该归还，但三司也会移用。

北宋熙宁变法，中书分夺三司财权，直接掌握了部分财赋。形成内藏财赋、朝廷财赋、三司（户部）财赋三头并存的理财体制。中央财政形成“有御前钱物、朝廷钱物、户部钱物，其措置裒敛、取索支用，各不相知”[⑤]的格局。吕中议论道：“安石乃夺三司之利权以归司农，则一司之权分而为二，夺转运之利权以归常平使者，则一道之权分而为二。天下之财，三司主经费，而司农专于聚敛。一道之权转运主上供，而常使者专于掊克。三司、转运常有不足之忧，而司农、提举司独善有余之利。”[⑥]元丰改制后，原属司农寺的新法财利都改由户部右曹管理，朝廷设元丰库掌之。“自熙宁改法，王安石为相，始持冢宰掌邦计之说，遂与三司分权。凡税赋征榷常贡之利，方归三司，而摘山煮海、盐场坑冶、绝户没官、禁军阙额之类，皆号朝廷封桩。法行既久，储积赢羡，是年于司农寺南创元丰库贮之，三司不与焉。”[⑦]宋徽宗时代，又设有崇宁库、大观库、宣和库等储备财赋。

---

① 黄纯艳：《宋代财政史》，第 25—35 页。

② （宋）章如愚：《群书考索》续集卷 45《财用门》，影印文渊阁四库全书本，上海：上海古籍出版社，1989 年，第 938 册，570页。

③ 刘琳、刁忠民、舒大刚，等校点：《宋会要辑稿》职官 27 之 3，第 3710 页。

④ 黄纯艳：《宋代财政史》，第 48 页。

⑤（宋）马端临著，上海师范大学古籍研究所、华东师范大学古籍研究所点校：《文献通考》卷 24《国用考二》，第 709页。

⑥（宋）吕中：《宋大事记讲义》卷 16《创制三司条例置举常平司》，影印文渊阁四库全书本，上海：上海古籍出版社，1989 年，第 686 册，349 页。

⑦（宋）陈均编，许沛藻、金圆、顾吉辰，等点校：《皇朝编年纲目备要》卷 20，元丰三年十一月条，北京：中华书局，2006 年，第 496 页。

熙宁以后朝廷掌握的财赋数量是巨大的。元祐二年（1087 年），户部尚书李常言："昔先帝勤劳累年，储蓄边备，今天下常平、免役、坊场积剩钱共五千六百余万贯，京师米盐钱及元丰库封桩钱及千万贯，总金银谷帛之数复又过半，边用不患不备，此臣所以敢辞大计之责，而愿守边也。"①《群书考索》后集卷 64《财赋门·元丰库大观东西库》引蔡绦《史补》云："及熙宁初，议改法，因取财利之柄，浸归宰相。及元丰官制行，既无三司而为户部，户部岁入之额凡四百余万缗，是独昔日三司之一事而已。三司昔时所应入者则或在朝廷，既在朝廷，此所以立元丰库也。况又当崇、观之间，鲁公前后措置所入元丰库若香药、犀象、粗细物货、珠玉、金帛不知纪极矣。元丰库之制，虽天子不可得而用……大观库者，其制同元丰，然大观库独贮天下坑冶，所以终始未尝动，又不若元丰库时有支用也。大观库既贮坑冶金银及细软香药等物。……大观西库，鲁公以昔日所铸当十钱之精致靳之故，以大观西库独贮钱而已。大观西库，当政和初榷货务以客人入纳甚盛，务中积镪物盈溢，因申乞借大观西库收贮，未几大观西库复满，其积镪无虑三四千万缗，此政和二年至四年之盛时也。自五年后君臣浸解体，挠政者浸争出，日用亦浸多，逮宣和元年二年之间，大观西库一空矣。独元贮当十钱如故而已。然大观东库未尝一有所出，虽端研亦三千余板，张滋墨者……亦无虑十万斤，百物若是。……靖康之初，都邑既首遭攻围，因倾金银以赂敌，皆出大中诸库，故甚盛。……又虏人所须，虽河北、山东精绢动千余万匹，亦出元丰库与内藏。内藏物帛盖少于元丰，积钱则甚多。世不知者罪鲁公破除国用，此可太息也。"②可见直到北宋灭亡，朝廷都掌握着巨额的财赋，其数量甚至超过了户部和内藏财赋。③

朝廷财赋皇帝虽可干预，但其使用主要由宰相掌握，户部更是不能染指。户部和地方经费不足，可向朝廷借支，但需要偿还。朝廷财赋主要是"贮之以待非常之用"，"朝廷封桩钱物系备边、河防及缓急支用"。④

元丰改官制，户部取代三司，成为国家日常财政的管理机构。户部左曹主要管理常赋，户部右曹主要管理新法财利。这沿袭了熙宁时期三司管常赋、司农寺管新法财利的格局。南宋章谊概括元丰改制后户部左、右曹体制道："在本部则有左曹、右曹之设，在诸路则有转运司、提举司之异。运司则左曹之属也，提举则右曹之属也。左曹所入散之以给经常之费，右曹所入积之以待不时之须，此皆内外相维，臂指相应，而

① （宋）李焘撰，上海师范大学古籍整理研究所、华东师范大学古籍整理研究所点校：《续资治通鉴长编》卷 407，元祐二年十一月丙子条，北京：中华书局，2004 年，第 9904 页。

② （宋）章如愚编：《群书考索》后集卷 64《财赋门》，第 937 册，911—912 页。

③ 黄纯艳：《宋代财政史》，第 75 页。

④ （宋）李焘撰，上海师范大学古籍整理研究所、华东师范大学古籍整理研究所点校：《续资治通鉴长编》卷 409，元祐三年三月乙丑条，第 9955 页。

理财之政密矣。”[①]内藏财赋和朝廷财赋，特别是朝廷财赋膨胀削弱了户部理财能力。[②]“及官制行，户部岁入才四百余万缗，其他尽入元丰库，以待非常之用云。”[③]苏辙称，户部：“一月出入见钱之数，率皆五十余万贯，罄竭所得，仅给经费而已，稍加他用，辄干求朝廷，方能办事。有司惴惴，常有阙事之惧。”[④]户部财用始终处于捉襟见肘的地位。

其次，看中央对地方财力的剥夺。

宋代财政集权的另一主要体现就是中央不断收夺地方财权。

熙宁二年（1069年）九月二十七日，诏三司旨挥，诸路金银数并纳左藏库。逐年支金三百两，银五十万两，赴内藏库，永为年额。十月一日，诏江淮发运司：“今后应截留内藏库物移用，即时具数，关牒本库照会。”[⑤]

元祐初年，毕仲游上书门下侍郎司马光，曰：“今诸路常平、免役、坊场、河渡、户绝庄产之钱粟，积于州县者无虑数十百巨万，如一归地官以为经费，可以支二十年之用，则三司岁入常平为赢，以天下之大，而三司岁入半为赢余，则数年之间，府库之财，仓庾之粟，已将十倍于今日。”[⑥]

建中靖国元年（1101年），陈瓘《上徽宗进国用须知》奏曰：“自元丰以来，制国用之职在三省矣。户部右曹之所掌，乃天下财用之根本也。神考理财之政，所以法先王而虑万世，元祐之臣虽有纷更，然天下所积财物，朝廷亦不尽取。今则一年之间，连下五敕，凡提举司所积钱取之殆尽。竭天下根本之财，坏神考理财之政，继志述事，岂宜然哉？今具五次朝旨下项。一，元符三年九月八日敕：‘府界诸路见管坊场钱，除本路一年合支数外，将剩数更留一半准备支用，余一半特令起发上京，应副朝廷支用。’一，元符三年十一月十九日敕：‘府界诸路见管常平役钱，除本路一年合支数外，将剩数更留一半准备支用，余一半特令起发上京，应副朝廷支用。’一，建中靖国元年二月二十三日敕：‘诸路提举司将见在抵当息钱并起发上京，应副朝廷支用。’一，建中靖国元年三月初一日敕：‘诸路提举司将见在量添酒钱，依抵当息钱已得旨挥施行。今后支使不尽钱数，并封桩，准备朝廷支用。’一，建中靖国元年三月初二日敕：‘府界诸路提举司所管钱物，除依旨挥起发及除留出本年合支散外，余剩更留一半，钱数不多，

① 章谊：《又论发运常平官职因革疏》，（明）黄淮、杨士奇编：《历代名臣奏议》卷270，上海，上海古籍出版社，1989年，第3532页。
② 黄纯艳：《宋代财政史》，第97页。
③（宋）陈均编，许沛藻、金圆、顾吉辰，等点校：《皇朝编年纲目备要》卷20，元丰三年十一月条，第496页。
④（宋）苏辙撰，陈宏天、高季芳点校：《苏辙集》卷41《转对状》，北京，中华书局，1990年，第728页。
⑤ 刘琳、刁忠民、舒大刚，等校点：《宋会要辑稿》职官27之6，第3712页。
⑥（宋）毕仲游：《西台集》卷7《上门下侍郎司马温公书》，影印文渊阁四库全书本，上海：上海古籍出版社，1987年，第1122册，第78—79页。

深属阙少籴本。今於元祐年中所纳助役钱内拨一半充常平籴本，余一半许榷货务召人入便，或计置起发上京，兑那往三路添助常平籴本。’……岂宜取三十年间根本蓄藏之物，一切大违成宪，而偏用之于一方乎？且上件五项所取之类，以天下计之，万数不少。……然则天下蓄积之物，皆运之于边矣。”①

比较上述两条资料，可以看出，元祐初年地方掌握的财赋还是比较丰富的，但到宋徽宗即位以后，即加快了中央对地方财赋的收夺。徽宗一朝，蔡京不仅扩大朝廷财赋，如崇宁元年（1102 年）十二月四日，尚书省言：“诸路见桩管钱，朝廷及省曹诸司金甚多，逐县即无支用。”诏令户部指挥诸路、诸司，将诸县应见管金数，并尽数发赴元丰库送纳。②崇宁三年（1104 年）正月二十七日，尚书省白札子：“勘会见今户部改铸得当十钱六十万贯，计折小（千）[平]钱六百万贯，欲将三百万贯复还户部，即本部比之每年所得之数，尚有增收钱一百六十万九千六百贯文外，将二百万贯赴内藏库送纳，馀一百万贯赴元丰库封桩，应副朝廷支用。”从之。③而且迎合宋徽宗奢侈之需，设立各种专供徽宗挥霍的供奉机构，使财政管理更为混乱，户部负担更加沉重。《文献通考》卷 24《国用考二》载：“……京又专用丰亨豫大之说，谀悦帝意，始广茶利，岁以一百万缗进御，以京城所主之，于是费用浸广。其后又有应奉司、御前生活所、营缮所、苏杭造作局、御前人船所，其名纷如，大率皆以奇侈为功。岁运花石纲，一石之费，至用三十万缗。牟取无艺，民不胜弊。时用度日繁，左藏库异时月费缗钱三十六万，至是衍为一百二十万缗。”④

由上可见，宋初统治者即有意识地收夺地方财赋，而自熙宁以来直至宋徽宗时代，更是一步一步变本加厉地将地方财赋收回中央。三司及户部财权管控越来越小，皇帝和宰相逐渐掌握了北宋财权的主动权。这无疑增加了三司及户部的经费压力，地方财政也陷于困境。那么，如何评价蔡京茶法？

---

①（宋）赵汝愚编，北京大学中国中古史研究中心校点整理：《宋朝诸臣奏议》卷 103，上海：上海古籍出版社，1999 年，第 1108 页。

② 刘琳、刁忠民、舒大刚，等校点：《宋会要辑稿》食货 52 之 15，第 7177 页。

③ 刘琳、刁忠民、舒大刚，等校点：《宋会要辑稿》食货 52 之 15，第 7177 页。

④（宋）马端临著，上海师范大学古籍研究所、华东师范大学古籍研究所点校：《文献通考》卷 24《国用考二》，第 709页。

四、蔡京茶法评价

魏了翁《邛州先茶记》曰："中兴以后，尽鉴政宣之误而茶法尚仍京、黼之旧。国虽赖是以济，民亦因是而穷。"①朱彧《萍洲可谈》道："自崇宁复榷茶，法制日严，私贩者因以抵罪，而商贾官券，请纳有限，道路有程，纤悉不如令，则被系断罪，或没货出告缗，愚者往往不免。其侪乃目茶笼为'草大虫'，言其伤人如虎也。"②谏议大夫杨时《乞罢茶盐榷法》曰："崇宁纷更，唯是茶盐二法最为民害……今茶租钱输如故，而榷法愈密，是榷之又榷也……昔时晚春采造谓之黄茶，每斤不过三二十钱，故细民得以厌食。今买引之直已过数倍，未有茶色。民间例食贵茶，而细民尤被其害。行法之初，哀刻之吏以配卖引数多为功，苟冒恩赏，其后以岁课最高为额，上户有敷及十数引，陪费无虑十五六千，则人不易供课最高为额。"③《宋会要辑稿》载："茶法自政和以来，官不置场收买，亦不定价，止许茶商赴官买引，就园户从便交易，依引内合贩之数，赴合同场秤发。至于今不易，公私便之。"④魏了翁没有否定蔡京茶法对国家发展的重要作用，但认为它对民众来说加重了剥削和负担。朱彧从管理的角度认为蔡京茶法过于严苛。杨时也是认为蔡京茶法加重了对民众的盘剥。而该书的作者从制度本身肯定了蔡京茶法。（政和）七年五月十日，中书省言："勘会左、右司点检都茶场务收茶息钱及五百万贯，通共一千五百万贯。"⑤

蔡京茶法不仅增加了政府的茶利，而且使北宋中央加强了对地方财权的分割，强化了北宋中央的财政掌控力。中央这些财政收入到底用在了哪里？真如时人李纲议论："崇观以来，茶、盐之利在朝廷，则朝廷富实；其后，悉归于御府，以为玩好、宴游、锡予之物，则天下利源竭矣。"⑥如《文献通考》载："大观三年，计七路一岁之息一百二十五万一千九百余缗，榷货务再岁一百十有八万五千余缗。京专用是以舞智固权，自是岁以百万缗输京师所供私奉，掊息滋厚，盗贩公行，民滋病矣。"⑦仅仅得出这样的结论，似乎片面了。

---

①（宋）魏了翁：《鹤山先生大全文集》卷48《邛州先茶记》，四部丛刊初编本。

②（宋）朱彧撰，李伟国点校：《萍洲可谈》卷2《商贾目茶笼为草大虫》，北京：中华书局，2007年，第146页。

③（明）黄淮、杨士奇编：《历代名臣奏议》卷270《理财》，第3529页。

④ 刘琳、刁忠民、舒大刚，等校点：《宋会要辑稿》食货29之16，第6648页。

⑤ 刘琳、刁忠民、舒大刚，等校点：《宋会要辑稿》职官4之22，第3106页。

⑥（宋）李纲著，王瑞明点校：《李纲全集》卷63《乞修盐茶之法以三分之一与州县札子》，第675页。

⑦（宋）马端临著，上海师范大学古籍研究所、华东师范大学古籍研究所点校：《文献通考》卷18《征榷考五·榷茶》，第513页。

如果我们能从北宋所处的特殊时代和军事境况来看问题，皇帝和宰相拥有财经主动权是有一定积极意义的，可以真正起到“备不时之需”的作用。

北宋是在唐末五代动荡之后建立的政权，稳定赵宋王朝统治乃头等大事，其经验就是削弱地方势力赖以发展的经济军事基础，釜底抽薪。北宋建立以后，又面临着一个和此前中原王朝不同的周边政治环境，这就是它始终感受到北方契丹和以后崛起于西北的西夏对它的威胁。开国之初直至北宋灭亡，历任统治者始终都在思考如何彻底解除这种威胁和屈辱。不论是主动还是被动，战争都是他们无法回避的解决现实困境的途径之一。而战争需要经费支持，所以，北宋有志于雪耻拓土的君臣都致力于军费的保障。即便不满于王安石变法的人，也只能说：“安石盖以天下之事惟出于我者为是，而天下之财惟出于新法者为己之私有，朝廷既得此财，又不宽以邦国之经费，反谋藏之以为剩余之物，而为异日开边之用耳。”[①]元祐六年（1091 年），刑部侍郎王觌也说：“臣固知封桩之物，非以奉游宴、广宫室、饰苑囿、侈舆马也，不过欲蓄积稍多，而有以待军国缓急之用而已。”[②]

北宋地方政府及各职能部门，出于自身利益，并不能从国家的整体大局出发考虑财政问题，而是各有小算盘，往往会对实际财政收入有隐瞒，国家急需时也不能做到及时相助。熙宁二年（1069 年）七月十七日，制置三司条例司言：“……诸路之财，平时往往巧为伏匿，不敢实言，以备缓急。又忧年计之不足，则多为支移折变以取之，民纳租税至或倍其本数。……富商大贾因得乘公私之急以擅轻重敛散之权。”[③]而三司、户部也是如此。熙宁元年（1068 年）十月十三日，诏诸路转运司，自今三司支移上供钱币，并以闻。以上批：“诸路岁输内藏库钱帛常不足，咎在三司暗移用，而转运司不敢违。”[④]熙宁八年（1075 年）六月一日，内藏库言：“楚、濠州运绢三千匹，实本库岁纳之数，三司乃令寄纳于左藏库。乞诏三司遵守条制，毋下诸军寄纳。”上批；“系内库路分上供钱帛，三司毋得别作名目移寄，致亏年额”。[⑤]

皇帝掌握内藏库，就有了财政主动权，往往会接济遇到困难的三司、户部等。治平四年（神宗即位未改元）正月十七日，三司言，乞内藏库钱三十万缗助山陵支费。从之。二月，三司言，乞银三十万两，准备支赐。今（令）内藏库除依嘉祐八年所支

① （宋）吕中：《宋大事记讲义》卷 16《创制三司条例　置举常平司》，第 686 册，第 349—350 页。

② （宋）李焘撰，上海师范大学古籍整理研究所、华东师范大学古籍整理研究所点校：《续资治通鉴长编》卷 466，元祐六年九月甲寅条，第 11142 页。

③ 刘琳、刁忠民、舒大刚，等校点：《宋会要辑稿》职官 42 之 20 至 21，第 4080—4081 页。

④ 刘琳、刁忠民、舒大刚，等校点：《宋会要辑稿》职官 27 之 4 至 5，第 3711 页。

⑤ 刘琳、刁忠民、舒大刚，等校点：《宋会要辑稿》职官 27 之 11，第 3715 页。

银外，更支与银五万两。[1]熙宁五年（1072 年）二月十七日，三司奏："准诏，与内藏库议，自今拨盐税钱及岁别出钱六十万，赴左藏库给用。"从之。[2]熙宁七年（1074 年）十月二十六日，三司使章惇乞借内藏库钱五百万缗，令市易司选能干之人，分往四路入中算请盐引，及乘贱计置籴买。诏借二百万缗。[3]元丰五年（1082 年）十月二十六日，诏给内藏库钱百万缗，与熙河路；尚书户部右曹钱百万缗，与鄜延路。及令吴雍发陕西诸司及封桩钱三百万缗，分与环庆、泾原、秦凤三路，计置粮草。[4]嘉定十一年十二月五日，臣僚言："昔我祖宗之世，内帑所积，凡实边备、供军储、赈水旱，皆于此乎出；三司有阙，则于内藏库假贷。故自淳化至景德，每岁多至三百万，少亦不下百万。天禧间，四年之内，三司所借钱、绢九百十七万；康定元年九月，出内库钱、绢百万助经费，十二月复出内库绢百万助边费。此犹曰全盛之时，未易言也。中兴驻（驿）[跸]吴会，亦且出内帑以佐调度，以犒戍兵，以济水旱。"[5]而宰相掌握的朝廷封桩钱物系备边、河防及缓急支用。

对于蔡京茶法改革带来的巨大变化和巨额收入，尤其是北宋财经领域的中央集权，我们不能因为宋徽宗、蔡京君臣统治集团的腐朽生活、奢侈挥霍而否定其改革的意义。相反，"茶盐之利，国计所系，合归朝廷"[6]和"茶盐之利，常平之法，专一应付国家大计，州县不得擅用"[7]，这几句话从一个方面证明了蔡京茶法改革的目的是"应付国家大计"，即北宋面临的维护国家安全和开疆拓土所需的庞大的军费开支、救助穷民的社会福利事业经费，以及学校教育事业发展和维护社会秩序稳定所需经费的来源。本文所要表达的观点是蔡京的茶法改革在实现从茶园户、商人、地方政府手中分割最大茶利的基础上完成了北宋在财经领域的中央集权，而北宋中央财政掌控力的提升又实现了北宋中央政府财政经费使用的权力最大化，这也为北宋维护国家安全、发展社会福利事业和文化教育事业、保障社会稳定提供了最大限度的经费支持。当然，对于蔡京茶法改革带来的地方政府财政的拮据和老百姓负担的加重也不可否认。

附记

当我匆忙赶写出这篇文章的时候，我为自己在宋史领域的浅薄无知而汗颜，内心

① 刘琳、刁忠民、舒大刚，等校点：《宋会要辑稿》职官 27 之 3 至 4，第 3710 页。

② 刘琳、刁忠民、舒大刚，等校点：《宋会要辑稿》职官 27 之 8，第 3713 页。

③ 刘琳、刁忠民、舒大刚，等校点：《宋会要辑稿》职官 27 之 9，第 3714 页。

④ 刘琳、刁忠民、舒大刚，等校点：《宋会要辑稿》职官 27 之 13，第 3716 页。

⑤ 刘琳、刁忠民、舒大刚，等校点：《宋会要辑稿》食货 51 之 7，第 7144 页。

⑥（宋）李心传编撰，胡坤点校：《建炎以来系年要录》卷 33，建炎四年五月甲子条，北京，中华书局，2013 年，第 767 页。

⑦（宋）李心传编撰，胡坤点校：《建炎以来系年要录》卷 102，绍兴六年六月庚申条，第 1934 页。

也充满了对王曾瑜先生的内疚和感激之情。王先生对晚辈抬爱有加，而我却不能在学业上有所报答。作为著名的宋史学家，王先生成就卓著、著作等身，他对晚辈的指教、提携和关怀也是无私和持久的。2006年我在首都师范大学跟随李华瑞老师读博，王先生得知我的论文选题是“蔡京、蔡卞与北宋晚期政局研究”，便送我学者林天蔚的《宋史试析》，其中有一节是“讲议司的分析——蔡京专权误国所凭借之机构”。受该文启发，我发表了《政事与人事——略论蔡京与讲议司》一文。在我博士论文撰写期间，王先生总是不时地提醒我搜集哪些资料，看哪些书。2009年底，我博士论文答辩，王先生是答辩主席，答辩结束先生将论文返我时，我发现先生是仔细地阅读了全文，他不仅详细地指出了论文中每一处错误，甚至包括标点符号，而且为了我查看方便，还把所有有问题的页面都折叠成小角。我毕业回到天水后，先生不时将新著邮寄与我，有时还会发来电子版，便于我使用。2012年我将博士论文修改为专著出版，先生看了以后，在给我的邮件中写道：“杨小敏先生：拜读大作，优点不必说，感觉其中的问题，今列举于下。”先生总共给我提出了19条意见。先生对我的厚爱无法用言语表达。我想，我虽然不能在学术上有所建树，但先生为人为学的高贵品质，将永远指引我前行。衷心祝愿王曾瑜先生健康长寿！

宋代州县仓管理制度初探

杨　芳*

为革除五代旧弊，加强中央对地方财赋的控制，宋朝建国初就十分重视仓廪的管理。如太祖建隆二年（961年）六月，"吏部郎中阎式夺两任官。式监纳河阳夏税仓，上得式所收一斛有五升之羡，故黜之"①。又建隆三年（962年）七月，"右卫率府率薛勋掌常盈仓，受民租，概量重，诏免勋官，配隶沂州，仓吏弃市"②。重建地方仓场库务管理秩序是宋初加强财政中央集权的重要内容之一。南宋朱熹（1130—1200年）就曾指出："然自唐末，大抵节镇之患深……故太祖皇帝知其病疏理之，于是削其支郡，以断其臂指之势……立仓场库务之官，以夺其财。向之所患，今皆无忧矣。"③宋朝不仅设仓场库务之官加强管理，还制定了一系列的管理措施，形成了较为严密的管理制度。州县仓是宋朝财政体系的重要组成部分，目前学界对宋代州县仓关注较少④，研究相对比较薄弱，因此有必要进行更为广泛和深入的研究。本文拟从宋朝加强中央集权的视角，对宋代州县仓管理制度作一探讨。

一、宋代州县仓管理机构及人员设置

知州、知县为一州、县的最高行政长官，对其辖区内的事务进行通管与监督，仓务便是其中之一。宋廷一再强调地方长官要时常对仓廪"躬亲检校""勿令损恶"。⑤

州仓一般由州、军的属官诸曹官之司户⑥主管。史载："诸州皆有正仓、草场，受

---

* 杨芳，西北师范大学历史文化学院副教授。

①（宋）李焘撰，上海师范大学古籍整理研究所、华东师范大学古籍整理研究所点校：《续资治通鉴长编》卷2，太祖建隆二年六月丁巳，北京：中华书局，2004年，第48页。

②（宋）李焘撰，上海师范大学古籍整理研究所、华东师范大学古籍整理研究所点校：《续资治通鉴长编》卷3，太祖建隆三年七月辛巳，第70页。

③（宋）黎靖德编，王星贤点校：《朱子语类》卷100《论兵》，北京：中华书局，1986年，第2707页。

④ 有关宋代州县仓的研究主要有：李华瑞：《北宋州县仓救荒功能略论》，邓小南主编：《宋史研究论文集》，昆明：云南大学出版社，2009年；杨芳：《宋代州县仓收支述论》，《西北师大学报》（社会科学版）2012年第3期等。

⑤（清）徐松辑：《宋会要辑稿》食货54之1，北京：中华书局，1957年，第5738页。

⑥ 诸曹官有录事参军、司理参军、司法参军、司户参军。在文臣阶官体系中，诸曹官与幕职官（主要有签判、节度判官及推官、节度掌书记、观察支使诸职）、县令、主簿、县尉共同组成幕职州县官，又称选人，是文阶官中最基层的一部分。参见苗书梅：《宋代州级属官体制初探》，《中国史研究》2002年第3期，第111—126页。

租税、和籴、和市刍粟，并掾曹主之。”[①]“宋朝沿唐制，诸州置司户参军，掌户籍赋税、仓库交纳。”[②]又南宋绍兴年间，刘安世为岳州司户参军，“郡丞以财用不足为名，议减将校月支，诸军日守司户之门，且哗，州民大恐”[③]。刘安世遂曰：“给纳吾职，非丞事也。”[④]此即说明司户职掌州仓出纳。乾道六年（1170年）九月三日，新权知汀州谢知几朝见，奏言：“乞令诸州司法同司户管干仓库职事。”[⑤]宋孝宗说：“刑狱事重，仓库利害稍轻，令司户专管。”[⑥]这也反映出司户主管仓库的制度。录事参军也有兼管州仓的情况。如漳州省仓，“知录、司户掌之”[⑦]。“知录”是由京官差充录事参军者。《宋史》卷167《职官志》亦载：“旧制，录事参军掌州院庶务，纠诸曹稽违；户曹参军掌户籍赋税、仓库受纳。……（乾道）六年，汪大猷言：‘司户初官，令专主仓库，知录依司理例，以狱事为重，不兼他职。’从之。”[⑧]亦知此前录事参军兼管仓库事务的情况是普遍存在的。南宋时，由于录事参军兼管仓库，也引起了职事上的混乱，朱熹就曾批评说：“自并省三院，而州郡六曹之职颇淆乱……知录管州院事，专主教民，今乃管仓库，独为不得其职。”[⑨]

县仓由府、州、军差派属县官吏监领。史载：“属县有令，有丞，有主簿，有尉。主簿钩稽簿书，尉专捕盗禁物，余事与令、丞通治，而仓库、酒榷各有监临官以分掌之。”[⑩]规模较小的县仓、寨仓，除收支时事务较多，由州县派官吏监临外，平时只委专知等吏胥管理，如武平县“三寨仓，并系本州科拨苗斛，差专知受纳、措纳军粮”[⑪]。

在一些位置重要或大型的州县仓处，宋廷专置监当官管理诸仓。《文献通考》卷25《国用三·漕运》载：“诸州皆有正仓……并掾曹主之。其多积之处，亦别遣官专掌。”这里的“遣官专掌”，即指设监当官监仓。又如淳熙五年（1178年）八月七日，因“帅臣言本府省仓出纳甚多，自来不置监官，止差粮料院官兼监”，宋廷诏令“城都

---

① （元）马端临：《文献通考》卷25《国用三·漕运》，北京：中华书局，1986年，第244页。

② （元）马端临：《文献通考》卷63《职官十七·录事参军》，第572页。

③ （宋）王庭珪：《卢溪先生文集》卷45《故左朝奉郎刘公墓志铭》，舒大刚主编，四川大学古籍整理研究所编：《宋集珍本丛刊》（34），北京：线装书局，2004年，第716页。

④ （宋）王庭珪：《卢溪先生文集》卷45《故左朝奉郎刘公墓志铭》，舒大刚主编，四川大学古籍整理研究所编：《宋集珍本丛刊》（34），第716页。

⑤ （清）徐松辑：《宋会要辑稿》食货54之10，第5742页。

⑥ （清）徐松辑：《宋会要辑稿》食货54之10，第5742页。

⑦ 《永乐大典》卷7516页12引《清漳志》，北京：中华书局，1986年，第3454页。

⑧ 《宋史》卷167《职官志七》，北京：中华书局，1977年，第3976页。

⑨ （宋）黎靖德编，王星贤点校：《朱子语类》卷128《法制》，第3074页。

⑩ （清）徐松辑：《宋会要辑稿》职官47之12，第3424页。

⑪ 《永乐大典》卷7892页22引《临汀志》，第3644页。

府置省仓监官一员”。[①]监仓官总管一仓事务，包括监督仓粮受纳、支出，以及管理仓内的各种文书等。监当官多由选人、使臣差充，也有京朝官责降为监当官的。如元丰五年（1082 年）十月，“降授承务郎、新监邕州盐米仓张舜民监郴州茶盐酒税”[②]。元祐元年（1086 年）三月，王得君“欲杜塞人言，无状”而谪官，“命监永城县仓”。[③]

诸仓还设有监仓门官，主管仓门之开闭、人员出入之登记、仓门钥匙等。如规定“诸仓库，监、专同开闭，并押记锁封。掌钥以长官，门钥以监门（无监门处，长官兼掌）”[④]。无监门官的粮仓由监仓官兼掌。如前所述，并非所有的州县仓都有监仓、监门官，一些小型的县仓、寨仓只有吏胥管理。

监仓官是一仓的主管者，而具体的收支事务则由专知、副知等负责。专知与副知合称专副，为州县公人之一种。北宋初，仓库管押事务多由衙前担任，即所谓“唯得筦仓库，部飞輓，趍摈呼指尔”[⑤]。北宋中期以后，由于仓场库务多设监仓官，以专知、副知等为其属吏，衙前管仓库者减少。[⑥]无监仓官之处，专副是一仓的主管者。如宋令规定：“诸仓库兵级犯笞罪（谓于本仓库有犯者，仍须无监官处，其酒务虽有监官同。），听专副行决，过十下者，论如前人不合捶考律，以故致死，或因公事殴，致折伤以上者，并奏裁。”[⑦]即是说仓库兵级犯罪，若无监仓官，由专副裁决。

专知、副知之下设有若干攒司、斗子、脚子等吏人，负责仓粮的称量、质量检验、搬运、看管，以及抄写簿历等事务。《续宣城志·嘉定诸仓斛斗》载：“受纳多取之弊，正缘蚕食者众，今来合行拣汰，内存留专知一名、攒司一名、家人并叫钞家人共六名，斗级一名、斗子五名，贴量四名，送匙匣并充场子共一名，门子一名。”[⑧]可见，宁国府仓所供之仓吏役人，名目不一，人数众多。关于斗子等公人的选充，一般而言，在职役制下，仓子、斗子等公人主要由乡村第三、四等户轮差，熙宁以后，多自愿投充，但仍需召保有家产之人担任。[⑨]如建宁府州仓斗子，“绍圣四年，召保产五十千以上充，

---

① （清）徐松辑：《宋会要辑稿》食货 62 之 65，第 5981 页。
② （宋）李焘撰，上海师范大学古籍整理研究所、华东师范大学古籍整理研究所点校：《续资治通鉴长编》卷 330，元丰五年十月庚午，第 7958 页。
③ （宋）陈均编，许沛藻、金圆、顾吉辰，等点校：《皇朝编年纲目备要》卷 22，北京：中华书局，2006 年，第 533页。
④ 《庆元条法事类》卷 36《库务门一·仓库约束·仓库令》，杨一凡、田涛主编，戴建国点校：《中国珍稀法律典籍续编》第 1 册，哈尔滨：黑龙江人民出版社，2002 年，第 558 页。
⑤ （宋）吕祖谦编：《皇朝文鉴（二）》卷 87，钱彦远《奉国军衙司都目序》，黄灵庚、吴战垒主编：《吕祖谦全集》（13），杭州：浙江古籍出版社，2008 年，第 570 页。
⑥ 苗书梅：《宋代州级公吏制度研究》，《河南大学学报》（社会科学版）2004 年第 6 期，第 103 页。
⑦ （宋）谢深甫：《庆元条法事类》卷 36《库务门一·仓库约束·断狱敕》，杨一凡、田涛主编，戴建国点校：《中国珍稀法律典籍续编》第 1 册，第 557 页。
⑧ 《永乐大典》卷 7512 页 18 引《续宣城志》，第 3409 页。
⑨ 苗书梅：《宋代县级公吏制度初论》，《文史哲》2003 年第 1 期，第 127 页。

今三十人，外节级一人”[①]。

二、宋代州县仓的监督机构

州县仓除直接向州县长官负责外，还要接受“监郡”通判及路分监司的监督。宋初为防唐末五代藩镇之弊，州军均置通判，“职掌倅贰郡政，凡民兵、钱谷、户口、赋役、狱讼听断之事，可否裁决，与守臣通签书施行”[②]。宋廷设通判掌一州之租税，就是要牵制州军长官，使其不得专权，并由通判具体负责点检帐簿，监督仓库事务。如《庆元条法事类》卷37《库务门二·给纳·仓库令》规定：“诸仓库见在钱物，所属监司委通判岁首躬诣仓库点检前一年实在数，令审计院置簿抄上，比照帐、状。”[③]这也就是说，州县仓保管的钱物，通判要定期亲自到仓点检，并按时审阅簿帐。

宋代转运司号称漕司，“掌经度一路财赋，而察其登耗有无，以足上供及郡县之费；岁行所部，检察储积，稽考帐籍，凡吏蠹民瘼，悉条以上达，及专举刺官吏之事”[④]。从其对地方实行财政管理方面来看，职掌在于协调安排一路财赋，以足上供和郡县留用经费，以及检察储积、稽考帐籍。但在大多数情况下，转运司仅负责监督催发，并不直接经管上供财赋的发纳运输事宜。这与转运司不附设有关仓场库务的制度是相一致的。转运使作为一路的监司，每年要检察一路诸州仓储情况及点检、磨勘州军财赋帐簿。转运司属下设有帐司，由属官主之，专职磨勘州军供申的收支月帐，转运使则巡历州军，点检财务。如元丰二年（1079年），宋廷下诏：“措置帐法并提举三司帐、勾、磨勘等司钱勰所奏帐法事，其县、镇、仓场、库务帐，本州勘勾；诸州帐，转运司勘勾。内钱帛以下具收支，应见在逐县总数造计帐申省。”[⑤]转运司对诸州县仓一般仅在账目手续上实行监督与管理，并不直接经手出纳。

提点刑狱司对诸路赋税、帐簿也有监察的职责。[⑥]提点刑狱司“掌提辖诸县刑狱、兵民、贼盗、仓场库务，兼管勾沟洫、河道之事”[⑦]。提点刑狱司对州县仓也主要是

---

①（宋）梁克家纂修：《淳熙三山志》卷13《籍类四·州县役人》，《宋元方志丛刊》（8），北京：中华书局，1990年，第7892页。

②《宋史》卷167《职官志七》，第3974页。

③（宋）谢深甫：《庆元条法事类》卷36《库务门二·给纳·仓库令》，杨一凡、田涛主编，戴建国点校：《中国珍稀法律典籍续编》第1册，第579页。

④《宋史》卷167《职官志七》，第3964页。

⑤（宋）李焘撰，上海师范大学古籍整理研究所、华东师范大学古籍整理研究所点校：《续资治通鉴长编》卷309，元丰三年闰九月庚子，第7495页。

⑥ 王晓龙：《宋代提点刑狱司制度研究》，北京：人民出版社，2008年，第346页。

⑦（清）徐松辑：《宋会要辑稿》职官43之1，第3274页。

从账目上进行监管。如淳熙元年（1174 年）八月十日，吏部员外郎莫漳奏言：“诸州仓库场务多巧作名色，增置簿历，乞令诸州于岁前两月，将仓库场务簿历悉解赴提刑司印押，限岁前一月先次给下，令提刑司每岁终具州邑已印给赤历、簿书名件，申户部帐司照会。”朝廷从其请。①这也就是说诸州仓库场务要在岁前两月，将簿历解赴提刑司，提刑司再于岁前一月将州赤历、簿书申报户部帐司。

在宋代中央集权的财政体制下，州军对其财赋收支都要向国家最高财政机关负责。宋代总管全国仓储事务的机构，在元丰改革官制以前为三司，所谓“于天下财计无所不统”②，“凡仓庾受纳租税、出给廪禄之事皆归于三司”③。三司由盐铁、户部、度支三司或三部组成。三司根据理财业务的不同，设有二十余案，分隶于三部。④其中的仓案、斛斗案、粮料案、衣粮案、户税案等都与仓储的管理有关。三司又设若干子司，主要负责财政上的监督、审核、防漏、补缺等事务，包括对仓储账籍的管理。虽然转运司、府州军监不是三司的下属机构，没有严格的隶属关系，但是按照制度，各路、府州军监等凡事关财计的，都要听命于三司。三司在财政上统辖地方，主要体现在财政上的决策权和有关的考课制度。宋朝规定地方存留财赋一律系省，三司对地方所有赋入都有原则上的支配权。即如司马光所言：“天下钱谷，自非常平仓隶司农寺外，其余皆总于三司，一文一勺以上，悉申帐籍，非条例有定数者，不敢擅支。”⑤苏辙也曾讲：“举四海之大，而一毫之用必会于三司……夫天下之财……然世当以转运使为不可独信，故必致于三司而后已。”⑥这说明三司对于地方财政，包括州县仓在内的收支，有相当大的约束力。元丰改革官制，罢三司，户部成为最高的财政管理机关。户部设户部左、右曹，度支，仓部，金部五部。天下仓储事务归入户部所辖之仓部。在此之前，“仓部判司一人，以无职事朝官充”，“元丰官制行，郎中、员外郎始实行本司事”。⑦仓部掌国家仓库场务储存之政令及出纳之事，分案有六，即仓场案、上供案、粜籴案、给纳案、知杂案和开拆案。⑧户部之左曹、度支等也都与仓储的管理、审计有关。

---

①（清）徐松辑：《宋会要辑稿》食货 62 之 64，第 5980 页。
②（清）徐松辑：《宋会要辑稿》食货 56 之 10，第 5777 页。
③（清）徐松辑：《宋会要辑稿》食货 53 之 1，第 5720 页。
④（清）徐松辑：《宋会要辑稿》食货 56 之 9，第 5777 页。
⑤（宋）李焘撰，上海师范大学古籍整理研究所、华东师范大学古籍整理研究所点校：《续资治通鉴长编》卷 368，元祐元年闰二月甲午，第 8871 页。
⑥（宋）苏辙著，曾枣庄、马德富校点：《栾城集》卷 21《上皇帝书》，上海：上海古籍出版社，1987 年，第 466 页。
⑦（清）徐松辑：《宋会要辑稿》食货 53 之 1，第 5720 页。
⑧（清）徐松辑：《宋会要辑稿》食货 53 之 1，第 5720 页。

三、宋代州县仓受纳与支出的有关规定

州县仓在受纳税米时，一般要在受纳二税官的监督下进行。绍兴五年（1135年）八月二十日，宋廷的一份诏书言："将受纳二税官依法州选幕职，外县差丞、簿施行。"[①]《庆元条法事类》卷6《职制门三·权摄差委·职制令》亦规定："诸受纳二税官，转运司委知、通前期于本州县官内公共选差讫，申本司检察。被差官专一受纳，不得干预他事。本州纳者，即于倚郭县官内选差，不得差外县官，专典止听本州差。"[②]即州仓的受纳二税官于依郭县幕职州县官内选差，外县则为县丞、县簿兼，并规定受纳二税官专门负责受纳事宜，不得干预其他事务。受纳官通常应挑选操守良好、经验丰富的人担任，规定"上自幕职，以至管下县镇，有刚介自守、晓事戢吏之人通行选差"[③]，由上级监司督核。

为保证仓粮的质量，政府还规定诸仓不得受纳湿恶粮草。诸仓场有关人员在收受米斛时，须认真检查，"其新洁好米，方许收受"[④]。宋廷规定，"诸受税，皆令干净"[⑤]，"民户不得纳湿恶米欺官，如有违者，各有常宪"[⑥]。若违禁受纳湿恶粮米，并造成储粮"大段损坏，全不堪支遣，即勒元受纳官备偿"[⑦]。受纳完毕之后，还要进行检察，如有"巧伪湿恶"之处，即要勒令原纳人、保人在定期限内补填所欠数额，补填仍不足数，便关送理欠司追责。[⑧]

宋廷还详细规定了受纳量器的标准及保管细则，而且受纳时要公平概量。谷物征收统一使用文思院所制定的斛斗，称"省斗"或"省斛"。[⑨]宋廷规定："诸仓官斛、斗、升、合，各刻仓分、监官押字，置库封锁，应修者，当官较量。诸给纳米料，并

① （清）徐松辑：《宋会要辑稿》食货9之2，第4962页。

② （宋）谢深甫：《庆元条法事类》卷6《职制门三·权摄差委·职制令》，杨一凡、田涛主编，戴建国点校：《中国珍稀法律典籍续编》第1册，第102页。

③ （清）徐松辑：《宋会要辑稿》食货9之9，第4966页。

④ 《永乐大典》卷7512页20引《续宣城志》，第3410页。

⑤ 天一阁博物馆、中国社会科学院历史研究所天圣令整理课题组校证：《天一阁藏明钞本天圣令校证》，北京：中华书局，2006年，第277页。

⑥ 《永乐大典》卷7512页18引《续宣城志》，第3409页。

⑦ （清）徐松辑：《宋会要辑稿》食货62之61，第5979页。

⑧ （宋）谢深甫：《庆元条法事类》卷37《库务门二·给纳·仓库令》，杨一凡、田涛主编，戴建国点校：《中国珍稀法律典籍续编》第1册，第578页。

⑨ 漆侠：《中国经济通史：宋代经济卷（上）》，北京：经济日报出版社，1999年，第447页。

用五斗省斛交量，其一石斛专充监官抽制斛面，每五年申所属换给。”[①]州县仓收支所用“五斗省斛”，一般都按照文思院的统一标准制造。如绍兴七年（1137 年）三月十九日，宋廷下诏：“文思院依省样制造五斗斛，颁降诸路转运司并行在仓场各一只，其本路州军令转运司样制造，降下所辖州军县镇，及应给纳官司行使。”[②]量器上刻有各仓分，并由监官押字，置库保管；斛斗出现破损，要申报所属官司，仓官不得私自拿出修理。同时要求受纳官称量公允，若“诸装发及受纳官物，称量不如法，论如用斛斗称度不平律，仍许人告”[③]。

仓粮的支出也有严格规定：“诸州支费，并由粮料院勘给。”[④]粮料院负责发放官兵廪禄券历，请领人持粮料院发给的“旁”，到指定的仓分领取粮廪。支出仓粮的“旁”“贴”等也要经过一系列审查。《名公书判清明集》卷 1 载胡颖《仓官自擅侵移官米》判词曰：“州郡仓库一出一纳，并须先经由太守判单押贴，次呈通判，呈佥厅签押，俱毕，然后仓官凭此为照，依数支出。”即必须由知州押贴，再经通判、佥厅签押完毕，付给各仓，仓官将“押贴”与请领人的“旁”对照，如数支出。各仓出给时，一般遵守先支贮藏久远的，后支年代近的，一仓屋出尽，再开新仓，“诸仓库贮积杂物应出及（给）者，先尽远年。其有不任久贮者，申请回易”[⑤]。又“诸仓屋及窖出给者，每出一屋一窖尽，然后更用以次者。有剩附帐，有欠，随事理罚”[⑥]。这样有利于仓粮的保管与以新易陈。

四、宋代州县仓帐簿管理

州县仓都各置簿历，登录仓粮出入。定期向上级部门汇报仓务，则造帐目、备奏状，即所谓“收支官物，州县官司则凭簿历，朝廷、省部、监司则凭帐状”[⑦]。故州军另设造帐司、磨勘司，主帐状的编修与审核。磨勘司职在对帐审核粮料院已勘支官物，月申转运司，同时还负责查考属县财务账籍。另外，通判还领有两个重要机构：勾院和应在司。勾院的性质与州军帐司、磨勘司相类，又与之相牵制，而权责实又过

① （宋）谢深甫：《庆元条法事类》卷 36《库务门一·仓库约束·仓库令》，杨一凡、田涛主编，戴建国点校：《中国珍稀法律典籍续编》第 1 册，第 558 页。
② （清）徐松辑：《宋会要辑稿》食货 69 之 10，第 6334 页。
③ （宋）谢深甫：《庆元条法事类》卷 36《库务门一·受纳违法·厩库敕》，杨一凡、田涛主编，戴建国点校：《中国珍稀法律典籍续编》第 1 册，第 562 页。
④ （清）徐松辑：《宋会要辑稿》食货 49 之 26，第 5646 页。
⑤ 天一阁博物馆、中国社会科学院历史研究所天圣令整理课题组校证：《天一阁藏明钞本天圣令校证》，第 280 页。
⑥ 天一阁博物馆、中国社会科学院历史研究所天圣令整理课题组校证：《天一阁藏明钞本天圣令校证》，第 278 页。
⑦ （清）徐松辑：《宋会要辑稿》食货 62 之 60，第 5978 页。

之。故宋代州军财物出纳审计机构，一般都以粮料院与勾院为代表，合称“粮勾院”。南宋时为避高宗赵构讳，改院为审计院。勾院负责州军租赋入纳及上供文帐的监审。①宋令规定：“诸上供钱物状，逐州次年正月中旬依式攒送磨勘司、审计院，各限五日磨审讫申转运司覆验，限三月终缴申尚书户部。”②应在司的职责在于覆查州军见在及已支或已供输他处、而尚未销帐的钱物总数，“以官物输他司或中都，虽著于籍，而无已入官之符契者，则总于应在司”③。

州县仓收支时，州、县要提前将所收支填用的“历”下发给诸仓，以便收支日进行登记。如规定：“诸收支官物历，州于印应用前十五日印给，计定纸数。诸仓每界，余处每季给纳，稀少及津渡馆驿，半年一给。遇有收支，即时注历，每日转计都数，监官书押。”④至于诸税户所纳数目单子则由县提前两个月，分别送受纳处及税户。“诸税租，县于起催前两月真书开具每户应纳数单子……付催税人，给散纳户。”⑤应纳数目单子，也即“凭由”或“由子”，税户凭此缴纳应纳物。

受纳官物时所用官钞有四，即县钞、户钞、监钞、住钞。如规定：“县钞付县，户钞给人户（官输者，具官钞），监钞付监官，住钞留本司。每钞用长印日，印其扣头，并县、户、官、钞，各监官亲用团印。”⑥绍兴十三年（1143 年），臣僚奏称：“赋税之输，止凭钞旁为信，谷以升，帛以尺，钱自一文以往，必具四钞受纳，亲用团印：曰‘户钞’，则付人户收执；曰‘县钞’，则关县司销籍；曰‘监钞’，则纳官掌之；曰‘住钞’，则仓库藏之。所以防伪冒，备毁失也。”⑦即户钞是人户纳税完毕付给的收据，县钞由收纳税物的仓库送县，是县官注销簿籍的依据，监钞由监督受纳官收掌，住钞由受纳税物的仓库保存。各种钞未用印时称白钞，用印后称朱钞，只有朱钞能作已纳凭证。印有数种，由监督纳税官员亲自使用，扣头用长印，监官用印为团印。“诸受纳官物团印、长印、稍印，州县长官监造，起纳日以印样缴送销簿官司对钞比验。至纳

---

① 包伟民：《宋代地方财政史研究》，上海：上海古籍出版社，2001 年，第 61—65 页。

② （宋）谢深甫：《庆元条法事类》卷 3《财用门一 · 上供 · 仓库令》，杨一凡、田涛主编，戴建国点校：《中国珍稀法律典籍续编》第 1 册，第 442 页。

③ （宋）李焘撰，上海师范大学古籍整理研究所、华东师范大学古籍整理研究所点校：《续资治通鉴长编》卷 228，熙宁四年十一月甲申，第 5541—5542 页。

④ （宋）谢深甫：《庆元条法事类》卷 37《库务门二 · 给纳 · 仓库令》，杨一凡、田涛主编，戴建国点校：《中国珍稀法律典籍续编》第 1 册，第 578 页。

⑤ （宋）谢深甫：《庆元条法事类》卷 47《赋役门一 · 拘催税租 · 赋役令》，杨一凡、田涛主编，戴建国点校：《中国珍稀法律典籍续编》第 1 册，第 612 页。

⑥ （宋）谢深甫：《庆元条法事类》卷 47《赋役门一 · 受纳税租 · 仓库令》，杨一凡、田涛主编，戴建国点校：《中国珍稀法律典籍续编》第 1 册，第 619 页。

⑦ （元）马端临：《文献通考》卷 5《田赋五 · 历代田赋之制》，第 63 页。

毕，长官监毁。”[1]所用之印由州县长官监造，受纳完毕之后，亦在州县长官的监督下销毁。这样做是为防止用旧钞销新簿的弊端。

诸仓要将税户纳毕的县钞按时送县，以便县对钞销簿。“诸税租钞，仓库封送县，令、佐即日监勒分授乡书手，各置历，当官收上，日别为号，计数，以五日通转，每受钞，即时注入。当职官对簿销押讫，封印，置柜收掌（本县受纳，亦准此）。”[2]即县仓每日将受纳税租钞封送县，并由当职官在规定的期限内“对簿销押”。为防止不及时销押、旧钞销新薄的弊端，绍兴五年（1135 年）八月二十日，朝廷从户部奏请，规定当职官要就仓销押，“如主簿有事故，即委县丞就仓销押”[3]。县要在受纳完毕后，按期限将簿历等送州，州仓簿历则直接送州，州汇总一州仓务帐历及相关文书送磨勘司审查，并申报转运司，转运司汇总诸州收支，申报三司或户部。《庆元条法事类》卷37《库务门二・给纳・诸州申粮帐式》所记便是州汇总州仓收入与支出、应在与见在等情况申报转运司的帐目书写格式。诸州仓库簿历岁终还要经过路分监司提点刑狱司的印押。“诸州仓库场务簿历，并岁前两月缴申提点刑狱司印押，限岁前一月给下，岁终开具已印过给名件申尚书户部帐司。”[4]

无论收支，州、县仓都要进行详细的登记，制成历、簿，保存在本仓处或抄送上级部门，以便官司点检审查。“诸仓库场务应收到钱物，每处止置都历一道，抄转分隶上供及州用之数，各立项目桩发，仍从转运司每半年一次差官取索点检。”[5] “诸仓库各置销钞簿，具注送纳钱物数、年月日、纳人姓名，候获官钞，对簿销凿，监官书字用印。其钞常留一纸，以千字文为号，月一架阁，并簿专留本处，备官司点检。”[6]

总之，从粮仓的收支到帐簿管理都形成了比较完善的制度，保证了州县仓的正常运营。关于州县仓的收支及簿籍管理问题非常细琐，还需对史料进行细致的梳理，做进一步的研究。

---

① （宋）谢深甫：《庆元条法事类》卷 17《文书门二・给纳印记・仓库令》，杨一凡、田涛主编，戴建国点校：《中国珍稀法律典籍续编》第 1 册，第 363 页。

② （宋）谢深甫：《庆元条法事类》卷 47《赋役门一・受纳租税・赋役令》，杨一凡、田涛主编，戴建国点校：《中国珍稀法律典籍续编》第 1 册，第 674 页。

③ （清）徐松辑：《宋会要辑稿》食货 9 之 2 至 3，第 4962—4963 页。

④ （宋）谢深甫：《庆元条法事类》卷 37《库务门二・给纳・仓库令》，杨一凡、田涛主编，戴建国点校：《中国珍稀法律典籍续编》第 1 册，第 579 页。

⑤ （宋）谢深甫：《庆元务法事类》卷 36《库务门一・场务・仓库令》，杨一凡、田涛主编，戴建国点校：《中国珍稀法律典籍续编》第 1 册，第 541 页。

⑥ （宋）谢深甫：《庆元条法事类》卷 17《文书门二・架阁・仓库令》，杨一凡、田涛主编，戴建国点校：《中国珍稀法律典籍续编》第 1 册，第 359 页。

五、宋代州县仓管理中的弊端及危害

两宋政府为建立并保持良好的仓务管理秩序，对州县仓管理作了种种严格规定，但随着地方财政的困窘，州县仓管理方面不断出现混乱，仓库帐簿管理的各种制度和规定越来越无法落实。如宣和七年（1125 年）四月二十七日，讲议司奏言："勘会收支官物，州县官司则凭簿历，朝廷、省部、监司则凭帐状，而帐内官物与簿历不同，簿历内又与仓库见在不同，至有帐尾见在钱物一二十万，而历与库内全无见在。攒造驱磨申奏，徒为无用之空文。"[①]这里帐状与簿历记录不同，簿历记录又与仓库见在之物实数有出入。

南宋时，情况更加严重，"诸州仓库场务多巧作名色，增置簿历"[②]，州军财赋有帐无实的现象十分普遍，宋廷虽屡次下诏，令州军供具出纳实数，但仅文具而已，上面的诏令，下级往往不恪守奉行，可谓"上有政策，下有对策"。

另一方面，州县赋税收支混乱无序、弊病百出，必然为仓场官吏的贪赃枉法大开方便之门。《宋会要辑稿》食货 68 之 20 载：

> （嘉定五年闰九月）二十三日，臣僚言："窃见州县受纳苗米，所用之斛，虽系文思院制造发下，访闻辄于斛缘铁叶之上增加板木，复以铁叶蔽之，分毫之间，其数辽绝。间有州县续置之斛，不依元降则样，所取之数尤为不恕，此其弊一也。斛面之外又有加耗，岁复一岁，有增无减，其所取加耗自合算数目，并量以斛，今令项别用斗量，极其盈溢，几于倍蓰，此其弊二也。受纳之职，合选清强之吏，而州郡类择刻剥者为之，至于先期经营差委者，其意安在？被差之后，百端苛取，以出剩之数先饵州郡，然后利其赢余，公然打印虚钞，通同胥吏、揽户规利入己，此其弊三也。头、脚钱之外，创为名色，乞觅钱数，加耗之外，又以呈样、修廒等为名，掠取米斛，置之厅事之前。受纳既毕，辄与合干人均受，略无愧色，此其弊四也。州县催科急如星火，而人户赍米到仓，不与交量，至于暴露累日，非有关节即行打退，往来搬运，使之重有销折，此其弊五也。自余琐细不容悉数。"

① （清）徐松辑：《宋会要辑稿》食货 54 之 7，第 5741 页。
② （清）徐松辑：《宋会要辑稿》食货 62 之 64，第 5981 页。

此则材料概括了州县仓在受纳税粮时的种种弊端，即不依法定斛斗受纳，而是在斛斗上暗做手脚；非法多收斛面、加耗，耗上加耗；受纳官苛取、打虚钞，与胥吏、揽户共同作弊；加耗，头、脚钱之外，又自创名目多收；不按时受纳民户苗米等。可以说，几乎在受纳的每一个环节，都不可避免地发生种种的刁难与勒索，花样百出，正如所言“自余琐细不容悉数”。宋人刘子翚（1101—1147 年）的论述更为生动形象：

> 受纳之间，巧弊百出。执役掌事，皆老奸宿狯，视吾民犹家鸡圈豕，惟所咀啖焉。权衡斗尺，邦有定制，一摇手则变多为寡，一谬言则指精为粗。事例縻费，既不可阙，阴欺昼攫，纷然其间。愚民眩眺惊骇，不知所措，则又倍费矣。受纳既艰，权归揽子。揽子与仓吏潜通腹心，相为唇齿，民户自输，则千端阻抑，揽子代纳，则一概通融。仓吏要民，民愤之，揽子要民，民甘之。盖依之虽若见侵，去之又患无托也。民听命于揽子，则又倍费矣。或立期促迫，或先限监催，一檄经过，千家搔扰，则又倍费矣。民安得不重困哉！[①]

丑恶百端的胥吏、揽子，遭受百般盘剥的可怜的百姓！宋代州县仓赋税受纳的弊病[②]，史不绝书。州县仓官吏的舞弊行为，给百姓造成了沉重的负担。

综上所述，宋代州县仓既设有专门的管理机构及人员，又有复杂的监督体系，还制定了细密的管理制度。总的来说，这与宋朝加强对地方财赋监管与控制有关，宋朝为防唐末五代藩镇割据之弊，不管是行政、军政，还是财政，都不可能一官专职，都会受到多方的监督与限制。从加强中央集权的角度来看，宋代州县仓管理体制的建立，有力地保证了中央对地方财赋的控制。同时，在地方仓务的具体管理上，却又弊端丛生，暴露出中国古代专制主义中央集权的等级授职制下必然产生的各种腐败。

〔本文原刊于《首都师范大学学报》（社会科学版）2015 年第 1 期〕

附记

当我提起笔时，思绪就回到了 2007 年的那个秋天。那年，我从西北师范大学来到

---

① （宋）刘子翚：《屏山集》卷 2《维民论中》，舒大刚主编，四川大学古籍整理研究所编：《宋集珍本丛刊》（42），第 214 页。

② 关于宋代赋税受纳的弊端问题，王曾瑜：《宋朝的两税》，《锱铢编》，保定：河北大学出版社，2006 年；杨宇勋：《取民与养民：南宋的财政收支与官民互动》，台湾师范大学历史研究所，2003 年；刁培俊、王菲菲：《“税赋弊源皆在乡胥之胸中”——南宋中后期东南路分乡司在赋役征派中违法舞弊的表现及其社会内涵》，《中国社会经济史研究》2011 年第 4 期等论有所涉及。

北京，师从李华瑞老师攻读博士。

在导师的安排下，2007年秋季学期，我和师兄尚平、师姐崔红芬和杨小敏，还有硕士师弟程皓有幸聆听了王曾瑜先生的宋史课。王先生的课在周六上午，每周六先生都要起个大早，从东三环坐公交车绕行来到西三环的首都师范大学，很是辛苦，所以我们几个都非常珍惜这难得的学习机会。我对宋史的学习也就是从那时听王先生和导师李老师的课开始的。

后来，在李老师的指导下，我确定了“宋代仓廪制度研究”的选题，王先生得知后，非常赞同，并鼓励我认真做下去。在之后的时间里，更是得到先生的更多指导。我们还时常几个人相约去先生家请教，先生每次都留我们吃饭，却从不让我们花一分钱，吃饭的时候还有意多点一些，为的是让我们回校的时候带些。时至今日，许多情景仍历历在目。

博士论文答辩，王先生担任答辩主席，对我的论文提出了许多宝贵的修改意见。毕业时，王先生得知我有意去西北师范大学工作，还特意为我写了推荐信。先生对后学晚辈的鼓励、提携，先生的至真至诚无不令人感动！

到西北师范大学工作以后，我和先生的书信往来一直没有中断。这次提交的论文《宋代州县仓管理制度初探》在发表前我曾寄给先生请教，先生做了悉心指导，指出了很多错误。先生还时常发邮件给我们，让我们在第一时间分享到他的最新科研成果。

先生的鼓励与关怀让我终生难忘，也将永远激励着我、鞭策着我！

祝王先生身体健康！

才兼文武：宋初能吏何亮考论

邱志诚*

《本书》三卷著录于《崇文总目》和《通志》的“农家类”，《遂初堂书目》著录于“儒家类”，《宋史·艺文志》于“杂家类”著录，云：“杜佑《理道要诀》十卷、皇甫选注何亮《本书》三卷……李易《要论》一卷、何亮《本书》三卷。”[①]故钱大昕指“(《宋史》)杂家类皇甫选注何亮《本书》三卷……下文又有何亮《本书》三卷，亦重出”[②]，实应以王毓瑚“当是别本”[③]说为确。“《本书》”云者，取“以农为本业”[④]之义，唐代官修农书《兆人本业记》可证。故《遂初堂书目》《宋志》之归类盖犹《玉海》置《大农孝经》《酒孝经》于“孝经类”[⑤]而已，其为农书当无可疑。该书在南宋秘书省编修《崇文书目》简本时已阙收，后渐亡佚。作者何亮亦不知谁何，王毓瑚《中国农学书录》仅“《宋史·食货志》载，太宗至道二年，太常博士、直史馆陈靖条陈田制，朝廷以为京西劝农使，劝民垦田，以大理寺丞皇甫选和光禄寺丞何亮为副使。陈靖本传所记也大略相同。这个光禄寺丞显然就是本书的作者”云云。[⑥]本文乃详搜载籍及有关考古材料，为考述生平并论其行事，尽管由于史料较少难以尽知，但亦可观其大略，笔者以为惟“心怀黎庶、才兼文武、勇于自任”十二字差堪当之。允称一代能吏，然却身后声名不显，“人生到处知何似，应似飞鸿踏雪泥”，不免引人深长喟叹。

一、生 平 考 述

《本书》作者何亮，乃果州南充人[⑦]，端拱进士[⑧]。太宗至道元年（995年）正月，

* 邱志诚，温州大学人文学院副教授。

① 《宋史》卷205《艺文志四》，北京：中华书局，1985年，第5209—5212页。

② （清）钱大昕撰，陈文和、张连生、曹明升校点：《廿二史考异》卷73《宋史七》，南京：凤凰出版社，2008年，第832页。

③ 王毓瑚编著：《中国农学书录》，北京：农业出版社，1964年，第56页。

④ 王毓瑚编著：《中国农学书录》，第57页。

⑤ （宋）王应麟纂：《玉海》卷41，江苏古籍出版社、上海书店，1987年，第776页。

⑥ 王毓瑚编著：《中国农学书录》，第56—57页。

⑦ （宋）李焘撰，上海师范大学古籍整理研究所、华东师范大学古籍整理研究所点校：《续资治通鉴长编》卷37，至道元年正月戊申朔，北京：中华书局，1992年，第807页。

⑧ 雍正《四川通志》卷33《选举》，影印文渊阁四库全书本，台北：商务印书馆，1986年，第561册，第22页。

度支判官陈尧叟、梁鼎上言郑、白渠利害，请复修旧迹[①]，又言“陈、许、邓、颍暨蔡、宿、亳至于寿春用水利垦田陈迹具在，望选稽古通方之士分为诸州长吏，兼管农事，大开公田以通水利”，太宗即遣大理寺丞皇甫选和时任光禄寺丞的何亮“驰传往诸州按视，经度其事”[②]。二人周行历览之后提出了新的方案，太宗准奏，并令二人分路按察。然未几而罢。[③]至道二年（996年）七月，太常博士、直史馆陈靖奏请设立大司农，于“京畿周环三二十州，幅员数千里地”劝农。太宗“乃以靖为劝农使，按行陈、许、蔡、颍、襄、邓、唐、汝等州，劝民垦田，以大理寺丞皇甫选、光禄寺丞何亮副之”[④]。《本书》之作，很可能就在何亮任劝农副使前后。

真宗咸平二年（999 年）六月，何亮转到地方任永兴军通判。不久朝廷又命其与转运使陈纬同往灵州经度屯田。及还召对，亮上《安边书》[⑤]，后韩琦守边，筹划多有取则处。咸平四年（1001年）八月，真宗亲试制举，得四人，何亮为其中之一，遂由秘书丞升转太常博士[⑥]，不久出知晋州[⑦]。景德元年（1004年）六月丙辰，真宗“密采群臣之有闻望者”二十四人，引对后多帖三馆职，或命为省、府判官，或升其差使。好事者“号越等为二十四气，以比唐修文馆学士四时、八节、十二月之数”，亮亦预选，加直史馆。[⑧]两个月后真宗派他“乘驿往广南东西路疏理系囚”[⑨]。次年四月又诏其与直史馆张复“考试知举官亲戚、河北举人”[⑩]。

此后何亮出任江南转运副使，又于景德四年（1007年）十月升任左司谏、广南西路转运使。[⑪]大中祥符二年（1009 年）何亮上言：“钦州蛮人劫海口蜑户禾米，如洪寨主李文著以轻兵泛小舟掩袭之，文著中流矢死，其随文著将校八人并斩讫，仍牒安

① 《宋史》卷94《河渠四》，第2346页。

② （宋）李焘撰，上海师范大学古籍整理研究所、华东师范大学古籍整理研究所点校：《续资治通鉴长编》卷37，至道元年正月戊申朔，第807页。

③ 《宋史》卷94《河渠四》，第2346—2348页。

④ （宋）李焘撰，上海师范大学古籍整理研究所、华东师范大学古籍整理研究所点校：《续资治通鉴长编》卷40，至道二年秋七月庚申，第846页。

⑤ （宋）李焘撰，上海师范大学古籍整理研究所、华东师范大学古籍整理研究所点校：《续资治通鉴长编》卷44，咸平二年六月戊午，第947页。

⑥ （宋）李焘撰，上海师范大学古籍整理研究所、华东师范大学古籍整理研究所点校：《续资治通鉴长编》卷49，咸平四年八月己酉，第1069页。

⑦ 参见后文第三节论述。

⑧ （宋）李焘撰，上海师范大学古籍整理研究所、华东师范大学古籍整理研究所点校：《续资治通鉴长编》卷56，景德元年八月丙辰，第1238—1239页。

⑨ 刘琳、刁忠民、舒大刚，等校点：《宋会要辑稿》刑法5，上海：上海古籍出版社，2014年，第8514页。

⑩ 刘琳、刁忠民、舒大刚，等校点：《宋会要辑稿》选举19，第5622页。

⑪ （宋）李焘撰，上海师范大学古籍整理研究所、华东师范大学古籍整理研究所点校：《续资治通鉴长编》卷67，景德四年十月丙午，第1497页。

南捕贼。”真宗诏督之。明年擒犷獠 13 人以献。[1]何亮又奏言交州每移牒缘边州军，“皆俟奏报及申转运使，往复稽缓，致失事机”，希望准许诸处便宜行事，真宗从之。[2]大中祥符三年（1010 年）二月，交州黎至忠卒，弟明提、明昶用兵争立，至忠亲信李公蕴率土人杀之，自称安南静海军权留后领州事。何亮奏其移文请宋纳贡敕封，真宗认为“至忠不义而得，公蕴尤而效之，益可恶也！”诏何亮“安抚边民察视机事以闻”。但数月后即授李公蕴特进、检校太傅、安南都护节度观察处置等使、交趾郡王。[3]史籍所载何亮事尽于此年，他很可能此后不久卒逝，否则，以其职位何以遽不再现？倘我们以宋代进士平均及第年龄 30 岁[4]为据推算，则何亮大约生于后周显德五年（958 年），享年 52 岁左右。

二、行政才能

何亮释褐为官当在其考中进士的端拱元年前后[5]，初期备员任事而已。淳化四年（993 年）六月太宗用刘昌言为同知枢密院事，“或言其委母、妻乡里，十年不迎侍”，太宗乃诏令其迎归京师。时任光禄寺丞的何亮抓住机会把自己也已“游宦十余年，以蜀人不得归觐省”的情况“诉于转运使卢之翰，之翰以闻。太宗惊叹”，“因下诏告谕文武官父母在远地并令迎侍就养”。[6]这件事应该给太宗留下了深刻的印象，所以当陈尧叟等陈请修复郑、白渠时，他便命皇甫选、何亮经度其事。可以说何亮履仕以来由此才真正登上政治舞台。说何亮因迎侍母妻事见知并非无端猜测，陈靖类似的经历可为佐证：“秘书丞陈靖亦泉州人也，随（陈）洪进归阙，留母妻在别墅。闻太宗令昌言

① （宋）李焘撰，上海师范大学古籍整理研究所、华东师范大学古籍整理研究所点校：《续资治通鉴长编》卷 71，大中祥符二年五月丙子，第 1608—1609 页。

② （宋）李焘撰，上海师范大学古籍整理研究所、华东师范大学古籍整理研究所点校：《续资治通鉴长编》卷 71，大中祥符二年五月壬午，第 1609 页。

③ （越）黎崱著，武尚清点校：《安南志略》卷 12《李氏世家》，北京：中华书局，2000 年，第 294 页。

④ 王兆鹏等对生平可考的宋代词人进行统计，有 425 位词人中过进士，这些进士词人中可考知及第年龄的有 239 人，及第年龄最小的是 14 岁(晏殊)，最大的是 76 岁(孙锐)，平均及第年龄为 30.2 岁，及第年龄分布在 21—40 岁年龄段的进士占 78%（《宋词作者的统计分析》，《文艺研究》2003 年第 6 期，第 56 页）。另周腊生对宋代状元魁龄作过统计，宋代 118 位状元中可考知魁龄的共 77 人，平均魁龄 31.42 岁（《宋代状元奇谈·宋代状元谱》，北京：紫禁城出版社，1999 年，第 183—184 页）。二氏统计结果相若。

⑤ 端拱取士在元年即 988 年，距淳化四年（993 年）才 5 年，而下文《东都事略》谓其已“游宦十余年”，倘非何亮在取得出身之前就已当官，则必《东都事略》有误。以这里所记其家世情况看，他似不太可能有恩荫机会的，《东都事略》误记的可能性更大一些。

⑥ （宋）王称：《东都事略》卷 36《刘昌言传》，济南：齐鲁书社，2000 年，第 290—291 页。按：卢之翰，至道初始以陕西转运使兼西川安抚转运使。

迎侍，靖遽告归。其母恋乡里爱他子不肯随，靖但迎妻子而已。太宗讶之。”[①]不久当他奏请设立大司农时太宗便命他出任劝农使。太宗对二人一“惊叹”、一“讶之”，遂皆得进用。何亮的行政长才开始有了用武之地。

太宗至道元年（995 年）皇甫选、何亮经度修复郑、白渠事后，二人首先花了大量时间实地考察，指出郑渠“并仲山而东，凿断冈阜，首尾三百余里，连亘山足”，工程浩大，且其“岸壁颓坏，堙废已久”，难以修复；而三白渠溉泾阳、栎阳、高陵、云阳、三原、富平六县田 3850 余顷，“此渠衣食之源也”，非修复固护不可。具体措施一是增筑堤堰；二是缮完 176 处已坍坏的节水斗门；三是渠口洪门亦颓圮，复修工程量大，应当就近度其岸势，别开渠口；四是令渠官每年行视，“岸之缺薄，水之淤填，即时浚治”；五是严禁豪民盗水。[②]同时，因白渠引水来自泾河，故须加强对泾河的浚修。何亮、皇甫选指出泾河旧石堰长宽皆百步，废坏已久，淳化二年（991 年）杜思渊尝请兴修，未果，“其后止造木堰，凡用梢桩万一千三百余数，岁出于缘渠之民。涉夏水潦，木堰遽坏，漂流散失，至秋，复率民以葺之，数敛重困，无有止息”。他们建议“欲令自今溉田既毕，命水工拆堰木置于岸侧，可充二三岁修堰之用。所役缘渠之民，计田出丁，凡调万三千人。疏渠造堰，各获其利，固不惮其劳也。选能吏司其事，置署于泾阳县侧，以时行视，往复甚便”[③]。

对在于陈、许、邓、颍、蔡、宿、亳七州地大开公田以通水利之事，两人实地调研后指出诸州有公私闲田 351 处，合 22 万余顷，民力本不能尽耕。其中南阳界凿山开道，引黄河水散入唐、邓、襄三州溉田；诸处陂塘防埭大者长三十里至五十里，阔五丈至八丈，高一丈五尺至二丈；沟渠大者长五十里至百里，阔三丈至五丈，深一丈至一丈五尺，可行小舟。“若皆增筑陂堰，劳费颇甚”，故他们建议于“堤防未坏可兴水利者，先耕二万余顷，他处渐图建置”。[④]

至道二年（996 年），陈靖奏言于“于京畿周环三二十州，幅员数千里地”屯田劝农。太宗对陈靖的奏议深以为是，对宰相吕端说：“朕思欲恢复古道，革其弊俗，驱民南亩，致于富庶。前后上书言农田利害多矣，或知其末而阙其本，有其说而无其用。靖此奏甚谙理，可举而行之，正是朕之本意。”因召对奖谕。[⑤]可能太宗考虑到何亮、

---

① （宋）王称：《东都事略》卷 36《刘昌言传》，第 291 页。

② 《宋史》卷 94《河渠志四》，第 2346 页。

③ 《宋史》卷 94《河渠志四》，第 2347 页。

④ 《宋史》卷 94《河渠志四》，第 2347 页。按：《宋会要辑稿》所载为 4500 顷，乃窜入陈尧叟、梁鼎奏言。（宋）王应麟纂：《玉海》卷 22《地理・河渠》，至道修郑白渠条、《历代名臣奏议》卷 249《水利》，“至道元年正月度支判官梁鼎陈尧叟上”可证。

⑤ （宋）李焘撰，上海师范大学古籍整理研究所、华东师范大学古籍整理研究所点校：《续资治通鉴长编》卷 40，至道二年秋七月庚申，第 845 页。

皇甫选已谙于农田水利之事，故在命陈靖为劝农使的同时命二人任劝农副使，但陈靖之论花费巨大，两人便不顾皇帝对靖议的欣赏态度直陈其“功难成，愿罢其事”。太宗不听，不久陈靖请贷“缗钱二万”，三司官员陈恕等也指出万一水旱，“钱一出后不能偿”，则政府方难免受到巨大经济损失，而民众亦不免受到刑索。[①]其事遂寝。

上述诸事可见何亮的行政才能，其工作方法上既能实事求是，业务水平又高；尤其难能可贵的是，他考虑问题时总是避免理想化，能从现实条件出发考虑到可行性，因此实践证明他的建议是正确的。究其原因其实也很简单，虽然很多事情很难做到那就是他胸中怀有黎庶。比如说他觉得郑渠工程量大而建议不修，考察陈、许等七州开公田通水利事又认为“若皆增筑陂堰，劳费颇甚”而建议缩减工程规模，助陈靖劝农时顾虑花费太大而奏请太宗“罢其事”。再如景德元年（1004 年）八月真宗派他到广南东、西路录囚，次年正月何亮使还，除向皇帝推荐了两名地方官员外，还上奏桂州荔浦县仍有南汉苛政“日配米百六十斛”之税，真宗乃令蠲除之。[②]这也可为他胸怀黎庶之又一证。

三、军事才能

何亮的军事才能可由咸平二年（999 年）其于永兴军通判任上与转运使陈纬往灵州经度屯田还朝召对所上《安边书》窥见一斑。幸李焘当年于何亮家访得此书并完整抄录于《续资治通鉴长编》中，否则我们对何亮这一方面的了解将无迹可寻。

《安边书》开头以“臣窃料”三字引起，概括了当时对宋夏边事的三种主要看法：一是主张“以灵武（即灵州）居绝塞之外，宜废之，以休中国飞挽之费”；二是主张“兴师深入穷追”；三是主张“厚之以恩，守之以信，姑息而羁縻之”。接下来分析了三种看法的弊端，首先，何亮认为舍弃灵武会导致极大之“三患”：一是灵武地方千里，表里山河，土地肥沃，“一旦舍之以资戎狄，则戎狄之地广且饶矣。以贪狼之心，据广饶之地，以梗中国，此戎狄之患未可量者一也”；二是自环庆至灵武虽仅千里，然使西域、北庭剖分为二，故地隘势弱而不能为中国之大患，一旦舍弃灵武，则使“西域、北庭合而为一，此戎狄之患未可量者二也”；三是北边自匈奴以后无匹马南来，中原政权备征带甲之骑取足于西域，西北剖分为二，其右为西夏之境，其左乃秦、泾、仪、渭之西北诸戎之地，西夏未尝以匹马货易于边郡，则中国战马独取于西北诸戎之地，“如舍

① 《宋史》卷 426《陈靖传》，第 12693 页。

② （宋）李焘撰，上海师范大学古籍整理研究所、华东师范大学古籍整理研究所点校：《续资治通鉴长编》卷 59，景德二年二月辛卯，第 1318 页。

灵武，复使西戎合而为一，夏贼桀黠，服从诸戎，俾秦、泾、仪、渭之西，戎人复不得货马于边郡，则未知中国战马从何而来？此舍灵武而戎狄之患未可量者三也”。其次，何亮又分析了轻议兴师的“四不利”：若深入穷追，则西夏势不能抵必奔遁绝漠，一旦王师食尽师退又复扰边，“所谓有大费而无成功，深寇仇而速边患，此轻议兴师之不利者一也”；师进则无功，退则寇至，“寇至而不战，则边郡被其害，寇至而战，则边郡之兵不足以当戎狄之众，此轻议兴师之不利者二也”；清远西北曰旱海，是灵武要害之路，“如王师薄伐，无功而还，则夏贼必据要害之路，以阻绝河西粮道，此轻议兴师之不利者三也”；自宋夏交兵以来，关右之民疲极困苦，未能休息，“而一旦薄伐无功，河西路阻贼，必干运飞挽，大兴征讨以通粮道，疲民重困，盗贼多有，此轻议兴师之不利者四也”。复次，何亮分析了主抚论之“二不可”：若示恩信姑息而羁縻之，戎人之性贪得无厌，“虽存臣事之名，终多反复之志，或当道牧放，以阻吾军民，或征虏族帐，以益其部落。如国家止以恩信羁縻之，必将服从诸戎，然后为中国大患，此不可一也；自白（守荣）、马（绍忠）二将奔败之后，夏贼得志，择灵武山川之险而分据之，侵河外膏腴之地而辟之，逼近城池，意在吞噬，譬犹伏虎，见便则动。如国家止以恩信羁縻之，则一朝之患，卒然而作，此不可二也”[①]。

分析了关于宋夏边事三种观点的弊端之后，何亮提出了自己的策略：即在位于清远至灵武要道的溥乐、耀德两地因故迹筑城。如何才能在两军相争之地筑城呢？何亮也给出了具体的措施，即“朝廷以修护清远为名，而时纳修城创宇之具，延、环、清远多积军储，且以数岁渐计之，使民无所伤而贼不能知”，这样做好准备工作后“一旦兴师数万以城溥乐，朝发清远，日未中至焉。其师也，战士三居其一，以备寇也；役卒三居其二，以荷器具而赍军储也。凡战士万人，使役卒万人赍粮六斗而行；凡战马千匹，使役卒七千五百人自赍粮三斗、马粟一斗、草一束。士马皆有半月之食备，计城之功不过十日，而使战士自赍三十日粮，则城毕功而食有余矣”。倘在筑城过程中“贼知修城而敢悉众来寇，是谓中吾上策者也。何则？夏贼为梗有年，国家未能翦灭者，非兵力不足而然，诚以深入穷追，则贼奔绝漠，师久则民不堪役，师退则贼复扰，频征讨则关右耗竭故也。如使贼来犯边，而敢与王师拒战，则其殄灭也久矣。且国家之城溥乐也，必潜师于延、环、清远以观贼之变，宜分环州、清远为二道，一道傍山而北，军于贼之后，一道过长岭直趋溥乐，军于贼之前，而使城溥乐之兵军其中。贼以溥乐孤军，故悉众来寇，而卒然三军鼎峙，则其心骇矣。又令延州之师入其境，驱其畜产，俘其老弱，而害其巢穴；灵武之众收河外之地，复贺兰之境，杜三山之口，以

① （宋）李焘撰，上海师范大学古籍整理研究所、华东师范大学古籍整理研究所点校：《续资治通鉴长编》卷 44，咸平二年六月戊午，第 947—948 页。

断其奔路。则其众虽坚铁石之心，必起携贰之志，其将虽有孙、吴之术，必无制胜之方……破而擒之，此万世之功也！"[①]倘西夏知道"动无所利，仰怖天威，恭而听命，则中吾下策者也"，因为"虽存灵武，而使阻隔旱海，居绝塞之外，不城溥乐、耀德为之唇齿，则戎狄之患，亦未可量，与舍灵武无异。而加之有连年供给之厚费，无防边尺寸之微功，但兀然孤城，以困极关右者也。今特城二城，而贼不敢动，则可建溥乐为军，耀德为寨……谨择将帅，谨守边防，而以恩信抚临之，则数十世之利也"，则灵武可存、西夏可图；此外，因青白盐在西夏财政收入中至关重要，所以何亮还建议如西夏来寇溥乐，便命延、环二州军队入其境据乌、白之池以促其内变。[②]

《安边书》的核心观点可以概括为以下三点：第一，灵州具有关系全局的战略地位，欲图西夏必保灵州。第二，欲保灵州必筑城溥乐、耀德。第三，与西夏的战争必须以灵州为根本，修筑城寨，步步为营，稳扎稳打，打持久战，主弃（灵州）、主战（速战决战）、主抚（羁縻）都是错误的战略指导思想。何亮的这些看法正确性到底如何？嗣后宋夏双方的军事策略和战争发展过程是可供检验的。

西夏是唐末藩镇遗孽，太平兴国七年（982 年）其首领定难军节度使李继捧入朝，献所辖银、夏、绥、宥四州。然其族弟李继迁却未归附，嗣后乍降乍叛势力浸大。咸平二年（999 年）何亮上《安边书》前三年即至道二年（996 年），太宗诏洋州观察使、环庆路马步军都部署皇甫继明护送粮饷辎重补给灵州，继明被病行至清远军卒[③]，部将白守荣、马绍忠被李继迁邀击于洛浦河，宋军大败。[④]李继迁遂乘胜围攻灵州。太宗乃调遣李继隆、王超、范廷召等五路大军讨伐，李继迁战败引去。[⑤]何亮上《安边

① （宋）李焘撰，上海师范大学古籍整理研究所、华东师范大学古籍整理研究所点校：《续资治通鉴长编》卷 44，咸平二年六月戊午，第 948—950 页。

② （宋）李焘撰，上海师范大学古籍整理研究所、华东师范大学古籍整理研究所点校：《续资治通鉴长编》卷 44，咸平二年六月戊午，第 950—951 页。

③ 《宋史》卷 259《皇甫继明传》明载"（皇甫）继明已先约灵州部署田绍斌率军迎援"（第 9009 页），卷 5 已载至道元年三月辛酉"以会州观察使、知清远军田绍斌为灵州兵马都部署"（第 97 页），陈振《宋史》（上海：上海人民出版社，2003 年，第 88 页）乃曰宋朝廷"命灵州知州田绍斌迎援"，误。

④ 按：诸书皆记如此，独《宋史》卷 257《李继隆传》云"至道二年，白守宗、守荣、马绍忠等送粮灵州，为继迁所邀，败于浦洛河"（第 8967 页），"宗""荣"字形相似，疑衍误。

⑤ 陈振《宋史》云"淳化二年……李继迁又假意归附"，宋授其为"银川观察使，并受其子德明为管内蕃落使。李继迁并不真心归顺，反与李继捧勾结，进攻灵州（今宁夏灵武）"（第 87 页），误，淳化二年李继迁未攻灵州；又云"十月间，李继捧在李继迁的勾引下，也臣服于辽，辽封李继捧为西平王"（第 87 页），当系据《辽史》卷 13《圣宗本纪》，据《西夏书事》卷 5 事在十一月；又云"淳化五年初，'时夏州赵保忠（李继捧）与继迁连谋，朝廷患之'，宋太宗派李继隆为河西行营都部署，率大军进讨"（第 87—88 页），当系据《宋史》卷 257《李继隆传》，《宋史》卷 485《夏国传》记作"（淳化）五年，继迁攻灵州"（第 13985 页）、"五年正月……遂攻灵州"（第 13987 页），然《续资治通鉴长编》明记淳化五年春正月甲寅"灵州及通远军皆言赵保吉攻围诸堡寨，侵掠居民焚积聚"（卷 35，第 767 页），《宋会要辑稿·兵八》（第 8765 页）同《续资治通鉴长编》，《宋史》不确；又云"至道元年……李继迁……进攻清远军（今宁夏同心东北），为宋将张延击退后，又围攻灵州"（第 88 页），当系据《宋史》卷 485《夏国传》（第 13987 页），"张延"乃张延州也，时以西京作坊副使同知清远军事，承《夏国传》阙误而误；且围灵州系二年事，同书卷 5《太宗本纪二》（第 99 页）、《续资治通鉴长编》至道二年五月癸卯（第 833 页）、《宋会要辑稿·兵八》（第 8765 页）可证。陈书为入门书，影响较大，故特表出其误，俾读者有识焉。

书》后二年即咸平四年（1001 年）八月，李继迁吸取失败经验教训，攻灵州之前先取清远军（为宋方增援灵州的必经之地，位于环洲至灵州一线中点。何亮建议筑城的溥乐、耀德又分别位于清远军至灵州一线 1/3、2/3 处），隔断灵州与宋方的联系孔道，再回师围攻孤城灵州。次年三月，灵州失陷。李继迁二攻灵州的策略证明何亮所言守灵州而“不城溥乐、耀德……与舍灵武无异”的正确性。李继迁为什么执意要攻取灵州呢？可见他也认识到灵州的战略地位，这从其攻取灵州后欲从夏州迁都于此的一段话可知：“西平（即灵州）北控河、朔，南引庆、凉，据诸路上游，扼西陲要害。若缮城浚壕，练兵积粟，一旦纵横四出，关中将莫知所备。……我将借此为进取之资，成王霸之业，岂平夏偏隅可限哉？”[①]的确，西夏初期仅银、夏、绥、宥四州之地，僻处其后领土之东南一隅，灵州扼其西向发展要冲，“有灵州则绥、宥之势张”[②]，故李继迁谓灵州“扼守西陲要害”，亦即何亮自南方视角所言自环庆至灵武凡千里，将“西域、北庭剖分为二”。次年春李继迁迁都灵州后，即以灵州为据点，按其“西掠吐蕃健马，北收回鹘锐兵”[③]既定方针向西向北发展，咸平六年（1003 年）“攻陷西凉府”[④]（即凉州）。继迁死后子德明嗣立，继续执行乃父既定方针，天圣六年攻取甘州，八年得瓜州[⑤]，景祐三年（1036 年）陷肃州，“尽有河西旧地”[⑥]。攻占灵州 34 年后，一个“以绥、宥州为首，灵州为腹，西凉为尾”[⑦]，东临黄河、西极玉门、南至萧关、北抵大漠的新的巨大国家跃然而出，不复可制——这就是何亮所说的舍弃灵州则使“西域、北庭合而为一，此戎人之患未可量者”。此后神、哲、徽三朝开边熙河地区的全部努力亦不过复欲“使西域、北庭剖分为二”而已。

其次，何亮认为要守住灵州必须在溥乐、耀德筑城，因为城溥乐、耀德，是将灵州通过耀德、溥乐、清远军与宋朝大后方紧密联系起来，如此则军事增援、物资供给等可源源不断地从宋朝大后方输送到灵州，灵州好比一柄能量无穷的利剑将西夏[⑧]领土劈为两半，将何亮上书时的李继迁势力压迫于其老巢银、夏、绥、宥一隅之地，然后图之不难——一军自鄜州、延州向北，一军自环州、灵州向东，两路钳击，李继迁

---

① （清）吴广成撰，龚世俊、胡玉冰、陈广恩，等校证：《西夏书事校证》卷 7，兰州：甘肃文化出版社，1995 年，第 85 页。

② （清）吴广成撰，龚世俊、胡玉冰、陈广恩，等校证：《西夏书事校证》卷 7，第 89 页。

③ （清）吴广成撰，龚世俊、胡玉冰、陈广恩，等校证：《西夏书事校证》卷 7，第 79 页。

④ （宋）李焘撰，上海师范大学古籍整理研究所、华东师范大学古籍整理研究所点校：《续资治通鉴长编》卷 55，咸平六年十二月甲子，第 1219 页。按：白滨《辽金西夏史》（上海：上海人民出版社，2003 年，第 476 页）云“咸平三年十月，李继迁……轻取西凉府”，误。

⑤ 《宋史》卷 485《夏国传》，第 13992 页。

⑥ （宋）李焘撰，上海师范大学古籍整理研究所、华东师范大学古籍整理研究所点校：《续资治通鉴长编》卷 119，景祐三年十二月辛未，第 2813 页。

⑦ （清）吴广成撰，龚世俊、胡玉冰、陈广恩，等校证：《西夏书事校证》卷 7，第 89 页。

⑧ 指占领凉、甘、肃、瓜、沙等州后立国的西夏。

不亡何待！正所谓“善战者求之于势”[①]。开边熙河使宋朝复具此种形势，故王韶在《平戎策》中说：“国家必欲讨平西贼，莫若先复河湟，则李氏背腹皆受敌，表里交击之，患不攻而自覆矣。”[②]然开边熙河以恢复对西夏战略钳制态势，费功多且其势未如坚守灵州之势厚。虽灵州未能坚守，好在修筑城寨一策后经很多有识之士反复申言，且一经采纳即在战争中显示出巨大作用，故宋中后期一直都很重视，在鄜延路、环庆路、泾原路、熙河路、秦凤路、麟州、府州修筑了很多城、堡、寨，修筑城寨成为北宋“与西夏征战的主要手段”[③]。自神宗西辟熙河、东取横山，大筑城寨以来 “宋夏战争的天平向宋方开始倾斜”，除主动退却外，宋朝一直处于战略进攻的一方，至徽宗宣和年间，宋对西夏“建立起绝对战略优势”。[④]

此外，《安边书》所言主抚论之“二不可”，已为元祐更化时司马光弃地退让及其绥抚政策失败的史实所证明，此为人所熟知，兹不赘述；其余青白盐之类，限于篇幅亦不一一。综上所述，可以说宋夏战争过程证明何亮的判断是完全正确的，《安边书》抓住了宋夏双方的实力、特点，指出了战争胜败的关键，具有很大的军事战略指导意义。惜乎当时宋政府最高决策者们未能重视、采纳何亮的建策，否则，历史的发展或许有另外的走向。

四、文学才华

何亮进士出身，其有文学才华可以理度，但我们仍可借由一些材料加以证明，如前揭咸平四年（1001 年）八月何亮应制举贤良方正科入第四次等；如景德元年（1004 年）八月预“二十四气”之选，引对时“必往复䌷绎其词气或试文艺”[⑤]；特别是山西新绛县景德元年《重刻绛守居园池记碑》所刻绛州通判孙冲与何亮两人关于韩愈的古文主张及其流弊的书信两通，尤见何亮文学方面的卓识。可以说，何亮是与柳开、田锡、穆修等齐名的宋代古文运动先驱者之一，唯其事迹不传，在文学史上未能享有应得之地位。为便论述且此资料不常见，兹将孙、何通信移录于左。

孙冲《与晋守何亮书》:

---

① （春秋）孙武撰，郭化若译注:《孙子译注》，上海：上海古籍出版社，1984 年，第 127 页。

② （宋）彭百川:《太平治迹统类》卷 16《神宗开熙河》，影印文渊阁四库全书本，台北：商务印书馆，1986 年，第 408 册，第 426 页。按:《宋史》《续资治通鉴长编》所记文字上略有不同，二书为概括转述语。

③ 李华瑞:《宋夏关系史》，北京：中国人民大学出版社，2010 年，第 171 页。

④ 李华瑞:《宋夏关系史》，第 156 页。

⑤ （宋）李焘撰，上海师范大学古籍整理研究所、华东师范大学古籍整理研究所点校:《续资治通鉴长编》卷 56，真宗景德元年六月丙辰，第 1239 页。

通判晋州孙冲谨斋沐致书知州太博：夫文章，由秦汉已往，殆不复古矣。齐、梁、陈、隋尤无所取焉。唐之所尚，句读、声韵必须一体。章表、制诏、书檄、诰令，凡于动作系乎文词者，必以偶对声韵，所以文不逮理而作者徒相踵也。在唐独韩愈奋不逐时俗，分甘穷达而至死不渝。故其□（绍？）于孔子之□（道？）如荀、孟者无惭色焉。由韩愈氏之道，当时之人随而变者众矣，独樊宗师益苦其词，使人莫能解晓。畴昔尝得樊生所为《绛守居园池记》一篇，他文未尝得见耳。自首至末，凡能通者，不过数句。冲负其文，区区十余年，卒不逢能读者。冲颇□□，生未知其道，果宜如是邪？孔子曰："周监于二代，郁郁乎文哉！"文之如周礼，则使人易为耳。苟如樊生，乃周公之道无以教人也。是樊生迂言吃句，独取异于当时乎？不深思之邪？夫六经者，盖垂教者也，欲后人诵其言而思其所为也。六经之外，百氏之说，立言导意，亦未有刻于樊生者矣。夫樊生之文，自述而自训则可矣；待其千百年有裨于世者，固无有哉。执事博物达理，出言有章，谅于斯文亦久留意。冲不敏，敢以樊生之文为请，望执事无惜剸析，俾后人知乎文章之指归也。冲顿首。

何亮《答孙冲书》：

知晋州何亮谨复书于通判监丞仁弟阁下：辱惠书，以唐之文词必须偶对声韵，所以文不逮意。独韩愈奋不逐时俗，故其道如荀、孟无愧色。当时随而变者众，独樊宗师益苦其词，莫能解晓其理。其所为《绛守居园池记》，能通者不过数句，因疑其文与道，下问愚鄙，质其是非。亮识鉴无取，何能副吾弟之所须？抑不可以逆厚意，请识言之。夫樊宗师绍述，盖唐之儒臣而笃于文学者，故其著撰比诸儒为多，其书有号《魁纪公》而下凡七十五卷，序、记、杂著又五百余首。大率一言一句，不与今古文相类。原绍述之意，必欲摆脱今，古自成一家，而不思误后人之深也。近世学文，有隐没其旨、崎岖其词、俾人不得其句读者，必曰："比樊宗师，犹为声律尔。"呜呼，（樊）绍述之于儒，其用心勤矣，而其文可废也。不然，误后人之无穷乎！《法言》云："万物纷错则县诸天，众言肴乱则折诸圣。"恶睹圣人？曰"在则人，亡则书"。夫圣人而亡，其书可以正众言之肴乱则无出周公、孔子者也，其书则《诗》、《书》、《易》、《礼》、《春秋》是也。今以绍述之文，质诸周、孔《诗》、《书》、《易》、《礼》、《春秋》，而无一言仿佛于其间，则是非昭昭矣。其文可废，亦昭昭矣。周、孔而下，孟轲、扬雄为大儒，而观轲、雄之书，则焕若日星。独《太玄》为隐奥而深者，虽未能尽其义，必能通其词，不若绍述之词与义俱昧懵混沌，若觇鸿荒之野，榛棘草莽，不知其际也。以至老子、庄周之徒，怪诞恍惚之书，而亦未尝若此。呜呼，绍述之于儒，吾悲其用心之勤，而欲必废其文，使无误后人也。吾弟以为何如？亮少嗜古学，无他材能，徒欲慕韩愈之著文，师孟轲之为人，而牢落未用，柬必郡守，故不敢以吾道为言。来书欲其断文章之指归以示后人，何相期之厚也！吾弟才高行修，两登科第而假途是邦，朝夕公暇复以讨论为事。何意无憀中复得名士为文交，幸甚！[①]

据《重刻绛守居园池记碑》所刻《重刊绛守居园池记序》，孙冲撰序时间是景德元年（1004年）九月五日，其时孙冲任绛州通判；又据孙书抬头“通判晋州孙冲谨斋沐致书知州太博”，可知此前孙冲任晋州通判，时何亮以太常博士官职知晋州，两人是同事关系。据前文对何亮生平的梳理，咸平四年（1001年）八月何亮始由秘书丞升转太常博士；景德元年六月真宗“密采群臣之有闻望者”，亮亦预选，加直史馆。两个月后即处使广南东西路录囚。则何亮知晋州必在咸平四年八月至景德元年六月之间。何亮这两年的履历传世典籍阙载。

孙冲在信中指出，唐代文章推尚对偶声韵，以致因文害义，故有韩愈奋起矫俗。然其为文好奇尚怪[②]，强调“辞必己出”“惟陈言之务去”，变而极者则如樊宗师之奥辞晦涩，如其《绛守居园池记》“能通者不过数句”，不仅孙冲“莫能解晓”，且其“十余年，卒不逢能读者”。所以他对韩愈古文运动的结果产生了怀疑，发出“果宜如是邪？”的质问。孙冲认为文如樊生，则“周公之道无以教人”，这样的文章是无裨于世的。因此他请“博物达理，出言有章”，于斯文“久留意”的何亮对樊生之文加以剸析，“俾后人知乎文章之指归”。何亮在回信中首先对樊宗师的学问作了肯定，指出其是“盖唐之儒臣而笃于文学者”。这一点很重要，是孙、何有必要针对樊文进行讨论的前提。接着何亮指出樊文之所以呈现出迂言吃句晦涩难懂的风格，正是韩愈古文“惟陈言之务去”“辞必己出”宗旨的实践，“大率一言一句，不与今古文相类。原绍述之意，必欲摆脱今古，自成一家”。但其流弊误人至深，以致“近世学文，有隐没其旨、崎岖其词、俾人不得其句读者，必曰：‘比樊宗师，犹为声律尔。’”因此，何亮对樊宗师提出了严酷的批评：“绍述之于儒，其用心勤矣，而其文可废也。”那么文章到底应该怎么写呢？何亮认为应该以《诗》《书》《易》《礼》《春秋》经典为则。然后，何亮从文学史的角

---

①（清）胡聘之：《山右石刻丛编》卷11，太原：山西人民出版社，1988年，第38—39页。

② 如李翱评其文“开合怪骇”（《李文公集》卷16《祭吏部侍郎文》，上海：上海古籍出版社，1993年，第80页），皇甫湜云其“凌纸怪发”（《皇甫持正文集》卷6《韩文公墓铭》，上海：上海古籍出版社，2013年，第99页），苏洵云“韩子之文，如长江大河，浑浩流转，鱼鼋蛟龙，万怪惶惑”（《嘉祐集笺注》卷12《上欧阳内翰第一书》，上海：上海古籍出版社，1993年，第328页）。

度作了论证，他指出周、孔以降，孟子、扬雄之书“焕若日星”，即或有扬雄《太玄》之类著作难懂，但那也是意义上的难懂——“未能尽其义，必能通其词”，而不是词句诘屈晦涩。概言之，因文害意，不管是骈体文还是古文流弊所致，都是错误的，其文必废。正确的为文之法自然是“文从字顺”，文以明道。

何亮在《答孙冲书》中对樊宗师“其文可废”的判断和“必废其文，使无误后人”的倡导是有远见卓识和需要勇气的。第一，樊宗师是韩愈古文运动理论的拥护者和实践者，与柳宗元、欧阳詹、李观并称“韩友四子”，前言“不袭蹈前人一言一句”“辞必己出”“言从字顺”正是韩愈对樊氏的评价。①而当时去唐未远，樊宗师文学声誉仍然很高。第二，樊宗师的文风即韩愈古文学派的文风——虽然是孙冲所谓“随而变者”，在唐代有很大的影响，如《唐国史补》云：“元和以后，为文笔则学奇诡于韩愈，学苦涩于樊宗师。”②甚至到宋初仍遗响不绝，仁宗之世险怪奇涩的“太学体”就是变而极者。③时至今日，樊宗师在文学史上之籍籍无名就是文学发展实践的证明，证明何亮的判断是正确的。

嘉祐年间欧阳修利用自己一代文宗地位和知贡举身份对险怪奇涩的“太学体”古文文风痛加排抑，掀起了以“平易畅达”为宗旨的北宋古文运动。至此，古文创作才走上康庄大道。无独有偶，欧阳修对樊宗师文风也提出了批评：“异哉樊子怪可吁，心欲独出无古初。穷荒搜幽入有无，一语诘曲百盘纡。孰云己出不剽袭，句断欲学《盘庚》书”④，此正见何、欧二人在对待古文文风方面的一致性。可以说，何亮对为文须“通其词”以“尽其义”、文从字顺以明道的观点是欧阳修领导的北宋古文运动先声。换言之，唐宋两代文宗韩愈、欧阳修对樊宗师文章的不同评价可以看出他们对待古文文风截然相反的态度，而这一转折是经由何亮实现的。如果没有《重刻绛守居园池记碑》刊刻的孙、何两书，我们就不可能对北宋古文运动有这样一个新的、更加细致的了解。

五、赘　　语

何亮大约生于后周显德五年（958年），是宋朝新政权培养出的第一代知识分子。

① （唐）韩愈著，钱仲联、马茂元校点：《韩愈全集》卷7《南阳樊绍述墓志铭》，上海：上海古籍出版社，1997年，第305页。

② （唐）李肇：《唐国史补》卷下，上海：上海古籍出版社，1957年，第57页。

③ 曾枣庄：《北宋古文运动的曲折过程》，《文学评论》1982年第5期，第83—89页。

④ （宋）欧阳修著，李逸安点校：《欧阳修全集》卷2《绛守居园池》，北京：中华书局，2001年，第26页。

其生平、事迹不显，并非“名臣”，但据前揭，我们知其心怀黎庶、勇于自任，在行政、军事、文学等方面都具有超卓才华，在这些方面与北宋前期治世名臣相较，似亦不遑多让。可以说何亮无名臣之名而有名臣之实，成为体现其同时代的大多数淹没在历史黑暗深处的科举出身普通官员行政素质和行政水平的一个例证、一个代表。这或许是本文考定何亮生平、行事之外更大的意义。

国家政治局势及科举制度对士人群体性格、价值趋向或者说士风的影响是不言而喻的。如五代乱离之世，士人或避祸隐居，郑遨、李道殷、陈抟等即为代表；或寡廉鲜耻唯功名富贵是图，历仕四代十帝的冯道最称著者。有宋建国，旌表忠义，崇文抑武；加以太祖、太宗、真宗等“累圣留心，讲求曲尽”[①]，殿试、锁院、别试、糊名、誊录等科举改革措施制度化，“至公无私”[②]，“惟才是择”[③]。故北宋前期科举出身者多有贤臣。[④]特别是范仲淹刚直不阿、矫厉敢言的高风亮节和“先天下之忧而忧”的自我期许，进一步振起士风[⑤]，终至凝成“为天地立心，为生民立命，为往圣继绝学，为万世开太平”的文人士大夫的最高人生理想。把何亮放在这一过程中考察，他的出现及其代表性便有了最合理的解释：正是因为宋建立以来国家对人才、气节的涵育，才会出现何亮这样的一般官员；正是因为有许许多多何亮这样的一般官员，北宋前期才会涌现出王禹偁、王曾、寇准、鲁宗道、张知白、杜衍、韩琦、富弼、范仲淹、李迪、包拯、李觏、张载、欧阳修、司马光、王安石等一大批治世名臣。

最后需要说明的是，北宋晚期又有衢州西安人何亮，为崇宁二年（1103 年）癸未霍端友榜进士[⑥]，政和元年（1111 年）曾参与编修《政和禄令格》，书成得“转一官”[⑦]。其非本文所论《本书》之作者何亮。

〔本文原刊于《首都师范大学学报》2017 年第 3 期〕

---

① （宋）欧阳修著，李逸安点校：《欧阳修全集》卷 113《论逐路取人札子》，第 1716 页。

② （宋）曹彦约：《经幄管见》卷 4，第 686 册，第 60 页。

③ （宋）欧阳修著，李逸安点校：《欧阳修全集》卷 113《论逐路取人札子》，第 1716 页。

④ 科举对宋代士风的影响除了好的方面当然也有坏的方面，详参王德毅：《宋代的科举与士风》，《厦门大学学报》（哲学社会科学版）2005 年第 6 期。另宋代士风在不同阶段有不同表现，大体而言北宋前半期士风较好而后半期较坏（详参张邦炜：《论北宋晚期的士风》，《宋代政治文化史论》，北京：人民出版社，2005 年，第 220 页）；同时，同一阶段也有多元化表现与主流的问题（详参王曾瑜：《宋代多元化士风的主流》，《古今一理：王曾瑜读史杂感》，上海：上海古籍出版社，2013 年，第 93—99 页）。

⑤ 刘经华：《范仲淹与宋代士风》，《江汉论坛》1990 年第 1 期。

⑥ 雍正《浙江通志（三）》卷 124《选举二》，《中国地方志集成》，南京：凤凰出版社，2010 年，第 2191—2192 页。

⑦ 刘琳、刁忠民、舒大刚，等校点：《宋会要辑稿·刑法一》，第 8238 页。

附记

王曾瑜先生是史学界泰山北斗，嘉惠学林甚多。我虽久闻其名、素读其书、想见其人，但直到2009年秋负笈李华瑞先生门下，在首都师范大学历史学院的课堂上才第一次拜识尊颜。先生谦谦君子，即之也温。对后学既尊重、鼓励，又坚持原则、从不谬许，让我深深推重。2012年我博士毕业，先生是答辩委员会主席，批阅我的论文之仔细、指正错讹之精严、耗费时间精力之巨大，让我感动无已。毕业之后的工作、业务问题，先生亦多垂注关怀，更让我没齿难忘。

屈指算来，拜识先生已近十年。其间先生不以时日睽违、千里悬隔为意，每有新作，多邮寄赐读，俾予先睹为快。大著付梓，亦常见赐。读先生之书，学先生之人，乐先生之志，俯仰无愧天地人心，此余之得于先生者也。

高山仰止，先生之学术卓识、嘉德懿行非余后生小子所能置喙，然先生高尚的人格操守、关心国运民瘼的爱国情怀、匡世救时的学术志向为知识分子指出向上一路，时时激励着我在荆棘中前行。

先生之风，山高水长。谨此祝愿先生寿比南山，福如东海！

后学：邱志诚 沐手敬撰

宋代胡寅《叙古千文》研究

纪雪娟*

一、胡寅生平及《叙古千文》版本流传

胡寅（1098—1156年），宋建州崇安（今福建省武夷山市）人，字明仲，人称“致堂先生”，为湖湘学派的主要代表人物之一。胡寅原为理学家胡安国堂侄，后被胡安国收为养子，深得胡氏理学精髓，后跟随二程高足杨时学习。胡寅于北宋宣和年间中进士甲科，历任秘书省校书郎、司门员外郎、起居郎。建炎三年（1129年），面临金人南侵的严峻局面，胡寅上书宋高宗，请求纠合义师，起兵北伐，迎请二帝还朝。因胡寅上书过于切直，得罪了宰相吕颐浩，遂贬为奉祠，主管江州太平观。绍兴四年（1134年），胡寅复召为起居郎，迁中书舍人。但因胡寅所撰诸制词多诰诫，引得众人妒忌，后除集贤殿修撰，知严州、永州。后胡寅除徽猷阁直学士，提举江州太平观。当时秦桧擅权当国，胡寅与其不睦已久，遂乞致仕，在湖南衡山一带治学。但秦桧仍然记恨在心，诬陷他与李光讥讽朝政，胡寅遂获罪落职，责受果州团练副使，安置于新州。秦桧死后，胡寅才得以复官。绍兴二十七年（1157年）胡寅去世，谥“文忠”。《宋元学案》称：“武夷诸子，致堂、五峰最著。而其学又分为二。五峰不满其兄之学，故致堂之传不广。然当洛学陷入异端之日，致堂独皭不染，亦已贤哉，故朱子亦多取焉。”①全祖望认为，虽然因胡宏不满胡寅学说，其说传播不广，但胡寅生处儒学与佛教互相吸纳、互相融合之际，在洛学等宋学学派与佛学的界限已经暧昧不明的形势下，胡寅仍主张坚持儒家正统，作《崇正辨》等文章，攘斥佛学空谛之说，对朱熹及日后的理学产生了重要影响。

在胡寅的众多著述中②，《叙古千文》是值得我们注意的一篇。《千字文》本为南朝梁周兴嗣所编，被认为是中国古代重要的启蒙读物以及蒙学教科书。后世仿效《千

---

* 纪雪娟，中国社会科学院历史研究所助理研究员。

①（清）黄宗羲原著，全祖望补修，陈金生、梁运华点校：《宋元学案》卷41《衡麓学案》，北京：中华书局，1986年，第1340—1341页。

② 胡寅的著作有《崇正辨》《论语详说》《读史管见》《叙古千文》，以及文集《斐然集》等。现今《读史管见》尤有宋刻本存世，《斐然集》目前可见的最早版本为日本静嘉堂文库藏明影宋刻本，《儒藏》选取此藏本。

字文》体例、内容的作品迭出，如《续千文》《重续千字文》《稽古千文》《广易千文》《正字千文》等。这些续写千字文的作品，大多是童蒙著作，内容比较简单，以修身治道训导之言和天象名物的描述为主，目的是教授童稚小儿启蒙习字，学习简单的自然、社会常识。入宋之后，此风更为流行，如侍其玮《续千文》、葛刚正《重续千文》等。胡寅《叙古千文》，以一千字涵盖了自上古至宋代的历史，受到朱熹的大力赞赏推崇，并亲自为其作跋，跋云："《叙古千文》，故礼部侍郎胡公明仲所作。其叙事立言，昭示法戒，实有《春秋》经世之志。至于发明大统，开示正途，则又于卒章深致意焉。新学小童，朝夕讽之而问其义，亦足以养正于蒙矣。清江刘孟容出其先朝奉君所书八分小卷，庄谨齐一，所以传家之意甚备，岂亦有取于斯乎？因摹刻置南康郡斋，传诸小学，庶几其有补云。"[①]有了朱熹的推荐，《叙古千文》名声大噪，传世极广，屡有刻印。宋李昴英在《书胡致堂〈叙古千文〉后》称："文定胡公，潜心《春秋》四十余年，而后徐出其说；致堂其亲传，故笔削皆有法，叙古字凡千不重。虽饮席间谈笑成之，而上下数千载，关系大处，包撮略尽。兴君昏主之理乱，哲佐悖臣之功罪，吾道异端之正偏，一字森严，百世确论，不但可以习童稚而已。《古千文》猥陋不伦，乃盛行于世，俗盖未知有此作也。其书一经朱文公表揭，遂传。广帅宗（宋）公慈，里两翁之里，学两翁之学，既梓之衡阳，又梓之广之泮宫。自此流布天下，人人得讽咏，有功于人心多矣。南岳之高，南海之深，不泯不磨，致堂之心。"[②]

《叙古千文》也曾被藏书目录收录，晁公武《郡斋读书志》言："《叙古千文》一卷，右致堂先生胡寅明仲所作也。南康黄西坡灏商伯为之传。晦庵朱文公题其后曰：'叙事立言，昭陈法式，实有《春秋》经世之志。至于发明道统，开示德门，又于卒章深致意焉。新学小童朝夕诵之而讽其义，亦足以养正于蒙矣。'"[③]瞿镛《铁琴铜剑楼藏书目录》记曰："宋胡寅撰。明姚福集解，有后序。福，字世昌，风阳人。胡氏书见赵（晁）氏《读书附志》、陈氏《书录解题》，以后罕见著录。近谢氏启昆《小学考》云未见，则传本甚稀矣。考隋、唐二书《经籍志》，周兴嗣《千字文》外，有萧子范《千字文》，又有无名氏《演千字文》，皆佚不传。其继散骑而作者，以此书称首。厥后续之广之者不一，后有作者，第以争奇角胜，无裨实用。惟此书朱子尝题其后云：'叙事立言，昭陈法戒，实有《春秋》经世之志；至于发明道统，开示德门，又于卒章三致意焉。初学小童，朝夕讽焉而闻其义，亦足以养正于蒙矣。'而双峰饶氏课其子，先授

① （宋）朱熹：《晦庵先生朱文公文集》卷 81，朱杰人、严佐之、刘永翔主编：《朱子全书》（24），上海古籍出版社、安徽教育出版社，2002 年，第 3844 页。

② （宋）李昴英：《李忠简公文溪存稿》卷 4，明崇祯刻本。

③ （宋）晁公武撰，孙猛校证：《郡斋读书志校证下・读书附志》，上海：上海古籍出版社，1990 年，第 1101 页。

此书，次读刊误《孝经》，其见重先儒如此。姚氏注此书曰：‘《集解》则前此作注者不少，惜不详所出，莫由知其姓氏。’赵（晁）氏附志有云，南康黄西坡灏商伯为之传，熊氏大年分为十二节。此书分节正如其数。可见者，仅此二家而已。”[1]

道光年间，伍崇曜出资刊刻《粤雅堂丛书》，收录《叙古千文》，称：“铁孙太守以所藏钞本邮寄玉生广文，卷末有李忠简跋，谓曾梓之广治泮宫，特付剞劂，亦一重香火翰墨缘也。”[2]

根据上文可以大致推衍出《叙古千文》的流布过程：刘孟容受学于朱熹，他藏有传本《叙古千文》，朱熹见后，于淳熙六年（1179 年）命人摹刻于南康郡斋，流传于小学之间。朱熹称赞其“叙事立言，昭示法戒”，“发明大统，开示正途”，并亲自为此作跋文。西坡先生黄灏曾问学于朱熹，他曾为《叙古千文》作注，大大方便了学生阅读。后《叙古千文》经过朱熹的推荐，流传甚广，朱熹同乡宋慈曾命人传于衡阳、两广一带的郡学。淳祐十年（1250 年）《叙古千文》再次付梓，李昴英专门作跋文。[3]双峰先生饶鲁问学于朱熹高足黄榦，他在授徒讲学时，曾先讲授此书，后读《孝经》，可见朱熹一系对此书的重视程度。元代的熊大年将其分为十二节，明姚福为其作集解，进一步方便学生学习理解。道光三十年（1850 年），伍崇曜出资刊刻《粤雅堂丛书》，将李昴英跋文本重新辑刻。

二、《叙古千文》总述

《叙古千文》今有清粤雅堂丛书单行本存世，又见于影印文渊阁四库全书本所收胡寅文集《斐然集》。

《叙古千文》原文如下：

太和氤氲，二仪肇分。清浊奠位，乾坤为门。品物流形，睿哲超群。维河出图，显道之原。伏羲画卦，爰始斯文。俨垂衣裳，下臣上君。轩辕通变，成于华勋。意诚心正，万化生身。神禹胼胝，疏浚汩堙。底别九州，拯拔垫昏。贡赋包篚，多寡适均。沐浴咏歌，逮今攸遵。弃稷厥初，夙震姜嫄。秬秠穈芑，莳种耕耘。

① （清）瞿镛：《铁琴铜剑楼藏书目录》卷 7 经部七，清光绪常熟瞿氏家塾刻本。

② 《广州大典》第三辑《粤雅堂丛书》第四册《叙古千文跋》，广州：广东科技出版社，1994 年，第 149 页。

③ 杨宇勋认为，《叙古千文》单行本衡阳本于淳祐六年刊印，李昴英为之作序。根据李昴英跋文，时间为淳祐十年，可知杨文中六年实为十年之误。且根据文意，李跋文本似与衡阳本无关。宋慈于淳祐七年任湖南提点刑狱使，淳祐九年任广东经略安抚使，李称其为“广帅”，可知，宋慈主持刊刻时间应在淳祐九年左右。那么可以推测，李跋文本似为宋慈主持刊刻本之翻印本。见杨宇勋：《〈叙古千文〉与宋代儿童历史蒙书》，《历史教育》（台北）1997 年第 2 期。

暨益播食，燔烈饔飧。字育蒸黎，余庆茂繁。契掌邦教，修叙彝伦。由己敬敷，丕革顽嚚。孝慈友弟，贱婢贵尊。宽宏悠久，帝风雍醇。皋陶矢谟，秋杀春温。钦恤象刑，信顺协存。共鲧驩苗，讨而弗论。蛮貊宾服，治俗愈敦。岳牧代工，洪造何言。三辰珠粲，四序环循。鸟兽咸若，草木殖蕃。箫韶凤凰，焜耀典坟。夏承虞禅，咨称俭勤。启听讴讼，付畀后昆。战甘剿扈，威赏讵烦。洛汭荒畋，驰骋十旬。御毋述戒，祖训忍闻。羿射擅朝，寒浞又因。戡歼浇豷，少康兴纶。癸坠令绪，鼎迁于殷。汤聘莘亩，伊尹戮力。征徂自葛，畏爱无敌。徯来其苏，鸣条倒戟。俾后尧舜，匹夫必获。逮戾放桐，遂终允德。予弼梦赉，武丁恭默。营求郊野，筑岩说得。对敭休声，鬼方是克。总福骏厖，贤主六七。悼监辛纣，凶矜骄溢。师箕囚奴，忠谏焚炙。邠岐积累，昌谟寖赫[①]。重演爻繇，端本衽席。孚佑缉熙，西顾与宅。肆发观政[②]，旄钺麾斥。盟津约誓，附国八百。钓渭非熊，皓首凭轼。殪戎漂杵，祝断丑历。嗣诵幼冲[③]，旦岂履籍。植璧秉圭，金縢纳策。管蔡挟庚，往差罪辟。斧斨卒完，绣衮赤舄。钊持既盈[④]，囹圄阒寂。满耄喜游[⑤]，遐骛辙迹。胡仍板荡[⑥]，靖续愤惕[⑦]。侧躬厉行，俊髦任职。猃狁侵镐，徐土骚绎。迅霆啴焞[⑧]，虓虎绵翼。恢复疆境，雅颂谐激。宜臼徙居[⑨]，俯就衰绌。宗庙黍离，过者闵恻。霸业纷更[⑩]，周纲竟失。尼父将圣，体用皇极[⑪]。魋围莫害，陈馁那厄[⑫]。删诗定书，系辞黜索。晚潜奥思，笔削史策。姚姒以降，斟酌準的。日星炳焕，千古贻则[⑬]。麟瑞应期，妙感孰测。乐育英才，升堂入室。伋蹈前轨，轲禀绝识。标示中庸，攘距杨墨。王泽息传，独赖遗编。嬴秦讫赧，惆怅卜年。烹灭列侯，废坏井田。杂烧简牍，耽惑佺仙。良遇刘邦[⑭]，婴颈拘牵。再报仇雠，楚羽戕咽。炎汉开基，规模广延。勃诛禄产[⑮]，光拥昭宣。董相仲舒，儒术穷研。请罢僻邪，乃绩巍焉。贼莽窃玺，冠佩猳豜。白水龙翔，荣取青毡。燮洽敉宁，吾奚间然。

---

① 影印文渊阁四库全书本“昌”作“文”。
② 影印文渊阁四库全书本“发”作“武”。
③ 影印文渊阁四库全书本“诵”作“王”。
④ 影印文渊阁四库全书本“钊”作“康”。
⑤ 影印文渊阁四库全书本“满”作“穆”。
⑥ 影印文渊阁四库全书本“胡”作“厉”。
⑦ 影印文渊阁四库全书本“靖”作“宣”。
⑧ 影印文渊阁四库全书本“啴”作“燀”。
⑨ 影印文渊阁四库全书本“宜臼”作“平王”。
⑩ 影印文渊阁四库全书本“霸”作“伯”。
⑪ 影印文渊阁四库全书本“体用”作“休明”。
⑫ 影印文渊阁四库全书本“那”作“蔡”。
⑬ 影印文渊阁四库全书本“贻”作“昭”。
⑭ 影印文渊阁四库全书本“刘邦”作“刘祖”。
⑮ 影印文渊阁四库全书本“禄产”作“产禄”。

志宏朽驭，奄寺联翩。党锢缙绅，偨汜兵缠。许都曹操，鄂保孙权。亮兮翊备，据蜀当天。司马欺孤，炽邺连颠。导建江表，安摧苻坚。南北判裂，圻匈腥膻。隋暂混并，炀恶罔悛。世民雄视[1]，资受勇智，除残涤暴，慕仁劝义。斗米数钱，外户不闭，丞辅畴功，鉴亡一魏。玩渎句骊，犹横壮气。牝鸡遽晨，枝干披瘁。狄杰扶倾，唐统荐继。霓曲喧轰，鼙鼓骇沸。临淮汾阳，泛扫氛翳。贽斩篡泚，度枭叛济。貂珰专命，霜凝冰至。藩镇交拏，虐悖狂恣。鱼烂丝棼，吁嗟五季。猗与我宋，尽美全懿。块圠难名，普率纯被。乔松孕秀，颜孟并辔。私淑诸人，追配洙泗。庄老虚谈，佛释空谛。申韩惨刻，朱翟偏蔽。璞辂考占，黥彭击刺。篆籀末习，词章小技。肯涉波澜，致远恐泥。探赜钩隐，涵养精粹。达理制事，酬酢经纬。举此加彼，兼善博施。参乎覆载，可谓大器。[2]

胡寅的《叙古千文》长久以来被学界认为是训示儿童所做的童蒙读物[3]，袁征认为它是“用理学观点解释历史和通过讲述历史宣传理学的童蒙课本”，杨宇勋认为它是“宋代最早的以理学概念编写的儿童历史教材”[4]。但细读《叙古千文》，精于用典，语义艰深，并非稚嫩童子可以简单阅读的作品。清蒋超伯《南漘楛语》也说，“胡致堂叙古千文，语多费解，如‘贼莽窃玺，冠佩猳豜，白水龙翔，荣取青毡’，其意以莽比猳豜，而青毡隐语为旧物也，小儿诵之如何能晓。总之千字文，以周兴嗣为第一，次则计鲁斋，次则侍其良器，词采皆有可观，即卓珂月‘膳枇素木，夫男秉杷’，究欠自然之妙”[5]。可见，《叙古千文》与一般追求“自然之妙”的童蒙读物并不相同，更接近于一篇代表了胡寅历史观、道统观的史论性文章。

三、史论性文章《叙古千文》分析

1.《叙古千文》中反映的夷夏观

胡寅为胡安国养子，胡安国以鲜明的春秋笔法著称，其文最大特点就是谨夷夏之

① 影印文渊阁四库全书本“世民”作“秦王”。

② 录自《粤雅堂丛书》本《叙古千文》，影印文渊阁四库全书本收《斐然集》之本《叙古千文》文字与其略有出入，应为四库馆臣篡改所为。

③ 据杨宇勋考证，明神宗万历年间刊刻的徐天祐《荆门州志》一书，有胡寅的《叙古千文训荆门童蒙》，可知《叙古千文》为训示湖北荆门军学童所作。杨文认为，胡寅幼年生活于荆门，因此传其学于故乡子弟再适合不过。见杨宇勋：《〈叙古千文〉与宋代儿童历史蒙书》，《历史教育》（台北）1997年第2期。

④ 袁征：《宋代小学的课程和教材》，《河北学刊》1991年第2期；杨宇勋：《〈叙古千文〉与宋代儿童历史蒙书》，《历史教育》1997年第2期。

⑤（清）蒋超伯：《南漘楛语》卷1，清同治十年两巏山房刻本。

辨，尊勤君王，攘斥外夷。胡安国曾奉高宗之命编纂《春秋传》，“事按左氏，义采公穀之精者，大纲本孟子，而微词多以程氏之说为证”[①]。胡安国亦颇为得意，自称此书“虽微辞奥义或未尝贯通，然尊君父，讨乱贼，辟邪说，正人心，春秋大经大法略具，庶几圣王经世之志小有补云”[②]。胡寅随胡安国习读《春秋》，文章颇有乃父之风，南宋学者章颖说：“文定胡先生始以《春秋》鸣，而其子致堂继之，见于诗章，著于赋咏，陈于论谏，莫非极治乱之几，谨华夷之辨，黜邪而与正，尊王而贱伯，明义利之分，辨枉直之实。”[③]

中华历史源远流长，著名人物、事件如恒河沙数，而如何仅以千言将如此众多的历史事件串联起来，择选标准至关重要。《叙古千文》便是微言大义、详古略今、春秋笔法的典型代表。在论及春秋诸侯争霸时，胡寅形容道“霸业纷更，周纲竟失”，意指齐桓公、晋文公、秦穆公、宋襄公、楚庄王等以霸业纷争，更迭为盟主，礼乐征伐皆不出于天子，周王朝的纲纪毁坏于一时。针对孔子晚年作《春秋》一事，胡寅言孔子“晚潜奥思，笔削史策”，记录二百四十余年君主行事，“姚姒以降，斟酌准的”，成为继舜、禹而后的行事准绳。对《春秋》一书，胡寅极尽推崇，称其为“日星炳焕，千古贻则”。孔子作《春秋》使“麟瑞应期”，因此孔子绝笔于获麟之事，通天人之际，“妙感孰测”！

胡寅专研《春秋》，身处宋代儒学复兴后期，他力主回归“三代之治”，主张行分封，推崇井田制，而对于秦朝施行郡县制，他称其为“烹灭列侯，废坏井田”。对于西晋之末，五胡乱华之事，胡寅为此感慨“南北判裂，圻甸腥膻”，意指中原帝王的都所被夷狄所腥膻，大有借古讽今的意味。

胡寅生活于南北宋之际，目睹北宋的灭亡，女真族入侵，作为主战派代表杨时的学生，胡寅力主抗金，迎回二帝。但是面对精锐的金军，孱弱的宋军已没有反抗能力，只能偏安一隅，苟且偷生。胡寅屡次上书高宗，表明自己的对外态度，并且在《读史管见》评论唐太宗的和亲政策，说到“其时三议，和亲与亟战非也，和亲则辱国，有耻者不为，亟战则疲民，恻隐者不忍，保境严备，策之中也”[④]，而良策是“人主以二帝三王孔子为法，修吾德改，内安中国而外固边圉，不与交通，息其谋夏之心”[⑤]。胡寅认为，夷夏之别不仅仅体现于地域与血缘的区别，更在于宋朝在文化上的先进性，若想与少数民族政权保持和平，一则不可和亲，二则不可连战，关键在于对内推行仁

---

① （宋）王应麟纂：《玉海》卷 40，江苏古籍出版社、上海书店，1987 年，第 761 页上。

② 胡安国：《春秋传》自序，《群书会元截江网》卷 31，影印文渊阁四库全书本。

③ （宋）胡寅：《斐然集》序，陆心源：《皕宋楼藏书志》卷 83，清光绪万卷楼藏本。

④ （宋）胡寅：《致堂读史管见》卷 18，藏宋嘉定十一年刻本，北京大学图书馆。

⑤ （宋）胡寅：《致堂读史管见》卷 16，藏宋嘉定十一年刻本，北京大学图书馆。

政，教化人民，对外加强边防建设。《叙古千文》亦发微了其边防思想，他特意选取了先进的中原文化感化少数民族并使之臣服的事迹，如“蛮貊宾服，治俗愈敦”“对扬休声，鬼方是克”等。

既然驱除金军，恢复中原已不可能实现，那么，胡寅“谨夷夏之辨”的具体表现，如北宋学者石介等一样，将矛头指向了佛教。隋、唐二代，凭借魏晋佛教文化之拓展，加之高僧们的艰苦努力，佛教势力终达鼎盛之势。在此期间，佛教与儒、道二家斗争、吸收和融合，不断改造与中土文化相龃龉的修行仪轨，并不断在中原土壤中汲取养分，逐渐脱离印度佛教的历史语境，随之发展出纯粹的中国化佛教——禅宗，成为佛教重要宗派之一，构成了中古思想文化中的重要组成部分。而此时的儒学则衰落到“不断如带”的地步。为了崇振儒学，争取思想领域的领导地位，以便更好地与佛学心性论对抗，韩愈、柳宗元、刘禹锡、李翱等推行古文运动，针对天人关系、性情问题展开了激烈的讨论，并对孟子、荀子、扬雄等传统儒学的心性理论加以吸收、改造。“自从韩愈、李翱以后，一直到宋代的邵雍、张载、程颢、程颐等人，他们重新诠释与讨论儒家一贯薄弱的‘性与天道’问题，转手引入许多佛教与道教的思想资源，给道德与秩序的重建了合理性的基础……宋儒逐渐重新确立起来关于‘道’‘理’与‘心’‘性’的一整套观念系统。”①由于佛学、儒学互相吸纳融合，至北宋末年，已经很难具体区分儒学与佛教的明确界限，宋学家对佛学也大多采取“阳拒阴习”的态度。

面对此种局面，胡寅作《崇正辨》，从宇宙论、形神论、心性论、事功论等几大部分详细论述了佛教之害，仔细分辨儒学与佛教的区别。《叙古千文》中，他对于佛、道二教大加批判，认为“庄老虚谈，佛释空谛”。

胡寅不断强调伦理关系与仁义之道，认为这是儒学与佛教的根本性区别，“君臣父子，人道之大伦，中国之所以为中国也”②。“中国之所以为中国，以有仁义而已矣，失则为夷狄，中国居而夷狄行，则无已贤于夷狄矣。”③

北宋时期，契嵩等推崇将佛教五戒比附于儒学五常，一时蔚为流行，胡寅则从“空谛”等方面，详细论证儒学与佛教的区别，“夫道德有本，而非殄彝伦也；性命有正，而非趋空寂也；幽明有故，而非天地之外复有天地也；死生之说，而非受形轮转、人兽同区也；鬼神有情状，而非居处、姓氏、言语、主掌之可名可接也”④。“佛之道，以空为至，以有为幻，此学道者所当辨也。今日月运乎天，山川著乎地，人物散殊于

① 葛兆光：《洛阳与汴梁：文化重心与政治重心的分离——关于 11 世纪 80 年代理学历史与思想的考察》，《历史研究》2000 年第 3 期，第 33 页。

②（宋）胡寅：《致堂读史管见》卷 16，藏宋嘉定十一年刻本，北京大学图书馆藏本。

③（宋）胡寅：《致堂读史管见》卷 10，藏宋嘉定十一年刻本，北京大学图书馆藏本。

④（宋）胡寅撰，容肇祖点校：《斐然集》卷 21《永州重修学记》，北京：中华书局，1993 年，第 436 页。

天地之中。虽万佛并生，亦不能消除磨灭使无也。日昼而月夜，山止而川流，人生而物育，自有天地以来，至今而不可易，未尝不乐也。此物虽坏而彼物自成，我身虽死而人身犹在，未尝皆空也。”①“圣学以心为本，佛氏亦然，而不同也。圣人教人正其心。心所同然者，谓理也，义也。穷理而精义，则心之体用全矣。佛氏教人以心为法，起灭天地而梦幻人世，擎拳植拂，瞬目扬眉，以为作用，于理不穷，于义不精。”②总而言之，胡寅认为佛教讲求五蕴皆空，儒学讲求一切皆有形，所形皆有理，与佛教的空谛之说截然不同。胡寅还进一步从三纲五常来论证佛教之害，认为“佛之教，无父无君，弃人伦，灭天理，有天下国家者，所当屏远除绝，不使乱华夏惑民心也”③。

胡寅认为，儒学与佛教产生区别的原因在于“气”，“均五行之气也，而有圣哲，有昏愚，非天私于圣哲而靳于昏愚也，均覆载之内也；而有中国，有夷狄，非天美于中国而恶于夷狄也，所钟有粹驳偏正之不齐，则其分自尔殊矣”④。所以，胡寅认为，儒、佛二家不可调和，“儒佛之异，宜如冰炭薰莸，必无相合之理，此是则彼非，彼非则此是，精义无二，至当归一”。

北宋欧阳修对佛教的态度已经从对佛教损坏发肤，无父无君的批判衍进到“修其本以胜之”。他认为儒学家确实应当研习佛教擅长的心性之学，加之儒学的经世思想，以此来战胜佛教在心性等本体论方面的优势。但是，胡寅对佛教的批判仍然局限于欧阳修之前对于佛教违背“三纲四端”的批判，因此对于释子而言，他的批评如同隔靴搔痒。且胡寅对于佛教的理解并不精深，对于佛教义理还只停留在“空”的理解上，时人认为他对佛教的批评“只论其迹”⑤，也就是说，胡寅还停留于对佛教外在形式的批评，专注于佛教与儒学于外在形式的剥离，并未触碰到宋代佛教的精神内核。

2.《叙古千文》中反映的道统观

儒学自孔子之后，孟、荀对立，继而发展为汉儒严分家法的注疏章句，又杂糅名、法、佛、道，内容颇为庞杂无统。韩愈提出从尧、舜到孔、孟的“道统”来与百家杂说相对立，力图保卫中国传统思想文化的独立性，为辟佛找到依据。韩愈指出，他所构建的儒学道统，与佛、道不同，“吾所谓之道也，非向所谓老与佛之道也”。儒学传承世系中，“尧以是传之舜，舜以是传之禹，禹以是传之汤，汤以是传之文、武、周公，文、武、周公传之孔子，孔子传之孟轲。轲之死，不得其传焉。荀与扬也，择焉而不

① （清）黄宗羲原著，全祖望补修，陈金生、梁运华点校：《宋元学案》卷41《崇正辨》，第1346页。
② （清）黄宗羲原著，全祖望补修，陈金生、梁运华点校：《宋元学案》卷41《崇正辨》，第1347页。
③ （宋）胡寅：《致堂读史管见》卷10，宋嘉定十一年刻本，北京大学图书馆藏本。
④ （宋）胡寅：《致堂读史管见》卷7，宋嘉定十一年刻本，北京大学图书馆藏本。
⑤ （宋）朱熹：《朱子语类》卷101，朱杰人、严佐之、刘永翔主编：《朱子全书》（17），第3361页。

精，语焉而不详。由周公而上，上而为君，故其事行；由周公而下，下而为臣，故其说长”[①]。韩愈据仁义之道，构建出一个尧—舜—禹—汤—文王—武王—周公—孔子—孟子的儒学道统。

自韩愈后，宋代儒学家不断将儒学道统丰富发展，至程颐提出：“周公没，圣人之道不行；孟轲死，圣人之学不传。道不行，百世无善治；学不传，千载无真儒……先生出，倡圣学，以示人，辨异端，辟邪说，开历古之沉迷，圣人之道得先生而后明，为功大矣。”[②]程颐认为，自孟子后，道统不传，程颢应接续儒学道统。

朱熹赞同程颐的观点，认为程颐是承继儒学道统之人，他说：“异端之说，日新月盛，以至于老、佛之徒出，则弥近理而大乱真矣。……故程夫子兄弟者出，得有所考，以续夫千载不传之绪；得有所据，以斥夫二家似是之非。”[③]“此道更前后圣贤，其说始备。自尧舜以下，若不生个孔子，后人去何处讨分晓？孔子后若无个孟子，也未有分晓。孟子后数千载，乃始得程先生兄弟发明此理。今看来，汉唐以下诸儒说道理见在史策者，便直是说梦！只有个韩文公依稀说得略似耳。”[④]朱熹受学于李侗，李侗年轻时曾拜杨时的学生罗从彦为师，因此朱熹认为直接受学于二程，他称“宋德隆盛，治教休明，于是河南程氏两夫子出，而有以接乎孟氏之传……然后古者大学教人之法、圣经贤传之指，粲然复明于世。虽以熹之不敏，亦幸私淑而与有闻焉”[⑤]。

朱熹弟子黄榦将儒学的道统继续完善，他认为：“道之正统，待人而后传，自周以来，任传道之责，得统之正者，不过数人，而能使斯道章章较著者，一二人而止耳。由孔子而后，周、程、张子继其绝，至先生而始著。”[⑥]“尧、舜、禹、汤、文、武、周公生，而道始行；孔子、孟子生，而道始明；孔孟之道，周、程、张子继之；周、程、张子之道，文公朱先生又继之。此道统之传，历万世而可考也。”[⑦]黄榦在朱熹基础之上，将儒学道统发展为孔子—曾子—子思—孟子—周敦颐—二程—张载—朱熹。至此，宋儒对于儒学道统的重构正式形成。

朱熹弟子陈淳在论及儒学道统时，曾经这样评价道：“轲之后失其传……盖千四百余年，昏昏冥冥，醉生梦死，直至我宋之兴，明圣相承，太平日久，天地贞元之气复

---

① （唐）韩愈：《昌黎先生文集》卷11《原道》，宋刻本，国家图书馆藏。

② （宋）程颢、程颐著，王孝鱼点校：《二程集·河南程氏文集》卷11《明道先生墓表》，北京：中华书局，1981年，第640页。

③ （宋）朱熹：《晦庵先生朱文公文集》卷76《中庸章句序》，朱杰人、严佐之、刘永翔主编：《朱子全书》(24)，第3675页。

④ （宋）朱熹：《朱子语类》卷93，朱杰人、严佐之、刘永翔主编：《朱子全书》(17)，第3096页。

⑤ （宋）朱熹：《晦庵先生朱文公文集》卷76《大学章句序》，朱杰人、严佐之、刘永翔主编：《朱子全书》(24)，第3673页。

⑥ （宋）黄榦：《勉斋先生黄文肃公文集》卷34《朝奉大夫华文阁待制赠宝谟阁直学士通议大夫谥文朱先生行状》，元刻延祐二年重修本。

⑦ （宋）黄榦：《勉斋先生黄文肃公文集》卷17《徽州朱文公祠堂记》，元刻延祐二年重修本。

会，于是濂溪先生与河南二程先生，卓然以先知先觉之资，相继而出……濂洛之间，斯文洋洋，与洙泗并，闻而知者有朱文公，又即其微言遗旨，益精明而莹白之……盖所谓集诸儒之大成，而嗣周程之嫡统，而萃乎洙泗濂洛之渊源者也。”[①]陈淳认为，朱熹承继了孔孟之道，受学于周敦颐、二程，发微了仁义之道，可谓是儒学之集大成者，此种观念一直影响了儒学的发展以及中国学术史数千年。

朱熹之所以如此推崇《叙古千文》，便是因为该文“发明大统，开示正途”。胡寅在《叙古千文》中说：“申韩惨刻，朱翟偏蔽”，他认为法家残酷深刻，道家、墨家有所偏颇，皆不能成为圣人之学。文中将孔子抬升至圣人的位置，“尼父将圣，体用皇极”，意指孔子为圣人，其存主施为，皆为大中皇极之道。自孔子之后，“伋蹈前轨，轲禀绝识”，子思与孟子继承了圣人德业，“标示中庸，攘距杨墨”，子思以讲究不偏不倚的《中庸》正道定理示于人，孟子发明仁义之道，攘斥杨墨学说。自此之后，“王泽息传，独赖遗编”，自孟子后，圣人之学不传，世上仅存《六经》，包涵圣人之道。对于力主重振儒学的董仲舒，《叙古千文》认为他“请罪僻邪，乃绩巍焉”。胡寅虽然赞扬了董仲舒罢黜百家、独尊儒术的功绩，认为其功劳巍巍，却没有将其列为继承儒学道统的关键人物，而是直接将道统承续于二程。“乔嵩孕秀，颜孟并辔”，河南二程如同颜回、孟子并辔齐驱，“私淑诸人，追配洙泗”，讲学收徒，追随孔子教授弟子于洙泗之风。朱熹以儒学道统自居，胡寅认为二程承续孔孟以来的儒学道统，无疑正合朱熹心意，故而朱熹将此文广泛传播于郡学之中，成为郡学弟子必读书目，《叙古千文》成为朱熹证明自己承续儒学道统，标榜自身拥有儒学最高发言权的依据。

3.《叙古千文》中反映的仁义观

《宋史·胡寅传》称胡寅任中书舍人之时，“所撰词多诰诫”，他在撰写制诰时不以华丽辞藻为美，而善于针砭说理。《叙古千文》中，胡寅认为李世民“除残涤暴，慕仁劝义”，李氏除隋之乱，推行仁义之道，故成贞观之治。言及赵氏开国，“坱圠难名，普率纯被”，夸赞宋朝天下纯被文王之化，一派盛治至和之气。对于字学词章之学，胡寅称其为“篆籀末习，词章小技”，字学与词章之学，皆为末学，抑末而非本，为雕虫小技，不足为学。

北宋儒学复兴以来，古文学家追慕古风，引经据典，文章内涵上坚持“文以载道”“道以统文”的诗教观。胡寅深受影响，在他的作品中，处处可见发微仁义道德之说。在论及如何学习时，他说：“是以欲知后世之故，必观诸史；欲权史事之是非，必观六

① （宋）陈淳：《北溪大全集》卷15《师友渊源》，明抄本。

经；欲知六经道德性命之旨，必通《论语》”。[①]在论及儒学根本时，他谈道：“故曰：吾道一以贯之。一者，仁也，圣门之徒皆学为仁。……仁者，人之本心，大中至正。”[②]在论及治理国家之术时，他认为：“中国之所以久安长治者，有礼乐以节文，仁义而导迎和气也。自昔承平既久，人欲肆行，而天秩不建，以致雅废之祸。今将拨乱世反之正，则凡礼之所不可不为与其所不必为，及夫流习承误而当损益因革者亦众矣。”[③]虽然胡寅本人力主反佛，但是《斐然集》中仍有一些为佛教徒撰写的疏文。值得注意的是，在这些文章中，胡寅认为行仁之事才是佛教得以传续的根本，如《慈云长老开堂疏》言：“佛灯无尽，祖钵有传。必属当仁，乃扬胜事。”[④]

四、余　论

胡宏与胡寅两兄弟均为湖湘学派的重要代表人物，二人都曾续写过简明历史类书籍。[⑤]朱熹在对比胡宏与胡寅时曾说：“南轩只说五峰说底是，致堂说底皆不是，安可如此！致堂多有说得好处，或有文定、五峰说不到处。”[⑥]又说：“胡致堂说道理，无人及得他。”[⑦]“人不可不遇敌己之人。仁仲当时无有能当之者，故恣其言说出来。然今观明仲说，较平正。”[⑧]对于肯定胡宏、贬低胡寅的做法，朱熹并不赞同，他认为同样作为振兴理学的重要代表人物，胡寅的学说更加平正，甚至亦有超越胡安国、胡宏的地方。陈振孙也认为胡寅“议论宏伟严正，间有感于时事”。因此，朱熹《通鉴纲目》，多采纳胡寅《致堂读史管见》中的议论。

陈寅恪先生在《冯友兰〈中国哲学史上册〉审查报告》中称“胡致堂之史论，南宋之政论也”。在胡寅的历史事件叙述中，桩桩件件都暗含了他对所处政局的观点。本文从史论性角度出发，以《叙古千文》为例，分析了胡寅是如何运用鲜明的春秋笔法，在叙述历代治乱兴衰的同时，彰显其政治主张及其对重构儒学道统的努力。

综上所述，大致可以得出：无论是故意为之，还是谈笑间写就，我们不能将胡寅的《叙古千文》简单地理解为宋代童蒙读物，而应将其视作代表胡寅理学思想的重要篇章。

---

① （宋）胡寅撰，容肇祖点校：《斐然集》卷20《东安县重建学记》，第422页。
② （宋）胡寅撰，容肇祖点校：《斐然集》卷19《鲁语详说序》，第403—404页。
③ （宋）胡寅撰，容肇祖点校：《斐然集》卷13《何悫太常少卿》，第292—293页。
④ （宋）胡寅撰，容肇祖点校：《斐然集》卷30《慈云长老开堂疏》，第652页。
⑤ 胡宏曾作《叙古蒙求》，惜今已佚。
⑥ （宋）朱熹：《朱子语类》卷20，朱杰人、严佐之、刘永翔主编：《朱子全书》（14），第683页。
⑦ （宋）朱熹：《朱子语类》卷110，朱杰人、严佐之、刘永翔主编：《朱子全书》（17），第3388页。
⑧ （宋）朱熹：《朱子语类》卷110，朱杰人、严佐之、刘永翔主编：《朱子全书》（17）第3389页。

附记

第一次见到王曾瑜先生是在2008年，当时笔者作为一名本科生旁听李华瑞老师为硕博开设的课程，那节课邀请王先生主讲学术论文写作中应注意的繁简字转化、标点等问题。王先生精神矍铄，思路清晰，一节课两小时下来，我记了四五页的笔记。笔者与王先生接触较多是在2009年，当时李老师赴台湾东吴大学讲学，由王先生代授该学期的硕博课程。李老师临行前嘱咐我负责该学期与王先生联络，并特别叮嘱接送王先生。我现在还清楚地记得，2009年的冬天异常寒冷，还下过几场大雪。课程在上午九点开始，但王先生总是八点刚过就来到学校，上课之前我们如果遇到学术上的问题便会向王先生请教，先生都会悉心解答。两小时的课程，王先生从论文的撰写，到史料的解读，再到治史方法，一一详述，中间不曾休息，直至十一点下课。课后我们挽留王先生一同吃饭，他总是婉拒，我们便陪同王先生一起去公交车站，目送他乘坐300路公交车回家。2014年我与同门刘双怡博士毕业，李老师邀请王先生作为我们的答辩主席，王先生指出了我博士论文中存在的几点问题，最后给予了一定的肯定，使我信心大增。工作后，我尝试点校几部古籍，并就点校过程中遇到的问题向王先生请教，王先生解答了我的许多疑问，使我茅塞顿开。

时值王先生八十华诞，祝王先生身体健康，学术之路再放异彩！

水洛城事件再探究

刘双怡*

水洛城兴修与否的争议在庆历三、四年间可谓闹得沸沸扬扬，算是当时一件比较大的政治事件。此前研究水洛城事件的论文，大陆与香港学者有不同的侧重点，大陆学者多从人际关系、士风等角度探讨①，学者曾瑞龙则从水洛城的战略地位和刘沪为人的角度进行了分析②。本文不揣冒昧，通过对史实的梳理，分析水洛城事件中几个仍需探讨的问题。

一、关于首次提出进修水洛城时间的补证

前述几篇文章都将首次提出进修水洛城的时间点归于庆历三年（1043 年）十月，郑戬建议兴修水洛城为始。但详检史料发现，这还不算是提议兴修水洛城之始。早在庆历元年（1041 年）六月，陕西体量安抚使王尧臣在一则论及宋夏沿边地形的奏疏中就开始关注水洛城的战略位置，他指出：

> 秦州绝在西南，去贼界差远。其入寇之路，东则自仪州西南生属户八王界族经过，至水洛城北，是贼界党留等族地。水洛城南与秦州冶坊、床穰寨相接。③

庆历二年（1042 年）正月，范仲淹在上疏中首次提出兴修水洛城的建议："如进修水洛，断贼入秦亭之路，其利甚大。"④其后仁宗即让陕西诸路经略招讨司参议以闻。到了八月，时知秦州韩琦对此表示了反对："范仲淹议进兵修水洛城，通秦、渭道路，

---

* 刘双怡，四川师范大学历史文化与旅游学院教师。

① 李强：《"争水洛城事"的发生及影响》，《前沿》2005 年第 11 期，第 258—262 页；《"争水洛城事"与庆历士风》，《江淮论坛》2005 年第 4 期，第 166—171 页。

② 曾瑞龙：《拓边西北：北宋中后期对夏战争研究》，北京：北京大学出版社，2013 年，第 11—35 页。

③（宋）李焘撰，上海师范大学古籍整理研究所、华东师范大学古籍整理研究所点校：《续资治通鉴长编》卷 132，仁宗庆历元年六月己亥条，北京：中华书局，2004 年，第 3142 页。

④（宋）李焘撰，上海师范大学古籍整理研究所、华东师范大学古籍整理研究所点校：《续资治通鉴长编》卷 135，仁宗庆历二年正月壬戌条，第 3217 页。

穿蓦生户几二百里，计其土工亦数百万，止可通二州援兵，亦未能断绝西贼往来。近筑秦州关城方毕工，尚有冲要城寨，当修治者甚多，未敢再劳人力。”[①]韩琦认为兴修水洛城，一是要耗费大量人力物力，二是水洛城并不是要冲地带，故反对范仲淹的提议。仁宗下诏听从韩琦的建议，不兴修水洛城。

在这之后，宋军又遭受了定川寨之败，兴修水洛城一事便搁置下来。直到庆历三年（1043 年）十月甲子，陕西四路经略安抚招讨使郑戬提出，有“德顺军生户大王家族元宁等以水洛城来献”，因“其地西占陇坻，通秦州往来道路，陇之二水，环城西流，绕带河、渭，田肥沃，广数百里，杂氏十余落，无所役属。寻遣静边寨主刘沪招集其酋长，皆愿纳质子，求补汉官。今若就其地筑城，可得蕃兵三五万人及弓箭手共捍西贼，实为封疆之利”。[②]朝廷采纳了郑戬的建议，正式开始兴修水洛城，同时也拉开了沸沸扬扬的水洛城之争的序幕。

两个月后，一年多前反对兴修水洛城的韩琦这次又第一个出来表示反对，一是认为水洛城的战略地位并不显要，再者耗费人力物力；同时指出这次还征询了文彦博、尹洙、狄青的意见，他们三人也都认为不应兴修。[③]

为何第一次范仲淹提出兴修水洛城的建议在韩琦的反对下作罢，而第二次却顺利的开始呢？主要基于以下几点原因：一是范仲淹第一次提出兴修水洛城时只是口头建议，而第二次郑戬提出时，已有水洛城蕃部主动表示归顺，在其地兴修堡寨，招纳蕃部似为可行。二是两次提出兴修水洛城时，朝中执政之人已发生了变化。第一次范仲淹提出兴修水洛城之议时，朝中执政之人为吕夷简，而“仲淹尝与吕夷简有隙”[④]，再加上韩琦反对，自然兴修之事不能成行。而吕夷简执政时期，“屡贬言者……或谪千里，或抑数年。……夷简当国之后，山后之败，任福以下死者数万人。丰州之战，失地丧师。镇戎之役，葛怀敏以下死者又数万人。庙堂之上，成算安在？”[⑤]而第二次郑戬提出兴修水洛城时，吕夷简已罢相，范仲淹为参知政事，主持庆历新政。况且此提议与范仲淹一年多前的提议相合，也是此次能顺利兴修的主要原因。

---

① （宋）李焘撰，上海师范大学古籍整理研究所、华东师范大学古籍整理研究所点校：《续资治通鉴长编》卷 135，仁宗庆历二年二月辛巳条，第 3222 页。

② （宋）李焘撰，上海师范大学古籍整理研究所、华东师范大学古籍整理研究所点校：《续资治通鉴长编》卷 144，仁宗庆历三年十月甲子条，第 3486 页。

③ （宋）李焘撰，上海师范大学古籍整理研究所、华东师范大学古籍整理研究所点校：《续资治通鉴长编》卷 145，仁宗庆历三年十二月辛丑条，第 3512—3513 页。

④ （宋）徐自明撰，王瑞来校补：《宋宰辅编年录校补》卷 5，仁宗庆历三年四月甲辰条，北京：中华书局，2012 年，第 246 页。

⑤ （宋）徐自明撰，王瑞来校补：《宋宰辅编年录校补》卷 5，仁宗庆历三年四月甲子条，第 240 页。

二、郑戬是否存在擅权的问题

现存史料中对郑戬派刘沪、董士廉督役水洛城是在解罢陕西四路招讨使之前还是之后，记载有所不同，而这种不同的记载，关乎郑戬在此次事件中是否存在擅权行为。

先看《涑水记闻》、《宋史·郑戬传》和郑戬墓志铭中的记载：

《涑水记闻》卷10记载，郑戬派刘沪、董士廉主管兴修水洛城在先，韩琦奏罢四路招讨、郑戬改知永兴军在后，并且郑戬之后还极言筑水洛城之利，“不可辄罢”[①]。

在胡宿为郑戬所写的墓志铭中，与《涑水记闻》所记时间次序相同：

> （郑戬）初帅四路，有生氐帅乌宁率诸帅，愿奉水洛地入附。……至是，公遣静边戍长刘沪观相形势。沪还，劝公亟城……遣沪往城，以从军董士廉尸其役。会公移雍，泾源帅毁沮其策，即日檄收水洛兵，趣使罢役。沪、士廉守便宜，不从，公争之甚切。[②]

《宋史·郑戬传》记载：

> 初，静边寨主刘沪谋筑水洛、结公二城，以通秦、渭援兵，招生羌大王族为边卫。（郑）戬使沪与著作佐郎董士廉督其役。会罢戬四路，宣抚使韩琦、知渭州尹洙皆以为不便，召沪、士廉罢役归，不听。乃使裨将狄青将兵以往，械送德顺军狱。戬力争于朝，卒城之。[③]

这三处记载都表明郑戬派刘沪、董士廉督役水洛城是在其罢陕西四路招讨使之前，不遵朝旨擅自兴役的是刘沪与董士廉，郑戬只是在改知永兴军后争辩是否应继续兴修水洛城。记载表明郑戬并不存在擅权行为，事件的发展主要是刘沪与董士廉不遵罢修朝旨，执意兴修才造成的。

但是另几处史料的记载则与之完全相反，《续资治通鉴长编》卷146记：

---

①（宋）司马光撰，邓广铭、张希清点校：《涑水记闻》卷10，北京：中华书局，1989年，第188页。

②（宋）胡宿：《文恭集》卷36《宋故宣徽北院使奉国军节度使明州管内观察处置等使金紫光禄大夫检校太保使持节明州诸军事明州刺史兼御史大夫判并州河东路经略安抚使兼并代泽潞麟府岚石兵马都部署上柱国荥阳郡开国公食邑二千五百户食实封三百户赠太尉文肃郑公墓志铭》，影印文渊阁四库全书本。

③《宋史》卷292《郑戬传》，北京：中华书局，1977年，第9768页。

> 春正月戊辰，诏陕西都部署司、泾原经略司，罢修水洛城，从宣抚使韩琦奏请也。然刘沪时已兴役，郑戬又遣著作佐郎董士廉将兵助之矣。[①]

《续资治通鉴长编》卷147记：

> 先是，韩琦以修水洛城为不便，奏罢之，郑戬固请终役。琦还自陕西，即罢戬四路都部署，戬既改知永兴，又极言城水洛之便，役不可罢；命刘沪、董士廉督役如故。[②]

尹洙的奏状更是明确指出刘沪、董士廉不遵罢修诏旨，继续修城的行为是郑戬所授意，而这是郑戬在罢帅之后的越权行为，“刘沪所执只是郑戬文牒，其郑戬文牒并是解罢兵权后专有行遣……统兵大臣解罢兵权后尚得处置边事，于国家事体不便”[③]，甚至愿意“与郑戬一处下狱照对以明国典”[④]。

这些史料都将刘沪与董士廉执意兴修水洛城的行为归结于郑戬的授意，郑戬存在着严重的擅权行为。到底郑戬是否存在擅权行为，我们要梳理以下几个时间节点。一是郑戬罢帅的具体时间。据《续资治通鉴长编》记载，庆历四年（1044年）二月甲寅，“罢陕西四路都部署、经略安抚招讨使，复置逐路都部署、经略安抚招讨使，从韩琦之议也[⑤]。以陕西四路都部署、经略安抚招讨使、资政殿学士、礼部侍郎郑戬为永兴军都部署、知永兴军”[⑥]。但是从当月欧阳修的上疏看，郑戬改知永兴军在此之前，虽已改知永兴，但郑戬仍然兼任陕西四路都部署。欧阳修认为这种情况有七个方面的弊端，希望“乞命两府大臣，明议四路不当置都部署利害。其郑戬既不可内居永兴而遥制四路，则乞落其虚名，只令坐镇长安，抚民临政，以为关中之重，其任所系亦大，

① （宋）李焘撰，上海师范大学古籍整理研究所、华东师范大学古籍整理研究所点校：《续资治通鉴长编》卷146，仁宗庆历四年正月戊辰条，第3527页。

② （宋）李焘撰，上海师范大学古籍整理研究所、华东师范大学古籍整理研究所点校：《续资治通鉴长编》卷147，仁宗庆历四年三月甲戌条，第3556页。

③ （宋）尹洙：《河南先生文集》卷21《奉诏令刘沪董士廉却且往水洛城勾当状》，四部丛刊初编本。

④ （宋）尹洙：《河南先生文集》卷21《乞与郑戬下御史台照对水洛事状》，四部丛刊初编本。

⑤ 从后文所引欧阳修的上疏来看，罢陕西四路都部署并不是韩琦的建议，韩琦的建议只是“除郑戬知永兴军兼陕西四路都部署”，故欧阳修指出，韩琦“身在边陲，曾为将帅，岂可如此失计？”罢陕西四路都部署实为在欧阳修上疏之后施行的。李焘在《续资治通鉴长编》中也同样提出了这个问题，《实录》与《正史》都将此归于韩琦所议，对于欧阳修的上疏，“《实录》《正史》都不详耳”。

⑥ （宋）李焘撰，上海师范大学古籍整理研究所、华东师范大学古籍整理研究所点校：《续资治通鉴长编》卷146，仁宗庆历四年二月甲寅条，第3542页。

而使四路各责其将，则名体皆顺，处置合宜"[①]。至此说明，从这年正月朝廷下令罢修水洛城，到此时正式罢解郑戬陕西四路都部署之职，在这一个月的时间里，郑戬仍然为四路统帅，指派刘沪、董士廉督役水洛城并不是尹洙所提"解罢兵权后专有行遣"。

二是朝廷何时又开始同意继续兴修水洛城使其完工。在枢密院三月二日的劄子中提到，"据郑戬奏，水洛城并是当司一面兴修，若便中止，实恐生、熟蕃部递相仇杀，却为边患"，郑戬希望能继续"在泾州半月日，候许迁等军马回，即起发赴任"。[②]十天后，朝廷即"命盐铁副使、户部员外郎鱼周询，宫苑使周惟德往陕西，同都转运使程戡相度铸钱及修水洛城利害以闻"[③]，并且"与本路经略部署司疾速同共支拨军马粮草应付，早令了毕。仍令刘沪、董士廉却且往彼勾当。所有勘到罪状，别听指挥"[④]。这说明，朝廷在派遣鱼周询、周惟德和程戡去了解水洛城事件的同时已经同意继续兴修。郑戬在四月向朝廷的上疏中也提道："尹洙使狄青带领兵马趋德顺军，追摄知水洛城刘沪及本部勾当公事董士廉，枷项送狱，称洙累令住修水洛城，不禀节制。缘臣昨移永兴军，被诏令一面兴修，已移文报洙。洙等既知筑城已就，又闻朝廷专委鱼周询定夺，更难以利害自陈，便欲图陷沪等。"[⑤]明确指出已将朝廷继续兴修水洛城一事告知尹洙，尹洙并没有理会郑戬的公文，由于刘沪、董士廉不遵己命，凭个人怨气将刘沪、董士廉枷项送狱。

由此可知，出现以上两种记载的原因主要就是在朝廷下旨罢修水洛城与罢郑戬陕西四路都部署这一个月期间，改知永兴军的郑戬仍兼任四路都部署。从欧阳修与范仲淹的上疏中也可以看出，刘沪与董士廉不遵罢修朝旨在先。而在其二人投狱后，尹洙又未遵从释放刘、董二人，继续兴修的命令才导致后面朝臣的争执。[⑥]

---

① （宋）赵汝愚编，北京大学中国中古史研究中心校点整理：《宋朝诸臣奏议》卷65；（宋）欧阳修：《上仁宗论郑戬不可为四路招讨》，上海：上海古籍出版社，1999年，第720—721页；（宋）欧阳修：《文忠集》卷97《论罢郑戬四路都部署劄子》，影印文渊阁四库全书本。

② （宋）尹洙：《河南先生文集》卷21《乞与郑戬下御史台诏对水洛事状》，四部丛刊初编本。

③ （宋）李焘撰，上海师范大学古籍整理研究所、华东师范大学古籍整理研究所点校：《续资治通鉴长编》卷147，仁宗庆历四年三月甲戌条，第3556页。

④ （宋）尹洙：《河南先生文集》卷21《奉诏令刘沪董士廉却且往水洛城勾当状》，四部丛刊初编本。

⑤ （宋）李焘撰，上海师范大学古籍整理研究所、华东师范大学古籍整理研究所点校：《续资治通鉴长编》卷148，仁宗庆历四年四月庚子条，第3583页。

⑥ （宋）李焘撰，上海师范大学古籍整理研究所、华东师范大学古籍整理研究所点校：《续资治通鉴长编》卷147，仁宗庆历四年三月甲戌条，第3556—3557页；（宋）李焘撰，上海师范大学古籍整理研究所、华东师范大学古籍整理研究所点校：《续资治通鉴长编》卷148，仁宗庆历四年四月丙申条，第3576—3578页。

三、水洛城得以完工的原因

水洛城最后之所以可以完工，主要基于以下几方面原因。

一是怕蕃部生变。在狄青将刘、董二人械送德顺军狱，而朝廷派去了解情况的鱼周询、周惟德未到之前，已是“蕃部遂惊扰，争收积聚，杀吏民为乱”[①]。郑戬也认为将刘沪等逮捕入狱，“必恐蕃汉人民惊溃，互相仇杀，别生边患”[②]。在安抚蕃部的同时，也要安抚边臣武将。当时大多数朝臣都建议采取调解的方法解决此事，代表人物主要有范仲淹、欧阳修、孙甫、余靖。

时任参知政事的范仲淹首先指出，刘沪作为沿边有名将佐，“最有战功，国家且须爱惜，不可轻弃”，如果因为狄青而被行军法，“则边上将佐，必皆衔冤，谓国家负此有劳之臣，人人解体，谁肯竭力任边事”。最好的办法是先派人去调查，将刘、董二人送往别州拘管，听候朝旨，“一则惜得二人，不至因公被戮，二则惜得狄青、尹洙，免被二家骨肉称冤致讼”，以“彰陛下保庇边将之恩，使武臣效死以报圣德”。[③]谏官孙甫也认为一方面要安抚蕃部，另一方面狄青之材不可多得，故朝廷应“两全之”[④]。余靖的看法也与孙甫相似。欧阳修指出，“狄青、刘沪等皆是可惜之人，事体须要两全，利害最难处置”，并且指出了五个利害方面：一释刘沪则挫边将威；二械刘沪则使蕃部惊；三罪刘沪则无立事边防者；四因此事刘沪、狄青生隙；五若调走狄青，则是因一小将易一部署。[⑤]到了四月丙辰，欧阳修和余靖再次就此事上言，欧阳修提出了“三利三害”，认为应释放刘沪，调走尹洙；余靖则认为应调走狄青。[⑥]

在安抚武臣方面，欧阳修将宋代右文抑武的现象于此事不利之处说得极为明白：“大凡武臣尝疑朝廷偏厚文臣，假有二人相争，实是武人理曲，然终亦不服，但谓执

---

① （宋）李焘撰，上海师范大学古籍整理研究所、华东师范大学古籍整理研究所点校：《续资治通鉴长编》卷 147，仁宗庆历四年三月甲戌条，第 3557 页。

② （宋）李焘撰，上海师范大学古籍整理研究所、华东师范大学古籍整理研究所点校：《续资治通鉴长编》卷 148，仁宗庆历四年四月庚子条，第 3583 页。

③ （宋）李焘撰，上海师范大学古籍整理研究所、华东师范大学古籍整理研究所点校：《续资治通鉴长编》卷 147，仁宗庆历四年三月甲戌条，第 3557—3558 页。

④ （宋）李焘撰，上海师范大学古籍整理研究所、华东师范大学古籍整理研究所点校：《续资治通鉴长编》卷 148，仁宗庆历四年四月丙申条，第 3575 页。

⑤ （宋）李焘撰，上海师范大学古籍整理研究所、华东师范大学古籍整理研究所点校：《续资治通鉴长编》卷 148，仁宗庆历四年四月丙申条，第 3577 页。

⑥ （宋）李焘撰，上海师范大学古籍整理研究所、华东师范大学古籍整理研究所点校：《续资治通鉴长编》卷 148，仁宗庆历四年四月丙辰条，第 3590—3591 页。

政尽是文臣，递相党助，轻沮武人。况沪与洙争，而沪实有功，又其理不曲，罪沪则缘边武臣尽鼓怨怒。”[①]曾瑞龙认为，“水洛城事件的解决反映出庆历时代的中央政府，已察觉到‘轻沮武臣’的危机，恐怕边庭有警时无人肯为朝廷用命。尽管韩琦一再强调营建水洛并无战略价值，反而存在种种隐忧，朝廷终于还是考虑到既成的事实和招诱蕃部的重要性”；再加上“有谋的边将利用朝廷对边情不明，借助蕃部的支持，造成一些既定事实，来逼朝廷认可，最后完成其开疆辟土、建功立业的美梦”。[②]

二是宋朝在经历三川口、好水川、定川寨兵败后，对西夏的政策已转为防守为主，再加上水洛城之争正处于庆历新政时期，主政的范仲淹就是主张对西夏行防守之策。兴修堡寨正是防守之策的重要组成部分。李华瑞师在其《宋夏关系史》一书中就曾指出，“北宋以修筑城寨作为与西夏争战的主要手段，是随着宋夏对抗的逐步升级才得以确立的”，“战争教训了北宋朝廷，在贸然进攻屡遭败绩后，对修筑城寨作为防御手段的重要性越来越有清醒的认识，即使在与元昊媾和过程中，修筑城寨依然是宋廷抗夏的基本思路”，“由于宋对修筑城寨的战略意义有了清醒的认识，加之城寨堡在抵御西夏进攻中起了巨大作用，因而自庆历年间起至北宋灭亡，宋在陕西沿边掀起了三次修筑城寨的高潮”。[③]兴修水洛城就处在庆历至嘉祐年间的第一次高潮期间。欧阳修更是将刘沪筑水洛城与范仲淹筑大顺城、种世衡筑青涧城相提并论，并认为“沪筑水洛城，沪尤为艰难，其功不在二人下”[④]。

四、余　　论

反观水洛城之争中，似只有韩琦的建议最为中肯，因其在陕西沿边五年，对边事于他人知之甚详，故从客观情况而不是人情利害关系出发，列出了十三条不应当修水洛城的建议，归纳起来主要有以下七个方面：一是兴修水洛城对于元昊并不构成损伤；二是修城耗费大量人力物力；三是即便水洛城完工，也并不像众人所说有何便利之处；四是水洛城修成后反为敌军入侵提供了便利；五是筑城后所纳蕃部尽是浮浪之人，于官无益；六是提议兴修水洛之臣多是借此事转官酬奖，并未细致考察此事是否得当；

---

① （宋）李焘撰，上海师范大学古籍整理研究所、华东师范大学古籍整理研究所点校：《续资治通鉴长编》卷 148，仁宗庆历四年四月丙辰条，第 3590 页。

② 曾瑞龙：《拓边西北：北宋中后期对夏战争研究》，第 22 页。

③ 李华瑞：《宋夏关系史》，北京：中国人民大学出版社，2010 年，第 171、173 页。

④ （宋）李焘撰，上海师范大学古籍整理研究所、华东师范大学古籍整理研究所点校：《续资治通鉴长编》卷 148，仁宗庆历四年四月丙辰条，第 3591 页。

七是如果降罪尹洙、狄青，则是节制不行，大害军制。[1]但由于当时的议论已倒向继续兴修水洛城的一边，故其建议并未得到重视。经过半年的争论，抱着“弃之诚可惜”的态度，水洛城还是兴建完毕。纵观整个事态的发展以及朝臣的议论，水洛城最后得以竣工并不是因为其较于西夏有多么重要的战略地位，倒像是为平衡人际关系而做出的一种妥协。

另外，从宋夏庆历年间的正面交锋可以看出，西夏进犯宋朝的路线主要是集中在泾原路和环庆路，进攻路线由西自东，并没有特别南下的态势，而水洛城处于德顺军的南端，远离西夏进犯的路线范围。再加上宋夏在秦凤路的边界渐次向北推进，水洛城越来越远离宋夏边境线。况且经过三川口、好水川、定川寨三次战役后，西夏的国力也受到了极大的消耗，短时间内也不可能再发动大的进攻。所以从庆历三年（1043年）开始，元昊就陆续派使者往宋，表达和谈的意愿，双方交涉一年左右时间，终于在庆历四年十月达成和议。若只是单纯为了防范西夏进犯，在此筑城，却有浪费人力、物力之嫌。相较于此，水洛城对于招纳蕃部的作用则更为突显。

水洛城之所以被闹得沸沸扬扬，主要由于其所发生的时机正好处于宋朝内部（庆历新政）、宋夏关系发生变化之时，从筑城所牵扯到的蕃部安抚、文武臣之间的关系、对夏政策，都导致此次事件被放大。而水洛城事件的效应并没有因为水洛城修成而退去。庆历五年（1045年）三月，杜衍、范仲淹、富弼相继被罢，韩琦冒着“朋党”的嫌疑，上疏请求留住范仲淹、富弼负责西北边事，但韩琦的上疏“疏入不报，而董士廉又诣阙讼水洛城事，辅臣多主之，琦不自安，恳求外补。辛酉，琦罢枢密副使，加资政殿学士，知扬州”[2]。

〔本文原刊于《西夏学》第11辑，上海：上海古籍出版社，2015年〕

附记

第一次与王先生相见是在2011年的教师节，李华瑞老师带领当年新入学的弟子一起去拜见王先生。到先生家时，先生已将他当年刚出版的文集《纤微编》准备好，依次问了我们的名字，认真写好赠予我们，还亲切的询问我们从哪里考来，之前做的哪方面的研究。

---

① （宋）李焘撰，上海师范大学古籍整理研究所、华东师范大学古籍整理研究所点校：《续资治通鉴长编》卷149，仁宗庆历四年五月壬戌条，第3604—3608页。

② （宋）李焘撰，上海师范大学古籍整理研究所、华东师范大学古籍整理研究所点校：《续资治通鉴长编》卷155，仁宗庆历五年三月辛酉条，第3759页。

后来王先生受聘为首都师范大学历史学院的特聘教授,但王先生坚持无功不受禄。这之后大约两个月的时间，王先生开始每周为硕士、博士生授课一次。也正是这两个月的时间，让我看到了一个真正学者的风范。我们上课的地点在西三环的首都师范大学北一区，王先生住在东三环的潘家园附近，来上课的话要横穿北京城。上课时间为早晨九点，当我们八点半到时，王先生已经端坐在教室中。原来王先生怕早高峰堵车耽误上课，坐早晨6点一刻第一班300路就出发了。时近冬日，我们提出早晨到公交车站接他但被婉拒。王先生上课极其认真，不光给我们讲专业知识，还给我们讲做人、做学问应坚持的原则，让我们受益匪浅。

我毕业时，王先生担任了答辩委员会的主席。我们的论文，王先生除了逐字逐句修改外，其他的意见还会另附纸撰写后夹在论文中，答辩结束后一并交给我们，方便我们进一步修改。

王先生始终保持着刚正不阿、从不趋炎附势的气节。我在北京上学期间听说和亲身经历的有关先生之事让我佩服不已。耳濡目染，对我们年轻人的成长是有极大裨益的。

欣闻先生八十寿辰将到，以上点滴往事为先生贺寿，祝先生福寿安康。

刘双怡2017年11月1日贺于四川成都狮子山

北宋废止皇帝“田猎”之礼考述

孙方圆*

古代的帝王“田猎”，被赋予了“顺时令”“训戎事”①的意义，而“禽兽以时杀”②的理念更成为约束君主行猎的道德规范。有学者相信，狩猎在周代就已具备“祭祀、经济、政治、军事和娱乐”等方面的功能③，而唐代上层社会的狩猎活动更是引发了学界从多个角度的积极讨论④。

然而在北宋前期，这种历史悠久而又意义重大的活动，却饱受争议、几经波折，最后在宋仁宗统治时遭到废除，“终靖康不复讲”⑤，其中的原因何在？以往的研究虽多能注意到历代皇帝“田猎”具有军事、政治意义，但对其中的关系却少有深入探究；对“罢猎”之举，也往往笼统地将其视为一种帝王昭示勤俭的姿态。这种思路很难真正揭示帝王“田猎”与国防形势之间的内在联系，以及这一行为在传统政治文化中蕴含的深义，而这应当就是解释北宋皇帝“田猎”之制最终废止的关键所在。本文拟就此展开讨论，讹误不当之处，敬请方家指正。

一、北宋皇帝“田猎”的基本情况

在探讨北宋皇帝罢废“田猎”的原因之前，应当先对这一活动的基本情况有所了解。建隆二年（961 年）十一月宋太祖首次行猎的记录就值得我们认真分析：“（宋太祖）始猎于近郊，赐宰相、枢密使、节度观察防御团练使、统军、侍卫诸军都校锦袍。

---

* 孙方圆，中国社会科学院历史研究所博士后。

①《宋史》卷 121《礼志二十四·军礼·田猎》，北京：中华书局，1985 年，第 2841 页。

②（清）王聘珍撰，王文锦点校：《大戴礼记解诂·曾子大孝第五十二》，北京：中华书局，1983 年，第 85 页。

③ 黄琳斌：《周代狩猎文化述略》，《文史杂志》2000 年第 2 期。

④ 如乜小红曾撰文论述唐代皇帝的狩猎在“显示实力、宣扬君威”的同时，还可以猎取“牺牲”，并“为打击兽害做些示范”，因此“应该一分为二地评价其功过得失”。详见乜小红：《略论唐代统治者的畋猎》，《武汉大学学报》（人文科学版）2009 年第 62 卷第 3 期。此外还有学者从文化艺术的角度进行了讨论，包括张广达：《唐代的豹猎——文化传播的一个实例》（初刊《唐研究》第 7 卷，2001 年），收入氏著《文本、图像与文化流传》，桂林：广西师范大学出版社，2008 年；葛承雍：《唐代狩猎俑中的胡人猎师形象研究》，《故宫博物院院刊》2010 年第 6 期；刘贵华：《唐代狩猎诗论》，《唐都学刊》2005 年第 21 卷第 3 期。

⑤《宋史》卷 121《礼志二十四·军礼·田猎》，第 2841 页。

其日，先出禁军为围场，五坊以鹰犬从。上亲御弧矢，射中走兔，从官贡马称贺。中路顿，召近臣赐饮，至夕还宫。其后，凡出田皆然，从臣或赐窄袍、暖靴，亲王以下射中者，赐马。”[①]这段记载涉及如下问题。

（1）狩猎的时间。《礼记》记载：“田猎有礼，故戎事闲”[②]，“季秋之月……天子乃教于田猎，以习五戎”[③]。据《宋史》、《续资治通鉴长编》（以下简称《长编》）、《宋会要辑稿》等文献可知，宋太祖及其继任者的狩猎，多安排在每年九月至十二月间，这应当是为了符合礼法规范。不过比之于其后几位皇帝，宋太祖行猎的频率还是比较高的，有时甚至会在一年中发动数次，这恐怕还是其出身行伍的军人性情使然。除此之外，宋代皇帝因“腊”狩猎的意义更加凸显，和岘曾奏：“用戌腊……畋猎禽兽以享百神，报终成之功也。王者因之，上享宗庙，旁及五祀，展其孝心，尽物示恭也。”[④]宋太宗亦称：“腊日出狩，以顺时令，缓辔从禽，是非荒也。”[⑤]赵宋帝王在腊祭之日出猎并将猎物奉献宗庙、五祀，既合于礼制，又可在“报终成之功”的名义下树立自身“王者因之”的正统形象。

（2）狩猎的场地。所谓“近郊”，虽未指明具体地点，但应在都城周边；且车驾人马能够“至夕还宫”，说明路程当在一日之内。此后宋太祖多“田于四郊”，宋太宗曾“猎西郊”，宋仁宗“猎于城南东韩村”[⑥]，基本都在开封附近。史载冯道曾劝谏后唐明宗：“陛下宫中无事，游幸近郊则可矣，若涉历山险，万一马足蹉跌，则贻臣下之忧。……贵为天子，岂可自轻哉！”[⑦]其实“马足蹉跌”无非是一托词，“太康失国”的典故才是人所共知。在统治力量强大的都城周边行猎，自然最利于维护朝廷稳定、保证皇帝安全。

（3）狩猎的对象。从史料上看，宋代皇帝所获猎物多属小型动物，且主要是由围场周边民户“畜狐兔凫雉，驱入场中”[⑧]。相关研究显示：“按北宋中期的地方行政一级区划 18 路 1 京计，除了京师开封府以外，其余各路都分布有老虎。”[⑨]虎作为

① （宋）李焘撰，上海师范大学古籍整理研究所、华东师范大学古籍整理研究所点校：《续资治通鉴长编》卷 2，建隆二年十一月己卯，北京：中华书局，2004 年，第 55 页。

② （汉）郑玄注，（唐）孔颖达疏：《礼记正义》卷 50《仲尼燕居第二十八》，（清）阮元校刻：《十三经注疏》，北京：中华书局，1980 年，第 1613 页。

③ （汉）郑玄注，（唐）孔颖达疏：《礼记正义》卷 17《月令》，（清）阮元校刻：《十三经注疏》，第 1379 页。

④ 《宋史》卷 103《礼志六・吉礼・蜡》，第 2519—2520 页。

⑤ 《宋史》卷 121《礼志二十四・军礼・田猎》，第 2840 页。

⑥ 《宋史》卷 121《礼志二十四・军礼・田猎》，第 2840、2841 页。

⑦ 《旧五代史》卷 41《唐书・明宗本纪七》，北京：中华书局，1976 年，第 570 页。

⑧ （宋）李焘撰，上海师范大学古籍整理研究所、华东师范大学古籍整理研究所点校：《续资治通鉴长编》卷 159，庆历六年十一月辛丑，第 3854 页。

⑨ 程民生：《宋代老虎的地理分布》，《社会科学战线》2010 年第 3 期。

生物圈中的顶级掠食动物，需要足够数量和种类的草食动物方能生存；开封地区一马平川，人类活动密集频繁，虎不见于开封，足见当地难以保证其生存所需的环境条件，而这也就解释了为何北宋诸帝鲜有猎获大、中型野兽的记录。

（4）狩猎的随员。从“赐锦袍”的记载可以推测受赏官员应都参加了这次狩猎，如果的确如此，那么“二府”大员同时出席宋太祖称帝后的首次“田猎”，足见朝廷对这一活动的重视；而同行臣僚中又以武职官员居多，更显示了相当的军事色彩。皇室成员有时亦能参加，如此次“亲王以下射中者，赐马”，宋太宗于淳化五年（994年）“命诸王畋近郊”[①]，宋真宗于大中祥符二年（1009 年）下诏：“五坊鹰鹘，量留十数，以备诸王从时展礼。”[②]此外卫戍部队亦不可少。从“先出禁军为围场，五坊以鹰犬从”的安排来看，禁军当是负责外围防护，警戒他人进入围场或野兽逸出伤人；五坊人马则以所训鹰犬扈从随行。[③]只是唐代帝王狩猎时“蕃夷君长咸从”[④]的场面已不多见，太平兴国二年十二月和次年十月的两次狩猎中，分别有“刘鋹、李煜、渤泥国使”和“淮海国王及契丹、高丽使”随行的记载[⑤]，这可能也是北宋王朝对周边民族政权控制力减弱的一种表现。

（5）狩猎中的贡赐。宋太祖射中猎物，官员须“贡马称贺”；休息时皇帝要“召近臣赐饮”，“其后，凡出田皆然，从臣或赐窄袍、暖靴，亲王以下射中者，赐马”。太平兴国二年（977 年）九月，宋太宗在首次“田猎”后兴致昂扬，“御制猎诗一章，群臣属和”[⑥]。类似的贡贺、赏赐礼节想必会成为一种朝堂之外促进君臣关系、巩固皇帝权威的手段。扈从军士偶尔也会得到赏赐，如太平兴国五年（980 年）宋太宗“畋近郊……赐禁军校及卫士襦袴”[⑦]，庆历五年（1045 年）宋仁宗“赐五坊军士银绢有差”[⑧]。对于围场内外的百姓，宋真宗、宋仁宗也都有赏赐、慰问之举，借以彰显其仁爱恤民之心。[⑨]

---

①《宋史》卷 5《太宗本纪二》，第 96 页。

②（宋）李焘撰，上海师范大学古籍整理研究所、华东师范大学古籍整理研究所点校：《续资治通鉴长编》卷 71，大中祥符二年六月辛丑，第 1616 页。

③“五坊”之源流与执掌，学界已有专文考证，参见赵晶：《论唐代五坊的渊源与设立》，《首都师范大学学报》（社会科学版）2011 年增刊。

④《旧唐书》卷 3《太宗本纪下》，北京：中华书局，1975 年，第 41 页。

⑤（清）徐松辑：《宋会要辑稿》礼 9 之 1，北京：中华书局，1957 年，第 529 页。

⑥（清）徐松辑：《宋会要辑稿》礼 9 之 1，第 529 页。

⑦（宋）李焘撰，上海师范大学古籍整理研究所、华东师范大学古籍整理研究所点校：《续资治通鉴长编》卷 21，太平兴国五年十二月甲戌，第 482 页。

⑧（宋）李焘撰，上海师范大学古籍整理研究所、华东师范大学古籍整理研究所点校：《续资治通鉴长编》卷 157，庆历五年十月庚午，第 3804 页。

⑨（清）徐松辑：《宋会要辑稿》礼 9 之 3，第 530 页。

由上述分析可以发现：宋太祖建隆二年（961 年）的“田猎”力求在各个方面合乎传统礼法规范，这与赵宋王朝立国后宣扬自身合法性与神圣性的努力一脉相承。而此次“田猎”中采取的种种措施，又有不少为宋太宗、宋真宗和宋仁宗所继承实施。正因如此，深入探究北宋废止皇帝“田猎”制度的原因就显得更加重要。

二、国防形势的变化对皇帝“田猎”制度的影响

（一）“田猎”是宋廷应对外部军事威胁的策略之一

想要解答北宋为何废除皇帝“田猎”之制，首先还要明确其发动此举的基本原因。北宋前期，辽和西夏给北宋造成了巨大的国防压力，具有浓厚军事色彩的皇帝“田猎”活动，自然会在北宋的国家政治生活中占有一席之地。

太平兴国二年（977 年）九月，称帝不足一年的宋太宗宣布“狩近郊”，此后三年多次外出狩猎，其中尤以太平兴国五年十二月的记录最具代表性：“（宋太宗）畋近郊，因以阅武……时禁盗猎，有卫士获獐，违令当死。上曰：‘我若杀之，后世必谓我重兽而轻人。’释其罪。”[①]《宋史》点明此次狩猎是“将北征，因阅武猎近郊”[②]，皇帝“田猎”与“阅武”之间的联系一目了然。至于卫士盗猎而宋太宗开释其罪的事件，如果仅仅据此得出其“标榜仁慈”的结论，恐怕依旧有所不足：为北伐而秣马厉兵，是此次行猎的主要原因，倘若因士兵“违令获獐”而予以处罚，岂非舍本逐末？赦免其罪反倒可以令宋太宗获得军中将士感念，这于笼络军心岂不更加有益？雍熙二年（985 年）十一月，宋太宗再次下诏：“爰遵时令，暂狩近郊，既躬获禽，用以荐俎。其今月十一日畋猎，亲射所获田禽，并付所司，以备太庙四时荐享，著为令。”[③]此时的宋太宗自信兵威已壮，强调“田猎”中的敬祖之礼，更表现了其希冀祖宗保佑、旗开得胜的心情。

宋真宗的首次“田猎”是在咸平二年（999 年）十一月。当时辽对北宋形成战略优势，不断南下袭扰，宋真宗则回以一系列措施应对，如十二月辛亥日“赐近臣戎服厩马”，壬戌日“赐近臣甲胄弓剑”。[④]宋廷在此时“畋近郊”大有深意：史载：“自

① （宋）李焘撰，上海师范大学古籍整理研究所、华东师范大学古籍整理研究所点校：《续资治通鉴长编》卷 21，太平兴国五年十二月甲戌，第 482 页。

② 《宋史》卷 121《礼志二十四・军礼・田猎》，第 2840 页。

③ 《宋史》卷 108《礼志十一・吉礼・荐新》，第 2602 页。

④ 《宋史》卷 6《真宗本纪一》，第 110 页。

五代来，契丹岁压境，及中国征发即引去，遣问之，曰：‘自校猎尔。’以是困中国。”[①]宋真宗此举不过是以其人之道还治其人之身。景德元年（1004年）辽朝空国南下，宋真宗再次“校猎近郊”后“车驾北巡”。[②]这一阶段的“田猎”活动显示了此举的备战功能与威慑意义，表达了宋廷对辽的强硬立场。

宋仁宗在位期间，分别于庆历五年（1045 年）十月和庆历六年（1046 年）十一月两度举行“田猎”。庆历五年八月，“兵部员外郎、直集贤院李柬之上言：‘祖宗校猎之制，所以顺时令而训戎事也。陛下临御以来，未尝讲修此礼。愿诏有司草仪选日，命殿前、马步军司互出兵马以从猎于近郊。’”宋仁宗继而“诏枢密院讨详先朝校猎制度以闻”[③]。不论是李柬之兵部员外郎的身份，还是枢密院负责“讨详制度”，或是奏疏中“训戎事”的表述，都有相当的军事色彩。更有记载直书：“庆历中，陕西用兵后，有建请出田猎以耀武功。”[④]可见，宋仁宗恢复此制确有得胜阅兵的意味。特别是在第二次行猎时，宋仁宗表示：“畋猎所以训武事”，且在途中“遣卫士更奏技驾前，两两相当，掉鞅挟槊以决胜负，又谓辅臣曰：‘此亦可观士之才勇也。’”[⑤]其借“田猎”宣扬武威、整顿军备之意十分明显。

从上述几次事例中，我们不难发现：在国防形势紧张的情况下，宋廷经常会以皇帝狩猎来表明强硬立场。宋太宗、宋真宗的“田猎”，皆缘于制造备战舆论的需要；宋仁宗虽是在“庆历和议”签订之后出猎，但西夏骚扰并未根除，辽、夏间的矛盾也在继续发酵，庆历七年（1047年）五月宋仁宗即因“西北二边有大事”而“令中书、枢密院召两制以上同议之”[⑥]，故而借“田猎”之机阅武练兵。

（二）“田猎”的废止并非单纯导因于国防压力的缓和

如果笔者的上述认识成立，那么是否可以推论国防形势的缓和同样会导致皇帝罢废“田猎”之制呢?

端拱元年（988 年）十月，宋太宗下诏，宣称“朕惟怀永图，思革前弊，庶协好

① （宋）陈师道撰，李伟国点校：《后山谈丛》卷4，北京：中华书局，2007年，第59页。

② （宋）李焘撰，上海师范大学古籍整理研究所、华东师范大学古籍整理研究所点校：《续资治通鉴长编》卷58，景德元年十一月甲子，第1281页；卷58，景德元年十一月庚午，第1283页。

③ （宋）李焘撰，上海师范大学古籍整理研究所、华东师范大学古籍整理研究所点校：《续资治通鉴长编》卷157，庆历五年八月丙辰，第3796页。

④ （宋）范镇撰，汝沛点校：《东斋记事》卷1，北京：中华书局，1980年，第10页。

⑤ （宋）李焘撰，上海师范大学古籍整理研究所、华东师范大学古籍整理研究所点校：《续资治通鉴长编》卷159，庆历六年十一月辛丑，第3854页。

⑥ （宋）李焘撰，上海师范大学古籍整理研究所、华东师范大学古籍整理研究所点校：《续资治通鉴长编》卷160，庆历七年五月辛丑，第3876页。

生之德，用孚解网之仁”，并将“五坊鹰犬并放之。仍令诸州更不得以鹰犬来献”。[①]而仅仅三年之前，宋太宗才将亲获猎物“备太庙四时荐享”。表面看来，似乎是其决意发扬“好生之德”，其实这一举措背后大有隐情：因雍熙三年（986 年）的北伐再度大败，宋太宗一方面以“念彼燕民陷于边夷，将救焚而拯溺，匪黩武以佳兵”[②]为自己开脱；另一方面口不言兵，提倡“无为”。这种转向可以说是宋太宗“对自己自继位以来欲有所为而不能为的一种反动”[③]。因此自诩有“好生之德”而停止狩猎，不过是宋太宗在北伐失败以后，掩饰自己政策转向的手段而已。

再看宋真宗时期的微妙变化。“澶渊之盟”缔结后，宋、辽关系缓和，景德二年（1005 年）正月，宋廷陆续出台“大赦天下”“放河北诸州强壮归农，令有司市耕牛给之”“罢诸路行营”“遣监察御史朱搏赴德清军收瘗战没遗骸”等措施[④]，营建和平的用意非常清晰。次年十二月，宋真宗“狩近郊，以亲获兔付有司荐庙”[⑤]，这次狩猎的重点在于体现皇帝“孝德”。此后自景德四年（1007 年）起，宋真宗便“不复出猎”[⑥]；大中祥符二年（1009 年）又“诏量留五坊鹰鹘，备诸王从时展礼，余悉纵之”[⑦]；天禧元年（1017 年）再次将“所养鹰鹘猎犬五十三头……赍放名山高僻之所”[⑧]，八月“诏京城四郊禁围草地，悉纵民耕垦畜牧”[⑨]。宋真宗从制度上首次结束了北宋皇帝的“田猎”活动。

“澶渊之盟”订立后宋、辽总体上都致力维护和平，“田猎”不仅不再必要，更有可能成为辽诘责宋寻衅生事的借口。故而宋真宗不再出猎，可能确实有顾忌辽朝的用意。不过除此之外，始于大中祥符元年（1008 年）并席卷全国的神秘主义活动也是一个需要考虑的因素。重塑皇权神圣、转移人们对“城下之盟”的不齿，是宋真宗“天书降临”和“泰山封禅”主要目的，营造自己“好生爱物”的形象便是这一工程的组成部分。自大中祥符元年起，宋廷多次禁止捕猎动物，便常有“宜施育物之恩，冀洽

① 司义祖整理：《宋大诏令集》卷 145《典礼三十・弋猎・罢畋游放五坊鹰犬禁诸州不得献鹰犬诏》，北京：中华书局，1962 年，第 532 页。

② （宋）李焘撰，上海师范大学古籍整理研究所、华东师范大学古籍整理研究所点校：《续资治通鉴长编》卷 27，雍熙三年五月丙子，第 617 页。

③ 李华瑞：《论宋初的统治思想》，文章原分两部分，分别刊于《河北大学学报》（哲学社会科学版）1995 年第 3 期；《西北师大学报》（社会科学版）1995 年第 6 期。后收入氏著《宋史论集》，保定：河北大学出版社，2001 年，第 3 页。

④《宋史》卷 7《真宗本纪二》，第 127 页。

⑤《宋史》卷 7《真宗本纪二》，第 132 页。

⑥ （宋）李焘撰，上海师范大学古籍整理研究所、华东师范大学古籍整理研究所点校：《续资治通鉴长编》卷 71，大中祥符二年六月辛丑，第 1616 页。

⑦《宋史》卷 7《真宗本纪二》，第 141 页。

⑧ 司义祖整理：《宋大诏令集》卷 145《典礼三十・弋猎・放鹰犬诏》，第 532 页。

⑨ （宋）李焘撰，上海师范大学古籍整理研究所、华东师范大学古籍整理研究所点校：《续资治通鉴长编》卷 90，天禧元年八月丙子，第 2076 页。

好生，式崇昭报”[1]之类的表述。其实若与“澶渊之盟”相联系，个中逻辑便一目了然。宋真宗“德泽禽兽”，更不忍陷黎民于战乱才“屈己议和”；而上天对此褒奖，皇帝自然要答谢“天恩”，封禅也就顺理成章了。

宋仁宗时期，尽管国防战略趋向防御，但宋、夏之间战和不定，皇帝“田猎”似乎还应有继续的必要。可就是在这样的时代背景下，宋仁宗却于当年三月宣布废除此制，且此后即便是在宋神宗拓边熙河、宋徽宗收复燕云期间，皇帝“田猎”也再未举行。从宋太宗和宋真宗的情况来看，“罢猎”更多是被作为其实现政治目标的补充手段，与国防形势变化并未构成直接因果关系，而宋仁宗以后皇帝狩猎的废止，更无法单纯从军事层面做出解释。这就需要从更深层次入手分析，即在宋人的价值观念中，皇帝“田猎”的必要性究竟是如何丧失的？

三、政治文化的内在要求与皇帝“田猎”制度的废除

（一）“疑经”与“经世”在理论上提供了废除“田猎”的可能性

帝王“田猎”自古以来就被视为“军礼”的一部分加以讨论和践行，北宋士大夫对上古礼制文化的认识，无疑会对“田猎”的存废造成直接影响。

自中唐以降，士人怀疑汉代以来经学注疏的思想便不断勃兴；北宋建立后，诸派学者正是在“疑经变古”的基础上从宏观着眼，以己意解经，创立了“宋学”这一新的价值体系。[2]有学者将宋代的“疑经变古”思潮划分为四个阶段，其中宋太祖至宋真宗为第一期，“是汉唐经学的余波与疑古学风的滥觞阶段”；“从北宋仁宗朝到北宋末为第二期，是‘学统四起’与疑古思潮的全面展开阶段”。[3]还有学者认为：“宋仁宗统治期间（庆历前后）为宋学的形成阶段”，其晚年（嘉祐）到宋神宗初是“宋学的大发展阶段”。[4]综合学界前贤的成果基本可以认为，北宋立国以后的百余年间，是宋学在“疑经”基础上迅速发展的一个时期，特别是“自庆历后，诸儒发明经旨，非前人所及，然排《系辞》，毁《周礼》，疑《孟子》，讥《书》之《胤征》、《顾

---

① 司义祖整理：《宋大诏令集》卷117《典礼二·封禅下·封禅禁屠宰诏》，第396页。

② 相关研究参见刘复生：《北宋中期儒学复兴运动的兴起及其特点》，《四川大学学报》（哲学社会科学版）1991年第3期；朱汉民：《论宋学兴起的文化背景》，《湖南大学学报》（社会科学版）1999年第13卷第1期。

③ 杨世文：《宋代经学变古的几个问题》，《四川大学学报》（哲学社会科学版）2006年第6期。

④ 漆侠：《宋学的发展和演变》，石家庄：河北人民出版社，2004年，第7页。

命》，黜《诗》之《序》。不难于议经，况传注乎！”[1]在这样的学术氛围中，经典中的“明文规定”有可能因士人理解的不同而产生争议。而士大夫们对记载“田猎”之礼的《周礼》等典籍的质疑，与北宋皇帝“田猎”活动废弛的过程几乎同步，这恐怕不能说是单纯的巧合。

对《周礼》所载古礼多所怀疑的欧阳修就曾提出：“《周礼》之制……而为其民者，亦有畋猎、学校、射乡、饮酒，凡大聚会，一岁之间有几？”“其斋戒供给，期召奔走，废日几何？”皇帝行猎的规模必然大于民间同类活动，影响更甚，“官不得安其府，民不得安其居，亦何暇修政事、治生业乎？”“岂朝廷礼乐文物，万民富庶岂弟，必如是之勤且详，然后可以致之欤？后世苟简，不能备举，故其未能及于三代之盛欤？然为治者果若是之劳乎？用之于今，果安焉而不倦乎？”[2]可见欧阳修怀疑《周礼》中对天子“田猎”的规定，在现实操作之中是否真有可行性？

而宋学的另一个特点，恰是务求“经世致用”，“重实际、讲实用、务实效”，是北宋诸派人物的普遍追求。[3]王安石曾提出：“法先王”是要在“法其意”的基础上“合乎先王之政”[4]；苏辙也认为“古之圣人，因事立法以便人者有矣，未有立法以强人者也”[5]；杨杰亦强调，“惟不执不泥，然后能尽变通以致用”[6]。对宋儒而言，领悟阐释先圣经典的精神，为自己的政治主张寻求支持，进而匡扶时政，才是真正的价值实现。当庆历七年（1047 年）三月宋仁宗准备再次出猎时，御史何郯的谏言也表达了类似观点：

古者天子具四时之田，所以讲威武而勤远略，不图事游戏而翫细娱，载之策书，具有典法……良以去岁车驾已尝出畋，群臣抗言，随即停罢，忽兹再举，未谕圣心……窃闻去岁乘舆之出，往返甚劳，一日之间，殆驰百里，而又兵卫不肃，警跸不严，从官不及侍行，有司不暇供亿，逮于暮夜，始入都门，此岂非士不习

① （宋）王应麟著，（清）翁元圻等注，栾保群、田松青、吕宗力校点：《困学纪闻》卷 8《经说》，上海：上海古籍出版社，2008 年，第 1095 页。

② （宋）欧阳修著，李逸安点校：《欧阳修全集》卷 48《居士集 · 策问十二道 · 南省试进士策问三首》，北京：中华书局，2001 年，第 677、678 页。当然，欧阳修也曾肯定古代圣贤订定“蒐狩之礼”的价值，认为“尧、舜、三代之际，王政修明，礼义之教充于天下……于其不耕休力之时，而教之以礼。故因其田猎而为蒐狩之礼……”见（宋）欧阳修著，李逸安点校：《欧阳修全集》卷 17《居士集 · 论七首 · 本论中》，第 288、289 页。这是因为如同大多数士人一样，欧阳修在“疑经”的同时，坚持儒家传统中最基本、最核心的价值取向。但当后人背离了圣人本意，烦冗礼数与实际需要发生矛盾时，欧阳修的立场则明显倒向现实需求。

③ 漆侠：《宋学的发展和演变》，第 11 页。

④ （宋）王安石著，唐武标校：《王文公文集 · 上皇帝万言书》，上海：上海人民出版社，1974 年，第 2 页。

⑤ （宋）苏辙著，曾枣庄、马德富校点：《栾城集 · 后集 · 历代论一 · 周公》，上海：上海古籍出版社，1987 年，第 1216、1217 页。

⑥ （宋）杨杰：《无为集》卷 9《讲周礼序》，影印文渊阁四库全书本，第 1099 册，第 728 页。

其事，官不详其仪而致然欤！而况以骑乘而有疾驰之劳，在原野而弛严卫之备，或御者蹉跌，变生衔橛，愚民迷误，犯及车尘，臣子之罪，将何赎焉！……且西北二隅，变故难测，岂无奸伪，杂于稠人广众之中。由是而言，益可深虑。①

与欧阳修一样，何郯认同“田猎”作为“礼”的价值，但强调此制已荒废多年，“士不习其事，官不详其仪”，以致“逮于暮夜，始入都门”。而辽、夏“奸伪”混迹人群的可能，更引发何郯的担心。保证皇帝的人身安全，无疑是重中之重。因此尽管天子“田猎”有明文规定，但安全方面的考量及此制劳民伤财所引发的争议，势必导致士大夫们支持这一活动的热情大大减弱。

（二）“格君心之非”的追求最终导致了“田猎”的废除

在重建儒学理论体系的同时，士大夫该如何真正实现“经邦济世”？以道德力量规范帝王言行，塑造出信奉儒学理念的“圣君”，是宋代士大夫追求其价值实现的基本方式。孔子言：“政者正也。君为正，则百姓从政矣。”②孟子则提出“君心正”的关键在“大人”：“惟大人为能格君心之非。君仁莫不仁，君义莫不义，君正莫不正，一正君而国定矣。”③董仲舒则认为：“为人君者，正心以正朝廷，正朝廷以正百官，正百官以正万民，正万民以正四方。四方正，远近莫敢不壹于正，而亡有邪气奸其间者。”④不难看出，孔子的基本理论得到了后世儒者的认同，即“君心正”具有垂范之功效。除此之外，孟子才补充要重视辅国大臣在规范君主德行方面的作用，董仲舒对君主自身主动性的强调又延伸出“君心正”对“四方远近”的归化意义，这些主张都在不同层面契合了北宋的政策需要。诚如有学者总结的：“儒家对于社会治理的思考……最核心的问题还是‘正君心’的社会政治实践。”⑤对亟须重建“道统”的宋代士大夫而言，“正君心”正是题中之意。

至于要如何“正君心”？程颐认为：“治道亦有从本而言，亦有从事而言。从本而言，惟从格君心之非、正心以正朝廷，正朝廷以正百官。若从事而言，不救则已，若须救之，必须变。大变则大益，小变则小益。”⑥这段记载中的体、用两层意思非

① （宋）李焘撰，上海师范大学古籍整理研究所、华东师范大学古籍整理研究所点校：《续资治通鉴长编》卷 160，庆历七年三月乙未，第 3866、3867 页。

② （清）王聘珍撰，王文锦点校：《大戴礼记解诂 · 哀公问于孔子第四十一》，第 13 页。

③ （清）焦循撰，沈文倬点校：《孟子正义》卷 15《离娄章句上》，北京：中华书局，1987 年，第 525、526 页。

④ 《汉书》卷 56《董仲舒传》，北京：中华书局，1962 年，第 2502、2503 页。

⑤ 向世陵：《刍议汉儒到宋儒的“正君心”说》，《社会科学战线》2011 年第 3 期。

⑥ （宋）程颢、程颐著，王孝鱼点校：《二程集 · 河南程氏遗书》卷 15《伊川先生语一 · 入关语录》，北京：中华书局，1981 年，第 165 页。

常明确："正君心"是根本原则，但是在方法上要注意因事制宜。胡宏的观点也与之相类："夫所谓本者何也？正天子之心也……倘不能察小以知大，观微以知著，原天下之本，必归诸天子之心而正之。"[①]他强调具体问题上的"见微知著"。由此可见，"正君心"并非空洞的说教，它意味着在现实中要对皇帝言行的任何细节都予以关注。

所谓"大臣格君之事，必以远声色为第一义"[②]。实际上，人们对皇帝亲自狩猎之必要性与正当性问题的争论从未断绝，而反对者正是从戒奢恤民、"远声色"这样的角度提出告诫，司马相如的《上林赋》便是代表作。对北宋士人而言，后唐庄宗更是耽于畋游而国破身死的前鉴。开宝八年（975年），宋太祖在狩猎中："马蹶坠地，因引佩刀刺马杀之。既而悔之，曰：'吾为天下主，轻事畋猎，又何罪马哉！'自是遂不复猎。"[③]李沆曾对宋真宗"血气方刚"而"留意声色犬马"或兴作"土木、甲兵、祷祠之事"深表担忧[④]，后来不幸而被其言中。前引何郯提到庆历六年（1046年）"群臣抗言"，可能也与朝廷"方下令校猎，而人争以田猎鹰犬来奉"[⑤]有关；当宋仁宗于次年打算再度出猎时，已是"谏者甚众"[⑥]了。

另外，宋初诸帝出于收拢人心、重建统治秩序的需要，大力提倡儒学，"太宗、真宗其在藩邸，已有好学之名，作其即位，弥文日增。自时厥后，子孙相承，上之为人君者，无不典学"[⑦]。而首位接受正式意义上"经筵"培训的皇帝就是宋仁宗。士大夫通过经筵讲学等途径，在潜移默化间扩大着自身的影响，特别是在解释传统政治文化方面更具有话语权。[⑧]素来"以尧舜为师法，待儒臣以宾友"[⑨]而著称的宋仁宗，面对士大夫如此激烈的反对，应当会受到相当的触动，采取让步、停止"田猎"的措施，恐怕只能成为最后的选择。自此以后，宋仁宗"好生恤刑，泽及禽兽"[⑩]、"恩施动植"[⑪]的形象，也在士大夫的交口称赞中树立起来，而一同树立的，还有他们"格君行道"的价值标准和成功典范。

---

① （宋）胡宏著，吴仁华点校：《胡宏集·书·与明应仲书》，北京：中华书局，1987年，第111页。

② （宋）罗大经撰，王瑞来点校：《鹤林玉露》卷4《乙编·荆公议论》，北京：中华书局，1983年，第186页。

③ 《宋史》卷3《太祖本纪三》，第45页。

④ 《宋史》卷282《李沆传》，第9539页。

⑤ （宋）范镇撰，汝沛点校：《东斋记事》卷1，第10页。

⑥ （宋）李焘撰，上海师范大学古籍整理研究所、华东师范大学古籍整理研究所点校：《续资治通鉴长编》卷160，庆历七年三月乙未，第3866页。

⑦ 《宋史》卷439《文苑传一》，第12997页。

⑧ 姜鹏：《北宋经筵中的师道实践》，《学术研究》2009年第7期。

⑨ （宋）范祖禹：《帝学》卷6，影印文渊阁四库全书本，第696册，第765页。

⑩ （宋）赵汝愚编，北京大学中国中古史研究中心校点整理：《宋朝诸臣奏议》卷148《总议门·总议四·上英宗国论要目十二事·明礼》，上海：上海古籍出版社，1999年，第1692页。

⑪ 《宋史》卷302《吴及传》，第10024页。

四、余　论

宋仁宗去世以后，尽管在其后几代皇帝统治时期都有战事发生，但“田猎”之制却再未恢复。宋神宗虽有心扩张，却遭遇了巨大阻力：且不说富弼“愿二十年口不言兵”[①]的表态，即便是王安石，也希望宋神宗对辽“务厚加恩礼，谨守誓约”[②]。文官们在“崇文抑武”与“致君尧舜”的理论原则上相对一致，富于军事色彩、易滋奢侈之心而又劳民伤财的“田猎”恐难得到其支持，恢复“田猎”自是节外生枝、无从谈起。

宋哲宗前期保守派重掌大权，宋仁宗恤民勤政的圣君形象受到特别强调[③]，“不事田猎”成为朝臣们教导年轻皇帝的生动范例：史载宋哲宗某次“御迩英阁，召宰执暨讲读官讲《礼记》、读《宝训》。顾临读至：‘汉武帝籍提封为上林苑。’仁宗曰：‘山泽之利当与众共之，何用此也！’……读毕，宰臣吕大防等进曰：‘祖宗家法甚多，自三代以后，唯本朝百三十年中外无事，盖由祖宗所立家法最善……至于虚己纳谏，不好畋猎，不尚玩好，不用玉器，饮食不贵异味，御厨止用羊肉，此皆祖宗家法所以致太平者。陛下不须远法前代，但尽行家法，足以为天下。’上甚然之”[④]。

这里所追述的宋仁宗对汉武帝上林苑的评价，应该是在庆历七年（1047年）宣布终止行猎后才有的，否则难免言行不一之嫌。而吕大防所言，表明元祐朝臣已将“祖宗所立家法最善”目为“本朝百三十年中外无事”的原因所在：“致太平”的根本在于“行家法”，甚至到了“不须远法前代，但尽行家法，足以为天下”的程度。“不好畋猎”在此已完成了对传统的“田猎有礼”的超越，这既是元祐朝臣出于现实需要的构建，也是长久以来“疑经变古”“己意解经”思想发展的必然。至于宋哲宗亲政后对西夏的军事行动，虽然有所斩获，但是借此重新发动狩猎的条件依旧不足。

宋徽宗统治期间新修《政和五礼新仪》，对皇帝“田猎”之礼的各个方面都做了细致规定[⑤]，表面上是重申了皇帝“田猎”活动的军事价值，但却只能是停留于书面之上。比之于前代诸帝，自幼生长在宫廷、素以书画见长的赵佶，已全无狩猎的能力或者兴趣，“居端邸时，艺文之暇，颇好驯养禽兽以供玩”[⑥]，政和年间又在禁苑罗

① 《宋史》卷313《富弼传》，第10255页。

② （宋）李焘撰，上海师范大学古籍整理研究所、华东师范大学古籍整理研究所点校：《续资治通鉴长编》卷236，熙宁五年闰七月己巳，第5752页。

③ 佘慧婷：《宋仁宗的历史形象》，朱瑞熙、王曾瑜、姜锡东，等主编：《宋史研究论文集》，上海：上海人民出版社，2008年。

④ （宋）周煇撰，刘永翔校注：《清波杂志校注》卷1《祖宗家法》，北京，中华书局，1994年，第15、16页。

⑤ 相关规定详见（宋）郑居中等编：《政和五礼新仪》卷160《军礼・皇帝田猎仪上》，同书卷161《军礼・皇帝田猎仪下》，影印文渊阁四库全书本，第647册，第710—714页。

⑥ （宋）岳珂撰，吴企明点校：《桯史》卷10《殿中鹇》，北京：中华书局，1981年，第111页。

致“珍禽、野兽、麀鹿、駕鹅、禽鸟数百”[①]，以供游赏。只是这位“好生爱物”的皇帝最终国破身死，只能令人感叹历史的残酷。

除了上述因素，社会生活领域的一个细微变化可能也对皇帝“田猎”的消亡发挥了作用：轿子之类的代步工具在北宋愈发普及，特别是宋哲宗以后，“京城士人与豪右大姓，出入率以轿自载”[②]。在承平日久的北宋中后期里，即便皇帝有心出猎，想必也少有大臣能策马相随了。至于废除“田猎”在生态恢复和农业生产方面的价值，恐怕也不能高估，比之于其他自然或者社会经济因素，此举的影响还是非常有限的。

综上所述，本文在概要梳理北宋诸帝“田猎”制度的同时，从国防形势和政治文化两方面加以分析，认为皇帝狩猎，几乎都与国防形势趋紧有关，此举是表达强硬立场的手段之一；但这一活动的废止，并不能完全归因于外部军事压力的缓和，在不同的历史时期，“罢猎”有不同的背景和目的。笔者愿意特别强调的是：北宋士大夫在重构儒学价值体系的同时，积极利用自身的文化权威引导皇帝端正身心，从理论的质疑到历史的镜鉴，对具有军事色彩、易于滋长骄奢之心而又劳民伤财的皇帝狩猎活动，提出了全面的反思与抨击。正是在这一舆论导向的作用之下，皇帝“田猎”之制最终走向了完结。

〔本文原刊于《中国史研究》2014年第1期，现稿略有修改。〕

附记

2010年9月的某一天，我刚刚考入首都师范大学历史学院不久，李华瑞老师便带领我们这一届新入学的同门去拜见王曾瑜先生。第一次见到王先生，令我印象深刻的有两件事：一是先生的家中窗明几净，收拾得可谓一尘不染；二是先生的心思细腻、平易近人，提前为我们一行人沏好茶水、切好月饼，并且给每块月饼都插上了牙签。此情此景，即便是现在回想起来，依旧印象深刻。在此后的学习生活中，我们多次聆听王先生的讲座，感受先生严谨的治学态度与广博的学术积累。就我个人而言，王曾瑜先生是我硕士和博士论文答辩委员会的主席，故而我曾有机会两次接受先生的悉心指教。在评议论文的过程当中，王先生既会根据我们的文章立意、设计思路，提出整体性的宏观意见；也会针对我们的遣词造句、格式规范，提出技术性的微观批评，特别是对于论文中繁、简体字转换和标点符号使用中的错误，王先生更是严格要求，一次次地严肃提醒我们不能忽视历史学研究者应当具备的认真态度与基本功力。赧颜之际，我唯有希望通过不断努力，争取在今后的求学过程中提升自己。值此先生八十寿诞之际，谨以拙文向先生致意。衷心祝愿先生身体康泰、生活愉悦！

---

① 《宋史》卷64《五行志·火》，第1410页。

② 《宋史》卷153《舆服志五·士庶人服》，第3576页。

附录：王曾瑜先生学术编年

1951—1954 年

上海向明中学上初中。读到邓广铭先生著《岳飞传》,对后来报考北京大学历史系、选择宋史专业产生重要影响。

1954—1957 年

上海向明中学上高中。

1957—1962 年

北京大学历史系学习。在邓广铭先生指导下，完成学年论文和毕业论文。

1962 年

进入中国科学院历史研究所从事科研工作，专治宋史。

1963 年

拜访邓广铭先生，获赠油印本《宋人文集目录》。

1964 年

开始劳动锻炼，参加各种运动。

1966 年

“文化大革命”开始，单位组织到母校北大看大字报，偶遇邓广铭先生。

1970 年

随历史研究所人员赴河南息县“五七干校”劳动。

1971 年

从“五七干校”迁到明港军营。重读马列著作。

1973 年

自河南返回北京。因为历史研究所的藏书被封禁，通过何龄修借到几册《宋会要》。常去中国科学院图书馆读书。得见邓广铭先生早年著述《韩世忠年谱》。

1975 年

《谈宋代的造船业》刊《文物》1975 年第 10 期。这是首篇公开发表的论文。

1977 年

“文化大革命”结束后回到阔别十余年的母校北京大学，拜访邓广铭、商鸿逵等先生。

1979 年

任助理研究员。

《中国封建文化专制主义批判》刊《中国史研究》1979 年第 2 期。

《宋朝阶级结构概述》刊《社会科学战线》1979 年第 4 期。

《宋朝的差役和形势户》刊《历史学》1979 年第 1 期。

《岳飞之死》刊《历史研究》1979 年第 12 期。

《岳飞几次北伐的考证》刊《文史》第 6 辑。

《试论宋代农民起义的某些新特色》刊《中国农民战争史论丛》第 1 辑。

1980 年

任副研究员。

出席中美史学交流会（北京）。首次见到尊敬的前辈学者漆侠先生。在北大撰写毕业论文时，拜读漆著《王安石变法》，获益良多。

出席中国宋史研究会成立大会（上海）。

《王安石变法简论》刊《中国社会科学》1980 年第 3 期。

与张泽咸合撰的《从北朝的九等户到宋朝的五等户》刊《中国史研究》1980 年第 2 期。

与张泽咸、郭崧义合撰的《略论我国封建时代的粮食生产》刊《中国史研究》1980 年第 3 期。

1981 年

《岳家军的兵力和编制》刊《文史》第 11 辑。

《秦桧事迹述评》刊《江西社会科学》1981 年第 4 期。

1982 年

《宋朝的官户》（与朱家源合撰）、《宋朝划分乡村五等户的财产标准》刊《宋史研究论文集》（《中华文史论丛》增刊）。

《宋朝的两税》刊《文史》第 14 辑。

1983 年

《宋朝兵制初探》由中华书局出版。

《岳飞新传》由上海人民出版社出版。

《和尚原和仙人关之战述评》刊《西南师范学院学报》1983 年第 2 期。

《关于北宋交子的几个问题》刊《宋史论集》（中州书画社）。

1984 年

《宋朝的文武区分和文臣统兵》刊《中州学刊》1984 年第 2 期。

《宋朝的产钱》刊《中华文史论丛》1984 年第 3 辑。

《宋代人口浅谈》刊《天津社会科学》1984 年第 6 期。

《宋朝宣抚使等的属官体制》刊《文史》第 22 辑。

与张泽咸合撰的《试论秦汉至两宋的乡村雇佣劳动》刊《中国史研究》1984 年第 3 期。

参与编撰的《中国历史大辞典》宋史卷出版。

赴香港出席国际宋史研讨会。

1985 年

晋升研究员。

与朱家源合撰的《宋朝的和籴粮草》刊《文史》第 24 辑。

《宋朝的坊郭户》刊《宋辽金史论丛》第 1 辑（中华书局）。

《宋朝福建路经济文化的发展》刊《中国古代史论丛》第 9 辑。

1986 年

《宋衙前杂论》（上）刊《北京师院学报》1986 年第 3 期。

《宋朝的诡名挟户》（上、下）刊《社会科学研究》1986 年第 4、5 期。

《试论辽朝军队的征集和编组系统》刊《中华文史论丛》1986 年第 4 辑。

1987 年

合作整理的《名公书判清明集》由中华书局出版。

《宋衙前杂论》（下）刊《北京师院学报》1987 年第 1 期。

《宋朝乡村赋役摊派方式的多样化》刊《晋阳学刊》1987 年第 1 期。

《宋代的复种制》刊《平准学刊》第 3 辑。

1988 年

《岳飞的部将和幕僚》刊《岳飞研究》第 1 辑。

《宋朝的奴婢、人力、女使和金朝的奴隶制》刊《文史》第 29 辑。

《中国大百科全书·中国历史·辽宋西夏金史》出版。参与撰写“宋朝”大条目，撰写辽、宋、金相关条目。

1989 年

《鄂国金陀粹编续编校注》（上、下册）由中华书局出版。

《辽宋金代的砲和砲兵》刊《河南大学学报》1989 年第 4 期。

《岳飞与淮西之变》刊《岳飞研究》第 2 辑。

《北宋的司农寺》刊《宋史研究论文集》（1987 年宋史年会论集）。

《南宋对金第二次战争的重要战役述评》刊《纪念陈寅恪先生诞辰百年学术论文集》。

《南宋后期扬州屯驻大兵番号和今存南宋扬州城砖文考释》刊日本《刘子健博士颂寿纪念宋史研究论集》。

《中国经济史和宋史研究的重大成果》（漆侠著《宋代经济史》书评）刊《晋阳学刊》1989 年第 4 期。

陪同邓广铭、何兹全、张政烺等几位老师和前辈赴河北大学，讨论和鉴定漆侠先生的历史教学成果。

1990 年

《宋朝的役钱》刊《中国古代社会经济史诸问题》。

《宋朝的科配》刊《中国史研究》1990 年第 3 期。

访美。拜访国际著名宋史专家刘子健先生。

1991 年

《宋朝户口分类制度略论》刊《中日宋史研讨会中方论文选编》。

《辽宋金之节度使》刊台湾《大陆杂志》第 83 卷第 2、3、4 期。

《宋朝的和买与折帛钱》刊《宋辽金史论丛》第 2 辑。

1992 年

《辽朝官员的实职和虚衔初探》刊《文史》第 34 辑。

《从市易法看中国古代的官府商业和借贷资本》刊台湾《大陆杂志》第 85 卷第 1 期。

《辽宋金的煤炭生产》刊《纪念李埏教授从事学术活动五十周年史学论文集》。

《从岳飞及其部将的仕历看南宋前期的武官升迁资序》刊《岳飞研究》第3辑。

《李清照生母及其与秦桧的亲戚关系考辨》刊《河北学刊》1992年第1期。

1993年

《宋代的上海》刊《上海师范大学学报》1993年第1期。

《宋朝的吏户》刊台湾《新史学》第4卷第1期。

《金朝后期的军事机构和军区设置》刊《河北学刊》1993年第5期。

《金朝户口分类制度和阶级结构》刊《历史研究》1993年第6期。

1994年

《论金军编制》刊《史学月刊》1994年第1期。

《绍兴文字狱》刊台湾《大陆杂志》第88卷第4期。

《北宋晚期政治简论》刊《中国史研究》1994年第4期。

《宋高宗的对金屈辱外交》刊香港《中国文化研究所学报》新第3期。

《忆刘子健先生》刊台湾《历史月刊》第75期。

1995年

《岳飞的部将和幕僚》由杭州大学出版社出版。

《金朝前期至中期的中央军事机构》刊《商鸿逵教授逝世十周年纪念文集》。

《城狐社鼠——宋高宗时期的宦官与医官王继先》刊《四川大学学报》1995年第2期。

《南宋的新铁钱区和淮会与湖会》刊《宋代货币研究》论集（中国金融出版社）。

与李锡厚合撰《评〈辽夏金经济史〉》刊《历史研究》1995年第3期。

评定为中国社会科学院历史研究所（研究生院历史系）博士生导师。

1996年

《宋高宗皇帝传》（宋帝列传系列）由吉林文史出版社出版。

《宋朝阶级结构》由河北教育出版社出版。

《金朝军制》由河北大学出版社出版。

《洛、蜀、朔党争辨》《我所认识的张政烺师》刊《尽心集——张政烺先生八十庆寿论文集》。

《降金乞和与文丐奔兢》刊《岳飞研究》第4辑。

《宋代饮食简介》刊《中华食苑》第8辑。

1997 年

《二十五史新编·北宋史》《二十五史新编·南宋史》由上海古籍出版社出版。

《宋辽金代的天地山川鬼神等崇拜》刊《云南社会科学》1997 年第 1 期。

《孟子在宋代亚圣地位之确立及其影响》刊《纪念邓广铭教授九十华诞论文集》。

《赵鼎和李光》刊《文史》第 42 辑。

《宋高宗和李纲、宗泽》刊香港《中国文化研究所学报》新第 6 期。

《宋朝相州韩氏家族》刊台湾《新史学》第 8 卷第 4 期。

《陈东和欧阳辙之死》刊《宋史研究论文集 1996 年年会编刊》。

《宋史研究的回顾和展望》刊《历史研究》1997 年第 4 期。

在中国社会科学院研究生院历史系招收博士生游彪。

沈冬梅入中国社会科学院历史研究所博士后流动站合作研究。

1998 年

合著《宋辽西夏金社会生活史》由中国社会科学出版社出版。

《金代的开封城》刊《史学月刊》1998 年第 1 期。

《河南程氏家族研究》刊台湾《中国近世家族与社会学术研讨会论文集》。

《宋徽宗和钦宗父子参商》刊《庆祝杨向奎先生教研六十年论文集》。

1999 年

《缅怀邓广铭师》刊《仰止集》。

《文天祥事迹四题》刊《文史》1999 年第 1 辑。

《宋钦宗和他的四名宰执》刊《宋史研究论文集》(1998 年年会编刊)。

《〈宋史〉与〈金史〉杂考》刊《历史文献》第 1 辑。

《我和辽宋金史研究》刊《学林春秋》三编。

《用巴黎公社原则根治当今腐败》刊《炎黄春秋》1999 年第 9 期。

2000 年

《宋代社会结构》刊《中国社会史论》下卷。

《中国古代台谏政治的一些借鉴》刊《炎黄春秋》2000 年第 7 期。

《巴黎公社原则和苏维埃政权的灭亡》刊《北京观察》2000 年第 3 期。

在中国社会科学院研究生院历史系招收博士生关树东。

2001 年

历史小说《靖康奇耻》《河洛悲歌》由云南大学出版社出版。

《李清照事迹七题》刊《中华文史论丛》2001年第1辑。

《绍兴和议与士人气节》刊《中国史研究》2001年第3期。

《秦桧独相期间“柔佞易制”的执政群——兼论时势造小丑，小丑造时势的历史哲学》刊《燕京学报》新11期。

《从台谏制度的运作看宋代的人治》刊《中国社会科学院历史研究所学刊》第1集。

李晓入中国社会科学院历史研究所博士后流动站合作研究。

2002—2006年

任中国宋史研究会会长。

2002年

《岳飞和南宋前期政治与军事研究》由河南大学出版社出版。

《岳飞后裔考略》刊《挹芬集——张政烺先生九十华诞纪念文集》。

《关于秦桧归宋的讨论》刊《历史研究》2002年第3期。

《汤思退和绍兴和议》《一位真诚的马克思主义史学家》刊《漆侠先生纪念文集》。

2003年

《凝意斋集》（当代著名学者自选集·王曾瑜卷）由兰州大学出版社出版。

《宋代农户平均家口数的估计》刊《李埏教授九十华诞纪念文集》。

《悼念著名秦汉史和明史专家王毓铨先生》刊《中国社会科学院院报》2003年3月4日。

《纪念伟大的爱国英雄岳飞诞辰九百周年》刊《中国社会科学院院报》2003年3月18日。

2004年

《金朝军制》由河北大学出版社重印出版。

《岳飞“诏狱全案”中判决省札等考辨》刊《文史》2004年第4辑。

《宋孝宗时的佞幸政治》刊《宋史研究论文集》第10辑。

《用现代史学眼光审读〈三国演义〉》《用现代史学眼光审读〈水浒传〉》刊《文史知识》2004年第6、11期。

在历史研究所退休。

出任河北大学宋史研究中心特聘教授。

在河北大学宋史研究中心招收博士生洪承兑（韩国留学生）。

2005 年

历史小说《大江风云》《转战湖汉》《扬威南北》《关山怅望》《忠贯天日》由云南大学出版社出版。

《面对精神抉择的心灵之河》（刘红对历史小说采访录）刊《历史学家茶座》2005 年第 1 辑。

《天人感应与宋高宗、秦桧“饰太平于一隅”》刊《蒙文通先生诞辰 110 周年纪念文集》。

《开拓宋代史料的视野与〈三言〉、〈二拍〉》刊《四川大学学报》2005 年第 1 期。

《北宋末开封的陷落、劫难和抗争》刊《河北大学学报》2005 年第 3 期。

《辽宋西夏金的避讳、称谓和排行》刊《安徽师范大学学报》2005 年第 5 期。

《金熙宗“颁行官制”考辨》刊《宋史研究论丛》第 6 辑。

《试论国史上的所谓“盛世”》刊香港《中国文化研究所学报》第 45 期。

《反常思维、变态心理与历史》刊《历史学家茶座》2005 年第 2 辑。

《量化考核：祸害高校的新八股》刊《同舟共进》2005 年第 10 期。

《博大精深　正风楷模》（写在《张政烺文史论集》出版之际）刊《书品》2005 年第 1 辑。

《辽宋金史研究与史学发展现状——王曾瑜先生访谈录》刊《历史教学问题》2005 年第 2 期。

2006 年

文集《锱铢编》由河北大学出版社出版。

《岳飞、文天祥不该称为民族英雄吗》（原题《民族英雄和爱国正气》）刊《北京日报》2006 年 7 月 24 日。

《天地有正气　凛然万古存——写在文天祥诞辰 770 年之际》刊《求是》2006 年第 11 期。

《中国古代主流政治传统浅谈——以宋代为中心》刊《宋史研究论文集》第 11 辑。

《中国古代的丝麻棉续篇》刊《文史》2006 年第 3 辑。

《宋代文明的历史地位》刊《河北学刊》2006 年第 5 期。

《宋朝卖官述略》刊《史学集刊》2006 年第 4 期。

《中国古代卖官鬻爵的教训》刊《北京日报》2006 年 9 月 18 日。

《宋史研究要点》刊《文史知识》2006 年第 9 期。

《谈谈科学精神——读〈海客述奇〉有感》刊《历史学家茶座》2006 年第 2 辑。

《衙门化：大学、科研机构的沉疴痼疾》刊《同舟共进》2006年第2期。

在河北大学宋史研究中心招收博士生贾芳芳。

2007年

《尽忠报国：岳飞新传》（修订版）、《荒淫无道宋高宗》由河北人民出版社出版。

《从门第到有、无出身》刊《燕京学报》新22期。

《〈中国北方经济史〉的启示和区域经济研究》刊《中国史研究》2007年第3期。

《秦汉至隋唐五代卖官述略》刊《石泉先生九十诞辰纪念文集》。

《正确评价宋朝的历史地位》刊《北京日报》2007年12月10日。

7月14日，应邀到国家图书馆举办的“文津讲坛”演讲，题为“岳飞对现代社会的精神价值——爱国主义”。

在河北大学宋史研究中心招收博士生王茂华。

2008年

文集《涓埃编》由河北大学出版社出版。

《“清官”考辨》刊《河北学刊》2008年第2期。

《辽金元卖官述略》刊《邓广铭教授百年诞辰纪念论文集》。

《南宋亡国的厓山海战述评》刊《南开学报》2008年第1期。

与贾芳芳合撰《宋代地方与中央之关系问题研究》《等级授权制下的宋代地方政治》刊《西北大学学报》2008年第5期、《文史哲》2008年第3期。

《一寸山河一寸金》刊《中国社会科学院院报》2008年4月22日。

在河北大学宋史研究中心招收博士生贾启红。

2009年

《大家说历史：王曾瑜说辽宋夏金》由上海科学技术文献出版社出版。

文集《丝毫编》由河北大学出版社出版。

《从古“宇宙”词义谈古人的宇宙观》刊《国学研究》第23卷。

2010年

被推选为中国社会科学院荣誉学部委员。

《宋朝阶级结构》（增订版）由中国人民大学出版社出版。

《点滴编》由河北大学出版社出版。

《治辽宋金史杂谈》刊《河南大学学报》2010年第3期。

《中国古代台谏政治的一些借鉴》刊《中国党政干部论坛》2010年第5期。

《黎澍批判专制主义》刊《炎黄春秋》2010年第8期。

《历史不能虚构和随意演绎》（原题《中华古史学的内行、外行和硬伤》）刊《北京日报》2010年8月19日。

《张政烺先生学术传记（部分）》刊于张永山编《张政烺先生学行录》。

《忆范文澜先生》《忆翦伯赞先生》刊《历史学家茶座》2010年第3辑。

与王茂华合撰《中国古代筑城活动中的人文蕴涵》刊《河北学刊》2010年第1期。

2011年

《辽金军制》由河北大学出版社出版。

《宋朝军制初探》（增订本）由中华书局出版。

文集《纤微编》由河北大学出版社出版。

《潘家园书声》由北方文艺出版社（哈尔滨）出版。

《中国古代士大夫及士风和名节——以宋朝士大夫为中心》刊《河北学刊》2011年第1期。

《回眸中国古代地方政治的贪腐与黑暗》刊《史学集刊》2011年第1期。

《宋代妈祖起源考》刊《中国社会经济史研究》2011年第4期。

《宋元时代的淮南经济述略》刊《隋唐辽宋金元论丛》第1辑。

《忆熊德基先生》刊《南方周末》2011年3月31日。

漆侠先生主编的《辽宋西夏金通史》出版。参与全书审稿，修改部分章节，撰写绪论和另外两章。

2013年

《中华古政治史论集》由中国社会科学出版社出版。

《古今一理：王曾瑜读史杂感》由上海古籍出版社出版。

《略论中华古史研究中的学术创新问题》刊《河北学刊》2013年第2期。

《李纲的同道》刊《隋唐辽宋金元论丛》第3辑。

与贾芳芳合撰《陆游与汤思退、宋高宗——兼论中国古代专制政权与士大夫的关系等》刊《中华文史论丛》2013年第4期。

与史泠歌合撰《南宋宰相吕颐浩和朱胜非的重要事迹述评》刊《首都师范大学学报》2013年第3期。

2014年

《浅谈中国古代权大于法的主流政治传统》刊《史学集刊》2014年第6期。

《宋朝的贡士——兼评士大夫群体精英论》刊《首都师范大学学报》2014年第

1 期。

《宋徽宗时的诸局所钱物》刊《北京大学学报》2014 年第 2 期。

2015 年

《宋徽宗时期的奸臣群》刊《中华文史论丛》2015 年第 2 期。

《宋徽宗时期的宦官群》刊《隋唐辽宋金元论丛》第 5 辑。

《宋帝御集和御笔述论》刊《兰州学刊》2015 年第 3 期。

2016 年

《宋高宗传：荒淫无道》《岳飞新传：尽忠报国》由中国书籍出版社重印出版。

《五代辽宋金元的“指斥乘舆”罪》刊《隋唐辽宋金元论丛》第 6 辑。

《古代卖官教训》刊《理论参考》2016 年第 4 期。

《程应镠先生杂忆》刊《东方早报·上海书评》2016 年 10 月 23 日。

2017 年

张政烺先生主编的《中国古代历史图谱》11 卷 17 册（含附录 1 册）由湖南人民出版社出版。自 2004 年起，王先生是本书的召集人、中国社会科学院重大课题“中国古代历史图谱”的主持人，负责聘任和联系作者、聘请专家为课题组授课、审稿，联系出版社，并亲自审阅每一卷图文稿。

李晓、沈冬梅、关树东编，关树东执笔

后　记

2017 年三四月间，我与程民生、陈峰、姜锡东等学兄电话商议，为王曾瑜先生庆祝八秩寿诞出一本论文集。诸位学兄都觉得非常有必要，委托我具体筹办。姜锡东兄慨然允诺，出版经费由河北大学宋史研究中心资助。于是同年五月，我趁王先生来敝校主持博士学位论文答辩之时，初步拟定了一个征文名单，并预先征求出席答辩会的邓小南、包伟民、程民生、杜建录等师友的意见。但我们的计划，却没有得到王先生本人的同意。之后我又几次发邮件和打电话，向他表达出论文集是我们对他学术和个人品格的敬仰，主要由多年来受他教诲和影响的后学为他过一个非常简单的生日，并保证不惊动历史研究所和宋史研究会，7 月初王先生才同意我们筹办，并最后确定征文名单。于是在 7 月 11 日我和姜锡东兄向王先生的好友、同事、晚学发出了《王曾瑜先生八秩祝寿文集》的征文启事：

王曾瑜先生（1939 年—）汉族，上海市人，1962 年毕业于北京大学历史学系。大学毕业后长期在中国社会科学院历史研究所工作（时是中国科学院哲学社会科学部历史研究所）。历任中国社会科学院历史研究所研究员、中国社会科学院研究生院博士生导师、中国社会科学院荣誉学部委员；中国宋史研究会会长；河北大学宋史研究中心特聘教授、博士生导师；首都师范大学历史学院特聘教授。

王曾瑜先生是著名的历史学家，见识高远、造诣深厚、旨趣宽广，在宋辽金史研究诸多领域成就卓著，是继邓广铭先生、漆侠先生之后，又一位被国内外宋史学界公认的宋史大家。

2018 年 6 月欣逢王曾瑜先生八秩寿庆。特请先生的好友、同事、晚学、弟子撰著宏文，为王曾瑜先生八十华诞贺寿。

征文启事发出后，得到诸位师友的大力支持。由于征文时间距离寿诞日较为紧迫，对于稿件也提出了相应的变通要求：“收入文章为专业学术论文，可以是新写，也可以是旧作。”所以收入论文集内的有很大一部分是作者的旧作。虽然是旧作，但作者为了表达对王先生的敬意都将自己的代表作发给我，可惜由于论文集篇幅所限，对于好几位作者超过两万字的论文都另请换为一万五千字左右，如邓小南、包伟民、魏明孔、吕变庭、王茂华的论文都在三万字以上，叶坦、王书华、高纪春、韩毅、史泠歌等也在两万字以上。在此表示深深的歉意。

感谢关树东、李晓、沈冬梅撰写《王曾瑜先生学术编年》。

虽然收稿时间确定在9月底，但是实际上交到出版社已是11月初，所以在这里要感谢科学出版社的领导和编辑为本书的出版付出的努力，使得论文集能够在寿诞日之前出版。

李华瑞

2018年1月26日